憲法實務硏究

제 8 권
(2007)

憲法實務硏究會 編

傅 英 社

발 간 사

매월 첫째 주 금요일에 개최되는 헌법실무연구회 정기발표회의 발표문과 토론요지를 정리하여 「憲法實務硏究 제 8 권」을 발간하게 됨을 매우 기쁘게 생각합니다.

헌법실무연구회는 학계와 실무계의 상호협조에 의해 운영되는 학회로서 헌법재판소 판례에 대한 평석과 헌법이론에 대한 연구를 통하여 우리나라 헌법학과 헌법재판실무의 발전을 도모한다는 데 그 뜻을 두고 있습니다. 학계와 실무계의 협력관계가 그간 원활하지 못하였다는 것이 우리 법률문화에 대한 평가이고 보면, 헌법실무연구회가 지금까지 80여 회의 발표회를 개최하였고 그 때마다 열띤 토론의 장이 만들어진다는 사실 자체로 이미 그 뜻을 충분히 이루었지 않나 감히 자평해 봅니다. 이러한 성과는 바쁜 일정에도 불구하고 경향각지에서 진지하고 성실하게 참여해 주시는 학자·실무가 회원님들의 덕분이라고 생각합니다.

주로 2007년의 연구성과를 담은 이 책은 헌법재판소 제 4 기 재판부의 안정적인 뿌리내림에 도움을 주고자 현재 심리중인 사건의 이론적 쟁점과 절차적 쟁점을 해결하는 데 많은 부분이 할애되었습니다. 과세의 재산권적 한계, 병역의무의 이행과 성차별금지 등이 전자의, 행정규칙과 헌법소원심판, 한정위헌청구의 적법성 등이 후자의 예인데, 이러한 성과물이 우리 학계와 실무계의 훌륭한 지적 자산이 될 것임을 믿어 의심치 않습니다.

다시 한 번 발표와 토론에 성실히 참여해 주신 회원님들께 감사드리고, 늘 좋은 음식과 발표회 장소를 만들기 위하여 노력하시는 헌법재판소 관계자분들께도 깊은 감사의 뜻을 전합니다. 앞으로도 헌법실무연구회가 훌륭하게 제 역할을 할 수 있도록 회원님들의 적극적인 참여를 부탁드리는 바입니다.

2007. 12.

헌법실무연구회 회장 이 공 현

일러두기

(1) 이 책은 2006. 10 제69회 월례발표회부터 2007. 9 제78회 월례발표회까지 대체로 매월 첫째 주 금요일 저녁 헌법재판소(2층 회의실)에서 이루어진 주제발표, 지정토론 및 자유토론을 수록한 것입니다.

(2) 각 발표문의 체제와 판결인용방법 등은 대체로 원문 그대로이고, 별도로 통일시키지 않았습니다.

(3) 토론요지는 녹음된 자유토론의 내용을 수록한 것입니다. 현장감을 주기 위하여, 또 다양한 접근방법을 그대로 알려 주기 위하여 구어체와 원래의 발언내용을 가급적 그대로 유지하였습니다. 다만 녹음상태나 발언의 내용에 따라 그 의미를 충분히 알기 어려운 경우가 있었음을 양해바랍니다. 토론요지 처음에 수록된 참여자명단은 발언순서에 따른 것입니다.

(4) 발표자, 토론자의 직함은 원칙적으로 발표일을 기준으로 하였습니다.

차 례

第69回(2006. 10. 13) 발표문

공무담임권의 보호영역에 관한 헌법재판소의 판례 비판*

—결정 상호간의 모순과 부정합성 비판—

이 인 호**

Ⅰ. 머 리 말

무릇 모든 권리와 자유는 '일정한 범위의' 이익이나 행위를 법적으로 보장한다. 헌법상의 자유와 권리인 기본권도 마찬가지이다. 각 기본권은 국민의 '일정 범위의' 자유로운 행위나 이익을 국가권력이 존중하도록 요구한다. 다시 말해서, 헌법 제10조에서 제36조까지의 각 기본권조항은 나름의 고유한 보호영역을 가지고 있다. 만일 각각의 고유한 보호영역이 존재하지 않는다면, 헌법이 여러 기본권들의 목록을 열거하고 있는 것은 무의미한 일일 것이다. 또한 국민이 행하는 일체의 행위나 주장하는 이익이 헌법의 기본권조항에 의하여 만연히 보호되는 것은 아니다. 예컨대, 사람을 살인할 자유는 헌법의 어떤 기본권조항에 의해서도 인정되지 않는다. 살인행위는 헌법의 보호영역에서 아예 제외되어 있는 것이다. 이는 논증의 필요성을 느끼지 않을 정도로 자명하다.

따라서 국가권력에 의한 기본권침해의 정당성을 판단하는 헌법재판에서 가장 먼저 확인되어야 하는 것은 침해되었다고 주장하는 자유나 이익이 과연 헌법상의 각 기본권조항에서 보호하는 자유나 이익에 해당하는가 하는 점이다. 헌법이 보호하는 자유나 이익이 아니라면, 기본권에 대한 제한 자체가 존재하지 않는 것이며 따라서 더 이상 기본권심사를 진행할 실익이 없는 것이다.

이 글은 헌법 제25조의 공무담임권의 보호영역이 어디까지인지, 다시 말해서 공무담임권조항이 보호하는 이익이 과연 무엇인지를 해명하고자 하는 목적을 가

* 이 발제는 2006년 6월 30일 발간된 「법과 사회」 제30호에 게재된 글을 아주 일부만 보완·가필한 것임.

** 중앙대학교 법과대학 부교수·헌법학.

진다. 헌법 제25조는 “모든 국민은 법률이 정하는 바에 의하여 공무담임권을 가진다”고 규정하고 있다. 종래 이 공무담임권은 “공직취임의 기회를 박탈당하지 않을 권리,” 즉 공직취임의 기회보장청구권을 의미하는 것으로 이해해 왔었다. 그리하여 선출직 공무원직에 대해서는 입후보할 수 있는 권리, 즉 피선거권을, 그 밖의 공무원직에 대해서는 공직취임의 기회보장청구권을 그 내용으로 한다는 것이 학계의 전통적인 입장이었다. 한편, 헌법 제7조 제2항은 “공무원의 신분과 정치적 중립성은 법률이 정하는 바에 의하여 보장된다”고 규정하고 있다. 따라서 전체 공무원 중 직업공무원의 신분보장은 헌법 제7조 제2항의 직업공무원제도에 의하여 인정되며, 그리고 여기서의 신분보장은 제도보장의 내용이기 때문에 기본권보장에서처럼 강한 보호를 받을 수 없다는 것이 또한 전통적인 해석론이었다.

그런데 제3기 헌법재판소가 2002년에 선고한 ‘선고유예 지방공무원 당연퇴직 사건(Ⅱ)’에서 8인의 다수의견은 공무담임권에는 국민이 갖는 권리로서의 ‘공직취임의 기회보장청구권’뿐만 아니라 공무원이 갖는 권리로서의 ‘부당하게 신분을 박탈당하지 않을 권리’도 포함된다고 단호하게 선언하였다. 더 나아가, 2005년에 선고한 ‘지방자치단체장 유죄인정시 권한대행 사건’에서 위 8인의 헌법재판관들은 선출직 공무원이 갖는 권리로서의 ‘권한(직무)을 부당하게 정지당하지 않을 권리’까지도 공무담임권에 포함되는 것으로 판시하였다. 과연 공무담임권을 이렇게 확장할 수 있는 것인가? 결론부터 말하면 이는 명백한 오류로서 잘못된 해석론이다.

아래 Ⅱ.에서는 공무담임권의 보호영역에 관한 최근 헌법학계의 입장이 무엇인지를 간략하게 살펴보았다. 이어 Ⅲ. Ⅳ. Ⅴ.에서는 헌법재판소가 지난 18년 동안 공무원의 신분보장과 관련된 사건에서 헌법 제7조 제2항과 제25조를 어떻게 해석해 왔는지를 알아보기 위하여 제1기 헌법재판소(1989년~1994년), 제2기 헌법재판소(1994년~2000년), 제3기 헌법재판소(2000년~2006년 현재)에서 선고한 결정들을 나누어 분석해 보았다. 흥미롭게도 각 기마다 구별되는 일정한 경향을 발견할 수 있었다. 마지막으로 Ⅵ.에서는 제3기 헌법재판소의 판례를 비판적으로 평가하면서 공무담임권의 타당한 보호영역이 무엇인지에 관해 필자의 입장을 개진하였다.

Ⅱ. 공무담임권의 보호영역에 관한 헌법학계의 입장

우리 헌법학계는 아직 공무담임권의 보호영역에 관한 제3기 헌법재판소의 판례에 관하여 특별한 문제의식을 가지고 있지 않은 것으로 보인다.

여러 유수의 헌법교과서들은 대체로 공무담임권을 '피선거권과 공직취임권을 포괄하는 권리',[1] '일체의 국가기관과 공공단체의 직무를 담임할 수 있는 권리',[2] '공직에 취임하여 국가의 사무를 직접 담당할 수 있는 권리',[3] '선출직 공무원에 취임할 권리와 공직을 담당할 권리',[4] '공직에 취임하여 공무를 담당할 수 있는 법적 지위(권한)',[5] '공직에 취임할 기회를 보장받는 권리'[6] 등으로 규정하고 있다. 표현문구는 다양하나, 그 취지는 피선거권과 공직취임의 기회보장청구권이 공무담임권의 내용을 이룬다는 것으로 일응 이해된다.

그렇지만 동시에 이들 교과서 중 상당수는 제3기 헌법재판소가 새로이 형성한 판례, 즉 공무담임권에는 공무원의 공직유지권이 포함된다는 점을 아무런 비판이나 분석 없이 그대로 원용하고 있다.[7] 한편, 공무담임권의 보호영역에 관

---

1) 권영성, 헌법학원론(법문사, 2006), 586면; 홍성방, 헌법학(현암사, 2003), 610면; 김철수, 헌법학개론(박영사, 2005), 970면; 계희열, 헌법학(중)(박영사, 2000), 529면; 허영, 헌법이론과 헌법(박영사, 2005), 646면.

2) 성낙인, 헌법학(법문사, 2006), 552면. 그러면서도 저자는 이어서 제3기 헌법재판소의 결정을 문구 그대로 원용하여 "공무담임권의 내용에는 공직취임의 기회의 자의적인 배제뿐 아니라 공무원 신분의 부당한 박탈도 포함된다"고 하면서, "한편 공무담임권의 내용에 '공직에의 취임', '공직에서의 유지' 외에도 공무원관계를 유지하면서 보다 상위직급으로의 승진임용의 기회를 보장하는 것이 포함되느냐에 대하여는 논란이 있다"고 논술하고 있다.

3) 장영수, 기본권론(홍문사, 2003), 445면.

4) 전광석, 한국헌법론(법문사, 2006), 319면.

5) 이준일, 헌법학강의(홍문사, 2005), 665면.

6) 정종섭, 헌법학원론(박영사, 2006), 564면. 저자는 "보장의 사정거리"라는 제목하에서는 이렇게 기회보장청구권이라고 설명하면서도, 바로 뒤이은 "내용"이라는 제목하에서는 공무담임권이 '공직유지권'과 '공무수행권'을 그 내용으로 포함하고 있는 것으로 설명하고 있다. 즉, '공직유지권'에 관해서는 이렇게 설명한다: "임명직의 경우에는 임명권자에 의해 임명되면 해당 공직을 유지할 권리가 공무담임권으로 보장되고, 선거직의 경우에는 당선되면 해당 공직을 유지할 권리가 공무담임권으로 보장된다. 따라서 임명권자에 의하여 임명되거나 선거에서 당선된 자에게 제한의 사유가 없이 그 직을 유지할 수 없게 하는 것(예: 공무원 신분의 박탈, 직무의 부당한 정지)은 공무담임권을 침해하는 것이다. 공무원의 경우에는 공직의 유지를 강하게 보장하기 위하여 특별히 신분보장을 하고 있다(헌법 §7; 국공법 §68)"(위의 책, 565~566면). 그리고 '공무수행권'에 관해서는 다음과 같이 설명하고 있다: "공무담임권에는 해당 공직의 업무를 수행하는 권리가 포함된다. 공직에의 취임과 공직의 유지는 해당 공직을 수행하기 위한 것이므로 공무의 수행은 공무담임권의 내용이다. 그런데 이러한 공무의 수행은 공무를 담임한 자의 책무이기도 하[다]"(위의 책, 566면).

7) 권영성, 앞의 책, 585면 각주 3; 전광석, 앞의 책, 319면; 이준일, 위의 책, 665면; 성낙인, 앞

한 제3기 헌법재판소의 관점에 원칙적으로 동의를 나타내는 적극적인 소장학자도 있다.[8)]

Ⅲ. 제1기 헌법재판소의 판례경향

제1기 헌법재판소는 공무원이 자신의 신분을 부당하게 박탈당하지 않을 이익은 헌법 제25조의 공무담임권이 아니라 헌법 제7조 제2항의 직업공무원제도에 의하여 보장되는 것임을 여러 결정에서 분명하게 판시하였다.

1. 1989년의 국회사무처공무원 자동면직 사건

1989년에 선고된 '국회사무처 공무원 자동면직 사건'[9)]에서 헌법재판관 9인은 전원일치로, 합리적인 이유 없이 공무원의 신분을 부당하게 박탈하는 것은 헌법 제7조 제2항이 보장하는 직업공무원제도의 본질적 내용을 침해한다고 판시하였다. 이 사건은 1980년의 「국가보위입법회의법」의 부칙조항의 위헌 여부가 다투어진 사건인데, 이 부칙조항은 "국회사무처와 국회도서관의 소속 공무원은 [임명권자에 의해] 그 후임자가 임명될 때까지 그 직을 가진다"고 규정하였다. 즉 이 조항은 아무런 합리적인 면직사유 없이 임명권자가 후임자를 임명하는 것만으로 기존 공무원의 신분이 자동 상실되도록 한 것이다.

이 사건에서 헌법재판소는 헌법 제7조 제2항이 채택하고 있는 직업공무원제도의 취지와 핵심적인 보장내용을 다음과 같이 설명하고 있다.[10)]

[직업공무원제도]는 공무원이 집권세력의 논공행상의 제물이 되는 엽관제도를 지

의 책, 552면; 허영, 앞의 책, 646면.

8) 장철준, "공무담임권의 제한과 과잉금지원칙: 구 국가공무원법상 공무원의 당연퇴직사유에 대한 헌법재판소 결정 비판," 법학연구, 제14권 제1호(연세대학교 법학연구소, 2004), 166면 이하 참조. 그러나 장철준은 "직무상 저지른 불법이 법원에서 확정된 공직자의 지위를 유지해 주어야 할 국가의 의무는 없다"고 하면서, 공무원의 신분보장은 당해 공무원이 국가와의 신뢰관계를 훼손하지 않는 한도 내에서 의미를 가지는 것이기 때문에 "공직 비리를 저지른 공무원에게까지 공직 유지의 권한을 공직취임권과 함께 묶어 기본권이라는 관점에서 강한 보호를 해 줄 수는 없[으며,] 비위 공무원에 대한 국가의 면직 권한에 있어서는 입법자의 입법형성권을 폭넓게 존중해야 한다"고 지적하고 있다. 위의 논문, 183면.

9) 헌재 1989. 12. 18. 89헌마32 등(국회사무처공무원 자동면직 사건) [9(일부위헌 · 일부각하) : 0].

10) 판례집 1, 343, 352~353.

> 양하고 정권교체에 따른 국가작용의 중단과 혼란을 예방하고 일관성 있는 공무수행의 독자성을 유지하기 위하여 헌법과 법률에 의하여 공무원의 신분이 보장되는 공직구조에 관한 제도이다. 여기서 말하는 공무원은 … 공무를 담당하는 것을 직업으로 하는 협의의 공무원을 말하며 정치적 공무원이라든가 임시적 공무원은 포함되지 않는 것이다.
>
> 직업공무원제도하에 있어서는 과학적 직위분류제, 성적주의 등에 따른 인사의 공정성을 유지하는 장치가 중요하지만 특히 공무원의 정치적 중립과 신분보장은 그 중추적 요소라고 할 수 있는 것이다. … [공무원의 신분보장]은 당해 공무원의 권리나 이익의 보호에 그치지 않고 국가통치 차원에서의 정치적 안정의 유지와 공무원으로 하여금 상급자의 불법부당한 지시나 정실에 속박되지 않고 오직 법과 정의에 따라 공직을 수행하게 하는 법치주의의 이념과 고도의 합리성, 전문성, 연속성이 요구되는 공무의 차질 없는 수행을 보장하기 위한 것이다.

이어 헌법재판소는 이 사건 부칙조항이 직제의 개폐 등 조직의 변경과 관련이 없이, 또는 소속공무원의 귀책사유의 유무 등 합리적 근거를 제시하지 않은 채 임명권자의 후임자임명이라는 처분에 의하여 그 직을 상실하는 것으로 규정하고 있는데, "이는 임기만료되거나 정년시까지는 그 신분이 보장된다는 직업공무원제도의 본질적 내용을 침해하는 것으로서 헌법 제7조 제2항에 위반된다"고 판단하였다. 이 사건에서 헌법재판소는 공무담임권의 위반 여부에 관해서는 언급조차 하지 않았다.

2. 1990년의 선고유예 지방공무원 당연퇴직 사건(Ⅰ)

1990년에 선고한 '선고유예 지방공무원 당연퇴직 사건(Ⅰ)'[11]에서도 9인의 헌법재판관은 공무원의 신분을 박탈하는 법률조항의 위헌 여부를 판단하기 위한 심사척도로서 헌법 제7조 제2항의 신분보장규정을 거시하였다. 이 사건은 「지방공무원법」상의 당연퇴직조항의 위헌 여부가 다투어진 사건인데, 이 조항은 "금고 이상의 형의 선고유예 판결을 선고받은 지방공무원은 당연히 퇴직한다"고 규정하고 있었다.

이 사건에서 헌법재판소는 헌법 제7조 제2항의 신분보장은 무제한의 보장은 아니라고 하면서, 형의 선고유예 판결은 처벌효과를 수반하는 유죄판결의 일종으로서 이러한 판결을 받은 공무원에게 그 신분을 계속 유지하게 하는 것은 "공직에 대한 국민의 신뢰를 손상시킬 우려가 있기" 때문에 이 사건 당연퇴직조항은

11) 헌재 1990. 6. 25. 89헌마220(선고유예 지방공무원 당연퇴직 사건 Ⅰ) [9(합헌) : 0].

헌법 제 7 조 제 2 항에 위반되지 않는다고 판단하였다.

요컨대, 이 사건에서도 공무원의 신분을 박탈하는 법률조항이 헌법 제25조의 공무담임권을 침해하는지 여부는 거론조차 되지 않았던 것이다. 그러나 뒤에서 살피는 바와 같이, 이 결정은 12년 후인 2002년에 제 3 기 헌법재판소에 의하여 정식으로 파기되게 된다. 이 2002년의 '선고유예 지방공무원 당연퇴직 사건(Ⅱ)'[12]에서 제 3 기 헌법재판소는 위 지방공무원법상의 당연퇴직조항이 청구인의 공무담임권을 과도하게 제한하여 위헌이라고 판단하였다.

3. 1994년의 안기부직원 계급정년제 사건

제 1 기 헌법재판소가 공무원의 신분은 직업공무원제도에 의하여 보장되는 것임을 마지막으로 다시 확인한 사건은 1994년에 선고한 '안기부직원 계급정년제 사건'[13]이다. 이 사건은 공무원의 임용 당시에는 연령정년에 관한 규정만 있었는데 사후에 계급정년규정을 신설하여 정년이 단축되도록 규정한 「(구)국가안전기획부직원법」이 다투어진 사건이다.

이 사건에서 9인의 헌법재판관은 공무원의 정년을 단축하고 있는 계급정년규정은 헌법 제 7 조 제 2 항의 신분보장조항에 위반되지 않는다고 판단하였다. 헌법재판소는 계급정년규정이 '직업공무원제도에 반하는 규정인지' 혹은 '소급입법에 의한 기득권 침해'에 해당하는지가 문제된다고 하면서, 그 위헌 여부를 판단하기 위한 심사기준을 다음과 같이 설시하였다.

> 국민이 공무원으로 임용된 경우에 있어서 그가 정년까지 근무할 수 있는 권리는 헌법의 공무원신분보장 규정에 의하여 보호되는 기득권으로서 그 침해 내지 제한은 신뢰보호의 원칙에 위배되지 않는 범위 내에서만 가능하다고 할 것이고 이 원칙에 위배되는 것은 입법형성권의 한계를 벗어난 위헌적인 것이라 할 것이다. 즉, 공무원법상의 정년규정을 변경함에 있어서 공무원이 임용될 때 발생한 공무원법상의 정년규정까지 근무할 수 있다는 기대 내지 신뢰를 합리적 이유 없이 박탈하는 것은 헌법상의 공무원신분보장 규정에 위배된다 할 것이다.

그러면서 헌법재판소는 "[헌법 제 7 조 제 2 항의] 공무원의 신분보장의 내용은

---

12) 헌재 2002. 8. 29. 2001헌마788 등(선고유예 지방공무원 당연퇴직 사건 Ⅱ) [8(위헌-판례변경) : 1(합헌)].

13) 헌재 1994. 4. 28. 91헌바15 등(안기부직원 계급정년제 사건) [9(합헌) : 0].

어디까지나 법률이 정하는 바에 의하는 것이기 때문에 그 어느 정도 국회의 입법 재량의 여지가 있는 것이라고 할 것이고, 따라서 공무원법의 개정에 의하여 신분 보장의 내용이 변경될 수 있는 것"이라고 판시하였다. 또한 헌법재판소는 직업공무원제도는 제도보장의 하나로서 최소보장의 원칙이 적용되는 것으로서, 이는 기본권이 헌법 제37조 제2항의 과잉금지의 원칙에 의하여 최대한 보장되는 것과는 대조되는 것이라고 판시하였다.

요컨대, 이 사건에서 헌법재판소는 임용된 공무원이 신분을 부당하게 박탈당하지 않을 권리는 헌법 제7조 제2항에서 보호되는 기득권으로서, 이 기득권의 하나인 '정년까지 근무할 수 있는 권리'는 일반적인 기본권과는 달리 그 헌법적 보호수준이 약하다고 평가하였다.

Ⅳ. 제2기 헌법재판소의 판례경향

공무원의 신분유지권이 헌법의 어떤 조항에 의하여 보장되는 것인지에 관하여 제2기 헌법재판소는 제1기 헌법재판소와는 다른 접근방식을 보여주었다. 제2기 헌법재판소는 혼란스러운 인식 속에서 공무원의 신분유지권이 헌법 제7조 제2항에서뿐만 아니라 제25조의 공무담임권조항에서도 보장되고, 심지어 제10조의 행복추구권조항과 제15조의 직업선택의 자유조항에서도 보장되는 듯한 판시를 하고 있다. 이러한 혼란스러운 태도는 각 헌법조항의 보호영역에 관한 충분한 이해와 인식이 부족했던 결과로 이해된다.

1. 1997년의 농촌지도사 정년연장신청 사건

먼저 1997년 3월에 선고된 '농촌지도사 정년연장신청 사건'[14]을 들 수 있다. 이 사건은 국가공무원법상의 58세 정년에 도달한 국가공무원(농촌지도사)이 3년의 정년연장신청을 임명권자(농촌진흥청장)에게 하였으나 6개월밖에 정년연장이 승인되지 않자 이를 다투는 행정소송을 제기하면서, 소송계속중 국가공무원법상의 58세 정년규정의 위헌을 다투어 위헌제청신청을 하고 기각되자 헌법소원을 제기한 사건이다.

이 사건 본안에서의 쟁점은 58세의 정년을 규정하고 있는 법률조항이 정년에

14) 헌재 1997. 3. 27. 96헌바86(농촌지도사 정년연장신청 사건) [9(합헌) : 0].

도달한 국가공무원의 어떤 헌법상의 권리를 어떻게 침해하는가 하는 점이다. 청구인은 다른 공무원에 비하여 짧은 58세의 정년조항이 공무원의 신분을 보장하고 있는 헌법 제7조 제2항에 위반될 뿐만 아니라 헌법 제25조의 공무담임권 등을 침해한다고 주장하였다. 헌법재판관 9인[15]은 이 주장을 배척하였는데, 청구인의 주장에 따라 ① 제7조 위반 여부와 ② 제25조 등의 위반 여부로 나누어 판단하였다.

우선, 제7조 위반 여부와 관련하여 헌법재판소는, 정년제도는 한편으로는 공무원에게 정년까지 계속 근무를 보장하고 또 다른 한편으로는 공직사회의 무사안일 방지 · 인사적체 해소 · 새로운 인재들의 공직참여기회 확대 등 조직의 능률을 유지·향상함으로써 직업공무원제를 보완하는 기능을 수행하기 때문에 제7조 위반이 아니라고 판시하였다.

그러나 판단컨대, 그 동안 헌법재판소가 제7조의 직업공무원제를 제도보장으로 이해해 온 이상, 청구인과 같이 법률이 정한 58세의 정년을 넘어서서 계속 직무를 수행할 이익이 제7조가 보장하는 '공무원의 신분보장'의 내용에 포함되는지, 포함된다면 그 이익을 법률로써 보장하지 않는 것이 직업공무원제도의 본질적 내용을 침해하는 것인지를 논증하였어야 했다. 만일 입법자가 특정 직위나 직급의 정년을 현저히 자의적으로, 예컨대 35세로 설정하였다면 신분보장을 주된 내용으로 하는 직업공무원제의 본질적인 침해가능성도 검토될 수 있을 것이다. 아마도 헌법재판소는 이 사건에서 문제된 58세의 정년이 자의적이라고 볼 수 없다는 판단을 전제하고 있는 것으로 보인다.

이처럼 헌법재판소는 제7조 위반 여부를 판단하고 나서, 더 나아가 조기퇴직하게 하는 이 사건 정년조항이 청구인의 공무담임권(제25조), 직업선택의 자유(제15조), 행복추구권(제10조)을 침해하는지 여부를 판단하고 있다. 헌법재판소는 이 사건 정년조항이 "과잉금지의 원칙을 위반하여 부당하게" 이들 기본권을 "침해할 소지가 있을 수" 있음을 인정한 다음, 즉 기본권의 보호영역에 대한 '제한'이 존재함을 전제로 한 다음, 그러나 정년연령을 몇 세로 할 것인가는 입법정책의 문제라고 하면서 58세로 정년을 정한 것은 헌법재판소가 관여하여야 할 정도로 현저하게 불합리하거나 자의적인 것이 아니어서 이들 기본권이 침해되지 않았다고 판시하고 있다.

그러나 이 부분 논증은 중요한 문제점을 안고 있다. 이 사건에서 청구인이

15) 9인의 재판관: 김용준(재판장), 김문희, 황도연, 이재화, 조승형, 정경식(주심), 고중석, 신창언, 이영모.

침해되었다고 주장하는 헌법상의 권리는 '58세의 정년을 넘어서서 계속 직무를 수행할 이익'인데, 이 이익이 일차적으로 헌법 제7조에 의해서 보장되는 것이라고 판단하여 제7조 위반 여부를 판단하였다면, 달리 더 나아가 헌법 제25조(공무담임권), 제15조(직업선택의 자유), 제10조(행복추구권)에서 보장되는지, 그리하여 이들 조항을 위반하는지 여부를 중복해서 판단할 필요가 없다는 점이다. 아직 헌법재판제도의 초기 단계인 제2기 헌법재판소의 결정에서는 이처럼 각 기본권조항의 보호영역에 관해 체계적인 정리가 되지 않은 결정들을 다수 보게 된다. 이 문제점의 시정은 다음에서 보는 제3기 헌법재판소의 '교원 정년단축 사건'에서 부분적으로 이루어진다.[16)]

아무튼 이 사건에서 9인의 헌법재판관들은 '임명된 공무원이 법률이 정한 58세의 정년을 넘어서서 계속 직무를 수행할 이익'이 헌법 제7조의 직업공무원제도와 제25조의 공무담임권에 의하여 동시에 보장되는 것처럼 설시하고 있는 것이다. 그러나 이는 타당하지 못하다. 제7조와 제25조는 그 입법취지가 다르기 때문에 동일한 보호영역을 경합적으로 가진다고 볼 수 없기 때문이다.

2. 1997년의 집행유예 국가공무원 당연퇴직 사건

위 '농촌지도사 정년연장신청 사건'에서 보인 제2기 헌법재판소의 혼란은 그해(1997년) 11월에 선고한 '집행유예 국가공무원 당연퇴직 사건[17)]'에서도 계속되고 있다. 이 사건에서는 '금고 이상의 형의 집행유예 판결을 선고받은 공무원을 당연퇴직시키는 국가공무원법조항'의 위헌 여부가 다투어졌다. 이 사건에서 다투어진 당연퇴직조항은 앞서 제1기 헌법재판소가 1990년에 선고한 '선고유예 지방공무원 당연퇴직 사건(Ⅰ)'에서의 심판대상조항인 지방공무원법의 당연퇴직조항과 기본적으로 동일한 성격의 공권력작용이었다. 즉, 두 법률조항은 집행유예를 받았느냐 선고유예를 받았느냐의 차이만 있을 뿐 '임명된 공무원의 신분을 박탈하는 공권력작용'이라는 점에서는 완전히 동일하다. 따라서 이러한 공권력작용이 청구인의 어떤 헌법상의 권리를 침해하는지에 관해서는 논증이 일관되어야 하는 것이 마땅하다. 그러나 두 사건에서의 논증은 일관되지 못하다.

앞에서 살핀 바와 같이, 위 1990년의 선고유예 사건(Ⅰ)에서 9인의 헌법재판관들은 지방공무원법의 당연퇴직조항이 헌법 제7조 제2항에 위반되는지 여부만

16) 아래 각주 23) 참조.

17) 헌재 1997. 11. 27. 95헌바14 등(집행유예 국가공무원 당연퇴직 사건) [9(합헌) : 0].

을 판단했을 뿐 헌법 제25조의 위반 문제는 거론조차 하지 않았었다. 그런데 1997년의 이 집행유예 사건에서 9인의 헌법재판관들[18)]은 논증과정에서 헌법 제7조 제2항의 신분보장규정을 명시적으로 거론하면서 그 의미를 밝힘으로써 마치 당연퇴직조항이 헌법 제7조 제2항이 보장하는 공무원의 신분상의 이익을 제한하는 듯이 논증하다가, 마지막에서 가서는 느닷없이 이 사건 법률조항은 "입법자의 재량을 일탈하여 직업선택의 자유나 공무담임권, 평등권, 행복추구권, 재산권 등을 침해하는 위헌의 법률조항이라고 볼 수는 없다"고 판시하고 있다. 이 9인의 법정의견은 '금고 이상의 형의 집행유예 판결을 선고받은 공무원이 계속 직무를 수행할 이익'이 헌법 제7조의 직업공무원제도와 제25조의 공무담임권 등에 의하여 동시에 보장되는 것인 양 애매하게 설시하고 있는 것이다.

3. 1998년의 선고유예 경찰공무원 당연퇴직 사건

위의 혼란은 이듬해인 1998년에 선고한 '선고유예 경찰공무원 당연퇴직 사건'[19)]에서도 그대로 재현되고 있다. 이 사건에서 다투어진 법률조항은 '자격정지 이상의 형의 선고유예 판결을 선고받은 경찰공무원을 당연퇴직시키는 경찰공무원법조항'이다. 이 사건에서도 9인의 헌법재판관들[20)]은 먼저 헌법 제7조 제2항의 신분보장규정을 명시적으로 거론하면서 그 의미를 밝힘으로써 마치 이 사건 당연퇴직조항이 헌법 제7조 제2항이 보장하는 공무원의 신분상의 이익을 제한하는 듯이 설시를 하고서는, 이어 단락의 번호를 바꾸면서 이 사건 당연퇴직조항이 청구인의 "공무담임권, 재산권 및 행복추구권을 침해하는지 여부"를 판단하고 있다.

그러나 헌법재판소는 '임명된 경찰공무원이 신분을 유지하면서 계속 직무를 수행할 권리'가 공무담임권, 재산권, 행복추구권의 내용에 포함되어 있는 헌법상의 권리인지 여부를 전혀 판단하지 않고 있다. 다만, 헌법재판소는 범죄의 예방·진압·수사활동 등을 하는 경찰공무원에게는 보다 높은 윤리성과 성실성이 요구된다는 점, 이러한 경찰공무원이 형사처벌을 받고도 계속 직무를 수행하는 경우 국민의 신뢰가 손상되어 전체 경찰공무원에 의한 원활한 경찰권 행사에 큰 어려움이 생긴다는 점, 자격정지 이상의 형의 선고유예 판결은 기소된 경찰공무원을 공직으로부터 배제하겠다는 법원의 판단이 내재된 것으로 볼 수 있다는 점 등을 열거한 다

18) 9인 재판관: 김용준(재판장), 김문희, 이재화, 조승형, 정경식, 고중석, 신창언, 이영모, 한대현(주심).

19) 헌재 1998. 4. 30. 96헌마7(선고유예 경찰공무원 당연퇴직 사건) [9(합헌) : 0].

20) 9인 재판관: 김용준, 김문희, 이재화, 조승형, 정경식, 고중석, 신창언, 이영모, 한대현(주심).

음, “따라서 이 사건 규정이 입법자의 재량을 일탈하여 공무담임권, 재산권 및 행복추구권을 침해하는 위헌의 법률조항이라고 할 수 없다”고 판시하고 있다.

치밀한 논증이라고 말하기 어렵다. 이 사건은 선고유예 판결을 받은 경찰공무원을 당연퇴직하게 하는 법률조항의 위헌 여부가 문제된 사건이다. 그리고 이 사건은 구체적인 일반소송과 관련 없이 위 법률조항의 위헌 여부를 직접 다툰 ‘헌법재판소법 제68조 제 1 항에 의한 헌법소원’ 사건이다. 그리고 이 사건에서 청구인이 침해당했다고 주장하는 이익은 ‘임명된 경찰공무원으로서 계속 신분을 유지하면서 직무를 수행할 이익’이다.

그렇다면 이 이익이 헌법상 보장되는 이익, 즉 헌법상의 권리인지, 그리고 어떤 헌법상의 권리인지를 우선 확인하여야 한다. 우리 헌법의 어떤 조항이 ‘임명된 경찰공무원이 신분을 유지하면서 계속 직무를 수행할 권리’를 보장하고 있는가? 헌법 제 7 조 제 2 항의 직업공무원제도가 보장하는 ‘신분보장’의 내용인가, 아니면 헌법 제25조의 공무담임권조항이 보장하는 권리인가, 그것도 아니면 헌법 제10조의 행복추구권에 이러한 권리가 포함되어 있는가? 헌법재판소도 판시하고 있듯이 제도보장에는 최소보장의 원리가 적용되고 기본권보장에는 최대보장의 원리가 적용되기 때문에, 제도보장에 의한 공무원의 신분보장의 권리와 기본권조항에 의한 신분보장의 권리는 똑같은 헌법상의 권리라 하더라도 헌법적 평가에 있어서 동일할 수 없는 것이다. 제 2 기 헌법재판소는 헌법 제 7 조 제 2 항의 보호영역과 제25조의 보호영역이 헌법이론적으로 구별된다는 점을 깊이 인식하지 못했던 것으로 평가된다.

그러나 한편으로 동일한 제 2 기 헌법재판소는 또 다른 사건에서는 헌법 제 7 조와 제25조의 보호영역을 구별하고 있어 매우 혼란스러운 상태임을 보여주고 있다.[21)]

21) 헌재 1999. 12. 23. 98헌바33(제대군인가산점 사건 Ⅰ) [9(위헌) : 0]; 헌재 1999. 12. 23. 98헌마363(제대군인 가산점 사건 Ⅱ) [9(위헌) : 0]: 헌법 제25조는 “모든 국민은 법률이 정하는 바에 의하여 공무담임권을 가진다”고 규정하여 공무담임권을 보장하고 있는바, 공무담임권은 각종 선거에 입후보하여 당선될 수 있는 피선거권과 공직에 임명될 수 있는 공직취임권을 포괄하고 있다(헌재 1996. 6. 26. 96헌마200, 판례집 8-1, 550, 557). … 선거직공직과 달리 직업공무원에게는 정치적 중립성과 더불어 효율적으로 업무를 수행할 수 있는 능력이 요구되므로, 직업공무원으로의 공직취임권에 관하여 규율함에 있어서는 임용희망자의 능력·전문성·적성·품성을 기준으로 하는 이른바 능력주의 또는 성과주의를 바탕으로 하여야 한다. 헌법은 이 점을 명시적으로 밝히고 있지 아니하지만, 헌법 제 7 조에서 보장하는 직업공무원제도의 기본적 요소에 능력주의가 포함되는 점에 비추어 헌법 제25조의 공무담임권 조항은 모든 국민이 누구나 그 능력과 적성에 따라 공직에 취임할 수 있는 균등한 기회를 보장함을 내용으로 한다고 할 것이다.

V. 제 3 기 헌법재판소의 판례경향

제 3 기 헌법재판소는 위 제 2 기 헌법재판소의 혼란을 나름대로의 방식으로 극복하고 있다. 즉, 제 3 기 헌법재판소는 공무원의 신분유지권이 다름 아닌 헌법 제25조의 공무담임권조항에서 보장된다는 접근방식을 취하고 있다. 2002년의 한 사건[22]에서는 이 점을 명시적으로 분명하게 선언하기도 하였다. 그러나 기묘하게도 2004년의 또 다른 사건[23]에서는 공무원의 신분보장은 헌법 제 7 조 제 2 항의 직업공무원제에 의하여 인정되는 것이라는 점을 명시적으로 선언하고 있다. 동일한 재판부가 동일한 법리를 다르게 설시하고 있는 것이다. 그리고 이후의 사건들에서는 한 사건에서 재판관들 사이에 견해의 대립을 보이고 있다.

1. 2000년의 교원 정년단축 사건

제 3 기 헌법재판소는 그 초기인 2000년 12월에 선고한 '교원 정년단축 사건'[24]에서부터 공무원의 신분유지권의 헌법적 근거와 관련하여 제 1 기 및 제 2 기 헌법재판소와 결별하고 있다. 이 사건은 초·중등 교육공무원의 정년을 65세에서 62세로 단축한 교육공무원법조항을 교육공무원들이 위헌이라고 주장하면서 청구한 헌법재판소법 제68조 제 1 항에 의한 헌법소원 사건이다.

이 사건에서 청구인들은 이 사건 정년단축조항은 과잉금지의 원칙에 위반하여 교원들의 공무담임권, 재산권, 행복추구권, 교육권, 직업선택의 자유 등의 기본권을 침해한다고 주장하였다. 이에 대해 9인의 헌법재판관들[25]은 정년단축조항으로 인하여 청구인들의 재산권, 행복추구권, 교육권, 그리고 직업선택의 자유가 '제한'되는 바가 없다고 타당하게 판시하면서,[26] 그러나 이 조항으로 인해 청구인들

22) 헌재 2002. 8. 29. 2001헌마788 등(선고유예 지방공무원 당연퇴직 사건) [8(위헌-판례변경) : 1(합헌)].

23) 헌재 2004. 11. 25. 2002헌바8(공무원 직권면직 사건) [9(합헌) : 0].

24) 헌재 2000. 12. 14. 99헌마112 등(교원 정년단축 사건) [9(합헌) : 0].

25) 재판관 윤영철(재판장), 한대현, 하경철(주심), 김영일, 권 성, 김효종, 김경일, 송인준.

26) "교원의 정년단축으로 기존 교원이 입는 경제적 불이익은 계속 재직하면서 재화를 획득할 수 있는 기회를 박탈당한다는 것인데 이러한 경제적 기회는 재산권보장의 대상이 아니라는 것이 우리 재판소의 판례이다. [그리고] 행복추구권은 다른 기본권에 대한 보충적 기본권으로서의 성격을 지니므로, 공무담임권이라는 우선적으로 적용되는 기본권이 존재하여(청구인들이 주장하는 불행이란 결국 교원직 상실에서 연유하는 것에 불과하다) 그 침해 여부를 판단하는 이상 행복추구권 침해 여부를 독자적으로 판단할 필요가 없다. … 청구인들이 주장하는 가르칠 권리(교육권)라

의 공무담임권이 제한되고 있다는 전제하에 그 침해 여부를 판단하였고, 그 결론은 침해되지 않는다는 것이다.

그러나 적어도 헌법재판소는 '교육공무원이 단축되지 않은 본래의 정년까지 교원신분을 유지할 권리'가 왜 헌법 제25조 공무담임권의 보호영역에 속하는 것인지를 먼저 논증했어야 했다. 앞에서 살핀 바와 같이 1994년의 '안기부직원 계급정년제 사건'27)에서 헌법재판소는 9인의 전원일치로 계급정년규정의 신설에 의한 공무원의 정년단축은 헌법 제7조 제2항의 신분보장조항에 위반되지 않는다고 판시하였는데, 이는 '공무원이 본래의 정년까지 신분을 유지할 권리'의 침해 문제는 헌법 제7조 제2항의 문제이지 제25조의 문제는 아니라는 취지였던 것이다. 이렇게 6년 전의 결정에서 판시한 법리를 변경하는 경우에는 최소한 변경의 논거를 밝히는 것이 결정 상호간의 정합성을 확보하는 성숙된 자세일 것이다.

그런데 한편 이 사건에서 헌법재판소는 공무담임권의 침해 여부를 판단하는 부분에서 위 1994년의 계급정년제 사건에서 판시한 내용을 그대로 원용하고 있다: "공무원이 정년까지 근무할 수 있는 권리는 헌법의 공무원신분보장규정에 의하여 보호되는 기득권으로서 그 침해 내지 제한은 신뢰보호의 원칙에 위배되지 않는 범위 내에서만 가능하다고 할 것[이다]" 그러나 이 원용된 부분의 판시취지 중의 하나는 '공무원이 정년까지 근무할 수 있는 권리'는 헌법 제25조의 공무담임권조항이 아닌 제7조 제2항의 직업공무원제에 의하여 인정될 수 있다는 것이다.

요컨대, 이 사건에서 제3기 헌법재판소는 공무원의 신분유지권의 헌법적 근거가 헌법 제25조인 것처럼 명시적으로 밝히긴 했지만 동시에 제7조 제2항도 그 논거의 하나로서 미련을 버리지 못하고 있는 것이다. 따라서 이 사건에서 제3기 헌법재판소는 제2기 헌법재판소의 혼란을 아직 완전히 나름대로 극복하지는 못했던 것으로 보인다. 이 혼란은 다음에서 살피는 2002년의 '선고유예 지방공무원 당연퇴직 사건(Ⅱ)'에서 완전히 나름대로 극복된다.

는 것은 [헌법 제31조 제1항의 교육을 받을 권리(수학권)에서 도출될 수 없으며] 결국 교원의 자격을 계속 유지할 권리를 뜻하는 데 지나지 않으므로 이는 역시 공무담임권의 문제로 귀착될 뿐이라 하겠다. [또한] 공직의 경우 공무담임권은 직업선택의 자유에 대하여 특별기본권이어서 후자의 적용을 배제하므로… 직업선택의 자유는 문제되지 아니한다"(판례집 12-2, 399, 408~409). 이처럼 제3기 헌법재판소가 기본권의 보호영역을 분명하게 구분해내기 시작한 것은 제2기 헌법재판소보다 헌법논증에 있어서 한 단계 성숙된 모습을 보여주는 것이라고 평가할 수 있다.

27) 헌재 1994. 4. 28. 91헌바15 등(안기부직원 계급정년제 사건) [9(합헌) : 0].

2. 2002년의 선고유예 지방공무원 당연퇴직 사건(Ⅱ)

제3기 헌법재판소는 2002년에 선고한 '선고유예 지방공무원 당연퇴직 사건(Ⅱ)'[28]에서 공무원 신분유지권의 헌법적 근거와 관련하여 제1기 및 제2기 헌법재판소와 완전히 결별하는 명시적인 선언을 하게 된다.

이 사건은 이미 제1기 헌법재판소가 1990년에 합헌이라고 결정한 지방공무원법상의 당연퇴직조항[29]이 다시 다투어진 사건이다. 위에서 살핀 바와 같이 1990년의 제1차 당연퇴직 사건[30]에서 9인의 헌법재판관들은 당연퇴직조항이 헌법 제7조 제2항에 위반되지 않는다고 판단하였었다. 그러나 이 제2차 당연퇴직 사건에서 8인의 헌법재판관들[31]은 지방공무원법상의 당연퇴직조항이 공무원인 청구인의 공무담임권(헌법 제25조)을 과도하게 제한하여 위헌이라고 판단하였다. 12년 만에 판례를 명시적으로 변경하면서, 제정 이후 36년간 지속되어 온 법률조항을 위헌이라고 선언한 것이다.

이 사건에서 8인의 다수의견은 제2기 헌법재판소에 비해 보다 세련된 논증태도를 보여주고 있다. 선고유예를 이유로 공무원의 신분을 박탈하는 이 사건 법률조항이 청구인의 어떤 기본권을 어떻게 침해하고 있는지를 분명한 어조로 제시하고 있다. 다수의견은 이 사건 법률조항으로 인해 공무원인 청구인의 공무담임권이 '제한'을 받고 있다는 점을 적시하면서, 이어 이 제한의 정당성 여부를 판단하기 위하여 과잉금지 원칙의 심사척도를 들이대어 목적의 정당성, 수단의 적합성, 침해의 최소성, 법익의 균형성의 위반 여부를 단계별로 살피고 있다. 이처럼 다수의견은 다른 헌법상의 권리는 일체 거론하지 않은 채 공무담임권의 침해 여부만을 판단하고, 그 판단에 있어서도 종래 유사한 법률조항에 대한 심사방식과는 달리 비례심사를 엄격하게 행하고 있다.[32]

그러나 무엇보다 이 글의 주제와 관련하여 8인의 다수의견은 헌법 제25조의 공무담임권의 보호영역을 명시적으로 확장하였는데, '한번 임명된 공무원이 신분을 계속 유지할 권리'도 여기에 포함된다는 것이다.

---

28) 헌재 2002. 8. 29. 2001헌마788 등(선고유예 지방공무원 당연퇴직 사건 Ⅱ) [8(위헌-판례변경) : 1(합헌)].
29) "공무원이 금고 이상의 형의 선고유예 판결을 선고받은 때에는 당연히 퇴직한다."
30) 헌재 1990. 6. 25. 89헌마220(선고유예 지방공무원 당연퇴직 사건 Ⅰ) [9(합헌) : 0].
31) 8인의 재판관: 윤영철(재판장), 하경철, 김영일(주심), 권 성, 김효종, 김경일, 송인준, 주선회.
32) 이 사건의 비례심사에 대한 비판적 분석에 관해서는 장철준, 앞의 논문(각주 8) 참조.

헌법 제25조는 “모든 국민은 법률이 정하는 바에 의하여 공무담임권을 가진다”고 하여 공무담임권을 기본권으로 보장하고 있다. 공무담임권이란 입법부, 집행부, 사법부는 물론 지방자치단체 등 국가, 공공단체의 구성원으로서 그 직무를 담당할 수 있는 권리를 말한다. 여기서 직무를 담당한다는 것은 모든 국민이 현실적으로 그 직무를 담당할 수 있다고 하는 의미가 아니라, 국민이 공무담임에 관한 자의적이지 않고 평등한 기회를 보장받음을 의미하는바, 공무담임권의 보호영역에는 공직취임의 기회의 자의적인 배제 뿐 아니라, 공무원 신분의 부당한 박탈까지 포함되는 것이라고 할 것이다[문장의 논리 오류]. 왜냐하면, 후자는 전자보다 당해 국민의 법적 지위에 미치는 영향이 더욱 크다고 할 것이므로, 이를 보호영역에서 배제한다면, 기본권 보호체계에 발생하는 공백을 막기 어려울 것이며, 공무담임권을 규정하고 있는 위 헌법 제25조의 문언으로 보아도 현재 공무를 담임하고 있는 자를 그 공무로부터 배제하는 경우에는 적용되지 않는다고 해석할 수 없기 때문이다(헌재 2000. 12. 14. 99헌마112 등, 판례집 12-2, 399, 409~414 ; 헌재 1997. 3. 27. 96헌바86, 판례집 9-1, 325, 332~333 참조).[33]

한편, 이러한 8인의 다수의견에 반대하여 한대현 재판관은 반대의견을 개진하였다. 사실 그는 제2기 헌법재판소에서 선고했던 위 1997년의 ‘집행유예 국가공무원 당연퇴직 사건’ 및 1998년의 ‘선고유예 경찰공무원 당연퇴직 사건’의 주심재판관이었다. 위에서 살펴보았지만 위 두 사건에서 9인의 법정의견은 관련 당연퇴직조항을 합헌이라고 판단하였는데, 이를 논증하면서 헌법 제7조 제2항의 신분보장의 의미를 설명하고서는 느닷없이 마지막에 가서 공무담임권 등을 침해하지 않는다고 설시하였다. 이 사건의 반대의견에서도 한대현 재판관은 위 두 사건 법정의견의 논증내용을 그대로 사용하면서 “종전의 우리재판소 견해는 유지되어야 한다”고 반대의견을 피력하였다. 그러나 이 반대의견의 논증방식은 한대현 재판관의 퇴임과 함께 이후의 결정문에서 사라지게 된다. 한대현 재판관의 후임으로 임명된 전효숙 재판관은 위 8인의 다수의견에 동조하고 있는 것이다.

아무튼 이 결정의 법정의견은 이후 선고된 2건의 유사 사건에서 그대로 원용되었다. 2003년 9월에 선고된 ‘선고유예 직업군인 당연제적 사건’[34]과 2003년 10월에 선고된 ‘선고유예 국가공무원 당연퇴직 사건’[35]이 그것이다. 전자의 사건에서는 자격정지 이상의 형의 선고유예를 받은 직업군인을 군공무원직에서 당연히 제적시키는 「군인사법」이 다투어졌고, 후자의 사건에서는 금고 이상의 형의 선고유예를 받은 국가공무원을 당연퇴직시키는 「국가공무원법」이 문제되었다. 이 두

33) 헌재 2002. 8. 29. 2001헌마788 등, 판례집 14-2, 219, 224.

34) 헌재 2003. 9. 25. 2003헌마293 등(선고유예 직업군인 당연제적 사건) [9(위헌) : 0].

35) 헌재 2003. 10. 30. 2002헌마684 등(선고유예 국가공무원 당연퇴직 사건) [9(위헌) : 0].

사건에서 9인의 헌법재판관들[36]은 헌법 제25조의 공무담임권의 보호영역에는 공무원의 신분유지권이 포함되고, 당연제적조항 및 당연퇴직조항은 이러한 신분유지권을 과도하게 침해하는 것이어서 위헌이라고 판단하였다.

그러나 이 3건의 논증방식은 2004년에 선고된 '공무원 직권면직 사건'에서 정면으로 외면되는 듯이 보였다.

3. 2004년의 공무원 직권면직 사건

위 3건의 '공무원 당연퇴직 사건들'에서 공무원의 신분유지권이 공무담임권의 내용이라고 판시했던 제3기 헌법재판소의 동일한 재판관들이 그 1년 후인 2004년 11월에 선고한 '공무원 직권면직 사건'[37]에서는 공무담임권의 내용과 관련하여 완전히 다른 법리를 전개하고 있다. 즉, 공무담임권에는 공무원의 신분유지권이 포함되지 않는다고 단호한 어조로 분명하게 판시하고 있는 것이다.

이 사건은 지방자치단체의 직제가 폐지된 경우에 해당 공무원을 직권면직할 수 있도록 규정한 「지방공무원법」이 다투어진 사건이다. 직제가 폐지되면서 직권면직처분을 받은 지방공무원이 취소소송을 제기하고 그 소송계속중에 이 직권면직조항에 대해 위헌제청신청을 하였으나 기각되자 헌법소원을 제기한 것이다.

이 사건에서의 중요한 쟁점은 직권면직조항이 청구인의 어떤 헌법상의 권리를 어떻게 침해하는가 하는 것이었다. 직권면직조항은 청구인이 공무원으로서 계속 신분을 유지할 권리를 제한하는 것이고, 이 신분유지권은 헌법 제25조의 공무담임권에 의해서 보장된다는 것이 제3기 헌법재판소의 당시까지의 공식적인 판례였었다. 그럼에도 불구하고 돌연 이 사건에서 동일한 재판부의 9인의 재판관들[38]은 자신들이 새롭게 형성한 판례를 깨끗이 잊은 듯이 공무원의 신분유지권은 헌법 제25의 공무담임권에는 포함되어 있지 않고 헌법 제7조 제2항의 직업공무원제도에 의해서 보호되는 것이라고 다음과 같이 분명하게 선언한 것이다.[39]

---

36) 9인의 재판관: 윤영철(재판장), 하경철(국가공무원 당연퇴직 사건의 주심), 김영일, 권 성, 김효종, 김경일, 송인준(직업군인 당연제적 사건의 주심), 주선회, 전효숙.

37) 헌재 2004. 11. 25. 2002헌바8(공무원 직권면직 사건) [9(합헌) : 0].

38) 9인의 재판관: 윤영철(재판장), 김영일, 권 성, 김효종, 김경일, 송인준, 주선회(주심), 전효숙, 이상경.

39) 판례집 16-2, 282, 289~290.

헌법 제25조는 “모든 국민은 법률이 정하는 바에 의하여 공무담임권을 가진다”라고 규정하여 국민에게 선거직공무원을 비롯한 모든 국가기관 및 지방자치단체의 공직에 취임할 수 있는 권리를 내용으로 하는 공무담임권을 보장하고 있다(헌재 1996. 6. 26. 96헌마200, 판례집 8-1, 550, 557). 공무담임권을 보장한다는 것은 모든 국민이 현실적으로 국가나 공공단체의 직무를 담당할 수 있다고 하는 의미가 아니라, 국민이 공무담임에 관한 자의적이지 않고 평등한 기회를 보장받는 것, 즉 공직취임의 기회를 자의적으로 배제 당하지 않음을 의미한다(헌재 2002. 8. 29. 2001헌마788 등, 판례집 14-2, 219, 224). 그러므로 직업공무원의 경우에는 능력에 따라 임용될 수 있는 균등한 기회가 보장되어야 하며, 직무수행능력과 무관하게 예컨대 성별·종교·사회적 신분·출신지역 등을 기준으로 선발하는 것은 원칙적으로 자의적인 차별로서 국민의 공직취임권을 침해하는 것이 된다(헌재 1999. 12. 23. 98헌바33, 판례집 11-2, 732, 755~756).

공무담임권이 위와 같은 내용을 가진다고 할 때 이 사건 규정을 공무담임권 침해 문제로 판단할 수 있는지를 살펴볼 필요가 있다. 그런데 직제가 폐지된 경우 임용권자가 직권으로 면직할 수 있도록 하고 있는 이 사건 규정은 공무원의 공직취임문제와는 거의 관련이 없고 이미 공무원으로 임용된 자의 그 신분 상실과 관련된다할 것이다. 그리고 공무원의 신분상실 문제는 직업공무원제도의 중심을 이루는 공무원 신분보장의 문제로서 공무원의 신분을 박탈함에 있어서는 당해 공무원이 불합리하게 그의 권리나 이익을 침해당하지 않도록 보호해야 한다는 것을 내용으로 한다. 따라서 이 사건 규정의 직권면직에 대해서는 특별한 사정이 없는 한 공무담임권 침해 문제가 아닌 직업공무원제도 위반 문제만을 판단하는 것으로 족하다.

동일한 재판부가 같은 헌법조항의 의미를 놓고 사건에 따라 다르게 해석하고 있는 것이다. 쉽게 납득하기 어려운 부분이다. 앞선 3건의 ‘공무원 당연퇴직 사건들’에서 헌법 제25조의 공무담임권에는 ‘공직취임의 기회를 자의적으로 배제당하지 않을 권리’와 ‘공무원이 부당하게 신분을 박탈당하지 않을 권리’가 모두 포함된다고 그렇게 단호하게 선언해 놓고, 이 사건에 와서는 공무담임권은 ‘공직취임의 기회를 자의적으로 배제당하지 않을 권리’만을 내용으로 하는 것이고, 공무원의 신분유지권, 즉 ‘공무원이 부당하게 신분을 박탈당하지 않을 권리’는 헌법 제 7 조 제 2 항에서 보장되는 것이라고 또 한번 단호한 어조로 말하고 있는 것이다.

그런데 더욱 기이한 것은 이 사건에서 헌법재판소는 공직취임의 기회보장권 ‘만’이 공무담임권의 내용이라고 판시하면서 그 전거로 원용하고 있는 결정은 다름 아니라 공무원의 신분유지권도 공무담임권에 포함된다고 처음으로 분명하게 선언했던 ‘선고유예 지방공무원 당연퇴직 사건(Ⅱ)’(헌재 2002. 8. 29. 2001헌마788 등)

의 결정이라는 점이다. 도대체 헌법재판소는 스스로 형성한 판례와 법리의 의미를 제대로 인식하고 있는지조차 의문스럽게 만드는 대목이다. 그 배경과 원인에 대한 분석은 여기서 나아가지 않기로 한다.

한편, 이 사건 이후 6개월 후에 선고한 2005년의 '지방자치단체장 유죄인정시 권한대행 사건'에서는 또다시 원래의 판례로 돌아가고 있을 뿐만 아니라 한 걸음 더 나아가고 있다.

4. 2005년의 지방자치단체장 유죄인정시 권한대행 사건

'지방자치단체장 유죄인정시 권한대행 사건'[40]에서는 지방자치단체의 장이 금고 이상의 형의 선고를 받은 때에는 형이 확정되지 않더라도 부단체장이 그 권한을 대행하도록 규정하고 있는 「지방자치법」이 다투어졌다. 지방선거에서 당선된 구청장이 취임 전의 범죄행위로 징역 8월에 집행유예 2년을 선고받게 되어 위 권한대행조항에 의하여 직무수행이 정지되자 무죄추정원칙 위반, 공무담임권과 평등권 침해를 주장하면서 제기한 사건이다. 이 사건에서 헌법재판소는 팽팽히 견해가 갈렸는데, 4인 합헌, 4인 위헌 그리고 다른 1인은 다른 이유로 합헌의견을 개진하였다.

이 사건에서의 주요 쟁점 중의 하나는 의회가 법률로써 지방자치단체장의 직무수행을 정지시키는 것이 어떤 헌법조항과 헌법원칙에 위반되는가 하는 점이다. 무엇보다 이 사건 청구인은 일반 국민의 신분이 아니라 구청장이라는 지방자치단체장의 신분에서 자신의 권한이 국가기관인 의회에 의하여 박탈되었다고 주장하고 있는 것이다. 그렇다면 이것은 전형적인 권한쟁의 사건이 아닌가? 그러나 9인의 헌법재판관들은 모두 이 청구를 헌법소원으로 받아들이고 있다. 헌법소원은 국민의 기본권이 공권력작용에 의하여 침해된 경우에 그 기본권을 구제하는 절차일진대, 그렇다면 9인의 헌법재판관들은 구청장의 직무수행권이 국민의 기본권이라고 보고 있는 것이다. 과연 그런가? 만일 그렇다면 이 사건으로 이제 모든 권한쟁의심판은 헌법소원심판으로 대체될 운명에 놓여 있다.

아무튼 헌법재판소는 이 사건 청구를 헌법소원으로 받아들이면서, 지방자치법의 권한대행조항이 구청장인 청구인의 직무수행권을 침해하는지 여부를 판단하고 있다. 그런데 지방자치단체장의 직무수행권은 헌법의 어느 조항에서 보호되는

40) 헌재 2005. 5. 26. 2002헌마699 등(지방자치단체장 유죄인정시 권한대행 사건) [4(합헌) : 1(합헌) : 4(위헌)].

것인가? 이 점에 관하여 4인의 합헌의견[41]과 4인의 위헌의견[42]은 모두 헌법 제25조의 공무담임권에서 보장되는 권리라고 판시하고 있다. 그리하여 이들 8인의 재판관은 공무담임권에는 ① 공직취임의 기회를 자의적으로 배제당하지 않을 권리와, ② 공무원이 부당하게 신분을 박탈당하지 않을 권리에 더하여, ③ 공무원이 권한(직무)을 부당하게 정지당하지 않을 권리도 포함된다고 판시하고 있다. 그리하여 이 사건 권한대행조항은 세 번째의 직무수행권을 제한하는 것인데, 4인의 합헌의견은 그 제한이 과도하지 않다고 판단하였고 반면에 4인의 위헌의견은 그 제한이 과도하여 공무담임권을 침해한다고 판단하였다. 참으로 놀라운 법리전개와 논증방식이다.

그러나 다행스럽게도 이 사건에서 권 성 재판관 1인은 위의 법리와 논증에 분명한 반대의견을 개진하고 있다. 즉, 그는 공무원의 직무수행권은 법이 부여한 '권한'이지 공무원 개인이 향유하는 주관적 공권, 즉 '기본권'이 아니라고 외치고 있다. 군중 속에서 외롭게 외치는 안타까운 호소처럼 들린다.

여기서 권 성 재판관은 종래 자신이 동조했던 판례와 결별을 선언한다. 그는 공무담임권의 보호영역을 '공무원의 신분유지권'까지 공식적으로 확장했던 2002년의 '선고유예 지방공무원 당연퇴직 사건(Ⅱ)'에서 그 결정문에 함께 참여했던 재판관이었다. 이후 또 다른 2건의 당연퇴직 사건에서도 마찬가지였다. 그런데 이 사건에서 권 성 재판관은 공무담임권이란 공직취임의 기회보장권만을 의미하는 것이라고 다음과 같이 타당하게 말하고 있다.[43]

> 헌법 제25조가 규정하고 있는 공무담임권은 모든 공직선거에 입후보할 수 있는 피선거권과 선거직 이외의 모든 공직에 임명될 수 있는 공직취임권을 포괄하는 개념으로서 국민 누구나가 국정의 담당자가 될 수 있는 길을 열어 놓고 있는 참정권을 뜻한다. 따라서 공무담임권은 공직취임에 있어서의 균등한 기회만을 보장하고 일단 당선 또는 임명된 공직에서의 활동이나 수행의 자유는 공무담임권에 의하여 보장되는 것이 아니다.
>
> 공무원이 직무를 수행할 수 있는 것은 법령이 당해 공무원에게 부여한 '권한'이지 공무원 개인에게 부여된 '권리', 즉 주관적 공권이 아니다. 국가는 그 과제를 효율적으로 수행하기 위하여 조직을 구성하고 국가권력을 배분한다. 공무원의 직무수행권은 바로 위와 같은 국가의 객관적 권한배분 내지 조직구성권의 행사의 결과로 주어

41) 4인 재판관: 김경일, 송인준, 주선회, 이공현.

42) 4인 재판관: 윤영철, 김효종, 전효숙, 이상경.

43) 판례집 17-1, 734, 753. 다만, 권 성 재판관이 말하듯이 기본권 침해가 없다면 이 심판청구는 헌법소원으로 받아들일 수 없는 것이라고 하여 각하의견을 내었어야 했다.

진 '권한'(Kompetenz)이며 공무원 개인이 국가에 대하여 요구할 수 있는 주관적 공권이라고 볼 수 없다. 금고 이상의 형을 선고 받은 지방자치단체장의 권한을 부단체장으로 하여금 대행하도록 한 이 사건 법률조항도 당해 지방자치단체의 원활한 운영을 위하여 입법자가 지방자치단체라는 기관의 권한행사의 주체를 변경한 것으로 객관적 권한질서에 관한 것이다.

비록 이 사건 권한대행규정으로 말미암아 단체장의 권한이 정지된다고 하더라도 이는 공무원 개인의 자유를 제한한 것이 아니라 객관적 권한배분 내지 객관적 권한질서의 문제이므로 당해 단체장이 자신의 주관적 공권인 공무담임권이 침해되었음을 이유로 위헌임을 주장할 수는 없는 것이다.

5. 이후의 관련 사건들

이후 헌법재판소는 공무담임권에 공무원의 신분유지권이 포함된다는 판례를 계속해서 유지해 나가고 있다. 또한 권 성 재판관은 이에 반대하는 견해를 계속해서 피력하고 있다.

그런데 재미있는 부분은 이후의 사건들에서 다수의견은 공무원의 신분유지권의 침해가 문제되는 경우에 그 심사강도를 상당히 떨어뜨리고 있다는 점이다. 그리하여 다음의 세 사건에서는 모두 합헌결론이 나고 있다. 이 부분은 이 글의 초점이 아니기 때문에 여기서 더 이상 분석하지 않기로 한다.

우선, 2005년 9월의 '자격정지 지방공무원 당연퇴직 사건'[44]에서는 자격정지 판결을 선고받은 공무원을 당연퇴직시키는 「지방공무원법」이 문제되었는데, 헌법재판소는 이 당연퇴직조항은 청구인의 공무담임권을 과도하게 제한하는 것이 아니라고 판단하면서 청구를 기각하였다. 권 성 재판관은 이 사건에서는 별개의견을 내지 않고 있다.

다음으로, 2005년 10월에 선고된 '선거 관여 지방공무원 당연퇴직 사건'[45]에서는 「지방공무원법」과 「공직선거 및 선거부정방지법」의 관련조항이 문제되었는데, 이들 법률조항에 의하면 선거기간중 공무원이 선거운동과 관련하여 정상적 업무 외의 출장을 하여 선거에 영향을 미치는 행위를 한 이유로 100만원 이상의 벌금형의 선고를 받아 확정이 된 때에는 당연히 퇴직하도록 하고 있다. 이 사건에서 8인의 다수의견은 이 당연퇴직조항이 청구인의 공무담임권을 제한하고는 있지만 과도한 제한이 아니어서 위헌이 아니라고 판단하였다. 이에 대해 권 성 재판관은

44) 헌재 2005. 9. 29. 2003헌마127(자격정지 지방공무원 당연퇴직 사건) [9(합헌) : 0].
45) 헌재 2005. 10. 27. 2004헌바41(선거 관여 공무원 당연퇴직 사건) [8(합헌) : 1(합헌)].

"이 사건 당연퇴직조항을 공무담임권 침해 여부로 심사하는 것은 부적절하고, 직업공무원제도 위반 여부로 심사하는 것이 합당하다"고 별개의견을 개진하고 있다.

마지막으로, 최근의 2006년 5월에 선고된 '형사기소 국가공무원 직위해제 사건'46)에서는 형사사건으로 기소된 공무원에게 임용권자가 직위를 해제할 수 있도록 규정한 「국가공무원법」이 문제되었는데, 여기서도 8인의 헌법재판관은 공무담임권 침해가 아니라고 판단하였고, 권 성 재판관은 직업공무원제도의 본질적 내용을 침해하는 것이 아니라는 별개의견을 개진하였다.

Ⅵ. 공무담임권의 타당한 보호영역

공직에 임명된 공무원이 그 공무원신분을 계속 유지할 수 있는 헌법상의 권리가 있는가? 이러한 권리가 헌법에 의해서 보장된다면, 그것은 어느 헌법조항에서 보장되는가? 그 권리의 성격은 무엇인가? 국민의 기본권인가, 아니면 헌법정책적 차원에서 인정되는 헌법상의 특권인가?

위에서 분석한 바와 같이, 제 1 기 헌법재판소는 공무원이 자신의 신분보장을 요구할 권리는 헌법 제25조의 공무담임권조항이 아닌 헌법 제 7 조 제 2 항의 직업공무원제도에 의해서 보장된다는 전통적인 입장을 보여 왔다. 그런데 제 2 기에 들어서면 헌법재판소는 공무원의 신분보장요구권이 직업공무원제도와 공무담임권조항 모두에 의해서 보장된다는 듯한 애매모호한 논증태도를 보여 주었다. 제 3 기 헌법재판소는 초반부의 결정들에서 공무원의 신분보장요구권은 공무담임권의 보호영역에 속한다고 정식으로 선언하였는데, 그러나 그 직후의 한 사건에서는 공무원의 신분보장은 직업공무원제도의 보장내용이라고 다르게 선언함으로써 제 1 기의 판례로 돌아가는 듯하였다. 그러다가 곧 헌법재판소는 초반부의 판례입장으로 다시 돌아가면서 공무담임권에는 '일반 국민의 공직취임의 기회보장청구권', '공무원의 신분유지권' 그리고 더 나아가 '선출직 공무원의 직무수행권'까지 포함된다고 선언하였다. 1인의 헌법재판관이 이 입장에 단호히 반대하고는 있지만, 이후 현재까지 이러한 입장은 법정의견으로 계속되고 있다.

필자의 결론부터 말하면, 1기 헌법재판소와 권 성 재판관의 입장이 타당하다. 제 3 기 헌법재판소의 다수의견은 심각한 오류를 안고 있다.

헌법 제25조의 공무담임권은 '일반 국민이 가지는 공직취임의 기회보장청구

46) 헌재 2006. 5. 25. 2004헌바12(형사기소 국가공무원 직위해제 사건) [8(합헌) : 1(합헌)].

권'이다. 그 이상 그 이하도 아니다. 따라서 선출직 공무원직에 대해서는 입후보할 수 있는 권리, 즉 피선거권을 의미하며, 그 밖의 다른 공무원직에 대해서는 그 공직에 취임할 수 있는 기회를 함부로 박탈당하지 않을 권리이다. 당연히 공무담임권은 구체적인 공직취임을 요구할 수 있는 권리가 아니다. 더구나 임명 또는 선출된 공무원이 계속해서 신분을 유지하면서 권한을 행사할 수 있는 '권리'는 더더욱 아니다. 이러한 권리는 우리 헌법의 어디에서도 보장되지 않는다.

헌법 제7조 제2항이 보장하는 공무원의 신분보장은 '직업공무원'에게만 헌법정책적인 이유에서 주어지는 특권에 불과하다. 이 특권은 일반 국민에게 보장되는 것과 같은 '기본권'이 아니다. 국민 전체에 봉사하는 직업공무원에게 그 신분을 그때그때의 정치세력으로부터 보호해 줌으로써 국민 전체를 위해 주어진 권한을 객관적이고 공정하게 행사할 수 있도록 하기 위한 것이다. 따라서 이 신분보장의 특권은 공무원 개인의 안위와 이익을 위해서 부여되는 것이 아니다. 다만, 이 특권은 '기본권'은 아니지만, 헌법에 의하여 보장되는 것이기 때문에 '헌법상의 권리'라고는 부를 수 있을 것이다. 이 헌법상의 권리를 '기본권 유사적 권리'로 보아 그 침해에 대해 헌법소원의 형태로 구제를 허용할 것인지는 헌법재판소의 정책판단에 달려 있다.

제3기 헌법재판소가 공무담임권의 침해를 인정한 3건의 당연퇴직 사건에서 청구인들이 청구한 것은 "공무원 신분을 유지하여 권한행사 내지 직무수행을 계속 할 수 있게 해 달라"는 것이었다. 이러한 청구의 핵심은 '신분유지' 그 자체가 아니라 '권한행사 내지 직무수행의 유지'에 있다. 이미 제3기 헌법재판소는 2000년의 '교원 정년 단축 사건'에서, 정년단축으로 인해 교육공무원이 입는 경제적 불이익은 재산권보장의 대상이 아니라고 판시하였다. 따라서 공무원이 자신의 의도와 달리 공무원신분을 조기에 상실함으로 해서 입는 경제적 불이익은 우리 헌법에서 보호의 대상이 되지 않는 것이다. 그 밖에 신분상실로 인한 허탈감이나 불만 또한 헌법에서 보호하는 이익이 아니다. 그렇다면 신분유지의 실익은 '계속적인 권한행사 내지 직무수행'에 있다. 그러나 '권한'은 법에 의하여 주어지는 것이지, 국민이 자신의 이익을 위하여 주장할 수 있는 '권리'가 아니다. 공무원이 권한을 행사할 것인가 여부는 헌법과 법률에 의하여 결정되는 것이며, 또한 공무원은 주어진 권한을 적법하게 행사해야 할 의무를 진다. 공무원이 권한을 부여받고 또 그것을 행사하는 것은 모두 공적인 신분과 자격에서 행하는 것이다. 이러한 공적 성격의 권한행사를 공무원 개인이 사적인 자격으로 요구할 수는 없는 것이다. 헌법재판소는 '권한'과 '권리'를 엄정하게 구분하지 않는 우를 범하고 있다. '권리'의 본질을 지닌 공무담임권 안에 이질적인 속성의 '권한'을 내용으로 하는 이익을 담는 것은 정당하지 못하고 논리적이지도 않다.

한편, 헌법재판소는 공무담임권에 담겨 있다고 하는 '부당하게 공무원신분을 박탈당하지 않을 권리'의 주체가 어느 범위까지인지 해명하지 않고 있다. 오히려 공무담임권에 '선출직 공무원의 직무수행권'까지 포함된다고 선언함으로써 모든 공무원이 이 공무담임권의 주체가 되는 것처럼 이해하고 있는 것으로 보인다. 사실 헌법 제25조가 "모든 국민은… 공무담임권을 가진다"고 규정하고 있기 때문에, 모든 국민이 갖는 공무담임권 안에 공무원의 신분유지권이 포함된다고 보는 이상 그 신분유지권은 어떤 성격의 공무원이든지 일단 공무원이 된 국민이라면 모두 공무원신분유지권의 주체가 된다고 보는 것이 논리적일 수 있다. 그렇다면 이러한 공무담임권의 향유주체는 헌법 제7조 제2항이 보호하는 좁은 의미의 공무원, 즉 직업공무원(공무원법상의 '경력직 공무원')보다 훨씬 광범위해진다. 이제 헌법 제7조 제2항의 신분보장은 무의미해질 것이다. 그리고 정무직 공무원이든, 선출직 공무원이든, 계약직 공무원이든 인사상의 조그마한 불이익조치에 대해서도 헌법상의 기본권인 공무담임권의 침해를 이유로 하는 행정소송이 폭주할 것이며, 국가공무원법과 지방공무원법 그리고 군인사법 등의 모든 공무원법의 규정 중 공무원에게 불리한 모든 조항을 다투는 헌법소송이 폭주할 것이다.

공무원이 신분을 계속 유지하고자 하는 이익을 헌법상의 기본권으로 보장하는 나라는 과문하지만 아마도 없을 것이다. 미국과 일본의 헌법은 공무담임권이라는 기본권조항조차 없다. 독일연방헌법은 제1장의 기본권 장이 아닌 제2장(연방과 주)의 제33조 제2항에서 "독일인은 누구나 그의 적성·능력 및 전문적 업적에 따라 모든 공직에 취임할 평등한 권리를 갖는다"고 규정하고 있다. 그리고 동조 제4항은 "고권적 권한의 행사는 일반적으로 공법상의 근무관계와 충성관계에 있는 공직종사자에게 계속적 임무로서 위탁되어 있다"고 하고, 제5항에서는 "공직근무법은 직업공무원제의 전통적인 제 원칙을 고려하여 규정하여야 한다"고 규정하고 있다.

그런데 미국의 연방대법원은 공무원의 신분을 박탈하는 것에 대해 위헌선언을 하여 구제를 부여하는 경우가 있다. 그러나 그것은 당해 공무원의 공무담임권 내지 신분유지권을 침해해서가 아니라, 당해 공무원이 갖는 표현의 자유나 양심의 자유를 침해하기 때문에 신분박탈이 금지되는 것이다. 예컨대, 공립학교의 교원이 학교이사회의 재무처리를 비난하는 편지를 지역신문사에 보냈다는 이유로 해임당한 경우에 그 해임은 교원의 표현의 자유를 침해하는 것이기 때문에 허용되지 않

는 것이다.[47)]

요컨대, 제3기 헌법재판소는 헌법 제25조에 대한 잘못된 이해에 기초하여, 그리고 제7조 제2항과의 체계적이고 종합적인 이해를 결여함으로써 무리하게 법리를 형성하고 잘못된 논증방식을 채택하고 있는 것으로 평가된다. 기본권의 개념을 확장하는 것만이, 그리고 그 보호영역을 넓히는 것만이 능사가 아니다.

[보 론] 공무원의 신분과 관련한 헌법 제7조 제2항, 제25조, 제78조의 상호 관계

※ 제78조 대통령은 헌법과 법률이 정하는 바에 의하여 공무원을 임면한다.

— 행정부 공무원의 임면권한은 헌법상 대통령의 권한이다. 다만, 의회는 법률로써 그 권한을 제한할 수 있다. 그리고 대통령과 의회는 이 헌법상의 권한을 행사함에 있어서 두 가지 헌법상의 제약(제25조와 제7조 제2항)을 받는다. 제25조의 제약은 "공무원 임용에 있어서 모든 국민에게 원칙적으로 그 문호를 균등하게 개방하여야 한다"는 것이다. 그리고 제7조 제2항의 제약은 '일단 임명된 직업공무원의 정치적 중립성과 신분을 원칙적으로 합리적인 선에서 보장해 주어야 한다'는 것이다.

— 만일 제3기 헌법재판소처럼 제25조의 공무담임권을 '공무원의 신분유지권'까지 포함하는 것으로 해석한다면, 이는 헌법이 허용하는 대통령과 의회의 공무원 임면 관련 권한을 심각하게 제약 내지 박탈하는 것이 된다. 더 나아가, 이러한 신분유지권이 기본권으로 보장되는 것이라면, 기본권보장의 책임을 지는 헌법재판소가 대통령과 의회의 헌법상의 권한에 일일이 간섭하는 것이 된다. 이는 바람직한 기능적 권력분립이라고 보기 어렵다.

— 공무원의 신분이 직접 헌법적으로 보장되는 것은 제7조 제2항에 의한 경우뿐이며, 그 이외에는 법률상의 보장일 뿐이다. 의회는 법률로써 대통령의 공무원임면권을 제한할 수 있고, 그 한도 내에서 당해 공무원은 법률상의 보장을 행정소송을 통하여 실현하게 된다.

— 다만, 헌법재판소는 대통령과 의회가 자신들의 공무원 임면 관련 권한을

47) Pickering v. Board of Education, 391 U.S. 563(1968).

행사함에 있어서 공무원의 중요한 기본권(예컨대, 양심의 자유나 표현의 자유)을 침해하는 형태로 임면권한을 행사하는 경우에 그 기본권 보장을 위해 개입할 수 있다. 물론 이 경우 공무원 신분이라는 상황 때문에 기본권보호의 강도가 일반 국민의 경우와는 달라질 수 있을 것이다.

第69回 발표회 지정토론문

정 남 철*

우선 공무담임권의 보호영역에 관한 헌법재판소의 결정들을 체계적으로 분석하고 심도 있는 논증을 해 주신 이인호 교수님께 감사의 말씀을 드립니다.

1. 공무담임권의 의의 및 보호영역

발표문의 쟁점은 헌법 제25조의 공무담임권의 보호영역이 어디까지 미치는가에 집중되어 있습니다. 특히 발제자가 주장하는 바와 같이 학설은 대체로 공무담임권을 '공직취임의 기회를 박탈당하지 않을 권리', 즉 공직취임의 기회보장청구권으로 이해하고 있습니다. 다만, 이러한 해석을 전제하면서도 공무원신분을 계속 유지할 권리('공직유지권' 또는 '신분유지권')가 헌법 제25조의 보호영역에 포함되는지 여부에 대하여는 다소 논란이 있습니다. 따라서 논의의 핵심은 공직유지권이 공무담임권의 보호영역에 포함되는가 하는 것입니다. 발제자는 공직유지권이 헌법 제25조의 공무담임권이 아니라 헌법 제7조 제2항의 직업공무원제도(Berufsbeamtentum)에 의해 보장된다고 보고 있습니다.

이와 관련하여 발제자는 공무담임권의 보호영역에 관한 판례를 제1기 헌재에서 제3기 헌재로 구분하여 심층적으로 분석하고 있습니다. 그러한 분석에 의하면 제1기 헌재는 공무원의 신분유지권이 직업공무원제에 의해 보장된다는 전통적인 견해를 견지하다가, 제2기 헌재에 와서는 명확한 논거의 제시 없이 이를 직업공무원제도 이외에 공무담임권, 직업선택의 자유, 인간의 존엄과 가치 및 행복추구권 등에 의해 판단하였습니다. 그 후 제3기 헌재는 2004년 지방공무원 직권면직사건(헌재 2004. 11. 25. 2002헌바8)의 예외가 있었으나, 공무원의 신분보장 내지 유지가 직업공무원제도에 의해 보장된다는 전통적인 입장을 대체로 포기하고 공무담임권의 보호영역을 확대함으로써 공직취임기회의 자의적 배제 이외에 신분유지권을 여기에 포함시키고 있습니다. 이와 관련하여 헌법재판소의 결정들이 논리

* 숙명여자대학교 법과대학 조교수.

적 일관성을 유지하지 못하고 상호 모순된 논증을 하고 있다는 발제자의 지적에 전적으로 찬동합니다.

문제가 되는 것은 발제자가 주장하는 바와 같이 제 3 기 헌재의 결정들입니다. 특히 2002년 선고유예 지방공무원 당연퇴직사건(Ⅱ)[1]에서는 종전의 89헌마229 결정을 변경하고 있으며, 헌법 제25조의 공무담임권의 보호영역에 공직취임의 기회보장뿐만 아니라 공무원신분의 '부당한 박탈'까지 포함하고 있습니다. 나아가 2005년 지방자치단체장 유죄인정시 부단체장 등의 권한대행 사건[2]에서는 공무담임권의 보호영역이 '공무원권한의 부당한 정지'로 확대되고 있습니다.

이와 같이 공무담임권의 보호영역을 지나치게 확대하고 있는 제 3 기 헌법재판소의 결정들은 법리적으로 문제가 있다고 보는 발제자의 비판은 매우 의미 있는 것으로 생각됩니다. 이러한 제 3 기 헌법재판소의 결정들은 제 2 기 헌법재판소의 결정, 특히 1997년 농촌지도사 정년연장신청사건[3]에서 연유한 것으로 보입니다. 헌법재판소는 위 결정에서 정년제도가 신분보장과 동시에 공무원에 대한 계획적인 교체를 통하여 조직의 능률을 유지·향상시킴으로써 직업공무원제도를 보완하는 제도로서 직업공무원제도를 위반하였다고 보기 어렵다고 판시하면서도, 특별한 논거의 제시 없이 헌법 제25조 공무담임권 이외에 직업선택의 자유(제15조), 인간의 존엄과 가치 및 행복추구권(제10조) 등의 위반 여부를 비례원칙(과잉금지원칙)에 의해 판단하고 있습니다. 또한 헌법재판소는 공무원 정년제도가 "직업공무원제도의 보완을 위한 공익목적에서 마련된 것이므로 그로 인하여 공무담임권과 직업선택의 자유 및 행복추구권의 제한을 받는다고 하더라도 그 제한은 목적에 있어서 정당한 것이라 할 것이다"라고 하여, 헌법 제25조의 보호영역에 포함되는지 여부를 명확히 설시하지 않고 있습니다.

이러한 헌법재판소의 입장은 독일기본법 제33조 제 2 항의 해석의 영향을 받은 것으로 보입니다. 독일기본법 제33조 제 2 항은 "독일인은 누구나 그 적성·능력 및 전문적 업적에 따라 모든 공직에 취임할 평등한 권리를 가진다"고 규정하고 있으며, 특별한 평등권의 내용으로 해석되고 있습니다. 평등한 공직취임의 기회보장규정은 공무원신분을 획득하는 경우뿐만 아니라, 승진이나 진급의 경우에도 적용된다고 해석하고 있습니다. 또한 기본법 제33조 제 2 항은 직업공무원제도에 위반되지 않는 한, 공직의 박탈시에도 적용된다고 보고 있습니다.[4] 이와 같이 독

1) 헌재 2002. 8. 29. 2001헌마788 등.

2) 헌재 2005. 5. 26. 2002헌마699 등.

3) 헌재 1998. 3. 27. 96헌바86.

4) Maunz, in: Maunz/Dürig, Grundgesetz, Art. 33 Rdn. 18; Jarass/Pieroth, Grundgesetz, 5. Aufl.,

일에서는 공무담임권을 특별한 평등권의 하나로 다루고 있습니다.5)

따라서 현행 헌법의 구조상 공무담임권을 특별한 평등권의 하나로 이해하여 공직취임기회의 자의배제의 의미를 확대해석하는 것은 불가능한지, 그리고 헌법 제7조 제2항의 직업공무원제도와 헌법 제33조 제2항의 공무담임권의 체계적·종합적 해석이 가능하다고 보신다면 어떻게 가능한지에 대해 상세한 설명을 부탁드립니다.

2. 공무원의 신분유지권(또는 직무수행권)의 의의 및 법적 성질

이를 위해서는 공무원의 신분유지권의 법적 성질을 검토할 필요가 있습니다. 발제자는 이러한 직업공무원제도를 제도적 보장으로 이해하면서, 공무원의 신분보장을 헌법정책적인 이유에서 주어지는 '특권'에 불과하다고 보고 있습니다. 또한 이러한 신분보장의 특권은 기본권은 아니지만 '憲法上의 權利'로 볼 수 있으며, 이를 독일의 '기본권 유사적 권리'로 보아 헌법소원의 형태로 구제할 수 있는지 여부는 헌법재판소의 정책적 판단에 맡겨져 있다고 주장하고 있습니다(발표문, p. 20).

그러나 공무원의 신분보장은 정치적 중립성과 밀접한 관련을 가지고 직업공무원제도에 의해 보장되나, 그 구체적인 내용(예컨대 신분보유권, 직무수행권 등)은 "법률이 정하는 바에 의하여," 즉 입법자의 형성적 자유에 의해 구체화되는 것입니다(헌법 제7조 제2항; 국가공무원법 제68조; 지방공무원법 제60조).6) 물론 공무담임권의 경우 권리인지 여부에 대하여 異見도 있으나 통설·판례는 '권리'(기본권)로 이해하고 있습니다.7) 발제자도 공무담임권으로 판단한 3건의 제3기 헌법재판소의 결정에서 문제가 된 것은 공무원의 '신분유지'가 아니라 '권한행사 내지 직무수행의 유지'에 있다고 보고, 계속적인 직무수행 내지 권한행사는 권리가 아니라고 평가하면서 권리의 본질을 가진 공무담임권 안에 권한을 내용으로 하는 이익을 담는 것은 정당하지 못하고 논리적이지 않다고 지적한다는 점에서 동일한 입장을 견지하고 있습니다(발표문, pp. 20~21). 한편, 독일의 경우에는 공무담임권을 소위 기본권유사적 권리(grundrechtsgleiche Rechte)로 보고 있습니다(독일기본법 제93조 제1항

Art. 33 Rdn. 9.

5) K. Hesse, Grundzüge des Verfassungsrechts der Bundesrepublik Deutschland, 20. Aufl., §12 Rdn. 437.

6) 김남진·김연태, 행정법 II, 제10판, 221면.

7) 허영, 한국헌법론, 제3판, 513면; 홍성방, 헌법학, 개정3판, 615면.

제4a호 참조). 따라서 이러한 신분상의 제 권리를 무리하게 헌법상의 권리 내지 기본권유사적 권리로 이해하기보다는 법률상의 권리(개인적 공권)[8]로 이해하는 것이 보다 더 타당하다고 판단됩니다.[9]

8) 박윤흔, 최신행정법강의(하)(2004), 245면.

9) 공무원의 신분상 권리를 개별법상의 권리로 소개하는 견해로는 예컨대 권영성, 헌법학원론(2006), 233면; 홍성방, 헌법학, 개정 3 판, 723면 참조.

第69回 발표회 지정토론문

노 희 범*

1. 먼저 공무원의 신분보장에 관한 헌법재판소의 판례를 일괄하고 그 논증의 일관성 부족과 부정합성을 밝혀낸 이인호 교수님의 발표는 매우 의미있는 작업이었다고 생각됩니다. 또 토론자도 발표자의 의견에 동의하는 부분이 많이 있습니다. 그렇지만 오늘은 공무원의 신분보장에 대하여 논의를 전개한다는 측면에서 발표자와는 다른 관점에서 접근해 보겠습니다. 특히 공무원의 신분 내지 직무배제와 관련한 헌법적 보장에 대한 저의 평소 의문에 대하여 몇 가지 문제를 제기하는 것으로 지정토론을 대신할까 합니다.

2. 헌법 제7조 제2항의 직업공무원제도 규정에 의한 공무원의 신분보장의 한계

결론부터 말씀드리면, 공무원의 신분보장에 직업공무원제도는 한계가 있다고 봅니다. 즉, 정권교체와 관련없는 공무원의 정년제도, 개인적 비리와 관련한 신분박탈 내지 직무배제 등은 보호받기 어렵다고 생각합니다. 먼저 헌법재판소도 판시한 바와 같이 [직업공무원제도]는 정권교체에 따른 국가작용의 중단과 혼란을 예방하고 엽관제도의 폐해를 방지하여 일관성 있는 공무수행을 유지하기 위한 공직구조에 관한 제도[1]입니다. 따라서 본 규정은 새 정권에 의하여 신분을 박탈당하거나 불이익을 당하는 것을 방지하는 데에 있고, 정권교체 등과 관련없이 입법자의 정책적 판단에 따른 신분의 박탈이나 신분상의 불이익까지 그 보호범위로 하고 있다고 보이지 않습니다. 헌법재판소도 [헌법 제7조 제2항의] 공무원의 신분보장의 내용은 어디까지나 법률이 정하는 바에 의하는 것이기 때문에 국회의 입법재량의 여지가 있고, 법의 개정에 의하여 신분보장의 내용이 변경될 수 있다고 보고 있습니다. 즉, 직업공무원제도는 제도보장의 하나로서 최소보장의 원칙이 적용

* 헌법재판소 헌법연구관.

1) 헌재 1989. 12. 18. 89헌마32 등, 판례집 1, 343, 352~353.

되고 기본권이 헌법 제37조 제2항의 과잉금지의 원칙에 의하여 최대한 보장되는 것과는 대조된다고 판시하고 있습니다.

실제로 공무원의 정년제도, 정년단축, 형사처벌을 받은 공무원에 대한 당연퇴직제도 등에 대하여 직업공무원제 위반으로 위헌결정된 사례가 없습니다.[2] 유일하게 위헌결정된 것은 제1기 재판부의 안기부직원계급정년제사건(1994)인데 이는 직업공무원제 위배라기보다는 임명시 정년까지 근무할 기득권을 침해하는 것으로 신뢰원칙에 위배된다고 위헌결정한 사례입니다. 결국 공무원의 신분보장은 직업공무원제 규정으로는 한계가 있고 과연 공무원 신분을 무엇으로 커버할 것인지 문제가 됩니다. 여기서 헌법 제25조 공무담임권 내지 직업선택의 자유가 등장하게 된 것이라고 생각합니다.

3. 공무담임권의 보호영역

공무담임권의 보호영역에 대하여 학계의 대체적인 정의는 공직취임에 있어서의 균등한 기회보장으로 보고 있는 것 같습니다. 초창기 헌법재판소가 공무담임권의 보호영역을 공직취임에의 균등한 기회보장으로 본 것은, 아마도 독일 기본법 제33조 제2항의 규정 문언을 그대로 풀이한 것과 같다고 봅니다. 독일 기본법 제33조 제2항은 "독일인은 누구나 그의 적성, 능력 및 전문적 업적에 따라 모든 공직에 취임할 평등한 권리를 가진다"고 규정하고 있어서 공무담임권을 공직취임에 있어서의 기회균등을 강조한 평등권의 특수형태로 보고 있습니다. 그러나 우리 헌법 제25조는 단지 "모든 국민은 법률이 정하는 바에 의하여 공무담임권을 가진다"고 규정하고 있어서 독일기본법의 규정문언과는 차이가 있습니다. 공무담임권은 넓은 의미로 보면 국정운영에 모든 국민의 참여를 보장하는 데 있다고 봅니다. 참여란 취임(임명)하는 데 그쳐서는 의미가 없습니다. 직접 공직을 수행하는 것에 궁극적 의미가 있다고 봅니다. 그렇다면 공무'담임'이라는 문언의 의미를 오로지 '취임'으로만 해석해야 할 당위성은 없다고 봅니다. 공무'담임'의 문언적 의미 속에는 공직의 '취임', 취임한 공직의 '행사', '부당한 공직의 박탈배제'를 포함하는 것으로 해석함이 취임을 보장한 제정자의 의사에도 부합하는 것이 아닌가 합니다.[3]

2) 국회사무처공무원자동면직사건(1989), 선고유예지방공무원퇴직사건(1990), 농촌지도사정년연장신청사건(1997), 집행유예국가공무원사건(1997), 교육공무원정년단축사건(2000), 직제폐지로 인한 직권면직사건(2004)에서 헌법재판소가 직업공무원규정을 적용하여 위헌 여부를 판단했지만, 모두 합헌 결정되었다.

3) 직업선택의 자유를 보장한다고 규정하고 있지만, 거기에는 직업의 수행뿐만 아니라 선택한 직

헌법재판소는 ① 공직취임의 균등한 기회보장→② 공직취임의 균등한 기회보장+공무원신분의 부당한 박탈배제→③ 공직취임의 균등한 기회보장+공무원신분의 부당한 박탈배제+직무수행의 부당한 정지배제까지 포함한다고 공무담임권의 보호영역을 순차적으로 확대하고 있음은 사실입니다. 그러나 이런 흐름은 헌법재판소가 헌법 제25조의 공무담임권의 보호영역을 의도적으로 확대한 것이라기보다는 헌법 제25조를 구체적 사건의 해결을 위해 적용한 결과 나타난 것이라고 볼 수 있습니다. 즉, 초창기에는 공직취임에 있어서의 평등에 관한 사건이 다투어졌다가 서서히 신분박탈, 직무정지 등의 사건이 접수되었고 이런 추세와 더불어 헌재의 설시도 넓혀졌음을 알 수 있습니다. 그렇다면 헌법재판소가 공무담임권의 보호영역을 '확대'한 것이라기보다는 구체적 사건에 접하여 그때 그때 사안에 맞게 헌법 제25조의 의미를 '확인'한 것으로 볼 여지도 있다고 하겠습니다.

4. 공무담임권과 직업선택의 자유와의 관계

공직도 직업의 일종임은 분명하므로 공무담임권 규정과 직업선택의 자유 규정의 관계가 문제됩니다. 즉, 특별관계인가 경합 내지 보충관계인지가 문제됩니다.[4] 종래 판례는 공무담임권과 직업선택의 자유와의 관계를 명확히 하지 않고 양자의 제한을 모두 인정한 경우도 있으나 최근에는 공무담임권이 문제되는 경우에는 직업선택의 자유의 제한은 문제되지 않는다는 판례가 주류인 것으로 보입니다.[5] 독일 연방헌법재판소도 특별관계로 보고 있습니다. 공직취임의 경우 특별관계라는 점은 문제가 없습니다만 공직의 수행의 경우 직업선택의 자유의 보호영역에 포함되는지 의문이 있습니다. 공직수행권이 공무담임권에 포함되지 않는다면, 자치단체장 유죄인정시 직무정지사건에서 본 바와 같이 '직무정지'를 직업수행의 자유에 의하여 보호된다고 볼 수 있는지 의문인데 이에 대한 발표자의 견해를 듣고 싶습니다.

업을 종료할 자유가 포함되는 것과 같은 이치로 봅니다.

4) 공직의 경우 공무담임권은 직업선택의 자유에 대하여 특별기본권이어서 후자의 적용을 배제한다(헌재 2000. 12. 14. 99헌마112 등, 판례집 12-2, 399, 409).

5) 직업선택의 자유는 모든 국민이 자신의 삶을 영위해 나가는 생활의 터전이 되고 각자의 개성을 발휘하고 인격을 실현하는 데 필수불가결한 기본권이다. 따라서 국민이 선택하고 수행하고자 하는 직업은 그것이 공직이든 아니든 국가는 이를 최대한으로 보장할 의무가 있는 것이다. 그런데, 국민이 선택하고 수행하고자 하는 직업이 공직인 경우에는 공무담임권과 결부되고 그것을 통하여 실현된다고 할 것이다(헌재 2001. 2. 22. 2000헌마25, 판례집 13-1, 386, 412~413 참조).

5. 선출직 공무원의 신분보장은?

헌법 제7조 제2항의 직업공무원제는 협의의 공무원을 그 규율대상으로 하고 있습니다. 발표자의 견해대로 공무원의 신분보장은 직업공무원제에 근거해야 한다고 한다면, 지방자치단체장과 같은 선출직 공무원(정치적 공무원)의 신분은 전적으로 입법자의 재량에 맡겨져 있다고 할 것입니다(입법자는 무한대의 재량행사가 가능해져 극단적인 경우 단체장의 조그만한 품위손상행위가 있는 경우 당연퇴직을 규정했다면 어떻게 되는가?). 선출직 공무원의 신분은 헌법적으로 보장되지 않는 것인지, 보장된다면 과연 어떤 근거에 의하여 보장되는지 고견을 듣고 싶습니다.

6. 직무수행이 개인적 공권인지 객관적 권한인지?

발표자께서는 자치단체장 유죄인정시 권한정지사건에서 의회가 단체장의 권한을 정지시킨 것은 전형적인 권한쟁의 사건임에도 불구하고, 헌법재판소가 직무수행권을 공무담임권의 보호영역에 포함시킴으로써 모든 권한쟁의 사건이 헌법소원으로 대체되게 되었다고 합니다(발표문 17면). 그러나 권한쟁의는 국가 '기관' 상호간의 헌법 내지 법률에 의하여 부여된 권한의 존부 및 범위에 관한 다툼에 관한 것이지 법률로 이미 부여된(존부나 범위에 관한 다툼이 없는) 단체장의 권한을 개인적 사유(비리)에 의하여 제한하는 것은 권한쟁의의 대상으로 볼 수 없다고 봅니다. 다만 공무원의 직무수행권을 개인적 공권으로 보더라도 그 제한의 입법 재량범위는 크다고 봅니다.

7. 헌법 제7조 제2항과 헌법 제25조의 조화로운 해석

공무원의 신분보장을 강화하고 선출직 공무원의 신분보장에 대한 기본권 보장의 공백을 메우기 위해서 헌법 제7조 제2항과 제25조 그리고 헌법 제15조를 조화롭게 해석하는 것은 충분히 가능하다고 봅니다. 기본권의 보호영역론 또한 보호범위를 한정하기 위한 것이고 기본권 보장을 확실히 하기 위한 것이라는 관점에서 보면, 양자를 배타적인 것으로 볼 필요는 없다고 봅니다.

≪공무원의 신분 또는 직무배제관련 헌재결정례≫

연번	사건 (연도)	심판대상	쟁점	적용법조				결과
				§ 7②	§ 25	§ 15	기타	
1	89헌마32 (1989)	국회사무처공무원 후임자 임명시 당연면직 (국가보위입법회의법부칙)	당연면직 (신분상실)	○				위헌
2	89헌마220 (1990)	금고 이상 형의 선고유예시 당연퇴직(지방공무원법)	당연퇴직 (형사처벌)	○				합헌
3	91헌바15 (1994)	안기부직원 계급정년 (국가안전기획부직원법)	당연퇴직 (계급정년)	○				위헌
4	96헌바86 (1997)	농촌지도사 정년연장신청 (국가공무원법)	정년연장 (신분보장)	○	○			합헌
5	95헌바14 (1997)	금고 이상의 형의 집행유예시 당연퇴직 (국가공무원법)	당연퇴직 (형사처벌)	○	○	△	평등, 재산, 행복추구	합헌
6	96헌마7 (1998)	자격정지 이상의 형의 선고유예시 당연퇴직 (경찰공무원법)	당연퇴직 (형사처벌)	○	○		평등, 재산, 행복추구	합헌
7	99헌마112 (2000년)	65세에서 62세로 정년단축 (교육공무원법)	정년단축 (신분보장)	△	○		신뢰보호	합헌
8	2001헌마788 (2002)	금고 이상의 형의 선고유예시 당연퇴직(지방공무원법)	당연퇴직 (형사처벌)		○			위헌
9	2003헌마293 (2003년)	자격정지 이상의 형의 선고유예시 당연퇴직(군인사법)	당연제적 (형사처벌)		○			위헌
10	2003헌마106 (2003년)	국회의원입후보할 경우 당해 자치단체장 선거일 전 180일 퇴직강제(공직선거법)	퇴직강제 (신분보장)		○		평등원칙	위헌
11	2002헌마684 (2003년)	금고 이상 형의 선고유예 당연퇴직(국가공무원법)	당연퇴직 (형사처벌)		○			위헌
12	2002헌바8 (2004년)	직제 폐지로 인한 직권면직 (국가공무원법)	직권면직 (직제폐지)	○				합헌
13	2002헌마699 (2005년)	지방자치단체장 금고 이상형 선고시 권한대행 (지방자치법)	직무정지 (유죄선고)		○		무죄추정	합헌 (4:4)
14	2003헌마127 (2005년)	자격정지 판결 선고시 당연퇴직(지방공무원법)	당연퇴직 (형사처벌)		○			합헌
15	2004헌바41 (2005년)	선거범죄로 벌금형 선고시 당연퇴직(공직선거법)	당연퇴직 (형사처벌)		○			합헌
16	2004헌바12 (2006년)	형사사건으로 기소될 때 직위해제(국공법)	직무정지 (형사기소)		○		무죄추정, 적법절차	합헌

第69회 발표회 토론요지

사 회 자 : 신우철(교수)
토론참여자 : 정남철(교수) 노희범(헌법연구관) 정문식(교수)
이승우(교수) 김동건(교수) 이명웅(헌법연구관)
장석조(헌법연구관) 이동흡(헌법재판관)

간 사 : 안녕하십니까? 헌법실무연구회 간사를 맡고 있는 전종익 연구관입니다.

발표회 시작하기 앞서 몇 가지 말씀드릴 게 있습니다. 중앙대학교 이인호 교수님께서 저희 헌법실무연구회 학계쪽 간사를 참 오래하셨습니다. 제 기억에도 약 6년 가량하셨습니다. 오늘 이 발표회를 마지막으로 간사직을 물러나시고 새로 동국대학교 법과대학의 황성기 교수님께서 학계쪽 간사를 맡아주시기로 하셨습니다.

황성기 간사 : 안녕하십니까? 동국대 법대 황성기입니다. 여러 모로 능력은 부족하지만 최선을 다하도록 하겠습니다. 특히 전임 간사분께서 너무 열심히 하셔서 부담스럽긴 하지만, 전임 간사 못지않은 훌륭한 간사가 되도록 노력하겠습니다. 감사합니다.

간 사 : 말씀드린 것처럼 오늘 발표는 이인호 교수님께서 해 주실 것이고 사회는 중앙대학교의 신우철 교수님께서 해 주시겠습니다. 지금부터 발표회 운영은 신 교수님께서 해 주시겠습니다.

사 회 자 : 중앙대학교 신우철입니다.

오늘 발표 맡으신 이인호 선생님하고 같은 대학에 근무하고 있어서 이거 상피제도가 적용이 되어야 되는 사안인 것 같은데, 어떻게 그렇게 됐습니다. 오늘 저희 헌법실무연구회 발표회 회장님이신 이공현 재판관님 참석하셨습니다. 그리고 조대현 재판관님 참석하셨습니다. 그리고 이동흡 재판관님 참석하셨습니다.

오늘 발표를 맡아주실 이인호 교수님은 헌법재판소 연구원, 연구관으로 오래 재직하시고, 현재 중앙대학교 법과대학에서 헌법전공교수로 재직하고 계십니다. 오늘 발표를 맡아주실 주제는 공무담임권의 보호영역에 관한 헌법재판소 판례비판이라는 주제가 되겠습니다.

토론을 맡아주실 분은 먼저 정남철 교수님 소개합니다. 정남철 교수님께서는 현재 숙명여자대학교 법과대학에 재직하고 계시고 행정법을 전공하고 계십니다.

두 번째 토론을 맡아주실 분은 헌법재판소 노희범 연구관님이십니다. 사법시험 합격하시고 헌법재판소에서 계속 연구관으로 근무하고 계시고 헌법실무에 직접 참여를 하고 계십니다.

그러면 오늘 주제에 대해서 곧바로 발표자의 발표내용을 듣도록 하겠습니다. 시간을 통제하는 것이 사회자의 임무이기 때문에 달갑지 않은 말씀을 드려야 될 것 같습니다. 30분 안에 끝내주시면 고맙겠습니다. 부탁드립니다.

<주제발표자 발표>

사 회 자 : 이인호 교수님 발표 있었습니다.

기본권보호범위문제는 사실 아직까지 헌법학교과서에서 어떤 체계적인 설명이 이루어지고 있지는 못합니다마는 이미 수많은 헌법재판소 결정들을 통해서 논증의 도구로서 사용되고 있는 개념으로 알고 있습니다.

특히 양심의 자유라든가 일반적 행동자유권 같은 것, 보호범위 같은 문제, 안전띠사건이라든가 혹은 음주측정사건이나 기타 여러 가지 사건들에서 이미 이루어지고 있고 그래서 오늘은 이 기본권보호범위 중에서 이인호 선생님께서는 헌법 제27조의 공무담임권의 보호범위와 관련해서 공직에 취임할 수 있는 기회의 보장만이 여기에 해당하는 것으로 좁게 해석을 해야 된다. 그리고 이미 공무원으로 취임해 있는 사람의 신분의 유지에 관한 것은 직업공무원제도에 관한 우리 헌법 7조 2항의 규정에 의해서 보장되는 것이고 그것이 대통령의 어떤 공무원임면권, 임명 이외에 면직까지도 할 수 있도록 되어 있는 이 권한과의 어떤 조화적인 해석이 아닌가, 이런 취지에서 기존 헌법재판소의 판례의 태도를 비판하는 논지를 전개하신 것으로 보입니다.

제 개인적인 생각으로는 우리 헌법 15조는 직업선택의 자유는 선택만 보장하는 것으로 되어 있는데, 실제로 또 행사하는 것까지도 다 내용으로 하고 있거든요. 이런 경우는 또 어떻게 조화될 수 있을 것인가 하는 그런 의문도 있을 것이라고 생각합니다.

물론 이 기본권보호범위라고 하는 논리 자체는 사실은 독일헌법학에서 많이 발전 되었던거든요. 오늘 독일에서 공부를 하신 정남철 교수님께서 또 의미 있는 지적을 해 주실 것으로 생각을 하면서 토론 부탁드리겠습니다.

< 지정토론자(정남철) 발표 >

사 회 자 : 정남철 교수님께서 세 가지 정도 문제를 지적하신 것 같습니다.

첫째로는 독일기본법 33조 2항의 평등권, 공직취임기회의 보장이라는 평등의 측면과 관련해서 우리헌법 27조를 해석할 수 있는 여지는 없는 것인지.

둘째로는 그렇게 해서 공무원의 취임, 직무, 신분의 보장문제를 7조 2항의 직업공무원제도의 보호범위에서 해당하는 것으로 보게 된다면 그러면 7조 2항과, 정 교수님! 33조 2항이 아니고 25조를 말씀하시는 것이겠지요?

정 남 철 : 예, 25조입니다.

사 회 자 : 25조의 공무담임권의 두 개의 기본권의 상호관계, 기본권과 제도적보장과의 상호관계의 문제, 체계적인 관계의 문제를 질문하셨고요. 마지막으로 행정법적인 그런 시각에서 공무원의 여러 가지 권리들은 단순한 헌법적인 권리라기보다는 공법상의 권리로 파악할 수도 있지 않겠는가 그런 질문을 하셨습니다.

바로 대답을 하시고 다음 토론으로 넘어가는 것이 좋겠습니까? 어떻겠습니까? 그러면 바로 토론에 이어서 발제자의 답변을 듣도록 하겠습니다.

발 표 자 : 7조 2항과 25조의 관계는, 저는 25조는 간단하게 공직취임에 있어서의 "누구나 개방해라"라고 하는 취지고요. 일단 그렇게 해서 어쨌든 공무원이 되면 직업공무원의 경우는, 일반적으로 모든 공무원이 해당될 수 없습니다, 왜냐하면 정치적 중립과 신분보장을 해 주는 이유가 직업공무원에 한정되기 때문에. 직업공무원들의 경우에는 법률이 정하는 바에 의하여 그 한계 내에서 일정한 신분보장을 받게 됩니다. 그 두 관계는 그렇게 저는 미묘한 관계는 아니라고 생각합니다.

다만 두 번째 질문하셨던, 7조 2항에서 말하는 법률상의 권리로 볼 수 있는 것 아닌가, 그것을 법률상의 권리로 보면 헌법재판소가 개입을 못하게 됩니다. 7조 2항 자체가 헌법의 규정이고 헌법에 의해서 보장됩니다. 만약에 그렇다면 우리가 예를 들어 청원권이 법률이 정하는 바에 의하여 청원권을 가진다라고 되어 있는데 그러면 청원권도 그 법률이 정하는 바에 의해서 정해지면 그거 자체로 그냥 헌법상의 권리가 아닌 법률상의 권리에 불과한가? 그럴 수는 없는 것 아니냐? 그러니까 헌법이 입법자에게 법률을 통해서 적어도 일정한 정도, 합리적인 선에서 직업공무원의 신분을 보장해 주라는 명령이기 때문에 만약에 입법자가 그와 같은 명령을 불이행한다고 할 경우에는 헌법에 기초해서 그 법률 자체를 무효화시킬 수 있는 것이라고 생각됩니다. 다만 7조 2항의 경우는 입법자에게 상당히 광범위한 형성권한을 주었기 때문에 그에 대한 위헌여부판단은 상당히 느슨할 겁니다.

결국 제도보장의 형태로 가게 되고 최소보장의 형태로 위헌심사가 이루어지지 않겠는가, 따라서 저는 법률상의 권리로는 볼 수 없고 헌법상의 권리라고 생각합니다.

문제는 그와 같은 헌법상의 권리의 성격을 어떻게 이해할 거냐, 기본권이라고 볼 수 있나? 기본권으로는 볼 수 없다. 기본권은 국민의 권리이고 어떤 공직을 유지하고자 하거나 공직의 신분을 보장받고자 하는 이익은 국민의 권리는 아닙니다.

그것은 공직유지에 관련된 신분보장이고 따라서 그때 당해 공무원이 계속 7조 2항을 통해서 헌법에 의해서 신분을 계속 유지할 수 있다고 하는 이익은 기본권은 아니지만 그래도 헌법상의 권리임에는 틀림없다. 그러면 그것을 어떻게 보장할 것인가. 왜 이게 상당히 의미가 있다고 생각되느냐 하면 헌바사건에서는 기본권침해 여부가 문제 안 되니까 7조 2항의 직업공무원제도 바로 들어가도 문제없는데, 헌마사건으로 들어올 때는 기본권침해가 없기 때문에 헌법소원 적격 자체가 인정되지 않는 것 아니냐, 따라서 각하해야 되느냐, 다시 말해서 7조 2항의 신분보장을 받고자 하는 공무원이 헌법소원을 제기했을 경우에 그 헌법소원에 대해서 인정을 어떻게 할 거냐 하는 겁니다.

기본권은 아니지만 헌법상의 기본권 유사한 권리로, 적어도 당해 공무원의 개인과 직결되어 있는 이익으로서 인정을 해서 기본권유사적 권리로서 볼 수 있는데, 저는 그 부분 정확히 판단은 못했습니다. 그 부분은 헌법재판소가 어떤 정책판단을 하느냐에 따라서 저는 충분히 헌법상의 권리로 인정해서 기본권 유사한 권리로서 헌법소원의 대상이 될 수 있는 것으로 할 수 있다고 생각이 됩니다.

그래서 그것을 단순한 법률상의 권리로 보기는 어렵다고 생각됩니다.

사 회 자 : 노희범 연구관님 토론을 듣고 토론자께 다시 한번 질문할 수 있는 기회를 드리는 게 좋겠습니다.

서로 생각할 시간을 가질 필요가 있을 것 같습니다.

노희범 연구관님께서 아까 잠시 말씀드린 그런 직업선택의 자유와의 관계문제라든가 직업공무원이 아닌 선출직공무원은 어떻게 되느냐, 그리고 이 두 개의 기본권, 7조 2항과 25조 양자의 어떤 통일적이고 조화로운 해석을 어떻게 해야 될 것이냐, 실무를 직접 담당하신 연구관께서 아주 일목요연하게 도표까지 만들어서 정리를 해 주셨습니다.

토론을 듣도록 하겠습니다.

< 지정토론자(노희범) 발표 >

사 회 자 : 제가 간단하게 정리를 좀 해야 될 것 같습니다. 거의 발표수준으로 토론해 주셔가지고. 제가 몇 번 시계를 봤습니다마는 아주 열심히 하고 계셔서 차마 말씀을 못드렸습니다.

노희범 연구관님께서 일단 기본권보호범위이론의 일반적인 문제점을 지적해 주셨습니다. 이것이 기본권을 보장하려는 그런 차원에서 제기된 것이지 기본권을 제한하려는 그런 의도가 아닐 수가 있지 않느냐, 사실 기본권보호범위에 속하거나 속하지 않거나 두 가지 중에 하나밖에 없기 때문에 결과 자체는 상당히 가혹한 경직적인 결과가 나올 수 있는 것이지요. 이게 사실 이론 자체의 문제점이다, 이렇게 볼 수도 있을 것 같습니다.

그 밖에 노 연구관님께서 15조와의 관계에서 이것을 좀더 확대할 여지도 있지 않는가, 이런 말씀을 하셨고요, 이 부분은 다시 재반론의 여지도 있는 것 같습니다.

그 다음에 직업선택의 자유와의 관계문제, 그렇다면 직업공무원만 7조 2항에 의해서 보장된다면 선출직공무원은 어떻게 되느냐, 이런 문제를 제기하셨고.

그 밖에 공무원이라 하더라도 기관으로서의 공무를 수행하는 측면, 권한의 측면 이외에 자기의 신분과 관련 부분, 이것은 어떤 권리의 측면으로 봐야 되지 권한쟁의라고 보기는 어렵지 않겠는가, 이런 제기를 하셨고.

그리고 마지막으로 실제 헌법재판소결정 중에서 우리가 역사적으로 어떤 흐름을 살펴본다면 아주 어긋난 부분, 정합적이지 않은 부분들이 발견되지만 그 당시 개별사건으로 봐서는 그럴 수밖에 없었던 그런 사정도 있었을 것이다. 그래서 가령 위헌으로 판결이 내려진 사건 중에서 과연 7조 2항이 적용되면 위헌으로 내릴 수가 없는데 이런 경우에는 그러면 합헌으로 해야 될 것인가 아니면 또 다른 근거를 찾아야 될 것인가 이 부분에 대해서 발표자의 의견을 묻고 싶다, 이런 의견인 것 같습니다.

식히는 뜻에서 거친 어떤 좀 넓은 의미의 맥락을 이야기를 해 보자면 제가 보기에는 맥락 자체는 공무원의 지위에 대한 보장의 강도가 차이가 난다는 점에서 이인호 선생님의 주장에 의하면 공무원의 지위가 자유롭게 교체가 가능한, 오늘날 작은 정부의 그런 어떤 이상과 일치하는 헌법해석일 수가 있다는 그런 생각이 들고, 우리 노희범 연구관님하고 정남철 교수님 독일 쪽의 생각은 역시 사회국가의 행정국가적인, 국가의 그런 권력의 수행자로서의 관료제 이것이 상당한 기능을 행사하는 국가의 그런 헌법해석론이다, 이런 생각도 한번 해봤습니다.

발표자 의견을 들어보겠습니다.

발 표 자 : 간단하게 말씀드리면 물론 이 문제가 아주 디테일한 것입니다만, 보다 근원적인 헌법재판소의 기능과 역할 그러니까 의회와의 관계를 생각했습니다. 결국 기본권으로 보장하게 되면 헌법재판소가 당연히 개입해야 되고 또 기본권보장이라는 것은 우리가 흔히 알다시피 최대보장입니다. 최대보장으로 헌법재판소가 임명권한을 가진 대통령의 또는 임명권자의 권한행사 하나하나에 개입하기 시작하면 그것은 올바른 기능적 권력분립이 아니라는 관점이 깔려있습니다. 이것은 단순한 디테일한 문제가 아니고 이렇게 접근했을 경우에는 헌법재판소의 권한이 너무 확대되는 것이고 따라서 그것은 바람직한 모습이 아니라는 생각입니다.

그렇지 않아도 우리헌법은 세계에 유례가 없는 기본권목록을 가지고 있습니다. 엄청난 기본권목록인데요, 이렇게 광범위한 기본권목록, 그 다음에 행복추구권이라는 포괄적인 기본권까지 인정하는 그 결과는 뭐냐? 어떻게 나타나는가? 결국 헌법재판소의 권한확대로 나타납니다. 누구에 대한 권한입니까? 그것은 결국 의회에 대한 권한이고 저는 이것을 결코 바람직한 모습이 아니다, 헌법재판소가 할 수 있는 것만 해야 된다고 생각합니다.

그러니까 저의 기본철학은 소수자의 불가침의, 우리 헌법 10조에 불가침의 기본적 인권을 보장하도록 되어 있는 바와 같이, 그것만 해야 된다고 생각합니다.

그런 관점에서 제가 이게 단순한 디테일한 문제가 아니라 상당히 철학적인 배경이 있는 문제라고 생각이 되고, 그 점에서는 저는 노희범 연구관님하고 입장의 차이가 있는 것 같습니다.

보호영역에 관한 문제라든지 또 공무원의 경우에 7조 2항으로는 위헌할 수 없는 것 아니냐? 거의 불가능한 것 아니냐? 예, 저는 위헌하면 안 된다고 봅니다. 임명권한을 가급적 존중해야 되지 권한질서에 너무 깊이 개입되어서는 안된다는 생각이 깔려 있습니다. 다만, 제 입장에서는 그런 기본철학 때문에 이것을 가급적이면 7조 2항으로 가져가서 아주 예외적으로만 헌법재판소가 신분보장 개입에 들어가야 된다고 생각합니다.

그러나 제가 가능성은 열어놨습니다. 아까 잠깐 말씀드렸는데, 신분보장을 하는 경우에 미국의 경우를 제가 말씀드리지 않았습니다만, 미국에는 공무원들에게 헌법상 보장되어 있는 중요한 기본권들이 있습니다. 공무원들이 표현의 자유라든지 종교의 자유라든지 양심의 자유라든지 하는 기본권을 행사했다는 이유로 임명권자가 신분박탈을 하거나 부당한 신분정지를 하거나 하게 되면 그 경우에는 중요한 기본권 'fundamental rights'에 대한 제한입니다. 따라서 그것은 기본권 침해를 가지고 다툴 수 있는 것이고 그런 한도 내에서 신분보장이 됩니다. 그때는 충분히 보장될 수 있습니다.

단순히 그냥 죄를 지은 자에게 입법자와 행정부가 "너 그만두어라"라고 했을 때 그것을 철저히 보장해 준다는 것은 그게 과연 타당한가? 그리고 선고유예사건, 위헌결정이 선고된 사건에서 실제 그 두 당사자는 헌재가 결정한 취지대로 위헌 날 수 없는 사람들입니다. 무슨 말이냐 하면 과실범도 아니었고 또 직무수행과 관련된 것도 아니었던 것 같아요. 오히려 그 사건에서는 실제 그 당사자는 보호받지 않았어야 되는 사람인데 포괄적인 법률에 대한 심사를 통해서 그 사람들이 구제가 된 셈입니다. 그것을 저는 의문을 제기하는 것이고요.

그 다음에 하나는 미국과 같이 접근하자면 아까 말씀드린대로 7조 2항에서 보장되는 것도 하나의 기본권유사적 권리로 인정이 되어서 그에 대한 제한이 있다고 할 경우에는 적법절차로 보장이 들어가야 됩니다. 신분유지권 자체를 보장하는 것이 아니라 그로 인해서 그 이익이, 오늘날에는 지금 헌재의 기본입장도 비슷합니다만, 공직 자체가 박탈당하면 그 사람의 상당히 많은 이익들이 박탈되는 것이기 때문에 그에 대한 기본권유사적, 헌법 7조 2항에서 언급하고 있기 때문에 그것을 보호하려고 할 때는 적어도 적법절차의 원칙에 따라서 박탈이 되어졌는지를 엄밀하게 검토를 하면 됩니다. 신분유지권 자체를 기본권으로 인정하는 것은 결국은 너무 깊이 개입되는 것이라는 관점에서 제가 말씀드린 것이고요. 그것은 노 연구관님하고 입장의 차이가 분명히 있기 때문에 어느 쪽이 타당하다고 말할 수는 없을 것 같습니다.

그 다음에 선출직공무원의 신분보장은 어떻게 하냐? 이 사건은 구청장이었습니다. 구청장은 지방자치제도에 의해서 선출된 공무원입니다. 그 사람은 지방자치법 117조에 의해서 헌법적 권한을 부여받는다고 생각합니다. 따라서 그 경우에 중앙정부의 의회가 법률로써 헌법이 지방자치장에게 부여해준 권한을 직무정지했기 때문에 권한침해가 있다고 생각이 됩니다. 그러니까 헌법상의 권한입니다. 국민에 의해서 선출된 것이기 때문에 법률에 의해서 주어진 것이 아닙니다. 지방자치제도를 헌법이 보장하고 있고 따라서 그것은 헌법상의 권한을 법률이 제한한 것이고, 다만 그 경우에 입법자의 개입은 오히려 상당한 정도 인정될 수 있다고 생각됩니다. 어쨌든 그렇게 권한쟁의로 접근되어야지 그 사람의 기본권으로 접근하는 것은 선출직에 맞지 않다, 예를 들면 현재 국회의원의 경우에 징계를 당했으면, 우리 헌법에도 징계를 당하면 사법권 미치지 못한다고 되어 있는데, 징계를 당한 국회의원도 기본권침해를 주장해서 헌법소원을 제기할 수 있다는 것인지, 이게 전반적으로 저는 정합성이 떨어진다고 생각합니다.

기본적인 제 취지는 그런 입장에서 말씀드렸습니다.

사 회 자 : 발표자께서 철학적인 그런 사법소극주의의 미덕에 기초해서 말씀을 해 주셨습니다. 요즘 제왕적 헌법재판소다 이런 이야기까지 많이 나오고 있는데, 법률가들의 소극주의 미덕이 필요한 것 같고, 참고로 사회자도 소극주의의 미덕을 발휘해서 개입을 자제하는 것이 좋을 것 같습니다. 시간통제를 해야 될 시점이 된 것 같습니다.

토론자 두 분께서는 각기 1분 한도에서 간략하게 코멘트를 해 주시면 좋겠습니다.

정 교수님부터.

정 남 철 : 신분유지권과 관련해서 말씀드리면, 우선 발제자께서 헌법 7조 2항의 직업공무원제도를 제도적 보장으로 이해하시면서 거기에서 헌법상의 권리로 이해하는 부분이 상당히 이해가 안 되는 부분이고요. 어떻게 보면 이것을 기본권유사적 권리로 보아서 헌법소원의 형태로 구제할 수 있는지 여부를 일단 헌재판단에 맡겨놓는다고 하지만, 이것이 어떤 결과를 초래할지는 잘 모르겠습니다. 예를 들어서 경미한 신분상의 제약 같은 것도 경우에 따라서 이것이 기본권유사적 권리로 봐가지고 헌법소원으로 구제를 하는 것이 타당하다고 생각하시는 것인지 그 점에 대해서 여쭤보고 싶습니다.

사 회 자 : 그 다음 노희범 연구관님께서도 1분 지켜주시기 바랍니다.

노 희 범 : 저도 시간 많이 썼기 때문에 간단하게 하겠습니다.

발표자께서 기본적으로 공무원의 신분과 관련해서는 권력분립적인 관점에서 접근해야 된다고 자꾸 말씀하시지만, 헌법재판소가 기본권보장의 규범심사 있어서 권력분립적 원칙의 입장에서 접근한 적은 없습니다. 그리고 그렇게 해서도 안 된다고 생각이 되고요.

결국은 대통령의 공무원에 대한 임면권한도 법률이 정하는 바에 의하여야 되고 공무원의 신분보장 7조 2항도 법률이 정하는 바에 의하여야 되고 그 법률에 대한 위헌심사권을 우리가 갖고 있는 겁니다. 다만, 저는 지금 위헌으로 우리가 선언해야 된다는 그런 취지는 분명히 아니고요. 그것을 기본권의 보호영역으로 볼 것인지 말 것인지에 대한 겁니다.

그것은 기본권으로 볼 수 있는 영역이다. 아예 기본권 자체로 볼 수 없는 것은 아니다. 그런 생각이 좀 듭니다.

사 회 자 : 해답을 굳이 하지 않아도 될 것 같습니다.

플로어에서 많이 기다리신 것 같아서 곧 바로 마이크를 플로어로 넘기도록 하겠습니다.

플로어에 계신 분들 중에서 질문이 있으신 분?

정 문 식 : 저 같은 소인은 발표할 기회가 별로 없을 것 같아서 먼저 하고 물러나겠습니다. 제가 올해 6월에 국립대교수가 되었을 때 모든 분들이 공무원이 된 것에 대해서 가장 축하를 했습니다. 깨지지 않는 철밥통이기 때문에, 신이 내린, 신도 부러워하는 직업이 되어 가고 있는데, 저는 하나 궁금한 것이 7조 1항은 분명히 국민의 봉사자로서 규정하고 있습니다. 그 다음에 2항에서 직업공무원제를 따로 보장하고 있습니다. 그런데 오늘은 2항만 주로 얘기되었습니다. 그 다음에 또 하나가 25조도 공무담임권이 강조가 많이 되었는데 제가 세 개 조문을 가만히 비교해 보면 공무원은 국가의 중요한 기능을 발휘하도록 수행하는 수행자이고 공권력을 행사하는 실질적 주체입니다. 그렇기 때문에 헌법에서 봉사자라고 규정했지 어떤 권리의 주체라고 말하지 않았습니다.

그 다음, 그러나 정권이 바뀔 때마다 문제가 발생할 수 있기 때문에 그런 차원에서 공무의 기능이 제대로 발생하도록 하기 위해서 공무원들의 신분보장을 통해서 직업공무원제를 확립하고 있는 것입니다.

그런데 이 공무원의 행위를 직업으로 다른 기본권과 똑같이 보장할 것이냐? 이것이 저의 기본적인 의문입니다. 과연 공무를 수행할 권리가 기본권인가?

저는 전적으로 이인호 교수님 발제에 대해서, 이인호 교수님은 사립대교수고 저는 국립대교수임에도 불구하고, 공무원의 신분임에도 불구하고 저는 그 입장이 맞다고 생각합니다.

두 번째로 아까 정남철 교수님 발표에서 제가 확실치 않은 것이 독일기본법 33조 2항이 직업공무원제도에 위반되지 않는 한 공직박탈시 적용된다고 있다. 제가 잘못 배워서 그런지 모르겠는데 이것은 공직박탈시에도 차별하지 않는다는, 능력과 개인의 어떤 조건에 의해서 차별하지 않는 평등적용을 의미하는 것이지 직무를 수행하는 데 있어서 그것을 보장하는 것은 아니라고 알고 있습니다.

그런데 지금 이 표현은 왠지 그 직무를 보장하는 듯한, 기본권으로 보장하는 듯한 이런 식의 뉘앙스를 주셨는데 이것은 평등보장이기 때문에 그런 기본권보장이 아니지 않는가. 그래서 독일헌법에서도 평등권은 구체적으로 보호영역 없습니다. 단순히 다른 사람과의 상태, 평등하지 않냐, 아니냐의 상태만 구할 뿐이지 따로 보호영역이 없습니다.

그렇다고 본다면 제가 볼 때 공무원의 공직수행을 기본권으로 보는 것이 좀 문제가 있지 않는가, 그것은 법률에 의해서 헌법에 의해서 주어진 권한을 수행하는 과정이지. 그렇다고 한다면 이것을 직업선택으로 보느냐 이거는 좀 문제가 있고 그렇다면 25조 해석에서 공무담임권은 뭐냐? 제가 볼 때는 그 앞에 모든 국민에게 열려있는 그러한 의미에서 공무담임권을 이해한다면 문제가 안 되지 않는가.

그 다음 7조 2항도 아까 노희범 연구관께서 신분보장을 위해서 필요한 것이라고 한다면 공무원의 신분보장을 기본권으로 끌어갈 것이 아니라 7조 2항에서 국가의 공권력행사가 제대로 기능을 발휘하는 한도 내에서 신분보장으로 한다면, 반드시 최소한의 보장이 아니라 국가의 원활한 기능발휘를 위한 엄격한 심사도 때로는 헌법재판소에서 가능하다고 생각합니다.

그렇기 때문에 이 문제를 심사할 때 25조를 끌고 와서 기본권으로 자꾸 논할 것이 아니라 7조 2항 자체로서도 신분보장을 충분히 했는가? 특히 국가권력 간에 또는 공무원제도 간에 원활한 기능발휘가 되었는가, 제대로 유지가 되었는가, 이런 차원에서 본다고 한다면 반드시 약한 심사가 아니라 강한 심사로도 충분히 공무원제도를 보장할 수 있지 않는가, 그것이 제 개인적인 생각입니다.

이상입니다.

사 회 자 : 전남대 정문식 교수님이시지요? 국립대교수의 연구강의를 포함한 일체의 공무는 기본권의 행사로 보기 힘들다는 그런 의견이 핵심이시지요?

정 문 식 : 솔직히 말씀드려서 저는 제가 하고 싶은 일을 했기 때문에 의무라고 생각되지 않았습니다.

그래서 저는 한번도 제가 공무원이라는 생각이 들지 않았습니다.

그런데 행정실에 일하는 직원분들한테 몇 가지 일을 말씀드리니까 “그거는 제가 관할이 아닌데요.” 그래 버리고 안해버리면 저로서는 “아 이사람이 공무원이구나”라고 생각하게 됩니다.

사 회 자 : 토론하실 때는 소속과 성함을 밝혀 주시면 도움이 될 것 같습니다.

이 교수님.

이 승 우 : 저는 경원대학교 이승우입니다.

오늘 이 문제가 너무나 제가 평소에 가지고 있던 중요한, 어떻게 보면 화두였기 때문에 안 올 수 없는 그런 상황이 되었습니다.

아무튼 좋은 발표를, 특히 헌법재판소 판례를 잘 정리해 준 것에 대해서 무엇보다도 감사하게 생각하고요. 다만, 결론 같은 경우는 조금 전에 노희범 연구관이 지적한 것처럼 독일의 어떤 법규정과 우리가 다른 데 그것을 같은 취지에서 보려고 하는 것 자체가 문제라는 점에 저도 동감하고, 마찬가지로 헌법재판소 결론에 동감합니다.

그 다음에 두 번째로, 제가 근본적인 문제로 지적하고 싶은 것은, 그동안에 우리 기본권이론과 관련해 가지고 어떻게 보면 김철수, 권영성 교수님의 헌법이론에 따라서 기본권과 제도보장이론을 구별해서 설명하는 그런 측면에서 이 문제를 모두 접근하고 있습니다. 그런데 이후에 허영 교수에 의해서 양면성이론이 소개된 이후 상당한 정도로 공감을 얻어가고 있는 상황이라고 판단합니다. 문제는 과연 이 문제 다시 말해서 7조하고 25조, 공무담임권과 공직제도, 좁게 봐서 직업공무원제도 이것이 과연 그렇게 별개로 보아야 될 성질의 것인가 하는 것에 대해서 근본적으로 다시 생각해 봤으면 하는 생각으로 제 의견을 드리면서 답변을 구하고 싶습니다. 양면성 이론에 따라서 본다고 한다면 이 공무담임권 속에 7조 2항은 당연히 포섭되어 버리는 것으로 볼 수가 있거든요. 다시 말해서 주관적 공권의 측면과 공직제도 보장이라는 측면이 거기에 동시에 들어가 있는 것으로 볼 수가 있습니다.

그렇다면 이 공무담임권이라고 하는 것은 공직취임권과 수행권과 강제에 의해서 박탈당한 자의 권리까지를 다 포함한 것으로 볼 수 있습니다. 문제는 제도보장을 통해서 공직수행과 관련된 대부분 내용이 포섭되는 것입니다. 그 공직제도보장 내용 속에서, 그것이 최소보장, 최대보장 저는 그것 자체도 의미가 없다고 보고, 문제는 그 공직제도를 어떻게 입법권자가 규정하고 있느냐, 그것이 헌법의 공무담임권의 취지에 합치되느냐 하는 그 문제만이 남는다는 그런 생각이거든요.

그런 관점에서 이것을 생각해야 될 것이고, 만약에 그렇게 되면 그 다음 문제가 뭐가 되느냐 하면 아까 발표내용에서도 나오지만 공무담임권의 구체적인 내용 가운데서 공직수행권을 포함한다고 할 때 그 경우에 공무원이 가지고 있는 것이 과연 권리냐 권한이냐 하는 문제로 들어가거든요. 그 경우에 권한이라고 하는 것이 일상적으로 공직자로서의 어떤 수행을 할 때는 권한이 맞습니다. 그런데 문제는 그 공무원이 공직수행과 관련해서 문제가 되어 가지고 징계의 대상이 되었을 경우는 과연 그것이 권한이냐 권리의 문제냐? 저는 그럴 때는 권리의 문제로 들어간다고 보거든요. 그런데 문제는 그 권리의 개념이 공무담임권이라고 하는 기본권 속에 내포되는 내용이냐 하는 문제고, 물론 제도 보장 전체로 볼 때는 그것이 기본권차원의 것이냐 또 일반공권차원의 문제냐라고 구별이 되겠지만, 문제는 저는 그 구별도 그렇게 중요한 문제가 아니라고 생각하고, 다만 공무담임권이라고 하는 기본권틀 속에 보장될 수 있는 중요한 내용이면, 그것이 기본권적 가치를 가진 내용으로서 포섭되어 버리면 간단한 문제라는 생각을 하고 있습니다. 아무튼 그런 관점에서 저의 판단을 반론을 좀 해 주셨으면 좋겠고.

아무튼 제가 아까 의문을 제시했지만, 그러면 직업공무원 제도보장과 관련해 가지고 신분보장의 문제가 그 핵심이다, 오늘 주 내용이 거기에 있었는데, 신분보장과 관련해서 보수문제나 아까 얘기한 징계가 문제되었을 때 그런 것들에 대해서는 공무원의 권한의 문제로는 설명할 수가 없거든요. 그럴 때는 결국은 권리의 문제로서, 공무원 개인이 가지는 권리의 문제가 될 것이고 그러면 그거는 구체적으로 공무담임권의 내용이 된다고요. 그런 관점에서 이것을 해결해야 되지 않느냐, 그렇다면 결국은 헌법재판소의 3기 그 결론이 맞는 결론이 되고, 공무담임권이 가지고 있는 우리 어법상의 의미를 구현하고 있는 것이다. 독일식의 사고하고는 개념 자체가 다르기 때문에 결별할 수밖에 없는 당연한 논리다 이런 생각을 해봅니다.

사 회 자 : 정문식 교수님 아까 제도보장이라고, 반드시 직업공무원 제도보장이 최소보장이 될 수 없다는 그런 취지의 말씀을 하셨고, 연장선상에서 우리 이 교수님께서도 제도보장과 기본권보장을 구분할 필요가 없고 어떤 개인의 신분보장은 권리의 문제이지 권한의 문제라고 보기 어렵다, 이런 취지의 질문을 하셨습니다.

몇 가지 질문이 들어 와 있는데 일단 발표자의 말씀을 한번 듣고, 너무 한꺼번에 많이 오면 일일이 정리되기 힘들기 때문에, 지금 시간이 되겠습니까?

발 표 자 : 두 분 교수님 지적에 대해서 깊이 감사드립니다.

정 교수님의 지적은 저하고 기본적으로 입장이 같고, 다만 저하고 입장이 다른 점은 저는 7조 2항으로 갈 경우에는 엄격심사는 안 된다, 결국 엄격심사로 간다는 것은 기본권 25조로 가는 것이나 아무 차이가 없고, 다만 범위가 달라지겠지요. 직업공무원제도의 경우에는 직업공무원만 보호대상이 되는데 25조로 가면 모든 공무원이, 선출직공무원도 포함해서 다 되기 때문에 그 점은 달라집니다만 어쨌든 저는 7조 2항으로 가더라도 그것은 최소보장으로 접근해야 되는 것 아닌가.

다만, 아까 말씀드린 대로 다른 기본권, 중요한 기본권의 제한이 있거나 또는 절차적 보장으로서 접근하면 충분히 된다. 이전에 헌재도 내린 것과 같이 대학교 교수 기간임용제사건에서 34조 6항인가 근거해서 교원신분보장으로 가지고 했습니다. 교원지위법정주의로, 그것은 사실 미국에서는 전형적으로 그러니까 주립대학교수의 신분박탈이 되고요, 그 신분박탈에 대해서는 여기 제가 소개를 해 놓았습니다마는 적법절차의 보장으로 갔습니다.

그러니까 사실은 우리 헌재도 그렇게 했던 거지요. 적법절차보장으로 가서 그 대학기간임용제 교원의 신분을 보장해 주었던 겁니다. 헌재는 그렇게 하고 있었던 것이지요, 사실은.

그런데 여기서는 또 다르게 간 것이거든요.

그러니까 공무담임권으로 바로 갔단 말이지요. 그런 점에서 저는 엄격심사는 약간 입장의 차이가 있고요.

그 다음에 같은 맥락에서 이승우 교수님의 지적은 상당히 저를 당황스럽게 만드는데, 이승우 교수님의 지적은 상당히 날카로운 점이 있습니다. 먼저 말씀드리자면 독일과 제가 같이 보려고 하는 것은 아닙니다. 저는 독일을 잘 모릅니다. 독일을 보고 제가 아이디어를 얻은 것은 아니고, 오히려 저는 우리 헌법 자체의 78조 대통령 임면권과 결부해서 종합적으로 볼 경우, 그 다음에 아까 말한 사법철학과 연관하여서 본 결과가 그렇게 나온 것이고 제가 독일을 따라 간 것은 아닙니다.

그 다음에 기본권과 제도보장의 구분에 대해서 교수님이 반대하시고, 그것은 지금 우리학계의 통설입니다, 저는 사실은 그 통설에 반대하는 입장입니다. 양면성을 인정하고 싶지 않은 사람입니다. 기본권은 개인의 주관적 공권에 불과하고 그것을 객관적 가치질서라는 이름으로 보장을 한다고 하면 주관적 공권성이 희석이 될 뿐만 아니라 그 결과는 뭐냐? 결국은 저는 헌법재판소의 개입권한을 확장시키는 결과를 낳는다는 겁니다.

결국 그것은 민주주의원리인 입법과 의회주의가 충돌하게 되고 헌법재판소의 권한확대로 이어지기 때문에 객관적 가치질서라고 보는 관점 그것은 저하고 입장의 차이입니다.

지금 이승우 교수님 입장에서 보면 상당히 설득력이 있습니다.

그러니까 25조 자체가 기본권으로서 주관적 공권이면서 동시에 객관적 가치질서보장의 형태로 봐서 그 안에서 일정한 신분의 이익을 인정하면 되지 않느냐? 그것은 제가 사실 반박하기 쉽지 않은 입장이거든요, 입장의 차이가 달랐기 때문에, 그래서 그 점 지적은 상당히 저도 깊이 생각 못했던 부분이고.

그 다음에 징계대상되는 사람은 권한의 문제가 아니라 권리의 문제 아니냐? 그 점도 제가 깊이 생각하지 않았습니다마는 저를 일깨워주는 것이라고 생각되고요. 다만, 그 경우도 결국은 권한의 문제 아닌가, 그것이 그 사람의 신분을 유지하고자 하는 것이니까, 단순한 그 신분은 “네가 직무수행을 할 수 있냐, 계속해서”

라는 문제에 초점이 있는 것이지 그 사람의 어떤 다른 이익, 개인적인 이익을 보호해 주고자 하는 것이 아닌 것 아닌가, 막연히 그 점이 생각됩니다. 답변이 제대로 안 되었습니다.

사 회 자 : 시간관계상 질문하신 분이 다시 질문을 할 기회는 드리지 않겠습니다.

이메일 등과 같은 문명의 이기를 이용하시는 게 좋을 것 같습니다.

김 교수님께서 먼저 손을 드셨기 때문에.

김 동 건 : 배제대학 교수 김동건입니다.

제가 전공이 행정법이라서 헌법에 대해서는 명쾌하게 이해를 하고 있지 못합니다.

본래 행정법은 헌법의 구체적 법이라고 그랬으니까 이론을 내리받아야 되는데 조금 달리해서 이번에는 행정법의 툴을 가지고 헌법으로 접근을 해보려고 합니다.

소위 행정법에서 개인적 공권, 이런 것을 얘기하는데, 그 부분에 있어서의 성립근거로서는 소위 강행법규성하고 사익 보호성을 얘기합니다.

빠져나가서요, 과연 헌법에 규정이 되어 있을 때 국민의 권리로서 규정된 것과 그 다음에 국가의 의무로서 규정된 것과 이게 완전히 같을 수 있느냐라는 것을 한번 생각을 해보고 싶습니다.

일반적으로 권리의무가 한쌍으로 되어 있으니까 국민의 권리를 규정하는 방식으로 직접 권리가 있다고 규정할 수도 있고, 국가에게 그러한 권리보호를 의무로 정하는 것으로 규정할 수도 있습니다.

그런데 한 걸음 빠져나가서 국가가 의무로 규정된 것들이 과연 100% 다 국민의 기본권으로 승화될 수 있는 것이냐, 그 부분은 한번 점검을 해봐야 될 것이라는 거지요. 왜? 그 부분에 있어서, 일부분에 있어서는 국민의 개인적 권익을 보호하기 위한 것이 아니고 기타의 사회질서나 공공질서 등을 보호하는 것이 주목적인 그런 의무규정도 있을 것이라는 거지요. 그런 경우에는 그것이 의무규정으로 되어 있다고 그에 상응하는 권리를 기본권으로 주장한다는 것은 조금 모순이 있다고 생각하고요. 특히 우리헌법에서 그런 모습들이 많이 보이는 것들이 제도보장이라는 용어로 많이 포섭을 하고 있는 부분인데, 그 용어가 제도보장이 되었든 무엇이 되었든 하는 것은 우선 접어버리고요. 순수한 관점에서 볼 때 그 두 가지는 좀 구별이 되어야 되는 것 아니냐, 즉 의무로 규정된 것과 권리로 규정된 것을 같은 것으로 보는 것은 좀 생각을 해봐야 될 것이 아니냐라는 생각을 하고요.

그 부분에서 직무수행권을 자꾸 신분유지권하고 등치시 하는 부분에 대해서는 제가 좀 의구심을 가지고요. 물론 이 부분을 공무담임권에 포함시키면 기본권으로 인정하는 데 무리가 없어서 이론구성이 쉬울 수는 있을 것이라는 생각이 듭니다.

그러나 신분유지에 관한 부분들은 확실히 직업공무원제도하고 밀접한 연관이 있다고 보았는데, 그러면 직업공무원제도라는 것들, 또 공무원의 신분보장을 하고 있는 7조 2항들이 의무규정으로 되어 있지만 이것이 과연 공무원의 이익을 보호하기 위한 것이냐? 사실은 7조 2항이 보장하고 싶었던 것은 원활한 공무수행, 그러니까 함부로 자리 바뀌지 않는 등등 시스템을 통해서 원활한 공무수행, 공무수행의 안정성 등을 보호하기 위한 어떤 공익수호적인 측면이 훨씬 더 강하다고 보이거든요.

그렇다면 그것이 비록 헌법에 의무규정으로 되어 있다고 해서 그것을 과연 공무원이 원용할 수 있는 권리로, 주관적 공권으로 주장할 수 있겠는가, 또 그러한 주관적 공권의 침해로 주장할 수 있겠는가 하는 데 대해서는 의문의 여지가 있어 보입니다.

다만, 이렇게 의문을 제기했을 때 문제점은 그것이 어쨌든 국가적 의무로 되어 있으니까 위반에 있어서 위헌이 되는 것은 확실한데, 위헌이 될지언정 권리의 침해성은 없다는 거지요. 그러면 우리 헌법소원이 예정하고 있는 헌법소원의 제기요건으로서 공권력의 행사로서 기본권이 침해되어야 되는데 두 번째 기본권침해성이 배제되어 버리니까 헌법소원이 제기될 여지가 차단되어 버리는 어려움이 있거든요. 그런 어려움 때문에 오히려 권리구성으로서 용이했던 25조를 안고 들어가는 것이 논리전개에 덜 모순적인 부분이 있었을 것이다는 생각이 드는데요. 그러나 여전히 의무규정으로 있는 모든 규정들을 기본권으로 바로 이해하는 것은 문제라는 생각입니다.

사 회 자 : 좋습니다.

공무원의 신분보장에 관한 것이 국가의 의무일 수는 있어도 국민의 권리라고 보기는 어렵다는 그런 질문이었습니다.

시간관계상 두 분만 더 질문을 받고 자르도록 하겠습니다.

이명웅 연구관님.

이 명 웅 : 공무담임권을 확실히 공직취임권에서 박탈 내지 신분보장까지 하는 것은 발제자가 지적하신 대로 논리적인 문제가 있는 것은 사실인 것 같습니다.

그렇지만 그런 추세가 헌법의 정신에는 맞지 않나라는 생각을 합니다.

우리가 기본권과, 제가 옛날에 배운 것을 생각을 해보면 제도보장이라는 것은 원래 칼 슈미트가 생각하는 국가로부터 보호되어야 될 기본권은 천부인권으로 봤기 때문에 천부인권이 아니면서 뭔가 보호해 주어야 되는 부분을 제도보장이라고 카테고리를 지었던 것입니다.

그 대표적인 것이 직업공무원제도인데요, 종래에는 일반권력관계와 특별권력관계를 구분해서 특별권력관계, 국가내부는 법치주의가 미치지 않고 그 내부에서 징계라든가 신분이 박탈되더라도 사법심사의 대상이 되지 않는다는 견해가 있었지만, 특별권력관계 내부에서도 임명이라든가 신분박탈에 대한 문제는 하나의 기본권적인 혹은 권리적인 성격으로 구제되어야 된다는 것이 오늘날 이론인 것으로 알고 있습니다.

그렇다면 헌법재판소가 직업공무원제도라는 제도에서 신분을 규정하고 있으므로, 공무담임권이라고 문언상 규정되어 있는 개념에서, 그 공무담임권이 단순히 취임만 의도하는 것이고 취임 후에는 어떤 형태로의 박탈이라든가 정지도 포함되지 않는다고 단정할 수 있겠는가? 그것은 오늘날 기본권이 헌법에 열거되지 않는 기본권도 보호하는 그 정신 이상으로 기본권에 대한 의식이 강한 측면에서는, 가령 공직취임은 자유롭게 시키고 구석방에 처박아놓는다든가 어떤 아주 부당한 사유로 쫓아낸다고 한다면 그 공직의 취임이라는 것이 무슨 의미가 있겠습니까? 우리 사례가 된 것도 정년연장이라든가 그런 어떤 극단적인 사례들인데, 표현은 일반적으로 되어 있지만 개별사례들은 문제점이 많은 사례들이었고, 그런 사례들에 대해서 공무담임권이 그런 것까지 포함해야지만 공무담임권의 역할을 한다라는 그런 관점에서 접근한 것이 아닌가, 그래서 그것은 결국은 어떤 국민의 권리로서 봐야 되지 않는가라는 생각입니다. 그렇다면 권한쟁의사항보다는 헌법소원으로 할 수 있다는 겁니다.

감사합니다.

사 회 자 : 역시 기본권이다.

마지막 장석조 부장님.

장 석 조 : 연구부장으로 있는 장석조입니다.

세 가지만 말씀드리겠습니다.

이 교수님 발제에 기본적으로 동의를 하는데 기본권양면성이론 때문에 흔들리시는 것 같아서 조금 도와드리려고 말씀드립니다.

기본권양면성이론이라는 것이 객관적 가치질서를 기본권으로 승화시키자는 이론이 아니고 기본권이 갖고 있는 속성상 거기에 담겨 있는 가치질서를 봐서 그것을 객관적 가치질서로 확대시키는 이론이기 때문에 이 논점의 맥락하고는 잘 안맞는 것 같습니다. 여기서는 지금 객관적 제도로 보장하는 것을 기본권으로 볼 수 있느냐라는 것이 논점이기 때문에 조금 방향이 다른 것처럼 보이고요.

그 다음에 공무담임권에 관한 조항을 보면 형성유보조항으로 되어 있습니다. 그런데 지금 굉장히 심사기준이 다르다고 말씀하시는데 기본권형성을 위한 형성유보를 하고 있으면 결국은 그 심사기준은 기본권제한과는 다른 심사기준이 될 텐데 두 가지의 심사기준이 어떻게 다르다고 보시는지 그게 궁금하고요.

또 하나는 노 연구관님이 정리해 준 판례를 보니까 우리 헌법재판소를 옹호하는 차원에서 말씀드리자면 8번부터 11번 판례를 보니까 전부 헌마사건입니다. 헌마사건이고 사건내용을 보면 헌마사건으로 오지 않으면 헌법재판소에 오기 어려운 사건들인 것 같습니다. 그런 헌재의 고민이 담겨있는 것 아닌가 싶습니다.

심사기준 외에도 이 사건을 헌법소원으로 가져올 수 있느냐 없느냐라는 것이 기본권 인정의 큰 실익이거든요. 과연 이 부분에 관해서 기본권으로 보지 않고 문을 닫는 것이 바람직하다고 생각하시는지 세 가지만 여쭤보겠습니다.

사 회 자 : 질문은 여기서 마감하도록 하겠습니다.

더 질문 있으신 분은 개인 이메일을 이용해서 추후에 주고받으시기 바라고, 장석조 부장님께서 상당히 중요한 지적을 하신 것 같습니다.

발제자께 5분 드리겠습니다.

되겠습니까?

발 표 자 : 감사합니다.

좋은 지적들 제가 지금 정신을 못 차리는 중입니다.

지금 여러분이 말씀하셨는데 저도 양보를 좀 하자면 저는 그러니까 이승우 교수님께서 마지막 지적하신 권한의 문제가 아니라 징계의 대상이 되는 그 사람은 또는 신분박탈이 되는 사람은 그 사람에게 걸려있는 이해관계라고 하는 것은, 그를 통해서 월급을 받게 되고, 만약에 그것 자체로 박탈이 되면 그 부분이 개인한테는 중요하니까 그와 같은 권리의 속성이 담겨있는 것 아닌가 신분박탈에, 그 점에 대해서 저도 상당히 공감을 하고요.

다른 분이 아까 재산권적 이익 말씀하셨던 것 같아요.

그런 점에서 보면 만에 하나 제가 양보를 해서 재산권적 이익으로 그 부분만, 그러니까 신분 자체가 아니라 오늘날 사회에서의 신분이 공무원 신분이라도 그것이 박탈되면 그 사람이 직업 자체를 잃게 되고 여러 가지 경제적 파국에 이르게 될 가능성이 있기 때문에 그와 같은 이익, 그것은 공직의 이익이 아니라 그 개인의 이익일 수 있습니다. 그럴 때 그 이익은 공무담임권이 아닌 23조에서 말하는 재산권적 이익으로 포섭을 해서 재산권제한으로 접근을 할 수는 있지 않을까? 물론 그때도 재산권으로 인정할 것인지는 좀 따져서 해야 되지 무조건 재산권으로 다 보호되어야 되느냐 하는 것은 다소 의문입니다마는, 그래서 제가 양보를 하자면 아마 그것은 제가 깜빡 잊었는데 미국의 접근방식입니다, 미국도 오늘날 그것을 'New Property'라고 해서 권리라고는 하지 않고 'entitlement'라고 하지 않습니까. 저는 수혜자격이라고 번역했는데, 오늘날 정부로부터 제공받는 그런 수혜들 그러니까 공직이라는 일자리도 일종에 정부가 제공해 주는 benefit에 해당됩니다.

물론 welfare benefit은 아니지만 그 benefit을 박탈할 때 그 benefit을 하나의 property로 포섭을 시켜서 절차적 적법절차, 그러니까 절차적 보장까지 해 주고 있습니다, 미국의 경우에 접근방식은.

따라서 우리도 혹시 그런 접근방식은 가능할 수 있다고 생각이 되고, 실제로 아까 말씀드린 대학교수 기간임용제 그 사건은 그렇게 접근했던 것이거든요. 절차적 보장을 보장해 주는 것으로.

그런데 그 기본권이 뭔가는 명확하지 않았습니다. 그 경우에, 직업선택의 자유를 했는지 지금 기억은 없습니다마는 어쨌든 재산적 이익으로 접근할 수는 있지 않을까? 물론 그렇게 따지면 직업의 자유로 가도 되는 것 아니냐, 그것은 직업의 자유라기보다는 그 사람이 잃게 되는 이익 자체를 하나의 재산권적 이익으로 포섭을 할 수는 있지 않을까하는 생각이 들고요.

그 다음에 장석조 부장님 아주 날카로운 지적들에 대해서 제가 기본권가치질서 그 부분은 저를 좀 옹호하는 입장에서 말씀하셨고.

형성유보조항의 경우에 기본권심사강도 이것은 지금 제가 정확하게 파악을 못했는데요, 25조는 물론 형성유보의 형태로 되어 있습니다. 법률이 정하는 바에 의하여 되어 있기 때문에, '법률이 정하는 바에 의해서' 그러면 강도가 낮아지는 것이 아닌가. 그런데 헌재는 엄격심사였거든요. 처음에 엄격심사했다가 약간 문제가 있다고 느낀 겁니다. 그러니까 엄격심사를 하면 위헌가능성이 높아지기 때문에 공무원의 신분보장이 이렇게 철저하게 보장이 되는가에 대해서 헌재재판관님들께서 아마 그 점을 의식하셨던 것 같아요. 그 이후로 심사강도를 확 떨어뜨립니다. 그래서 합헌 나가게 됩니다.

그런데 저는 공무담임권의 법률이 정하는 바에 의해서라는 말로 인해서 완화된 심사를 해야 된다고 보지 않는 거예요. 예를 들면 선거권이 있는데 선거권도 법률이 정하는 바에 의하여 선거권을 가진다라고 되어 있습니다. 그러면 그 선거권도 완화된 심사를 해야 되는가? 선거권은 그렇게 볼 수 없다고 저는 생각되거든요. 따라서 저는 공무담임권의 경우에, 우리 제대군인가산점사건도 엄격심사를 한 셈이거든요. 그거는 공직취임에 있어서 동등한 기회를 보장하지 않았을 때는 엄격심사를 한다, 그러니까 그거는 형성유보의 개념을 굳이 동원 안하더라도 완화된 심사가 아닌 엄격심사로 갈 수 있는 부분이 아닌가라고 생각이 되고요.

세 번째 질문이 지금 제가 기억이 머릿속에 없어서 죄송합니다.

장 석 조 : 네 건 판례를 보면 헌마사건입니다.

기본권에 포섭시키지 않으면 헌마사건으로 올 수 없고 헌바로도 오기 어려운.

발 표 자 : 저도 그거하면서 고민했던 것인데요. 아마 헌법재판소도 이것이 헌마로 들어 왔기 때문에 기본권으로 접근 안하면, 25조로 접근 안하면 각하되어야 되는 것 아니냐라고 생각했던 것 아닌가도 생각했습니다. 그럴 경우에 대안으로 내세운 것이 7조 2항에 있는 기본권유사적 헌법상의 권리로 접근해서 그것을 헌법소원의 청구대상이 되게끔 하거나 아니면 재산권적 이익이 있다고 인정을 해서, 그것은 개별적으로 따져야 되지만, 재산권적 이익이 있다고 인정해서 재산권 제한문제로 들어와서 헌법소원을 받아줄 수 있다고 저는 생각합니다.

그러니까 25조로 갈 것이 아니라는 거지요. 안가도 그런 문제들을 해결할 수 있는 것 아닌가 하는 것이 저의 기본생각입니다.

사 회 자 : 저에게 2분의 시간이 남아있습니다.

오늘 발표와 토론에 대한 발표자와 토론자들께 감사의 말씀을 드리면서 저희 실무연구회 회장님이신 이공현 재판관께서 총평을 해 주시겠습니다.

회 장 : 저는 따로 이렇게 드릴 말씀이 없고요. 오늘 처음 오신 이동흡 재판관님께 한번 소감을 들어 보기로 하겠습니다.

이동흡 재판관 : 제가 한 14년 전에 연구부장으로 이 건물에 근무를 하다가 이번에 재판관으로 취임하게 되어서 오늘 회장님 권유로 참석했습니다마는, 그동안 제가 헌법재판소를 떠나서 법원에 부장판사로 근무하면서도 몇 번 이모임에 참석한 그런 경험은 있습니다마는, 오늘 제 소감은 그동안 제가 옛날 근무할 때 또 한 10여 년 사이에 제가 가끔 올 때보다 더욱더 이 모임이 수준이 높아지고 짜임새 있게 진행되는구나 하는 그런 소감을 느꼈습니다.

이상입니다.

사 회 자 : 그러면 오늘 발표회를 여기서 마치도록 하겠습니다.

감사합니다.

第70回(2006. 11. 1) 발표문

헌법 제60조 제1항에 열거된 조약의 체결·비준에 대한 국회의 동의권

김 선 택*

Ⅰ. 서 — 문제의 제기

최근 한·미 자유무역협정(FTA)의 체결과 관련하여 여·야 국회의원 23명이 (조약체결권을 가진) 정부에 의하여 국회의 (조약체결·비준에 대한) 동의권한이 침해되었다하여 2006년 9월 7일 헌법재판소에 권한쟁의심판을 청구하였다. 조약체결권한을 비롯한 외교적 사항에 대한 권한은 집행부(특히 집행부 수반)에 부여되는 것이 전통적·일반적이고, 이러한 집행부의 권한 행사에 대하여 국민대의기관인 의회의 관여가 인정되는 것이 일반적이다.

다만, 이러한 국회의 (정부에 의한) 조약체결에의 관여는 모든 국가에 있어 동일하지 않고, 어느 정도의 관여가 어떠한 방식으로 행해질 수 있도록 허용되는지는 해당 국가가 — 자국의 헌법에서 — 결정할 문제이다. 한·미 자유무역협정(FTA)이 단순히 국가 간의 교역질서뿐만 아니고, 국민 생활의 전반에 미칠 영향이 매우 크다는 점에서 최대한 신중하게 체결될 필요가 있다는 데 대하여는 의문의 여지가 없다. 다만 구체적인 조약체결 과정에서 어떠한 국가기관들이 어떠한 메커니즘으로 의사형성에 협력할 수 있는 것인지는 이러한 중요한 조약체결에 관한 규정인 헌법 제60조 제1항에 정해진 바에 따라야 할 것이다. 물론 헌법 조항의 해석이 시대의 변화 및 사정의 변화에 따라 유연하게 될 여지가 없지 않지만 헌법해석자가 헌법제정자의 지위로 나아갈 수 없다는 점은 주의를 요한다.

이 글에서는 한·미 자유무역협정(FTA)과 같은 헌법 제60조 제1항에 규정된 중요 조약의 체결·비준에 대한 국회동의권의 범위와 한계를 규명하기 위하여 첫째, 외교권의 개념 및 그 귀속주체에 관한 이론적 스펙트럼을 논의의 출발점으로

* 고려대학교 법대 교수.

하여, 둘째, 현행헌법이 규정하는 조약체결권한의 배분질서, 셋째, 국회의 동의(제도)의 제도적 의의와 기능 및 한계, 넷째, 헌법 제60조 제1항의 "조약의 체결·비준에 대한 국회의 동의"의 해석, 다섯째, 국회 동의권의 실질적 확보를 위한 대정부 정보제공 청구권의 도출 여부, 여섯째, 국회 동의권 침해의 경우 대응 방법, 그 중에서도 권한쟁의심판의 허용 가능성을 차례로 살펴보기로 한다.

Ⅱ. 외교권의 개념 및 그 귀속주체에 관한 이론적 스펙트럼

1. 외교권의 개념

외교권은 그 행사되는 양상에 따라 전권위임·교섭(협상)·서명·비준을 포함하여 조약을 체결하는 것과 국가승인·정부승인·기타 법률관계의 승인 등 모든 대외적인 외교정책적으로 중요한 법적 의사표시를 행하는 것, 국제조약에 가입하고 회의에서 표결 기타 회원권을 행사하는 것, 국제법원과 중재재판소 등에 제소 등 절차법적인 조치를 취하거나 외국에서의 자국민 보호를 위한 조치를 취하는 것, 외교관계의 설정 및 중단·외교관의 파견과 접수, 선전포고·휴전·평화협정체결, 국제적인 집단행동에 참여하는 것을 포함한다. 이러한 대외적인 활동들의 준비와 실행에 기여하는 모든 헌법적 권한들이 헌법상 외교권의 범주에 포섭된다.

2. 외교권의 귀속 주체에 관한 이론적 스펙트럼

현행헌법은 제66조 제1항에서 "대통령은 국가의 원수이며, 외국에 대하여 국가를 대표한다"고 규정하고 제73조에서 "대통령은 조약을 체결·비준하고, 외교사절을 신임·접수 또는 파견하며, 선전포고와 강화를 한다"고 규정하며, 제89조 제3호에서 조약안에 대한 국무회의의 심의권을 규정하고 제91조 제1항에서 국가안전보장에 관련되는 대외정책의 수립에 관하여 국무회의의 심의에 앞서 대통령의 자문에 응하기 위하여 국가안전보장회의를 설치하고 있으며, 제72조에서 대통령은 필요하다고 인정할 때에 외교정책에 관하여 국민투표에 부칠 수 있도록 하는 등 외교권을 원칙적·일반적으로 대통령 내지 정부의 권한으로 명시하고 있다. 그러면서도 헌법 제60조에서는 제1항에서 "국회는 상호원조 또는 안전보장에 관한 조약, 중요한 국제조직에 관한 조약, 우호통상항해조약, 주권의 제약에 관한 조약, 강화조약, 국가나 국민에게 중대한 재정적 부담을 지우는 조약 또는 입법사항에 관한 조약의 체결·비준에 대한 동의권을 가진다," 제2항에서 "국회는 선전포고, 국군의 외국에의 파견 또는 외국군대의 대한민국 영역 안에서의 주류에 대한 동의권을 가진다"고 규정하여 대통령의 외교권 행사에 대하여 국회가 관여할 수 있도록 정하고 있다.

이 글에서 문제가 되고 있는 조약체결과 관련하여 현행헌법조문은 대통령에게 조약의 체결·비준권한을, 국회는 이러한 조약의 체결·비준에 대한 동의권을 가지는 것으로 역할배분을 하고 있는 것을 알 수 있다. 문제는 국회의 동의권을 여하히 이해하느냐에 따라서 조약체결권의 귀속주체의 관계설정에 대한 이해가 달라질 수 있다는 점이다.

조약체결에 관한 정부·국회간 권한배분에 대하여 이론적으로 가능한 모델은 다음 다섯 가지이다; (i) 집행부수장(국가원수)에게 외교권을 전속시키는(외교권이 정부에 배타적·독점적으로 귀속되는) 모델,[1] (ii) 외교권 자체는 정부에 전속하나 이에 대하여 국회에 최소한의 관여를 인정하는 모델, (iii) 외교권을 집행부와 국회에 동시에 배분되는 것으로 이해하는 모델(외교권을 정부·국회의 조합권력(kombinierte Gewalt, Menzel이 도입한 용어[2]) 또는 혼합적 권력(gemischte Gewalt, Baade의 견해[3]) 또는

1) 이 모델은 유럽의 전통적 국가이론에서 발견된다. 권력분립론의 초기주창자인 로크(Locke)는 최초로 외교권의 개념을 체계적으로 발전시켰는데, 그에 의하여 "연방권력(Federative power)이라고 명명된 외교권은 입법권(legislative power), 집행권(Executive power)과 더불어 독자적인 지위를 차지하는 것이었다. 그에 의하면 집행권과 외교권은 그 자체로서는 실제로 다른 것임에도 불구하고 분리되기 어렵고 특정한 인물의 수중에 있어야하는 것이었다. 만약 집행권과 외교권이 별도의 인물의 수중에 놓일 경우 공권력이 서로 다른 명령에 복종하게 되어 공동체를 무질서하게 하거나 망하게 할 것"이라고 하였다. J. Locke, Two Treaties of Government, 1690, Chap. XII. §§ 143~148; 몽테스큐(Montesquieu)는 외교권을 처음부터 집행권의 구성요소로 보았고, 외교권을 "만민법(즉 오늘날의 용어로는 국제법규)의 집행권"으로 표현하였다. 몽테스큐의 견해에 따를 때 외교권이 집행부의 수장으로서 국왕의 수중에 속한다는 데에는 의문의 여지가 없었다. 조약체결과 관련하여서 그는 입법기관에 대하여 외교권에 참여할 몫을 전혀 인정하지 아니하였다. Montesquieu,(권미영 역), 법의 정신 I, 제2부 제11편 제6장(영국의 국가 구조) 참조; 유럽의 국가이론에 있어서는 처음부터 외교권이 비록 다른 집행기능과 내용적으로는 구분될지 몰라도 어쨌거나 그 본질상 집행권 주체의 수중에 있어야 하고 집행부의 기타 기능과 긴밀하게 결합되어 있어야 한다는 견해가 확립되어 있었다고 한다. Grewe, Wilhelm, Auswärtige Gewalt, in: Isensee/Kirchhof(Hrsg.), Handbuch des Staatsrechts, Bd. III, 1988, § 77, S. 925.

2) Eberhard Menzel, Die Auswärtige Gewalt in der Deutung des Bundesverfassungsgerichts, in: AöR 79(1953/54), S. 219.

3) Hans Baade, Das Verhältnis von Parlament und Regierung im Bereich der auswärtige Gewalt der Bundesrepublik Deutschland, 1962, S. 7, 115ff.

정부와 의회에 의해 합수적으로(gesamthänderisch) 행사되는 권력(Friesenhahn의 견해[4])으로 이해하는 견해들은 이 모델에 따른 것이다) — 이 모델하에서 다시 세 가지 가능성이 논의될 수 있는데, 첫째, 정부우위의 조합모델, 둘째, 정부와 국회의 관계를 수평적으로 이해하는 모델, 셋째, 국회우위의 조합모델이 그것이다. 우선 다른 국가기관의 관여를 일체 배제하는 정부독점모델과 국회우위를 인정하는 조합모델은 현행헌법의 텍스트에 비추어 따를 수 없음이 명백하다. 나머지 세 모델 중에 어느 모델이 현행헌법에 의해 추구된 것인지는 해석에 맡겨진 문제로 보인다.

판단에 있어서 고려되어야 할 요소는 다음과 같다. 국회쪽에 유리한 해석방향을 지지하는 논거는 (i) 정부권력에 대한 국회의 효과적인 민주적 통제의 필요성, (ii) 국제문제가 국내화(domestication[5])되고 있는 세계화시대에 있어서 대내/대외 문제의 구별이 명백하지 않고, 국제법규 정립작용인 조약체결로서 이미 국민생활이 지대한 영향을 받고 있다는 현실사정의 변화, (iii) 조약체결의 입법작용적 성질로 인하여 본래적 입법기관으로서 국회관여의 필요성 등을 들 수 있다. 정부쪽에 유리한 해석을 지지하는 논거는 (i) 외교정책은 고도의 정치적 성질을 가진 행위로서 본질적으로 대통령의 통치영역에 속한다는 점, (ii) 외교행위는 그 수행에 있어서 직업적 외교관이 전문성을 가지고, 또 그에 적합한 — 세계적으로 조직망을 가진 관료제적 — 조직을 가동하여, 변동하는 상황에 적응하여 유연하고 신속하게 결정·집행하여야 한다는 점에서 성질상 집행부에 배정되는 것이 권력분립의 견지에서도 타당하다는 점, (iii) 국회에게 부여된 동의권한의 제도적 의의 및 본질로부터 일정한 한계가 도출될 수밖에 없다는 점 등을 들 수 있다.

이 글에서는 — 조약체결권을 포함하여 — 외교권이 원칙적으로 정부에 귀속되는 것으로 보거나 내지는 정부와 국회에 함께 귀속된다고 하더라도 정부에 우선권이 있는 것으로 보는 견해에 따른다. 즉 정부전속+국회관여모델 내지 정부우위의 조합모델이 타당하다고 보며, 따라서 '의심있는 경우 정부에 유리한 관할권의 추정'이 성립한다고 본다. 이하에서는 이러한 주장의 타당성을 현행헌법의 조약체결 관련 조문들의 해석을 중심으로 논증해 보고자 한다.

---

4) Ernst Friesenhahn, Parlament und Regierung im modernen Staat, in: VVDStRL 16(1958), S. 9ff.(37f., 70).

5) Bernhard Ehrenzeller, Legislative Gewalt und Aussenpolitik, 1993, S. 165ff. 참조.

Ⅲ. 헌법이 규정하는 조약체결권한의 배분

1. 조약의 의미와 헌법상 조약의 분류

(1) 조약의 개념

조약이란 국가 또는 기타의 국제법 주체 상호간에 법적 구속력을 받도록 체결한 국제적 합의를 말한다.[6]

조약은 국제법주체가 당사자가 되는 합의이다. 과거에는 국가만이 국제법주체로 인정되어 조약을 체결할 수 있는 당사자가 되었으나,[7] 수많은 국제기구가 운영되는 현대에 있어서는 국가만을 조약을 체결할 수 있는 국제법주체로 한정할 수 없다.[8] 다만, 헌법이 규정하고 있는 조약은 대한민국과 다른 국가 또는 국제기구 등 국제법주체와 체결된 조약만을 의미하는 것으로 해석된다.[9]

조약은 명시적으로 조약(treaty)이라는 명칭이 붙은 것만이 아니라 협정(agreement),[10] 협약(convention), 의정서(protocol), 각서(notes), 헌장(charter 또는 constitution), 규약(statute), 선언(declaration), 약정(arrangement) 등 명칭과 상관없이 국제법주체 간의 문서에 의한 합의를 말한다.[11] 문서에 의하지 아니하고는 조약의 내용의 확실성을 보장하기 어렵고, 서명이나 비준을 거치고 또한 국내법적 수용절차를 거치는 과정을 고려할 때 문서로 존재하지 않는 합의를 조약이라고 볼 수는 없다.

---

6) 1969년 '조약법에 관한 비엔나협약' 제2조 1. (a)는 "조약이라 함은 하나의 문서로 되어 있든 둘 이상의 여러 관련 문서로 되어 있든 또한 특정한 명칭에 상관없이, 서면형식으로 국가 간에 체결되고 국제법의 규율을 받는 국제적 합의를 말한다"고 규정하고 있다.

7) 1969년 '조약법에 관한 비엔나협약'은 조약의 체결 주체를 국가(States)에 한정하고 있다.

8) 1986년 '국가와 국제기구간 및 국제기구 상호간의 조약법에 관한 비엔나협약'은 국제기구까지 조약체결의 당사자가 될 수 있음을 명시하고 있다. 다만 이 협약에 대해 한국은 서명은 하였으나 아직 비준을 하지 않고 있다(유병화·박노형·박기갑 공저, 국제법 I (법문사, 2005), 134면).

9) 헌법재판소는 "조약이란 국가 간에 법률상의 권리·의무를 창설·변경·소멸시키는 2개국 또는 그 이상의 국가 간의 약속을 말한다"(헌재 2006. 3. 30. 2003헌마806, 공보 114, 547)고 하여 조약을 '국가' 간의 약속으로 한정하고 있다.

10) 헌법재판소도 "조약은 그 명칭이 '협정'으로 되어 있어 국회의 관여없이 체결되는 행정협정처럼 보이기도 하나 우리나라의 입장에서 볼 때에는 외국군대의 지위에 관한 것이고, 국가에게 재정적 부담을 지우는 내용과 근로자의 지위, 미군에 대한 형사재판권, 민사청구권 등 입법사항을 포함하고 있으므로 국회의 동의를 요하는 조약으로 취급되어야 하는 것"(헌재 1999. 4. 29. 97헌가14, 판례집 11-1, 273, 282)이라고 하여 조약의 명칭에 상관없이 조약을 개념짓고 있다.

11) 각 명칭의 사용방식에 관하여는 문준조, 조약의 체결절차와 시행에 관한 연구(한국법제연구원, 1994), 19~21면; 이한기, 국제법강의(2005), 498면; 유병화·박노형·박기갑 공저, 국제법 I (법문사, 2005), 77~81면 참조.

(2) 헌법상 의미 있는 조약의 분류

1) 정식조약과 약식조약

조약의 체결절차에 따라 정식조약(formal treaty)과 약식조약(agreement in simplified form)으로 구분할 수 있다. “조약문의 인증”과 “조약의 구속을 받겠다는 동의 표시”를 따로 하는 체결방식을 갖는 것을 정식조약이라 하며, 서명만으로 조약이 체결되는 간단한 형식의 조약을 약식조약이라고 한다. 조약문의 인증과 조약의 구속을 받겠다는 동의 표시(=기속적 동의표시, consent to be bound by a treaty)가 따로 되는 경우는 서명 후에 조약체결권자의 비준을 요하는 경우를 말한다.

비준을 받아야 하는 조약에 대하여 1969년 조약법에 관한 비엔나협약은 “(a) 조약의 구속을 받겠다는 국가의 동의가 비준의 방식에 의하여 표시될 것을 그 조약이 규정하고 있는 경우, (b) 비준이 필요한 것으로 교섭국 간에 합의되었음이 달리 확정되는 경우, (c) 그 국가의 대표가 비준되어야 할 것으로 하여 그 조약에 서명한 경우, (d) 비준되어야 할 것으로 하여 그 조약에 서명하고자 하는 그 국가의 의사가 그 대표의 전권위임장으로부터 나타나거나 또는 교섭중에 표시된 경우 비준에 의하여 조약의 구속을 받겠다는 동의가 표시된다(제14조 제 1 항)”고 하여 4가지의 경우를 비준을 받아야 하는 경우로 보고 있다.

이는 해당조약의 당사자 간에 의사에 의하여 비준 여부가 결정된다는 것인데, 조약의 내용에 의해 비준이 반드시 필요한 조약을 규정할 수 있는지가 문제된다. 조약이 비준에 대하여 아무런 의사가 표시되지 않은 경우에도 비준을 받아야 하는지[12]에 대하여, 비준이 요구되는 조약을 규정하려는 국제법위원회(International Law Commission)의 시도가 있었으나 실패한 바 있다.[13]

2) 조약의 내용에 따른 분류

헌법 제60조 제 1 항이 열거하고 있는 조약은 당해 조약의 내용을 기준으로 한 분류[14]에 따른 것이다. 상호원조 또는 안전보장에 관한 조약, 중요한 국제조직

---

12) 실제 비준이 필요한 경우인지 서명으로 족한 조약인지에 대하여는 조약에 명시하므로 이러한 문제는 거의 발생하지 않는다고 한다. 문준조, 조약의 체결절차와 시행에 관한 연구(한국법제연구원, 1994), 42면; 유병화·박노형·박기갑 공저, 국제법 I(법문사, 2005), 147~148면.

13) 문준조, 조약의 체결절차와 시행에 관한 연구(한국법제연구원, 1994), 43면.

14) 조약의 일반적인 취지 또는 내용분야를 기준으로 하는 분류로서, 통상협정·기술협정·문화협정 등 그 분야에 따라 무제한 분류해 나갈 수 있다(유병화·박노형·박기갑 공저, 국제법 I(법문사, 2005), 83면). 폴 뢰테르 교수는 국제조약이 이질적 요소를 포함하고 있어서 이와 같은 내용분야별 분류만이 가능하다고 한다(Paul Peuter, *Droit international public*(Presses universitaires de France, 1983), 106면).

에 관한 조약, 우호통상항해조약, 주권의 제약에 관한 조약, 강화조약, 국가나 국민에게 중대한 재정적 부담을 지우는 조약 또는 입법사항에 관한 조약에 관하여는 국회에 그 체결·비준에 관한 동의권을 인정하고 있다. 이는 정식조약과 약식조약의 구별과는 무관하며, 일정한 내용의 조약에 대하여는 국회의 관여가 필수적임을 명시한 것이다. 이러한 헌법조항의 반대해석에 의하면, 헌법 제60조 제1항에 열거되지 아니한 조약(예를 들면 행정협정)은 국회의 동의를 요하지 아니한다고 할 수 있다.

3) 우리나라의 조약체결 관행에 따른 조약의 분류

헌법 제60조 제1항에 열거된 조약에 해당하여 국회의 동의를 요하는 것인지를 판단하기 위하여 조약의 내용에 따른 분류는 의미를 갖는다.

정식조약과 약식조약을 구별하는 것은 헌법이 '비준'이라는 용어를 사용하여 정식조약의 체결방식을 고려하고 있기 때문이고, 헌법 제60조 제1항의 '체결'이라는 용어의 사용이 약식조약의 체결방식을 염두에 둔 것이라는 해석이 가능할 수 있기 때문이다. 실제 정식조약의 기속적 동의표시에 대한 국회의 동의를 비준동의라고 할 수 있는데, 이와 달리 체결동의의 형식으로 국회가 동의를 한 경우도 있다.15)

(3) 조약의 체결절차

1) 조약의 국제적 체결절차

(가) 협상 · 조약문의 채택과 인증(확정)

조약의 체결은 협상(negotiation)으로 시작된다. 조약의 협상은 조약체결권자가 직접 하는 경우도 있으나, 일반적으로 조약체결권자가 임명한 전권대표가 협상에 임한다. 전권대표는 전권위임장을 제출한 후 교섭을 하고 협상의 결과로 조약문안을 구성(drafting)한다. 조약문안이 작성되면 이를 채택(adoption)한 다음 인증 또는 확정(authentication)하게 된다. 조약의 인증 또는 확정이 있으면 협상단계는 종료하고, 이후 조약문의 수정·변경은 개정절차에 의하지 않고는 일절 인정되지 않는다. 조약본문에 서명하면 조약문은 인증(확정)된다. 또한 정부의 승인을 조건으로 하는 서명, 또는 가서명(initialling)에 의하여도 인증(확정)된다.

---

15) 제헌헌법 이래로 국회가 '체결동의안'에 대한 의결로 동의를 한 경우는 23건이 있다. 최근에는 2005년 2월 25일 「대한민국정부와국제이주기구간의협력협정 체결동의안」에 대하여 의결한 바 있다.

(나) 조약의 구속을 받겠다는 동의

조약의 구속을 받겠다는 동의(consent to be bound by a treaty)는 조약당사자가 조약문 규정의 구속을 받겠다는 서약행위를 말한다. 조약의 구속을 받겠다는 동의가 표시되면 조약은 법규범으로서 성립한다. 조약의 구속을 받겠다는 동의표시의 방식은 서명, 조약의 구성문서의 교환, 비준, 수락, 인준, 가입 등이 있다. 이하에서는 비준, 수락·인준, 서명에 대하여만 설명하기로 한다.16)

비준은 조약문이 인증(확정)된 후 조약체결권자가 전권대표들에 의해 작성되어 서명된 조약을 확인하며 조약의 구속을 받겠다는 동의를 표시하는 방식이다. 이는 '정식조약'에 있어서 조약의 구속을 받겠다는 동의의 일반적인 표시방법이다. 비준은 비준서 내지 비준문서를 조약당사자간에 교환하거나 비준이 유효하게 완성되었다는 사실을 통보함으로써 성립한다.

정식조약에서 조약의 구속을 받겠다는 동의는 수락·인준이라는 용어로 나타나기도 한다. 1969년 조약법에 관한 비엔나협약도 조약의 구속을 받겠다는 동의는 비준에 적용되는 것과 유사한 조건하에서 수락이나 인준으로 표현된다고 규정하고 있다. 수락이나 인준은 비준과 유사하게 사용되는 경우와 가입과 비슷하게 사용되는 경우로 나누어 볼 수 있는데, 수락의 조건하에서 서명을 하는 경우에는 비준과 비슷하고, 서명없이 수락에 개방되어 있는 다자조약의 경우는 가입과 비슷하다.17)

약식조약의 경우 서명은 조약문의 인증(확정)이라는 의미를 갖는 동시에 조약의 구속을 받겠다는 동의의 의미도 아울러 갖는다. 즉 서명은 약식조약의 조약의 구속을 받겠다는 동의의 표현방식이다.

(다) 조약의 효력발생과 등록 및 공고

조약의 구속을 받겠다는 동의가 있으면, 당사국이 합의한 바에 의하여 조약은 효력을 발생한다. 조약의 종결조항은 조약의 효력발생절차 및 시기에 관한 합의를 규정하는데, 이에 의해 조약의 효력발생 여부와 그 시기가 결정된다. 그러한 규정 또는 합의가 없는 경우에는 조약의 구속을 받겠다는 동의가 모든 교섭국에 대하여 확정되는 대로 조약이 발효된다. 조약의 구속을 받겠다는 동의가 그 조약이 발효한 후의 일자에 확정되는 경우에는 그 조약이 달리 규정하지 아니하는 한 그 동의가 확정되는 일자에 조약은 그 국가에 대하여 효력을 발생한다.18)

---

16) '조약의 구속을 받겠다는 동의'에 대한 자세한 내용은 유병화·박노형·박기갑 공저, 국제법 I (법문사, 2005), 144면 이하 참조.

17) 국제연합헌장과 국제노동기구헌장에 대하여 국회는 수락동의안이라고 명칭을 붙이고 동의의결한 바 있다.

18) 1969년 조약법에 관한 비엔나협약 제24조 참조.

조약당사국은 국제연합사무국에 조약을 등록하고 사무국은 조약을 공고하여야 하며, 등록하지 않은 조약은 유엔기관에 대하여 원용할 수 없다(유엔헌장 제102조). 이는 비밀조약의 체결을 방지하기 위하여 국제연맹이 처음 채택한 제도이고, 이후 유엔헌장과 조약법에 관한 비엔나협약에 규정되었다.

2) 조약의 성립 및 효력발생을 위한 국내절차[19]

(가) 전권대표의 임명 및 협상개시

대통령은 조약체결권자로서(헌법 제73조) 조약을 직접 체결할 수 있다. 그러나 대통령이 모든 조약에 있어서 직접 조약체결권한을 행사하는 것은 아니고, 외교통상부장관이나 전권위임장을 받은 정부대표에 의하여 조약을 체결하게 하는 것이 일반적이다. 정부수반이나 외교통상부장관은 전권위임장 없이도 국가를 대표하여 조약을 체결할 수 있으며(조약법에 관한 비엔나협약 제7조 제2항), 전권위임장을 수여받은 정부대표는 전권위임장을 제시하여 다른 국제법주체와 조약을 체결할 수 있다.

정부조직법 제31조 제1항은 "외교통상부장관은 외교, 외국과의 통상교섭 및 통상교섭에 관한 총괄·조정, 조약 기타 국제협정, 재외국민의 보호·지원, 국제사정조사 및 이민에 관한 사무를 관장한다"고 하면서 정부대표및특별사절의임명과권한에관한법률 제3조는 "외무부장관(외교통상부장관)은 외국정부 또는 국제기구와의 교섭, 국제회의에의 참석, 조약의 서명 또는 가서명에 있어 정부대표가 된다"고 하여 외교통상부장관에게 조약체결사무에 대한 권한을 규정하고 있으며, 정부대표및특별사절의임명과권한에관한법률 제4조는 "특명전권대사 또는 특명전권공사인 대한민국 재외공관의 장은 신임장을 접수한 외국정부 또는 국제기구와의 교섭에 있어서 정부대표가 된다"고 하여 재외공관의 장에게도 조약체결사무에 대한 권한을 부여하고 있다. 또한 정부대표및특별사절의임명과권한에관한법률 제5조 제1항은 "정부대표는 제3조 및 제4조의 경우를 제외하고는 외무부장관(외교통상부장관)이 임명한다. 외국정부 또는 국제기구와 중요사항에 관하여 교섭을 하거나 중요한 국제회의에 참석하거나 중요조약에 서명 또는 가서명을 하는 정부대표의 경우에는 외무부장관의 제청으로 국무총리를 거쳐 대통령이 임명한다"고 하여 정부대표의 임명에 대하여 외교통상부장관과 대통령의 임명권을 규정하고 있다.

정부에서 특정조약을 체결할 것을 결정하여 협상 개시를 선언하거나 전권대

19) 이하의 절차는 외교통상부, 알기쉬운 조약업무(외교통상부 조약국, 2006. 3)에 의한 일반적인 절차이고, 조약의 성질이나 국회의 동의필요 여부 등에 의하여 조금씩 달라질 수 있다.

표를 임명하여 교섭에 임하게 하는 대통령과 정부의 활동으로 조약체결을 위한 국내의 국가기관의 활동은 시작된다.

(나) 조약문안의 작성과 협상과정에 따른 조약문안의 수정

협상이 시작되면 외교통상부와 관련 정부기관은 조약의 협상을 위한 조약문안을 작성한다. 양자조약의 경우 상대국에 제시할 우리측 초안 또는 상대국으로부터 접수한 초안에 대하여 관계부처와 협의 후 우리측 의견을 확정하기 전에 외교통상부 조약국은 조약국의 의견을 조회하여야 한다. 조약국은 그 내용이 법적 권리·의무 관계를 명확하게 표현하고 있는지, 조약문의 내용이 국내법이나 다른 조약과 상충되지는 않는지, 조약문의 내용에 중대한 재정적 부담이나 입법사항 등 국회의 동의를 요하는 사항을 포함하고 있는지, 조약문이 조약의 형식을 모두 갖추고 있는지, 조약문의 국문본(또는 국문번역문)을 포함한 각 언어본이 충실하게 준비되었는지를 심사한다. 다자조약의 경우에는 관계국 및 관계부서와 협의하여 이미 제출된 초안에 대한 심사를 행하고 개정안 등을 준비한다.[20]

작성된 조약문안을 가지고 상대 국제법주체와 협상하고, 협상과정에서 조약문안은 계속 수정의 과정을 거친다.

(다) 조약에의 가서명[21]

협상의 결과로서 조약문안을 채택하면 전권대표는 조약문안을 인증(확정)한다. 조약문안의 인증(확정)은 앞서 말한 바와 같이 서명, 정부의 승인을 조건으로 하는 서명, 또는 가서명(initialling)으로 행하여지는데, 우리나라는 일반적으로 조약문안에 일단 가서명을 한 후 국내 절차를 거친 후 서명을 하는 방식을 취하고 있다.[22] 따라서 우리나라에서 가서명은 일반적인 절차로 검토될 필요가 있다. 특히 약식조약에서 국회의 동의를 요하는 경우 국회의 '사전동의'가 원칙이라고 보는 견해에서 가서명은 의미있는 절차가 된다.[23]

가서명은 양측대표가 자기 이름의 두문자(頭文字)를 조약문안의 각쪽 좌·우측 끝에 표시하는 형식으로 행한다.

---

20) 문준조, 조약의 체결절차와 시행에 관한 연구(한국법제연구원, 1994), 47면.

21) 가서명을 하고 추후 서명을 하는 방식은 외교통상부에서 발간한 알기쉬운 조약업무에서 밝히고 있는 방식이다(외교통상부, 알기쉬운 조약업무(외교통상부 조약국, 2006. 3)). 그러나 가서명을 하지 않고, 바로 서명을 하는 방식을 취한다면 전권대표가 가서명을 하는 중간적 절차는 생략될 것이다.

22) 외교통상부, 알기쉬운 조약업무(외교통상부 조약국, 2006. 3), 27면.

23) 정진석, "조약의 체결·비준에 대한 국회의 동의," 서울국제법연구 제11권 제1호(통권 제20호)(서울국제법연구원, 2004. 6), 166면.

(라) 법제처 심사의뢰

전권대표가 조약에 가서명하면, 서명을 위한 국내 절차를 거치게 된다. 가서명된 조약안에 대하여 외교통상부 조약국은 법제처에 심사를 요청한다. 정부조직법 제24조 제1항은 "국무회의에 상정될 법령안·조약안과 총리령안 및 부령안의 심사와 기타 법제에 관한 사무를 전문적으로 관장하기 위하여 국무총리소속하에 법제처를 둔다"고 하여 법제처가 국무회의에 상정되기 전에 조약안의 심사를 행하는 것을 규정하고 있다.

법제처는 조약안의 국내법규와 저촉 여부, 국내적 시행을 위한 입법조치의 필요성 등을 심사하고, 조약안의 국회동의 필요 여부에 대하여 의견을 제시할 수도 있다. 실무상 외교통상부는 이러한 법제처의 의견을 존중한다.[24)]

(마) 국무회의의 심의

법제처 심사가 완료된 조약은 국무회의에 상정된다. 헌법 제89조 제3호는 조약안에 대하여 국무회의의 심의를 거쳐야 한다고 규정하고 있다. 국무회의는 대통령의 정책결정을 보좌하기 위하여 중요정책을 사전심의하는 기관이다. 다만, 국무회의의 의결은 대통령을 법적으로 구속하는 효력은 없다. 대통령은 국무회의의 의결에 따라야 할 필요는 없으나, 반드시 헌법이 국무회의의 심의사항으로 규정하고 있는 사항에 대하여 국무회의의 심의를 거쳐야 하므로 절차적으로 대통령의 자의적인 의사결정을 견제하는 기능을 수행한다.

(바) 대통령의 재가

조약안은 국무회의의 심의·의결이 끝나면 국무총리의 재가를 거쳐 대통령의 재가를 받게 된다. 대통령의 재가는 전권대표가 가서명을 한 후 서명하기 전에 이루어지는 것이 관례이다. 약식조약에서 전권대표는 단독으로 조약의 서명을 할 권한을 가지지만, 조약문안이 가서명 등으로 확정된 후 대통령의 재가를 받는 것이 일반적이다.

(사) 조약에의 서명

대통령의 재가를 받은 조약안에 대하여 조약에 서명할 수 있는 권한을 가진 전권대표는 상대국 대표와 조약에 서명하게 된다. 가서명이 없이 서명을 한 조약은 조약에 서명한 때에 조약안이 확정된다.

약식조약의 경우 조약에 서명함으로써 국가의 조약의 구속을 받겠다는 동의의 의사가 표시된다. 대통령이 비준을 하는 절차가 남아있지 않고, 이때부터 국제

---

24) 배종인, "대통령의 조약체결·비준권과 이에 대한 국회의 동의권(헌법 제60조 제1항의 해석)," 세계헌법연구 제12권 제1호(국제헌법학회 한국학회, 2006), 41면.

법적으로 조약은 성립한다.

(아) 국회의 체결 · 비준동의

정식조약의 경우 조약에 서명한 후 헌법 제60조 제1항에 의해 국회의 동의를 요하는 조약에 해당하는 경우에는 국회의 조약안에 대한 동의를 거쳐야 대통령은 조약에 비준할 수 있다.

약식조약은 대통령의 비준을 요하지 않기 때문에 국회의 동의를 요하는 약식조약의 경우에는 어느 시점에서 국회의 동의를 얻어야 하는지가 문제된다. 이는 국회의 조약안에 대한 체결·비준동의의 의미를 밝힘으로써 명확히 설명될 수 있다. 이는 아래에서(Ⅴ) 자세히 논의하기로 한다.

실무적으로는 "조약은 '발효'됨으로써 당사국의 의무가 발생하고 국내법적으로는 '공포'되어야 효력을 가지게 되므로 … 대상 조약이 '발효 및 공포'되기 전에 국회의 동의를 받으면 되는 것으로 이해하고 있다. 긴급한 사정에 따른 '잠정적용'(provisional application)의 예외를 제외한다면, 조약이 발효한 후 국회의 동의를 받는 것은 국회의 동의권을 훼손할 여지가 크기 때문이다. 따라서 서명과 동시에 발효해야 하는 조약은 서명에 앞서 국회의 동의를 받아야 한다고 생각한다. 물론 이러한 상황은 거의 발생하지 않는데 그 이유는 '국회의 동의'가 필요한 조약일 경우에는 '서명과 동시에 발효'(enters into force upon signature)하는 방식이 아니라 '각자의 국내절차(우리의 경우에는 당연히 국회의 동의 절차를 포함)를 완료함을 상호 통보함으로써 발효'하도록 조항을 작성하기 때문이다. 즉, 실무에서는 '국회의 동의'를 발효에 필요한 하나의 요건으로 설정하는 것이 관례화되어 있다"[25]고 한다.

(자) 대통령의 비준

대통령은 국무회의의 심의와 국회의 동의를 요하는 조약에 대한 국회동의를 거치면 조약안에 대하여 비준한다. 대통령의 비준은 조약의 체결에 필요한 국내절차의 완료를 의미하고 이때부터 조약에 대하여 구속을 받겠다는 동의가 표시된다. 대통령의 비준은 비준서를 조약상대국과 교환함으로써 이루어지며, 최근에는 비준서 교환 대신 조약당사자가 발효에 필요한 국내절차를 완료하였음을 상호 통보함으로써 해당 조약을 발효시키는 등, 보다 간소한 형식도 활용되고 있다.[26]

약식조약의 경우에는 비준의 절차가 따로 요구되지 않는다.

---

25) 배종인, "대통령의 조약체결·비준권과 이에 대한 국회의 동의권(헌법 제60조 제1항의 해석)," 세계헌법연구 제12권 제1호(국제헌법학회 한국학회, 2006), 39면.

26) 외교통상부, 알기쉬운 조약업무(외교통상부 조약국, 2006. 3), 27면.

(차) 조약의 공포 및 고시

서명이나 비준에 의하여 성립된 조약이 국내법적 효력을 발하기 위해서는 공포되어야 한다. 헌법 제6조 제1항도 "헌법에 의하여 체결·공포된 조약과 일반적으로 승인된 국제법규는 국내법과 같은 효력을 가진다"고 하여 국내법적 효력의 발생요건으로 조약이 공포될 것을 규정하고 있다.

조약공포문의 전문에는 국회의 동의 또는 국무회의의 심의를 거친 뜻을 기재하고, 대통령이 서명한 후 대통령인을 압날하고 그 일자를 명기하여 국무총리와 관계국무위원이 부서하고(법령등공포에관한법률 제6조), 관보에 게재하여 공포한다(법령등공포에관한법률 제11조 제1항).

모(母)조약의 실시·집행을 위하여 보충적으로 체결되는 시행약정(implementing arrangement)이나 모조약의 일부 내용을 수정하기 위한 각서교환(exchange of notes) 등에 대해서는 복잡한 국내절차를 취하는 것이 적당하지 아니하므로, 관계부처와 협의를 거쳐 외교통상부장관이 체결절차를 취하고 그 중 특정한 것에 대하여는 그 내용을 관보에 고시할 수 있는데, 이를 고시류조약이라고 하며,[27] 고시에 의하여 고시류조약은 국내법적 효력을 발생한다.

2. 조약체결에 관한 국가기관의 권한배분

(1) 대통령의 조약체결·비준·공포권

헌법은 대통령은 "조약을 체결·비준하고…"(헌법 제73조)라고 하여 대통령에게 조약체결·비준권을 부여하고 있다(헌법 제73조). 대통령은 조약체결에 있어서 국가를 대표하여 교섭하고 조약안에 서명하고 비준하는 권한을 가진다. 교섭과 서명의 단계에 있어서는 대통령이 직접 체결과정에 참여하는 대신 외교통상부장관·재외공관의 장이 조약체결업무를 수행하거나 전권대표를 임명하여 조약체결업무를 수행하게 하는 것이 일반적인데, 이 경우에도 외교통상부장관 등의 정부대표는 대통령으로부터 권한을 위임받아 조약체결업무를 수행하는 것이어서 조약체결권의 주체가 대통령임에는 변함이 없다.

(2) 국회의 조약체결·비준에 대한 동의권

헌법은 "국회는 상호원조 또는 안전보장에 관한 조약, 중요한 국제조직에 관

---

27) 외교통상부, 알기쉬운 조약업무(외교통상부 조약국, 2006. 3), 39면.

한 조약, 우호통상항해조약, 주권의 제약에 관한 조약, 강화조약, 국가나 국민에게 중대한 재정적 부담을 지우는 조약 또는 입법사항에 관한 조약의 체결·비준에 대한 동의권을 가진다"(제60조 제1항)고 하여 일정한 조약의 체결·비준에 대한 국회의 동의권을 명시하고 있다. 따라서 헌법 제60조 제1항에 열거된 조약에 관하여 국회는 '동의의 형식'으로 그 체결·비준에 관여하는 권한을 갖는다.

Ⅳ. '국회의 동의'의 제도적 의의 및 기능과 한계

1. 동의제도 고찰의 필요성

조약체결·비준에 대한 국회의 동의권의 대상과 범위, 시기를 규명하기 위하여는 헌법 제60조 제1항의 해석이 요구된다. 헌법 제60조 제1항의 '조약', '체결·비준', '동의'에 대한 해석은 그 개념을 별개로 이해하여서는 완전한 해석을 도출해낼 수 없다. '체결·비준'의 개념에 대하여 헌법이 명시적으로 정의하고 있지 않은 이상 '체결·비준'과 '동의'의 개념의 관계 속에서 이 두 개념이 갖는 의미가 무엇인지 완전하게 파악할 수 있다. 따라서 조약체결·비준에 대한 국회의 동의권의 대상과 범위, 시기를 이해하기 위해서는 먼저 헌법상 규정된 국회의 동의권의 성격과 기능, 그 한계에 대한 일반적인 이해가 선행되어야 한다.

2. 헌법이 규정하는 국회의 동의권

헌법은 대통령 내지 정부의 행위에 대하여 국회가 동의권을 행사할 수 있는 경우를 규정하여 대통령 내지 정부의 행위에 대한 견제수단을 마련하고 있다.

헌법이 규정하는 국회의 동의권으로는 국회의원의 체포·구금에 대한 동의권(헌법 제44조 제1항), 국채모집에 대한 동의권·예산 외의 국가의 부담이 될 계약체결에 대한 동의권(헌법 제58조), 조약의 체결·비준에 대한 동의권(헌법 제60조 제1항), 선전포고, 국군의 외국에의 파견 또는 외국군대의 대한민국 영역 안에서의 주류에 대한 동의권(헌법 제60조 제2항), 일반사면에 대한 동의권(헌법 제79조), 국무총리 임명에 대한 동의권(헌법 제86조 제1항), 감사원장임명에 대한 동의권(헌법 제98조 제2항), 대법원장·대법관 임명에 대한 동의권(헌법 제104조), 헌법재판소장 임명에 대한 동의권(헌법 제111조 제4항)을 들 수 있다.

3. 국회 동의의 개념 및 제도적 의의(기능)

(1) 국회'동의'의 개념

국회의 동의는 먼저 '다른 국가기관의 의사결정·집행'을 전제로 하는 개념이다. 동의는 다른 국가기관의 의사결정에 대하여 동의 여부를 결정할 수 있을 정도로 그것이 그 자체로서 확정된 후에야 비로소 가능한 대외적 의사표시를 의미한다. 따라서 동의는 개념상 동의대상인 다른 국가기관의 의사가 확정되기 이전단계에 그 기관의 의사형성 자체에 대한 모종의 개입권한까지 부여하는 것으로는 이해될 수 없다.

국회의 동의권 안에 포함될 수 있는 세부적인 내용에 관하여는 헌법상 국가기관간 권한배분을 정하는 규정이나 동의 대상의 종류와 성질에 의해 결정될 수밖에 없다.

(2) 국회동의의 제도적 의의(기능)

1) 정부의 권력행사에 대한 민주적 통제

대통령 내지 정부의 일정한 권력행사와 관련하여 국회에 동의권한을 부여하는 우선적인 제도적 의의는 무엇보다도 국민에 의해 직접 선출되는 대의기관으로서의 국회가 그 민주적 정당성을 기반으로 하여 민주적 통제를 행하도록 하는데 있다. 조약이 국가의 대외적인 관계를 규율하는 데 그치지 아니하고 국민생활 내지 국민의 권리의무관계에 직접 영향을 미치는 규범으로서 등장하는 시대에 이르러 그러한 규범정립작용이 정부에 의해서 이루어지는 것을 만연히 허용할 수는 없고, 그러한 작용에 대한 대의기관의 통제는 불가피하다 할 것이다.

주의할 것은 우리나라의 정부형태에 있어서 대통령도 국민직선이므로 국회와 더불어 독자적인 민주적 정당성을 확보하고 있다는 점이다. 이렇게 제도적으로 민주적 정당성을 확보하고 있는 대통령에게 조약체결권을 부여하고 있는 헌법하에서 국회가 민주적 정당성을 기반으로 한 민주적 통제권한으로서 — 대통령의 조약체결에 대한 — 동의권을 일방적으로 강조하는 것은 무리가 없지 않다고 할 수 있다. 헌법규범에 의해서 조약체결의 이니셔티브를 쥐고 있는 대통령의 권한행사에 대하여 역시 헌법규범에 의해서 조약안에 대한 동의 여부를 의결로 표시할 수 있는 국회의 (통제)권한이 부여되고 있다는 점을 간과해서는 안된다. 따라서 대통령과 국회가 조약체결 과정에서 어떠한 범위에서 어떠한 형식으로 협력하여야 하는

가는 오로지 헌법규범에 의해서 정해진 바에 따른다고 할 것이다.

2) 입법기능? — 소극적 입법기능의 인정

헌법 제40조는 "입법권은 국회에 속한다"고 규정하고 있다. 이는 실질적 의미의 입법에 대한 권한은 헌법에 특별한 규정이 없는 한, 원칙적으로 국회에 속한다는 국회중심입법의 원칙을 천명한 것이다.

조약의 체결·비준에 대한 국회의 동의권행사를 입법기능에 해당하는 것으로 볼 수 있는지와 관련하여 조약의 체결이 헌법 제40조의 '입법'에 포섭되는지 문제된다. 그러나 조약의 경우에는 헌법 제73조에 의해 그 체결권한이 대통령에게 있으므로 이는 행정입법의 일종에 속한다 할 수 있다. 따라서 조약의 체결은 헌법 제40조의 '입법'에 속하지 않는다. 조약은 대통령이 체결·비준하고 일정한 국내법적 절차를 받으면 일반·추상적으로 국내법적 효력을 발하므로 이는 대통령이 행한 입법작용의 결과물이라 할 수 있다.

조약이 대통령이 행한 입법작용의 결과물이라면 이에 대한 국회의 동의도 그러한 입법작용에 대한 관여이므로 일종의 입법기능으로 볼 수 있는지 문제된다. 대통령의 법률안거부권이 대통령이 입법을 하는 것으로까지 이해할 수 없는 것과 같이 조약의 체결·비준에 대한 국회의 동의도 대통령으로 하여금 조약의 체결·비준에 이르지 못하게 함으로써 조약의 국내법적 효력 — 나아가 국제법적 효력 — 의 발생을 저지하는 기능 정도로 이해하는 것이 타당하다. 따라서 국회의 부동의 의결로 대통령의 조약체결을 통한 규범정립작용이 저지된다는 의미에서 국회의 동의를 입법기능으로 이해한다고 하여도 이는 다른 국가기관에 의한 입법작용에 대하여 통제적 역할을 하는 소극적 입법기능으로 이해할 수밖에 없다.

4. 국회동의의 효과

국회의 동의는 대외적인 효력을 갖는 의사표시이다. 국회의 동의가 요구되는 대통령 내지정부의 행위에 대하여 국회의 동의는 — 당해 동의가 요구되는 대상행위의 실질에 따라서, 당해 동의가 행사되는 절차의 단계에 따라서 달리 판단될 여지가 있는 — 성립 내지 유효요건이 된다. 국회의 동의는 국회의 의사를 외부에 표시하는 것이므로 국회의 의결에 의한다.

국회의 동의권의 행사는 두 가지 형태로 나타난다. 첫째, 동의의결은 다른 국가기관의 확정된 의사에 대하여 당해 기관이 이를 관철할 수 있도록 유효하게 계속 진행할 수 있게 하는 의미를 갖는다. 조약안에 대한 (체결·비준)동의안에 대한 동의의결은 조약체결권자로 하여금 (약식조약의 경우) 정식서명 또는 (정식조약의 경우) 비준을 유효하게 할 수 있도록 함으로써 조약의 — 국내법적 및 국제법적 — 효력을 발생시킬 수 있게 한다. 둘째, 부동의의결은 일종의 veto권 행사로서 다른 국가기관이 자신의 확정된 의사를 관철할 수 있는 다음 단계의 절차를 진행하는 것을 저지하는 효과를 갖는다.

5. 국회의 동의권 행사의 한계

(1) 개념본질상 한계

동의는 개념상 동의 여부를 결정할 수 있는 확정된 대상을 전제로 한다. 국회의 동의는 대통령 내지 정부의 확정적 의사가 국회에 제출된 동의안을 통해 표현된 때부터 가능한 것이고 그 이전에 국회가 동의권을 행사하여 동의를 하거나 부동의할 수는 없다.

국회의 동의를 구하는 대통령이나 정부의 의사는 국회의 동의가 있으면 동의안에 표시된 대로 결정하고 집행하겠다는 확정적인 의사이어야 하므로, 그러한 확정적인 의사가 없는 한 국회는 동의권을 행사할 수 없다. 예를 들면, 국무총리, 대법원장, 대법관, 헌법재판소장 등을 임명하는 경우 국회의 동의가 있으면 동의안에 기재된 자를 임명하겠다는 의사가 확정되어 있어야 하며, 조약을 비준하기 전에 국회의 동의를 거치는 경우에는 국회의 동의가 있으면 비준하겠다는 의사가 확정되어 있어야 한다. 물론 불가피한 사정[28]이 사후에 발생하여 국회의 동의가 있음에도 불구하고 국회에 제출한 동의안대로 결정하지 않을 수 있다. 그러나 최소한 국회에 동의안을 제출할 당시에는 대통령이나 정부의 의사는 확정적인 것이어야 한다.

(2) 기능상 한계

국회의 동의는 민주적 통제기능과 소극적 입법기능을 갖는다. 민주적 통제권의 행사는 정부의 권한을 통제하는 것이어야지 정부의 권한을 행사하는 것이어서는 안 된다. 이러한 민주적 통제권 행사의 한계는 통제가 갖는 권력분립적 의미에

28) 불가피한 사정은 동의안대로 처리할 수 없는 중대한 사유가 발생한 경우를 말한다. 국무총리 임명동의에 있어서 공무원임명에 결격사유가 사후에 발견된 경우 또는 조약의 상대국이 비준을 거부한 경우 등이 예가 될 수 있다.

서 도출될 수 있다.

헌법재판소가 규범통제를 함에 있어 국회의 입법형성권을 존중하고, 합헌적 법률해석을 함에 있어 실제 새로운 입법을 하게 되는 해석을 할 수 없다고 하는 것과 같이[29] 국회의 대정부통제권의 행사도 실제 국회가 집행행위를 대신하게 되는 것과 같은 효과를 갖게 되어서는 안된다.

조약체결에 대한 국회의 동의도 민주적 통제기능을 하는 것이므로 대통령의 조약체결행위를 실질적으로 대신하는 결과를 낳을 정도까지 나아가선 안된다.

(3) 수정동의의 허용 여부

조약에 관해 국회가 동의권을 행사함에 있어서 수정동의가 허용되느냐 하는 문제는 헌법에 명시적으로 규정된 바 없어[30] 학설과 판례에 맡겨진 문제이다.

조약의 국내법적 효력에 관한 한 입법권을 지니는 국회의 수정동의도 가능하다고 하는 견해[31]도 있고, 조약의 수정가결이 정부의 외교교섭에 특정한 결론을 표시하여 의무지우는 것이 아니라면 상대국과의 협의하에 수정하도록 조건부로 의결할 수 있다는 견해[32]도 있다. 그러나 조약은 국내입법과 달리 체약상대방이 있고, 그와 합의하여 이미 확정한 조약문을 우리측이 일방적으로 수정할 수는 없다. 그러함에도 불구하고 국회의 수정동의를 이유로 조약문의 일부에 대한―아마도 우리측의 국내사정을 반영한―수정이 불가피하다고 주장할 경우 협상 끝에 합의에 응한 체약상대국과의 신뢰를 깨뜨리는 일이 될 것이다. 이와 같은 조약의 성질에 비추어 봤을 때, 국회는 조약을 전체로서 동의하든지 부동의하든지 할 일이지 조약문안의 일부를 수정하여 동의하는 것은 허용되지 아니한다고 보는 것이 대다수 학설의 입장이다.

그럼에도 불구하고 국회가 수정동의를 감행하는 경우 이를 어떻게 볼 것인가? 수정동의는 우선 조약의 체결·비준에 대한 부동의로 간주될 수 있다. 특히 양자조약의 경우 하나의 전체로서 다루어지기 때문에 국회의 수정동의는 부동의로

---

29) 합헌적 법률해석의 한계에 관하여 헌재 1992. 2. 25. 89헌가104, 판례집 4, 64; 헌재 2002. 11. 28. 98헌바101 등, 판례집 14-2, 609, 619; 헌재 2002. 8. 29. 2000헌가5 등, 판례집 14-2, 106, 129 참조.

30) 독일의 경우, 국회의사규칙(연방의회의사규칙) 제82조 제2항에서 "(독일)연방의 정치적 관계를 규율하거나 연방입법사항과 관련된(기본법 제59조 제2항) 외국과의 조약 기타 조약에 대하여는 수정동의가 허용되지 아니한다"고 명시하여 국회 스스로 자신의 조약체결관여권의 한계를 설정하고 있다.

31) 강경근, 헌법 신판(법문사, 2004), 134면.

32) 김철수, 헌법학개론(박영사, 2006), 1150면.

볼 수밖에 없고 따라서 체약상대방과의 재협상이 불가피하다. 체약상대방이 수정안에 대하여 수용한다면 조약안을 수정하여 다시 서명하는 절차를 밟아야 한다. 다자조약의 경우 만약 국회의 수정동의부분에 대하여 유보(reservation)가 가능하다면 유보하여 국회의 동의를 다시 받을 수 있을 것이고 유보가 허용되지 않는 부분이라면 (다자조약)가입이 불가능할 것이다.[33)]

이론적으로 엄밀히 본다면, 수정동의는 조약의 성질상 허용될 수 없는 것이므로, 국회의 수정동의가 있었다 하더라도 이는 위헌적인 행위로서 원천무효이고 따라서 아직 동의권한이 행사되지 않은 것으로 볼 여지도 있다. 국회는 조약의 체결·비준에 대한 동의거부를 단순히 표시한 것이 아니라 조약내용을 변경하도록 촉구하는 의사를 표시하여 재협상을 요구한 것으로 볼 수 있기 때문이다. 그러나 이러한 의사표시는 조약체결행위의 본질상 국회가 요구할 수 없는 것이다. 왜냐하면 국회는 동의 여부만 결정할 것이지 조약의 내용을 형성할 권한을 갖고 있지 않으므로 이는 곧 국회가 정부의 권한을 잠탈하는 결과가 될 것이다. 또한 수정동의를 통해 수정된 조약문 내용은 그 자체로서 아무런 구속력도 없으므로 이는 동의권의 오남용이 되고, 동의제도의 기능적 한계를 넘는 것이다.

Ⅴ. 조약체결·비준에 대한 국회동의의 해석

1. 헌법 제60조 제1항의 해석과 관련하여 발생하는 문제점

조약체결에 있어서 국회의 관여는 '국회의 동의'라는 형식으로 이루어지는데, 이러한 국회의 관여의 내용과 한계를 도출해 낼 수 있는 조항이 헌법 제60조 제1항이다. 헌법 제60조 제1항의 국회의 동의권의 범위를 어떻게 해석하느냐에 따라 조약체결에 관한 대통령과 국회간 권한 배분의 내용이 달라진다.

조약체결·비준에 대한 국회의 동의에 있어서 국회의 동의권의 범위는 '조약'의 범위와 '체결·비준'의 의미와 '동의'의 시기와 한계에 의하여 결정될 수밖에 없다.

첫째, 조약의 범위와 관련하여서는 헌법 제60조 제1항의 조약에 어떠한 조약이 포함된다고 볼 수 있는지가 문제가 될 것이다. 둘째, 체결·비준의 의미와 관

33) 배종인, "대통령의 조약체결·비준권과 이에 대한 국회의 동의권(헌법 제60조 제1항의 해석)," 세계헌법연구 제12권 제1호(국제헌법학회 한국학회, 2006), 40면.

련하여서는 '체결'을 조약의 일련의 체결과정 모두를 의미한다고 보아 체결의 각 단계마다 국회가 동의권을 행사할 수 있는지 아니면 체결을 비준과 같은 효력을 갖는 국가의 기속적 동의의 표시에 한정된다고 보아 조약안이 확정된 후 국회가 동의권을 행사하면 충분한 것인지가 문제된다. 셋째, 국회가 동의권을 행사할 수 있는 시기를 언제로 볼 것인지의 문제이다. 여기에서는 동의권의 대상의 특정이 문제가 될 것이고, 조약안의 서명·비준과 관련하여 그 전 또는 그 후 중 언제 동의가 허용되는지 아니면 전후를 불문하고 동의가 허용되는지가 문제된다.

2. 국회의 동의를 요하는 '조약'의 범위

(1) 헌법 제60조 제1항의 조약의 의미

상호원조 또는 안전보장에 관한 조약은 외부로부터의 침략에 대하여 국가의 안전을 보장하기 위하여 국가 상호간 또는 국가와 국제기구 간에 군사적인 상호원조를 약속하거나 군사적 동맹체를 형성하는 것과 같은 조약을 말하고, 중요한 국제조직에 관한 조약은 국제연합과 같은 중요한 국제조직을 구성하는 조약이나 국제조직과 국제법주체 간의 조약을 말한다. 우호통상항해조약은 주로 우호관계에 있는 국가 간에 통상과 항해에 관한 권리·의무를 설정하는 조약을 말한다. 주권의 제약에 관한 조약은 영역에 대한 배타적 관할권 또는 인적 관할권을 배제하거나 제한하는 내용이나 통치권을 제한하는 내용을 가지는 조약이며, 강화조약은 전쟁을 종결시키고 평화를 회복하며 더 나아가서는 전후문제의 처리를 위한 교전국 간의 합의를 위한 조약을 말한다. 국가나 국민에게 재정적 부담을 지우는 조약이란 통상 조약을 체결함으로써 국가나 국고로부터 재정지출을 하게 되거나, 차관협정(또는 차관지불보증협정) 등과 같이 주채무나 보증채무를 부담하는 조약을 말한다. 입법사항에 관한 조약이란 국내법의 수정, 변경을 요하는 사항, 국내법에 근거규정이 없는 사항, 국내법의 제정 없이는 조약을 실시할 수 없는 사항을 내용으로 하는 조약[34]을 말한다.[35]

34) 김민서, "조약의 유형에 따른 국내법적 지위의 구분," 국제법학회논총 제46권 제1호(통권 89호)(대한국제법학회, 2001. 6), 34면.

35) 앞에서 말한 것처럼 법제처가 심사의뢰된 조약이 헌법 제60조 제1항에 해당하는지 여부에 관한 의견을 제시하고 외교통상부는 이러한 의견을 존중하여왔다. 헌법 제60조 제1항에 열거된 조약 각각에 대한 판단기준은 법제처 실무담당자들의 경험을 바탕으로 제시한 바 있고(김용진·박영태·이상훈), 최근 외교통상부 배종인 서기관의 구체화시도가 있었다(배종인, "대통령의 조약체결·비준권과 이에 대한 국회의 동의권(헌법 제60조 제1항의 해석)," 세계헌법연구 제12권 제1호(국제헌법학회 한국학회, 2006)).

(2) 헌법 제60조 제1항의 조약에 해당하는지에 대한 판단

조약은 헌법 제60조 제1항의 하나의 유형에 해당할 수도 있고, 두 가지 이상의 유형에 해당하는 것일 수도 있다.[36] 하나의 유형에라도 해당하기만 하면 국회의 동의를 요하는 조약이 된다.

헌법 제60조 제1항이 열거조항이라고 하여도 열거된 조약 자체가 포괄적이고 또한 '중요한'이나 '중대한'과 같은 해석의 필요성이 있는 문구를 가지고 있어 어떤 조약이 국회의 동의를 요하는 것인지 아닌지는 쉽게 판단할 수 없는 경우도 있다. 국회의 동의를 요하는 조약임에도 동의를 얻지 않고 조약을 체결한 경우, 국내법적 효력이—그와 더불어 국제법적 효력도—부정될 수 있으므로 동의를 요하는 조약인지에 대한 판단은 중요한 문제이다.

국회의 동의를 요하는 조약인지는 1차적으로 조약의 체결권자인 대통령이 판단한다. 대통령은 국회의 동의를 요하는 조약이라고 판단하면 국회에 조약동의안을 보내 동의를 요청할 것이고, 동의를 요하는 조약이 아니라고 판단하면 동의절차 없이 바로 비준(또는 전권대사의 서명)·공포한다.

그러나 국회의 동의를 요하는 조약인지에 대해 대통령과 국회의 다툼이 존재하는 경우 결국 이에 대한 최종적인 판단은 헌법재판소가 하게 된다.

3. '체결·비준'에 대한 해석

(1) 해석의 방향

1) 국제법적 해석이 아닌 헌법적 해석

조약은 국제법적으로는 국가 간의 약속이지만, 국내법적으로는 국민의 권리와 의무에 직접적으로 혹은 간접적으로 영향을 미치는 것으로서 그것이 규율하는 내용에 따라 법률 혹은 그 이하 명령과 같은 효력을 가진다. 따라서 조약의 국제법적 측면과 국내법적 측면은 그 차원을 달리한다. 국제법과 국내법의 관계에 관해서는 두 법질서를 하나로 보는 일원설과 분리해서 보는 이원설이 있고, 일원설

36) 헌법재판소는 「대한민국과아메리카합중국간의상호방위조약제4조에의한시설과구역및대한민국에서의합중국군대의지위에관한협정」에 대하여 "이 사건 조약은… 외국군대의 지위에 관한 것이고, 국가에게 재정적 부담을 지우는 내용과 근로자의 지위, 미군에 대한 형사재판권, 민사청구권 등 입법사항을 포함하고 있으므로 국회의 동의를 요하는 조약으로 취급되어야 한다"(헌재 1999. 4. 29. 97헌가14, 판례집 11-1, 273, 282)고 하여 주권의 제약에 관한 조약과 국가에게 중대한 재정적 부담을 지우는 제약, 입법사항에 관한 조약 모두에 해당하여 국회의 동의를 요하는 조약이라고 한다.

은 국제법우위의 입장과 국내법우위의 입장으로 나뉜다.

그런데 우리 헌법 제6조 제1항은 "헌법에 의하여 체결·공포된 조약과 일반적으로 승인된 국제법규는 국내법과 같은 효력을 가진다"라고 하여 국제법의 국내법적 효력에 관한 내용을 규정함으로써 국제법 존중의 원칙을 선언하고 있는 것을 보면 국제법과 국내법 두 법질서의 이원성을 전제하고 있는 것으로 보인다.

물론 조약의 내용을 성실히 이행하여 그 목적을 달성하기 위해서는 국제법적인 차원과 국내법적인 차원이 결합해야 하겠지만 양자는 분리하여 생각해야 한다. 헌법의 규율 대상으로서 조약이라는 대상이 국제법적인 것일 뿐 헌법질서상 조약에 관한 사항을 어떻게 규율하고 있는지를 해석함에 있어서는 헌법질서 내에서 헌법적인 해석이 이루어져야 한다. 다시 말해, 국제법적 해석은 하나의 해석 기준이 될 수는 있지만 조약에 관하여 우리 헌법질서가 어떤 내용을 규율하고 있는지, 그 개념과 의의는 어떻게 보고 있는지, 그 법적 효력에 관해서는 어떻게 규정하고 있는지를 해석하기 위해서는 헌법적 해석이 요구된다.

헌법 제60조 제1항의 '체결·비준'을 해석함에 있어 여러 법해석 방법론 중 문리적 해석에서 '체결'과 '비준' 각각의 헌법적 개념을 밝히는 데에 국제법상의 개념이 하나의 기준이 될 것이고, 그렇게 도출한 문리적 해석의 범주 내에서 다시 각 방법론에 따라 헌법적 해석을 해야 할 것이다.

2) 분리하여 이해할 것인가 통합하여 이해할 것인가 여부

헌법 제60조 제1항의 '체결·비준'은 '체결'과 '비준' 각 단어의 의미를 어떻게 해석할 것인가에 따라, 그리고 두 단어를 연결하고 있는 가운뎃점(·)의 의미를 어떻게 볼 것인가에 따라 여러 가지 해석이 가능하다. 특히 '체결'과 '비준'을 각각 독립적인 의미로 볼 것인지, 통합적으로 단일한 의미를 표현하고 있는 것으로 볼 것인지에 따라 이 조항 국회동의의 대상 및 범위가 상이해지므로, '체결·비준'의 의미 해석은 이 국회동의권 규정을 해석하는 데에 핵심이다. 이를 위해서는 우선 '체결'과 '비준' 각각이 의미하는 바를 살펴본 후 법해석 방법론에 따라 이 두 단어를 연결하고 있는 가운뎃점(·)을 어떤 의미로 해석할 수 있는지 가능한 해석의 범주를 설정하여 각 방법론에 따른 해석의 결과를 종합하여 판단하여야 할 것이다.

(2) 문리적 해석: '체결', '비준', '가운뎃점(·)'의 의미에 따른 해석

1) 국제법상 '체결'과 '비준'의 개념

(가) 국제법상 '체결'의 개념

기존 국제관습법상의 조약법을 성문법전화한 '1969년 조약법에 관한 비엔나협약(Vienna Convention on the Law of Treaties; 이하 '조약법협약'이라 한다)'에서는 '체결(conclusion)'이라는 용어를 사용하고 있지만 그에 대한 명확한 개념정의는 없다. 다만, 조약법협약 제2부는 조약의 체결 및 발효(Conclusion and Entry Into Force of Treaties)라는 제목하에 제1절 조약의 체결(Conclusion of Treaties)이라는 항목에서 조약이 성립되기 위한 일련의 과정 전체를 규정하고 있는 것으로 보아, '체결'이라는 용어를 협상의 개시, 교섭을 통한 조약문의 채택, 조약문의 정본인증,[37] 조약의 구속을 받겠다는 조약에 대한 기속적 동의표시,[38] 비준서의 교환이나 기탁과 같은 조약 성립의 전 과정을 의미하는 것으로 사용하고 있다고 볼 수 있다. 이렇게 본다면 체결의 의미에는 '비준'의 절차도 포함된다. 그러나 '체결'의 개념정의가 국제법상 명문으로 규정되어 있는 것은 아니기 때문에 위와 같이 그것이 의미하는 바를 추정해 볼 수 있을 뿐이다.

(나) 국제법상 '비준'의 개념

'비준'이란 조약법협약 제11조[39]에 규정된 바와 같이 전권대표들에 의해 조약문이 확정된 다음에 헌법상 조약체결권을 가진 국가최고기관이 이를 확인하고 당해 조약의 구속을 받겠다는 동의의 의사를 표시(기속적 동의표시)하는 것으로서 조약의 구속력을 최종적으로 인정하는 행위이다.

2) 헌법상 '체결'과 '비준'의 개념

우리 헌법상 '체결'과 '비준'을 개념정의하고 있는 규정은 없고, 다만 조약에

---

37) 정본인증을 통해 조약문은 확정된다. 정본인증의 절차는 당사국이 합의하는 절차나 조약문에 대한 전권대표의 서명, 정부의 승인을 조건으로 하는 서명 또는 가서명에 의한다.

조약법협약 제10조(조약문의 정본인증) 조약문은 다음의 것에 의하여 정본으로 또한 최종적으로 확정된다.

(a) 조약문에 규정되어 있거나 또는 조약문의 작성에 참가한 국가가 합의하는 절차 또는

(b) 그러한 절차가 없는 경우에는 조약문의 작성에 참가한 국가의 대표에 의한 조약문 또는 조약문을 포함하는 회의의 최종의정서에의 서명, 조건부서명 또는 가서명

Article 10(Authentication of the text) The text of a treaty is established as authentic and definitive: (a) by such procedure as may be provided for in the text or agreed upon by the States participating in its drawing up; or (b) failing such procedure, by the signature, signature ad referendum or initialling by the representatives of those States of the text of the treaty or of the Final Act of a conference incorporating the text.

38) 조약의 기속적 동의는 서명이나 비준·수락·승인 또는 가입에 의하여 보통 표시된다.

조약법협약 제11조(조약에 대한 기속적 동의의 표시방법)조약에 대한 국가의 기속적 동의는 서명, 조약을 구성하는 문서의 교환, 비준·수락·승인 또는 가입에 의하여 또는 기타의 방법에 관하여 합의하는 경우에 그러한 기타의 방법으로 표시된다.

Article 11(Means of expressing consent to be bound by a treaty) The consent of a State to be bound by a treaty may be expressed by signature, exchange of instruments constituting a treaty, ratification, acceptance, approval or accession, or by any other means if so agreed.

39) 각주 38)의 조문 내용 참조.

관한 조항 중 '체결'과 '비준'이라는 용어를 사용하고 있는 규정이 있을 뿐이다.

'체결'과 '비준'은 헌법상의 다른 용어와 달리 조약이라는 국제관계에 관한 규정에서 사용되는 것이기 때문에 국제법상의 개념 정의가 헌법상의 개념을 해석하는 하나의 기준은 될 수 있으나 국제법상의 개념 정의를 그대로 헌법상의 개념으로 볼 수 없다. 더욱이 법조문은 입법자의 의사를 전달하는 것이며 그 조문을 통해, 그리고 법 전체의 유기적 관련 속에서 달성하고자 하는 목적이 있는 것이므로 법규정상 용어의 개념이 정의되어 있지 않은 이상 여러 해석방법들을 통해 그 의미를 해석해야 한다. 따라서 같은 용어라도 각 조문에서 다른 의미로 규정하고 있을 수 있고, 문리적 해석의 한계를 넘지 않는 한에서 그 의미를 해석해내야 하는 것이다.

'비준'의 개념정의는 비교적 뚜렷하므로 헌법상 달리 볼 여지가 없다. 그러나 문제는 헌법 제60조 제1항 '체결·비준'에서 '체결'의 의미이다. 국제법상의 개념과 비교하여 우선 생각할 수 있는 것은 제60조 제1항의 '체결'은 '비준'과 함께 규정되어 있으므로 적어도 국제법상 해석 가능했던 '체결'의 의미, 즉 비준을 포함하는 조약성립의 전 과정을 의미하지는 않는다는 것이다. 그렇다면 '체결'은 ① 조약성립의 전 과정 중에서 '비준'만 제외한 '비준' 이전까지의 과정 전체를 의미하는 것으로 해석할 수도 있고, 그렇지 않으면 ② 조약의 성립 과정 중 '비준'과 같은 어떤 특정한 단계로서 '비준' 외의 기속적 동의표시 방법(서명, 조약을 구성하는 문서의 교환, 수락·승인, 가입 또는 기타의 방법)[40]을 포괄하는 의미로 사용한 것으로 해석할 여지도 있다. 이러한 여러 해석의 가능성 중에서 어떤 의미로 볼 것인지는 이하의 법해석 방법론에 따라서 '체결'과 '비준'이 독립적인 의미인지 통합적인 의미인지 밝혀짐에 따라 달라질 것이다. 특히 통합적인 의미로 볼 경우에는 체결이 의미하는 바가 무엇인지, 즉 비준 외에 체결을 규정한 이유를 밝히는 것이 과제일 것이다.

3) '가운뎃점(·)'의 해석에 따른 '체결·비준'의 가능한 의미해석의 범주 설정

(가) 가운뎃점(·)의 뜻

'체결·비준'의 의미를 해석하기 위해서 중요한 것은 '체결·비준'에서 가운뎃점(·)을 어떻게 해석할 수 있겠는가 하는 것이다. 한글 맞춤법(문교부 고시 제88-1호)[41]에 따르면 가운뎃점(·)은 열거된 여러 단위가 대등하거나 밀접한 관계임을

40) 각주 38)의 조문 내용 참조.

41) 1988년 1월 19일 문교부가 새로 개정 고시하여 1989년 3월 1일부터 시행하도록 한 우리나라

나타내는 문장부호로서 (1) 쉼표로 열거된 어구가 다시 여러 단위로 나누어질 때,[42] (2) 특정한 의미를 가지는 날을 나타내는 숫자에,[43] (3) 같은 계열의 단어 사이에[44] 쓴다. '체결·비준'에서 가운뎃점(·)은 같은 계열의 단어 사이에 사용된 것으로서 '체결'과 '비준'이 대등하거나 밀접한 관계에 있음을 나타내는 것이다. 따라서 가운뎃점(·)은 두 단어를 분리하여 해석한다면 대등한 사항을 열거적으로 나열한 것으로서 '그리고'의 의미로 사용된 것으로 볼 수 있고, 통합적으로 해석한다면 '체결'과 '비준'이 상호 밀접한 관계에 있음을 나타내는 것으로서 '체결·비준'이 일정한 하나의 의미를 나타내는 것으로 해석할 수 있을 것이다.

(나) '체결'과 '비준'을 분리하여 해석할 경우

'체결'과 '비준'을 각각 독립적인 의미를 나타내고 있는 것으로 보아 '체결·비준'을 '체결' 그리고 '비준'이라고 해석한다면 '체결'은 비준 이전까지의 과정으로 볼 경우 '체결·비준'은 결국 조약성립의 전 과정을 의미하게 된다.

그런데 비준 없이 전권대표의 서명만으로 성립[45]하는 약식조약도 있기 때문에 '체결'이 특별히 약식조약 성립의 전 과정을 의미하고, '비준'은 정식조약의 기속적 동의표시로 이해하는 것도 가능할지 문제된다. 그러나 조문의 어구로는 정식

현행 어문 규정이다. http://www.hangeul.or.kr/2.htm 참조.

42) 예) 철수·영이, 영수·순이가 서로 짝이 되어 윷놀이를 하였다.
공주·논산, 천안·아산·천원 등 각 지역구에서 2명씩 국회의원을 뽑는다.
시장에 가서 사과·배·복숭아, 고추·마늘·파, 조기·명태·고등어를 샀다.

43) 예) 3·1 운동, 8·15 광복

44) 예) 경북 방언의 조사·연구
충북·충남 두 도를 합하여 충청도라고 한다.
동사·형용사를 합하여 용언이라고 한다.

45) 서명은 조약원본의 확인, 즉 조약문의 정본인증의 방법으로서 조약문을 확정하는 방법으로 자주 사용된다. 그러나 서명이 기속적 동의표시의 효과를 가지는 것으로 그 조약이 규정하고 있는 경우, 서명이 그러한 효과를 가져야 하는 것으로 교섭국 간에 합의되었음이 달리 확정되는 경우 또는 서명에 그러한 효과를 부여하고자 하는 국가의 의사가 그 대표의 전권위임장으로부터 나타나거나 교섭 중에 표시된 경우에는 서명도 기속적 동의의 표시방법이 된다.
조약법협약 제12조(서명에 의하여 표시되는 조약에 대한 기속적 동의) 1. 조약에 대한 국가의 기속적 동의는 다음의 경우에 국가대표에 의한 서명에 의하여 표시된다.
(a) 서명의 그러한 효과를 가지는 것으로 그 조약이 규정하고 있는 경우
(b) 서명이 그러한 효과를 가져야 하는 것으로 교섭국 간에 합의되었음이 달리 확정되는 경우 또는
(c) 서명에 그러한 효과를 부여하고자 하는 국가의 의사가 그 대표의 전권위임장으로부터 나타나는 경우 또는 교섭중에 표시된 경우
Article 12(Consent to be bound by a treaty expressed by signature) 1. The consent of a State to be bound by a treaty is expressed by a signature of its representative when: (a) the treaty provides that signature shall have that effect; (b) it is otherwise established that the negotiating States were agreed that signature should have that effect; or (c) the intention of the State to give that effect to the signature appears from the full power of its representative or was expressed during the negotiation.

조약의 경우와 약식조약의 경우를 판단할 기준이 없으므로 문리적 해석만으로는 그렇게 보기 어렵다.

그렇다면 '체결'이 약식조약과 정식조약 등의 형식을 불문하고 비준 전단계까지의 전 과정을 의미한다고 본다면, 약식조약의 경우는 조약문의 확정(정본인증)과 기속적 동의표시가 동시에 이루어지므로 그 단계까지를, 정식조약의 경우는 조약문의 확정(정본인증) 단계까지를 의미하게 된다. 따라서 '체결과' '비준'을 분리하여 '체결·비준'을 '체결' 그리고 '비준'이라고 해석할 경우 결국 조약성립의 전 과정을 의미하는 것이 된다.

(다) '체결 · 비준'을 통합적으로 해석할 경우

'체결·비준'을 통합적으로 해석한다면 이 '체결·비준'은 어떤 의미를 나타내는 것으로 해석할 수 있을 것인가. 또 이때 '체결'의 의미는 어떻게 보아야 할 것인가.

앞서 살펴본 체결의 해석 가능한 의미(① 조약성립의 전 과정 중에서 '비준'만 제외한 '비준' 이전까지의 과정 전체를 의미, ② 조약의 성립 과정 중 '비준'과 같은 어떤 특정한 단계로서 '비준' 외의 기속적 동의표시 방법<예: 서명, 조약을 구성하는 문서의 교환, 수락·승인, 가입 또는 기타의 방법>을 포괄하는 의미)에 비추어 볼 때 '체결·비준'을 통합적으로 해석할 경우, 첫째, 조약체결의 전 과정을 포괄하는 의미로 볼 가능성과 둘째, 모든 방법의 기속적 동의표시를 포괄하는 의미로 볼 가능성을 생각해 볼 수 있다.

그러나 통합적인 의미로 해석할 경우 '체결'이 '비준' 이전까지의 단계를 의미하는 것으로 보기는 어렵다. 그 이유는 조약성립의 전 과정을 의미하려고 한 것이라면, '비준'을 따로 규정하지 않고 '체결'만 규정하는 것이 의미를 명확하게 전달하는 데에 적합하므로, 굳이 '체결'을 그러한 의미로 한정하여 사용함으로써 여러 해석 가능성을 남기는 표현을 사용하지 않았을 것이라고 생각된다. 따라서 '체결·비준'은 모든 방법의 기속적 동의표시를 포괄하는 의미로 해석하는 것이 타당해 보인다.

4) 문리적 해석의 한계

문리적 해석은 가능한 해석의 한계로 작용할 뿐이므로 앞서 살핀 경우가 모두 해석 가능한 범위 안에 있게 된다. 따라서 이러한 문리적 해석의 한계를 넘지 않는 범위 내에서 앞서 살핀 가능한 의미 해석의 범주 중 우리 헌법조문상 '체결·비준'이 의미하는 바를 해석해야 한다. 이는 역사적·체계적·목적론적 방법을 통하여 밝힐 수 있을 것이다.

(3) 역사적 해석: 우리 헌법의 연혁에 비추어 본 역사적 해석

1) 정부형태의 변화에 따른 헌법상 조약에 관한 권한 배분의 변화

외교행위에 관한 헌법규정은 제헌헌법 이래 현행헌법에 이르기까지 9차례에 걸친 헌법개정과정에서 조금씩 바뀌어왔다. 특히 제3차 개정과 제5차 개정에 있어서는 정부형태가 변화함에 따라 권력분립 체계가 변화하였고 따라서 외교행위에 관한 권한 배분도 달라졌다.

구체적으로 살펴보면 조약에 대한 국회의 동의권을 규정하고 있는 헌법 제60조의 경우 제헌 헌법 당시부터 1962년 제5차 개정 전까지는 '비준'에 대한 동의권만을 규정하고 있었던 것을 '체결·비준'에 대한 동의권으로 개정하였고, 조약에 대한 대통령의 권한을 규정하고 있는 헌법 제73조의 연혁을 보면 제헌 헌법 당시에는 '체결하고 비준'할 권한이었던 것이 제3차 개정에서 '비준'할 권한으로 개정되었으며, 제5차 개정에서 현행 헌법의 규정과 같은 '체결·비준'할 권한으로 개정되었다.

(가) 제헌헌법 이래 제2차 개정까지의 정부형태와 조약에 관한 헌법상 권한 분배

제헌헌법은 정부형태로서 대통령제를 취하고, 국회는 직선제로 선출된 의원으로 구성된 단원제국회였으며, 집행부 수반이자 국가원수의 지위를 갖는 대통령과 부통령은 각각 국회에서 간접선거방식으로 선출되었다. 또한 의장인 대통령, 부의장인 국무총리 및 국무위원으로 구성된 국무원제도를 두고 있었으며 의원내각제적인 국무총리제도를 운영하였다.

제헌헌법 제42조는 "국회는 국제조직에 관한 조약, 상호원조에 관한 조약, 강화조약, 통상조약, 국가 또는 국민에게 재정적 부담을 지우는 조약, 입법사항에 관한 조약의 비준과 선전포고에 대하여 동의권을 가진다"고 하고, 제59조는 "대통령은 조약을 체결하고 비준하며 선전포고와 강화를 행하고 외교사절을 신임접수한다"고 하였으며, 제72조에서는 "좌의 사항은 국무회의의 의결을 경하여야 한다. 2. 조약안, 선전, 강화 기타 중요한 대외정책에 관한 사항"이라고 규정하였다.

제1차 개정(1952. 7. 7)에서는 대통령직선제 및 국무원불신임제가 주요 내용이었고, 제2차 개정(1954. 11. 29)에서는 국무총리제도를 폐지하고 보다 미국식 대통령제에 근접한 권력구조를 취하게 되었는데, 조약에 관한 헌법상 권한 분배에 대해서는 제헌헌법과 같은 태도를 유지하고 있었다.

(나) 제 3 차 및 제 4 차 개정헌법의 정부형태와 조약에 관한 헌법상 권한 분배

1960년 4·19혁명 이후 6월 15일 국회는 여야 합의 속에 의원내각제 개헌안을 통과시켜 제 3 차 헌법개정이 이루어졌다. 제 3 차 개정헌법에서는 조약에 관한 권한 분배에 대하여 다음과 같이 규정하고 있었다.

제42조는 "국회는 국제조직에 관한 조약, 상호원조에 관한 조약, 강화조약, 통상조약, 국가 또는 국민에게 재정적 부담을 지우는 조약, 입법사항에 관한 조약의 비준과 선전포고에 대하여 동의권을 가진다"고 하여 기존의 헌법의 규정방식을 그대로 유지하고 있었고, 제59조에서 "대통령은 국무회의의 의결에 의하여 조약을 비준하며 선전포고와 강화를 행하고 외교사절을 신임접수한다"고 규정하였으며, 제72조에서 "좌의 사항은 국무회의의 의결을 경하여야 한다. 2. 조약안, 선전, 강화 기타 중요한 대외정책에 관한 사항"이라 규정하고 있다.

제72조 규정은 개정 전과 같지만 제59조는 개정 전에는 대통령에게 조약을 체결하고 비준할 권한을 규정하고 있었던 것을 국무회의의 의결에 의한 조약 비준으로 개정함으로써 조약체결에 대한 권한 분배를 달리하게 되었다.

의원내각제적 정부형태 하에서 대통령에게 부여된 조약에 관한 권한으로서 비준권은 국가의 대표로서 갖는(제51조) 형식적·의례적 권한에 지나지 않으며, 실질적으로 조약체결은 국무원이 하고, 그 외의 비준·외교사절의 신임·접수 등도 국무회의의 의결에 의해서 행하도록 하고 있었다(제59조 및 제72조). 또한 국제조직에 관한 조약, 상호원조에 관한 조약, 강화조약, 통상조약, 국가 또는 국민에게 재정적 부담을 지우는 조약, 입법사항에 관한 조약의 비준에 대하여는 국회에 동의권이 분배되어 있었다(제42조).

제 4 차 개정헌법(1960. 11. 29)에서의 권력구조는 고전적 의원내각제 원리에 비교적 충실하였고, 국회는 양원제를 채택하게 되었다. 제 4 차 개정헌법은 반민주행위자처벌을 위한 특별법의 근거를 마련하기 위한 헌법부칙의 개정에 그치고 있어 권력구조의 변경은 없었다.

(다) 제 5 차 개정헌법의 정부형태와 조약에 관한 헌법상 권한 분배

1961년 5·16쿠데타로 수립된 군사정권은 대통령중심제의 권력구조를 취하였고, 이에 따라 조약에 관한 대통령의 권한도 강화되었다.

제 5 차 개정헌법(1962. 12. 26)의 조약에 관한 권한 배분은 다음과 같다.

제56조 제 1 항에서 "국회는 상호원조 또는 안전보장에 관한 조약, 국제조직에 관한 조약, 통상조약, 어업조약, 강화조약, 국가나 국민에게 재정적 부담을 지우는 조약, 외국군대의 지위에 관한 조약 또는 입법사항에 관한 조약의 체결·비

준에 대한 동의권을 가진다"고 규정하고, 제71조에서 "대통령은 조약을 체결·비준하고 외교사절을 신임접수 또는 파견하며 선전포고와 강화를 한다"고 하였다. 제86조에서는 "다음 사항은 국무회의의 심의를 거쳐야 한다. 3. 조약안·법률안과 대통령령안"이라 규정하고 있었다.

제5차 개정헌법에서 변경된 사항을 정리하면, ① 제헌헌법 이래 제4차 개정까지 제7조에서 "비준공포된 국제조약과 일반적으로 승인된 국제법규는 국내법과 동일한 효력을 가진다"고 규정되어 있던 것이 제5차 개정헌법에서는 제5조 제1항에서 "헌법에 의하여 체결·공포된 조약"의 국내법적 효력규정으로, ② 제3차 개정헌법과 제4차 개정헌법에서 유지되고 있던 조약의 비준에 대한 국회동의권은 제5차 개정헌법에서 조약의 체결·비준에 대한 국회동의권으로, ③ 제3차 개정헌법과 제4차 개정헌법에서의 국무회의의 의결에 의한 대통령의 조약 비준권이 제5차 개정헌법에서 대통령의 조약의 체결·비준권으로, ④ 제4차 개정헌법에서는 조약안이 국무회의의 의결 사항이었던 것이 제5차 개정헌법에서는 조약안이 국무회의의 심의 사항으로 바뀌었다.

제6차 개정(1969. 10. 21)에서 조약에 관한 사항은 제5차 개정헌법의 규정이 그대로 유지되었다. 제7차 개정(1972. 12. 27)에서는 조문의 규정 순서만 바뀌었을 뿐 내용의 변화는 없다. 제8차 개정헌법(1980. 10. 27)에서도 마찬가지로 조문의 규정 순서만 바뀌었을 뿐 내용의 변화는 없다. 제9차 개정헌법(1987. 10. 29)인 현행 헌법까지도 이러한 태도는 유지되고 있고 조문의 규정 순서만 바뀌었을 뿐이다.

2) 대통령의 조약체결·비준권 행사에 대한 국회의 동의

이러한 연혁에 비추어 조약에 대한 헌법상 권한 배분질서의 변화를 요약해 보면, 조약에 대한 대통령의 권한을 규정하고 있는 헌법 제73조의 경우, 제헌 헌법 당시에는 '체결하고 비준'할 권한이었던 것이 제3차 개정에서 '비준'할 권한으로 개정되었고, 다시 제5차 개정에서 현행 헌법의 규정과 같은 '체결·비준'할 권한으로 개정되었다. 그리고 국회의 동의권을 규정하고 있는 헌법 제60조의 경우, 제헌 헌법 당시부터 제4차 개정헌법까지는 '비준'에 대한 동의권만을 규정하고 있었던 것이 1962년 제5차 개정에서 '체결'이 삽입됨으로써 '체결·비준'에 대한 동의권으로 개정되어 현행헌법에 이르고 있다.

조약에 대한 권한 배분 규정의 개정은 제3차와 제5차 개정에서 이루어졌는데, 제3차 개정은 제헌헌법 이래 유지되어 왔던 대통령제 정부형태를 의원내각제적 정부형태로 변경하는 것을 주요 내용으로 한 개정이었다. 또한 제5차 개정의 주요 내용은 대통령중심제 형태로의 변경이었다. 따라서 제3차 개정에서 대통령은 국가의 대표로서 형식적·의례적 권한만 갖게 됨으로써 조약을 비준할 권한만 부여되고 이전에 가지고 있던 조약을 체결할 권한은 규정에서 빠지게 된 것이다. 그러나 다시 제 5 차 개정으로 대통령중심제가 됨에 따라 대통령이 비준권 외에 조약의 체결권도 갖게 되었고, 이전까지 비준에 대한 동의권으로 규정되어 있던 국회의 조약에 대한 권한도 이에 따라 체결·비준에 대한 동의권으로 개정된 것으로 보인다.

또한 제헌헌법 이래 조약의 국내법적 효력에 관하여 "비준공포된 국제조약과 … 국내법과 동일한 효력을 가진다"(제 7 조 제 1 항)고 규정되어 있던 것이 제 5 차 개정에서 "이 헌법에 의하여 체결·공포된 조약과 … 국내법과 같은 효력을 가진다"(제 5 조 제 1 항)로 개정되었다.

결국, 국회의 동의권을 규정하고 있는 조문에 '체결'이 삽입된 것은 정부형태의 변경 과정에서 권한 분배가 변화함에 따라 조문 간의 자구를 맞추어 조문을 정비하고자 한 결과로 보인다. 다시 말해, 헌법개정을 통해 대통령제로 회귀하면서 형식적·의례적인 권한뿐만 아니라 실질적인 외교행위 권한을 대통령에게 부여하는 과정에서 자구를 맞추기 위하여 다른 관련 조문에도 '체결'이라는 용어를 삽입하게 되었을 개연성이 높은 것으로 보인다.

(4) 체계적 해석: 현행 헌법조문 체계상 '체결·비준'에 대한 동의권의 해석

1) 헌법상 '체결'이라는 문구의 체계적 위치

우리 헌법상 조약에 관한 조항 중 '체결'이라는 용어는 3번 사용되고 있다;

첫째, 헌법 제 6 조 제 1 항("헌법에 의하여 체결·공포된 조약과 일반적으로 승인된 국제법규는 국내법과 같은 효력을 가진다")은 헌법 제 1 장 총강에 규정되어 있는바, 헌법 제 5 조의 국제평화주의규정과 더불어 한국헌법의 국제관계에 대한 태도를 천명한 것이다; 둘째, 헌법 제60조 제 1 항("국회는 상호원조 또는 안전보장에 관한 조약, 중요한 국제조직에 관한 조약, 우호통상항해조약, 주권의 제약에 관한 조약, 강화조약, 국가나 국민에게 중대한 재정적 부담을 지우는 조약 또는 입법사항에 관한 조약의 체결·비준에 대한 동의권을 가진다")은 헌법의 국가조직편에 해당하는 제 3 장 안에 제61조(국정에 관한 감사조사권), 제62조(국무총리 등의 국회출석 답변요구권), 제63조(국무총리·국무위원 해임건의권), 제65조(탄핵소추권) 등과 함께 국정통제권의 하나로 규정되어 있다; 셋째, 헌법 제73조("대통령은 조약을 체결·비준하고, 외교사절을 신임·접수 또는 파견하며, 선전포고와 강화를 한다")는 역시 헌법의 국가조직편에 속하는 제 4 장

정부 안의 제1절 대통령 아래에 제72조(중요정책 국민투표부의권), 제74조(국군통수권)의 가운데에 규정되어 있어 대통령의 특수한 권한, 즉 단순한 행정영역을 넘는 고도의 정치적 성질을 가지는 행위영역에 관한 고권의 일부로 규정된 것을 알 수 있다.

이러한 각 조항의 체계상의 위치로부터 일응 헌법 제60조 제1항의 국회의 동의권이 헌법의 권력배분체계상 대통령의 권력행사에 대한 통제기능을 중심으로 부여된 것임을 알 수 있다.

2) 각 조항에서의 '체결'의 의미

(가) 헌법 제6조 제1항의 '체결'의 의미

헌법 제6조 제1항은 합헌적으로 성립된 모든 조약이 국내법과 같은 효력을 갖는다는 것이므로 여기에서의 '체결'은 비준은 물론 조약성립을 위한 모든 과정이 위헌적인 요소없이 이루어져 이제 공포되면 바로 국내법적 효력을 발생할 수 있는 상태를 일컫는다. 따라서 제6조 제1항의 '체결'은 가장 넓은 의미로서 비준을 포함한 조약의 모든 합헌적 성립 과정을 거쳐 공포의 절차만을 남겨 둔 최종적 상태를 의미한다고 보여진다.

(나) 헌법 제73조의 '체결'의 의미

이에 반해 헌법 제73조는 대통령에게 조약체결권 및 조약비준권이 있음을 규정하고 있는 조항으로서, 외교행위인 조약 성립에 관한 모든 권한이 대통령의 조약체결권으로부터 도출됨을 의미한다. 즉, 조약의 성립을 위한 전 과정이 대통령의 권한하에 이루어지며, 비준이라고 하는 확인행위도 대통령의 권한임을 의미하는 것이다. 따라서 제73조에서의 '체결'은 '비준'과 함께 규정되어 있으므로, '비준'을 제6조 제1항에 따른 조약의 공포 이전의 마지막 국내절차라고 보았을 때, 조약 성립 전 과정에 있어서 '비준'을 제외한 즉, '비준' 이전까지의 단계를 모두 포괄하는 것으로 이해할 수 있다.

(다) 헌법 제60조 제1항의 '체결'의 의미

헌법 제60조 제1항은 헌법 제73조에서 규정하고 있는 대통령의 조약체결·비준권 행사에 대한 통제로서 국회의 동의제도를 규정하고 있는 것이므로, 본 조항의 '체결·비준'은 일응 헌법 제73조의 대통령의 조약체결·비준권의 행사라고 볼 수 있다. 그러나 그렇다고 하여 동 조항의 체결의 의미와 제73조의 체결의 의미를 바로 동일한 것으로 간주하여야 하는 것은 아니다.

헌법 제60조 제1항의 체결의 의미는 정부에 대한 국회의 민주적 통제권한으로서 국회의 동의권한을 규정한 동 조항의 취지에 비추어 보다 제한적으로 해석될 수 있다. 이러한 해석은 동 조항의 체계적인 위치로부터만 명백하게 되는 것이 아니라 아래의 목적론적 해석에 의하여 더 분명하게 될 것이다.

(5) 목적론적 해석: '비준' 외에 '체결'을 규정한 목적에 따른 해석

1) 국회동의의 대상으로서 '비준'을 규정한 의의

(가) 비준제도의 본래적 의의

절대군주시대에는 군주에게 모든 권력이 집중되어 있었으므로 조약체결도 군주의 통치권력에 전속된 것이었다. 그러나 군주가 일일이 조약체결을 직접 행할 형편이 안 되었기 때문에 대표를 임명하여 그에게 국가명의의 서약에 서명하도록 전권을 위임하였다. 따라서 전권이란 교섭과 서명을 할 수 있는 권한이고 최종서약은 비준에 의해 성립하였다. 당시에는 통신도 발달하지 않았기 때문에 전권대표가 자기의 지시대로 하였는지를 사후에 심사할 필요가 있었는데 이것이 비준제도의 시초였다. 이와 같이 비준제도는 전권대표가 서명한 조약을 조약체결권자가 자신의 지시대로 따랐는지, 월권행위가 있었는지의 여부를 확인하여 국가의 조약체결 의사를 최종적으로 확정한다는 데 그 의의가 있었다.

(나) 비준제도의 의의 변화

그러나 입헌민주주의 제도가 확립되자 비준의 의미가 변화하였다. 오늘날 비준은 전권대표가 서명한 조약을 조약체결권자인 대통령이 확인하여 국가의 조약체결 의사를 최종적으로 확정하는 것으로서 조약체결에 신중을 기한다는 데 그 의의가 있고, 여기에 대통령의 비준에 대하여 국회의 동의를 받게 함으로써 조약체결권자의 자의적인 조약체결을 방지하는 통제절차를 두고, 민주적 정당성을 확보하며 한층 더 신중함을 기하게 되는 것이다. 즉, 비준은 각국의 국내법이 국가원수의 조약체결에 의회의 비준동의를 얻을 것을 요구하고 있는 경우에 의회의 대정부통제의 수단으로서 보다 중요한 의미를 지니게 되었다.

(다) 비준에 대한 국회동의규정의 의의

현대 민주주의 국가에서는 의회민주주의를 채택하고 있기 때문에 국민의 권리·의무에 관한 주요 사항의 결정은 국회의 참여를 필요로 한다. 따라서 국가가 조약에 최종서약을 하기 전에 국회의 동의를 받도록 하여 조약체결권자의 자의적인 조약체결에 통제를 가할 수 있는 제도적 장치를 마련하고 있는 것이다. 따라서 특정한 내용의 조약을 열거하고 그 비준에 대하여 국회의 동의를 요하도록 규정한 것은, 그러한 조약들에 대해서는 더욱 신중을 기해야 한다는 뜻으로 이해할 수 있다. 또한 대개 그러한 중요한 내용의 조약들은 비준의 절차를 요하는 정식조약의 형태로 성립되는 것이 보통이다.

이와 같은 맥락에서 보면 제60조 제1항이 비준에 대한 국회동의권을 규정한 것은 본 조항에 열거한 내용의 조약에 대해서는 그 조약에 구속력을 부여하는 데에 신중을 기하고자 함임을 알 수 있다. 따라서 본래적 의미로 본다면 동 조항에 열거한 조약에 대해서는 국제법적 효력을 발생하기 위해서 '비준'을 필요로 하는 형식의 조약, 즉 정식조약으로 하도록 하는 것이 목적이었을 것이다.

2) 동의의 대상으로서의 '체결'을 규정한 의의

(가) 비준에 대한 국회동의에 포섭되지 못하는 통제절차의 규정 필요성

그러나 반면, 현실적으로는 의회의 동의절차를 생략하고 간략하게 서명만으로 조약에 구속력을 부여하는 관행이 성장하였고, 비준 외에 수락이나 승인과 같은 새로운 방법들이 증가하였다. 더욱이 조약이 구속력을 갖기 위해 비준을 필요로 하는지 아니면 서명만으로 충분한지를 어떻게 판단할 것인가가 문제되는데, 이에 대하여 조약에 명시적인 규정을 두고 있지 않은 경우에는 판단하기 용이하지 않고 그에 대한 일률적인 기준을 마련하는 것도 어렵다. 따라서 비준에 대한 동의만 규정해서는 약식의 형식으로 체결되는 조약의 경우를 포괄하지 못하는 문제가 발생한다.

따라서 헌법의 규범력을 해치지 않으면서도 규정의 본래 취지를 살리기 위해서는 국제법적 효력을 발생하기 위해서 '비준'을 요하지 않는 형식으로 체결되는 조약에 대해서도 국회의 동의를 받도록 하는 내용을 규정해야 할 필요성이 발생하게 된다.

(나) '비준' 외에 '체결'을 규정한 목적

'비준'은 조약의 기속적 동의표시 방법 중 대표적인 방법이기는 하지만, '비준'이라는 용어로는 포섭할 수 없는 기타 방법(조약을 구성하는 문서의 교환, 수락, 승인 등)에 의해서도 기속적 동의는 이루어진다. 특히 약식조약의 경우에는 조약문의 확정과 기속적 동의표시가 동시에 이루어지기 때문에 '비준'의 절차를 거치지 않고서 서명만으로 기속적 동의표시가 이루어진다. 따라서 약식조약과, 정식조약이라고 하더라도 '비준' 외의 방법에 의한 기속적 동의표시를 포괄해야 할 필요성이 있게 된다. 바로 여기에 '체결'을 규정한 이유가 있다.

앞서 역사적 해석에서 살펴본 바와 같이 기존에 '비준'에 대한 동의권이었던 조항에 '체결'을 새로 삽입한 제3공화국 헌법 해설서에서도 '체결'을 규정한 의의에 대하여 '비준'을 요하지 않는 조약에 대한 국회동의를 규정하기 위한 것이라고 설명하고 있는 다수의 견해[46]도 이와 같은 맥락으로 이해한 것으로 볼 수 있다.

---

46) 갈봉근, 신헌법개론(보문각, 1964), 168면; 강병두, 신헌법(수학사, 1963), 300면; 한동섭, 헌법

따라서 본 조항에서 '비준' 외에 '체결'을 규정한 의의는 '비준'의 절차를 거치지 않고서도 국제법적 효력이 발생하는 조약에 대해서도 국회의 동의를 받도록 명문으로 규정해 놓은 것으로서 헌법 제60조 제1항에서 열거하고 있는 조약은 비준을 요하는 형식으로 체결되든 비준을 요하지 않는 형식으로 체결되든 국회의 동의절차를 거쳐 통제를 받도록 해야 한다는 의미로 볼 수 있다.

(다) 목적론적 해석에 따른 동 조항 '체결·비준'의 의미

결국 '체결·비준'은 통합적으로 이해하여, '체결'은 '비준'과 대등하거나 밀접한 관계에 있는 단어로서 조약의 성립 과정 중 '비준' 외의 기속적 동의표시 방법으로서 서명, 조약을 구성하는 문서의 교환, 수락·승인 또는 가입 또는 기타의 방법을 포괄하는 의미 즉, '비준'이라는 용어로 포섭될 수 없는 기타 기속적 동의표시 방법을 포괄하는 용어로 사용된 것으로 볼 수 있을 것이다. 이렇게 하여 '체결·비준'은 기속적 동의표시라는 하나의 통합적 의미로서 조약에 구속된다는 최종적인 의사 표시라는 단일한 의미로 해석할 수 있을 것이다.

(6) '체결·비준'의 통합적 이해

문리적으로 가능한 의미해석의 범주를 벗어나지 않는 범위 내에서 이상에서 검토한 역사적·체계적·목적론적 방법을 통해 '체결·비준'은 다음과 같이 해석된다.

우리 헌법의 국가기능의 배분에 따라 조약체결이라는 입법기능은 정부에 속하는데, 국민의 대표기관인 국회는 그에 대한 통제로서 동의권이라는 형태의 관여권한을 갖는다. 따라서 조약체결 전반에 걸친 절차와 행위는 그 기능이 배정된 정부가 수행하는 것이고, 정부가 일련의 과정을 거쳐 조약체결 상대국에 대하여 최종적으로 당해 조약에 구속되는 의사를 표시(기속적 동의표시)하는 것에 대하여 국회를 거침으로써 민주적 통제를 받게 하고자 하는 것이 조약에 대한 국회동의권의 제도적 의의이다.

헌법 제60조 제1항에 열거된 내용의 조약을 체결함에 있어서는 특히 신중을 요하는바, 국제적 효력을 발하기 위해 비준을 요하는 정식조약의 형태로 체결되도록 하는 것이 헌법의 취지에는 부합하겠지만, 국제법의 영역인 국가 간의 조약체결에 있어 이를 항상 관철하는 것은 어렵고, 비준의 절차를 거치지 않거나 비준 외의 방법에 의해 기속적 동의표시를 하는 경우도 있기 때문에 그러한 조약에 대해서도 국회의 통제를 받게 하고자 하는 것이 '체결'을 규정하게 된 목적이라고 볼 수 있다.

(향학사, 1964), 259~260면; 한태연, 헌법(법문사, 1963), 396면 참조.

따라서 헌법 제60조 제1항이 규정하고 있는 '체결·비준'은 정식조약이든 약식조약이든 어떤 형식과 방법에 의해 조약이 맺어지는지를 불문하고 정부의 조약체결권 행사에 있어 상대국에 대하여 그 조약에 구속됨을 최종적으로 표시하는 행위를 통합적으로 의미하는 것으로 해석된다. 즉, 조약문 자체에 대한 동의가 아니라 정부의 조약체결과정 중 대통령이 그의 권한으로서 기속적 동의표시를 하는 그 행위에 대한 동의를 의미하는 것으로서, 동 조항에 열거하고 있는 내용의 조약에 대해서는 그 조약에 구속됨을 최종적으로 표시하는 것에 대해 국회의 동의를 요한다는 의미인 것이다. 결국, 헌법 제60조 제1항 '체결·비준'은 조약 성립을 위한 전 과정이 아닌 통합적인 의미로서 대통령이 국제적으로 우리 국가가 그 조약에 구속됨을 표시하는 행위로 해석된다.

4. 국회동의의 시기 — 사전동의

조약의 체결·비준에 대한 국회의 동의는 조약체결권자로 하여금 유효하게 체결·비준행위로 나아가게 할 수 있는 사전절차적 통제이므로, 그러한 동의는 체결·비준(기속적 동의표시) 전에 행해져야 한다.

국회의 동의가 사전동의여야 한다고 할 때, 여기에서의 '사전'이 뜻하는 바가 언제까지로 소급되느냐가 문제될 수 있다. 그러나 조약안에 대해 국회가 동의 여부를 결정하기 위해서는 적어도 더 이상 정부가 조약안의 내용을 변경할 수 없는 단계에 이르러야 하고, 이러한 시점은 조약안의 확정(인증)이 있은 후라고 할 것이다. 따라서 최소한 조약안에 대한 가서명이 있어야 국회의 동의권 행사가 가능하다고 보아야 한다.

조약안도 확정되기 이전에 정부의 협상안 자체에 대하여 국회가 동의 여부를 결정하는 것은 정부의 협상여지를 원천적으로 봉쇄하여 조약협상의 유연성을 부인하는 것으로서 조약협상의 특성에 비추어 수용하기 어려울 것이다.

Ⅵ. 조약체결 · 비준에 대한 국회동의의 실질화

1. 국회의 동의권행사에 있어서 갖추어져야 할 전제조건

동의는 조약안에 대하여 충분히 그 내용을 파악한 상태에서 이루어져야 한다. 조약동의안의 내용에 대한 구체적인 판단은 관련위원회에서 행하여지고, 위원회에서 조약동의안이 통과되면 본회의 의결을 거쳐 조약의 체결·비준에 대한 동의 여부가 결정된다. 동의 여부를 판단하기 위하여 국회는 조약문안뿐만 아니라 조약문안의 내용을 정확하게 파악할 수 있을 정도의 자료를 필요로 하고, 이러한 자료를 바탕으로 충분한 심사가 이루어져야 한다.

2. 국회동의의 실질화 방안

국회의 동의가 형식적인 절차에 그치지 않고, 실질적인 동의로서 의미를 가지기 위해서는 정확하고 충분한 정보의 수집이 요구된다. 정부가 체결하는 조약에 대한 정보는 정부에 귀속되어 있고, 국회는 정부에 대하여 정보제공을 요구할 수 있어야 하며, 정보를 제공받은 상태에서 국회의 동의(informed consent)가 이루어져야 한다.

또한 정보를 제공받아 심사할 수 있는 충분한 기간이 확보되어 있어야 한다. 법률안에 대하여는 국회법이 상정시기를 규정하여 충분한 심사를 위한 어느 정도의 기간을 규정하고 있으나,[47] 조약동의안에 대하여는 명시적인 규정이 없다. 복잡한 내용을 가진 조약에 대하여 다수여당이 별다른 심사도 없이 쉽게 정부의 조약체결에 동의하여 버린다면 국회동의절차는 형식적인 것에 그칠 것이다.

47) 국회법 제59조(법률안의 상정시기) 위원회는 발의 또는 제출된 법률안이 그 위원회에 회부된 후 일부개정법률안의 경우에는 15일, 제정법률안 및 전부개정법률안의 경우에는 20일(법제사법위원회의 체계·자구심사의 경우에는 5일)을 경과하지 아니한 때에는 이를 의사일정으로 상정할 수 없다. 다만, 긴급하고 불가피한 사유로 위원회의 의결이 있는 경우에는 그러하지 아니하다.

3. 국회의 조약안에 관한 정보제공요구

(1) 행정부의 정보제공의무(작위의무)의 존부

국회동의권의 실질적 행사를 위하여 헌법 제60조 제1항에서 행정부의 정보제공의무가 직접 도출된다고 볼 수 있을지가 문제된다. 또는 행정부의 정보제공의무가 동 조항에서 직접 도출되지는 않으나, 해석상 국회동의권 행사의 실질화를 위하여 국회가 정보제공을 요구할 수 있는 간접적 근거는 된다고 볼 수 있을지가 문제된다.

국회동의권을 실질적으로 행사하기 위해서는 동의 여부를 결정하는 견해 형성을 할 수 있도록 관련 정보가 제공되어야 한다. 그러나 동 조항은 조약안에 대한 국회의 동의여부결정권을 부여하고 있는 것이기 때문에 그러한 문언으로부터 행정부의 정보제공의무가 직접 당연히 도출된다고 보기는 어렵다.

원칙적으로 헌법 제62조 제1항과 제2항에 규정된 바에 따라 정부는 국회나 그 위원회에 출석하여 국정처리상황을 보고하거나 의견을 진술하고 질문에 응답할 수 있으며, 국회나 그 위원회의 요구가 있을 때에는 출석·답변하여야 한다. 따라서 국회는 일반적으로 정부에 대하여 국회출석요구권 및 질문권을 가지며, 정부는 그에 대하여 답변을 할 의무가 있기 때문에 헌법 제60조 제1항에 근거하지 않더라도 국회의 정보제공요구에 대하여 정부는 정보를 제공할 의무를 진다고 할 수 있다. 다만 헌법 제60조 제1항은 국회가 동의권을 행사하는데 있어서 동의 여부를 결정하기 위한 견해를 형성하는 데 긴요한 정보의 제공을 요구할 수 있는 간접적 근거는 된다고 볼 것이다.

(2) 정보제공요구의 시기

물론, 조약에 대한 국회의 동의가 조약안확정 후 기속적 동의표시 전 단계에 이루어지는 것이라 하더라도 동의권을 실질적으로 행사하는 데에는 협상 개시 이전부터 혹은 협상 개시 후 교섭 진행중에도 계속해서 정보가 제공되어야 할 현실적 필요성이 있을지도 모른다. 그러나 우리 헌법은 조약체결이라는 외교행위의 특성에 비추어 조약체결권을 정부에 배분하고 이에 대한 통제절차로서 국회에 동의권이라는 형태로 권한을 분배하고 있으므로 조약체결에 관한 권한은 원칙적으로 정부에 있는 것이다. 따라서 국회가 동의권에 근거하여 협상 개시 이전부터 혹은 협상 개시 후 교섭 진행중에도 정보제공을 요구할 수 있다고 본다면 그러한 권한

배분을 하고 있는 헌법의 취지에 어긋난다. 권영길 의원이 대표발의한 '통상협정의 체결절차에 관한 법률안'[48]의 내용과 같이 조약체결절차 각 단계마다 정보제공을 요구할 권한이 각 단계마다 동일한 정도로 동 조항으로부터 도출된다고 보기는 어렵다.

국회가 동의권을 행사할 수 없는 시기에도 국회는 정부에 대하여 대정부질문(국회법 제122조의2)이나 긴급현안질문(국회법 제122조의3), 국무총리·국무위원·정부위원 등에 대한 출석요구(헌법 제62조 제2항; 국회법 제121조) 등을 통하여 정보를 획득할 수 있다. 그러나 이러한 정보의 취득은 장래 국회의 동의권 행사를 사실상 원활하게 하려는 방법이지 국회 동의권 행사의 일환으로 볼 수는 없다. 따라서 국회가 동의권을 행사할 수 없는 시기에 있어서 정부가 정보제공요구를 거부하는 경우 정부가 정보제공을 하지 않은데 대한 별도의 법적·정치적 책임을 부담할지언정 국회의 동의권을 침해한 것이라고 할 수 없다.

정부가 조약체결권을 행사함에 있어서 — 조약의 내용을 형성함에 있어서도 — 국민의 의사를 충분히 반영하기 위하여 의사수렴 절차를 보장·경유해야 한다는 것은 민주주의국가에서 당연하다고 할 수 있다. 그러나 이러한 절차보장도 헌법에 정해진 권한배분질서를 존중하는 가운데서만 가능하다고 보아야 한다. 따라서 정보제공요구의 시기는 국회가 동의권을 실질적으로 행사하기 위해 정보가 필요한 시기로서 적어도 전권대표의 서명 또는 가서명 등에 의해 조약문이 확정(정본인증)된 후 국제법적 효력이 발생하기 전, 즉 기속적 동의표시 전으로 볼 것이다.

(3) 요구하는 정보제공의 수준

같은 맥락에서 볼 때, 동 조항 — 또는 국회의 출석요구권 및 질문·답변요구권 — 으로부터 당해 조약체결과 관련된 모든 정보 혹은 당해 조약의 협상 과정에 있어 모든 핵심적인 쟁점사항에 관한 정보를 요구할 수 있는 정도의 권한을 보장하고 있는 것으로는 볼 수 없다. 왜냐하면 이들 권한은 모두 정부의 권한 통제의 측면에서 국회에 부여된 권한이지, 헌법이 이미 정부에 부여한 외교권을 함께 수행할 권한이 아니기 때문이다. 따라서 국회가 요구할 수 있는 정보의 수준은 확정된 조약문을 설명할 수 있는 정도로서 그 내용을 인식하고 파악할 수 있는 정도면 적합할 것으로 생각된다. 즉, 구체적으로 확정된 조약문의 내용에 대하여 동의 여부에 관한 견해를 형성하는 데 실질적 관련(substantial relationship)이 있는 정보에 한하는 것으로 볼 것이다.

48) 2006. 2. 2 발의, 의안번호 173849, 통상협정의 체결절차에 관한 법률안.

Ⅶ. 국회동의권 침해에 대한 대응방법

1. 조약에 대한 사법심사

조약이 공포되어 국내법적으로 효력을 발생한 경우 사법심사가 가능하다는 것이 일반적인 견해이다. 조약에 대한 사법심사가 가능한지 여부에 관하여 헌법이나 법률에 명시된 바 없지만, 헌법부칙 제5조("이 헌법시행 당시의 법령과 조약은 이 헌법에 위배되지 아니하는 한 그 효력을 지속한다")에서 명백한 것처럼 헌법이 조약에 대하여 우위에 있고 따라서 국내법질서의 통일성을 확보하기 위하여 조약에 대한 통제가 필요하므로 조약에 대한 위헌심사는 불가피하다. 헌법재판소도 대한민국과일본국간의어업에관한협정비준등 위헌확인사건에서 "헌법소원심판의 대상이 되는 것은 헌법에 위반된 '공권력의 행사 또는 불행사'이다. 여기서 '공권력'이란 입법권·행정권·사법권을 행사하는 모든 국가기관·공공단체 등의 고권적 작용이라고 할 수 있는바, 이 사건 협정은 우리나라 정부가 일본 정부와의 사이에서 어업에 관해 체결·공포한 조약(조약 제1477호)으로서 헌법 제6조 제1항에 의하여 국내법과 같은 효력을 가지므로, 그 체결행위는 고권적 행위로서 '공권력의 행사'에 해당한다"[49]고 하여 조약에 대한 사법심사를 긍정하고 있다.

다만 조약에 대한 위헌심사는 조약의 효력에 따라 다른 방식을 취한다. 즉 법률과 동일한 효력을 갖는 조약에 대하여는 법률에 대한 위헌심사와 동일하게 위헌법률심판(헌법 제111조 제1항 제1호; 헌법재판소법 제41조)에 의하고, 명령·규칙과 같은 효력을 갖는 조약은 대법원의 명령·규칙 또는 처분 심사(헌법 제107조 제2항)에 의하여 위헌 여부가 판단된다.

그러나 헌법재판소에 조약에 의하여 기본권이 침해되었음을 이유로 헌법소원심판이 청구된 경우에는 조약의 국내법적 효력이 법률과 동일한 것인지 명령·규칙과 동일한 것인지를 묻지 아니하고 공권력의 행사에 해당하여 헌법재판소가 조약의 위헌성을 심사할 수 있다.[50]

49) 헌재 2001.3.21. 99헌마139 등, 판례집 13-1, 676, 692.

50) 헌재 2001. 3. 21. 99헌마139 등, 판례집 13-1, 676, 692; 헌재 1990. 10. 15. 89헌마178, 판례집 2, 365, 369~371.

2. 국회동의 흠결을 이유로 한 조약에 대한 위헌심사

국회의 동의를 거친 헌법 제60조 제1항에 열거된 조약에 해당하는 조약이 헌법에 위반하는 내용을 담고 있으며 재판의 전제가 된 경우 법원은 당사자의 신청 또는 직권에 의해 헌법재판소에 위헌법률심판을 제청할 수 있다.

그런데 헌법 제60조 제1항에 열거된 조약에 해당함에도 불구하고 국회의 동의를 거치지 아니한 절차상 하자가 있고, 그러한 조약이 재판의 전제가 된 경우에는 헌법재판소가 위헌심사를 관장할지 법원이 관장할지 문제가 생길 수 있다. 즉 국회의 동의가 없어도 법률과 같은 효력을 갖는다고 하여 헌법재판소가 위헌법률심판을 하여야 하는지, 국회의 동의를 거치지 않았으므로 '법률과 같은 효력을 갖는 조약으로써 규정할 사항'을 '명령·규칙과 같은 효력을 갖는 조약으로써 규정한 것'을 이유로 헌법에 위반되는지 여부를 법원이 명령·규칙심사를 통하여 심사하여야 하는지가 문제될 수 있다.

헌법 제60조 제1항에 열거된 조약은 헌법상 법률적 효력을 가질 것을 예정하고 있는 조약이라고 보아야 하고, 따라서 이러한 조약에 대한 국회의 동의절차의 흠결이 본질적인 문제가 되었을 경우 동 조약의 위헌심사에 있어서는 법률에 대한 위헌심사와 동일한 절차를 거쳐야 할 것이다.

헌법재판소도 대한민국과아메리카합중국간의상호방위조약제4조에의한시설과구역및대한민국에서의합중국군대의지위에관한협정 제2조 제1의 (나)항 위헌제청사건에서 "위헌제청 이유에 따르면 제청신청인들은 이 사건 조약이 국회의 동의를 얻지 않아 절차적 하자가 있다는 취지로도 다툰 것으로 보이나, 1967. 2. 9. 발행 관보(호외)에 의하면 이 사건 조약은 국회의 비준동의(1966. 10. 14.)와 대통령의 비준 및 공포를 거친 것으로 인정된다. 따라서 이 사건 조약이 국내법적 효력을 가짐에 있어서 성립절차상의 하자로 인하여 헌법에 위반되는 점은 없다"고 하여 국회의 동의를 얻지 않은 절차적 하자를 일단 헌법재판소의 위헌법률심판의 이유로 삼을 수 있다고 보았다.[51)]

헌법재판소가 헌법 제60조 제1항에 열거된 조약에 해당함에도 국회의 동의를 거치지 않았음을 이유로 위헌결정을 하는 경우 그 조약은 그 때부터 국내법적 효력을 상실한다(헌법재판소법 제47조 제2항).

---

51) 헌재 1999. 4. 29. 97헌가14, 판례집 11-1, 273, 281~283.

3. 국회의 동의권 침해를 이유로 한 권한쟁의심판

(1) 국회동의권침해를 이유로 한 권한쟁의심판청구에서 발생하는 문제점

국회의 조약체결·비준에 대한 동의권이 침해되었음을 이유로 권한쟁의심판이 제기되는 경우는 대통령이 국회의 동의를 요하는 조약을 국회의 동의없이 비준하고 공포하는 경우에 발생할 것이다. 이 경우 국회가 대통령을 상대로 권한쟁의심판을 청구하는 것은 권한쟁의심판의 정당한 당사자이며, 대통령의 비준행위라는 권한쟁의심판의 대상이 있고, 국회의 동의권이라는 권한침해가 존재한다는 점에서 권한쟁의심판의 청구기간만 도과하지 않았다면 적법하다.

그러나 국회가 청구인이 되지 않고, 국회의원이 — 개별적으로나 집단적으로 또는 교섭단체나 위원회 등 국회의 부분기관의 이름으로 — 국회를 대신하여 권한쟁의심판을 청구한다면 그러한 권한쟁의심판청구를 허용할 것인지가 문제된다.

(2) 국회의원의 당사자능력

헌법재판소는 "헌법재판소법 제62조 제1항 제1호의 규정도 한정적, 열거적인 조항이 아니라 예시적인 조항으로 해석하는 것이 헌법에 합치된다고 할 것이다"고 하여 헌법 제111조 제1항 제4호의 국가기관인지 여부에 따라 권한쟁의심판의 당사자능력을 검토하여야 한다고 본다.

헌법재판소는 "헌법 제111조 제1항 제4호 소정의 '국가기관'에 해당하는지 아닌지를 판별함에 있어서는 그 국가기관이 헌법에 의하여 설치되고 헌법과 법률에 의하여 독자적인 권한을 부여받고 있는지 여부, 헌법에 의하여 설치된 국가기관 상호간의 권한쟁의를 해결할 수 있는 적당한 기관이나 방법이 있는지 여부 등을 종합적으로 고려하여야 할 것이다"고 하면서 "국회의원은 헌법 제41조 제1항에 따라 국민의 선거에 의하여 선출된 헌법상의 국가기관으로서 헌법과 법률에 의하여 법률안제출권, 법률안 심의·표결권 등 여러 가지 독자적인 권한을 부여받고 있으며, 피청구인인 국회의장도 헌법 제48조에 따라 국회에서 선출되는 헌법상의 국가기관으로서 헌법과 법률에 의하여 국회를 대표하고 의사를 정리하며, 질서를 유지하고 사무를 감독할 지위에 있고, 이러한 지위에서 본회의 개의시의 변경, 의사일정의 작성과 변경, 의안의 상정, 의안의 가결선포 등의 권한을 행사하게 되어 있다. 따라서 국회의원과 국회의장 사이에 위와 같은 각자 권한의 존부 및 범위와 행사를 둘러싸고 언제나 다툼이 생길 수 있고, 이와 같은 분쟁은 단순히 국회의 구성원인 국회의원과 국회의장 간의 국가기관 내부의 분쟁이 아니라 각각 별개의 헌법상의 국가기관으로서의 권한을 둘러싸고 발생하는 분쟁이라고 할 것인데, 이와 같은 분쟁을 행정소송법상의 기관소송으로 해결할 수 없고 권한쟁의심판 이외에 달리 해결할 적당한 기관이나 방법이 없으므로(행정소송법 제3조 제4호 단서는 헌법재판소의 관장사항으로 되는 소송을 기관소송의 대상에서 제외하고 있으며, 같은 법 제45조는 기관소송을 법률이 정한 경우에 법률이 정한 자에 한하여 제기할 수 있도록 규정하고 있다) 국회의원과 국회의장은 헌법 제111조 제1항 제4호 소정의 권한쟁의심판의 당사자가 될 수 있다고 보아야 할 것이다. 한편 복수정당제도하에서 여당과 야당의 대립과 타협에 의하여 국회가 운영되는 정당국가적 현실에 비추어 보거나 우리와 유사한 권한쟁의심판제도를 두고 있는 다른 나라의 예(예컨대 독일의 경우 국회의원이나 국회의장을 당사자로 하는 권한쟁의심판이 허용되고 있다)에 견주어 보더라도 국회의원과 국회의장은 권한쟁의심판의 당사자가 될 수 있다고 해석하여야 할 것이다"(헌재 1997. 7. 16. 96헌라2, 판례집 9-2, 154, 162~165)고 하여 국회의원의 권한쟁의심판의 당사자능력을 인정한 이래로 국회의원의 당사자능력을 인정하는 것이 헌법재판소의 다수의견이다.

(3) 제3자 소송담당의 인정 여부

독일의 경우 독일연방헌법재판소법 제63조는 권한쟁의심판의 청구인과 피청구인을 연방대통령, 연방의회, 연방참사원, 연방정부 그리고 기본법과 연방의회·연방참사원의 규칙에 의하여 독자적인 권한을 부여받은 위 기관들의 부분들이라고 규정하고, 동법 제64조는 청구인이 자신이 속한 기관의 권리와 의무가 피청구인의 처분 또는 부작위로 인하여 침해되었거나 직접적인 침해위험이 있다는 것을 주장하면서 권한쟁의심판을 청구할 수 있도록 규정함으로써 명문으로 제3자 소송담당을 인정하고 있다. 독일연방헌법재판소는 의회 내의 원내교섭단체에게만 이러한 소송담당자의 지위를 인정하였을 뿐, 개개 의원에게 의회를 위한 소송담당자의 지위를 인정하는 것은 명시적으로 거부하였다. 즉 소송담당제도는 위 법 제63조 이하의 예외규정에 의해서만 가능한 것이고 예외규정들은 문구상 부분의 기관들, 즉 연방의회 내의 상설기구들에 국한되어 적용되며 그 성립사에 비추어 보면 의회 내의 조직된 소수파 특히 원내 교섭단체의 보호를 목표로 한다는 것이다.[52)]

52) BVerfGE 90, 286(342ff.); BVerfGE 80, 188(208ff.) 참조. Klaus Schlaich, Das Bundesverfassungsgericht, 4.Aufl., 1997(정태호 역, 독일헌법재판론(2001), 107~108면).

이러한 제3자 소송담당을 우리의 권한쟁의심판에서도 인정할 수 있는지에 대하여 제3자 소송담당을 허용하는 명문의 규정이 없어 문제된다.[53)]

국회와 행정부가 융합되어 있는 정당국가제하에서 국회와 대통령·정부 간의 권한쟁의의 실효성을 확보하기 위하여, 특히 국회 소수파로 하여금 국회다수파·행정부 연합체의 횡포에 대항하여 국회의 권한과 기능을 지킬 수 있도록 기회를 부여하기 위하여는 원내교섭단체, 혹은 교섭단체를 구성할 수 있는 수의 국회의원들이 집단적으로 국회를 위하여 자신의 이름으로 권한쟁의를 청구할 고유의 법적 이익이 있다고 보는 것이 타당하다[54)]고 하면서 제3자 소송담당을 인정하는 견해[55)]와 헌법재판인 권한쟁의심판에 있어서는 당사자의 소송물인 '권한이나 처분의 행사나 불행사'에 관한 임의적 처분권이 없으므로 임의적 소송담당이란 성립할 여지가 없고, 법정소송담당은 법률상 규정에 의하여 이루어지는데 우리나라의 경우 이를 허용하는 명문의 규정이 없기 때문에 제3자 소송담당을 허용할 수 없다는 견해[56)]가 나뉜다.

헌법재판소는 "소수의원에게 제3자 소송담당을 인정할 수 있다"고 하거나 "국회의 부분기관인 국회를 구성하는 국회의원으로서 국회의 동의권한 및 자신들의 국무총리 임명동의안에 대한 표결권한을 동시에 침해받았다고 주장하면서 권한쟁의심판을 청구할 자격이 있다"고 하여 제3자 소송담당에 대하여 긍정적인 입장을 보인 소수의견이 있은 적이 있으나,[57)] 헌법재판소의 법정의견으로 제3자 소송담당에 대하여 판단한 적은 없다.

다수여당이 정부가 국회의 권한을 침해하는 것에 대하여 묵인하는 경우 국회의 의결로만 권한쟁의심판을 청구할 수 있다고 한다면, 헌법재판소는 국회의 권한침해라는 위헌적 상황을 권한쟁의심판을 통하여 제거할 수 없다. 따라서 권한쟁의 심판청구권을 권한의 정당한 당사자 이외에 제3자인 부분기관에도 인정할 현실

---

53) 2003년 3월 12일 개정된 헌법재판소법 제64조 제1호가 '청구인이 속한 기관'을 '청구인'에 대신하여 기재사항으로 할 수 있음을 규정한 부분은 제3자 소송담당을 염두에 둔 규정이라고 해석할 여지는 존재한다. 하지만, 단지 기재사항에 '청구인이 속한 기관'을 '청구인' 대신 기재할 수 있도록 한 것만 가지고 소송수행권을 제3자에게 부여하여 법정 소송담당을 허용한 것이라고 하기는 어렵다.

54) 김하열, "권한쟁의심판에 관한 연구 — 헌법재판소법의 해석론을 중심으로 —," 고려대학교 대학원 석사학위논문(1999), 88~89면.

55) 정종섭, 헌법소송법(박영사, 2005), 499면. 정종섭 교수가 제3자 소송담당 중 임의적 소송담당의 경우를 임의적 소송담당이 허용됨을 전제로 이렇게 서술하고 있는 것인지 법정 소송담당이 허용된다고 보는 것인지는 불확실하다.

56) 이성환, "권한쟁의심판에서의 당사자능력과 당사자적격," 공법연구 제33집 제2호(한국공법학회, 2005. 2), 211면.

57) 헌재 1998. 7. 14. 98헌라1 중 김용준 재판관의 의견.

적 필요성은 있다. 그러나 심판을 청구할 자격이 없는 자가 심판을 청구한다면, 이는 심판을 청구할 자격 내지 권한을 가진 자의 처분권한 내지 의사를 침해하는 것이 된다.

또한 국회의원의 심의·표결권을 국회의 동의권 침해를 이유로 한 권한쟁의 심판청구의 '정당한 권한'이라고 할 수 없다. 국회의원의 심의·표결권과 국회의 동의권은 권한의 내용이 엄연히 다른 것이어서 국회의원이 심의·표결권을 갖는 것이 그에 대하여 국회동의권에 대한 처분권한을 부여한 것으로 볼 수 없다.

국회는 국회의원의 표결을 통한 의결에 의하여 그 의사를 결정하는 합의제 기관이다. 따라서 국회의 의결을 통하여서는 자신의 의사를 관철할 가능성이 없다고 판단한 소수의원이 권한쟁의심판을 통하여 자신의 의사를 실현하고자 하는 시도는 명백히 정치적 의도를 가진 것으로서 의회민주주의에도 반하여 인정할 수 없다. 따라서 이러한 정치적 목적에 의한 헌법재판의 오남용(및 그로 인한 사법의 정치화)을 막기 위해서라도 그러한 목적이 분명한 제3자 소송담당은 인정할 수 없다.

(4) 한·미 자유무역협정(FTA)과 관련한 권한쟁의사건(2006헌라5)에서 문제되는 쟁점에 대한 검토

1) 서 — 쟁점의 정리

한미 자유무역협정(FTA)의 협상과정에서 국회의 동의권이 침해되었음을 이유로 청구된 권한쟁의사건에 대하여는 본안판단에 앞서 국회의원 23명의 권한쟁의 심판 청구의 적법성이 먼저 문제가 된다.

권한쟁의심판이 적법하기 위해서는 권한쟁의심판의 당사자가 ⅰ) 당사자능력과 ⅱ) 당사자적격을 가져야 하며, ⅲ) 피청구인의 처분 또는 부작위가 존재하고, ⅳ) '권한의 침해 또는 현저한 침해위험'의 가능성이 있어야 하며(헌법 제111조 제1항 제4호 및 헌법재판소법 제61조, 제62조), 또한 ⅴ) 권한쟁의심판의 청구기간을 준수하여야 한다(헌법재판소법 제63조).

국회의원의 권한쟁의심판의 당사자능력은 앞에서 본 바와 같이(4. (2)) 인정된다. 이 사건에서 문제되는 적법요건에 관한 주요쟁점은 '청구인적격'과 관련하여 첫째, 국회의원 23명의 청구인적격을 인정할 만한 헌법상 또는 법률상 부여된 권한이 존재하는지, 둘째, 국회의원 23명이 국회의 동의권이 침해되었음을 이유로 하여 권한쟁의심판을 청구할 수 있는지(이른바 제3자 소송담당의 문제), 셋째, 국회의원 23명이 심의·표결권의 침해를 이유로 한 권한쟁의심판청구에서 청구인적격을 갖는지 여부이다. '피청구인의 처분 또는 부작위의 존재'와 관련하여서는 협상대표임명, 협상개시선언, 본협상진행이 처분에 해당하는지와 정부가 정보를 제공하지 않는 부작위에 관하여 정부의 작위의무가 존재하는지가 문제된다. '권한의 침해 또는 현저한 침해위험의 가능성'과 관련하여서는 청구인의 심의·표결권에 대한 침해 또는 현저한 침해위험이 발생하였는지가 검토되어야 한다. '청구기간'이 도과하였는지에 대한 검토도 요구된다.

2) 청구인적격

(가) 청구인적격을 인정할 권한의 존부에 대한 판단

권한쟁의심판의 당사자적격을 인정하기 위해서는 헌법과 법률에 의하여 부여받은 권한을 가진 자가 권한쟁의심판을 청구하였어야 한다. 권한과 청구인의 관련성이 인정되기 위해서는 권한이 헌법과 법률에 의할 때 청구인에게 부여되어 있는지 혹은 부여된 권한의 범위 내에 포함되는지에 따라 판단하여야 한다. 다만, 적법성 심사단계에서의 판단이므로 추상적 권한질서의 틀에 비추어 보아 개연성이 있다고 인정되면 족하다고 할 것이고, 본안에서의 판단과는 달리 권한의 존부나 범위에 관하여 구체적, 종국적으로 판단할 필요는 없다.[58]

이 사건에서 청구인이 권한침해를 문제삼고 있는 것은 국회의 조약체결·비준에 대한 동의권이다. 문제가 되는 권한을 '조약의 체결 과정에의 동의권'으로 보면 국회는 '조약의 체결 과정에의 동의권'은 없으므로 헌법과 법률이 부여한 권한이 존재하지 않는다고 볼 여지도 있으나, 앞에서 말한 바와 같이 적법요건에서 검토되어야 할 권한의 존부는 추상적 권한에 관한 것이므로 '국회의 조약체결·비준에의 동의권'(헌법 제60조 제1항)을 권한으로 보아 일단 심판이 적법하다고 할 수 있는 권한은 존재한다고 할 것이다.

(나) 국회의 동의권과 제3자 소송담당

권한쟁의심판에서 국회를 위한 국회의원의 제3자 소송담당을 인정할 수 없음은 이미 검토하였다. 이 사건에서 국회의원 23명이 자신의 권한이 아니라 '국회'의 권한으로서 국회동의권이 침해되었음을 이유로 권한쟁의심판을 청구한 것은 부적법하다.

(다) 국회의원의 심의·표결권과 청구인적격

국회의 의사는 국회의원의 의결에 의하므로(헌법 제49조) 국회의원은 국회에서 안건을 심의하고 표결할 권한을 가진다. 심의·표결권은 국회의 권한이 아니고 국

58) 헌법재판소, 헌법재판실무제요 제1개정판(헌법재판소, 2003), 291면.

회의원의 권한이므로 국회의원 23명이 심의·표결권 침해를 이유로 하여 제기한 청구부분에 있어서는 청구인적격이 긍정될 수 있다.

3) 피청구인의 처분 또는 부작위

(가) 협상대표임명, 협상개시선언, 본협상을 진행하는 행위가 처분에 해당하는지 여부

권한쟁의심판에서의 처분은 행정소송법에서 정하고 있는 처분보다 넓은 개념이고, 사실행위도 청구인의 권한에 부정적인 영향을 주어서 법적으로 문제되는 경우에는 처분에 포함된다.[59] 협상대표임명은 대통령의 임명행위여서 처분에 해당하고, 협상개시선언이나 본협상을 진행하는 행위는 사실행위이지만, 국회의 동의권이나 국회의원의 심의·표결권에 부정적인 영향을 주어 법적으로 문제될 수 있는 행위이므로 처분에 해당한다고 할 수 있다.

(나) 협정문 초안을 비롯한 제1, 2차 협상결과 등 일체의 정보를 제공하지 않는 행위가 부작위에 해당하는지 여부

국회의원이 심의·표결권을 적절하게 행사할 수 있기 위해서는 정부로부터 충분하고 정확한 정보를 제공받아야 한다. 청구인은 정부로부터 협정문 초안을 비롯한 제1, 2차 협상결과 등 일체의 정보를 제공받지 못하였다고 하면서 정부의 부작위를 심판의 대상으로 삼고 있다. 피청구인의 부작위에 의하여 청구인의 권한이 침해당하였다고 주장하는 권한쟁의심판은 피청구인에게 헌법상 또는 법률상 유래하는 작위의무가 있음에도 불구하고 피청구인이 그러한 의무를 다하지 아니한 경우에 허용된다.[60]

국회가 안건의 심사를 위하여 정부에 정보제공을 요청하면 정부는 이에 응하여야 할 법적 의무가 있다(국회법 제128조 제1항). 그러나 이러한 정보제공요구는 국회 본회의, 위원회, 소위원회의 의결을 통하여 이루어지는바, 이러한 의결 없이는 정보제공요구가 불가하고 정부의 작위의무도 인정되지 않는다.

정부가 아직 국회에 FTA 동의안을 제출하지 않은 상태에서 국회가 요청하지도 않았는데, 정부가 정보를 제공할 의무는 없다고 할 것이다. 국회의원의 정보공개요구를 곧바로 국회의 요구라고 할 수는 없다. 정부가 정보를 제공한다면 사후에 국회의 동의를 받기 쉽도록 미리 국회에 정보를 사실상 제공하는 것이지 정보제공의무에 기하여 정보를 제공하는 것은 아니다.

'협정문 초안을 비롯한 제1, 2차 협상결과 등 일체의 정보를 제공하지 않는

59) 헌법재판소, 헌법재판실무제요 제1개정판(헌법재판소, 2003), 293면.

60) 헌재 1998. 7. 14. 98헌라3.

행위'는 피청구인에게 작위의무가 없는 것이어서 그러한 부작위는 심판의 대상이 될 수 없다.

4) 권한의 침해 또는 현저한 침해위험

청구인은 국회의 동의 없이 전권대표를 임명하고, 협상개시선언을 하고, 협상을 진행하는 행위가 국회의 동의권한을 침해하여 국회의원 자신들의 심의권을 침해하는 결과를 가져왔다고 주장한다.

그러나 국회의원이 국회에서 이와 같은 심의·표결권한을 행사하는 것은 국회의원들 상호간 또는 국회의원과 국회의장 사이에서만 직접적인 법적 연관성을 가질 뿐, 국회의원과 대통령 등 국회 이외의 다른 국가기관과의 사이에서는 아무런 직접적인 법적 연관성을 가지지 않는다.[61] 헌법재판소는 입법절차의 하자에 관한 국회의원과 국회의장 간의 권한쟁의에서 국회의원의 심의·표결권의 침해를 인정하고 있을 뿐[62] 심의·표결권 침해를 이유로 다른 국가기관과 국회의원 간의 권한쟁의심판을 허용한 판례는 없다.

심의권의 침해 또는 현저한 침해위험은 실제로 국회에 안건이 상정되어 심의권을 행사할 수 있는데 심의권을 행사할 수 없는 때 발생한다고 보아야 한다.

아직 정부가 협상을 진행중이고 정부가 국회에 동의안을 제출하지 않은 경우 이때에도 국회의 동의권 침해가 문제된다고 하여도 이는 국회와 다른 국가기관 사이의 문제이지 국회의원의 심의권의 침해가 문제되는 경우는 아니라고 할 것이다.

5) 청구기간의 도과

권한쟁의심판은 그 사유가 있음을 안 날로부터 60일 이내에, 그 사유가 있은 날로부터 180일 이내에 청구하여야 한다(헌법재판소법 제63조 제1항).

협상대표의 임명은 2006년 1월 26일에 있었고, 당일부터 이러한 사실을 국회의원들은 알았다고 볼 수 있다. 따라서 그로부터 60일이 경과한 3월 25일까지 권한쟁의심판이 제기되어야 했다. 이 청구기간을 도과하여 제기한 권한쟁의심판청구는 부적법하다.

청구인인 국회의원들은 협상개시선언이 2006년 2월 3일에 있었다는 사실을 당일부터 알았다고 보아야 하며, 2006년 4월 2일이 지나서 청구한 2006년 9월 7일 제기한 권한쟁의심판청구는 청구기간을 지키지 않은 것이어서 부적법하다.

국회의 동의없이 본 협상을 진행하는 행위에 대하여는 청구기간은 각 협상단

---

61) 헌재 1998. 7. 14. 98헌라1 중 김용준 재판관의 의견.

62) 헌재 1997. 7. 16. 96헌라2, 판례집 9-2, 154, 169~171.

계별로 한 회의 협상을 시작한 때부터 권한쟁의심판의 청구기간이 진행한다고 보아야 한다.

제1차 본협상은 2006년 6월 5일부터 미국 워싱턴에서 실시되었으므로 국회동의 없이 시작한 제1차 본협상의 진행에 대한 권한쟁의심판청구는 2006년 8월 5일까지 제기하였어야 하므로 제1차 본협상에 대한 권한쟁의심판청구는 청구기간을 도과하여 부적법하다.

제2차 본협상은 2006년 7월 10일 서울에서 실시되었으며, 제2차 본협상 진행에 대한 권한쟁의심판청구는 청구기간을 도과하지 아니하였다.

부작위의 경우에는 부작위가 계속되는 한 권한침해가 계속된다. 따라서 부작위에 대한 권한쟁의심판은 그 부작위가 계속되는 한 기간의 제약없이 적법하게 청구할 수 있다.

따라서 협정문 초안을 비롯한 제1, 2차 협상결과 등 일체의 정보를 제공하지 않는 행위는 그러한 부작위가 계속되고 있는 한 청구기간의 제약을 받지 않는다.

6) 소 결

권한쟁의심판에서 제3자 소송담당을 인정한다면 이 사건에서 국회의 동의권의 침해가능성은 긍정될 여지가 있으므로 이 사건 심판청구는 적법하게 될 여지도 있으나, 제3자 소송담당을 인정하지 않는다면 아래와 같이 청구를 부적법하다고 볼 수밖에 없다.

(i) 국회의원 23명이 국회의 동의권침해를 이유로 하여 청구한 권한쟁의심판은 제3자 소송담당을 허용하지 않는 우리나라에서 인정될 수 없어 부적법하다.

(ii) 국회의원의 심의·표결권의 침해를 이유로 한 권한쟁의심판청구의 한도에서 국회의원 23명에게는 청구인적격이 인정된다. 그러나 국회의 동의없이 전권대표의 임명, 협상개시선언, 본 협상을 진행하는 행위에 대한 청구부분은 국회의원의 심의권을 침해하거나 현저히 침해할 위험과는 관련이 없어 부적법하다.

(iii) 협정문 초안을 비롯한 제1, 2차 협상결과 등 일체의 정보를 제공하지 않는 행위에 대하여는 정부의 작위의무를 인정할 수 없어 권한쟁의심판의 대상이 되지 않으므로 부적법하다.

(iv) 또한 전권대표의 임명, 협상개시선언, 제1차 본협상을 진행하는 행위는 청구기간을 도과한 것이어서 부적법하다.

Ⅷ. 결 론

과거 군주의 대권에 전속하여 집행부에 귀속하는 것이 당연시되었던 외교권이 의회민주주의가 정립됨에 따라 의회의 통제를 받게 되었고 나아가 사법부(헌법재판소)의 사법심사의 대상이 되기에 이르렀다. 우리 헌법 제73조는 대통령에게 조약의 체결·비준권한을, 헌법 제60조 제1항은 국회에게 대통령의 조약체결·비준에 대한 동의권한을 부여하고 있다. 이 권한규정들의 해석을 통하여 다음과 같은 결론을 얻었다:

외교의 — 고도의 정치적 성질에서 나오는 — 통치행위적 속성, 외교정책수행에서 나타나는 — 정부에 유리한 — 인적·물적·기술적 특수성, 국회동의제도의 개념적·기능적 한계 등에 비추어 우리 헌법은 '정부전속+국회관여모델' 내지 '정부우위의 조합모델'을 취하고 있는 것으로 볼 수 있다. 따라서 조약체결과 관련하여 정부에 이니셔티브가 인정되고 국회는 정부에 의하여 주도된 조약체결과정에서 조약문안이 확정되어 국제법적 효력을 발생시키기 위한 기속적 동의표시 전 단계에 이르렀을 때 조약체결권자가 이 단계로 나아가도 되는지 여부에 대한 동의 여부를 결정하여 민주적 통제기능을 수행하는 것으로 보아야 한다. 여기에서 헌법 제60조 제1항에 규정된 '체결·비준'의 의미는 체결과 비준을 각각 분리하여 이해할 것이 아니라, 정식·약식을 불문하고 모든 — 헌법 제60조 제1항에 열거된 조약에 해당하는 — 조약에 대한 기속적 동의표시(consent to be bound by a treaty)를 의미하는 것으로 해석할 수 있다.

국회동의권이 조약의 구체적 형성에 참여할 권한이 아니고 형성된 조약안에 대한 민주적 통제기능을 수행한다고 하더라도 그러한 통제기능을 실질적으로 행사하기 위하여는 정부로부터 충분한 정보가 적시에 제공되어야 한다는 점에는 이론이 있을 수 없다. 다만, 그러한 정보제공요구권 또는 그에 대응한 정보제공의 작위의무가 헌법상 국회동의권으로부터 직접 도출되는 것인지는 분명하지 아니하다. 또한 그러한 충분한 정보에 입각한 동의(informed consent)를 위한 정보제공요구권을 인정한다 하더라도 동의 여부를 결정해야 할 시기에, 동의 여부를 결정하는 데 실질적 관련(substantial relationship)이 있는 수준의 정보제공을 요구하는 데 그쳐야 할 것이다.

마지막으로, (조약체결에 대한) 국회의 (동의)권한침해를 이유로 한 권한쟁의심판은 국회의 의결을 통하여 국회의 이름으로 제기되어야 하는 것이지, 소수 국회의원이 자신들의 권한침해가 인정되지 아니함에도 불구하고(국회의원의 심의·표결 권한침해주장과 국회의 동의권한침해주장은 분리판단되어야 한다) 국회를 위하여 이른바 제3자 소송담당을 할 수 있는 것은 아니라고 보아야 한다. 국회는 다수결로 그 의사를 결정하는 합의제기관이라는 점에서 소수의원들에게 자신들의 의사에 반하는 국회의사의 형성을 우회하기 위한 수단으로 권한쟁의심판이 이용되는 것을 방치한다면 의회민주주의의 위기를 초래할 우려가 있다는 점에 주의를 요한다. 특히 국회 내 의사형성절차를 거치지 아니한 채 권한쟁의심판부터 청구하고 보는 것은 정치적 목적으로 헌법재판절차를 오남용한다는 의심에서 자유로울 수 없을 것이다.

참 고 문 헌

○ 한국어 문헌

<단행본 및 논문>

곽재규, "국회의 조약 비준 동의에 관한 고찰 — 심사의 실제와 문제점을 중심으로, 국회보(통권 제259호), 1988. 5, 100~110면.

김기범, "대통령의 조약체결권," 사법행정 제5권 제1호(1964. 1), 한국사법행정학회, 18~21면.

김민서, "조약의 유형에 따른 국내법적 지위의 구분," 국제법학회논총 제46권 제1호(통권 89호), 대한국제법학회, 2001. 6, 27~45면.

김순영, "조약체결의 절차," 법제월보 제7권 제8호(1965. 8), 법제처, 25~32면.

김용진, "국회의 동의를 요하는 조약의 범위," 법제(통권 제244호), 법제처, 1988. 10.

김종훈, "조약의 체결절차에 관한 소고: 우리나라 경우를 중심으로," 연세대 대학원 법학석사학위논문, 1983. 2.

박노형, 통상관련 조약체결과정에 있어서 주요국의 행정부와 의회의 역할분담에 대한 규범적, 사례적 고찰, 국회 통일외교통상위원회 정책연구 04-2, 2004.

박영태, "조약심사와 그 사례 소개," 법제(통권 제473호), 법제처, 1997. 5, 103~120면.

배종인, "대통령의 조약체결·비준권과 이에 대한 국회의 동의권(헌법 제60조 제1항의 해석)," 세계헌법연구 제12권 제1호, 국제헌법학회 한국학회, 2006, 29~50면.

신각수, "조약체결절차법제정의 필요성," 국제법 동향과 실무, Vol. 3 No. 1(통권 제7호), 외교통상부 조약국, 2004. 2, 87~96면.

안용교, "조약의 체결·비준에 대한 국회동의권: 헌법상의 중요문제," 새법정 제18호(1972. 8), 한국사법행정학회, 20~24면.

양건, "국제법과 국내법의 관계 — 조약의 국내적 효력을 중심으로," 대한국제법학회논총 제23권 1, 2합병호(통권 제43, 44호), 대한국제법학회, 1978. 12, 167~186면.

양용식, "조약의 체결비준과 국회의 동의," 사법행정 제6권 제11호(1965. 11), 한국사법행정학회, 12~17면.

이부영, "조약체결절차에 관한 연구," 법학논고 제13집(1981. 8), 청주대학교 법과대학 법학회, 109~130면.

이상돈, "조약의 체결·비준에 대한 국회동의권," 고시계, 국가고시학회, 1985. 10, 43~57면.

이상훈, “헌법 제60조 제 1 항에 대한 고찰: 국회동의의 법적 성격 및 입법사항에 관한 조약을 중심으로,” 국제법 동향과 실무 Vol. 2, No. 3(통권 제 5 호), 외교통상부 조약국, 2003. 7, 93~107면.

이상훈, “헌법상 조약의 법적 성격에 대한 고찰: 조약의 국내법적 효력 및 국회동의의 법적 성격을 중심으로,” 법제(통권 제550호), 법제처, 2003. 10, 4~27면.

이호성, “우리나라의 조약체결절차 및 실무상의 새로운 문제들,” 국제법평론 통권 제21호(2005. 1), 삼우사, 1~15면.

임지봉, “헌법적 관점에서 본 ‘국회의 동의를 요하는 조약’ — 대한민국의 경우를 중심으로,” 국제법 동향과 실무 Vol. 3, No. 1(통권 제 7 호), 2004, 109~118면.

정용태, “조약체결권자,” 법학논집 제 2 집(1987. 2), 청주대학교 법학연구소, 101~120면.

정용태, “대한민국 국회의 조약비준동의권,” 법학논집 제 3 집(1988. 5), 청주대학교 법학연구소, 53~71면.

정용태, “헌법과 조약의 관계연구: 헌법상 조약조항에 관한 실증적 고찰을 중심으로,” 법학논고 제12집(1978. 10), 청주대학교 법과대학 법학회, 9~120면.

정인섭, “조약체결에 대한 국회의 동의제도-재정적 부담을 지우는 조약을 중심으로,” 서울대학교법학 제43권 제 3 호, 서울대학교 법학연구소, 2002, 79~100면.

정인섭, “조약체결에 대한 국회의 동의거부,” 서울국제법연구 제 9 권 제 2 호(통권 제17호), 서울국제법연구원, 2002. 12, 1~16면.

정인섭, “조약체결에 대한 국회의 사후동의,” 서울국제법연구 제 9 권 제 1 호(통권 제16호), 서울국제법연구원, 2002. 6, 1~19면.

정진석, “조약의 체결·비준에 대한 국회의 동의,” 서울국제법연구 제11권 제 1 호(통권 제20호), 서울국제법연구원, 2004. 6, 159~174면.

제성호, “조약체결상의 의회의 대정부통제: 비교법적 고찰을 중심으로,” 의정연구 제47호(1991. 4), 한국의회발전연구회, 1~64면.

제성호, “조약의 체결 · 비준에 대한 국회동의권,” 국제법학회논총 제33권 제 2 호(통권 64호), 대한국제법학회, 1988. 12, 283~308면.

한웅길, “조약에 관한 헌법조항,” 고시계 제15권 제10호(1970. 10), 국가고시학회, 33~40면.

< 정부간행물 >

법무부, 조약의 국내적 수용 비교연구(집필자: 김성준), 법무부 법무심의관실, 1996.

외교통상부 조약국 조약과(편), 조약체결절차법 세미나 주요 토의내용, 국제법 동향과 실무 Vol. 3 No. 1(통권 제7호), 2004. 2, 123~135면.

외교통상부 조약국, 대한민국 조약목록(1948~2001), 2002.

외교통상부, 알기쉬운 조약업무, 외교통상부 조약국, 2006. 3.

○ 영어 문헌

Glennon, Michael J., *Constitutuonal Diplomacy*, 1990.

Henkin, Louis, *Foreign Affairs and the United States Constitution*, 2nd ed., 1996.

Hollis, Duncan B., Blakeslee, Merritt R. & Ederington, L. Benjamin(ed.), *National Treaty Law and Practice*, Leiden/Boston, 2005.

Riesenfeld Stefen A. & Frederick M. Abbott(Hrsg.), Parliamentary Participation in the Making and Operation of Treaties: A Compatrative Study, 1994.

Tribe, Laurence H., *American Constitutional Law*, Vol. 1, 3.ed., 2000, pp. 637.

○ 독일어 문헌

Baade, Hans W., Das Verhältnis von Parlament und Regierung im Bereich der auswärtigen Gewalt der Bundesrepublik Deutschland, 1962.

Bernhardt, Rudolf, Verfassungsrecht und völkerrechtliche Verträge, in: Isensee/Kirchhof (Hrsg.), Handbuch des Staatsrechts, Bd. Ⅶ, 1992, § 174.

Ehrenzeller, Bernhard, Legislative Gewalt und Außenpolitik, 1993.

Fastenrath, Ulrich, Kompetenzverteilung im Bereich der auswärtigen Gewalt, 1986.

Geiger, Rudolf, Grundgesetz und Völkerrecht, 2. Aufl., 1994.

Grewe, Wilhelm, Die auswärtige Gewalt der Bundesrepublik Deutschland, VVDStRL 12(1954), S. 129ff.

Grewe, Wilhelm, Auswärtige Gewalt, in: Isensee/Kirchhof(Hrsg.), Handbuch des Staatsrechts, Bd. Ⅲ, 1988, § 77, 921.

Hailbronner, Kay, Kontrolle der auswärtigen Gewalt, VVDStRL 56(1997), S. 7ff.

Menzel, Eberhard, Die auswärtige Gewalt der Bundesrepublik Deutschland,VVDStRL 12(1954), S. 179ff.

Mosler, Hermann, Die Auswärtige Gewalt im Verfassungssystem derBundesrepublik-Deutschland, in: FS für Carl Bilfinger, 1954, S. 243ff.

Öhlinger, Theo, Kontrolle der auswärtigen Gewalt, VVDStRL 56(1997), S. 81ff.

Stern, Klaus, Das Staatsrecht der Bundesrepublik Deutschland, Bd. Ⅲ/1, 1988, S. 1364ff. (Die Verfassungsbindung der auswärtigen Gewalt)

Wildhaber, Luzius, Kontrolle der auswärtigen Gewalt, VVDStRL 56(1997), S. 67ff.

Wolfrum, Rüdiger, Kontrolle der auswärtigen Gewalt, VVDStRL 56(1997), S. 38ff.

국회의 조약체결·비준 동의권에 대한 토론문*

오 동 석**

Ⅰ. 의회민주주의 관점에서 본 국회의 동의권

한·미 FTA 협상과정에 대한 통제수단으로서 국회의 조약동의권에 대한 문제는 주로 '체결·비준'의 해석을 둘러싸고 이루어졌는데, 그에 앞서 중요한 해석의 논점은 동의 자체를 어떻게 이해할 것인가의 문제이다. 국회 동의권은 집행부와의 관계에서 권력분립원리를 구체화하는 점에서 그 헌법적 성격을 드러내기 때문이다. 헌법은 통고와 승인 그리고 동의를 구별한다. 헌법상 이러한 구별은 권력분립원리가 대통령과 국회의 관계에 대하여 어떻게 구체적으로 적용되어 각각의 헌법기관에게 어떤 내용의 권한과 책무를 부여하고 있는지를 보여준다.

1. 통고·승인·동의의 구별

(1) 통 고

통고는 대통령이 국가의 독립·영토의 보전·국가의 계속성과 헌법을 수호할 책무(헌법 제66조 제2항)로부터 국가비상사태에 대처하는 통치행위적 집행권을 행하는 경우에 대통령이 국회에 지는 형식적 헌법의무이다. 이때 대통령의 행위는 고유한 권한영역에 속하는 것이므로 국회는 국정통제권으로서의[1] 사후 통제수단만을 가질 뿐이다. 예컨대 대통령은 계엄선포시 국회에 통고해야 한다(헌법 제77조

---

* 이 글의 Ⅰ, Ⅱ는 민주주의법학연구회 2006년 정기심포지엄, 외교통상 군사안보 정책에 대한 민주주의적 통제(11. 11)에서 발표될 원고의 초고의 일부분이며(시간이 촉박하여 인용출처 각주가 불완전한 경우가 있음을 양해바랍니다), 논문완성본은 민주법학 제32호(12. 1. 발행)에 게재 예정임을 밝혀둡니다.

** 아주대학교 교수(헌법).

1) 국정통제권으로 이해하는 것은 권영성, 헌법학원론(법문사, 2006), 914면 참조.

제 4 항). 이때 대통령은 국회에 통고만 하면 국회의 사전 통제 없이 독자적으로 계엄을 선포할 수 있다. 국가비상사태시 국회의 관여는 신속하게 적절한 대응을 할 수 없게 할 수도 있고, 대통령이 국군통수권자일 뿐 아니라 그 내용이 '특별한 조치'로서 집행작용의 실질을 가지며, 국회의 권한에 대하여는 영향력이 없기 때문이다.

다만 계엄은 국가비상사태시 병력을 사용하여 공공의 안녕질서를 유지할 목적으로 선포할 뿐 아니라 비상계엄시 일정 기본권과 정부나 법원의 권한에 관하여 특별한 조치를 할 수 있어서 국민의 대표기관인 국회의 사후 관여가 당연히 요청된다. 따라서 국회는 사후적으로 국가비상사태가 극복되었다고 판단하는 경우 계엄의 해제를 요구할 수 있는 권한을 가진다(헌법 제77조 제 5 항).

(2) 승 인

승인은 대통령이 헌법의 직접적 근거에 따라 통치행위적 입법권을 행사하는 경우에 국회 사후 동의를 구하는 것으로서 대통령의 헌법의무이자 국회의 권한이다. 이러한 경우는 본래 입법권이 국회의 권한영역임에도 그 긴급성 때문에 예외적으로 대통령에게 입법권을 인정하는 것이므로 일단 대통령의 긴급입법권의 효력을 발생케 하되 사후 그 효력 여부나 입법내용의 변경은 국회에게 달려있게 된다(국정통제권·입법권으로서의 성격).[2] 예컨대 대통령은 긴급명령, 긴급재정·경제명령, 긴급재정·경제처분을 발하는 경우 국회 승인을 얻어야 한다(헌법 제76조 제 3 항). 이것은 상황의 중대성 또는 그 긴급성에 있어서 계엄보다는 덜하며 법률적 효력을 가지는 명령인 점에서 혹은 처분의 근거로서 국회의 사후 동의인 승인을 요하는 점에서 통고보다는 국회의 권한이 상대적으로 강하다. 즉 국회는 승인 거부를 통하여 명령 혹은 처분의 효력을 상실시킬 수 있는 권한을 가진다(헌법 제76조 제 4 항 제 1 문).[3] 더욱이 기본적으로 입법작용이기 때문에 국회의 승인을 얻지 못하면 그 명령에 의하여 개정 또는 폐지되었던 법률은 당연히 효력을 회복한다(헌법 제76조 제 4 항 제 2 문). 또한 법률제정절차에서와 같이 대통령은 헌법 제76조 제 3 항과 제 4 항의 사유를 지체 없이 공포하여야 한다(헌법 제76조 제 5 항)

2) 국정통제권으로서 이해하는 것은 권영성, 앞의 책, 913면 참조.

3) 헌법은 예비비의 지출에 대하여 국회의 승인을 요구하나(제55조 제 2 항), 이것은 미리 지출항목을 정할 수 없는 예비비의 특성으로부터 나오는 것이며, "이미 예산으로 승인된 사업의 계속"(제54조 제 3 항 제 3 호)의 경우 전년도 예산에 준하도록 한 것은 정확한 의미에서는 의결 또는 확정의 의미이기 때문에 여기에서 말하는 승인과 다르다.

(3) 동 의

동의는 대통령이 헌법의 직접 근거에 따라 입법권 또는 집행권을 행하는 경우 국회 사전 의결을 구하는 것으로서 대통령의 헌법의무이자 국회의 헌법적 권한으로서 권력분립의 구체적 형식 중 하나이다.[4] 이러한 경우 국가작용은 대내외적인 국민대표기관의 성격을 가진 국회와 대통령의 '합동행위'로서의 성격을 가진다.

헌법상 동의의 대상은 세 가지 유형으로 나눌 수 있다. 첫번째는 선전포고, 국군의 외국에의 파견 또는 외국군대의 대한민국 영역 안에서의 주류에 대한 동의(제60조 제2항)인데, 이에 대한 결정은 본래는 국가대표자이면서 국군통수권자인 대통령의 통치행위에 속하는 것이지만, 국민대표기관으로서 민주적 정당성을 가진 국회의 정치적 통제가 필요하다는 점에서 동의를 얻도록 하는 것이다(가부 결정에 의한 국정통제권으로서의 성격).[5] 아울러 정부가 국채를 모집하거나 예산 외에 국가의 부담이 될 계약을 체결하려 할 때 미리 국회의 의결을 얻어야 하는 것(제58조)도 이 때문이다.

두 번째는 헌법기관 구성에 있어서 그 독립성과 중립성을 보장하여 대통령의 권한을 견제하기 위하여 그리고 민주적 정당성을 확보하기 위하여 대통령의 임명행위에 대해 국회의 동의를 요청하는 것이다(가부 결정에 의한 국정통제권으로서의 성격).[6] 예컨대 대법원장 임명(제104조 제1항), 대법관의 임명(제104조 제2항), 헌법재판소장의 임명(제111조 제4항), 국무총리 임명(제86조 제1항), 감사원장 임명(제98조 제1항)에 대한 국회 동의이다,

세 번째는 조약에 대한 국회 동의(헌법 제60조 제1항)인데, 이에 대하여는 항을 바꿔 상세히 설명한다.

정리하자면, 먼저 통고는 대통령의 단독행위로써 성립하는 행위에 대하여 국회에 통지할 의무만을 지우고 사후 해제 요구라는 별도의 국회 행위로써 국정통제권을 행사하는 것이다. 다음으로 승인은 '국가긴급사태'라는 상황에서 본래 국회의 권한인 입법권을 예외적으로 대통령이 단독으로 행사하여 성립시킨 것에 대

4) 한편 지출예산 각 항의 금액을 증가하거나 새 비목을 설치하는 경우(헌법 제57조)에는 국회가 오히려 정부의 동의를 얻어야 한다. 예산도 법규범의 일종이기 때문에 국회가 심의·확정하지만(헌법 제54조), 정부가 예산편성·제출권을, 국회가 재정통제권을 가지는 의미에서 증액이나 신비목 설치의 경우에는 국회가 심의절차상 제한을 받는 것이다.

5) 국정통제권으로 이해하는 것은 권영성, 앞의 책, 914면 참조.

6) 권영성, 앞의 책, 895~896면은 헌법기관구성에 관한 권한으로 설명하고 있다.

하여 국회의 승인 여부에 따라 효력 지속 여부를 결정하는 것이다. 이후 국회의 입법권 행사는 전혀 제한이 없다. 동의는 국회와 대통령 양 기관의 의사일치로 성립하는 '합동행위'로서 그 대상의 성질에 따라 국회는 가부결정권(집행작용의 성격)과 심의·의결권(입법작용의 성격)을 행사한다.

2. 국회 조약동의권의 헌법적 성격

헌법 제60조 제1항에 따라 국회의 동의를 요하는 조약의 범위는 상호원조 또는 안전보장에 관한 조약, 중요한 국제조직에 관한 조약, 우호통상항해조약, 주권의 제약에 관한 조약, 강화조약, 국가나 국민에게 중대한 재정적 부담을 지우는 조약, 입법사항에 관한 조약 등이다(제60조 제1항). 헌법학자들은 조약의 체결·비준이 대외적으로 국가를 대표하는 대통령의 권한이기 때문에 이것을 열거조항으로 본다.[7]

그렇지만 조약의 체결·비준이 대통령의 권한이기 때문에 헌법 제60조 제1항에 열거된 조약에 한정되는 것으로 보는 것은 그 논거가 적절치 않다. 오히려 '입법사항에 관한 조약'이 국회 동의대상 조약을 결정하는 원칙적인 기준이어서 그 앞에 규정된 조약들은 예시적인 성격을 가지고 있다. 왜냐하면 헌법 제6조 제1항은 헌법에 의하여 체결·공포된 조약과 일반적으로 승인된 국제법규에 대하여 국내법과 같은 효력을 인정하고 있으며, 헌법 제40조는 입법권을 국회에 부여하고 있기 때문이다.[8] 즉 헌법은 입법권자인 국회의 동의를 전제로 한 '헌법에 의하여 체결·공포된 조약'에 대해서는 또 그것에 대해서만 국내법과 같은 효력을 인정한다. 조약은 '헌법에 의한 자동적 수용의 방식'[9]으로 국회의 동의 의결로써 국내법, 그 중에서도 학설에 따라 법률과 동일한 효력을 인정하고 있기 때문에 따라서 당연히 입법사항에 관한 조약의 체결·비준에 대한 동의권은 입법권의 범주에 속한다.[10] 그렇기 때문에 설령 국민에게는 직접적 영향이 없는 조약이라고 할지라

7) 권영성, 앞의 책, 879면.

8) 정인섭, "조약체결에 대한 국회의 사후동의," 서울국제법연구 제9권 제1호(2002), 3면도 같은 의견이다.

9) 성재호, "국제조약과 국내법의 관계에 관한 실태적 고찰," 국제법평론 제21호(국제법평론회, 2005), 45면.

10) 권영성, 앞의 책, 784면, 그러나 조약 체결·비준동의권을 입법에 관한 권한에서 서술하면서도 국회 조약동의권의 제도적 의의에 대하여 입법권의 행사로서의 의미를 생략한 채, "대통령의 대외적 대표권 행사에 대한 민주적 통제, 국민적 합의 형성, 국내법 수용에 대한 동의" 정도로 설명하는 것은 대통령의 조약 체결·비준권을 과대평가한 것이다. 한편 조약 체결행위를 '일종의 입법행위'로 보는 견해는 정인섭, 앞의 글, 2면.

도 국가의 권리·의무에 관한 내용을 담고 있는 한 입법권자인 국회의 동의가 필요한 것이다. 예컨대 집단살해죄의 방지와 처벌에 관한 협약처럼 집단살해죄를 처벌하기 위한 국내입법의무를 부과하는 조약은 당사국에게 이행입법의무를 부과하고 있기 때문에 국회의 동의는 이러한 입법의무 이행에 대한 자기약속을 의미한다. 그리고 국회에게 독점적으로 인정되는 입법권 내용으로서 법률제정권이 국민의 권리·의무에 관한 것뿐 아니라 국가의 조직에 관한 것을 당연히 포함하고 있음을 감안하면 더 이상 설명이 필요치 않다.

그렇기 때문에 입법사항이 무엇인가 하는 것에 대한 결정권도 당연히 국회에게 있다. 이른바 '의회유보원칙'이 국회 동의 대상인 조약을 결정함에 있어서도 관철되어야 하는 것이며, 이것은 헌법재판소도 '확인'하고 있다.

> "오늘날 법률유보원칙은 단순히 행정작용이 법률에 근거를 두기만 하면 충분한 것이 아니라, 국가공동체와 그 구성원에게 기본적이고도 중요한 의미를 갖는 영역, 특히 국민의 기본권실현과 관련된 영역에 있어서는 국민의 대표자인 입법자가 그 본질적 사항에 대해서 스스로 결정하여야 한다는 요구까지 내포하고 있다.[11]

그렇기 때문에 미국에서는 상원의 동의를 요하지 않는 행정협정(executive agreement)에 속하는 한미행정협정(SOFA협정)도 대한민국에서는 1966. 10. 14. 국회의 동의를 얻어 1967. 2. 9.부터 발효하였다. 이 또한 헌법재판소가 '확인'하고 있다.[12]

결국 헌법이 마지막에 '입법사항에 관한 조약'이라고 명시하고 있기 때문에 헌법 제60조 제1항이 열거조항인가 예시조항인가 하는 문제는 실익이 없다.[13] 행정권이 대통령을 수반으로 하는 정부에 속하는(헌법 제66조 제4항) 이상 입법사

11) 헌재 1999. 5. 27. 선고, 98헌바70 결정. '확인'이라는 표현은 국회의 동의 대상인 조약인지 여부의 결정권한은 국회에 있기 때문에 사용한 것이다.

12) 헌법재판소는 "그 명칭이 '협정'으로 되어 있어 국회의 관여 없이 체결되는 행정협정처럼 보이기도 하나 우리나라의 입장에서 볼 때에는 외국군대의 지위에 관한 것이고, 국가에게 재정적 부담을 지우는 내용과 입법사항을 포함하고 있으므로 국회의 동의를 요하는 조약으로 취급되어야 한다"고 판시하였다(헌재 1999. 4. 29. 선고, 97헌가14 결정).

13) 그런 점에서 1948년헌법~1972년헌법의 통상조약이 1980년헌법 이래 우호통상항해조약으로 바뀐 것이나 1948년헌법에 없던 어업조약이 1962년헌법~1972년헌법에 규정되었다가 1980년헌법 이래 삭제된 것은 별 의미가 없다. 반면 권영길 의원이 대표발의한 통상절차법안이 국회 동의 대상 조약으로서 '대외경제협력, 대외개방 및 통상문제와 관련된 국제조약'과 '어업조약'을 규정한 것에 대하여 외교통상부는 "기본적 경제관계만을 규율하는 '우호통상항해조약'으로 동의 대상 범위를 축소"했다고 근거 없는 주장을 하면서 어업조약을 포함시킨 것을 문제 삼고 있다(외교통상부, 「'통상협정의 체결절차에 관한 법[안]' 검토의견」<아래 '검토의견'으로 줄임>, 3면). 그러나 대한민국과일본국간의어업에관한협정비준동의안이 1998. 12. 2. 정부로부터 제출되어 12. 3. 통일외교통상위원회와 농림해양수산위원회에 회부되었으며, 전문위원의 심사중간보고서도 일부 내용이 입법사항을 포함하고 있어 헌법 제60조 제1항의 규정에 따라 국회의 비준동의를 받아야 함을 밝히고 있다.

항이 아닌 조약은 당연히 국회동의권 행사대상이 아니기 때문이다.[14] 다만 이 경우에도 그 조약의 시행을 위해 법률적 효력을 인정해야 하는 조약이라면 국회의 동의를 얻어야 할 것이다.[15]

결론적으로 입법사항에 관한 조약의 체결·비준은 통치행위와 입법행위의 결합물이므로 대통령과 국회의 '합동행위'의 결과로서 성립된다. 즉 대통령은 대외적인 국가대표(헌법 제66조 제1항)로서 전문성을 갖춘 형식적인 협상주체인 전권대표를 지명하여 구체적으로 협상을 진행시키고 대외적으로 최종적인 국가의사를 표시하는 구실을 담당하며, 국회는 외국과의 문서에 의한 합의인 조약이 국가 또는 국민에게 법적 구속력을 가지는 한 국내법과 같은 효력을 부여하기(헌법 제6조 제1항) 위하여 입법기관으로서 조약 체결과 비준을 심의·의결(동의)하는 구실을 담당한다(체결 여부에 대한 최소한 묵시적인 동의와 실질적 내용 심의 그리고 최종적으로는 가부 결정에 의한 입법권으로서의 성격).[16] 또한 헌법이 입법권에 관하여 국내·외를 구별하지 않으면서 국회 동의를 전제로 조약 체결·비준권을 대통령에게 부여하고 있으므로 조약 체결·비준은 국회의 사전 동의를 반드시 전제로 해야 한다. 실무적으로는 국회 동의가 필요치 않은 예외적인 경우가 아니면 조약 문언을 작성할 때 국회의 동의가 있어야 함을 조약의 성립요건으로 명시해야 할 헌법적 의무가 있다.

따라서 조약의 체결·비준은 대통령의 독점적인 전속적 권한이 아니라 국회와의 대등한 동의 권한과 결합함으로써 완성되는 권한이기 때문에 조약의 체결과정은 당연히 체결 계획의 수립에서부터 국회가 충분히 숙고할 수 있도록 법률제정절차에 준하여 이루어져야 한다. 그것은 또한 국회 동의를 얻지 못하는 경우를

14) 참고로 일본에서는 예컨대 이미 승인된 법률 및 예산의 틀 내에서 행해진 사법상의 계약으로서 성격을 가지는 것, 조약의 실시세목을 정하는 것 또는 조약의 위임에 기초한 것은 예외로 본다(杉原泰雄, 憲法Ⅱ: 統治の機構(有斐閣, 1989), 236면).

15) 실무상 외교통상부장관의 재가와 고시로써 국내절차와 대통령의 공포에 갈음하는 조약 유형인 고시류 조약, 즉 "모조약의 명시적·구체적 위임에 따라 체결되는 시행약정의 경우, 기존조약 내용의 실질적 변경이 없는 유효기관 연장이나 경미사항 개정을 위한 교환각서의 경우 등"은 명령·규칙의 예에 따라 처리하면 될 것이다. 따라서 그 근거를 관습헌법에서 찾는 견해(김승대, "헌법관습의 법규범성에 대한 고찰," 헌법논총 제15집(2004), 164~166면)에는 찬성할 수 없다. 아울러 "아무리 경미한 사항을 정하는 조약이라도 모조약이나 기존조약 없이 국제법률관계를 새로이 창설하는 조약의 경우에는 법제처 심사·국무회의 심의·대통령 재가 등 모든 조약체결절차를 진행해야"(이호성, 앞의 글, 6면) 하며, 이에 대한 국회의 동의도 얻어야 한다.

16) 입법권으로 이해하는 것은 권영성, 헌법학원론(법문사, 2006), 879~881면 참조. 아울러 대통령이 일반사면을 명하려면 국회의 동의를 얻어야 하는 것(제79조 제2항)도 그것이 가지는 입법작용으로서의 일반성을 띠고 있기 때문이다. 이런 점에서 일반사면을 법률 형식으로 해야 한다는 견해는 일리가 있다. 이와는 달리 단지 국정통제권으로 이해하는 것은 권영성, 같은 책, 914면 참조.

방지하기 위해서 정부에게 헌법적으로 요청되는 대국회 협력의무이기도 하다. 국가기관의 기능적 적합성을 고려할 때 조약에 대한 국회의 동의권은 한 번의 가부결정으로 판가름하는 '모 아니면 도' 식의 정부와 국회의 힘겨루기 한판이 아니라 국가작용의 통일성을 향한 견제와 균형 그리고 조화의 헌법적 장치인 것이다.

Ⅱ. 국회의 조약 체결 · 비준동의권

1. 동의 대상으로서 '체결·비준' 해석

조약에 대한 국회동의권이 입법권의 범위에 포함되는 한 체결·비준에 대한 동의는 당연히 조약입법에 대한 사전 심의·의결로서의 사전 동의이어야 한다. 「조약법에 관한 빈협약」을 원용하면, 체결이란 전권대표의 임명에서 협상, 협상완료 및 서명(조인)까지의 과정을 일컫는다. 비준은 전권대표가 조약 문안에 서명한 것에 대한 국내법적 확인절차이다. 사후동의를 인정하는 견해에서는 정부에서 전권위임장을 수여한 전권대표가 대통령의 비준을 유보하여 서명하고 비준에 의하여 확정되는 조약의 경우 국회 동의가 사전 동의, 곧 서명 후 비준 전에 하는 것이 원칙이라고 본다. 그런데 전권대표가 비준을 유보하기 않고 서명하는 조약의 경우에는 국회의 동의는 체결에 대한 사후동의이어서 조약의 효력은 국회의 동의 후에 발생하는 것으로 본다.[17)]

그러나 헌법이 승인과 동의를 구별하고 있는 점을 고려하면 헌법상 조약에 대한 국회의 동의는 사전 동의로서 기명조인(記名調印) 전에 이루어져야 하며,[18)] 국회 동의를 요하는 조약인 한 전권대표는 협상과정에서 반드시 비준을 유보하는 내용을 포함시켜야 한다. 그렇지 않다면 그것은 중대한 헌법위반이다. 왜냐하면 조약에 대한 사전 동의의 의미는 수정의결이 가능하지 않고[19)] 재협상 요청과 동의 거부가 현실적으로 곤란하므로 협상과정에서 국회의 실질적 심사를 확보하기

17) 김철수, 헌법학개론(박영사, 2001), 989면; 성낙인, 헌법학(법문사, 2006), 827면; 홍성방, 헌법학(현암사, 2003), 768면.

18) 권영성, 앞의 책, 879면; 홍성방, 앞의 책, 768면; 이해영, 앞의 책, 231면.

19) 그 논거로는 "㈀ 국회의 동의대상인 조약안은 이미 상대국과 협의를 거쳐 내용이 확정된 것이므로, 국회가 그 내용을 수정하게 되면 대통령의 조약체결권을 침해하는 것이 된다는 것, ㈁ 조약을 조인한 후 수정·삭제 또는 유보부승인을 하는 것은 상대국의 동의가 없는 한 허용되지 않는 것이 국제법상의 일반원칙이라는 것, ㈂ 수정을 가하는 경우에는 조약의 불승인 또는 신조약의 제의로 보아야 한다는 점" 등을 들고 있다(권영성, 앞의 책, 881면). 이 중 타당한 것은 ㈁이며, 그렇기 때문에 기명조인 전에 국회 동의가 있어야 한다.

위한 헌법적 장치일 뿐 아니라 “조인 전일 때에만 대통령의 외교행위에 대한 민주적 통제라고 하는 동의제의 원래의 목적이 달성되기 때문이다.”[20)]

그렇다면 동의 대상으로서 ‘체결·비준’을 어떻게 해석해야 하는가는 의외로 단순하다. 첫번째로 국회 동의권을 비준에 대한 동의로 이해하는 견해는 조약의 협상과 체결은 전적으로 대통령의 권한이고 국내법적 확인절차인 비준이 국회 동의의 대상인 것으로 이해한다.[21)] 외교통상부도 “조약의 공식서명 절차 완료 이후 국회동의가 헌법과 합치”된다고 주장하면서, 헌법재판소가 “국회의 비준동의와 대통령의 비준 및 공포”[22)]라고 표현했음을 근거로 하고 있다. 그러나 조약의 공식서명 절차 완료 후 국회가 조약 동의를 거부하는 경우 조약이 효력을 발생할 수 없어 그 동안 협상이 무의미해져서 비효율적일 뿐 아니라 상대국에 대한 대외적 국가신뢰도에 해를 끼치는 현실적 문제가 발생한다. 사실상 국회가 동의를 거부하기 어렵다.[23)] 그렇다면 그야말로 국회 조약동의권은 유명무실해진다. 이것은 사실상 실질적인 입법권을 정부가 단독으로 행사하는 것이어서 헌법의 권력분립원리에 중대하게 위배되는 것이다.

두 번째로는 국회 조약동의권을 “체결‘과(and)’ 비준 그 각각에 대한 동의권”(강조는 원문)으로 이해하는 견해이다.[24)] 이때 체결을 “좁은 의미의 그것으로 전권대표의 지명·파견, 조약 내용에 대한 기본방침 지시 등의 뜻”으로 이해한다.[25)] 명시적이지 않지만 이러한 해석은 두 차례의 동의 절차를 예정하고 있는 것으로 볼 수 있는데, 이것은 국회의 조약입법심의·의결권을 강화하는 의미가 있지만, 모든 조약에 대하여 이러한 중복절차를 요하는 것이 불필요하고 비효율적이며 정부의 조약입법발의권 자체를 아예 박탈하는 점에서 동의하기 어렵다. 덧붙여 국회가 조

---

20) 권영성, 앞의 책, 880면.

21) 전광석, 한국헌법론(법문사, 2006), 125면; 성낙인, 앞의 책, 827면도 비준에 대한 동의로 해석한다.

22) 헌재 1999. 4. 29. 선고, 97헌가14 결정.

23) 국회의 법률제정권 행사는 헌법이 국회에 독점적으로 인정하는 권한이기 때문에 대통령이 법률안 거부권을 행사하는 경우에는 국회가 재의결을 통하여 법률을 확정지을 수 있지만, 조약은 그것이 입법사항에 관한 내용을 담고 있는 것으로서 국회의 동의를 요하는 것이라고 한다면 대통령 단독으로 확정지을 수 없는 ‘합동행위’이기 때문에 국가적 관점에서 국회는 그 동의권 행사에 있어서 현실적 난관에 봉착하는 것이다. 실제로 이제까지 국회가 조약 동의를 거부한 사례는 없었다(정인섭, “조약체결에 대한 국회의 동의 거부,” 서울국제법연구 제9권 제2호(2002), 1~16면).

24) “국회의 동의를 요하는 조약의 체결에 국회가 동의를 거부하면, 그 조약은 비준될 수 없고 결국 조약으로 성립될 수 없다. … 국회의 비준동의권은 조약의 국내법에의 수용에 대한 동의권이다.”(권영성, 앞의 책, 879면); 이해영, 앞의 책, 229면.

25) 허영, 한국헌법론(박영사), 172면: 임지봉, “헌법적 관점에서 본 ‘국회의 동의를 요하는 조약’,” 공법연구 제32권 제3호(2004), 167면; 이해영, 앞의 책, 229면.

약동의권을 행사함에 있어 의회민주주의적 관점에서 의미 있는 일은 좁은 의미의 체결에 대한 동의보다는 협상과정에서 구체적 조약 내용을 결정하는 것에 대한 실질적 심의와 의견 개진일 것이기 때문이기도 하다.

따라서 정작 중요한 것은 국회가 조약안에 대한 최종적인 동의 여부를 가지고 있기 때문에 한·미 FTA처럼 중요한 조약에 대하여 국회가 얼마만큼 협상과정에 개입하여 구체적으로 국회의 의견을 반영하면서 실질적 심의를 할 수 있는가의 문제이다.26) 동의권을 조약입법심의·의결권으로 해석한다면 어느 정도의 심의 밀도를 적용하는가는 의회유보설에 따라 조약의 중요성에 비추어 국회가 스스로 판단할 일이다.

그렇다면 국회의 조약체결·비준동의권은 조약의 성립 전반에 걸친 조약입법심의·의결권이지만, 최종적인 대외적 국가의사의 표현은 대통령에 의해 이루어지는 점에서 국회 동의권은 조약 '체결과 비준' 자체에 대한 한 차례의 동의로써 행사되어야 한다. 정작 중요한 것은 동의의 시점인데, 그것은 이제까지의 관행과 달리 헌법상으로는 기명조인 전에 이루어져야 한다.

조약이 체결국 간에 구속력을 가지기 위해서는 흔한 방법은 서명과 비준이다. 국제법상 조약이 구속력을 갖기 위해 비준을 필요로 하는지 아니면 서명만으로 충분한지는27) 조약의 명시적인 규정에 따르는 것이 보통이므로 결국 이것은 조약 체결국 헌법의 규정에 달려 있다.28)

---

26) 구체적으로는 김종서, 앞의 글 참조.

27) 역사적으로 비준은 교통·통신수단이 여의치 않던 시절에 외교관이 주권자와 계속해서 연락을 취하기가 어려웠기 때문에 외교관의 지시 위반을 막기 위한 장치였으나, 19세기에 들어와 비준은 국가원수에게 재고의 시간을 주기 위해 또는 헌법이 국가원수의 조약체결에 의회의 비준동의를 얻을 것을 요구하고 있는 경우에 필요한 것으로 이해되었다(김대순, 앞의 책, 115면). 그러나 이와 달리 서명만으로 조약에 구속력을 부여하는 관행도 생겨났는데, 원칙적으로 우리 헌법은 체결·비준에 대한 국회 동의를 요구함으로써 국회의 조약심의권을 확보하기 위하여 이러한 관행을 거부하고 있는 것으로 보아야 한다.

28) 김대순, 국제법론(삼영사, 2006), 115~116면. 다만 그러한 규정이 없는 경우 어느 것이 일반원칙인지에 대하여는 견해가 갈리는데, 어느 쪽 의견이든 일반원칙에 대해 많은 예외를 인정하고 있어 양 견해의 실제적인 차이는 크지 않다(같은 책, 116면). 실제 비엔나협약도 당사자들의 의사에 맡기는 중립적 태도를 취하면서, 협약 제12조 제1항과 제14조 제1항에서 당사자들의 의사를 확인하기 위한 지침을 제공하고 있다. 먼저 제12조 제1항에 의하면, "조약의 구속을 받겠다는 국가의 동의는 다음의 경우에는 국가대표의 서명에 의하여 표시된다. (a) 서명이 그러한 효과를 가지는 것으로 조약에 규정된 경우, (b) 서명이 그러한 효과를 가진다고 교섭국간에 합의되었음이 달리 입증되는 경우, (c) 서명에 그러한 효과를 부여하려는 국가의 의사가 대표의 전권위임장에 밝혀져 있거나 교섭중에 표시된 경우." 그리고 제14조 제1항에 의하면 "조약의 구속을 받겠다는 국가의 동의는 다음의 경우에는 비준에 의하여 표시된다. (a) 그러한 동의가 비준에 의하여 표시된다고 조약에 규정된 경우, (b) 비준을 요한다고 교섭국 간에 합의하였음이 달리 입증되는 경우, (c) 국가대표가 비준을 조건으로 조약에 서명한 경우, (d) 비준을 조건으로 조약에 서명하려는 국가의 의사가 대표의 전권위임장에 밝혀져 있거나 교섭중에 표시된 경우"(같은 책,

우리 헌법은 대통령에게 조약을 '체결하고(and) 비준하는 체결·비준권'을 부여하되 그 국내법적 효력을 가지는 조약의 '체결·비준'에 대하여 국회의 사전 동의를 요구하고 있어서 원칙적으로 조약은 비준에 의하여 대외적인 법적 구속력을 가지지만, 설령 대통령의 위임에 의해 전권대표가 대통령의 비준 없이 전권대표의 서명만으로 조약의 법적 구속력을 인정하는 조약을 체결하는 경우에도 헌법은 국회의 판단에 따라 국회의 동의를 얻도록 규정하고 있는 것이다.[29] 엄격하게 말하면 헌법은 국회의 동의 없이는 국제법상의 약식조약을 허용하지 않는 것이다. 그렇지 않으면 "국회의 동의를 받지 아니한 조약에 명령이나 규칙과 같은 효력을 인정하는 경우, 법률에 상치되는 조약은 그 법적 효력에 문제가 발생하게 되고, 이러한 접근방법에 따라 법률을 준수하는 결과 조약을 지키지 않게 되면 조약법에 관한 비엔나협약 제26조 이하의 조항에 따라 국제법위반행위를 범한 결과를 낳게 된다."[30]

따라서 서명 전 국회의 동의는 대통령의 조약 '체결하고 비준하는 것에 대한 동의' 즉, 전권대표가 서명하고 대통령이 비준하는 것에 대한 것이다.[31] 물론 전권대표의 서명 후 비준 전에 국회의 동의를 얻는 것이 관행이었지만, 신자유주의적 세계화의 가속화 경향 아래에서 각종 조약이 국가 전체의 진로를 결정할 수 있기 때문에 향후 대통령의 조약체결·비준권은 국민적 관점에서 행사될 수 있도록 국민대표기관으로서 민주적 정당성을 가진 국회와의 협조·공화를 바탕으로 한 헌법규범에 적합하게 행사되어야 할 것이다.[32]

116면에서 재인용).

29) "조약의 비준 … 동의권"(1948년헌법)이 1962년헌법에서 "조약의 체결·비준에 대한 동의권"으로 개정된 것은 이러한 조약에 대해서도 국회 동의권을 확보하기 위해서인 것으로 해석된다.

30) 성재호, 앞의 글, 48면.

31) 국가는 서명과 비준 이외에 가입에 의해서도 조약의 당사자가 될 수 있는데, 가입은 서명과 비준을 결합한 것과 동일한 효과를 가지므로(김대순, 앞의 책, 116면), "체결·비준"은 가입을 포함한다.

32) 국회의 개입을 제한적·소극적으로 이해하는 견해는 "국내입법과정에서는 공익을 추구하기 위한 입법정책적 고려가 주요 문제"인 반면, "조약체결에 있어서는 우리나라와 여타 주권국가와의 관계에서 국익의 상호 극대화가 관건"이라고 구별하고 있다(이호성, 앞의 글, 2면). 이러한 견해는 의회는 정부에 대하여 소모적인 비판만 할 뿐 국익을 고려하지 않는다는 불신풍조가 자리잡고 있다고 본다. 그러나 진정 국익이라는 것은 국민의 대표기관의 두 지주인 국회와 대통령(정부)의 견제와 균형 그리고 협조와 공화 관계 속에서 추구될 때 진정한 민주주의적인 내용을 담보할 수 있을 것이다.

2. 조약 체결·비준에서 국회와 정부의 권한·의무

국회의 조약동의권 행사에 관한 법률이 제정되지 않았지만, 국회 조약동의권의 헌법적 성격으로부터 국회법상 법률제정절차를 원용한다면,[33] 헌법해석상 적어도 다음과 같은 절차가 준수되어야 한다.

첫째, 국회는 정부가 조약 체결 계획을 국회의 상임위원회에 보고하도록 요구할 권리가 있고 정부는 그에 따른 보고의무가 있다. 왜냐하면 국회 동의를 요하는 조약은 형식과 관계없이 그 실질 내용에 따라 국회에 의해 그 동의 여부가 판단되어야 하기 때문이다.

둘째, 조약 추진 여부는 정부가 제1차적으로 그리고 주도적으로 판단할 문제이지만, 국회는 조약 추진 관련 협상단 구성과 조약 조건의 개요에 대한 정부의 '발의' 내용을 요구할 권한을 가지며 정부는 그에 응해야 한다.

셋째, 정부는 조약이 입법사항에 관한 것이라면 국회의 요청이 없더라도 그 형식 여하에 불구하고 '의심스럽기만 하면' 동의권 행사를 위한 국회의 조약입법심의 절차를 요청할 의무가 있다.[34]

넷째, 국회는 동의권 행사를 위하여 해당 상임위원회를 통하여 또는 해당 조약이 여러 개의 상임위원회에 속하는 내용을 가지고 있는 경우에는 특별위원회를 통하여 정부에 대해 협상진행과 협상내용에 대한 보고를 요구할 권한이 있고 정부는 이에 응할 의무가 있다.

다섯째, 국회 위원회는 또는 필요한 경우에는 본회의는 협상내용에 대한 수정의견을 제시할 수 있다. 이때 수정의견은 정부에 대한 법적 구속력을 가질 수 없지만, 국회는 동의 자체를 거부함으로써 생기는 문제점을 사전에 회피하기 위하여 일정한 사항에 대하여는 동의 거부 사항임을 위원회 또는 법률안 제출권을 가지는 10인 이상 의원의 발의와 본회의 의결로써 결정할 수 있어야 한다.

여섯째, 국회는 조약 체결 협상에 현저한 문제를 야기하지 않는 한 위원회와 본회의 심의과정을 공개해야 하며, 국회와 정부는 협의하에 국민에게 최대한 조약 체결 협상에 관한 정보를 공개해야 할 의무가 있다.

일곱째, 국회는 조약 동의권 행사를 위한 심의과정에서 정부가 조약 체결에 관한 설명·보고의무를 충실히 이행하지 않을 경우에는 그에 대한 조사를 위하여 국정조사권을 발동하거나 의무이행을 위한 권한쟁의심판을 청구하여야 할

33) 상세한 것은 김종서, 앞의 글 참조.

34) 같은 생각으로는 임지봉, 앞의 글, 176면.

수 있다.

Ⅲ. 발제자에 대한 질의

1) 동의를 “확정된 후에야 가능한 대외적 의사표시”(15면)로서 이해한다면, 결국 국회는 조약 동의의 가부결정권만을 가지게 되는데, 국회가 동의를 거부하는 경우의 문제는? 대통령이 확정한 것을 국회가 거부하는 경우 국가작용이 원활히 수행될 수 있을 것인지?(17면 참조) ‘부동의의결’은 “다음 단계의 절차를 진행하는 것을 저지하는 효과”(16면)를 가지는가? 비준을 요하는 조약의 경우 서명한 것을 부동의의결하는 경우 정부는 조약의 비준을 위해 재협상할 수밖에 없으며, 부동의의결의 이유에 따라서는 사실상 수정의결의 내용을 가지는 것 아닌가? 아니면 조약 비준을 포기해야 하는지? 이런 상황을 회피하기 위하여 국회의 사전심의가 중요한 것은 아닌지? 동일한 회기 내에 수정 없이 정부가 다시 동의를 요청하는 것은 인정하기 어렵다(일사부재리의 원칙). 국회 동의권을 강제하는 의미가 있지 않은지?

2) 조약이 대통령에 의한 입법작용의 결과물로서 ‘행정입법의 일종’으로서 “헌법 제40조의 ‘입법’”(16면)이 아니라고 할 수 있는지? 조약의 내용이 기존 법률과 충돌하는 경우 특별법·신법 우선의 원칙을 적용한다면 조약으로 법률 개폐를 가능케 하는 것은 아닌지? 반대로 조약의 내용을 법률 제·개정으로 변경할 수는 있는가? 이때 헌법 제40조는 그 규범력을 관철하고 있는 것인지? 특히 조약이 별도의 국내 입법조치를 요구하거나 한·미 FTA처럼 역진방지장치 및 이행의무부과 금지 규정을 두어 국회 입법을 제한하는 경우에 헌법이 행정입법에 의하여 국회 입법권의 효력을 부정하거나 그렇지 않으면 투자자-정부제소권에 의한 손해배상을 해야 하는 국가적 손실이 발생하는 경우를 용인하고 있다고 볼 수 있는지? 결국 조약의 국제법·국내법적 이중적 성격으로 말미암아 조약입법의 성립은 대통령과 국회의 ‘합동작용’으로 보아야 하며, 그에 따라 일정한 경우 국회 입법권을 스스로 구속하는 경우를 인정함으로써 위에서 제기한 문제를 해소할 수 있는 것은 아닌지?

3) 국회의 조약 동의권은 대통령의 법률안 거부권과 다르다. 대통령이 법률의 재의를 요구함으로써 국회에서 재의결이 이루어지지 않는 경우 법률의 성립을 저지할 수도 있지만, 국회는 재의결을 통하여 법률 성립을 관철시킬 수 있으며, 국

회의장이 공포까지 할 수 있다. 반면 조약에 대한 국회의 동의 없이 조약은 적어도 국내법상으로는 법규범으로서 성립하지 않는다. 그렇다면 국회 동의권은 '소극적 입법기능'이라 보기 어렵고, 조약 체결·비준권을 대통령의 전속적 권한으로 보기도 어렵다.

4) 제출된 동의안에 대해서만 국회가 동의권을 행사할 수 있다면(17면), 제60조 제 1 항에 해당하는 조약에 대해 정부가 동의안을 제출하지 않음으로써 국회 동의를 회피할 가능성을 어떻게 막을 것인가? 이에 대하여 헌재가 판단하여(21면) 동의를 요한다고 결정한 경우 조약의 효력과 현실적 문제는 없는지?

5) 제73조와 제60조 제 1 항의 구별(31면)은 오히려 국회 동의권에 대한 지나친 제한 아닌지?

6) 협상 개시 이전부터 정보제공(37면)이 필요한 현실적 필요성은 국가작용의 통일성 확보를 위해서이므로 정보제공의무가 있다. 심의'권' 없이 가부결정만 하는 것은, 동의는 통제권의 유명무실화, 동의거부는 국익에 반한다. 국정통제와 국익을 추구하는 국회 동의권 행사의 전제되는 심의권한에 대한 침해이다. 또한 정보 공유는 외교권 침해(38면)가 아니라 의결을 위한 심의를 위한 것일 뿐, 심의 과정에서 국회의 수정의견이 있었다 하더라도 그 수용 여부에 대한 최종 결정은 여전히 대통령의 몫이다. 협상의 일정 사항에 대하여 국회는 동의권 행사시 거부 의사를 명확히 할 수 있다고 본다(현실적 측면).

7) 제 3 자 소송을 인정하는 경우에도 그것은 소수의원의 의사를 관철하려는 것(43면)이 아니라 심의권에 대한 침해 문제로서 심의를 위한 정보를 공유하자는 의미일 뿐이며, 결국 동의 여부는 본회의 의결로 결정할 수 있을 뿐이다. 즉 의회민주주의의 핵심인 토론과 설득의 기회를 갖기 위한 정보를 요구하는 것일 뿐이다. 헌법재판소는 이라크 파병문제에 대하여 사법적 판단을 하지 않고 대통령과 국회의 정치적 판단을 존중하였다. 소수 의원들에게 정보를 공유할 수 있는 권한을 보장함으로써 동의의 실질적 내용을 확보하는 문제는 단순히 정부와의 관계에서는 물론이고 국회 내 다수파와 소수파 간의 권력분립과 소수파의 심의권한 보장을 위해 긴요하다. 결국 정부의 정보 미공개는 충분한 정보 없이 조약문안이 완성된 상태에서 방대한 조약의 경우에는 다수파가 동의하는 경우에는 다수파에 의한 정부에의 종속(국정통제 유명무실), 다수파가 동의를 거부하는 경우는 정부와의 협조관계 붕괴(국익 저해)를 초래할 것이다.

8) 의결을 통한 정보제공요구(46면)는 입법권의 범위에 있으면 정부가 심의를 위한 정보제공을 적극적으로 해야 할 의무가 있으므로 부작위는 심판대상이 된다

고 볼 수 있다.

9) '권한의 침해 또는 현저한 침해위험'(46면)이 있다.

첫째, 체결동의 이후 협상과정에 대해서는 정부에 모든 것을 위임한 후에 비준 과정에서 입법절차에 준하는 실질심사를 통하여 개입하는 방안이다. 이 경우에는 앞서 언급한 바와 같이 입법절차에 준하여 조약에 대한 실질심사가 비준동의 과정에서 이루어지게 될 것이다.

이는 헌법 제60조의 의미에 부합하는 방안으로 보이지만, 한미 FTA의 특성을 고려할 때 이러한 방안에는 중대한 결함이 존재한다. 한미 FTA의 전례로 볼 수 있는 NAFTA의 경우 전문과 8개 부, 22개 장으로 이루어진 400면(영문 기준)에 가까운 방대한 내용으로 구성되어 있다. 이 중 총칙과 절차적 규정을 제외하더라도 15개 장, 300면 이상의 분량이다. 그런데 한미 FTA의 경우 협상 분야만 17개 분야에 이를 뿐 아니라, 이미 미국이 가장 강력한 형태의 FTA가 될 것임을 천명하고 있는 만큼, 최소한 NAFTA에 준하는, 아니 오히려 그 이상의 포괄적 내용이 될 것으로 보는 것이 정상이다. 그렇다면 이토록 방대한 내용의 조약문이 일시에 비준동의를 위하여 제출되었을 때, 국회가 그것을 심도있게 심의한다는 것은 불가능에 가깝다고 보아야 한다. 그러므로 비준동의시에 이것을 한꺼번에 심사하라는 것은 사실상 국회에 대하여 불가능을 요구하는 것이라고 보아야 하며, 이는 국회 입법권에 대한 중대한 침해라고 보아야 한다.

한미 FTA에 비하여 협상분야나 조문의 분량이 절반 수준에 불과한 한·칠레 FTA의 경우만 해도 조약비준동의안의 국회 상정부터 본회의 의결까지는 7개월이 걸렸는데,[35] 미국이 일찌감치(예컨대 신속협상권한촉진법의 시한이 만료되는 2007년 6월 30일 이전에) 의회의 동의를 얻어놓은 상태에서 우리 측의 비준동의를 기다리고 있을 상황까지 감안한다면[36] 우리 국회가 장기간에 걸쳐서 깊이있는 심의를 하리라고 기대하기는 어려울 것이다. 그러므로 이러한 방안은 현실적 방안이 될 수 없다.[37]

35) 한·칠레 FTA 비준동의안은 NAFTA에 비하여 그 내용이 훨씬 적음에도 불구하고 2003년 7월 8일 국회에 제안되었고, 7개월 이상이 경과한 2004년 2월 16일에야 국회를 통과하였다.

36) 미국의 경우 TPA에 의거하여 의회가 FTA협상과정에 지속적으로 개입하여 그 내용을 이미 숙지하고 있는 터이므로, 3개월 전에 제출된 FTA협정안의 비준에 대하여 심의·토론없이 표결을 할 뿐이므로, 비교적 빨리 비준동의가 이루어질 것이다.

37) 김종서, "한미 FTA와 민주주의: 주권문제를 중심으로," 민주주의법학연구회 심포지엄 초고: 논문 완성본은 민주법학 제32호 게재예정.

第70回 발표회 지정토론문

유 재 영*

발제자이신 김선택 교수님께서는 헌법 제60조 제1항에 규정된 중요 조약의 체결·비준에 대한 국회동의권의 범위와 한계를 규명하기 위하여 우선 외교권의 개념 및 그 귀속주체에 관한 이론적 스펙트럼을 제시하시면서, 현행헌법이 규정하는 조약체결권한의 배분 질서 및 국회 동의의 제도적 의의와 기능 및 한계에 관하여 설득력 있게 논증하셨습니다. 그리고 이러한 기본 전제하에서 헌법 제60조 제1항의 '조약의 체결·비준에 대한 국회의 동의'의 의미 및 이로부터 국회 동의권의 실질적 확보를 위한 대정부 정보제공 청구권이 도출되는지 여부, 국회 동의권 침해의 경우 대응 방법 등 관련되는 모든 헌법적 쟁점에 대해 상세히 검토해 주셨습니다. 이를 통하여 조약의 체결·비준에 대한 국회동의권의 범위와 한계에 대해 다시 한번 깊이 생각하게 되는 계기가 되었던 것 같습니다.

저 역시 교수님께서 발제하신 내용 및 견해에 대해 전반적으로 공감하면서, 다만 토론자로서 몇 가지 의문사항에 대해서 간략히 언급하도록 하겠습니다.

1. 교수님께서는 외교의(고도의 정치적 성질에서 나오는) 통치행위적 속성, 외교정책수행에서 나타나는(정부에 유리한) 인적·물적·기술적 특수성, 국회동의제도의 개념적·기능적 한계 등에 비추어 우리 헌법은 '정부전속+국회관여모델' 내지 '정부 우위의 조합모델'을 취하고 있는 것으로 볼 수 있다고 주장하시면서, 그 주된 논거로 '현행헌법상 조약체결권한의 배분질서 및 국회동의 제도의 개념적·기능적 한계'를 들고 계신 것으로 보여집니다.

그런데 첫번째 및 두 번째 논거, 즉 외교의 통치행위적 속성 및 외교정책수행에서 나타나는 인적·물적·기술적 특수성에 대해서는 발제문에서 자세한 논증이 생략되어 있습니다. 또한 발제문 4면에서는 국회에 유리 해석방향을 지지하는 논거로서 (i) 정부권력에 대한 국회의 효과적인 민주적 통제의 필요성, (ii) 국제문제가 국내화(domestication)되고 있는 세계화시대에 있어서 대내/대외 문제의 구별이

---

* 법무부 송무과 검사.

명백하지 않고, 국제법규 정립작용인 조약체결로서 이미 국민생활이 지대한 영향을 받고 있다는 현실사정의 변화, (iii) 조약체결의 입법작용적 성질로 인하여 본래적 입법기관으로서 국회관여의 필요성 등을 들고 계시면서도, 발표문에서는 이 논거들의 타당성 여부에 대해서 비판적인 논증이 이루어져 있지 않습니다. 이 부분에 대한 교수님의 추가적 설명을 듣고 싶습니다.

물론 발제문에서 '국회동의의 제도적 의의 및 개념적·기능적 한계'를 논하면서 이러한 점이 일정 부분 언급되어 있기는 하지만 외교, 특히 조약체결이 통치작용인지 입법작용인지 여부에 대한 입장이 뚜렷하지 않은 것으로 이해되었습니다. 예컨대 외교는 통치행위적 속성을 가진다고 결론지으면서도(발제문, 48면) 조약은 행정입법의 일종으로서(발제문, 16면) 대통령의 조약체결행위는 입법기능이며, 이에 대한 국회의 동의도 입법작용에 대한 관여로서 소극적 입법기능에 해당한다고 하고 있어(발제문, 34면), 이에 대한 명확한 검토가 필요한 것으로 보여집니다.

외교, 특히 조약체결이 통치작용인지 입법작용인지의 문제는 조약체결에 대한 국회의 동의가 어떠한 의미와 기능을 가지는지와 밀접하게 연관되어 있는 것으로서 매우 중요한 헌법적 시사점을 제시해 줄 수 있다고 생각합니다. 제 생각으로는 조약체결을 입법작용이라고 단정할 것이 아니라, 이와는 구분되는 '통치작용'으로 이해되어야 한다고 생각합니다. 여기서 통치작용(Regierung)은 행정작용과 구별되는 또 하나의 집행기능으로서, 집행부 내에서 이루어지는 고도의 정치적 국가지도 및 경제정책의 조정 등 대내외 정책 전체의 책임 있는 지도를 의미합니다(이에 대해서는 K. Hesse 저, 계희열 역, 통일 독일헌법원론, 326면 이하 참고). 고도의 정치성과 전문성을 요하거나 심각한 리스크를 감수해야 하는 사항에 있어서 국가의 목표를 설정하는 작용은 대외적으로 국가를 대표하는 대통령에게 권한배분되는 것이 성질상 적절한 것이라고 봅니다. 이러한 의미에서 조약체결의 전반적인 과정 역시 대통령에게 권한이 귀속되어야 하며, 통치작용으로서의 조약체결과정이 순조롭게 진행되어 규범정립의 단계에까지 이르게 되면 그 때부터는 입법작용의 측면을 가지게 되는 것이라 할 것입니다. 이러한 법정립작용으로서의 측면은 통치작용을 적절히 수행하기 위해 헌법상 집행기능 외에 부가적으로 인정되는 것이고, 대통령의 이러한 법정립행위가 남용되지 않도록 하기 위해 통제권한으로서의 국회동의권을 요하게 된 것으로 이해할 수 있다고 생각합니다. 이러한 관점이 국회동의의 제도적 의의 및 개념적·기능적 한계와 연결되어 이해되어야 한다고 보여집니다.

2. 다음으로, 조약체결권 귀속주체의 관계설정에 있어서 국회의 우위를 인정하거나 혹은 국회가 정부와 대등한 위치에 있다는 입장은, 오늘날의 헌법현실에 비추어 볼 때 제대로 실현되기 어렵다는 점도 논의되어야 한다고 생각합니다. 오늘날 조약은 법률과 마찬가지로 국민의 권리·의무에 지대한 영향을 미치고 있으며 국가적으로도 매우 중요한 의미를 가지고 있으므로 대통령(또는 내각)과 국회가 이를 함께 행사하여야 한다는 주장은, 이상적이기는 하나 현실적으로 실현되기 어려운 주장이라 할 것입니다. 즉 고도의 정치성·전문성을 요하거나 또는 심각한 리스크를 감수해야 하는 사항에 대한 조약 체결에 있어서 그 시작단계에서부터 국회가 전면적으로 관여하게 된다면, 국회의 전문성 부족 및 이해관계 충돌 등으로 인해 협상조차 제대로 이루어지지 못할 가능성이 너무나도 높습니다. 설령 협상이 이루어진다고 해도 회의과정에서 내부의 인식이 노출되어 불리한 내용의 조약을 체결할 우려도 있다고 할 것입니다. 이러한 현실적인 측면 때문에, 대통령은 상원의 조언과 동의를 얻어 조약을 체결할 수 있도록 한 미국헌법에 있어서도, 워싱턴 대통령이 상원의 조언을 구하였다가 마찰을 빚은 이후로는 대통령이 상원의 조언을 구하는 예가 거의 없었다고 합니다. 또한 미국헌법상 통상 규율에 관해서는 의회에게 그 권한을 부여하고 있음에도, 무역법(Trade Act of 2002)에 의하여 헌법상 자신들에게 주어진 권한 중 일부를 대통령에게 위임하고 있는 실정입니다. 이러한 현실적인 측면 역시 조약의 체결·비준에 대한 국회동의권의 범위와 한계를 규명함에 있어 비교·검토되어야 할 사항이라고 생각됩니다.

第70회 발표회 지정토론문

배 종 인*

1. 들어가는 말

헌법은 외교의 수행 및 조약의 체결·비준에 관한 권한을 대통령에게 부여하고 있으며, 이러한 대통령의 권한을 견제하기 위하여 특정 외교사안(제60조 제2항: 선전포고, 국군의 해외파견, 외국군대의 주류)이나 일정 범주의 조약(제60조 제1항)에 관하여는 국회에게 동의권을 주고 있다.[1] 이와 같은 권한 배분은 '외교에 관한 대통령의 효율적인 의사결정과 단일화된 의사표현 권한'이라는 현실적인 과제와 '이러한 의사결정과정에 대한 국회의 민주적인 통제(견제)'라는 규범적 요청 간의 긴장을 내포하고 있으며, 이러한 긴장관계는 국제정세가 요구하는 외교행태, 행정부의 외교적 의사결정(조약체결) 관행, 국민 및 국내정치에 미치는 외교·조약의 영향, 대통령과 국회의 일반적인 관계 등을 다면적으로 고려하여 해소될 수밖에 없다고 본다.[2] 헌법 제60조를 둘러싼 분쟁이나 해석은 이러한 긴장관계라는 문맥하에 이루어진다고 볼 수 있다.

2. 권한의 배분

헌법규범에 기초한 논의를 잠시 접어두고, 우선 외교업무/조약체결의 효율성(efficiency)이라는 관점에서 과연 대통령과 국회 간에 어떻게 권한을 배분하는 것이

* 외교통상부 국제법규과 1등 서기관. 이 글은 저자 개인의 의견이며 외교통상부의 입장이나 의견이 아닙니다.

1) 헌법을 조문별로 살펴보면, 우선 "대통령은 국가의 원수이며, 외국에 대하여 국가를 대표"하고(제60조 제1항), "조약을 체결·비준하고, 외교사절을 신임·접수 또는 파견"한다(제73조)고 규정하고 있다. 한편, 국회는 "상호원조 또는 안전보장에 관한 조약, 우호통상항해조약, 주권의 제약에 관한 조약, 강화조약, 국가나 국민에게 중대한 재정적 부담을 지우는 조약 또는 입법사항에 관한 조약의 체결·비준에 대한 동의권을" 가지며(제60조 제1항), "선전포고, 국군의 외국에의 파견 또는 외국군대의 대한민국 영역 안에서의 주류에 대한 동의권을" 가진다(제60조 제2항).

2) 拙稿 "대통령의 조약 체결.비준권과 이에 대한 국회의 동의권: 헌법 제60조 제1항의 해석," 세계헌법연구 제12권 제1호, 129~156면.

유용하고 효율적인지 하는 사안을 논의해 볼 수 있을 것이다. 이러한 논의에 시사점을 줄 수 있는 과거의 통찰로는 (i) 미국 헌법 제정 당시의 이른바 「페더럴리스트 페이퍼」와 (ii) 외교수행과 관련 미국의 대통령과 영국의 수상을 비교한 Kenneth Waltz의 주장 등이 있다.

우선 「페더럴리스트 페이퍼」는 미국 헌법안이 조약체결에 관하여—상원의 역할은 인정하면서도—하원의 역할을 인정하지 않은 이유를 설명하면서 조약을 체결하는 데 있어서는 "외교정책에 대한 정확하고 이해력 있는 지식, 같은 견해에 대한 확고하고 체계적인 의견의 고수, 국가의 성격에 관한 훌륭하고 통일적인 감각, 결정력, 비밀유지, 신속한 조치 등은 변화무쌍하고 구성원의 수가 많은 기구와 양립할 수 없는 속성"(Accurate and comprehensive knowledge of foreign politics; a steady and systematic adherence to the same views; a nice and uniform sensibility to national character; decision, secrecy, and despatch, are incompatible with the genius of a body so variable and so numerous)[3]이라고 설명하고 있다.[4]

한편, 미국의 국제정치학자인 Kenneth Waltz는 국내정치의 구조가 대외정책에 미치는 영향을 설명하는 가운데, 내각제인 영국의 정치구조하에서 수상은 "정치체계 속에서 자신을 전적으로 지지하는 정당을 지속적으로 유지해야만 하고 그러기 위해서는 상당한 정도의 행동의 자율성을 포기해야" 하고, "조심성 있게 행동하면서 정책결정의 필요성이 그 결정의 당위성에 대한 시비를 무디게 만들 때까지 상황이 전개되도록 내버려 두어야 한다"고 하며 비판적인 시각을 보이고 있다.[5] 이에 비해 미국의 대통령은 자신의 임기를 의회의 지지 여부에 의존하지 않기 때문에 "의회가 받아들일 수 없다고 생각되는 것조차도 요청할 수 있는 위치에 있는 것"이며, Waltz는 이러한 이유에서 미국 정부의 유연성과 반응속도가 영국보다 양호하다고 평가하고 있다.

일반적으로 외교정책결정이나 교섭에 있어서 의회의 역할은 제한적이라고 할 수 있는데, 대다수의 국가에서 의회나 다른 집단에 비해 행정부의 권한이 강화되고 있는 것이 주요한 추세라고 할 수 있다.[6] 이러한 경향은 미국에서 두드러지게 나타난 바 있는데, 헌법이 선전포고의 권한을 의회에게 부여하였지만(의회는 1973년 전쟁권한법(War Powers Act)을 제정) 실제로는 대통령이 대외적인 군사개입 여부를 결정하고 있다. 또한 헌법이 조약(treaty)에 대한 의회의 동의권을 규정했음에도 불

3) 영문부분은 인터넷 "http://www.constitution.org/fed/federa75.htm"에서 참조.

4) Alexander Hamilton, James Madison & John Jay(김동영 옮김), 페더랄리스트 페이퍼, 444~445면.

5) 케네스 월츠, 박건영 역, 국제정치이론(2000), 137~140면.

6) 로이드 젠슨, 김기정 역, 외교정책의 이해(Explaining Foreign Policy)(1993), 145면.

구하고 대통령은 군통수권자(Commander-in-Chief)로서의 권한 등을 원용하여 대다수의 국제협정(international agreements)을 상원의 동의 없이 체결하고 있다.[7)]

외교의 전반적인 방향과 정책에 대한 열린 토론과 비판은 반드시 필요한 요소이다. 얼핏 보기에는 민주주의보다 권위주의가 외교에 있어서 유리한 것으로 보일 수 있겠지만, 격변하는 국제정세가 요구하는 것은 창의적이고 유연한 사고와 외교이며, 무엇보다도 '국익'(national interest)을 — 특정 이해집단이나 관료집단의 이익을 넘어선 — 국민 보편적 이익으로 볼 수 있는 자세, 그리고 외교정책에 대한 민주적 정당성이야말로 성공적인 외교의 뒷받침이라고 생각된다. 이러한 이유에서 외교정책의 수립과정에서 행정부뿐만 아니라 국회 그리고 NGO, 국민 등의 의견이 반영될 수 있을 것이다. 그러나 실제 외국 정부를 대상으로 하는 외교/조약 교섭에서 요구되는 것은 최종적이고 단일한 목소리를 낼 수 있는 권한 그리고 무엇보다도 구체적인 부분에 대해서도 의사결정을 하고 그에 대해 책임을 지는 주체일 것이다.

3. 대통령의 외교수행/조약체결권과 국회의 동의권

우리 헌법은 외교수행/조약체결에 관한 권한을 대통령에게 명시적으로 부여하고 있다. 헌법이 이와 같이 조약체결을 포함한 외교수행 권한을 대통령에게 부여한 이유는 대통령은 헌법에 따라 "국가의 독립, 영토의 보전, 국가의 계속성과 헌법을 수호할 책무"(제66조 제2항)를 지고, 또한 국민으로부터 직접 선출되고 국민에게 직접 책임을 지는 기관이기 때문이다. 그리고 격변하는 국제환경 속에서 외교정책의 수립 및 외교 교섭에서 요구되는 상시적이고 신속한 의사결정 구조, 외국이나 국제정세 전반에 대한 이해와 전략적 사고, 비밀유지 및 일관된 정책 수립과 같은 과제를 맡기에는 대통령과 그 지휘하에 있는 행정부가 적합하다는 기능적 측면도 중요한 고려요인이라고 본다.

국회의 권한인 입법권에 대해서는 법률안 확정 후 대통령이 1회에 한하여 수정없이 재의를 요구하는 것(헌법 제53조)과 마찬가지로 대통령의 권한인 조약

---

7) 미국 의회보고서(CRS: Congressional Research Service, Treaties and Other International Agreements: The Role of the United States Senate, 2001년)에 따르면, 1939년에서 1989년 사이에 미국은 11,698건의 행정협정을 체결한 반면, 702건의 조약(상원의 동의를 받는 조약)을 체결하였다고 한다(전체 국제협정 중에서 상원의 동의를 받는 '조약'이 5.6% 정도라고 할 수 있음). 우리나라의 경우 2005년도 발효한 조약은 모두 96건인데 이 중에서 23건이 국회의 동의를 받아 전체 조약 중에서 국회의 동의를 받는 조약이 약 24%라고 할 수 있다.

체결·비준권에 대한 국회의 동의권도 최종결과물에 대하여 1회에 한하여 '동의' 또는 '거부'라는 선택만 있는 것이다. 물론 조약의 교섭단계에서부터 국회 앞 설명 및 당정 협의 등의 과정을 통하여 국회의 의사를 반영하는 것이 실질적으로는 가능하지만, 국회가 조약안에 대하여 수정 동의를 할 수는 없다고 본다. 특히 양자 조약안은 하나가 전체로서 다루어지기 때문에 만약 국회가 수정을 하게 되면 이는 곧 '거부'로 이해되어 행정부는 상대방 국가와 다시 교섭을 하여야 한다.

이와 관련하여, 조약의 교섭단계에서부터 국회의 권한이 인정되어야 한다는 의견이 있다. 그러나 조약의 교섭은 본질적으로 대통령의 전권인 '외교행위'에 해당한다. 국회의 '동의'권이 조약문안의 교섭이나 수정을 포함한다는 것은 무리한 주장으로 생각된다. 대통령이 조약을 교섭함에 있어서 일일이 국회의 동의를 받아야 한다면, 그동안 그러한 동의를 받지 않은 조약의 적법성 시비뿐만 아니라 전략의 설정, 의사 결정 구조, 비밀의 유지 등 여러 가지 문제가 있을 수 있다고 본다.[8)]

4. 우리나라에서의 조약체결 과정 도해

조약체결의 과정을 단순하게 나누면, (i) 조약문안의 확정(문안에 대한 교섭의 완료), (ii) 조약문에 대한 서명(서명을 요하지 않는 각서교환 등의 경우에는 각서교환 행위 등), (iii) 조약의 발효로 진행된다고 할 수 있다. (i)(ii)(교섭완료와 동시에 정식 서명) 또는 (ii)(iii)(서명과 동시에 발효)이 각각 한번에, 그리고 — 적어도 이론적으로는 — (i)(ii)(iii)이 모두 한번에 이루어질 수 있으나, (i)과 (ii)의 과정 사이에 국내 절차로서 — 우리나라의 예를 들자면 — 법제처 심사, 국무회의 심의, 대통령 재가를 거치게 되며, (ii)와 (iii)의 과정 사이에 국회 동의와 같은 절차를 거치게 된다.

---

8) 예를 들어 국제분쟁 또는 잠재적인 국제갈등을 해소하기 위한 교섭이 그 최종적인 결과물로 조약을 낳을 수도 있지만 공동성명과 같은 신사협정, 구두합의, 가이드라인, 유엔안보리 결의 등과 같은 다양한 형태의 합의나 결과를 도출할 수 있다. 그 결과물의 형식을 정하는 것도 외교수행의 권한에 해당하며 따라서 대통령이 가지게 된다. 그런데 결과물이 조약으로 예상된다면 국회가 교섭에 대하여도 개입할 수 있으나 만약 결과물이 조약이 아니라면 그렇지 않아야 하는데, 그 결과물을 예단할 수 없는 상황에서는 어떻게 하느냐 하는 문제가 그러한 실질적 문제의 하나의 가상적인 작은 예라고 할 수 있다.

<조약체결업무절차 도표>

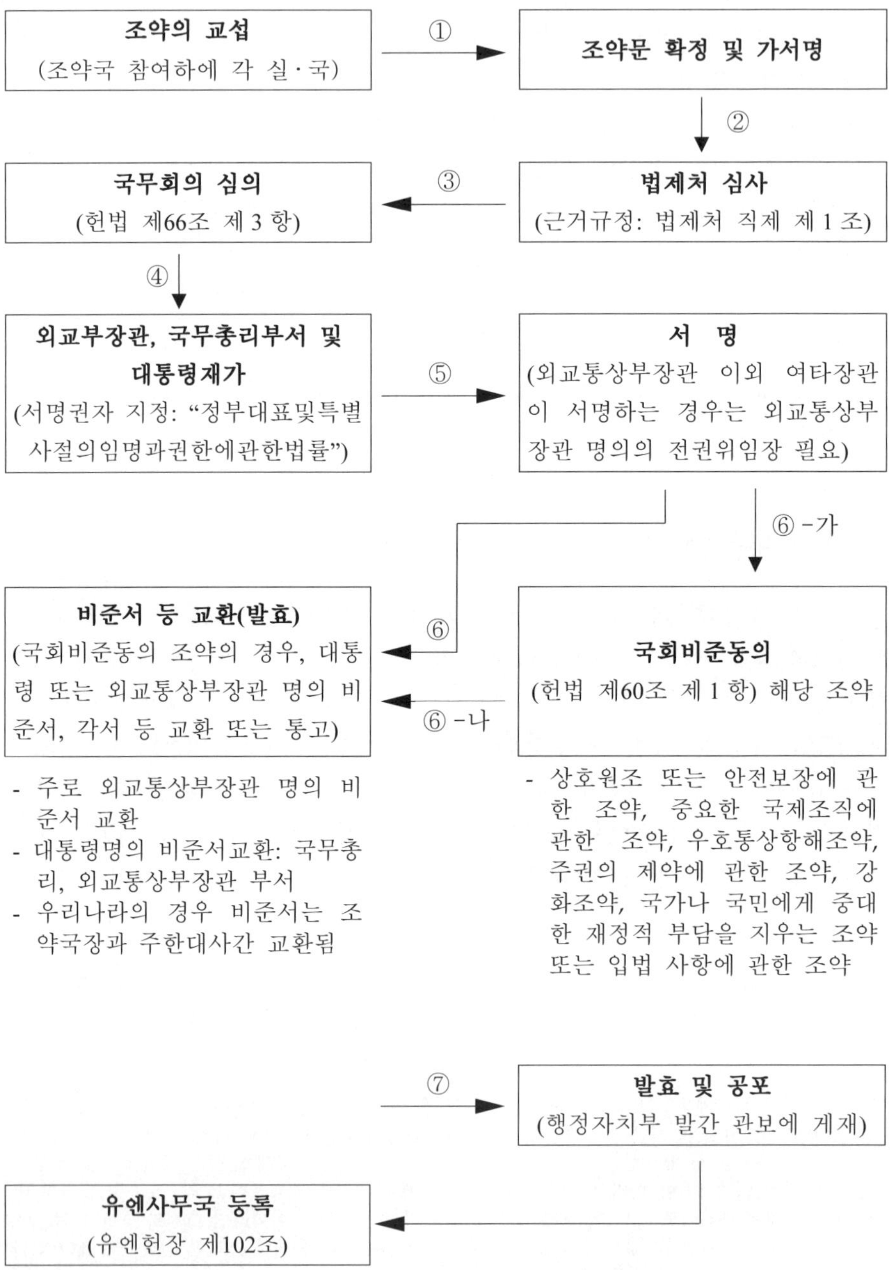
조약의 교섭
(조약국 참여하에 각 실·국)
①
조약문 확정 및 가서명
②
법제처 심사
(근거규정: 법제처 직제 제 1 조)
③
국무회의 심의
(헌법 제66조 제 3 항)
④
외교부장관, 국무총리부서 및 대통령재가
(서명권자 지정: "정부대표및특별사절의임명과권한에관한법률")
⑤
서 명
(외교통상부장관 이외 여타장관이 서명하는 경우는 외교통상부장관 명의의 전권위임장 필요)
⑥
⑥ -가
비준서 등 교환(발효)
(국회비준동의 조약의 경우, 대통령 또는 외교통상부장관 명의 비준서, 각서 등 교환 또는 통고)
국회비준동의
(헌법 제60조 제 1 항) 해당 조약
⑥ -나
- 주로 외교통상부장관 명의 비준서 교환
- 대통령명의 비준서교환: 국무총리, 외교통상부장관 부서
- 우리나라의 경우 비준서는 조약국장과 주한대사간 교환됨
- 상호원조 또는 안전보장에 관한 조약, 중요한 국제조직에 관한 조약, 우호통상항해조약, 주권의 제약에 관한 조약, 강화조약, 국가나 국민에게 중대한 재정적 부담을 지우는 조약 또는 입법 사항에 관한 조약
⑦
발효 및 공포
(행정자치부 발간 관보에 게재)
유엔사무국 등록
(유엔헌장 제102조)

5. 체결과 비준

헌법 제60조 제1항이 국회 동의권의 대상으로 조약의 '비준'과 함께 '체결'을 언급하고 있으며 이 단어에 대해 서로 다른 해석이 제시되고 있는데, 이 문제는 우선 '비준'이라는 용어에 대한 분석에서 출발해 볼 수 있다. 비준은 영어 'ratification'의 뜻을 담은 말로 이해되며, 영어 ratification은 당초 계약법에서 대리인의 법적인 권능이 없는 자가 한 행위를 사후에 당사자가 이를 추인하는 행위로 이해되며,[9] 국제법에서는 당사자가 국제조약을 최종적으로 확인하는 행위를 말한다고 할 수 있다.[10] 비준은 과거 교통과 통신이 발달하지 않았던 시대에 군주(sovereign)가 특명전권대사 또는 교섭대표가 외국에서 서명한 조약을 최종적으로 확인하는 행위를 말하였다. 교통과 통신이 발달한 현대에서 이와 같은 군주의 추후 승인·확인 과정은 실질적으로는 더 이상 필요하지 않게 되었으며, 국제법에서 비준은—모든 조약의 완전한 성립을 위해 필요한 군주의 추인·확인 행위로 이해되기보다는—국가가 조약에 구속을 받겠다는 의사(consent to be bound) 표시의 여러 가지 방식 중 하나로 이해되고 있다. 즉 적어도 국제법적으로 비준은 조약체결방식(대외적 의사표시)의 하나일 뿐이며, 비준이 조약의 체결이나 발효에 있어서 유일한 방식은 아니게 된 것이다.

비준 이외에도 조약의 체결방식과 양태가 대단히 다양해지게 되었는데,[11] 이는 다자조약의 발달 등에 기인한다고 하겠다. 심지어는 정식 서명조차 요하지 않는 각서교환(exchange of notes)과 같은 조약의 비중이 점점 증대하고 있는 추세이다.[12] 결국 '체결'이라는 단어에 대한 명확한 국제법적 정의는 없지만, 우리 헌법에서의 '체결'은 '비준' 이외의 방식으로 기속적 동의를 표시하는 국가의 법률행위(서명으로써 발효하거나, 수락, 가입, 승인 등)로 이해하는 것이 옳다고 생각한다. 즉, 우리 헌법상 '체결'이라는 용어는 조약문의 확정을 위한 일련의 과정을 모두 포함하는 것으로 보기보다는 조약문 확정 이후 조약에 대한 최종적 기속적 동의를 표

9) *Black's Law Dictionary*(1991, Abridged 6th Edition), p. 872; "In a broad sense, the confirmation of a previous act done either by the party himself or by another; as, confirmation of a voidable act…."

10) Bryan A. Garner, A Dictionary of Modern Legal Usage(1995, 2nd Edition)(Oxford University Press), p. 734.

11) 비엔나협약(제2조 및 제11조)에 따르면, 조약에 대한 기속적 동의는 서명(signature), 조약을 구성하는 문서의 교환(exchange of instruments constituting a treaty), 비준(ratification), 수락(acceptance), 승인(approval), 가입(accession) 또는 기타의 합의된 방법으로 표현된다고 하고 있다.

12) 우리나라의 경우 그 체결방식에 관계없이 '조약'에 해당하면 조약체결절차를 거치며, 각서교환이라고 하더라도 헌법 제60조 제1항에 해당하면 국회의 동의를 받는다는 입장이다.

시하는 것으로 보아야 하며, 그런 의미에서 체결과 비준은 결국 하나의 통일된 법적 의미로 이해하는 견해가 옳다고 판단된다.[13] 즉, 이론적으로는 양자를 모두 조약에 관한 비엔나협약에서 말하는 '기속적 동의를 표시하는 방법'(consent to be bound by a treaty)으로 이해할 수 있을 것이다.[14]

6. 발효의 방식에 대한 설명

'조약에 대한 기속적 동의(consent to be bound)'는 당사국의 법률행위로서 '조약의 발효(entryinto-force)'와는 엄격하게 말하자면 구분되지만(특히 다자조약의 경우에 그러하다),[15] 조약에 담긴 권리와 의무는 그 조약이 발효함으로써(물론 이는 당사자의 기속적 동의를 전제로 한다) 비로소 당사자에 귀속되게 되며, 따라서 실무적인 관점에서는 '발효'의 방식을 중시하고 있다(실무에서는 '조약에 대한 기속적 동의'라는 표현을 매번 적확하게 사용하기 힘들다는 측면도 있다고 본다).[16] 결과적으로 — 앞에서 말한 — (i) 조약문안의 확정(문안에 대한 교섭의 완료), (ii) 조약에 대한 서명(서명을 요하지 않는 각서교환 등의 경우에는 각서교환 행위 등)과 같은 과정을 거치더라도 조약이 발효하지 않으면 — 조건부로 발효하도록 하였을 때에는 그 조건이 이루어지지 않은 경우 — 조약은 구속력을 가지지 않기 때문에 실질적으로는 모든 조약체결절차가 발효를 지향하고 발효의 문제로 귀결된다고 할 수 있다. 그런데 조약은 다양한 형태의 발효방식을 상정하고 있다. 양자조약을 위주로 하면 다음과 같이 예시할 수 있으며, 이는 해당 조약의 발효조항에 따라 다르다.

(1) 서명과 동시에 발효: (예) 2005. 4. 5. 제네바에서 서명과 동시에 발효한 대한민국정부와국제이주기구간의협력협정[17]

(2) 서명한 후 일정기간이 경과한 후에 발효: (예) 2001. 7. 10. 서울에서 서명

13) 이상훈, "헌법 제60조 제1항에 대한 고찰: 국회동의의 법적 성격 및 입법사항에 관한 조약을 중심으로," 국제법 동향과 실무 통권 제5호(2003), 96면; 정진석, "조약의 체결.비준에 대한 국회의 동의," 서울국제법연구 제11권 제1호(2004. 6), 167면.

14) 비엔나협약(제2조 및 제11조)에 따르면, 조약에 대한 기속적 동의는 서명(signature), 조약을 구성하는 문서의 교환(exchange of instruments constituting a treaty), 비준(ratification), 수락(acceptance), 승인(approval), 가입(accession) 또는 기타의 합의된 방법으로 표현된다고 하고 있다.

15) 이와 관련하여서는 UN Treaty Section of the Office of Legal Affairs가 발간한 책자인 Treaty Handbook, p. 8 참조

16) 일방 체약국은 조약법에 관한 비엔나협약 제18조에 따라 조약에 기속적 동의를 표시한 경우 그 조약의 대상과 목적을 저해하지 아니할 의무를 지지만, 그러한 의무의 구체적인 실체와 범위에 대하여는 논란이 있을 수 있다고 본다.

17) 제6조 이 협정은 양 당사자 대표가 서명하는 때에 발효한다.

된 한·파나마 사증면제협정[18]

(3) 서명한 후(각자 필요한 국내절차를 완료한 후) 각서를 교환함으로써 발효(또는 각서를 교환한 날로부터 일정 기간 뒤에 발효): (예) 2005. 3. 10. 서울에서 서명된 한·헝가리 경제협력협정[19]

(4) 서명한 후(각자 필요한 국내절차를 완료한 후) 외교공한으로 통보함으로써 발효(또는 통보한 날로부터 일정기간 뒤에 발효): 사회보장조약, 이중과세방지협정 등에서 주로 사용되며, 예를 들어 2000. 3. 3. 로마에서 서명된 한·이탈리아 사회보장협정[20]

(5) 서명한 후(각자 필요한 국내절차를 완료한 후) 비준서를 교환함으로써 발효(또는 각서를 교환한 날로부터 일정 기간 뒤에 발효): 범죄인인도조약, 형사사법공조조약 등에서 주로 사용되며, 예로서 2003. 9. 15. 서울에서 서명된 한·베트남 범죄인인도조약[21]

국회의 동의를 요하는 조약은 위의 예시 중에서 보통 (3), (4), (5)의 방식을 취하여, 정식 서명 후 각자 국내적으로 국회에서 동의를 받을 말미를 주고 있다. 대다수의 양자조약문에서 사용되는 "자국 헌법상 필요한 국내절차를 완료한다"는 표현은 국회의 동의라는 조건을 의미하며, 국회에서의 동의를 얻지 못한 조약은 "헌법상 필요한 국내절차를 완료하지 못한 것"이 되며 따라서 발효하지 못하게 된다. 이와 같은 문구가 양자조약에서 거의 보편적으로 사용된다는 점은 대다수의 국가가 국회의 동의라는 내부적 절차를 '정식 서명' 이후에 가지는 것을 나타내고 있다.

이와 같이 조약은 '발효'되고 국내법적으로는 '공포'되어야 효력을 가지게 되므로 가장 중요한 것은 대상 '발효 및 공포'되기 전에 국회의 동의를 받아야 하는 것이다. 그리고 긴급한 사정에 따른 '잠정적용'(provisional application)의 예외를 제외한다면, 조약이 발효한 후 국회의 동의를 받는 것은 국회의 동의권을 훼손할 여지가 크기 때문에 조약은 '발효' 이전에 '사전 동의'를 받아야 한다. 서명과 동시에

18) 제7조 1. 이 협정은 서명일부터 30일 후에 발효한다.

19) 제6조 1. 이 협정은 체약당사자가 발효를 위한 각자의 모든 국내법적 요건이 충족되었음을 나타내는 각서를 교환하는 날에 발효하며, 3년간 유효하다. 그 이후 어느 일방체약당사자가 타방체약당사자에게 종료 3월 전에 이 협정의 종료의사를 서면으로 통보하지 아니하는 한 매년 자동 연장된다.

20) 제13조 이 협정은 각 체약당사자가 타방체약당사자로부터 이 협정의 발효를 위한 국내절차를 완료하였다는 서면통보를 접수한 달부터 세 번째 달의 첫째날에 발효한다.

21) 제20조 1. 이 조약은 비준을 받아야 하며, 그 효력은 비준서의 교환시에 발생한다.

발효해야 하는 조약은 서명에 앞서 국회의 동의를 받아야 한다고 생각한다. 이러한 예의 하나가 2005. 4. 5. 제네바에서 서명되고 발효된 「대한민국정부와국제이주기구간의협력협정」인데, 이 협정은 제 6 조에서 서명과 동시에 발효한다고 규정되어 있다. 그런데 이 조약은 국제기구직원에게 (우리 국내법에 대한) 특권과 면제를 부여하는 내용을 담고 있기 때문에 헌법 제60조 제 1 항상의 입법사항에 해당하였고 따라서 서명 이전에 체결동의안을 국회에 제출, 2005. 2. 25. 국회로부터 동의를 받은 바 있다(여기서는 '체결' 동의안이라고 하였다).

7. 외교/조약체결에 대한 국회의 견제[22)]

헌법 제60조에서 정한 국회의 동의권이 이와 같이 제한적이기는 하지만, 국회는 상임위원회인 통일외교통상위원회 개최나 필요할 때에는 국정감사 등의 방법을 통하여 행정부의 외교 정책, 방향 및 구체적인 집행에 관한 사항에 대하여도 견제와 감독을 할 수 있다. 이러한 과정에서 결의안 채택이라는 형식으로 정부에 대하여 조약의 체결을 촉구하는 의사표현을 할 수도 있고,[23)] 또한 예산이나 법률 제정을 통하여 대통령의 외교 수행에 실질적인 제약을 가할 수 있다. 대통령은 대외적인 약속(조약 체결을 포함)을 하기에 앞서 예산안 또는 법률안 제출을 통해 약속을 지키는데 필요한 예산이나 조직을 확보하여야 한다. 그런데, 이러한 준비가 되지 않은 경우 국회는 예산안을 삭감하거나 법률안 심사를 지체함으로써 실질적으로 정부의 외교 수행에 제약을 가할 수 있다. 이 경우 정부는 국제적인 약속을 준수하는 데 예산이나 조직이 필요하며 이를 지키지 못할 경우 국가책임(State responsibility)이 따른다는 논리로 국회의 협조를 요청할 수 있지만, 적어도 원칙적으로는 국회가 이러한 예산안이나 법률안을 통과시킬 법적인 의무는 없다고 본다(물론 국회가 해당 조약안에 동의를 하였다면 이는 다른 문제일 것이다). 예를 들어 대통령이 자신의 외교수행 권한에 입각하여 대외적으로 약속(예컨대 원조제공)을 했음에도 불구하고 국회가 예산 배정을 거부할 수 있는 것이다. 이러한 상황은 우리나라에만 국한된 것이 아니며, 보통 각국의 정부는 이러한 상황에 대비하여 조약에

22) 拙稿, "대통령의 조약 체결·비준권과 이에 대한 국회의 동의권: 헌법 제60조 제 1 항의 해석," 세계헌법연구 제12권 제 1 호에서의 관련 부분을 발췌.

23) 예를 들어 김춘진 의원 등(보건복지위원회)이 발의한 「사회보장협정체결촉구결의안」이 2004. 12. 31. 국회에 제출되어 2005. 1. 3. 통일외교통상위원회에 회부되어 있으며, 이 결의안은 인력송출국 근로자의 국민연금 보험료 납부문제 해결 및 국내사용자의 재정부담 경감을 위해 정부의 조속한 협정 체결을 촉구하고 있다.

"의무의 이행은 가용한 예산의 범위 내에서 이루어진다"와 같은 문구를 넣어서 '예산 미확보'가 바로 조약 의무 위반으로 연결되지 않도록 하곤 한다.[24]

한편, 대통령이 외교권을 가진다고 하지만, 대통령이나 행정부가 외국정부와의 접촉을 배타적으로 독점하는 것은 아니다. 의원외교와 같은 형식으로 국회의원이 외국을 방문, 의회인사뿐만 아니라 정부인사를 만나 자국의 입장을 설명하는 계기를 행정부는 자연스럽게 받아들이고 있고 또 필요한 부분에서는 지원을 하기도 한다.

8. 헌법 제60조 제1항에 위반한 조약의 대외적 효력 문제 등

헌법 제60조 제1항이 헌법재판에서 다투어질 수 있는 두 가지의 경우는 (i) 권한쟁의의 형식으로 국회가 직접 자신의 동의권 침해를 주장하거나(대통령이 국회의 동의 없이 조약을 체결한 경우로서 동 제60조 제1항이 '形式的/節次的 違反 문제'라고 할 수 있다), (ii) 조약의 실질적 위헌성, 즉 '해당 조약이 헌법 제60조 제1항 이외의 여타 헌법규정을 위반하느냐'를 다투는 과정에서 해당 조약의 절차적 유효 요건으로서 헌법 제60조 제1항 위배 여부('해당 조약이 헌법이 정한 절차에 따라 체결·공포되었느냐')를 부수적으로 다투게 되는 상황이다. 양자를 구분하여, 각각의 경우에 다투어질 수 있는 조약의 범주, 청구인 적격, 청구기한 등에 관하여는 다른 글에서 다룬 바 있기 때문에 여기서는 논의를 생략하기로 한다.[25]

9. 관행의 문제

문헌을 통해서 보면, 6대 국회 이후 12대 국회까지 7건의 조약 동의안이 국회의원 임기만료로 폐기되었으나 추후 후대 국회에서 통과되었다고 한다.[26] 이와 같이 국회가 명시적으로 동의를 거부한 사례는 없지만,[27] 「한·일 교역에 관한 협

---

24) 예를 들어 우리나라의 경우 2003. 10. 용산기지이전협정 제2조 제7항은 "이 협정의 이행은 양 당사국 각자의 국내법에 따라 이 목적을 위하여 승인되고 배정된 자금의 가용 여부에 따른다"고 하고 있다.

25) 拙稿, "대통령의 조약 체결·비준권과 이에 대한 국회의 동의권: 헌법 제60조 제1항의 해석," 세계헌법연구 제12권 제1호, 129~156면.

26) 정인섭, "조약체결에 대한 국회의 동의거부," 서울국제법연구 제9권 2호(2002), 15면.

27) 1953. 5. 30. 국회 본회의에서 「대한민국 정부와 호놀룰루 미술관과의 한국문화재 보관·전람에 관한 협정」에 대한 동의안이 재적 152명 중 찬성 68명, 반대 81명, 기권 1명으로 부결된 적이 있다고 하나, 이 동의안은 조약 동의안이 아니라는 평가이다(정인섭, 위의 논문, 13면).

정」이 국회의 동의 없이 체결된 데 대해 국회가 "한·일 협정은 국회의 認准를 요함"이라고 문제를 제기한 일이 있었고(인준을 요구한 예),[28] 상품공동기금협정안에 대한 동의안은 서명절차 없이 국회에 회부되어 심의가 보류되었다가 정부가 정식 서명을 한 후 다시 상정되어 가결되는[29] 등의 소수의 예외적인 사례가 있었다. 그리고 지난 수십 년간 조약은 정식서명이 이루어진 뒤에 동의를 받기 위해 국회에 제출되었으며, 이러한 오랜 관행이—그 자체로서 법규범은 아니더라도—헌법해석의 보충적 수단은 될 수 있으리라고 본다.

10. 맺 음 말

외교나 조약체결의 어려움과 특성을 설명할 때, "외교에는 상대가 있다"라는 말을 한다. 외교교섭의 결과인 조약이나 합의는 '1개국의 결단'이 아니라, 가치와 법체계가 다른 '두 개 이상의 나라가 맺는 타협'이라고 할 수 있다. 외교교섭의 과정에서 가장 큰 변수는 상대방의 의중, 전략 그리고 구체적으로는 (공개된 또는 숨겨진) 협상안이라고 할 수 있는데, 협상(bargaining)의 과정에서 자신의 안(보통 복수의 안)과 상대방의 안(보통 복수의 안)을 놓고 여러 차례 줄다리기가 벌어지고, 자신의 협상안과 상대의 협상안 간에 타협이 진행되는 가운데 여러 가지 다양한 조합과 패키지가 타협의 결과물로 상정된다.

교섭대표가 미리 받아온 '훈령'의 범위를 넘어선 사항에 관해 부단히 본국정부에게 새로운 훈령을 요청('청훈'이라고 한다)해야 하는 상황도 자주 전개된다. 이때에 요구되는 것은 막연한 원칙이나 방향이 아니라 대단히 구체적인 사안에 대한 훈령(지시)인데, 이러한 대통령(또는 위임을 받은 외교통상부장관)의 결정은 '권한'인 동시에 '책임'이라고 생각된다. 상대방의 입장과 교섭환경을 감안하여 구체적인 사항에 대하여 국가 전체를 대변, 누군가가 신속히 결정(a final say)을 내려야 하는 것이다. 이러한 과정에서 정부와 교섭대표는 '최종 타결의 결과물을 국회와 국민에게 당당히 설명할 수 있는가' 하는 문제를 끊임없이 고민하고 또 당정협의 등의 과정을 통하여 조율하기도 한다. 협상장에서는 종종 "당신의 제안을 가지고 내가 어떻게 우리 국민과 국회에 설명할 수 있다는 말인가?"라는 항변이 제기되고 "이러한 정도의 합의(조약문안)로는 우리 국회가 수용하지 않을 것"이라고 하면

28) 국회사무처, 정기국회 속기록 제 2 회 제86호 696~707면(정용태, "대한민국 국회의 조약비준동의권," 법학논총 제 3 호(1988. 5), 58면에서 재인용).

29) 국회외무위원회 회의록 제108회, 제15호, 제16호(제성호, "조약의 체결·비준에 대한 국회동의권," 국제법학회논총 제33권 제 2 호(1988), 301면에서 재인용).

서 상대측 제안을 거부하곤 한다.—정부로서는 국회가 당연히 거부할 것으로 예상되는 조약안을 제출한다는 것은 대단한 부담이 아닐 수 없다—즉, 정부로서는 국회의 동의권을 협상 당초부터 의식하지 않을 수 없는 것이다. 이러한 과정을 거쳐 타결된 조약안은 하나의 패키지라고 할 수 있다. "모든 것이 타결되기 전까지는 아무 것도 타결된 것이 아니다"는 전제를 가지고 서로 협상에 임하기도 하는데, 특히 민감한 사안일수록 최종 타결안은 하나의 패키지로 다루어진다. 협상이 종료된 후에 하나의 패키지에서 자신에게 유리한 부분을 개선하려는 태도(cherry-picking)는 수용되기 힘들 것이다.

헌법에 따른 대통령의 외교권과 이에 대한 국회의 동의권도—물론 발제문에서 지적된 바와 같이 헌법규범의 해석을 통해서 결정될 문제이지만—이러한 맥락에서 이해될 필요가 있다고 생각한다.

條約締結現況

가. 分野別 締結現況(정부수립 이후 2006. 9. 22. 현재)

(발효기준)

구 분 / 분 야	양자	다자	계
군사·안보	86	44	130
경제·과학·기술	430	17	447
무역·통상	163	36	199
재정·조세·차관·투자보장	457	44	501
항공·해운·해사	152	65	217
외교·영사	164	17	181
사회·문화·교육	149	71	220
기타	230	221	451
계	1,831	515	2,346

나. 年度別 締結現況(정부수립 이후 2006. 9. 22. 현재)

(발효기준)

연 도	양자조약	다자조약	계
1948~60	88	48	136
1961~70	231	47	278
1971~80	329	85	414
1981~90	326	106	432
1991	46	13	59
1992	43	9	52
1993	49	13	62
1994	66	11	77
1995	68	9	77
1996	44	21	65
1997	76	14	90
1998	26	13	39
1999	37	10	47
2000	59	14	73
2001	54	16	70
2002	43	17	60
2003	47	11	58
2004	62	24	86
2005	71	18	89
2006. 9. 22	66	16	82
계	1,831	515	2,346

제70회 발표회 토론요지

사 회 자 : 이근관(교수)
토론참여자 : 오동석(교수) 배종인(외교통상부) 유재영(법무부)
황치연(헌법재판소) 박재연(외교통상부) 김국현(헌법재판소)
이공현(회장, 헌법재판관)

간 사 : 안녕하십니까?

헌법실무연구회 간사를 맡고 있는 전종익 연구관입니다.

이렇게 자리를 꽉 채워주신 여러분들께 이 발표회를 기획한 간사로서 감사의 말씀드립니다. 오늘 주제와 발표자분 그리고 토론자분들의 명성으로 인하여 이렇게 많은 분들이 오신 것으로 생각합니다.

오늘 사회는 서울대학교의 이근관 교수님께서 해 주시겠습니다.

사 회 자 : 안녕하십니까?

방금 소개받은 서울대학교 법과대학에서 국제법을 강의하고 있는 이근관입니다.

오늘 헌법실무연구회 제70회 월례발표회에서 이렇게 사회를 맡게 된 것을 대단히 큰 영광으로 생각합니다. 제가 지난주에 북경에 다녀온 일이 있습니다. 대법원장께서 북경을 방문하시는데 저도 같이 갔었는데, 그때 제가 참여한 행사는 북경대 법대 교수들과 좌담회였습니다. 그런데 거기서 보니까 북경대 법대 교수들이 한국의 헌법재판에 대해서 내용도 상세히 잘 알고 있고 아주 큰 관심을 표명한 것을 보았습니다. 제가 예전에 일본에 있을 때도 보면 일본의 학자들이라든지 실무가들이 우리 헌법재판에 대해서 많은 관심을 가지고 또 어떻게 보면 상당히 부러운 눈으로, 선망의 눈으로 바라보는 것을 경험한 적이 있습니다. 그런 의미에서 특히 지난주에 제가 또 그런 경험을 했기 때문에 여기 계시는 우리 재판관님들과 또 헌법재판소 구성원 모든 분들께 경의를 표하고자 합니다.

오늘 주제는 고려대학교 김선택 교수님께서 조약의 체결·비준에 대한 국회 동의권이라는 주제로 발표를 하시게 되었습니다.

여러분도 잘 아시다시피 발표문 첫 페이지에 나와 있습니다만, 2006년도 9월 7일 헌법재판소에 권한쟁의심판이 청구된 그런 사안에 관한 것입니다. 그래서 대단히 시사성이 높은, 또한 우리 한국사회전반의 관심이 집중되고 있는 그러한 사안이라고 볼 수가 있겠습니다. 동시에 이 주제는 헌법과 제가 전공하고 있는 국제법 간에 접촉면이 대단히 넓은, 인터페이스가 넓은 그러한 문제이기도 합니다. 그래서 오늘 아마 상당히 흥미로운 발표와 열띤 토론이 진행될 것으로 믿습니다.

먼저 오늘 아주 방대한 양의 발표문인데, 양만 방대한 것이 아니라 읽어보신 분들은 잘 아시겠지만 그 안에서 대단히 정치한 분석을 김 교수님께서 행하고 계셔서 앞으로 이 논의에 상당히 큰 틀을 제공해 줬다라고 저는 그렇게 평가하고 싶습니다. 이 정도에서 제 말씀 줄이고 오늘 참석해 주신 발표자와 토론자분들을 소개해 올리겠습니다.

먼저 오늘 발표를 맡아주실 김선택 교수님을 소개합니다.

김선택 교수님께서는 고려대학교 법과대학을 졸업하시고 독일 쾰른대학에서 법학박사를 취득하셨습니다. 그리고 현재 고려대학교 법과대학 교수로 재직중이십니다.

또 오늘 이 주제에 대해서 학계 및 실무계의 전문가 세 분께서 지정토론자로 나와 계십니다. 먼저 아주대학교 법과대학의 오동석 교수님을 소개해 드리겠습니다. 오 교수님께서는 서울대학교 법과대학에서 법학사, 석사 또 헌법전공 박사학위를 취득하셨습니다. 그리고 동국대학교 법정대학에서 조교수를 역임하신 다음에 현재 아주대학교 법과대학에서 부교수로 재직중이십니다.

두 번째로, 주제가 주제인 만큼 외교통상부 국제법규과에서 배종인 서기관님께서 나와 계십니다. 배 서기관님께서는 외무고시를 합격하신 다음에 영국의 에딘버러대학에서 연수를 마치시고 미국, 나이지리아 대사관 등에서 근무하시고 현재 외교통상부에 근무중이십니다.

지정토론자 중에 세 번째 분으로서 법무부 송무과에 재직중이신 유재영 검사님을 소개해 드리겠습니다. 유 검사께서는 한양대학교 법과대학을 졸업한 다음에 사법시험에 합격한 후 현재 법무부 송무과에서 검사로 근무중이십니다. 이상으로 발표자 및 토론자에 대한 소개를 마쳤습니다.

그러면 먼저 김선택 교수님의 발표를 30분 정도 청해 듣고 그 다음에 지정토론을 10분씩 들은 다음에 자유토론을 진행하도록 하겠습니다.

먼저 김선택 교수님께 발표를 부탁드리겠습니다.

< 주제발표자 발표 >

사 회 자 : 김 교수님 30분 만에 아주 방대한 내용을 잘 요약해서 발표해 주

셨습니다. 어떻게 보면 엄청나게 많은 내용이기도 하고 여러 가지 내용을 많이 다루어서 제가 요약하기는 그렇기는 한데 아주 간단하게만, 제가 이해한 바대로 말씀을 좀 드리겠습니다. 혹시 제가 잘못 이해한 부분이 있으면 지적해 주시기 바랍니다.

먼저 김 교수님께서는 조약체결절차에서 국민의 대의기관인 의회가 관여하는 방식에 대해서 다섯 가지로 구분하셨습니다. 그러면서 현재 우리나라 헌법을 해석함에 있어서는 정부전속 플러스 국회관여모델 내지는 정부우위의 조합모델에 가까운 것이 아니냐라고 파악을 하고 계십니다. 그러면서 이 '국회의 동의' 우리 헌법에서, 특히 60조 1항에서 지정하고 있는 국회의 동의는 기본적으로 민주적 통제기능과 동시에 소극적 입법기능을 공유하고 있는 것으로 파악을 하고 계십니다.

그 다음에 오늘 발표 내용과 관련해서 어떻게 보면 가장 핵심적인 내용 중에 하나이기는 한데, '체결·비준'에서 이 '체결'의 의미를 어떻게 해석할 것이냐라는 문제를 아주 상세하게, 문리해석이라든지 체계해석 또 역사적 해석, 목적론적 해석, 여러 가지 해석기법을 동원해서 해석을 하고 계십니다.

그래서 아주 흥미롭게도, 원칙적으로 법도 마찬가지이고 조약의 해석에 있어서 기본적으로 동일한 법에 등장하는 동일한 용어는 같은 의미를 갖는 것으로 우리가 추정을 하게 되는 것인데, 김 교수님은 아주 상세하고 정치한 분석을 통해 가지고 6조 1항에서 얘기하는 체결의 의미와 73조에서 얘기하는 체결의 의미와 60조에서 얘기하는 체결의 의미가 좀 다르다, 체결이라고 하는 개념의 외연이랄까 개념의 경계가 각각 차이가 난다는 점을 아주 설득력 있게 논증을 하고 계신 것으로 저는 그렇게 읽었습니다.

그래서 60조 1항에서 얘기하는 체결의 의미라는 것은 비준을 요하지 아니하는 조약에 대한 국회동의를 규정하기 위해서 62년도에 규정된 것이라고 그렇게 해석을 하고 계십니다.

아마 이 부분에 대해서는 지정토론이라든지 자유토론을 통해서 여러 가지 얘기들이 나올 것으로 짐작을 합니다.

그 다음에 조약체결 및 비준에 대한 국회동의의 실질화와 관련해서 특히 국회의원들의 정보제공에 대한 문제와 관련해서, 이것은 국회가 요구할 수 있는 정보의 수준은 확정된 조약문을 설명할 수 있는 정도로서 그 내용을 인식하고 파악할 수 있는 정도면 적합한 것으로 생각한다고 결론을 내리고 계십니다.

그 다음에 마지막에 시간관계로 짧게 말씀하셨습니다만, 국회동의권 침해에 대한 대응방법으로서 이게 아마 어떻게 보면 우리 헌법재판절차와 관련해 가지고 상당히 흥미를 끄는 부분 같은데, 지금 현재 이 권한쟁의심판과 관련해서 좀 소극적인 입장을 보이신 것으로 저는 그렇게 이해를 했습니다.

그래서 분명히 말씀하시지 않으셨지만 지금 현재 권한쟁의심판의 대상이 되고 있는 통상절차에 관한 법률에 대해서 우리 헌법해석상 헌법의 초안자들이 상정하고 있는 그런 것과는 좀 거리가 있는 법안이 아니냐고 말씀하신 것으로 저는 그렇게 이해를 했습니다.

그런 정도로 요약했는데 괜찮을지 모르겠습니다.

그러면 세 분의 지정토론자분들께 10분씩 토론을 청해 듣도록 하겠습니다.

먼저 오동석 교수님 부탁드리겠습니다.

< 지정토론자(오동석) 발표 >

사 회 자 : 상세한 토론말씀 감사합니다.

더군다나 마지막에 구체적인 질문을 붙이셔서 이따가 김 교수님 답변하실 때 큰 참조가 될 것 같습니다.

동시에 오 교수님께서는 김선택 교수님 발표문과 어떻게 보면 대립각을 세워서 우리 토론을 활발하게 하지 않겠나 싶습니다.

다음 분들 토론을 청해 듣겠습니다마는 진행상 조금 시간을, 항상 사회를 보면서 발표자나 토론자들의 시간을 제한하는 게 표현의 자유에 대한 심각한 침해라는 것은 잘 알고 있습니다마는, 다른 분들도 발표의 자유가 있고, 특히 제가 9시까지 꼭 마쳐달라는 얘기를 듣고 있기 때문에 참조해 주시기 바랍니다.

감사합니다.

그러면 다음으로 배종인 서기관님께 토론을 청해 듣겠습니다.

< 지정토론자(배종인> 발표 >

사 회 자 : 배 서기관님 아주 시간을 잘 활용해서 토론 잘 해 주셨습니다.

감사합니다.

배 서기관님께서는 대체로 김선택 교수님 발표에 공감하면서 동시에 실무자로서의 감각이 반영된 그런 토론을 해 주셨습니다. 또 아주 최신통계자료도 많이 넣고 해서 오늘 논의를 풍성하게 해 주셨습니다. 감사합니다.

그러면 지정토론 마지막 순서로서 법무부 송무과 유재영 검사님의 토론을 청해 듣겠습니다.

부탁합니다.

< 지정토론자(유재영) 발표 >

사 회 자 : 유 검사님, 훌륭한 토론 감사합니다.

이렇게 해서 김 교수님의 발표와 세 분의 지정토론자의 토론을 들었습니다.

토론을 들으면서 상당히 흥미롭게 느꼈던 것이 우리 오동석 교수님께서는 지금 현재 발표에 대해서 여러 가지 비판적인 대립각을 세우시면서 문제제기를 하셨는데, 배종인 서기관님께서는 기본적으로 발표의 취지에 동조하면서 뭔가를 좀 보강한 듯한 느낌이 들고, 우리 유 검사님께서는 마찬가지로 찬동하면서도 왜 좀 더 나가지 않느냐, 결국 이런 조약체결에 관계된 행위는 어떻게 보면 통치행위로 봐야 되는 것 아니냐, 또 국회에 의한 통제로부터 가급적이면 거리를 두는 것이 타당한 행위가 아닌가, 그런 식의 문제제기를 했습니다.

어떻게 보면 토론하신 세 분의 입장들이 좀 차이가 있는데 아마 그런 것이 답변하시는데 어떻게 보면 상당히 흥미를 주는 게 아닌가 싶은 생각이 듭니다.

여러분들 발표와 토론을 들으시느라고 지루하실 수도 있을 텐데, 제가 사회자로서의 특권을 남용을 해 가지고 또 마침 보니까 대부분 헌법하신 분이고 해서 제가 국제법 한 사람으로서 한두 가지 정보가 될 만한 얘기를 말씀을 드리고 김 교수님의 답변을 듣도록 하겠습니다.

사실 어떻게 보면 이런 문제는 우리나라에만 특유한 문제는 아니고 사실 미국 같은 경우에서도 엄청나게 많이 문제가 되는 것이지요.

여러 가지 말씀이 나왔는데, 지금 유 검사님이 토론하시면서 워싱턴 초대대통령이 의회에 가서 조약에 대한 상원의 'advice and consent', 즉 조언과 동의를 받으러 갔는데, 너무 지리멸렬하게 회의가 진행되서 그 다음부터 별로 의회에 잘 가지 않았다라는 얘기를 하시는데, 그럼에도 불구하고 아까 통계에도 나왔습니다.

배 서기관님 통계 각주 7번으로 기억되는데요. 여기 보게 되면 1939년에서 1989년 사이에 미국이 11,698건의 행정협정을 체결한 반면에 720건의 조약을 체결했다라고 하는 것이지요. 그래서 상원의 동의를 받았는데, 즉 미국연방헌법 2조 2항에 따른 조언과 동의를 받은 조약의 퍼센트가 5.6%니까, 그런 면에서 본다고 치면 아직도 나름대로 중요성을 갖는 국제적인 약속들은 조약형태로 체결된다고 볼 수가 있을 것입니다.

다만 제가 한 가지 말씀드리고 싶은 것은, 이 행정협정이라는 용어를 우리가 조금 주의할 필요가 있는 것이지요. 이것을 보게 되면 5.6%만 상원의 동의를 받았고 나머지는 전부 다 행정부에서 즉 대통령이 단독으로 한 것이 아닐까라고 하는 인상을 받기도 쉬운 데 미국에는 행정협정이 두 가지가 있습니다.

대통령 단독의 권한으로 체결할 수 있는 'sole executive agreement'라고 하는 것이 있고, 단독행정협정이라고 보통 그러지요.

그 다음에 의회와—상원과 하원이 다 포함되는 겁니다—상원과 하원 의회와 그 다음에 행정부가 협동 내지 합동해서 체결하는 'congressional executive agreement'라고 하는 것이 또 있습니다.

그래서 지금 현재 제가 가지고 있는 통계를 소개해 드리면 1946년부터 1972년까지 체결된 국제조약, 넓은 의미의 국제조약에서 88.3%는 의회와 행정부가 협동으로 체결한 것입니다. 그리고 6.2%는 상원, 미국연방헌법 2조 2항상의 상원의 조언과 동의를 받아서 체결한 것입니다. 조약이지요. 좁은 의미의 조약입니다.

그 다음에 5.5%만이 행정부 즉 대통령이 자신의 단독 권한으로 체결한 조약이라고 하는 것입니다. 그래서 그것을 먼저 통계상으로 하나 말씀을 드리겠습니다.

그리고 한 가지만 더 말씀드리면, 미국에서도 대외권한과 관련해서 대통령과 의회 간에 뭐랄까 일종의 견제와 충돌이 계속 있어 오고 지금도 계속되고 있는 셈이지요. 아까 배 서기관께서 발표하시면서 'war power's reservation' 같은 것도 나왔지만 지금도 계속 논란이 되고 있는 것 아니겠습니까?

그리고 특히 한두 가지만 더 예를 든다고 치면 이게 전부 다 연방대법원의 판결이기는 한데 1937년도의 유명한 사건으로서 'U.S. v Belmont' 보통 벨몬트 사건이라고 그러지요. 사건의 배경은 이런 것입니다. 미국행정부, 1937년 루즈벨트 대통령시절인데 그때 미국행정부가 소련하고 국교를 정상화합니다. 그러면서 국교정상화되기 이전 시점에서 소련정부가 국유화한 미국인들의 재산문제를 어떻게 할 것이냐 하는 문제가 제기되었고, 이것을 일종의 일괄타결방식으로, 1965년도 우리 청구권협정과 유사하게 일괄타결방식으로 미행정부가 단독으로 행정협정형식으로 문제를 해결해 버렸습니다. 그래서 이것이 미국 내에서 과연 대통령이 국민의 재산에 관계되는 문제를 그렇게 행정협정의 형식으로 의회의 관여 없이 단독으로 체결할 수 있느냐 라는 문제, 동시에 그런 협정의 미국법체계 내에서의 지위는 무엇이냐 이런 등등이 문제가 되었었는데 기본적으로 이런 협정들은 그 유효성이 다 인정이 되었습니다.

그리고 또 'U.S. v. Pink' 1942년 사건도 유사한 사건입니다. 이란하고 1979년도 혁명 이후에도 문제를 해결하기 위해서 Dames&Moore v. Regan 사건도 유사한 사례를 다룬 바가 있습니다. 한 가지 더 예를 들면 1954년도에 미국이 연방의회상원의 조언과 동의를 받아가지고 대만, 당시 중화민국과 상호방위조약을 체결했습니다.

조약을 체결할 때는 2조 2항에 따라서 상원의 조언과 동의를 받아서 체결했는데 79년도에 북경정부와 외교관계를 수립하면서 단독으로 카터 대통령이 조약의 종료를 통보해 버렸습니다. 그래서 의회에서 들고 일어났지요. 조약체결할 때는 틀림없이 상원의 조언과 동의를 받아서 하는데 왜 종료를 대통령이 마음대로 하느냐라고 해서 그것이 연방대법원에 올라갔습니다. 그래서 그 사건의 이름이 Goldwater 그 당시에 상원의원 이름에 따라 'Goldewater v. Cater' 사건인데, 이때 연방대법원이 결국 이 사건은 정치적인 문제이기 때문에 우리가 판단할 수 없다, 이것은 행정부하고 입법부가 알아서 해야 한다라고 해서 각하한 적이 있습니다.

제가 말씀드리고 싶은 것은 이런 문제가 우리에게 특유한 문제는 아니고, 특히 미국 같은 국가에서 상당히 문제가 되고 앞으로 우리나라에서도 여러 면에서 문제가 될 사건이 아닌가, 그런 사안이 아닌가 싶어서 여러분께 이해를 돕는 차원에서 제가 좀 말씀을 드렸습니다.

제가 말이 길어졌는데, 교수님 답변을 듣도록 하겠습니다.

발 표 자 : 감사드립니다.

토론자분들께서 열심히 읽어서 여러 가지 지적해 주신 것 감사하게 생각하고요. 오동석 교수님이 말씀하신 것 가운데 이런 생각은 좀 듭니다. 조약체결을 통해서 국회를 우회하는 입법이 가능할 수도 있다, 그런 논리도 있어요. 그렇지 않습니까?

국내입법을 변경시킬 필요가 있거나, 그러니까 그 자체로서 국내입법을 변경시켜 버리거나 또는 국내이행입법을 강제하는 그런 조약이 있을 때 결국 그럴 수도 있습니다. 그럴 수도 있는데 그러니까 국회의 관여를 인정해야 된다, 이런 것 아니겠어요? 신입헌주의라는 말은 하지만.

그런데 우리가 지금 문제 삼고 있는 것은 국회의 관여를 배제하자는 것이 아니라 국회의 관여를 당연히 인정하는데 헌법이 어느 범위까지 인정하도록 규정을 해놓고 있는가? 그런 것 아니겠습니까? 그랬을 때 명시되어 있는 것은 국회동의권제도이고 그 나머지는 일반적인 국정통제기능으로 되어 있으니까 각자 해서 어떻게 이것을 할 것인가 하는 문제가 남아있는 거지요.

그래서 여기 지금 말씀하신 것이 조약문을 다 확정한 다음에 국회가 그때 가서 동의를 거부해 버리면 어떻게 되는가? 물론 심각합니다. 이것은 상대 국가의 신뢰를 엉망으로 만드는 것이고, 그러니까 아까 우리 배종인 서기관님 말씀에 이런 것이 있지 않았습니까? 실무관행상은 그렇다고 하더라고요. 국회동의가 필요한 조약일 경우에는 각자의 국내절차를 완료했다는 것을 상호통보함으로써 발효하도록, 실무상 국회의 동의를 발효에 필요한 하나의 요건으로 설정하는 것이 관례화되어 있다고 얘기하더라고요. 그러니까 국내절차를 경유하지 못하면 국내적 효력도 발하지 못하고 국제적 효력도 발하지 못하고 결국 재협상으로 갈 수밖에 없습니다. 그런데 어떠한 정부도 결국 국회의 동의를 거치는 조약의 경우에는 국회를 무시하고 협상을 진행한다고 하는 것은 대단히 위험한 거지요. 그렇기 때문에 협의절차를 거치게 되어 있습니다.

그런데 국회가 어느 단계의 조약체결절차에 관여하느냐는 것은 두 가지로 되어 있어요. 제가 여기 미국의 어느 학회에서 거기서 거의 30년 동안 연구한 책을 쭉 훑어보니까 두 단계더라고요, 협상단계냐 아니면 최종적인 정부의 기속적 동의서 표시냐? 이 두 단계 중에 어느 단계에 개입하느냐는 문제입니다. 그렇게 봤을 때 협상단계에 과연 관여할 수 있느냐 하는 문제가 있는데, 이 부분은 구체적인 어떤 법적 규정 없이는 곤란하다는 생각이 듭니다.

여러 가지 보니까 각국의 입법에 따라서 정말 다양한 조합이 가능해요. 관여의 형태나 방식이 복잡합니다. 그렇기 때문에 이것을 우리가 일방적으로 그냥 협상단계로 확대해서 할 수는 없다, 이런 생각이 들고요.

그 다음에 조약에 대해서 여러분 말씀하신 가운데 기존입법과 충돌한다, 이런 문제는 같은 얘기인 것 같고요, 적극적 입법기능으로 봐야 되지 않냐, 수정의사도 표시해야 되지 않느냐, 이런 식으로 국회의 관여를 좀 강화할 필요가 있다. 물론 지금 추세는 이렇습니다. 추세는 중립적으로 말씀을 드리면 과거 전통적인 입장에서는 주로 집행부 우위로 꾸준히 생각해 왔지만, 아까 처음에도 말씀드린 것처럼 사실 국내문제, 국외문제 구별이 지금 희미해지지 않았습니까? 그리고 사실 조약을 체결했을 때 조약을 통해서 그 국민의 생활에 예컨대 자기집행 조약의 경우에는 바로 영향을 미치는 것이고, 그렇지 않다하더라도 이행입법 같은 것을 통해서 국내의 국민생활에 영향을 많이 미치기 때문에 국회의 관여의 폭이 자꾸 넓어져온 것은 사실인 것 같아요.

그렇기는 한데 여기서 우리가 조심해야 될 것은 무엇인가 하면, 그렇다 하더라도 이런 사정을 다 반영해서 입법에다 규정하기 전에는 그렇게 함부로 말할 수 없다. 왜냐하면 한 국가의 헌법은 국가를 하나의 통일된 메커니즘으로 작동시키는 것이기 때문에 어떤 국가기관이 너무 오버런을 해 버리면 전체 메커니즘이 흔들리는 경향이 있는 것 같습니다.

우리 최근에 몇 년 동안 국정상황을 돌아보면 이런 국정의 전체적 메커니즘이 문제가 있는 것 같습니다. 여러 기관이 헌법에 의해서 설정된 권한배분질서를 임의로 무시하는 경향이 있어요. 그것 때문에 더 어려워지고 있다는 생각이 듭니다. 그래서 우리 헌법이 규정한 내용, 배분한 기능질서를 반드시 지켜야 된다. 우리헌법해석의 대원칙 중에 하나도 그거 아닙니까? 헌법의 기능적 적정성, 헌법상의 권한배분질서를 깨뜨리지 않는 방향으로 헌법은 해석되어야 한다, 이게 대원칙이란 말입니다. 그래서 신중하게 생각해야 한다, 이런 생각이 듭니다.

그러니까 FTA가 굉장히 중요한 협정이라면 국회가 보다 적극적으로 나서서, 저도 그런 얘기 많이 듣고 있어요. 지금 우리 국회의 거의 모든 상임위원회가 FTA 관련된 각 부분을 다 맡아서 분석해서 대안을 제시하기도 바쁜 상황에서 이거 좀 문제가 있지 않느냐는 지적이 있는 것 같습니다. 그렇게만 말씀드리고요.

수정동의라고 하는 것은 사실상 매우 곤란하지요. 조금만 생각해 보면 알 수 있을 겁니다. 그 정도만 말씀드리고요.

그 다음에 통치작용, 입법작용 이런 말씀하시는데 외교행위의 본질이 그런 것 아니겠습니까? 아무래도 법을 그냥 단순히 집행하는 그런 전통적인 의미의 행정작용과는 성격이 다르지 않겠어요. 사실 대통령과 국회가 대개는 국가지도적인 통치작용에 합동, 공동으로 참여할 수도 있습니다. 그런데 문제는 권력분립질서라는 것은 어떤 기관에 어떤 기능이 맡겨지는 게 합당하냐? 이것을 숙고한 결과 아니겠어요? 그러니까 이 조약체결행위야말로 그 체결행위의 성질이나 기능을 봐서는 집행부가 맡는 것이 맞지 않겠습니까? 인적인 요소도 그렇고, 가지고 있는 여러 가지 재원도 그렇고, 조직도 그렇고 여러 가지 특성이 아무래도 국회가 맡는다는 것은 말이 안 되는 것입니다.

다만 문제는 국회의 조약체결과정에 대한 역할에 대하여는 여러 나라 입법례가 있는데, 예컨대 협상단에 참여한다든지 정부보고를 계속 받아서 계속 협의를 해 나간다든지 여러 가지가 있는데, 협상단계에 국회의 관여를 허용하는 입법례에서도 일관되게 나오는 것은 무엇인가 하면 그래도 역시 조약체결에 관한 우선권은 역시 집행부에 있다, 이것은 흔들릴 수 없는 원칙이라는 것은 계속 반복됩니다.

그 다음에 여기 조약을 행정입법의 일종이다, 이렇게 부르는 것은 뭐냐 하면 조약을 규범정립작용으로서 입법기능으로 본다고 할 때 이게 국회입법하고는 다르다는 것을 강조하기 위한 겁니다. 우리가 통상적인 의미의 행정입법이라고 볼 수는 없고요. 예컨대 긴급입법 같은 것도 있지 않습니까? 대통령이 긴급권을 발할 당시에 긴급입법을 하는데 그것도 역시 일종의 행정입법이지요. 그렇게 포괄적으로는 볼 수 있으나 통상적인 행정입법은 아닌 것 같고요. 그러니까 이것은 일종의 대통령의 권한에 속하는, 예컨대 입법이라 하더라도 대통령의 권한에 속하는 작용이다 하는 것을 강조한 것이고.

그 다음에 아까 말씀 들어보니까 일종의 통치작용으로 이해해야지 입법작용이라고는 볼 수 없다, 이렇게 말씀하시는데 저는 그냥 이렇게 생각한 겁니다. 조약체결을 통해서 입법적 사항이 결정된다면, 그리고 국내입법을 바로 변경하는 효과가 있다면 이것을 실질적 의미에서의 입법이라고 보지 않을 도리는 없을 거예요. 다만, 국회는 그러면 뭐냐? 동의는 이 입법과정을 공동으로 내용을 형성해 주는 것은 아닙니다, 전혀. 그러니까 형성된 내용에 대해서 인정을 해 줄 거냐 말거냐, 그래서 조약을 통째로 그냥 인정할 것인가 말 것인가만 결정하는 작용이기 때문에 결국 입법에 대한 통제작용인 셈이 되는 것이고, 이것을 거부했을 경우에는 입법에 이를 수 없습니다. 입법 자체가 되지를 않으므로 어쨌든 그 입법을 소극적으로 저지한다는 의미에서는 그냥 소극적 입법작용이라고 부를 수 있다는 생각이 듭니다.

그 다음에 마지막으로 미국의 조약체결권한 배분질서에 관해서는 이근관 교수님이 전문가이신데, 일반적인 조약체결에 관해서는 상호간에 조언과 동의를 얻어서, 특히 상원 3분의 2의 의결을 얻어서 체결할 계획이 되어 있고, 그리고 미국에 있어서도 일반적 조약에 있어서는 집행부의 우위라는 것이 확립되어 있는 것 같습니다. 다만 통상협정 같은 부분은 미국이 연방국가여서 헌법 만들기 전에는 각 주로 되어 있었고 각 지방국가들, 주들이 독자적으로 외국과의 교역도 하고 주간교역도 하고 아마 인디언부족하고도 교역을 했었던 모양입니다. 이와 같이 주의 권한이었던 것을 연방권한으로 옮기면서 연방의회에서 통일적으로 규범을 정립하기로 한 모양입니다. 그래서 별도조항이 들어가 있어요. 그래서 통상에 관한 한 주의 입법을 금지시키고 연방의 입법으로 해서 의회에 맡겨놓은 것 같고, 이 조항을 근거로 해서 아까 말한 무역법규 같은 것 있지 않습니까? 2002년도에 이런 무역법규, 74년도에 그런 법규가 만들어졌었고, 그 법의 내용은 보면 행정부가 일단 통상협정도 주도적으로 하되, 협상도 하되, 다만 국회의 관여를 좀 신속하게 하고 빨리 진행할 수 있게끔 이렇게 되어 있는 것으로 보입니다.

자세한 내용은 제가 이근관 교수님 앞에서 하면 번데기 앞에서 주름잡는 것이 되어 가지고 제가 말을 잘못하겠고, 나중에 보충설명을 듣도록 하겠습니다.

사 회 자 : 감사합니다.

토론에 대한 답변이 있었습니다.

그러면 자유토론을 해야 될 시간이 되었습니다.

아마 여러 가지 생각들이 많으실 텐데, 질문도 많으시고 할 텐데, 좀 자유롭게 질문을 해 주시기 바랍니다.

황 치 연 : 황치연 연구관입니다.

아주 많은 배움을 얻을 수 있도록 자세하게 발표해 주신 김선택 교수님과 토론을 하신 분들께 감사드립니다. 제가 어떤 의견을 제시하는 것이 아니라 의문사항을 하나 제기할까 합니다. 많은 부분에서 문제가 해결되어 있다고 보는 입장에서 김선택 교수님과 오동석 교수님의 본질적인 차이가, 하나는 전통적인 외교권은 대통령에 속하고 그 외교권 중 한 내용이 조약체결권이다, 이렇게 보는 입장이고, 오동석 교수님은 아, 이것은 양자의 합동행위로 이루어지고 조약입법에 대한 심의의결권이다. 하나는 통제권으로 보는 입장이고 하나는 조약입법에 대한 심의의결권으로 보는 입장입니다.

그런데 60조 1항에 보면 열거된 사항들이 있는데, 김선택 교수님은 이것을 한정적 열거설로 보는 것 같고요, 오동석 교수님은 입법사항을 주된 것으로 해서 예시적으로 보는 것 같습니다. 그러면 제 3 의 가능성은 없는 것인가? 그러니까 모든 것은 다 하나의 예시적인 것이고, 예컨대 통일에 관한 어떤 다단계를 남북 간에 조약으로 해결할 때 이것은 60조 1항의 어느 경우에 해당될 것인가? 이런 생각을 했고요.

과연 오동석 교수님같이 해석을 한다면 입법사항의 의미가 여기서 광역, 그 의미가 어떤 것으로 될 것인지? 여기에 대해서 한번 묻고 싶습니다.

그리고 사회자께서는 조약체결동의권과 결부시켜서 종료권에 관한 판례를 언급하셨는데, 과연 동의권을 가졌다는 것이 종료할 때도 동의권을 행사할 수 있는지 여부에 대해서 한번 묻고 싶습니다.

사 회 자 : 아주 날카로운 질문이 들어 왔습니다.

지금 제가 볼 때는 김 교수님하고 오 교수님에 대해서 질문이 들어 온 것으로 제가 이해를 했습니다. 물론 저한테도 있습니다마는. 먼저 그렇게 한번 말씀하시고 다른 토론자분들께서도 보충할 게 있으면 하시도록 하시지요. 다만 제가 한 가지만 먼저 말씀을 드리면, 이 배경을 말씀드리면, 제가 볼 때는 지금 현재 나와 있는 법안 자체는 미국에 2002년도에 나와 있는 초당파적 TPA지요, 'Trade Promotion Authority' 번역을 어떻게 하는지 잘 모르겠습니다. 무역진행권한에 관한 법, 2002년도 법을 모델로 한 것 같습니다. 그런데 지금 김 교수님께서도 언급이 있으셨지만 미국 같은 경우에는 미국연방헌법의 판례를 보면, 기본적으로 이런 것입니다. '국내와 국제' 대외관계를 명확히 구분한 다음에 대외관계에서는 반드시 한목소리로 얘기해야 되고 그 한 목소리는 행정부라는 입장입니다. 그래서 어떻게 보면 아까 얘기 나왔던 대외관계에 관해서는 대통령 내지는 행정부가 일종의 prerogative를 가진다는 입장에 상당히 기운 것입니다. 그러면 왜 2002년도에 TPA를 부여하고 있는 그 법은 의회의 권한을 강화하고 있느냐는 것은 아까도 언급이 나왔지만 미연방헌법 1조가 대외통상을 규율하는 권한을 의회에 주고 있기 때문에 그런 것이지요. 그래서 사실 실제로 보게 되면 2002년도 법을 보더라도 미국의회의 통상협상에 대한 관여범위는 대단히 넓습니다. 대표적으로 'Congressional Oversight Group'이라고 하는 것 COG라고 하는 것을 구성하게 되어 있는데 의회에서, 거기에 대해서는 협상단 내에서 'official advisor' 공식자문관의 역할을 주도록 되어 있습니다. 의회에. 그러니까 협상 자체에 관여할 수 있도록 되어 있는 거지요.

그래서 제가 말씀드리는 것은 통상적인 대외관계에 대해서는 미국에서도 연방대법원의 이론에 의하면 행정부에 대해서 여러 가지 우선권을 주는데 다만 이 경우에 통상에 관해서는 아까 말씀드린 바와 마찬가지로 미연방헌법 1조의 규정에 의해서 그런 문제가 발생한다는 거지요. 그래서 우리헌법의 구조에서 볼 때는 어떻게 볼 것이냐? 그런 문제가 대두되는 것 같습니다. 오늘 배경으로 먼저 한번 말씀드렸습니다. 부탁을 드리겠습니다.

발 표 자 : 지금 미국헌법, 미국헌법뿐만 아니라 이 조약을 체결하지 않는 나라가 없잖아요. 옛날부터 조약은 체결되어 왔기 때문에 이게 뭐, 여기 책에 보니까 람세스 2세 때 이집트에서 조약을 체결한 것이 처음이라는 등 이렇게 시작되는데 얼마나 많겠어요, 수도 없는데. 그러니까 조약에 관한 국가기관의 권한배분에 관한 입법례는 얼마든지 있습니다. 다 틀려요. 다 틀리기 때문에 우리가 미국만을 예로 들어서 따라간다고 할 수도 없는 것이고, 미국이 또 헌법조문이 우리하고 다르기 때문에, 더군다나 미국은, 그동안 싱가포르나 칠레나 미국하고 호주나 뭐, 미국이 자유무역협정을 맺은 나라들하고는 바로 미국헌법 1조, 지금 이 교수님 말씀하신 외국과의 통상에 관한 그런 규율권한을 의회에 주고 있기 때문에, 미국의회, 하원에 주고 있기 때문에 그곳에서 입법한 그 법률에 따라 진행하고 있는 겁니다. 그러니까 우리하고는 그 조문을 적용할 수는 없지요, 도저히.

그것은 미국헌법의 특수성, 헌법사를 좀 봐야 되는 것이고, 사실 우리한테 적용하려면 지금 미국헌법 2조에 "상원의 조언과 동의를 얻어서 한다"라고 규정되어 있는데, 사실 헌법에 미국도 상원과 조언과 동의를 구하게 한 까닭은 상원을 그 당시에 그냥 자문기관처럼 생각했었기 때문입니다. 의회라기보다는 대통령이 조약을 체결하는 데 있어서 좁은 범위의 어떤 자문을 받는 정도로만 이해했던 것 같아요. 그런데 그것도 제대로 안 된 것 같아 보이는데, 그렇다면 상황이 다르다는 생각이 들고요.

그 다음에 아까 말씀이 조약입법에 대한 심의의결이다.

이것은 제가 아까 강조한 것처럼 조약체결을 통한 예컨대, 입법적 사항, 일반 추상적 규범정립작용이라는 것은 국회입법이 아니라는 데서 출발해야 됩니다. 전혀 다르다는 것. 그러니까 국회에서 권한이 있는 입법작용이 아닌 것을 국회에서 심의의결한다는 것은 권력분립질서에 정면으로 반하는 것이고.

그 다음에 60조 1항의 조항이 열거냐 예시냐 하는 말은 이것은 입법례를 비교법적으로 분석해 보면 국회의 동의를 요하는 조약이 유형들이 다 틀립니다. 어떤 나라는 모든 조약을 다 동의받아라, 어떤 나라는 중요한 조약, 중요한 조약의 개념이 뭐냐 하니까 정치적 조약에 국한한 나라도 있고, 영토에 관련된, 중국 같은 경우에는 영토에 관련된 조약은 꼭 받으라든가, 미국같이 통상에 대한 특별한 조항이 있든가 여러 가지 유형의 입법례가 있어요.

그러니까 지금 조약체결권한을 73조에서 대통령에게 부여하고 있는 이런 헌법시스템 내에서, 이러한 권력분립체계 내에서는 규정된 조약을 예시로 해석할 수는 없습니다. 물론 '입법사항에 관한 조약'이라고 광범하게 되어있어 이 부분 해석이 어렵습니다. 우리 배종인 서기관님 쓴 논문을 보니까 입법사항에 관한 조약은 다른 중대조약하고 구분해서 보자라고 쓴 경우도 있기는 있습니다만, 그것은 저는 이상합니다.

그런데 다른 중요한 조약들의 내용도 보면 대체로 입법적인 어떤 효과를 갖게 되어 있습니다. 국내입법을 바꾸거나 이행입법을 요구하거나 이런 것도 많이 있는 것 같아요. 물론 열거된 조약들에 대한 해석도 쉬운 문제는 아니라는 생각이 듭니다. 그런데 거기까지 우리가 들어 갈 필요는 없고요.

일단 우리가 오늘 문제 삼고 있는 자유무역협정은 분명히 60조 1항의 조약에 포섭된다는 생각은 듭니다.

사 회 자 : 오 교수님 말씀해 주시지요.

오 동 석 : 일단 드는 생각은 실질적인 내용에 있어서는 큰 차이는 없을 거라고 생각이 들거든요. 다만 실질적으로, 사실 또 모든 조약에 대해서 다 국회가 개입을 하고 협상에 대해서 일일이 간섭하자는 것은 분명히 아닐 것입니다. 아까

얼핏 들은 말씀은 상당히 행정부는 유연하게 대처를 하는데 어떻게 보면 국회는, 실제로 현실 우리 국회의 모습이 그런지 몰라도 이런 동의권을 만약에 인정하게 되면, 제가 말씀드리는 이런 내용의 것을 인정하게 되면 국회는 그것 하나를 가지고 결국 국익을 저해할 거라고 하는 어떤 기본적인 국가기관 자체에 대한 신뢰도의 차이가 있는 거는 아닌지 하는 느낌이 들었고요.

또 아까 말씀하신 것 중에 하나가 통일다단계와 관련되어 있는 그런 경우에 있어서는 당장 어떤 내용인지 제가 잘 몰라서 그렇지만, 예를 들어 영토조항과 관련한 그런 것이어서 북한과의 조약 여부가 문제가 된다고 한다면 그것은 당연히 헌법적인 사항이기 때문에 국회의 단순한 동의를 얻어서 체결할 수 있는 것은 아니지 않은가 이렇게 헌법적인 사항과 입법사항을 구별 판단해서 결정해야 될 문제가 아닌가라고 하는 생각이 듭니다.

또 하나는 비준에 대해서 역사적인 배경은 저도 잘 모르지만 결국 군주가 주권을 가지고 있던 시대의 상황에서의 논리라고 한다면, 사실은 어떤 의미에서 조문이 가서명되고 협상 다 완료되고 나서, 그 비준이라고 하는 것은 이런 역사적인 것을 생각해보면 시간을 굳이 길게 둘 이유가 없는데 단지 국회의 동의를 얻기 위해서 일정기간을 확보한다고 하는 문제하고, 그 이전부터 충분히 의회에 일정한 권한을 인정한다 하더라도, 아까 말씀드렸던 심의의결이라는 의결은 동의라고 하는 것을 의결하기 위한 전단계로서의 일정한 심의과정이 필요한 것이 아니냐는 것입니다. 그것도 모든 조약이 아니라 국회가 그 조약의 중요성에 따라서 심의밀도라고 할지, 이런 것들을, 정말 중요한 조약이라고 한다면, 예를 들면 한미 FTA 같은 경우는 주권의 제약, 국민에게 재정적 부담 등 서너 가지가 중첩되는 사안이라고 한다면 정말 중요한 의미에서 국회가 충분히 의견을 개진하는 기회가 부여되어야 한다는 것입니다. 의견이 사실 개진한다 하더라도 그것이 정말 본질적인 내용의 사항이 아니라고 한다면 그것을 이유로 해서 동의를 거부할 수는 없는 것이고 구속력도 사실은 실질적으로 없는 것입니다. 다만 정보를 주고 그런 의견을 제시할 수도 있는 기회를 주고 또 그것을 바탕으로 해서 국민의 대표기관으로서의 국회의 의견을 전달하는 정도, 이런 정도라고 한다면 국회도 나름대로 그런 권한을 유연하게 발휘할 수 있다라는 것을 전제로 해서 헌법을 해석하면 되지 않을까 이렇게 한번 생각을 해봤습니다.

사 회 자 : 배종인 서기관께서 덧붙일 말씀이 있으십니다.

배 종 인 : 남북 간의 어떤 합의서에 관해서 92년도 남북기본합의서가 그 당시 국회 동의 없이 체결되었고 헌법재판소에서도 이것은 조약이 아니라 공동선언

이 정도에 불과하다, 그래서 법적인 효력을 부인한 바 있습니다. 2002년도에 들어서 북한하고 경제교류를 하면서 제반 투자보장이라든지 이런 여러 가지는 서로 법적인 보장이 필요했기 때문에 지금까지 남북합의서를 13개를 체결한 바 있습니다. 이것에 대한 어떤 절차가 필요하겠다고 해서 작년에 법을 만들어서 올해 7월 31일날 발효가 된 남북관계기본발전법이라는 게 있습니다. 그 24조 이후에 보면 거의 지금 조약체결절차와 유사하게끔 남북 간에 합의서를 체결하는 방법을 규율하고 있습니다.

그리고 하나 재미있는 것은 국회동의를 받아야 되는 것을 설명한 다음에 아주 긴박한 상황에서는 대통령이 남북합의서의 효력을 일시적으로 정지시킬 수 있도록 되어 있고 그때는 국회의 동의를 받도록 그렇게 되어 있습니다.

그래서 이게 국회에서 그냥 만들어진 법이고 행정부하고 상의는 있었지만 조율되는 과정에서 저희 뜻이 다 반영되지는 않았거든요. 남북 간에 제반 합의서 등은 여기에 따라서 앞으로 규율된다고 보면 될 것 같습니다.

사 회 자 : 오 교수님 보충해서 말씀하실 것 있으십니까?

오 동 석 : 아까 질문을 잘못 이해를 했습니다.

사실 이게 발제문에 들어갔다가 빠진 것 중에 하나는 그게 북한의 국가성과 관련해서 그게 조약의 주체가 되느냐 여부는 잘 모르겠습니다마는, 어쨌든 제 생각에는 그것이 적어도 헌법적인 사항이 아닌 한은 국회의 동의를 얻었어야 되는 것이 아닌가라고 하는 생각을 했었고, 단지 그 판단권을 저 같은 경우에는 국회에게 인정할 수 있는 것이 아닌가.

아까 제가 말씀드린 대로 어쨌든 입법권의 일종이라고 한다면 동의 여부와 관련해서 저는 좀, 예를 들면 정부가 요청하지 않는 경우, 동의안을 제출하지 않는 경우에 국회가 제출하도록 하는 것도 가능하지 않은가라고 생각을 합니다. 그런 경우라고 한다면 국회의 판단에 따라서 이루어져야 될 부분이 아닌가, 1차적으로는 그렇게 생각하고 있습니다.

사 회 자 : 아까 황 연구관님께서 질문하시면서 저한테도 하신 말씀이 있어서 제가 간단하게 말씀드리겠습니다. 먼저 질문 중에 저한테 질문하신 것은 아니지만 문제가 되고 있는 것 중에 하나가 60조 1항을 해석함에 있어서 입법적 성질을 가지는 조약, 입법사항을 규율한 조약의 해석과 관련해서 앞에 나와 있는 것들을 예시적으로 볼 것인가 아니면 전부를 열거한 것으로 볼 것인가 그런 질문이 제기되었는데요, 간단하게 제가 정보제공차원에서 하나만 말씀드리겠습니다. 사실 제가 볼 때 저도 이에 대해서 연구를 제대로 하지 않아서 자신 있게 말씀드릴 수

없습니다만, 비교법적으로 볼 때 60조 1항과 가장 닮아있는 외국의 헌법조항은 프랑스헌법 53조 1항 같습니다. 제가 지금 급히 보면서 대충 번역을 해서 읽어드리겠습니다. 이렇게 되어 있습니다. '강화조약, 통상조약, 국제기구에 관련된 조약 또는 협정, 국가재정에 부담을 주는 조약', 다섯 번째 나오는 것이 '입법적 성질의 규정을 개정하는 조약' 그리고 끝나지 않고 '개인의 지위에 관련된 조약, 영토의 할양·교환 및 합병에 관한 조약은 법에 의해서 비준 또는 승인되어야 한다'라고 되어 있습니다. 그러니까 일단은 우리 60조 1항에서도 7개를 얘기를 하고 있는데, 다섯 개는 겹치지요. 우리 헌법에 나와 있는 상호원조 또는 안전보장에 관한 조약과 그 다음에 주권의 제약에 관한 조약은 빠져있다고 볼 수 있겠습니다. 거기에 비해서 두 가지가 더 들어가 있어서 개인의 지위와 관련된 조약 그 다음에 영토의 할양·교환 및 합병에 관계되는 조약 이게 더 들어가 있습니다.

그것을 정보제공차원에서 말씀드리면서 아마 아까 예시적, 앞에 있는 것들 여섯 가지가 예시적인 조항이 아니냐는 해석 관련해서는 특히 입법사항을 다루는 조약이 맨 끝에 와있어서 그럴 수도 있는데, 이 프랑스헌법 조항 보면 반드시 그런 것은 아니다라는 점을 그냥 제가 정보제공차원에서 말씀드립니다.

두 번째로 조약, 국회의 동의 내지는 미국연방헌법같이 상원의 조언과 동의를 받아서 체결한 조약을 대통령이 단독으로 종료시킬 수 있느냐라는 문제, 이것은 사실 대단히 어려운 문제입니다. 그런데 마침 우리 남북기본관계발전법에 대해서 아주 좋은 케이스를 들어주셔서 감사합니다. 그런데 이런 정도로만 말씀드리겠습니다.

아까 말씀드린 Goldwater v. Cater 사건에서는 다수의견은 이것은 정치적인 문제이기 때문에 의회하고 행정부에서 알아서 할 문제라고 해서 각하를 한 셈인데, 그 중에 한명의 연방대법관은 뭐라고 했냐하면 이렇게 얘기했습니다. "이것은 기본적으로 외국의 승인이나 외국에 대한 승인의 취소와 관계되는 문제이고 이런 문제는 그야말로 대통령의 확립된 권한이다. 그런 의미에서 이것은 대통령이 단독으로 종료한 것으로 문제될게 없다"라고 한 그런 의견이 있기는 했습니다. 학자들 사이의 의견은 기본적으로 헌법상에 명문의 규정이 주로 체결, 비준 쪽에만 가있고 또 이런 외교상의 문제가 특히 행정부에 우선권을 주는 그리고 그 문제가 외국정부에 대한 승인이나 승인의 취소와 같이 고도의 정치성을 갖는 경우에는 아마 행정부 단독의 판단에 의한 종류, 조약의 종류 같은 것들도 받아들일 소지도 많지는 않나, 그런 생각을 해봅니다.

제가 말씀드려 죄송합니다. 질문하시지요.

박 재 연 : 외교통상부의 박재연 심의관입니다.

오늘 발제를 해 주신 김선택 교수님 그 다음에 세 분 지정토론자 분들의 활발한 토론에 대해서 많은 공부를 했습니다.

국회의 행정부의 조약체결에 대한 비준·동의권이 과연 어떻게 해석이 되어야 되느냐는 이런 학설적인 의견도 많이 개진되었기 때문에 간단히 코멘트를 드린다면, 저는 실무자의 입장에서 행정부가 조약을 체결하는 경우에 있어서 가장 염두에 둔 부분이 아마 국익을 확보하는 부분이라고 생각이 됩니다. 그래서 국익을 확보하기 위해서 행정부가 노력을 하고 또 국회에는 이런 국익이 제대로 확보가 되었느냐하는 측면에서 동의권을 부여하여 견제를 받는 부분이 아닌가 이렇게 생각됩니다. 실무적으로 간단히 말씀드리면, 결국 정부가 가령 조약체결을 위한 행위, 조약협상을 할 적에는 항상 국익을 염두에 두고 또 그런 전제하에서 과연 조약이 체결되었을 경우에 국회의 동의를 받을 수 있느냐, 국민이 납득할 수 있느냐, 국민한테 어떻게 설명할 수 있느냐, 나중에 절차상으로 최종적으로 국내절차를 거친 다음에 발효한다, 이런 조건은 들어가 있습니다마는, 협상하는 과정중에서도 행정부는 항상 이 조약을 체결할 때 과연 국회의 동의를 받을 수 있는 것인지 국민에게 충분하게 설명할 수 있는 것인지 또 우리 국익에 얼마나 이익이 되는 것인지 우리 국민에 미치는 영향은 무엇인지라는 것을 항상 염두에 두고서 협상을 한다는 측면에서 항상 국회에게 필요한 경우에 정보도 제공하고 자료도 드리고 또 국회에 출석해서 답변도 하고 현안 설명도 하고 하는 그런 차원에서 항상 국회와 공유를 하고 있다, 이런 실질적인 측면에서, 국회가 과연 권한을 어느 정도 가지고 있냐는 측면보다도 이런 실질적인 측면에서 문제를 봐야 되지 않느냐 하는 것이 첫번째 포인트입니다.

그리고 두 번째는 국회가 과연 협상하는 과정에서 모든 협상절차에 있어서 어떤 동의를 한다 할 경우에 수차례의 동의가 있을 수 있게 되는데 과연 그게 국익 측면에서 바람직한 것인가? 가령 그렇게 되었을 경우에는 협상을 하는 과정에서 현실적으로 닥치는 문제가 굉장히 클 것으로 생각됩니다. 중간과정에서 협상안을 마련해 가지고 상대방하고 어떻게 전략을 짜가지고 우리의 이익을 확보하느냐라는 이런 측면에 있어서 하나하나 일일이 국회의 동의를 받는다고 할 경우에 현실적으로 실제로 협상하기가 불가능하다, 이런 측면에서 볼 때 과연 이 국회의 동의라는 것을 국익을 어떻게 확보하느냐는 현실적인 측면에서 봐야 되지 않느냐고 간단히 코멘트를 드렸습니다.

사 회 자 : 말씀 감사합니다.

지금 시간이 벌써 8시 50분 정도가 되어서 한 5분 정도만 더 토론을 하고 우리 연구회 회장님이신 이공현 재판관님의 말씀 듣고 오늘 회의를 종료해야 될 것 같습니다. 질문이라든지 논평하실 것이 있으면 말씀해 주시기 바랍니다.

김 국 현 : 헌법재판소에서 연구관으로 근무하고 있는 김국현입니다.

우선 두 가지를 여쭤보고 싶은데요, 실무에서 나오신 분들에게. 지금 얘기되고 있는 전제가 적어도 절차적으로 조약의 형식을 밟는다는 것을 전제로 해서 논의가 되고 있는 것 같습니다. 헌법 60조 1항에서 정하고 있는 내용적 의미를 담고 있는 그런 사항을 조약으로 할 것인지 아니면 조약에 이르지 않은 신사협정으로 할 것인지 아니면 공동선언으로 할 것인지 하는 것을 미리 정하고 협상에 임하게 되는지 그런 부분을 알고 싶고요.

그 다음에 발표하신 김선택 교수님께는 국회동의권이라는 문제는 그것이 조약이라는 전제가 성립되어야 국회동의권이라는 문제가 성립하는 것인지 그렇지 않으면 조약이라는 형태를 띠지 않은 다른 형태의 공동선언이나 신사협정의 형식을 띤 부분에도 국회동의권 문제가 발생하는지 그 부분을 여쭤보고 싶습니다.

사 회 자 : 김 연구관님 질문 감사합니다.

그러면 먼저 첫번째 질문은 외교통상부에서 오신 실무자분들께 온 질문 같아서 배종인 서기관님께 답변을 부탁드리겠습니다.

배 종 인 : 굉장히 좋은 질문해 주셨는데요.

협상을 시작할 때 FTA 같은 경우는 어떤 조약이라는 결과물을 상정하고 있습니다. 하지만 그렇지 않은 경우도 많다고 봅니다. 여러 가지 예가 있겠지만 예를 들어서 작년 9월 19일에 북경에서 있었던 6자회담 공동성명 같은 경우는 조약이 아닙니다. 이런 경우 협상의 결과가 공동선언이나 아니면 다른 양해각서나 법적인 구속력이 없는 경우로 확정될 때가 많습니다.

그런데 처음에 교섭을 할 때부터 아, 이거는 반드시 조약으로 해야 된다 아니면 뭐로 해야 된다고 이렇게 합의를 볼 수가 있지만, 어떤 경우에는 협상하는 과정에서 예를 들면 미국 같은 경우에는 이것을 만약에 조약으로 하게 되면 상원에 가야 되고 상원에 가게 되면 최소 2년 또는 몇 년 걸린다 그러니까 이것은 조약의 형식으로 하지 말고 법적인 문구를 다 빼고 법적인 구속력이 없는 공동선언으로 가자 이렇게 결론이 날 수도 있고요.

다른 나라도 마찬가지입니다. 다른 나라도 국회에 가게 되면 보통 국회동의를 받는 경우에는 짧으면 1년, 2년, 3년 걸릴 수 있기 때문에 그런 이유에서 조금씩 의견이 다르다고 생각합니다.

그런데 물론 법적인 구속력을 가지는 어떤 결과물을 상정할 때는 반드시 조약으로 해야 되고 처음부터 그렇게 시작하는 경우도 있지만, 또 어떤 경우에는 협상이 되어 가는 과정에서 여러 가지 국내적인 제약 때문에 조약이 아닐 수도 있고 신사협정일 수도 있고 또 다른 형식일 수 있고 결과물이 달라질 수는 있다고 생각합니다.

사 회 자 : 감사합니다.

그 다음에 두 번째 질문은 김 교수님께서 답변해 주십시오.

김 선 택 : 글쎄요, 그런데 지금 말씀이 조약이 뭔가 이런 얘기가 되는데, 조약이란 무엇인가? 비엔나 협약에 있는 개념정의가 있지 않습니까? 그런 범주에 포섭되는 것이어야 되지 않는가. 그런 경우, 우리 헌법 60조 1항에 규정되는 조약의 개념을 그러면 국제법적으로 통용되는 개념과 분리해서 별개로 이해할 것인가? 지금 질문하신대로 헌법 60조 1항에 열거되어 있는 그 내용만 갖추고 있으면 국제법적 의미의 조약의 개념에 포섭되지 않는다 하더라도 국회의 동의를 받아야만 하겠는가? 이런 말씀 같은데, 그렇게 보기는 좀 곤란하지 않을까 생각이 됩니다.

왜냐하면 이런 것 같아요. 일종의 국가 간의 합의든, 남북관계 같은 경우에는 국가는 아니더라도 준국가적 성격을 갖는 어떤 단체 간에 문서상의 합의를 할 때 여러 가지 뉘앙스가 있을 것처럼 생각이 됩니다. 그게 국제법적인 효과, 국내법적인 효과를 가지면서 어떤 일정한 의무를 진다, 법적 구속을 받겠다, 실제 영향을 미친다 하는 의사로 되는 경우가 있고, 그렇지 않고 어떤 상징적인 효과, 이런 것을 바랄 수도 있을 거예요.

그런데 다 고려할 수 있겠는가? 예컨대 국내법의 절차를 다 고려해서 그런 합의에 이를 수 있겠는가? 아니면 다른 여러 가지의 정치적 고려가 돼서 법적 구속력을 인정하지 않는 한도 내에서 적합한 형식을 취할 수 있지 않을까, 이렇게 보게 되면 그런 형태의 경우 신사협정이나 공동성명이고, 이런 경우에는 60조 1항의 조약의 개념에는 포섭되지 않는 것으로 이해하는 것이 옳겠다는 생각이 듭니다.

과거 우리 헌법재판소에서도 남북기본합의서에 대해서 조약 성격 인정하지 않고 신사협정, 공동선언 이렇게 하지 않았습니까? 그래서 국회의 동의를 받지 않아도 되는 것으로 이렇게 했는데 그렇게 갈 수밖에 없을 것 같아요.여러 가지 고려가 되어야 돼요.

그러니까 이 외교영역이 갖는 특수성 때문에 거기서 어떤 옵션이 가능할지 모르니까 그런 부분을 다 우리가 법으로 막아놓고 엄격하게 하기는 곤란하다, 이런 생각이 듭니다.

그리고 한 가지 더 말씀드리면, 사실 이번 한미 FTA에 대한 권한쟁의심판 제기는 약간 모순에 찬 것 같은 생각이 들어요. 왜냐하면 지금 이게 헌법의 규정에서 국회의 권한침해를 주장하기는 좀 곤란하기 때문에, 논리적으로는 상당히 어렵기 때문에 저는 어떻게 예상했냐 하면 일단 국회에서 통상절차법을, 미국은 헌법이 있으니까 미국헌법조항을 가지고 의회가 통상 절차법을 만든 것인데, 우리는 헌법의 규정이 없음에도 불구하고 어쨌든 국정통제권이 있으니까 거기서 조약체결절차에 관한 관여를 인정하는 법을 만들 수 있을 거라고 봤습니다.

예컨대 국회에 이미 계류되어 있는 통상절차관련법률이 통과되고 그렇게 되면 오히려 거꾸로 정부쪽에서 이것은 대통령의 조약체결권한을 침해한 것이다, 이렇게 해서 권한쟁의심판이 돼야 정상이라고 보이는데, 솔직히 말해서 그래요, 학자로서는 이런 것들을 말해도 된다고 생각합니다, 여기 헌재에 관여하는 분은 말하기 어렵겠지만, 도대체 국회의원들이 심지어 여당의원까지 많은 다수가 포함되어 있어요, 그 안에는, 이 의원들의 성향이나 이런 것을 봐서 왜 이런 권한쟁의심판을 청구했겠는가? 그것은 분명 정치적으로 교섭을 통해 해결해야 될 문제를 사법부로 자꾸 끌고 와서 사실상 지연효과라든지 방해효과를 얻으려고 하는 것 같아요. 이것은 매우 좋지 못한 시도라는 생각이 듭니다.

이것은 정말로 헌법재판소를 계속 곤혹스럽게 한다거나 이용하는 측면이 있어 요. 이런 점에서는 헌재가 약간은 단호해도 되지 않을까 이런 생각이 듭니다.

감사합니다.

사 회 자 : 여러 가지 질문도 많으시고 코멘트도 있으시겠지만 시간이 벌써 9시가 다 되었기 때문에 토론을 여기서 종료하고, 연구회 회장님이신 이공현 재판관님 말씀을 청해 듣도록 하겠습니다.

이 공 현 : 아마 여기 오신 분들이 각자 마음속에 담은 얘기를 다 털어놓으면 오늘밤이 다 지새도록 부족할 겁니다. 오늘자 김 교수님의 발표문, 또 세 분의 토론문을 보고 사전에 검토하고, 우리 헌법실무연구회 토론이 한 단계 업그레이드된 그런 기분을 느꼈습니다. 제가 헌법실무연구회에 매번 참석하면서 느낀 것은 우리가 공개변론이나 우리 내부토론 이외에 이런 자리가 얼마나 귀한가 하는 것을 오늘 새삼 느꼈습니다. 더군다나 우리 외교통상부, 법무부, 교수님들, 더군다나 아까 실무가의 입장에서 조약체결의 어려움, 이러 이런 점이 고려된다, 정말 실무가의 입에서 그런 얘기를 우리가 들을 수 있다는 것이 얼마나 귀한 자리인지 모

르겠습니다.

이렇게 여러분들이 참석해 주셔서 열띤 토론을 이끌어주시고 정말 감사드립니다.

사 회 자 : 오늘 참석하신 모든 분들께 다시 한번 감사드립니다.

제71회(2006. 12. 8) 발표문

헌법의 경제학적 이해*

신 도 철**

I. 글을 시작하며

이 글은 한 경제학자가 헌법과 헌법재판소의 기능·역할은 무엇일까에 대해 한 번 생각해본 것이다.

최근 법과 경제를 통합적으로 이해하고 법·제도를 경제적으로 분석하고자 하는 이른바 법경제학(law and economics)이라는 연구 흐름이 나타나 법 이론과 실무에 영향을 미치고 있다. 법경제학의 연구대상은 이제 모든 법·제도 분야에 걸쳐 있다. 우리나라에서도 법경제학에 관심을 가지는 경제학자, 법학자, 법조인 등이 늘어나고 있다. 법경제학은 법학자와 경제학자 모두에 도움을 줄 수 있다고 생각한다.

헌법에 대한 법경제학적 논의도 여러 각도에서 많이 이루어져 왔는데, 이 글은 부족하나마 이 분야 법경제학의 성과를 반영하고자 노력했다. 그러나 그 성과를 잘 정리하여 제시하는 것은 본인의 능력 범위 밖에 있는 듯하다. 평소에 헌법에 대한 법경제학적 논의에 약간의 관심을 가져왔던 한 경제학자가 헌법과 헌법재판소의 기능·역할은 무엇일까에 대해 나름대로 자신의 생각을 정리하여 헌법실무연구회 회원 제위께 제시하는 것이 이글의 목적이다.

이 글에서는 우선 법·제도는 경제의 성과에 지대한 영향을 미침을 이야기한 후, 자유민주주의 국가에서 최고법으로서의 헌법이 어떤 기능을 하는지, 그리고 우리나라 헌법재판소는 그 동안 헌법수호의 역할을 어떻게 수행해왔는지를 살펴보기로 한다. 결론 부분에서는 경제학과 법학 사이에, 그리고 좀더 좁게는 법경제학회와 헌법실무연구회 사이에 향후 교류와 협력이 증진되었으면 하는 희망을 피력한다.

---

* 이 글은 헌법실무연구회 제71회 월례발표회(2006. 12. 8)에서의 발표를 위한 것이다. 이 글을 쓰고 발표할 기회를 주신 헌법실무연구회 관계자들께 감사드린다.

** 숙명여자대학교 경제학부 교수.

Ⅱ. 법 · 제도와 경제

경제의 중심적인 문제는 희소한 자원을 어떻게 효율적으로 사용하여 사람들의 욕구 내지 필요를 최대한으로 충족시킬 것인가의 문제라 할 수 있다. 희소한 자원의 관리 문제는 개인이든 단체든 국가든 모든 경제주체가 직면하는 문제이다. 경제학은 경제주체들이 주어진 상황에서 어떻게 의사결정을 내리는지, 개별적인 의사결정이 모여서 어떠한 시장결과가 나타나는지, 국민경제는 어떠한 제도와 정책 하에서 성장과 번영을 이룰 것인지 등을 연구한다.

이러한 경제학은 그 동안 많은 연구 성과를 축적해왔다. 방대한 연구 성과를 이 자리에서 제대로 정리 제시하는 것은 불가능하다. 그러나 대부분 경제학자들이 동의하는 명제 하나를 소개하면서 이야기를 시작하고자 한다. 즉, 교환이 보다 넓은 범위에서 보다 자유롭게 이루어질수록 개인들의 효용이 증대되고 경제가 발전하는 경향이 있다는 것이다. 개개인은 자신이 보다 잘 할 수 있는 분야에 특화하여 생산 판매하고, 필요로 하는 재화와 서비스 중 남이 보다 잘 생산할 수 있는 것은 시장에서 구매하게 되면, 다시 말해 각자가 비교우위를 살려 일하고 교역을 통해 필요한 것을 조달한다면, 각자가 필요로 하는 것을 스스로 생산하는 것보다는 훨씬 나은 결과를 가져온다는 사실이다.

결국, 시장에 의한 자원배분은 대체적으로 바람직한 결과를 가져온다는 것이다. 가계와 기업의 효용극대화와 이윤극대화는 가격기구의 '보이지 않는 손'의 작용을 통해 효율적인 자원배분을 결과한다. 개개의 경제주체가 자신의 이익을 위해 인적 물적 자본을 축적하고 새로운 아이디어와 기술을 개발하는 과정에서 경제가 성장하고 사회가 발전해간다.

그런데 시장이 제대로 작동하게 하기 위해서는 정부는 최소한 폭력, 절도, 사기와 같은 행위로부터 국민의 자유와 재산을 보호하는 역할, 당사자 간에 자발적으로 체결된 계약이 이행되도록 강제하는 역할 등을 담당하지 않으면 안 된다. 재산권제도, 계약법, 불법행위법, 형법 등의 제도적 장치가 갖추어지고 제대로 운용되어야 시장도 제대로 작동하게 되는 것이다.

한편, 시장이 항상 바람직한 결과를 가져다주는 것은 아니다. 즉 시장은 경우에 따라 실패할 수도 있다. 국방, 질서유지, 재산권보호, 도로 항만의 건설 및 유지 등 공공재적 성격을 가진 재화 서비스의 공급을 시장에 맡겨 놓을 경우 무임승차 등의 문제로 과소공급의 문제가 나타날 것이다. 경제학자들은 시장실패가 일어날 수 있는 경우로서 공공재 공급 외에도 부정적 혹은 긍정적 외부효과, 독과점 등 불완전경쟁, 불완전정보 등을 든다. 어떤 요인에 의해 시장이 실패하는 경우 정부가 적절히 개입함으로써 상황을 호전시킬 수도 있을 것이다. 정부는 소득과 부의 재분배를 통해 형평성을 증진시키기 위해서도 개입할 수 있을 것이다.

지금까지의 이야기를 종합하면, 시장이 제대로 작동하도록 하기 위해서도, 시장의 실패를 완화·교정하기 위해서도 정부의 역할이 필요하게 된다는 것이다.

그런데 (광의의) 정부의 의사결정은 개별적 시장적 의사결정 방식이 아니라 집단적 정치적 의사결정의 방식에 의한다. 집단적 의사결정방식은 독재자에 의한 의사결정, 전원합의제(unanimity), 과반수투표제(majority voting rule), 2/3 이상 찬성제 등 여러 가지가 있을 수 있다.

대표자를 통한 의사결정이든 구성원들이 직접 참여하는 의사결정이든 집단적 의사결정은 개인의 의사결정과는 다른 성질을 가진다.

이와 관련하여 K. Arrow의 불가능성정리(impossibility theorem)는 유명한 명제이다. 그 내용은 "보편성, 파레토 원칙, 무관한 선택대안으로부터의 독립성, 비독재성을 충족시키는 사회후생함수, 즉 개인선호의 집합방법은 존재하지 않는다"는 것이다. 이것은 분권적 개인적 의사결정은 일정 조건하에서 시장기구를 통해 효율적인 자원배분을 결과한다는 명제와 극명하게 대비되는 것이다.

불가능성정리의 내용을 여기서 자세히 설명할 필요는 없겠지만, 이해를 돕기 위해 몇 가지 예를 들어보기로 하자. 우선 독재자에 의한 의사결정은 위의 비독재성을 충족시키지 못한다. 그리고 전원합의제는 많은 경우 개인들이 어떠한 선호를 가지더라도 사회적 선호를 도출할 수 있어야 한다는 보편성을 충족시키지 못한다. 예컨대 A와 B가 x를 더 좋아하고 C가 y를 더 좋아할 때 전원합의제를 채택하게 되면 x와 y에 대하여 사회적 선호를 매길 수 없게 된다.

집단적 의사결정방식 중 가장 일반적으로 사용되고 있는 과반수투표제(majority voting rule)는 문제가 없는가? 과반수투표제가 어떤 결과를 가져올 수 있는지 예를 들어 살펴보기로 하자.

세 안건 x, y, z에 대한 A, B, C의 선호가 다음과 같다고 가정하자.

A : $x > y > z$

B : $y > z > x$

C : $z > x > y$

여기에서 과반수투표제로 안건을 채택한다면, *x*와 *y*에 대한 투표에서는 *x*가 채택될 것이고, *y*와 *z*에 대한 투표에서는 *y*가 채택될 것이며, *z*와 *x*에 대한 투표에서는 *z*가 채택될 것이다. 즉 세 대안 *x*, *y*, *z*에 대하여 *x*가 *y*보다 사회적으로 선호되고 *y*가 *z*보다 사회적으로 선호되는데도 불구하고, *x*가 *z*보다 사회적으로 선호되는 것이 아니라 *z*가 *x*보다 선호되고 있는 것이다. 이와 같이 과반수투표제에 의해 도출된 사회적 선호가 순환적으로 되는 현상을 투표의 역설(voting paradox) 혹은 순환적 과반수 현상(cyclical majority phenomenon)이라 부른다. 이러한 현상은 불사능성정리에서 이야기하는 보편성에 어긋남은 물론이다.

이러한 투표의 역설이 발생하는 상황에서는 어떠한 안건이 최종적으로 선택될 것인가는 안건 상정의 순서에 의존하게 된다. 예컨대, 의사진행자가 *x*를 가장 선호한다면 먼저 두 안건 *y*와 *z*를 투표에 부친 다음 거기에서 채택된 안건과 *x*를 다시 투표에 부침으로써 *x*가 최종적으로 채택되게 할 수 있을 것이다.

이러한 상황에서는 또한 투표자들이 전략적 행위를 할 수 있다. 예컨대 안건 상정순서가 (*x* : *y*) : *z* 로 결정되었다 하면, *z*를 가장 싫어하는 A는 *x* : *y* 단계에서 자신의 진정한 선호와는 상반되게 *y*에 투표하여 그것이 채택되게 하고 따라서 *y* : *z* 투표에서 최종적으로 *y*가 채택되게 할 수 있다. 이런 전략적 행위를 A만이 아니라 다른 사람들도 한다면 투표의 결과는 예측하기 쉽지 않을 것이다.

물론 투표의 역설이 항상 일어나는 것은 아니다. 그러나 현실적으로 투표의 역설 현상은 충분히 자주 발생할 수 있음이 지적되고 있다. 사실 소득재분배와 관련한 안건의 경우는 대부분이 투표의 역설 현상을 벗어나기 힘들다. 즉 이 경우에는 안정된 최종결과를 얻기 어렵게 된다. 예컨대 과반수투표제에 의해 1,000만원을 A, B, C 세 사람이 나누어 가지는 문제를 생각해보자. A, B, C가 각각 300, 300, 400을 갖는 안에 대해서는 400, 400, 200을 갖는 안이 A와 B의 지지를 받아 이기게 될 것이다. 한편 (400, 400, 200)안에 대해서는 (200, 500, 300)안이 승리하게 될 것이다. 사실 어떤 분배방식에 대해서도 과반수투표로 이를 이기는 다른 분배방식이 존재한다. 이 예는 과반수투표제하에서 재분배를 위한 투쟁이 격화될 수 있음을 잘 보여주고 있다.

뿐만 아니라 투표의 역설 현상이 발생하지 않더라도 과반수투표제가 반드시 효율적인 결과를 가져오는 것은 아니다. 과반수투표제를 사용하여 대안을 일의적으로 선택할 수 있는 많은 경우에, 선택되는 안건은 중위투표자가 가장 선호하는 것으로 된다. 이것이 D. Black의 이른바 중위투표자정리(median voter theorem)의 내용인데, 이 정리는 과반수투표제 하에서는 중위투표자 이외의 선호의 강도나 그

변화는 투표결과에 영향을 미치지 못함을, 그리고 투표결과는 일반적으로 효율적이지 못함을 이야기해주고 있다. 다만, 과반수투표제는 정치성향 스펙트럼의 중간부분에서 정책이 결정되도록 하고 극단주의자들의 영향력을 감소시킴으로써 정치를 안정시키는 긍정적인 역할을 하기고 한다.

위에서 어떠한 집단적 의사결정방식도 완전한 것은 없다는 것을 보았다. 그러나 역사적으로 가장 문제가 되었던 것은 독재자에 의한 의사결정방식이었다고 할 수 있다. 구성원들의 의사를 무시하고 독단적으로 국가를 운영해나가는 독재는 많은 경우 구성원들을 의욕상실과 피폐로 몰아넣었고, 급기야 광범위한 저항에 직면하기도 하였다.

오늘날 대부분의 선진국은 대의민주주의 내지 간접민주주의(representative or indirect democracy)를 채택하고 있다. 대의민주주의는 직접민주주의의 높은 의사결정비용을 줄이는 한편, 독재정이 가져올 폐해를 감소시키는 제도라 할 수 있다. 민주주의는 권력의 분립, 국민에 의한 대표자의 선출 등의 장치를 마련해 두고 있다.

우리는 앞에서 K. Arrow의 불가능성정리에 대한 논의를 통해 집단적 의사결정이 실패할 수 있음을 이야기하였다. 그런데 집단적 내지 정치적 의사결정은 또 다른 이유로 실패할 수 있다.

사람들은 소비자로서 시장적 의사결정을 하는 경우보다 투표자로서 정치적 의사결정을 하는 경우 정보의 수집과 분석에 더 적은 노력을 기울이고 따라서 보다 더 불완전한 정보에 기초하여 의사결정을 하는 경향이 있다. 이러한 투표자의 합리적 무지(voters' rational ignorance) 현상이 나타나게 되는 것은 특정 개인의 투표가 투표의 결과에 영향을 미칠 수 있는 확률은 미미하고, 비록 자신의 노력이 투표의 결과에 영향을 미쳐 바람직한 투표결과가 나왔다 하여도 그 이익은 노력한 사람이나 그렇지 않은 사람이나 모두가 함께 나누어 가지기 때문이다.

이러한 투표자의 합리적 무지 현상이 있게 되면, (1) 특별이익입법이 증가하고 특별이익집단의 로비활동이 가능하게 되며, (2) 이익은 드러나고 비용은 감추어지는 정책이 보다 많이 채택되는 경향이 있게 된다. 특별이익입법이 증가하는 것은, 특정 이익집단을 위한 입법을 하더라도 일반 국민들이 잘 모를 경우, 그러한 입법은 보다 쉽게 이루어질 것이기 때문이다. 그리고 자유무역정책보다는 보호무역정책이 자주 채택되고, 직접세보다는 간접세가 선호되는 것은 전자보다 후자의 경우 이익은 더욱더 드러나고 비용은 더 잘 감추어지기 때문이라 할 수 있다.

자유민주주의 국가에서는 일반적으로 입법부 행정부 사법부가 분립되어 있다. 그러나 법률과 국가정책을 집행하는 행정부는 조직과 경험상의 비교우위에 기초하여 상당 부분의 법률안을 만든다. 행정부의 법률제안, 정책수립 및 집행 등과 관련해서도 정부의 실패 내지 집단적 의사결정의 실패 요인이 존재한다.

관료의 보상체계는 실적급·성과급의 요소가 약하므로 올바른 행정을 위해 열심히 일할 유인을 잘 제공하지 않는다. 행정부가 생산하는 각종 행정서비스의 양과 질을 측정하기가 어렵기 때문에 실적이나 성과를 보상체계에 반영하기가 어렵다는 측면이 있다. 이런 상황에서 가시적인 실적과 성과를 보상체계에 반영하고자 하면 오히려 부작용이 생길 수도 있다. 그리고 행정의 경우 민간기업과는 달리 경쟁압력을 거의 받지 않기 때문에 행정의 공정성과 효율성을 높여야 할 유인, 보다 효율적인 보상체계를 만들려는 유인이 크지 않다. 입법부의 감시와 감독으로부터 오는 압력이 있을 수 있으나, 정보의 비대칭성 등의 문제로 그 압력은 그렇게 크다고 할 수 없다. 입법부는 행정부에 대한 감시와 감독을 위해 필요한 정보의 상당부분을 행정부에 의존하고 있기도 하다.

또한 행정은 사회 전체의 관점에서 본 효율성과 공정성을 높이기보다는 개별 특수이익에 봉사하게 되는 경우가 허다하다. 예컨대 경제규제행정의 경우 필요한 정보의 상당부분을 피규제산업에 의존함으로써 행정부처가 피규제산업의 포로로 될 가능성이 있다.

관료들은 직책상의 특권, 사회적 명성 및 영향력 등을 얻기 위해 예산을 가능한 한 많이 얻고 부처를 가능한 한 확장하려고 노력하는 경향이 있다. 이러한 경향은 행정부문 전반의 관점에서 보면 비효율과 불공정을 가져올 수 있다.

우리는 앞에서 시장이 제대로 작동하도록 하기 위해서도, 시장의 실패를 완화·교정하기 위해서도 정부의 역할이 필요하게 됨을 이야기한 바 있다. 그런데 위에서 본 바와 같이 정부의 활동이 반드시 사회 전체의 관점에서 바람직한 방향으로 이루어진다는 보장은 없는 것이다.

정부의 활동이 바람직한 방향으로 이루어질 것인지 아닌지는 관련 제도가 잘 정비되어 있는지, 국민들이 정부의 잘못을 감시하고 비판할 수 있는지 등의 여러 요인에 의해 결정될 것이다.

최근 경제학의 중요한 연구 성과 중 하나는 한 국가의 제도적 장치가 어떻게 되어 있고 어떻게 운영되고 있는지가 경제성장에 결정적인 영향을 미친다는 것을 실증적으로 보인 것이다. 국가의 안위가 불안하고, 정부규제가 지나치게 시장을 왜곡하고, 부패가 만연하고, 각종 갈등이 원만히 조정되지 않는 나라가 지속적으로 발전하기는 어려울 것이다. 좋은 경제적 성과는 사유재산권을 포함한 개인 기본권의 보장, 자유로운 국내외 교역, 새로운 아이디어에 대한 보상체계의 정비 등과 관련되어 있는 것으로 나타난다.

Ⅲ. 헌법의 기능

앞에서 살펴본 바와 같이 집단적 내지 정치적 의사결정은 여러 가지 요인으로 국민의 선호를 잘 반영하고 사회발전에 이바지하는 방향으로 이루어지는 것이 아니라, 특정 집단의 이익에 봉사하거나 사회혼란을 야기하는 식으로 이루어질 가능성을 내포하고 있다.

그러나 집단적 의사결정의 실패 내지 민주주의의 실패를 방지·억제하기 위한 여러 가지 장치가 존재하는 것도 사실이다.

앞에서 과반수투표제하에서는 투표의 역설 현상, 최종선택안의 안건상정 순서에의 의존 현상, 투표자의 전략적 행위 등이 일어날 수 있음을 이야기했다. 그러나 실제로는 이러한 현상을 어느 정도 완화시키는 장치가 존재하는 것도 사실인바, 예컨대 안건상정순서에 대한 규정, 공평성에 대한 이념적 공감, 어떤 집단적 의사결정에 대한 헌법적 제한 등이 그것이다. 국회법은 같은 분야에 여러 법률안 내지 개정안이 있을 때 어떤 순서로 안건에 대한 표결을 하는지에 대한 규정을 두고 있다. 1,000만원을 세 사람이 나누는 문제에서 세 사람 모두 처한 상황이 비슷하다고 여긴다면 각자 1/3씩 나누어 가진다는 안에 모두가 동의할 수도 있을 것이다. 한편 어떤 성질의 안건에 대해서는 과반수의 찬성으로도 이를 통과시킬 수 없도록 함으로써 과반수투표제의 폐해에서 벗어나고자 한다. 예컨대 헌법은 사유재산을 보호하는 규정을 두어, 정적의 재산이라도 과반수투표로 몰수할 수 없도록 하고 있다.

마지막 논점과 관련이 있는 것이지만, 집단적 의사결정방식으로는 과반수투표제 이외에도 회장단에의 위임, 2/3 이상 찬성제 등 여러 가지 방식이 존재한다. 누구든지 자신의 의사에 의하지 않고는 재산을 몰수당하지 않는다고 규정한다면, 국가에 의한 개인재산의 무상취득에 대해서는 전원합의를 요구하는 셈이다.

Buchanan and Tullock은 The Calculus of Consent(1962)에서 구성원 중 소수의 인원이 의사결정을 할 경우 외부비용(external cost: 집단이 개인의 이익에 반하는 결정을 내릴 때 발생하는 비용)이 큰 반면 의사결정비용은 작게 되고, 반대로 대다수 구성원의 동의를 얻어야 의사결정을 할 수 있을 경우 외부비용은 작은 반면 의사결정비용은 크게 됨을 지적하면서, 사안의 성격에 따라 적절한 의결정족수가 다르게 될 것임을 이야기한 바 있다. 우리나라 헌법을 보더라도 사안에 따라 다양한 의결정족수를 정해놓고 있다.

후보자, 정책안 등에 대한 정확한 보도와 평가가 언론을 통해 이루어진다면, 특별이익집단을 위한 입법과 정책을 줄이고 당선자 관료 등의 도덕적 해이를 완화하는 데 도움을 줄 수 있을 것이다.

국회가 입법영향평가를 제대로 할 수 있는 기능을 가지고 있다면 국민 전체의 이익에 보다 잘 이바지하고 보다 합리적인 법률을 만들 수 있을지 모른다. 입법평가는 숨겨진 이익과 손해를 명확히 함으로써 특별이익집단의 영향력을 감소시키는 데 이바지할 수 있으며, 형평성·공정성에 대한 하나의 기준을 제공함으로써 재분배를 둘러싼 이해집단 간의 투쟁을 완화시킬 수 있을 것이다. 입법평가는 또한 관료제의 폐해에 물들 수 있고 특별이익집단의 이익에 봉사할 수 있는 행정부에 대한 감시·감독 수단을 의회에 확보해준다는 의미를 가진다.

전문가 집단이 보다 합당한 정책대안을 제시할 수 있다면, 혹은 각 분야의 이해 집단이 근시안적이고 협애한 이해관계를 내세우면서 떼를 쓰지 않는다면, 보다 나은 해결책이 모색될 수 있을지도 모른다.

이하에서는 집단적 의사결정 내지 민주주의의 실패를 방지·억제하기 위한 여러 가지 장치 중 가장 중요한 역할을 담당하고 있는 헌법적 장치에 대해 간단히 살펴보기로 한다.

헌법은 한 국가의 최고의 법이다. 우선, 헌법은 다른 어떤 법보다도 일반적인 성격을 가진다. 헌법은 권력을 국가기관들 사이에 배분하고 국민의 기본권을 확인하는 반면 대부분의 다른 법들은 행위를 규제하거나 정책을 실현시키고자 한다. 다음으로, 헌법과 상충되는 법규정은 효력이 없게 된다는 의미에서 헌법은 우월한 지위에 있다. 한편, 헌법은 다른 법에 비해 개정하기가 더 어렵게 되어 있다. 일반적인 성격을 지니고 우월적인 힘을 가진 법이 자주 바뀌게 되면 많은 혼란이 야기될 것이다.

헌법은 정부가 법률과 정책을 생산하고 법관들이 법을 해석 적용함에 있어 방향을 제시하는 역할을 한다.

헌법은 또한 보다 나은 사회적 결과를 가져오도록 정치가 등의 행동을 유도하는 하나의 인센티브 체계라 할 수 있다. 민주주의 헌법은 선거(election)이나 국민투표(referendum)를 통해 국가권력에 대한 경쟁을 유도하는바, 정치적 경쟁은 정부로 하여금 국민의 의사에 반응하도록 한다. 정치적 경쟁에 직면한 정치가는 물론 다른 정치가의 행위를 예측하면서 전략적으로 행동할 것이다. 이런 의미에서 입헌민주정은 어떤 다른 정치체제보다도 바람직한 결과를 가져올 가능성이 높다.

현대 민주주의 헌법은 입법부, 행정부, 사법부를 따로 두고 서로 견제하도록 하고 있다. 입법부는 그 구성원들에게 협상의 장을 제공한다. 입법과정에서의 협상은 정당이라는 조직을 통해 활성화된다. 정당 내부에서는 의원들이 주로 지시를 통해 움직이고, 정당 간에는 의원들이 주로 협상을 통해 교류한다. 행정부는 위계질서를 바탕으로 주로 명령을 통해 움직인다. 행정부는 법을 집행하고 입법에서도 리더십을 발휘한다. 독립적인 사법부는 법률로 구체화된 입법부의 협상 결과에 강제력을 부여함으로써 입법부에서의 협상을 활성화시킨다. 사법부는 법률이 헌법에 위반되는 것은 아닌지 명령 규칙 또는 처분이 헌법이나 법률에 위반되는 것은 아닌지 등을 심사함으로써, 헌법을 수호하고 입법부와 행정부의 자의를 견제한다. 이와 같은 권력의 분화와 상호견제는 1인 혹은 하나의 조직이 정치적 헤게모니를 잡을 가능성을 줄여준다.

자유민주주의 헌법은 또한 법의 지배 원칙과 기본권 보장을 통해 개인과 민간단체의 활동을 보호한다. 개인의 기본권 보장은 특정 이슈를 통상적인 정치의 영역에서 떼어놓음으로써 정부의 활동범위에 일정한 제약을 가한다는 의미를 가진다. 예컨대 입법부는 어떤 그룹의 이익을 위해 다른 그룹의 재산을 몰수하는 법을 제정할 수 없으며, 특정 종교의 의식을 모든 국민에게 강제하는 법을 제정할 수 없다.

언론 내지 표현의 자유(freedom of speech)는 시장에서 자칫 과소 공급되기 쉬운 유익한 아이디어와 정보가 보다 많이 제공되도록 하는 기능을 한다. 상업부문의 언론의 자유를 제약할 경우 시장이 위축될 것이고, 정치적 이슈에 대한 언론의 자유를 제약할 경우 민주주의가 위협을 받게 될 것이다. 정치적 경쟁의 상실로 인한 민주주의의 위기는 특정 시장의 독점화보다 국민들에게 더 큰 손실을 안겨줄 가능성이 크기 때문에, 그리고 법과 제도를 다루는 정치의 장은 보다 일반적인 효과를 미치기 때문에, 정치적 표현의 자유는 상업적 표현의 자유보다 더 강하게 보호할 필요가 있다. 물론 특정 조직은 그 조직의 효율성 향상을 위해 구성원들에게 언론의 자유를 제약하는 경우가 있을 수 있다. 예컨대 학생은 수업시간에 친구와 사적인 대화를 할 수 없으며, 가톨릭 신부는 낙태찬성 설교를 할 수 없다. 구성원이 그 조직을 쉽게 떠날 수 있는 경우에는 이런 언론의 제약에 대해 법원이 간여할 이유가 별로 없겠지만, 조직으로부터의 퇴출비용이 큰 경우에는 언론자유의 제약을 보다 엄격하게 심사할 필요가 있을 것이다.

자유민주주의 헌법의 주요 원리 중의 하나로 여겨지고 있는 법의 지배 내지 법치는 개인의 자유와 권리가 타인 특히 정부에 의해 자의적으로 침해되어서는 안 된다는 것을 의미한다.

법의 지배하에서는 정부를 포함하여 어떤 사람이나 기관도 법 위에 군림하지 않는다. 법은 정부권력을 제어하고, 법 앞에서 만인은 평등하며, 법적 절차는 지켜져야 한다. 법의 지배는 자유의 보장과 실현을 위한 필수적인 제도적 장치라 할 수 있다. 이러한 의미의 법의 지배는 법에 의한 지배(rule by law)와는 다른 개념이다. 법에 의한 지배의 경우, 법은 정부 내지 정부정책의 도구로서 기능할 뿐이다.

법의 지배라고 이야기할 때의 '법'은 제정법이라기보다는 정당한 법, 자연법을 의미한다. 동양에서도 법은 두 가지의 의미로 쓰여 왔는바, (1) 儒家 혹은 道家와 구분하여 法家를 이야기할 경우에 '法'은 전제군주의 통치수단이라는 의미가 강하다고 할 수 있지만, (2) 물이 흘러가는 형상을 표상한 '法'字는 원래 자연의 이치라는 의미를 가지고 있다 하겠다. "그것은 이렇게 하는 법이다," "세상에 그런 법은 없다" 등의 표현에서 법은 세상의 이치, 자연적인 원리 등을 뜻한다고 할 수 있다. 민주주의 국가에서 제정법은 많은 경우 정당성을 가지게 되겠지만, 모든 제정법이 자연법 내지 세상의 이치에 부합하는 것은 아닐 수 있다.

법의 지배는 제정법의 내용이 정당하고 이치에 부합할 것을 요청함으로써 입법의 한계를 설정한다. 자생적 질서, 분권적 의사결정들이 모여 자연스럽게 형성되는 질서로서의 시장경제를 보장하는 것은 법의 지배의 한 내용을 이룬다고 볼 수 있을 것이며, 시장경제를 필요 이상으로 왜곡하는 것은 입법의 한계를 벗어나는 것으로 보아야 할 것이다. 법의 지배는 또한 특정시점에서 다수의 국민이 원하는 것이라 하여 반드시 이치에 부합하는 것이 아님을 선언함으로써 포퓰리즘의 창궐을 막는 역할을 할 수 있다.

우리나라 헌법은 자유민주주의, 사적 자치에 기초한 시장경제 등을 기본원리로 채택하고 있다. 전문에 "자율과 조화를 바탕으로 자유민주적 기본질서를 더욱 확고히 하여…"라고 적고 있으며, 제10조에 "모든 국민은 인간으로서의 존엄과 가치를 가지며, 행복을 추구할 권리를 가진다. 국가는 개인이 가지는 불가침의 기본적 인권을 확인하고 이를 보장할 의무를 진다"고 규정하고 있다. 그리고 제119조 제1항은 "대한민국의 경제질서는 개인과 기업의 경제상의 자유와 창의를 존중함을 기본으로 한다"고 규정하고 있다.

한편 헌법 제119조 제2항은 "국가는 균형있는 국민경제의 성장 및 안정과 적정한 소득의 분배를 유지하고, 시장의 지배와 경제력의 남용을 방지하며, 경제주체 간의 조화를 통한 경제의 민주화를 위하여 경제에 관한 규제와 조정을 할 수 있다"고 규정한다. 그리고 농지의 소작제도 금지, 농업 및 어업 보호 육성, 지역경제 육성, 중소기업 보호 육성, 농수산물의 물가안정 도모 등의 규정도 두고 있다.

헌법 조항을 해석함에 있어서는 규정 사이에도 위계질서가 존재함을 인식할 필요가 있을 것 같다. 개인이 가지는 불가침의 기본적 인권 보장, 개인과 기업의 경제상의 자유와 창의의 존중 등은 예컨대 농지의 소작제도 금지, 농수산물의 물가안정 도모 등에 비해 보다 근본적인 원리라 할 수 있다. 우리나라 헌법에는 이런 관점에서 적절한 해석이 요구되는 조항들이 있는 것으로 보인다.

민주주의는 확고한 자유주의 원리가 전제되지 않으면 민주주의적 국가숭배, 새로운 형태의 전제정으로 나아갈 수 있음을 일찍이 Guido de Ruggiero는 경계한 바 있다. Ruggiero가 1927년에 쓴 The History of European Liberalism에서 몇 문장을 다소 길지만 인용하기로 한다. "주권자의 위치에 올려진 대중들의 교육 결여, 정치적으로 훈련되지 않은 유권자들의 표를 얻기 위해 저급한 이해관계와 대중의 혼란된 열정에 영합할 필요성, 사적 목적을 추구하는 자들이 권력을 이용할 좋은 환경을 제공하는 국가의 무한한 힘—이들 모든 상황은… 민주주의를 다수를 억압하는 전제정으로 만들 수 있게 된다… 새로운 형태의 전제는 물질적 지배에 한정하지 않고 아울러 정신의 노예화를 향해 나아간다. 전통적 전제군주는 외부적 폭력을 행사하면서 언행의 복종을 요구하지만 내부의 마음에까지는 미치지 못하였다. 그러나 민주적 전제는 직접적으로 정신을 겨냥한다. 민주적 전제의 평준화 작업은 가장 비열한 질투심으로 타락해버린 광범위한 평등의 관념이 없이는 불가능할 것이다. 사회가 전부이며 모든 것을 포괄하고 있다는 관념은 단순히 위로부터 정부의 조치에 의해 부과될 수 있는 것은 아니고, 상호간의 증오, 시샘, 비난을 통한 대중의 보편적 협력 합작을 필요로 하는 원리이다… 평등원리의 완고하고도 비지성적 적용은 불평등하고 차별적일 수밖에 없는 자유의 산출물을 훼손하고, 평범 자체뿐만 아니라 평범함에 대한 사랑까지도 확산시키는 경향이 있다. 개인의 부에 대한 민주적 질시는 개인의 독립, 자치, 그리고 중앙권력의 억압에 대한 저항의 실제적 기회를 줄이고, 모든 재산과 모든 가치를 점차 더 추상화·익명화·비인간화되어 가는 실체에 집중시키며, 모든 개인을 공무원으로 만듦으로써 사회생활을 관료화한다. 그리하여 주인 없는 노예, 옛날의 노예보다 더 순종적이고 더 타락한 노예, 저항의 유인을 박탈당한 노예가 탄생하는 것이다."

정당한 법, 이치에 부합하는 법의 지배를 의미하는 법치의 내용을 좀더 구체화시키기 위해서는 그 동안의 사회과학의 성과를 적극적으로 활용할 필요가 있다고 생각한다. 경제학은 시장의 작동원리에 대한 이해를 크게 증진시켜 왔다. 최근의 법경제학(law and economics) 연구는 재산권제도, 계약법, 불법행위법, 형법 등에서의 제 법원리가 시장경제의 작동과 관련하여 어떠한 기능을 수행하는지를 '발견'해 나가고 있다. 법적 정의 관념은 경제적 효율성 관념과 밀접한 관련이 있음이 밝혀지고 있다. 앞에서 언급한 바와 같이 시장경제를 보장하는 것은 법의 지배의 한 내용을 이루며, 시장경제를 지나치게 왜곡하는 것은 입법의 한계를 벗어난다고 볼 수 있다. 시장 결과를 바람직하지 못한 것으로 보면서 이를 개선하겠다는 좋은 의도를 가지고 정부가 시장에 개입하지만 더 큰 부작용만 초래한다든지, 정부개입으로 생긴 부작용을 없애기 위해 더 높은 강도의 개입을 하여 시장을 더욱 더 왜곡시킨다든지 하는 것은 시장의 작동원리를 제대로 이해하지 못한 데에 기인하는 바 크다.

자유민주주의 원리와 법치주의의 정착, 사유재산권의 보장, 국내외의 각종 거래의 활성화 등의 조건이 갖추어질 때 한 국가는 자유와 번영으로 나아간다.

Ⅳ. 헌법재판소의 역할

우리나라의 헌법재판소는 법관의 자격을 가진 9인의 재판관으로 구성하며, 재판관은 대통령이 임명한다. 재판관 중 3인은 국회에서 선출하는 자를, 3인은 대법원장이 지명하는 자를 임명한다. 헌법재판소의 장은 국회의 동의를 얻어 재판관 중에서 대통령이 임명한다.

헌법재판소는 (1) 법원의 제청에 의한 법률의 위헌 여부 심판, (2) 탄핵의 심판, (3) 정당의 해산 심판, (4) 국가기관 상호간, 국가기관과 지방자치단체간 및 지방자치단체 상호간의 권한쟁의에 관한 심판, (5) 법률이 정하는 헌법소원에 관한 심판 등을 관장한다(헌법 제111조 제1항). 헌법재판소에서 법률의 위헌결정, 탄핵의 결정, 정당해산의 결정 또는 헌법소원에 관한 인용결정을 할 때에는 재판관 6인 이상의 찬성이 있어야 한다 (헌법 제113조 제1항).

법률의 위헌 여부 심판 등의 기능은 대법원에서 관장하는 국가도 있고 헌법재판소 같은 별도의 기관에서 담당하는 국가도 있는데, 우리나라에서는 1987년 헌법개정을 통해 후자의 방식을 채택하고 있다.

그 동안 우리나라 헌법재판소는 법률의 위헌 여부 심판 등 그 본분의 역할을 훌륭하게 수행해 왔다고 본다. 그러나 앞에서의 법·제도와 경제와의 관계, 헌법의 기능 등에 관한 논의에 비추어볼 때 함께 생각해볼 만한 것도 좀 있는 것 같다.

이하에서는 몇 가지 헌법재판소 판례를 중심으로 필자의 일단의 생각을 개진하고자 한다.

과외금지를 규정한 학원의 설립운영에 관한 법률의 일부조항이 위험임을 확인한 98헌가16, 98헌마429(병합) 판례는 "과외교습을 금지하는 법 제3조에 의하여 제기되는 헌법적 문제는 교육의 영역에서의 자녀의 인격발현권·부모의 교육권과 국가의 교육책임의 경계설정에 관한 문제"로 보면서, "법 제3조는 원칙적으로 허용되고 기본권적으로 보장되는 행위에 대하여 원칙적으로 금지하고 예외적으로 허용하는 방식의 '원칙과 예외'가 전도된 규율형식을 취한데다가, 그 내용상으로도 규제의 편의성만을 강조하여 입법목적달성의 측면에서 보더라도 금지범위에 포함시킬 불가피성이 없는 행위의 유형을 광범위하게 포함시키고 있다는 점에서, 입법자가 선택한 규제수단은 입법목적의 달성을 위한 최소한의 불가피한 수단이라고 볼 수 없다"고 판시하고 있다.

92헌마68,76(병합) 판례는 서울대가 1994학년도 입시요강을 발표하면서 인문계열 제2외국어 선택과목에서 일본어를 제외시킨 것은 서울대가 학문의 자유와 대학의 자율권이라는 기본권의 주체로서 적법한 권리행사에 해당한다고 판시하고 있다.

이들 판례는 개인의 행복추구권 등 기본권 보장, 교육의 자주성과 대학의 자율성 인정, 개인과 기업의 경제상의 자유와 창의 존중 등의 자유민주주의 원리에 부합하는 지당한 결정이라 생각한다. 그런데, 현재의 우리나라 교육제도가 자유민주주의, 사적 자치에 기초한 시장경제 등의 기본원리에 충실한지에 대해서는 생각해볼 필요가 있을 것 같다. 대학의 자율성, 학교설립의 자유, 학교의 학생선발권과 학생의 학교선택권 등의 여러 측면에서 문제의 소지가 많다는 생각이다. 이런 이슈들이 헌법재판소 심판대상이 된 적이 없었는지 궁금하다.

2003헌가3 판례는 의료인의 기능이나 진료방법에 대한 광고를 금지한 의료법의 관련조항은 비례의 원칙에 위배하여 표현의 자유와 직업수행의 자유를 침해하는 것이라고 판시하고 있다.

이 판례 역시 지당한 것이라 생각한다. 그런데 우리나라에서 현재 의료서비스, 법률서비스 등의 전문서비스 분야에서 경쟁이 충분히 활성화되어 있는지는 의문의 여지가 있어 보인다. 면허제도가 지나치게 제한적으로 운용됨으로써 진입제한 장치로 기능하고 있지는 않은지, 개방화·세계화 시대에 국제경쟁력을 갖기 위해서는 더 많은 인재들의 유입이 필요한 것은 아닌지 생각해볼 필요가 있을 것이다.

2004헌마554 판례는 서울이 수도라는 점은 관습헌법에 해당하므로, 신행정수도의 건설을 위한 특별조치법은 헌법개정 사항인 수도의 이전을 헌법개정의 절차를 밟지 아니하고 추진함으로써 헌법에 위반된다고 판시하고 있다.

국가 전체적 관점에서 봤을 때에는 비효율적인 대형 국가프로젝트가 의회에서 다수의 지지를 받고 진행될 수 있다. 정치경제학의 (probabilistic) voting model은 이런 가능성이 충분히 많이 있을 수 있음을 보여주고 있다. 예컨대 A, B 양당이 있고, X, Y, Z의 세 유권자 그룹이 있다고 하자. X 그룹은 주로 A 당을 지지하고 Y 그룹은 주로 B 당을 지지하며, Z 그룹에는 A 당 지지자와 B 당 지지자가 반반 정도 된다고 하자. 즉 Z 그룹에는 이른바 부동표가 많다고 하자. 이 경우 세금을 더 거두어서 Z 그룹에 이익이 되는 국가프로젝트를 추진한다고 하자. 그 프로젝트는 국가 전체의 관점에 봤을 때 비용-편익 측면에서 전혀 타당성이 없다고 하더라도 채택될 가능성이 높다.

2005헌마579, 763(병합)에서는 신행정수도 후속대책을 위한 연기·공주지역 행정중심복합도시 건설을 위한 특별법도 위헌이라고 주장하는 청구인들의 청구를 각하하였다.

헌법개정을 위해서는 국회 재적의원 3분의 2 이상의 찬성을 얻어야 할 뿐만 아니라, 개정안을 국민투표에 부쳐 국회의원선거권자 과반수의 투표와 투표자 과반수의 찬성을 얻어야 하는 것으로 규정한 것은 상당한 의의가 있다고 생각한다. 정치적 이해관계로 국회의원 대다수가 지지하는 개정안도 국민의 관점에서는 바람직하지 않을 수 있기 때문이다. 신행정수도 건설, 행정복합도시 건설 문제를 국민투표에 부쳤을 경우 아마도 부결되지 않았을까? 대형 단일이슈에 대해서는 국민투표제를 확대하는 것도 검토해볼 만할 것 같다.

최근에는 신문법과 언론중재법의 일부조항에 대해 헌법위반 등의 판단을 내린 바 있다. 언론의 자유 보장이라는 관점에서 상당한 의의가 있는 판례라 생각한다.

그 동안 헌법재판소는 수많은 심판을 수행해왔고, 이를 통해 우리나라 법질서의 기본 방향을 정립해왔다. 앞으로도 자유민주주의를 지키고 발전시켜 나가는 역할을 잘 해 나가리라 기대해 마지않는다.

20세기 초 미국의 대법관 브랜다이스가 한 말을 인용하면서 이 부분 글을 마칠까 한다. “정부가 선한 뜻에서 일을 벌일 때는 가장 큰 경계심을 갖고 자유를 지켜야 한다. 경험이 우리에게 가르쳐주는 바가 이것이다. 자유롭게 살도록 태어난 인간은 사악한 심성의 지배자가 자유를 침해하려고 하면 본능적으로 경계하며 배격한다. 자유에 대한 더 큰 위험은 열정적 인간, 좋은 뜻을 가졌으나 (그들의 행동이 초래할 결과에 대한) 이해는 부족한 사람들이 저지르는 은밀한 침해 속에 숨어 있다."

V. 글을 마치며

자유민주주의는 정부의 자의적 개입을 경계하고 개인의 자유와 권리를 지키고자 한다. 이와 관련하여 헌법과 헌법재판소는 중요한 기능과 역할을 담당하고 있다.

경제학 연구는 자유민주주의 원리와 법치주의의 정착, 사유재산권의 보장, 국내외의 각종 거래의 활성화 등의 조건이 갖추어질 때 지속적인 성장이 이루어짐을 보여주고 있다.

법치주의와 시장경제를 정착 발전시키기 위해서는 법과 경제에 대한 올바른 이해가 필요하다. 이와 관련하여 법경제학 연구는 많은 도움을 줄 수 있을 것으로 보인다.

법의 전 분야에 걸쳐 법과 경제의 관계에 대해 올바른 이해를 갖게 하기 위해, 그리고 경제적 사고방식에 입각한 결론을 도출할 수 있도록, 변호사와 판사들을 위한 경제학 교육을 특별히 고안해보면 어떨까 하는 생각이 든다. 이와 관련해서는 미국의 예를 참조할 수 있을 것이다.

이렇게 발표할 기회를 줘서 감사하게 생각한다. 앞으로 경제학과 법학 그리고 법경제학회와 헌법실무연구회 사이의 교류와 협력이 증진되었으면 한다.

第71回 발표회 지정토론문

여 운 국*

오늘자 신문 표지에 「검찰 '외환은행 매각은 불법' '정책 판단에 사법잣대' 논란」이라는 기사가 실렸다. 이와 같은 경제적·정책적 판단에 대한 사법심사의 한계에 관한 논쟁은 그동안 계속되어 왔고, 앞으로도 계속될 것이다. 특히 헌법재판소는 정치적 사법기관으로서의 성격을 가지고 있으며, 경제적·정책적 판단을 헌법적 관점에서 심사하기 때문에 우리 사회에서 벌어지는 각종 경제적·정치적 논쟁의 중심에 서게 되는 경우가 많다. 이러한 상황에서 헌법재판소가 균형감각을 가지고 사회의 각종 갈등을 합리적으로 해결하기 위해서는 경제학 등 각종 사회과학적 소양을 두루 갖추고 있어야 할 것으로 생각한다.

우선 경제학자의 시각에서 헌법과 헌법재판소의 기능·역할에 대하여 새롭게 조명함으로써 우리 헌법실무연구회 회원들에게 경제학적 소양을 넓혀주신 신도철 교수님께 감사드린다. 또한 향후 한국법경제학회와 우리 헌법실무연구회 사이의 교류가 증진되어 상호간의 이해의 폭이 넓어져서 한국 사회의 선진화와 법률문화 발전에 기여할 수 있었으면 하는 바램을 가져본다. 이하에서는 지정토론자로서 발표문과 관련하여 간략한 소감을 밝히고 몇 가지 질문을 해보고자 한다.

1. 정책결정기관으로서의 헌법재판소의 역할 증대

헌법재판소의 연간 접수 사건 수는 다음과 같이 급격히 증가해왔다.

	총 접수 건수
1990년	362
1995년	476
2000년	968
2005년	1,468
2006년(10월까지)	1,396

* 헌법재판소 헌법연구관.

정치권의 갈등, 국민과 정부 사이의 갈등, 중앙정부와 지방정부 사이의 갈등, 지방정부 상호간의 갈등 등이 자체적으로 해결되지 못하고 헌법재판소로 몰려들고 있는 것이다. 특히 정치권은 三金으로 대표되는 각 정당별 보스들이 사라지고 지역구 후보자를 결정하기 위한 예비선거가 활성화됨에 따라 정당 지도부의 각 소속 의원들에 대한 영향력이 급격히 축소되었다. 이로 인하여 정당 지도부의 결정이 소속 의원들에 의하여 번복되는 일이 잦게 되었고, 정당 지도부 사이의 협상에 의한 정치적 갈등 해결의 가능성은 낮아졌다. 결국 헌법재판소가 그러한 정치권의 갈등을 어떠한 형태로든 해결해야 하는 경우가 많아짐으로써, 헌법재판소의 '정치적 사법기관' 내지는 '정책결정기관'으로서의 중요성이 갈수록 높아지고 있다.

헌법재판소의 문을 두드리는 사람들도 나름대로 경제적 손익계산을 할 것이기 때문에, 경제학적 관점에서 보면 헌법재판소의 사건이 늘어나는 것은 헌법재판을 통한 분쟁해결이 비용은 낮고 효용은 높음을 의미한다고 생각한다. 과연 그런 것인지, 이러한 현상이 바람직한 것인지에 관한 발표자의 견해를 듣고 싶다.

2. 헌법재판과 경제학

헌법 제37조 제2항은 "국민의 모든 자유와 권리는 국가안전보장·질서유지·공공복리를 위하여 필요한 경우에 한하여 법률로써 제한할 수 있다"고 규정하고 있다. 헌법재판소는 국민의 기본권을 제한하는 입법이 헌법적으로 정당화될 수 있는지 여부를 판단함에 있어 '필요한 경우'에 한하도록 한 위 헙법 조항을 근거로 과임금지의 원칙을 적용하고 있다. 과잉금지의 원칙의 내용은 ① 목적의 정당성, ② 방법의 적절성, ③ 피해의 최소성, ④ 법익의 균형성이다. 그 중 법익의 균형성이란, 보호하려는 公益이 침해되는 私益보다 더 커야 한다는 것을 의미한다. 헌법재판에서 경제학적 소양이 요구되는 가장 주요한 경우가 바로 위와 같은 법익의 균형성 심사에서라고 생각한다.

그런데 경제학의 중심 문제는 희소한 자원을 효율적으로 사용하여 사람들의 욕구 내지 필요를 최대한 충족시키는 것이므로, 비용·효용·생산성·이익·경쟁 등이 중심개념으로 등장한다. 이에 비하여 헌법재판은 헌법을 잣대로 헌법질서를 수호하고 권력을 통제하며 국민의 기본권을 보호하는 역할을 하므로 인권·평등·소수자보호·적법절차 등이 중심개념으로 등장한다. 그렇다면 겉으로 보기에는 경제학과 헌법재판은 공통분모를 찾기 어렵고 별로 잘 어울리지 않는 것처럼 보이는 것이 사실이다.

헌법재판소가 인권·소수자보호 등이 문제되는 사건에서 '법익의 균형성'을 심사함에 있어, 순수하게 경제학적 관점에서 비용-효용 등 수학적 개념을 그대로 끌어들일 수는 없다고 생각한다. 발표자께서는 법경제학자의 입장에서, 헌법재판소가 구체적 사건을 해결함에 있어서 경제학적 관점을 어떠한 방식으로 활용하고 투영시켜야 한다고 생각하시는지 알고 싶다.

3. 특별이익입법에 관하여

정치인들이 특정 이익집단을 위한 입법을 하더라도 유권자인 일반 국민들은 당장 눈에 보이는 손해가 발생하는 것이 아니기 때문에 무관심한 경향이 있다. 발표자가 매우 적절하게 지적한 바와 같이 유권자의 그러한 무지로 인하여 국민 전체적으로는 손해가 되지만 일부 이해관계인들에게만 시혜를 베푸는 선심성 입법이 자주 행해지는 것 같다. 특히 소득재분배와 관련된 안건의 경우에는 대부분이 투표의 역설 현상이 일어난다.

그런데 헌법재판소는 위헌적인 입법, 공권력의 행사 또는 불행사로 인하여 헌법상 보장된 기본권이 침해되는 경우에 헌법재판을 통하여 기본권을 보호하는 역할을 하는 기관이다. 따라서 위와 같이 일부 국민들에게만 시혜를 베푸는 내용의 수익적 입법 등의 경우에는 특별한 사정이 없는 한 헌법재판을 통하여 교정되기 어려운 측면이 있다.

발표자께서는 수익적 입법에서 위와 같은 집단적 의사결정의 실패 내지 민주주의의 실패를 방지·억제하기 위한 방안에 관하여 어떠한 견해를 가지고 계신지 알고 싶다.

4. 제도적 장치와 경제성장, 경제학 교육

자유민주주의 원리와 법치주의의 정착, 사유재산권의 보장, 국내외의 각종 거래의 활성화 등의 조건이 갖추어질 때 지속적인 성장이 이루어진다는 발표자의 견해에 전적으로 동의하며, 우리 헌법재판소는 그러한 조건이 갖추어질 수 있도록 하는 중요한 역할을 하고 있다고 생각한다. 미국에서는 변호사와 판사들을 위한 특별한 경제학 교육이 시행되고 있는 것 같은데, 그 내용에 관하여 알고 싶다.

제71회 발표회 토론요지

사 회 자 : 전광석(교수)
토론참여자 : 장영수(교수) 여운국(헌법연구관) 민병국(교수)
고학수(교수) 윤진수(교수) 황치연(헌법연구관)
이성섭(교수) 양진수(교수) 김일준(교수)

간 사 : 헌법실무연구회 간사를 맡고 있는 전종익 연구관입니다.

이렇게 많은 분들을 모시고 헌법실무연구회 발표회를 갖게 되어서 대단히 기쁘게 생각합니다. 12월달이 저희 실무연구회 마지막 발표회이고 겸하여 송년회를 같이 하고 있습니다. 작년 송년회 때 마지막 발표회 때는 정치학 하시는 분들을 모시고 같이 발표회를 가지고 여러 가지 논의를 했었습니다. 이번에는 법경제학회 분들과 자리를 같이 하게 되었습니다. 유익한 토론과 논의의 자리가 되었으면 좋겠습니다. 오늘 사회는 연세대학교 법과대학의 전광석 교수님께서 맡아주시기로 했습니다. 지금부터 진행은 전 교수님께서 해 주시겠습니다.

사 회 자 : 고맙습니다.

저희 법학을 공부하는 분들이 그렇고 또 헌법재판소도 주로 사실현상을 규범을 기준으로 평가하는 데 익숙해 있습니다. 그것이 과제이기도 하고요. 그러나 제가 보기에는 사실이 늘 규범과의 관계에서 그렇게 일방적인 관계에 있는 것은 아니고 사실 자체가 하나의 독자성을 갖고 규범을 판단하는 기준이 되기도 한다고 생각이 됩니다. 바로 이런 관점이 헌법학경제에도 타당한 것이고, 따라서 경제학이라는 것이 그리고 경제현상이 헌법적인 판단의 대상이지만 그러나 다른 한편 경제에서 보는 헌법이라는 시각이 또 따로 있을 겁니다.

이 중요한 문제에 대해서 오늘 숙명여대 신도철 교수님께서 바로 이 경제학에서는 헌법을 어떻게 볼 것이냐 하는 것을 발표해 주시겠습니다. 헌법을 공부하는 사람 입장에서는 긴장되고 지적관심을 유발하는 그런 주제라고 생각을 합니다.

오늘 제가 사회자로서 우선 기술적인 문제 몇 가지 말씀드리면, 오늘 6시에 송년회가 준비되어 있기 때문에 6시 이전에 반드시 이 행사를 그쳐야 됩니다.

그래서 발표는 30분 해 주시고, 오늘 지정토론 두 분이 나와 계시는데 토론은 10분 내외인데, 15분은 그야말로 절대로 넘어서는 안되는 그런 선으로 생각을 해 주시기 바랍니다.

먼저 발표자, 토론자에 대한 소개를 드리겠습니다.

신도철 교수님은 서울대학 법과대학에서 법학을 전공하셨고, 대학원에서 경제학을 전공하였습니다. 미국 시카고대학에서 경제학 박사학위를 취득하시고, 한국개발연구원 연구위원을 역임하시고, 현재 숙명여자대학교 경상대학 경제학부 교수로 계십니다. 또 법경제학회에서 활발히 활동하셔서 현재 한국법경제학회 부회장을 맡고 계십니다.

토론자를 두 분 모셨습니다.

먼저 고려대학교 장영수 교수님은 고려대학교 법과대학을 졸업하시고 대학원에서 헌법을 전공하셨고 독일 프랑크프루트대학 법과대학에서 법학박사학위를 취득하셨습니다.

두 번째 지정토론자는 헌법재판소의 여운국 연구관입니다. 서울대학교 법과대학을 졸업하시고 사법시험에 합격하셨습니다. 육군법무관과 서울고등법원판사를 역임하셨고 현재 헌법재판소 헌법연구관으로 재직하고 계십니다.

그러면 신도철 교수님한테 발표를 부탁드리겠습니다.

< 주제발표자 발표 >

사 회 자 : 고맙습니다.

평소에 헌법제도가 중립적이라고 생각하지만 실제 그 제도가 어떻게 운영되느냐에 따라서는 얼마든지 인위적으로 더 효율적일 수도 있고 어떤 경우에는 비효율적이 될 수도 있다, 이런 것이 중심적인 말씀이었다고 생각됩니다.

이어서 장영수 교수님 토론 부탁드립니다.

< 지정토론자(장영수) 발표 >

사 회 자 : 고맙습니다.

이어서 여운국 연구관님 부탁합니다.

< 지정토론자(여운국) 발표 >

사 회 자 : 고맙습니다.

오늘 송년모임이라 가볍게 발표하고 즐거운 자리일 수 있는데, 오늘 두 분 토론자분이 굉장히 굵직굵직한 쟁점을 던져주셨습니다.

제가 다 정리하지는 않겠지만 장영수 교수님과 여 연구관님에게 공통적으로 나타나는 문제제기는 장 교수님 표현에 따르면 주류경제학이라는 것이 경제적 효용성, 어떻게 보면 몰가치적 경제적 효용성 이것을 우선하게 되는데, 그렇다면 가치규범으로서의 헌법과 과연 어떻게 만날 수가 있겠는가, 이런 것이 굵직한 질문이고, 그것은 연구관님한테도 나타나는 문제제기입니다.

그 밖에 문제들은 예컨대, 법의 지배가 과연 자연법의 지배에 있느냐 하는 문제, 그 다음에 우리 헌재 사건 증가하는 것이 어떻게 보면 저비용 고효율이라고도 볼 수가 있는데 그게 과연 바람직한 현상인가? 또 마지막으로 정보제공의 차원에서 헌법학자에 대한 경제학적 교육이 이루어진다고 그랬는데 그것이 어떤 모습인가? 이런 것들이 질문으로 나왔습니다.

모르겠습니다, 플로어에서 토론은 얼마나 해야 될지는 잘 모르겠지만 두 학문 분야가 만난 것이고 그리고 발표와 토론을 통해서 단순히 견해가 다른 데 그치는 것이 아니고 이해가 잘 안되는 측면도 있다고 보이기 때문에 되도록이면 시간을 할애해서 신 교수님한테 답변을 들었으면 좋겠다는 생각이 듭니다.

그래서 한 10분 내지 15분 정도 하셔도 되고 짧게 하셔도 되고요.

발 표 자 : 사실 이런 기회를 갖게 되어서 저는 상당히 반가웠고, 법경제학쪽에서 어떻게 보면 제가 총대를 메서 발표를 했지만 다른 분들도 많이 와 계시거든요. 법경제학회 회장 윤진수 교수님도 와계시고 또 경제학하시는 분들도 와계시고 그래서 지금 질문 혹은 그런 것과 관련해 가지고 이야기를 하시고 싶은 분들도 있을 것이고 그래서 저는 간단하게 대답을 하고 플로어에서 더 많은 이야기가 오갔으면 하는 그런 생각이 듭니다.

우선 장영수 교수님께서 법하고 경제하고 지향하는 것이 좀 다르지 않느냐, 하나는 가치학문이고 하나는 좀 그렇지 않지 않느냐 그런 이야기를 하셨는데, 저는 이렇게 생각합니다. 결국 두 학문 다 어떻게 사람들이 모여서 사는데 모두가 더 행복하게 잘 살 수 있느냐 그런 것을 연구한다, 저는 그렇게 생각하거든요.

그런 것을 결국 법학에서는 정의라든지 형평성이라든지 이런 것을 중심개념으로 놓고 이야기하는 것이고 경제학에서는 효율성 뭐 이렇게 얘기를 하는 것인데, 어떤 개개사안에서 비용편익이 어떻고 따져서 이게 더 효율적이다 라고 하는 것하고, 정의의 관념하고 맞지 않는다고 하는 것이 있을 수는 있지요. 그렇지만 전반적으로 장기적으로 보면 결국 법에서 이야기하는 정의의 관념 그런 것이 경제에서 추구하는 효율, 장기적인 발전이랄까 그런 것하고 거의 대부분 매치한다 그런 생각을 갖고 있습니다.

아까 이야기한 법에서 아마 자유민주주의, 법치, 개인 기본권보장 이런 이야기를 많이 할 텐데 그것이 결국은 장기적으로 경제발전, 사회발전으로 이어진다고 경제학은 보고 있습니다. 그래서 너무 그렇게 대립적으로 볼 것은 아니지 않느냐, 오히려 조금 전에도 이야기했듯이 어떻게 모여 사는 사회가 잘 살 수 있느냐, 그런 관점에서 보면 경제학하고 법학만큼 잘 매치되는, 서로가 도움을 줄 수 있는 그런 학문분야도 없을 것 같다 그런 생각이 듭니다.

법경제학을 하다보면 결국 법조문이나 이런 것도 따져보고 그러는데 결국 그런 연구를 함으로써 경제학자도 이 사회의 작동원리에 대해서 법을 접함으로써 더 잘 이해를 하고 또 법학자들도 이런 경제적 논리를 가지고 그 문제를 생각해 봄으로써 더 사회가 어떻게 작동하는지에 대한 이해를 더 넓힐 수 있지 않을까, 저는 그런 생각을 해보았습니다.

그 다음에 여운국 연구관님께서는 여러 가지 질문을 많이 해 주셨는데 생각나는 것만 간단하게 이야기를 하겠습니다.

우선 헌법재판소의 접수사건수가 계속 증가해 오고 있다, 그만큼 역할도 커지고 좋은 점도 분명히 많이 있는 것 같은데, 그런데 너무 자잘한 일에 헌법재판소라는 아주 훌륭한 인적자원이 모여 있는 곳에서 파묻혀버리면 곤란하지 않을까, 그런 생각이 언뜻 들었습니다.

그래서 헌법재판소가 아니고 다른 데서 해결될 수 있는 그런 것은 다른 쪽으로 돌릴 수 있으면 제도적으로 돌려서 하는 게 어떨까. 여기서는 헌법질서를 어떻게 운용해 나가야 될지 이런 큰 기본방향을 제시하고 하는 데에 더 연구역량을 집중할 필요가 있지 않을까, 그런 생각이 언뜻 들었습니다.

그 다음에 헌법재판소가 구체적 사건을 해결함에 있어서 경제학적 관점을 어떤 방식으로 활용하고 이용해야 된다고 생각하느냐, 이런 것과 관련해서 결국 아까도 얘기했듯이 어떤 큰 원리를 지키는 것, 너무 정부가 세세하게 개입을 하지 않는 것 그것이 장기적으로 보면 경제적 효율에도 이바지 하는 것이거든요. 그러니까 원리를 존중하는 것, 이런 것이 비용편익을 분석을 하더라도 제대로 반영이 안 될 수가 있는데 그렇게 잘못, 반영되지 않는 비용편익분석은 오히려 해가 될 수도 있다, 저는 그런 생각이 듭니다.

그렇지만 어떤 구체적인 프로젝트인 경우 그 원리보다도 정책적인 결정을 해야 될 때는 비용편익분석이랄까 이런 것이 아주 필요할 수도 있겠지요. 그러니까 사안에 따라서 달리 봐야 되지 않을까 그런 생각이 들고.

그 다음에 수익적 입법에서 집단적 의사결정의 실패를 어떻게 방지하겠느냐? 사실 이게 큰 문제일 수가 있지요. 정부가 보조금을 줄 수도 있고 그게 결국은 세금에서 나오는 돈이거든요. 정부가 뭐 하늘에서 가져와서, 자원이 있는 것이 아니니까. 받는 사람은 이익을 확실하게 받고 보조금이라든지 이런 것이 비용은 다 숨겨져 있는 것입니다. 일반조세로 나가고, 또 당장 피해자가 나타나지 않으니까 문제로 제기되지 않는 수가 있는데, 그게 상당히 큰 문제일 수가 있습니다. 그런 것들이 어떻게 보면 경제를 망치고, 정부에 많은 것을 요구를 하게 되면 위험으로 빠져들 수가 있는 것이거든요. 그것이 너무 과도해지지 않도록 상당히 경계할 필요가 있다, 어떤 식으로 경계해야 될지는 잘 생각을 해봐야 되겠지만, 그런 생각이 듭니다.

그 다음에 미국에서 변호사, 판사를 위한 경제교육 이런 게 어떻게 되고 있느냐? 우선 로스쿨에 교육과정이 많이 최근에 바뀌어가고 있는 것 같아요. 하버드, 예일, 스탠포드 이런 대학의 법과대학 홈페이지를 들어가서 교수명단을 보면 경제학박사소지자가 상당히 많이 있습니다, 한 10명씩. 그만큼 경제교육이 법학교육 자체에도 들어간다는 것이고, 또 기존 판사, 변호사에 대한 프로그램 같은 것도 상당히 있는 것으로 알고 있습니다. 그런 데 대해서는 미국에서 법학교육을 받은 분들이 더 자세한 이야기를 해 줄 수 있을 것으로 생각이 됩니다. 생각나는 대로 답변을 드렸고 더 필요하면 더 답변을 드리겠습니다.

사 회 자 : 고맙습니다.

두 분 토론자께서 만족하십니까?

오늘 플로어에 평소와는 달리, 오늘 프로그램 보니까 법경제학하고 공동행사로 이렇게 마련되어 있고, 법경제학하시는 분들은 헌법재판하시는 분 모를 수도 있고 또 거꾸로 헌법재판하시는 분은 법경제학 전공하시는 분들을 모를 수가 있고 그렇기 때문에 질문을 하실 때 소속과 이름을 말씀해 주시고 질문해 주시기 바랍니다.

민 경 국 : 저는 강원대학교 경제무역학부에 있습니다. 제가 1995년도에 헌법경제론이라는 책을 썼습니다. 우선 여기서 분명히 밝혀야 할 몇 가지 점을 지적을 해 보겠습니다.

아까 장 교수님께서 질문을 하셨는데요, 헌법의 경제학적 이해가 도대체 어떤 의미냐? 헌법경제학이라고 하는 것이 따로 있습니다. 버지니아의 제임스 뷰케넌을 중심으로 해서 하나의 패러다임을 형성하고 있지요. 거기서부터 출발한 것이고, 제임스 뷰케넌이나 하이에크, 거기에서 하이에크는 나중에 서로 관계를 맺고 있는데 법경제학하고 헌법경제하고는 전혀 차원이 다릅니다. 아까 말씀드렸던 가치문제에 있어서 전적으로 다르지요.

우선 헌법경제학에서 경제학적 이해라고 할 때 도대체 헌법이 뭐냐 하는 겁니다. 헌법경제학에서 헌법이라는 것은 일반적으로 법학에서 말하는 헌법하고 전혀 다른 차원입니다. 경제학에서의 헌법이라고 하는 것은 게임규칙을 의미합니다. 그러니까 사회기초가 되는 모든 규칙들입니다. 정치적인 규칙들, 정치적인 헌법도 있고 그 다음에 일반 경제룰들, 아까 공정거래법도 좋습니다, 그 밖에 관습법이라든지 관행, 관습이라든지 이런 자생적으로 형성되어 있는 그런 룰들, 그리고 인위적으로 제정된 것, 사법이라든지 형법 이런 것 모두가 다 이 헌법에 포함됩니다. 그래서 여기에서 다루고 있는 것들을 보면 실제 우리가 가지고 있는 헌법의 내용, 국가헌법입니다, 그 내용들의 규칙들하고 그 다음에 여기서 우리가 법경제학이나 혹은 다른 경제학의 관점에서 법을 다루고 있는 부분들 이런 것들을 혼성으로 하여 헌법경제학에서 다루고 있습니다.

헌법이라고 하는 것을 이렇게 사적부문에서의 게임규칙하고, 행동규칙, 그 다음에 정치적 부문에서의 규칙 그러니까 정치적으로 권력배분을 어떻게 할 것이냐, 삼권분립을 할 때 과제들은 어떤 식으로 할 것이냐, 그런 룰들이 포함되어 있는 것으로 보는 것입니다.

그 다음에 두 번째로 제가 말씀드리고 싶은 것은 지금 발표자께서 말씀하신 법경제학에서 자꾸 효율성이라는 개념을 드는데 이것은 신고전파에서 유일하게 가지고 있는 개념입니다. 대표적으로 제임스 뷰캐넌의 가치라고 하는 것은 합의에 초점을 맞추지요. 효율성이라고 하는 것을, 어떤 법이 효율적이냐 효율적이지 않느냐 하는 것을 자원배분적인 관점에서 효율성 따지는 것이 아니라 합의를 본 것, 공동체 내에서의 합의를 본 것이면 효율적인 것으로 보자, 이렇게 해서 합의에 초점을 맞추는 그런 가치규범을 따르고 있습니다.

그 다음에 하이에크의 경우에는 조금 다릅니다마는 오스트리안학파지요, 오스트리안학파에서는 아까 얘기할 때는 rule of law를 말합니다. rule of law에서 법은 자연법을 이야기를 하는데, 여러분들 법학하시는 분들 잘 아실 겁니다. 풀러의 '*Morality of Law*'라고 하는 책 있지요? 그 책을 보면 rule of law에 대해서 아주 상세하게 써 있습니다. 그게 굉장히 중요한 요소지요. 풀러의 얘기라든지 하이에크의 rule of law, 이게 아주 독특한 것이거든요. 하이에크와 풀러의 두 rule of law라고 하는 것이 존 롤스라든지 또는 드워킨, 웅거 등 다른 법학자들이 얘기하는 것과 전혀 다른 차원의 rule of law입니다. 하이에크가 이 rule of law를 중시했던 이유 중 하나가 이게 다른 심리적 자유부문에서는 rule of law가 제대로 잘 지켜지고 있는데 왜 도대체 경제부문에서는 rule of law가 지켜지지 않느냐? 우리 장

교수님께서 계십니다마는 특히 독일의 헌법을 보면, 헌법재판소에서 그렇게 내렸습니다. “재산권을 규제할 때는 일반원칙에 따라야 된다”라고 하는 규정이 있는데 그것을 rule of law의 핵심으로 보고 있습니다만 경제부문에는 이것이 적용되지 않는다고 독일 헌법재판소에서 결정을 하였고 하이에크가 거기에 반발을 하는 것입니다. 뭣 때문에 그러느냐? 경제부문하고 사법부문하고 서로 융합관계를 가지고 있고 상호 의존관계를 가지고 있다는 차원입니다만.

어쨌든 신고전파, 시카고학파에서는 헌법이라는 문제를 그냥 다른 법하고 똑같이 다루어 주고 있습니다. 그런데 버지니아학파하고 오스트리안학파의 하이에크에 있어서는 전혀 다른 차원이지요. 하이에크의 책에 대해서는 제가 쓴 책이 있습니다. 「진화냐 창조냐」라고 하는 책인데 그게 96년도에 나왔습니다. 거기에 rule of law에 대해서 상세하게 제가 설명을 해 놓은 부분이 있습니다.

그 다음에 여러 가지 설명을 해야 되는데 이 자리에서 일일이 다 설명할 수는 없고, 다만 문제제기만 하지요. 헌법경제학이라는 게 왜 생겨났느냐는 것을 직시해야 할 필요성이 있습니다. 이것이 1980년대 이후부터 등장하기 시작했거든요. ‘*Constitutional Political Economy*’라고 하는 게 버지니아학파에서 하나의 저널로 나오고 있습니다. 그게 독일학자들, 미국학자들이 주로 기고를 하는 잡지인데, 그런 잡지가 나오고 왜 constitutional economics라고 하는 이런 패러다임이 등장했느냐 하면 역사적인 배경이 상당히 중요합니다. 그 배경을 깔고 그리고 한국의 문제에, 한국에 왜, 이런 Constitutional Economics의 측면에서 보면 한국헌법이 무엇이 잘못되어 있느냐 하는 측면을 다루어야 될 것 같습니다. 자세한 말씀은 시간관계상 말씀 못 드리고 여기까지 문제제기만 제가 드리겠습니다.

사 회 자 : 문제제기 후에 대답이 굉장히 듣고 싶은 대답인데 시간이 제한되어 있기 때문에요. 예, 고학수 교수님.

고 학 수 : 연세대학교 법과대학 고학수입니다.

신 교수님 답을 하시는 데 제가 조금 보완을 하는 것이 나을 것 같아서 조금 말씀드리고자 합니다. 두 분 토론하신 분 공통적인 질문 중에 하나가 경제학 효용이나 이런 몰가치적인 부분들 많이 고려하고 있는데, 그게 혹시나 헌법적인 가치랑 충돌하는 상황이 있을 수도 있지 않은가 그러한 굉장히 큰 문제제기를 하셨는데, 그리고 예를 들어서 어떤 due process 같은 가치가 마치 경제학에서의 효율성을 고려하면 무시될 우려는 없나, 그런 식의 이야기를 가끔 듣게 됩니다. 제가 드리고 싶은 말씀은, 경제학에서 효율성이나 시장의 역할이라든지 이런 것들이 굉장히 중요하다는 것은 아무도 부정할 수 없습니다. 다만 시장의 실패 아니면 정부의 실패 이런 것들이 어떤 경우에 어떻게 나타나고, 그 정도라든가 이런 것은 개별학자들에 따라서 입장이 조금 다르겠지요. 그리고 범죄말씀을 하시는데, 법경제학하는 분들이 보는 부분은 그런 어떤 due process를 무시하자, 이게 전혀 아니고, 비교를 하는 것이, 예를 들면 사회에서 범죄가 줄어드는 것이 바람직하고, 또 행형비용이 줄어드는 것도 바람직하다는 그런 전제하에서, 그러면 어떻게 할 것이냐, 어떤 경찰력을 최대한 활용해서 체포의 확률을 높일 것이냐 아니면 제한된 예산을 체포확률을 높이는 것보다는 한번 잡은 사람을 엄중한 벌에 처해가지고 처벌강도를 높이는 데 사용할 것인가 이제 그런 식의 선택의 문제가 되는 것이거든요. 거기에서는 due process를 무시한다거나 하는 거는 좀, 그것하고는 별개의 문제가 되는 거지요. 그렇게 했을 때 예를 들면 아주 단순화시켜서 처벌강도를 높이는 거랑 체포의 확률을 높이는 거랑 그 사이에 어떻게 법 정책을 쓰는 것이 행형비용을 낮추고 아니면 향후에 억제효과가 조금 더 있겠느냐 그런 것을 이론적으로도 연구하고 통계적인 방법을 이용해서 효과분석 같은 것을 하고 그런 것이 경제학적인 어프로치가 주는 의미라고 생각을 합니다. 헌법적인 다른 가치관과는 조금 다른 각도에서 보는 거라고 생각을 하고요.

한두 가지 더, 여 연구관께서 질문하신 것 중에 첫번째, 헌법재판소 사건이 늘어나는 것에 대한 말씀은 지금 헌재에도 그렇고 사법부 아니면 더 넓게 우리나라 분쟁에 관해서 보는 모든 사람들이 생각을 해야 될 영역이라고 보는데요, 사건이 늘어나고 있는 것에 관한 것, 헌재의 사건은 굉장히 많이 늘고 있지만 일반법원에서도 사건이 많이 늘고 있고 거기에 관해서 어떻게 봐야 될지에 관해서는 저는 일단은 우리나라 사회·경제가 많이 변하고 있다는 것을 생각해야 된다고 봅니다. 예를 든다면 회사 안에서도 회사에서 평생직장의 개념으로 있다가 점점 자기가 옮길 수도 있는 직장으로 생각이 변했는데, 평생직장개념일 때에는 자기가 분쟁이 있더라도 그것을 스스로 삭이든지 아니면 자기 직장 내에서 해결을 하려고 했을 것이고, 그런데 지금 패러다임하에서는 자기가 직장을 옮겨 다닐 수도 있다고 하면 분쟁을 표면화하고 법원이 되었든가 이런 공식적인 절차를 이용하려고 하는 그런 태도가 늘어나는 면이 있을 것이고, 다른 사회 여러 분야에서도 그럴 것입니다. 그럴 때에 개개인입장에서 그러면 법원으로 갈 것이냐 라고 판단하는 거랑 사회입장에서 법원으로 오는 것이 맞느냐는 것은 별개의 문제일 수가 있다 이거지요.

그러니까 헌법재판소에 헌법소원을 하는 것이 개인입장에서는 큰 비용이 안 드는 것이고 정말 한번 따져봐야 되겠다할 때 그냥 조금 그게 미치는 사회적인 영향이라든가 사회적인 비용 같은 것은 생각안하고 할 것인데, 그런데 헌법재판소에서는 1년에 1천 건 넘고 2천 건도 될 것 같은 그런 사건이 오게 되면 헌법재판소에서 그것을 전부 다 감당을 할 수가 없을 것이고 그러면 사회적으로 더 중요한 것, 덜 중요한 것 그런 부분이 있을 것인데 그것들을 다 할 수가 없을 것이고 그럴 때 헌법재판소 안에서도 일종의 자원배분의 문제라고 하는 것이 발생할 것이고, 그게 궁극적으로 사회의 비용이 되는 것입니다. 우리사회가 같이 지고 가야 될, 그것을 이제 어떻게 배분을 해야 될 것이냐는 그런 고민은 계속해야 될 것이라고 봅니다.

그러면 적어도 일정부분은 헌법재판소가 아닌 다른 곳에서 그런 갈등이나 분쟁을 해결을 해야 될 것이고 그게 어떤 면에서는 정치과정, 국회일 수도 있고 국회가 아닌 다른 과정에서 문제를 잘 해결하지 못하는 것의 부산물 측면도 조금은 있는 것 같고, 그것을 헌법재판소 포함해서 우리사회가 어떻게 해결을 할 것이냐 하는 고민은 계속해야 될 것이라고 봅니다.

그리고 한 가지만 더, 맨 끝에 미국에서 아까 신 교수님이 말씀하셨는데, 제가 미국에서 공부했기 때문에, 미국에서는 여러분도 잘 아시겠지만 학제적인 연구가 우리보다는 훨씬 더 많이 이루어지고 있습니다. 그래서 미국 법과대학 로스쿨에는 경제학공부를 하신 분들이 상당히 많이들 있습니다. 특히 메이저학교에는, 두세 분 이상씩 흔히 있고, 몇 달 전 UC버클리를 보니까 일곱 분인가 여덟 분이 경제학 박사학위 가진 분들이 계십니다. 구체적으로 학교과목에는 흔히 1학년 때 필수과목으로 법경제학 내지는 법학도한테 필요한 경제학, 통계학, 회계학 이런 것을 필수과목으로 하는 학교가 많고, 그렇지 않을 경우에 다른 기초과목과 함께 한 섹션에 그런 과목을 포함시켜서 1학년 필수과목을 만드는 경우가 많이 있습니다.

사 회 자 : 윤진수 교수님.

윤 진 수 : 저는 서울대학교 법과대학에 있는 윤진수입니다.

헌법실무연구회 회원이기도 하고 법경제학회 회장이라는 직책을 가지고 있는데 오늘 늦어서 죄송하게 생각합니다마는, 다 나오신 말씀인데 제가 몇 마디 보충하고, 이 부분은 아까 신 교수님 말씀하고 조금 방향이 다른 한마디 할까하고요.

첫째로 헌법하고 경제학, 또는 법하고 경제학이 어떤 관계에 있느냐? 그것은 신 교수님도 말씀하셨고 고 교수님 말씀하셨는데 사실 저는 밀접한 관련이 있다, 이렇게 생각을 합니다.

법이 추구해야 될 목표의 하나가 효율, 재화의 효율적인 분배도 있기 때문에 그것은 틀림없는 것이고, 제가 쓴 글을 인용해서 안됐습니다만, 제가 권리남용의 경제적 분석이라고 해서, 권리남용도 거래비용을 줄이는 것으로 이해할 수 있다, 이런 글을 썼거든요. 법하는 분들한테는 생소한 얘기일 텐데 가령 아까 여운국 연구관도 말씀하셨지만 헌법재판소에서 단골손님으로 써먹는 '비례의 원칙' 그것도 사실은 기본적으로는 경제적인 사고를 깔고 있는 것이거든요. 어떤 법이 주는 효용과 그로 인한 손실을 비교해서 손실이 효용보다 크면 그런 법 안해야 되는 것 아니냐, 그런데 어렵게 말할 것 없이 그것도 하나의 경제학적인 사고지요. 그런 얘기는 일반적인 얘기이고 제가 말씀드리고 싶은 것은 헌법재판의 한계라고 그럴까 이것에 대해서 말씀드리고 싶은데, 사실 아까 민 교수님 말씀하신 것 하고는 좀, 여기서는 헌법재판소 헌법재판에 관한 것이니까요, 헌법을 어떻게 만들 것이냐 그런 논의는 사실 아니거든요. 기본적으로는 헌법재판 이 제도가 아까 말한 대로 다수결의 문제를 해결하고자 하는데서 나온 것은 틀림이 없습니다.

헌법재판에 대해서 정당성을 의심하는 사람들이 Anti-Majority라고 말합니다. "왜 다수가 만든 법을 그 몇 사람의 재판관이 뒤집어 엎느냐?" 이렇게 말하는데, 아까 말한 Fuller나 이런 사람이 말하는 것처럼 원래는 이것이 전원일치가 되어야 되는데 전원일치로 할 수가 없으니까, 다수자들이 많은 이익을 얻지만 그것이 소수자들이 얻는 손해에 비해서 작은 경우에는 말하자면 헌법재판이나 이런 제도에 의해서 보호해야 되는 것 아니냐, 일반적으로는 그 말씀이 맞습니다. 그러나 또 다른 면에서는 과연 헌법재판소가 그런 다수결의 문제를 시정하기에 부적절할 수도 있다 하는 것입니다. 아까 신 교수님이 예로 드신 수도이전에 관한 법, 거기서 헌법재판소가 관습헌법의 논리를 이끌어서 그것을 위헌이라고 했는데 관습헌법이라는 것은 그야말로 헌법에 없는 것이거든요. 그러면 왜 다른 사람들은 그것을 잘 인식을 할 수가 없는데 헌법재판소 재판관들은 어떻게 관습헌법이라는 것을 제대로 인식할 수가 있느냐? 이런 비판이 제기되는 것이고 저도, 국민다수의 의사라기보다는 특정지역 또는 정파적 이해에 얽혀서 수도이전입법이 이루어졌다는 것을 부정하는 것은 아니지만, 헌법재판소가 그것을 제대로 시정하기 위해 적절한 기구냐? 그것은 또다시 생각을 해봐야 된다 하는 거지요. 결국은 헌법재판소의 역할은 기본권침해에 대한 구제인데 수도이전은 기본권침해문제하고는 조금 거리가 있는 것이라고 생각이 되는 것이지요. 그러니까 헌법재판소 재판관들의 '한계' 이것도 있다 하는 것이고, 그것은 사실 풀기가 어려운 문제입니다. 재판관들이 자제를 해야 되는데 어느 선에서 자제를 하고 어느 선에서 자제를 하지 않아야 되는지 한계를 긋기가 어려운 것이고, 아까 여운국 연구관님 비례의 원칙을 말씀하셨는데 사실은 그렇습니다. 법익을 형량할 때 많은 경우에는 국회가 헌법재판소보다 더 우월하거든요. 그런 판단을 함에 있어서 국회는 많은 보조인력을 가지고 이런 입법을 시행하면 어떤 효과가 있느냐, 어떤 결과가 있느냐, 그것을 국회가 더 잘 알 수가 있다, 그렇지만 헌법재판소는 그런 면에서는 잘 알 수가 없다, 그렇기 때문에 비례의 원칙 심사할 때도 말하자면 소위 문제된 기본권에 따라, 헌법재판소가 사실상 그렇게 하고 있다고 보이는데, 많은 경우에는 특히 경제문제 이런 것은 국회의 판단을 존중하고, 개인의 생명, 신체의 자유라든지 언론의 자유 이런 분야에서는 헌법재판소가 잘 판단할 수 있지 않느냐 그런 쪽으로 판단을 나누어봐야 될 것 같습니다.

제가 다시 한번 말씀드리지만 여기 재판관님도 계시지만 그 문제는 사실 해결하지 못하는 것 같아요. 헌법재판소 또는 미국 같으면 연방대법원판사가 과연 어떻게 현명하게, 국회의원보다 더 현명하게 판단할 수 있느냐, 경우에 따라서 이것을 남용할 수 있다, 그거 다 알지만 그래도 이 제도가 있는 것이 낫지 않느냐 하는 것이 지금까지의 경험입니다. 한국 헌법재판소도 지금은 그런 문제점도 잘 인식해야 될 때가 오지 않았는가 생각합니다.

말씀 마치겠습니다.

사 회 자 : 고맙습니다.

제가 성함을 잘 몰라서, 손드신 분.

사 회 자 : 잘 알겠습니다.

토론을 더하기 전에 정리를 할 필요가 있을 것 같은데요, 두 학회가 만나서 그런지 특히 지금까지는 법경제학회에서 나온 분들이 주로 발언을 하셨는데, 오늘 문제의 쟁점도 그렇고 지정토론자가 제시한 것도 법이 경제학적으로 봤을 때 효용성을 가지면 좋겠다, 그래야 되지 않느냐, 이런 데 그치는 것이 아니고, 경제적 효용성의 입장에서 본 관점과 헌법가치의 관점이 충돌했을 때 어떻게 할 것이냐. 이 경제적 효용성이라는 것이 규범적 효력도 가질 수 있는 것이냐 경우에 따라서는, 이러한 문제제기가 헌법재판에서 이루어질 수 있고 또 헌법재판관들이 헌법사건을 심리하는 과정에서 많이 그런 의문이 떠올랐을 것입니다.

그래서 제가 보기에는 정말 효율적인 토론이 되기 위해서는 헌법재판소에서 법경제학회를 여기 초대한 것이니까 헌법재판소에 계신 분들이 그런 구체적인 문제에 대해서 질문하시고 그 질문에 대해서 법경제학회에서 어떻게 논의되고 있는가, 이런 토론이 이루어질 수 있다면 그야말로 효용성 있는 접근이 되지 않을까 이런 생각이 듭니다.

황 치 연 : 헌법재판소의 황치연 연구관입니다.

먼저 학문적인 영역에 있어서 헌법경제학, 경제헌법 또는 법경제학 또는 법의 경제학적 분석 이런 것을 좀 구별을 해야 되지 않을까 생각합니다. 경제헌법하면 헌법이 규율하는 영역 중에서 재정영역, 예산영역 어떤 경제영역을 헌법적인 차원에서 규율하는 것을 고찰하는 학문이고, 헌법경제학이라는 것은 아까 게임규칙의 총체를 헌법이라고 보는 그런 시각도 있는데 제가 봤을 때는 근원적으로 어떤 경제성의 원칙 또는 최적조화, 균형을 찾는 관점을 헌법규범을 전제에 놓고 추구하는 것이 아니라, 헌법이라는 하나의 현상을 현상으로서 보고 접근하는 것이 헌법경제학이지 않겠는가라고 생각하고, 법경제학 이 파트는 법규범에 대해서 규범적인 논리로 접근하는 것이 아니라 사실분석의 차원에서 과연 우리가 최적균형점을 어떻게 찾아갈 것인가? 예컨대 고려할 독립변수와 가능변수를 생각했을 때 파레트 최적, 게임이론 또는 코스의 정리라든지 불가능성이론 이런 것을 고려하여 어떻게 우리가 최적균형점을 경제적인 분석을 통해서 찾아낼 수 있을까? 이게 법경제학에 합당한 것 아닌가 이렇게 생각합니다.

예를 하나 들어보겠습니다. 한국전력공사에서 지하전기선공급을 할 때 토지를 관할하는 한국토지공사가 합니다. 그러면 그 비용을 누가 부담하는 것이 헌법경제학적인 측면에서 가장 효율적인가? 왜냐하면 이것은 경제학적인 비용전가의 문제가 생깁니다. 한전이 부담하면 전기수용자에게 비용부담이 되는 귀착효과가 있고 토지공사에게 부담시키면 그 토지를 이용하는 자, 소유자에게 귀착되는 효과가 있습니다. 그러면 어떻게 판단을 내리는 것이 헌법경제학적인 측면에서 최적균형을 달성하는 것인가 이런 것이 있을 수가 있습니다.

또 다른 관점에서 본다면 이거는 시스템의 문제라고 생각하는데 영국캠브리지대학에 있는 교수가 발표한 논문에 의하면 만약에 어떤 도로에 하자가 있었을 때 영조물하자책임을 묻는데 독일식 사고방식에서는 그 하자담보책임을 물을 수 있는 법적 요건과 그 효과, 사실관계를 고려하여 적용한다는 겁니다. 그런데 지금 이 도로하자로 인해서 어떤 교통사고가 발생했을 때 여기에 대해서 과연 이 도로를 지방자치단체가 얼마만큼 관리할 수 있는 능력이 있고 그것을 보상할 수 있는 재정적인 여건이 어떻고 이런 것들을 분석해서 명백히 도로하자로 인해서 독일식에 의하면 영조물하자 책임을 물을 수 있는데도 불구하고 책임을 물을 수 없다, 이렇게 판결을 내린다는 거예요. 그러니까 법의 경제학적 분석을 할 때는 사회구조가 갖고 있는 법적 시스템과도 많은 연관성이 있지 않을까 이런 생각을 합니다.

이 성 섭 : 저는 숭실대학교의 이성섭 교수입니다.

지금 질문을 해 주신 내용하고 아마 법과 경제학 간의 경계 또는 조화라 그럴까 둘 사이에 우리가 어떤 식으로 법을 경제학적인 논리에 의해서 해석을 할 수 있느냐 하는 그런 문제, 같은 문제라고 저는 개인적으로 생각합니다.

지금 바로 구체적으로 전기공사를 할 때 그 공사를 한전이 비용부담을 하는 것이 옳은지 아니면 토지공사라든지 또는 앞으로 토지를 소유할 사람이 부담을 하는 것이 좋은지, 그런데 이런 문제를 사실은 경제학에서 과연 저희가 지금 답을 해 줄 수 있을 만큼 이런 연구가 진행이 돼있는지 저는 개인적으로는 아직 저희가 거기까지 가있지 않지 않나 개인적으로 생각을 합니다. 물론 다르게 생각하시는 분들도 계시겠습니다만. 예를 들어서 그런 판결이 어떻게 이루어지느냐에 따라서 그것은 하나의 룰을 새롭게 만드는 것이고 그것은 일종의 새로운 법을 만드는, 특히 헌법재판소의 판결이라고 하는 것은 그런 의미를 가진다고 할 수 있겠는데, 그럴 때에 그것을 예를 들어서 우리 경제학에서 흔히 얘기하는 거래비용을 낮추는 형태로 판단할 수 있느냐, 판결이 어느 쪽 비용부담으로 가느냐 하는 것을 판단할 때 하나의 문제를 놓고는 저희가 그렇게 할 수 있다고 생각합니다.

그러니까 예를 들어서 정부에서 어느 정책을 할 때 그 정책이 1회성이고 이럴 때는 그런 판단을 할 수 있을지 모르겠지만, 법이라고 하는 것은 그것이 하나의 룰로 만들어지면 모든 경우에 또 모든 사람한테, 미래에 쭉 적용이 되는 문제이기 때문에 그것을 우리가 그러면 다 예를 들어서 거래비용을 또는 효율성 분석을 해서 판단할 수 있느냐 하는 것은 제가 보기에 민경국 교수 말씀을 하신 것도 아마 그런 맥락이라고 보는데, 그런 효율성판단에 의해서 이루어질 수 있는 차원이 아니지 않나 이런 생각을 합니다.

그것에 대해서 법에서는 법의 원칙이, 아마 원리가 있으리라고, 저는 법에 대해서, 경제학을 하는 사람이니까 제가 아는 바가 제한되어 있기 때문에 말씀드릴 수 있는 영역이 없습니다만, 경제학도 그렇고 법도 그렇고 그 문제에 대해서 사실은 당황을 하는 게 경제학자들도 당황을 하고 있고 아마 질문을 하신 내용을 들어보면서 판결을 하시는 입장에서도 대단히 당황을 하고 계신 것으로 느껴지는데, 그 문제를 굳이 해석을 한다면 예를 들어서 그런 판단이 이제 그것이 만들어지고 앞으로 계속해서 새로운 사건에 적용이 된다고 생각을 할 때 그것이 가능하다면 법의 원칙에 맞게 되겠지만 그래서 그런 판결이 나오겠지만, 시장에 있어서는 시장의 행위에 어긋나지 않는다고 이렇게 얘기하는데, 그러니까 시장의 법칙에, 시장의 이윤추구의 동기에 어긋나지 않는 그런 판단이면 적절하지 않느냐 이런 판단을 할 수 있습니다. 저는 그 문제와 관련해서 한번 그런 생각을 해본 적이 있습니다. 그 문제를 가지고 저로서는 개인적으로는 틀을 이렇게 짜봤습니다. 그것이 결국 법과 경제학이 만나는 경계고, 거기에 어떤 가치 또는 어떤 원칙이 적용이 되어야 되느냐 하는 문제는 개인적으로는 자기책임성, 이게 경제학적인 개념은 아닙니다. 그러나 저는 경제학에서 벗어나지 않는다고 생각을 합니다, 경제학적인 사고를 가지고도, 그것이 아마 장기에 걸쳐서 모든 사람한테 모든 케이스에 적용이 될 때에는 중요한 원칙이 아닐까, 물론 여러 가지를 다 생각할 수 있겠지요. 저 개인적으로는 자기책임성 같은 것이 상당히 중요한 원리가 되어야 되지 않겠느냐, 그러니까 어떤 사람이 한 행위에 대해서 그 사람이 다른 사람한테 그 책임이 전가되는 것이 아니고 그 사람한테 그 책임이 돌아갈 수 있도록 하는 룰을 만들어 갈 수 있다면 그게 결국은 시장에 어긋나지 않는다는 것, 시장에 정합하는 그런 룰을 만들어 가는 게 아니냐, 그러니까 그것은 효율성판단에 의해서 이루어질 수 있는 영역이 아닙니다. 제가 보기에는 그것은 역사성을 가지고 있고, 그래서 사실은 입법이라든지 법이라든지 이런 것은 우리가 예를 들어 그게 더 나아보인다고 해서 성문법의 상태에서 관습법의 상태로 옮겨갈 수 있는 것도 아니거든요. 그래서 제도가 가지는 역사적인 제약, 이런 것이 복합적으로 되어 있기 때문에 결국 거기에 대한 판단, 이것은 물론 이제 자기 책임성이라든지 원칙을 여러 가지 만들어 놓고 그중에서 어느 것이 더 효율적이냐 하는 것은 계속적인 경험적 연구를 통해서 찾아내가는 과정이 필요하다고 생각을 하는데, 또 하나 생각해 볼 수 있는 것은 그런 자기행위에 대해서 예측가능성을 줄 수 있는 룰이 되느냐, 또 우리가 생각해 본다고 그럴 것 같으면 fair하냐? 그런데 그것이 그렇게 판단을 해도 그것이 경제학의 범위에서 저는 벗어나지 않는다, 그러니까 경제학이 어떤 법을 만들어 나가느냐를 얘기를 할 때는 다른 차원에서 생각을 해야 되는데 그 부분에 대한 연구는 물론 헌법경제학에서 일부 얘기를 하고 있습니다마는 상당히 많은 부분이 아직 채워지지 않은 부분이 아닌가 이렇게 생각이 됩니다.

사 회 자 : 고맙습니다.

지금 저에게 남은 시간이 7분 정도가 남았습니다.

올해가 얼마 남지 않아서 송년회를 하는데 오늘 우리한테 중요한 것은 오늘이 얼마 남지를 않았습니다. 지금 시간이.

지금 손을 한 분 드신 분이 있는데 이미 들으셨으니까 짤막하게 1, 2분 정도로 말씀해 주시기 바랍니다.

양 진 수 : 연세대학교 정치외교학과의 양진수입니다.

신 교수님 발표문에 헌법적 해석을 함에 있어서는 위계질서가 필요하다. 그래서 기본적인 인권과 농산물 물가안정은 달리 보아야 한다는 견해를 피력하셨는데요, 그런데 현안이 될 수 있는 종합부동산세가 개인의 재산권을 침해한다고 생각하시는지? 독일 판례에 의하면 침해한다고 그런 판례가 나와 있다고 하는데 경제학자로서 어떻게 생각하시는지?

사 회 자 : 답변하시기 전에요, 제가 마지막 순서로서 적법절차의 하나로서 최종적으로 발언하실 기회를 드리려고 그랬거든요. 양 박사님 질문에 대한 답변을 포함해서 그 밖에도 전반적으로 하실 말씀 있으면 한 5분 시간을 갖고 말씀해 주시기 바랍니다.

김 일 준 : 2, 3분도 안 걸릴 겁니다.

신 교수님이 하실 말씀인 것 같아서, 저는 지금 법경제학회 학술이사를 맡고 있는 김일준입니다. 제가 지금 계속 저쪽 사진을 바라보고 있는데요, 저를 한 4, 5년 동안 괴롭혔던 조승형 재판관님의 판결을 가지고 씨름을 하고 있는데, 96년도 공용수용관련 어떤 사건입니다. 그런데 제가 말씀드리려고 하는 것은 뭐냐 하면 생각보다 굉장히 호남이십니다.

저를 처음에 굉장히 충격을 준 판결이었는데 소수의견이셨습니다. 우연한 기회에 보게 되었는데, 제가 드리려는 말씀은 아까 여러분들이 말씀을 하셨습니다. 언뜻 보기에 규범적인 사항들, 이것을 경제학에서 얘기하는 효용주의나 이런 비용이런 것으로 다할 수가 있을까? 아주 자연스럽게 가질 수 있는 질문이라고 저는 판단이 되는데 제가 감히 말씀드리자면 할 수 있다고 저는 생각을 합니다.

그때 내용이 뭐냐하면 공용수용상의 due process를 지키는 것이 옳다고 저분은 말씀하셨고, 다수의견에서는 국가의 어떤 편의를 위하여 이것을 먼저 국가에게 권한을 주는 게 옳다고 말씀하셨는데, 아마 신 교수님이 발제문에서 말씀하신 권리들끼리의 충돌이 생겼을 때 모든 분들이 다 규범적인 판단을 하시고 다수의견, 소수의견 내셨지만, 제가 4년 동안 한 것은 조금 전에 말씀하신 법의 경제적 분석이라는 툴을 써서 그게 실증적으로 조승형 재판관님 판단이 옳았다는 것을 증명하는 작업을 지금 하고 있는 겁니다.

그게 쉽지는 않지만 점점 우리나라에서도 인원이 많아지면 판결 하나하나를 할 때 충분히 경제학적인 접근방식이 유용하다는 말씀을 드리고 싶고, 마지막 하나는 경제학과에서 제일 많이 쓰고 있는 세계적인 학자 중에 멘큐의 경제학이라는 책이 있는데, 거기 1페이지에 보면 이런 말이 있습니다. "테레사 수녀님도 더 많은 돈을 좋아한다." 이런 표현이 나와 있는데 그게 무슨 말이냐 하면, 테레사 수녀님이 정말 돈 좋아하는 것이 아니라 돈이라는 것을 대표로 해서 여러 가지 효용가치들을 돈으로 우리는 생각을 가장 대표적으로 사용할 뿐 일단 그것을 잡아놓으면 그걸 어떻게 쓰는 것이 가장 좋은가를 대표적인 변수로 썼다, 이런 설명이 나옵니다.

그래서 제가 오늘 드리려는 말씀은 단지 저희들이 돈 가지고만 따지는 그런 몰가치한 사람들은 아니라는 거고요. 아마 신 교수님이 그 말씀하고 싶을 것 같아요.

이상입니다.

발 표 자 : 제가 아주 간단하게 하겠습니다.

아까 헌법경제학 또 경제헌법, 법경제학, 헌법의 경제적 분석, 이런 차이가 뭐냐? 사실 저도 잘 모르거든요. 그런데 각자는 또 자기 좋은 용어가 있는 것 같습니다. 예를 들어서 시카고대학 강사고 연방법원판사이기도 한 포즈너 판사는 '경제적 분석' 이런 말을 제일 좋아한 것 같습니다. 또 하이에크 논의를 하면서 예를 들어서 '경제적 분석' 이렇게 붙이는 것은 좀 부적절한 측면도 있습니다.

거기서는 법질서, 경제질서, 크게 이렇게 관계가 어떤지 이런 식으로 논하기도 하고, 또 헌법경제학은 법경제학, 이런 식으로 분류되어서는 안 된다, 아까 민경국 교수가 이야기하셨는데 그쪽은 그런 식으로 용어를 쓰고 싶어 하기도 하고 여러 가지 저는 그냥 신제도경제학 이런 쪽에서는 다른 용어를 쓰기도 하고, 그런데 제가 법경제학이라고 여기서 쓴 것은 그냥 다 포괄해서입니다.

법과 경제의 관계 이런 것에 대한 경제적 분석 이런 것을 다 포함한 것이고, 헌법경제학은 조금 독특한 측면이 있지요. 아까 게임의 전반적인 룰이 달라짐에 따라서 그게 어떻게 보면 같은 것이고, 그래서 그 구분은 그렇게 열심히 안해도 되지 않느냐 그런 생각이 들고.

그 다음에 종합부동산세에 대해서 어떻게 생각하느냐? 그것은 사실 저도 검토를 많이 안 해봤기 때문에 잘 모르는 것이고, 제가 여기서 강조를 하고 싶었던 것은 아까 헌법조항 사이에도 위계질서가 존재한다는 이런 것을 이야기할 때, 그러니까 예를 들어서 농업, 어업보호육성이라든지 소작제도금지라든지 이런 목적을 위해서 예를 들어서 어떤 보호육성이라든지 중소기업보호육성이라든지 목적을 내세우면서 추진하는 정책규제 이런 것들이 많은 경우에 제대로 된 효과도 못 걷으면서 시장경제를 왜곡시키려 하는 경우가 많다는 것을 이야기하고 싶은 것이거든요. 그러니까 이런 헌법조항을 기초로 해가지고 자꾸 규제를 많이 도입하고 이런 것을 막을 필요가 있지 않겠느냐, 막는데 있어서는 아까 시장경제질서라든지 자유민주주의라든지 이런 논리를 가지고 거기에 헌법규정이 있다 하더라도 적절하게 해석해서 너무 지나치게 개입하고 하는 것을 막을 필요가 있지 않겠느냐 그런 생각을 좀 해본 것이고.

그 다음에 헌법재판소가 어떤 역할을 해야 되겠느냐? 윤진수 교수께서는 한계도 분명히 많이 있다, 물론 한계가 많이 있지요. 이게 전반적인 사회분위기가 그렇게 돌아가는데 여기서 그것을 무릎쓰고 이렇게 다른 의견을 내놓고 심판을 하고 하기가 쉽지 않은 측면이 분명히 많이 있습니다.

그런데 제가 생각건대는 우리나라가 앞으로 더 발전해나가고 하는 데 있어서는 기존에 국가중심주의적인 그런 것들이 많이 거둬져야 된다. 물론 아직도 정치권에도 많이 남아있고 일반국민들도 정부에 대해서 바라는 것도 많고 그러지만 제대로 지속적으로 발전해나가기 위해서는 민간의 창의, 자유 이런 것이 더 중시되는 사회로 가야 옳은 것이 아닌가, 그런 것과 관련해서 헌법재판소가 상당히 할 역할이 크다, 또 할 수 있다 저는 그런 생각으로 그것을 주문을 한 것입니다.

사 회 자 : 고맙습니다.

사회자는 맨 마지막에 내용적으로 정리하는 것도 중요한 과제이지만 지금 그보다 훨씬 중요한 것은 빨리 끝내는 것이 제일 중요한 것 같습니다.

우리가 학술모임이 제기된 문제를 해결하는 것도 중요한 것이지만 도대체 어떤 문제가 제기될 수 있는가 이것을 논의하는 자리도 중요한 유익한 자리라고 생각됩니다. 이런 문제에 대해서 여러 가지 우리에게 생각할 수 있는 계기를 마련해 주신 신도철 교수님한테 큰 박수를 보내면서 71회 송년 헌법실무연구회 발표회를 여기서 마치겠습니다.

고맙습니다.

第72回(2007. 2. 2) 발표문

자기정보통제권에 관한 판례의 평석

권 건 보*

Ⅰ. 서 설

미국에서는 1960년대 후반부터 프라이버시에 적극적 성격을 부여하는 이른바 현대적 프라이버시권으로서 자기정보통제권을 주창한 이래로 개인정보보호는 프라이버시권의 한 내용으로서 이해되기 시작하였다. 독일에서도 정보처리의 위험과 개인정보의 이용에 있어서의 남용으로부터 시민들을 보호하기 위하기 위한 관념으로서 이른바 '정보자기결정권'(Recht auf informationelle Selbstbestimmung)이라는 독자적 기본권을 승인하게 되었다. 국내에서는 1970년대 말 정보프라이버시에 관한 논의가 소개된 후로 자신에 관한 정보의 보호를 위한 개인의 권리를 헌법상 보장되는 기본권의 하나로서 보장해야 한다는 데 대한 광범한 합의가 이루어져 왔다고 할 수 있다. 다만 그러한 기본권의 헌법상 근거와 법적 성격, 내용 등에 있어서는 아직까지 논란이 해소되지 못하고 있다.

이러한 정보프라이버시권이나 개인정보자기결정권에 관한 법이론은 각국의 판례를 통해 승인되거나 뒷받침되고 있다. 대표적인 사례로 미국 연방대법원의 Whalen 판결[1]이나 독일 연방헌법재판소의 인구조사판결[2]을 들 수 있다. 우리나라에서도 1990년대 후반 들어 자기정보통제권 내지 개인정보자기결정권에 대해 언급하고 있는 법원의 판결들이 나타나고 있다.[3] 특히 최근에 들어서는 공익적 목적의 효율적 수행과 개인의 정보인권 보장이라는 상충된 가치를 둘러싸고 사회적으로 격심한 갈등양상을 빚었던 사안들에 대한 법적 판단이 늘어나고 있다. 대표

* 명지대학교 법과대학 교수.

1) Whalen v. Roe, 429 U.S. 589(1977).

2) BVerfGE 65, 1.

3) 서울고판 1995. 8. 24. 94구39262; 서울고판 1996. 8. 20. 95나44148; 대판 1998. 7. 24. 96다42789 등.

적으로 교육행정정보시스템(NEIS)의 도입과 관련한 국가인권위원회의 권고결정,[4] 지문날인제도에 대한 헌법소원[5]과 NEIS에 의한 개인정보수집 등에 대한 헌법소원[6]에 대한 헌법재판소의 결정 등이 그러하다.

이 가운데 국가인권위원회의 NEIS 결정은 통합행정전산망의 구축과 행정정보의 공동이용에 따른 개인정보의 침해가능성을 확인하고 자기정보통제권의 중요성을 일깨웠다는 점에서 큰 의미가 있었다고 평가할 수 있다. 하지만 그러한 권고결정이 당사자에 대한 법적 구속력을 가질 수 없는 관계로 NEIS를 둘러싼 논란을 완전히 불식시키지는 못했고, 급기야 NEIS에 관한 논란은 헌법소원심판으로까지 이어지게 되었다. 한편, 전 국민을 대상으로 열 손가락 지문을 강제로 날인받는 주민등록날인제도에 대해서는 인권침해의 시비가 끊임없이 이어져 왔으며, 1999. 6. 초경부터 주민등록증 일제갱신을 계기로 지문날인반대의 움직임이 가시화되었고 마침내 1999. 9. 1.에는 십지지문의 날인 및 경찰청장의 지문정보 보관·전산화, 범죄수사목적에의 이용 등에 대한 위헌확인을 구하는 헌법소원심판이 청구되기에 이르렀다.

이들 헌법소원심판에서는 이른바 '개인정보자기결정권'이 헌법상의 독자적 기본권으로 승인되고 있으며, 그 헌법적 의의와 내용, 제한과 한계 등 다양한 논점들이 다루어지고 있다. 이러한 헌법재판소의 결정들은 자기정보통제권에 관한 논의에 있어서 매우 의미가 있는 판례라고 생각된다. 따라서 이하에서는 지문날인제도와 NEIS 사건에 대한 헌법재판소의 결정을 중심으로 하여 자기정보통제권의 의의와 헌법적 근거, 그 제한의 정당화조건 등에 대해 살펴보고, 그에 관한 헌법재판소의 판단을 분석하고 평가해보기로 한다.

Ⅱ. 사건의 개요와 주요 판시사항

1. 지문날인제도에 대한 주민등록법 제17조의8등 위헌확인[7]

이 사건은 주민등록증발급시 주민등록증발급신청서에 열 손가락의 지문을 날

4) 국가인권위원회 2003. 5. 12. 결정(전원위원회), 교육행정정보시스템(NEIS) 관련 권고.

5) 헌법재판소 2005. 5. 26. 선고 99헌마513·2004헌마190(병합) 결정, 주민등록법 제17조의8 등 위헌확인.

6) 헌법재판소 2005. 7. 21. 선고 2003헌마282·425(병합) 결정, 개인정보수집 등 위헌확인.

7) 헌법재판소 2005. 5. 26. 선고 99헌마513·2004헌마190(병합) 결정, 주민등록법 제17조의8 등 위헌확인.

인하도록 하면서 그렇게 하여 만들어진 지문정보를 경찰청장이 보관·전산화하고 이를 범죄수사목적에 이용하는 것이 개인정보자기결정권 등의 기본권을 침해한다고 주장하며 그 위헌확인을 구하는 헌법소원을 제기한 사안이다.

이에 대해 헌법재판소는 지문날인을 제외한 나머지 부분에서 의견의 합치를 이루어내지 못하였다. 경찰청장에 의한 지문정보의 보관·전산화 및 수사목적에의 이용에 대해 6인의 합헌의견은 법률유보원칙과 과잉금지원칙에 위배된다고 볼 수 없다는 취지의 입장을 보인 반면, 3인의 반대의견은 법률유보원칙과 과잉금지원칙에 각각 위배된다는 위헌의 의견을 제시하였다. 본안판단을 중심으로 그 구체적인 판시내용을 간추려보면 다음과 같다.

(1) 다수의견

1) 심판대상과 기본권관련성

이 사건 심판대상조항과 행위 중 본안판단의 대상이 되는 것은 주민등록법시행령 제33조 제2항에 의한 별지 제30호 서식 중 열 손가락의 회전지문과 평면지문을 날인하도록 한 부분(이하 '이 사건 시행령조항'이라 한다)과 경찰청장이 청구인들의 주민등록증발급신청서에 날인되어 있는 지문정보를 보관·전산화하고 이를 범죄수사목적에 이용하는 행위(이하 '경찰청장의 보관 등 행위'라 한다)의 각 위헌 여부인데, 결국 이 사건 심판청구는 개인정보의 하나인 지문정보의 수집·보관·전산화·이용이라는 일련의 과정에서 적용되고 행해진 규범 및 행위가 헌법에 위반되는지 여부를 그 대상으로 하는 것이다.

개인정보자기결정권은 자신에 관한 정보가 언제 누구에게 어느 범위까지 알려지고 또 이용되도록 할 것인지를 그 정보주체가 스스로 결정할 수 있는 권리, 즉 정보주체가 개인정보의 공개와 이용에 관하여 스스로 결정할 권리를 말하는바, 개인의 고유성, 동일성을 나타내는 지문은 그 정보주체를 타인으로부터 식별가능하게 하는 개인정보이므로, 시장·군수 또는 구청장이 개인의 지문정보를 수집하고, 경찰청장이 이를 보관·전산화하여 범죄수사목적에 이용하는 것은 모두 개인정보자기결정권을 제한하는 것이다.

2) 법률유보원칙의 준수 여부

(가) 주민등록법 제17조의8 제2항 본문은 주민등록증의 수록사항의 하나로 지문을 규정하고 있을 뿐 '오른손 엄지손가락 지문'이라고 특정한 바가 없으며, 이 사건 시행령조항에서는 주민등록법 제17조의8 제5항의 위임규정에 근거하여 주민등록증발급신청서의 서식을 정하면서 보다 정확한 신원확인이 가능하도록 하

기 위하여 열 손가락의 지문을 날인하도록 하고 있는 것이므로, 이를 두고 법률에 근거가 없는 것으로서 법률유보의 원칙에 위배되는 것으로 볼 수는 없다.

(나) 공공기관의개인정보보호에관한법률 제10조 제2항 제6호는 컴퓨터에 의하여 이미 처리된 개인정보뿐만 아니라 컴퓨터에 의하여 처리되기 이전의 원정보자료 자체도 경찰청장이 범죄수사목적을 위하여 다른 기관에서 제공받는 것을 허용하는 것으로 해석되어야 하고, 경찰청장은 같은 법 제5조에 의하여 소관업무를 수행하기 위하여 필요한 범위 안에서 이를 보유할 권한도 갖고 있으며, 여기에는 물론 지문정보를 보유하는 것도 포함된다. 따라서 경찰청장이 지문정보를 보관하는 행위는 공공기관의개인정보보호에관한법률 제5조, 제10조 제2항 제6호에 근거한 것으로 볼 수 있고, 그 밖에 주민등록법 제17조의8 제2항 본문, 제17조의10 제1항, 경찰법 제3조 및 경찰관직무집행법 제2조에도 근거하고 있다.

(다) 경찰청장이 보관하고 있는 지문정보를 전산화하고 이를 범죄수사목적에 이용하는 행위가 법률의 근거가 있는 것인지 여부에 관하여 보건대, 경찰청장은 개인정보화일의 보유를 허용하고 있는 공공기관의개인정보보호에관한법률 제5조에 의하여 자신이 업무수행상의 필요에 의하여 적법하게 보유하고 있는 지문정보를 전산화할 수 있고, 지문정보의 보관은 범죄수사 등의 경우에 신원확인을 위하여 이용하기 위한 것이므로, 경찰청장이 지문정보를 보관하는 행위의 법률적 근거로서 거론되는 법률조항들은 모두 경찰청장이 지문정보를 범죄수사목적에 이용하는 행위의 법률적 근거로서 원용될 수 있다.

(라) 따라서 이 사건 시행령조항 및 경찰청장의 보관 등 행위는 모두 그 법률의 근거가 있다.

3) 과잉금지원칙의 준수 여부

(가) 이 사건 시행령조항 및 경찰청장의 보관 등 행위는 불가분의 일체를 이루어 지문정보의 수집·보관·전산화·이용이라는 넓은 의미의 지문날인제도를 구성하고 있다고 할 수 있으므로, 지문정보의 수집·보관·전산화·이용을 포괄하는 의미의 지문날인제도(이하 '이 사건 지문날인제도'라 한다)가 과잉금지의 원칙을 위반하여 개인정보자기결정권을 침해하는지 여부가 문제된다.

(나) 이 사건 지문날인제도가 범죄자 등 특정인만이 아닌 17세 이상 모든 국민의 열 손가락 지문정보를 수집하여 보관하도록 한 것은 신원확인기능의 효율적인 수행을 도모하고, 신원확인의 정확성 내지 완벽성을 제고하기 위한 것으로서, 그 목적의 정당성이 인정되고, 또한 이 사건 지문날인제도가 위와 같은 목적을 달성하기 위한 효과적이고 적절한 방법의 하나가 될 수 있다.

(다) 범죄자 등 특정인의 지문정보만 보관해서는 17세 이상 모든 국민의 지문정보를 보관하는 경우와 같은 수준의 신원확인기능을 도저히 수행할 수 없는 점, 개인별로 한 손가락만의 지문정보를 수집하는 경우 그 손가락 자체 또는 지문의 손상 등으로 인하여 신원확인이 불가능하게 되는 경우가 발생할 수 있고, 그 정확성 면에 있어서도 열 손가락 모두의 지문을 대조하는 것과 비교하기 어려운 점, 다른 여러 신원확인수단 중에서 정확성·간편성·효율성 등의 종합적인 측면에서 현재까지 지문정보와 비견할만한 것은 찾아보기 어려운 점 등을 고려해 볼 때, 이 사건 지문날인제도는 피해 최소성의 원칙에 어긋나지 않는다.

(라) 이 사건 지문날인제도로 인하여 정보주체가 현실적으로 입게 되는 불이익에 비하여 경찰청장이 보관·전산화하고 있는 지문정보를 범죄수사활동, 대형사건사고나 변사자가 발생한 경우의 신원확인, 타인의 인적사항 도용 방지 등 각종 신원확인의 목적을 위하여 이용함으로써 달성할 수 있게 되는 공익이 더 크다고 보아야 할 것이므로, 이 사건 지문날인제도는 법익의 균형성의 원칙에 위배되지 아니한다.

(마) 결국 이 사건 지문날인제도가 과잉금지의 원칙에 위배하여 청구인들의 개인정보자기결정권을 침해하였다고 볼 수 없다.

(2) 재판관 송인준, 재판관 주선회, 재판관 전효숙의 반대의견

1) 법률유보원칙의 위배 여부

(가) 주민등록증발급기관이 주민등록증에 지문정보를 수록하는 것에 대하여만 주민등록법 제17조의8 제 2 항에 근거가 마련되어 있을 뿐 경찰청장이 지문원지를 수집·보관할 수 있도록 하는 법률의 직접적인 규정은 찾아볼 수 없다. 공공기관의개인정보보호에관한법률은 공공기관이 적법하게 보유하고 있는 개인정보를 전제로 이를 컴퓨터에 의하여 이용·처리하는 경우에 발생하는 개인정보에 대한 침해로부터 개인의 기본적 인권을 보호하고자 제정된 법률로서 컴퓨터에 의하여 처리되기 전의 원 정보자료의 적법성 등을 규율하고자 하는 것은 아니므로, 경찰청장이 지문정보를 보관하는 행위가 위 법률 제 5 조, 제10조 제 2 항 제 6 호에 근거한 것으로는 볼 수 없다. 그 밖에 주민등록법 제17조의8 제 2 항 본문, 제17조의10 제 1 항, 경찰법 제 3 조 및 경찰관직무집행법 제 2 조 또한 경찰청장이 지문원지를 송부받아 보관할 수 있는 근거규정이라고 해석할 수는 없다. 따라서 경찰청장이 지문정보를 수집하고 보관하는 행위는 헌법상 법률유보원칙에 어긋난다.

(나) 위에서 살펴본 바와 같이 경찰청장이 지문원지를 수집·보관하는 행위

는 법률상의 근거가 없는 것이므로 개인정보 침해의 위험성이 더 큰 경찰청장의 지문원지의 전산화나 범죄수사목적에 활용하는 행위는 더욱더 법률상 근거가 없는 것이다.

2) 과잉금지원칙의 위배 여부

가사 이 사건 시행령조항을 포함한 심판대상행위가 모두 법률적 근거를 갖추었다고 하더라도 다음과 같은 이유로 기본권의 과잉제한금지원칙에 위배된다. 주민의 거주관계 등 인구 동태를 파악하여 주민생활의 편익을 증진시키고 행정사무의 적정한 처리를 도모하고자 하는 주민등록법의 입법취지를 달성하기 위하여 반드시 하나가 아니라 열 손가락의 지문 모두를 수집하여야 할 필요성이 있다고 보기는 어렵다. 수사상의 목적을 위한 경우라도 범죄의 전력이 있는 자나 성향을 가진 자의 지문정보를 수집·보관하고 이를 후일 범죄수사에 활용할 수 있을 것임에도, 그런 전력이 없는 모든 일반 국민의 주민등록증발급신청의 기회에 열 손가락의 지문 일체를 보관·전산화하고 있다가 이를 그 범위, 대상, 기한 등 어떠한 제한도 없이 일반적인 범죄수사목적 등에 활용하는 것은 개인정보자기결정권에 대한 최소한의 침해라고 할 수 없다. 그리고 전 국민을 대상으로 하는 지문정보는 위와 같은 구체적인 범죄수사를 위해서 뿐 아니라 일반적인 범죄예방이나, 범죄정보수집 내지는 범죄예방을 빙자한 특정한 개인에 대한 행동의 감시에 남용될 수 있어 법익균형성도 상실될 우려가 있다.

3) 결　　론

그러므로 이 사건 심판대상조항과 행위는 법률상 근거가 없거나 과잉금지원칙에 위배되므로 그 위헌확인을 선언함이 마땅하다.

2. NEIS와 관련된 개인정보수집 등 위헌확인[8)]

이 사건은 교육인적자원부장관과 서울특별시 교육감이 교육행정정보시스템(NEIS)을 통하여 재학생과 학부모, 졸업생의 광범한 개인정보를 수집하고 이에 대한 정보파일을 보유하고 있는 것(2003헌마282 사건)과 'NEIS 중 교무/학사 업무 등 3개 영역 시행지침'을 통해 학교장의 재량에 따라 시·도교육감과 교육인적자원부장관이 개인정보를 수집, 관리할 수 있게 한 것(2003헌마425 사건)에 대해 청구인들이 자신의 행복추구권, 사생활의 비밀과 자유 등의 기본권을 침해하는 것이라고 주장하면서 헌법소원심판을 청구한 사안이다.

8) 헌법재판소 2005. 7. 21. 선고 2003헌마282·425(병합) 결정, 개인정보수집 등 위헌확인.

이에 헌법재판소는 교육인적자원부장관 및 서울특별시교육감이 청구인의 개인정보 중 졸업생의 성명, 생년월일, 졸업일자 정보를 NEIS에 보유하는 행위(2003헌마282 사건)는 법률유보원칙에 위배되거나 개인정보자기결정권을 침해한다고 보기 어려워 심판청구가 이유 없다고 기각하였다. 한편, 한시적으로 교무·학사, 입(진)학, 보건 3개 영역에 대하여 일선교사가 수기로 하되, 학교실정에 따라 불가피한 경우 C/S(학교단위별 분산연계시스템), NEIS 등 현실적으로 가능한 방법을 선택하여 사용'하도록 한 부분(2003헌마425 사건) 등에 대해서는 재판관 전원일치의 의견으로 헌법소원의 대상이 되는 공권력의 행사라고 보기 어렵고, 기본권침해의 직접성을 인정할 수 없다는 이유로 각하하였다. 이에 대한 헌법재판소의 본안판단 부분을 요약하면 다음과 같다.

(1) 다수의견

1) 법률유보원칙의 준수 여부

개인정보자기결정권을 제한함에 있어서는 개인정보의 수집·보관·이용 등의 주체, 목적, 대상 및 범위 등을 법률에 구체적으로 규정함으로써 그 법률적 근거를 보다 명확히 하는 것이 바람직하나, 개인정보의 종류와 성격, 정보처리의 방식과 내용 등에 따라 수권법률의 명확성 요구의 정도는 달라진다 할 것인바, 피청구인 서울특별시 교육감과 교육인적자원부장관이 졸업생 관련 제 증명의 발급이라는 소관 민원업무를 효율적으로 수행함에 필요하다고 보아 개인의 인격에 밀접히 연관된 민감한 정보라고 보기 어려운 졸업생의 성명, 생년월일 및 졸업일자만을 교육정보시스템(NEIS)에 보유하는 행위에 대하여는 그 보유정보의 성격과 양(量), 정보보유 목적의 비침해성 등을 종합할 때 수권법률의 명확성이 특별히 강하게 요구된다고는 할 수 없으며, 따라서 "공공기관은 소관업무를 수행하기 위하여 필요한 범위 안에서 개인정보화일을 보유할 수 있다"고 규정하고 있는 공공기관의 개인정보보호에관한법률 제5조와 같은 일반적 수권조항에 근거하여 피청구인들의 보유행위가 이루어졌다 하더라도 법률유보원칙에 위배된다고 단정하기 어렵다.

2) 과잉금지원칙의 준수 여부

개인정보의 종류 및 성격, 수집목적, 이용형태, 정보처리방식 등에 따라 개인정보자기결정권의 제한이 인격권 또는 사생활의 자유에 미치는 영향이나 침해의 정도는 달라지므로 개인정보자기결정권의 제한이 정당한지 여부를 판단함에 있어서는 위와 같은 요소들과 추구하는 공익의 중요성을 헤아려야 하는바, 피청구인들이 졸업증명서 발급업무에 관한 민원인의 편의 도모, 행정효율성의 제고를 위하여 개인의 존엄과 인격권에 심대한 영향을 미칠 수 있는 민감한 정보라고 보기 어려운 성명, 생년월일, 졸업일자 정보만을 NEIS에 보유하고 있는 것은 목적의 달성에 필요한 최소한의 정보만을 보유하는 것이라 할 수 있고, 공공기관의개인정보보호에관한법률에 규정된 개인정보 보호를 위한 법규정들의 적용을 받을 뿐만 아니라 피청구인들이 보유목적을 벗어나 개인정보를 무단 사용하였다는 점을 인정할 만한 자료가 없는 한 NEIS라는 자동화된 전산시스템으로 그 정보를 보유하고 있다는 점만으로 피청구인들의 적법한 보유행위 자체의 정당성마저 부인하기는 어렵다.

(2) 재판관 권성의 반대의견

피청구인들이 보유하는 정보는 우리나라와 같이 학력이 중시되는 사회에서는 그 정보주체의 인격상 추출에 대단히 중요한 역할을 할 수 있는 학력에 관한 정보이므로 자신의 동의 없이 타인에게 알리고 싶지 않은 민감한 정보가 될 수 있고, 이러한 정보를 NEIS와 같이 컴퓨터와 인터넷망을 이용하는 고도로 집중화된 정보시스템에 보유하면서 그 근거를 정보수집·처리의 목적특정성이 현저히 결여된 공공기관의개인정보보호에관한법률 제5조의 일반조항에 둘 수 있는지 의문이다. 졸업증명서 발급이라는 민원업무 처리를 위하여 시·도 교육감, 나아가 교육인적자원부 차원에서 관련 개인정보들을 전산시스템에 집적하여 관리할 필요성이 무엇인지, 그로 인하여 추구되는 진정한 공익이 과연 존재하는지 의문을 품지 않을 수 없는바, 개인정보 보호법제도 완비되지 않은 상황에서 그 보유목적의 정당성과 보유수단의 적정성을 인정하기 어려운 가운데 결코 가벼이 취급할 수 없는 개인정보를 피청구인들이 NEIS에 보유하고 있는 행위는 그 정보주체의 개인정보자기결정권을 침해하는 것이다.

Ⅲ. 자기정보통제권의 의의와 헌법적 근거

1. 자기정보통제권의 의의

(1) 헌법재판소는 지문날인제도에 대한 주민등록법 제17조의8 등 위헌확인사건[9]에서 “자신에 관한 정보가 언제 누구에게 어느 범위까지 알려지고 또 이용되

9) 헌법재판소 2005. 5. 26. 99헌마513·2004헌마190 결정, 주민등록법 제17조의8 등 위헌확인.

도록 할 것인지를 그 정보주체가 스스로 결정할 수 있는 권리"를 '개인정보자기결정권'으로서 정의하면서,[10] 그 보호의 대상이 되는 개인정보는 반드시 개인의 내밀한 영역이나 사사(私事)의 영역에 속하는 정보에 국한되지 않고 공적 생활에서 형성되었거나 이미 공개된 개인정보까지 거기에 포함될 수 있다고 하였다.

(2) 나아가 헌법재판소는 정보사회로의 급격한 진입으로 개인정보의 수집·처리와 관련한 사생활보호라는 새로운 차원의 헌법문제가 야기되었고, 그에 따라 개인정보자기결정권을 새로운 독자적 기본권으로서의 '개인정보자기결정권'을 헌법적으로 승인할 필요가 있다고 하였다. 그 배경이 된 사회적 상황의 변동을 헌법재판소는 다음과 같이 서술하고 있다.

> "인류사회는 20세기 후반에 접어들면서 컴퓨터와 통신기술의 비약적인 발전에 힘입어 종전의 산업사회에서 정보사회로 진입하게 되었고, 이에 따른 정보환경의 급격한 변화로 인하여 개인정보의 수집·처리와 관련한 사생활보호라는 새로운 차원의 헌법문제가 초미의 관심사로 제기되었다. … 국가가 국민의 기대에 부응하여 복리증진이라는 국가적 과제를 합리적이고 효과적으로 수행하기 위해서는 국가에 의한 개인정보의 수집·처리의 필요성이 증대된다. … 컴퓨터를 통한 개인정보의 데이터베이스화가 진행되면서 개인정보의 처리와 이용이 시공에 구애됨이 없이 간편하고 신속하게 이루어질 수 있게 되었고, 정보처리의 자동화와 정보파일의 결합을 통하여 여러 기관 간의 정보교환이 쉬워짐에 따라 한 기관이 보유하고 있는 개인정보를 모든 기관이 동시에 활용하는 것이 가능하게 되었다. 오늘날 현대사회는 개인의 인적 사항이나 생활상의 각종 정보가 정보주체의 의사와는 전혀 무관하게 타인의 수중에서 무한대로 집적되고 이용 또는 공개될 수 있는 새로운 정보환경에 처하게 되었고, 개인정보의 수집·처리에 있어서의 국가적 역량의 강화로 국가의 개인에 대한 감시능력이 현격히 증대되어 국가가 개인의 일상사를 낱낱이 파악할 수 있게 되었다."

아울러 헌법재판소는 이러한 새로운 기본권의 승인을 두고 "현대의 정보통신기술의 발달에 내재된 위험성으로부터 개인정보를 보호함으로써 궁극적으로는 개인의 결정의 자유를 보호하고, 나아가 자유민주체제의 근간이 총체적으로 훼손될 가능성을 차단하기 위하여 필요한 최소한의 헌법적 보장장치"로서 의미부여를 하고 있다.

---

10) 헌법재판소는 신상공개제도와 관련된 청소년의성보호에관한법률 제20조 제2항 제1호 등 위헌제청 사건에서 "타인의 눈에 비치는 자신의 모습을 형성하는 데 있어 결정적인 인자가 될 수 있는 각종 정보자료에 관하여 스스로 결정할 수 있는 권리"를 의미하는 지칭하는 개념으로 '사회적 인격상에 관한 자기결정권'이라는 용어를 사용한 바 있다(5인의 반대의견). 헌법재판소 2003. 6. 26. 2002헌가14, 청소년의성보호에관한법률 제20조 제2항 제1호 등 위헌제청, 판례집 제15권 1집, 649~650면.

(3) 독일 연방헌법재판소는 1983년 인구조사법(Volkszählungsgesetz)에 대한 판결에서 '정보자기결정권(Recht auf informationelle Selbstbestimmung)'을 "원칙적으로 자기의 개인정보의 공개와 이용에 관하여 스스로 결정할 각자의 권한"으로 정의한 바 있다.[11] 국내에서는 개인정보의 보호에 관한 기본권으로서 '자기정보관리통제권',[12] '자기정보관리권',[13] '자기정보통제권',[14] '자기정보에 대한 통제권',[15] '자기에 관련된 정보의 전파를 컨트롤할 수 있는 권리',[16] '자신에 관한 정보의 통제권',[17] '개인정보통제권'[18],,'개인정보자기통제권',[19] '정보상 자기결정권',[20] '자기정보결정권',[21] '개인정보자결권',[22] '정보자기결정권',[23] '개인정보자기결정권',[24] '개인정보결정권',[25] '사회적 인격상에 관한 자기결정권'[26] 등 다양한 용어가 사용되고 있다.

'자기정보통제권'은 헌법재판소가 사용하고 있는 '개인정보자기결정권'과 용어상 차이가 있지만, 양자는 개인에 관한 정보에 있어서 정보주체의 자율적인 관여권한을 인정하는 기본적인 정신은 동일한 것이라 할 수 있다. 필자는 개인정보에 관한 자기결정의 차원을 넘어서서 개인정보의 대외적 유통에까지 자율적으로 관여하고 통제할 수 있는 정보주체의 적극적 권리는 '자기정보통제권'이라는 용어를 통해 보다 효과적으로 설명될 수 있다고 본다. 따라서 이 글에서는 '자기정보

11) BVerfGE 65, 1.

12) 권영성, 헌법학원론(2002), 427면.

13) 허영, 헌법이론과 헌법(박영사, 2003), 505면.

14) 최대권, 헌법학강의, 261~262면; 홍성방, 헌법학(현암사, 2002), 450면 등.

15) 성낙인, 헌법학(법문사, 2003), 414면.

16) 김철수, 헌법학개론(박영사, 2000), 519면.

17) 계희열, 헌법학(중), 347면.

18) 김용섭, "정보공개와 개인정보보호의 충돌과 조화", 공법연구 제29집 제3호(2001), 181면; 김종철, "헌법적 기본권으로서의 개인정보통제권의 재구성을 위한 시론," 인터넷법률 4호(2001), 23면 이하.

19) 성낙인 외, 개인정보보호를 위한 정책방안 연구(정보통신부, 1999), 23면.

20) 박윤흔, 최신행정법강의(상)(박영사, 2002), 540면 이하.

21) 홍정선, 행정법원론(상)(박영사, 2001), 28면 이하.

22) 정태호, "개인정보자결권의 헌법적 근거 및 구조에 대한 고찰," 헌법논총 제14집(2003), 407면.

23) 김일환, "정보자기결정권의 헌법상 근거와 보호에 관한 연구," 공법연구 제29집 제3호(2001), 87면 이하; 김승환, "정보자기결정권," 헌법학연구 제9권 제3호(한국헌법학회, 2003), 149면 이하.

24) 정준현, 앞의 논문, 150면 이하; 백윤철, "헌법상 자기결정권과 개인정보자기결정권," 헌법학연구 제9권 제3호(한국헌법학회, 2003), 209면 이하; 헌법재판소 2005. 5. 26. 99헌마513·2004헌마190 결정, 주민등록법 제17조의8 등 위헌확인; 헌법재판소 2005. 7. 21. 2003헌마282·425(병합) 결정, 개인정보수집 등 위헌확인.

25) 강경근, 헌법(법문사, 2002), 496면.

26) 한수웅, "헌법상의 인격권," 헌법논총 제13집(2002), 660면.

통제권'이라는 용어를 사용하기로 한다.

(4) 개인정보자기결정권의 개념과 의의에 관한 위의 판시내용은 그간 국내외의 학계와 판례에서 전개되어온 자기정보통제권 내지 정보자기결정권에 관한 논의들을 헌법재판소가 적극적으로 수용한 것으로 보인다. 이 결정을 통해 헌법재판소는 개인정보의 보호가 단순한 법적·제도적 보장의 차원이 아니라 기본권보장의 차원에서 다루어져야 할 헌법적 과제임을 분명히 하였다고 할 수 있다.

2. 자기정보통제권의 헌법상 근거

(1) 헌법재판소는 주민등록법 제17조의8 등 위헌확인[27]에서 "개인정보자기결정권의 헌법상 근거로는 헌법 제17조의 사생활의 비밀과 자유, 헌법 제10조 제1문의 인간의 존엄과 가치 및 행복추구권에 근거를 둔 일반적 인격권 또는 위 조문들과 동시에 우리 헌법의 자유민주적 기본질서 규정 또는 국민주권원리와 민주주의원리 등을 고려할 수 있으나, 개인정보자기결정권으로 보호하려는 내용을 위 각 기본권들 및 헌법원리들 중 일부에 완전히 포섭시키는 것은 불가능하다고 할 것이므로, 그 헌법적 근거를 굳이 어느 한두 개에 국한시키는 것은 바람직하지 않은 것으로 보이고, 오히려 개인정보자기결정권은 이들을 이념적 기초로 하는 독자적 기본권으로서 헌법에 명시되지 아니한 기본권이라고 보아야 할 것이다"라고 판시하고 있다. 나아가 헌법재판소는 "인간의 존엄과 가치, 행복추구권, 인격권, 사생활의 비밀과 자유 등의 기본권들은 모두 개인정보자기결정권의 헌법적 근거로 거론되는 것들로서 청구인들의 개인정보에 대한 수집·보관·전산화·이용이 문제되는 이 사건에서 그 보호영역이 개인정보자기결정권의 보호영역과 중첩되는 범위에서만 관련되어 있다고 할 수 있다"고 하면서, "특별한 사정이 없는 이상 개인정보자기결정권에 대한 침해 여부를 판단함으로써 위 기본권들의 침해 여부에 대한 판단이 함께 이루어지는 것으로 볼 수 있어 그 침해 여부를 별도로 다룰 필요는 없다"고 하였다. 이에 따라 헌법재판소는 개인정보자기결정권에 대한 침해 여부만을 판단하고 있다.

한편, 헌법재판소는 교육행정정보시스템(NEIS)과 관련한 개인정보수집 등 위헌확인사건[28]에서 헌법재판소는 "인간의 존엄과 가치, 행복추구권을 규정한 헌법

27) 헌법재판소 2005. 5. 26. 선고 99헌마513·2004헌마190(병합) 결정, 주민등록법 제17조의8 등 위헌확인.

28) 헌법재판소 2005. 7. 21. 선고 2003헌마282·425(병합) 결정, 개인정보수집 등 위헌확인.

제10조 제1문에서 도출되는 일반적 인격권 및 헌법 제17조의 사생활의 비밀과 자유에 의하여 보장되는 개인정보자기결정권은 자신에 관한 정보가 언제 누구에게 어느 범위까지 알려지고 또 이용되도록 할 것인지를 그 정보주체가 스스로 결정할 수 있는 권리이다. 즉 정보주체가 개인정보의 공개와 이용에 관하여 스스로 결정할 권리를 말한다"고 판시하였다.

(2) 헌법재판소는 위의 지문날인제도에 관한 결정에서 개인정보자기결정권을 다양한 헌법적 이념에 기초한 독자적 기본권이라는 설명으로 그 헌법적 근거에 관한 논의를 살짝 비켜가고 있다. 이는 일면 헌법적 근거에 대한 명쾌한 해명이 어렵다는 점을 솔직하게 인정한 것이 될 수도 있고, 타면으로 문제의 해결에 있어서 직접 필요한 사항에 관심을 집중하려는 전략적인 접근방식이라 할 수 있겠다. 하지만 개인정보자기결정권으로 보호하려는 내용을 특정의 기본권이나 헌법원리들 중 일부에 완전히 포섭시키기 어렵다고 하여 구체적인 헌법적 근거를 규명하는 노력을 포기하는 것은 바람직하다고 하기 어렵다.[29] 개인정보자기결정권을 헌법상의 독자적 기본권으로 승인하는 최초의 결정이라는 점을 고려할 때 그 헌법적 근거에 대해 충실하게 논증하였다면 하는 아쉬움이 남는다.

이러한 점에서 교육행정정보시스템(NEIS) 사건에서 개인정보자기결정권의 헌법적 근거를 일반적 인격권(헌법 제10조 제1문)과 사생활의 비밀과 자유(제17조)로 명시한 점은 진일보한 자세라고 평가할 수 있을 것이다. 하지만 종전의 지문날인제도에 관한 결정에서 언급된 내용을 간단히 인용하면서도 헌법적 근거에 대해서만 약간의 차이를 보여주고 있는 정도이다. 따라서 헌법적 근거에 대한 규명에 있어서 구체적인 설명이 없는 상태에서 이 둘의 차이가 얼마나 의식적이고 적극적인 태도변화라고 할 수 있을지는 섣불리 단정하기 어렵다.

한편, 서울고등법원은 1994년 언론사세무조사결과에 대한 공개거부처분 취소청구소송에서 정보화의 진전에 따른 사생활권 보호의 필요성을 강조하면서, '자신에 관한 정보를 스스로 관리·통제할 수 있는 권리'라는 개념을 상정하여 사생활의 비밀과 자유에 포섭시킨 바 있고,[30] 보안사사찰 폭로사건에서는 정보관리통제권의 헌법적 근거를 헌법 제17조에서 찾으면서도 그 보호범위에 포함될 수 있는 구체적 권리들까지 예시한 바 있다.[31] 한편, 대법원은 보안사사찰 폭로

---

29) 이는 '알 권리'를 독자적 기본권으로 승인하면서 그 근거를 헌법 제21조에서 찾고 있는 헌법재판소의 태도와 차이가 있다. 헌법재판소 1989. 9. 4, 선고 88헌마22 결정, 공권력에 의한 재산권 침해에 대한 헌법소원, 판례집 제1권, 189면 참조.

30) 서울고등법원 1995. 8. 24. 선고 94구39262 판결. 하집1995(2)464.

31) 서울고등법원 1996. 8. 20. 선고 95나44148 판결. 하집96(2)277.

사건에 대한 상고심판결에서 '자신에 대한 정보를 자율적으로 통제할 수 있는 적극적인 권리'를 인정하면서, 다만 그 근거를 헌법 제10조와 제17조에서 구하고 있다.[32)]

(3) 우리 학계에서는 자기정보통제권의 근거와 관련하여 (i) 소극적 측면은 헌법 제17조에서, 청구권적 측면은 헌법 제10조의 인간의 존엄과 가치에 있다고 보는 견해,[33)] (ii) 자유로운 인격성의 보장을 위한 측면은 헌법 제10조의 인간의 존엄권과 행복추구권에서, 권력통제권이라는 정치적 권리로서의 측면은 국민주권의 원리와 민주주의의 원칙에서 찾는 견해,[34)] (iii) 헌법 제17조의 사생활의 비밀과 자유에서 찾는 견해,[35)] (iv) 일반적 개인정보자결권의 근거는 헌법 제10조의 인간의 존엄과 가치 및 행복추구권에 근거한 일반적 인격권에서 찾는 견해[36)] 등이 제시되고 있다.

생각건대 방어권이라고 해서 반드시 공권력에 대한 부작위청구만을 내용으로 한다고 보기는 어려울 것이다. 공권력의 침해로부터 방어할 수 있는 권리에는 부당한 간섭의 금지를 요구하는 부작위청구권뿐만 아니라 경우에 따라서는 일정한 작위청구권도 포함될 수 있는 것으로 보아야 한다.[37)] 가령 이미 그 침해가 이루어진 경우 그 결과의 배제나 피해의 전보 등을 청구할 수 있고, 나아가 침해의 가능성이 충분히 예견되는 상황에서는 그 예방을 청구할 수도 있다. 이러한 내용은 공권력에 대한 적극적 작위의 청구로 이해되지만, 이를 방어권의 또 다른 측면이라고 보아야 할 것이다. 공공기관이 보유하고 있는 자신에 관한 정보가 객관적 진실과 다를 경우 그 잘못된 정보의 보유 자체로서 자기정보통제권의 침해가 될 수 있고, 그러한 잘못을 바로잡기 위한 정정청구권은 방해배제청구권으로 이해되어야 한다. 그리고 정정청구권을 행사하려면 우선 자신에 관한 어떤 정보가 보유되고 있는지, 자신에 관한 정보가 올바르게 보유되고 있는지 정보주체가 알 수 있어야 하는데, 이를 위해 정보주체의 열람청구권이 당연히 인정되어야 한다. 다만 자신에 관한 정보의 열람청구권은 정정청구권과 달리 피해의 구제로서의 의미보다는

32) 대법원 1998. 7. 24. 선고 96다42789 판결. 공98.9.1[65], 2200.

33) 김철수, 헌법학개론(박영사, 2001), 540면.

34) 김종철, "헌법적 기본권으로서의 개인정보통제권의 재구성을 위한 시론," 인터넷법률 제4호(2001), 43면.

35) 권영성, 헌법학원론(2003), 429면; 계희열, 헌법학(중)(박영사, 2000), 345면; 성낙인, 헌법학(법문사, 2002), 427면; 최대권, 헌법학강의(박영사, 1998), 261~262면; 김일환, "정보자기결정권의 헌법상 근거와 보호에 관한 연구," 공법연구 제29집 제3호, 2001. 101~102면 등.

36) 정태호, "개인정보자결권의 헌법적 근거 및 구조에 대한 고찰," 헌법논총 제14집(2003), 431면.

37) 김일환, "정보자기결정권의 헌법상 근거와 보호에 관한 연구," 98~99면 참조.

예방청구의 성격이 강하다고 할 것이다. 이 경우의 예방청구는 침해의 가능성이 현저한 경우뿐만이 아니라, 개인정보가 적법하게 처리되고 있는지 확인하려는 경우에도 허용된다. 이처럼 확인청구까지도 내포하는 개인정보열람청구권은 침해가능성을 전제로 하지 않는다는 점에서 방어적 수단에서 한 걸음 더 나아간다. 즉 이 권리는 개인정보의 보유나 처리의 상황을 점검할 수 있는 통제적 수단으로서의 의미도 가지는 적극적 성격의 방어권이라고 할 수 있다. 사생활권의 실효적 보장을 위하여 필수적으로 요청되는 정도라면 그 수단이 다소 적극적인 성격을 띠더라도 그것을 굳이 자유권적 기본권의 범주에서 벗어나는 것으로 이해할 필요는 없다고 본다.

또한 권력통제권이라는 정치적 권리로서의 성격을 강조하면서 그 근거를 국민주권의 원리와 민주주의의 원칙에서 찾는 견해는 헌법적 근거에 관한 문제와 기능적 측면을 혼동한 데서 비롯되는 문제가 있다고 본다. 물론 개인정보통제권의 기능적 측면에서 볼 때 권력통제로서의 의미를 부인할 수는 없을 것이다. 하지만 가령 개인정보의 보호가 경제적 이익을 가져다주는 경우가 있다고 하여 개인정보통제권의 근거를 재산권에서 찾는 것은 매우 곤란하다. 따라서 자기정보통제권의 근거를 국민주권주의와 민주주의의 원리에서 찾는 것은 수긍하기 어렵다.

한편, 사생활의 영역을 보호하는 헌법 제17조에서는 자기정보통제권의 다양한 보호범위를 모두 포섭하기 어려운 점이 있다. 자기정보통제권은 개인의 내밀영역이나 사사의 영역에 속하는 정보뿐만 아니라 공적 생활에서 형성되는 개인정보나 이미 공개된 개인정보까지 보호하는 것을 내용으로 한다. 가령 성명, 성별, 인종 등은 일반적으로 인간의 오감(五感)에 의해 용이하게 식별가능한 것들이고, 모든 사람들이 사회생활을 하는 과정에서 타인에게 인지되거나 타인의 식별을 감수하여야 하는 사항들이다. 다시 말하자면 이들은 사적인 영역에 속하는 사항이라기보다는 공적인 생활영역에서 자연스럽게 노출되어 있는 정보라고 할 수 있다. 또한 국적, 거주지, 직장, 직업 등도 그 집단의 일원인 사람들에게는 개인적인 사항이라거나 비밀스런 요소가 될 수 없다. 이들은 그 개인을 특정하거나 식별하는 데 결정적인 요소가 될 수 있지만, 대체로 인간의 사회생활에 있어서 타인에게 노출되어 있는 경우라고 보아야 할 것이다. 또한 금치산자선고나 전과사실 등과 같이 다른 정보와 결합하여 개인을 식별할 수 있는 공적 영역에서의 정보들은 외부세계에 묘사되는 자신의 사회적 인격상을 형성하는 작용을 하게 된다. 만일 이처럼 개인의 사회적 인격상 형성과 관련된 정보를 국가가 무단히 보유하여 활용하거나 일반에 공개할 경우 자신의 사회적 인격상에 관하여 스스로 결정할 권리를 침해할 수 있다. 이러한 사회적 인격상의 형성에 있어서 정보주체가 가질 수 있는 법익은 인격의 자유로운 발현의 기초가 되는 일반적 인격권에 의해 보호될 수 있다.[38)]

(4) 이렇게 볼 때 자기정보통제권의 헌법적 근거는 개인의 사생활에 관련된 정보의 보호와 관련해서는 헌법 제17조의 사생활의 비밀과 자유에서, 사생활과 직접적인 관련이 없는 개인정보의 경우는 헌법 제10조의 인간으로서의 존엄과 가치 및 행복추구권에 도출되는 일반적 인격권에서 찾을 수 있다고 본다. 물론 통화기록이나 양심, 신앙, 사상, 정치적 견해, 교육정보, 신용정보, 고용정보, 신체장애 등에 관한 정보의 보호는 통신의 자유(제18조), 양심의 자유(제19조), 종교의 자유(제20조), 선거권(제24조), 교육권(제31조), 재산권(제23조), 노동권(제32조, 제33조), 사회보장수급권(제34조) 등의 보장으로 나타날 수도 있다. 또한 언론매체에 대한 액세스권이나 행정기관이 보유하는 개인정보의 열람권은 표현의 자유(제21조)와 알 권리(제1조, 제10조, 제21조 등)의 내용이 될 수 있다. 이러한 점에서 이들 개별적 기본권도 자기정보통제권과 일정한 관련을 가질 수 있다.

Ⅳ. 법률유보원칙의 위배 여부에 관한 판단

1. 자기정보통제권의 제한

(1) 오늘날 개인이 사회로부터 완전히 절연되어 타인의 관심사에서 벗어나 홀로 살아간다는 것은 상상하기조차 어렵다. 오히려 개인은 자신이 의식하든 못하든 사회적 편익과 비용을 누리고 지불하는 공동체의 일원으로서 삶을 영위해가고 있다. 이러한 의미에서 인간은 사회공동체 속에서 발현하고 의사소통에 의존하는 인격체로서 이해되어야 한다. 공동체 구성원들 사이의 의사소통에는 필연적으로 타인의 존재를 인정하고 배려하는 자세가 요구된다. 여기에는 무엇보다도 타인에 대한 기본적인 이해가 수반되어야 한다. 비록 자신에 관한 정보라고 하더라도 그 정보를 자신의 지배권에만 가두어두고 타인에게는 그에 대해 한 치의 접근도 허용하지 않는다면 그것은 공동체의 일원이기를 거부하는 자세에 다름 아닐 것이다. 이러한 의미에서 자기정보통제권은 어떠한 상황에서도 혹은 그 어떠한 이유로도

38) 이를 '사회적 인격상에 관한 자기결정권'이라고 표현하기도 한다. 이에 관해서는 한수웅, 앞의 논문, 660면 이하 참조.

결코 제한할 수 없는 절대적인 의미를 가질 수는 없다. 자기정보통제권도 공동체 관련성 내지 공동체구속성을 가지는 한도에서 중대한 공익을 위하여 일정 정도 후퇴되지 않으면 안 되는 것이다.

(2) 자기정보통제권의 제약이 정보주체의 동의에 기초하여 이루어지는 경우는 자기정보통제권의 제한이 아니라 정보주체에 의한 그 기본권의 행사에 해당한다고 할 수 있다. 따라서 자기정보통제권의 제한은 정보주체의 동의를 얻지 아니하거나 그 동의를 초과하여 공권력이 개인정보의 수집, 축적, 보유, 이용, 제공 등의 조치를 취하는 경우로서 이해되어야 할 것이다.

먼저, 지문날인제도에 관련하여 개인의 고유성, 동일성을 나타내는 지문은 그 정보주체를 타인으로부터 식별가능하게 하는 개인정보이므로, 시장·군수 또는 구청장이 개인의 지문정보를 수집하고, 경찰청장이 이를 보관·전산화하여 범죄수사목적에 이용하는 것은 모두 개인정보자기결정권을 제한하는 것이라고 할 수 있다. 다음으로, NEIS 사건과 관련하여 학생의 성명, 생년월일, 졸업일자를 NEIS라는 전산시스템에 보유하는 것은 자기정보통제권을 제한하는 행위에 해당한다고 볼 수 있다.

2. 법률에 의한 자기정보통제권의 제한

(1) 헌법 제37조 제2항에 의하면, 기본권은 국가안전보장·질서유지 또는 공공복리를 위하여 필요한 경우에 한하여 제한될 수 있지만, 그 제한의 방법은 원칙적으로 법률로써만 가능하다. 공권력에 의하여 이루어지는 개인정보의 조사, 저장, 제공, 공개 등은 자기정보통제권이라는 기본권의 제한이라 할 수 있으므로, 그 제한에는 반드시 법률의 수권이 있어야 한다. 물론 이 경우의 법률은 국회가 제정한 형식적 의미의 법률로서 그 절차나 내용상 합헌성이 인정되어야 한다. 다만 자기정보통제권의 제한에 있어서도 법률의 근거가 필요하지만, 기본권 제한의 형식이 반드시 성문의 법률이어야 할 필요는 없다. 아무튼 정보조사 기타 정보처리는 관련자가 명시적으로 목적이 구체화된 정보처리에 동의하지 않는 이상 안전보장, 사회질서유지, 공공복리를 위하여 제정한 법률에 근거하여서만 자기정보통제권에 대한 제한이 이루어질 수 있다.

(2) 전통적으로 법률유보의 범위는 행정작용에 의한 개인적 법익에 대한 제한이 있을 때 에 법률적 근거가 요구된다고 보았다(침해유보론). 하지만 오늘날 법률

유보원칙은 단순히 행정작용이 법률에 근거를 두기만 하면 충분한 것이 아니라, 국가공동체와 그 구성원에게 기본적이고도 중요한 의미를 갖는 영역, 특히 국민의 기본권실현과 관련된 영역에 있어서는 국민의 대표자인 입법자가 그 본질적인 사항에 대해서 스스로 결정하여야 한다는 요구까지 내포하고 있다(의회유보원칙).39) 이에 의하면 기본권실현에 의미가 있는 모든 사항들을 비롯하여 공동체에 대하여 중대한 영향을 미치거나 공동체에서 논란의 대상이 되고 있는 사항은 공동체생활에 대하여 본질적인 의미가 있는 것으로서 입법자가 법률의 형식으로 스스로 결정하여야 하며, 다른 권력에게 그 결정을 위임하는 것은 허용되지 아니한다.

(3) 그런데 개인정보의 처리를 허용하는 법률이 있다고 하더라도 그것은 법치국가원리에서 도출되는 명확성의 요청을 따라야 한다. 규범의 의미내용으로부터 무엇이 금지되는 행위이고 무엇이 허용되는 행위인지를 수범자가 알 수 없다면 법적 안정성과 예측가능성은 확보될 수 없게 될 것이고, 또한 법집행 당국에 의한 자의적 집행을 가능하게 할 것이기 때문이다.40) 이를 개인정보의 수집·처리와 관련지어 보면 이러한 규범명확성(Normenklarheit)의 원칙은 자신에 관한 정보가 어떤 구체적인 처리목적들을 위하여 필요한지를 해당 개인이 명확하게 인식할 수 있어야만 한다는 것을 뜻한다. 그리고 조직적이고 절차법적인 예방책들, 관할기관들의 통지의무, 관련자의 포괄적인 설명청구권 등에 관한 법률의 명시적인 언급을 통하여 누가, 언제, 어디에서 어떤 경우에 자기에 관하여 아는지를 관련시민이 알 수 있도록 보장되어야 한다. 특히 관련자가 법규정으로부터 그의 개인관련정보가 어떤 구체적인 행정목적을 위하여 필요한지를 명백히 인식할 수 있어야만 한다. 하지만 입법자가 각 개인의 법률상 의무에 대하여 구체적 목적까지 그 법률에서 밝힐 필요는 없고, 일반적으로 그 목적이 당해 법률의 체계 및 입법취지 등에 비추어 그 의미가 분명하여질 수 있다면 그 법률은 이미 충분히 명확하다고 할 수 있다.41)

이와 관련하여 자기정보통제권을 제한하는 입법의 체계는 정보처리의 각 영역별로 특수하게(bereichsspezifisch) 규율하는 형태를 취하여야 한다는 요청이 나타난다.42) 이러한 영역별 특별규율론43)은 오늘날 개인들이 컴퓨터에 의한 정보의 완

39) 헌법재판소 1999. 5. 27. 선고 98헌바70 결정, 판례집 11-1, 644.

40) 헌법재판소 1990. 4. 2. 선고 89헌가113 결정, 판례집 2, 49.

41) BVerfGE 65, 1(54) 참조.

42) BVerfGE 65, 1(44, 46); S. Simitis, Die informationelle Selbstbestimmung — Grundbedingung einer verfassungskonformen Informationsordnung, NJW 1984, S. 400.

43) 이에 관해서는 정태호, 앞의 논문, 463~465면 참조.

벽한 결합가능성과 전자방식의 정보조사와 처리를 개관하기 어렵다는 것이 현대 정보기술에 대한 우려의 원인이 되고 있으며, 그와 같은 우려를 완화시키기 위해 개인이 국가의 정보활동을 개관할 수 있도록 하려면 영역별 특별규율이 필요하다는 것이 그 주된 논거이다.[44] 이에 따르면 일반조항은 개인정보의 조사와 처리를 위한 법적 근거가 될 수 없다. 그러나 이에 대해서는 영역별로 특별하고도 명확한 규율의 요건은 과잉규율을 초래하여 종국에는 정보행정의 투명성을 확보하기 어렵게 할 것이라는 지적이 있다. 정보보호를 위해 영역별로 만들어지는 특별한 정밀한 법률들은 개인으로 하여금 각 경우마다 제한의 범위를 알 수 있도록 하기 위한 것이나, 소수의 법률전문가들이나 관심 있는 자들만이 그 내용을 이해할 수 있을 뿐, 압도적 다수의 국민은 여기 저기 산재해 있어 복잡하고 따라서 그 내용을 개관하기 힘든 개인정보보호법의 내용을 알 수 없게 된다는 것이다. 하지만 그러한 영역별 특별규율이 설령 '규범의 홍수'(Normenflut)로 인한 국민의 규범이해도를 저하시킨다는 우려가 있다고 하더라도, 개인정보의 조사와 처리에 대해 정보주체가 미리 예측할 수 있을 때 법적 생활의 안정을 기대할 수 있다는 점을 무시할 수는 없을 것이다. 물론 법률에서 정보처리의 단계별로 일일이 명시적인 규정을 두는 것은 현실적으로 용이하지 않을 뿐만 아니라 바람직하지도 않을 것이다. 하지만 가령 민감한 정보의 처리나 개인정보의 전자적 처리 등에 있어서와 같이 정보처리의 단계마다 새로운 기본권제한의 결과를 초래하는 때에는 단계별로 특수한 규율이 필요하다고 본다. 다만 이 경우 개별적인 규율의 정도와 형태는 수범자인 정보주체의 수인가능성을 검토하여 결정될 수 있을 것이다.

3. 판례의 검토

(1) 지문날인제도에 대한 주민등록법 제17조의8 등 위헌확인

이 사건에서 심판의 대상이 되고 있는 부분은 ① 주민등록증 발급대상자로 하여금 열 손가락의 지문을 날인하도록 하는 것, ② 경찰청장이 주민등록증발급신청서에 날인되어 있는 지문정보를 보관하는 것, ③ 경찰청장이 보관하고 있는 지문정보를 전산화하고 이를 범죄수사목적에 이용하는 것 등 크게 세 가지로 나누어 볼 수 있다. 여기서 시장·군수 또는 구청장이 개인의 지문정보를 수집하고, 경찰청장이 이를 보관·전산화하여 범죄수사목적에 이용하는 것은 모두 자기정보통

44) BVerfGE 65, 1(50); Bäumler JR 1984(주 158), 361 이하.

제권을 제한하는 것이라 할 수 있고, 따라서 이러한 자기정보통제권의 제한에 있어서 법적 수권이 필요한 것은 당연하다.

1) 십지지문의 날인에 관한 법률상 근거

주민등록법 제17조의8 제1항 및 제3항은 주민등록이 된 자 중 17세 이상의 자에 대하여 주민등록증을 발급하도록 하면서 그 발급은 발급대상자의 신청에 의하도록 하고 있고, 같은 조 제2항 본문은 "주민등록증에는 성명·사진·주민등록번호·주소·지문·발행일·주민등록기관을 수록한다"라고 하여 주민등록증의 수록사항의 하나로 지문을 규정하고 있으며, 같은 조 제5항은 "주민등록증 및 그 발급신청서의 서식과 그 발급절차는 대통령령으로 정한다"라고 규정하고 있다. 이에 따라 주민등록법시행령 제33조 제2항은 주민등록증 발급대상자는 관계공무원 앞에서 별지 제30호서식에 의한 주민등록증발급신청서에 지문을 날인하여 주민등록증 발급을 신청하도록 규정하고 있고, 별지 제30호서식은 열 손가락의 회전지문과 평면지문을 날인하도록 규정하고 있다.

그런데 헌법재판소는 주민등록법 제17조의8 제2항 본문이 주민등록증의 수록사항으로 '오른손 엄지손가락 지문'이라고 특정한 바가 없기 때문에 동법시행령 제33조 제2항 등에서 주민등록증발급신청서의 서식을 정하면서 보다 정확한 신원확인이 가능하도록 하기 위하여 열 손가락의 지문을 날인하도록 하고 있는 것은 주민등록법 제17조의8 제5항의 위임규정에 근거한 것으로 볼 수 있다고 판시하고 있다. 이 부분에 관한 한 아무런 반대의견도 제시되지 않았다.

하지만 청구인들이 주장하는 것처럼 주민등록법 제17조의8 제2항 본문은 주민등록증에 '지문'을 수록할 수 있도록 하고 있으나, 여기의 지문은 성명·사진·주민등록번호 등과 함께 '주민등록증'에 수록되는 '오른손 엄지손가락 지문'을 의미한다고 보는 것이 자연스러운 해석일 것이다. 이를 주민등록증과는 아무런 관련이 없는 '열 손가락 지문'을 의미하는 것으로 해석하는 데는 논리적으로 무리가 따를 수밖에 없다고 본다. 헌법재판소는 주민등록표의 수록사항이 아닌 지문을 수록하도록 한 것을 국민의 자기식별성을 강화함으로써 보다 확실한 신원확인이 가능하도록 하기 위한 불가피한 조치로 보면서, 수권법률인 주민등록법에서 '오른손 엄지손가락 지문'이라고 특정하지 않은 이상 위임입법의 한계를 일탈했다고 보기 어렵다는 논리를 펴고 있다. 그러나 이는 모법의 규정이나 관련 법조항을 체계적으로 해석해야 하는 요청에 비추어볼 때 설득력이 약하다고 할 수 있다. 일반 국민들의 입장에서도 그 동안의 관행을 고려하지 않는다면 주민등록증에 오른손 엄지손가락 지문만 수록되고 있는 상황에서 해당 법률조항을 통해서 주민등록증발급신청서에 십지지문을 날인해야 할 것으로 예측하기는 쉽지 않을 것이다. 그럼에도 헌법재판소가 십지지문의 날인제도에 대해 위임입법의 한계 내지 법률유보의 원칙에 위배되지 않는다고 판단한 것은 아마도 이 부분을 위헌으로 결정할 경우 지문날인제도 전체의 존립근거가 위태로워질 수 있는 상황을 심각하게 고려한 때문이 아닐까 짐작된다. 이러한 헌법재판소의 고민은 "법은 현실여건의 바탕 위에서 그 시대의 역사인식이나 가치이념을 반영하고 있는 것이므로, 어느 특정한 법이 뿌리박고 있는 정치·경제·사회적인 현실과 역사적 특성을 무시하고 헌법의 순수한 일반이론에만 의존하여서는 그 법에 관련된 헌법문제에 대하여 완전한 이해와 적절한 판단을 할 수 없다"[45]는 지적에서 엿볼 수 있다.

2) 경찰청장의 지문정보 보관에 관한 법률상 근거

다수의견에 의하면 지문은 전문적인 감식능력이 필요한 객관적이고 중립적인 정보라는 특성으로 인하여 타인에게 형성될 정보주체의 사회적 인격상에 대한 결정권을 제약하는 요소로 작용할 여지가 매우 작고, 특히 주민등록증발급신청서에 날인되어 있는 지문정보는 정보주체가 지문날인시 지문정보의 수집 및 처리가 이루어지리라는 것을 쉽사리 예상할 수 있는 특징을 갖고 있다고 하면서, 따라서 경찰청장이 지문정보를 보관하는 행위와 관련하여 요청되는 법률에 의한 규율의 밀도 내지 수권법률의 명확성의 정도는 그다지 강하다고 할 수 없다고 한다. 하지만 3인의 반대의견에서 적절히 지적하고 있는 것처럼 지문은 개인의 신체의 일부분으로 개인정보의 연결자로 사용될 경우 인간의 기본적인 자유와 권리 전반에 걸쳐 영향을 미치고 제약할 가능성과 여지가 있다. 따라서 중앙행정기관인 경찰청장이 주민등록증발급신청서상 개인의 지문정보를 수집·보관하고자 하는 경우에도 국회가 제정한 법률로 그 수집·보관의 목적, 대상, 범위, 기한 등 요건을 구체적으로 특정할 필요가 있다고 볼 것이다.

그런데 지문정보가 포함된 주민등록증발급신청서를 관할동장이 관할경찰서의 파출소장에게 송부·제공하는 행위는 오로지 주민등록법시행규칙에 규정되어 있을 뿐, 경찰청장이 지문원지를 수집보관할 수 있도록 하는 법률의 직접적인 규정은 찾아볼 수 없다. 다수의견에 의하면 공공기관의개인정보보호에관한법률 제10조 제2항 제6호는 컴퓨터에 의하여 이미 처리된 개인정보뿐만 아니라 컴퓨터에 의하여 처리되기 이전의 원 정보자료 자체도 경찰청장이 범죄수사목적을 위하여 다른 기관에서 제공받는 것을 허용하는 것으로 해석되어야 하고, 경찰청장은 같은 법 제5조에 의하여 소관업무를 수행하기 위하여 필요한 범위 안에서 이를 보유할

45) 판례집 17-1, 692면.

권한도 갖고 있으며, 여기에는 물론 지문정보를 보유하는 것도 포함된다고 한다. 하지만 1995. 1. 7.에 시행된 공공기관의개인정보보호에관한법률의 규정은 그 전의 공공기관의 정보 취득 보유행위에 소급하여 적용될 수 없다는 점에서 문제가 있고, 동법 제5조는 공공기관이 불법적으로 취득한 개인정보라도 일단 컴퓨터 파일로 만들어 놓으면 그 보유가 정당화된다고 해석되기도 어렵다. 또한 동법 제10조 제2항 제6호는 범죄수사기관에서 어떤 수사대상자나 범죄혐의의 단서가 발견되어 수사상 필요한 경우 그 관련 개인정보를 보유하고 있는 기관의 장에게 그에 대한 소명과 함께 개인정보자료를 송부해 줄 것을 요청하여 특정 개인정보를 제공받을 수 있도록 하는 데 그 취지가 있는 것이지 수사기관에서 향후 범죄수사를 위하여 사전에 주민등록증발급신청서상 지문정보를 모두 송부받고 이를 전산화하여 범죄수사목적으로 활용하라는 데 있는 것은 아니라고 할 것이다. 3인의 반대의견에서 피력되고 있는 이러한 내용은 매우 타당한 지적이라고 본다.

3) 지문정보의 전산화 및 수사목적의 활용에 관한 법률상 근거

주민등록법시행규칙 제9조에 의해 송부되는 주민등록증발급신청서를 경찰청장이 적법하게 보관하고 있다고 하더라도, 그에 기록된 지문정보를 전산화하는 것은 새로운 기본권제한의 결과를 가져올 수 있다. 왜냐하면 컴퓨터에 의한 정보처리에 있어서 정보가 당초의 목적을 넘어서서 전파될 수 있는 위험성이 크기 때문이다. 따라서 수기식 파일을 전산화할 경우 본래의 목적에 반하는 정보의 결합이나 네트워크화를 방지하기 위하여 입법자는 별도의 법률적 근거를 둘 필요가 있다. 그런데 지문날인제도에 있어서 이러한 전산화를 허용하는 법률규정을 찾아보기 어렵다.

한편, 보유하고 있는 지문정보를 수사목적으로 활용하는 것은 당초의 행정목적을 넘어서는 목적 외의 이용에 해당한다고 할 것이다. 정보수집의 당시에 정보주체의 동의나 법률상의 근거가 있었다고 하더라도, 개인정보를 수집하거나 보유하게 된 원래의 목적과 다른 용도에 활용할 수 있도록 하는 것은 자기정보통제권에 대한 새로운 제한을 야기한다고 볼 수 있다. 그렇다면 그 활용에 대해 새로이 동의를 얻거나 또 다른 법률에 근거할 필요가 있다.

그런데 다수의견은 경찰청장은 개인정보화일의 보유를 허용하고 있는 공공기관의개인정보보호에관한법률 제5조에 의하여 자신이 업무수행상의 필요에 의하여 적법하게 보유하고 있는 지문정보를 전산화할 수 있고, 지문정보의 보관은 범죄수사 등의 경우에 신원확인을 위하여 이용하기 위한 것이므로, 경찰청장이 지문정보를 보관하는 행위의 법률적 근거로서 거론되는 법률조항들은 모두 경찰청장이 지문정보를 범죄수사목적에 이용하는 행위의 법률적 근거로서 원용될 수 있다고 한다.

하지만 개인정보보호법 제5조는 전산파일의 보유에 관한 규정이지, 수기식 파일의 전산처리를 허용하는 법적 근거가 되기 어렵다. 또한 경찰청장이 범죄수사목적으로 지문정보를 수집·활용할 경우 단순한 행정작용의 수준을 넘어 수사절차로 이행하게 됨에 따라 개인의 기본적 인권에 미치는 영향과 의미는 달라질 수 있다. 따라서 그에 대한 별도의 법적 근거가 필요할 것인데, 개인정보보호법 제10조 제2항 제6호도 구체적인 수사상 필요가 있을 경우에 한하는 것으로 해석해야 할 것이므로 그 법률상의 근거가 될 수 없다고 할 것이다.

4) 소 결

결국 십지지문을 날인하도록 하고, 나아가 경찰청장이 지문정보를 보관 및 전산화하고 이를 범죄수사목적에 활용하는 것은 모두 법률에 근거가 불충분하여 기본권제한의 법률유보원칙에 위배된다고 볼 소지가 크다고 판단된다.[46)]

(2) 교육행정정보시스템(NEIS) 사건

1) 학생이나 학부모, 교사 등의 자기정보통제권을 제한하려면 헌법 제37조 제2항에 따라 법률에 의하여야 한다. 교육인적자원부와 시·도교육청과 각급 학교 등 공공기관이 컴퓨터에 의하여 개인정보를 처리하는 경우 공공기관의개인정보보호에관한법률이 적용되는데, 동법 제4조에 의하면 정보주체의 명시적 동의가 있거나 다른 법률에 수집대상 개인정보가 명시되어 있는 경우를 제외하고는 공공기관의 장은 사상, 신조 등 개인의 기본적 인권을 현저하게 침해할 우려가 있는 개인정보를 수집하지 못하게 되어 있다. 기본권침해의 우려가 있는 경우 법률상의 근거를 요한다는 내용은 일반적인 법률유보의 원칙과 동일한 요청이다. 아무튼 NEIS에 개인의 기본적 인권을 현저히 침해할 우려가 있는 개인정보가 수록될 경우 정보주체의 명시적 동의가 없는 한 다른 법률에 그 수집에 관한 명시적 규정이 있어야 한다.

하지만 당시의 교육기본법, 초·중등교육법 등에는 NEIS와 같은 방식으로 학생신상정보를 수집한다는 명시적인 근거규정이 없었다. 교육인적자원부는 학교의

46) 다수의견도 "오늘날 정보화사회로의 급속한 진전에 따라 개인정보보호의 필요성이 날로 증대하고 있는 현실에 비추어 볼 때, 경찰청장이 지문정보를 보관·전산화하고 이를 범죄수사목적 등에 이용하기 위해서는 그 보관·전산화·이용의 주체, 목적, 대상 및 범위 등을 법률에 구체적으로 규정함으로써 그 법률적 근거를 보다 명확히 하는 것이 바람직하다"는 지적을 덧붙이고 있다. 판례집 17-1, 689~690면.

장이 학생지도 및 상급학교의 학생선발에 활용할 수 있는 자료를 작성·관리함에 있어서 교육인적자원부장관이 정하는 기준에 따르도록 하고 있는 초·중등교육법 제25조를 하나의 법적 근거로 제시하였다. 하지만 이것은 학생생활기록부를 해당 학교가 아닌 상급 시·도 교육청이나 교육인적자원부에서 작성하거나 관리 또는 보관할 경우에는 학생들의 민감한 개인정보가 학교 밖으로 나가게 되어 학생들의 교육에 관한 정보가 유출되거나 교육목적 외로 사용되는 문제가 발생할 수 있을 것이기 때문에 이를 방지하려는 취지라고 할 것이다. 또한 교육인적자원부가 새로운 정보화 시스템을 개발하여 학생과 교사에 대한 개인정보를 집적할 수 있는 법적 근거로 국가 및 지방자치단체로 하여금 학교 및 교육행정기관의 행정업무를 전자적으로 처리할 수 있도록 필요한 시책을 강구하도록 하고 있는 교육기본법 제23조의2를 든 것도 규범명확성의 원칙과 개인정보보호와 관련된 목적구속의 원칙에 비추어볼 때 설득력이 떨어진다고 할 수 있다. 오히려 학교생활기록부의 작성·관리를 학교장에게 맡기고 있는 초·중등교육법 제25조는 엄격하게 해석되어야 할 것이다.

학교보건법 제7조에 의하면 학교의 장이 매년 학생과 교직원에 대하여 신체검사를 실시하도록 하면서, 신체검사실시의 시기·방법 및 절차 등에 관하여 필요한 사항을 교육인적자원부령으로 정하도록 되어 있는데, 당시 교육인적자원부령인 학교신체검사규칙에서는 “학교의 장은 신체검사를 실시한 때에는 학생에 대하여는 별지 제1호 서식의 학생건강기록부에 그 결과를 기록·관리하며, … 본인 또는 그의 보호자가 열람할 수 있도록 하고, 신체검사 결과 질병 또는 신체이상이 발견된 자에 대한 건강지도 및 건강상담의 자료로 활용한다”고 하여 그 기록과 관리를 해당 학교의 장이 하도록 하고 있었다. 이렇게 볼 때 학생의 신상정보를 학교가 아니라 시·도교육청의 서버에 집적하도록 하면서 그 정보에 대한 접근의 권한도 시·도교육감한테 부여하려는 시도는 학교생활부와 같은 교육정보를 해당 학교에서만 수집·보관하도록 하는 초·중등교육법의 규정에 명백히 배치되는 내용이라 할 것이다.

2) 이 사건에서 헌법재판소의 다수의견은 “개인정보의 종류와 성격, 정보처리의 방식과 내용 등에 따라 수권법률의 명확성 요구의 정도는 달라진다 할 것이고, 일반적으로 볼 때 개인의 인격에 밀접히 연관된 민감한 정보일수록 규범명확성의 요청은 더 강해진다고 할 수 있다”고 한다. 그러면서 성명, 생년월일, 졸업일자 등은 개인의 인격에 밀접히 연관된 민감한 정보라고 보기는 어려우므로 수권법률의 명확성이 특별히 강하게 요구된다고는 할 수 없으며, 따라서 공공기관의개인정보

보호에관한법률 제5조와 같은 일반적 수권조항에 근거하여 피청구인들의 보유행위가 이루어졌다하더라도 법률유보원칙에 위배된다고 단정하기는 어렵다고 판시하였다.47)

하지만 NEIS와 같이 통합 데이터베이스를 구축하고 이를 상호 연계하여 관리하는 전자적 정보처리시스템은 정보처리 방식의 면에서 개인정보자기결정권에 대한 제약의 정도가 대단히 큰 방식이다. 이러한 정보처리 방식의 위험성에 비추어 수권법률의 특정성과 명확성이 상당한 정도로 요구된다고 할 것이다.48) 결합인자로 활용될 뿐만 아니라 전술한 바와 같이 법률의 수권은 정보처리의 각 단계별로 요구된다고 할 수 있다. 따라서 정보의 보유단계 이전에 그 수집단계에서부터 법률의 근거가 요구된다는 것은 당연하다. 그럼에도 불구하고 다수의견이 일반적 수권조항을 운운한다면 법치주의의 근간이라 할 수 있는 법률유보의 원칙을 유명무실화하는 결과를 초래할 수도 있을 것이다. 가사 그 규율의 목적이나 대상에 따라 법률이 갖추어야 할 명확성의 정도가 상대화될 수 있을지 몰라도, 그로부터 정보처리의 상황에 대해 일반국민들이 일말의 단서라도 발견할 수 있어야 한다는 요청까지 외면해서는 안될 것이다. 그런데 개인정보법 제5조에서는 졸업증명서의 발급이라는 이 사건 보유행위의 구체적 목적은 물론 NEIS 시행의 전체적 목적조차 전혀 발견하기 어렵다. 이러한 점에서 권성 재판관의 반대의견이 보다 더 설득력이 있다고 본다.

3) 2005년 3월 24일에는 교육행정정보시스템(NEIS)에 의한 학생정보의 처리를 둘러싸고 벌어진 논란을 해소하기 위하여 교육기본법, 초·중등교육법, 학교보건법 등 교육관련법이 대폭적으로 개정되기에 이르렀다. 특히 초·중등교육법(일부개정 2005. 3. 24 법률 7398호)과 학교보건법(일부개정 2005. 3. 24 법률 7396호)에서는 교육정보시스템의 구축·운영에 관한 법적 근거를 마련하고, 학교의 장이 학생의 건강검사 결과를 작성·관리할 때 교육정보시스템을 이용하여 처리하여야 할 사항을 명시하였다.49) 이처럼 NEIS의 구축·운영에 관한 법적 근거를 명시하고 구체적인 사

47) 헌법재판소 2005. 7. 21. 선고 2003헌마282·425(병합) 결정, 개인정보수집 등 위헌확인.

48) 이 점은 다수의견에서도 어느 정도 인정되고 있다. "다른 위험스런 정보에 접근하기 위한 식별자 역할을 하거나 다른 개인정보들과 결합함으로써 개인의 전체적·부분적 인격상을 추출하는데 사용되지 않는 한 그 자체로 언제나 엄격한 보호의 대상이 된다고 하기 어렵다." 판례집 제17권 2집, 92면.

49) 초·중등교육법은 교육인적자원부장관 및 시·도교육감은 학교 및 교육행정기관의 업무를 전자적으로 처리할 수 있도록 교육정보시스템을 구축·운영할 수 있도록 하고(제30조의4 제1항), 정보시스템의 구축·운영·접속방법 및 제2항의 규정에 의한 정보시스템운영센터의 설치·운영 등에 관하여 필요한 사항은 교육인적자원부령으로 정하도록 하였으며(제30조의4 제3항), 교육인적자원부장관 및 교육감으로 하여금 소관업무의 전부 또는 일부를 정보시스템을 이용하여 처리하

항에 대한 위임규정을 마련함으로써 법률유보의 원칙과 관련한 논란은 해소하려고 한 점은 일단 긍정적으로 평가할 수 있을 것이다.

V. 자기정보통제권의 과잉제한 여부에 관한 판단

1. 자기정보통제권의 제한과 과잉금지의 원칙

1) 자기정보통제권을 헌법상 보장되는 기본권으로 이해하는 이상, 공권력에 의한 자기정보통제권의 제한에 있어서도 기본권제한의 일반원칙인 과잉금지의 원칙이 준수되어야 하는 것은 당연하다. 독일에서 일반적 인격권의 제한과 관련하여 전개된 영역이론도 과잉금지원칙의 구체화로서 이해될 수 있다. 독일의 연방헌법재판소에 의하면 정보의 전산처리라는 현대적 상황하에서 중요하지 않은 정보란 사실상 존재하지 않는다.[50] 오히려 어떠한 영역에 속하는 정보라 하더라도 그것을 바람직하지 않은 방향으로 사용할 가능성이 있다면 그 보호의 필요성은 증대될 수밖에 없을 것이다. 이러한 점에서 오늘날과 같은 정보사회에 있어서는 인격의 영역별 범주화에 따른 보호의 차등화는 점차 의미를 상실해가고 있다고 하겠다. 예컨대 성별, 주소, 직업, 학교 등과 같은 개인정보는 사회적 영역에 속하는 사항이라 할 수 있지만, 이들 정보가 자동검색절차를 통하여 다른 개인식별정보와 결합될 때는 개인의 내면적 사항까지 추출해낼 수 있는 열쇠로서 기능할 수 있다. 이러한 개인정보들도 타인에게 무제한적으로 노출될 경우 개인의 인격에 대한 심각한 위협을 초래할 수 있다는 점에서 그 보호의 필요성이 결코 경시되어서는 안 될 것이다. 따라서 어떠한 영역에 속하는 정보인가에 지나치게 얽매이기보다는 구체적인 정보처리의 위험성을 고려하여 개별적으로 비례원칙의 준수 여부를 검토하는 것이 바람직할 것으로 본다. 즉 정보처리의 위험성에 따른 보호의 정도는 당해 개인정보의 성격뿐만 아니라 수집목적, 이용형태, 처리방식 등도 감안하여 결정되지 않으면 안 된다는 것이다.

도록 하고(법 제30조의5 제1항), 학교의 장은 제25조 제2항의 규정에 의한 학교생활기록 및 학교보건법 제7조의3 제2항의 규정에 의한 건강검사기록을 정보시스템을 이용하여 처리하는 외에 소관업무의 전부 또는 일부를 정보시스템을 이용하여 처리하도록 하였다(제30조의5 제2항). 한편, 학교보건법(일부개정 2005. 3. 24 법률 7396호)에서는 초·중등교육법에 의한 교육정보시스템을 이용하여 처리하여야 하는 자료를 인적사항, 신체의 발달상황 및 능력, 기타 교육목적에 필요한 범위 안에서 교육인적자원부령이 정하는 사항으로 한정하였다(제7조의3 제2항).

50) BVerfGE 65, 1(45).

우선 사상이나 전과사실, 병력 등과 같이 그 자체로서 내밀한 영역을 드러내는 민감한 개인정보인 경우에는 그 수집 내지 보유만으로도 인격침해의 가능성이 크기 때문에 그 처리의 상황과 무관하게 특별히 강화된 보호를 필요로 한다. 그리고 일반적으로 개인정보의 수집목적이 광범하고 그 보유기간이 길 경우 자기정보통제권의 침해가능성은 크다고 할 수 있으며, 예정된 취급자나 이용자가 많을수록 그 침해의 위험성은 커진다고 할 수 있다. 또한 수기식의 파일보다는 컴퓨터파일의 형태로 처리되거나 보유되는 경우 그 침해의 위험성이 훨씬 증대된다고 할 수 있으며, 분산되어 보유되는 개인정보가 용이하게 검색될 수 있거나 하나의 데이터베이스로 통합되어 관리될 경우 자기정보통제권의 침해로 이어질 개연성이 아주 크다.

2) 자기정보통제권의 제한에 있어서 과잉금지원칙의 일반적 내용은 다음과 같이 구체화될 수 있을 것이다.

첫째, 자기정보통제권을 제한하려는 목적이 정당하여야 한다. 즉 정보주체의 동의를 얻지 아니하고 개인정보를 취급하는 경우 그것이 법률의 규정에 의한 것이라 하더라도 각 단계별로 달성하고자 하는 목적이 정당하여야 한다는 것이다. 가령 정보주체의 동의에 의하지 않은 개인정보의 수집이나 열람거부, 목적 외 이용, 대외적 공표 등이 국가안전보장, 질서유지 또는 공공복리를 위해서 이루어지거나 허용되는 경우 그 목적의 정당성이 인정될 수 있을 것이다.

둘째, 자기정보통제권을 제한하는 조치가 목적을 달성하는 데 적합한 수단이어야 한다. 따라서 개인정보의 수집과 처리는 추구하는 목적을 달성을 하는 데 효과적인 수단일 것이 요구된다. 그러나 만일 개인정보의 비밀수집이나 공개 등의 조치를 취하더라도 해당 목적을 달성하는 데는 별다른 효과를 기대하기 어려운 경우라면 수단의 적합성은 인정될 수 없을 것이다.

셋째, 해당 목적을 위한 경우라도 필요최소한의 정보처리가 요구된다. 공권력에 의한 개인정보의 처리는 명백하고 정당한 공적 과제의 이행이라는 목적에 기여하는 경우라 하더라도 이러한 목적을 달성하는 데 있어서 적합한 방식으로 필요한 최소한으로 이루어져야 한다. 가령 행정기관간의 정보공유가 필요한 경우라 하더라도 그 개인정보를 보유하고 있는 기관은 그 개인정보가 무한히 전달되거나 이용되는 것을 막는 조치를 취하여야 할 것이다. 이를 위하여 행정기관은 보유하고 있는 개인정보를 다른 관청의 과제로부터 분리시킬 필요가 있다. 한편 개인정보의 보유에 있어서도 개인의 식별을 어렵게 하기 위하여 불필요한 자료를 조속히 삭제하거나 익명화하는 조치가 필요할 것이다. 또한 정보공개와 관련하여 개인정보에 관한 부분을 분리하는 것이 가능하고 그렇게 하더라도 공개의 목적이 달성될 수 있음에도 불구하고 전부공개를 하는 것은 필요최소한의 원칙에 위반된다고 할 수 있을 것이다.

넷째, 자기정보통제권의 제한이 불가피하고 최소한으로 이루어지는 경우라 하더라도 법익의 균형성이 요청된다. 즉 자기정보통제권의 제한으로 인한 피해의 이익이 그 제한을 통하여 달성하고자 하는 공익보다 적어야만 정당한 기본권제한이 될 수 있다. 보호이익과 피해이익 사이의 형량에 있어서는 개인정보에 대한 침해의 성질, 강도, 민감성 등이 고려되어야 할 것이다.

한편, 아무리 긴요한 공공정책의 수행을 위한 경우라고 할지라도 정보주체를 단순한 정보의 객체로 전락시키는 결과를 초래한다면 그것은 자기정보통제권의 본질적 내용의 침해가 될 것이다.

2. 특수원칙: 개인정보보호의 일반원칙

이러한 과잉금지의 원칙으로부터 파생되는 특수한 요청들로서 주로 다음과 같은 개인정보보호의 일반원칙들이 거론되고 있다.

첫째, 개인정보의 처리에 있어서 그 목적이 수집단계에 미리 명확히 특정되어 있어야 할 뿐만 아니라, 그 이후의 처리단계에 있어서도 수집시의 특정된 목적과 일치되게 저장 또는 이용되어야 한다(목적구속의 원칙, Grundsatz der Zweckbindung). 이 원칙에 따르면 개인정보의 처리목적이 명확하게 특정되거나 특정될 수 있는 경우에 그 수집이 정당화될 수 있으며, 수집 당시에 정보주체에게 설명되거나 법률에 규정된 그러한 목적에 따라서만 수집된 정보를 저장, 이용, 전달 등의 처리를 할 수 있다. 그런데 불확정적이거나 혹은 확정될 수 없는 목적을 위하여 익명화되지 않은 데이터를 축적하는 것은 허용될 수 없다.[51] 그리고 다양한 임무를 가진 행정기관들 사이의 데이터전달을 통한 목적일탈은 목적이 불확정적이거나 확정할 수 없는 경우와 다를 바 없다.[52] 따라서 당초의 목적과 달리 그 정보를 이용하거나 전달하는 것은 그 별도의 목적이 법률에 정해져 있거나 정보주체에게 다시 설명하여 동의를 얻지 않는 한 정당화될 수 없다. 한편 당해 목적이 달성되었거나 그 목적을 달성하는 데 더 이상 도움이 안 되는 경우에는 그 개인정보는 파기되어야 한다.[53] 다만 헌법상의 과제를 수행하기 위한 통계 등 행정조사와 같이 불

51) BVerfGE 65, 1(46).
52) BVerfGE 65, 1 46, 69).
53) 영국 데이터보호법 제5원칙 참조.

가피하게 경제적·생태적·사회적 관련성에 관한 포괄적이고 지속적으로 현실화되는 정보가 필요한 경우가 있을 수 있다. 특히 사회국가원리를 지향하는 국가정책에 있어서는 관련정보의 인식 및 자동적 정보처리의 기회에 전달된 정보를 사용할 필요성은 매우 크다고 할 수 있다. 따라서 이러한 경우에도 구체적인 개개의 정보마다 목적구속성이 엄격이 요구된다고 하기는 어렵다.[54)]

둘째, 개인정보의 수집은 합법적이고 공정한 절차에 의하여야 한다. 정보주체에게 알리거나 동의를 얻어서 수집되어야 하고, 가능한 한 정보주체로부터 직접 수집되어야 한다. 따라서 개인정보를 강박이나 기망에 의하여 혹은 은밀하게 탐지한다든가 통지나 설명, 혹은 동의 등의 절차를 거치지 않고서 수집한다든가 하는 것은 금지된다. 그리고 개인정보의 수집은 개인정보는 그 이용목적에 부합되는 것이어야 하며, 그 범위도 최소한에 그쳐야 한다. 따라서 인종, 종족, 정치적 견해, 종교나 철학적 신념, 노동조합 가입 여부, 건강과 성생활 등과 같은 민감한 개인정보(sensitive personal data)는 가급적 수집이 억제되어야 한다(수집제한의 원칙).

셋째, 정당하게 개인정보를 수집하였다고 하더라도 그 입력이나 처리의 과정에서 오류가 발생하지 않도록 항상 개인정보의 정확성과 최신성에 신경을 써야 할 것이다. 또한 개인정보의 분실 또는 불법적인 액세스, 파괴, 사용, 수정, 개시 등의 위험에 대비하여 합리적인 안전조치를 취하여야 한다(정확성·안전성의 원칙).

넷째, 특정된 목적을 위해 수집된 개인정보는 다른 기관에서 다른 목적을 위해 수집된 개인정보와 원칙적으로 통합되지 않고 분리된 상태로 유지되어야 한다(정보분리의 원칙). 따라서 어떤 기관이 보유하고 있는 개인정보를 데이터베이스를 구축·통합하거나 다른 기관에 제공한다든가 자동검색시스템을 통해 개인정보를 공동으로 활용한다든가 하는 것은 원칙적으로 금지된다. 이러한 내용은 독일 연방헌법재판소가 인구조사판결에서 언급한 '정보상의 권력분립'(informationelle Gewaltenteilung)[55)]의 원칙과 같은 것이라 할 수 있을 것이다. 국가권력이 정보통일체로서 단일화되는 것은 용납되지 않는다는 동 재판소의 선언은 국가행정조직이 다른 목적으로 개인정보를 이용할 소지가 있는 개별 행정부서들에 의한 정보접근이 차단되도록 구성되어야 할 것을 요청하는 의미를 가지는 것으로 이해되고 있다.[56)]

다섯째, 정보주체의 동의나 법률의 규정에 의하여 개인정보를 수집하게 되더

54) BVerfGE 65, 1(47).

55) BVerfGE 65, 1(69).

56) 김성태, "개인관련정보에 대한 경찰작용 — 독일 주경찰법에서의 규율 —," 현대공법학의 과제(최송화교수 화갑기념논문집)(박영사, 2002), 976면 참조.

라도 수집된 개인정보가 어떤 방식으로 축적 또는 보관되는지, 누구에 의해 현실적으로 관리되는지, 얼마 동안 보유될 것인지 등을 감추지 않고 투명화함으로써 개인정보의 보유와 처리를 둘러싼 오해를 불식시킬 필요가 있다. 즉 개인정보의 처리시스템에 대하여 공개를 일반정책으로 함으로써 개인정보의 존재와 성격 및 주요한 이용목적을 명확히 하고 그 정보의 관리자를 명확히 하여 일반적인 권한의 소재를 밝히기 쉽도록 하여야 한다(시스템공개의 원칙). 이는 어떠한 개인정보를 보유하고 있는지 공개하도록 함으로써 개인정보의 처리에 대한 검증과 감시를 가능하게 하고, 정보주체의 열람·정정청구 등 제반 권리행사를 용이하게 하기 위한 것이라고 할 수 있다. 따라서 개인정보의 보유자, 보유상태 등은 물론이고 그 이용현황을 일반인이 알아볼 수 있도록 제시되어야 하며, 권리의 행사에 있어서 지나치게 많은 시간이나 경비가 소요되지 않도록 하여야 할 것이다.

여섯째, 적법하게 수집되고 보유되는 개인정보라 하더라도 그 입력이나 이용, 제공 등에 있어서는 당사자의 식별을 최소화하기 위한 조치가 요구된다(익명성의 원칙, Grundsatz der Anonymität). 여기서 익명성의 개념은 반드시 당사자의 이름에만 국한할 것은 아니고, 그 자체만으로 혹은 다른 것과 결합하여 개인을 식별할 수 있는 모든 정보까지도 포함하는 것으로 이해하여야 할 것이다. 따라서 가령 개인의 이름을 부분적으로 가리거나 삭제하는 방식으로 익명화(Anonymisierung)하거나 혹은 실명 대신에 다른 이름을 사용하는 방식으로 가명화(Pseudonymisierung)해야 한다는 것은 물론이고, 연령, 성별, 직업, 주소, 학교나 직장의 명칭이나 소재지 등과 같은 개인식별표지의 사용을 최소화하여야 한다는 요청도 역시 익명성의 원칙에서 도출되는 내용이라 할 수 있다.

3. 판례의 검토

(1) 주민등록법 제17조의8 등 위헌확인

우선 주민등록법 제1조는 "주민을 등록하게 함으로써 주민의 거주관계 등 인구의 동태를 상시로 명확히 파악하여 주민생활의 편익을 증진시키고 행정사무의 적정한 처리를 도모함을 목적으로 한다"고 규정하고 있다. 그러나 현행 주민등록제도는 이처럼 단순히 주민의 거주지등록만을 목적으로 하는 것이 아니고, 개인 신원을 확인하고 인적 자원을 관리하기 위한 국가신분확인제도로서의 성격도 아울러 가지고 있는 것으로 보인다. 그렇다면 신원확인기능의 효율적인 수행을 도모하고, 신원확인의 정확성 내지 완벽성을 제고하기 위하여 주민등록법이 개인에게 고유한 지문을 요구하는 것은 일응 정당한 목적을 가진 것으로 볼 수 있다.

다음으로 다른 여러 신원확인수단 중에서 정확성·간편성·효율성 등의 종합적인 측면에서 현재까지 지문정보와 비견할 만한 것은 찾아보기 어렵다는 점에서 확실한 신원확인을 담보하기 위해 지문날인제도의 필요적 측면이 있다고 하겠다. 또한 신원확인기능의 효율적인 수행을 도모하고, 신원확인의 정확성 내지 완벽성을 제고하기 위하여 반드시 하나가 아니라 열 손가락의 지문 모두를 수집할 필요성도 어느 정도 인정될 수 있다고 본다.

지문은 매우 정확하고 고유한 신원확인자로서 유용한 자료임에 분명하고, 그 자체로서 민감한 정보에 해당한다고 보기 어려운 점이 있는 것도 사실이다. 하지만 그 만인부동의 특성으로 말미암아 지문정보는 전산망을 통해 다른 민감한 개인정보와 결합시키는 연결자(key data)로서 기능할 수도 있다. 특히 주민등록번호를 광범하게 사용하고 있는 우리나라의 현실에서는 그에 따른 위험성을 결코 무시할 수 없다. 또한 17세 이상 모든 국민의 지문정보를 구체적 사건과 관련 없이 사전에 포괄적으로 수집하고 이를 보관·전산화하여 범죄수사목적 등에 이용하는 것은 개인정보에 대한 과도한 수집 및 이용이 아닌가 하는 의문을 강하게 불러일으킨다. 지문정보를 국가에서 활용하고 있는 나라가 적지 않지만, 모두 범죄자나 외국인의 경우 등 특별한 경우에 한하여 지문날인을 요구하고 있을 뿐이다.[57] 우리나라처럼 범죄의 전력이 없는 모든 일반 국민의 주민등록증발급신청의 기회에 열 손가락의 지문 일체를 보관·전산화하고 있다가 일반적인 범죄수사목적 등에 활용하는 경우는 세계에서 그 유례를 찾아볼 수 없다. 지문정보가 범죄수사 등에 있어서 신원확인수단으로서 불가피하다고 하지만, 최근 서래마을 프랑스인 살해사건에서 보듯이 지문정보에 의존할 수 없는 외국인의 범죄에 대해서도 유전자의 감식과 같은 과학적인 수사기법을 통해 얼마든지 수사목적을 달성할 수 있다. 이렇게 볼 때 현행의 지문날인제도는 개인정보자기결정권에 대한 최소한의 침해라고 하기 어려울 것이다. 범죄의 전력에 따라 지문날인과 그 범위를 단계화한다거나 그 수록이나 보유의 범위, 대상, 기한 등에 관해 명시적인 법률상의 제한을 가하는

57) 일본에서는 1955년부터 재일외국인에 대한 지문날인을 실시해왔다. 하지만 재일교포들의 강력한 반발에 부딪혀 1992년 한국과 대만계 사람들에 대한 지문채취가 중단되었고, 1999년에는 모든 외국인들의 지문날인제도가 폐지되기에 이르렀다. 하지만 최근 들어서 테러리스트의 입국을 방지한다는 명목으로 외국인 입국자의 지문채취를 추진하고 있어 논란이 일고 있다. 한편 미국에서는 과거부터 범죄인의 지문을 채취해 왔으며, 9·11 테러의 영향으로 테러예방을 명분으로 1994년 1월부터 영국, 프랑스, 독일, 일본 등 27개국과 캐나다 방문객을 제외한 모든 외국인을 상대로 입국심사시 디지털 사진의 촬영과 2개의 지문을 채취하는 제도를 도입하여 시행하였다.

방법을 모색해볼 필요가 있을 것이다.

마지막으로 개인의 지문정보는 만인부동·종생불멸의 특징을 지니고 있기 때문에 개인의 고유성·동일성을 나타내는 중요한 정보이고, 신체의 일부분인 지문은 그 개인 자체를 징표하는 중요한 도구가 되는 것이다. 따라서 고도정보화사회에서는 특히 지문정보의 오·남용으로 인해 국민 개인의 기본적 인권이 침해될 가능성이 크다고 할 수 있다. 다수의견이 지적하는 바와 같이 우리나라는 분단국가로서 아직도 체제대립이 상존하고 있는 실정이므로, 그러한 사정에 있지 아니한 다른 나라들에 비하여 국가안보차원에서 국민의 정확한 신원확인의 필요성이 크다는 점도 고려되어야 할 것이다. 하지만 지문감식의 실제를 보면 신원확인의 효과가 생각만큼 그리 큰 편은 아니다.[58] 또한 그 남용가능성을 차단할 수 있는 입법적 보완장치가 마련되어 있지도 않다. 이러한 상황에서 전 국민을 대상으로 하는 지문정보는 일반적인 범죄의 예방이나 범죄정보의 수집 내지는 범죄수사를 빙자한 특정한 개인에 대한 행동의 감시에 남용될 위험성이 크다고 할 수 있다. 이렇게 볼 때 지문날인제도를 통해 달성하고자 하는 공익이 그로 인해 정보의 주체가 입을 수 있는 불이익보다 현저히 크다고 하기 어려울 것이다. 따라서 현행의 지문날인제도는 법익의 균형성을 갖추고 있다고 하기 어려울 것이다.

(2) 교육행정정보시스템(NEIS) 사건

1) 국가인권위원회 전원위원회는 2003년 5월 12일 교육인적자원부가 추진하는 교육행정정보시스템(NEIS)의 운영에 관하여 교육행정정보시스템의 27개 개발영역 가운데 사생활의 비밀침해 등 인권침해 소지가 있는 교무/학사, 입(진)학 및 보건 영역은 입력 대상에서 제외하고, 교원인사 기록 중 별지목록 기재 항목은 사생활의 비밀침해 등 인권 침해 소지가 있으므로 입력항목에서 제외되도록 '교육공무원인사기록및인사사무처리규칙'을 개정하고, 개인정보의 누출로 인한 사생활 비밀침해 등 인권침해가 없도록 학교중앙정보시스템(CS)에 대한 보안체계 강화 조치를 강구할 것을 권고한 바 있다.

이에 따라 교육인적자원부장관은 교육정보시스템의 운영과 관련하여 2003. 5. 26. 교무·학사, 보건, 입·진학 등의 영역에 관하여 교육인적자원부장관 및 시·도 교육감에 의한 개인정보의 수집 및 관리를 재검토하기로 발표하였다가, 같은 해 6. 1. 'NEIS 중 교무/학사 업무 등 3개영역 시행 지침'을 발표하여 "고2 이하에 대

58) 2000년 한 해 동안 의뢰 지문감식의 건수인 20,000여건 가운데 지문감식을 통해 신원이 확인된 것은 겨우 2,800여건에 불과하다고 한다.

하여는 정보화위원회에서 최종방침을 정할 때까지 한시적으로 교무·학사, 입(진)학, 보건 3개 영역에 대하여 일선교사가 수기로 하되, 학교실정에 따라 불가피한 경우 S/A, C/S, NEIS 등 현실적으로 가능한 방법을 선택하여 사용"하도록 하였다.

2) 이 사건에서 본안판단의 대상이 되고 있는 것은 청구인 문○준의 성명, 주민등록번호, 생년월일, 졸업학교명, 졸업연월일에 관한 정보를 수집하고 이에 대한 정보파일을 보유하고 있는 부분이다. 따라서 과잉금지원칙의 준수 여부도 이 부분에 국한하여 검토되고 있다.

이에 대해서는 다수의견의 논지가 대체로 수긍할 만하다고 본다. 과연 성명과 생년월일은 개인식별정보의 최소한이고, 졸업일자는 졸업관련 사항의 최소한이라 할 수 있다. 또한 그러한 정보들은 사회적 영역에서 흔히 현출되는 정보라고 할 수 있으므로 특별한 보호가 요구되는 경우라고 보기 어렵다. 따라서 피청구인들이 청구인 문○준의 위 개인정보를 보유하고 있는 것은 목적의 달성에 필요한 최소한의 정보만을 보유하는 것이라 할 수 있다.

또한 다수의견과 달리 공공기관의개인정보보호에관한법률 제9조 내지 제11조, 교육행정정보시스템운영규정(교육인적자원부 훈령 제633호) 제17조(시설보안), 제18조(공인인증시스템을 통한 인원보안) 등은 정보주권 침해로부터 개인을 보호할 수 있는 장치로서 충분하다고 하기 어려울 것이다. 왜냐하면 현행의 개인정보보호법상 목적 외의 이용 및 타 기관에의 정보제공 금지에 대한 예외가 지나치게 포괄적이고 불명확하게 규정되는 점, 정보주체의 열람·정정청구권의 범위가 매우 제한적인 점, 개인정보보호위원회의 구성과 기능상의 독립성이 미흡한 점 등의 문제가 개선되고 있지 않기 때문이다. 이처럼 개인정보보호법의 체계가 미흡한 상황에서 졸업증명서의 발급과 같이 시·도 교육감이 맡아야 할 이유가 없는 업무를 처리하기 위하여, 개인정보를 수집·보유하는 제도나 시스템을 신중한 검토 없이 도입·운영하는 것은 피해의 최소성과 법익의 균형성을 충족시키기에 어려움이 있다고 판단된다.

Ⅵ. 결 어

이상에서 지문날인제도와 NEIS 사건에 대한 헌법재판소의 결정을 중심으로 자기정보통제권의 의의와 근거, 자기정보통제권의 제한에 있어서 요청되는 법률유보원칙과 과잉금지원칙 등에 대해 살펴보았다.

헌법재판소는 지문날인제도와 관련하여 국가안보와 범죄수사에 필요한 신원확인수단으로서의 유용성과 정보화의 진전에 따라 증대되는 국가감시의 위험성 사이에서 많은 고민을 한 것으로 보인다. 현행의 지문날인제도에 대한 합헌의견에서도 그 법적 근거를 보다 충실하게 마련할 필요가 있음을 지적한 것이나, 순수한 법이론에 얽매이지 말고 한국의 법현실을 고려할 필요가 있음을 강조한 대목에서 그러한 고심의 흔적을 엿볼 수 있다.

한편, NEIS 사건에 있어서 본안판단의 대상이 된 것은 교육인적자원부장관 및 서울특별시교육감이 졸업생의 성명, 생년월일, 졸업일자 등을 NEIS에 보유하는 행위에 한정되었기 때문에 비교적 법리상의 논란이 심하지 않았던 것으로 보인다. 만일 NEIS에 입력된 재학생과 학부모의 모든 개인정보에 대해 그 보유 및 관리·운영에 대해 본안판단을 해야 했다면 결코 그 판단이 간단치 않았을 것이다. 입력되는 정보의 범위가 지나치게 방대하다는 점, 거기에 학생의 민감한 정보가 상당수 포함되어 있다는 점, 정보주체의 열람·정정 등의 권리가 보장되고 있지 않다는 점 등을 고려할 때 NEIS 전반에 대한 헌법적 평가는 다르게 나올 가능성이 높다고 본다.

아무튼 위에서 살펴본 헌법재판소의 결정들은 자기정보통제권을 독자적 기본권의 하나로 상정하면서 그 동안 우리 사회에서 꾸준히 논란이 되어 왔거나 격심한 갈등을 초래하였던 정보인권의 문제를 법적으로 종결지었다는 점에서 개인정보보호와 관련하여 매우 귀중한 사례로서 평가받을 만하다고 생각한다. 앞으로도 헌법재판소는 다른 헌법적 가치와의 관계에서 자기정보통제권의 내용과 한계가 구체적으로 어떻게 설정되어야 할지에 대해 고심해야 할 일이 더욱 자주 생길 것으로 예상된다. 그에 따라 자기정보통제권에 관한 논의의 수준도 점차 고양되어 갈 수 있었으면 하는 바람을 가져본다.

第72回 발표회 지정토론문

임 규 철*

먼저 권 교수님 주제에 대한 최종의견은 저의 의견과 동일하다는 점을 먼저 말씀드리고 시작하겠습니다. 다만 그 근거에 대하여 정리 및 추가의견을 적어보고자 합니다.

주제발표의 주 내용은 헌법상의 개인정보자기결정권 보호영역 제한의 한계에 있어 NEIS 사건 및 지문날인제도의 헌법소원에 대한 헌법재판소(이하 헌재)의 의견을 비판적으로 지적한 것입니다. 그 비판의 근거는 헌법상의 기본권 제한의 한계인 제37조 제2항에 규정되어 있는 법률유보 원칙과 과잉금지 원칙의 위반성 유무라고 생각되어집니다.

1. NEIS 관련 헌법소원

(1) 법률유보 원칙의 위반 여부

먼저 NEIS 사건 헌법소원에 있어 법률유보에 대한 헌재의 찬성의 다수의견을 보면,

개인정보자기결정권을 제한함에 있어서는 그 법률적 근거를 명확히 함은 바람직하나, 정보주체의 정보에 대한 종류와 성격, 처리방식 및 내용 등에 따라 그 명확성의 정도는 달라져야 한다고 보고 있습니다. 해당 관청(교육부 및 서울시 교육감)의 졸업생 관련 제 증명의 발급이라는 소관 민원사무를 효율적으로 수행함에 필요하다고 보아 졸업생의 성명, 생년월일 및 졸업일자만을 교육정보시스템(NEIS)에 보유하는 행위에 있어 민감한 개인정보가 아닌 상태에서 그 성격과 양 및 목적 등을 종합적으로 고려할 때 수권법률의 명확성이 특별히 강하게 요구된다고는 보지 않았습니다. 따라서 공공기관의 개인정보 보호에 관한 법률 제5조의 일반적 수권조항에 근거하여 해당 관청의 보유 및 처리가 이루어진다 해도 법률유보원칙에 위배된다고는 단정하기 어렵다고 했습니다.

* 동국대학교 법학대학 교수.

모자이크 정보도 정보사회에서는 분명히 개인정보자기결정권의 보호영역에 포함됩니다. 일반적인 개인정보라 하더라도 고유의 식별자와 관련하여 신분확인이 이루어진다면 이러한 모자이크 정보도 당연히 민감한 개인정보에 포함된다고 보아야 합니다. 민감한 개인정보의 보호 및 활용은 당연히 엄격한 법률유보 원칙에 기속이 되어야 한다고 봅니다. 이는 유럽연합의 개인정보 보호 관련 준칙(95/46 EC) 및 독일의 관련법제와 한국의 정보통신망법 및 현재 제정 논의 중인 일반법적인 기능을 할 수 있는 개인정보보호법의 일관된 입장입니다.

졸업생의 성명 및 생년월일은 그 자체로 일반적이냐 민감한 것이냐의 논란이 있을 수가 있습니다. 그러나 약간의 시각을 달리하면 우리나라에서 부동의 고유식별자 기능을 도맡아 처리하고 있는 13자리의 주민등록번호와 쉽게 결합할 수 있다는 기능을 생각한다면 졸업생의 위의 이러한 정보는 민감한 개인정보라고 볼 수가 있습니다. 따라서 이의 처리는 엄격하게 법률의 기속을 받아야 한다고 봅니다.

또한 공공기관의 개인정보 보호에 관한 법률 제5조는 개인정보 처리에 있어 만능조항이 아니라고 봅니다. 권성 재판관님 의견처럼 일반법적으로 기능역할보다는 한정적으로 적용이 되어야 한다고 봅니다.

(2) 과잉금지 원칙 위반 유무

다수의견은 목적의 달성에 필요한 최소한의 정보만을 보유하는 것으로 볼 수가 있기 때문에 문제가 되지 않는다고 합니다. 이 자체만으로는 설득력이 있다고 볼 수가 있지만 법률유보 원칙에 어긋난다고 보기 때문에 논의의 실익이 적다고 보여집니다.

(3) 현 상황

2005년도에 교육기본법, 초중등교육법, 학교보건법에 관련 조항을 신설하여 논란은 해소되어졌다고 보여집니다. 또한 개인정보 보호를 위한 '정보분리 원칙'에 따라 확실하게 민감정보인 졸업생의 보건정보는 일선학교와 상급 행정교육관청에서 NEIS와 C/S를 분리하여 처리하고 있습니다.

2. 지문날인 관련 헌법소원

이는 지문날인을 규정하고 있는 주민등록법 제17조의8 제2항 및 동 시행령 제33조 제2항에 의한 별지 제30호 서식에 따른 열 손가락의 회전지문과 평면지문 날인의 위헌성 유무입니다. 또한 공공기관의 개인정보 보호에 관한 법률 제10조 제2항 제6호의 전산처리 범위에 범죄수사목적을 위해 경찰청의 원정보자료(지문원지) 자체의 전산 보관 및 처리 가능 권한이 포함되느냐의 문제와도 관련이 있습니다.

(1) 법률유보 원칙 위반 유무

주민등록법 제17조의8 제2항은 "주민등록증에는 성명, 사진, 주민등록번호, 주소, 지문, 발행일, 발행기관을 수록한다"라고 규정되어 있습니다.

권 교수님이 언급하였듯이 우리나라의 개인정보 영역에 있어 지문은 주민등록번호와 더불어 만인부동 및 종생불멸의 특징을 가지고 있습니다. 이 두 가지는 정보주체에 대한 고유의 식별자 중 만인지상, 즉 으뜸을 차지하고 있는 무서운 무기입니다. 무기는 사용하고자 하는 자의 그 사용방법에 따라 옳고 그름이 결정되는 경향이 있습니다. 민감한 개인정보의 활용에 있어 효율성 증대 및 본질적 침해 유무에 대한 정반대의 논란이 일어나고 있는 상황은 위의 관련 정보처리에 있어 문제의 해결방안이 나올 때까지 가능한 한 엄격하게 법률의 통제를 받아야 한다고 봅니다.

저 개인적으로는 전체 국민을 대상으로 강제적인 지문날인은 기본권 보호에 있어 많은 취약점을 불러온다고 보고 있습니다. 고유식별자의 존재는 없다면 최선이고, 있다 하더라도 주민등록번호 한 개만으로도 충분하다고 생각합니다. 하물며 법률도 아닌 해당 법률조항을 확대적용하여 시행령으로 한 손가락만이 아닌 열 손가락 날인은 문제입니다. 이는 법률유보의 범위 확정에 있어 근거가 되는 의회유보의 원칙에 어긋날 수도 있다고 보입니다. 주민등록증에는 엄지손가락 지문날인칸만 존재합니다. 판례에서는 이를 법률에서 명백하게 특정하지 않았기 때문에 십지지문 날인규정은 하위 법령에서 규정이 가능하다고 판시하고 있습니다. 이는 문제가 있는 해석이라고 보입니다. 기본권 보호를 위해 하위 법령에 구체성이 보인다면 이해가 되지만, 기본권 침해규정을 하위법령에 광범위하게 규정하는 것은 분명 문제가 있습니다.

또한 주민등록표에 기재되어 있는 원정보자료(지문원지)의 경찰청의 보관에 관한 실정법적인 직접적인 근거규정은 없다고 보입니다. 권 교수님 지적처럼 하물며 지문원지의 전산화나 범죄수사상의 목적에 활용되고 있는 현실은 그 활용근거가 희박하다고 보여 문제가 있다고 보입니다.

(2) 과잉금지 원칙 위반 유무

법률유보의 원칙위반성이 크다고 보기 때문에 논의의 실익이 없다고 보입니다. 그러나 위 원칙유무를 따져 보자면 민감한 개인정보의 목적구속성의 원칙에 정면으로 반한다고 생각합니다.

第72회 발표회 지정토론문

권 헌 영*

1. 머 리 말

(1) 권건보 교수님의 평석논문은 우리 헌법재판소가 내린 개인정보자기결정권의 헌법적 권리를 인정한 지문날인사건(헌재결 2005. 5. 26, 99헌마513 · 2004헌마190병합)과 NEIS사건(2005. 7. 21, 2003헌마282)에 관한 것으로 대체로 토론자는 권 교수님의 견해를 지지한다.

(2) 개인정보자기결정권을 자기정보통제권으로 살피는 권건보 교수님의 의견에 더하여 개인정보를 보다 객관화하고 이를 권리대상으로 구체화할 방안이 필요하다는 관점에서 몇 가지 의견을 제시하고자 한다.

2. 개인정보권의 법적 개념

(1) 헌법재판소가 인정하는 개인정보자기결정권은 요약하여 해석한다면 ① 사람을 식별할 수 있도록 하는 정보인 개인정보는, ② 그로 인하여 식별되는 사람인 정보주체가, ③ 그 정보에 대한 포괄적 권리를 (배타적으로) 가져야 한다는 것이다.[1] 이는 자기정보통제권이라는 의미에서도 마찬가지다.

(2) 이러한 개인정보자기결정권은 사생활의 비밀침해로 대표되는 프라이버시권으로부터 연원한다. 그러나 프라이버시라고 하는 개념만으로는 현대의 개인정보가 갖는 속성을 모두 설명하는 데 한계가 있다.

(3) 현대의 개인정보는 다양한 속성을 가지고 있고, 그 이용환경이나 태양에 따라 프라이버시권의 대상이 될 수도 있고, 아닐 수도 있다. 누군가 내 이름을 안다고 하여서 그것이 개인정보권을 침해하는 것이라고 할 수는 없다. 친구로부터

* 한국정보사회진흥원, 법학박사, 광운대학교 법학과 겸임교수, 소속기관의 공식견해와 무관합니다. hykweon@nia.or.kr

1) 자신에 관한 정보가 언제 누구에게 어느 범위까지 알려지고 또 이용되도록 할 것인지를 그 정보주체가 스스로 결정할 수 있는 권리(헌재결 2005. 5. 26, 99헌마513 · 2004헌마190).

다른 친구에 대한 정보를 얻는 경우에도 동의가 없으면 불법이 되어야 하는 지도 권리로서의 개인정보에 대한 검토대상이다.[2] 또한 개인정보의 재산적 가치(1건의 고객정보가 30원이라고 하는 것처럼)를 고려한다면 이를 인격권으로만 볼 수도 없는 지경이다.

(4) 이처럼 다양한 속성을 가진 개인정보에 관한 권리를 개인정보권이라는 객관적 용어로 정리하는 것이 어떨까 하는 생각이 토론자의 견해이다. 개인정보 그 자체에 대한 이용가치를 고려할 필요가 있고, 또 그것이 개인정보에 대한 현실을 잘 반영하는 것이다. 개인정보권은 개인정보에 대한 권리이다. 주체로서의 권리와 이용자로서의 객관적 권리를 모두 아우르는 개념으로 만들어보자는 것이다. 모든 개인정보가 자기정보통제권의 범주에 들어 있다고 하지만, 그렇다고 개인정보에 대한 권리관념이 없는 상황에서 이용되고 있는 모든 개인정보에 대해 정보주체의 사후적인 판단에 따라 불법 여부가 결정되도록 하는 데는 문제가 있다. 이는 헌법적 영역을 벗어난 민간 영역에서의 필요를 고려하면 더욱 강한 요청이 된다.

(5) 헌법재판소가 개인정보자기결정권을 헌법적 권리로 인정하면서도 결과적으로 개별사건에서의 결론은 합헌으로 결정한 데는 이러한 현실적 고려가 있었다고 생각한다. 그러나 이는 논리정합성을 기본으로 하는 재판에서는 아쉬움이 있는 것이며, 결과적으로 반대의견에 구미가 당기게 하는 원인이라고 생각한다.

3. 개인정보권의 법률적합성 확보

(1) 개인정보권이 헌법적 권리임을 인정하게 되면, 이후의 작업은 결국 개인정보권의 침해에 대한 법률적합성을 확보하는 것이 된다. 현재의 논의는 법적 근거가 불명확하거나 법적 근거가 없이 개인정보권을 침해하고 있다는 정도이지만, 법률의 위헌 여부를 결정하는 정도까지도 논의가 확장될 수 있다.[3]

이런 점에서 권 교수님의 발표 중 특히 법률유보에 있어서 기술하고 있는 입

2) 이런 문제가 바로 개인정보권의 사소한 침해의 문제이다. 그러나 사소한 침해라고 하여서 불법에서 자유로운 것은 아니다. 이 문제도 개인정보권의 개념에서 정리하고 넘어가야 할 문제이다. 토론자는 이런 경우는 개인정보권의 연혁적 속성에 따라 나타나는 내재적 한계라고 생각하고 있다. 즉, 개인정보권의 출발 자체가 은둔생활자가 아닌 공적 생활자가 그 공적 생활관계에서 스스로 사적 영역을, 즉 은둔 영역을 설정하고자 하는 시도이므로 개념 내재적으로 최소한의 공적 생활기반을 형성하는 개인정보는 객관적 이용이 허용되는 범위라고 보는 것이다.

3) 향후에는 개인정보권의 본질적 내용을 침해하는 입법의 경우 위헌적 평가를 면치 못하게 될 것이다.

법의 체계를 영역별로 특수하게 규율하여야 한다는 논의는 개인정보권의 제도적 보장의 필수요소라고 생각하고 적극 동의한다.

(2) 지문날인제도의 법률적합성에 대해서는 헌법재판소의 고민은 충분히 이해가 되지만 아쉬움이 있다는 권 교수님의 견해에 동의한다.

(3) 현재 상황에서 개인정보권은 다행히 헌법재판소의 결정으로 헌법적 권리성이 인정되는 단계에 이르렀지만, 그 보호의 책임은 사후적 구제수단에 있지 않다. 오히려 개인정보에 관한 권리관계를 어떻게 나누어 가지게 되는지 구체적 상황마다 그에 걸맞은 제도를 정립하는 것이 우선 요청된다. 이러한 점은 헌법재판소의 결정에서도 밝혀두고 있는 바와 같다.[4)]

(4) 현대와 미래의 개인정보는 그 자체로서 권리침해의 대상이 된다기보다는 특정 상황과 연계되거나 결합되었을 때 비로소 권리침해를 가져오게 된다. 따라서 사소한 개인정보와 민감한 개인정보가 때에 따라 다르게 나타날 가능성이 훨씬 높다. 이런 문제를 해결하기 위하여 개인정보를 다루는 행정이나 사업 분야 등을 감독하는 독립된 행정체계가 필요하다. 즉, 사후적 권리구제보다 위험의 사전적 예방이라는 행정이 헌법상 권리로서의 개인정보권을 보다 효율적으로 보호하게 되는 것이다.

(5) 입법체계적으로는 기본법에 의하여 행정체계를 정비하고 개인정보권의 기본적인 사항과 권리구제수단을 정하는 작업을 우선적으로 추진하고, 각 개별 특수영역별[5)] 보호체계를 갖추는 것이 바람직하다고 본다. 실제로 이러한 작업이 참여정부 초기부터 이루어져 관계 법률안이 국회에 상정되어 있지만, 논의가 지지부진한 상황이다.[6)]

---

4) 지문날인제도 사건: 오늘날 정보화사회로의 급속한 진전에 따라 개인정보보호의 필요성이 날로 증대하고 있는 현실에 비추어 볼 때, 경찰청장이 지문정보를 보관·전산화하고 이를 범죄수사 목적 등에 이용하기 위해서는 그 보관·전산화·이용의 주체, 목적, 대상 및 범위 등을 법률에 구체적으로 규정함으로써 그 법률적 근거를 보다 명확히 하는 것이 바람직하다.

교육행정정보시스템 사건: 오늘날 현대사회는 개인의 인적 사항이나 생활상의 각종 정보가 정보주체의 의사와는 전혀 무관하게 타인의 수중에서 무한대로 집적되고 이용 또는 공개될 수 있는 새로운 정보환경에 처하게 되었고, 개인정보의 수집·처리에 있어서의 국가적 역량의 강화로 국가의 개인에 대한 감시능력이 현격히 증대되어 국가가 개인의 일상사를 낱낱이 파악할 수 있게 되었다. 정보화사회로의 이러한 급속한 진전에 직면하여 개인정보 보호의 필요성은 날로 증대하고 있다고 볼 때, 국가권력에 의하여 개인정보자기결정권을 제한함에 있어서는 개인정보의 수집·보관·이용 등의 주체, 목적, 대상 및 범위 등을 법률에 구체적으로 규정함으로써 그 법률적 근거를 보다 명확히 하는 것이 바람직하다.

5) 구체적으로는 정보통신분야, 금융·신용정보분야, 의료·건강정보분야, 공공행정분야 등이 대표적으로 거론될 수 있고 일부분야는 개별법률이 존재하기도 한다.

6) 현재 개인정보보호법이 열린우리당(이은영의원대표발의), 민주노동당(노회찬의원대표발의), 한나라당(이혜훈의원대표발의)에서 각각 제출되어 국회에 계류되어 있다.

4. 결 론

개인정보자기결정권이 헌법적 권리라는 점을 밝힌 헌법재판소의 결정은 현대 사회의 개인정보를 둘러싼 혼란을 볼 때 매우 의미 깊은 일임에 틀림없다. 헌법재판소의 결정에 대한 권건보 교수님의 평석은 매우 타당하다고 생각한다.

우리가 앞으로 살아갈 과학기술의 시대, 특히 유비쿼터스 시대에는 우리의 모든 개인정보가 컴퓨터에 의하여 실시간으로 처리되는 상황에 처하게 될 것인바, 이에 대한 객관적 기준을 설정하기 위한 우리의 노력은 우선적으로는 입법적으로 이루어져야 할 일이라고 생각한다. 헌법재판소에서도 앞으로 제기될 수많은 관련 사건에서 입법의 가이드라인을 제시하기 위한 깊이 있는 고민을 할 필요가 있다.

제72회 발표회 토론요지

사 회 자 : 김종철(교수)
토론참여자 : 권헌영(한국정보사회진흥원) 임규철(교수) 이인호(교수)
장석조(헌법연구관) 박경신(교수) 김선택(한국납세자연맹)
황치연(헌법연구관)

간 사 : 안녕하십니까? 헌법실무연구회 간사를 맡고 있는 전종익 연구관입니다.

오늘 발표회가 올해 들어서 첫 발표회입니다. 지난 12월 연말모임을 한 이후에 1월 한 달을 쉬고 첫번째 발표회를 가지게 되었습니다. 바쁘신 가운데 이렇게 참여해 주셔서 대단히 감사합니다.

오늘은 특히 저희 헌법재판소의 이강국 헌법재판소장님께서 참석해 주셨습니다.

소장님께 깊은 감사의 말씀을 드립니다. 시작하기에 앞서 소장님께서 간단히 인사말씀을 해 주시겠습니다.

이 강 국 : 안녕하십니까?

여러 가지로 바쁘실 텐데 이렇게 참석해 주셔서 반갑고 기쁘게 생각합니다. 제가 헌법재판소의 소장으로 취임한 지가 이제 열흘밖에 되지 않았습니다. 아직도 헌법재판소의 운영실태라든가 또 이런 연구회가 어떻게 작동되고 있는지 아는 바가 아무 것도 없습니다. 그래서 오늘 부득불 다른 선약도 제쳐놓고 이런 연구회가 어떻게 움직이는지 또 발표회 성과는 어떤지 이런 것을 한번 들어보기 위해서 무리하게 참석을 하게 되었습니다. 저는 다른 자리에서도 여러 차례 말씀을 드립니다마는 우리나라에서는 실무계와 학계가 너무 벽을 쌓고 서로 상대방에 대해서 무관심하거나 심지어는 적의를 드러내면서 거리를 두고 지내다보니까 우리나라의 법률문화의 발전이 너무 힘들고 어려워지는 것 아닌가 하는 그런 생각을 쭉 해 왔습니다. 우리나라가 인재풀이 사실은 많지도 않은 그런 법률문화로 봐서는 후진국이고 아직도 일본을 따라가려면 30년이 걸린다는 둥 40년이 걸린다는 둥 이런 얘기들을 많이 하는 이 판국에 우리 실무계와 학계가 힘을 합쳐서 똘똘 뭉쳐서 뛰어도 앞으로 20년이 걸릴 지 30년이 걸릴 지 모르는, 일본을 뛰어 넘는 그 수준을 도달하기 위해서는 우리가 이제는 실무계와 학계가 좀더 긴밀하게 손을 잡고 서로 정보를 교환하면서 서로 치열한 논쟁을 거듭하면서 법률문화의 발전에 노력해야 할 때가 아닌가 그런 생각이 듭니다. 제가 대법원에 있을 때도 이런 입장에서 대학교수님들을 우리 실무연구회에 많이 모셨습니다. 제가 운영하고 있던 실무연구회는 회원이 거의 100여 분 되시는데 교수님들도 한 50분이 딱 되셨어요. 서울시내에서 참석하실 수 있는 교수님들은 거의 다 망라해서 참석을 하시도록 촉구도 하고 또 설득도 하고 또 우리가 모시기도 하고 그래서 학계와 실무계 사이에 장벽을 허물어뜨리기 위해서 저 나름대로 많은 노력을 했다고 자부는 합니다마는 가시적인 성과는 그렇게 크지 않았던 것 같습니다. 앞으로 우리 헌법재판소는 특히 학계의 도움과 지원을 받지 못해서는 한발도 나가기 어려운 그런 분야입니다. 따라서 학계에 계신 교수님들의 적극적인 참여와 활발한 논의 또 여러분들의 아낌없는 지원에 의해서만 우리 헌법재판소가 발전할 수 있다는 말씀을 다시 한번 강조드리고, 우리 학계에 계신 여러 교수님들의 더 한층의 참여와 협력을 부탁드리는 바입니다. 앞으로 여러분들과 더불어 밤새도록 논쟁하고 또 서로 싸우고 그러면서 우리나라의 헌법문화의 발전을 위해서 한껏 노력을 해보기로 그렇게 다짐하면서 오늘 인사말에 갈음하겠습니다. 감사합니다.

간 사 : 소장님께서 인사말씀 해 주셨습니다. 그러면 바로 발표회를 시작하도록 하겠습니다. 오늘 사회는 연세대학교 법과대학의 김종철 교수님께서 해 주시겠습니다.

지금부터는 김종철 교수님께서 진행해 주시겠습니다.

사 회 자 : 방금 소개받은 연세대학교 법과대학의 김종철입니다.

오늘 특별히 이강국 헌재소장님께서 직접 저희 헌법실무연구회에 참석해 주신 가운데 제72회 월례발표회를 개최하게 되었습니다. 오늘 주제는 자기정보통제권에 관한 판례평석입니다.

발제는 명지대학교 법과대학의 권건보 교수님께서 맡아주시겠습니다. 권건보 교수님께서는 서울대학교 법과대학을 졸업하시고 같은 대학 대학원에서 헌법전공으로 박사학위를 받으셨습니다.

오늘 발제에 이어서 지정토론자로는 두 분을 모셨습니다.

먼저 첫번째 지정토론자로는 한국정보사회진흥원의 권헌영 박사님께서 맡아주시겠습니다. 권 박사님은 연세대학교 법과대학을 졸업하시고 같은 대학 대학원에서 행정법 전공으로 역시 법학박사학위를 받으셨습니다.

두 번째 지정토론자께서는 동국대학 법과대학의 임규철 교수님이십니다. 임규철 교수님께서는 동국대학교 법과대학을 졸업하시고 독일 트리어대학에서 헌법과 개인정보에 관한 주제로 법학박사학위를 받으셨습니다.

저희 월례발표회는 전통적으로 활발한 토론이 이어지다 보니까 여러 가지 부작용이 생겨서 시간을 가급적이면 엄격히 준수하는 그런 전통을 가지고 있는 것 같습니다. 오늘도 예외 없이 지금부터 약 두 시간에 걸쳐서 알찬 토론회를 압축적으로 그리고 생산적으로 진행하도록 하겠습니다. 그것이 저에게 주어진 임무라고 생각을 하고 있습니다.

전반적인 구성은 발제를 약 30분 가량 듣고 지정토론자 두 분의 토론을 각 10분씩 해서 20분 들은 다음에 저희 실무연구회 전통에 따라서 참여자 전원이 토론에 참여하는 그런 시간으로 꾸며보도록 하겠습니다.

그러면 오늘 주제발표를 맡아주실 권건보 교수님을 소개 드리겠습니다.

< 주제발표자 발표 >

사 회 자 : 권건보 교수님 발제 감사드립니다. 모두에게 말씀드린 대로 시간적 한계 때문에 시간을 충분히 드리지 못하고 시간독촉을 드리게 된 점 다시 한 번 양해를 구합니다. 말씀드린 대로 지정토론자 두 분의 지정토론을 듣고 전체토론을 진행하도록 하겠습니다.

먼저 제1지정토론자로 한국정보사회진흥원 권헌영 박사님을 소개하겠습니다.

< 지정토론자(권헌영) 발표 >

사 회 자 : 권헌영 박사님 감사합니다. 사회자를 무색하게 하시려고 주어진 시간마저도 많이 양보를 해 주셨습니다. 여러분들 익히 짧은 발제에서 들으셨겠지만 권 박사님 굉장히 달변이셔서 좌중을 평소에 압도를 하십니다. 10분밖에 못드렸는데 7분만 쓰시면서 강한 인상을 남기신 것 같습니다.

두 번째 지정토론자이신 임규철 교수님을 소개해 드리겠습니다.

< 지정토론자(임규철) 발표 >

사 회 자 : 임 교수님 감사드립니다.

오늘 헌법실무연구회 역사상 굉장히 이례적인 상황을 맞고 있어서 사회자로서 적이 당황스럽습니다. 아마도 시간의 촉박성을 강조하다 보니까 토론의 활성화를 위해서 우리 지정토론자께서 굉장히 양보를 많이 해 주시는 것 같습니다.

그만큼 저희가 전체토론에서 좀더 활발한 논의를 해볼 수 있을 것 같습니다.

사회자가 능력부족으로 전체적인 흐름을 정리를 해야 될 것 같은데, 권 교수님의 발제에 대해서 지정토론자들께서 굉장히 심각한 이의를 제기하신 부분은 제가 간취를 하지를 못했습니다.

제가 이해하기로는 권 교수님께서는 헌법재판소의 지문날인제도 그리고 교육행정정보시스템과 관련된 판례를 소재로 해서 문제점 특히 자기정보통제권에 관한 헌법 혹은 헌법학자들 혹은 헌법재판소와 법원의 판례에 나타난 헌법적 근거에 대한 논의들에 대한 문제제기를 좀 해 주셨고, 특히 헌재판례와 관련 되어서 주목할 부분은 짧은 시간에 이루어진 이 두 판결 사이에, 그것이 자기정보통제권이라 불리어지든 개인정보권이라 불리어지든, 그 근거에 대해서 약간의 미묘한 차이를 보이고 있는 점이 좀 아쉽다고 지적해 주셨고, 그 외에 이러한 헌법상의 지위를 가지는 개인정보자기통제권 혹은 자기정보통제권에 대한 제한의 방법과 헌법적 근거, 다른 식으로 말하면 어떤 그러한 제한의 한계원리로서의 법률유보의 원칙과 과잉금지원칙을 헌재가 제대로 적용하고 있는지 없는지에 대한 검토가 필요한 부분들을 지적을 해 주셨습니다.

여기에 대해서 두 분의 지정토론자들께서는 특별한 어떤 이의를 제기하시기보다는 약간 보완적인 의미에서 발언을 해 주신 것 같습니다.

특히 권헌영 박사님께서는 현대사회에서 자기정보통제권의 문제가 얼마나 구체화되고 있는가라는 것을 약간의 실례를 들어서 특히 직접 참여하신 현실적 경험들에 약간의 배경을 삼아서 말씀을 해 주셨고, 특히 이러한 개인정보통제권의 구체화의 과제가 앞으로 헌법판례 혹은 입법 혹은 학설 등에 있어서 주어진 과제라는 점을 지적을 해 주셨습니다.

이에 덧붙여서 임규철 교수님께서는 개인정보의 여러 가지 유형들이 일반화된 어떤 방식으로 처리되기에는 적절하지 아니한 복잡성을 가지고 있다라는 점을 지적을 해 주시면서 구체적으로 공공기관의 개인정보보호에 관한 법률의 운용상의 문제점을 지적을 해 주신 것 같습니다.

사회자 입장에서 토론의 진행을 위해서 지금 현재로는 발제자에 대해서 아주 적극적인 문제제기는 없었던 것으로 보이기 때문에 거기에 대한 답변을 듣고 지정토론을 넘어가기보다는 우리 플로어에서 종합토론에서 좀더 의견을 청취를 한 다음에 거기에 대한 답변시간을 가지는 그런 식으로 진행을 했으면 합니다.

그래서 먼저 오늘 참여하신 회원 여러분들께서 질문 혹은 코멘트를 해 주시면 일정부분 모아서 한꺼번에 답변을 듣고 거기에 대한 토론을 진행하도록 하겠습니다.

사실 오늘 발제를 해 주신 분 또 지정토론을 하신 분 모두가 이 개인정보와 관련 된 부분으로 학위논문을 쓰셨고 사실은 이 분야에 관한 한 법조계의 측면에서 최고의 전문가들이라고 할 수 있는 분들입니다. 그러다 보니까 고수들의 공방이 있었고, 공방이 아니고 뭡니까 이게 카르텔을 형성했는지 공동전선을 형성하셨고, 여기에 대한 학위논문까지는 아니시지만 오랫동안 이 주제에 대해서 관심을 많이 가져오신 분들께서도 참석을 해 주셨습니다.

제가 개인적인 친분으로 이렇게 지명을 해서 곤란하지만 중앙대학교 이인호 교수님께서도 오랫동안 이 분야에 관해서 많은 연구를 진전시켜 오신 분으로 정평이 나있는데 공동전선적인 측면은 조금 약하시고 공방적인 차원에서 문제제기를 먼저 부탁드리도록 하겠습니다.

이 인 호 : 중앙대학교 이인호입니다.

저도 개인정보를 보호해야 한다는 기본입장에서는 동의를 합니다. 그런데 이 지문날인사건이 가지는 법리적 의의가 몇 개가 있고, 상당히 어려운 주제이기도 하고 아직 더 해명해야 될 부분들이 많은 사건입니다. 예를 들면 제일 먼저 개인정보자기결정권이라는 것을 헌법재판소가 기본권으로서 새롭게 인정했습니다. 그러면서 사실 '개인정보자기결정권이 뭐냐'라고 할 때 자신에 관한 정보, 그 정보가 무엇이든지 간에 자신의 사생활침해의 우려가 있는 민감한 정보든지 아니든지 간에, 좌우간 이 정의에 따르면, 오픈된 개인정보도 모두 다 그 개인정보를 국가가 수집·처리한다고 해도 개인정보자기결정권제한이 된다는 것이거든요. 그런데 이렇게 광범위하게 개인정보자기결정권을 기본권으로서 인정하는 것이 타당한가 하는 데 대해서 약간 의문을 가집니다.

Whalen 케이스를 간단하게 각주 1번에 소개해 놓으셨는데 미국에서 77년도의 이 케이스는 아시다시피 아주 민감한 의료데이터에 관한 것입니다. 그러니까 마약계통의 치료약을 처방전을 쓰는 환자들 정보를 정부가 수집한 겁니다. 거기에 대해서 다투어지는 사건이거든요. 이것은 상당히 민감한 의료데이터였습니다. 그 중에서도 일반 의료데이터가 아니고 마약의료약을 처방전으로 쓴 경우에만 수집을 했던 겁니다. 그만큼 어떻게 보면 민감한 데이터였는데 그때 미국연방대법원이 정보적 자기결정권 비슷하게 Information Privacy를 인정하려 했지만 합헌결정을 하게 됩니다.

그런데 우리의 개인정보자기결정권 사건은 모든 개인정보에 대해서 자기가 마음대로 수집하고 이용하는 데 대해서 통제할 권리가 있다고 했기 때문에 아마 굉장히 나간 것이 아닌가라는 생각이 들고요. 혹시 저는 이렇게 넓게 나가게 되면 앞으로 이제 개인정보자기결정권침해라는 소송이 폭주하지 않을까? 정부가 가지는 모든 개인정보들이 다 여기 개인정보자기결정권 제한이 되었다는 뜻이거든요 그렇게 되면. 그래서 혹시 사생활침해의 가능성이 있는 개인정보의 수집·이용·활용과 관련해서 기본권을 인정했더라면, 조금 더 좁혔으면 좋았지 않았을까하는 그런 부분까지 생각을 해봤습니다.

그 다음에 하나는 법률유보의 원칙을 적용함에 있어서 이전에 다른 사건에서도 그렇게 했는지 모르겠습니다만 법률유보의 원칙의 적용과 관련해서는 심사강도를 이원화하고 있는데요, 제한되는 기본권의 정도가 강하면 강할수록 근거가 강해야 되고 약하면 근거는 약해도 된다는 그런 법리를 헌재가 이 사건에서 전개를 하고 있습니다. 그것과 관련해서도 의미 있는 법리형성이 되리라고 생각이 되는데요. 그 점에 대해서 먼저 우리 발표자님 한번 견해를 듣고 싶고요.

그 다음에 하나는 좀더 구체적인 문제입니다마는 이게 6 대 3으로 결정이 났습니다만 가장 핵심적인 갈린 배경 중에 하나는 지문정보를 수집하고 이용하는 것이 왜 위험한가? 지문정보를 수집하고 이용하는 것이 위험하지 않다고 본 여섯 사람이 합헌의견이었고요. 세 사람은 지문정보를 수집·이용하는 것이 위험하다 우리사회에서, 이렇게 보는 것 같아요. 그렇게 보다 보니까 결론이 위헌쪽으로 나간 것 같은데 묘한 것은 그동안 지문정보를 수집해서 온 것은 경찰이고 또 수사목적으로 활용해 왔는데 위헌의견을 내신 세 분 중에 두 분이 검찰 출신입니다. 그러니까 그 뜻은 어쩌면 검찰에서 오랜 경험을 가지셨던 두 분 재판관님께서 상당히 위험하다고 느꼈었던 것 같아요.

그런데 그것은 알 수가 없습니다만 발표자님께서 어쨌든 합헌의견에 대해서 비판적이셨기 때문에 지문정보를 대한민국에서 수집하고 이용하는 것이 왜 위험한가 그것을 충분히 논증하지 않으면 합헌결론을 비판하는 데 한계가 있다, 논거가 약하다는 겁니다. 그래서 그 점을 충분히 논증해 주셔야 비판이 설득력이 있는 것이 아닐까 생각이 됩니다.

그 다음에 하나 간단한 것은 사회적 인격사항에 관한 자기결정권인데요, 이미 2003년도에 신상공개사건에서 우리 헌법재판소가 4 대 5로 합헌결정을 냈습니다만 다섯 사람의 위헌의견에서 사회적 인격사항에 관한 자기결정권이 침해되었다고 보았습니다. 물론 반영이 되지는 않았습니다마는, 그 다섯 사람의 다수의견이 인격권 10조에서 나온다고 해서 사회적 인격사항에 관한 자기결정권을 설명했습니다. 그 신상공개사건에서도 기본적으로 국가가 보유하고 있는 정보에 관한 자기결정권의 문제가 담겨있는 셈이거든요. 그 사건하고 2005년도 이 지문정보 사건하고 법리적 관계가 어떻게 봐야 되는지를 좀 묻고 싶습니다.

사 회 자 : 전문가답게 질문기회를 드리자마자 본질적인 문제에서부터 아주 구체적인 문제까지 질문을 제기하여 주셨습니다. 말씀드린 대로 질문을 더 받은 다음에 발제자의 답변을 듣고 논의를 진행하도록 하겠습니다. 제가 이렇게 원성을 사면서 진행하기 전에 평소에 궁금하게 생각하던 부분에 대해서 질문을 해 주시는 것이 좋을 것 같습니다.

저도 이 주제에 대해서 시론적 성격의 글도 쓰고 그 뒤에 여러 가지 연구를 해왔습니다만 진짜 현실적으로는 우리 발제자께서도 지적을 해 주셨지만 정말 난마처럼 얽혀있는 그래서 이렇게 한 실타래를 푼다고 해서 나머지 실타래들까지 다 해결되어지지 않는 그런 주제가 아마 개인정보보호와 이용과 관련된 주제가 아닐까 하는 그런 생각들을 많이 합니다. 헌법실무연구회에서 논의의 장이 펼쳐진 김에 난마처럼 얽혀있는 부분들에 대해서 한 가지씩 한 가지씩 의문을 제기하는 것만으로도 헌법발전에 기여하지 않을까 생각을 해봅니다. 구원타자가 드디어 나왔습니다. 역시 장석조 연구부장님께서 나서주셨습니다.

장 석 조 : 말씀하실 분이 많이 계실 것 같아서 뒤에 시간이 나면 하려고 그랬는데 그냥 궁금한 것을 먼저 여쭤보고요, 일단 위헌론을 전개하셨으니까 답변을 들어보고 제가 필요하면 합헌론을 말씀을 드리겠습니다.

발제문 16페이지에 보시면 95년에 시행된 규정에 의해서 종전에 취득한 정보의 보유행위에 소급해서 적용할 수 없다는 점에서 문제가 있다는 것 하나하고 그 다음에 "불법적으로 취득한 개인정보라도 컴퓨터 파일로 만들어 놓으면 보유가 정당화된다고 해석하기 어렵다." 이 판시부분 인용하시고 '타당하다' 이렇게 적으셨기 때문에 이것을 주장하신 것으로 보고 여쭤보겠습니다.

소급적용부분은 굉장히 기술적인 문제가 얽혀있으니까 나중에 말씀을 드리고, 불법적으로 취득한 개인정보가 있는데 이 정보를 내가 국가나 공공기관이 앞으로 양성화를 해서 법적 근거를 만들겠다, 그리고 보유하겠다는 입법이 불가능한 것인지? 우리가 이것을 보고 연상되는 것은 형사소송법에 있어서의 독수독과원칙입니다. 독수독과원칙 같은 경우에 피고인의 인권보장이라든지 그런 강한 공익적 이유에 의해서 인정하는 것이고, 독수독과원칙도 일부 흔들리는 측면이 있다고 어느 세미나에서 들은 적이 있는 것 같습니다.

그렇다면 이 부분이 지금 이런 행정정보를 보유하는 정도, 강력한 신체의 자유를 제약하는 것도 아니고, 이런 영역에서 상당한 행정능률이라든지 예산 등이 강하게 얽혀있는 그런 문제에서 이제부터 보유를 양성하게 하겠다. 그리고 이제부터 수집도 정당화하겠다고 했을 때 그게 헌법적으로 허용될 수 없는 것인지, 허용될 수 없다면 헌법적 근거는 뭔지 그것을 좀 여쭤보고 싶습니다.

사 회 자 : 고려대학교의 박경신 교수님께서 일단 질문을 해 주시면 여기까지 질문을 일단 받고 혹시나 질문과 관련된 질문이 있으면 거기까지 받고 발제자의 답변 혹은 지정토론자분들의 참여에 의한 토론을 진행하도록 그렇게 하겠습니다.

박 경 신 : 저도 이인호 교수님께서 자기정보결정권을 헌법적 권리로 인정하는데 좀 신중해야 된다고 말씀하신 것에 전적으로 동의합니다. 특히 프라이버시권과 다른 또는 프라이버시권보다 폭이 넓은 개인정보, 자기정보결정권을 인정하는 것은 향후 표현의 자유를 보호하는 데 상당한 악영향을 미칠 수 있다고 생각을 합니다. 특히 나아가서 지금 사용되는 문구 중에 사회적 인격사항에 대한 권리 그러니까 자신의 사회적 인격사항에 대한 권리를 자기가 가지고 있다는 이런 표현들이 눈에 띄는데, 자신의 인격사항이 과연 자신의 것인지 아니면 자신을 바라보는 사람들이 자유롭게 구성할 수 있는 것인지, 과연 다른 사람들이 자기를 어떻게 생각하는 것까지, 다른 사람들이 자기에 대해 가지고 있는 어떤 이미지상까지도 본인이 통제할 수 있는 권리를 보장하는 것이 헌법상에 무리가 없는지 면밀히 검토를 해봐야 된다고 생각합니다. 그래서 그런 면밀한 검토없이 자기정보결정권을 덥석 보호하게 된 것이 혹시나 프라이버시를, 만약에 이제 미국에서 온 거라면 프라이버시를 개인정보라고 번역을 하면서 프라이버시에 대비되는 개념을 개인정보라고 번역하면서 과연 그 개인정보가 그 개인에 대한 정보를 말하는 것이냐, 아니면 개인이 자기 것으로 개인만이 보호하고 있는 정보냐, 즉 그 개인이 자기 것으로 사적으로 가지고 있는 정보냐 그것에 대한 구별 없이 그냥 둘 다를 뭉뚱그려서 개인정보는 보호되어야 된다, 그런 움직임 속에서 면밀한 검토가 이루어지지 않았나 하는 생각이 듭니다.

자기에 관한 정보와 또 자기가 비밀로 보호하고 있는 정보 이 두 개가 완전히 다른 것이라고 생각합니다. 자기에 관한 정보가 아니라고 하더라도 예를 들어 자기가 가지고 있는 일기장에 자기에 관한 얘기는 아무것도 안 쓰고 자기친구들에 관한 얘기를 썼다고 할지라도 또는 자기가 본 것들 또는 다른 사람에 관한 얘기를 썼다고 할지라도 우리는 그것을 개인정보라고 해서 보호를 해야 된다고 생각합니다.

그러니까 그것은 어떤 Private Information이기 때문에, 프라이버시이기 때문에 보호를 해야 된다는 거지 그것이 그 사람에 대한 것이라서 보호해야 된다는 것은 아니라고 봅니다. 물론 이런 프라이버시만 가지고 현재 개인의 인격권을 보호하는데 좀 어려움이 있지 않을까 하는 그런 우려를 가지고 계신 분들이 있을 것 같은데, 저는 이 NEIS 사건이나 지문날인 사건도 과연 이것이, 만약 거기 위헌론을 펴는 분들이 있다면 위헌론을 잘 해부해 보면 과연 그것이 한 개인에 대한 정보이기 때문에 보호된다고 생각을 하는 것인지 아니면 그것이 사적인 정보이기 때문에 보호해야 된다고 생각하는 것인지를 검토해 보면 저는 후자 쪽이라고 봅니다. 그것이 어떤 한 개인의 이름이 또는 졸업연월일 이런 것들이 들어가서 그런 것이 아니라 즉 한 개인에 관한 것이라서 그런 것이 아니라, 그런 정보들이 특정한 목적으로 특정한 사람만 볼 수 있도록 보호되어 왔기 때문에 그래서 보호해야 된다. 그런 취지에서의 어떤 위헌론을 제기하는 것이 아닌지, 위헌론 자체를 검토해 봐야 되지 않을까하는 생각입니다.

사 회 자 : 지금까지 세 분이 질문을 해 주셨습니다.

이인호 교수님께서 근원적으로 개인정보자기결정권의, 특히 현재의 정의가 너무 광범위해서 문제를 야기하고 있는 것이 아닌가라는 부분이고 거기에 대한 발제자의 의견을 물으셨는데, 박경신 교수님께서 보충하는 질문으로 개인정보의 보호대상 혹은 보호 이것이 사실관계 속에서 겹치는 프라이버시의 문제와 개인정보의 범주설정의 문제에 대한 신중한 접근이 필요한 것이 아닌가 거기에 대한 발제자의 의견을 물으신 것 같습니다. 아마도 이것까지는 공방적 성격이라기보다는 공동전선적 성격도 여전히 가지고 있는 것이 아닌가라는 생각이 들었습니다.

두 번째 법률유보원칙과 관련된 심사단계 이단계론을 헌재가 취하고 있는 부분에 대해서 발제자의 개인적인 의견을 질문을 했습니다.

다음에 지문정보수집이용의 위헌성에 대한 태도가, 현재의 다수입장과 소수입장을 구분지었는데 그러자면 위헌성에 대한 발제자의 태도가 무엇인지를 질문을 하셨습니다.

다음에 신상정보공개와 관련된 판례와 지문날인제도 판례와의 상관관계에 대해서 발제자의 의견을 물으셨고요.

장석조 부장님께서 여러 가지가 있지만 한 가지만 먼저 질문을 하신다는 전제하에서 불법적으로 취득된 정보를 양성화해서 보유하는 부분들을 그렇게 단정적으로 바라볼 수 있는가? 거기에 대한 입장은 무엇인가를 질문을 해 주셨습니다.

여기까지 발제자의 답변을 듣도록 하겠습니다.

발 표 자 : 좋은 질문 감사드립니다.

먼저 이인호 교수님 말씀하신 개인정보의 보호범위가 너무 넓은 것 아니냐 이런 문제제기에 대해서, 저도 물론 그런 생각을 안해 본 바는 아닌데 순전히 법리적인 어떤 차이가 있다는 말씀을 드리겠습니다. 개인정보 중에는 보호의 정도가 강한 것도 있을 수 있겠고 아주 사소한 개인정보여서 보호의 정도가 미약한 것도 있을 수가 있을 것 같습니다. 개인의 인격에 밀접한 그런 정보, 특히 내밀한 정보들 이런 것도 있을 수 있겠고 또 사회생활에 있어서 오픈이 되어 있어서 성명이랄까 국적이랄까 또는 직장 주소랄까 이런 것들은 보는 사람에 따라서 특별히 보호가 불필요한 그런 정보라고 인식될 수도 있을 것입니다. 그 사람을 그 사람이라고 부르는 것, 그것을 어떤 주체가 나의 정보를 함부로 왜 부르느냐? 이렇게 얘기할 수도 없는 것일 것이고, 직장에 어디 다니는 것을 아는 사람에게 있어서는 그 사람의 직장이 무엇이냐? 이것은 아무런 의미가 없을 수도 있을 것입니다. 그렇지만 우리가 개인정보자기결정권에서 보호하고자 하는 개인정보를 얘기할 때 그 개인정보의 어떤 범위는 다시 말해서 보호범위는 굉장히 넓게 잡을 수가 있을 것입니다.

아까 말씀드렸던 후자의 개인정보 이런 것들이 개인을 식별하는 데 도움이 되는 것은 사실입니다. 그 사람이 어떤 직장에 다니고 어떤 국적을 갖고 있고 인종이 어떻고 이런 부분들은 아는 사람은 다 알지만 모르는 사람에게 있어서는 그것이 아주 궁금한 정보일수도 있고 그런 것을 앎으로써 다른 정보와 결합을 했을 때 이 사람이 어느 국가의 출신이냐 또는 어떤 인종이냐 또는 어떤 직장에 다니느냐 어떤 학벌을 갖고 있느냐, 그 사람이 어떤 학교를 졸업했다는 사실은 별로 중요하지 않을 수도 있지만 경우에 따라서는 굉장히 중요해서 그 사람이 속된 말로 아주 안좋은 학교를 나왔구나, 좋은 학교를 나왔구나 뭐 이런 것들을 평가하는 자료로 활용할 수도 있을 것입니다. 그래서 그 개인정보 자체만으로 성격에 따라서 보호의 정도를 단정짓기는 곤란하다는 생각을 갖고 있습니다. 그 정보가 어떤 상황에서 상대방이 어떤 경우이냐에 따라서 보호의 정도가 달라질 수도 있는 것이고 그래서 이 개인정보자기결정권에서 보호하고자 하는 개인정보의 보호범위를 일단 넓게 잡고, 그러한 개인정보가 구체적인 상황에서 정보주체의 의사와 무관하게 수집되고 또는 활용되는 부분들이 정당화될 수 있느냐의 문제를 검토할 때 그것을 다르게 평가할 수 있도록 하는 것이 낫지 않겠느냐, 예를 들면 아까 어떤 회사원이 어느 직장에 다니는지는 회사동료들의 경우 정보주체의 어떤 통제력이 미치지 않는 것으로 그렇게 볼 수 있을 것입니다. 그것은 제한이 아니라는 것이지요. 본인의 의사와 무관하게 직장동료들이 동료의 어떤 구체적인 사정들을 안다 하더라도 그것은 정보주체가 관여할 수 없는 부분이라고, 그것은 정당한 제한이다, 의사에 반해서 그런 것들을 활용하더라도 정당한 제한이라고 평가하면 되는 것이라고 생각합니다. 그래서 일단 개인정보의 보호범위를 넓게 잡고, 다만 그것을 제한할 때 본인의 그러니까 정보주체의 의사와 무관하게 처리되는 부분들에 대해서 정당성을 부여하는 단계에서 차별적으로 접근을 하면 된다. 그래서 과잉금지원칙이라든가 이런 부분들을 적용할 때 어떤 단계적인 고려가 가능할 것이고 그런 정도로 해결을 하면 될 것이라는 생각을 합니다.

독일에서도 사소한 개인정보를 아예 개인정보보호범위에서 제외하려고 하는 시도도 있지만 그것은 헌법이론적으로 봤을 때 기본권제한이론에서 다룰 문제를 보호범위의 어떤 부분으로 앞당겨서 미리 배척해 버리는, 어떻게 보면 굉장히 과단성 있는 그런 이론이라고 할 수도 있습니다.

그러나 그것이 빠뜨릴 수 있는 어떤 부분들이 있다, 아까 말씀드렸다시피 공적으로 알려진 정보라 할지라도 예컨대 전과정보, 유죄평결기록 이런 것들도 모든 세상 사람들이 다 아는 것은 아니고 알 만한 사람은 찾아보면 알 수도 있지만 일반적으로는 사람들이 그것을 알지 못하는 상황에 있기 때문에 그런 부분들을 보호하지 말아야 할 그런 필요성은 없다고 생각합니다. 그래서 제한의 필요성 이런 부분에서 검토를 하면 족하다. 보호범위를 일단 넓게 잡는다 하더라도 그 자체로서 결론적으로 다 보장하자, 개인정보자기결정권으로서 무조건 비밀성이랄까 이런 것들을 인정하자 이런 취지는 아니라는 말씀을 드립니다.

박경신 교수님이 지적하신 부분도 역시 공통적인 면이 있다고 생각되어서 말씀을 드리면, 프라이빗한 정보에 대한 것만 보호할 필요성 있느냐를 따져봐야 되지 않느냐라는 말씀도 역시 같은 맥락에서 말씀을 드릴 수 있겠습니다.

일기장에서 어떤 사람이 어제 어떤 일을 했고 저 사람은 어떤 사람이다, 저 사람은 부모가 이혼을 했고 안했고, 성장환경이 그래서 그런지 역시 사람이 비뚤어져 있다, 이런 식으로 일기장에 타인에 대해서 기록을 한다 하더라도 그런 부분이 반드시 동의없이 그 사람에 대한 기록을 남기고 남에게 그런 말을 한다고 해서 그 자체가 곧바로 개인정보자기결정권의 침해라고 단정지을 수는 없을 것입니다. 그것은 보호할 가치가 없는 개인정보이기 때문이 아니라 보호할 가치가 있는 개인정보일 수 있지만 그러나 그것이 어떤 다른 기본권과의 충돌지점에서 정당화될 수 있는 범위 속에 있기 때문에 가능한 것이다. 이렇게 얘기를 하면 무난하지 않을까 하는 생각도 하고 있습니다.

다음으로 이인호 교수님이 말씀하신 지문날인 사건과 관련해서, 합헌의견과 위헌의견 6 대 3으로 갈렸는데 지문정보의 수집이용이 지문정보 자체의 위험성 여부에 대한 판단 때문에 결론이 달라졌다. 그렇다면 위헌론쪽에서는 그 위험성, 지문정보의 어떤 수집·처리 이런 부분이 굉장히 위험한 것이 아니냐는 것을 논증해야 할 필요가 있다라는 말씀을 하셨습니다. 당연히 그렇다고 생각을 합니다.

지금 다수의견에서 지문정보 그 자체가 아주 민감한 정보는 아니라는 얘기를 합니다. 민감한 정보가 뭐냐에 대해서 임규철 박사님도 아까 말씀하셨지만 지금 영국이나 독일이나 또는 EU 같은 경우 민감한 정보를 다양하게 규정을 하고 있습니다. 인종, 정치적 의견, 종교적 사상적 신조, 노동조합의 가입, 건강정보, 성생활정보 뭐 이런 것들 대체적으로 비슷할 것 같습니다. 그리고 경우에 따라서는 유전자정보가 들어가느냐 마느냐에 대해서 논란이 있을 수 있습니다.

이 중에서도 성생활정보나 이런 것들은 민감하다라는 부분에 대해서는 누구나 공감하실 텐데 이것이 때때로는 어떤 프라이빗한 정보이기도 하고 또 오픈된 정보이기도 합니다. 예컨대 인종이나 민족 이런 것들은 그 나라 상황에 따라서 아주 민감한 정보일 수도 있고 아닐 수도 있습니다. 그 나라에서 국내적인 어떤 상황에서만 보면 인종이나 민족 이런 것들이 별로 중요하지 않은 정보일 수 있습니다. 그러나 또 다른 나라에서는 다를 수가 있고 또 최근에 외국인노동자들이 많이 들어와 있는 상황에서는 앞으로 점점 민감도가 높아질 수도 있는 그런 정보가 아닐까라는 생각도 듭니다. 어쨌든 지문정보 이것이 민감하냐 안하냐의 문제는 그 자체가 전문가가 아니더라도 누구나 지문의 형상만 보고 그 사람이 누구라고 단정할 수 없고 또 그것만 보면서 이 사람은 어떤 사람이라고 단정짓기 어렵다는 측면에서 그것이 민감하지 않다고 볼 수 있는 점이 있습니다.

그러나 아까도 말씀드렸다시피 민감한 정보여야만 보호의 어떤 필요성이 있고 법적 근거 없이 제한을 해도 상관없다는 것은 아니라고 생각합니다. 또 상황에 따라서 이 지문정보는 민감한 정보를 끌어내는 그런 연결자 역할을 할 가능성이 굉장히 높습니다. 주민등록번호가 그 자체가 민감하냐 안하냐 뭐 이런 문제도 역시 있을 수 있겠는데 주민등록번호는 몇 가지 정보를 담고 있습니다. 그 자체 많은 정보를 담고 있기도 하지만, 그것을 통해 개인의 곳곳에 널린 다른 사적인 정보를 도출해낼 수 있는 그런 가능성이 굉장히 높습니다.

지문도 우리가 곳곳에 다니면서 여러 곳에 흔적을 남기게 됩니다. 그런데 그러한 것이 이 사람이 때로는 이런 장소에 언제, 어떻게 몇 시에 언제쯤 지나갔구나라는 것을 끌어낼 수 있는 그런 정보일 수 있습니다. 또 그것이 개인에 부착된 신체일부에 관한 정보인 것이고 그러한 정보들이 더군다나 전산화가 되어서 그것이 통합전산망을 통해서 다양한 목적으로 활용이 될 때, 전자적 정보처리상황 이런 것들을 감안할 때, 지문정보 자체가 어떤 정보주체의 의사와 무관하게 관리되고 이용되는 것은 굉장히 위험하다는 생각을 하고 있습니다. 그런 정도로 위험성에 대한 논증은 가능할 거라고 생각을 합니다.

다음에 사회적 인격사항에 관한 자기결정권이라는 것, 청소년 성범죄자에 대한 신상공개제도에 대한 헌법재판소 결정례 거기에서 5인 의견으로 다루어졌습니다. 용어를 설명할 때 제가 말씀을 못드렸는데 2003년 6월 26일날 선고된 결정에는 다들 아시는 바와 같이 4인의 합헌의견과 5인의 위헌의견이 있었습니다. 신상공개제도에서 포함하고 있는 성범죄자의 신상에 관한 정보들에는 성명도 있을 것이고 주소도 있을 것이고 사진 등이 담기게 되는데, 우리가 개인정보보호법에서 얘기하는 또는 개인정보자기결정권에서 얘기하는 개인정보를 대부분 포함하고 있습니다. 그런 관점에서 봤을 때 그것을 본인의 의사와 무관하게 국가가 공개하는 것 이것은 분명히 개인정보자기결정권에 대한 제한의 측면이 있다고 생각을 합니다.

거기에서 보호하고자 하는 관련되는 기본권으로 4인의 의견에서는 사생활의 비밀과 자유, 인격권 이런 것들을 들고 5인의 의견에서는 사회적 인격사항에 관한 자기결정권이라는 표현을 쓰면서 이것이 침해되었다는 쪽으로 논의를 이끌어갑니다. 이것이 5인 의견이었는데 이 사회적 인격사항에 대한 자기결정권 부분은 제가 그 직전에 있었던 독일에서도 많이 쓰고 있는 프로필 이런 얘기도 하고, 그런데 한수웅 박사님이 논문을 통해서 많이 얘기를 했던 부분이고 그랬었는데, 그러한 용어들이 후에 다루어지는 개인정보자기결정권과 대체로 동일시되는 측면이 있다고 생각합니다. 다만 사생활관련 정보에 대한 자기결정권과 사회적 인격사항에 관한 자기결정권을 이원화시켜서 개인정보자기결정권에 포섭시킬 것이냐? 다시 말해서 개인정보자기결정권을 사생활관련정보에 대한 자기결정권과 사회적 인격사항에 관한 자기결정권 두 가지를 포함하는 개념으로 볼 것이냐 아니면 신상공개제도에서 얘기하는 사회적 인격사항에 관한 자기결정권을 후에 이야기하는 개인정보자기결정권과 같은 것으로 봐야 되느냐 이런 의문을 가져볼 수 있는데, 제가 파악하기로는 이 사회적 인격사항에 관한 자기결정권에 관한 그런 법리들이 뒤에 주민등록제도에 관한 결정이나 NEIS에 관한 결정에서 개인정보자기결정권으로 변형되었다 할까요. 아니면 흡수되었다 할까요. 그렇게 볼 수 있을 것 같습니다.

개인정보자기결정권을 얘기하면서 사회적 인격사항에 관한 자기결정의 부분을 헌법재판소에서도 구체적인 내용으로서 설시하고 있는 것으로 봐서는 그런 것 역시 포함하는 독자적 기본권으로 승인했다라고 보입니다. 사생활관련정보에 관한 자기결정권과 사회적 인격사항에 관한 자기결정권이 명백히 준별될 수 있느냐에 대해서 논의가 있을 수 있겠지만 그렇게 따로 떼어서 설명하게 되면 헌법적 근거가 다르게 나타날 수 있겠고, 그런데 개인정보자기결정권에서 특히 개인정보 보호의 필요성이나 이런 부분들을 말씀드릴 때 아까도 얘기했지만 프라이빗한 정보 이외에도 프라이빗하지 않지만 공적인 오픈된 사소한 정보들이라 할지라도 그것이 어떤 제한적인 범위를 넘어섰을 때는 자신의 의지와 무관하게 남이 자신의 어떤 인격사항을 결정하는 데 활용이 될 수 있다, 그런데 그것이 정당한 인격사항의 형성 예를 들어서 저 사람은 나쁜 사람이다, 좋은 사람이다, 어떤 사람이다라고 평가하는 것이 문제가 없을 때는 괜찮지만 그것이 그릇된 정보를 기반으로 했을 때는 인권의 침해요소가 있다는 생각이 듭니다. 그래서 그것이 그릇된, 오픈된 정보지만 예를 들어서 전과사실에 관한 정보 이것이 잘못 알려진 정보라든가 그렇게 했을 때는 그 부분에 대해서 통제력이 미쳐야 된다고 생각을 할 수 있을 것입니다. 정정을 요구한다든가 하는 방법으로요.

예를 들어서 자기가 대학을 나왔는데 고졸로 표기가 되어 있다고 할 때 그 사람은 고졸자구나 남들이 그렇게 다들 안다면 그 부분에 대해서 정보주체는 일정한 어떤 법적권리를 가질 수가 있다고 생각되고 그런 부분들에 있어서는 개인정보자기결정권의 틀로서 보호할 수 있는 점이 있다. 그렇게 볼 때 개인정보자기결정권의 어떤 범위는 프라이빗한 정보뿐만 아니라 사회적 인격사항에 관한 자기결정의 부분에서도 얘기될 수 있는 것이고, 다만 제한의 정도에 있어서는 차이를 둘 수 있겠다 이런 말씀을 드리겠습니다.

마지막으로 장석조 연구부장님께서 지적을 하셨던 내용으로 지문날인제도에 관해서 개인정보보호법 5조에서 보유의 근거조항을 두었는데, 시·군·구청장, 동장 이런 사람들이 채취한 지문날인정보를 경찰청장이 송부를 받아서 그것을 전산화하고 또 활용할 수 있느냐? 거기에 대한 근거가 있느냐라는 문제와 관련해서, 개인정보보호법 5조가 소관 사무에 관해서 필요하면 보유할 수 있다라는 규정이 있습니다.

그것은 1995년에 시행이 되었던 법률인데 현실적으로 그 이전부터 우리는 십지지문에 관한 정보들을 아주 포괄적으로 수집하고 경찰청장에게 송부가 되어서 전산화되어 왔습니다. 그런데 그런 것이 법적 근거가 없지 않느냐 하는 의문이 생길 수 있고 피청구인들이나 다수의견은 그것이 개인정보보호법 5조가 근거가 될 수 있다는 얘기를 합니다.

거기에 대해서 보유라는 것은 수집의 다음 단계라고 볼 수가 있습니다. 개인정보의 처리과정을 보면 개인정보의 수집이나 행정조사 이런 것들이 있을 수 있겠고 그렇게 해서 취득하거나 수집한 그러한 개인정보를 어떤 기관이 보유를 한다. 그러니까 그냥 수집해서 보고 버리는 것이 아니라 그것을 파일로 한다든가 또는 어떤 파일 속에 담아둔다든가 하는 것에는 정보주체에 대해서는 또 다른 기본권제한적인 요소가 있을 수 있습니다.

그 다음에 그것을 자기들이 보유하고 필요할 때 언제든지 쓴다 이런 범위를 넘어서서 다른 목적으로 활용을 한다든가 또는 제 3 의 기관으로 넘겨준다든가 이런 경우, 개인정보처리의 단계적인 흐름이 있을 수 있는데 그런 부분들 각각에 대해서 정보주체의 통제력, 다시 말해서 의사가 반영이 되어야만 된다는 것이 오늘날 개인정보자기결정권의 기본적인 법리라고 할 수 있습니다.

목적구속의 법리라고도 하고, 엄격하게 요구하는 경우에는 특수영역별규율론 이런 것이 독일에서 얘기가 되고 독일에서 인구조사판결에서 그러한 것이 뒷받침이 됩니다. 그래서 새로운 기본권의 침해의 가능성이 있을 때는 그 각각에 대해서 법률적 근거도 있어야 되고 법률적 근거가 없으려면 정보주체의 동의가 있어야 된다, 이런 얘기인데 그것이 너무 엄격하게 단계적으로 모든 것을 요구할 수 있느냐? 이 부분에 대해서 비판도 제기된 적이 있습니다.

그러나 그것이 완전히 규범의 홍수를 낳는 것 아니냐? 동의를 다 구하기 어렵다면 법률이 있어야 되는데 매 처리단계마다 별도의 법률이 있어야 된다면 규범의 홍수를 낳을 것 아니냐? 또 너무 규범이 많다보면 결국은 일반국민들이 더 못알아 보게 되지 않느냐? 너무 법률이 많으니까 다 찾아볼 수도 없고 예측가능성이 더 떨어진다 그래서 그것을 엄격하게 요구할 수 없다라는 비판도 있습니다. 그 부분에 대해서 전적으로 포기할 수 없는, 그렇다고 해서 포기할 수 있는 부분은 아니다. 그래서 그런 관점에서 봤을 때 개인정보보호법 5조 이것은 보유에 관한 어떤 근거이지 수집에 관한 근거는 아니라고 얘기할 수 있다는 것입니다.

그런데 수집에 대해서 예를 들어서 그게 지문정보를 채취하는 과정이 법적 근거가 없고 위헌적인 것이면 불법하게 취득한 정보인데, 그런 경우에도 양성화하는 입법이 가능하지 않겠느냐는 말씀입니다. 그 양성화입법이 과거에는 불법적인 것이었는데 사후적으로 법률을 만들어 합법적으로 만들어 줄 수 있지 않겠느냐는 말씀이신데, 다른 측면에서 그러한 법률제정을 통해서 불이익을 입는 것은 정보주체입니다. 자신에 관한 어떤 정보가 과거에는 법적 근거 없이 수집·처리되다가 나중에 법률을 만들어서 과거에 소급해서 모든 것을 합법화한다는 법률을 만든다면 기본권제한을 소급해서 정당화하는 소급입법의 한 형태라고도 볼 수 있을 것입니다. 그런 측면에서 조심스럽게 접근을 해야 될 것입니다.

양성화입법의 필요성, 이것이 분야별로 많은 가능성이 얘기될 수도 있겠지만 그것이 사후입법에 의한 불법의 정당화로서 기본권제한이나 침해의 여지가 있다면 그것을 쉽게 정당화하기는 곤란하지 않겠느냐 하는 생각을 하고 있습니다.

장 석 조 : 소급적이지 않으면 무방하다는 취지로, 소급적인 것을 말씀하셨는데요, 소급적이지 않는 경우 그러니까 양성화한다는 거는 장래에 향해서.

권 헌 영 : 제가 답변을 드리겠습니다. 그런데 그 부분은 지금 이 문제가 침해행위가 수집 그 당시에 이루어지는 것이냐 하는 문제인데요, 즉 이 문제는 개인정보의 보유를 계속하는 겁니다. 예를 들어서 우리가 그것을 불법화시킨다고 하면 두 가지 문제가 될 수 있는데, 제 생각에는 소급해서 그것을 합법화시키는 것은 불가능하다고 생각합니다. 다만 보유를 했는데 불법이면 폐기를 해야 되잖아요, 폐기를 해야 되는데 법이 다시 정당화되면 다시 수집을 해야 돼요. 지문정보를 다 폐기를 했다가 온 국민을 다시 동사무소에 불러서 다시 찍어야 된단 말이지요. 그러니까 그렇게 되는 것은 그때까지의 불법적인 문제를 국가배상을 할 것이냐 하는 문제는 별론으로 하고 그때부터 있는 행위들은 당연히 정당성을 회복하는 것이고 적법한 행정이 되는 거라고 생각을 할 수 있다고 보고요.

그 다음에 아까 말씀하신 공공기관의개인정보보호에관한법률 5조는 공공기관의개인정보에관한법률 자체가 컴퓨터로 처리되는 개인정보를 다루는 겁니다. 그러니까 왜 그 법을 만들었느냐 하면 기존에 우리가 가지고 있던 세대별 주민등록표 우리가 어릴 때 가서 해놨던 것은 비닐에 딱 넣어가지고 꽂아놓지 않습니까? 그것을 정보화를 하면서 전부 전산화해서 컴퓨터에 넣었어요. 온 대학생들이 아르바이트를 해가면서까지 해서 넣었어요. 그것을 넣은 것을 개인정보라고 본겁니다. 그 법에서는 세대별 주민등록표는 개인정보가 아닙니다. 그 법이 컴퓨터로 처리된 것을 의미하기 때문에. 그러니까 권 교수님 말씀하신 것처럼 수집에 대한 근거가 없이 개인정보를 컴퓨터로 처리된 파일을 갖고 있는 것 자체가 5조에 의해서 정당화될 수 없습니다. 그것 자체를 법리적으로 분명하게 정해야 됩니다.

그래서 헌법재판소가 개인정보자기결정권이라고 하는 것을 아까처럼 포괄적으로 정해 놓으면 그런 여러 문제들이 다 불법화되지 않겠습니까 결과적으로? 그렇게 되고 규범명확성의 문제는 아까 단계별로 말씀하신다고 하셨는데요, 그 문제에 대해서 우리가 한번 고민을 해봐야 됩니다. 과연 현대사회에서 개인정보권을 그렇게 확대시켜 놓고 나서 그 다음 문제를 어떻게 해결할 거냐 하는 문제가 남아요. 그리고 개인정보를 개인을 식별할 수 있는 정보라는 것 말고 달리 정할 수 있는 방법도 사실은 없어요.

그렇게 해서 제가 생각을 해낸 것이 있습니다. 토론문 1페이지 각주 2번에 이게 있는데요, 이게 사소한 침해문제가 항상 발생합니다, 정당한 이용의 문제가. 그래서 이게 결국은 사소한 침해라고 해서 불법에서 자유로울 수는 없고요, 그래서 이것은 정리를 해야 되는데 이게 연혁적으로 개인정보권을 인정하게 된 과정을 살펴보면 됩니다. 문제는 개인정보 자체가 있는 게 아닙니다. 은둔생활해서 자기 혼자 사는 사람한테 개인정보권을 보호해 준다만다 이런 얘기는 의미가 없는 겁니다. 사람이 공적 생활관계에 나와서 함께 생활하는 과정에서 서로 너는 집이 거기 있고 우리 집은 여기 있고 우리는 이웃이고 너는 집에 애가 셋이고 밥숟가락 몇 개고 등등 기본적으로 다 알게 되는 것, 이것들은 자신이 공적 생활관계에 나와 있기 때문에 어차피 공개되어 있는 개인정보입니다. 이것조차도 다시 동의를 얻어서 이용해야지만 합법적인 상태가 된다, 이것은 말이 안 되는 거지요. 그래서 여기 써넣은 것처럼 출발자체가 공적 생활자가 그 공적 생활관계에서 스스로 나의 공적 영역 중에서 나는 이것만큼은 개인프라이버시로 보호하고 싶다고 얘기하는 부분을 정하는 그런 시도이기 때문에 최소한의 공적 생활기반을 형성하는 정보, 나의 성명이라든지 간단한 주소, 연락처 이런 것들까지도 무조건 다 불법적 상황으로 해서는 안 되고 개념내재적으로 이런 개인정보의 보호범주를 정리할 필요가 있겠다, 아까 권 교수님께서 독일의 이론을 소개하시면서 좀 비판적으로 보셨지만 그런 이론구성을 해야 되지 않느냐 하는 생각을 갖고 있습니다. 죄송합니다.

사 회 자 : 공동전선을 펴시는 듯이 하면서 발제자하고는 아주 중요한 부분에서 본래의 토론자의 지위로 돌아가시는 듯한 태도를 보이셨습니다.

여러분께서 드디어 이제 기를 많이 받으신 것 같습니다. 손을 많이 들어주시고 계신데, 죄송하지만 제가 환기를 드리고 싶은 것은 저에게 할당된 시간이 많이 보아서 10분이고 저도 통제되고 있는 상황이어서 제가 지금 자기통제권을 가지고 있지 못합니다.

그 점을 양해를 좀 해 주시고 세 분이 들어주셨는데, 제가 가능하면 질문을 다 받겠습니다. 다 받겠다는 전제조건은 뭐냐 하면 1분 내에 이것만 안하면 오늘 이 자리를 나는 떠날 수 없다, 이렇게 생각하시는 분만 해 주시기를 당부를 드립니다.

왜냐하면 다른 분들의 기회를 저희들이 뺏어서는 안 되기 때문에 그렇습니다.

그래서 순서대로 제가, 동시에 다 드셨기 때문에 가능하면 저하고 가까운 분부터 하도록 그렇게 하겠습니다.

자기소개를 먼저 해 주시고 제한시간은 1분입니다.

모두에 뭐 이렇게 하시지 마시고 본론으로 들어가 주시지요.

김 선 택 : 한국납세자연맹의 김선택 회장입니다.

저는 이 모임이 처음인데 1분으로 제한하시니까 길게 이야기할 수 없고, 이 발제문에 이 부분이 들어갔으면 상당히 좋았겠다 생각했는데, 12월달에 헌법재판소에 헌법소원된 사건, 연말정산 간소화문제 의료비제출문제에 대해서 사실 우리 언론에서 상당부분이 논란이 되고 있는데 지금 기존에 지문이나 NEIS 문제보다는 실질적으로 헌법재판소판례에서 나와 있듯이 육체적·정신적 결함에 관한 증명서지요. 전 국민의 의료비에 관한 정보를 국민의 동의 없이, 쉽게 하면 연말정산간소화라는 목적에 의해서 연말정산의료비 공제받는 사람이 150만 정도밖에 안됩니다.

그런데 전 국민의 의료정보를 국세청에 제출하도록 한 부분에 대해서 헌법소원이 되고 있는 부분에 대해서 이 발제문에 구체적으로 위헌 여부를 검토를 했으면 상당히 좋았겠다, 이렇게 얘기하고 싶습니다.

사 회 자 : 감사합니다.

아마 여기 발제자를 포함해서 모든 분들에게 문제제기를 해 주시는 부분이고 앞으로 저희가 과제로 삼아야 할 부분이 아닐까 이렇게 생각을 합니다.

두 번째 황치연 연구관님.

황 치 연 : 근본적으로 독일과 미국의 논의가 좀 다른 면이 있는데 미국에서는 프라이버시권리로서 얘기를 하고 독일에서는 정보의 자기결정권 이것으로 얘기합니다. 가장 근본적인 문제가 지금 개인정보보호권, 개인정보자기결정권, 자기정보통제권 이런 표현을 쓰는데 이게 논의의 초점이 잘 안맞는 것 같습니다. 독일 인구조사판결에서는 개인정보자기결정권을 얘기하고 있거든요. 통제권이라고 하면 범위가 훨씬 넓어집니다. 왜냐하면 자기결정권이라는 것은 언제, 어떠한 한계에서 자기에 관한 정보를 스스로 결정할 것인가 이런 문제이기 때문에 자기의 개인정보에 대한 보호권에 관한 문제가 아닙니다. 자기정보를 개방시킬 때 그 결정권을 가지겠다는 말이거든요. 그러니까 미국적인 사고방식에서 말하는 프라이버시권과는 약간 다른 차원이다, 이렇게 말씀드리고 싶고요.

그 다음에 발제자는 개인의 사생활에 관련된 정보의 보호권은 우리 헌법상에 '사생활의 비밀과 자유' 여기에 근거를 두고 있고, 그런 것이 아닌 것은 일반적인 인격권에 근거하고 있다고 그러는데 이게 과연 구별기준이 명료한가? 일반적인 인격권에 의해서도 커버될 수 있는 사생활의 비밀과 보호가 가능한가? 그리고 "자기정보통제권의 제한에 있어서 법률에 근거가 필요하지만 반드시 성문의 법률이어야 할 필요는 없다." 이렇게 얘기를 하고 있는데, 이게 가능한 얘기인가 이렇게 생각이 듭니다.

여러 가지 얘기가 있지만 자기의 전문영역을 벗어나면 약간 더 아는 사람의 조소거리가 된다는 그런 명제하에서 이만 생략하기로 하겠습니다.

사 회 자 : 3분짜리를 1분짜리로 요약을 해 주셔서 너무 감사합니다. 발제자에게 마이크를 넘기겠습니다. 발제자에게도 시간제한이 있다라는 것을 환기시켜 드리겠습니다. 죄송하게 생각합니다.

발 표 자 : 연말정산간소화 관련해서 어떤 의료정보들을 제공해야 된다는 것이 법률상 의무화되었다고 보기보다는 개인의 선택의 문제라고 할 수 있습니다. 다만 그것이 어떤 혜택을 받으려면 제공하지 않으면 안된다는 측면에서 다소 법적인 문제를 발생시킬 소지는 있다고 생각합니다. 그런데 이 부분에 대해서는 지금 제가 구체적으로 말씀드리기는 곤란하겠고 검토를 해봐야 될 것 같습니다.

다음으로 황치연 연구관님 용어상의 문제말씀을 하셨는데, 독일과 미국의 상황이 다르고, 프라이버시의 관념에서 도출되는 자기통제권이라는 용어 그리고 독일에서 얘기하는 자기결정권의 개념이 연원에서 다르고 보호의 범위도 달라지는 것이 아니냐라는 지적에 대해서 저도 그 부분에 대해서 고민을 많이 하게 되었습니다.

자기결정권과 자기정보통제권이라는 용어를 선택함에 있어서 무엇을 선택할 것이냐에 대해서 자기결정권을 굉장히 폭넓은 개념으로 이해하는 사람들도 있는 것 같고 또는 자기통제의 범위, 정보의 흐름에 대한 대외적 통제보다는 조금 내적인 결정과 어떤 대외적 결정 그 중간 정도에 있는 것이 아니냐 이런 어떤 의견을 제시하는 분들도 있었습니다. 통제라는 것이 제가 자기정보통제권이라고 할 때 이것은 반드시 미국에서 논의되는 프라이버시의 적극적 개념으로서의 통제 이것과 완전히 동일시되는 그런 개념으로 생각한 것은 아닙니다. 개인정보 자기결정권의 보호의 영역들을 보면 그 역시 어떤 개인 자신에 관한 정보들은 이러해야 된다는 것을 결정하는 개념은 아니지요. 그리고 언제, 누가 그런 것을 접근할 수 있고 그것을 활용할 수 있고 이런 부분에 대해서 자신의 어떤 자율적인 결정이 있어야 된다, 그래서 본인의 동의가 중요하지 그것을 무시해서는 안된다는 내용이 담겨있다고 생각합니다. 개인정보에 대한 어떤 통제라는 것들도 어떤 흐름에 대한 통제인데 그것이 정보주체의 자율적인 의사들이 반영되는 그런 통제여야 된다는 측면에서 대동소이하지 않는가 그렇게 생각을 합니다.

국가가 정보제공의무를 설정했을 때, 그것이 법률상에 근거가 있다면 그 정보주체의 동의를 받지 않더라도 그것은 정당한 제한이 될 수가 있겠지요, 법률에 의한 어떤 제한이니까. 그래서 그 부분에 대해서는 통제권이 제한이 될 수 있을 겁니다. 법률에 의한 제한이라고 이해를 하면 되지 않을까 싶은데요. 무슨 취지인지 잘 모르겠습니다. 일단 그 정도로 시간관계상 말씀드리고.

그 다음에 사생활관련정보와 그렇지 않은 정보에 대한 헌법적 근거를 제가 달리 설명을 했는데 어떤 분들은 이런 정보들, 특히 사생활관련정보들은 사생활의 비밀과 자유에 의해서 보호되는데 그렇지 않은 개인정보자기결정권의 어떤 최종적인 헌법적 근거는 일반적 인격권이다, 거기에 비해서 사생활과 관련된 정보는 사생활의 비밀과 자유와 관련되는 개별적 기본권이다, 그래서 헌법적 근거는 결국 종국적으로는 보충적 기본권에 해당되는 일반적 인격권에서 찾아야 된다는 주장을 하시고 계십니다. 그 부분에 대해서 공감을 아니한 바는 아닌데, 이 개인정보자기결정권에서 대부분이 사실은 사생활, 프라이빗한 문제를 건드리기 때문에 보호해야 할 필요성이 있는 그런 경우가 많다고 볼 수 있습니다. 아까도 오픈된 정보라든가 어떤 사소한 정보라든가 이런 것들이 인격사항을 결정하는 부분도 있지만 때로는 어떤 범위 그러니까 상대방이 어떤 상황이냐 어떤 사람이냐에 따라서 이것이 프라이빗할 수도 있고 안할 수도 있는 그런 상황이고 그렇다면 그것이 프라이빗한 상황과 간접적으로는 연관이 될 수 있다는 생각이 듭니다. 그래서 개인정보자기결정권에서 사생활과 관련된 어떤 기본권을 빼놓고 10조만 갖고 얘기하는 것이 굉장히 공허해지지 않을까라는 생각을 하게 됩니다. 종국적으로는 10조일 수 있는데 그것이 다른 어떤 기본권과 관련했을 때 10조의 일반적이고 보충적인 기본권적 성격을 따지게 되면 모든 것이 10조로 환원되어 버리는 그런 문제도 있을 것 같고 그래서 저는 그렇게 나누고 있습니다. 헌법재판소도 이 두 가지를 병렬적으로 사용하고 있는 취지가 그런 것이 아닐까 저는 그런 생각을 하고 있습니다.

그리고 "반드시 성문의 법률일 필요가 없다. 기본권제한입법은" 그런 표현을 제가 12페이지에 쓰고 "기본권제한의 형식은 법률에 근거가 필요한데 제한의 형식이 반드시 성문의 법률일 필요 없다." 이 부분은 좀 오해를 하신 것 같습니다. 법률에 근거가 있어야 되고 제한할 때 법률로써 제한하는 내용을 다 담을 필요는 없고 위임의 근거가 있으면 되고 그것이 시행령을 통해서 제한하는 내용이 담겨도 무방하다. 그래서 반드시 시행령에서만 규정한다고 해서 위헌은 아니고 법률에 근거를 두면 되고 구체적인 어떤 규율은 시행령이나 시행규칙을 통해서도 가능하다 이런 취지의 설명이었습니다. 그렇게 이해를 해 주시고.

또 개인정보가 공공기관이 수집하고 활용하는 문제와 또 개인이 알권리차원에서 접근하는 문제 이 부분을 얘기하셨는데 그 수집하는 부분이나 활용하는 것이 정보주체의 의사에 반한다면, 그 부분에 대해서 개인정보자기결정권이 보호하려는 것이고 그 부분에 대한 정보주체의 의사가 알권리차원으로 나타날 수 있습니다. 제도적으로 봤을 때 개인정보와 관련되어 정보주체가 나서서 알권리를 실현하는 것은 열람청구권이라고 볼 수 있습니다. 다만 알권리가 개별적 청구권이냐 일반적 청구권이냐에 따라서 설명이 다를 수 있기는 하지만, 공익적인 성격에서의 알권리와 정보주체가 자기관련적인 정보에 대해서 정보주체로서 기본권의 실현차원에서 알권리를 실현하는 것은 정보공개청구권의 한 형태가 아니고 열람청구권이라고 본다면, 전체적인 흐름을 다 포괄하는 그런 기본권이 될 수 있을 것 같습니다, 개인정보자기결정권이.

그리고 이런 문제들에 대해서 전반적으로 지문날인제도도 그렇지만 공익과 사익의 어떤 형량 이런 것은 아주 중요하다고 생각합니다. 헌법재판소도 굉장히 고민을 했던 점이 많이 나타납니다. 지문날인제도에 대해서도 합헌의견을 내놓은 쪽에서도 법률에 어떤 근거를 명확히 해야 할 필요성을 마지막으로 첨언을 하고 있습니다. 그리고 국가안보의 상황 등 우리의 특수성 그런 것들을 감안을 해야지 순수한 법논리로서만 이런 문제를 바라봐서는 안된다라는 표현도 쓰고 있습니다. 그래서 이것이 굉장한 혼란을 야기할 수 있다, 이런 어떤 문제점들도 의식한 부분이 있지 않느냐라는 것이 그런 부분에서 엿보인다고 생각을 합니다. 일단 그 정도로 말씀드리겠습니다.

사 회 자 : 권 교수님 감사합니다.

제가 그렇게 강조를 했음에도 불구하고 손을 드시는 분이 있습니다.

정말 유감스럽지만 공식적인 발표회 자리는 이것으로 마감을 하고 저희가 전통적으로 2차가 준비되어 있습니다. 좀더 자유로운 분위기에서 속에 담아두셨던 의문이나 생각들을 나눌 수 있는 또 다른 공간이 있기 때문에 공식적인 공간은 여기서 마감을 하고자 합니다.

사실은 저도 시간통제를 했던 많은 이유 중에 사회자의 특권을 이용해서 몇 말씀을 드리고 싶었는데 시간을 벌써 초과했기 때문에 여기에서 제72회 헌법실무연구회 발표회를 마치도록 하겠습니다.

감사합니다.

제73회(2007. 3. 9) 발표문

과세의 재산권적 한계

—소위 '반액과세의 원칙(Halbteilungsgrundsatz)'에 대한 비판과 그 대안을 중심으로—

방 승 주*

Ⅰ. 문제제기

최근 종합부동산세법에 대하여 84명의 강남구 주민들이 서울행정법원에 위헌법률심판제청신청을 하였다가 기각당하자(기각결정일: 2006. 12. 15) 헌재법 제68조 제2항에 따라 2006. 12. 26. 헌법재판소에 헌법소원심판[1]을 청구하였다. 청구인들은 종합부동산세법(2005. 12. 31. 법률 7836호로 개정되기 전의 것) 제1조(목적), 제5조(과세구분 및 세액), 제6조(비과세 등), 제7조(납세의무자), 제8조(과세표준), 제9조(세율 및 세액), 제10조(세부담의 상한), 제11조(과세방법), 제12조(납세의무자), 제13조(과세표준), 제14조(세율 및 세액), 제15조(세부담의 상한)는 헌법 제10조(인간으로서의 존엄 및 행복추구권), 제11조 제1항과 제36조 제1항(평등의 원칙), 제14조(거주·이전의 자유), 제23조 제1항(재산권보장), 제35조(쾌적한 주거환경권), 제37조 제2항(비례의 원칙, 과잉금지의 원칙), 제59조(조세법률주의), 제117조(지방자치)에 위배된다고 주장하고 있다.[2]

* 한양대학교 법과대학 부교수.

1) 2006헌바112.

2) 특히 청구인들(대리인: 변호사 민한홍)이 주장하고 있는 종부세법의 위헌 이유는 다음과 같이 요약할 수 있다.

(1) 종부세법은 법이 제시하고 있는 목적의 달성가능성이 없어 위헌이다(헌법소원심판청구서, 36면). (2) 종부세는 미실현소득에 대한 과세이며(39면), 이중과세, 중복과세로서 반액과세원칙을 넘어선 무상수용에 가까운 높은 세율로(40~41면), 원본잠식을 초래할 수 있을 뿐만 아니라(46면), 사실상 보유한도의 설정(44면)으로서 헌법이 보장하고 있는 재산권을 침해하며 사유재산제도에 반한다. (3) 주택과 토지에 대해서만 과세하여 다른 담세력과 비교하여 차별하고 있으며(43면), 사실상 수도권 소재 부동산만이 부과대상이 되므로 평등원칙에 반한다(45면). (4) 1가구 1주택의 경우 생존권을 침해한다(42면). (5) 종부세법 적용을 받지 않는 지역으로의 이주를 강제하므로 거주이전의 자유를 침해한다(45~46면).

이 가운데 가장 쟁점이 될 수 있는 것은 과연 종합부동산세법이 당사자의 재산권을 침해하는지 여부의 문제라고 할 수 있을 것이다. 이 문제와 관련하여 최근 국내의 선행연구들이 독일연방헌법재판소의 1995년 6월 22일 재산세결정(BVerfGE 93, 121)에서 전개된 소위 반액과세의 원칙[3](절반의 분배원칙[4]: Halbteilungsgrundsatz)을 우리나라에서도 통용될 수 있는 과세의 상한선(Obergrenze)으로 인정하고서, 과세액이 재산(Vermögen)의 기대가능수익(Sollertrag)의 절반을 넘어서는 경우에는 헌법상 재산권을 침해하는 것으로 받아들이고 있다. 하지만 이러한 반액과세의 원칙은 독일 연방헌법재판소의 양 재판부 중 제2재판부만 취하였던 입장이었으며, 이 결정에서 별개의견을 밝혔던 Böckenförde재판관을 비롯하여 많은 학자들은 이러한 반액과세의 원칙이 헌법으로부터 도출될 수 있는 과세의 상한선에 해당할 수 없다고 보고, 그와 같은 해석은 조세입법자의 형성의 자유를 지나치게 제한한다고 하는 비판적 견해를 피력한 바 있었다. 나아가 최근 2006년 1월 18일에는 반액과세 원칙의 판례를 전개하였던 제2재판부마저도 소득세와 영업세에 관한 결정에서 이 원칙을 사실상 포기하기에 이르렀다.[5] 그러므로 우리 학계에서 과세의 상한선으로서 금과옥조처럼 주장된 바 있는 이러한 소위 반액과세의 원칙이 우리 헌법상 과세의 재산권적 한계로서 주장될 수 있는 것인지를 집중적으로 검토해 봄으로써, 최근 앞으로 이루어져야 할 종합부동산세법의 위헌여부에 관한 논의에 일조하고자 하는 것이 본 논문의 목적이다.

그럼 과세의 재산권적 한계에 관한 우리 학설과 판례의 원조라고 볼 수 있는 독일 연방헌법재판소의 판례와 학설을 먼저 살펴본 후(Ⅱ), 이 문제에 관한 우리 헌법재판소와 학설의 입장(Ⅲ), 반액과세의 원칙의 대안으로서 비례의 원칙 심사(Ⅳ)에 관하여 고찰해 본 후 결론(Ⅴ)을 맺기로 한다.

Ⅱ. 독일 연방헌법재판소의 판례와 학설

재산권이 국가의 과세권으로부터 국민을 보호할 수 있을 것인지의 문제는 재산(Vermögen) 그 자체가 헌법상 재산권(Eigentum)의 보장대상이 될 수 있을 것인지

3) 최명근·김상겸, 우리나라 보유세제 개편을 위한 연구: 종합부동산세 도입정책에 대한 평가 및 정책제언을 중심으로(한국경제연구원, 2005), 25면.

4) 김성수, "부동산 보유과세 개편에 대한 입법과제," 공법연구 제33집 제2호(2005. 2), 351~379(367)면.

5) BVerfG, 2 BvR 2194/99 vom 18. 1. 2006.

에 관한 논의로서 독일 연방헌법재판소와 학계에서 많은 논란[6]이 되었다. 이 문제에 대하여 독일 연방헌법재판소의 제 1 재판부와 제 2 재판부는 서로 다른 입장을 보여 왔다.

1. 제 1 재판부의 입장

독일 연방헌법재판소의 제 1 재판부는 1954년 이래 그 확립된 판례에서 기본법 제14조의 재산권은 국가의 금전급부의무의 부과로부터 재산 그 자체를 보호하지는 않는다고 하는 입장을 견지하여 왔다.[7] 재산권보장은 법질서가 인정한 개별재산가치의 존속을 보장하는 것이지 재산 그 자체(Vermögen als solches)를 공권력의 조치로부터 보장하는 것은 아니라는 것이다.[8] 하지만 1962년부터는 만일 금전급부의무가 납세의무자에게 지나치게 부담을 주며 또한 그의 재산상황을 근본적으로 침해하게 되는 경우에는 기본법 제14조의 재산권에 대한 침해가 고려될 수 있다고 하는 돌파구를 마련함으로써 종전의 재산권에 대한 거부적 입장을 어느 정도 약화시키고 있다.[9] 이와 같이 재산권의 침해가 고려될 수 있으려면 금전급부의무가 소위 질식적(교살적) 내지는 몰수적 효과를 발휘하는 경우에 그러하다는 것이다.

제 1 재판부는 제 2 재판부의 재산세결정(BVerfGE 93, 121)이 나온 이후에도 기본법 제14조 제 1 항의 재산권이 재산을 보호하는 것은 아니라고 하는 기존의 입장을 동독 농업협동조합의 구채무에 대한 판결(BVerfGE 95, 267, 300 — 농업협동조합의 舊債務)에서 다시 한번 강조한 바 있다.[10]

> "이로써 헌법적 재산권보호가 민법적 재산권보다 훨씬 더 넓으며, 물건이 아닌 재산적 가치가 있는 법적 지위들에까지 미친다. 하지만 그것은 법적 지위에 구속되어 있다. 따라서 그 자체가 권리가 아니고, 사람의 금전적 가치가 있는 모든 재화의 총괄개념이라고 할 수 있는 재산은 기본법 제14조 제 1 항이 의미하는 재산권이 아니다(vgl. BVerfGE 4, 7, 17; 확립된 판례). 이로부터 기본법 제14조 제 1 항은 금전급부의무의 국

6) 이 문제에 대한 독일 학설 및 판례에 대한 비교적 상세한 고찰은 김성수, "국가의 과세권과 국민의 재산권보장과의 관계," 고시계(1991. 2), 75면 이하 참조할 것.

7) Joachim Wieland, Art. 14, Rdnr. 53, in: Horst Dreier(Hrsg), Grundgesetz Kommentar Bd. 1, 2. Aufl. Mohr Siebeck 2004

8) BVerfGE 75, 108 (154) — Joachim Wieland, aaO에서 재인용.

9) BVerfGE 14, 221 (241) — Joachim Wieland, aaO에서 재인용.

10) Richter, Schuppert & Bumke, Casebook Verfassungsrecht, 4. Aufl. München 2001, 방승주 역, 독일헌법판례해설(헌법재판소, 2003), 354면.

가적 부과에 대해서는 보호하지는 않는다는 결론이 나온다. 금전급부의무는 일정한 재산적 객체를 통해서 충족될 수 있는 것이 아니라, 유동성 있는 재산으로부터 변제되는 것이다. 금전급부의무가 당사자에게 과도한 부담을 부과하고, 질식적 효과를 미칠 정도로 그의 재산상황을 근본적으로 침해하는 경우에만 이와 달리 적용된다(vgl. BVerfGE 78, 232, 243; 확립된 판례)."

2. 제 2 재판부의 입장

이에 반해서 제 2 재판부는 최저생계비에 대한 면세 결정에서 과세권의 헌법적 한계는 과세유형과 과세대상에 따라서 달라질 수 있다고 판시함으로써 제 1 재판부와 다른 입장을 보였다. 어쨌든 세법의 자유제한적 효과는 기본법 제 2 조 제 1 항(인격의 자유로운 발현권)을 기준으로 심사하여야 하며 이 경우에 세법은 재산법상의 영역에서 그리고 직업적 영역에서의 인격발현의 구체적 형태로서의 일반적 행동의 자유를 제한할 수 있다는 것이다.[11] 이러한 표현에서 일반적 행동의 자유에 대한 제한과 더불어서 재산권에 대한 제한도 이루어지고 있는지 여부는 분명히 파악되지 않는다. 하지만 그 후에 나온 재산세결정에서는 보다 분명한 입장을 밝히고 있다.

(1) BVerfGE 93, 121: 재산세결정(1995. 6. 22)

재산세 결정에서 제 2 재판부는 재산(Vermögen)이 기본법 제14조의 재산권에 의해서 보호된다는 점을 분명히 하고 있다. 결정이유의 중요한 내용을 인용하면 다음과 같다.[12]

"재산세는 靜的인 — 보통은 이미 과세된 수입으로부터 형성된 — 재산에 대한 반복세로서 형성되어 있다. 재산세는 재산에 대한 처분권과 수익권에 의존하고 있으며, 재산적 영역에서의(기본법 제14조) 인격발현으로 나타나는 일반적 행동의 자유(기본법 제 2 조 제 1 항)를 제한하는 것이다. 이것은, 경제적 영역에서 납세의무자의 활동성과의 핵심적 존재는 소득에 대한 원칙적인 사적 유용성의 표현으로서, 그리고 형성된 재산적 가치가 있는 법적 지위에 대한 원칙적인 처분권의 표현으로서 납세의무자에게 보존되는 한에서만, 보호되는 자유권이 제한될 수 있다는 것을 의미한다(vgl. BVerfGE

11) BVerfGE 87, 153(169) — Joachim Wieland, aaO에서 재인용. BVerfGE 93, 121(137).

12) 방승주, 위 번역서, 355면 이하. 또한 이 결정의 전문번역으로서 최갑선, "통일가격 결정(제 2 재판부 1995. 6. 22(BVerfGE 93, 121))," 헌법재판자료집 제10집(헌법재판소, 2002), 315~348면과 최명근, 독일 연방헌법재판소 재산세 위헌결정 요약과 그 시사점(한국경제연구원, 2006), 43~98면이 있다.

87, 153, 169). 재산적 가치가 있는 법적 지위는 재산권자에게 귀속되어야 하고, 또한 재산의 실체가 보존되어야 한다(vgl. BVerfGE 42, 263, 295; 50, 290, 341).

이러한 척도에 따르면, 재산은 이미 소득세와 수익세에 의하여, 그리고 구체적 재산대상은 대부분 간접세를 통해서 사전부담을 지는 현행 세법의 조건하에서, 이러한 여러 차례 사전부담을 진 재산에 대하여 보충적으로 과세할 헌법적 여지는 좁을 수밖에 없다. 재산세는 그것이 기타 조세부담과의 협력작용 가운데 재산의 실체, 재산의 원본(Vermögensstamm)을 침해하지 않으며, 통상적으로 기대할 수 있고, 가능한 수익(기대가능수익)으로부터 지불될 수 있는 한에서만 산정될 수 있다. 그렇지 않은 경우에 재산세는 결과적으로 이를 통하여 납세의무자에게 과도하게 부담을 지우고, 그의 재산상황을 근본적으로 침해하게 되는 점진적인 몰수에 이르게 될 것이다(vgl. BVerfGE 14, 221, 241; 82, 159, 190; 확립된 판례). 재산세가 이미 과세된 수입으로부터 지불되어야 하는 현행 세법체계에도 불구하고, 이러한 존속보호는 관철되어야 한다. 즉 재산세채무의 이행을 위해서 사용되는 수입(Einkommen)은 소득세산정에 반영되지도 않으며, 소득세법상의 과세표준(Bemessungsgrundlage)에 의하여 공제되지도 않는다. 이러한 사전부담도 재산세부담의 산정에 있어서 고려되어야 한다.

재산의 원본에 대한 존속보호와 상관없이 재산적 수익도 개인적 자유의 기초로서 재산적 가치가 있는 법적 지위의 보호를 받는다. 기본법 제14조 제2항에 따르면 재산권의 使用은 동시에 사적 이용과 공공복리에 기여하여야 한다. 따라서 재산수익은 한편으로는 조세상의 공동부담의 대상이 되기도 하지만, 다른 한편으로는 권리주체에게 사적 수익의 이용가능성이 남아 있어야 한다. 따라서 재산세는 기대가능수익(Sollertrag)[13]에 대한 전체적인 조세부담이 수입, 공제가능한 비용(손비)과 그 밖의 부담경감을 유형적으로 계산할 경우, 사적 이용과 공적 이용 간의 절반의 부담에 가깝게 되며, 이 경우 재정적인 지불능력의 정도에 따라 평등원칙에 의해서 요청되는 부담분배에 반하는 부담결과도 전체적으로 피하는 한에서만, 소득에 대한 그 밖의 조세에 추가하여 부과될 수 있다."

이러한 다수견해는 소위 반액과세의 원칙을 주장해 오던 Paul Kirchhof[14]의 이론을 제2재판부가 거의 그대로 받아들인 것으로 보인다. 그런데 이에 대하여 Böckenförde 재판관은 다음과 같이 매우 의미 있는 별개의견을 제시하고 있는데 이러한 별개의견은 이 문제에 관한 찬반논의의 대표적 문헌이라고 할 수 있으므로 이하에서 소개하기로 한다(BVerfGE 93, 149, 154f., 157).[15]:

13) 위 번역서(방승주)에서는 Sollertrag을 '당위소득'으로, 최갑선 번역문에서는 '추정소득', '당연소득'으로, 김성수, 앞의 논문(공법연구 제33집 제2호), 367면에서는 '예상되는 수익'으로 번역하였으나, 여기에서는 '기대가능수익'으로 하기로 한다(같은 번역으로서 최명근·김상겸, 앞의 책, 25면).

14) Paul Kirchhof, Besteuerung und Eigentum, VVDStRL 39(1981), 213~285; ders., Der Grundrechtsschutz des Steuerpflichtigen, AöR 128(2003), S. 1ff.(20f.).

15) 이하는 위 번역서(방승주), 357~358면을 보충한 것이다.

“이러한 관념에 따르면, 재산이 기본법 제14조에 의하여 과세로부터 보호되는 정도는 소득에 대한 과세가 어느 정도의 소득단계에 해당되는가(가령 소득세와 법인세), 즉 재산존재에 대한 과세인가(내재적 재산: 가령 재산세와 실물세) 또는 재산사용에 대한 과세인가(가령 교통세와 사용세)에 따라서 달라진다(vgl. Kirchhof, JZ 1979, 153(156); ders., in: HdWW, Steuern, Bd. 7(1977), S. 324(329f.); ders., VVDStRL 39(1981), 213(226ff.); 여기에 대하여 비판적으로는 Tipke, Die SteuerrechtsO Ⅱ, 1993, S. 528~532). 기본법 제14조의 재산권보장은 과세의 근거와 정도 및 한계를 그 자체 재산권이념의 세분화된 해석으로부터 도출하는 세법이론적 및 조세정책적 관념에 대하여 어떠한 근거도 제공해 주지 않는다. 확정재산과 기타 재산 간의 구별은 기본법 제14조로부터 나오지 않는다. 체결된 임금이나 봉급으로부터 나오는 수입채권은 물론 소멸채권(구매 또는 임차)과 ‘靜的’ 재산의 지위들도 그 자체로 고찰해 보면, 각각 기본법 제14조의 의미에서의 재산권이다. 기본법 제14조는 문구로 보거나, 연혁 및 보장내용으로 보거나 이러한 재산권이 상이하게 평가되고 ― 과세에 대하여 ― 상이하게 보호될 수 있다는 점에 대하여 아무런 근거도 제공해 주고 있지 않다. 기본법 제14조는 헌법상 소득활동에 대한 현재가치에 고정재산으로서 내재되어 있는가, 또는 시장으로 투입되는 과정에 있는가에 따라서 특권을 덜 받은 재산권에 비하여 보다 특권을 받은 재산권을 알고 있지 않다. 기본법 제14조가 재산권적 지위의 ‘실체’를 보호하는 한, 확정재산의 실체는 더 이상 임금채권이나 봉급채권과 같은 실체보다 더 보호되는 것은 아니다. 이에 반하여 재판부는 헌법적 근거도 없이 확정재산을 과세가능한 재산의 전체적 스펙트럼으로부터 떼어 내어서 이에 대하여 절대적인 실체보호를 명령하고 있다. 조세입법자는 그 안에 어떠한 잠재적인 이행능력이 표현되어 있는가와 상관없이 원칙적으로 한번에 그러한 재산에 대한 접근가능성을 박탈당하고 있다. 따라서 조세입법자는 축적된 자본의 독자적 움직임에 대하여도 아무런 통제력을 가질 수 없는 것으로 판단되고 있다.”[16) …

“사실상 기본법은 재산세 헌법을 포함하고 있지 않다. 기본법은 세법의 구체적 형성에 대하여 오히려 원칙적으로 광범위한 여지를 남겨두고 있으며 과세의 대상, 내용과 정도에 대한 결정을 전반적으로 그 결정과 그 결정의 효과에 대하여 정치적 책임을 지고 있는 입법자의 손에 맡기고 있다. 또한 재산세를 기대가능수익세(Sollertragsteuer)로 구성할 것인지 아니면 실체세(Substanzsteuer)로 구성할 것인지의 문제도 조세정책의 문제이며 ― 그러한 분류가 문제되는 한에서 세법학의 문제이지 헌법의 문제가 아니다. 따라서 재산의 수익과 그 자체로서 재산이 독자적인 과세대상으로서 병렬적으로 과세의 근거가 된다고 하더라도 헌법적으로 문제될 것이 없다. 재산수익에 대한 포착과 재산 그 자체에 대한 포착이 이 경우에 상호 결정적으로 관련되어야 하는 것은 아니다. 재산세는 입법자가 현존하는 재산을 전체적으로 고려하여 다른 조세에 추가적으로 부과하는, 제한된 일부 재산에 대한 독자적 포착으로서, 헌법적으

16) BVerfGE 93, 121(155).

로 적법하게 부과될 수 있다. 그러한 한에서 한계는 과도한 과세금지와 기본법 제3조 제1항(평등의 원칙)에 있을 뿐이다.17)

동시에 기본법 제14조 제1항이나 기본법의 다른 규정에는 재판부가 추가적으로 제시한, 재산의 소유자에 대하여 수익의 약 절반은 남겨져야 한다고 하는 기준에 대하여 아무런 근거가 들어 있지 않다. 그러한 한에서도 재판부는 지금까지 적용되어 온, 질식적 효과가 금전급부의무의 한계를 이룬다(vgl. BVerfGE 70, 219, 230; 78, 232, 243)고 하는 척도들로부터 벗어나고 있다. 그 대신 재판부는 헌법에 의하여 입증되지 않는 독자적인 적정성심사를 하고 있다. 그러한 한에서, 수입의 고저 그리고 이와 함께 각각의 누진의 정도와 상관없이 헌법적인 상한선이 무조건 50%로 잡혀있다. 실제적으로 재판부는 이로써 현재 소득세에 적용되는 최고율을 일반적으로 전체과세부담의 상한선으로 확인한 것이며, '기초적인 수입'으로서 어쨌든 전통적으로 고도의 담세력이 인정된 재산으로부터 나오는 수입과 관련해서 그러하다(vgl. Fux, Die Vermögenssteuer, HdFW Ⅱ, 1927, S. 133(135f.); vgl. auch BVerfGE 43, 1(7)). 그러한 한, 입법자는 그가 공제가능한 비용과 기타 부담경감으로서 과세하지 않고자 하는 수입을 회계에 포함시킬 수 있는 일정한 여지를 갖는다.18)

그와 같은 내용제시에는 입법자에 대한 부당한 제한이 들어 있다. 이와 같이 제한하는 것은 세율확정이 기본적으로 경제적 및 정치적 데이터에 좌우되는 것이라는 점을 오해하는 것이다. 이 점을 고려하여서 지불을 추후에 정산하는 기준도 가능하지 않으며, 그것이 헌법에 포함되어 있는 것도 아니다. 오히려 헌법은 여기에서 그때 그때 상황에 대하여 반응하면서 그리고 경제정책적 및 사회정책적 확신을 얻은 후에 적정한 정도를 찾는, 정치적 책임이 있는 조세정책에게 이것을 맡기고 있다."19)

"1971년의 조세개혁위원회의 보고서도 재산세의 정당성을 결정적으로 '재산 그 자체가 가지는 특별한 담세능력'에서 찾았다. 소득세에 대한 추가징수기능에는 단지 '제한적인 의미'밖에 주어지지 않는 데 반해서, 결정적 관점은 '그 수익과 무관하게 재산 그 자체에 존재하고 있는 특수한 담세능력'이라는 것이다…. 이에 따라서 1974년 입법자는 현행 재산세의 입법이유에서 명시적으로 재산의 수익에 대한 법적 포착으로부터 벗어나서 재산세를 존재하고 있는 재산(Vermögen in seinem Bestand)에 대한 과세로서 정의하였다. 즉 '우선 재산세는 소득세에 대한 보충으로서 간주되는 데 반해서…, 재산세의 정당성은 변화하였다. 현행 재산세에는 재산 그 자체가 이미 납세의무자의 중요한 담세능력이 된다는 생각이 깔려 있다'(BTDrucks. VI/3418, S. 51)."20)

"재판부가 자신의 판시에 대하여 주장하고 있는 헌법적 구속력은 재산세의 성격에 대한 개념적 구분의 문제를 규범적 척도의 문제로 고양시키고 있다. 하지만 이렇게 보게 되면, 현행 재산세는 잘못된 표기일 뿐만 아니라 상당한 부분에서 잘못된 구조를 가진 것으로 판명될 수밖에 없다. 즉 입법기술적 측면과 또한 그 내부적 내용의 측면

17) BVerfGE 93, 121(156).
18) BVerfGE 93, 121(157).
19) BVerfGE 93, 121(157).
20) BVerfGE 93, 121(159).

에서 볼 때, 재산세는 재산의 수익이 아니라 재산을 대상으로 하고 있다. 비록 일반적으로 수익으로부터 담세가 이행될 수 있는 정도로 세율이 산정되고 있기는 하지만 그러하다. 과세표준(Bemessungsgrundlage)은 재산에 의해서 확인된 기대가능수익이 아니라 그 자체로서의 재산이다(재산세법 제10조). 이 경우에 재산은 전형적인 수익성을 나타내 주고 있는 징표로서 나타나는 범위 내에서만 고려될 뿐만 아니라. 전형적으로 고찰할 경우에도 하등의 수익을 내지 못하는 재산부분까지 포함하여 전체재산으로서 파악되고 있다(평가법 제114조). 이 경우에 재산은 평가법의 규정에 따라서 주로 실체세로 간주되는 상속세에 대해서도 적용되며, 재산의 수익성에 대해서 아무것도 말해주고 있지 않는 절차를 포함하는 기준과 동일한 기준에 따라서 평가된다(가령 평가법 제83조 이하의 물건가격에 관한 절차). 수익가격절차가 적용되는 한에서도 수익은 과세근거가 아니라 실체로서의 재산의 가격결정을 위한 근거가 될 뿐인데, 이러한 가격은 수익가격에 근접한 결과를 바로 변경시키는 반복적 장치와 수정규정을 통해서 확인된다. 따라서 1964년의 기준시가의 일관된 목적은 '거래가격에 근접한 동일한 기준시가를 정당한 과세의 근거로서 삼는 것'이었다(BTDrucks. IV/1488, S. 31). 이에 반하여 잠재적 수익을 목표로 하는 기준은 재산세의 근거로서 인식될 수 없었다."[21]

"재산세를 기대가능수익을 기준으로 하여 제한하는 것은 특히 전체 조세부담을 고려하여 재산의 소유자에게 수익의 약 절반이 남아야 한다고 하는 재판부의 명제와 함께 감내할 수 없는 결과를 초래하고 있다. 특히 고가의 재산소유자는 이를 통해서 재산이 적은 자들에 비하여 특혜를 받게 되며, 이러한 계산의 경우에는 전혀 재산세를 내지 않아도 된다. 즉 그들의 재산이 사실상 아무런 수익을 내지 않는 것으로 계산되는 경우, 그들에 대해서는 누진세에 의한 소득세로 인하여 재판부가 상정하고 있는 과세잠재력은 이미 소진되고 만다. 이에 반하여 수익이 적기 때문에 최고 누진세율에 달하지 않은 적은 재산을 소유하고 있는 자들에 대해서는 재산세가 부과된다. 따라서 사실상 누진적인 재산세의 가능성이 헌법적으로 차단될 뿐만 아니라, 그 반대의 효과를 가지는 과세에 가깝게 된다. 담세능력이라고 하는 기준은 고정 재산에 대한 특별한 재산권보호의 보장을 통해서 배척되는 결과가 되고 있다. 즉 불평등한 재산권보호가 거대재산가에 대한 특혜를 초래하게 된다."[22]

기본법은 사회국가원리의 도입을 통해서 이것(소득격차로 인한 사회적 불평등)을 고려하였다(기본법 제20조 제1항). 기본법은 국가로 하여금 사회적 대립에 대한 조정과 이와 더불어서 정당한 사회질서에 대하여 배려할 의무를 지우고 있다(vgl. BVerfGE 22, 180(240)). 주로 입법자에게 맡겨진 사회적 조정의 구체화를 위한 기본적인 수단이며 그리고 불가결한 전제는 세법이다. 조세의 부과를 통해서 비로소 입법자는 사회적 급부를 할 수 있게 되며, 재산권분배의 위협적 현상에 대하여 재분배적으로 수정할 수 있게 된다. 이 경우에 입법자에게는 사회적 갈등상황의 평가에 대해서나 이에 대하여 반응하기 위한 수단에 대해서도 헌법상 넓은 사회정책적 결정의 여지가 주어져 있다. 기본법 제14조 제1항이 원칙적으로 금전급부의무의 부과에 대해서 보호하지

21) BVerfGE 93, 121 (160).

22) BVerfGE 93, 121 (161 f.).

못한다고 하는 연방헌법재판소의 지금까지의 판례는 여기에 그 최후의 근거를 가지고 있다.23)

재판부는 한번 획득하고 과세된 재산권을 과세의 직접적 대상으로부터 제외하고 나아가 그 수익의 약 절반을 보장함으로써, 이러한 입법자의 책임을 침해하고 있다. 재판부는 입법자를 수단의 조달에 있어서 헌법적으로 좁은 테두리 안에 가두고서 상황에 따라서 사회적 조정을 가능하기 위하여 아마도 중요한 수단을 그 수중으로부터 빼앗고 있다. 국가는 거대 재산의 보유에 존재하고 있는 담세능력을 더 이상 이용할 수 없고 재산가치의 축적으로부터 발생할 수 있는 독자적인 운동가능성에 대하여 무기력하게 되고 있다. 수익에 대해서만 지분에 참여할 수 있다고 함으로써, 국가는 더 이상 진지한 조정기관이 아니라, 재산권자의 소득사회에 대한 조용한 참여자가 되었을 뿐이다.24)

(2) 2006년 1월 18일 2 BvR 2194/99 결정: 반액과세원칙의 폐기?

다음으로 놀랍게도 같은 제 2 재판부는 전술한 재산세결정에서 전개된 소위 반액과세의 원칙을 사실상 폐기하는 결정을 하였다. 제 2 재판부는 이 결정에서 기본법 제14조 제 1 항 제 1 문과 제 2 항 제 2 문이 소득세와 영업세 과세에 대하여 절반에 가까운 절대적 상한선(반액과세의 원칙: Halbteilungsgrundsatz)을 정하고 있는지 여부에 대하여 부정적으로 판시하였다.

이 결정에서 제 2 재판부는 1995. 6. 22. 재산세결정(BVerfGE 93, 121)으로부터 그곳에서 심판대상이 되었던 세목(재산세)과 상관없이 소득세와 영업세와 같은 다른 세목에도 적용될 수 있는 어떠한 과세의 상한선이 도출되는 것은 아니라고 하는 것을 분명히 하였다. 이 결정에서 소위 '반액과세의 원칙'은 재산세와 관련된 부담적 상황으로부터만 나온 것이며, 따라서 재산세가 다른 조세에 '추가'되는 그러한 부담의 경우와 관련될 뿐이라는 것이다. 소득세와 더불어서 부과되는 재산세에 의한 '재산의 전체 부담의 한계'가 문제되고 있을 따름이라는 것이다.25)

따라서 그 결정에서 사용된 개념들('재산의 원본', '재산의 실체', '재산수익', '기대가능수익')은 소득세와 영업세의 개념과는 관련되지 않으며, 추가적인 재산세의 부담을 배경으로 고려된다는 것이다. 재산의 원본(Vermögensstamm)은 원칙적으로 조세에 의하여 침해할 수 없기 때문에 재산세는 소득세나 영업세와 같은 수익세와 경합적으로 부과되는 '기대가능-수익세(Soll-ertragssteuer)'로 이해된다는 것이다.

23) BVerfGE 93, 121(163f.).

24) BVerfGE 93, 121(164).

25) BVerfG, 2 BvR 2194/99 vom 18. 1. 2006, Absatz-Nr. 27, http://www.bverfg.de/entscheidungen/rs20060118_2bvr219499.html

이와 같이 재산세가 그 밖의 조세와 함께 부과되는 경우에만 반액과세의 원칙이 부담의 상한선으로서 기능한다는 것이다. 그로부터 나오는 부담효과는 소득세와 영업세에 의하여 또는 오로지 소득세에 의해서만 발생하는 부담효과와 곧바로 비교가능한 것은 아니라는 것이다. 왜냐하면 추가적인 재산세는 재산가치있는 법적 지위를 과세표준으로 종합하여 해마다 반복적으로 그리고 과세대상으로서의 사실상의 수익과 상관없이 부과하는 데 반하여(반복세), 소득세와 영업(수익)세는 사실상의 추가소득에 대해서 그 소득발생년도에 한 차례만 부과되는 것이기 때문이라는 것이다.[26)]

흥미로운 것은 제2재판부가 재산세 결정에서 직접 주요이유(tragende Gründe)에 해당된다[27)]고 하면서 기속력이 있음을 간접적으로 내비쳤던 소위 반액과세의 원칙에 대하여 이 결정에서는 이러한 반액과세의 원칙에 대한 판시는 기속력이 없다고 명시하고 있는 점이다.[28)] 왜냐하면 소위 반액과세의 원칙이 과세의 헌법적 상한선이라고 하는 것은 이 재산세결정(BVerfGE 93, 121)의 주문에서나 주요이유에서도 나오지 않기 때문이라는 것이다. 이 결정주문은 단지 기본법 제3조 제1항의 평등의 원칙과만 관계되고 있으며, 따라서 주요이유도 재산세법의 평등원칙 위반을 다루고 있는 이유에 해당될 뿐이고, 반액과세의 원칙에 대한 설명은 주요이유에 해당되지 않는다는 것이다.[29)]

이 결정에서 제2재판부는 기본법 제14조의 재산권보장이 전체로서의 재산을 보호하는지 여부의 문제는 소득세와 영업세의 평가와 관련하여 이러한 세목들은 어쨌든 구체적이고 주관적인 법적 지위에 대한 침해로서 평가될 수 있기 때문에 문제되지 않는다고 하면서 제1재판부와의 입장의 충돌을 우회해 나가고 있다.[30)] 그러면서도 기본법 제14조 제1항 제1문에 의해서 보호되는 재산권에 대한 소득세와 영업세로 인한 제한은 헌법적으로 정당화되며, 청구인의 소득세와 영업세에 의한 전체 부담은 헌법적으로 문제될 것이 없는 소득세법과 영업세법의 해당규정의 적용을 통해서 이루어지고 있으며, 이러한 규정들은 재산권의 내용과 한계에 관한 규정(기본법 제14조 제1항 제2문)으로서 이러한 부담을 정당화하고 있다고 하고 있다.[31)]

26) BVerfG, 2 BvR 2194/99 vom 18. 1. 2006, Absatz-Nr. 28.
27) BVerfGE 93, 121(136).
28) BVerfG, 2 BvR 2194/99 vom 18. 1. 2006, Absatz-Nr. 29.
29) BVerfG, 2 BvR 2194/99 vom 18. 1. 2006, Absatz-Nr. 31.
30) BVerfG, 2 BvR 2194/99 vom 18. 1. 2006, Absatz-Nr. 36.
31) BVerfG, 2 BvR 2194/99 vom 18. 1. 2006, Absatz-Nr. 39.

따라서 제 2 재판부는 소득세와 영업세에 대하여 재산권의 내용과 한계규정을 심사기준으로 삼고 있으며, 그 침해 여부와 관련해서는 소위 '반액과세의 원칙'이 아니라 '비례의 원칙'을 동원하고 있다. 즉 충분한 정도의 합리성(침해의 적합성과 필요성)과 당사자의 개인적 이익과 공익 사이의 조정에 있어서 형평성에 대한 요청이 그것이다. 재산권보장과 관련해서 이러한 형량은 기본법 제14조 제 1 항의 재산권보장과 더불어서 기본법 제14조 제 2 항의 사회적 구속성(공공복리적합성)에 의해서도 그 방향이 결정되고 있다. 이에 따르면 재산적 가치가 있는 권리의 원칙적인 사적 유용성(개인적 이익)이 보호되지만, 재산권은 구속되기 때문에 그 행사는 공공복리에 기여하여야 한다. 이로부터 재산적 가치가 있는 법적 지위에 대한 세법상의 침해에 대해서는 한편으로는 재산적 가치가 있는 법적 지위가 조세상의 공통부담을 위해서 이용 가능해야 하며, 다른 한편으로는 재산권자에게 사적 이용이 가능해야 한다고 하고 있다.[32]

이와 같이 기본법 제 1 조 제 1 항과 제 2 조 제 2 문에서 표현되고 있는 기준은 단지 형량의 테두리만을 나타내 주고 있으며, 소위 절반의 분배에 가까운 부담('반액과세의 원칙')이라고 하는 일반적으로 구속력있는 절대적 상한선을 도출해 주고 있지는 않다는 것이다. 그리고 기본법 제14조 제 2 항 제 2 문에서 '동시에(zugleich)'[33]라고 하는 문구만으로 기본법 제14조 제 2 항 제 2 문의 의미와 목적 그리고 입법연혁과 합치될 수 있는 '절반에 가까운 부담의 상한선'을 도출할 수 있는 근거로 삼기에는 충분하지 않다는 것이다.[34]

"입법자의 과제는 재산권 보장(기본법 제14조 제 1 항 제 1 문)이라고 하는 입법위임을 수행함에 있어서 사회적으로 정당한 재산권질서의 요청(기본법 제14조 제 2 항)을 감안할 뿐만 아니라 모든 당사자의 보호할 만한 이익을 정당하게 조정하고 균형있게 하는 것이다. 기본법 제14조에서 제시되고 있는 긴장관계는 입법자에 의하여 문제와 상황에 맞게 그때 그때 이해관계에 적합하게 조정되어야 한다. 조세를 법률적으로 부과함에 있어서도 기본법 제14조 제 2 항 제 2 문이 소위 '동시에'라고 하는 부사만으로 시대와 상황을 초월하여 원칙적으로 적용되는 엄격한 반액과세의 원칙을 의미하는 것으로 새겨질 수는 없다."[35]

그리고 제 2 재판부는 재산적 가치가 있는 법적 지위와 관련된 과세에 의하여 재산권의 한계를 규정함에 있어서도 입법자의 형성의 자유는 일반적인 비례의 원

32) BVerfG, 2 BvR 2194/99 vom 18. 1. 2006, Absatz-Nr. 40.
33) 기본법 제14조 제 2 항: "재산권은 구속된다. 그 행사는 동시에 공공복리에 기여하여야 한다."
34) BVerfG, 2 BvR 2194/99 vom 18. 1. 2006, Absatz-Nr. 41.
35) BVerfG, 2 BvR 2194/99 vom 18. 1. 2006, Absatz-Nr. 42.

칙에 의해서 제한된다고 하는 것을 강조하고 있다. 그리고 개별사례에서 어떠한 재산가치 있는 법적 지위가 관련되지 않는 한에서는 마찬가지 척도가 기본법 제2조 제1항의 침해를 정당화하기 위해서 적용되며, 이는 마찬가지로 비례의 원칙의 범위 내에서 자유제한과 이를 정당화하는 공익과의 형량에 대한 여지를 충분히 허용하고 있다는 것이다. 어쨌든 모든 경우에 공권력이 공동체의 재원을 위하여 개인을 어느 정도로 끌어들여도 되는지 그리고 개인이 획득한 경제적 성과 가운데서 무엇을 취할 수 있는지 그리고 무엇이 남아 있어야 하는지가 문제된다는 것이다.[36]

하지만 과세의 헌법적 한계로서 비례의 원칙의 적용은 일반적인 비례의 원칙 적용과는 상이할 수밖에 없다. 왜냐하면 국가가 재정수입을 위해서 조세를 부과하는 경우에는 이것이 가령 세원을 질식하게 하는 정도의 부담이 아닌 한에서 그러한 조세는 원칙적으로 항상 적합하고 필요할 수밖에 없기 때문이다. 따라서 남는 것은 좁은 의미의 비례성 즉 적정성과 세부담의 기대가능성에 대한 전체적 형량의 범위 내에서 세부담의 상한선이 도출될 수밖에 없다는 것이다.[37]

그러면서도 조세부과에 대한 공공의 이익과 가급적 재산권을 존중받고자 하는 사적 이익에 대하여 입법자가 비례적으로 잘 형량하였는지에 대한 헌법재판소의 통제는 상당한 어려움에 봉착할 수밖에 없다고 한다. 조세를 통한 국가의 재원확보이익을 평가하여 제한하는 것은 입법자에게 간접적으로 헌법이 명시적으로 규정하고 있지 않는 지출을 제한하고 동시에 과제를 제한하는 효과를 야기할 위험이 있기 때문이라는 것이다.[38]

이러한 판시는 제2재판부의 재산세결정(BVerfGE 93, 121)에서 Böckenförde 재판관이 별개의견[39]을 제시하면서 반액과세의 원칙은 결국 입법자의 형성의 자유를 과도하게 침해할 우려가 있다고 하는 취지[40]와 부합하는 것으로 볼 수 있다. 재판부는 동일하지만 재산세결정 당시의 재판관이 모두 교체된 현재의 재판부가 과거 재산세결정에서 전개된 반액과세의 원칙의 타당성에 대하여 회의적 입장을 가지고, 그 기속력을 제한하고 있음을 볼 때, 우리나라에서 이러한 반액과세의 원칙을 과세의 헌법적 한계로서 무비판적으로 받아들이는 것은 많은 문제가 있는 것으로 생각된다.

---

36) BVerfG, 2 BvR 2194/99 vom 18. 1. 2006, Absatz-Nr. 43.

37) BVerfG, 2 BvR 2194/99 vom 18. 1. 2006, Absatz-Nr. 44.

38) BVerfG, 2 BvR 2194/99 vom 18. 1. 2006, Absatz-Nr. 45.

39) BVerfGE 93, 121(149-169).

40) BVerfGE 93, 121(156, 165).

3. 과세에 관한 원칙적인 재산권비적용의 헌법이론적 배경과 그에 대한 비판

결국 제2재판부 역시 과세에 대해서는 원칙적으로 헌법상 재산권보장에 의하여 보호될 수 없다고 하는 입장을 견지하고 있다고 하겠다. 이와 같이 과세에 대하여 재산권의 보호영역 해당성을 부인하는 이러한 전통적 입장은 "재산권에 대한 제한(Eingriff)과 조세입법자에 의한 재산에 대한 포착(Zugriff)은 구분되어야 한다. 왜냐하면 그렇지 않은 경우에 사회국가의 기초가 박탈될 것이기 때문이다"라고 하는 Ernst Forsthoff의 명제에 근거하고 있다.[41] 이러한 명제는 많은 추종자들을 내면서, 오늘날까지 영향을 미치고 있으며, 전술한 독일 연방헌법재판소의 재산세결정(BVerfGE 93, 121)에서 Böckenförde 재판관의 별개의견에서 이 입법자의 형성의 자유가 결정적인 역할을 하고 있는 것이다.

오늘날의 사회국가는 결국 조세국가[42]일 수밖에 없다. 왜냐하면 국가가 제반 사회복지정책을 추진함에 있어서 이에 필요한 재원을 스스로 조달할 수는 없기 때문에, 결국 국민으로부터 세금을 거두어들일 수밖에 없고, 이러한 금전급부의무의 부과에 대하여 국민이 재산권으로 대항하게 되는 경우, 전통적인 국가의 기능은 물론, 사회국가로서의 기능이 마비될 수 있을 것을 우려하여 이와 같이 과세에 대한 재산권적 보호에 대하여 소극적 태도를 보일 수밖에 없었다고 이해할 수 있을 것이다.[43]

한편 재산권보장의 본래적 기능은 재산권박탈로부터의 보호였으며, 그것이 불가피하게 이루어질 경우에는 보상을 전제로 한 수용이 가능하도록 한 것이 오늘날 재산권보장의 구체적 내용이다. 따라서 과세에 대해서 재산권을 적용하는 경우에는 금전을 박탈하게 될 것인데, 이에 대하여 불가피하게 보상을 하지 않으면 안된다는 것은, 그 자체가 모순인 것이다. 따라서 이러한 과세의 경우에는 처음부터 재산권의 적용을 하지 않는 것으로 바라보려는 해석론적 입장이 작용하였다고 할 수 있다.[44]

---

41) Jörn Ipsen, Besteuerung und Eigentum, in: Brenner/Huber/Möstl(Hrsg), Der Staat des Grundgesetzes — Kontiunität und Wandel, FS für Peter Badura zum siebzigen Geburtstag, Tübingen 2004, S. 201ff., S. 205; 동지, 김성수, 앞의 논문(고시계, 1991. 2.), 76면 이하.

42) 이에 대하여 그리고 특히 조세국가와 법치국가의 관계에 대하여는 김성수, 앞의 논문(고시계, 1991. 2.), 68면 이하의 설명을 참조할 것.

43) Jörn Ipsen, aaO, S. 205.

44) Jörn Ipsen, aaO, S. 206.

그러나 오늘날 독일[45]은 물론 우리나라[46]에서의 재산권해석론은 과거의 소위 경계이론[47]으로부터 벗어나서 분리이론[48]으로 자리를 잡아 가고 있다. 이러한 분리이론에 의할 경우, 과세는 이러한 공용수용의 전제조건을 결여하고 있기 때문에, 헌법 제23조 제 3 항의 보상을 요하는 수용이 아니라, 재산권의 내용과 한계를 형성하기 위한 규정(제23조 제 1 항 제 2 항)에 해당하는 것이다.[49] 그러므로 과거의 재산권해석론을 배경으로 과세에 대하여 보상의무를 우려하여 재산권적용을 소극적으로 해오던 태도를 계속해서 유지해야 할 필요는 더 이상 존재하지 않는다고 할 수 있을 것이다.

그리고 재산권은 가령 자신의 재산의 이용을 통한 경제활동의 자유와 같이 또한 '자유'이기도 하기 때문에, 이러한 자유가 제한되는 경우에는 또한 재산권보장도 관련된다. 그 자체로서의 재산과 재산가치가 있는 개별적 권리가 구분된다고 해서 재산권보장이 금전급부의무에 대하여 해당(적용)되지 않는다고 하는 결론은 나오지 않는다.[50]

45) BVerfGE 58, 300.

46) 헌재 1998. 12. 24, 89헌마214, 판례집 10-2, 927~977.

47) 독일 연방법원(BGH)은 독일연방헌법재판소의 소위 자갈채취결정(BVerfGE 58, 300)이 나오기 전까지 약 30년 이상 '수용(Enteignung)'이라고 하는 것은 일종의 단계적 재산권제한으로서, 입법자가 재산권에 의하여 그어진 한계를 유월하는 경우에는 보상이 이루어져야 한다고 이해하였다. 이러한 판례에 따르면 재산권을 제한하는 어떠한 법률이 수용적 효과를 갖는지 여부는 처음부터 알 수는 없고 개별사건의 상황을 근거로 해서만 비로소 결론을 얻을 수 있었다. Jörn Ipsen, aaO, S. 207.

48) 이 이론에 따르면 수용은 헌법상의 존속보장(Bestandsgarantie)이 가치보장(Wertgarantie)으로 전환되는 특별한 법적 제도라고 한다. 즉 그 전제는 수용이 공공복리를 위하여 필요한 것이어야 하고 또한 동시에 보상을 규정하는 법률을 근거로 이루어져야 한다는 것이다. 이러한 전제조건이 존재하지 않는 한 수용이라고 할 수 없고, 기본법 제14조 제 1 항과 제 2 항(우리 헌법 제23조 제 1 항과 제 2 항과 유사함)에 의한 재산권의 내용과 한계규정에 해당한다는 것이다. 즉 수용인지 여부는 나중에야 비로소 알 수 있는 것이 아니라, 처음부터 안다는 것이다. Jörn Ipsen, aaO, S. 207.

49) Jörn Ipsen, aaO, S. 208, 213면; 동지, 김성수, 앞의 논문(공법연구 제33집 제 2 호), 351면 이하. 다만 김성수 교수는, 앞의 논문(고시계, 1991. 2.), 84~86면에서 "만약 조세입법자가 재산권에 대한 제약원리로서 조세입법을 행함에 있어서 재산권의 사회적 기속성의 한계를 일탈한다면 그것은 이미 보상을 요하는 공용수용의 단계로 옮아감을 의미한다"고 함으로써 경계이론에 입각한 논리를 펼친 바 있다.

50) Jörn Ipsen, aaO, S. 213.

Ⅲ. 우리 헌법재판소 판례와 학설

1. 헌법재판소의 판례

우리 헌법재판소는 초기에 주로 세법의 위헌 여부를 심사함에 있어서 청구인이 심판대상 규정에 의한 재산권침해를 주장하고 있음에도 불구하고 조세법률주의와 조세평등주의의 위반 여부에 대한 심사에 국한하는 입장을 보이고 있다.[51] 그 밖에도 헌법재판소는 세법의 위헌 여부 심사에 있어서는 주된 심사기준을 조세법률주의와 조세평등주의에 치중하고 재산권심사는 결론부분에서 간단하게 부수적으로 언급하는 정도가 일반적인 태도이다.[52]

다만 헌법재판소 1997. 12. 24, 96헌가19 결정[53]에서부터는 "헌법 제23조 제1항이 보장하고 있는 사유재산권은 사유재산에 관한 임의적인 이용, 수익, 처분권을 본질로 하기 때문에 사유재산의 처분금지를 내용으로 하는 입법조치는 원칙으로 재산권에 관한 입법형성권의 한계를 일탈하는 것이고, 조세의 부과·징수는 국민의 납세의무에 기초하는 것으로서 원칙으로 재산권의 침해가 되지 않지만 그로 인하여 납세의무자의 사유재산에 관한 이용, 수익, 처분권이 중대한 제한을 받게 되는 경우에는 그것도 재산권의 침해가 될 수 있다"고 하면서 과세와 관련하여 원칙적으로 재산권침해의 가능성을 부인하면서도 예외적으로 중대한 경우에는 재산권침해가능성을 인정하는 태도를 보이고 있다.

2. 학 설

이러한 판례는 독일의 지배적인 학설·판례를 인용하면서 "지금까지 확립된 지배적인 견해에 따르면 세금징수는 원칙적으로 사유재산권의 침해가 아니라고 한다. 다만 세금징수 때문에 납세의무자의 사유재산에 관한 사적인 이용·수익·처분권이 중대한 위협을 받게 되고 그의 사유재산 상태가 심각하게 악화되는 상황이 초래되는 경우에는 세금징수도 예외적으로 사유재산권의 침해가 될 수 있다고

51) 헌재 1989. 7. 21, 89헌마38, 판례집 1, 131~154, 138~138.

52) 가령, 헌재 1992. 2. 25, 90헌가69, 판례집 4, 114~129, 124~124; 1992.12.24, 90헌바21, 판례집 4, 890~907, 904~905; 1994. 6. 30, 93헌바9, 판례집 6-1, 631~644; 1994. 7. 29, 92헌바49, 판례집 6-2, 64~121; 1994. 8. 31, 91헌가1, 판례집 6-2, 153~175 등.

53) 판례집 9-2, 762~779.

한다"는 허영 교수[54]의 입장을 거의 그대로 반영한 것이 아닌가 생각된다. 결국 독일 연방헌법재판소의 전통적 입장을 추종한 것으로 이해할 수 있을 것이다.

한편 공동체의 유지·운영을 위하여 필수불가결하게 요구되는 재정확보의 수단으로서의 조세의 부과에 대해서는 재산권으로 대항할 수 없는 데 반하여, 조세가 물가안정, 경제조정, 복지정책, 특정 사업의 재원 마련 등 비본질적 수단으로 동원되는 경우에는 재산권에 대한 제한의 문제가 발생한다고 보는 견해[55]도 있다. 하지만 이 견해는 "헌법상의 의무로 부과되는 납세의무도 의무의 부과에는 과잉금지가 요구되고 재산권을 부정하는 것이어서는 안되는 한계를 가지므로 그 범위에서는 재산권으로 보장된다"고 함으로써 본질적 납세의무에 대해서 재산권으로 대항할 수 있는지 여부에 대하여 다소 불분명한 입장을 보이기도 하고 있다. 전체적으로 볼 때, 국가의 유지·운영을 위한 과세와 그 밖의 과세를 나누는 기준이 명확하지 않다는 데에 이 견해의 문제점이 있다고 본다. 다시 말해서 오늘날 복지정책을 위하여 필요한 재원들은 결국 국민의 세금을 통해서 거두어들일 수밖에 없는데, 이러한 복지재원을 마련하기 위한 과세 역시 국가의 유지·운영을 위해서 필요하다고 할 수는 없는지 의문이 든다.

3. 특히 반액과세의 원칙(Halbteilungsgrundsatz) 수용론에 대하여

이에 반하여 최근 국가의 과세행위를 헌법 제23조 제1항 제2문의 규정에 따르는 재산권에 대한 내용과 한계를 규정하는 국가작용으로 파악하고, "보유과세로서의 종합부동산세는 재산권의 주체가 이를 직접 사용하거나 혹은 임대하여 얻을 수 있는 기회비용이 과세를 통하여 무력화되는 경우를 원본에 대한 잠식"으로 이해하는 접근방법[56]이 유력하게 주장되고 있다. 그러면서 이 견해는 원본잠식의 보다 근원적인 이론적 근거로서 소위 Paul Kirchhof 교수와 그 이론을 받아들인 독일 연방헌법재판소의 재산세결정(BVerfGE 93, 121)의 '절반의 분배이론'(반액과세의 원칙)과 과세의 재산권적 한계이론에 관한 독일 논의에 대하여 비교적 자세하게 소개하면서 Kirchhof의 이론을 그대로 받아들이고 있다.[57] 즉 "그에 의하면 과세권의 한계는 개별재산권에 한정되어서는 곤란하여 납세자의 전체적인 담세수준

54) 허영, 헌법이론과 헌법(중)(박영사, 1988), 318면; 같은 이, 한국헌법론(박영사, 2007), 479면. 그 이후 판례는 같은 책, 480면 결정례 참조할 것.

55) 정종섭, 헌법학원론 제2판(박영사, 2007), 573, 731면.

56) 김성수, 앞의 논문(공법연구 제33집 제2호), 362면.

57) 김성수, 앞의 논문(공법연구 제33집 제2호), 365~366, 370면.

(Gesamtbelastungsgrenze)에 의하여 결정되어야 한다는 것이다. 따라서 재산몰수적인 한계까지 이르지 않는다고 하여도 국가의 과세권 행사 이후에 적어도 납세자에게는 전체적인 재산가치로 보아 절반의 가치는 잔존하고 있어야 한다. 그러므로 재산의 절반적 가치를 상회하는 국가의 과세권 행사는 헌법상 재산권 보장규범을 위헌적으로 침해한다는 것이다."

한편 이 견해는 독일 연방헌법재판소 제 2 재판부가 재산세의 과세표준을 재산의 가격을 기준으로 하는 것이 아니라, 재산의 수익을 기준으로 하고 있음을 주목하면서, 주택이나 토지의 시가를 반영하여 공평과세를 실현하겠다고 하는 취지를 가지고 있는 현행 보유세제는 자칫 과잉한 세부담으로 이어져 원본잠식을 초래할 가능성이 있음을 지적하면서 실효세율의 적정한 조절 필요성을 강조하고 있다.[58]

4. 비판 및 사견

이러한 우리나라 판례와 학설에 대하여는 다음과 같은 문제점을 지적할 수 있을 것이다.

첫째, 중대한 침해가 있는 경우에만 재산권침해가 있을 수 있다고 보는 학설과 헌법재판소의 논리에는 기본권제한의 정도 여하에 따라서 기본권의 보호영역 해당성 여부가 달라질 수 있다고 하는 논리이기 때문에, 그것은 기본권해석론적으로(grundrechtsdogmatisch) 모순점[59]을 안고 있다고 할 수 있다. 어떠한 공권력의 행사가 국민의 기본권의 보호영역에 관련되면 그것은 제한으로서 그 제한의 정당성이 있고 제한의 한계를 준수하지 않는 경우에는 기본권의 침해라고 할 수 있을 것이다. 그런데 중대한 경우에만 보호영역에 관련되는 것이고, 중대하지 않은 경우에는 보호영역에 관련되지 않는다고 한다면, 이러한 논리는 기본권해석론적으로 처음부터 성립되기 힘든 것이다. 왜냐하면 어떠한 기본권에 대한 해당 여부는 그 제한의 강도에 의해서 결정되는 것이 아니라, 어떠한 공권력 행위(조세)가 그 기본권의 보호영역, 즉 구성요건에 해당되는지 여부에 의하여 결정되어야 하기 때문이다.[60] 즉 어떠한 경우가 중대한 재산권제한이며, 어떠한 경우가 중대하지 않은 재산권제한인지 여부를 확인하기 위해서는 먼저 재산권의 보호영역에 해당되는지

58) 김성수, 앞의 논문(공법연구 제33집 제 2 호), 369면.
59) 동지, 김성수, 앞의 논문(고시계, 1991. 2.), 82면.
60) Jörn Ipsen, aaO, 204.

여부를 먼저 확인하여야 하는 것이다. 결국 이러한 모순적인 논리의 전개로 인하여 실상 과세의 재산권적 한계의 심사는 형식에 그치고 대부분 조세법률주의[61]와 조세평등주의[62]의 위반 여부의 결론으로 갈음하는 판례가 반복되지 않았나 생각된다. 따라서 과세에 대한 재산권적 한계를 밝히고 재산권침해 여부를 심사하는 것은 그간 재산권의 관점에서 등한시 되었던 과세에 대한 헌법재판소의 실질적 통제를 보다 더 강화하는 의미를 가지게 될 것이다.[63]

둘째, 반액과세의 원칙을 받아들이는 견해에 대한 비판이다. 이 문제는 재산권의 본질내용은 무엇인가와 밀접한 관련이 있다고 보인다. Kirchhof가 제시하고 있는 소위 반액과세의 원칙은 재산권의 본질내용의 의미해석과 관련하여 객관적인 절대적 상한선을 제시함으로써 일종의 절대설적 입장을 취하고 있다고도 평가할 수 있을 것이다. 하지만 이와 같이 보게 되면, 독일 연방헌법재판소의 재산세 결정(BVerfGE 93, 121)에서 Böckenförde 재판관이 역설한 바와 같이 헌법에 명시되지 않은 기준을 가지고서 헌법재판소가 입법자의 형성의 자유를 자의적으로 제한할 가능성이 발생하게 된다는 점을 부인할 수 없다. 오히려 그때 그때 국가의 재정적 필요와 정책적 목적, 과세의 대상, 과세의 내용과 정도, 납세의무자의 전체적인 재산상황과 담세능력 등을 구체적으로 고려하여 그러한 과세가 그 납세의무자에 대하여 적정하고 기대가능하다고 할 수 있는 한계를 넘는 경우에는, 그것이 비록 그 재산의 기대가능수익의 50%를 훨씬 밑도는 경우라 하더라도 재산권의 침해로 위헌이 될 수 있을 것이며, 또한 구체적인 경우에 50%를 넘는 경우라 하더라도 구체적인 경우에 과세의 정도가 적정하다고 판단할 수 있는 경우도 있을 수 있다고 본다. 이렇게 볼 때에 사회국가원리에서 나오는 최저생계비와 같은 조세감면 요소도 보다 원활하게 적용할 수 있는 여지가 생길 것이다.

한편 독일에서 소위 반액과세의 원칙은 독일 기본법 제14조 제2항 제2문의 '동시에(zugleich)'라고 하는 단어의 해석에 입각한 논리전개이었음을 상기할 필요가 있다. 그 문구의 해석상 '동시에'라고 하는 단어로부터 반액과세의 원칙과 같은 구체적인 상한선이나 세율이 나온다고 보기는 힘들다는 점[64]은 차치하더라도,

61) 오늘날 재산권보호와 관련하여 조세법률주의를 기준으로 한 심사로만은 부족하다는 지적에 대해서는 김성수, 앞의 논문(고시계, 1991. 2.), 75면.

62) 이와 관련하여 "과세에 대한 보호를 위하여 우선적으로 평등원칙의 위반 여부를 심사하는 경향은 헌법적으로 잘못된 것이다. 조세가 만일 기본권에 대한 제한에 해당된다면 이러한 제한이 정당화되지 않으면 안된다. 과세의 평등은 추가적인 헌법적 원칙에 불과하다"는 견해로 Jörn Ipsen, aaO, S. 209.

63) Jörn Ipsen, aaO, 215.

64) 동지, Jörn Ipsen, aaO, 214.

우리 헌법 제23조 제2항에는 독일 기본법 제14조 제2항 제2문에서의 그와 같은 부사도 없지 않는가? 따라서 그와 같은 반액과세의 원칙을 헌법으로부터 끌어내려면 보다 더 정밀한 해석론이 선행되어야 할 것인데, 우리 헌법 제23조로부터는 그러한 원칙을 끌어낼 만한 아무런 근거가 없다고 하는 것은 독일 기본법의 경우보다 오히려 더하다.

그렇다면 이와 같은 절대적 상한선을 포기하는 경우, 어떠한 방식으로 과세에 대한 재산권적 한계를 그을 것이며, 재산권의 침해 여부를 심사할 것인가의 문제가 남는다. 결국 비례의 원칙(과잉금지의 원칙)으로 돌아갈 수밖에 없으며,[65] 과세의 재산권적 한계의 유월여부에 대한 비례원칙심사의 특수성을 고려할 수밖에 없을 것이다.

Ⅳ. 반액과세의 원칙의 대안으로서 비례의 원칙 심사

하지만 재산권의 내용과 한계의 규정에 관해서는 원칙적으로 민주적으로 정당화된 입법자에게 넓은 형성의 자유[66]가 인정된다고 할 수 있다. 따라서 어떠한 과세가 이러한 재산권의 내용과 한계규정으로서 과잉금지원칙에 위반되었는지 여부는 원칙적으로 완화된 심사기준에 따라서 심사할 수밖에 없을 것이지만 구체적인 경우를 나누어서 살펴볼 필요가 있다.

1. 과세의 '재산적 효과'와 '재산외적 행위효과'의 구분

이 문제와 관련하여 베른스만(Wernsmann)은 과세가 기본권에 미치는 영향을

65) Jörn Ipsen, aaO, 214이 잘 설명하고 있듯이, 이때의 '과잉'이 반드시 '질식적 내지 교살적 효과'를 의미하는 것은 아니다. 질식적 내지 교살적 과세의 경우 당연히 과잉금지의 원칙에 위반된다. 그렇다고 과잉금지가 질식 내지 교살과 동일한 의미인 것은 아니다.

66) 다만 Böckenförde 재판관이 강조한 입법자의 형성의 자유에 대하여 다음과 같은 Ipsen의 날카로운 비판은 우리나라의 정치적 상황을 고려할 때 귀담아 들을 필요는 있다고 보인다: 객관적인 이성의 총괄개념으로서의 '입법자'는 더 이상 존재하지 않는다. 유동적인 개별사건, 단기적인 조세경감과 그 철회, 특히 선거 전후의 끊임없는 패러다임의 전환 이와 같은 요소들은 법에 충실한 시민으로 하여금 경제적으로 지향된 객관적 합리성을 찾아내기 힘들게 한다. 체계와 이성이 아니라 그때 그때의 필요에 따라 이루어지는 상황에서 입법자, 실질적으로는 세법을 책임진 관료에게 넓은 형성의 자유를 부여하는 것은 법치국가적 타당성의 한계를 건드리는 것이다. 국민이 국가권력에 의하여 가장 민감하게 침해당하고 있는 그러한 영역에서 입법자의 형성의 자유를 이유로 국민에 대한 보호를 거부한다면 이것은 헌법재판에 대한 부분적 거부를 의미하는 것이다. Jörn Ipsen, aaO, 215.

기준으로 다음과 같이 비례의 원칙 심사와 관련하여 의미가 있는 두 가지 유형의 효과를 구분하고 있는데 이를 소개하면 다음과 같다.

우선 과세는 세법의 구성요건이 갖추어져 과세가 실행되는 경우 금전박탈의 효과를 가져오게 된다. 이를 베른스만은 소위 부담적 효과(Belastungswirkung)로 지칭하고 있으나, 그 의미는 재산에 미치는 부담적 효과라고 할 수 있으며, 이는 전통적인 의미에서의 기본권제한(klassischer Eingriff)에 해당되는 효과라고 할 수 있을 것이다.67)

다른 한편 과세는 간접적으로 어떠한 행위를 할 것인지 여부에 영향을 미칠 수 있다. 다시 말해서 과세가 이루어지거나 또는 세법상 특혜를 받을 것이기 때문에 기본권주체가 일정한 행위를 포기하거나 반대로 일정한 행위를 적극적으로 할 수도 있는 것이다. 이러한 효과를 소위 베른스만은 형성효과(Gestaltungswirkung)라고 지칭하고 있는데, 결국 그 의미는 행위에 미치는 재산외적 효과이며, 이는 전통적 의미에 따를 때 간접적인 기본권제한(mittelbarer Eingriff)에 해당되는 효과라고 할 수 있을 것이다. 결국 과세가 기본권주체에게 미치는 효과는 재산적 효과와 재산외적 행위효과의 둘로 나눌 수 있을 것이다.

2. 각 유형에 따른 비례의 원칙 심사

(1) 재산적 효과에 대한 비례의 원칙심사

재산의 박탈(Vermögensentzug)은 국가의 수입목적과 관계를 가질 수밖에 없다. 조세는 일반적으로 수입의 목적을 달성하기에 적합성(방법의 적정성)을 갖는다. 하지만 어떠한 조세가 납세의무자의 목을 조르는 질식적 내지 교살적 효과를 가지는 경우, 이러한 과세에 아무도 응하지 않을 수 있는데 그러한 과세의 경우 독일의 통설에 따르면 그러한 과세권한이 없다고 보고 있다. 다시 말해서 그러한 경우에는 조세라고 할 수 없기 때문에 어떠한 공권력도 그러한 입법을 할 권한(독일 기본법 제105조와 제70조 이하)이 없다는 것이다.68)

또한 조세는 일반적으로 재정수입을 위하여 필요성(침해의 최소성)을 갖는다. 다시 말해서 국가의 재정수입을 위해서는 국가가 경제주체로 나서지 않는 한, 조세 외에는 덜 침해적인 다른 수단은 존재하지 않는다.

끝으로 좁은 의미의 비례성(법익의 균형성)과 관련해서는 그 한계를 긋는 일이

67) Rainer Wernsmann, Die Steuer als Eigentumsbeeinträchtigung?, NJW 2006, S. 1169ff.(1171).

68) Rainer Wernsmann, NJW 2006, S. 1169ff.(1173).

쉽지 않다. 이러한 어려움을 극복하기 위하여 '반액과세의 원칙'이 개발되었을 것이나, 이 원칙은 위에서 보는 문제점으로 인하여 더 이상 유효할 수 없다. 그렇다고 하여서 제 1 재판부가 주장하는 소위 몰수에 이르는 정도의 질식적 내지 교살적 과세의 경우에만 좁은 의미의 비례성이 침해되었다고 볼 수는 없다. 오히려 제 2 재판부가 2006년 1월 18일 소득세와 영업세 결정에서 잘 판시하고 있듯이, 교살적 효과의 기준에 도달하기 전이라도, 기대가능한 과세의 한계에 도달할 수 있는 것이다.

(2) 재산외적 행위효과에 대한 비례의 원칙심사

재산외적 행위효과를 가지는 과세의 경우는 대부분 유도세 내지는 조종세라고도 일컬어지는 정책세의 경우 그에 해당될 것이다. 이 경우에 대한 비례의 원칙심사는 어느 정도 특수성을 띤다. 독일 통설에 따를 경우 정책적 목적을 추구하는 세법(정책세법)은 그 재정목적과 관련해서는 물론 정책목적과 관련해서도 방법의 적정성과 침해의 최소성, 법익의 균형성을 충족하여야 한다.69) 소수설에 의할 경우 하나의 목적과 관련해서 비례의 원칙을 충족하는 경우에 이러한 세법은 헌법상 정당화된다고 한다.70) 이에 대한 독일 연방헌법재판소의 입장은 유동적이라고 한다.71)

베른스만에 따르면 어떠한 조세가 의도적으로 정책세(유도세, 조종세 Lenkungssteuer)로서 도입되었으나, 입법의도와는 달리 행위에 아무런 영향을 미치지 못하는 경우, 그것은 정책목적을 달성함에 있어서 적합성이 없다고 한다. 물론 이러한 경우에 세법으로 인하여 아무런 행위효과가 발생하지 않았기 때문에, 정당화가 필요하다고 할 수 있을 만한 행위의 변화도 없다고 하는 점에서, 이러한 정당화는 별로 중요하지 않다. 그러한 경우에는 재산적 효과와 관련해서만 정당화의 필요가 있고, 만일 이러한 재산적 효과가 정당화되는 경우에는 재산외적 행위효과의 초래에 적합성이 없다고 하는 것은 더 이상 문제되지 않는다는 것이다. 물론 이것은 담배세나 석유세와 같이 세목의 발굴과 세율의 결정에 있어서 입법자의 형성의 자유가 넓게 인정되기 때문에 별다른 문제 없이 평등의 원칙 심사(완화된 심사)를 통과하곤 하는 특별세에 대해서만 적용될 수 있다.72) 요컨대 정책세의 경우는 최

69) Rainer Wernsmann, NJW 2006, S. 1169ff.(1173)과 각주 46번 참조.

70) Papier, Die finanzrechtlichen Gesetzesvorbehalte und die grundgesetzliche Demokratieprinzip, 1973, S. 91f.를 인용하면서 Rainer Wernsmann, NJW 2006, S. 1169ff.(1173).

71) Rainer Wernsmann, NJW 2006, S. 1169ff.(1173).

72) Rainer Wernsmann, NJW 2006, S. 1169ff.(1173).

소한 재산적 효과에 대한 정당성만 존재하면 그 세법은 헌법상 문제될 것이 없다는 것이다.[73)]

정책세의 침해의 최소성과 법익의 균형성과 관련해서는 다음과 같은 구분을 필요로 한다. 즉 가령 매상세로 인한 소비의 포기와 같이 의도되지 않은 재산외적 행위효과가 발생하는 경우는 재정목적에 의한 정당화만을 필요로 하는 반면, 의도된 재산외적 행위효과가 존재하는 경우에는 이러한 정책목적에 의한 정당성도 필요로 하다는 것이다.[74)]

V. 맺 음 말

이상으로 과세에 대한 재산권적 한계에 관한 헌법재판소 판례와 학설과 특히 소위 반액과세의 원칙의 문제점과 대안에 대해서 살펴보았다.

과거 소위 재정고권이론의 적용하에, 국가의 과세는 재산권보장 규정으로 보호될 수 없다고 보면서, 재산 자체는 재산권의 보호영역에 포함되지 않는다고 하는 독일 연방헌법재판소의 초기 판례는 그러나 예외적으로 납세의무자의 재산적 상황을 근본적으로 변화시키는 정도의 질식적 내지 교살적 효과를 가지는 과세는 재산권침해가 될 수 있다고 하면서, 다소 형식적이기는 하지만 재산권의 적용가능성을 열어두는 쪽으로 바뀌었다. 그 후 제2재판부는 1995년 6월 22일 재산세결정에서 소위 반액과세의 원칙을 전개하면서 재산권의 공공복리 적합의무 조항으로부터 구체적인 과세의 상한선을 끌어내었으나, 2006년 1월 18일의 소득세 및 영업세 결정에서는 이러한 반액과세의 원칙의 기속력을 부인하면서 사실상 동 원칙의 폐기를 선언하였다.

국가의 과세는 분명히 납세의무자로 하여금 금전적 급부의무를 부과함으로써 그의 재산적 지위에 영향을 미친다고 할 수 있기 때문에, 재산권의 보호영역에 대한 제한에 해당되지만, 보상이 필요한 공용수용이 아니라, 내용과 한계에 관한 규정이라고 할 수 있을 것이며, 그러한 규정은 원칙적으로 입법자에게 넓은 형성의

---

73) 이에 반해서 같은 세법 내에서 정책적으로 의도된 차별취급의 경우(가령 소득세법상 면세나 특별공제)는 문제가 다른데, 이 경우는 한번 이루어진 부담적 결정으로부터 벗어났다는 점에서 엄격한 심사기준으로서의 평등의 원칙을 통과할 필요가 있다. 그리고 정책목적을 달성하기에 명백히 부적합한 차별의 경우는 더 이상 불평등취급을 정당화할 만한 합리적 차별로 고려될 수 없을 것이다. Rainer Wernsmann, NJW 2006, S. 1169ff.(1174).

74) Rainer Wernsmann, NJW 2006, S. 1169ff.(1174).

자유가 인정되지만 비례의 원칙의 적용하에 국가의 재정목적과 정책목적, 과세대상과 과세내용, 납세의무자의 담세능력 등의 요인들을 구체적으로 살펴서 방법의 비례의 원칙 준수 여부를 살펴 주어야 할 것이다. 결코 조세법률주의나 조세평등주의의 심사 후에 부수적으로 한마디 정도 추가해주는 정도의 심사로 그쳐서는 안된다고 본다.

이러한 비례의 원칙 심사에 있어서는 순수하게 국가의 재정수입만을 목적으로 하여 재산적 효과를 미치는 세법과 동시에 정책적 목적을 추구함으로써 국민에게 재산외적 행위효과를 미치는 세법(정책세)의 경우를 각각 나누어서, 후자의 경우 두 가지 목적 모두에 의하여 제한이 정당화되어야 할 것인지 아니면 한 가지만으로 정당화되어도 될 것인지를 베른스만의 이론에 따라 살펴보았으나, 이 부분에 대해서는 앞으로 좀더 심도있는 연구가 필요하다고 본다. 특히 종합부동산세의 경우 부동산투기방지나 소득재분배 등의 재산외적 행위효과를 목적으로 하는 정책세의 성격이 강한 점을 고려해 볼 때, 그와 같은 목적달성가능성이 있는지 여부에 관한 검토와 함께 동원된 과세수단이 그러한 목적을 달성하기에 적합한지와 구체적인 경우에 납세의무자에 대하여 그러한 과세를 기대할 만한 기대가능성이 있는지 등에 대하여 개별적으로 심사하여야 하리라고 본다. 중요한 것은 이러한 문제를 구체적으로 살피기에 앞서서 과세로 인한 재산권제한의 과잉 여부에 대한 구체적 심사기준들을 제대로 정리해야 할 과제가 있다고 하겠다.

나아가 재산권침해 여부에 대한 과잉금지원칙 여부의 심사와 조세평등주의로 대변되는 평등원칙 위반 여부의 심사기준과의 상호관계 등과 그리고 보다 구체적으로는 종합부동산세법의 위헌 여부에 관한 다양한 관점에서의 검토는 숙제로 넘기면서 이상으로 과세의 재산권적 한계에 관한 발표에 갈음할까 한다.

第73回 발표회 지정토론문

김 성 수*

1. Kirchhof를 위한 구차한 변명

독일연방헌재가 재산세 결정에서 채택한 이른바 반액과세이론 또는 절반의 분배이론은 재산권 조항에 대한 헌법해석상 방법론적으로 많은 문제를 가지고 있는 것이 사실이며, 이러한 다양한 비판과 반론에 대해서는 이미 발제자가 상세하게 정리하였다. 그렇기 때문에 반액과세이론은 과세권에 대한 재산권적 한계와 관련된 전반적인 문제와 더불어 특별히 현안 문제인 종합부동산세의 위헌성 여부를 가림에 있어서 결코 금과옥조가 될 수 없으며, "참조할 수는 있으나 의존해서는 아니 되는 외국의 사례"임에 분명하다. 다만, 반액과세이론을 처음으로 제안한 Kirchhof는 국가과세권의 헌법적 한계에 대한 독일연방헌재의 입장, 다시 말하자면 "헌법상 재산권은 국가의 금전지급의무의 부과에 대하여 재산 그 자체를 보호하지 않는다. 다만, 그러한 금전납무의무가 납세자에게 지나치게 부담을 주거나 그의 재산상황을 근본적으로 침해하는 경우에는 재산권에 대한 침해를 고려할 수 있다"는 기본권 이론적으로나 자유주의적 법치주의의 입장에서 도저히 그 수용이 불가능한 이론에 대해 최초로 구체적이고 나름대로 설득력 있는 대안을 제시했다는 점에서 그 의의를 찾을 수 있을 것이다.

Kirchhof가 보기에 위 독일연방헌재의 견해는 국가과세권에 대한 매우 조악한 수준의 과잉금지원칙을 적용하여 재산권의 보호영역을 무력화시키고 사회국가라는 미명 하에 리바이어던적인 국가의 과세권을 용인하는 결과를 초래하게 됨으로써 결과적으로 납세자의 자유를 질식시키고 있다는 위기의식을 바탕으로 어떻게 하던 과세권의 구체적인 상한을 정할 수 있을까 하는 절박한 문제의식에서 비롯된 것으로 볼 수 있다. 또한 조세에 대한 국가론과 개인론, 형평성과 납세자의 자유라는 상호 대립하는 조세의 이념론에서 볼 때 Kirchhof는 명백히 납세자의 자유보장이라는 이념이 보다 조세의 본질과 기능에 가까운 것으로 이해하는 대표적인

---

* 한양대학교 교수, 공법학.

학자라고 할 수 있다.

발제자와 독일의 비판론이 지적하고 있는 바와 같이 반액과세이론은 독일기본법 제14조 제2항에 규정된 '동시에'(zugleich)에라는 문구에 근거를 두고 있는 것이 사실이다. 그러나 반액과세의 근거를 단순히 이 한 단어에 근거를 두고 제시된 이론으로 이해하는 것은 곤란하다. 그 이유는 반액과세이론이 자유주의적 관점에서 재산권 보장의 원칙을 천명한 독일기본법 제14조 제1항 제1문과 사회국가원리에 기초한 제2문, 제2항 전체적인 체계를 고려할 때 적어도 개인의 사유재산권과 조세를 통한 국가의 참여권이 반반의 동일한 비중을 가진 것으로 보고 이를 조화시키는 방향으로 과세권의 재산권적 한계의 돌파구를 찾아야 한다는 함의를 가지고 있기 때문이다. 이렇게 본다면 반액과세이론이 전혀 헌법적 근거를 가지지 못하거나 방법론적으로 수용불가능한 정도의 문제를 가지고 있으므로 용도폐기되어야 마땅하다는 견해는 주장은 쉽게 수긍하기 어렵다. 따라서 반액과세이론을 비판하는 사람들은 우선적으로 그보다 월등하게 설득력 있는 대안을 제시하여야 할 것이다.

2. 그렇다면 방승주 교수는 대안을 찾았는가?

이와 관련하여 발제자는 결국 문제해결을 위한 대안으로 과잉금지원칙에로의 회기를 제안하면서 Wernsmann의 견해를 소개하고 있다. 그런데 토론자가 과문한 탓이겠지만 솔직히 Wernsmann이라는 분의 견해의 내용이 무엇인지 참으로 이해하기 난해하다. 아마도 그 분은 재정목적의 조세와 정책목적의 조세를 구분하고 전자의 경우에는 재산적 효과를 중심으로 하는 비례성심사를, 후자의 경우에는 세외적 목적이나 정책적 효과를 중심으로 하는 비례성심사를 주장하는 것으로 보인다. 그러나 재정목적을 가지는 과세의 경우 "몰수적 또는 교살적 과세의 경우에만 좁은 의미의 비례성이 침해되었다고 볼 수는 없으며, 교살적인 효과의 기준에 도달하기 이전이라도 기대가능한 과세의 한계에 도달할 수 있다"고 하는데, 다시 돌아가서 과연 구체적으로 어느 정도의 재산권 침해가 이루어진 경우에 위헌의 기준을 발견할 수 있는 것인지 의문이다. 결국 이러한 견해는 문제를 해결하기보다는 오히려 문제해결을 더욱 복잡하게 하고 자기 모순적인 순환론에 빠지는 것은 아닌지 의문이 제기된다.

또한 정책과세의 비례성 평가(침해의 최소성, 법익의 균형성)의 경우에도 "가령 매상세로 인한 소비의 포기와 같이 의도되지 않은 재산 외적 행위효과가 발생하는 경우는 재정목적에 의한 정당화만을 필요로 하는 반면, 의도된 재산외적 행위효과가 발생하는 경우에는 이러한 정책목적에 의한 정당성도 필요로 한다는 것이다"라고 하고 있는데, 이 경우에도 과세권에 대한 비례의 원칙을 구체적으로 어떠한 방법을 통하여 적용하는 것인지 불분명하다. 또한 독일연방헌재는 2006년 결정에서도 "조세부과에 대한 공공의 이익과 가급적 재산권을 존중받고자 하는 사적 이익에 대하여 입법자가 비례적으로 잘 형량하였는지에 대한 헌법재판소의 통제는 상당한 어려움에 봉착할 수밖에 없다고 한다. 조세를 통한 국가의 재원확보이익을 평가하여 제한하는 것은 입법자에게 간접적으로 헌법이 명시적으로 규정하고 있지 않는 지출을 제한하고 동시에 과제(과세?)를 제한하는 효과를 야기할 위험이 있기 때문이라는 것이다"라고 과세권에 대한 과잉금지원칙 적용의 현실적 어려움을 토로하고 있는데, 결국 과잉금지원칙을 통하여 과세권의 구체적인 헌법적 한계를 찾으려는 노력은 공허해진다. 그렇다면 반액과세원칙에 대한 설득력 있는 대안을 찾기 위하여 비례의 원칙으로 회기한 우리는 문제의 출발점으로 다시 돌아온 셈이다.

따라서 헌재가 종부세의 재산권 침해 문제를 다룸에 있어서는 헌재가 지난 1994년 토초세법에 대한 헌법불합치결정시에 강조했던 '원본에 대한 잠식가능성'이 판단의 기초가 되어야 할 것이다. 특히 stock으로서 고가의 주택을 소유하고는 있으나, 상대적으로 flow가 빈약한 고령거주자의 1세대 1주택에 대해서는 종부세의 상대적으로 높은 세액이 주택에 대한 기회비용(전세나 월세로 환산하여 예상되는 수익)을 상회하여 실질적으로 원본에 대한 잠식가능성이 있는지 구체적인 사례연구와 시뮬레이션을 통하여 이를 확인하여야 한다. 만약 이러한 결과가 도출되는 경우에는 반액과세이론이 종부세의 재산권적 한계로 적용될 수 있으며, 여기에는 기 납부한 재산세의 부담의 누적적 효과가 반드시 같이 고려되어야 한다.

3. 보유과세와 재산세의 본질 — 형평성인가 응익성인가?

발제자는 재산과세에 대한 입법권자의 형성권이 다른 과세장치와 같은 차원에서 다루어져야 하는지, 아니면 특별한 취급을 받아야 하는지에 대해 독일의 문헌에서 논해지는 찬반양론을 상세하게 정리하고 있다. 그런데 발제자는 재산세의 정당화론과 관련하여 재산세의 정당성은 재산 그 자체가 가지는 특별한 담세능력이라는 독일연방헌재의 견해를 소개하고 있다. 그러나 재산세의 과세표준으로서 재산의 경제적 자치는 재산세의 과세표준이 될 수 있을 뿐이며, 재산세 자체의 정당화론은 될 수 없기 때문에, 이 점에서 독일연방헌재는 오류를 범하고 있다. 재산세 자체에 대한 정당화이론, 다시 말하자면 "왜 재산세라는 형태의 조세가 존재하며, 우리는 그것을 납부할 의무가 있는가?"라는 물음에 대해 매우 단순한 답을 한다면 "우리가 내는 재산세로 거주지 관할 지자체가 우리의 생활에 필요한 시설과 서비스를 제공하기 때문이다"라고 말할 수 있을 것이다.

다시 말하자면 소득세나 법인세와 같은 국세가 납세자의 담세능력에 따른 과세를 통하여 형평성을 실현하는 조세형태에 해당한다면, 이에 비해 재산세는 일반적으로 다른 나라에서도 대표적인 지방세로서 자치단체의 서비스 제공에 대한 반대급부로서 정당화되는 측면이 강하다. 조세의 본질이 일반적으로 반대급부적 성격이 결여된다는 것이지만 재산세의 경우에는 사정이 다르다. 많은 세법학자들의 견해에 따르면 재산세 등 부동산보유과세의 본질과 존재정당성의 근거는 응익성의 원칙에 바탕을 두고 있는 것으로 보고 있다. 즉 지자체는 지역적으로 부동산의 소재와 기능의 파악이 매우 용이한 장점을 가지고 있다. 또한 지자체의 주민의 입장에서 보면 부동산에 대한 납세의무를 이행하는 반면 그 수입이 귀속된 지방자치단체가 도로를 비롯한 각종의 사회간접자본시설을 설치·관리함으로써 주민들이 이를 이용하여 편익을 얻는다는 느슨한 의미의 반대급부를 향유할 수 있다. 물론 자치단체의 주민들이 특정 공공시설을 이용하거나 자치단체의 공공서비스를 제공받는 것에 대하여는 별도로 사용료와 수수료의 부담의무가 있지만, 이는 이른바 수익자부담금의 산정원리인 비용충족의 원칙과 엄격한 의미의 등가성의 원칙에 의하여 지배되는 것으로서, 자치단체가 사회간접자본시설을 설치·유지하는 데 소요되는 총비용과의 차액을 메우는 기능을 바로 부동산보유과세가 수행하는 것이다.

그리고 지방자치단체는 이러한 부동산보유과세의 수입을 바탕으로 다시 지역의 인프라 구축과 개선을 위한 사무를 수행하며, 이를 통하여 상승된 부동산의 가치는 다시 그 지역에서 부동산을 소유하는 재산권주체에게 귀속되는 순환과정을 겪게 되는 것이다. 예를 들어 양재천 인근에 부동산을 소유한 사람은 구청의 노력에 의하여 산책로가 생기고 쾌적한 환경이 조성되어 부동산의 가격이 상승하였다면 당연히 그에 대한 보다 높은 보유과세를 부담하는 것이 정당하다. 더 나아가 다른 지역에 거주하는 사람들이 양재천 인근으로 이주하겠다면 보다 높은 코스트를 지불하고 이 지역에 부동산을 소유하려 할 것이며, 이것이 다시 부동산의 가격을 상승시킨다면 자치단체는 더 많은 세금을 거두어 보다 양질의 공공서비스의 인프라의 구축에 그 재원을 투입할 것이다. 이것이 결국 주민의 복리를 위한 자치단체의 당연한 노력이며 자치단체 상호간에 공공서비스 제공에 경쟁시스템을 구축하여 지방자치는 활성화되고 주민의 복리수준은 제고될 것이기 때문이다. 다시 말하자면 부동산보유과세의 본질은 지역에 부동산을 소유하는 사람이 받는 공공서비스와 일종의 還流裝置를 구축하는 것으로서, 재산세수입은 공공서비스나 인프라구축으로 지출되어 이것이 부동산의 가치를 높이고 부동산의 소유자는 높아진 부동산 가격에 상응하는 부동산보유과세를 부담하여 다시 그 수입이 자치단체의 보다 양질의 공공서비스 제공으로 이어지는 것이다.

또한 부동산보유과세의 기능 및 본질과 관련하여 "부동산보유과세는 자치단체의 재정수입확보에 매우 안정적인 세원이며, 경제적인 왜곡효과가 거의 없다"는 보다 현실적이고 실질적인 이유 외에 외국의 문헌에서는 재산세가 소득의 재분배 등 조세의 형평성 실현을 위한 수단이라는 견해는 거의 찾아보기 어렵다. 그러므로 처음부터 부동산보유과세 장치가 지역 간의 공공서비스 격차를 시정하고 전국적으로 균일한 사회·문화적 인프라를 구축하는 수단이라고 인식하는 것은 부동산보유과세의 본질을 제대로 이해하지 못하는 것이다. 그렇다면 세수의 차이로 인한 지역 간의 문화적·경제적 격차가 점차로 심화된다면 그의 해소를 위한 재원은 어떻게 조달할 것인가? 그러한 격차를 시정하는 것이 바로 국세의 역할이기 때문에 소득세나 법인세는 응익성보다는 형평성이 그 본질이며, 그 수입의 일부로 자치단체에게 교부되는 교부세에서는 전국 단위의 지역적 연대성원칙이 지배하는 것이다.

제73회 발표회 지정토론문

이 동 식*

1. 총 평

방승주 교수님의 어려운 주제에 대한 발표를 잘 들었습니다. 세법을 공부하는 연구자로서, 국민의 대표인 국회의원들이 "Leviathan"과 같은 괴물국가에 대응하여 '정치적으로' 적절한 세부담의 한계를 설정해 주지 못하고 오히려 반대로 선거철에는 무모한 '값비싼 공약'을 남발하고, 당선된 후에는 '비싼 법률안'들을 너무나 무책임하게 발의하여[1] 자신들이 대표하는 국민들을 더 힘들게 만드는 '모순된 민주주의·대의제도의 현실'을 바라보면서 결국 국민들이 기대할 수 있는 곳은 헌법뿐이 아닌가 하는 생각이 들 때가 많이 있습니다. 한때 그런 생각을 가지고 관련 문헌을 열심히 읽고 나서 느낀 것은[2] 세금과 관련하여 헌법상 재산권보장규정은 — 조금 과장되게 표현한다면 — 황량한 사막에서 만나게 되는 '환상 속의 오아시스'에 불과한 것이 아닌가 하는 생각이었습니다.[3] 이러한 생각은 그 많은 독일의 연방헌법재판소결정 중에 구체적인 조세입법이 재산권을 침해했다는 것을 주된 이유로 하여 위헌결정을 받은 경우가 한 번도 없다는 사실을 통해 확인이 되었고, 반면 우리나라의 헌법재판소는 적지 않은 결정에서 납세자의 재산권을 침해했다는 이유로 구체적 조세입법이 위헌결정된 경우가 상당수 있었습니다. 한 예를 들자면 토지초과이득세를 당장 들 수가 있을 것 같습니다. 개인적으로는 결과면에서만 보자면 우리 헌법재판소의 이런 노력이 반갑지만, 그와 관련된 판례를 읽을 때마다 느끼게 되는 것은 "이건 아닌데…" 하는 의심이었습니다.[4] 세법규

* 경북대학교 법과대학 조교수.

1) 이 부분에 대해서는 참고, 졸고, 재정건전화법제의 발전방향, 공법연구 제33집 제5호(2005. 6), 268~269면.

2) 개인적으로 독일 정부학술교류처(DAAD)의 지원으로 2005. 9~2006. 1까지 독일에서 "헌법과 세법"이라는 주제를 1학기 연구를 한 경험이 있다.

3) 과세권의 헌법적 한계설정에 대해서는 참고, G. Brennan/J. M. Buchanan(übersetzt von C. Folkers), Besteuerung und Staatsgewalt, 1988.

4) 한 예를 들자면 1992. 12. 24. 결정 90헌바21사건(구 상속세법 제9조 제2항에 대한 헌법소원). 헌법재판소는 이 사건에서 문제의 규정이 조세법률주의에도 위반되고, 조세평등주의에도 위반되

정의 위헌성을 검토하면서 재산권보장규정 위반을 적극적으로 검토하게 되면 실제로 문제가 되는 거의 모든 세법규정이 재산권보장규정 위반이 될 수 있지 않을까 하는 생각입니다.[5)]

국가의 과세권과 재산권보호문제와 관련하여[6)] 방승주 교수님은 과세권을 재산권의 내용과 한계에 관한 문제로 이해하시고 그 헌법적 한계는 독일 연방헌법재판소가 1995년에 설정한 '50대50원칙(=반액과세원칙)'을 통해서가 아니고 비례원칙을 통해 결정되어져야 한다는 입장을 피력하신 것으로 이해하였습니다. 그리고 과세권에 대한 재산권을 통한 통제를 "결코 조세법률주의나 조세평등주의의 심사 후에 부수적으로 한마디 정도 추가해 주는 정도의 심사로 그쳐서는 안 된다"[7)]고 지적하셔서 지금보다 더 강화된 재산권통제를 요청하신 것 같습니다.

아래에서는 방승주 교수님의 발제문을 읽고서 나름대로 느낀 점을 정리해 보고 몇 가지 질문을 제시해 보고자 합니다.

2. 종합부동산세와 독일 세법상 반액과세원칙

(1) 종합부동산세의 의의

종합부동산세는 일정한 가액 이상의 토지 또는 주택을 보유한 납세의무자에게 지방세로서의 재산세 이외에 국세로 재산보유세를 부과하는 것입니다. 재산보유세의 경우에 그것이 재산 자체에 대한 과세인가, 아니면 재산보유로 인한 잠재적 수익(=기대가능수익)에 대한 과세인가, 후자의 경우에는 그것이 사용가치에 대한 수익인가, 자산가치에 대한 수익인가 하는 것이 문제가 될 수 있습니다. 개인적으로는 사용에 따른 잠재적 수익에 대한 과세로 이해를 하고 있습니다.[8)]

이러한 종합부동산세(이하 '종부세'라 함)는 한편으로는 우리나라의 보유세를 정상화하고, 또 다른 한편으로는 심각했던 부동산시장의 불안을 안정화시키기 위

고, 그리고 재산권보장규정에도 위반된다는 이유로 위헌결정을 하였다.

5) 그래서 실제 헌법소원이 문제가 되는 사건들의 경우에, 거의 대부분 청구이유에서 재산권보장규정위반을 적고 있는 것 같다.

6) 이 주제에 관한 개인적인 견해는 참고, 졸고, 헌법적 관점에서 바라본 부동산세제, 조세법연구 XII-1(한국세법학회, 2006. 7), 106~122면.

7) 발제문, 23면(맺음말).

8) 이러한 구분은 '50대50원칙(반액과세원칙)'을 설명함에 있어서 재산세와 합산해야 하는 소득세의 종류가 임대소득인가, 양도소득인가 하는 문제와도 관련이 있고, 재산권보장과의 관계에서도 매우 중요합니다. 재산 자체에 대한 과세인 경우에는 점진적 몰수의 문제가 생기고, 수익에 대한 과세의 경우에는 수익의 범위 내에서의 과세문제가 발생할 것입니다. 이에 대해서는 참고, 졸고, 헌법적 관점에서 바라본 부동산세제, 조세법연구 XII-1(한국세법학회, 2006. 7), 96~97면.

한 수단으로 출발하였습니다.[9] 즉, 종부세라는 것이 한편으로는 국고적 조세로서의 성격도 가지지만, 또 다른 한편으로는 부동산시장안정이라는 정책목적 달성을 위한 수단으로 기능하고 있다는 점입니다.[10] 반면 발표자의 글에서 소개된 '50대50원칙(반액과세원칙)'이 문제된 독일의 '재산세(Vermögensteuer)'는 순수한 보유세의 성격만을 가지고 있습니다. 이러한 양자의 차이는 재산권보장이라는 측면에서 서로 다른 기준에 의해 평가될 수 있는 것이 아닌가 생각됩니다.[11]

종합부동산세는 현재까지 2005년도분과 2006년도분 2회가 부과되었습니다. 2005년도분의 경우에는 방승주 교수님께서 지적하신 바와 같이 일부 사건의 경우에는 이미 전심절차를 거치고 법원의 1심판결을 거쳐 헌법재판소에 헌법소원이 제기된 상태이고, 2006년도분의 경우에는 아직 전심절차도 종료하지 않은 상태로 알고 있습니다. 개인적으로는 2005년도분의 경우에는 헌법적으로 큰 문제가 없다고 보여지며, 문제는 세대별합산과세와 관계된 2006년도분이라고 생각됩니다. 발표자께서는 2005년도분 종부세와 관계된 헌법소원에서 일부 논란이 되고 있는 소위 '50대50원칙(또는 반액과세원칙)'을 종부세사건에 적용할 수 있는지 하는 것을 주된 검토의 대상으로 하고 있습니다.

(2) 독일 연방헌법재판소 결정에 있어서 '50대50원칙(=반액과세원칙)'

'50대50원칙(=반액과세원칙)'에 대한 독일 연방헌법재판소결정에 대한 자세한 내용은 발표자께서 잘 소개를 해 주셨습니다. 다만, 제가 추가로 말씀드리고 싶은 것은 재산세판결에서 '50대50원칙(=반액과세원칙)'은 주된 판결이유가 아니라는 것입니다. 재산세가 헌법불합치결정을 받은 것은 평가의 불평등문제이지, 이 원칙과는 전혀 관계가 없습니다. P. Kirchhof 재판관이 과거 연방헌법재판소의 재산권보장규정에 의한 과세권한계설정에 있어서의 애매모호한 입장을[12] 비판하며 동시에 자신의 학문적 스승인 K. Vogel 교수의 입장을 지지하여[13] "선언적 의미에서라도" 과세에 대한 헌법적 한계설정을 '구체화'하기 위하여 동료 법관들을 설득시킨 결과로 삽입된 보조적 문구에 불과한 것으로 알고 있습니다. 실제 이 판결이 있고

---

9) 참고, 종합부동산세법 제 1 조.

10) 이러한 차이는 매우 중요하다. 방승주 교수님도 비례원칙심사에 있어서 양자의 구별을 전제로 하고 계신다(20면 이하).

11) 방승주 교수님도 비례원칙심사에서 전통적 조세와 정책적 조세를 구분하여 달리 취급하고 있기 때문에 기준의 상이성 자체에 대해서는 동의하시리라 봅니다.

12) 이러한 입장은 발제문 2~3면에 소개된 '제 1 재판부의 입장'에서 잘 소개를 하고 있습니다.

13) K. Vogel 교수는 독일 세법학계에서 과세권에 대한 헌법적 한계설정의 필요성을 강력하게 역설하는 학자 중의 한 명이었다.

나서 독일 세법학계에서 많은 찬반논란이 있었고, 소득세·영업세 부담액이 과세표준의 약 60%가 되는 사건에 있어서 1998년 재정법원(Finanzgericht)에서,[14] 그리고 1999년 연방재정법원(Bundesfinanzhof)에서[15] '50대50원칙(또는 반액과세원칙)'을 적용하지 않는다고 판시하였고, 이 판결에 대해 헌법소원이 제기되어 나온 연방헌재결정이 발표자께서 소개하신 2006. 1. 사건이었습니다. 흥미로운 것은 이 판결이 있은 지 1년이 지났지만 독일 세법학계에서 이에 대한 평석이나 논의가 거의 없다는 사실입니다.[16] 세계적으로 유례가 없는 이 원칙은 비록 과세권행사에 대해 좀 더 구체적이고 강력한 헌법적 통제를 가해야 한다는 일반적 공감대에도 불구하고, 그 이론적 기초가 취약하였고, 실무적으로도 해결될 수 없는 많은 문제점들을 내포하고 있었습니다.

(3) 종합부동산세에 대한 '50대50원칙(또는 반액과세원칙)'의 적용가능성

발표자께서는 입법자의 형성의 자유를 침해할 우려가 있다는 점과, 독일 연방헌법재판소가 '50대50원칙(또는 반액과세원칙)'의 헌법적 근거로 삼은 독일 기본법 제14조 제2항 제2문의 '동시에(Zugleich)'라는 단어에 상응하는 문구가 우리 헌법에는 존재하지 않는다는 이유로 이 원칙을 종합부동산세사건에 도입하자는 주장에 대해 비판을 하였습니다. 도입을 할 필요가 없다는 견해에는 개인적으로도 찬성을 합니다. 다만 그 이유는 몇 가지 점에서 차이가 있습니다.[17] 그리고 실제로 '50대50원칙(또는 반액과세원칙)'의 적용을 긍정하더라도 현재 종부세의 수준은 이 원칙에 위배되지 않는 수준이라고 판단됩니다.[18]

3. 비례원칙적용

발표자께서는 결론적으로 과세권행사에 대한 재산권적 통제는 '50대50원칙(또는 반액과세원칙)'이 아닌 비례원칙을 통해 이루어져야 한다고 주장하시고, 지금보다는 더 적극적인 과세권에 대한 재산권적 통제가 필요하다고 주장하셨습니다. 그런데 실제로 비례원칙에 대한 과세권을 통한 통제는 전통적 조세의 경우에는 실

14) 대표적으로 FG Düsseldorf, EFG 1998, 378.

15) BFH Urteil vom 11. August 1999 XI R 77/97, BStBl 1999 Ⅱ, 771~774.

16) 발표자께서 소개하신 Wernsmann 교수논문이 거의 유일해 보입니다.

17) 종부세가 재산세와 달리 정책세의 기능도 가진다는 점도 그 한 이유가 된다.

18) 현재 국내에서 종부세를 이 원칙에 반한다고 주장하는 이들이 제시해 놓은 구체적 수치에는 (예: 김상겸, 보유세제의 위헌성검토 및 대안제시: 종합부동산세를 중심으로(한국경제연구원, 2006. 1), 30~41면) 재산세와 소득세를 포함시키는 오류가 있다.

제로 거의 통제를 부정하는 것과 다를 바가 없는 것이 아닌가 판단됩니다. 왜냐하면 아무리 높은 세부담을 부과하더라도 그러한 세금부과는 대부분의 경우, 적합성, 필요성, 상당성을 갖출 것이라고 예견되기 때문입니다.19) 이것이 독일 연방헌법재판소에서 지금까지 재산권침해를 '주된 이유'로 하여 구체적 조세입법이 위헌결정을 받은 경우가 한건도 없었던 이유가 아닌가 판단됩니다.20) 그런데 정책세제의 경우에는 다를 수가 있다고 봅니다. 개인적으로는 예컨대, 현재 양도소득세 부과에 있어서 1가구 2주택에 대한 50% 단일세율에 의한 중과세, 1가구 3주택에 대한 60% 단일세율에 의한 중과세는 이러한 비례원칙에 반하는 소위 '압살적 조세'수준이 아닌가 판단됩니다.21)

4. 질문사항

(1) 독일의 연방헌법재판소와 달리 우리나라 헌법재판소는 상당히 많은 구체적인 조세입법을 재산권을 침해하였다는 이유로 위헌결정하였습니다. 이러한 차이를 발표자께서는 어떻게 이해하시는지요? 개인적으로는 만일 재산권보장규정을 과세권과의 관계에서 적극적으로 이해하면 헌법재판에서 문제가 되는 거의 대부분의 구체적 조세입법은 재산권침해문제를 검토해야 할 것이 아닌가 하는 생각입니다.

(2) 발표자께서는 종합부동산세를 재산보유 자체에 대한 과세로 이해하시는지, 재산보유에 따른 잠재적 수익에 대한 과세로 이해하시는지, 그리고 종부세에 대한 이러한 이해가 '50대50원칙(또는 반액과세원칙)'의 종부세에의 적용가능성에 영향을 끼친다고 보시는지 여쭙고 싶습니다. 2006년 독일 연방헌법재판소판결에서도 '50대50원칙(또는 반액과세원칙)'이 재산세에 관한 판결이었고, 소득세가 문제되는 당해 사건에서는 그 원칙이 그대로 적용될 수 없다는 표현도 나오고 있습니다.22)

---

19) '정상적인 정부'라면 '특별한 재정수요'가 없는데도 갑작스럽게 국민들의 세부담을 급증시키는 입법을 하지는 않을 것입니다.

20) 독일에서는 원칙적으로 몰수적·압살적 조세가 되어야만 과세권행사가 재산권을 침해한 것으로 보는데 이것을 실제 최고법원사례에서 인정한 경우가 한 번도 없었다(하급심판결에서는 있었다). 이에 대해서는 참고, 졸고, "헌법적 관점에서 바라본 부동산세제," 조세법연구 XII-1(한국세법학회, 2006. 7), 124~125면.

21) 이에 대해서는 참고, 졸고, "헌법적 관점에서 바라본 부동산세제," 조세법연구 XII-1(한국세법학회, 2006. 7), 79~82면(특히, 각주 21), 112~116면.

22) BVerfG, 2 BvR 2194/99 vom 18. 1. 2006, Absatz-Nr. 28; 발제문, 11면.

(3) 발표자께서는 비례원칙이 실질적으로 구체적 조세입법에 대한 한계로 기능을 할 수 있다고 보시는지 궁금합니다. 독일의 경우에는 그러하지 못했고, P. Kirchhof 재판관은 그 점을 비판하며 '50대50원칙(또는 반액과세원칙)'을 통해 구체적인 헌법적 한계설정을 도모했었습니다.

(4) 현재 양도소득세에 대한 단일세율에 의한 중과세가 몰수적·압살적 조세수준인지에 대한 발표자의 의견을 여쭙고자 합니다.

제73회 발표회 토론요지

사 회 자 : 김상겸(교수)
토론참여자 : 김성수(교수) 이동식(교수) 김선택(한국납세자연맹)
황치연(헌법연구관) 장석조(헌법연구관) 이덕연(교수)
김하열(헌법연구관) 이공현(회장, 헌법재판관)

간 사 : 안녕하십니까? 헌법실무연구회 간사를 맡고 있는 전종익 연구관입니다.

바쁘신 가운데도 이렇게 저희 헌법실무연구회에 많이 참석해 주신 여러분께 감사의 말씀드립니다. 오늘 주제가 '과세의 헌법적 한계' 특히 재산권 부분이어서 많은 분들이 특히 관심을 가지고 열띤 토론을 해 주시기를 기대하겠습니다.

오늘 사회는 동국대학교의 김상겸 교수님께서 해 주시겠습니다. 그러면 지금부터 김 교수님께서 맡아 진행을 해 주시겠습니다.

사 회 자 : 안녕하세요. 식사들 많이 하시고 주말이라서 피곤하시겠지만 오늘 우리 연구회 세미나를 위해서 참석해 주셔서 감사하다는 말씀드리고.

제가 헌법실무연구회 초창기에 있다가 몇 년 만에 나왔더니 처음 뵙는 분들이 많이 계셔서 세월이 많이 흘렀다는 생각이 듭니다.

시작하기 전에 오늘 발제를 맡아주실 분을 소개드리고 그리고 토론자 두 분에 대해서 간단히 약력 소개해 드리겠습니다.

오늘 발제해 주실 분은 동아대학에 계시는 방승주 교수님이십니다. 방 교수님은 고려대 법과를 졸업하신 다음 독일 마르부르그대학에 LL.M.을 하시고 독일 하노버대학에서 법학박사학위를 취득하셨습니다. 그 후에 90년대에 헌법재판소 연구원으로 재직을 5년간 하신 다음에 영산대학교를 거쳐서 현재 동아대학교 법과대학에서 헌법을 담당하고 계십니다.

오늘 토론자 두 분을 모셨는데 토론자 한 분인 김성수 교수님은 지금 현재 한양대학교에 계십니다. 연세대 법과대학과 대학원을 졸업하신 다음 독일 튀빙겐대학에서 법학박사를 받으셨습니다. 연세대학교 법학부 교수로 계시다가 현재 한양대학교 법과대학 교수로 있습니다.

그 다음에 두 번째 토론해 주실 이동식 교수님은 경북대학교 법과대학에 재직하고 계십니다. 경북대 법과대학과 대학원을 졸업하신 다음에 독일 파사우대학에서 법학박사를 받으셨고, 현재 경북대학에 계십니다.

그러면 바로 발제를 맡아주신 방승주 교수님의 발표를 듣도록 하겠습니다.

방 교수님 부탁합니다.

< 주제발표자 발표 >

사 회 자 : 감사합니다.

방 교수님. 조금 더 깊이 가셔도 되는데. 하여튼 들어오기 전에 30분 정도만 발표하기로 했기 때문에, 시간을 아주 잘 지켜 주셨습니다.

독일의 사례를 통해서 국가의 과세권행사가 국민의 재산권을 침해하는지 여부에 대해서 심사의 기준은 결국은 기본권침해의 심사방법인 비례의 원칙에 따라서 하는 것이 좋지 않겠냐? 결론은 그런 것 같습니다.

수고하셨습니다.

그러면 이제 지정토론 순서가 되겠습니다.

한양대에 계신 김성수 교수님께서 먼저 토론을 해 주시겠습니다.

< 지정토론자(김성수) 발표 >

사 회 자 : 수고하셨습니다.

우리 김 교수님 반론을 펴시면서 재산세의 본질이 뭔지에 대해서 문제제기를 하셨습니다.

그 다음에 두 번째 우리 이동식 교수님의 지정토론을 듣도록 하겠습니다.

이 교수님 시간 좀 잘 조정해 주십시오.

< 지정토론자(이동식) 발표 >

사 회 자 : 감사합니다.

아까 또 시간 말씀 드렸더니 평소에 안하시던 속도로 말씀하셔 가지고 정확하게 잘못 알아들었습니다. 죄송합니다. 천천히 말씀하셔도 되는데.

우리 이 교수님도 방 교수님이 비례의 원칙을 적용하는 것에 문제가 있다는 것에 대해서 지적을 하시면서 몇 가지 질문을 하신 것으로 알고 있는데, 그 질문에 대해서 일단 우리 발표자의 답변을 간단하게 들어본 다음에 자유토론으로 들어가도록 하겠습니다.

발 표 자 : 먼저 김성수 교수님 좋은 지적 감사드립니다.

아마 여기 참석하신 김성수 교수님도 그렇고 이동식 교수님도 그렇고 우리나라에서 이 분야에 대해서 가장 많이 연구하시는 교수님들 아니신가 이런 생각이 듭니다.

먼저 비례의 원칙으로 가게 되면 결국 처음으로 되돌아가고 아무런 대안이 없는 상태로 다시 가는 것 아니냐, 이런 지적을 해 주셨거든요. 그 점은 아마 이동식 교수님도 마찬가지이신 것 같고.

그 점을 제가 생각을 해보는데요. 없는 것을 가짜로 짝퉁으로 만들어 내서 위안을 받기보다는 진실하게 없으면 없는 대로 그때그때 맞게끔 해결하는 것이 더 타당하다 이렇게 생각이 듭니다.

'반액과세의 원칙'은 헌법으로부터 나오지 않습니다. 하나의 예를 한번 드리도록 하겠습니다. 아까 김성수 교수님께서 1세대 1주택자의 경우 좀 생각해 보라고 하시는 말씀을 하셨습니다. 좋습니다, 1세대 1주택자의 경우 반액과세에 도달하기 전에도 과잉할 수 있습니다. 그런데 만약에 반액과세의 원칙을 적용해 봅시다. 1세대 1주택자라 하더라도 반액과세에 아직 도달 안했으니 아직 합헌 아니냐? 이것이 과연 타당할까요? 구체적·개별적으로 들어가서 그때그때 맞게끔 적용하는 것이 짝퉁원칙 하나 세워 놓는 것보다 훨씬 낫다는 생각이 듭니다.

그렇게 할 때에 오히려 사회국가원리로부터 나오는, 예를 들어 최저 생계비에 관한 문제라든가, 1세대 1주택자 말씀하셨듯이 하나의 주택은 있어야지요. 인격의 발현도 거기서 하고 자식교육도 하고 하는데 종부세 내서 이거 이사가라 말이지요. 거주이전의 자유에 대한 침해이기도 하지요. 그런데 그런 것을 가능하게 하려면 반액과세원칙가지고 되겠느냐는 것이지요, 오히려.

또 다른 한편으로 훨씬 더 부자인 많은 사람들이 있을 수 있습니다. 주택을 몇 수십 채씩 가지고 있고 부동산투기해서, 그런 사람의 경우 그냥 반액과세에 도달했다라고 하는 이유로 됐다라고 생각한다고 할 것 같으면 그것도 정의에 반하는 것 아닙니까 혹시? 그때그때 맞게끔 구체적인 상황을 잘 고려할 수 있는 입법안이 되지 않으면 안 되겠다. 헌재에서 만약에 종부세를 앞으로 심사할 때는 단순하게 그냥 법률조문만을 볼 것이 아니고, 개별사례들이 분명하게 다양할 수가 있는데, 그것을 제대로 담지 못한 법안의 하자가 아마 다루어져야 될 것 같습니다, 그 법 자체. 그래서 일반적으로 그것이 그냥 '위헌이다', '합헌이다' 이게 아니고 케이스별로 좀, 아무리 부동산정책을 한다 하더라도 세부적으로 들어가게 되면 정의에 반하는 그런 과세가 틀림없이 있을 것이고 또 그렇지 않은 케이스도 있을 것이란 말이지요. 그런 것들을 선별할 수 있는 입법이 돼야 되는 것 아니냐 세련되게, 그런 차원으로 가야 된다고 하는 것이지요. 그게 그냥 단순히 반액과세원칙 가지고 해결할 수 있는 것은 아니지 않겠는가 이런 생각이 듭니다.

또 김성수 교수님께서 질문해 주신 것 중에서 아마 응익과세원칙을 말씀을 해 주셨고 그래서 보유세와 같은 경우에 있어서는 결국 그 수익에 대한 과세인 것이고 재산 그 자체에 대해서 과세를 한다라고 하는 것은 과세표준 결정할 때 기준이 되는 것이지 아니지 않느냐 이런 지적을 하셨던 것 같은데, 이 세 분야에 대해서는 저는 아직 깊이 있는 연구를 못했으니까 그 부분은 뭐라고 지금 말씀드리기는 이릅니다마는 뵈켄페르데 교수와 같은 경우도 별개의견에서 강고하게 주장을 한 취지가 바로 그것이었습니다. 수익세로 하지 않고 재산에 대한 과세도 가능하다, 왜 그러냐? 담세능력이 있으니까, 담세능력이 있는 곳에 세를 부과할 수 있다, 이런 출발에서 본다면 왜 원본잠식은 안 되느냐? 이런 얘기도 가능할 수 있는 것이지요.

제가 그래서 그런 생각을 했습니다. 우리가 돈을 벌었어요. 1억이면 1억 벌었어요. 그래서 집을 한 채 샀어요. 또 다른 한 사람은 1억을 벌었는데 그것으로 주식을 샀어요. 아니면 은행에다 집어넣어 놓았어요. 원본이 하나는 부동산으로 있고 하나는 은행에 들어가 있었던 거예요. 그러면 국가가 필요해서 재정목적에 의해 가지고 과세를 하는데 부동산의 경우에는 원본을 잠식할 수 없는 것이고 동산의 경우 금융과 같은 이런 경우 이자에서 나가거나 원본에서 나가나 이것은 거의 구분이 될 수가 없는 것이지 않습니까? 그런데 왜 어떤 것은 원본은 안 되고 어떤 것은 원본은 되느냐? 풀어놓고 따져보면 부동산이냐 동산이냐 어떤 유동성이냐 이런 것들을 갖다가 구분하지 말고 재산 전체를 생각한다고 할 것 같으면 담세능력이 있는 곳에 과세가 있을 수 있는 것이지요.

그리고 토초세와 같은 경우 원본잠식원칙이 거기 나오고 있는데 초과이득에 관해서만 과세를 하는 '토지초과이득세' 제목 자체도 그렇지 않습니까? 결국에는 그것은 처음부터 수득세로서의 성격을 가진 것으로부터 출발을 했었기 때문에 원본잠식문제도 나왔고 헌재가 처음에 원칙적으로 언급했었을 때는 원본에 대한 과세를 할 것인가 수익에 대한 과세를 할 것인가에 관해서 결정하는 것은 입법정책적 사유라고 하는 것을 분명하게 얘기를 하고 있습니다. 그 정도로 답변이 될 수 있을는지 모르겠습니다만 넘어가고요.

그 다음에 우리 이동식 교수님 지적해 주신 질문에 관해서 말씀드리도록 하겠습니다. 독일하고 우리가 좀 다르지 않느냐? 독일은 상당히 많은, 전체적으로, 저도 아까 말씀을 드렸습니다마는 거의 없다 그러더라고요. 재산권침해를 인정한 것이 거의 없다. 그리고 아마 재산세 결정 95년도 6월 20일 그 결정 자체도 아까 말씀을 드렸듯이 평등원칙위반이지요, 헌법불합치.

우리나라는 많지 않느냐 이런 말씀이신데, 일단 기존에 나온 문헌을 통해서 정리된 것을 한번 보니까, 그리고 일부는 좀 봤습니다마는 대체로 조세법률주의 위반하고 조세평등주의 위반이에요. 그것은 기준시가와 같은 경우도 그렇고 토초세와 관련해서도 그렇고 아주 중요한 부분인데도 불구하고 입법형식상 국민의 대표인 국회가 결정을 해야 되는데 그것을 행정부서로 넘겼다, 그러니까 이거는 위임입법 위반이고 포괄위임입법금지원칙 위반이고 또 입법형식상 위반이다, 이런 것들도 많고. 그 다음에 평등원칙과 관련해서는 독일에서도 사례가 있듯이 우리도 있을 수 있는 것이지요.

재산권침해문제는 아까도 말씀을 드렸듯이 항상 부수적으로 따라 붙는 정도에 지나지 않는 것이었지요. 이 차이는 뭐냐? 과세에 관한 입법에 대한 지금까지의 국회의 태도 이런 것들을 봤었을 때 졸속입법도 많고 경우에 따라서 그때그때 웬만하면 정부입법으로 통과시킨 다음에 행정입법으로 통제를 가하려고 하는 정책세 입법들이 많았었고, 그러다 보니까 우리 헌재에 의해서 법률형식상의 위헌이 많이 나온 것 아닌가 하는 생각이 들고요.

그 다음에 또 질문하신 것 중에 비례의 원칙이 실질적으로 구체적 조세입법에 대한 한계로 기능할 수 있는가? 이것은 답변이 됐다고 봅니다.

그 다음에 양도소득세에 대한 단일세율에 의한 중과세가 몰수적·압살적 조세수준인지에 대한 발표자의 의견을 부탁하셨는데, 그 부분에 관해서도 결국 우리가 반액과세원칙을 포기한다고 해서 무조건 다 압살적 조세가 아니다, 이렇게 애기할 수 있는 것은 아니지 않습니까? 충분히 과잉금지원칙의 적용만 가지고도 지나치게 많은 세를 부과하는 경우 실제로 원본잠식, 즉 집 팔고 이사 가지 않으면 안 되는 정도, 이런 정도는 심각하지 않느냐 하는 생각을 할 수 있을 것 같습니다. 그러나 예를 들어서 소수의 사람들이 지나치게 많은 주택을 소유함으로써 조세의 방법을 통해서 지나치게 많은 다주택을 소유를 정책적으로 제한하려고 하는 움직임, 이것은 입법정책의 문제로서 어느 정도는 허용해야 할 여지도 사회국가적 차원에서 있을 수 있다고 봅니다.

이상 답변 마치도록 하겠습니다.

사 회 자 : 재반론 기회는 나중에 드리도록 하고요.

여기에 오늘 참석하신 분 중에 굉장히 관심 있는 테마에 대해서 여러 의문이나 또 견해를 가지고 계신 참석하신 분들에게 기회를 드리도록 하겠습니다. 만약에 발제하신 방 교수님께 질문하시려면 짧게 말씀하시고 가능하면 정리를 하셔서 해 주셨으면 합니다. 누가 먼저?

김 선 택 : 한국납세자연맹의 김선택 회장입니다.

저도 사실 이 세금과 관련되는 실무를 오래 했고 법은 제가 공부를 하지 않았지만 시민운동을 하면서 세금에 관한 근본적인 문제에 대해서 상당히 고민을 많이 했습니다. 특히 이 문제에 대해서 헌법재판소 판례 중에서 많이 위헌판결이 있지만 실제적으로 우리 일반 국민입장에서 납세자 입장에서 볼 때 아주 상식적으로 부당하고 불합리하고 정말 인권침해가 되는데도 불구하고 위헌판결이 안나는 사례들이 굉장히 많습니다.

예를 들어보면 대안문제를 제가 이야기하기 전에 일단 어떤 사례가 있는지 한번 이야기해 보겠습니다. 가장 크게 문제되는 게 증여의제문제, 주식의 명의신탁에 대한 증여의제문제입니다. 제가 얼마 전에도 우리 회원 중에 한 분이 정말 아는 사람한테 명의를 빌려줬는데 자기 전 재산보다 많은 세금이 부과되었습니다. 증여의제 되어서. 그런데 이게 현재 구제 안됩니다.

그리고 기업과 관련 돼서 비업무용차입금 이자부인, 차입금과다법인에 대한 이자부인, 이 문제도 실제 제가 옛날에 기업에 다닐 때 세무조사하면서 480억을 고지를 받았습니다. 그 회사가 다 죽어갑니다. 법정관리해서 다 죽어가는데 이런 세금으로 해서 한 450억 나오고, 얼마 전에도 헌재에서 결정나온 것 중에서 동아건설사건에서도 합헌결정이 났지요. 그리고 취득세나 등록세중과 그리고 가산세, 가산세가 정말 불합리하지요. 일반전문가들도 잘 모르는 복잡한 세법을 만들어 놓고 납세자가 자진신고 안했다 해서 가산세를 본세의 100% 이상씩 부과합니다. 그런데도 헌재에서는 합헌결정납니다. 납세자 입장에서 굉장히 부당한데도 불구하고 합헌결정난다 말이지요. 여기에서 저는 뭔가 대안이 없는가에 대해서 궁리를 많이 했습니다.

그런데 한 가지 제가 유럽인권재판소의 판례를 잠깐 소개해 드리면 2000년도에 스웨덴사건인데, 이 가산세에 대해서 유럽인권재판소는 형사처벌로 볼 수 있다. 즉 행정벌이 아닌 형사처벌로 봐서 무죄추정의 원칙을 적용해야 된다고 아주 획기적인 판결을 했는데, 그 판례의 내용을 잠깐 제가 읽어드리면, 실제 가산세는 탈세에 대한 재정상의 보상이 아닌 의무위반을 벌하기 위한 제도이고 가산세는 고의나 과실에 관계없이 과세 신고한 세금의 20%나 40%로 일률적으로 부과되지만 금액적인 상한선이 없어 매우 큰 부담이 되고 있다고 해서 형사처벌로 봅니다.

그래서 지금 이것과 같이 실제적으로 우리 세금 중에는 형사처벌과 비슷한 조항들이 있다고 저는 봅니다. 그래서 발제문에도 비슷한 내용이 있지만 조세를 크게 나누면 재정충당적인 목적에는 사실상 국가의 재량권이 상당히 있다고 봅니다. 그러나 비본원적인, 그런 재정충당의 목적이 아니고 형벌적인 조세, 대표적인 것이 가산세나 증여의제라고 보고 있습니다. 그리고 정책적인 조세, 조금 전에 이야기 했던 비업무용 차입금 이런 부분들, 이런 부분에 대해서는 실제적으로 유럽 인권재판소와 같이 조세지만 실제적으로 거기에 조금 제한을 가하는 엄격한 심사의 이론이 도입될 수 없는가에 관한 고민을 좀 해 주시면 좋겠다, 이렇게 이야기 드렸습니다.

사 회 자 : 감사합니다. 오늘 세미나니까 발제하신 것에 대해서 질문을 하시고 토론하는 게 좋을 것 같습니다.

황 치 연 : 황치연 연구관입니다.

조세법에 대해서 잘 모르는 사람이 질문을 하게 되어서 죄송합니다.

첫번째, 재산권과 재산권 가치 있는 법적 지위라는 것에 대한 설명을 부탁드립니다.

두 번째로 독일기본법조항 '재산권은 의무를 진다' 이것을 '구속된다'로 번역을 했더라고요. "재산권은 의무를 진다. 재산권행사는 '동시에' '공공복리에 적합해야 한다" 할 때 이때 '동시에'를 반액과세원칙의 근거로 삼을 때에 그 논리구성이 어떤 것인지?

세 번째로 저는 두 형제 그러니까 페르디난트 키르쇼프하고 파울 키르쇼프하고 둘 다 조세법학자이면서 형제지간인데 이 파울 키르쇼프는 헌법학자예요. 그러기 때문에 반액과세라는 말을 끄집어내지 않았을까? 거기에 대한 어떤 자유권적인 시각을 지적해 준 예리한 김성수 교수님의 토론에 동감을 표하고요. 그러니까 이 반액과세라는 말이 획일적·고정적 원칙이 아니라, 즉 항상 통용되는 원칙이 아니라 비례성일탈의 한 예로서 조세권에 대해서 저항할 수 있는 재산권의 한계좌표를 하나 설정해 주지 않았나, 이렇게 생각을 합니다.

그리고 여러 가지 질문사항이 있지만 김성수 교수님께 하나 말씀드리고 싶은 것은, 그 재산세는 소득재분배효과로 포착할 수 없다고 단정적으로 말씀하시는데, 잠정적 수익 측면에서 좀 고려해 볼 수도 있지 않느냐? 이렇게 생각을 하고요. 근본적으로 본질적으로 재산세에 있어서의 과잉금지원칙의 적용점과 재산세 이외에 비례성원칙을 적용할 때 문제점은 다르지 않겠는가? 재산이라는 것이 곳간에 보관된 한정된 원본으로 볼 수 있는데, 국가가 곳간에 들어 있을 때 이거 한 되, 두 되 퍼내는, 동일한 세원에 대해서 반복적인 세금을 부과하는 측면이 있기 때문에 일반제세와의 관계에서는 다른 검토가 필요하지 않겠는가 이렇게 생각을 합니다. 거기에 대해서 어떻게 생각하시는지 묻고 싶습니다.

사 회 자 : 황 연구관님 감사합니다.

답변도 좀 준비해야 되니까 발표하신 방 교수님하고 토론 맡으신 김 교수님 좀 준비하시고, 다른 분 토론해 주시지요. 질문도 좋습니다. 관심을 많이 가지고 계실 텐데.

장 연구관님.

장 석 조 : 굉장히 질문이 많으실 줄 알았는데 없으니까 평소 궁금한 것을 교수님들이 많이 나오셨으니까 좀 여쭤보겠습니다.

아까 왜 재산권의 보호영역을 건드리느냐 하는 문제를 말씀해 주셨고, 조금 서로 다른 시각들이 보이는 것 같은데, 재산권보호영역에 관한 문제는 우리 실정법이 신중히 고려되어야 되는 것이 아닌가 그런 생각이 들고, 너무 추상적인 논의로 흐르는 것 같아서 질문을 드리겠습니다.

독일의 경우에는 재산권보장조항에 재산권이라는 것보다는 소유권과 상속권으로 되어 있는 것으로 알고 있습니다. 그것의 확장해석으로서 다른 재산권으로 확장하느냐로 문제되는데 우리 헌법의 경우에는 명문으로 재산권이라고 하고 있기 때문에 독일의 판례나 이런 것을 그대로 적용하는 것이 바람직한지 그런 의문이 있고요.

그 다음에 우리 헌법에서의 과세와 재산과의 관계의 실정헌법을 보자면 우선 헌법이 납세의무의 근거를 스스로 두고 있고 그 다음에 조세법률주의에 의해서 법률에 의할 것을 정하고 있습니다. 만약에 기본권제한문제, 재산권제한문제로 간다면 37조 2항에 의해서 당연히 법률유보가 적용될텐데 조세법률주의라는 것을 명문으로 둔 이유는 뭔지 다시 한번 생각해 봐야 되는 것 아닌가 싶습니다.

또 23조에 보면 재산권의 수용·사용·제한의 경우도 법률유보가 따로 있고 그 경우에는 금전으로 보상하도록 되어 있습니다. 그런데 그 제한의 의미가 지금 이런 과세로 인한 제한하고 같은 의미로 볼 수 있는지에 관한 논란은 있을 수 있겠지만, 소박하게 그 제한이라는 말을 그대로 받아들인다면 과세권에 의해서 재산권이 제한되면 금전으로 보상하라는 것은 조금 앞뒤가 안맞는 말이 되는 것이 아닌가? 그렇다면 지금 재산권의 보호영역, 과세권행사로 인한 납세의무부과를 재산권보호영역에 포함시키는 것은 좀 어렵지 않은가라는 생각이 듭니다. 그러니까 소박하게 내 재산이 줄어드니까 재산권침해라는 것보다는 재산권이 보호하는 것은 개별적 권리가 아닌가, 우리 헌법이 예상하는 것은, 그리고 납세의무로 인해서 부담하게 되는 어떤 재산적 피해라는 것은 특정권리에 대한 침해나 제한으로 관념하기는 어렵고 책임재산의 감소에 불과한 것입니다. 그것을 책임재산의 감소를 재산권과 연결시킬 수 있는 것이냐? 아까 말씀드린 것처럼 납세의무조항, 조세법률주의, 23조, 37조 2항을 종합해 본다면 그것을 지금 우리가 재산상으로 손실한다 그래서 모두 재산권 문제라는 것은 너무 상식적인 얘기가 아닌가? 헌법을 제정한 제정권자 의사라든지 그런 것을 한번 재고할 필요가 있을 것 같고, 그러한 어떤 문리해석을 떠나서도 국가의 재정적 수요가 있는 곳에서는 어떤 구체적 한계라기보다는 상대적 관계가 문제되는 것 아니냐? 그래서 기본적으로는 조세에 대한 헌법적 심사에 있어서는 조세법률주의와 조세평등주의라는 큰 축 아래서 파생되는 헌법원칙에 의한 심사를 한다면 가능한 것이 아닌가 싶습니다.

그러니까 그런 재정수요라는 것은 언제나 상황에 따라서 달라질 수 있는 것이기 때문에 반액과세니 뭐니 이런 것에 의해서 할 것이 아니고 의회에 의한 통제에 맡겨놓은 것이 우리 헌법의 입장이라고는 생각해 볼 수 없을지, 감히 교수님들 앞에서 하나의 가설을 던져봅니다.

사 회 자 : 예, 감사합니다. 의견 겸 질문을 해 주셨습니다.

이 덕 연 : 결론적으로 아마 발표하신 방 교수님이 말씀하시는 '중대한 재산' 이것 자체는 재산권에 대한 제한이면 당연히 헌법적으로 정당화되어야 되는 것 아니냐? 결론적으로 소위 과잉금지의 원칙을 어떤 식으로든 적용을 해서 소위 교살 전에 또 반 전에 어떤 헌법적 한계를 넘었는지 여부를 판단하는 기준을 찾아보자, 결론은 구체적인 어떤 방향이랄지 어떤 준거들은 제시하지 않으셨지만 결론은 그렇게 제시한 것으로 생각이 됩니다.

다 아시는 것으로 아마 전제가 되었기 때문에 설명이 약해지고 그랬을 것으로 생각이 됩니다마는 원론적으로 두세 가지만 짚고 넘어가야 될 필요성이 있어 말씀드립니다.

제 개인적으로는 아마 우리가 조세부과를 도식적으로 나눌 수는 없지만 일단 재정목적으로 과세처분을 하고, 주로 재정목적보다는 여러 가지 어떤 정책목적을 위한 하나의 수단으로서 부담금 등등 공과금부과처분을 하는 것으로 크게 일단 도식적으로 나눠본다고 할 때, 적어도 전자의 경우에는 근본적으로 비례의 원칙을 적용하기에는 본질이나 구조가 너무나 다른 것이 아닌가? 이렇게 생각할 수밖에 없는 것은 우리가 통상적으로 접해 오고 논의했던 차원에서는 재산권도 기타 기본권과 마찬가지로 보호영역, 즉 헌법차원에서 보호영역이 어느 정도 설정이 되어 있느냐, 설정되어 있지 않느냐라는 것을 가지고 기본권의 제한, 제한의 한계를 넘었느냐라는 그런 기본권 도그마틱의 틀이 적용될 수 있는지 여부가 판가름됩니다. 그런데 그런 점에서 보면 다른 기본권들과 재산권이 원칙과 예외관계에 있다고 볼 수 있고, 즉 일단 보호영역의 측면에서 재산권과 기타의 기본권이 다르고, 우리가 조세부과라는 것을 재산권에 대한 제한으로 취급을 해서 그 한계를 판단할 수 있는지 그 여부도 또한 다시 한번 중첩적인 원칙과 예외관계로 적용이 된다고 봅니다.

결국 일반적인 제한, 제한의 한계를 넘었는지 라고 하는 기본권 도그마틱으로 접근해 들어가기에는 말 그대로 재산권 자체가 다른 기본권에 비해서 특수한 구조를 갖고 있고, 재산권과 연결을 해서 조세부과처분을 재산권에 대한 제한에 초점을 맞추는 기본권 도그마틱으로 접근해 들어가는 것은 또 역시 한계가 있습니다. 어쨌든 그것이 현상적으로 헌법재판을 통해서든 어떻게 보면 통제받지 않는 조세입법권자들의 어떤 소위 말 그대로 자유로운 입법으로 나타난 것은 아닌가? 그래서 제 개인적인 생각을 말씀드리면, 좀 전에 말씀드린 대로 재정목적의, 획일적으로 구별하기는 어렵다고 하더라도, 재정목적의 어떤 조세부과 이것은 비례의 원칙으로 접근해 들어가기에는 구조적으로 완전히 좀 다르다. 보호영역의 측면에서 그렇고 제한성 자체를 인정하는 부분에서 그렇고 특히 비례의 원칙이 적용될 수 있는 것인가? 과연 비교대상이 무엇이겠는가 말이지요? 최소침해성의 원칙 또 좁은 의미의 비례의 원칙 무엇을 비교대상으로 해서 비례성을 판단을 할 수 있는지? 결국 제 개인적으로는 이 경우에는 비례의 원칙, 과잉금지의 원칙으로 접근, 판단하기에는 어렵고 결국 적정성 또는 완화된 과잉금지원칙이라고 하는 것을 적용해야 된다고 생각합니다.

두 번째로 재정목적이 아닌 기타 정책의 경우에는 예컨대, 우리가 평등의 원칙이든, 특히 특별부담금의 경우에, 이미 도그마틱을 통해서 상당히 정리가 된 어떤 헌법적 정당화요소가 필요하고, 그 헌법적 정당화요소는 말 그대로 과잉금지원칙이나 평등원칙을 좀더 이론적으로 정해 놓은 내용에 다를 바가 없다고 생각이 됩니다.

자, 그렇다면 크게 나누어본다면 1. 재정목적의 조세부과, 2. 재정목적 이외의 기타 정책적인 목적의 어떤 특별부담금 등의 공과금부과처분, 1의 성격과 2의 성격이 믹스되어 있는 제3, 중간에 회색지대의 영역 이 세 가지로 나누어본다면, 1의 영역의 경우에는 제 개인적인 생각으로는 비례의 원칙을 수정·보완 어떤 식으로건 변형시켜서 적용하는 것보다는 오히려 미국식의 어떤 실체적인 그런 due process 이런 생각을 가지고 접근해 들어 갈 수밖에 없고, 그쪽으로 접근해 들어가면서 결국 어떤 전통이든지 중립적인 의미에서 국민정서, 재산, 가치관이라든지 여러 가지 어떤 정치·경제상황 뭐 이런 것들이 구체적인 판단기준으로 제시되어야 될 테고, 그 바탕에는 어떤 헌법철학이든 어떤 정치철학이든 그런 것들이 하나의 기준으로 제시될 수 있는 것이 아닌가. 키르쇼프가 반반이라고 하는 것도 아마 그 바탕에는 나름대로의 어떤 윤리관이나 가치관, 사회공동체관이 바탕에 있지 않나 생각합니다. 제 개인적으로는 과연 재정목적의 조세부과처분에 대해서 비례의 원칙을 수정 또는 보완·변형시켜서 판단기준으로 적용될 수 있는 것인지 그것만 결론으로 좀 말씀드립니다.

사 회 자 : 예, 말씀하시지요.

장 석 조 : 제가 아까 말씀드린 것은 조세 사이에 상호관계하고 의회를 통한 통제 그런 것을 제시를 했는데, 굳이 말씀드리자면 재정목적조세를 말씀드린 것이고, 정책조세말씀이 나오기 때문에 말씀드린다면 정책조세에서 자꾸 비례의 원칙이 거론되는 것은 혹시 그것이 조세로 인한 재산권제한의 차원보다는 정책조세로 인한 다른 기본권제한에 연계되기 때문이 아닌가라는 것을 좀 여쭤보고 싶습니다.

그러니까 지금 기본권제한개념이 종전 고전적인 것은 직접적이고 강제나 의무에 의한 것이라는 엄격한 개념에서 점점 기본권 제한을 넓게 보는 추세로 갑니다. 간접적이라든지 어떤 다른 수단으로 인한 기본권제한을 인정하기 때문에, 정책조세의 특성은 일정한 행위를 유도하는 것으로 나타납니다. 행위를 유도받는 사람 입장에서 본다면 그 불이익이 금전적 불이익으로 오지만 그 불이익을 피하기 위해서 어떤 행위를 회피한다든지 해야 될 그런 자기의 자유가 제약되는 측면이 있는 것이 아닌가? 그래서 그 부분을 기본권제한으로 파악을 한다면 그 점에서 비례원칙으로 가는 것으로 혹시 관념할 수는 없는 것인지? 그러니까 결론에 있어서는 비례심사를 한다 하더라도 비례심사를 하는 것은 재산권의 보호영역에 관여되기 때문에 비례심사를 하는 것이 아니고 다른 기본권과 관련한 보호영역을 건드리기 때문에 37조 2항 적용문제로 가는 것으로 볼 여지는 없는지 그 점을 여쭙고 싶습니다.

사 회 자 : 여러 질문과 의견이 나왔습니다마는 간단하게 답변을 부탁드립니다.

발 표 자 : 많은 질문들 주셔서 감사합니다.

우선 근본적인 질문이 다시 제기가 되네요. 결국 과세에 재산권을 적용하는 것이 맞느냐? 이 질문이고, 또 연구부장님 말씀도 거기에 다 귀착이 된다고 볼 수가 있겠는데, 뭐 납세의무도 있지 않느냐? 그런데 무슨 거기에 37조 2항을 적용하는 것이냐? 이런 말씀이십니다. 그런데 납세의무조항이 있다 하더라도 재산권의 보호영역을 우리가 어떻게 세우느냐에 따라서 과세가 거기 저촉이 되면, 건드려지게 되면 그것은 강학상 제한인 것이지요.

우리 황 연구관님 질문에도 그대로 답변이 되게 되겠는데, 재산적 가치 있는 권리하고 재산권하고는 어떻게 다른 것이냐, 이런 질문하셨는데, 결론만 말씀을 드리겠습니다. 재산적 가치 있는 법적 지위는 재산권에 포함이 됩니다. 우리가 여기서 재산권 개념을 민법적 재산권개념에 국한시켜서 보게 되면 완전히 다 뒤죽박죽됩니다. 헌법상의 재산권개념은 헌법상의 재산권개념으로서 민법상의 재산권 개념보다 훨씬 크지요. 거기에는 예를 들어서 연금수급권과 같은 공법상의 재산적인 가치가 있는 법적 지위 내지 권리 이런 것까지도 다 포괄을 하는 것이지요. 채권, 당연히 그것은 뭐 민법적인 것들이니까, 그런 것들이 다 포함이 되기 때문에 그 개념을 전부 포괄하는 개념으로서의 헌법 23조의 재산권입니다. 그리고 그것은 독일기본법 14조 1항이 규정하는 바로 민법상의 어떤 소유권이 아닙니다. 다만 우리의 헌법 23조에는 상속권이 들어가 있지 않지만 우리 헌법재판소가 판례로 당연히 상속권도 재산권에 의해서 보호가 되는 것으로 이렇게 적용을 하고 있는 것이지요.

그래서 결국 그와 같은 보호영역에 결국 과세가 해당되느냐를 한번 따져봐야 되는데 한두 마디만 말씀을 드리고 넘어가겠습니다. 실제로 된다는 설도 있고 안된다는 설도 있어요. 우선 안된다는 설의 주장을 한번 보겠습니다. “자, 세금 내라고 국가가 요구했지 언제 너의 재산에서 어떤 재산 떼어다가 내야 될지를 그거 언제 강제한적 있느냐?” 그런 얘기인 것입니다. 그러니까 이것은 재산권하고 관련되는 것이 아니지 않느냐? 재산권침해 제한 없지 않느냐? 이제 이런 얘기거든요. 그러니까 결국에는 어느 구좌에 있는 것을 갖다가 세금으로 바치든지 그것은 결국 너의 자유니까 재산권적 자유를 강제하거나 제한하거나 한 적은 없다. 따라서 재산권의 침해를 적용할 수는 없는 것이다. 이런 논리가 재산권적용을 거부하는 입장입니다.

그러나 거기에 대해서 또 다른 견해는 그렇게 얘기를 하는 것이지요. 어떤 구좌에 있는 돈으로 납세를 할 것인지 그것은 물론 행위자의 자유지만 그 자유는 아무런 의미가 없는 자유인 것이지요. 전체적으로 봤었을 때 재산이 그만큼 감축이 되고 낼 수밖에 없는 그런 차원, 그것은 결국 재산권에 해당이 되는 것 아니냐 이런 얘기인 것입니다.

그 다음에 또 하나 지금 장 부장님 말씀하신 것 중에, 결국에는 정책세와 관련한 것들은 다른 어떤 기본권에 관련이 되니까 과잉금지원칙 적용하는 것 아니냐? 이런 얘기하셨는데, 같이 적용이 되는 것이지요. 재산권에 대한 제한도 되고, 정책조항 같은 경우에는 다른 행위를 하지 못하도록 되니까 다른 기본권도 관련이 됩니다.

그리고 아까 "절차위반이라든가 이런 것들이 도외시된 것 같은데." 이런 말씀을 하셨지만, 오늘 우리의 주제는 재산권입니다. 나머지 "평등의 원칙 위반해도 된다." 이런 얘기가 아니고, "절차위반해도 된다." 아니고, "due process 위반해도 된다." 이런 얘기가 아니고, 재산권에 국한해 가지고 재산권 위반의 테두리를 어떻게 우리가 찾아야 될 것이냐, 이 문제인 것입니다.

그 다음에 '동시에'라고 하는 논리가 어떻게 나왔느냐? 이거는 아까 우리 김성수 교수님께서 충분히 말씀을 해 주셨기 때문에 생략을 하도록 하겠습니다. 대략 다 된 것 같고요.

연구부장님 말씀 중에 또 보상을 해야 되는 것 아니냐? 23조 3항에 수용·사용·제한인데 혹시 그 제한의 개념에 과세도 포함되는 것이냐? 초창기에는 재산권이라고 하는 것을 둔 이유가 재산권의 박탈로부터 보호하기 위한 목적이었거든요. 박탈을 가끔은 예외적으로 할 필요가 있는 때도 있잖아요. 그럴 때는 결국 법률로써 보상을 해야 된다, 이런 차원이 23조 3항이니까 그 염려 때문에 초창기에 말하자면 조세의 경우는 재산권 적용을 하지 않으려고 했던 것입니다. 왜 그러냐 하면 뺏어놓고 또 주는 것은 말이 안 되니까, 그런데 그 점은 제가 이렇게 설명을 드리겠습니다.

과거와 같이 23조 1, 2항에서 지나친 제한이 될 때는 보상이 필요한 그런 수용, 박탈로 넘어갈 수도 있다고 하는 경계이론적인 사고방식을 가지고 있었을 때는 그와 같은 우려가 있을 수도 있으나, 오늘날에는 우리 헌재도 그린벨트결정에서도 그랬고 독일에서 자갈채취판결에서도 그랬고 결국에는 분리이론 아닙니까? 어떤 제한의 정도에 따라서 그것이 보상이 필요한 수용으로 넘어가는 것이 아니고 공용수용이 되려면 그 법률에서 처음부터 보상을 전제로 한 수용이라고 하는 것을 밝힌다고 하는 것이지요. 어떤 과세가 보상을 해 주는 조건으로 과세하는 것이 있습니까? 따라서 분리이론에 의해서 볼 때는 보상을 전제로 하는 개념이라고 볼 수는 없는 것이고 처음부터 23조 1, 2항에 따른 내용과 한계에 관한 규정이다, 이렇게 볼 수 있을 것 같습니다. 그렇다면 크게 문제될 것은 없을 것 같습니다.

그 다음에 우리 이덕연 교수님께서 비례의 원칙 적용가능성에 관해서 재정목적의 경우 비례의 원칙 꼭 적용할 수 있는 것이냐 이런 질문 주셨는데, 제 발표에서 상당부분 필요성원칙과 침해의 최소성 원칙에는 의미가 없다고 하는데 동의를 하신 것 같습니다. 결국 적정성심사인데, 비례의 원칙이 어디 하나의 형상을 가지고 있습니까? 결국에는 구체적인 사건 속에서 적용되는 데에 따라서 유연하게 적용을 하는 것이니까 저는 그런 경우에도 결국 비례의 원칙이 적용이 가능하다고 본다, 이렇게 해서 답변을 마치도록 하겠습니다.

사 회 자 : 우리 황 연구관님이 긴급하게 반론을 하셨으면 해서 기회를 드리도록 하겠습니다.

황 치 연 : 제가 말씀드린 것은 독일 판례에서 일반적인 재산, 추상적인 재산은 조세권에 대항할 수 있는 재산권적 보호대상이 아니기 때문에, 재산법적인 영역에 있어서 또는 직업의 영역에 있어서 '인격발현의 자유', '일반적인 행동의 자유'를 침해하게 되었을 때가 언제이냐? 이런 논증에 있어서 "아, 그것은 교살적 효과를 나타내는 경우에는 재산적 영역에 있어서의 인격발현의 자유를 침해하게 된다." 이런 논지를 펴는 겁니다. 그래서 재산권은 아니지만 이때 인격발현의 자유는 "재산권적 가치 있는 법적 지위다." 이런 표현을 쓰고 있기 때문에 그것을 지적하기 위해서 한 것이지, 재산권적 가치 있는 법적 지위가 재산적 가치 있는 권리를 설명받기 위해서 질문을 던진 것은 아니라는 것을 말씀드리고 싶습니다.

사 회 자 : 그 다음에 우리 김성수 교수님 누가 질문하신 것 준비했습니까?

김 성 수 : '반액과세이론' 아까 없는 사람한테도 반을 뺏어와야 되는 문제가 생기지 않느냐? 그런데 사실 상한이지요. 상한으로 봐야지 항상 그것을 우리가 반으로 계산한다는 거는 아니고.

그 다음에 아까 발제자도 여러 차례 질문사항에 대해서 답변했습니다마는 대체적으로 저는 동의합니다. 그래서 아까 세금을 부과하는 어떤 차원에서 23조를 굳이 동원할 필요가 있느냐? 37조 2항 가지고 하면 되지. 그것은 재산권하고 일반적인 기본권제한하고 좀 특수한 성격이 있기 때문에 불가피하다고 저는 생각이 됩니다.

그리고 황치연 연구관께서 말씀하셨다시피 재산세는 소득분배수단이 아니라고 하는 제 견해에 대해서 반론이 있다는 말씀을 드렸는데, 이것은 재산세를 어떻게 볼 것인가 하는 것과 상당히 관련이 있는 것 같아요. 다시 말하자면 재산세의 본질을 재산의 가치에 대해서 부과하는 측면에서 본다면 분명히 소득재분배수단이 되겠지요. 그러나 여러 차례 말씀드렸다시피 이 재산세라고 하는 것은 일종의 자치단체 주민이 받는 수익과의 환류장치를 만든다는 관점에서 본다면 저는 그것은 소득의 재분배수단으로 기능하는 것은 매우 마이너한 부분이다 생각이 되고,

소득재분배라는 것은 역시 국세로 하는 것이지요. 그래서 법인세나 소득세를 통해서 결국 소득재분배효과를 노리는 것이고, 지방세의 경우에는 그런 특성이라는 말씀을 드립니다.

또 재산세와 소득세 등 다른 모든 세금과 우리가 비례성원칙을 적용할 때 차이가 있느냐? 차이가 있다고 95년도 독일연방헌재가 얘기하지 않았습니까? 그래서 소득을 창출하는 단계에서 과세하고 또 소비하는 단계에서 과세했으니까 재산에 대한 과세는 좀더 신중해야 된다. 그것을 일반화시킬 수 있겠느냐 우리의 경우에? 여러 차례 논의했습니다마는 상당히 논란이 있다고 생각합니다. 어떻게 보면 보다 더 과세해야 된다는 측면도 있을 수 있는 것입니다. 독일 연방헌재는 그렇게 얘기했지만. 따라서 이것은 독일 연방헌재가 95년도 결정내린 것을 그대로 수용하기는 좀 어렵다, 이렇게 간단히 좀 답변을 드리겠습니다.

사 회 자 : 수고하셨습니다. 그러면 또 플로어에서 질문 있으시면 이 주제와 관련해 가지고, 아니면 의견이 있으시면. 질문 없습니까?

장 석 조 : 아직 사건화되지는 않았지만 합산과세에 관해서 의견이 있으시면 참고로 부탁드립니다. "상당히 문제 있다." 이런 말씀을 적어놓으신 것 같은데요.

사 회 자 : 이동식 교수님이 세법전문가라서 이 자리를 우리 이 교수님의 지식을 좀 제공을 해 주시지요.

이 동 식 : 세대별 합산과세는 출발이 일단, 저는 걸림돌이 결국 헌재가 스스로 만들었기 때문에 이것을 어떻게 풀 것이냐 하는 부분이라고 봅니다. 그게 결국은 없다면 출발이 좀 쉬운데요, 전혀 다른 쪽에서는 논의가 될 수 있다고 보는데, 있다는 전제에서 이것을 어떻게 돌아갈 수 있느냐? 그리고 그때 하고 지금, 그것은 소득세이고 이것은 재산세인데 이 양자에 무슨 차이가 나올 수 있는 것인지? 그런 식의 어떤 부분을 찾아봐야 됩니다. 어쨌든 지금 세대별 합산과세가 가지는 문제점은 첫째는 당연히 헌재 결정에서 문제점이 나오는 것이고, 둘째는 그렇게 문제가 나오지만 이것을 풀어볼 수가 없는 문제가 있기 때문에, 그러니까 개별단위 과세로 가서는 종부세가 기능을 못한다는 겁니다. 그런 어떤 소위 그런 사례는 스웨덴이 그런 경험을 했거든요. 스웨덴이 88년인가 소득세를 옛날 저희들처럼 자산소득합산과세를 하다가 개별과세로 갔어요. 그게 위헌결정이 난 것은 아니고요. 개별과세로 가니까 당연히 그 당시는 소득세도 이중시스템으로 되어 있었는데 누진세율이지요. 누진세율이니까 가족 간에 다 조세회피를 해버렸습니다. 그래서 2년 딱 시행을 하고 나서는 "아, 이거 안 되겠다" 싶어 가지고 입법자가 다시 법을 바꾸었습니다. 그래서 바꾼 시스템이 결국은 자산소득은 합산과세를 하되, 결국

일반소득하고 구분시켜가지고 자산소득은 25%로 세율을 높여버렸습니다. 그런 식으로 해서 문제를 풀어버렸는데, 우리는 지금 종부세가 누진과세는 되어 있는 상태에서 굉장히 강력한 형태의 보유세로 가 있는데 그게 개인별로 가 있으니까 이게 당연히 납세자들로 봤을 때는 다 도망을 가지요. 그래서 지금 이게 논란이 되는데 뭐 지엽적인 문제는 예를 들면 이미 합법적이라고 생각하고 주민세를 냈다면 주민세는 또 어떻게 할 것이냐? 지금 만약에 세대별 합산과세로 가버리면, 그 다음에 또 세대별로 과세할 때 세대의 범위가 굉장히 넓은데, 지금 사실 외국의 세대별 합산하는 것도 보면 대부분 본인, 배우자 그 다음에 자녀, 미성년자인데 우리는 동거를 같이 하는 가족까지 이렇게 되어 있는데 너무 넓은 것이 아니냐는 논란이 나오고 있는 것 같습니다. 그래서 외국의 입법례도 없습니다.

예컨대 세대별 합산과세 말고 재산권과 조세문제 관련되어 보면 외국의 어떤 사례를 보더라도 판례를 통해 가지고 재산권에 대한 과세에 대해서 재산권을 통제를 한 예가 없습니다. 독일이 유일한데요, 결국 이것도 결국 판결이 나오고 난 뒤에 많은 학자들이 달라붙어서 지켜보려고 했지만 결국은 못 지켜냈던 것이거든요. 그래서 저도 사실 이렇게 논의되다 보면 헌법 23조의 재산권의 개념 안에 지금 우리가 말하는 채권이든 물권이든 민법에서 말하는 재산권 이외에 조세에서 말하는 금전의 일정한 비율이지요, 그것을 내라고 하는 것까지 포함을 시킬 것이냐 말 것이냐 하는 문제는 아마 별도로 한번 정리를 해줘야 될 것입니다.

다만 정리하는 것이 저는 어떻게 보면 큰 의미가 없다고 생각하는 것이 포함이 되든 안 되든 일정한 범위까지는 어차피 통제를 못하는 겁니다. 그래서 결국은 마지막에 통제할 수 있는 것이 무엇인가 이 부분이 문제인데, 독일에서 압살적·몰수적 조세라는 것은 소위 100%를 다 가져가면 일단 위헌이라는 것입니다. 그러면 100% 아니고 90%면 왜 안되느냐는 거지요. 그 차이를 어떻게든 메꿔보려고 나름대로 기준을 그었는데 그 기준을 그을 때 사실은 14조 2항만 문제된 게 아닙니다. 이게 출발은 19세기 말~20세기 초에 독일 공법학논의를 보면 그런 것이 나옵니다. 자본주의국가라는 것이 무엇인가? 자본주의국가라는 것은 모든 사람들이 자기를 위해서 노동을 하는 것이다. 그런데 만약 자기가 노동을 해서 100을 벌었는데 그 중 70을 국가에게 내야 된다면 내가 나를 위해서 노동을 한 것이 아니고 국가를 위해서 노동을 한 것이 아니냐. 그래서 자본주의의 본질에 반한다. 이론적 배경을 이렇게 끌어냈거든요. 그런 시도들이 결국은 독일에서도 무너졌기 때문에 결국은 비례의 원칙으로 간다고 했지만, 아까 방승주 교수님께서도 50원칙이 어차피 없는 거니까 비례원칙으로 가자 이렇게 말씀하셨는데, 제가 궁금한 것은 비례의 원칙은 그게 어떻게 기준이 될 수 있는 거냐? 그래서 방승주 교수님이 앞쪽에서 보면 조세법률주의, 평등권 이외에 재산권 통제를 강화해야 된다, 그랬거든요. 그런데 통제가 실제로 불가능하지 않습니까?

발 표 자 : 불가능하지는 않지요. 개별적·구체적으로 가자라고 하는 것이지요. 왜 불가능하다고 봅니까?

사 회 자 : 김하열 연구관님.

김 하 열 : 그냥 상식인의 입장에서 한 가지 먼저 질문을 제가 존경하는 김성수 교수님께 드리겠습니다. 워낙 재정부분에 대해서 제가 배우는 바가 많은데요.

1가구 1주택의 인격적인 가치를 말씀하셨는데요. 저는 지금 우리나라의 이 아파트공화국에서, 저도 아파트에 살지만, 수십 층짜리가 되어 있고 그 중에 한 칸에 제가 살고 있는데 저것이 과연 인격적 가치가 있는가? 인격을 파탄시키는 것이 아닌가? 저는 사실 그런 생각을 일반인의 입장에서 한번 해봤고요.

그 다음에 우리 발표자께서는, 저는 이 부분을 빼시는 발표에 대해서 늘 아쉽게 생각하는데요. 122조는 이렇게 되어 있습니다. “국가는 국민 모두의 생산 및 생활의 기반이 되는 국토의 효율적이고 균형 있는 이용개발과 보존을 위하여 법률이 정하는 바에 의하여 그에 관한 필요한 제한과 의무를 과할 수 있다.” 그런데 재산문제 특히나 부동산문제를 이야기하면서 이 조항을 빼고 이야기하는 부분들을 들으면 아, 헌법개정을 통해서 이 경제조항을 빼든지 저는 그렇게 해야 되지 않나.

발 표 자 : 그 조항 말고도 다른 조항도 있어요. 국토의 균형 있는 발전, 경제쪽에는 그런 조항이 있습니다.

김 하 열 : 예, 그런 조항이 있는데 어쨌든 언급을 안해 주셔서 제가 말씀드린 것입니다. 23조도 이런 문헌은 없거든요. “재산권의 내용을 법률로 정한다.” 이런 것은 없습니다. 대체적으로 무슨 “공무담임권은 법률이 정하는 바에 의하여” 뭐 이렇게만 되어 있지요. “헌법상 권리의 내용을 법률로 정한다.” 이런 것은 없거든요. 그런 것도 고려되어야 될 것 같습니다.

발 표 자 : 좋은 지적 감사합니다. 결국에는 아마 우리 김하열 연구관님은 국가와 입법자의 형성의 자유가 너무 재산권으로 축소 제한되는 것 아니냐 하는 취지인 것 같고, 그런 것을 고려했을 때는 훨씬 더 입법자의 운신의 폭이 넓어질 수 밖에 없지 않느냐, 이런 취지인 것 같아서 저하고 어느 정도는 일치가 됩니다만, 그러면서도 과잉금지원칙이 절대 포기할 수 없는 원칙이라고 하는 것을 저는 덧

붙이고 싶습니다.

김 성 수 : 1세대주택이 아파트 닭장 같은데, 그런 곳에서 애들 기르고 그런 거지요, 또 우리가 거기서 잠자고, 그래서 인격적 가치가 있는 것 같고. 이것은 제 얘기라기보다는 헌재가 이미 98년도에 택지소유상한에관한법률에 의해서 재산권을 좀 구분해서 입법형성권을 다루자, 이런 어떤 취지에서 제가 힌트를 얻었고요. 다만 문제는 뭐냐하면 1세대 1주택에 종부세를 부과할 것인가에 대해서 "고가의 주택이니까 하자." 이런 주장이 있습니다만, 그러나 바로 그 결정에서 헌재가 얘기한 것이 무엇이냐 하면 인간이라는 것이 자유실현에 여러 가지 다양한 방법이 있을 수 있다. 어떤 사람은 뭐 다른 거 포기하고 집 좀 큰데서 살고 싶은 거고 비싸지만, 또 어떤 사람은 집은 형편없이 포기하고 자동차 좋은 것 사고, 이런 것들에 대해서 좀 존중을 해 주자는 것이지요. 따라서 1세대 1주택이 고가의 주택이라고 하더라도 저는 좀 높은 금액의 재산세부과로 끝내야지 그것을 종부세로 다시 단죄하는 것은 좀 문제다 이렇게 생각합니다.

사 회 자 : 또 하실 말씀 있으실 것 같은데요, 9시가 거의 다 됐으니까 이 정도 선에서 정리를 해야 되지 않을까 생각을 합니다. 오늘 정리하기 전에 오늘 발표를 맡아주신 방 교수님의 소감을 간단하게 듣고, 그리고 나서 우리 회장님이신 이 재판관님의 마지막 말씀을 듣도록 하겠습니다.

발 표 자 : 여러 좋은 지적과 질문, 토론 진심으로 감사를 드립니다. 오늘 토론된 것을 가지고 가서 더 많은 연구를 할 수 있도록 하겠습니다. 감사합니다.

이 공 현 : 모처럼 저희가 현안을 가지고 한번 얘기를 들었습니다.

매번 그런 얘기를 하지만 우리 헌재가 학계에서 축적된, 학계에서 보는 헌법재판제도 내지 헌법실무에 대한 학계에서의 견해를 이렇게 말씀해 주신 것에 대해서 상당히 감사히 생각합니다. 한 달에 한 번이 너무 빨리 오는 것 같지 않느냐 이런 생각도 들지만, 또 한편에서는 참 아쉬운 생각이 듭니다. 오늘이 출발인 것 같습니다. 우리가 가야될 길이 이렇게 멀구나 하는 것을 느낍니다. 오늘 나와서 이렇게 발표해 주시고 토론해 주시고 사회 맡아주시고 정말 우리 헌재한테 많은 학계에서 이렇게 공급, 지식측면에서 공급을 해 주신 것에 대해서 감사드리고, 특히 지방에서 이렇게 와주셔서 정말 감사드립니다. 고맙습니다.

사 회 자 : 이것으로 오늘 발표회를 끝내도록 하겠습니다.

감사합니다.

제74회(2007. 4. 13) 발표문

유럽법상 기본자유와 기본권의 관계

정 문 식* **

Ⅰ. 머리말: 논의의 배경

유럽통합과정에서 소위 기본자유(Grundfreiheiten: fundamental freedoms)는[1] 유럽공동체조약(EGV)[2] 제23조 이하의 규정들을 근거로, 개인의 자유와 권리를 보장하며 인적·물적 교류를 활성화시킴으로서 유럽연합의 역내시장(Binnenmarkt: internal market)[3] 형성에 중요하고도 핵심적 기능을 담당했다. 반면에 유럽법상[4] 기본권(Grundrechte: fundamental rights)은 유럽연합조약이나 공동체조약에 명시적인 조항들의 근거를 갖지 못한 채 유럽재판소(EuGH)의 판례와 유럽인권협약(EMRK)의 영향

* 전남대학교 법과대학 전임강사.

** 본고는 2007년 3월 31일 한국금융연수원에서 개최되었던 유럽헌법학회 학술대회에서 발표된 논문을 약간 수정·가필한 것임을 밝힌다. 학술대회에서 심도 있는 이론적 배경을 근거로 토론을 해주신 이준일 교수님과 질문을 해주시고 가르침을 주신 여러 교수님들과 회원님들께 감사를 드린다. 본고의 수정과 가필은 그 당시 토론을 배경으로 한 것이다.

1) 다른 논문(정문식, “유럽법상 자유로운 상품이동의 기본적 자유와 기본권 보호로 인한 제한,” 중앙법학 제7집 제4호(2005), 57면 이하)에서는 Grundfreiheiten을 영어표현 fundamental freedoms를 기준으로 하여 ‘기본적 자유’라 번역했다. 유럽인권협약상에도 기본적 자유(fundamental right)란 표현이 있으나 그 의미는 유럽법상 기본적 자유와 다르다. 본고에서는 (유럽법상) 기본적 자유와 기본권의 의미를 다루다 보니 (유럽법상) 기본적 자유란 표현을 별 수사 없이 사용하게 되면 자칫 유럽인권협약상 기본적 자유와 혼동될 우려가 있다. 여기서는 그러한 차이를 드러내고 유럽법상 기본적 자유를 구분하기 위하여 독일어의 원어적 의미를 살려 ‘기본자유’라 한다.

2) 이후에는 특별한 이유가 없으면 공동체조약으로 표기한다.

3) 유럽공동체조약 제3조 c호: “회원국간 자유로운 상품, 사람, 서비스, 자본의 이동에 대한 장애 제거로 표시되는 역내시장.” 공동체조약에 따르면 역내시장이란 상품, 사람, 서비스, 자본의 자유이동에 방해가 되는 모든 장애가 제거된 공간을 의미한다. Oppermann, Europarecht, 3.Aufl., 2005, S. 406. 역내시장과 이와 관련된 공동시장의 개념에 대해서는 정문식, 앞의 논문, 58~59면 참조.

4) 유럽법의 개념은 광의로는 유럽의 국제조직, 유럽연합, 유럽평의회(Council of Europe), 유럽인권협약, 유럽자유무역지역(EFTA), 유럽안보협력조직(OSZE) 등에 관한 법을, 협의로는 유럽연합조약을, 최협의로는 유럽공동체법을 의미하는데, 본고에서 유럽법이라 할 때는 협의의 의미(유럽연합법)로 사용하기로 한다.

을 통해서 인정되었다. 그러나 후에 유럽연합조약(EUV)[5] 제 6 조 제 2 항의[6] 소위 일반원칙 등에 포함되었고, 마침내 2000년 12월 7일에는 (구속력이 유보된 채) 유럽기본권헌장(EGC)으로[7] 선포되었다. 지금은 2004년 10월 체결된 유럽헌법조약(EVV)[8] 제 2 부(Part: Teil)에[9] 그대로 삽입되어 정식으로 효력을 발휘하게 될 비준만 남겨놓은 상태다.

유럽법에 있어서 기본권과 기본자유는 개인의 자유와 권리에 관련된 것이지만, 양자에 대한 평가는 그 의미와 발전, 기능이나 역할 등에 있어서 다양하다. 특히 양자의 관계에 대해서도 서로 상반된다거나,[10] 혹은 기본자유는 주관적이며 제소가능한(einklagbar) 측면에서 기본권과 유사한 권리라는[11] 등 (적어도 독일에서는) 논란이 되어 왔다.[12] 최근 기본권헌장이 제정되고 유럽헌법 내 삽입되면서 그 의미가 크게 대두됨에 따라 양자의 관계는 계속 연구자들의 중요한 주제가 되고 있다.[13]

여기서는 먼저 유럽통합과정에서 개인의 자유와 권리보호에 중대한 역할을 담당했던 기본자유의 내용과 의미, 기능 등을 다루고(Ⅱ), 판례를 통해 인정되고 발달하기 시작한 유럽법 내에서 기본권의 내용과 의미, 기능 등을 다룬다(Ⅲ). 양자간의 차이점을 먼저 살펴본 후에(Ⅳ) 양자간 유사점을 검토한다(Ⅴ). 마지막으로 양자의 비교를 통해 얻을 수 있는 결론을 도출한다(Ⅵ).

---

5) 이후에는 특별한 이유가 없으면 '연합조약'으로 표기한다.

6) 유럽연합조약 제 6 조: (2) 연합은 1950년 11월 4일 로마에서 체결된 유럽인권협약과 기본적 자유에서 보장되고, 공동체법의 일반원칙으로서 회원국 공동의 헌법전통에서 유래되는 기본권을 존중한다.

7) 이후에는 특별한 이유가 없으면 '기본권헌장'으로 표기한다.

8) 이후에는 특별한 이유가 없으면 '유럽헌법'으로 표기한다. 그 이유에 대해서는 정문식, 유럽헌법은 조약인가 헌법인가?, 공법연구 제34집 제 3 호(2006), 306면 이하 참조.

9) 채형복 교수(채형복 옮김, 유럽헌법조약, 2006)는 Part(Teil), Title(Titel), Chapter(Kapitel), Section(Abschnitt), Subsection(Unterabschnitt)의 번역을 편, 부, 장, 절, 관으로 하였으나, 본고에서는 부, 편, 장, 절, 관으로 한다.

10) Coppel/O'Neill, CMLR 1992, S. 669ff. 정문식, 앞의 논문에서는 이미 기본자유와 기본권간의 긴장관계에 대해서 논의한 바 있다.

11) Gebauer, Die Grundfreiheiten des EGV als Gemenschaftsgrundrechte, 2004.

12) 대표적으로 Classen, EuR 2004, S. 416ff.; Kingreen, EuGRZ 2004, S. 570ff.; Möstl, EuR 2002, S. 318ff. 등 참조. 특히 유럽기본권헌장 선언 이후 소위 슈미드베르거(Schmidberger) 판결(EuGH, Rs.C-112/00, Slg.2003 I-5659)과 오메가(Omega) 판결(EuGH, Rs.C-36/02, Slg.2004 I-9609)을 통한 기본자유와 기본권의 관계에 관한 논의 소개는 정문식, 앞의 논문(유럽법상 자유로운 상품이동의 기본적 자유와 기본권 보호로 인한 제한) 참조.

13) 최근에는 Röhl, Jura 2006, S. 321ff.; Schultz, Das Verhältnis von Gemeinschaftsgrundrechten und Grundfreiheiten des EGV, 2005; Skouris, DÖV 2006, S. 89ff. 등.

Ⅱ. 기본자유(Grundfreiheiten)

1. 기본자유의 의미

(1) 기본자유의 근거와 개념

기본자유는 본래 공동체조약이나 연합조약에는 명시적으로 열거되지 않은 개념이다. 독일 문헌에서 발견되기 시작한 것으로 보이며[14] 1980년대부터 유럽재판소의 판례에서도[15] 사용되기 시작하면서 점차 다른 회원국 문헌에까지 사용된 것으로 보인다.[16] 물론 유럽인권협약 전문에서도 기본적 자유(fundamental freedoms)라는 개념이 사용되지만, 이 때 기본적 자유는 유럽법에서 의미하는 기본자유와는 다르다. 유럽인권협약의 기본적 자유는 협약을 통해 보장되는 인권을 의미하는 것이며, 유럽법상 기본자유는 유럽공동체내에서 자유로운 인적·물적 교류를 보장하는 경제적 자유를 의미한다.[17]

기본자유란 유럽연합의 역내시장 수립에 필수적인, 회원국간 국경을 넘나드는 상품·사람·서비스·자본의 자유로운 이동을 보장하는 경제적 자유를 일컫는다. 회원국의 국내법에 근거한 공권력 행사가 유럽공동체 내에서 경제교류를 저해할 때마다, 이러한 장애물들을 제거하여 유럽공동체의 경제활동을 지탱하는 중요한 기둥들이다. 기본자유는 특히 유럽법의 경제적·사회적 법 영역에서, 회원국과 심지어는 私人의 규율권한과 범위를 현저하게 축소시킨 자유주의의 첨병이기도 하다.[18]

현재 유럽헌법 제Ⅰ-4조는 명시적으로 (제목에서) 기본자유를 근거지우고, 제Ⅱ-113조에서 기본권과의 관계조정을 언급하고 있어 근거규정을 두고 있다.

(2) 기본자유의 종류와 통일성

이러한 기본자유의 종류는 보통 크게 네 가지로 구분한다. 공동체조약 제23조부터 제31조 사이에서 보장하는 상품교역자유(Warenverkehrsfreiheit), 제39조부터 제

14) Runge, JuS 1964, S. 305(307).

15) EuGH, Rs. 203/80, Slg.1981, S. 2595ff. Rn. 8 — Casati; Rs. 205/84, Slg.1986, S. 3755ff. Rn. 54 — Kommission/Deutschland.

16) Walter, in: Ehlers, EuGR, 2.Aufl., 2005, §1 Rn. 35; Kingreen, in: Bogdandy, Europäisches Verfassungsrecht, S. 631ff. 등 참조.

17) Walter, in: Ehlers, EuGR, 2.Aufl., 2005, §1 Rn. 35.

18) Ehlers, in: ders., EuGR, 2.Aufl., 2005, §7 Rn. 1.

48조[19] 사이에서 보장하는 인적교류의 자유(Personenverkehrsfreiheit), 제49조부터 제55조 사이에서 보장하는 서비스의 자유(Dienstleistungsfreiheit), 제56조부터 제60조 사이에서 보장하는 자본 및 지불의 자유(Kapital- und Zahlungsverkehrsfreiheit) 등이다. 이 중에서 인적교류의 자유는 다시 노동자의 자유이동(Arbeitnehmerfreizügigkeit: 제39조부터 제42조)과 영업의 자유(Niederlassungsfreiheit: 제43조부터 제48조)로[20] 구분한다.

이 네 가지 혹은 여섯 가지 자유는 유럽공동체 내에서 경제교류 증진에 긍정적이고 형성적이며 핵심적인 의미를 갖는다. 네 가지 기본자유는 이론적 구조에 있어서 반드시 통일성을 갖는 것은 아니지만 어느 정도 동일한 기준을 갖는다. 유럽재판소도 여기에 관해 분명한 입장을 취하진 않았다. 상품과 인적교류, 서비스와 자본의 교류자유는 분명히 구별되는 측면이 있다. 이를 개별적으로 다루는 것이 필요하지만, 본고에서 추구하는 방향과 다르고 지면제약상 불가능하다. 각각은 다른 기회에 다룰 것을 기약하고,[21] 여기서는 기본권과의 관계를 위해 네 가지 자유에 어느 정도 공통적으로 해당되는 점을 개략적으로 묶어서 하나의 기본자유로 다룬다. 구별되는 특징의 언급이 필요한 부분에서만 추가적으로 설명한다.

유럽헌법에서는 먼저 사람·영업·서비스의 이동을 제 3 부 제 3 편 제 2 절(제Ⅲ-133조부터 제Ⅲ-150조)에서 규정하고, 나중에 상품과 자본의 교류를 제 3 부 제 3 편 제 3 절(제Ⅲ-151조부터 제Ⅲ-160조)에서 규정하여, 공동체조약상 기본자유의 순서와는 반대로 조문의 위치를 설정하고 있다.

2. 기본자유의 기능

기본자유가 권리의 주체와 수범자 사이에서 어떻게 법적 영향력을 미치는가를 기준으로 구분하는 것을 기본자유의 기능이라 할 수 있다.[22] 기본권과의 비교를 좀 더 명확하게 나타내기 위해 독일 기본권이론에서 사용되고 있는 구별방식을 원용[23]

---

19) 이후에는 특별한 언급이 없으면 공동체조약의 경우에는 조문만 제시하고, 연합조약이나 유럽헌법의 경우에는 조문 앞에 이를 표기한다.

20) 채형복, 앞의 책, 77면은 이를 '설립의 자유'로 번역하였다. 영업소를 설립하거나 개점, 개업할 수 있는 자유이므로 '개업의 자유'로도 번역할 수 있을 것이다.

21) 다만 상품의 자유교역에 대해서는 이미 정문식, 앞의 논문(유럽법상 자유로운 상품이동의 기본적 자유와 기본권 보호로 인한 제한).

22) Kingreen, in: Calliess/Ruffert, EUV·EGV, 3.Aufl., 2006, Art.28-30 Rn. 10.

23) 여기서는 Dreier, in: ders., GG, Bd.1, 2.Aufl., 2004, Vorb. Rn. 119ff. 입장을 따른다. 물론 이에 대해 비판적인 입장은 Poscher, Grundrechte als Abwehrrechte, 2003, S. 48ff. 그 밖에도 평등권과 자유권, 실체적 권리와 절차적 권리 등으로 구분하여 나누어 볼 수도 있다. 유럽재판소의 많은 판례에서 기본자유의 기능을 평등권과 자유권으로 동시에 파악할 수 있는 경우에 대해서는

하여 주관적인 측면과 객관적인 측면으로 구분할 수 있다.[24]

(1) 주관적 측면

1) 평 등 권

기본자유는 역내시장 내에서 회원국간 인적·물적 교류에 관하여 일방 회원국의 외국 상품이나 사람, 서비스 등에 대한 차별적인 조치 때문에 발생하는 장애를 제거한다. 역내시장 내에서 상품을 수입하는데 외국상품에 대한 부담으로 작용하는 관세나 그 같은 효력을 발생시키는 모든 조치들을 금하며(제23조 제1항), 국적에 근거한 차별적인 대우도 금지되며(제39조 제2항), 영업이나(제43조 2문) 서비스의 경우에도 자국민에게 부과되는 동일한 조건의 규정이 유럽공동체 내 다른 회원국 국민에게도 적용되며(제50조 2문), 자본의 이동에 있어서도 차별적인 부담을 주는 회원국의 제한이 금지된다.[25] 따라서 기본자유는 유럽법상 일반원칙으로서 공동체조약 제12조의 차별금지(Diskriminierungsverbot)의 구체화로서 평등권을 의미한다.[26]

2) 자 유 권

역내시장에서 인적·물적교류의 방해는 단순히 국적에 기한 차별적인 조치뿐만 아니라, 그 외에도 반드시 국적에 기하지 않은 여러 조치들에 의해 방해받을 수 있다. 같은 사항이나 영역에 있어서 회원국마다 규제나 기준의 차이가 존재하는 경우 그러하다. 예컨대 수공업자의 경우 독일은 엄격한 자격시험을 요구하는데, 프랑스의 경우에는 그러한 요건이 존재하지 않을 때, 프랑스에서 활동하고 있던 수공업자가 독일에서도 활동할 수 없는 장애가 발생한다. 따라서 기본자유는 평등권적 내용의 차별금지에서, 종류를 불문하고 역내시장 내에서 교류를 방해하는 모든 조치를 금지하는 제한금지(Beschränkungsverbot)로 발전하였다. 이 때문에 기본자유를 회원국 제한조치의 제거를 요구하는 자유권으로 볼 수 있다.[27]

Schultz, Das Verhältnis von Gemeinschaftsgrundrechten und Grundfreiheiten des EGV, 2005, S. 68ff.

24) 이에 대해 Kingreen, in: Calliess/Ruffert, EUV·EGV, 3.Aufl., 2006, Art.28-30 Rn. 10은 제10조를 근거로 하여 유럽공동체의 작위의무와 부작위로 구분하고 이에 따라 방어권(Abwehrrecht)과 보호권(Schutzrecht)으로 구분하여 설명하기도 한다. Kingreen, in: Calliess/Ruffert, EUV·EGV, 3.Aufl., 2006, Art.28-30 Rn. 11ff. 참조.

25) Ehlers, in: ders., EuGR, 2.Aufl., 2005, §7 Rn. 19.

26) 유럽법상 일반적인 차별금지에 관한 내용은 Rossi, EuR 2000, S. 197ff. 참조.

27) Wlater, in: Ehlers, EuGR, 2.Aufl., 2005, §1 Rn. 45; Ehlers, in: ders., EuGR, 2.Aufl., 2005, §7 Rn. 24ff.

3) 급 부 권

회원국의 조치가 평등원칙을 위반했을 경우(특정 이익의 수혜범위에서 제외된 경우) 개인은 회원국에 대하여 일정한 급부를 요구할 수도 있다. 물론 이때 당해 급부에 대해 공동체조약 혹은 회원국 헌법이 이를 인정하거나, 국가가 이를 확인하거나 혹은 자기구속원칙이 적용될 수 있다는 것을 전제로 한다.[28] 위법한 私人의 인적·물적교류 방해에 대한 회원국의 보호의무(Schutzpflichten)으로부터 일정한 보호조치를 요구하는 것도 이에 해당한다.[29] 물론 보호방식과 그 구체적인 정도에 있어서는 회원국에 맡겨져 있고 일반적으로 규정하기 어렵다. 회원국이 기본자유의 보장을 위해서 특정 제도까지 창설해야 할 의무까지는 없을 것이다.[30] 다른 한편 기본권의 보호의무가 기본자유를 제한하는 경우도 발생할 수 있다.[31]

(2) 객관적 측면

기본권이론에서 인정되는 소위 객관적 질서(objektive Ordnung)로서의 측면을 기본자유에서는 어느 정도 인정할 것인가?[32] 유럽재판소의 발레이브(Walrave),[33] 보스만(Bosman),[34] 안고네제(Angonese)판례에서[35] 인정된 것을 기초로 한다면 노동자와 서비스의 자유이동에 있어서, 私人이 입법권과 유사한 권한을 가졌을 때 — 예컨대 유럽프로축구클럽협회에서 외국인 선수의 보유를 수적으로 제한하여 나머지 외국 선수들은 프로축구 클럽과 계약을 체결할 수 없을 때 — 기본자유의 직접적인 제 3 자적 효력을 인정할 수 있다.[36] 그러나 상품의 자유이동에선 재판소가 처음에는 이를 인정했다가 현재는 부인하고 있으며,[37] 영업과 자본의 자유이동 등에서는 인정되지 않는 것으로 보인다.[38]

28) Ehlers, in: ders., EuGR, 2.Aufl., 2005, §7 Rn. 29f. Dreier, in: ders., GG, Bd.1, 2.Aufl., 2004, Vorb. Rn. 89f.는 원칙적으로 평등권으로부터 급부권을 도출해 내는 것에 대해서 비판적인 입장이다.

29) Ehlers, in: ders., EuGR, 2.Aufl., 2005, §7 Rn. 31.

30) Ehlers, in: ders., EuGR, 2.Aufl., 2005, §7 Rn. 33.

31) 예를 들면 앞의 각주 12에서 이미 언급한 슈미드베르거, 오메가 판결들.

32) Dreier, in: ders., GG, Bd.1, 2.Aufl., 2004, Vorb. Rn. 94ff.에서는 기본권의 객관적 측면에 속하는 것으로서 제 3 자적 효과(Drittwirkung), 보호의무(Schutzpflichten), 조직과 절차(Organisation und Verfahren), 제도보장(Einrichtungsgarantie) 등을 들고 있다.

33) EuGH, Rs.36/74, Slg.1974, S. 1405, Rn. 16ff. — Walrave.

34) EuGH, Rs.C-415/93, Slg.1995 I-4921, Rn.82ff. — Bosman.

35) EuGH, Rs.C-281/98, Slg.2000 I-4139, Rn.31ff .— Angonese.

36) Streinz/Leible, EuZW 2000, S. 459(460ff).

37) Kingreen, in: Calliess/Ruffert, EUV·EGV, 3.Aufl., 2006, Art.28-30 Rn. 221.

38) Kingreen, in: Calliess/Ruffert, EUV·EGV, 3.Aufl., 2006, Art.28-30 Rn. 112. 특히 킹그린은 Rn. 86에서 기본자유의 경우에는 법률유보가 인정되지 않을 수 있으므로, 제 3 자적 효력을 인정하는

기본자유의 제3자적 효력을 직접 인정하는 것은 논란의 여지가 많기 때문에, 가능한 회원국의 개인과 상품에 대한 보호의무를 통해 해결하는 것이, 이론적 논란을 피하고 국가에 대해 직접 개입의무를 발생시킴으로 좀더 합리적이라고 보여진다.[39)]

헌법합치적 법률해석과 유사하게, 회원국의 법률과 공동체의 2차법(Sekundärrecht)[40)] 해석에 있어서는 기본자유합치적(grundfreiheitskonform) 해석원칙이 인정된다.[41)]

3. 기본자유의 주체와 수범자

(1) 주 체

먼저 회원국의 국민은 기본자유의 주체다. 유럽연합차원에서 국적에 관해서 제시된 통일된 기준은 없고, 회원국 국민의 국적 취득, 변경, 상실의 여부는 기본적으로 각 회원국의 법질서에 따라 판단한다.[42)] 권리주체인 자연인의 가족에게도 일정한 경우 독자적인 기본자유가 인정된다. 영업의 자유나 서비스의 자유 경우에는 자연인뿐만 아니라 법인이나 단체의 경우에도 기본자유의 주체가 될 수 있다. 다만 제48조 제1항에 의거하여 공법상 법인(juristische Personen des öffentlichen Rechts)도 본국 외 역내시장에서 경제활동을 하는 경우에는 인정된다. 이때 법인은 회원국의 법질서에 따라 설립되며, 주소지나 본부가 역내시장에 존재해야 한다.[43)]

유럽연합 외 제3국에서 수입되는 상품의 경우에도 일단 역내시장에 유입되면 역내시장 내 다른 상품들과 동등한 취급을 받는다. 물론 이때 상품 자체가 기본자유의 주체가 되는 것은 아니고, 상품 소유권자 등이 기본자유의 주체가 되는 것이다.

것이 의미가 없다고 본다.

39) Kingreen, in: Calliess/Ruffert, EUV·EGV, 3.Aufl., 2006, Art.28-30 Rn. 114ff.; Wlater, in: Ehlers, EuGR, 2.Aufl., 2005, §1 Rn. 44 등 참조.

40) 유럽법의 규범체계를 1차법(Primärrecht)과 2차법(Sekundärrecht)으로 나눌 수 있는데, 1차법은 연합조약, 공동체조약 등 기본조약과 의정서 등 회원국들이 당사국으로서 제정한 규범들과 일반원칙, 공동체 관습법 등이며, 2차법은 공동체조약과 연합조약에 근거해서 구성된 공동체기관들에 의해 제정된 규범을 일컬으며, 대표적으로 제249조에 따라 명령(Verordnungen), 지침(Richtlinien), 결정(Entscheidungen), 권고(Empfehlungen), 견해(Stellungnahmen) 등으로 구분할 수 있다.

41) Jarass, EuR 1995, S. 202(211).

42) Ehlers, in: ders., EuGR, 2.Aufl., 2005, §7 Rn. 37ff.; Kadelbach, in: Ehlers, EuGR, 2.Aufl., 2005, §21 Rn. 25ff. 참조.

43) Ehlers, in: ders., EuGR, 2.Aufl., 2005, §7 Rn. 38.

(2) 수 범 자

기본자유의 수범자는 먼저 국가의 공권력을 행사하는 모든 주체다. 회원국과 연방, 주, 지방자치단체, 공법인 등이 해당된다. 국가와의 관련성이 있는 경우에도 인정되는데, 예컨대 국가행정기관에는 속하지 않지만 국가의 재정지원을 받는 기구 혹은 私法으로 설립되었지만 국가의 감독하에 있는 기구들도 포함될 수 있다.44)

유럽공동체 자체와 그 기관들도 기본자유의 수범자다.45) 역내시장에서의 경제적 교류가 공동체 내의 기관들에 의해서도 방해될 수 있기 때문이다.46) 기본자유는 1차법에 규정된 내용이므로, 기관에 의해 제정된 2차법, 예를 들면 명령이나 지침 등이 기본자유에 충돌한다면 기본자유가 우선적으로 적용된다.47) 그러나 지금까지 유럽재판소과 유럽 1 심법원(EuG)이 공동체기관을 통해 기본자유가 침해되었다고 판결을 내린 경우는 없다. 유럽헌법 제 7 조에서는 유럽연합의 법인격을 인정하고 있으므로 앞으로는 유럽연합도 수범자가 될 수 있다.

앞에서 이미 언급한 바와 같이48) 사인에게도 기본자유가 직접적인 구속력을 미치는지, 사인도 기본자유의 수범자인지가 문제다. 인적교류와 서비스의 자유에 있어서 유럽재판소 판례는 이를 인정한 경우가 있으나, 일반적으로 다른 기본자유 부분까지 인정하기는 어렵다. 가능한 사적자치에 의해 해결되도록 맡기고, 국가의 보호의무를 통해 해결하는 것이 합리적이라면 사인은 기본자유의 수범자로 보지 않는 것이 타당하다.49)

---

44) EuGH, C-188/89, Slg.1990 I-3313, Rn. 18 — Foster.

45) Skouris, DÖV 2006, S. 89(90).

46) Kingreen, in: Calliess/Ruffert, EUV·EGV, 3.Aufl., 2006, Art.28-30 Rn. 110은 실제로 유럽공동체나 유럽공동체기관이 역내시장 내에서 인적, 물적 교류를 방해하는 조치를 취하지는 않기 때문에 기본자유의 수범자로서 유럽공동체는 실제적인 의미는 없다고 본다. 유사한 견해로는 Nicolaysen, EuR 2003, S. 719(738).

47) Ehlers, in: ders., EuGR, 2.Aufl., 2005, §7 Rn. 44. 이때 1차법의 우선은 적용의 우선이라 할 수 있다. 효력의 우선까지 인정할 것인가 여부에 대해서는 이론적으로는 타당하지만, 실제적인 경우까지는 확실하지 않은 것으로 보인다. Nettesheim, EuR 2006, S. 737(746ff.; 753ff.). 특히 2차법 내에서 우열관계에 관한 복잡성과 유럽재판소의 불일치성에 대해서는 Nettesheim, EuR 2006, S. 737(762ff.) 참조.

48) Ⅱ, 2, (2) 참조.

49) Ehlers, in: ders., EuGR, 2.Aufl., 2005, §7 Rn. 46.

4. 기본자유의 효력범위

기본자유의 공간적 적용범위는 제299조에 근거하여 국제법상 원칙에 따른 회원국들의 영토다. 곧 국가의 공권력이 미치는 육상·해상·공중이다. 제299조 제3항부터 제6항에서는 몇 가지 특수한 경우를 인정하고 있다. 물론 회원국의 국경변동에 따른 변동도 가능하다.

시간적 효력범위는 유럽공동체조약이 효력을 발생하기 시작한 1958년 1월 1일부터 장래 조약의 효력이 정지할 때까지다. 후에 공동체 조약에 가입하는 회원국의 경우에는 가입시부터 적용을 받는다. 유럽공동체조약에서 탈퇴권은 명시적으로 인정되지 않았다. 이에 반해 유럽헌법 제60조는[50] 명시적으로 탈퇴권을 인정하고 있다.[51]

5. 기본자유의 제약과 보장

기본자유의 구조에 관한 설명을 어떻게 할 것인지에 대해서 통일된 기준은 존재하지 않는다. 회원국별로도 동일하지 않다. 유럽재판소의 기본자유의 종류에 따른 심사유형도 마찬가지다. 여기서는 지난 몇 년간 독일에서 주로 인정되고 있으며,[52] 독일의 기본권이론에서 영향을 받은(보호영역 — 제약[53] — 제약의 정당성과 한계) 심사구조를 따라 기본자유의 제약과 보장을 논한다.[54] 이는 기본권과의 비

---

50) 유럽헌법 제 I - 60조: (1) 모든 회원국은 자국의 헌법규정에 따라 연합에서 탈퇴할 것을 결정할 수 있다.

(2) 탈퇴를 결정한 회원국은 유럽이사회에 자국의 의향(Absicht)을 고지한다. 유럽이사회 지침에 근거하여 연합은, 당해 국가와의 장래 관계에 관한 기본방침을 고려하여, 탈퇴와 개별문제 등에 대한 해당 국가와 협상하고, 협약을 체결한다. 협상은 제III - 35조에 따른다. 협약은 연합의 이름으로, 유럽의회의 동의를 얻어 이사회가 가중다수결로 체결한다.

(3) 본 헌법은 탈퇴협약이 발효한 날부터, 그 외는 유럽이사회가 해당국가와 기간에 대하여 합의하지 못한 경우에 제2항에 언급된 고지가 있은 후 2년 후부터 해당국가에는 적용되지 않는다.

51) 탈퇴권에 대해서는 정문식, 유럽헌법의 개정내용과 현황, 헌법학연구 제12권 제1호, 2006, 145면 이하 참조.

52) Bieber, Epiney/Haag, Die Europäische Union, 2005, S. 367ff.; Borchardt, Die rechtlichen Grundlagen der Europäischen Union, 2002, S. 277ff.; Streinz, Europarecht, 7.Aufl., 2006, Rn. 785ff. 등 참조. 이에 대한 반대로는 Röhl, Jura 2006, S. 321(322).

53) Beeinträchtigung을 번역한 것이다. 후술하면서 인식할 수 있듯이 표현이 만족스럽지 못하지만 아직 적절한 대안으로 내놓을 만한 것이 없으므로 여기서는 정태호 교수의 번역을 따르기로 한다. 정태호역, Pieroth/Schlink, 독일기본권개론(2000), 67면 참조. Beeinträchtigung은 Diskriminierung과 Beschränkung으로 나뉘는데, 여기서는 각각 제약, 차별, 제한으로 번역하였다.

54) 여기서는 Ehlers, in: ders., EuGR, 2.Aufl., 2005, §7 Rn. 50ff.; Jarass; Kingreen, in: Calliess/Ruffert, EUV·EGV, 3.Aufl., 2006, Art.28-30 Rn. 28ff. 등을 기준으로 했다. 뢸(Röhl)은 기

교를 위해서 필요하기 때문이기도 하다.

(1) 보호영역

1) 인적 보호영역

기본자유의 인적 보호영역은 기본자유의 주체와 관련하여 앞에서 설명한 부분과 같다. 영업이나 서비스의 자유와는 달리 상품과 자본의 자유이동에 대해서는 법인이나 단체에 관한 규정이 없지만 영업이나 서비스의 경우와 같이 적용되는 것으로 이해할 수 있다.

2) 물적(객관적) 보호영역

앞에서 언급한 대로 기본적으로 네 가지의 기본자유는 그 종류에 따라 보호하는 대상이 상품, 인적교류(노동자와 영업), 서비스, 자본에 따라 구분된다. 객관적 또는 물적(sachlich) 보호영역은 각각 기본자유의 종류마다 다르다. 그러나 때로는 상품과 서비스의 성격을 동시에 갖거나 — 예컨대 광고는 상품이면서도 서비스로서 볼 수 있고,[55] 위험한 놀이시설(상품)의 설비(서비스)가 문제될 때[56] — 또는 영업과 서비스가 동시에 문제될 때, — 서비스업체가 지점을 회원국에 설치하고자 할 때, — 또는 자본과 서비스의 이동, 영업의 자유까지 관련될 때는 — 서비스회사의 지점설립을 위해 자본투자까지 관련될 때 — 기본자유의 보호영역간 경합이 있을 수 있다. 유럽재판소의 입장은 확실치 않은데, 양자를 동시에 인정하거나,[57] 양자의 분명한 구별을 통해 하나를 배제하거나,[58] 혹은 더 중요하게 관계되는 기본자유를 중심으로 평가하는[59] 등 다양한 형태를 띠고 있다.

3) 구성요건적 상황

기본자유가 적용되기 위해서는 다음과 같은 요건들이 전제된다.

첫째, 문제가 되는 사항에 관한 2차법상 규율이 존재하지 않아야 한다. 만일 당해 사항에 관한 2차법상 규율(명령이든 지침이든)이 존재한다면 이를 기준으로 먼저 심사하기 때문이다.

둘째, 소위 越境性(grenzüberschreitender Bezug)이 있어야 한다. 즉 기본자유가 적

본권심사구조에 대해 반대를 표명했으면서도, 법적문제를 좀더 쉽게 분리해 내기 위해 심사순서는 적용영역(Anwendungsbereich) — 국가의 제한(staatliche Beschränkung) — 정당화(Rechtfertigung)라는 기본권 심사와 유사한 방식을 취하고 있다. Röhl, Jura 2006, S. 321(323ff.).

55) EuGH, Rs.C-384/93, Slg.1995 I-1141 — Alpine Instestments.

56) EuGH, Rs.C-36/02, Slg.2004 I-9609 — Omega.

57) EuGH, Rs.C-334/94, Slg.1996 I-1307, Rn. 24 — Kommission/Frankreich.

58) EuGH, Rs.C-55/94, Slg.1995 I-4165, Rn. 20 — Gebhard.

59) EuGH, Rs.C-36/02, Slg.2004 I-9609 — Omega

용되기 위한 상황은 상품·사람·서비스·자본이 회원국 간의 국경을 넘어가는 과정에서 발생하는 것을 전제로 한다.60) 이러한 월경성이 없으면 단순한 국내문제로 해결된다.

셋째, 소위 배제영역(Bereichsausnahme)에61) 해당되지 않아야 한다. 즉 제39조 제4항의 공행정(öffentliche Verwaltung)부분, 제45조 1문의 공권력 행사관련 부분, 제86조 제2항의 일반적인 경제적 이익을 위한 기업이거나 재정독점(Finanzmonopol) 성격을 가진 기업들에 대해서는 기본자유가 적용되지 않는다. 이사회(Rat)는 가중다수결로 기본자유가 잠정적으로 혹은 장기적으로 적용되지 않는 부분을 결정할 수도 있다(제45조 2문). 이러한 기본자유의 적용이 배제되는 부분은 좁게 해석한다.62)

넷째, 유럽재판소의 판례에 의하면 기본자유의 적용은 그 목적이 기본자유의 남용이나 기망에 해당되어서는 안된다.63) 예컨대 마약거래상이 마약판매를 위해 기본자유를 주장할 수는 없다는 것이다. 다만 이러한 기본자유의 남용부분도 좁게 해석한다.

(2) 제 약

기본자유의 제약(Beeinträchtigung)은 (기본자유) 수범자의 작위, 부작위를 통해서 발생한다. 제약은 다시 차별(Diskriminierung)과 제한(Beschränkung)으로 나눈다.

1) 차 별

유럽재판소는 차별을 상당히 넓게 해석하고 있다. 인적·물적교류가 회원국들의 국경을 넘는 과정에서 당해 회원국에서 불리한 대우를 당하면 차별로 본다. 불리한 대우를 하는 회원국의 조치가 최종적인 행위인지 혹은 고의인지의 여부에 관계없이, 법률상 행위인지 사실행위인지, 직접적으로 원인을 야기한 것이든지 간접적인 것이든지, 실제적으로 영향을 미치든지 잠재적으로 영향을 미치든지, 중대하든지 경미하든지 간에 제약의 성격을 명확하게 구별하여 판단하지 않고 상당히 넓게 인정한다.64) 따라서 차별금지는 국경을 넘었다는 이유로 불리한 대우를 받지 않을 것을 의미한다.

60) 물론 이 월경성에 대해서는 독립적인 요소로 인정하지 않는 견해도 있다. 예컨대 Kingreen, in: Calliess/Ruffert, EUV·EGV, 3.Aufl., 2006, Art.28-30 Rn. 16.

61) 독일어번역은 '영역배제'가 좀더 타당하지만, 의미는 명문상 기본자유의 적용이 배제되는 영역을 가리키는 것으로 여기서는 우리말 의미의 연결을 위해 '배제영역'으로 번역했다.

62) Ehlers, in: ders., EuGR, 2.Aufl., 2005, §7 Rn. 62.

63) EuGH, Rs.C-212/97, Slg.1999 I-1459, Rn.24 — Centros.

64) Ehlers, in: ders., EuGR, 2.Aufl., 2005, §7 Rn. 69ff.

2) 제 한

유럽재판소는 제한의 개념도 상당히 광범하게 인정하고 있다. 본래 명시적으로 공동체조약에서 금지된 제한은 할당제와 같은 수량적 제한(mengenmäßige Beschränkungen)이다. 제28조,[65] 제29조에서는[66] 수량 제한적 수입조치나 수출조치 또는 이와 동등한 효과를 갖는 조치를 금하고 있다. 문제는 명시적인 수량 제한적 수입조치나 수출조치가 아니라 그와 '동등한 효과를 갖는 조치(Maßnamhen gleicher Wirkung)'가 어떤 것이냐 하는 점이다. 이때 동등한 효과를 갖는 조치들을 제한의 개념으로 파악하는데, 상품의 자유교역과 관련된 몇몇 주요판례들을 통해 그 개념이 정립되었다.[67] 이러한 기준은 다른 기본자유에도 적용되어 사용된다. 판례를 통해 인정된 제한의 개념정립 기준은 다음과 같다.

첫째로 공동체 내 무역을 직접적이든 간접적이든, 실제로든 잠재적으로든 방해하는데 적절한 모든 회원국의 조치나 규율들을 의미한다(소위 다송빌 공식: Dassonvill-Formel).[68] 조치의 기준보다 조치의 효과에 따른 판단의 결과로 어떤 방식으로든지 회원국간 교류가 방해를 받거나 불리할 때 회원국 조치의 (수량적 제한과 동등한 효과를 갖는) 제한성이 인정되는 것이다. 하지만 이렇게 구성요건부분을 넓게 해석하면 웬만한 모든 회원국의 조치들이 해당하므로 구성요건차원에서 수정을 가할 필요성이 생겨났다.

둘째로 규율조치를 생산관련(produktbezogene) 제한조치와 판매관련(vertriebsbezogene) 제한조치와 구별하여, 판매관련 조치의 경우는 제약으로 보지 않는다(소위 켁 공식: Keck-Formel).[69] 판매관련 조치(예컨대 일요일 판매금지)는 주로 당해 회원국의 문화적 배경이나 그 밖에 주요한 이해관계가 있는 것으로서, 회원국 내 다른 경제주체들에게도 동일하게 적용되는 한 상품의 회원국 시장진입 자체를 어렵게 하는 것이 아니기 때문이다. 하지만 실제에 있어서 때로는 판매관련조치인지 생산관련조치인지 구별하기 어렵거나, 판매관련이라 하더라도 시장진입과 판매에 있어서 국내 관련자들보다 불리한 대우를 받는 경우들이 발생할 수 있다(예컨대 광고는

65) "회원국간 수량제한 수입조치나 이와 동등한 효과를 갖는 모든 조치는 금지된다."

66) "회원국간 수량제한 수출조치나 이와 동등한 효과를 갖는 모든 조치는 금지된다."

67) 판례들의 구체적인 판결내용과 평가 등에 대해서는 정문식, 유럽법상 자유로운 상품이동의 기본적 자유와 기본권 보호로 인한 제한, 64면 이하 참조.

68) EuGH, Rs.8/74, Slg.1974, S.837, Rn. 5 — Staatsanwaltschaft/Benoit und Gustave Dassonville. 본 판례에 대한 구체적인 사실관계, 판결내용, 평가 등에 대해서는 정문식, 앞의 논문, 64~68면 참조.

69) EuGH, Rs.C-267/91, Slg.1993, S.I-6097, Rn. 16ff. — Keck. 본 판례에 대한 구체적인 사실관계, 판결내용, 평가 등에 대해서는 정문식, 앞의 논문, 64~68면 참조.

판매방식이지만 전면광고금지는 시장진입 자체를 어렵게 한다).[70]

따라서 셋째로 (상품의 경우에는 특히 판매방식에 관련된 것이라도) 시장진입을 방해하는 경우에는 역시 제한 조치로 본다. 켁 공식은 상품의 자유교역에 적용되는 것인데 이를 다른 인적 교류에도 적용할 것인지 논란이 있지만,[71] 시장진입성은 다른 자유에도 적용될 수 있는 기준으로 본다.[72]

3) 차별과 제한의 구별?

명시적으로 역내시장 내에서 국적을 근거로 한 제약의 경우에는 차별로, 그 밖에 은폐된 차별이거나 간접적인 제약들은 제한으로 볼 수 있다. 구체적인 심사에 있어서 명시적인 차별의 조치는 제30조에 열거된 정당화 근거들에 의해서만, 비례원칙에 따라 인정될 수 있다. 무차별적인 (그러나 은폐된) 제한의 경우에는 켁 공식을 거쳐서 판매관련 규율인 경우 효과가 국내 관련자들과 똑같이 발생한다면 더 이상 심사되지 않는데, 효과가 달리 발생하면 다시 정당화 심사를 거친다는 차이가 있다.[73] 차별의 효과가 다를 경우, 결국은 제30조를 거쳐 정당성을 심사하게 되므로, 차별과 제한을 구별하는 것이 실익이 있는가에 대해 의문이 있다.[74]

(3) 제약의 정당성

1) 법률유보?

제46조 제 1 항에서는 영업의 자유 제한은 '법률과 행정규칙(Rechts- und Verwaltungsvorschriften)'을 통해서만 가능하도록 인정하고 있다. 물론 이때 법률의 의미가 영미법전통처럼 불문법도 포함하는지 여부는 분명치 않다. 유럽재판소는 공동체법의 일반적인 법원칙으로서 법률유보를 인정했다. 기본권에는 명시적으로 이를 인정했으나[75] 기본자유에 대해서는 아직 명시적 입장을 밝히지 않고 있다. 회원국의 기본자유에 대한 제약도 회원국내 법질서에 따른 명시적 근거가 있어야 타당하다.[76] 다만 성문법적인 근거가 강하게 요구되지 않는 영미법계 국가에 대해서

---

70) 대표적인 사례는 EuGH, Rs.C.-384/93, Slg.1995, S. I-1141 - Alpine Investments; Rs.C-322/01, Slg.2003, S.I-14887 ─ Doc Morris. 이에 대한 비판은 Classen, EuR 2004, S. 416ff. 참조.

71) Ehlers, in: ders., EuGR, 2.Aufl., 2005, §7 Rn. 77; Kingreen, in: Calliess/Ruffert, EUV·EGV, 3.Aufl., 2006, Art.28-30 Rn. 50.

72) Kingreen, in: Calliess/Ruffert, EUV·EGV, 3.Aufl., 2006, Art.28-30 Rn. 54.

73) 예컨대 Ahlt/Deisenhofer, Europarecht, 3.Aufl., 2003, S. 178; Streinz, Europarecht, 7.Aufl., 2005, S. 335의 상품의 자유교역에 관한 심사과정표 참조.

74) 이에 대한 비판은 Kingreen, in: Calliess/Ruffert, EUV·EGV, 3.Aufl., 2006, Art.28-30 Rn. 61ff.

75) EuGH, Rs.46/87 u 227/88, Slg.1989, S.2859, Rn. 19 ─ Hoechst.

76) Ehlers, in: ders., EuGR, 2.Aufl., 2005, §7 Rn. 82; Jarass, EuR 1995, S. 202(222). 물론 이에 대한 비판적인 입장은 Kingreen, in: Calliess/Ruffert, EUV·EGV, 3.Aufl., 2006, Art.28-30 Rn. 86.

도 이를 관철할 것인가는 해결되어야 할 문제다.

2) 명시적 근거

기본자유를 제한할 수 있는 공동체조약상 명시적 근거는 제30조, 제39조, 제46조 등으로 볼 수 있으며, 대표적인 것은 제30조이다.77) 공공질서와 안녕,78) 인간과 동물의 생명과 보건, 문화재보호, 재산권보호 등이 열거되어 있다. 회원국은 여기에 열거된 이유로만 기본자유를 제한할 수 있다.79) 다만 여기서 언급해 둘 것은 독일에서는 공공질서와80) 공공안녕의81) 개념을 상당히 넓게 해석하는 반면에, 유럽재판소의 확립된 판례는82) 상당히 좁게 해석한다는 점이다.83)

3) 불문의 근거

위에서 설명한 기본자유 제약의 정당성 근거가 상당히 좁게 해석됨에 따라, 회원국이 역내시장 내에서 인적·물적교류를 규율할 수 있는 여지도 상당히 좁혀지게 된다. 하지만 이렇게 회원국의 규율영역을 축소해 버리면, 법과 사회의 발전에 따른 국내의 특수상황들을 적절하게 역내시장의 교류에 반영할 수 없는 어려움에 부딪힌다.84) 이에 유럽재판소는 소위 카시스 판결을85) 통해 공동체조약상 명시적 근거가 없는 제한의 정당성 근거로서 '강제적 필요(zwingende Erfordernisse)'란86) 개념을 발전시켜 왔다.

---

77) "제28조, 제29조의 규정은 공공윤리(öffentlichen Sittlichkeit), 공공질서와 공공안녕(Ordnung und Sicherheit)을 이유로, 인간과 동식물의 건강과 생명보호를 위해, 예술적·역사적 혹은 고고학적 가치를 갖는 문화재보호와 영업적·상업적 재산권보호를 이유로 정당화되는 수출입·운송의 금지나 제한을 방해하지 않는다. 이러한 금지와 제한은 자의적인 차별수단이나 회원국간 위장된 무역제한(verschleierte Beschränkung)이어서는 안된다."

78) 우리 행정법 교과서들이 öffentliche Sicherheit를 보통 '공공안녕'이라고 번역하고 있어서(예컨대 김성수, 개별행정법(2004), 462면), 여기서도 이를 따랐다.

79) 각각의 보호이익의 범위에 관한 내용은 Müller-Graff, in: v.d.Groeben/Schwarze, Vertrag über die Europäische Union und Vertrag zur Gründung der Europäischen Gemeinschaft, Bd.1, 6.Aufl., 2003, Art.30, Rn. 47ff.; Kingreen, in: Calliess/Ruffert, EUV·EGV, 3.Aufl., 2006, Art.28-30 Rn. 195ff. 참조.

80) Tettinger, Besonderes Verwaltungsrecht/1, 6.Aufl., 2001, Rn. 305ff.

81) Tettinger, Besonderes Verwaltungsrecht/1, 6.Aufl., 2001, Rn. 299ff.

82) 대표적으로 EuGH, Rs.41/74, Slg.1974, S.1337, Rn. 18ff. — Van Duyn.

83) Müller-Graff, in: v.d.Groeben/Schwarze, Vertrag über die Europäische Union und Vertrag zur Gründung der Europäischen Gemeinschaft, Bd.1, 6.Aufl., 2003, Art.30, Rn. 49ff.; Kingreen, in: Calliess/Ruffert, EUV·EGV, 3.Aufl., 2006, Art.28-30 Rn. 197f. 참조.

84) 불문의 정당성 근거로서 소위 강제적 필요의 인정 배경에 대해서는 정문식, 유럽법상 자유로운 상품이동의 기본적 자유와 기본권 보호로 인한 제한, 70~71면 참조.

85) EuGH, Rs.120/78, Slg.1979, S. 649, Rn. 8 — Cassis de Dijon. 카시스 판결의 자세한 내용에 대해서는 정문식, 유럽법상 자유로운 상품이동의 기본적 자유와 기본권 보호로 인한 제한, 68~72면 참조.

86) 불어로는 exigences impératives, 영어로는 mandatory requirments인데, 여러 번역이 있을 수 있

강제적 필요란 역내시장 내의 인적·물적교류의 자유보다도 앞서는 회원국의 공익적 목적을 일컫는다. 카시스 판결에서는 강제적 필요에 해당되는 것으로 효과적인 조세통제(wirksame steuerliche Kontrolle), 공중보건, 무역거래의 투명성, 소비자보호 등을 예시하고 있다.[87] 그 후 다른 판례들을 통해 환경보호,[88] 소액주주 보호,[89] 언론의 다양성 유지,[90] 문화적·예술적 유산의 보호,[91] 사회보장제도[92] 등도 이에 포함되는 것으로 인정하고 있다.[93] 강제적 필요는 상품의 자유이동 분야에서 발전했지만, 약간의 용어변경만 가해진 채 (예컨대 객관적 고려, 일반이익, 공공복리의 강제적 이유 등의 표현으로) 다른 기본자유 영역에도 같은 내용으로 인정되고 있다.

강제적 필요의 문제점은 첫째, 유럽재판소가 제30조에 명시적으로 열거된 정당성 근거는 좁게 해석하면서, 열거되지 않은 강제적 필요라는 불문의 근거는 넓게 확장하고 있다는 것이다.[94] 이는 이미 앞에서 언급한 바와 같이 유럽재판소가 구성요건 부분의 제한 개념을 다송빌 공식을 통해 너무 넓게 확장시키면서, 그에 대한 정당성의 근거는 제30조에서 너무 좁게 해석했기 때문에 발생할 수밖에 없었던 결과다.[95] 둘째, 명시적인 차별은 반드시 제30조의 명시적이지만 좁게 해석되는 근거들을 통해 정당화되어야 하는 반면, 묵시적 혹은 은폐된 차별(versteckte Diskriminierung)은 점차 확장되고 있는 강제적 필요에 의해 정당화될 수 있다는 것이다.[96] 이런 문제점은 다음에서 언급하는 비례원칙과 기본권에 의해 교정된다.

(4) 제약의 한계

비례원칙(Grundsatz der Verhältnismäßigkeit: principle of proportionality)은 기본권이론의 제한의 한계처럼 기본자유의 제약의 한계로 인정되고, 유럽재판소의 판례에서

고, 만족스럽지 못한 번역이라고 생각되지만 일단 '강제적 필요'라고 번역해서 사용한다.

87) EuGH, Rs.120/78, Slg.1979, S. 649, Rn. 8ff.

88) EuGH, Rs.C-379/98, Slg.2001, S. I-2099, Rn. 76 — Preussen Elektra.

89) EuGH, Rs.C-208/00, Slg.2002, S. I-9919, Rn. 92 — Überseering.

90) EuGH, Rs.C-368/95, Slg.1997, S. I-3689, Rn. 20f. — Familiapress.

91) EuGH, Rs.C-180/89, Slg.1991, S. I-709, Rn. 20 — Kommission/Italien.

92) EuGH, Rs.C-120/95, Slg.1998, S. I-1831, Rn. 39 — Decker.

93) 이와 관련된 구체적인 사례군별로 나누어 상세하게 소개한 것으로 Leible, in: Grabitz/Hilf, Das Rechte der Europäischen Union, Bd.I, EGV Art.28, Rn. 32ff.참조.

94) Ehlers, in: ders., EuGR, 2.Aufl., 2005, §7 Rn. 89.

95) Kingreen, in: Calliess/Ruffert, EUV·EGV, 3.Aufl., 2006, Art.28-30 Rn. 84.

96) Ehlers, in: ders., EuGR, 2.Aufl., 2005, §7 Rn. 90.

도 인정되고 있다.[97] 다만 일반적으로 독일에서 인정되고 있는 비례원칙과는 약간 다른 면이 있다. 수단과 목적과의 관계를 통상 독일 기본권관련 문헌에서는 목적의 정당성, 수단의 적합성, 필요성, 적정성의 네 단계로 구분하지만[98] 유럽재판소 판례에서는 수단과 목적과의 관계만 심사할 뿐 단계를 반드시 구분하지는 않는다.

비례원칙의 심사범위가 상대적으로 좁은 이유는 소위 상호인정원칙(gegenseitige Anerkennung)과 원산지원칙(Herkunfts- oder Ursprungsprinzip)[99] 때문이다. 즉 역내시장 내의 특정 회원국에서 일정한 목적에 따라 적법하게 생성된 것이라면, 이는 특별한 이유가 없는 한 다른 회원국에서도 가능한 그 목적과 관련하여 적법성이 동일하게 인정된다는 것이다. 이를 다른 회원국에서 다시 통제하거나 기술규범을 이유로 제한하는 것은 입법목적과 수단의 비례성에 관계없이 비례원칙에 위반된다. 이렇게 비례원칙의 일부분을 원산지원칙과 상호인정원칙이 배제하고 있기 때문에 비례원칙의 적용부분이 상대적으로 좁아진 것이다.[100]

1) 비례원칙

(가) 목적의 정당성: 제약 목적은 특정 법영역의 유럽공동체 내 회원국간 법질서 조정과 조화를 위한다거나 강제적 필요 혹은 기본권보호와 같은 정당한 목적을 가져야 한다. 단순한 경제적 이유는 정당한 목적으로 보지 않는다.[101]

(나) 수단의 적합성(Geeignetheit): 목적을 이루기 위해 선택된 수단이 기본적으로 목적을 이루는 데 적합하다면 적합성은 인정된다. 이때 심사는 가능한 회원국 입법자의 평가와 형성의 여지를 인정한다. 회원국의 입법자가 중대한 사실을 간과했거나, 입법자의 판단이나 평가가 명백한 흠결을 가질 때에 수단의 적합성은 인정되지 않는다.[102] 독일 기본권이론의 비례원칙의 수단의 적합성 내용과 유사하다.[103]

(다) 수단의 필요성(Erforderlickeit): 역시 독일 기본권이론에서 인정되는 내용과 마찬가지로, 입법자가 추구하는 목적을 이루는 데 동일한 효과를 가져올 수 있는 수단들 중에서, 기본자유에 대한 제약을 덜 가져오는 수단을 선택했는가 심사

---

97) 예컨대 EuGH, Rs.116/82, Slg.1986, S. 2519, Rn. 21 — Qualitätswein.

98) 우리 헌법재판소 판례처럼 목적의 정당성, 수단의 적정성, 피해의 최소성, 법익의 균형성으로도 말할 수 있지만, 여기서는 독일어 의미에 좀 더 충실한 번역을 택하였다.

99) 원산지 원칙에 대해서는 Kingreen, in: Calliess/Ruffert, EUV·EGV, 3.Aufl., 2006, Art.28-30 Rn. 146 참조.

100) Mayer, EuR 2003, S. 793(799).

101) EuGH, Rs.C-120/95, Slg.1998, S. I-1831, Rn. 39 — Decker.

102) Kingreen, in: Calliess/Ruffert, EUV · EGV, 3.Aufl., 2006, Art.28-30 Rn. 92.

103) Dreier, in: ders., GG, Bd.1, 2.Aufl., 2004, Vorb. Rn. 147.

한다. 상대적으로 독일 기본권이론에서 인정되는 것보다 좀더 집중적으로 심사가 이루어지는 것으로 보여진다. 다음에서 설명하는 소위 협의의 비례원칙(수단의 적정성)이 상대적으로 강하게 심사되지 않기 때문이다.

(라) 수단의 적정성(Angemessenheit; Proportionalität; Zumutbarkeit): 기본자유의 제약은 추구하는 목적과 적정한 비례관계를 유지해야 한다는 것이다. 독일 기본권이론에서 논란과는[104] 달리, 유럽법에선 독자적인 의미가 적고 주로 필요성심사에 포함되어 행해진다.[105] 수단의 적정성 심사가 적용될 수 있는 경우라면 기본자유의 제약이 기본권에 근거하기 때문에, 기본자유와 기본권의 충돌이 발생하여 형량이 필요할 때라고 할 수 있다.

2) 기본권보호

유럽재판소의 판례에 따르면, 회원국이 기본자유의 제약을 정당화하기 위한 강제적 필요 등 근거를 공동체법에서 찾으려면 법의 일반원칙(allgemeine Rechtsgrundsätze)이나[106] 기본권의 시각에서 공동체 조약을 해석하여 도출되는 내용이어야 한다.[107] 이에 따라 예컨대 언론의 다양성유지, 소비자보호 혹은 집회의 자유가[108] 강제적 필요로 인정된다. 다만 이 때 강제적 필요로 인정되는 기본권이 회원국 내에서 보장되는 (국내) 기본권인지 아니면 유럽법상 인정되는 (연합) 기본권인지에 대해서 유럽재판소는 명확하게 구분하지는 않고 있다. 또한 기본자유를 제약하는 회원국의 조치가 회원국 국내기본권을 위헌적으로 침해하는가 문제는 유럽재판소의 관할권이 아니라 회원국 담당법원의 사법권에 속한다.[109] 그렇다면 유럽재판소가 판단할 수 있는 회원국의 국내조치가 정당화근거로 삼고 있는 것은 유럽법상 인정되는 기본권에 한정된다고 볼 수 있다.[110]

104) Dreier, in: ders., GG, Bd.1, 2.Aufl., 2004, Vorb. Rn. 149.

105) Kingreen, in: Calliess/Ruffert, EUV · EGV, 3.Aufl., 2006, Art.28-30 Rn. 98.

106) 유럽법상 일반적 법원칙으로서 기본권에 대해서는 Pernice/Mayer, in: in: Grabitz/Hilf, Das Rechte der Europäischen Union, Bd.I, EUV nach Art.6, Rn. 1ff. 참조.

107) EuGH, Rs.C-260/89, Slg.1991, S. I02925, Rn. 43 — ERT.

108) EuGH, Rs.C-112/00, Slg.2003, S. I-5659, Rn. 69ff. — Schmiedberger.

109) Ehlers, in: ders., EuGR, 2.Aufl., 2005, §7 Rn. 86.

110) Kadelbach/Peterseon, EuGRZ 2002, S. 693(695ff.).

Ⅲ. 기 본 권

1. (연합)기본권의 의미

(1) 문제의 소재

기본권에 대한 일반적이거나 구속력을 갖는 개념정의는 쉽지 않지만, 대체적으로 한 국가의 헌법이 보장하는 개인의 권리를 총칭하는 것으로 이해할 수 있다.[111] 유럽연합의 경우에는 연합조약과 공동체조약 등이 보장하는 개인의 권리를 총칭하는 것으로 정의할 수 있을 것이다. 그러나 연합조약이나 공동체조약 모두 이러한 기본권에 관한 명시적 규정을 두고 있지 않다. 따라서 국가가 아닌 새로운 초국가적(supranational) 차원(유럽연합 혹은 유럽공동체)의 공권력행사에 대해 어떻게 개인의 기본권을[112] 보호할 것인가가 문제된다.

(2) 판례를 통한 기본권의 발전

초기 유럽재판소는 기본권에 대해 소극적인 입장을 취하였다.[113] 첫째, 회원국의 기본권을 이유로 역내시장 내의 인적·물적교류가 방해될 우려가 있었기 때문이고[114] 둘째, 유럽재판소가 국제조약으로 인식되는 공동체조약을 직접 회원국 국내 법규범 심사를 위하여 적용하는 데 부담이 따랐기 때문이다.[115] 무엇보다 공동체조약에는 명시적인 기본권조항이 없었기 때문에 기본권을 인정하고 적용할 근거는 어쩔 수 없이 유럽재판소의 판례를 통해 발전하였다.

유럽재판소가 유럽법의 효력에 관해서 코스타(Costa) 판결에서[116] 원칙적으로 회원국법에 대한 공동체법의 적용우위(Anwendungsvorrang)원칙을 확립한 이래로, 슈타우더(Stauder) 판결에서[117] 기본권에 관한 언급("Grundrechte der Person"이라고 표현)

111) 양건, 헌법강의 1(2007), 199면 참조.

112) 여기서 말하는 기본권은 국내 헌법상 보장되는 기본권이 아니라, 공동체조약을 통해 보장되는 '공동체기본권'을 의미한다. 유럽연합이 앞으로 유럽헌법을 통해 법인격을 인정받고, 유럽시민권 개념이 점차 발전하게 된다면, 공동체기본권이란 개념보다 연합기본권이란 개념이 더욱 적절할 것으로 생각된다. 어쨌든 여기서 특별한 언급이 없는 한 기본권은 연합기본권을 의미한다.

113) 자세히는 Walter, in: Ehlers, EuGR, 2.Aufl., 2005, §1 Rn. 20.

114) Skouris, DÖV 2006, S. 89(92).

115) Ehlers, in: ders., EuGR, 2.Aufl., 2005, §14 Rn. 4.

116) EuGH, Rs.6/64, Slg.1964, S.1141, Rn. 9ff. — Costa/ENEL.

117) EuGH, Rs.29/69, Slg.1969, S.419, Rn. 7 — Stauder.

이 시작되어, 국제상사(Internationale Handellsgesellschaft) 판결과[118] 놀드(Nold) 판결에서[119] 기본권은 정식으로 유럽법의 일부로서 인정되었다.

(3) 기본권의 근거

1) 명시적 근거

공동체조약상 명시적으로 기본권을 인정할 수 있는 근거는, 국적을 이유로 한 차별금지를 규정하고 있는 제12조, 제18조 이하의 연합시민권, 제141조의 동일노동에 대한 남녀의 동일임금원칙, 그 밖에 특수한 경우의 평등권(예컨대 제31조, 제72조, 제90조, 제294조 등)을 들 수 있다. 이는 넓게 평등권으로 이해할 수 있다.

다른 명시적 근거로는 제220조[120] 유럽재판소의 권한근거를 들 수 있다. 제220조의 '법(Recht)'의 개념에는 제 1 차법과 제 2 차법뿐만 아니라, 일반적인 법원칙과 공동체관습법도 포함된다.[121] 바로 일반적인 법원칙에 기본권보호가 포함되는 것으로 인정된다.[122]

2) 암시적인 기본권인식의 근거?

유럽재판소는 본래 기본권 인식의 근거(Rechtserkenntnisquelle)를 '유럽인권협약'과[123] '공동체법의 일반원칙으로서 회원국의 공동의 헌법전통'에서[124] 찾았다. 유럽재판소가 회원국의 공동의 헌법전통과 유럽인권협약을 法源(Rechtsquelle)이 아닌, 법인식의 근거로 삼은 이유는, 회원국간 법가치의 차이를 조정하면서 공통된 기본권을 도출해내기 위해서였다.[125] 유럽재판소는 바로 이 두 가지 법인식의 근거 속에서 무수한 기본권 목록을 도출해냈다.[126] 이는 나중에 유럽이사회, 유럽의회, 유

---

118) EuGH, Rs.11/70, Slg.1970, S. 1125, Rn. 4 — Internationale Handelsgesellschaft.

119) EuGH, Rs.4/73, Slg.1974, S. 491 Rn. 13 — Nold.

120) 제220조: (유럽)재판소와 제 1 심법원은 관할권 범위 내에서 본 조약의 해석과 적용에 있어서 법의 수호(Wahrung des Rechts)를 보장한다. 또한 제225a조에 따라 제 1 심법원 아래 지정재판부(gerichtliche Kammern)를 두고, 지정재판부는 조약에서 규정하고 있는 특별영역에서 관할권을 행사한다.

121) Wegener, in: Calliess/Ruffert, EUV · EGV, 3.Aufl., 2006, Art.220 Rn. 8.

122) Gaitanides, in: v.d.Groeben/Schwarze, Vertrag über die Europäische Union und Vertrag zur Gründung der Europäischen Gemeinschaft, Bd.3, 6.Aufl., 2003, Art.220, Rn. 21; Pernice/Mayer, in: Grabitz/Hilf, Das Rechte der Europäischen Union, Bd.Ⅲ, EGV Art.220, Rn. 26; Wegener, in: Calliess/Ruffert, EUV · EGV, 3.Aufl., 2006, Art.220 Rn. 37 등 참조.

123) EuGH, Rs.4/73, Slg.1974, S. 491 Rn. 13 — Nold. Walter, in: Ehlers, EuGR, 2.Aufl., 2005, §1 Rn. 25 참조.

124) EuGH, Rs.11/70, Slg.1970, S. 1125, Rn. 4 — Internationale Handelsgesellschaft. Walter, in: Ehlers, EuGR, 2.Aufl., 2005, §1 Rn. 24 참조.

125) Ehlers, in: ders., EuGR, 2.Aufl., 2005, §14 Rn. 8.

126) Ehlers, in: ders., EuGR, 2.Aufl., 2005, §14 Rn. 9; Walter, in: Ehlers, EuGR, 2.Aufl., 2005, §1

럽위원회가 1977년 기본권효력에 관한 공동성명을 발표한 후에, 마스트리히트 조약에서 명시적으로 수용되기 시작하여 현재 연합조약 제6조 제2항에서 판례의 입장을 반영한 내용으로 기록되었다.

3) 유럽인권협약?

유럽인권협약이 기본권의 인식근거로 인정된다면 유럽공동체의 유럽인권협약 가입을 통해 유럽법상 단일한 기본권 보호수준을 확립할 수 있을 것이다. 문제는 국가만이 당사자로 가입할 수 있는 유럽인권협약을 법인격을 가진 유럽공동체가 가입할 수 있는가이다. 이를 위해 유럽인권협약 제14추가의정서는 유럽연합의 가입을 명시적으로 허용하는 개정을 단행했다. 그러나 공동체조약에는 이에 대한 권한이나 절차규정이 없어서, 유럽이사회는 유럽공동체의 유럽인권협약 가입에 대한 유럽재판소의 견해를 구했다. 유럽재판소는 결정을 통해 유럽인권협약가입은 공동체조약의 중대한 개정을 의미하는데, 그러한 1차법 개정에 대한 판단은 유럽재판소의 권한에 속하지 않는다고 답변을 회피했다.[127] 그 후로도 암스테르담, 니스조약 등에서 기본권에 관한 규정은 더 이상 반영되지 않았다.

유럽헌법 제 I - 9조 제2항에선 유럽연합이 유럽인권협약에 가입한다는 명시적 규정을 두고 있다. 하지만 유럽헌법의 발효뿐만 아니라, 유럽인권협약의 가입절차, 효력발생시기 문제 등에 대해선 의문의 여지가 있다.[128]

4) 기본권헌장?

명시적인 기본권목록에 대한 요구는 2000년 12월 7일 니스에서 유럽기본권헌장(Europäische Grundrechtecharta)의 제정으로 나타났다.[129] 내용적으로 여기에 언급된 기본권들은 새로운 것은 아니며, 그 동안 유럽재판소의 판례 또는 유럽의회의 선언 등에 나타난 기본권들을 망라한 것이다. 제정절차 측면에서 본다면 15명의 각 회원국 정상들, 16명의 유럽의회 대표들, 30명의 각 회원국 의회대표들 그리고 유럽위원회대표가 참여한 회의를 통해 만들어진 것으로 그 이전의 어떤 공동체조약보다도 민주주의 측면에서 더욱 강력한 정당성을 인정할 수 있다. 물론 유럽이사회는 이러한 기본권헌장을 기념비적인 '선언'으로 인정했으나 법적인 구속력에 대해선 거부했다. 아직 법적 구속력을 명시적으로 갖지 못했으나, 실제에선 법률고

Rn. 26.

127) EuGH, Gutachten2/94, Slg.1996, S. I-1763, Rn. 23ff. — EMRK.

128) Walter, in: Ehlers, EuGR, 2.Aufl., 2005, §1 Rn. 29.

129) 기본권헌장에 관한 상세한 내용은 Heselhaus/Nowak, Handbuch der Europäischen Grundrechte, 2006; Jarass, EU-Grundrechte, 2005; Meyer, Charta der Grundrechte der Europäischen Union, 2.Aufl., 2005; Rengeling/Szczekalla, Grundrechte in der Europäischen Union, 2004; Tettinger/Stern, Europäische Grundrechte-Charta, 2005 참조.

문관(Generalanwalt)들이 많은 경우 최종변론서를 제출할 때 유럽법상 기본권보호의 결과물로 인정하기 위해 기본권헌장을 인용한다.130)

유럽헌법 제2부에선 특별한 변경 없이 기본권헌장이 수용되고 있다. 물론 유럽헌법의 발효가 될 때까지 기본권헌장은 여전히 법적 구속력을 갖지 못하는 것으로 남게 된다.

2. 기본권의 기능

(1) 주관적 측면

1) 자유권의 보장

유럽법에서 인정되는 자유권적인 기본권은 유럽인권협약에서 인정되는 자유권보다 넓다. 생명과 건강의 불가침, 통신에 관한 기본권, 표현의 자유, 종교의 자유, 경제적 자유, 직업의 자유, 심지어 일반적 행동의 자유까지131) 인정하고 있다.

2) 평등권의 보장

앞에서 열거했던 구체적인 평등권 이외에 기본자유의 차별금지, 일반적 평등원칙132) 등이 기본권으로 인정되고 있다.

3) 연합시민권의 보장

제17조 이하에서는 회원국 국민이 유럽연합의 시민으로서 갖는 기본권에 대해 열거하고 있다. 그 내용은 이전의 자유(제18조), 정치적 권리로서 유럽의회와 지방자치단체 선거에서 선거권과 피선거권(제19조), 외교적·영사적 보호권(제20조), 청원권과 모국어로 정보를 얻을 권리(제21조) 그리고 정보접근권(제255조)등이 인정되고 있다.133)

4) 절차권의 보장

유럽재판소는 효율적인 권리구제,134) 법원과 행정절차 등에서 재판받을 권리,135) 일사부재리(ne bis in idem)136) 등을 인정하고 있다.

---

130) Ehlers, in: ders., EuGR, 2.Aufl., 2005, §14 Rn. 17; Walter, in: Ehlers, EuGR, 2.Aufl., 2005, §1 Rn. 32.

131) EuGH, Rs.133-85, Slg.1987, S. 2289, Rn. 15ff. — Rau.

132) EuGH, Rs.117/76, Slg.1977, S. 1753, Rn. 7 — Ruckdeschel. 구체적인 상세한 내용에 대해선 Kingreen, in: Ehlers, EuGR, 2.Aufl., 2005, §18 Rn. 11ff. 참조.

133) 각 기본권의 구체적인 내용에 대해서는 Kadelbach, in: Ehlers, EuGR, 2.Aufl., 2005, §21 Rn. 38ff. 참조.

134) EuGH, Rs.222/84, Slg.1986, S. 1651, Rn. 17ff. — Johnston.

135) EuGH, Rs.85/76, Slg.1979, S. 461, Rn. 9 — Hoffmann-La-Roche.

136) EuGH, Rs.18/65, Slg.1966, S. 154, S. 178 — Gutmann.

(2) 객관적 측면

기본권에 대해서도 객관적인 질서로서의 의미가 인정된다고 본다.[137] 따라서 2차법의 제정이나 집행의 경우에도 기본권을 존중하고, 공동체법과 회원국 국내법은 기본권에 합치되도록 해석한다.[138] 기본자유의 경우와 마찬가지로, 기본권의 보호의무는 일반적으로 인정되지만,[139] 기본권의 제 3 자적 효력에 대해서는 상대적으로 소극적이다.[140]

3. 기본권의 주체와 수범자

(1) 주　　체

모든 자연인은 기본권의 주체가 된다. 다만 연합시민권의 경우에는 회원국의 국민이어야 한다. 법인과 단체의 경우에도 성질상 인정될 수 있는 경우에는 기본권의 주체가 된다. 국가기관의 경우에 기본자유에서는 사경제주체로서 활동할 때에는 주체성이 인정되었지만, 기본권의 경우에는 사경제주체라 할지라도 기본권의 주체가 될 수 없다.[141] 국가와 사인이 공동으로 법인을 구성하는 경우, 국가지배법인에게는 주체성을 인정할 수 없다.[142] 다만 국립대나 국영방송국, 공법상 종교단체 등에 대해서는 주체성이 인정될 수 있다.[143]

(2) 수 범 자

기본권은 본래 유럽연합과 유럽공동체의 공권력행사에 대해 개인의 권리를 보장하기 위한 것이므로, 유럽연합과 제281조에 따라 법인격을 가진 유럽공동체가 그 수범자가 된다. 그러나 실제로 유럽재판소가 유럽연합이나 유럽공동체의 행위로 말미암아 개인의 기본권 침해를 인정한 경우는 아직까지 없고, 2차법에 대해서도 기본권을 심사기준으로 삼는 경우가 드물다.[144] 회원국의 경우에도 역시 기본

137) Rengeling, Grundrechtsschutz in der Europäischen Gemeinschaft, 1993 참조.
138) Ehlers, in: ders., EuGR, 2.Aufl., 2005, §14 Rn. 28.
139) Jarass, EU-Grundrechte, §5 Rn. 12.
140) Jarass, EU-Grundrechte, §5 Rn. 19f.
141) Jarass, EU-Grundrechte, §4 Rn. 33.
142) Rengeling/Szczekalla, Grundrechte in der Europäischen Union, 2004, §4 Rn. 364.
143) Ehlers, in: ders., EuGR, 2.Aufl., 2005, §14 Rn. 30.
144) Ehlers, in: ders., EuGR, 2.Aufl., 2005, §14 Rn. 32.

권에 구속된다. 특히 공동체법을 변형, 집행할 때 기본권이 보장되도록 재량권을 행사해야 한다. 사인에 대해 기본권의 제3자적 효력을 직접 인정한 판례는 없다. 인정한다면 사적자치의 침해가 발생할 수 있을 것이다.145)

4. 기본권의 제약과 보장

(1) 보호영역

유럽재판소가 명시적으로 언급되지 않은 기본권을 다룰 때는 종종 기본권의 보호영역에 대한 서술을 피한 채, 곧바로 정당성 심사로 향한다. 그러나 유럽인권협약에서 그 근거를 찾는다면 대체적으로 보호영역에 대해 상세하게 설명한다.146) 구체적인 기본권의 보호영역은 기본권헌장의 내용에서 도출할 수 있을 것이다.

(2) 기본권의 제약

기본권의 제약에 대해 유럽재판소는 상당히 넓은 개념을 인정하고 있다. 공권력 행사가 간접적인 효과를 가지고 기본권을 제약하더라도 기본권의 제약으로 파악한다.147)

(3) 기본권 제약의 정당성

기본권은 무제한적으로 그 효력을 주장할 수 있는 것은 아니지만,148) 유럽재판소는 다음과 같은 내용을 기본권제약의 근거로 제시했다.

1) 법률유보

기본권을 제약할 때는 반드시 법적 근거가 필요하다.149) 법률로서 혹은 법률에 근거하여 기본권을 제약할 수 있다. 문제는 어느 정도의 법률유보를 인정할 것인지 기본자유처럼 불분명하다는 것이다. 유럽연합의 경우에는 적어도 2차법인 명령과 지침 정도에는 수권근거가 있어야 한다. 회원국의 조치는 회원국의 법률에 근거해야 하는데, 이 때 법률의 개념은 회원국의 법질서에 유보하고 있어서, 불문법국가에선 불문법으로도 기본권을 제약할 수 있다.150)

---

145) Ehlers, in: ders., EuGR, 2.Aufl., 2005, §14 Rn.37.

146) Ehlers, in: ders., EuGR, 2.Aufl., 2005, §14 Rn. 42.

147) EuGH, Rs.C-84/95, Slg.1996, S. I-3953, Rn. 22ff. — Bosphorus.

148) EuGH, Rs.265/87, Slg.1989, S. 2609, Rn. 15 — Schräder.

149) EuGH, Rs.46-87, Slg.1989, S. 2859, Rn. 19 — Hoechst.

150) Kingreen, in: Calliess/Ruffert, EUV · EGV, 3.Aufl., 2006, Art.28-30 Rn. 86.

2) 허용되는 목적

판례에 의하면, 기본권을 제약하기 위해선 회원국이나 유럽공동체의 목적달성에 기여하는 공공복리 혹은 타인의 자유와 권리의 보호를 추구해야 한다.[151] 이에 해당하는 것으로 효과적인 소비자보호, 공정경쟁, 유럽인권협약 제18조와[152] 같이 유럽인권협약에 명시적으로 규정된 목적 등이다.

(4) 제약의 한계

1) 비례원칙

허용되는 기본권 제약의 목적을 위해 선택된 수단이 적합하고, 필수적이며, 적정할 때 기본권 제약의 비례관계는 인정될 수 있다. 유럽재판소가 행하는 비례원칙은 회원국, 예컨대 독일의 국내기본권과 비교해 볼 때 통제 정도가 상대적으로 약한 편이다. 따라서 입법자에게 광범한 평가고권을 인정하고, 합리성 심사로서 명백하게 수단의 적합성이 문제가 될 때에만 비례원칙의 위반을 인정한다. 특히 명령이나 지침 등 2차법을 심사할 때에는 비례원칙의 심사 정도가 현저하게 감소하여, 명백하게 잘못된 판단이 아닌 한 비례원칙 위반을 인정하지 않는다.[153]

2) 본질적 내용 침해금지?

유럽재판소는 판례에서 기본권의 본질적 내용도 침해되어서는 안된다고 표현했지만,[154] 실제 본질적 내용의 침해로 기본권 제약이 공동체조약 위반으로 선언된 사례는 없다. 특히 일반적으로 절대적인 기본권의 핵심이 무엇인지 정함이 없어서 독일 기본권 이론에서처럼 큰 의미는 인정되지 않는다.[155]

Ⅳ. 기본자유와 기본권의 차이점

1. 형식적 차이

근거에 있어서 기본자유는 공동체조약의 기본구성요소로서 이미 성립당시부터 제23조부터 제60조에서 명시적으로 보장되었던 반면, 기본권은 명시적인 근거

151) EuGH, Rs.5/88, Slg.1989, S. 2609, Rn. 18 — Wachauf.

152) 제18조(권리제한의 한계): 이상의 권리 및 자유에 대하여 본 협약에서 허용되는 제한은, 이를 규정한 목적 이외의 어떤 목적에도 적용되지 않는다.

153) 예컨대 EuGH, Rs.C-280/93, Slg.1994, S. I-4973, Rn. 128 — Bananen.

154) EuGH, Rs.5/88, Slg.1989, S. 2609, Rn. 18 — Wachauf.

155) Ehlers, in: ders., EuGR, 2.Aufl., 2005, §14 Rn. 5, 49.

보다 회원국의 공통된 헌법전통과 유럽인권협약을 기본권인식의 근거로 해서 일반적인 법원칙을 통해 판례가 주로 인정했다.[156)]

범위에 있어서 기본자유가 소위 경제적 자유에만 관련되는 것이라면, 기본권은 정신적·사회적·경제적 자유와 권리를 전반적으로 포괄하는 일반적인 자유와 권리에 해당되는 것이다.

2. 실질적 차이

(1) 주체의 범위?

기본자유는 일단 역내시장에 들어온 모든 (상품의 경우에는 간접적으로) 사람에게 인정되는 반면, 유럽시민권의 경우에는 회원국 법률에 따라 회원국의 국적을 갖는 국민만이 자유를 누리고 회원국 국적이 없는 사람들은 누릴 수 없는 차이가 있다. 기본권이 사람에게만 인정됨에 반하여, 기본자유의 경우 상품이나 자본 등에게도 객관적으로 인정된다고 볼 수 있지만,[157)] 실제 최종적인 효과는 상품을 교역하고 자본을 관리하는 사람에게 주관적으로 인정되는 것이므로 이는 차이라 말하기 어렵다.[158)]

(2) 법률유보?

기본자유는 법률유보가 절대적으로 요구되지 않지만, 기본권은 반드시 필요하다고 볼 수도 있다.[159)] 그러나 이는 기본자유와 기본권의 차이라기보다, 성문법질서와 불문법질서의 조정과 조화의 문제라고 생각한다. 불문법질서를 어느 정도 인정하는가에 따라 법률유보의 요구 정도도 달라질 것이다.

(3) 충돌, 제한관계?

기본권과 기본자유는 경합관계를 가질 뿐만 아니라, 기본자유의 제약에 한계로서 혹은 통제수단으로서[160)] 기본권이 작동할 수 있다. 슈미드베르거 판결이나 오메가 판결에 나타난 현상을 통해 보면, 상품이나 서비스의 이동은 집회의 자유나 인간존엄의 보장을 위해 제한될 수 있다.[161)] 이 점을 근거로 기본권과 기본자

156) Frenz, EuR 2002, S. 603(613ff.).

157) 예컨대 Röhl, Jura 2006, S. 321(322).

158) Nicolaysen, EuR 2003, S. 719(738).

159) 예컨대 Kingreen, in: Calliess/Ruffert, EUV · EGV, 3.Aufl., 2006, Art.28-30 Rn. 86.

160) Skouris, DÖV 2006, S. 89(96) 참조.

161) 이미 정문식, 유럽법상 자유로운 상품이동의 기본적 자유와 기본권 보호로 인한 제한, 77

유가 다르다고 말할 수 있는 것인지 의문이다. 두 판결의 의미를 더 정확히 관찰해 보면, 기본자유를 제한하는 강제적 필요에 기본권이 포함될 수 있다는 것과(슈미드베르거) 공공질서의 개념을 통해 회원국의 가치(인간존엄)가 유연하게 반영될 수 있다는 것이다(오메가).

기본권과 기본자유의 충돌과 제약이 양자의 상이함을 나타낸다는 주장에 대해 두 가지 이유에서 반론을 제기할 수 있다. 첫째, 두 종류의 자유 사이에 충돌이나 제약관계가 성립하는 것과 두 종류의 자유가 다르다는 것은 차원이 다른 문제다. 충돌은 같은 기본권 내에서도 발생하는 것이다. 유명인의 사생활보호와 언론의 표현의 자유가 충돌한다고 두 가지 권리가 기본권이 아닌 다른 종류의 자유라고 말할 수 없다. 둘째, 슈미드베르거 판결과 오메가 판결이 말해주는 더 근본적인 의미는, 기본권과 기본자유의 갈등은 형량을 통해 좀더 실체적인 조화를 이루도록 노력해야 한다는데 있다. 양자가 서로 다르다는 데 초점이 있는 것이 아니라, 양자가 갈등을 일으킬 수 있는데, 어느 일방을 우선적으로 앞세우지 않고, 양자를 조화롭게 다루어야 한다는 것이다.162)

(4) 의미와 기능상 차이?

기본권은 유럽공동체법이 기본권을 침해할 때 적용되는 반면에, 기본자유는 유럽법이든 국내법이든 다른 회원국 출신이라는 이유만으로 제한이 가해질 때 작동하는 것이다.163) 기본자유는 경제적 행위가 다른 회원국과 관련성 때문에 방해받는 것을 방지하는데, 기본권은 인권이자 시민권으로서 개인 자체의 보호기능이 강한 것이다.164) 양자는 각각 기능하는 방향에서 차이를 나타낸다.165) 이런 기능적 차이를 킹그린은 기본자유와 기본권의 의미를 국가간 통합규범(transnationale Integrationsnorm)과 초국가적 정당화규범(supranationale Legitimationsnorm)의 차이라고 설명하고 있다.166)

기본자유는 유럽연합의 연방적 구조에서 회원국 간의 보호주의나 자국민에 대한 편애 등을 통해 발생할 수 있는 연방의 약화 혹은 갈등과 해체의 위협 상황을 타개하고, 회원국간 장애를 해소하면서 소극적으로 연방을 통합하는 것이다.

면~85면.

162) Skouris, DÖV 2006, S. 89(94f.) 참조.

163) Frenz, EuR 2002, S. 603(618).

164) Skouris, DÖV 2006, S. 89(96).

165) Frenz, EuR 2002, S. 603(608f.).

166) Kingreen, in: Calliess/Ruffert, EUV · EGV, 3.Aufl., 2006, Art.28-30 Rn. 5ff.

이러한 소극적 연방통합기능 때문에 기본자유를 (수평적인) 국가간 통합규범이라고 일컫는다. 반대로 기본권 보장은 공권력 행사를 정당화시키는 정당성의 근거다.[167] 각각의 회원국가를 초월한 유럽연합차원에서 기본권은 바로 그러한 초국가적인 공권력행사의 정당성을 담보하는 것이다. 그래서 연합기본권을 유럽연합의 정당성을 강화시켜 주는 (수직적인) 초국가적 정당성규범이라 일컫는다.

(5) 기본권과 기본자유는 함께 할 수 없는 것?

킹그린은 기본자유와 기본권의 이러한 기능차이 때문에 첫째로 양자는 결코 공통분모를 가질 수 없고, 경쟁관계도 성립하지 않는다고 주장한다.[168] 유럽법에서 발생하는 문제는 회원국간 통합에 관한 문제이거나, 초국가적인 정당성에 관한 문제이지 결코 양자가 함께 일어날 문제가 아니기 때문이다.[169] 둘째로 유럽연합은 기본자유의 수범자가 아니라 기본권의 수범자라 주장한다. 연합은 회원국간 통합을 주도하기 때문에 기본자유의 수범자로서 실제 의미는 있을 수 없고, 다만 개인의 기본권 제약에 대한 정당성을 제시해야 할 의무만 있다고 본다.[170] 셋째로 기본권이 기본자유의 제약의 한계로 작동할 때, 회원국은 국내 기본권을 근거로 기본자유를 제약하지만 이 때 연합기본권은 고려하지 않게 된다는 것이다.[171]

V. 기본자유와 기본권의 유사점

1. 형식적 유사점

첫째, 제12조 제1항의 국적을 이유로 한 차별금지는 기본자유에 대해서나 기본권에 대해서 모두 일반적 규정으로서 지위를 갖는다. 이를 통해 기본자유나 기본권이 모두 평등권의 기능을 하고 있음을 알 수 있다. 기본자유가 차별금지에 대해 특별법적 지위를 갖기 때문에 동일한 사안에 대한 적용에 있어서는 기본자

167) Dreier, in: ders., GG, Bd.1, 2.Aufl., 2004, Vorb. Rn. 70.

168) Schulz, Das Verhältnis von Gemeinschaftsgrundrechten und Grundfreiheiten des EGV, 2005, S. 109도 마찬가지 입장.

169) Kingreen, EuGRZ 2004, S. 570(575). 대표적으로 네덜란드 약국이 독일에서 인터넷을 통한 의약품 판매를 금지한 Doc Morris 사건을 들며, 통합에 관한 문제가 아니라 정당성에 관한 문제로 파악하고 있다. 그러나 최근 관련사건에서는 영업의 자유에 관한 기본자유로 달리 파악하는 견해가 있다. 예컨대 Streinz/Herrmann, EuZW 2006, S. 455(456ff.) 참조.

170) Kingreen, EuGRZ 2004, S. 570(575).

171) Kingreen, EuGRZ 2004, S. 570(576).

유가 앞선다.172)

기본권헌장 전문에는 다음과 같이 규정되어 있다. "… 연합은 유럽인민들(Völker Europas)의 문화와 전통의 다양성, 회원국의 국가정체성 및 국가·지역·지방적 차원의 공권력기관을 존중하면서, 공동의 가치 유지와 발전에 기여한다. 연합은 균형있고 지속적인 발전의 촉진을 추구하며, **자유로운 사람·상품·서비스·자본교류와 영업의 자유를 보장한다. 이를 위해 사회발전, 사회적 진보, 학문·기술발전에 따라 기본권보호를 강화할 것이 필요하며**, 이를 위해 헌장에 명시적으로 규정하였다. …"173) 기본권보호의 강화목적이 기본자유의 보장인 것이다. 유럽헌법 제2부의 전문으로 변경 없이 수용된 이 문구는 기본자유와 기본권이 서로 분리된 관계가 아니라는 것을 보여준다.174)

유럽헌법 제I-4조 제1항에서 기본자유를 명시적으로 인정하고, 제2항에서는 국적을 이유로 한 차별금지를 규정하고 있다.

2. 내용적 유사점

(1) 구성요건적 유사성

상품의 자유교역은 재산권이 바탕에 깔려 있는 것으로서, 상품에 대한 처분을 자유롭게 하는 것(재산권)이 곧 기본자유(상품의 자유이동)의 객관적 근거이며 기초가 된다. 노동자나 영업의 자유, 서비스의 자유이동도 근본적으로는 직업의 자유를 근거로 하는 것이다.175) 유럽재판소는 보호영역을 넓게 해석하는 입장이기 때문에 양자의 중첩 가능성은 높다.176)

시간적으로도 상품이나 사람, 서비스 등이 국내에서만 활동할 때 가해지는 제약에 대해서는 제약의 주체에 따라 국내기본권이나 연합기본권이 관련될 수 있지만, 일단 사람이나 상품, 서비스 등이 국경을 넘어 역내시장 내에서 이동할 때는 기본자유가 관련된다. 이런 점에서 기본권과 기본자유는 시간의 변화에 따라 서로 교차적으로 적용된다고 볼 수 있다.177)

특정 직업의 금지는 원칙적으로 직업의 자유에 대한 기본권 제한이지만, 월

172) Epiney, in: Calliess/Ruffert, EUV · EGV, 3.Aufl., 2006, Art.12 Rn. 44.
173) 강조는 필자에 의한 것임.
174) Frenz, EuR 2002, S. 603(606).
175) Frenz, EuR 2002, S. 603(606f.).
176) 특히 노동자 이동의 자유에 대하여 Skouris, DÖV 2006, S. 89(93).
177) Frenz, EuR 2002, S. 603(607f.).

경성이 있는 경우에 적용된다면 노동자의 자유이동이나 영업의 자유에 대한 제약에도 해당된다. 이 때 기본권과 기본자유가 경합관계에 있을 수 있다.[178] 기본권과 기본자유는 상하관계나 우열관계가 아니기 때문에[179] 어떤 것이 권리침해 심사에서 먼저 적용된다고 일반적으로 말할 수 없다.[180] 경제적인 기본권이 문제가 될 때 월경성이 있으면 기본자유가 먼저 적용된다.[181] 중점적인 제약이 기본권이나 기본자유 어디에 해당되는지 알 수 없을 때는, 연합조약과 공동체조약에 명시적인 규정이 있고 기본권에 대해 특별법적 지위를 갖기 때문에 기본자유를 우선 적용할 수 있을 것이다.[182]

(2) 기본자유의 기본권(자유권)적 특성

기본자유의 내용이 일반적인 이전의 자유(allgemeine Freizügigkeitsrecht)와 차별금지에서 제한금지로의 발전하면서 확대되었다. 그런 가운데 기본자유는 점차 주관적 공권성을 가지며 경제적 자유를 보장하는 기본권의 특성을 획득하게 되었다.[183] 법기술적으로 본다면 공권력행사 주체가 제한금지를 위반하여 제약할 경우 이에 대한 방어권, 즉 부작위청구권이나 제거청구권이 도출되는 것이다.[184]

Ⅵ. 결론과 전망

1. 기본자유와 기본권의 관계: 공동체 내에서 통합 역할의 대체와 방향전환

그 동안 유럽연합은 경제공동체로서 회원국간 장애를 극복하고 단일한 역내시장을 구축하며 진화해왔다. 이러한 경제공동체 구축을 소극적으로 보장해 온 도

178) 물론 Kingreen, in: Calliess/Ruffert, EUV · EGV, 3.Aufl., 2006, Art.28-30 Rn. 110; Schulz, Das Verhältnis von Gemeinschaftsgrundrechten und Grundfreiheiten des EGV, 2005, S. 109는 기본자유와 기본권이 그 기능에서 차이가 나기 때문에 양자는 경합관계가 발생할 수 없다고 본다.

179) Dreier, in: ders., GG, Bd.1, 2.Aufl., 2004, Vorb. Rn. 48.

180) Skouris, DÖV 2006, S. 89(95).

181) Frenz, EuR 2002, S. 603(609).

182) Ehlers, in: ders., EuGR, 2.Aufl., 2005, §14 Rn. 13.

183) Ehlers, in: ders., EuGR, 2.Aufl., 2005, §7 Rn. 24ff.; Frenz, EuR 2002, S. 603(616ff.); Jarass, EU-Grundrechte, 2005, Rn. 9ff.; Skouris, DÖV 2006, S.89(93); Walter, in: Ehlers, EuGR, 2.Aufl., 2005, §1 Rn. 51.

184) Ehlers, in: ders., EuGR, 2.Aufl., 2005, §7 Rn. 26.

구가 바로 회원국간 통합규범인 기본자유다. 이 과정에서 유럽연합은 민주적 정당성의 결핍(Demokritesche Defizit)과[185] 함께 정치과정을 정당화시킬 기본권보장의 약화가[186] 약점으로 지적되어 왔다. 기본자유는 강하게 보장하면서 기본권에 대한 고려는 무시되거나[187] 혹은 기본권은 기본자유를 강화하는 것으로 인식되기 까지 하였다.[188]

그러나 2000년 기본권헌장의 선포, 2003년 슈미드베르거 판결 이후 기본권은 기본자유의 통제규범으로서 작동하기 시작하였다. 유럽헌법논의와 함께 유럽연합은 점차 경제공동체에서 정치공동체로 변환하고 진화하는 중이다. 유럽연합이 정치공동체로서 계속 발전하기 위해선 기존의 경제공동체를 지켜왔던 기본자유로는 부족하다. 연합의 공권력을 정치적으로 정당화시킬 초국가적 정당성 근거로서 기본권의 보장이 절대적으로 필요하다. 그 동안은 경제적 공동체의 강조와 통합 때문에 경제적 자유를 보장하는 기본자유가 중요한 역할을 했다면, 이제 정치적 공동체를 이루어가기 시작한 유럽연합에는 경제적 기본권 외에 정치적, 정신적 기본권들의 역할이 필요하기 때문이다. 집회의 자유(슈미드베르거), 인간존엄(오메가) 등의 기본권이 기본자유를 통제하는 규범으로 비춰지는 이유는 거기에 있다.

50년간 유럽공동체 회원국간 통합을 꾸준히 이루면서 기본자유가 유럽공동체의 형성에서 담당했던 중추적 역할이, 이제는 유럽연합의 정치적 공동체를 완성해 나가면서 초국가적 정당성을 담당하는 기본권에게 넘어가고 있는 중이다. 기본자유는 그런 의미에서 '유럽연합 진화의 껍데기(Eierschale der EU-Evolution)'라고 할 수 있다.[189] 개인의 경제적 자유를 바탕으로 한 기본자유가 유럽연합의 통합을 이루는데 수평적으로 작용했다면, 역시 개인의 자유를 바탕에 둔 기본권은 유럽연합의 통합에 수직적으로 작용할 것이다. 그렇기 때문에 기본권과 기본자유는 그 기능과 역할 면에서도 전혀 서로 다른 성질의 것이라고 섣불리 말할 수 없다.[190] 기본자

185) Streinz, Europarecht, 7.Aufl., 2005, Rn. 323ff. 참조.

186) Calliess, in: Ehlers, EuGR, 2.Aufl., 2005, §20 Rn. 2.

187) 예컨대 EuGH, Rs.C-415/93, Slg.1994, S. I-4921, Rn. 92ff. — Bosman. 근로자의 이동의 자유는 보장하면서 결사의 자유에 대한 고려는 별로 하지 않았다. Dreier, in: ders., GG, Bd.1, 2.Aufl., 2004, Vorb. Rn. 49도 참조.

188) EuGH, Rs.C-260/89, Slg.1991, S. I-2925, Rn. 43 — ERT; Rs.C-368/95, Slg.1997, S. I-3689, Rn. 24 — Familiapress.

189) Dreier, in: ders., GG, Bd.1, 2.Aufl., 2004, Vorb. Rn. 49.

190) Pernice, Das Verhältnis europäischer zu nationalen Gerichten im europäischen Verfassungsverbund, 2006, S. 12에서 유럽법원과 국내법원의 관계를, "서로 구분될 수 있지만, 실체법적으로 기능적으로 통합체"를 이룬다고 표현하고 있다. 기본자유와 기본권과의 관계도 그런 방식으로 이해할 수 있을 것이다.

유와 기본권은 운동방향만 다를 뿐, 유럽의 통합을 이루어갈 주요한 도구임에는 변함이 없고, 기본자유의 배경이 되었던 연합조약이나 기본권의 배경이 될 유럽헌법에서나 개인의 자유와 권리를 중심으로 하는 유럽공동체의 가치는 변함이 없기 때문이다.[191]

2. 전망: 기약할 수 없는 국가로의 발전?

유럽법에서 기본자유와 기본권에 대한 앞으로의 전망은 과거에 대한 고찰에서 한 가지 시사를 얻을 수 있을 것이다. 근대 초기 재산권은 개인의 신성 불가침적인 인권이었다. 유럽과 미국에서 재산권 보장은 개인의 자유에 물적 토대가 되었다.[192] 찰스 비어드는 미국 헌법의 제정배경이 유산계급의 재산권 보호라고 지적하였다.[193] 그러나 남북전쟁의 분열을 지나, 경제적 위기를 건너, 미국의 1937년 헌법혁명 이후 경제적 자유는 상대적으로 정신적 또는 정치적 기본권에 비해 의미가 약해졌다.

유럽연합 내에서도 수평적으로 작용하던 기본자유는, 이제 수직적으로 작용하는 기본권에 의해 어느 정도 그 활동 폭이 줄어들 것이다. 역내시장의 완성도가 높아갈수록 핵심적 역할을 했던 기본자유의 필요성은 감소하고, 상대적으로 그 동안 소홀히 다루어졌던 기본권에 대한 요구는 증대할 것이다. 기본권이 기본자유를 통제하는 제한규범으로 활동하기 시작했다는 것은 유럽연합이 이미 기존의 경제공동체에서 정치공동체로 변화했다는 증거다. 다른 한편으론 유럽연합의 국가적 성격이 점차 강화된다는 뜻이기도 하다. 물론 정치공동체로서 유럽연합의 진화는 지난 반세기만큼 걸릴지, 아니면 그보다 더 긴 시간이 필요할지는 두고 볼 일이다. 기본자유는 앞으로 시간적 차이는 있겠지만 점차 경제적 기본권으로 흡수될 것으로 보인다. 본래 경제적 기본권이었던 기본자유는 유럽통합과 함께 본래 자리로 돌아가야 하기 때문이다.

---

191) 연합조약 제 6 조: (1) 연합은 자유, 민주주의, 인권존중, 기본적 자유, 법치국가의 원칙에 근거하며, 이 원칙은 모든 회원국에 공통된다.
유럽헌법 제 I - 2조: 연합은 인간존엄의 존중, 자유, 민주주의, 평등, 법치국가 그리고 소수자의 인격권을 포함한 인권보장의 가치위에 설립되었다. 이 가치들은 다원주의, 비차별, 관용, 정의, 연대 그리고 남녀평등을 특징으로 하는 사회의 모든 회원국에 공통된 것이다.

192) 양건, 헌법강의 1(2007), 504면 참조.

193) 양건, 헌법강의 1(2007), 200면 이하 참조.

第74回 발표회 지정토론문

전　학　선*

현대 민주주의는 기본권 보장이 그 목표라 할 만큼 기본권 보장은 우리 현대 민주주의에 있어서 가장 중요한 쟁점 가운데 하나이다. 따라서 현대 민주주의 국가들은 국민들의 기본권 보장을 위하여 헌법에 다양한 기본권 조항을 두어 국민들의 기본권 보장을 강화하기도 하고, 헌법에 체계적인 기본권 조항을 두고 있지 아니한 경우에도 기본권 보장을 위하여 다양한 노력을 하고 있다. 유럽도 예외는 아니어서 각국이 국민들의 기본권 보장을 위하여 노력을 하고 있다. 이러한 노력과 더불어서 유럽은 하나의 국가를 만들기 위하여 끊임없는 노력을 하고 있으며 이러한 노력과 더불어서 유럽시민들의 기본권 보장을 위한 노력도 함께 하고 있는 것이다.

유럽연합은 20세기 중반부터 유럽에서는 여러 가지 다자간 조약을 통하여 유럽국가 상호간에 국경의 장벽을 허물기 시작하여, 드디어 2004년 10월 29일에는 유럽연합(Union européenne) 25개국 정상 및 유럽연합 집행위원장이 참석한 가운데 로마에서 유럽연합헌법조약 서명식이 열렸다. 1950년대에 유럽석탄철강공동체를 시작으로 하여 점점 결속력을 강화하더니 유럽공동체에서 유럽연합으로 되어 단일 헌법을 채택하여 유럽통합을 위한 중대한 결실을 맺게 되었다. 이에 2007년 4월 현재에는 27개국이 회원국으로 된 거대한 조직이 되었다.

오늘날 급변하는 국제정세 속에서 세계 각국은 정치적 이해관계 속에서 혹은 경제적 이해관계 속에서 다른 나라들과의 관계를 더욱더 긴밀하게 유지할 필요성을 느끼게 되었고, 이러한 필요성의 증가로 국제조약을 통하여 그 결속을 다지고 있다. 예를 들면 동남아시아의 지역협력기구로서 동남아시아국가연합(Association of South-East Asian Nations)이 1967년 8월 설립되었고, 1989년 11월 한국·미국·일본·호주 등과 동남아시아국가연합이 아시아태평양경제협력체(Asia Pacific Economic Cooperation)를 결성하였으며, 미국·캐나다·멕시코 3개국이 1992년 12월 북미자유무역협정(North American Free Trade Agreement)을 체결하였다. 이처럼 지역적으로 블

* 한국외국어대학교 법과대학 교수.

록을 형성하여 지역발전을 위한 협정을 체결하여 지역발전과 세계변화에 대응하고자 각국들은 노력하였다.

그 가운데 유럽연합은 50여년 만인 2004년 단일헌법을 채택함으로써 괄목할 만한 성과를 거둔 것이다. 유럽연합이 단일헌법을 만듦으로써 유럽은 좀더 하나의 국가에 가까이 다가서게 된 것이다. 게다가 유럽연합은 2004년 10월 채택한 헌법에서 50여 개에 달하는 기본권조항을 두고 있다. 유럽헌법도 유럽 시민들의 기본권 보장을 위하여 다양한 조항들을 담고 있는데 이러한 조항들이 어떠한 의미를 가지는가를 연구할 필요가 있다.

특히 올해는 유럽경제공동체가 발족한 지 50주년이 되는 해로 지난 50년 동안 유럽이 통합국가를 위하여 수많은 조약과 협정을 체결하여 유럽헌법을 체결하고 다음 단계로 나아갈 준비를 한다는 점에서 유럽연합에 관한 연구가 뜻 깊다 할 것이다.

유럽연합과 관련하여 주요한 조약이 유럽공동체조약과 유럽연합조약 그리고 유럽헌법일 것이다. 이러한 조약(유럽헌법의 경우에는 조약인가 헌법인가 하는 논란이 남을 수 있다)이 가지고 있는 기본권 조항들에 관하여 그 의미를 살펴보아야 할 것이다.

논문에서 필자는 유럽연합 혹은 유럽공동체에 있어서 기본권 혹은 기본자유가 가지는 의미를 깊이있게 분석하고 그 내용을 제시하고 있다. 기본자유와 기본권을 비교하여 공통점과 차이점을 다각도로 분석하여 그 용어의 차이를 잘 설명하고 있다.

유럽이 통합되기 위하여 많은 노력을 하였는데, 그 초기의 과정을 보면 다음과 같다.

제 1 차 세계대전과 제 2 차 세계대전을 거치면서 미국이 세계의 뉴 리더 국가로 세계정치무대에 등장을 하면서 그 이전까지 세계무대에서 발언권이 강하던 유럽, 특히 프랑스 등이 미국의 정치적·경제적 힘에 대항하기 위하여 유럽을 하나로 묶는 공동체의 필요성이 대두되었다. 또한 제 1 차 세계대전과 제 2 차 세계대전을 거치면서 유럽의 양대 대국이었던 프랑스와 독일 간의 적대감을 해소하고 이와 더불어서 유대관계를 높이면서 유럽의 결속을 더욱더 확고히 하고자 하였다. 따라서 1950년대 초 당시 프랑스 경제계획청장인 장 모네(Jean Monnet)의 아이디어를 빌어, 로베르 슈망(Robert Schuman) 프랑스 외무장관이 1950년 5월 9일 기자회견을 통해 석탄 및 철강 산업을 초국가적인 기구를 통해 공동관리하자는 '슈망선언'을 발표하였다. 로베르 슈망 프랑스 외무장관의 제의를 영국을 제외한 독일, 이탈리아 및 베네룩스 3국이 수락함에 따라 프랑스·독일·이탈리아·네덜란드·벨기에·룩셈부르크 6개국이 1952년 8월 유럽석탄철강공동체(CECA — Communauté européenne du charbon et de l'acier)를 정식으로 발족하였다.

그 후 석탄과 철강산업만을 대상으로 한 공동시장을 모든 산업으로 확대하기 위한 필요성이 대두되었고, 중요성이 날로 증가하던 원자력의 공동개발 및 이용을 목적으로 하는 유럽원자력공동체의 결성이 필요하게 되었다. 따라서 1957년 3월 로마에서 관세동맹, 경제 및 화폐동맹과 회원국 간의 상품·사람·서비스 및 자본의 자유이동을 이룩함으로써 공동의 경제·산업·사회·재무 및 재정정책을 지닌 단일시장을 형성하려는 목적의 공동체인 유럽경제공동체(CEE — Communauté économique européenne) 및 공동에너지 시장의 창설, 핵 원료의 균형 공급 보장, 핵 에너지의 안전 및 인간과 환경의 보호를 위한 특별계획 등을 추진하려는 목적의 공동체인 유럽원자력공동체(Communauté européenne de l'énergie atomique) 창설조약에 서명이 이루어지게 되었다. 이러한 초기의 과정을 거쳐서 현재의 유럽연합에 이르기까지 하였다.

발표자는 독일어에 기초하여 기본자유와 기본적 자유 그리고 기본권을 분석을 하였는데, 프랑스어의 경우 기본권 혹은 인권과 관련된 용어들이 다양하게 사용되고 있다. 프랑스에서 기본권과 관련된 용어들은 Libertés publiques(공적 자유), Libertés fondamentales(기본적 자유), Droits de l'Homme(인권), Droits fondamentaux(기본권) 등의 용어들이 사용되고 있으나 이러한 용어들에 대하여 엄격한 의미에서는 다르다고 볼 수 있으나 일반적으로 그 차이를 두지 아니하고, 유사하거나 같은 개념으로 사용하고 있다. 그 연원이라든가 철학적 의미에 있어서는 어느 정도 구별할 수 있겠으나, 그것이 가지는 법적 의미가 그렇게 뚜렷이 구별된다고는 보기 어렵다. 따라서 이러한 개념들에 대하여 획일적으로 정의할 수는 없고, 이론과 판례에 따라 다르게 사용되어진 개념이기 때문에 어느 한 용어가 다른 경우에도 그러한 의미로만 사용된다고 볼 수는 없다할 것이다. 특히 프랑스에서는 기본권(Droits fondamentaux)이란 개념은 일반적으로 흔히 사용되는 개념은 아니다. 오히려 Libertés fondamentales(기본적 자유)라는 표현이 프랑스 헌법재판소 결정에 나오고 있다.

프랑스에서 가장 많이 사용되는 용어는 Libertés publiques(공적 자유)라 할 수 있다. 공적 자유라는 용어의 근원은 1789년 인권선언에서부터 찾아볼 수 있다. 그러나 1789년 인권선언에는 공적 자유란 표현은 없고 자유(libertés), 혹은 인권(droits de l'homme)이란 용어가 사용되고 있다. 처음으로 실정법에서 공적 자유란 단어가 사용되기 시작한 것은 1793년 산악당 헌법 제9조에서부터이다. 공적 자유의 의미는 학자들마다 광의로 혹은 협의로 사용되기도 하는데, 현대에 와서 기본적 자유(libertés fondamentales), 인권(droits de l'homme), 기본권(droits fondamentaux)과 정확히 구별하기는 어렵다. 현행 헌법 자체도 前文에서는 인권이라는 용어를 사용하고 있고, 제34조에서는 공적 자유라는 표현을 사용하고 있다. 따라서 엄밀히 말하면 그 연원은 다르겠지만, 인권, 기본권, 공적 자유라는 용어가 혼합되어 사용되기도 한다.

따라서 발표자는 독일의 용어차이로 기본자유와 기본권을 구분하는 듯한 경향이 있으나 유럽공동체와 유럽연합이 결국 각국의 언어로 체결되므로 프랑스어의 경우에는 그 의미차이를 발견할 수 없다고 할 수 있다.

결국 기본자유와 기본권의 차이를 찾으려는 듯한 모습을 보이면서도 그 내용에서는 구별을 하기 어려운 것 같은 모습도 보이고 있다.

예를 들면 발표자는 "유럽인권협약의 기본적 자유는 협약을 통해 보장되는 인권을 의미하는 것이며, 유럽법상 기본자유는 유럽공동체 내에서 자유로운 인적·물적 교류를 보장하는 경제적 자유를 의미한다"라고 하고 있는데, 인권과 기본권 혹은 기본자유가 가지는 의미에 대하여 구별하는 견해도 있지만, 유럽법상의 기본자유도 결국 유럽공동체 내에서 유럽법을 통해 보장되는 인권이 아닌가 하는 점에 대하여 의문이 든다. 특히 유럽인권협약도 그 정식명칭은 인권과 기본적 자유의 보장에 관한 협약(Convention de sauvegarde des Droits de l'homme et Libertés fondamentales)으로, 인권이란 용어와 더불어서 기본적 자유라는 용어도 함께 사용하고 있는데, 이러한 점들을 고려하면 과연 그 차이가 무엇인가 하는 점에 의문이 든다.

또한 유럽인권협약상에도 기본적 자유(fundamental right)란 표현이 있으나 그 의미는 유럽법상 기본적 자유와 다르다고 하였는데, 어떻게 다른가 하는 점을 설명해주었으면 한다. 특히 3면에서 유럽헌법 제Ⅱ-113조가 기본권과 기본자유의 관계를 조정하고 있다고 하였는데, 프랑스판 유럽헌법을 보면 기본자유(Libertés fondamentales — 발표자가 기본자유라 표현하므로 기본자유로 한다)와 인권(Droits de l'homme)으로 되어 있지 기본권(Droits fondamentaux)이란 표현은 없다. 오히려 기본권이란 표현은 제Ⅱ-112조에서 나타나고 있다(유럽헌법 제Ⅱ-112조 제4항 — 회원국들의 공통의 헌법전통에서 기인하는 것과 마찬가지로 이 헌장이 기본권을 인정하는 범위에서 이러한 권리들은 전통과 조화를 이루며 해석되어져야 한다).

이와 더불어서 몇 가지 의문점에 대해서 제시하고자 한다.

발표자가 1면에서는 유럽법이 유럽연합조약을 의미한다고 하면서 유럽법상의 기본자유에 관하여 설명하면서 3면에서 기본자유의 종류로서 유럽공동체조약을 기준으로 구분하고 있다. 기본자유의 개념을 어디에서 찾는 것인가?

유럽법상 기본자유는 경제적 자유를 의미한다고 하였는데, 기본자유가 경제적 자유만을 의미하는 것이 아니고, 유럽통합 과정에서 통합의 필요성이 정치·경제·사회·문화 모든 면에서 필요하였겠지만 특히 경제적인 측면에서 필요성을 느꼈고, 따라서 1957년 유럽경제공동체를 구성하다보니 경제와 관련된 기본권을 우선적으로 규율하게 된 것은 아닌가?

유럽재판소가 제3자적 효력과 관련하여 상품과 영업 그리고 자본에 있어서는 제3자적 효력을 인정하고 있지 않다고 하면서, 이는 "기본자유의 제3자적 효력을 직접 인정하는 것은 논란의 여지가 많기 때문에, 가능한 회원국의 개인과 상품에 대한 보호의무를 통해 해결하는 것이, 이론적 논란을 피하고 국가에 대해 직접 개입의무를 발생시키므로 좀더 합리적"이라 하였는데, 그렇다면 다른 분야에서도 — 예를 들면 유럽재판소가 인정한다는 인적 교류와 서비스 분야 — 제3자적 효력을 부인하는 것이 바람직하다는 것인가?

기본자유의 주체와 관련하여 유럽법상에는 국적에 관한 규정이 없다고 하였는데, 이는 결속력이 약한 결과 아닌가?(유럽공동체조약 제17조에서는 회원국 국민에게 유럽연합시민권을 부여하고 있다고도 볼 수 있는데, 이는 유럽연합헌법에서도 유사하게 규정되어 있는 것으로 보아 이를 근거로 유럽연합시민권을 이야기할 수는 없는가?)

뒤에 기본권에서도 마찬가지이지만 8면에서 이야기하고 있는 제약은 우리가 보통 사용하는 침해에 해당하는 것인 것 같고, 10면의 제약은 제한 아닌가 생각되는데, 특별히 제약이란 용어를 사용한 의미가 있는가?

기본자유와 기본권을 개념분리하였을 때 얻을 수 있는 실익 혹은 차이는 무엇인가?

12~13면에서 기본권을 연합조약과 공동체조약 등이 보장하는 개인의 권리를 총칭하는 것으로 정의하였는데, 그러면서 연합조약이나 공동체 조약에는 이러한 기본권에 관한 명시적 규정을 두고 있지 않다고 하였는데, 3면의 4가지의 기본자유가 결국 기본권의 일부 아닌가?

국가기관의 경우에 기본자유에서는 사경제주체로서 활동할 때에는 주체성이 인정되었지만, 기본권의 경우에는 사경제주체라 할지라도 기본권의 주체가 될 수 없다고 하였다. 그 이유는 무엇인가?

20면에서 기본자유는 유럽연합차원에서 회원국이 다른 회원국 국민들에 대한 차별(?)에 대한 보호로서 작용되는 것이고 기본권은 개인 자체에 대하여 보호하는 것이라면 결국 이는 같은 것 아닌가?

앞에서 이야기한 유럽법이 유럽연합법을 의미한다고 하였으나 곳곳에서 유럽공동체법을 의미하는 것으로 읽히는데….

第74회 발표회 지정토론문

김 성 진*

여러 바쁘신 일정에도 불구하고 헌법실무연구회의 발표를 맡아 뜻 깊은 발표를 해주신 정문식 교수님께 먼저 감사의 말씀을 드린다. 특히, 빠르게 통합의 길을 걷고 있는 유럽법에 대한 논의는 그 중요성에도 불구하고 많이 알려지지 않아 안타깝던 차에 좋은 발표를 듣게 되어 많은 가르침을 얻게 되었다. 유럽법에 대해 문외한이 토론자가 지정토론을 맡게 되어 두려운 마음이 앞서지만 발제문을 읽으며 생각나는 점을 두서없이 써보았다.

1. 들어가며(가설)

여러 실정법적 고려 없이 하나의 가상의 사건을 생각해 보자. 강원도 도의회가 강원도 산악지형의 특성상 주민의 안전을 고려하여 일정 크기 또는 중량 이상의 화물트럭 운행을 금지하는(혹은 일정 크기, 무게 이상의 트럭에 대하여 부담금을 부과하는) 조례를 만들었다 생각해 보자. 또는 강원도 도민의 이익을 위해 강원도에 본적을 둔(혹은 주소를 두고 일정 기간 거주한) 사람에게 공공사업의 일정 부분을 의무적으로 맡기는 조례를 만들었다고 생각해 보자. 이러한 조례에 대하여 기본권 침해(직업의 자유 또는 평등권 등)를 이유로 헌법소원을 제기할 수 있을까?

만약 우리의 헌법이 이러한 지방자치단체의 차별적 행위 또는 제한적 행위를 규제하는 특별한 조문을 가지고 있다고 생각해 보자. 위에 언급한 가상의 문제는 기본권의 문제인가 아니면 그러한 특별 조문을 통해 구제받을 수 있는 사항인가? (기본자유의 문제인가?)

이러한 문제의 논의를 조금 더 확장하여 강원도를 캘리포니아로 보고 조례를 캘리포니아 주법으로 본다면 이러한 가상의 문제는 어떻게 해결될 것인가? 이러한 가상의 사건을 유럽으로 옮겨 보아 강원도를 프랑스로 보고 조례를 프랑스의 법률로 본다면 동일한 사항에 대하여 그 접근 방식을 어떻게 달라질 수 있을까?

---

* 헌법재판소 헌법연구관.

2. 연방제(federalism)의 문제

일정한 자치권을 인정하는 연방제 국가는 그 특성상 연방차원의 문제와 자치정부의 권한을 구별 지으며 자치정부에 권한을 부여하는 동시에 그 권한을 제한한다. 미국과 같이 연방제로 출범한 국가가 있는 반면 특정지역의 주민들이 인종, 종교 등을 이유로 독립을 요구하는 경우 그들을 독립시키기보단 연방제의 형태로 그들의 자치권을 인정하는 경우가 증가하고 있다. 유럽의 경우는 독립된 국가들로 존재하는 상태에서 연방제의 형태로 가고 있다는 독특한 형태를 취하고 있다. 발제자가 논의하고 있는 기본자유의 문제는 연방제를 추구하면서 경제적 통합을 위해 필연적으로 뒷받침되어야 하는 구조적 틀 또는 전제가 되는 부분이 아닌가 한다. 유럽 통합의 완성된 모습이 밑그림 그려진 유럽 헌법 초안에 있어 이 부분은 좀더 명확해진다. 즉, 유럽헌법 초안은 제 2 부(Part Ⅱ)에 기본권에 대해 규정(The Charter of Fundamental Rights of the Union) 하면서 존엄권(Human dignity), 생명권(Right to life), 평등권(Equality) 등을 폭넓게 인정하는 한편, 제 3 부에 연합의 정책과 역할(The Policies and Functioning of the Union)을 규정하면서 제 3 장 제 1 절(Title Ⅲ Chapter Ⅰ)에 발제자가 초점을 맞추고 있는 기본자유(free movement)를 언급하고 있다. 그렇다면 기본자유는 기본권과 분리되어 일반적으로 헌법에서 말하는 통치구조 편에 속하는 사항으로 연방제 국가로 나아가기 위한 구조적 장치로 보는 것이 타당할 것으로 생각된다(개인이 가지는 기본권적인 측면보다는).

3. 미국 사례 비교

기본자유에 대하여 연방제 유지를 위한 구조적 장치 또는 연방과 자치정부 사이의 권한 배분의 문제로 보는 시각은 미국의 사례를 비교해 보면 좀더 명확해진다. 미국 연방헌법은 연방의 권한으로 헌법상 명시되지 않은 모든 권한은 주에 귀속된다고 하면서(수정헌법 제10조) 판례를 통해 유럽법상 기본자유에 해당하는 내용을 구체화시켰다. 즉, 미국 연방대법원은 헌법 명문의 규정이 존재하지는 않지만 연방의회가 주간 통상을 규율할 수 있다는 Commerce Clause(연방헌법 제 1 조 제 8 항)를 통해 휴면통상조항(Dormant Commerce Clause)의 원칙을 세워왔다. 이 원칙은 주법과 자치법규가 주간통상에 대하여 정당하지 않은 부담을 지우면 위헌이라는 원칙으로 주간통상을 규제할 수 있는 권한은 헌법상 연방의회에 부여되어 있고 비록 연방의회가 입법을 하지 않았다 하더라도(연방의회의 통상규제권한을 행사하지 않다 하더라도) 주정부나 지방자치단체는 주간통상에 정당하지 않은 부담을 지울 수 없다는 것이다.

휴면통상조항의 적용은 3가지 부분으로 이루어지는데 먼저 주법이나 자치법규의 입법 목적이 정당해야 하며(legitimate state end) 그러한 규율이 입법 목적 달성에 합리적 수단이어여 하고(rationally related) 그러한 규율로부터 얻어지는 주의 이익(공익)이 주간 통상에 가하는 부담(burden)보다 더 커야 한다(balancing test). 무엇보다도 주법이 자기 주 사람의 경제적 이익을 위해 주안의 사람과 타주의 사람을 의도적으로 차별한다면 이것은 거의 자동적으로 헌법의 통상조항에 위배된다.

구체적 적용 방법을 보면, 주법의 입법목적이 건강(health), 안전(safety), 복지(welfare)를 위한 것이라면 그 입법목적은 정당성은 대체적으로 인정되며 형량 심사에 있어 덜 제한적인 방법(less restrictive means)이 있다면 그러한 규율은 통상조항에 위배될 소지가 높다. 다만 주정부가 시장경제의 사적인 주체로 활동하는 경우에는 예외적으로 휴면통상조항이 적용되지 않는다.

4. 결 론

발제문에 잘 정리되어 있듯이 유럽의 기본자유에 대한 심사는 미국의 휴면통상조항에 대한 심사와 상당히 유사하다. 미국의 경우 연방제 국가로 출범 초기부터 주간통상의 문제는 계속적으로 문제되어 왔으며(최초의 사건 1824년의 Gibbons v. ogden 사건) 연방대법원은 헌법 조문을 무리하게 해석했다는 비판에도 불구하고 연방제 국가의 통합을 위해 휴면통상조항을 지속적으로 유지하여 왔다. 유럽의 통합과정을 살펴보더라도 경제적 통합을 위해 기본 자유의 보장이 필수적인 요소였으며 기본자유라는 명칭에도 불구하고 개인에게 기본권 차원의 보장을 해주었다기보다는 각 회원국의 입법을 제한하는 연방제도의 구조적 틀로서의 역할에 초점이 맞추어진 것으로 생각된다.

第74회 발표회 토론요지

사 회 자 : 박인수(교수)

토론참여자 : 성왕(헌법연구관) 배보윤(헌법연구관) 이강국(헌법재판소장)

간 사 : 안녕하십니까? 헌법실무연구회 간사를 맡고 있는 전종익 연구관입니다.

오늘은 특별히 지금까지 저희가 잘 다루지 않은 주제인 유럽헌법에 관한 내용을 가지고 발표회를 가지게 되었습니다. 유럽헌법학회의 여러분들이 같이 해 주셨습니다.

오늘 사회는 박인수 교수님께서 해 주시겠습니다.

사 회 자 : 영남대학교 박인수 교수입니다.

오늘 74회 헌법실무연구회를 이강국 헌법재판소장님을 모시고 그리고 또 이공현 회장님과 조대현 재판관님을 모시고 이렇게 진행하게 된 것은 저희들 유럽헌법학회로서는 무한한 영광으로 생각이 됩니다.

그리고 또한 여러 연구관님과 연구원님들 그리고 또 여러 전문가 교수님들이 함께 한 자리가 되니까 더더욱 영광스러운 자리가 아닌가 생각이 됩니다.

유럽헌법은 여러 연구관들께서 잘 아시겠습니다마는 2004년 10월 29일 당시 15개국정상들에 의해서 서명이 되었습니다. 그 이후에 빠른 속도로 한 10개국이 2005년 4월까지 그 비준을 완료를 하였습니다. 그러나 2004년 5월말 프랑스의 국민투표에 의한 비준 부결과 6월 2일 네덜란드의 비준 부결에 의해서 유럽헌법은 상당히 좌초를 하고 있다고 말씀을 드릴 수가 있습니다.

그러나 유럽헌법이 아직까지 비준을 받지 못하고 있습니다만 그것은 지금 수면하에 있는 것이고, 다만 유럽 내의 정치적 관계에 의해서 아직까지 비준이 이루어지지 못하고 있습니다. 2007년 상반기에 숙고기간, 프랑스의 총선이라든지 대선이 종료되고 나면 숙고기간종료 이후인 2007년 하반기 정도까지는 유럽헌법의 장래에 대해서 상당한 논의가 마쳐질 것이고, 그에 따라 2008년에는 비준, 2009년 유럽의회의원선거 그리고 집행위원회구성의 변경이 예정되어 있습니다. 그래서 유럽의회와 집행위원회의 구성이 변경되면 그 이후로 해서 본격적으로 유럽헌법이 가동될 것으로 보입니다.

유럽헌법은 여러 선생님들께서 잘 아시겠습니다마는 지금 현재 이것 자체가 주는 의미는 별다른 의미가 없을 수도 있습니다. 왜냐하면 유럽헌법은 그 자체로서 이미 유럽 EU에 의해서 가동이 되고 있습니다. 현재 성문헌법전이 없을 뿐이지 헌법규범은 그대로 작용을 하고 있는 것이라고 볼 수 있습니다.

현재 성문화되어 있는 유럽헌법전은 크게 4편으로 나누어져 있습니다. 1편에는 대체로 유럽의 가치라든지 유럽 EU의 구성이라든지 유럽 전반에 관한 헌법적 구조에 관한 것을 두고 있고, 그리고 2편에서는 기본권에 관한 헌장을 수용하고 있습니다. 기본권에 관한 헌장은 2000년 12월 말에 니스에서 유럽기본권헌장으로 선언된 것을 그대로 2004년 10월 헌법전 서명시 유럽헌법 2편으로 수용한 것입니다. 그리고 3편은 기존 마스트리트조약에 의해서 성립된 EU가 마스트리트조약 이후에 암스테르담조약이라든지 니스조약을 통하면서 있었던 이러한 조약의 내용을 묶어놓은 것이 3편의 내용이라고 볼 수 있습니다. 그리고 또 4편은 앞으로 이러한 유럽헌법이 시행되는 경우에 개정의 문제라든지 이러한 경과조치에 관한 것을 두고 있습니다.

총 4편 448조로 이루어져 있는데요, 현재 사실 3편에 관한 부분은 작동을 하고 있습니다. 그것이 왜냐하면 이미 암스테르담조약이라든지 EU 자체가 움직이고 있기 때문에 그러한 것이지요. 따라서 EU헌법은 형식적으로는 아직까지 성문화되고 있지 못하고 있지만 실질적으로는 이미 가동되고 있는 규범체제라고 볼 수가 있습니다.

그러한 차원에서 본다면 우리는 EU헌법이 성문화되는 것의 여부를 떠나서 지금 EU헌법을 연구하는 것은 시기적으로 어떤 의미에서는 늦었다고 생각될 정도로 우리는 EU헌법에 대해서 관심을 가져야 한다는 생각이 듭니다.

이러한 차제에 오늘 우리 정문식 교수가 유럽헌법에 관한 내용을 발표를 하게 되었습니다. 유럽헌법에 대해서 발표하게 되는 정문식 교수는 베를린 훔볼트대학에서 헌법학으로 법학박사학위를 취득했습니다. 박사학위논문은 지금 생명공학에서 많이 언급되어지고 있는 '줄기세포법의 독일헌법적 유럽법적 문제'에 관해서 완성을 하고, 특히 이러한 생명공학적인 헌법적 접근뿐만 아니고 여러분들 다들 잘 아시는 헤벨레 교수의 수제자로 알려진 페리우스 교수가 지금 독일에서는 유럽헌법쪽에 가장 많은 연구를 하고 있는 연구자입니다. 페리우스 교수의 지도를 박사과정 당시에 받았기 때문에 유럽헌법에 관해서 독일적인 내용으로서는 정통하게 공부를 한 분이라고 말씀드릴 수가 있습니다.

우선 오늘 발표해 주실 논문의 제목은 '유럽법상 기본자유와 기본권의 관계'

입니다. 이 유럽법상 기본자유와 기본권의 관계는 이 용어 자체가 우리가 모두 다 쉽게 접근하고 있는 용어지만 이 용어가 담고 있는 함의라고 하는 것은 우리가 이제껏 보지 못했던 그러한 내용을 밝혀 주고 있습니다.

오늘 우선 이 좋은 논문을 발표해 주실 정문식 교수님을 소개해 드리겠습니다.

그러면 정문식 교수님께 마이크를 넘기고 발표시간은 30분 정도로 하겠습니다.

< 주제발표자 발표 >

사 회 자 : 정문식 교수님은 기본자유와 기본권에 관한 개념의 구별을 이렇게 우선 하고 계십니다. 기본자유는 EU가 경제적 통합을 이루는 과정에서 크게 네 가지의 자유로운 흐름을 보장하고자 했습니다.

그 첫째 대상이 되는 것이 '상품'이며 '사람' 그리고 '서비스', '금융'이 네 가지의 경제적 대상입니다. 경제영역을 국경 없이 자유롭게 흘러갈 수 있도록 자유로운 흐름을 보장하는 자유, 이것을 '기본적 자유'라고 합니다.

거기에 비해서 기본권의 영역은 무엇인가? 기본권은 물론 유럽인권협약에서부터 출발하고 있습니다만 유럽인권재판소를 통해서 규범화되어 오던 것이 2000년 12월 말에 니스조약에서 유럽기본권선언이라고 하는 유럽기본권헌장을 만들게 됩니다. 이 기본권헌장이 만들어지고 경제적 흐름의 자유였던 것이 이제 주관적 공권으로 변화를 하는 과정에서 주관적 공권으로서의 자유와 그리고 유럽인권재판소에서 확립되어졌던 기본권 이 두 개가 충돌되어지면서 용어를 정리할 필요가 있었다라고 하는 의미에서 기본자유와 기본권은 구별되는 것입니다.

그러나 그 내용은 기본자유 역시 하나의 경제적 부분에 관한, 대상이 경제적 부분인 것이지만 점차적으로 주관적인 권리로 전환하고 있다면 이것도 크게 볼 때는 기본권의 한 파트로 볼 수 있는 것 아니냐 라고 하는 것이 정문식 교수의 보는 관점인 것 같습니다.

대체적으로 이렇게 발표된 내용에 대해서 지정토론자가 두 분이 계십니다.

먼저 광운대학에서 근무하고 계시는 전학선 교수가 그 첫번째 지정토론자이고, 두 번째 지정토론자는 헌법재판소 연구원으로 계시는 김성진 선생께서 토론을 해 주시겠습니다.

토론시간은 10분 정도로 할애를 해 주시기 바랍니다.

그러면 전학선 교수님 먼저 토론을 해 주시지요.

< 지정토론자(전학선) 발표 >

사 회 자 : 전학선 교수님 고맙습니다.

전학선 교수님은 프랑스 파리에서 법학박사학위를 취득했습니다. 그래서 지금 독일에서 공부하신 정문식 교수님이 독일어로 해석해 놓은 것에 대해서 불어로 보니까 불어로는 큰 의미차이가 없는 것 같다는 것이 기본적인 토론의 내용입니다.

즉 독일어는 Grundfreiheiten이라고 해서 아주 그야말로 기본적 자유라고 하는 이런 새로운 용어를 가지고 대두를 하고 있습니다마는, 이것을 프랑스어법전을 보면 여전히 Libertés fondamentales라고 하는 말을 쓰고 있고, 이것은 droits de l'homme이라든지 Libertés publiques이라든지 이러한 용어와 혼용해서 쓰고 있는 것으로 볼 수 있다는 것입니다.

따라서 그렇게 본다면 이것은 크게 의미차이를 둘 수 없는 부분일 수도 있다라고 하는 것이 기본적인 토론의 요지입니다.

그러나 이제 굳이 독일어에서 보는 이런 관점을 제가 대변을 해 본다면 이것은 어떤 의미에서는 기본권과 기본자유는 적용영역이 다소 다른 것이라고 볼 수 있습니다. 왜냐하면 '기본자유' Grundfreiheiten이라고 하는 것 그리고 불어로 Libertés fondamentales라고 하는 것은 지금 유럽헌법전 제 1 편 제 4 조에 적용되는 내용입니다.

그런데 기본권에 관한 것은 조금 전에 말씀드린 바와 같이 유럽헌법전 4편 중 2편에 관한 내용이 기본권에 관한 편입니다. 그렇게 본다면 굳이 그것을 구별해 본다면 적용영역에서 유럽헌법 1편 4조에 있는 것만은 기본자유로 구별할 수 있고, 그 이외에 모든 영역은 기본권으로 구별할 수 있는 것 아니냐? 굳이 해본다면, 그렇게 해서 볼 수가 있습니다.

그러나 또 다른 한편 조금 전에 발표자가 말씀하신 바와 같이 기본자유라고 하는 개념은 사실은 경제질서의 개념이라고 볼 수 있거든요. 자유로운 경제의 흐름과 유통을 다른 나라에서 막지 아니할 이러한 경제흐름에서 출발했지만 그것이 점차적으로 개인의 주관적 권리로 전환되어졌다. 그에 따라 유럽인권재판소가 그 동안 축적되어 온 경제적 자유의 영역하고 상당부분 중복되거나 또는 갈등을 일으킬 수 있는 소지가 여전히 있을 수 있다는 겁니다.

그런 측면에서 정문식 교수께서는 굳이 구별해 본다면 기본자유와 기본권의 경우도 구별해 볼 수 있는 것은 있을 수 있지 않느냐라고 보고 계시지만, 우리 토론자분은 방금 이야기한 어원상의 문제라든지 여러 가지 이유로 해서 과연 그것을 구별할 실익이 무엇이 있느냐? 그리고 또 같은 용어로 볼 수 있는 것이 1편 4조에서 보고 있는 개념 자체가 유럽인권협약에도 그대로 나온다는 겁니다. 유럽인권협약에도 Droits de l'Homme에 Libertés fondamentales라고 해서 같이 이렇게 열거적으로 보고 있고 또한 유럽헌법 제 3 편 112조에서도 Libertés fondamentales라고 하는 이러한 표현을 쓰고 있다는 겁니다. 이게 독일에서도 Libertés fondamentales를 다시 112조에서 Grundfreiheiten으로 쓰고 있는지 여부는 저도 확인이 안 됩니다마는 그런 의미에서 이게 굳이 구별할 필요는 없지 않느냐는 것이 토론자의 토론내용인 것 같습니다.

과연 실익이 있는 건지? 그리고 또 구별이 가능한 것인지? 우리 정문식 발제자의 답변을 들어보도록 하겠습니다.

잠시 준비하실 동안 두 번째 토론자를 소개해 드리겠습니다. 두 번째 토론하실 분은 헌법재판소 헌법재판연구원으로 근무하시는 여러분들의 동료인 김성진 연구원께서 토론을 해 주시겠습니다. 부탁드리겠습니다.

< 지정토론자(김성진) 발표 >

사 회 자 : 김성진 연구원님 감사합니다.

오늘 김성진 연구원의 토론내용을 들으면서 우리 헌법학계 전문가들이 참 다양화되고 있다, 다원화되고 있다는 것을 느낄 수가 있습니다. 지금 김성진 연구원은 미국법에 정통하고 계시고 그리고 미국이론을 가지고 설명을 해 주셨습니다. 우선 용어의 관점에서는 human rights라고 하는 측면 또는 미국의 용어로 볼 때 기본자유와 기본권의 차이는 크게 용어의 차이가 없을 수 있다는 것이 대전제 되고, 그러나 여하간 기본자유와 기본권은 크게 볼 때 연방국가라고 하는 틀 속에서 본다면 기본자유는 통상의 흐름을 보장하고자 하는 이러한 하나의 제도적 틀 또는 질서의 측면에서 이해할 수 있다는 것입니다.

다시 말씀드리면 정문식 교수가 말씀하신 기본적 자유, 기본자유의 개념을 구별할 실익이 있다는 그런 측면에서 설명을 하셨고, 거기에 대해서 주간 통상에 관한 문제라든지 또는 주간 통상의 문제에서 심사기준에 관한 문제 이러한 것을 소상하게 토론을 통해서 밝혀 주셨습니다.

그러나 전반적으로는 오히려 기본자유와 기본권에 관한 구별을 하는 것이 필요하다는 입장에서 토론을 해 주셨던 것 같고, 오히려 정문식 교수의 구별론에 대해서 힘을 실어주는 그러한 토론이었습니다.

질문은 '유럽사법재판소', '유럽인권재판소' 두 가지 재판소의 기능과 역할 그리고 권한문제가 어떻게 갈등은 있을 수 없는가? 그런 문제가 주된 질의취지였다고 보여집니다.

그러면 우선이 두 분의 토론자의 토론내용에 대해서 발표자 정문식 선생의 답변을 들어보도록 하고 답변이 끝나는 대로 여기 계시는 연구원, 연구관 선생님들의 질문을 토론을 받아보도록 하겠습니다.

발 표 자 : 먼저 방금 전에 발표해 주신 김성진 연구원의 질문에 대해서 답변 드리겠습니다. 결론적으로 보면 용어는 비슷하지만 역할이 다른 것이 아니냐고 말씀하셨는데, 제가 이 논문에 썼던 저의 기본적인 입장은 그런 용어는 결국은 같은 것이 아니냐는 것입니다.

그 다음에 질문대로 말씀을 드린다면 사실 제가 발표에 대한 부탁을 받기 전에 만약에 헌법재판소에서 하고 싶다고 한다면 제가 본래 가지고 있는 테마는 바로 '유럽재판소와 유럽인권법원과 회원국법원과의 관계'입니다. 사실 이 자료를 모아놓았기 때문에 전체적인 것을 9월쯤이면 발표할 수도 있겠는데 갑자기 당겨지면서 시간적 여유가 안 되어서 어쩔 수 없이 일단 되는 것으로 발표를 하였습니다. 저도 사실은 이 문제에 대해서 상당히 어려워하고 있고, 유럽 자체 내에서도 그 부분에 대한 논의는 최근 몇 가지 논문이 우리 헌법재판소 있습니다.

가장 대표적인 예가 사생활하고 표현의 자유와 관련된 문제인데 유럽인권재판소와 독일헌법재판소하고 판결이 다르게 났습니다. 또 유럽인권재판소에서 승리를 하고 나서 독일연방헌법재판소가 그것을 재판소가 꼭 받아들여야 되는 것 같지 않다, 이런 식으로 결정한 것입니다. 바로 또 유럽인권재판소 재판관이 바로 반박을 제기하고 그래서 상당히 아직은 좀 관계가 명확한 것은 아니지 않는가.

또 하나 유럽법과 관련시킨다고 한다면 유럽법 질서 내에서 기본권이 제한되었을 때, 침해되었을 때 그 보호수준은 국내의 기본권보호수준과 다를 때 어떻게 할 것이냐? 이것이 문제되었습니다. 그래서 독일판례에 의하면 "유럽재판소가 보호하는 기능이 낮으면 우리가 개입해서 판단하겠다"는 것입니다. 그러니까 유럽재판소가 심사하는 기준수준이 낮으면 개입하겠다, 조건적으로 "이러저러하게 개입하겠다"고 한 것이지요. 그런데 이후 판결에서는 "심사기준이 낮지 않는 한 우리는 개입하지 않는다." "이런 수준만 되면 우리는 개입하지 않겠다"는 것이 나타납니다. 그 다음 세 번째의 입장은 유럽재판소의 판결이 심사기준이 높으냐 낮으냐를 따지지 않고 "유럽재판소의 심사수준이 평균 이상이기 때문에 우리는 거기에 협력관계를 유지하겠다"라고 판시하고 있습니다. 그러나 아직 유럽재판소에서 기본권보호수준이 낮으면 개입하겠다라고 하는 대전제는 버리지 않았다고 보는 것이 학자들의 결론입니다. “유럽재판소의 기본권보호수준이 반드시 높아야만 그래야만 우리는 개입하지 않는다.” 이런 입장 정도로만 말씀드릴 수 있을 것 같습니다.

그 다음에 전학선 교수님 말씀하신 것에 대해서 말씀을 드린다면, 첫번째로 기본적 입장이 저와 같은 것에 대해서는 감사드립니다. 저도 원칙적으로는 결국 다른 것은 아니지 않느냐. 아까 교수님께서도 결국은 기능만 다를 뿐이지 개념적으로는 같은 것 아니냐 했는데 오해가 있다면 제 표현의 미스인 것 같습니다.

“유럽법이 유럽연합조약을 의미한다.” 이런 개념은 아니고, 유럽법을 협의의 유럽법 그 다음에 광의의 유럽법, 최광의의 유럽법 이렇게 세 가지로 구분할 때, 최광의의 유럽법은 유럽 전체 내에서 효력이 있는 모든 법규범, 광의의 유럽법은 유럽연합의 거의 다를 말합니다. 그러니까 제가 정확히 표현하려면 “유럽연합법’이라고 해야 되고 유럽연합조약법이라고 한다면 유럽연합조약인데, 유럽연합조항에는 공동체조항도 있고 ‘나머지 것들도 조항에 다 포함된 거 아니냐.” 이렇게 변명을 드립니다.

지금 새로 준비하고 있는 유럽헌법에 나와 있는 fundamental freedom이라고 하는 것이 기본자유고 fundamental right라고 하는 것이 기본권인데, 어쨌든 유럽헌법 자체 내에서는 개념은 각각 구별해 놓았는데, 거기 전문에 나와 있는 표현이 뭐냐 하면 “기본자유를 좀더 보장하기 위해서 기본권을 규정한다”라는 것입니다. 그렇다고 한다면 기본권하고 기본자유는 다른 것 아니지 않느냐, 결국 같은 것 아니냐 라고 생각할 수 있습니다.

그 다음에 알렉 사건에서 사이클 선수들의 국적이 문제였습니다. 그 다음 사건은 축구사건인데, 한 축구코치가 움직일 때 소위 말하면 규제가 됩니다. 이 유럽의 유명한 클럽들은 전부 다 개인소유의 단체들입니다. 그러다 보니까 다른 팀에 가고 싶어도 못갑니다. 결국 개인의 직업의 자유에 대한 제한, 서비스, 선수로서의 축구 서비스의 제한이 문제되었습니다. 다른 사건은 저도 정확한 기억을 잘 못하겠는데 아마 작은 이탈리아 은행에 채용되려면 그 지역 어학원의 일정한 자격을 따도록 되어 있었습니다. 이런 관계들이 개인의 어떤 계약자유의 측면에 있어서 개인이동이 방해되는 측면, 여기에 대해서는 문제가 있다, 클럽의 계약조건은 거의 입법자의 권한 아니냐? 그런 막강한 권한을 가진 것에 대해서는 자유가 침해될 수도 있다 이렇게 생각합니다.

가장 근본적인 문제가 사적자치의 원칙을 깬다는 것하고, 그 다음에 기본권이 본래는 개인의 자유를 규정하는 것인데, 이것이 자칫 기본권이 자유가 아니라 개인에게 의무를 부과하는 것이 될 수 있다. '계약의 자유 있지만, 표현의 자유 있지만'라고 하는 기본권의 의무조항으로 바뀌는 문제가 발생하는, 그래서 직접적인 제한규정을 인정하고 있지 않습니다.

마찬가지로 이런 상품에서도 사람이 아닌 상품의 경우는 직접 적용되는 것보다는 기본권보호라고 하는 것을 통해서 국가에게 의무를 부여한다, 그 부분은 규율하도록, 그리고 독일의 최근 일부학설도 "결국은 기본권이 국가를 통해서 국가에서 입법작용, 행정작용, 사법작용이 개인을 보호한다면 그것으로 기본권보호가 이루어지고 있기 때문에 기본권을 직접 헌법에 규정할 필요가 없지 않느냐"고 합니다. 그러나 헌법재판소 입장은 아직은 물론 그렇게 하지는 않습니다.

그 다음 문제는 그런 것 같습니다. 그동안 주로 회원국이 교류를 막았고 그 다음에 유럽연합이나 공동체는 교류를 막지 않았습니다. 때문에 유럽공동체에 의해서 침해받지 않으니까 유럽공동체법상의 지침을 한다든지 명령을 해서 개인의 기본적 자유를 뺏었다는 말이 없습니다. 이 부분을 판단하지 않았고, 그렇기 때문에 이 부분은 아까 김성진 박사님 말씀하신 대로 역할분담 같습니다.

사 회 자 : 역시 권리가 있는 곳에는 법원의 문제가 항상 이렇게 따라 오는 모양입니다. 법원도 지금 유럽사법재판소, 유럽인권재판소 그리고 독일연방최고재판소 그리고 회원국 재판소 이렇게 각 재판소를 발표자가 섞어가면서 이야기를 해 주셨고, 또 그 말씀 중에 판례도 한 10개 정도의 판례를 소개를 하면서 설명을 하셨습니다.

그 내용은 우선 가장 큰 줄기를 본다면 유럽사법재판소와 유럽인권재판소는 관할내용이 다소 차이가 있을 수가 있다. 그리고 회원국과의 관계에서도 충돌이 있을 수는 있다.

그러나 사법재판소의 경우에는 기본적으로 EU 내에서의 상품, 물자, 사람, 금융, 서비스의 교역에 관한 자유를 관장하는 법원입니다. 따라서 그러한 것에서 충돌이 있는 경우에 회원국과의 문제 생길 수 있는 판례에 대한 내용들을 소개를 해 주셨고, 그리고 유럽인권재판소는 그야말로 방금 이야기한 경제적 자유를 뛰어넘는 범위에서 유럽인권협약의 차원에서 이루어지는 것을 관할하는 법원이라고 말씀드릴 수가 있습니다.

그 이외에도 실익에 관한 문제라든지 또는 제 3 자효력에 관한 문제라든지 아주 자세한 내용을 판례를 통해서 소개 말씀을 주셨습니다.

우리가 그 판례의 내용을 정확히 잘 모르고 있는 상태에서 그 내용을 충분히 이해할 수는 없었습니다만 여하간 발표자의 좋은 답변이었다는 생각이 듭니다.

그러면 우선 두 분 선생님들의 지정토론에 이어서 다른 여러 연구원님들 또는 연구관님들의 질의나 토론 또는 의견을 말씀해 주시기 바라겠습니다.

성 왕 : 헌법재판소 성왕 연구관입니다.

제가 유럽법이나 이런 부분에 대해서 접해 보지를 못해서 잘 몰라서 드리는 질문인데요. 일반적인 조약, 예컨대 FTA라든가 이런 조약에서 경제적인 자유, 상품의 이동이나 서비스, 자본의 이동에 관해서 규정한다고 했을 때 그런 경제적인 자유를조약상의 구제절차 외에 체약국 국민이 자국이나 체약당사자국, 즉 상대방 국가의 법원이나 헌법재판소에 대해서 기본권침해를 주장할 수 있을 것인가라는 부분을 생각을 해본다면 "당연히 그렇다"라고 생각하지는 않거든요. 그러니까 조약의 성질하고 관련이 되어 있다고 생각이 드는데요. 조약이 어떠한 성질을 가지는 조약인가 하는 것과 많이 관련이 되어 있다고 생각이 드는데, 발표해 주신 정문식 교수님께서는 유럽 같은 경우에 유럽헌법조약이 조약인가 헌법인가에 관해서 헌법이다라는 발표문 각주에 보니까 별개의 논문에 쓰셨더라고요. 제가 그 논문을 읽어보지를 못해서 유럽헌법조약이 헌법이라는 전제하에서 경제적 자유를 포함한 기본자유가 기본권과 동일한가라는 논의가 가능한 것이 아닌가 하는 생각이 드는데, 유럽헌법조약이 헌법이라고 생각하시는 근거에 대해서 물론 논문을 쓰셨지만 이 자리에서 간단하게 소개를 해 주실 수 있으시면 소개를 해 주시면 저희가 어떤 일반적인 조약은 성질을 판단하는 데 도움이 될 수 있지 않을까 해서 설명을 부탁드립니다.

사 회 자 : 성왕 연구관님은 유럽헌법조약을 유럽헌법으로 부를 수 있는 당위성이 무엇이 있을 수 있는가는 것이 기본적인 질의논점인 것 같습니다. 다른 질문을 하신 분 있으시면 말씀을 하시지요.

배 보 윤 : 아까 성왕 연구관하고 질문이 취지가 비슷한 측면이 있습니다만, 현재 유럽헌법이 통과되지 않은 상황에서 그러니까 유럽공동체조약에 의해서 움직이는 체제하에서 유럽형 Court of Justice와 유럽 Human Right Court, 두 코트의 판결에 대한 각국 재판소의 입장이나 차이가 어떤지, 약간씩 다를 수 있는지? 또 현 상황에서 두 기관의 기능의 에센스가 무엇인지 그 점에 대해서 다시 한번 정리해서 코멘트 해 주시면 좋을 것 같고요.

또 하나는 유럽헌법이 통과되었다고 했을 때에 그렇게 되었을 때는 과연 두 법원의 위상이나 기능, 역할이 어떻게 달라질 수 있고 서로 별개로 둘 필요가 있게 되는지? 물론 정도의 차이는 있겠지만 그 점에 대해서도 아울러 말씀해 주시면 좋겠습니다. 이거는 제 질문이고요.

약간 코멘트 말씀드리면, 아까 여러 가지 말씀을 하셨는데 거기에 제가 미국 연수할 때 EU법에 대해서 잠깐 수강한 적이 있었는데, 거기서 나온 교수 이야기가 그런 용어를 쓰더라고요. 'vertical effect'와 'horizontal effect'라고. 말하자면 조약체제하에서는 개인에게 직접 효과를 미치지 못하고 국가 간의 조약, 주권이 인정된 상태에서 국가 간의 문제이기 때문에, 특히 Corut of Justice의 경우에는 조약체제하에서 있기 때문에 직접 적용시키지 못하고 국가를 통해서, 국가가 국내법을 개정시키든지 국제판례를 받아들임으로써 판례입장에서 재판소가 받아들이게 한다든지 그런 관점에서 적용시키는 것이 현 체제의 기본인 것 같습니다. 과연 그런 상황에서 Human Right Court는 어떻게 작용하는지? Human Right Court는 일반적으로 여기서 Right하고 Freedom을 구별하는 이유가 Right라는 것은 아마 국가권력이 인정한다는 측면이고, Human Right라는 국가권력을 떠나서 개인 전체라는 관점에서 그런 개념을 쓴 것 같습니다마는 그렇다면 어떠한 이론적인 배경하에서 Human Right Court는 이것들을 바로 적용하는지? 물론 유럽인권협약이 근거가 되겠습니다만 그런 설명을 좀더 해 주시고, 아까 말씀드린 것을 진단을 해 주시면 도움이 될 것 같습니다.

사 회 자 : 배보윤 연구관님 말씀도 역시 법원에 관한 문제가 최고의 관심이신 것 같습니다마는, 사실은 오늘 주제는 법원에 관한 내용이라기보다는 사실은 기본개념에 관한 문제였거든요. 그러나 법원에 관해서 깊이 있는 내용을 자꾸 이렇게 질문하시니까 우리 발표자분이 답변을 하실 수 있는지 모르겠습니다마는 답변을 들어보도록 하겠습니다.

발 표 자 : 원래 준비하지 않은 것 질문할 때 그때 진짜 실력이 드러나는 것 아니겠습니까? 먼저 한 가지 오해가 없기를 바라는 것은, 저는 유럽헌법조약이 헌법이라고 인정하는 입장이고 해서 제가 잘 알아서 그런 게 아닙니다. 이에 대해서는 독일의 그림 교수와 페리니스 전 독일연방헌법재판소 재판관과의 논쟁이 여러 번 있었습니다. 그래서 과연 헌법조약이라고 하는 것이 헌법이냐 조약이냐? 그림 재판관 입장은 "조약이다." 왜? 기본적으로 국민들이 만든 헌법제정권력이라고 하는 국민들의 어떤 참여가 없기 때문에.

페리니스 교수의 입장은 "우리는 앞으로 헌법을 국가에만 적용할 것이냐, 국가 아닌 어떤 공적인 권력을 행사는 기구는 역시 헌법을 갖고 있다고 봐야 되는 것 아니냐." 그런 면에서 기본적인 어떤 국제조약도 헌법이라고 보는 측면도 있습니다, 그것이 만일 개인에게 공권력을 행사한다면.

또 하나 정말 국민의 아무도 참여하지 않았느냐, 민주적 정당성이 없느냐에 대한 페리니스 교수의 견해는 “그렇지는 않다. 유럽이사회로 가는 것이 이미 국내적인 의회의, 국내적 정당성을 가진 기구들이 모여서 결정한 것이기 때문에 그들 자체가 반드시 정당성이 없다고 보는 것은 좀 문제가 있지 않는가.” 물론 민주적 정당성이 약한 것은 사실이지만 그것은 계속 보충되어 왔고 또 일부학자들은 이미 1960년도부터 헌법으로 봤다는 것입니다. 헌법으로 보는 것이 최근의 일이 아니고 다만 그동안에 공식적으로 언급하지 않았을 뿐이지 사실은 헌법으로 본 것이 아니냐는 그런 입장입니다.

문제는 다음과 같습니다. 조약은 보통 개인에 대해서 직접적인 효력이 없습니다. 그러나 지금 유럽공동체조약이 보면 조약 자체를 통해서는 아니지만 유럽공동체기관이 제정한 명령, 의회가 제정한 것이 아니고 유럽집행위원회랑 이사회가 결정한 것이기 때문에 법률로 일컫지는 않고 명령으로 번역합니다만, 이것은 직접적 효력을 갖습니다, 개인에 대해서 의회가 지정한 것이 아님에도 불구하고 거의 법률적 효력을 갖고, 또 실제 유럽헌법조약에 와서는 정식으로 유럽법률이라고 명하고 있습니다. 아직 비준되거나 조약이 발효되지는 않았지만, 그런 측면에서 본다면 결국은 헌법적인 성격을 부인할 필요는 없지 않는가 하는 것입니다.

그 다음에 제가 국제법은 정확히 모릅니다만 소위 자기집행적 조약 뭐 그렇지 않은 조약이 있다 하는데, 그런 측면에 있어서 유럽공동체조약은 자기집행적 조약성격을 인정하고 있습니다. 유럽재판소 내에서는 이와 같이 인정하고 있고, 그렇다고 한다면 사실 개인의 기본권, 즉 이번 유럽헌법조약에 기본권조항이 들어간 것 자체도 개인에게 어떤 주관적 권리를 준다고 한다면 헌법으로 못볼 이유는 없다라고 하는 것이 페리니스 교수의 기본적인 입장이고, 저도 그림 교수님의 견해보다는 좀더 그것이 설득력은 있지 않는가 생각합니다. 기존에 칼 슈미트적인 국가가 반드시 전제되어야만 헌법이 있고, 헌법이 있으면 국가, 꼭 그런 틀은 좀 벗어날 수 있는 것이 아닌가라는 것이 제 개인적인 배움입니다.

그리고 배보윤 연구관님, 역시 제가 다루려고 했던, 반드시 9월이나 가을에는 글을 내도록 하겠습니다, 잡지를 통해서라도. 지금 자료는 모아놓았는데 구체적인 검토는 아직 해보지 못해서, 대략 제가 뉴스 등을 통해서 그 다음에 강의 등을 통해서 잠깐 들었던 내용들이라서 정확히 말씀드리기에 어려운데, 현재 독일연방헌법재판소는 아직 유럽재판소 내의 판결에 대해서는 명시적으로 거부하고 있지는 않습니다. 명시적으로 거부하지는 않고, 다만 지금 재판소 권한이라든지 관할분할은 이렇게 되어 있는 것 같습니다. 유럽공동체조약과 유럽공동체의 기관들이 제정한 법적인 행위, 소위 명령이나 지침 등에 관한 무효 여부는 국내법원이 할 수 없도록 유럽재판소가 이미 선언을 하고 있습니다. 반드시 그 효력은 유럽재판소만이 판단하겠다. 그러면 국내법에 대한 효력은 유럽재판소가 깰 거냐? 이때 발생하는 것이 소위 말하면 적용의 우위라는 원칙입니다. 유럽법, 유럽공동체조약에 위반되는 국내법규가 있습니다. 그러면 이것이 마치 위헌법률처럼 무효냐? 유럽재판소는 무효라고 하지 않습니다. 다만 "적용 안한다. 그 사안에 관해서는 유럽법을 적용하겠다." 이래서 적용우위입니다. 효력우위가 아니라.

만약에 효력우위라면 유럽법에 위반되는 국내법규는 무효지만 유럽재판소의 입장은 그렇지 않고 이것은 국내법 위에 있는 상위개념은 아니기 때문에 적용에 있어서 유럽법 관련사안에 대해서는 유럽규범이 먼저 적용된 것뿐이다라고 해서 적용우위라는 표현을 쓰고 있습니다. "그 국내법효력은 국내법원이 알아서 판단해라. 그것이 효력을 무효로 만들지는 않는다. 하지만 유럽공동체사안에 있어서는 적용은 유럽법을 먼저 적용하기 때문에 국내법은 뒤로 빠져라. 국내법원도 역시 유럽법을 먼저 적용해서 재판하라." 이렇게 명하고 있습니다. 재판소의 기능분할은 그 정도라고 말씀드릴 수 있습니다.

그 다음에 만약에 유럽인권재판소까지 포함을 시킨다고 한다면, 기본적으로 회원국 자체 내에서 개인의 기본권침해에 대한 구제의 측면에서는 국내법원과 마찬가지지만, 국내법원이 그런 역할을 못할 경우 유럽인권재판소가 판단합니다. 문제는 집행력에 있지 않는가 생각합니다. 유럽인권재판소가 내린 결정에 대해서 국내에서 그것을 집행하지 않는다고 한다면 어떻게 해결할 것인가. 파피어 독일연방재판소 소장은 우리와 다른 판결을 내렸고 그것에 의미는 있지만 우리한테 바로 직접 적용하는 데 있어서는 제한을 두겠다고 말하였습니다. 아까 말씀드렸지만 만약에 헌법조약이 발동이 되어서 유럽인권협약에 가입을 하고 재판소 간에 권한의 분쟁이 발생하면 그것은 저도 어떻게 말씀드릴 수가 없습니다.

다만 유럽재판소는 유럽인권협약결정 감정평가서에서 유럽공동체가 유럽인권협약에 가입하는 것은 유럽재판소의 결정권한의 범위가 아니라고 그랬습니다. 왜냐? 이것은 공동체 내의 규범의 어떤 적용문제가 아니라 회원국들이 결정해야 하는, 제가 변형해서 말하면, 헌법제정과 개정에 관한 문제이기 때문에 헌법제정과 개정에 관한 문제를 헌법재판소가 판단할 수 없듯이 그것은 회원들이 알아서 결정할 문제지 유럽재판소가 판단할 문제가 아니다, 그러니까 우리관할이 아니기 때문에 알아서 해결하라고 하여 문제를 미루었습니다. 그래서 제가 알기로는 그 뒤에 유럽인권협약추가의정서가 나오면서 국제조약에 가입할 수 있는 것으로 바뀐 것으로 알고 있습니다.

그래서 만약에 가입한다면 과연 유럽재판소가 유럽인권재판소 밑으로 들어갈지 아니면 오히려 유럽재판소는 인권재판소처럼 남아있고 유럽재판소가 다른 국내법원이나 재판소를 끌어안을지 이것은 상당히 어려운 문제가 아닌가? 아직은 저로서는 말씀드릴 수 없고 제가 자료를 좀 보고 가을쯤에 한번 글을 쓰면서 대답을 대신 드리도록 하겠습니다.

그 다음에 수평적 효력과 수직적 효력, 저는 그것은 아까 그런 의미에서 말씀드렸습니다. "수평적으로 효력을 미칠 수가 없기 때문에 수직적으로 국가를 통해서" 그 말씀은 제가 볼 때 맞다고 생각합니다. 그렇기 때문에 아마 제 3 자효도 서비스적 효력 측면에서는 인정을 하지만, 그것을 인정하지 않고 있습니다. 제가 오늘 글을 찾아내서 봤는데 그런 의미가 담겨있지 않는가 그렇게 느껴집니다. 그런데 만약에 정말 유럽헌법조약이 헌법이 되면 그러면 이 부분도 달라질 수도 있겠다는 그런 추측은 해볼 수가 있겠습니다.

사 회 자 : 감사합니다.

지금 우리가 유럽헌법에 관해서 처음 출발을 하면서 많은 주제들이 새롭고 또 연구해야 될 주제들이 한량없이 많습니다.

예를 들면 이것이 과연 조약이라고 볼 수 있느냐, 헌법이라고 볼 수 있느냐라고 하는 기본성격의 문제부터 해서, 이 규범의 체계, 규범의 구조가 어떻게 되어 있느냐라고 하는 문제라든지 또는 이러한 문제를 다루는 법원 간에 심급문제나 관할문제 또 나아가서는 법을 제정하는 절차라든지 또는 구체적인 권한의 문제라든지 우리가 하염없이 많은 문제들을 접해봐야 합니다마는 오늘은 이미 우리가 발표를 시작한지 상당한 시간이 경과되어 버렸고 하루 만에 우리가 모든 것을 다 끝낼 수는 없는 것 아니겠습니까? 그렇게 보면 혹시 질의가 있으시더라도 자제를 하시고 저는 오늘 이 정도로 이러한 분야에 학문적 호기심을 이끌어낸 것으로서 충분했다고 봅니다. 오늘 소장님을 비롯해서 세분의 재판관님이 오셨습니다. 우선 세분의 재판관님의 코멘트를 간략하게 듣는 시간을 가지기 위해서 질의를 좀 잘랐습니다.

먼저 우리 이강국 소장님부터 간단한 코멘트를 부탁드리겠습니다.

이 강 국 : 조용히 듣고서 조용히 귀가를 하려고 그랬는데 사회자가 엄명을 하시니 한 말씀 드리도록 하겠습니다. 사실 오늘 이 주제는 저희들한테 상당히 생경한 분야고 그래서 "이 부분이 뭐 그렇게 문제가 될까" 하는 그런 생각으로 그냥 만연하게 참석을 했던 건데, 오늘 정 교수님의 해박한 발표내용을 보니까 오늘

여기 와서 듣기를 참 잘했다하는 굉장히 유익하고 보람된 시간이었다고 그렇게 생각하고 있습니다.

사실 저희 같은 재판기관의 입장에서 보면 '기본적 자유'와 '기본권' 이런 개념적인 문제보다도 사실은 유럽인권재판소, 또 유럽재판소, 또 독일연방헌법재판소, 독일연방대법원 이런 쪽의 권한의 분배와 충돌하는, 지금 어떻게 이루어지고 있고 어떻게 조정이 되고 있는지 사실은 그 부분을 더 좀 듣고 싶었는데 9월 달에 발표하신다니까 논문을 기대를 하겠습니다.

하여튼 제가 학계에 계신 분들하고 같이 이렇게 조인트를 해서 세미나를 할 때마다 느끼는 게 "요새 젊은 교수님들은 참 공부를 많이 하시는 구나" 하는 생각이 들어요. 그리고 그런 의미에서는 우리나라의 법률문화의 앞날이 참 밝다 하는 생각이 듭니다.

제가 언젠가 한번 말씀을 드렸는지 모르겠습니다마는 우리나라가 일본보다 법률문화에 있어서 30년 뒤떨어졌다고 하는 사람도 있고 20년 뒤떨어졌다고 하는 사람도 있습니다. 우리가 이런 격차를 줄이고 일본을 뛰어 넘기 위해서는 학계와 실무계가 똘똘 뭉쳐서 합심해서 노력을 해도 쉽지 않은 데, 그동안 우리나라의 실정을 보면 학계하고 실무계는 그저 그냥 소가 닭 보듯이 전혀 별개로 별도의 길을 걸어왔습니다. 그러다 보니까 인재풀도 빈약한 대한민국에서 이 몇 안되는 인재가 서로 나누어져서 서로 협력도 못하고 심지어는 반목까지 하게 되니까 법률문화의 발전은 아예 논의조차 생각할 수 없는 그런 쓰라린 과거가 있었습니다. 요새 교수님들하고 우리 실무가들하고 이렇게 접촉하는 기회도 많고 같이 세미나도 하고 발표도 할 때마다 "아, 이제는 정말로 실무계와 학계가 정말 똘똘뭉쳐서 한번 제대로 연구도 해보고 협력도 해서 하루빨리 일본도 뛰어 넘고 세계적인 수준의 법률문화를 이룰 수 있는 토대가 이제 점차 조성되어 갈 수 있는 것 아닌가" 하는, 저는 그런 점에서 대단히 희망적으로 보고 있습니다.

앞으로 이런 기회가 좀더 많아지고 또 학계와 실무계가 더 가깝게 밀착하여 더욱 협력한다면 우리가 우리 자손들한테는 좀더 높은 수준의 법률문화와 법률시스템을 유산으로 남겨줄 수 있지 않을까하는 그런 생각을 하고 있어서 오늘 여기 참석해 주신 학계여러분들에게도 감사를 드리고 앞으로 이런 기회가 좀더 많아지도록 앞으로 더욱 노력하겠습니다.

감사합니다.

사 회 자 : 소장님 학문과 실무계의 협력을 당부하는 말씀이 있었습니다. 감사합니다.

그러면 오늘 끝까지 자리를 함께 해 주신 이강국 소장님과 그리고 조대현 재판관님 그리고 우리 이공현 회장님에게 감사의 말씀을 올리고, 그리고 오늘 발제를 해 주신 정문식 전남대 교수님 그리고 토론을 맡아주신 전학선 광운대 교수님 그리고 김성진 헌법재판소 연구원님에게 감사의 말씀을 드립니다. 끝까지 참석해 주시고 좋은 질의, 토론을 해 주신 연구관님과 연구원들에게 감사의 말씀을 드립니다. 다 같이 박수로 격려를 해 주시기 바랍니다.

第75회(2007. 5. 11) 발표문

병역의무와 성차별금지

—병역법 제3조 제1항, 제8조 제1항의 위헌 여부—

김 주 환*

Ⅰ. 머 리 말

헌법 제39조 제1항은 "모든 국민은 법률이 정하는 바에 의하여 국방의 의무를 진다"고 규정하고 있다. 이에 따르면 모든 국민은 남성이든 여성이든 성별과 관계없이 평등하게 국방의 의무를 져야 한다. 하지만 병역의무와 관련, 병역법 제8조 제1항은 "대한민국 국민인 남자는 18세부터 제1국민역에 편입된다"고 규정하는 한편 제3조 제1항 제1문은 "대한민국 국민인 남자는 헌법과 이 법이 정하는 바에 따라 병역의무를 성실히 수행하여야 한다"고 규정함으로써 '대한민국 국민인 남자'에게만 병역의무를 부과하고 있다. 반면 병역법 제3조 제1항 제2문은 "여자는 지원에 의하여 현역에 한하여 복무할 수 있다"고 규정함으로써 여자에게는 병역의무를 면제하고 있다.

따라서 이 사건에서는 우선 남자에게만 병역의무를 부과하고 여자에게는 병역의무를 면제하고 있는 병역법 제3조 제1항과 제8조 제1항의 규정이 헌법 제39조 제1항 및 제11조 제1항 제2문으로부터 도출되는 "국방의무 부담의 양성평등"과 이를 내용으로 하는 청구인의 평등권 및 자유권을 침해하는 것이 아닌지 문제된다.

* 홍익대학교 법과대학 교수.

Ⅱ. 사건의 개요와 심판의 대상

1. 사건의 개요

청구인 K는 1981년 8월 13일생으로서 대한민국 국민인 남자다. 청구인은 병역법에 의하여 제 1 국민역에 편입되었고 모집병에 합격해 병무청으로부터 입영영장을 받았다. 이에 청구인은 병역법 제 3 조 제 1 항과 제 8 조가 헌법상 보장된 자신의 기본권을 침해한다고 주장하며 이 사건 헌법소원심판을 청구하였다.

2. 심판의 대상

이 사건 심판의 대상은 대한민국 국민인 남자에게만 병역의무를 부과하고 여자에게는 병역의무를 면제하고 있는 병역법 제 3 조 제 1 항의 규정과 18세 이상의 대한민국 국민인 남자만을 제 1 국민역에 편입시키고 있는 법 제 8 조 제 1 항의 규정이 헌법과 합치되는지 여부다.

병역법(일부개정 2007. 1. 19 법률 제8243호)은 대한민국 국민의 병역의무에 관하여 규정함을 목적으로 한다(법 제 1 조). 이를 위해 법 제 3 조 제 1 항은 병역의무를, 법 제 8 조 제 1 항은 제 1 국민역에의 편입을 규정하고 있다.

이 사건 심판대상조항들은 다음과 같다.

제 3 조 (병역의무)

① 대한민국 국민인 남자는 헌법과 이 법이 정하는 바에 따라 병역의무를 성실히 수행하여야 한다. 여자는 지원에 의하여 현역에 한하여 복무할 수 있다.

② 이 법에 의하지 아니하고는 병역의무에 대한 특례를 규정할 수 없다.

③ (생략)

제 8 조 (제 1 국민역에의 편입)

① 대한민국 국민인 남자는 18세부터 제 1 국민역에 편입된다.

② 삭제(1999. 2. 5)

Ⅲ. 청구인의 주장 및 이해관계인의 의견

1. 청구인의 주장

청구인은 병역법 제3조 제1항, 제8조 제1항이 자신의 평등권, 직업의 자유, 신체의 자유, 거주·이전의 자유, 학문의 자유를 침해한다고 주장한다.

(1) 평등권 침해와 관련하여

헌법 제39조는 '모든 국민'에게 국방의 의무를 부과하고 있다. 개념적으로는 국방의 의무가 병역의무보다 넓게 이해되고 있으나 현실적으로 병역법에 의한 병역의무가 사실상 헌법에서 정한 국방의 의무의 근간이고, 대부분의 비중을 차지하고 있다. 또한 모든 국민이 민방위기본법, 전시근로동원법, 비상자원관리법 등에 의한 일부 간접적인 병력형성의무를 지고는 있다고 하더라도 민방위기본법은 그 실효성에 의문이 있고, 실질적으로 시행되지 않고 있는 특수상황에서의 의무를 국방의 의무로 일반화하기는 어렵다.

그런데 병역의무를 규정하고 있는 병역법은 제3조 제1항과 제8조 제1항에서 남자에게만 병역의무를 부과하고 여자에게는 지원에 의해서만 현역에 한해 복무할 수 있는 가능성을 규정함으로써 병역의무를 면제하고 있다.

그런데 현대에 있어서 전쟁의 개념은 무기의 현대화로 인하여 반드시 총과 칼을 들고 경계를 하거나 전쟁터에 나가서 싸우는 것보다는 현대화된 장비(인공위성, 정찰기 등)를 이용하여 보다 많은 정보를 수집·분석하여 전쟁에 대비하는 것이 보다 중요한 상황이고, 실제로 건장한 신체를 기초로 무기를 들고 싸우는 전통적인 개념의 전쟁과는 무관한 것이 현실이다. 이러한 현실에서 남성의 신체적 조건이 여성보다 우월하다는 점만을 중요시하여 병역의무를 부과하던 전통적인 병역법의 규정은 재고되어야 한다. 그리고 여성이라고 하여 국가비상사태에 있어서 군사업무를 지원하지 못할 아무런 이유가 없고, 이러한 현실을 반영하여 각 사관학교에서도 여성을 생도로 뽑기 시작한 것이라 할 것이다.

게다가 병역법 제5조는 병역의 종류와 관련하여 현역, 예비역, 보충역, 제1국민역, 제2국민역으로 나누어 규정하고 있다. 하지만 현역 이외에 보충역, 제1국민역, 제2국민역의 복무 중 업무는 실질적으로 병역과는 무관한 것이 대부분이고, 오히려 국가에서 부족하거나 필요한 인력을 보완하는 공익적 업무가 대부분이다. 특히 보충역 중 공익근무요원, 공중보건의사, 징병전담의사, 국제협력의사, 공익법무관, 공익수의사, 전문연구요원, 산업기능요원의 복무내용은 실질적으로 전통적인 병역의무를 이행하는 것이 아니라 넓은 의미의 대체복무형태라 할 것이다. 그리고 이러한 대체복무형태를 통한 업무는 여성이라고 하여 못할 이유가 전혀 없다.

현재 우리나라는 남북이 대치하고 있는 상황이어서 병역의무에 많은 인력이 필요하고, 경제적으로는 선진국에 진입하기 위하여 부단한 노력을 하여야 하나 복지국가에 수준에 도달하기 위해서는 이를 위한 인력과 예산이 많이 부족한 상황이다. 하지만 여성도 대체복무형태나 군사지원업무를 통한 병역의무의 이행이 가능하기 때문에, 여성이 이러한 형태의 병역의무를 이행하게 되면 공익활동을 수행할 인력이 많아져서 국가의 보호가 필요한 더 많은 영역에 대체복무형태의 인력투입이 가능해질 것이고 이는 곧 국가의 경쟁력과 복지제도를 향상시킬 것이다. 그리고 남성의 경우도 이미 이러한 대체복무형태가 일반화된 현재의 상황에서 국방의 의무 중 병역의무는 국가를 위하여 일정기간 공익활동을 수행하는 것으로까지 광의로 이해되어야 할 것이다. 그리고 현행 병역법에서도 이렇게 광의로 이해되고 있다고 보인다.

이처럼 현대에서는 군사현실의 변화로 인하여 병역이 다양화되고 병역의무의 내용이 변화되고 있으며, 무기는 현대화되고 있다. 군대도 또한 그에 따라 변해가면서 다양한 인재와 인력이 필요하게 되었고, 여성이 병역의무를 지더라도 작전수립, 행정적 업무 등 군사지원업무에 투입할 수 있는 상황이다.

또한 병역의무가 넓게 해석되는 한 여성들에게도 사회봉사 등이 대체복무형태를 수행하도록 충분히 대안을 마련할 수 있다. 여성 복무인력을 보육시설이나 노인양로시설 기타 인력이 부족한 사회복지 등과 관련된 시설에 보충하는 방안도 필요한 현실이다. 그리고 이러한 대체복무형태를 이용한다면 국가예산의 문제나 내무생활여건의 어려움은 크게 문제가 되지 않는다고 할 것이다.

"여성들도 남성과 똑같이 군대에 가야만 한다"고 주장하는 것은 아니지만, 이처럼 여성도 수행할 수 있는 병역의무의 방안이 분명히 여러 가지가 있음에도 불구하고 입법자는 여성이 자원하여 현역을 수행하는 것 이외의 아무런 방법도 고려하지 않아 여성을 남성과 차별하여 실질적인 국방의 의무(병역의무)를 면제한 것은 헌법상의 의무주체를 자의적으로 축소하여 법률로 규정한 것이다. 헌법이 특별히 평등을 요구하고 있는 경우에 합리적인 이유 없이 차별적 취급으로 관련 기본권에 대한 중대한 제한을 초래하게 된다면 입법형성권은 축소되고 보다 엄격한 심사척도가 적용되어야 할 것이다. 그렇다면 이 사건 병역법 제3조 제1항, 제8조 제1항의 규정은 비례의 원칙에 반하여 평등권을 침해한 것이다.

(2) 직업의 자유, 신체의 자유, 거주이전의 자유, 학문의 자유의 침해와 관련하여

남성들은 병역의무를 수행함으로 인하여 그 기간 동안 다른 직업을 가질 수 없으므로 직업의 자유가 침해되고, 지정된 군 시설에서 거주하여야 하므로 거주이전의 자유가 침해되며, 훈련기간중 여러 가지 위험한 시설이나 위험한 상황에 노출되므로 행복추구권, 환경권, 신체의 자유 등이 침해된다.

게다가 보통 남성이 군대에 입대하는 나이는 한창 대학에서 학업에 열중하고 있을 때이다. 그런데 남성의 경우 병역의무를 수행하기 위하여 대학시절에 군대에 다녀온 후 학업의 연결성에 지장을 받아 남성들의 학업 능력이 떨어지는 경우가 많은 반면 여성들의 경우 대학 입학시부터 졸업시까지 자신이 원하는 공부를 계속할 수 있다. 따라서 이는 남성들의 학문의 자유를 침해하는 것이다.

2. 국방부장관의 의견

이에 대해 국방부장관은 청구인의 헌법소원심판청구는 적법요건이 결여되어 각하되어야 하고, 설령 적법요건이 구비되었다 하더라도 청구인의 평등권, 직업선택의 자유 등이 침해되었다고 볼 수 없으므로 이 사건 헌법소원심판청구는 이유없어 기각되어야 한다는 의견을 제출하였다.

(1) 심판청구의 각하

1) 기본권의 직접 침해성 여부

헌법재판소법 제68조 제1항에 의하면 헌법소원심판은 공권력의 행사 또는 불행사로 인하여 헌법상 보장된 자신의 기본권을 공권력에 의하여 직접 침해받은 자가 청구할 수 있고, 매개행위(행정처분 등)가 있을 경우에는 이를 직접 헌법소원을 통해 다툴 수 없다. 즉 헌법소원을 청구하기 위해서는 청구인의 권리침해가 당해 소원대상인 공권력 행위 외에 다른 행위의 매개가 있어야 효과를 발생하거나 그러한 매개행위 여부에 종속되어서는 안 되며, 당해 공권력 행위에 의하여 직접 발생하는 것이어야 한다.

그런데 청구인은 병역법에 의하여 제1국민역에 편입되었고 모집병에 합격되어 병무청으로부터 입영영장을 받았으므로, 위 제1국민역 편입처분이나 입영영장에 대하여 행정소송으로 불복하여 권리구제절차를 밟는 것이 타당하다 할 것이다. 따라서 이 사건 헌법소원심판청구는 적법요건인 직접성 요건을 갖추지 못하였으므로 각하되어야 한다.

2) 기본권 침해 가능성 여부

청구인의 주장을 검토하면, 청구인이 병역법에 의한 병역의무자로 된 것은 헌법상 국민의 국방의무에 그 근거를 둔 것으로서 병역의무 이행은 국민의 기본적 의무 그 자체로 청구인의 어떠한 기본권도 침해받았다고 볼 수 없다. 다만, 청구인은 여자가 병역의무를 이행하지 아니하는 현행법상의 규정이 남자를 여자와 달리 차별하여 평등권 등이 침해되었다고 주장하나, 일반적 기본권인 평등권의 침해가 문제되는 경우는 개별·구체적인 기본권의 침해가 전제되어야 하는바, 청구인은 헌법상의 의무로서 병역의무 이행자로 된 것이고 여기에 어떠한 기본권의 침해가 있다고 볼 수 없으므로, 청구인의 기본권 침해 주장은 그 자체로서 이유 없다 할 것이다.

(2) 심판청구의 기각

1) 평등권 침해 여부

남자만을 현역병 징집의 대상으로 삼는 병역법 조항이 청구인의 평등권을 침해한다는 주장은 이유 없다 할 것이다.

'남녀평등'은 획일적으로 동일 업무를 남녀가 동등하게 수행하는 것을 의미하는 것이 아니라, 사회적으로 인식되어 있는 남자와 여자의 일반적 차이를 인정하고, 그 차이에 합당한 기회를 제공해 줌으로써 달성될 수 있는 것이다.

살펴보건대, 헌법 제39조 제1항에서 "모든 국민은 법률이 정하는 바에 의하여 국방의 의무를 진다"는 규정에서 "여자도 반드시 현역병의 징집대상으로 군복무를 하여야 한다"는 결론이 도출될 수는 없다. 즉, 국방의 의무 중에서 직접적인 병력형성의무인 병역법에 의한 징집대상은 대한민국 남성만이 부담을 하지만, 간접적인 병력형성의무는 남녀를 가리지 않고 대한민국 국민이면 누구나 부담한다. 따라서 위 헌법조항에서의 '모든 국민'에 남녀노소를 불문한 대한민국 국민 전체가 포함됨은 당연하지만, 국방의 의무를 부담하는 국민들 중에서 구체적으로 어떤 사람을 징집하여 군복무를 시킬 것인가(병역의 의무)는 '직접적인 병력형성의 의무'에 관계된 것으로서 입법자가 국가의 안보상황, 재정능력 등 여러 가지 사정을 고려하여 국가의 독립을 유지하고 영토를 보전함에 필요한 범위 내에서 결정할 사항이다.

즉, 징집대상자의 범위를 결정하는 문제는 그 목적이 국가안보와 직결되어 있고, 그 성질상 급변하는 국내외 정세 등에 탄력적으로 대응하면서 '최적의 전투력'을 유지할 수 있도록 합목적적으로 정해야 하는 사항이기 때문에, 본질적으로 입법자의 입법형성권이 광범위하게 인정되는 영역이라고 하겠다.

현재 우리나라의 병력수급상황이 여성에게까지 현역병 징집 입영에 의한 병역의무의 부과를 요구할 정도는 아니며, 만약 여성에게까지 이러한 의무를 부과한다면 봉급지급에 의한 국가예산의 문제, 내무생활의 여건 문제 등 많은 어려움에 봉착하게 된다. 따라서 병역법 제 3 조 제 1 항에서 남자만을 현역병 징집의 대상으로 규율하는 것은 위에서 본 바와 같이 입법자가 광범위한 재량의 범위 내에서 국가의 안전보장, 재정능력 등 여러 사정을 고려하여 결정한 사항으로서 국방의 의무를 수행함에 있어 여성을 차별하거나 남성을 차별하는 것이 아니다.

2) 직업선택의 자유 등 침해 여부

병역의무이행으로 말미암아 직업선택의 자유, 거주이전의 자유, 행복추구권 등을 침해받았다는 청구인의 주장은 이유 없다 할 것이다.

병역의무는 헌법상에 근거를 둔 신성한 국방의 의무의 한 태양으로서, 직업선택의 자유를 포함한 모든 국민의 기본권 보장과 실현은 헌법상 국민의 기본적 의무와 상치되는 것이 아니라 헌법상 의무의 테두리 내에서 가능한 것이다. 설령 병역의무이행으로 인하여 직업선택의 자유에 제한이 초래된다 하더라도, 모든 국민의 기본권은 헌법 제37조 제 2 항에 따라서 법률로써 그 제한이 가능하다 할 것이므로 병역법에 의한 병역의무이행으로 인하여 발생하는 직업선택의 자유에 대한 제한은 당연히 합헌적 테두리 내에 있는 것이다. 병역의무이행으로 인하여 발생하는 거주이전의 자유, 행복추구권 등에 대한 제한도 마찬가지다.

Ⅳ. 적법성 판단

청구인의 헌법소원심판청구가 이유 있는지를 판단하기 전에 우선 적법요건들이 충족되었는지를 검토해 보기로 한다.[1)]

1) 이에 대해서는 헌법재판소, 헌법재판실무제요, 제 1 개정판(2003), 188면 이하 참조.

1. 청구인능력

이 사건에서 청구인은 법 제3조 제1항 및 제8조 제1항이 헌법상 보장된 자신의 기본권을 침해하였다고 주장한다. '누구든지' 성별에 의하여 어떠한 영역에서도 차별을 받지 아니한다는 헌법 제11조 제1항 제2문의 규정을 볼 때 청구인은 이 평등권의 주체가 된다. 따라서 기본권능력이 인정되기 때문에 청구인은 자신의 이름으로 헌법소원심판을 청구할 수 있다.

2. 대 리 인

대리인을 선임할 자력이 없는 청구인은 헌법재판소에 국선대리인의 선임을 신청할 수 있다(헌법재판소법 제70조 제1항 제1문). 이 사건에서 청구인은 국선대리인 선임을 신청하였고, 국선대리인이 이 사건 헌법소원심판을 청구하였다.

3. 소원대상

청구인은 병역법, 즉 국회가 제정한 법률의 규정으로 인하여 헌법상 보장된 기본권을 침해받았다고 주장한다. 헌법재판소법 제68조 제1항에 규정된 '공권력의 행사 또는 불행사'에는 입법작용도 당연히 포함되기 때문에 입법행위의 결과인 병역법 규정에 대해 청구인이 이 사건 헌법소원심판을 청구하는 것은 가능하다.2)

4. 소원적격

(1) 기본권 침해 가능성

공권력의 행사에도 불구하고 청구인의 법적 지위가 전혀 영향을 받지 않는다면 애당초 기본권 침해의 가능성이나 위험성을 인정할 수 없다. 이러한 공권력의 행사를 대상으로 하는 헌법소원심판청구는 허용되지 않는다. 그러나 이 사건에서 대한민국 국민인 남자에게만 병역의무를 부과하고 있는 법 제3조 제1항과 18세 이상의 대한민국 국민인 남자만을 제1국민역에 편입시키고 있는 법 제8조 제1

2) 헌법소원심판의 대상에 대해서는 헌법재판소(주 1), 155면 이하 참조.

항이 헌법상 금지되는 남녀차별을 규정한 것이라면, 이로 인하여 청구인의 기본권인 평등권이 침해될 수 있다. 따라서 기본권 침해 가능성을 인정할 수 있다.

이 사건 심판대상조항이 위헌이어서 여성에게 병역의무를 부과한다 하더라도 청구인이 병역의무로부터 벗어날 수 없기 때문에 논의의 실익이 없다거나 기본권 침해 가능성이 없다는 견해는 타당하지 않다. 성차별금지의 원칙이 성별에 의한 부담의 불평등한 부과를 금지한다는 점에서 볼 때 이 사건 심판대상은 여전히 논의의 실익이 있으며, 청구인이 남성이라는 점에서 혜택을 받고 있는 여성에 비해 남성이 불평등하게 부담을 지고 있는지, 즉 부담평등의 원칙이 침해되었는지가 문제되기 때문이다.

(2) 자기·현재·직접 관련성

헌법재판소법 제68조 제1항의 헌법소원심판은 공권력의 행사 또는 불행사로 인하여 헌법상 보장된 '자신의' 기본권을 '현재' 그리고 '직접' 침해당한 자만이 청구할 수 있다.[3)]

1) 자기관련성

청구인은 '대한민국 국민인 남자'로서 법 제3조 제1항 및 제8조 제1항의 직접적 수범자이다. 따라서 청구인은 심판대상조항에 의하여 '자신의' 기본권을 침해당하고 있다.

2) 현재관련성

헌법소원심판청구는 원칙적으로 청구인이 공권력의 작용으로 인하여 '현재' 기본권을 침해당하고 있을 때 허용된다. 이 사건 심판청구 당시 청구인은 이미 이 사건 법률 제8조 제1항에 의하여 제1국민역에 편입되었고 제3조 제1항에 의하여 모집병에 합격하여 병무청으로부터 입영영장을 받았기 때문에, 청구인이 심판대상조항으로 인하여 현재 현실적으로 기본권 침해를 당하고 있음을 인정할 수 있다. 따라서 기본권 침해의 현재관련성이 인정된다.

3) 직접관련성

법률 또는 법률조항 자체는 그것이 구체적인 집행행위 없이 '직접' 기본권을 침해하는 경우에만 헌법소원심판의 대상이 될 수 있다. 국방부장관의 의견에 의하면 청구인의 기본권 침해는 이 사건 법률규정들에 의해 직접 발생한 것이 아니라, 제1국민역 편입처분이나 입영영장이라는 매개행위(행정처분 등)를 통해 비로소 발생한 것이기 때문에 이 사건 법률규정들을 직접 헌법소원을 통해 다툴 수 없고,

3) 이에 대해서는 헌법재판소(주 1), 196면 이하 참조.

위 제 1 국민역 편입처분이나 입영영장에 대하여 행정소송으로 불복하여 권리구제 절차를 밟는 것이 타당하다고 한다. 따라서 이 사건 헌법소원심판청구는 적법요건인 직접성 요건을 갖추지 못하였으므로 각하되어야 한다는 것이다.

하지만 기본권 침해의 직접성이란 "집행행위에 의하지 아니하고 법률 그 자체에 의하여 자유의 제한, 의무의 부과, 권리 또는 법적 지위의 박탈이 생긴 경우"를 뜻한다(헌재 1992. 11. 12. 91헌마192, 판례집 4, 813, 823). 이 사건 심판대상조항은 별도의 집행행위가 없더라도 국방의 의무와 관련, 대한민국 국민인 남자에게만 병역의무를 부과하고 있으며 18세 이상의 대한민국 국민인 남자만을 제 1 국민역에 편입시키고 있다. 따라서 청구인의 기본권 침해가 제 1 국민역 편입처분이나 입영영장이라는 매개행위(행정처분 등)를 통해 비로소 발생한 것이라는 국방부장관의 의견은 타당하지 않다.

설령 이 사건 법률조항들이 제 1 국민역 편입처분이나 입영영장이라는 집행행위를 예정하고 있고 또 청구인의 기본권 침해가 이러한 집행행위를 통해 현실적으로 발생한다 하더라도, "법규범의 내용이 집행행위 이전에 이미 국민의 권리관계를 직접 변동시키거나 국민의 법적 지위를 결정적으로 정하는 것이어서 국민의 권리관계가 집행행위의 유무나 내용에 의하여 좌우될 수 없을 정도로 확정된 상태라면 그 법규범의 권리침해의 직접성이 인정된다"고 보아야 한다(헌재 1997. 7. 16. 97헌마38, 판례집 9-2, 94, 104).

따라서 이 사건 심판대상조항은 청구인의 기본권을 직접 침해하고 있다.

5. 보 충 성

헌법소원은 헌법상 보장된 기본권의 침해에 대한 예비적이고 보충적인 최후의 구제수단이다. 따라서 다른 법률에 구제절차가 있는 경우에는 그 절차를 모두 거친 후가 아니면 청구할 수 없다(헌법재판소법 제68조 제 1 항 제 2 문). 그러나 이 사건과 같이 법률 자체에 의한 직접적 기본권 침해가 문제되는 경우에는 법률 자체의 효력을 직접 다투기 위하여 일반 법원에 소송을 제기할 수 있는 방법이 없기 때문에 곧바로 헌법소원심판을 청구하는 것이 허용된다.[4]

4) 헌법재판소(주 1), 212면.

6. 형식과 청구기간

(1) 형　　식

청구인의 헌법소원심판청구는 형식에 관한 헌법재판소법 제26조와 제71조의 규정들을 준수하였다.

(2) 청구기간

이 사건은 법률의 시행 후에 비로소 그 법정요건이 충족되어 기본권 침해가 발생한 경우에 해당한다. 따라서 청구인은 그 법정요건이 충족된 사실을 안 날부터 90일 이내에, 그 요건이 충족된 날부터 1년 이내에 헌법소원심판을 청구했어야 한다.[5)]

그렇다면 병역법 제3조 제1항과 관련, 청구인은 자신에게 병역의무가 부과된 사실(병역의무부과통지서의 송달, 법 제6조)을 안 날부터 90일 이내에, 병역의무가 부과된 날부터 1년 이내에 헌법소원심판을 청구했어야 한다.

병역법 제8조 제1항과 관련해서도 청구인은 자신이 18세가 되어 제1국민역에 편입된 사실을 안 날부터 90일 이내에, 제1국민역에 편입된 날부터 1년 이내에 헌법소원심판을 청구했어야 한다.

하지만 청구인은 2006년에 비로소 이 사건 헌법소원심판을 청구하였으므로 법 제8조 제1항의 경우에는 청구기간을 도과하였다.[6)] 법 제3조 제1항의 경우에는 사건으로부터 정확한 날짜를 파악할 수 없으므로 일단 청구기간을 준수한 것으로 추정한다(이 사건에서 청구기간은 국선대리인 선임 신청이 있는 날을 기준으로 정한다. 헌법재판소법 제70조 제1항 제2문).

7. 소　　결

법 제8조 제1항의 경우 청구인은 청구기간을 도과하여 이 사건 헌법소원심판을 청구하였으므로 이 부분 심판청구는 부적법하다. 반면, 법 제3조 제1항의 경우에는 청구기간 준수 여부에 따라 결론이 달라질 수 있을 것이다. 이에 따라 이하에서는 법 제3조 제1항으로 인한 기본권 침해 여부만을 검토해 보기로 한다.

---

5) 헌법재판소(주 1), 224면.

6) 헌법재판소(주 1), 226면.

V. 본안 판단

이 사건에서는, 대한민국 국민인 남자에게만 병역의무를 부과하고 있는 심판대상조항이 성별에 의한 차별을 의미할 수 있기 때문에, 헌법 제11조 제1항 제2문에 의하여 보장된 청구인의 평등권이 침해되었는지 여부가 문제된다.[7] 또 청구인에게 병역의무를 부과하고 있는 심판대상조항으로 인하여 청구인의 자유권이 침해되었는지 여부도 문제된다.

1. 국방의무와 병역의무

헌법 제39조는 모든 국민은 법률이 정하는 바에 의하여 국방의 의무를 진다고 규정하고 있다. 여기서 '국방의 의무'는 제5조 제2항("국군은 국가의 안전보장과 국토방위의 신성한 의무를 수행함을 사명으로 하며, 그 정치적 중립성은 준수된다")과의 체계적 해석에 따라 '국토방위의 의무'를 의미한다. 헌법 제39조 제1항에 따라 이 국토방위의 의무는 '모든 국민', 즉 남녀노소를 불문한 대한민국 국민 전체에게 부과되는 의무이다.

이처럼 헌법이 전통적으로 국방의 의무와 병역의무를 규정하고 있는 것은 외국으로부터의 전쟁이나 무력침입으로부터 자국을 보호하기 위한 것이고, 이러한 목적이 지금도 가장 중요한 목적이라 할 것이다.

그러나 과거에는 국토방위의 의무를 보통 병역의 의무라 하여 국민이 군인으로서 복무하는 것만을 지칭하였다. 그러나 현대에는 각국 간의 전쟁이 군인 간의 전쟁만이 아니라 국민 전체가 관여하지 않으면 안 되는 총력전이 되었다. 따라서 국토방위를 위해선 국민에게 병역의무를 부담시키는 것만으로 족하지 않고, 국민 전체에게 법률이 정하는 바에 의하여 국방의 의무를 부담시킬 필요가 있기 때문에, 병역의무라 하지 않고 널리 국방의 의무라 한 것이다. 그러므로 본조에 의하여 국민에게 병역의무를 과할 수 있을 뿐만 아니라, 법률이 정하는 바에 의하여 방공(防空)의무, 군 작전에 협력할 의무 등을 과할 수 있다. 이에 따라 모든 국민은 민방위기본법, 전시근로동원법, 비상자원관리법 등에 의한 일부 간접적인 병력형성의무를 진다. 그리고 본조는 행정부에서 임의로 국토방위의 명목으로 국민에

---

7) 평등권의 심사 모델에 대해서는 김주환, "평등권의 다차원적 성격," 인권과 정의(2004. 6), 122면 이하(127 이하) 참조.

게 각종 의무를 과하는 것을 금지한 것이다.[8)]

이처럼 개념적으로 볼 때 국방의 의무는 직접적 병력형성의무라 할 수 있는 병역의무보다 넓게 이해되고 있다. 국방의 의무에는 직접적인 병력형성의무와 간접적인 병력형성의무가 모두 포함되기 때문이다. 그러나 실효성과 실질적 시행의 면에서는 병역의무가 여전히 국방의 의무의 근간을 이루고, 대부분의 비중을 차지하고 있다.

이에 따라 병역법은 일반 국민의 병역의무를 규정하기 위하여 제정되었다. 그런데 병역법 제3조 제1항과 제8조 제1항을 살펴보면 국방의 의무로 남성의 병역의무를 규정하고 있는 데 반하여, 여성의 병역의무에 대해서는 원한다면 지원할 권리는 있으나 의무는 아무것도 규정하지 않고 있다. 따라서 국방의 의무 중에서 직접적인 병력형성의무인 병역법에 의한 징집대상은 대한민국 남성만이 부담을 하지만, 간접적인 병력형성의무는 남녀를 가리지 않고 대한민국 국민이면 누구나 부담한다.

하지만 이로 인하여, 국방의 의무에 대하여 헌법 제39조 제1항이 '모든 국민'이 국방의 의무를 진다고 하여 평등한 취급을 요구하고 있음에도 불구하고, 국방의 의무의 가장 근간이 되는 병역의무를 규정함에 있어서는 병역법에서 남성에게만 실질적인 병역의무를 지우고 여성은 실질적으로 아무런 병역의무를 지우고 있지 않은 것은 남자인 청구인의 평등권을 침해하고 있는 것이 아닌가 하는 문제가 제기된다.

2. 성차별 금지(헌법 제11조 제1항 제2문)의 의미와 효력

(1) 일반적 의미와 효력

제39조 제1항 이외에 헌법은 특히 제11조 제1항 제2문에서 성별에 의한 차별(이하 '성차별') 금지를 규정하고 있다. 헌법 제11조 제1항 제2문은 직접적 효력을 가지는 법규범으로서 입법·집행·사법권을 구속하며, 주관적 공권을 포함한다.

헌법 제11조 제1항 제2문이 금지하고 있는 성차별은 "법률 기타 공권력의 행위가 어느 한 성을 다른 성보다 더 열악하게 대우함으로써 불이익을 주는 것"이다.[9)] 다른 성에 혜택을 주는 것도 마찬가지다. 불이익이나 혜택이 있는지는 당

8) 유진오, 헌법해의(1959), 103면; 계희열, 헌법학(중)(2004), 811면.

9) BVerfGE 96, 288(302); 99, 341(357).

사자의 입장과 다른 비당사자의 입장을 비교하여 판단해야 한다.10) 이 경우 개인의 이익이 침해되면 그것이 경제적 이익이든, 정신적 이익이든, 정서적 이익이든 상관없이 기본권 침해 가능성이 인정되며,11) 불이익의 경중은 문제되지 않는다.

또한 성차별이 성별의 특성만을 기준으로 한 것인지도 중요하지 않다.12) "성별에 대하여 중립적인 규정이 주로 여성들에게 적용되고 이것이 양성 간의 자연적 또는 사회적 차이로 귀착될 수 있을 때에도 성별에 의한 차별이 있을 수 있기 때문이다."13) 따라서 그것이 기준으로 삼고 있는 차별의 관점이 무엇이든지 간에, 남성과 여성에게 서로 다른 법적 효과를 미치는 규정은 모두 평등원칙의 적용을 받아야 한다. 따라서 제2문은 직접차별과 간접차별에 모두 적용된다.14) 직접차별과 간접차별이 모두 일반적으로 금지되기 때문에, 일정한 예외들이 있음에도 불구하고 절대적 차별금지라고 말할 수 있다.15)

(2) 이 사건에서의 의미와 효력

제2문의 '누구든지'는 제1문의 '모든 국민'에 상응하는 표지다. "누구든지 성별 … 에 의하여 … 차별을 받지 아니한다"는 문구에서 이미 알 수 있듯, 제11조 제1항 제2문은 차별로부터 여성만을 보호하는 것이 아니라 남성도 보호하고 있다.

헌법 제39조 제1항 및 제11조 제1항 제2문에 따르면 대한민국 국민인 남자와 여자는 원칙적으로 '성별'과 관계없이 누구든지 국방의 의무를 이행하여야 한다. 하지만 심판대상조항인 병역법 제3조 제1항과 제8조 제1항에 의하여 병역의무를 지거나 제1국민역에 편입되는 자는 "대한민국 국민인 남자"이다. 따라서 이 사건에서는 "대한민국 국민인 남자"와 "대한민국 국민인 여자"가 비교집단을 이루고, '성별'과 관계없이 모든 국민이 국방의 의무를 진다는 점에서 비교집

10) H. P. Ipsen, GRe Ⅱ, S. 159f.

11) Sachs, HdbStR V, §126 Rn. 53.

12) BVerfGE 89, 276 [288]; Jarass, JP, Rn. 53; 반대견해로는 Dürig, MD, Rn. 1 zu Art. 3 Ⅱ; Hesse, VerfR, Rn. 436.

13) BVerfGE 97, 35(43). 독일 연방헌법재판소는 1992년 1월 28일 여성 야근금지 결정(BVerfGE 85, 191 [206]) 이후 간접적인 성차별도 독일 기본법 제3조 제2항 제1문과 제3항의 적용을 받는 것으로 해석하고 있다.

14) Jarass, JP, Rn. 53, 59; Heun, in: Dreier, Rn. 96; Osterloh, in: Sachs, Rn. 260; 반대견해로는 Sachs, HdbStR V, §126 Rn. 89는 시종일관 간접차별에 대해 독일 기본법 제3조 제1항을 적용한다.

15) Heun, in: Dreier, Rn. 95; Sachs, HdbStR V, §126 Rn. 82; 반대견해로는 Brinckmann, Anm. I 4 a.

단 사이에 헌법적으로 중요한 공통점이 있다. 그런데 심판대상조항인 병역법 제3조 제1항은 남자와 여자가 모두 국방의 의무를 지는데도 불구하고 남자에게만 국방의 의무에 해당하는 병역의무를 부과하는 한편 여자에게는 병역의무를 면제하고 있고, 제8조 제1항은 18세 이상인 남자만을 제1국민역에 편입시키는 한편 18세 이상인 여자는 제1국민역 편입 대상에서 제외함으로써 비교집단의 차별, 특히 남성차별을 규정하고 있다. 특히 법 제3조 제1항은 '남자'와 '여자'라는 성별의 표지를 구성요건표지로 규정하여 남자와 여자에게 서로 다른 법적 효과를 미치고 있기 때문에, 이때의 성차별은 직접차별의 유형에 해당한다.

3. 평등권 침해 여부

그렇다면 이 사건 심판대상조항이 규정하고 있는 성차별이 객관적으로 정당화될 수 있는지를 확인하여야 한다. 이때 차별의 정당성 여부를 판단하기 위해서는 먼저 심사척도를 확정하여야 한다.

국방의 의무를 부담하는 국민들 중에서 구체적으로 어떤 사람을 징집하여 군복무를 시킬 것인가(병역의 의무)는 '직접적인 병력형성의무'에 관계된 것으로서 입법자가 국가의 안보상황, 재정능력 등의 여러 가지 사정을 고려하여 국가의 독립을 유지하고 영토를 보전함에 필요한 범위 내에서 결정할 사항이라고 하겠다.

(1) 성차별 금지의 심사기준의 독자성

헌법재판소는 이미 1999년 12월 23일 이른바 '신(新)공식'에 입각하여 일반적 평등원칙의 구체화 모델을 다음과 같이 제시한 바 있다.

"평등위반 여부를 심사함에 있어 엄격한 심사척도에 의할 것인지, 완화된 심사척도에 의할 것인지는 입법자에게 인정되는 입법형성권의 정도에 따라 달라지게 될 것이다. 먼저 헌법에서 특별히 평등을 요구하고 있는 경우 엄격한 심사척도가 적용될 수 있다. 헌법이 스스로 차별의 근거로 삼아서는 아니되는 기준을 제시하거나 차별을 특히 금지하고 있는 영역을 제시하고 있다면 그러한 기준을 근거로 한 차별이나 그러한 영역에서의 차별에 대하여 엄격하게 심사하는 것이 정당화된다. 다음으로 차별적 취급으로 인하여 관련 기본권에 대한 중대한 제한을 초래하게 된다면 입법형성권은 축소되어 보다 엄격한 심사척도가 적용되어야 할 것이다."[16)]

16) 헌재 1999. 12. 23. 98헌마363, 판례집 11-2, 770, 787.

그러나 헌법 제11조 제1항 제2문은 제11조 제1항 제1문을 '구체화'하고 있다는 점에서 독자적 의미를 가진다. 여기서 '구체화'란 '제1문의 내용을 다른 말로 반복하는 것'이 아니라 '특성화하는 것'을 의미한다. 특히 제2문의 경우에는 입법자가 차별을 정당화하기 위하여 성별의 차이를 원용하는 것이 헌법적으로 금지되기 때문에, — 제1문의 경우와 같이 — 객관적 정당화 사유를 규정하고 규율사태 간의 서로 같은 표지가 중요한지 서로 다른 표지가 중요한지를 결정할 수 있는 형성의 자유가 입법자에게 인정되지 않는다. 따라서 제1문에 적용되는, 차별의 허용성 여부를 판단하기 위한 원칙들은 제2문에 적용되지 않는다.[17]

그러나 일정한 경우에는 남성과 여성을 서로 달리 대우한다고 해서 이것이 제11조 제1항 제2문을 절대적 차별금지라고 표현하는 것과 모순되지는 않는다. 특히 남녀 간에 공통점이 없을 때, 즉 제2문이 적용되는 사태가 일반적으로 어느 한쪽 성에서만 실현될 수 있을 때에는 (예컨대 처녀막 파괴, 임신, 출산) 언제나 남성과 여성을 서로 달리 대우해야 한다. 이러한 경우에 제1문은 이미 적용가능성이 배제된다. 이에 따라 여성에게 혜택을 주는 것은 성별 그 자체에 따른 것이 아니라, 예컨대 임신과 출산, 즉 금지되지 않은 표지에 따른 것이라는 지적이 있다.[18] 따라서 차별의 정당화 요건들이 충족되는 경우에는 예외적으로 차별이 허용될 수 있다고 보아야 한다.

(2) 직접적 성차별의 정당화 요건

문제는 어떤 경우에 직접차별이 예외적으로 정당화되는가 하는 것이다.

이에 대해서는 "객관적인 생물학적 또는 기능적(분업적) 차이"가 있을 때 성차별이 허용되거나 필요하다고 보는 견해가 있었다.[19] 그러나 기능적 차이는 대체로 전통과 관습에 기인한다.[20] 게다가 남성과 여성의 기능적 차이라는 것은 결국 사회적 역할을 근거로 한 것인데, 이것은 시간의 흐름에 따라 계속 변하는 것이기 때문에 오늘날에는 더 이상 남녀차별의 정당화 근거로 적용될 수 없다. 그렇지 않으면 남성과 여성의 관계를 완전히 달리 보던 시대에 형성된 기존의 전형적인 분업이 ("여자는 집에 있어야 한다." 구 독일 민법 제1360조 제2문 참조) 여성에 대한 부당한 차별을 정당화하기 위하여 쉽게 원용될 수 있는 위험이 있기 때

17) 독일의 경우에는 BVerfGE 3, 225(240); 15, 337(343); 85, 191(206); Heun, in: Dreier, Rn. 288 참조.

18) Rüfner, BK, Rn. 620.

19) BVerfGE 3, 225(242).

20) Baur, JZ 1959, 443(444).

문이다. 이러한 이유에서 독일 연방헌법재판소는 기능적(분업적) 차이의 원용을 포기하였다.[21)]

이 문제의 현실성은 '전형적인 남성직업'에서의 여성 활동에 관한 논의에서 나타난다(예컨대 여자 장의사, 여자 금속공, 건축업에 종사하는 여성). 헌법적인 이유에서 여기서는 동등한 취급이 이뤄져야 한다. 제 1 문을 적용하면 노동시장 정책적 이유가 객관적 정당화 사유가 되겠지만, 제 2 문을 적용하면 그렇지 않기 때문이다. 이와 관련, 독일 안스바하(Ansbach) 행정법원은 1938년 12월 12일 근로시간법 시행령 — AVAZO — (RGBl. Ⅰ, 1799) 제20호에 따른 건설공사현장의 일반적 여성 고용금지에 대하여 위헌 결정을 선고한 바 있다.[22)] 물론 이에 대해서는 동 법원이 여성의 '원자재 운반' 금지를(근로시간법[AZO] 제16조 제 2 항) 문제 삼지 않은 것은 충분치 못했다는 비판이 있다.[23)] 이에 따르면 오늘날 건설 분야의 기계화를 고려할 때 여성에 대한 신체적 부담의 과중은 더 이상 없기 때문에 모든 여성은 자신이 직업적 요구사항을 충족시키는지 여부를 자유롭게 결정할 수 있어야 한다고 한다.[24)]

이에 따라 독일 연방헌법재판소는 1992년 1월 28일 여성 야근금지 판결에서 (성별과 관련하여) 제 3 조 제 3 항의 심사 범위 안에서 이른바 '신(新)공식'이라고 표현되는, 다음과 같은 심사기준을 제시하였다.[25)] "차별 규정은 … 그것이 성질상 남성 또는 여성에게만 발생할 수 있는 문제를 해결하기 위하여 꼭 필요할 때에만 허용될 수 있다."[26)] 이에 따르면, 사용된 차별기준은 엄격한 비례성 심사를 받아야 한다.[27)] 불평등대우는 그것이 추구하는 목적을 달성하기에 적합하고 필요한 것이어야 하며, 성별과 관련된 차별을 고려할 때 좁은 의미에서 비례적인 것이어야 한다.[28)] 따라서 제 1 문의 경우와 달리 입법자에게는 광범한 형성의 여지가 인정되지 않는다.

(3) 이 사건에서의 비례성 심사

이 사건은 '엄격한 비례성 심사'가 적용되는 직접적 성차별 사건에 해당한다.

---

21) 이에 대한 비판에 대해서는 Starck, vMKS, Rn. 301; Hofmann, JuS 1988, 249(253) 참조.
22) NJW 1979, S. 732.
23) VGH München, NJW 1982, S. 2570f. 참조.
24) Jarass, JP, Rn. 58.
25) Osterloh, in: Sachs, Rn. 273.
26) BVerfGE 85, 191(207); 92, 91(109); 이에 대해서는 Di Fabio, AöR 122(1997), 404(410ff.).
27) Osterloh, in: Sachs, Rn. 274.
28) BAGE 66, 264(274); Jarass, JP, Rn. 57.

헌법 제11조 제1항 제2문이 '성별'에 의한 차별을 특히 금지하고 있는데, 이 사건 심판대상조항은 바로 이 '성별'을 기준으로 남자에게만 병역의무를 부과함으로써 남자를 차별하고 있기 때문이다.

1) 차별목적

이 사건 심판대상조항의 차별은 그 목적 자체가 헌법적으로 허용되지 않으면 객관적으로 정당화될 수 없다. 이 규범의 목적은 헌법 제39조에 따라 '국민의 병역의무'에 관하여 규정하되(병역법 제1조), 징집대상자의 범위를 결정하는 문제는 국가안보와 직결되어 있으므로 그 성질상 급변하는 국내외 정세 등에 탄력적으로 대응하면서 '최적의 전투력'을 유지할 수 있도록 징집대상자의 범위를 결정하기 위한 것이다. 심판대상조항의 이러한 차별목적은 헌법적으로 금지되지 않는다.

2) 차별기준

이 사건 심판대상조항에 의한 성차별은 그 차별기준이 헌법적으로 허용되지 않으면 객관적으로 정당화될 수 없다. 여기에서 심판대상조항의 차별기준은 '성별'이다.

헌법 제11조 제1항 제2문은 이른바 '절대적 평등권'을 규정하고 있기 때문에 성별에 의한 차별은 원칙적으로 허용되지 않지만, 성차별이 남성과 여성의 생물학적 차이로 인하여 성질상 남성 또는 여성에게만 발생할 수 있는 문제를 해결하기 위하여 꼭 필요할 때에만 예외적으로 허용될 수 있다. 다시 말해서 "남성과 여성의 생물학적 차이로 인하여 차별이 꼭 필요할 때에만, 기능적 차이는 그것이 생물학적 차이에 입각한 것이고 차별이 반드시 필요할 때에만, 이들을 원용할 수 있다."

그런데 이 사건 심판대상조항은 입법자가 특히 여성의 사실적 기회평등을 실현해야 할 사회국가적 의무를 이행하기 위하여 제정한 것으로 이해될 수 없다. 따라서 국가목적 내지 헌법위임으로 이해되는 헌법 제34조 제3항이 여자의 복지와 권익의 향상을 위하여 노력하여야 할 국가의 객관적 의무를 규정하고 있지만, 이 규정이 이 사건 심판대상조항의 정당화 근거로 원용될 수 없다. 모성보호와 같은 생물학적 차이도 마찬가지다.

따라서 이 사건 심판대상조항의 차별기준이 예외적으로 허용될 수 있는지를 '신공식'에 따라 검토해 보기로 한다.

우선 남성과 여성의 기능적 차이, 또는 전형적인 분업이 이 사건에서 남성차별을 정당화할 수 있는지를 본다. 심판대상조항들은 "남자는 국방을, 여자는 가사와 출산, 양육을 책임진다"는 전통적인 역할분담을 근거로 제정되었던 것이 사실이다. 그러나 기능적 차이는 대체로 전통과 관습에 기인한다. 오늘날 가사와 양육은 더 이상 여성만의 역할과 기능이 아니라, 남성과 여성의 공동책임영역이다. 따라서 여성이 가사와 양육을 담당하는 대신에 남성이 국방을 책임져야 한다는 생각은 바로 제2문이 목적으로 삼는, 시대에 맞는 여성상 정립을 방해할 수 있을 것이다.

그렇다면 이 사건 심판대상조항들이 병역 분야의 기계화를 고려할 때 여성에 대한 신체적 부담의 과중이 더 이상 없음에도 불구하고 여성에게 병역면제의 혜택을 부여하고 있는지, 문제가 될 것이다. 여기서 사건 해결의 출발점은 지원에 의한 장교 또는 부사관의 복무가 아니라, 원하지 않음에도 불구하고 국민의 의무로서 자신의 의사에 반하여 어쩔 수 없이 이행해야 하는 일반 사병으로서의 복무이다. 따라서 사건 해결을 위해서는 병역 영역에서의 구체적인 생활관계와 그 내용을 분석해 볼 필요가 있다.

국가의 경제력 향상과 과학기술의 발전으로 인해 군 무기가 현대화되고 있지만, 전 군의 무기가 현대화되어 병역의무를 이행하는 인력을 대폭적으로 감축하거나 전자정보통신장비로 완전히 대체할 정도는 아니며, 또 그것은 사실상 불가능한 일이다. 이런 상황에서 병역의무의 대부분은 여전히 전투병의 역할을 통해 이행되고 있다는 점을 고려할 필요가 있다. 군사장비가 현대화되었다 하더라도 각 전투병은 극한상황에서 전투에 임해야 하기 때문에 항상 그에 대비하여 독자적 생존에 필요한 개인물품은 물론 총검 외에 총탄, 수류탄 등 각종 무기를 등에 짊어지거나 소지하고 원거리와 험준한 산악지형 등을 불문하고 전투를 벌일 수 있는 체력을 보유해야 한다. 이를 위해서는 그에 상응하는 훈련을 매일 빠짐없이 실시해야 하는 것도 당연한 일이다.

전투는 통일적인 작전을 통해서 또는 작전수립이 불가능한 상황에서는 개인의 독자적 판단에 따라 그때그때 상황에 맞게 수행된다. 전투는 대량살상무기를 통해서도 수행되지만, 군대가 마주치는 경우에는 각개전투를 통해서도 수행된다. 전투의 주요내용은 적의 전투력을 무력화시키는 데 있지만, 대체로 인명살상을 통해 이뤄지는 것이 전투임은 부인할 수 없다. 수류탄 투척이나 사격을 통해서 적을 제압할 수 없다면, 급기야 총검을 통해 적을 살상하는 유혈 육박전의 수행도 불가피하다.

병역의무의 내용은 이로써 끝나지 않는다. 최적의 국방력은 각종 재해로 인해 파괴된 시설을 복구하거나 새로운 지형지물을 건설함으로써 유지되거나 강화될 수 있기 때문에 이를 위해서도 각종 복구사업, 토목건설사업, 대민지원업무 등을 수행할 필요가 있다.

병역의무의 이러한 특성을 고려해 볼 때 병역의무로 인해 여성이 부담하는 신체적 부담의 정도가 남성이 부담하는 정도와 동일하다고 볼 수 있는지는 확실히 의문이다. 18세 이상의 남성과 여성은 평균 신장, 체중, 근골의 구조, 근력 등 신체적인 면에서 차이가 있으며, 특히 여성은 남성에게서는 찾아 볼 수 없는 생리와 임신능력이라는 특성을 지니고 있다. 이것은 신체적 수인의 한도를 넘어서는 군사훈련과 전투수행으로 인해 남성보다는 여성에게서 척추를 비롯한 다양한 근골격계 질환이 발생할 가능성이 더 크다는 것을 의미한다. 물론 이러한 신체적 차이로 인하여 군사훈련이 여성에게 불임을 초래하는지는 과학적·의학적으로 증명되지 않았다. 하지만 그렇다고 해서 군사훈련과 불임이 전혀 무관하다는 사실이 증명된 것도 아니다. 따라서 군사훈련이 불임을 초래할 수 있는 가능성을 완전히 배제할 수는 없다. 군복무가 여성의 불임을 초래한다면, 전체적으로 국가의 출산율이 저하될 것이며, 이것은 결국 국방력의 손실로 귀결될 것이다. 확실한 것은 군복무로 인해 여성이 상당한 심리적, 육체적 스트레스를 받게 되고 이로 인해 생리불순, 요도염, 결석 등 여성질환을 많이 앓게 될 수 있다는 점이다. 특히 야외훈련중 화장실을 이용할 수 없기 때문에 요도염 발병 가능성이 크다는 보고는 전시에 여군이 겪게 될 여성 특유의 위생관리 및 생리적 문제 해결의 난점이 무엇인지를 충분히 암시한다. 여성의 생리주기는 개인마다 동일하지 않을 뿐 아니라 개인에 따라서는 극심한 생리통으로 인하여 육체적 활동능력이 저하되는바, 이 때문에 군사훈련과 전투수행의 통일성을 기하기 어렵다는 점도 간과해서는 안 될 것이다. 게다가 군복무로 인해 생리주기가 변화하고 과거에는 없던 생리통이 발생하는 경우에는 훈련 및 작전 수행의 문제가 더욱 심각해질 것이다. 여성의 이러한 신체적 특성을 무시하고 강행하는 군사훈련과 전투수행은 오히려 헌법 제10조의 인간의 존엄과 가치 보장을 침해하는 것이 될 것이다.

그렇다면 남성에게만 병역의무를 부과하는 것은 단순히 남녀 간의 성장과정에 작용하는 문화적 차이나 전통적인 관념에 따른 기능적 차이로 인한 것이 아니라, 생물학적 차이 또는 생물학적 차이와 기능적 차이의 공동작용으로 인한 것임을 알 수 있다.

3) 차별의 비례성 여부

성차별은 차별목적과 차별기준 사이에 비례성이 존재할 때에만 객관적으로 정당화될 수 있다. 따라서 사용된 차별기준은 엄격한 비례성 심사를 받아야 한다. 불평등대우는 그것이 추구하는 목적을 달성하기에 적합하고 필요한 것이어야 하며, 성별과 관련된 차별을 고려할 때 좁은 의미에서 비례적인 것이어야 한다.

그렇다면 병력형성의 원칙으로 작용하는 '최적의 전투력' 형성이라는 목적과 생물학적 차이로 인한 남성만의 병역의무 이행 사이에 비례성이 인정되는지를 검토해 보기로 한다.

(가) 차별의 적합성

남자에게만 병역의무를 부과하고 있는 이 사건 심판대상조항은 전술한 바와 같은 차별목적, 즉 최적의 전투력을 보유한 직접적 병력을 형성, 유지하려는 목적을 달성하기에 적합하다.

(나) 차별의 최소침해성

이 사건 심판대상조항과 똑같이 차별목적을 효과적으로 달성할 수 있는 더욱 완화된 수단이 있는지는 명확하지 않다. 남성의 경우에도 병역의무를 이행할 수 있는 신체적 조건이 개인마다 다르기 때문에 병역의 종류가 세분화되어 있는 점을 볼 때, 여성의 경우에도 획일적으로 병역의무를 면제할 것이 아니라 신체적 조건에 따라 서로 다른 내용의 병역의무를 부과하는 방법이 오히려 합헌적이라는 주장이 있다.

그러나 병력을 형성하는 인원은 제한되어 있다. 남성만으로 충분한 병력을 형성할 수 없다면 여성에게도 병역의무를 부과하여 그 신체적 조건에 따라 의무를 이행하도록 규정할 수 있을 것이다. 하지만 이것은 어디까지나 '충분한 병력'을 형성하기 위한 수단에 불과하다. 남성만으로도 충분히 병력을 형성할 수 있는 상황에서, 상당수의 남성 대신에 여성을 투입하여 병역의무를 이행하게 한다면 처음부터 남성들만 병역의무를 이행하는 경우와 비교해 볼 때 '충분한 병력'이라고 볼 수는 있을지 몰라도 '최적의 전투력'이라고 말하기는 어려울 것이다. 이것이 심판대상조항과 똑같이 차별목적을 효과적으로 달성할 수 있는 더욱 완화된 수단이라고 할 수 있는지는 의문이다. 따라서 이 사건 심판대상조항에 대해서는 최소침해성이 인정된다.

(다) 법익의 균형성

끝으로 이 사건 심판대상조항은 그 실현에 따른 공익이 여자에게도 병역의무를 부과함으로써 얻는 남성들의 이익보다 클 때 객관적으로 정당화될 수 있다.

이 문제에 대해서 청구인은 우선 이 사건 심판대상조항이 여성에게도 보충역 등을 통해서 병역의무를 부과할 수 있으며, 이를 통해 국가적으로 인력이 부족한 시설이나 업무 등에 여성인력을 배치함으로써 사회국가적 경향에 대비할 수 있다는 점을 들어 이 사건 심판대상조항에 대해서 법익의 균형성을 인정할 수 없다고 한다. 여성들도 동참하여 함께 나눌 수 있는 불이익을 남성들이 희생으로써 전담할 의무를 지는 것은 법익 균형성에 반한다고 한다.

하지만 이 견해도 다음과 같은 사실을 간과하고 있다.

여성에게 병역의무를 부과하는 경우 여성의 생활조건에 맞게 기존의 병영시설, 무기, 전투장비, 복무조건 등을 모두 개선해야 하는데 이로 인한 국가비용의 증대가 전투력 향상이나 유지에 비해 더 작은 비중을 차지한다고 볼 수는 없다. 오히려 이와 상관없이 일부 남성들이 병역의무에 있어 여성이 부담하는 만큼 다소 부담을 덜 수 있다는 이익이 있다는 점 외에, 이로 인해 얻는 공익보다는 이로 인해 발생하는 국가적 비용이 더 크다는 사실을 고려할 필요가 있다. 그렇다면 이 사건 심판대상조항과 같이 여성의 능력을 세분화하지 않고 일률적으로 병역의무를 면제한 것이 법익의 균형성에 반한다고 볼 수는 없을 것이다.

(4) 소 결

이 사건 심판대상조항은 헌법 제39조 제1항, 제11조 제1항 제2문에 반하여 청구인의 평등권을 침해하지 않는다.

4. 자유권 침해 여부

(1) 여성 지원복무제와 직업선택의 자유

여성 지원복무제와 관련, 모든 여성이 자신이 직업적 요구사항을 충족시키는지 여부를 자유롭게 결정할 수 있도록 보장한 것은 병역의무의 부과가 아니다. 이것은 지원복무제를 통해 기본권을 보장한 것으로서, 병역법은 여성지원복무제 규정을 통해 여성에게 군인의 직업을 선택할 수 있는 자유를 보장하고 있다. 따라서 여성지원복무제를 통해 여성에 대한 불평등한 차별이 있다고 볼 수 없다. 이를 통해 남성인 청구인의 직업의 자유 행사에 불이익이 초래되는지를 보면, 지원에 의해 장교나 부사관으로 복무할 수 있는 가능성은 여성뿐 아니라 남성에게도 보장되어 있기 때문에, 청구인의 직업선택의 자유가 불평등하게 침해되었다고는 말할 수 없다.

(2) 기타 자유권 침해 여부

청구인의 병역의무 이행은 헌법 제39조 제1항의 의무를 이행하는 것이다.

헌법 제39조 제1항은 청구인이 주장하는 자유권들에 대해 헌법이 직접 설정하고 있는 헌법상의 제한이다. 이 제한이 전술한 바와 같이 비례의 원칙에 반하지 않는다는 점에서 병역의무 이행으로 인해 초래되는 제한들은 헌법적으로 정당화될 수 있다. 따라서 직업의 자유, 학문의 자유 등의 침해를 주장하는 청구인의 주장은 이유 없다.

Ⅵ. 결　　론

법 제8조 제1항에 대한 청구인의 헌법소원심판청구는 부적법하다.

법 제3조 제1항에 대한 청구인의 헌법소원심판청구는 적법하나 이유 없다.

第75回(2007. 5. 11) 발표문

병역법 제3조 제1항에 관한 소고

윤 진 숙*

I. 서 설

우리나라 헌법 제39조 제1항은 "모든 국민은 법률에 정하는 바에 의하여 국방의 의무를 진다"라고 하여, 국민의 국방의 의무를 규정하고 있고, 이에 관하여 병역법 제3조 제1항에서는 "대한민국의 국민인 남자는 헌법과 이 법이 정하는 바에 따라 병역의무를 성실히 수행하여야 한다. 여자는 지원에 의하여 현역에 복무할 수 있다"라고 규정하고 있다. 국민에게는 헌법상 국방의 의무가 규정되어 있지만, 국방의 의무는 그 성격상 국민의 신체의 자유, 직업선택의 자유와 같은 기본권 보장과 밀접한 관련성을 가지기 때문에 자의적인 징집을 방지하기 위해서 법률에 의한 의무부과규정이 필요한 것이다. 국방의 의무와 관련하여 동조 제2항은 "누구든지 병역의무의 이행으로 인하여 불이익한 처우를 받지 아니한다"라고 규정한다.

국방의 의무라 함은 외국의 침략적 행위로부터 국가의 독립을 유지하고 영토를 보전하기 위하여 부담하는 국가방위의무를 말한다. 국방의 의무도 자의적이고 일방적인 징집으로부터 국민의 신체의 자유를 보장한다는 소극적 성격과 더불어, 주권자로서의 국민이 스스로 국가공동체를 외침으로부터 방위한다는 적극적 성격을 가지고 있다

국방의무의 주체는 헌법이 규정하고 있듯이 국가구성원인 모든 국민을 원칙으로 한다. 국방의 의무에 대해 구체적인 규정을 하고 있는 병역법은 국방의 직접적인 병력형성의 의무를 대한민국 남성에게만 부담지우고 있다.

남녀평등에 관한 논의가 발전하고 국민들의 기본권의식이 높아짐에 따라 직접적인 병력형성의 의무도 남성뿐만 아니라 여성에게도 부담지우는 것이 타당한

---

* 숭실대학교 법과대학 전임강사.

것이 아닌가 하는 논의가 제기되고 있다.

이 글에서는 헌법소원의 대상이 된 병역법 제3조 제1항이 국민의 기본권 특히 평등권을 위배하는가를 페미니스트적 관점과 복합적 평등론 위주로 논의하기로 하겠다.

Ⅱ. 평등권에 대한 현대적 해석

평등권은 법적 정의를 논하는 데 있어서 핵심적인 원칙이자 권리라고 할 수 있다.[1] 우리나라 헌법이 인간의 존엄권에 관한 규정과 더불어 가장 포괄적인 권리로 보장하고 있는 것도 이와 같은 정의의 원칙에 기초한 것이라 여겨진다.

우리나라 헌법 제11조는 "모든 국민은 법 앞에 평등하다. 누구든지 성별·종교 또는 사회적 신분에 의하여 정치적·경제적·사회적·문화적 생활의 모든 영역에 있어서 차별을 받지 아니한다"라고 하여 국민의 평등권을 보장하고 있다. 헌법 제11조 제1항 제2문에서 들고 있는 차별금지사유들은 차별은 인간의 모든 생활 영역에서 금지되므로 예시적으로 규정한 것이라 할 수 있다. 특히 성별에 의한 차별금지는 공법과 사법 모든 영역에 적용되지만, 남녀의 생물학적 차이에 따라 여성의 근로를 특별하게 취급하는 경우나 그 밖의 합리적 이유로 차별하는 것은 허용된다고 할 수 있다.

실정법상 평등권 규정이 타당한가를 살피기 이전에 이론적으로 평등권에 관해 가장 많은 논의의 대상이 되는 쟁점 중 하나가 평등과 차이(equality/difference) 문제이다. 자유주의 페미니스트, 문화적 페미니스트, 급진적 페미니스트, 포스트모던 페미니스트들의 예를 들지 않더라도 대부분의 페미니스트 이론과 정책들은 평등과 차이의 문제를 피할 수 없을 것이다. 이러한 양립된 원칙들은 19세기 이후부터 페미니스트 정책을 끊임없이 따라다녔다. 기본적인 문제는 여성이 남성과 동등한 능력을 가지고 있지만, 동시에 여성이라는 생물학적·사회적 특성 때문에 국가와 법에 의해 특별한 취급을 받아야만 하는가이다. 평등은 정의론(A theory of Justice)의 핵심이기도 하기 때문에 여성에게 동등한 권리 및 의무를 부과해야 하는가라는 문제는 정의실현과도 밀접한 연관성이 있다.

법적인 의미에서나 정치적인 의미에서 여성에게도 평등권과 의무를 보장해야 한다는 주장 이면에는 종속적 지위에 놓인 여성에게 어떠한 권리와 의무를 부과

1) 라드브루흐, 법철학(삼영사, 2005).

해야 하는가라는 논의가 대부분이다. 하지만 평등한 권리와 의무의 부과에 관한 법적 논의가 남성에 대한 종속적 지위에 놓인 여성에게 유리한 경우도 있었지만, 이와 동시에 남성의 우월적 지위를 향상시키는 결과와도 연결되었다. 즉, 성적 차별에 관한 법률에 대신할 새로운 법을 제정했을 때 그 수혜의 대상자에는 남성도 포함되게 된다. 오히려 평등한 법 규정이 남성의 우월적 지위를 공고하게 하는 경우도 있게 되는 것이다.

예컨대 여성과 남성 모두에게 군대에 현역으로 지원하여 입대할 자격을 준 상황에서 제대군인에 대한 가산점제도가 합헌적인가에 관해서[2] 미연방대법원에서는 제대군인에 대한 우대를 규정한 법을 두고 있는 매사추세츠(Massachusetts)주가 미국 수정헌법 제14조의 평등조항에 위배되지 않는 합헌적 법률이라고 판결하였다. 제대군인에 대한 우월한 대우는 여성에 대한 차별이 아니라 여성과 남성을 포함한 제대군인의 우대조항이므로 평등조항에 위배되지 않는다는 것이다. 하지만 이와 같은 판결은 제대군인의 98% 이상이 남성이라는 점을 감안한다면, 표면적으로는 평등해 보이지만 실질적으로 남성에 대한 우월적 지위를 보장하는 것과 다름이 없다.

임신한 여성에 대하여 보험혜택 수여를 제외하는 캘리포니아(California)주 법의 위헌성 여부에 대하여 미연방대법원의 다수의견은 임신한 여성을 특별히 우대하는 것이 평등의 원칙에 위반된다는 견해를 제시하였다.

이처럼 여성의 임신에 대한 보험혜택 거부의 합헌결정과 제대군인우대조항의 합헌 판결을 살펴본다면, 형식적 평등원칙을 내세워 중립성을 표방하였지만 법원의 자의적인 해석의 여지를 전혀 배제하지는 못한다. 다시 말해 임신을 여성의 특유한 경험으로서 남성과 비교하여 특별한 보호를 취할 수 없다는 논리와 제대군인은 남성과 여성 모두 가능하므로 제대군인우대조치가 합헌이라는 논리 이면에는, 여성과 남성의 실질적인 경험을 고려하지 않은 편파적인 측면을 발견할 수 있다.

자유주의적 평등의 원칙은 여성에게 동등한 권리를 보장하는 구제의 희망을 주었다는 점에서 긍정적인 측면도 있지만 많은 남성들도 평등조항에 의해 여성의 보호를 저해하고 결과적으로 자신의 이해관계를 증진시키는 결과를 낳았음을 부인할 수 없다.

1971년 Reed v. Reed 사건으로부터 시작하여 2000년도에 이르기까지 미국연방

2) Personnel Administrator of Massachusetts v. Feeney, 442 U.S. 256. 99 S. Ct. 2282, 60 L. Ed.2d 870(1979).

대법원은 수정헌법 제14조의 평등조항에 의거하여 양성의 차별에 관한 29개의 판결을 내렸는데, 그 중 남성이 제기한 18건의 소송 중 11명의 여성이 승소하였다.[3] 그리고 16건의 소송에서 평등조항에 의한 보호를 명하였는데 평등조항의 혜택을 받은 사람 중 9명은 남성이었다.[4]

평등원칙의 취지가 여성과 사회의 소수자 등을 비롯한 약자의 보호라면 역으로 사회의 기득권층인 남성이 평등조항의 혜택을 통하여 그들의 특권을 공고히 하는 것은 애초의 평등원칙이 의도하지 않은 결과이다. 자유주의 페미니즘이 여성의 권리신장을 위한 '형식적 평등'을 주장하였음에도 불구하고 임신한 여성이 여성 개인의 특유한 경험이라는 이유로 일반적인 질병에 주어지는 보험혜택이 거부된 예와 같이 '형식적 평등'의 형식적 적용은 의도하지 않은 불평등한 결과를 낳을 수도 있다.

자유주의 페미니즘 법이론에서 주장하는 이와 같은 형식적 평등은 그 기준이 적용되는 젠더의 '중립성'의 판단에 남성 기준의 사회적 판단이 개입되어 그 규범에 작용될 때가 많다. 이러한 문제점을 해결하는 데에는 형식적 평등이 내포하고 있는 한계를 보완할 필요가 있다. 이처럼 자유주의 페미니즘의 형식성에 의문을 제기하면서 나타난 것이 급진적 페미니즘 법이론과 문화적 페미니즘 법이론이다. 이들은 자유주의 페미니즘 법이론의 형식성을 보완하면서 그 이면에 보다 실질적으로 여성에게 요구되는 법이론을 제안한다.

우리는 또한 차이(difference)를 중시하는 접근에 대해서 고려해 볼 수 있다. 예를 들어, 직업을 가진 여성을 위한 공공복지, 임신이나 육아를 담당하고 있는 사람들에게 고용기회를 확대하는 것들은 법률개혁이나 정책개혁을 위한 일정을 파악하는 데 있어서 중요한 점들이다.

여성의 지위를 향상시키기 위한 입법에는 여성이 겪은 억압에 있어서 환원주의적 경험이 가장 잘 반영되는 영역이라 할 수 있다. 여성들의 평등논의는 법과 법적 중립성에 대한 신뢰를 전제로 한다. 그러나 현실적으로는 끝임 없이 이러한 논의는 계속될 것이다. 차이(difference)의 접근은 궁극적으로 사회학적 접근을 전제로 해야 하며, 평등에 입각한 접근은 여자뿐만 아니라 남자에 의해서도 쉽게 활용

---

3) Mary Becker, Cynthia Bowman, & Morrision Torrey, Cases and Materials on Feminist Jurisprudence: Taking Women Seriously(St. Paul, MN; West Publishing, 2nd), p. 81.

4) Weiberger v. Wiesenfeld, 420 U.S. 636(1975), Craig v. Boren, 429 U.S. 190(1976). Califano v. Goldfarb, 430 U.S. 199(1977). Orr v. Orr, 440 U.S. 268(1979). Wengler v. Druggist Mutual Insurance Company, 446 U.S. 142(1980). Mississipi University for Women v. Hogan, 458 U.S. 718(1982). J.E.B. v. Alabama ex rel. T. B, 511 U.S. 127(1994).

될 수 있으며 종종 여성에게 불리한 경우가 있을 수 있다.

하지만 법은 단순히 해결책을 대변하는 것이 아니라, 여성에 대해서 우리가 어떻게 생각하는지에 대해서도 정의한다고 할 수 있다. 예를 들어 평등과 차이의 논의의 무용성에 대해서 가장 가차 없던 Catharine MacKinnon은 그럼에도 불구하고 여성의 불평등에 관해서 계속 언급해 왔다.

불평등에 관해서 이야기할 때, 여성의 입장에서는 필연적으로 두 가지 문제가 제기될 것이다. 첫째로, 여성은 남성과 동등해야 한다는 사고이고, 두 번째로 거기에는 이것을 성취하기 위한 제도적인 수단이 있어야 한다는 것이다. 이 시점으로부터, 법이 변화를 필요로 하는 이 평등을 어떻게 성취할 것인가와 여성으로서의 차이를 어떻게 결합할 것인가에 대한 문제가 제기된다.

이와 같이 평등에 관한 논의에서 현재 가장 활발하게 논의되는 분야가 여성과 남성에 대한 평등한 취급과 차이에 입각한 취급의 문제라고 할 수 있다. 그리고 차이에 관한 논의는 여성의 고유한 심리적 특성인 보살핌의 윤리를 강조하는 문화적 페미니즘의 입장과, 국가와 법의 남성성을 강조하는 급진적 페미니즘, 그리고 남성과 여성의 차이뿐만 아니라, 여성 개개인의 차이까지도 주목하는 포스트모던 페미니즘의 입장이 있다. 하지만 여성과 남성의 차이에 대한 강조는 또 다른 지배 상황을 야기할 수 있다는 점에서 지속적인 딜레마에 빠질 수 있다. 그렇다면 페미니스트적 논의는 아니라 할지라도 포스트모더니즘 이후 등장하여 자유주의적 정치주의를 비판하는 공동체주의자의 입장도 살펴볼 필요가 있다.

맥킨타이어, 샌들과 함께 가장 대표적인 공동체주의자인 왈쩌는 복합적 평등을 주장하는데, 그는 지배, 독점, 전제[5]를 구분하면서 복합적 평등이란 단순히 평등에 반대하는 것이 아니라 전제(tyranny)에 반대한다. '전제'란 어떤 재화에서 우선적 지위를 차지하는 사람이 다른 종류의 재화까지 용이하게 소유하게 되는 상황에서 일어난다. 단순평등을 지지하는 입장에서는 대체로 '독점'에 의한 지배를 비판하게 되는 데 비해 복합평등을 지지하는 그가 말하는 복합적 평등론은 '전제'에 의한 지배를 반대한다.

복합적 평등영역은 전제에 대한 정반대이다. 이러한 체제는 그런 지배가 불가능하도록 하는 일군의 관계들을 정립한다. 형식적으로 표현하면, 복합적 평등은 어떤 시민도 한 영역 내지 특정한 사회적 재화에 대해 그가 지니는 지위가 다른 재화에 관한 영역에서 그의 지위에 의해 침해당할 수 없음을 의미한다. 그리하여 시민 X는 정치적 공직에 시민 Y보다 우선하여 선택될 수 있으며 그 경

5) Michael Walzer, *Spheres of Justice; A Defense of Justice*(Basic Books, 1983), pp. 10~11.

우에 두 사람은 정치영역에 있어 불평등하게 될 것이다. 하지만 X의 공직이 다른 영역들 — 우월한 의료혜택, 자녀의 취학 혜택, 기업가의 기회들 등 — 에 있어서 Y보다 유리하게 하지 않는 한, 그들은 전반적으로 불평등하지 않다.[6)]

이와 같이 복합적 평등론은 보편성보다는 특수성을, 단순평등보다는 복합평등을, 절대주의보다는 상대주의를 중요하게 여긴다. 복합적 평등론에서 주장하는 분배원칙은 전제를 반대하는 개방된 원칙이므로, 예컨대 돈이 많은 사람이 그 돈으로 정치권력이나 명예를 얻는 수단으로 사용할 수 있도록 해서는 안 된다고 한다. 만약 어떤 재화가 다른 재화를 얻는 수단으로 사용된다면, 이는 불평등한 사회를 분명히 형성하게 될 것이기 때문이다. 개방된 원칙에 적합한 세 분배원칙(three distributive principles)으로 그는 자유교환, 업적, 필요[7)]가 11개 분배영역에서 서로 배타적이거나 공존하면서 다양한 방식으로 적용된다고 한다. 왈쩌는 복합적 평등론의 적용대상이 되는 분배영역들로서 공동체구성원의 자격, 안전과 복지, 돈과 상품, 공직, 힘든 노동, 여가, 교육, 가족과 사랑, 종교적 은총, 명성, 정치권력으로 나누어 논의한다.

공동체 구성원이 누릴 수 있는 최고의 재화는 '안전과 복지'일 것이다. '안전과 복지'에 대한 공동체적 준비는 공동체 구성원들에게 중요하며, 공동체 구성원에 대한 논의는 '안전과 복지'가 그들에게 얼마나 중요한지 실감할 수 있는 당사자들이라는 것이다.[8)] 공동체 구성원들에게 분배되는 공동체적 예비는 물을 공급하기 위해 댐을 만드는 것과 같은 일반적 예비와, 비축된 물을 어떤 사람에게 분배하는가 하는 특수한 예비가 있다. 이와 관련하여 어떠한 사람의 어떠한 정도의 필요(needs)에 부응하여 제공되어야 하는가는 정치적 선택의 문제이자 철학적으로 고찰되어야 할 문제라고 왈쩌는 주장한다. 그러나 시민들이 그것을 반드시 필요로 할 것이고 공동체가 존재하는 이유이기도 하기 때문에, 어떠한 선택을 하든지 안전과 복지가 구성원들에게 제공되어야 한다는 것은 자명할 것이다.[9)]

왈쩌는 복합적 평등을 11개의 영역으로 나누어 논의하는데, 그 중에서 공동체 구성원 자격은 정치공동체 구성원들의 내적 결정과 상호부조라는 외적 원칙에 의해서, 안전과 복지는 필요에 의해서, 돈과 상품은 자유교환에 의해서, 대부분의 공직은 자격과 공정성에 의해서, 힘든 노동은 평등이나 필요에 의해서, 자유시간

6) 위의 글, 19~20면.

7) 위의 글, 21~30면.

8) 위의 글, 65면.

9) Jean-Jacques Rousseau, *The Social Contract and Discourses*, trans., G. D. H. Cole(New York, 1950), pp. 302~303면; Michael Walzer, 위의 글(주 5), 66~67면.

은 자유선택이나 필요에 의해서, 기초교육은 사회적 특수성을 고려함과 동시에 평등하게, 전문교육은 개인의 재능을 참조하여 분배를 결정함으로써, 가족과 사랑은 이타주의에 의해서, 종교적 은총은 자유로이 선택한 믿음에 의해서, 명성은 자유교환이나 공적이나 자기존중에 의해서, 정치권력은 토론과 민주주의에 의한 것이 주된 분배원칙이라고 왈쩌는 주장한다.

왈쩌는 구성원들이 공유하고 있는 이해에 따라 다른 정의의 원칙들을 적용할 때 정의가 실현된다고 한다는 상대주의적 입장을 취하면서도 최소한의 확정적 원칙들을 제시하려고 한다. 즉 각 영역에 내재하는 고유한 작동 원리(principles internal to each distributive sphere)를 존중하지 않는다면 전제정치가 된다고 한다. 이러한 전제 정치의 정반대에 복합적 평등이 놓여 있는 것이다. 이러한 복합적 평등의 영역과 그 영역에 고유한 내재적 원리를 존중할 때 한 사람의 다른 사람에 대한 지배가 불가능하게 되는 것이다.

Ⅲ. 여성과 병역의 의무

위에서 살펴본 바와 같이 평등과 차이에 대한 논쟁은 차별과 부정의가 존재하는 한 계속될 것이다. 하지만 여성이 평등한 대우를 받기 위해 법적 개혁이 성공적으로 이루어진 곳에서도, 여전히 평등이라는 이름으로 남성이 혜택을 누리는 영역이 많다고 할 수 있다. 어쩌면 그래서 더욱더 평등권 보장을 이유로 여성에게도 병역의 의무를 인정해야 하는지 여부가 문제되는지도 모른다.

여성에게도 병역의 의무를 인정하는 것이 평등권보장에 합당한 것인지, 다시 말해서 여성에게도 병역법 제3조 제1항에서 규정하는 병역의 의무가 인정된다면 진정한 의미의 평등이 달성되는지가 문제된다.

여성이 현역으로 군대에 입대할 의무는 국민으로서 평등한 권리와 함께 평등한 의무를 부담한다는 점에서 형식적 의의가 있을 수도 있지만, 평등하게 군대에 입대할 의무를 부담한다고 해서 사회 전반에서 남성에 대한 종속적 지위에 놓인 여성에게 평등이 실현될 수 있을까 하는 점에서는 여전히 의문이 남는다. 아직 우리 사회에서 남녀평등이 실현되고 있지 않은 상황에서, 이러한 의무부과는 오히려 남성지배와 남성문화를 공고히 하는 데 일조할 가능성도 배제할 수 없다.

평등한 권리와 의무는 사회적으로 차별받는 입장에 놓인 사람들의 권리와 의무를 인정하는 것이 사회정의에 부합할 때 인정되는 것이다. 그래서 라드브루흐도

'평등'이 법적 정의를 논하는 데 있어서 핵심이 된다고 주장하였고, 롤즈 역시 그의 정의의 원칙에서 평등과 자유를 정의론의 내용으로 상정한 것이다.

그렇다면, 남성들은 과연 군대 입대에서도 평등한 권리와 의무를 보장받아야 할 정도로 여성에게 종속적 지위에 놓여 있는지 재고해 보아야 한다. 헌법소원 청구서에는 남성이 병역의무를 수행함으로써 직업선택의 자유, 거주이전의 자유 기타 행복추구권 등을 침해받았다고 주장하고 있다. 하지만, 대한민국 경제에 주도적인 역할을 담당하는 사람들은 여전히 남성들이며, 심지어 직장 내에서도 현역이나 장교로 제대한 대부분의 남성들 사이에서 군대문화가 형성되어 군대에서의 경험들이 오히려 사회생활을 하는 데 유리하게 작용하는 경우가 대부분이다.[10)]

남성들 간에 형성된 군대문화는 군대에서만 존재하는 것이 아니라, 직장과 가정에까지 연결되어 여성을 지배하는 수단이 되고 있다. 때로는 어떤 사람이 군대를 제대했는가의 여부가 그 사람이 육체적·정신적으로 정상인인가의 여부를 판단한다는 비판을 받기도 한다. 종교적 이유 또는 내적 확신을 이유로 양심적 병역거부를 하는 사람들이 법원뿐만 아니라 국민 대다수로부터 광범위한 지지를 받지 못했던 이유도 군대에 입대할 자격 내지 의무이행이 국민 대다수의 승인기준에 강한 호소력이 없었기 때문이기도 할 것이다.[11)]

사법적 설득력에 관하여 논의하면서, 알렉시(Alexy)는 법적 논의는 일반적 실천적 담론의 특수한 경우로 규정하면서, 내적 정당화는 선행전제로부터 논리적으로 도출될 수 있다고 하고 외적 정당화는 법규범, 법이론적 논의, 기존의 판례활용, 일반실천적 논의, 경험적 논의, 특수한 법적 논의형식을 통해서 정당성을 심사받을 수 있다고 한다. 수사학적 논의의 중요성을 강조한 페를만 역시 사법적 결정은 합법적일 뿐만 아니라 합리적이어야 한다고 주장하였다. 특정 사안을 해결해야 하는 경우에는 합법적이면서도 사회적인 승인을 이끌어낼 수 있어야 할 것이다.

특히 평등에 관한 법적 논의에 있어서는 실질적으로 평등을 보장하게 되는지의 여부와 평등한 진정한 존재의의인 정의의 관념에 부합하는가도 역시 고려되어야 한다. 여성에게도 평등한 현역 입대의무를 부과하게 된다면, 형식적으로 평등한 규정으로 여겨질지는 모르지만 실질적 내지 사회 전반적으로는 여성에게 이중

10) 권인숙, 대한민국은 군대다(청년사, 2005) 참조.

11) 대법원은 2004년 "양심의 자유가 국방의 의무에 우선할 수 없고 헌법상 기본권 행사는 타인과 공동생활을 영유하면서 모든 기타 법질서에서도 이탈해서도 안 된다. 현역입영을 거부할 경우 형벌규정을 두거나 대체복무제를 도입하는 것은 입법자에게 광범위한 재량권이 부여되어 있어 병역거부자에게 대체특례를 주지 않고 형벌만 주는 것은 헌법상 과잉금지나 비례원칙에 어긋나는 것은 아니며 종교적인 차별도 아니다"라고 판결하였다 2004도2965 병역법위반사건; 이남석, 양심에 따른 병역거부와 시민불복종(그린비, 2004).

부담을 과하게 되는 결과를 야기할 수도 있다.

여성은 남성과 생물학적으로 다르기 때문에 임신과 출산 그리고 아이의 주된 양육자로서의 역할을 부담하고 있고, 국가도 모자보건법, 근로기준법 등에서 임신과 육아를 담당하고 있는 여성에 대한 차별에서 더 나아가 특별한 보호규정을 두고 있다. 그리고 성폭력범죄의 처벌 및 피해자 보호 등에 대한 법, 가정폭력방지 및 피해자 보호 등에 대한 법에서도 여성이 성적 객체로서 겪을 수 있는 폭력에 대해서 처벌 및 보호규정을 두고 있는 것이다.

예컨대, 우리나라 근로기준법은 근로자의 기본적 생활을 보장, 향상시키며 균형 있는 국민경제의 발전을 도모함을 목적으로 한다. 근대적 자본주의 경제제도가 발달함에 따라 남성들의 노동력뿐만 아니라 여성들의 노동력도 전체 노동력에서 차지하는 비중이 높아졌다. 여성근로자의 비중이 높아짐에 따라 이들에 대한 보호의 필요성 또한 증대되었다. 이러한 필요에서 우리나라 근로기준법은 육아휴직 제도를 신설하여 보장하고 있다.

그리고 근로기준법 제72조 "사용자는 임신중의 여성에 대하여 산전후를 통하여 90일의 보호휴가를 주어야 한다. 이 경우 휴가기간의 배치는 산후에 45일 이상이 되어야 한다"(제 1 항)고 규정하고,[12] 이 규정에 의해 임신중의 여성은 산전후를 통하여 90일간의 출산휴가를 부여받을 수 있으며, 이 기간의 휴가중 최초 60일은 유급으로 한다.[13] 현행 근로기준법은 ILO의 「모성보호에 관한 협약」 제 3 조[14]와 UN 등 국제적 입법추세의 영향을 반영한 것이다. 제113조에서 "이 규정을 위반한 경우 2년 이하의 징역 또는 1,000만원 이하의 벌금에 처한다"고 규정하고 있다.

남녀고용평등법 제18조에 따르면 국가는 근로기준법 제72조의 규정에 의한 산전후휴가 또는 유산·사산 휴가를 사용한 근로자 중 일정한 요건에 해당하는 자에게 당해 휴가기간에 대하여 통상임금에 상당하는 금액(산전후휴가급여 등)을 지급할 수 있다. 그리고 제 1 항의 규정에 따라 지급된 산전후휴가급여 등은 그 금액의 한도 안에서 근로기준법 제72조 제 3 항의 규정에 의하여 사업주가 지급한 것

12) 구 근로기준법은 산전후에 60일 이상의 유급보호휴가를 주도록 하고 산후에 30일 이상의 휴가를 확보하도록 하였다.

13) 근로기준법 제72조 제 3 항에서는 "다만, 남녀고용평등법 제18조의 규정에 따라 산전후휴가급여 등이 지급된 때에는 그 금액의 한도 안에서 지급의 책임을 면한다"고 하여 예외규정을 두고 있다.

14) ILO 「모성보호의 협약에 관한 협약」(제103조, 1952년 제정) 제 3 조: 부인의 출산휴가의 기간을 적어도 12주간으로 하며, 산후의 강제휴가의 기간은 어떠한 경우에도 6주 미만이 되어서는 안 되며, 산전휴가는 출산예정일과 실제의 출산일과의 사이에 경과한 기간만큼 연장하여야 하며, 이로 인하여 산후의 강제휴가기간이 감소되어서는 안된다.

으로 본다.[15)]

이 법이 제정된 이후로 많은 여성들은 육아휴직제도의 혜택을 누리고 있다. 하지만 여성노동자들은 현실적으로 이 규정에 의한 정당한 휴가사용과 원직복귀를 제대로 보장받지 못하고 있다는 사회적 현실을 우리는 주지하여야 한다.

이와 같이 국가가 법과 사회 각 영역에서 여성에게 적극적 보호정책을 시행하는 이유도 여성에 대한 평등권 보장과 아울러 남성이 대신할 수 없는 여성의 고유한 영역이 있기 때문이다. 발전심리학자인 길리건(Gilligan)이 "다른 목소리로"(In a Different Voice)에서 남성과 여성은 도덕적 성장과 도덕적인 딜레마의 해결방식이 다르다고 주장하면서 '보살핌의 윤리'를 강조한 것도 여성과 남성의 신체적 차이에서 비롯된 경험과도 밀접한 연관성이 있기 때문이었다.[16)]

국가의 여성에 대한 적극적 평등조치와 법적 평등보장은, 종속적 지위에 놓여 있었던 여성에게 평등이 보장되어야 함과 동시에 여성 특유의 신체적 특징과 경험을 고려한 정책이라고 할 수 있다. 그러므로 여성에게 동일한 현역 입대의무를 부과하는 것은 상징적 법적 평등의 표식을 떠나서, 급진적 페미니즘에서 비판하고 있는 법과 국가의 남성 지배상황을 궁극적으로 극복할 수 있는지 여부, 문화적 페미니즘이 전제하고 있는 여성의 신체적·도덕적 차이를 고려할 수 있는지 여부, 포스트모던 페미니즘이 주장하는 여성 간의 '다양성'과 '차이'를 반영할 수 있는지 여부를 고려한 후 결정하여야 하는 것이다.

여성이 동일하게 군대에 현역으로 복무한다고 해서 남성지배의 상황이 개선된다고 장담할 수는 없을 것이다. 헌법소원 청구인측은 심판청구원인보충서에서 "병역이 다양화되고 병역의무의 내용이 변화되고 있으며, 무기는 현대화되고 있다. 군대도 또한 그에 따라 변해가면서 다양한 인재와 인력이 필요하게 되었고, 여성이 병역의무를 지더라도 작전 수립, 행정적 업무 등 군사지원업무에 투입할 수 있는 상황이다"라고 주장하고 있다. 그러나 군대라는 획일적 조직 속에서 여성이 참여할 수 있는 영역은 남성이 참여할 수 있는 영역보다 광범위하지 않을 수 있으며, 남성의 역할과 여성의 역할이 군대 내에서도 고착화될 수 있다. 더군다나 군대문화와 남성문화를 오히려 직접적으로 경험하게 됨으로써, 여성이 제대한 이후에도 사회의 군대문화와 남성문화에 종속될 가능성이 있다. 여성이 현역병으로 복무한 경험이 없는 상황에서도 여성은 제대한 군인의 자녀, 제대한 군인의 아내,

15) 이러한 제1항의 산전후휴가급여 등을 지급하기 위하여 필요한 비용은 재정 및 사회보장기본법에 의한 사회보험에서 분담할 수 있는데, 이는 고용보험법 제55조의 7, 제55조의 8에 따른다.

16) Carol Gilligan, *In a Different Voice: Psychological Theory and Women's Development*(Cambridge, M.A. and London: Harvard University Press, 1982).

제대한 군인의 형제자매로서 군대와 간접적으로 충분한 연관성을 갖고 살아가고 있다.[17] 심지어 아이들까지도 권총 장난감과 전투로봇을 가지는 것에 대해서 거부감을 느끼지 못하고 있다.

이러한 문화적·사회적 현실 속에서 군대에 현역병으로 입대하는 의무를 여성에게도 동등하게 부여하는 것이 오히려 역설적으로 제대 후 여성의 사회적 경험에 도움이 될 수도 있는 측면이 없지는 않지만. 여성에 대하여 국가가 적극적으로 모성보호정책과 성폭력예방방지법 등을 제정하여 보호하고 있는 취지에 대해서도 다시 한 번 고려해 보아야 한다.

자유주의적 평등보호를 넘어서 공동체의 역사와 가치들에 관심을 기울인 공동체주의자 중 한 명인 왈쩌도 앞글에서 살펴보았듯이 '복합적 평등'원칙을 제시하면서 '안전과 복지'는 필요에 의해서 보호되어야 한다고 주장하였다.[18] 하지만 청구인 제출서면에 대한 의견서에서도 제시되고 있듯이 "우리나라의 병력수급상황이 여성에게까지 현역병 징집 입영에 의한 병역의무의 부과를 요구할 정도는 아니며, 만약 여성에게까지 이러한 의무를 부과한다면 봉급지급에 의한 국가예산의 문제, 내무생활의 여건 문제 등 많은 어려움에 봉착하게 됩니다. 따라서 병역법 제3조 제1항에서 남성만을 현역병 징집의 대상으로 규율하는 것은 위에서 본 바와 같이 입법자가 광범위한 재량의 범위 내에서 국가의 안보상황, 재정능력 등의 여러 사정을 고려하여 결정한 사항으로서 국방의 의무를 수행함에 있어서 여성을 차별하거나, 또는 남성을 차별하는 것은 아니라고 할 것입니다"라고 하는 견해는 설득력이 있다고 여겨진다.

그리고 병역의무이행으로 인한 직업선택의 자유, 거주이전의 자유 기타 행복추구권은, 2차 세계대전 당시에 여성이 남성이 일하던 자동차공장 등으로 가서 남성을 대신해서 일하였던 상황, IMF 당시 여성이 결혼한 남성과 같은 직장에 근무할 경우 겪게 되었던 구조조정 우선순위로서의 경험, 남성의 유학이나 직장으로 자발적이긴 하지만 대부분 따를 수밖에 없는 거주이전상황 그리고 여성의 자아와 정체성이 억압받는 남성지배문화와도 반드시 비교되어서 논의되어야 한다.

그러므로 여성의 현역병 징집 입영에 의한 병역의무 부과에 관하여 문제되고 있는 병역법 제3조 제1항은 차이를 고려한 실질적 평등의 입장에서나 복합적 평등의 입장에서 보더라도 정당성 없는 규정이라고 여겨지지는 않는다.

---

17) Cynthia Enloe, *Maneuvers: The International Politics of Militarizing Women's Lives*(University of California Press, 2000).

18) Michael Walzer, Spheres of Justice; A Defense of Justice(Basic Books, 1983).

Ⅳ. 결　어

이상에서 살펴본 바와 같이 평등한 권리와 의무는 여성과 남성의 실질적 차이를 고려한 실질적 평등원칙에 부합하여야 한다. 그리고 사회 각 영역에 따른 평등원칙을 적용하는 복합적 평등론의 입장에서 보더라도 국가의 병력증강은 안전과 복지를 위하여 필요한 상황에 이르렀는가를 기준으로 판단되어야 할 것이다.

여성에 대한 현역병 징집에 의한 병역의무 부과는 실질적 평등원칙에 부합하지도 않는다. 국가의 안전과 복지를 위하여 여성까지 징집의 대상으로 삼아야 할 필요성이 사회적으로나 현실적으로 부각되고 있는 상황이라면 이스라엘처럼 여성에게 현역복무의무를 부과하는 것이 타당하겠지만. 그렇지 않은 상황에서 남성이 지는 의무를 여성도 동등하게 부담해야 한다는 주장은 병역의무의 특성을 고려해서나 여성의 신체적·심리적 특성을 고려하더라도 타당성 없는 주장이라고 할 수밖에 없다.

병역법 제3조 제1항의 헌법상의 성차별 금지 침해 여부 판단에서 고려되어야 할 측면들

양 현 아*

[사 안]

헌법 제39조 제1항 "모든 국민은 법률에 정하는 바에 의하여 국방의 의무를 진다."

병역법 제3조 제1항 "대한민국의 국민인 남자는 헌법과 이 법이 정하는 바에 따라 병역의무를 성실히 수행하여야 한다."

(1) 차별판단 기준 결정

(미) 입법목적과 성별 분류(gender classification)간의 상관성 판단

⇒ 성별(sex/gender) 분야: 중간심사기준

중요한 입법목적(이익), 분류와 이익 간의 본질적 관련성(substantially related)이 있는가.

(한국, 제대군인지원에관한법률 제8조 제1항 등 위헌법률심판[1])에서 '엄격한 심사척도' 적용)

[국방부장관의견에서 입법목적] 국가안보, 최고의 전투력

✦ Rostker v. Goldberg(1981[2]): 여성이 아닌 남성(18~26세)만을 징집할(registration) 수 있는 권한을 대통령에게 부여하였던, 미국의 베트남 전쟁시 발효되었던

* 서울대학교 법학부 교수.

1) 1999. 12. 23 선고 98헌마363.

2) U.S. 453 U.S. 57(1981).

Military Selective Service Act(MSSA)가 미연방 헌법에 위반되지 않는지는 판단한 사건. 미연방 대법원은 지방법원의 판결을 파기하고 위헌성이 없다고 판결함.

[다수 의견] 여성들에 대한 '전통적인' 사고의 결과에 따른 '우발적(accidental)' 판단 아님. 전투(combat) 병력 징집을 위한 위 법률에서 여성을 배제한 것은 이미 확립된 전투 병력에서의 여성 배제의 법률적 근거와 동일함. 따라서 입법부는 'similarly situated' 되어 있는 집단에 대한 자의적 판단이 아니다 ⇒ 성 중립적(gender neutral) 근거만이 성 평등이 유일한 근거 아님.

[소수 의견] ✦ 전투 요원의 필요성은 비전투 요원의 필요성과 관련성 있음. 전투 요원만을 위하여 남성을 징집한다는 것의 성차별성에 대한 정당화가 이루어지지 않음.

✦ 질문은 젠더에 바탕한 분류가 주장되는 정부의 이익과 본질적으로 관련성을 가지는가이다. 환원하면, 징병에서의 여성 배제가 전력 병력 모집이라는 목적에 본질적으로 부합하는가이다. 다시 환원하면, 정부는 여성의 징집이 그러한 목적을 본질적으로 침해한다는 것을 보여주어야 한다는 것.

[토론자 의견] '남자 Only'의 규칙이 진정 국가의 입법 목적에 봉사하는가? 군대 징집에서 여성을 배제하는 본질적 근거를 국가(입법부)는 명시적으로 설명해야 함. 병역법의 제3조 제1항의 입법목적이 성별 구분에 본질적으로 관련되어 있는 사항인지 설명하지도 입증되지도 않았음. 따라서 성차별 소지가 없다고 할 수 없음.

(2) 현행 군대제도, 조직, 설비의 측면과 여성군인의 징집

현재의 병력수급상황(여성에게까지 현역병 징집 의무 부과할 정도 아님), 국가예산의 문제, 내무생활의 여건. 하지만 행정적 편의가 헌법적 기준의 정당화 요소가 될 수는 없을 것이다.

✦ 참고: Reed v. Reed.[3)]

⇒ 행정적 편의, 재정적 한계와 성별 구분을 정당화할 정도의 입법 목적에 해당치 않음.

3) 404 U.S. 71(1971).

(3) 군대와 여성의 차이론

✦ 차이론의 다양한 측면

⇒ 여성의 생물학적 차이론(생리, 임신, 출산, 수유)과 사회적으로 구성되는 차이론

⇒ 여성간 차이론

✦ California Federal Savings & Loan Association v. Guerra(1987)[4]

[다수의견] 여성의 임신 능력은 남성과 다른 생물학적 차이를 의미할 뿐 아니라, 만약 작업장에서의 여성 노동자의 임신에 대하여 정책적 지원을 하지 않는다면 남성 노동자가 한번도 당면하지 않을 여성 노동자의 딜레마를 방치함으로써 차별적 효과를 낳는다.

⇒ 차이의 의미/내용은 사회적으로 구성된다.

[김주환 교수님] 심판대상조항들: "남자는 국방을, 여자는 가사와 출산, 양육을 책임진다"는 전통적 성역할에 근거함.

[토론자 의견] 성차별이 법률과 비법률적 사안에서 만연한 사회에서, 그 법률적 판단이 명확하지 정립되지 않은 국가에서, 여성의 '차이론'은 매우 위험하다. 기존에 말해지던 '차이'가 통념(stereotype)에 입각한 것이 아닌지 검토해야 한다.

참고: ✦ Weeks v. Southern Telephone and Telegraph(1969)[5]

✦ Thodard v. Rowlinson(1977)[6]

⇒ 인간의 존엄과 평등권의 보장 위에 인정되는 여성의 차이와 이미 통념적으로 굳어진 차이 간에 구분을 위한 다양한 법률적 학문적 심사가 필요함.

⇒ 병역법 제3조 제1항이 여성의 '실질적 차이'에 입각한 것인지, 검증된 바 없다.

따라서 성별에 대한 통념에 입각했다고 해석할 소지 있음.

(4) 남성만의 징병제도가 가지는 성차별적 효과

<여성과 남성 비군복무자의 입장>

- 현행 징병제도는 한국인 누구에게라도 영향 미치는(권인숙, 2005) 보편적 제도 전체 군인 중 여성은 1.5%만을 차지함. 그 자체로 '남성적 제도(문승숙,

4) 479 U.S. 272(1987).

5) 408. F.2d, 228(5th Cir. 1989).

6) 433 U.S. 321(1977).

2005).':'Super Masculine Culture'

- 호주제도 이후 성별을 포괄적으로 분류하고 성별에 대한 이중 코드(binary code)를 가진 제도

✦ 취업과 제대군인 선호

- "군필자 지원"이라는 지원 조건(1960~80년대)은 사실상 여성 배제: 현재는 남성 진정직업자격(Bona Fide Occupational Qualification)을 제외하곤 불법임.
- 제대군인에 대한 군가산점제 위헌 결정(하지만 오랫동안 유효했음).
- 사기업에서 ROTC 등에 대한 취업 우대(할당) 관행
- 폭력 사용방법과 경험에 대한 양성 간의 차이

(무장 남성 v. 비무장 여성: 특히 휴전과 분단이라는 준전시 상황에서)

<남성의 입장>

- 개인화, 개별화, 전 지구화되는 사회추세에서 한국의 징병제도는 성별에 대한 이중 코드로 집단을 분류하고, 남성 개인의 선택권을 완전히 배제함. 직업 선택 등을 제한
- 군대 경험이 가져다 주는 실익도 불분명함.
- 남성간 개인차

(5) 입법부의 역할: 분단과 징병제도

분단 상황에서의 징병제도와 병력 수급은 입법부의 판단 사안이므로 차별 사안에서 고려하지 않는 것이 좋음

[토론자의 잠정적 견해]

국가는 현재 병역법에서 어째서 남성만을 징집대상으로 하고 여성은 배제하는지 헌법적 차원에서 설명할 의무가 있음. 이를 위해 군인의 업무와 성별 간의 본질적 관련성을 증명해야 함. 재정·군대 시설은 행정적 편의 사항으로 봄.

본 사안이 여성도 군대에 가야 한다 논의 여부 이전의 문제로 판단함.

[윤진숙 교수님] 여성에게 이중부담을 과할 수 있다. 군대 내 성역할 고착 우려에 동감. 그러나 현재 병역의 본질적 인구가 아닌 여성, 혹은 여군들이라면 어차피 군대 내 핵심적 지위를 차지할 수 없을 것임.

병역법 사건 발제에 대한 토론문

이 종 수*

이 사건은 헌법 제39조 제1항에서 규정되고 있는 이른바 '국민개병제원칙'에도 불구하고 남자만이 병역법상의 병역(징집)대상이 됨이 그동안 우리 사회에서 규범이자 당연한 사실로 간주되어 왔던바, 그간 이에 대한 별도의 정치하고 진지한 헌법적 평가가 없었던 가운데 헌법적 차원에서의 규범적 논증을 요구하는 특별한 의미를 지니고 있다고 본다.

우선 이 사건에 대한 발제와 관련해서 김주환 교수께서 지적한 적법성 요건의 판단에 대해서는 전적으로 동의한다. 그러나 본안판단부분에 있어서 의견을 달리하는 부분이 있기에 보완적 토론의 의미에서 몇 가지 논의사항을 덧붙이고자 한다.

1. 기본의무와 기본권제한의 문제

관련사안의 헌법적 논증을 위해서 우선적으로 헌법상 규정된 '국민의 기본의무와 기본권의 관계' 내지 '기본의무와 이를 구체화하는 입법형성권의 문제'가 해명되어야 한다고 본다. 이와 관련하여 이전의 유사사건에서 헌법재판소는 아래와 같이 밝힌 바가 있다.

> "즉 입법자는 이러한 국방의무를 법률로써 구체적으로 형성할 수 있는바, 국가의 안보상황, 재정능력 등의 여러 가지 사정을 고려하여 국가의 독립을 유지하고 영토를 보전함에 필요한 범위 내에서 병역의무를 부과할 수 있다. 다만, 병역의무를 부과하게 되면 그 의무자의 기본권은 여러 가지 면에서(일반적 행동의 자유, 신체의 자유, 거주이전의 자유, 직업의 자유, 양심의 자유 등) 제약을 받으므로, 법률에 의한 병역의무의 형성에도 헌법적 한계가 없다고 할 수 없고 헌법의 일반원칙, 기본권보장의 정신에 의

* 연세대학교 법대 교수.

한 한계를 준수하여야 한다"(헌재 1999. 2. 25. 97헌바3, 판례집 11-1, 122, 130).

"일반적으로 국방의무를 부담하는 국민들 중에서 구체적으로 어떤 사람을 국군의 구성원으로 할 것인지 여부를 결정하는 문제는 이른바 '직접적인 병력형성의무'에 관련된 것으로서, ① 원칙적으로 국방의무의 내용을 법률로써 구체적으로 형성할 수 있는 입법자가 국가의 안보상황, 재정능력 등의 여러 가지 사정을 고려하여 국가의 독립을 유지하고 영토를 보전함에 필요한 범위 내에서 결정할 사항이고(헌재 1999. 2. 25. 97헌바3, 판례집 11-1, 122), ② 예외적으로 국가의 안위에 관계되는 중대한 교전상태 등의 경우에는 대통령이 헌법 제76조 제2항에 근거하여 법률의 효력을 가지는 긴급명령을 통하여 결정할 수도 있는 사항이라고 보아야 한다.

한편, 징집대상자의 범위를 결정하는 문제는 그 목적이 국가안보와 직결되어 있고, 그 성질상 급변하는 국내외 정세 등에 탄력적으로 대응하면서 '최적의 전투력'을 유지할 수 있도록 합목적적으로 정해야 하는 사항이기 때문에, 본질적으로 입법자 등의 입법형성권이 매우 광범위하게 인정되어야 하는 영역이다"(헌재 2002. 11. 28. 2002헌바45, 판례집 14-2, 704, 710).

우리 헌법은 '국민의 권리와 의무'를 제2장에서 함께 규정하는 형식을 취하고 있다.[1] 대표적으로 독자적인 개별조문의 형식으로 제38조에서는 납세의 의무, 제39조에서는 국방의 의무가 국민의 의무로 규정되고 있다. 헌법국가에서 이상의 의무들은 가장 고전적이고 전형적인 국민의 의무로서 공동체의 존립·유지를 위한 필수불가결한 기제이자 수단이다.

즉 기본의무는 공익을 위해서 헌법적으로 요청되는 의무이고,[2] 공동체 존속과 헌법보호의 객관적 기능을 수행한다.[3]

또한 납세와 병역이행으로 인해서 부수적으로 개인의 재산권과 일반적 행동의 자유, 신체의 자유, 거주이전의 자유 및 직업의 자유 등이 사실상 제한됨에도 불구하고, 헌법의 동일한 장(章)에서 권리와 의무가 함께 (체계적으로) 규정되고 있는 사실에서 헌법텍스트의 엄정성을 고려하여 그것이 지니는 별도의 규범구조적 의미에 주목해야 할 것이다.[4]

1) 이러한 규정형식은 우리 제헌헌법의 모범이 되었던 바이마르헌법의 규정형식을 차용했다고 보인다. 바이마르헌법은 마찬가지로 제2장에서 '독일인의 기본권과 기본의무'를 규정하고 있었고, 제133조에 제2항에서 "병역의무는 제국방위법의 규정에 따라 정해지며…"라고 병역의무를 규정하고 있다. 현행 독일기본법에서는 국민의 기본의무의 범주화를 포기하고 있으며, 제12a조 제1항에서 만 18세 이상의 남자들(Männer)을 병역의무의 대상으로 명시하고, 제17a조에서는 병역의무이행 기간 동안의 기본권제한에 대한 헌법적 정당화를 명시하고 있기 때문에 성차별에 따른 평등권침해와 기본권제한의 문제를 헌법적 차원에서 해결하고 있으므로 우리의 문제 사안에 직접적인 도움을 주지 않는다.

2) V. Götz, VVDStRL 41(1983), 7, 12.

3) 전광석, 한국헌법론(법문사, 2006), 402면.

4) 이에 관해서는 과거 법실증주의하의 권리에 대응하는 의무로서의 일방적인 희생이 아니라, 기

헌법도그마틱의 측면에서 다음과 같은 몇 가지 사실을 확인하고자 한다.

우선 헌법상의 의무조항으로부터 직접적으로 국민 개개인에게 구체적인 의무가 발생하지는 않는다. 따라서 이 경우에 개인의 의무는 입법자의 입법형성에 의해서 비로소 구체화된다. 그러나 이 점에서 헌법적 의무를 구체화하는 입법형성권의 행사에 대하여 특별한 규범적 의미를 부여해야 하고, 따라서 여기에는 원칙적으로 기본권제한에서와 같은 별도의 헌법적 정당화가 요구되지 않는다고 본다.5) 그러므로 앞에서 언급된 헌법재판소의 견해, 즉 "징집대상자의 범위를 결정하는 문제는 … 본질적으로 입법자 등의 입법형성권이 매우 광범위하게 인정되어야 하는 영역이다"는 판단은 타당하다. 따라서 이러한 입법형성의 내용이 원칙적으로 헌법적 심사의 대상이 된다하더라도6) 기본권제한심사에 통상적으로 동원되는 비례성심사원칙을 그대로 적용해서는 아니 된다고 본다.7)

기본의무를 구체적으로 형성하는 입법이 납세의무의 경우 재산권을 그리고 병역의무의 경우(위 사건 심판청구서에서 주장되는 바와 같이) 신체의 자유, 거주·이전의 자유 등의 여러 기본권을 사실상 제한하지만, 이는 헌법제정자가 기본권 보장과 더불어 기본의무를 규정하여 기본권의 보호내용을 직접적으로 제한하는 사항인 까닭에 법률에 의한 기본권제한의 통상적인 법리로 접근할 사안은 아니다. 따라서 헌법제정자에 의한 헌법적 의무 확인에 근거해서 이를 일반적으로 구체화하는 입법은 원칙적으로 기본권제한의 문제가 아니라고 본다.8) 이 점에 대해서는 발제문(김주환 교수, 22면)에서 "청구인의 병역의무 이행은 헌법 제39조 제 1 항의 의무를 이행하는 것이다. 헌법 제39조 제 1 항은 청구인이 주장하는 자유권들에 대해 헌법이 직접 설정하고 있는 헌법상의 제한이다"고 적절히 지적되고 있다. 따라서 기본의무의 입법적 형성을 원칙적으로 기본권제한의 문제로 보고 있는(듯한) 헌법재판소의 이전 견해(헌재 1999. 2. 25. 97헌바3, 판례집 11-1, 122, 130)는 재고될 필

본의무를 기본권과 상호주의적으로 이해하는 방법(이에 따르면 국민의 의무는 기본권과 통일체를 이루면서 공동체형성적 기능을 수행하는데, 이러한 이해는 결국 국민의 기본권적 지위는 국민의 공동체에 대한 포괄적인 의무에 의하여 제약을 받는 범위 내에서 존재하기 때문에 기본권의 진정한 의미는 상실된다)과 (특히 국방의무와 납세의무에서처럼) 헌법이 기능하기 위한 전제조건적 의무로 이해하는 방법이 새로이 제기되고 있다. 이에 관해서는 전광석, 한국헌법론(법문사, 2006), 400면 이하.

5) V. Götz, VVDStRL 41(1983), 7, 12.

6) 헌재 1999. 2. 25. 97헌바3, 판례집 11-1, 130면; 전광석, 한국헌법론(법문사, 2006), 403면.

7) BVerfG, Beschl. v. 20.12.1960 - 1 BvL 21/60 - BVerfGE 12, 45, 52; Beschl. v. 20.2.2002 - 2 BvL 5/99 - BVerfGE 105, 61, 71.

8) 이는 헌법과 법률에 따른 사법판결과 이에 뒤따르는 행형처분 자체가 수형자의 여러 기본권을 동시에 제한함에도 불구하고 원칙적으로 기본권제한의 문제가 아닌 것과 유사한 규범구조로 본다.

요가 있다고 본다.

그러나 헌법상 기본의무를 입법자가 일반적인 의무로 형성하는 단계에서 더 나아가 납세 및 병역이행과 관련된 구체적이고 개별적인 의무를 부과하는 경우에는 별도로 이를 정당화하는 일반적인 규칙 내지 비례성원칙 등에 의해서 심사될 수 있다고 본다.[9] 예컨대 납세의 경우 헌법 제59조의 조세법률주의와 담세능력에 따른 조세형평성원칙 등의 일반적 규칙이 이에 해당된다. 반면에 병역에 있어서 우리 헌법은 제 5 조에서 침략적 전쟁을 부인함과 군의 정치적 중립성을 규정하고 있을 뿐이어서 병역의무를 정당화하다는 일반적 규칙을 달리 확인하기가 어렵다. 이와 관련해서는 굳이 병역형평성이 거론될 수 있다고 본다.

2. 기본의무 실현(부담)의 방법적 기초로서의 평등권

헌법상의 평등권 내지 평등원칙을 기본권실현의 방법적 기초로 이해한다면, 이는 기본권실현에서 뿐만 아니라 기본의무실현에 있어서도 마찬가지로 적용되어야 한다고 생각되기에 또한 의무실현의 방법적 기초이기도 하다. 그리고 자산과 소득에 비례한 납세, 심지어 누진세제의 적용이 조세형평성 내지 실질적 평등의 관점에서 정당화된다면, 병역의무의 이행에 있어서도 실질적 평등성이 확보되어야 함은 당연하다. 이러한 취지에서 입법자가 병역의무의 이행주체에서 (일반적으로) 여자를 제외하는 것이 실질적 평등의 관점에서 정당화되는지 여부가 특히 우리 사회의 성차별 상황에 따른 페미니즘적 관점에서 윤진숙 교수의 발제문에서 다루어지고 있다고 보인다. 그러나 이는 결국 우리 사회의 정의관념과 직결된 문제여서 객관화된 법리적 논증의 대상으로 삼기에는 어려움이 있고, 이는 뒤에서 논의하는 바와 같이 본 사안과 직접적으로 관계되는 주제가 아니다.

3. 평등권심사기준의 문제

발제문(김주환 교수, 17면 이하)에서는 사안을 성차별의 문제로 파악하고 있고, 이전에 헌법재판소가 채택한 소위 '新공식'에 따라서 엄격심사기준이 적용되어야

9) 예컨대 행형법률에서 구체적으로 특정한 수형행태를 규정하고 있다면, 비로소 별도로 이에 대한 기본권제한의 문제가 검토될 수 있다고 본다. 이러한 법리를 우리 사회에서 논란되는 소위 '양심적 집총거부'에 적용하면, 양심적 병역거부자에 대한 일반적인 병역의무의 부과, 즉 징집 그 자체는 기본권제한의 문제가 아니고, 징집 이후의 집총훈련 등과 관련한 구체적인 군생활의 내용에 대해서는 양심의 자유 등을 포함한 기본권제한이 문제시될 수 있다고 본다.

한다는 견해가 피력되고 있다. 그러나 앞에서 언급한 바와 같이 이 사안이 단순히 기본권보장과 그것의 제한문제가 아니라, 헌법상 의무와 이를 구체화하는 입법형성 및 이에 따른 평등원칙의 문제라고 한다면, 앞서 헌법재판소가 "한편, 징집대상자의 범위를 결정하는 문제는 그 목적이 국가안보와 직결되어 있고, 그 성질상 급변하는 국내외 정세 등에 탄력적으로 대응하면서 '최적의 전투력'을 유지할 수 있도록 합목적적으로 정해야 하는 사항이기 때문에, 본질적으로 입법자 등의 입법형성권이 매우 광범위하게 인정되어야 하는 영역이다(헌재 2002. 11. 28. 2002헌바45, 판례집 14-2, 704, 710)"고 밝혔듯이 성차별이 문제되는 사안임에도 불구하고 헌법제정자의 결단에 의해 헌법상의 의무가 전제되어있으며, 의무와 결부되어 있는 중대한 공동체의 목적(국방확보), 특히 직접적 병력형성과 관련해서 '최적의 전투력확보'를 꾀하는 입법형성의 문제라고 한다면 엄격심사기준이 적용될 사안이 아닐 수도 있다고 본다. 만일 엄격심사기준이 적용된다면 발제문에서 제시되는 여러 논증(김주환 교수, 19면)은 기존의 기본권심사도그마틱하에서 성차별을 정당화하기 위해서 '모색된 궁색한 논거들(gefundene Vorwände)'에 불과하지 않은가 하는 의문이 든다.

또한 헌법제정자가 기본의무로 모든 국민의 국방의무를 확인하고 있기에, 입법자가 직접적인 병력형성과 관련해서 일반적으로 여자를 제외하는 것이 남자에 대한 부담적 차별이 아니라 여자에 대한 수혜적 차별로 볼 수도 있지 않은가 싶다. 즉 헌법상 예정되는 일반적 부담을 특정집단에만 면제하는 것은 수혜적 차별의 문제라는 생각이다. 왜냐하면 우선 헌법차원에서 남자와 여자 공히 국민으로서 포괄적인 국방의무의 수범자이며, 따라서 원칙적으로 입법자에 의해 형성이 예정되는 직접적 병력형성의무를 부담하지만, 구체적인 입법형성을 위해서 주어진 여러 사정들(병력수급사정의 여유, 군사재정 및 시설의 부족뿐만 아니라 결정적으로 여성사병의 현역복무기간 중의 임신가능성)을 종합적으로 고려하여 '최적의 전투력확보'를 위해서 입법자가 여자를 제외하고 있다고 보기 때문이다. 물론 제외되는 여자들 가운데는 예외적으로 이를 부담적 차별로 볼 수도 있을 것이다. 이로써 문제 사안을 원칙적으로 평등권제한에 있어서의 수혜적 차별문제로 본다면, 기본권심사도그마적으로 상대적으로 입법형성권이 축소되는 부담적 차별과는 달리 보다 광범위한 입법형성권이 인정되고, 따라서 이에 대해서는 완화된 심사기준이 적용될 수 있다고 본다.

4. 공동체목적과 입법형성권

헌법상 국민의 기본의무는 그 자체가 이른바 '공동체목적(Gemeinschaftszwecke)'을 정의하고 있다.[10] 문제되는 사안에서와 같이 적어도 징집대상자의 범위설정과 관련한 입법형성에 있어서 일반적으로 여자를 제외하고 있는 차별적인 입법수단의 정당성은 헌법제정자가 의도하는 국방확보(국가안보)라는 공동체목적과 이를 직접적인 병력형성과 관련하여 입법자가 보다 구체화한 입법목적(내지 차별목적)인, 즉 '최적의 전투력확보'의 관점에서만 파악되어야 한다. 이 점과 관련해서는 발제문(김주환 교수, 18면)에서 "이 사건 심판대상조항은 입법자가 특히 여성의 사실적 기회평등을 실현해야 할 사회국가적 의무를 이행하기 위하여 제정한 것으로 볼 수 없다.… 모성보호와 같은 생물학적 차이도 마찬가지다"고 적절히 지적되고 있다.

따라서 사안의 핵심은 헌법상의 국방의무조항에 따른 직접적 병력형성(징집대상자의 범위결정)과 관련하여 입법자가 이를 일반법률상의 구체적인 병역의무로 형성함에 있어서 남자에게만 헌법상 추상적으로 예정된 부담을 구체적으로 확인하고, 여자를 동일한 부담으로부터 일반적으로 제외하는 것이 헌법상 국방확보(국가안보)라는 공동체목적과 '군의 최적의 전투력확보'라는 입법목적의 관점에서 과연 합목적적인 것으로 정당화되는지 여부의 판단이다. 왜냐하면 사안에서 입법자는 통상적인 입법에서와는 달리 공동체목적에 보다 강하게 기속되기 때문이다.

이에 관한 정당화의 근거는 "여자는 일반적으로 현역복무에 부적합하다"는 입법자의 합목적적인 판단을 규범적으로 승인할 수 있는지 여부에 있다고 본다. 부연하자면 이는 다른 말로 "여성(사병)은 그 일반적인 신체적·생래적 차이(특히 복무기간중의 임신가능성)로 인해서 군의 최적의 전투력확보에 도움이 되지 않는다거나, 엄격심사기준을 적용하더라도 여성 사병은 군의 최적의 전투력확보에 심히 중대한 부정적인 결과를 초래할 것이다"라는 입법자의 예단(Prognose) 내지 합목적적인 판단을 규범적으로 수용할 수 있는지의 여부이다.

이러한 입법자의 합목적적인 판단은 병력수급사정을 파악하여 병역법에서 한편으로는 남자만을 일반적으로 징집대상범위에 포함시키면서도, 다른 한편으로는 징병검사 또는 신체검사를 통해서 현역근무 이외의 다른 병역의무를 부과하는 등으로 '최적의 전투력확보'를 꾀하는 데에서도 확인할 수 있다.

그렇기 때문에 두 분 발제자께서 발제문에서 밝히고 있는 성차별에 따른 여

10) Vgl. H. Hoffmann, Grundpflichten, VVDStRL 41(1983), S. 42, 77.

러 다른 정당화사유들, 예컨대 군복무로 인한 여성의 불임증가와 출산율저하 및 이로 인한 궁극적인 국방력 손실(김주환 교수, 19면)이나 사회내의 다양한 성차별적 현실과 관련한 여러 페미니즘 담론에 근거한 이중적 부담론(윤진숙 교수, 발제문 전반, 특히 8면)은 문제의 핵심을 벗어나서 사안의 초점을 흐릴 우려가 있다고 판단된다. 오히려 앞서 언급한 바와 같이 군의 '최적의 전투력확보'를 위해서 여성사병의 복무기간중 임신가능성에 주목하여 차별상황을 정당화함이 타당하다고 본다.

5. 입법의 체계정당성

끝으로 이른바 입법의 체계정당성과 관련해서 사족을 덧붙이고자 한다. 일반적으로 여성사병 배제를 확인하는 병역법규정은 다른 군사관련 법률규정들과도 체계정당성을 확보해야 한다고 본다.[11] 심판청구인의 주장에서와 같이 최근 여성계의 페미니즘적 요구로 채택된 여자부사관제도 및 각 군 사관학교에의 여자생도 입학과 심지어 여자대학교의 학군단(ROTC)설치 요구 등은 여성 현역사병을 불허하는 이 사건 심판대상조항과의 입법의 체계정당성에 의문을 더하고 있다고 본다. 물론 여기에는 여자들 가운데에서도 신체조건이 남자 못지않은 이들이 존재하고, 이들의 직업군인으로서의 기회가 봉쇄되어서는 안 된다는 반론이 제기될 수 있을 것이다.

6. 종합의견

남자만을 징집대상으로 파악하면서, 일반적으로 여자를 이로부터 제외하는 이 사건 심판대상조항은 헌법상의 국방의무와 이에 내재된 공동체목적을 근거로 입법자가 '최적의 전투력확보'를 꾀하기 위하여 합목적적으로 판단하여 구체적으로 형성한 것이다. 즉 일반적으로 국방의무를 부담하는 국민들 중에서 구체적으로

11) 평등의 원칙과 관련하여 논의가 필요한 기준이 이른바 '체계정당성'의 문제이다. 체계정당성의 원칙에 따르면 입법자는 그가 선택한 가치기준을 법질서를 형성함에 있어서 일관되게 존중하여야 한다. 보다 구체적으로 말하면 입법자는 특정한 상황을 규율하기 위해서 선택한 가치기준을 하나의 법률 내부에서 뿐만 아니라, 동일한 규율대상을 갖는 다른 법률에도 일관되게 준수하여야 한다는 것을 의미한다. 헌재 2003. 6. 26. 2001헌마669 판례집 15-1, 764면; 2003. 9. 25. 2003헌바16, 판례집 15-2(상), 301면; 2004. 11. 25. 2002헌바66, 16-2(하), 333면 이하 등. 체계정당성에 관한 일반적인 설명은 C. Degenhart, Systemgerechtigkeit und Selbstbindung des Gesetzgebers als Verfassungspostulat(C. H. Beck, 1976). 이상의 내용은 전광석, 한국헌법론(법문사, 2006), 227면에서 재인용.

어떤 사람을 국군의 구성원으로 할 것인지 여부를 결정하는 문제는 이른바 '직접적인 병력형성의무'에 관련된 것으로서, ① 원칙적으로 국방의무의 내용을 법률로써 구체적으로 형성할 수 있는 입법자가 국가의 안보상황, 재정능력 등의 여러 가지 사정을 고려하여 국가의 독립을 유지하고 영토를 보전함에 필요한 범위 내에서 결정할 사항이고(헌재 1999. 2. 25. 97헌바3, 판례집 11-1, 122), ② 예외적으로 국가의 안위에 관계되는 중대한 교전상태 등의 경우에는 대통령이 헌법 제76조 제2항에 근거하여 법률의 효력을 가지는 긴급명령을 통하여 결정할 수도 있는 사항이라고 보아야 한다.

한편, 징집대상자의 범위를 결정하는 문제는 그 목적이 국가안보와 직결되어 있고, 그 성질상 급변하는 국내외 정세 등에 탄력적으로 대응하면서 '최적의 전투력'을 유지할 수 있도록 합목적적으로 정해야 하는 사항이기 때문에, 본질적으로 입법자 등의 입법형성권이 매우 광범위하게 인정되어야 하는 영역이다"(헌재 2002. 11. 28. 2002헌바45, 판례집 14-2, 704, 710).

또한 헌법제정자가 기본권 보장과 더불어 헌법 제39조 제1항에서 국방의무를 규정하여 기본권의 보호영역을 직접적으로 제한하고 있는 사항인 까닭에 이에 근거해서 징집대상의 범위를 결정하는, 즉 일반적 의무화에 관한 입법형성에는 법률에 의한 기본권제한의 통상적인 법리가 적용됨이 타당하지 않다. 그러나 헌법상 기본의무를 입법자가 일반적인 의무로 형성하는 단계에서 더 나아가 병역이행과 관련된 구체적이고 개별적인 의무를 부과하는 경우에는 별도로 이를 정당화하는 일반적인 규칙 내지 비례성원칙 등에 의해서 심사될 수 있을 것이다.

헌법상의 평등권 내지 평등원칙을 기본권실현의 방법적 기초로 이해한다면, 이는 기본권실현에서뿐만 아니라 기본의무실현에 있어서도 동일하게 적용되어야 한다고 생각되기에 또한 의무실현의 방법적 기초이기도 하다. 따라서 본 사안에서 평등권제한이 문제시된다.

이 사건 심판대상조항은 성을 '남자'와 '여자'라는 성별의 표지를 구성요건표지로 규정하여 남자와 여자에게 서로 다른 법적 효과를 미치고 있기 때문에, 이때의 성차별은 직접차별의 유형에 해당한다. 그러나 헌법 제39조 제1항의 국방의 의무가 모든 국민을 그 대상으로 하고 있고, 여기에는 직접적 병력형성의무까지 예정되어 있다고 한다면 이 사건 심판대상조항은 남자와 여자를 포함한 모든 국민이 직접적 병력형성의무를 부담하는 가운데, '여자'를 제외함으로써 수혜적 차별을 하고 있다고 판단된다. 부담적 차별과는 달리 수혜적 차별에 있어서 이에 대해서는 입법자에게 보다 넓은 입법형성권이 인정되고, 따라서 이에 대한 사법심사를 위해서는 완화된 심사기준이 적용될 수 있다고 본다.

따라서 징집대상 범위에서 일반적으로 여자를 제외하는 이 사건 심판대상조항은 '최적의 전투력확보'라는 그 입법목적상 동 법률의 다른 조항들에서 같은 남자라 하더라도 신체조건에 따라 다른 병역의무를 부과하는 데에서도 확인되듯이, 우선 현재로서는 병력수급사정에 여유가 있다는 전제하에서 남자와는 달리 생래적으로 임신가능성을 지닌 여자가 장기간의 현역사병복무에 적합하지 않고 또한 임신으로 인해 초래되는 현역복무상의 여러 문제들을 고려할 때 여자를 일반적으로 제외하는 것이므로 완화된 심사기준(또는 비례성심사기준)의 여러 요건들을 충족한다고 본다.

그러나 장기간의 현역사병근무뿐만 아니라 민방위대편성을 포함한 기타의 국방의무로부터 여자를 획일적으로 제외하는 것은 평등권을 침해하고 있고, 입법의 체계정당성에도 부합되지 않는다고 본다.

第75회 발표회 토론요지

사 회 자 : 정재황(교수)
토론참여자 : 김주환(교수) 윤진숙(교수) 양현아(교수) 이종수(교수)
황도수(교수) 김지현(헌법연구관) 박준희(헌법연구관)
배보윤(헌법연구관) 황치연(헌법연구관)
이공현(회장, 헌법재판관)

사 회 자 : 오늘 75회 헌법실무연구회를 시작하도록 하겠습니다.

평소에 존경하는 이공현 회장님, 모시고 또 여러 연구관님들 실무자분들을 모시고 좋은 발표와 토론을 경청하겠습니다. 활발한 토론이 있기를 기대합니다.

오늘은 두 분의 주제발표가 있고 또 두 분이 지정토론을 해 주시겠습니다.

먼저 첫번째 발표는 광운대학교 법과대학에 재직하시는 김주환 교수님을 모시고 발표를 듣겠습니다. 우리 김주환 교수님께서는 고려대학교 법과대학을 졸업을 하시고 동 대학원을 졸업하셨으며 독일 뮌헨대학에서 법학박사를 받으셨습니다. 여기 헌법재판소는 친정이라고 해야 되겠습니다. 연구원을 다년간 역임하셨고 현재 광운대학교에 봉직하고 계십니다.

오늘 일정은 주제발표자 두 분이 계시기 때문에 시간적으로 넉넉하지 않은 상황입니다. 그래서 죄송하오나 발표자분들께 미리 양해말씀을 드렸습니다. 한 20분씩 축약을 해 주십사 부탁을 드렸고요.

토론에 임하시는 두 분 교수님들께는 10분씩 시간을 부탁을 드렸습니다.

병역법 제3조 1항에 관한 주제입니다. 그러면 김주환 교수님 청해서 듣겠습니다.

부탁드립니다.

<주제발표자 발표>

사 회 자 : 네, 수고하셨습니다.

정확하게 20분을 지켜주셔서 감사드립니다. 시간이 별로 없기 때문에 발제하신 내용을 다시 요약정리할 것은 아닌데 간단히 말씀을 드리면, 청구요건은 잘 정리를 하셔서 각하도 있었지만 본안판단으로 병역법 3조 1항을 갈 수가 있고, 그 본안판단에서 생물학적인 남녀 간에 차이를 고려하여 “남성에게만 병역의무를 부과하는 것은 헌법에 합치된다.” 그러한 취지의 발표를 해 주셨습니다.

다음으로 윤진숙 교수님을 소개말씀 드리겠습니다. 연세대학교 법과대학을 졸업하셨습니다. 미국 아메리칸대학 법학석사를 받으셨고요. 이어서 워싱턴대학교에서 JSD 법학박사를 받으셨습니다. 그리고 연세대학교 법학학위도 받으신 것 같습니다. 법학박사를 두 개나 받으셨네요. 현재 숭실대학교 법과대학에서 주로 법철학을 강의를 하시고 계십니다. 그 점을 강조의 말씀을 드려야 될 것 같아서 특별히 첨언을 드렸습니다. 모셔서 발표를 경청하겠습니다.

부탁드리겠습니다.

< 주제발표자 발표 >

사 회 자 : 다소 시간이 지연된 것 같습니다마는 차분히 발표를 잘 해주셨습니다. 우리 윤 교수님의 요지는 실질적인 평등원칙에 비추어 봤을 때 여성에 대한 병역의무부과를 하고 있지 않은 현행법은 합헌성이 있다고 봐야 되지 않느냐. 특히 병역의무의 특성을 고려해서 여성의 신체적, 심리적 특성을 고려하더라도 여성에게 병역의무를 같이 부과해야 된다는 주장은 타당성이 없다, 그러한 취지로 발표를 해 주셨습니다. 주로 법철학적인 관점, 법사회학적인 관점에서 법철학을 해 주셨다고 생각이 됩니다.

이제 두 분의 발표를 모두 들었습니다.

토론은 역으로 우리 여성학자께서 먼저 해 주시고 그 다음에 남성학자분께 부탁을 드리겠습니다. 양현아 교수님께 토론을 부탁드립니다. 양현아 교수님 소개해 드리겠습니다. 서울대학교 생활과학대학을 졸업하시고 서울대학교 사회과학대학원에서 사회학석사를 받으셨고, 미국 New School for Social Research에서 박사학위를 받으셨습니다. 현재 서울대학교 법과대학에서 기초법 강의를 하고 계십니다.

모셔서 듣겠습니다.

부탁드립니다.

< 지정토론자(양현아) 발표 >

사 회 자 : 수고하셨습니다.

제가 사회자의 직권을 남용하는 건지 모르겠는데 압력을 좀 드려서 죄송합니다. 아마 제가 남성성이 너무 강한가 봅니다. 이해를 해 주시기 바랍니다.

요약을 해 드릴 필요도 없겠습니다만, 간단히 말씀드리면 보다 근본적으로 남성과 여성과의 차이를 보는 것이 어떤 면에서는 고착된 관념에서 출발한 것이 아니냐? 그보다는 더 근본적인 문제가 있지 않겠느냐? 특히 재정, 군대시설 등 행정적 편의사항에 비추어서 판단할 문제는 아니고 보다 근본적인 고찰이 필요하지 않겠느냐? 그런 요지의 말씀을 해 주셨습니다.

사실은 이 주제에 대해서 상당히 많은 시간을 가지면서 토론을 하면 좋겠는데 오늘 참석하신 여러 실무자 분들 의견도 많이 들어볼 기회를 가져야 되기 때문에 토론시간을 10분만 드리는 것을 상당히 죄송하게 생각합니다.

다음으로 이종수 교수님 마지막으로 토론하시는데 거듭 10분을 지켜주셨으면 하는 생각이 듭니다. 우리 이종수 교수님을 소개를 드리겠습니다. 연세대학교 법과대학을 졸업하셨고 연세대학교 대학원 법학석사를 받으셨고 독일의 콘스탄츠대학에서 법학박사를 취득하셨습니다. 현재는 연세대학교의 법과대학교수로 재직중이십니다.

토론을 부탁드립니다.

< 지정토론자(이종수) 발표 >

사 회 자 : 수고하셨습니다.

그러면 우선 두 분의 지정토론에 이어서 다른 여러분들의 질의나 토론 또는 의견을 말씀해 주시기 바라겠습니다.

황 도 수 : 논의중에 이런 문제가 있었던 것 같아요. "군대문화가 남성문화다." 이런 표현이 나오는 것 같아요. 그런데 여성들만 군대 가면 또 군대문화가 여성문화가 되는 건지 하는 것도 농담 삼아서 한번 질문해 봅니다.

그 다음에 이 문제를 놓고서 생각해 보는 것이, 우리가 평등원칙과 관련하여 심사기준이 뭐냐라는 문제에 대해서는 새로운 해석이 나와야 될 때가 되지 않았는가 하는 생각이 듭니다.

이중심사기준원칙을 지금 헌재에서 받아들이고 있습니다. 엄격한 심사를 할 것인지에 대한 첫번째 기준이 기본권을 중대하게 침해하는지 여부이고, 두 번째는 헌법에 어떤 특별한 규정을 둔 경우 성별, 종교, 사회적 신분 등이 이에 해당합니다. 이 사건에서 드디어 성별에 관한 해석을 해야 될 때가 아닌가 하는 생각이 듭니다. 여기서 우리 헌법 11조 후단에 쓰고 있는 "누구든지 성별, 종교 등으로 차별을 받지 않는다" 할 때 여기서 성별의 의미가 무엇일까? 단순히 그냥 남자, 여자의 어떤 형식적 평등을 의미하는가라는 문제이지요. 이 조항의 의미는 제가 학위논문 쓸 때 생각할 때는 이게 그러한 과거의 어떤 인습적인, 또는 여기서 말했던 스테레오 타입이지요, 열등에 대한 어떤 고정관념으로부터 겪는 그런 차별적인 대우에서 그것을 해소시키기 위해서 그런 집단에 대한 차별적 대우는 금지한다는 것 아니겠는가라고 생각했습니다. 남녀차별의 문제, 남녀평등의 문제 같은 것도 미국에서는 중간적 심사로 슬쩍 빠져버렸는데, 우리 같은 경우는 이 조항으로 예를 들면 여성이 그동안 역사적으로 피해를 받아왔고 열등한 대우를 받아왔고 그러한 고정관념을 지속시키기 위한 제도로서 남녀 간의 차이, 차별을 두는 제도에 대해서는 엄격한 심사를 할 것이고, 그렇지 아니한 경우에는 입법자에게 보다 더 광범한 입법재량권이 있지 않겠는가 하는 생각이 듭니다. 다시 말해서 요즘도 보면 적극적 평등실현 이런 조항들에 관해서는 심사기준이 오히려 엄격한 심사가 아니라 남녀를 기준으로 한다 하더라도 완화된 심사기준들이 많이 가지 않겠어요? 그런데 가령 적극적 어떤 평등을 실현한다고 함으로써 남자한테 더 혜택을 주는 조항이라면 그 조항에 대해서는 당연히 엄격한 심사가 갈 것이지만, 그런 의미에서 볼 때 여기서 말하는 이 군대문제 같은 경우도 심사기준을 지금 보면 여성에게 과연 이것이 불리한 것은 아니고 여성은 자기가 지원하면 갈 수 있는 제도이고 남성에게 의무를 부과하고 있는 상황이므로 이 법률 조항에 대해서는 11조 1항의 엄격한 심사의 제한을 받는 영역이 아니고 우리 토론자분도 말씀하셨듯이 이것이 보다 더 완화된 심사의 가능성을 가지고 있습니다. 그런 의미에서 볼 때 입법자는 국방의 필요성에 의해서 볼 때, 물론 입법재량이 있으니까 남녀 같이 보내도 합헌이 될 것이고 여자를 안보내고 남자만 보낸다고 해도 제가 볼 때는 충분히 입법재량의 범위에 포함되는 것 아니겠는가 이런 생각을 좀 하면서, 잘하면 이 부분에서 평등원칙에 관한 한 단계 더 나갈 수 있지 않을까 하는 생각이 듭니다.

사실은 또 이렇게 완화된 심사기준이 아니면 벗어나기 힘든 것이 엄격한 심사기준을 갖다 대면 이스라엘 같은 경우에 제가 알기로 남녀모두 동등하게 의무복무하는 것으로 알고 있는데, 그때 이스라엘의 여성들이 의무복무하는 문제가 입법적으로 강요되고 있음에도 불구하고 그 부분에 관해서 우리가 그런 것을 고려할 때 헌재에서 엄격한 심사기준을 대면서 지금 이 조항에 대해서 위헌이 아니다라고 말하기는 조금 어렵지 않겠는가. 그런 의미에서 볼 때 아예 완화된 심사기준 그러니까 11조 후단부분에 관한 판단부분이 좀더 논의가 깊어지지 않겠는가 하는 예상을 하면서 질문과 보충의견 비슷하게 말씀드렸습니다.

사 회 자 : 잘 들었습니다.

우선 이 정도에서 한번 답변을 들었으면 하는데 혹시 지금까지 나온 질문에 덧붙여서 말씀을 하시거나 비슷한 취지인데 나는 다른 취지를 갖고 있든지 그런 이야기는 같이 묶어서 해 주셔도 좋겠습니다.

김 지 현 : 제가 의견을 따로 독자적인 견해를 제시한다기보다는 여태까지 발언해 주신 분들 의견 중에서 다음과 같은 것이 굉장히 설득력 있다고 생각이 들거든요. 과연 제정권자가 헌법제정할 당시에 모든 국민에게 국방의 의무를 부과를 하면서 그것을 남녀 모두에게 병역의무, 제 1 차 징집의무까지 부과할 것을 의도하지는 않았다는 생각이 들고요. 그런 것이 가장 설득력 있는 합헌의 근거가 될 것 같습니다.

박 준 희 : 간단히 말씀드리면, 이런 부담불평등 그러니까 청구인이 남성인데 부담불평등하다 이런 이유로 평등위반을 주장하는 사건을 처음 접해본 것 같습니다. 그래서 생각을 많이 안해봤는데, 저는 황도수 변호사님 말씀하신 바와 같이 만약에 엄격심사기준을 하고 그리고 남녀를 동등하게 의무를 부과해야 된다는 그런 기준을 가지고 엄격심사를 하게 되면 국방의 최적화나 이런 입법목적을 가지고는 정당화되기 힘들다고 보입니다. 우리 헌법재판소가 그런 식의 결론을 내는 것이 과연 바람직한지 그것에 대해서는 의문이 있습니다.

사 회 자 : 그러면 이 점에서 우선 답변을 김주환 교수님께 부탁드리겠습니다.

김 주 환 : 우선 심사기준과 관련된 문제인데요.

황도수 교수님께서 지적을 잘해 주신 것처럼 그동안 양성평등문제에 대한 헌법재판소판례가 별로 없었는데, 이번 사건은 그쪽의 심사기준을 확실히 정립할 수 있는 기회가 되지 않을까하는 생각이 듭니다. 이와 관련해서 이미 제대군인가산점 결정에서 헌법이 특히 금지하고 있는 사유를 들어서 기본권을 제한하는 경우에는 엄격한 심사기준이 적용된다는 것을 이미 확립한 바가 있기 때문에 여기서 다시 성차별과 관련해서 심사기준 내지 심사강도를 완화시키는 것이 바람직한지, 오히려 심사기준을 완화시키게 되면 심사기준완화를 통해서 성차별이 회피될 수 있는 그런 위험성은 없는지 그런 생각이 들고요.

그 다음에 의무이행과 관련해서 이종수 교수님께서 지적해 주시기를 “지금이 병역법의 경우에는 기본권을 제한하기 위한 입법으로 제정된 것이 아니라 헌법이 규정하고 있는 의무를 구체화하기 위해서 제정된 법률이다.” 이렇게 말씀하셨는데 이런 경우를 생각해 볼 수 있을 것 같습니다. 예를 들어서 납세의무를 규정하면서 대한민국 국민인 여성에게만 납세의무를 부과한다. 그러면 과연 여기서 기본권침해문제가 발생하지 않는지?

그 다음에 국방의 의무를 부과하면서 병역의무를 부과하되 모든 국민에게 종신복무제를 규정한다든지 이런 경우 과연 기본권침해문제가 발생하지 않을까요? 저는 충분히 발생할 수 있다고 생각합니다. 그래서 비록 헌법상의 의무를 구체화하는 입법이라 하더라도 그것은 문제되는 사항영역이 어떤 것이냐에 따라서 달라질 뿐이라는 것입니다. 소위 압살적 조세라고 하는 것은 부과되는 조세금액이 상당히 엄청나기 때문에 그런 결론이 나온 것이지만, 지금 여기서 말하는 이 평등권문제, 자기관련성문제랑 같이 결부되어 있다고 생각하는데요. 어느 한 성에 대해서만 헌법상의 의무를 부과하는 경우 이때는 충분히 평등권침해문제, 기본권침해문제가 도출될 수 있다고 생각합니다. 그렇다면 당연히 이런 성차별의 경우에도 엄격한 비례성심사가 이루어져야 한다고 생각하고요.

그 다음에 중간심사기준과 관련해서 보면 미국의 경우에는 중간심사방식이 약간 우리하고는 다르다고 생각하고 있습니다. 미국 같은 경우는 우리가 사용하고 있는 비례의 원칙의 개별요소들을 어떤 부분은 빼고 적용하고 하는 그런 식의 방식이지만, 우리 헌법재판소가 국가유공자결정, 1차결정이나 2차결정에서 보여주고 있는 중간심사방법이라고 하는 것은 필요성심사를 좀 완화해서 한다는 것이지 전혀 그쪽 부분을 완전히 무시하고 넘어가는 그런 방식은 아니었거든요. 그래서 과연 중간심사라고 할 때에 엄격한 비례성심사하고 과연 어떤 차이가 있는지? 미국식의 중간심사방식을 취하는 것인지 아닌지 이런 것들이 해명되어야 된다고 생각합니다.

그리고 이종수 교수님께서는 지적해 주시기를 다른 어떤 정당화사유를 찾는 것보다도 사병복무기간중에 임신가능성을 드셨는데요. 저는 마찬가지로 그것도 생물학적 차이가 아니겠는가 생각이 들고요. 만약에 그 이유라면 임신하는 경우에는 아무래도 병역을 더 이상 부과할 수가 없겠지요. 면제를 해 줄 수밖에 없게 될 텐데, 남성·여성 모두에게 똑같이 병역의무가 부과되고 여성의 경우에는 사병복무중에 임신하면 병역을 면제받게 되면 대량 젊은 여성들이 조혼을 하게 되는, 사회가 뭔가 좀 바뀌게 되는 그런 결과가 초래될 거라고는 생각합니다. 그런데 과연 그러한 이유 하나만으로 정당화할 수 있을지 그것은 좀 의문입니다.

그 다음에 입법형성권문제는 기본적으로는 광범하게 인정될 수 있지만 징집대상자를 결정하는 그 과정에서 왜 하필이면 꼭 남자라야 하느냐? 헌법이 금지하고 있는 이 기준을 사용하고 있기 때문에 그만큼 정당화의 강도가 높아야 된다고 생각하거든요. 과연 여기서 무엇을 정당화사유로 삼을 것인지?

최근에 독일연방헌법재판소가 제시하고 있는 남자나 여자 어느 한 성에게만 나타나는 문제라고 한다면 사실은 여자에게만 나타나는 문제는 없지 않습니까? 이 병역의 문제에서도. 남자나 여자 모두에게 신체적인 부담이 가해지는 것은 마찬가지거든요. 정도의 차이가 있을 뿐이지요. 그래서 저는 아까 발표를 할 때 그런 최신의 심사기준, 정당화요소 이런 것들이 있음에도 불구하고 아직은 그것을 쓰기가 어렵고 중간형태로 기능적 차이라고 하더라도 신체적인 차이, 생물학적인 차이에 입각한 기능적 차이라고 한다면 아직까지는 수용할 수 있지 않을까 하는 그런 생각을 하고 있습니다. 이상입니다.

사 회 자 : 죄송스러운데 김 교수님, '자기관련성'을 간단히 좀 언급해 주시면 고맙겠습니다.

김 주 환 : 기본적으로 자기관련성이 있느냐 여부를 따질 때에는 해당되는 심판대상사건조항이 청구인 자신에게 적용되는 것인지 여부를 가지고 판단하는 것으로 제가 알고 있습니다. 그런데 당연히 이 사건에서는 이 병역법 규정들은 청구인에게 적용되는 법률이고 또 아까 말씀드린 것처럼 병역의무가 왜 남성에게만 부과되는가 하는 그런 측면에서 본다면 구체적인 어떤 국민이기 때문에 피할 수 없는 그런 부담이라 하더라도 여성에게 가해지지 않는 부담을 남성이 받는다는 그런 측면에서는 기본권침해가능성도 인정할 수 있지 않을까? 그런 생각이 듭니다.

가장 어려운 문제는 지금 다양한 대체복무형태가 인정이 되고 있습니다. 실제로 이 대체복무에 종사하는 인구수가 많아질수록 위헌소지가 점점 높아질 거라고 생각이 되는데요. 병역의무가 남성에게만 부과될 때, 남성도 신체적인 조건이 다 다르지 않겠습니까? 그래서 현역하고 보충역, 집총병역을 이행하는 사람들하고 집총병역을 하지 않는 그 밖에 남성들과의 부담평등문제가 다시 발생하기 때문에 여기서는 성차별은 발생하지 않습니다. 일반적 평등원칙에 의거해서 헌법 11조 1항 1문에 의거해서 판단되어야 할 문제인데 이것 때문에 이들에게 대체복무형태를 부과한다고 이해를 해야 될 것 같습니다.

사 회 자 : 혹시 윤진숙 교수님, 양현아 교수님. 특별히 질문이 들어오지 않은 것 같아서 조금 더 질문을 받고 묶어서 답변해 주셔도 되겠지요? 윤 교수님?

윤 교수님께 뭐 그렇게 질문이 많이 쏟아지는 것 같지 않은데.

예를 들어 저 같으면 그런 질문을 하겠습니다. 이 규정이 하필이면 남성이라는 말이 들어가서 이게 지금 골치가 아픈데 "신체 건장한 대한민국 사람은 징집대상이 된다." 이랬으면 훨씬 남성, 여성의 차별문제는 없었을 것 아니냐 생각합니다.

질문을 좀더 하시지요.

배 보 윤 : 국방의 의무라고 우리 헌법제정 초기인 48년 때부터 계속 이렇게 되어 있는데, 국방의 의무는 "모든 국민은 국방의 의무를 진다." 이렇게 왜 했을까? 우리나라는 전통적으로 보면 조선시대, 신라시대부터 지금까지 계속해서 실제로 전투요원의 경우에는 여성이 한 적은 없습니다. 전시의 경우 가령 행주대첩이나 이럴 때 보면 돌을 날랐단 말이지요. 일종의 어떤 측면에서 보면 국방의 의무라는 것은 꼭 병역의무만이 아니고 전시동원체제라든지 하는 것도 사실은 의무에 속하는 것이라 할 수 있습니다. 너 돌 날라라 그러면 하기 싫다 할 수 없으니까. 예를 들면 그것이 국방의 의무, 그런 관점에서 국방의 의무는 다 같이 지는 게 아닌가? 이런 관념이 혹시 없었을까? 그런 차원에서 국방의 의무라고 했을 때는 그런 광의의 의미에서 했을 수는 없을까? 그런 것을 염두에 두지는 않았을까?

그리고 다음에 병역의무로 들어가서는 아까 말씀드린 것처럼 전통적으로 우리는 남자가 다 했단 말입니다. 그렇기 때문에 입법자가 전혀 다른 생각 없이 병역법에서 그냥 남자로만 했지 않는가? 그런데 요즘 시대가 바뀌어서 여성인력이 상당히 사회진출을 많이 하고 하니까 이런 문제가 생겼습니다만, 지금 제기한 자는 남성이지 않습니까? 남성이 지금까지는 당연히 국방의 의무 하는 걸로 알았습니다.

그런데 사실은 이런 문제제기는 지난번에 우리 헌재에서 약간의 단초를 제공했을 수도 있습니다. 여자는 병역의무 안하는데 가산점도 안주고 그러니까 상대적으로 보니까 평등이라는 것은 뼈아픈 것이거든요. 그런 차원에서 제기를 한 것은 아닌지? 실제로는 그런 측면이 조금 있지 않겠는가 말씀드립니다.

제가 질문 드리려고 하는 것은 일반적으로 37조 2항에 필요가 있으면 제한할 수 있다고 했는데, 전통적으로 우리 헌재 판례가 비례의 원칙 소위 과잉금지원칙이라고 하여 최소침해성을 심사하였습니다. 반면 미국 중간심사에서는 최소침해성을 보지 않습니다. 그런데 독일에서는 일반적으로 비례의 원칙 할 때 그것도 판단합니다. 그렇다면 어떻게 판단할까? 과연 중간심사에서 판단할 수 있을까? 저는 항상 의문이었습니다. 최소침해성할 때 중간심사영역에서 어떻게 정도에 맞는 심사를 할 수 있을까? 생각하신 것이 있으면 제시해 주시면 좋겠습니다. 이상입니다.

김 주 환 : 제가 생각하는 중간심사방법, 특히 우리 헌법재판소 판례에 내재되어 있는 그런 방식을 보면 저희 국가유공자결정 있지 않습니까? 그 국가유공자결정에서 국가유공자에게 예를 들어서 가산점을 한 5%, 10% 준다고 할 때 필요

성의 원칙을 아주 엄격하게 적용을 한다면 이렇게 볼 수 있을 것 같습니다. 유공자하고 비유공자가 동점인 경우에만 유공자를 우대하는 것이 필요성의 원칙, 최소침해성의 원칙에 가장 부합한다고 볼 수가 있을 겁니다. 하지만 과연 그 정도로까지, 동점인 경우에만 유공자를 우대하는 것이 헌법의 정신인지? 그것은 아니라는 거지요. 헌법조항에 근거해서 유공자에게 가산점을 부여하는 방법은 꼭 동점이 아니고 유공자가 더 낮은 점수를 받았다 하더라도 그 점수차이로 인해서 공직수행의 정도 자체가 완전히 달라지는 것은 아니니까 참을 수 있다고 생각하는 겁니다. 그래서 5%, 10% 점수가 낮아도 줄 수 있다는 것이지요.

하지만 이 점수 폭이 상당히 지나치게 많이 나는데도 불구하고 가산점을 준다고 하는 것은 최소침해성원칙에 위반된다고 판단됩니다. 예를 들어서 점수차이가 한 60점, 70점이 차이가 난다고 할 때는 과연 이런 상황에서도 국가유공자라고 하는 이유 때문에 가산점을 주면서 우대하는 것이 정당화될 수 있는지? 저는 이처럼 수인할 수 있는 정도를 벗어나는 경우에는 중간심사방법이 최소침해성 심사를 명시적으로 언급하면서 들어갈 것이고, 그렇지 않다면 굳이 헌법재판소가 언급하지 않고 넘어간다 하더라도 문제가 없다는 것이지요.

하지만 분명한 것은 그렇다고 해서 헌법재판소가 최소침해성원칙을 완전히 생략하고 무시해 버리고 비례성심사를 했느냐 하면 그것은 아니라고 생각합니다. 10%는 참을 수 있다고 하는 전제에서 계속 심사가 법익균형성심사로 진행되었다고 생각하거든요. 저는 그렇게 이해하고 있습니다.

사 회 자 : 이종수 교수님, 최소침해원칙에 대해서 무슨 묘안이 있습니까? 지금, 이 사건에서?

이 종 수 : 저는 그 부분의 전문가가 아니기 때문에 드릴 말씀은 별로 없고, 제가 몇 마디 말씀드리겠습니다.

아까 입법형성에 있어서 구체화하는 것하고 제한하는 것 이렇게 말씀하셨는데, 사실 헌법재판소 결정문에서 입법형성권 이야기하기도 하고, 입법의 구체화, 입법을 통한 구체화 이런 표현도 씁니다만, 정확하게 어떻게 구별을 해서 사용하고 있는지는 모르겠고, 제가 이해하는 바로는 특히 가장 대표적으로 재산권조항에서 어떤 재산권의 내용과 한계를 정한다고 했을 때는 우리가 통상적으로 재산권 관련된 입법 같은 경우는 그것을 구체화한다 이런 표현을 쓸 수 있다고 생각을 합니다. 그런데 통상적으로 헌법적 명령 또는 지금 제가 말씀드린 것처럼 헌법상 의무를 어떤 식으로든 입법자가 구체화를 하는 것하고, 입법자의 입법필요에 의해서 통상적인 법률을 제정하고 이로 인해서 기본권제한이 이루어지는 것 이것은 분명히 구별이 되어야 되겠다는 것이고, 그렇기 때문에 지금 우리 헌법학계에서 그동안 국민의 기본의무하고 기본권간의 관계문제에 대해서는 사실 그동안 거의 논의가 전무했다라고 생각을 합니다.

그러나 어떻든 간에 아까 '헌법제정자의 의도'를 말씀하셨는데 그것도 중요하지만, 예를 들어서 우리가 통상적으로 법해석관련해서는 주관론 또는 주관적 해석보다는 소위 법 자체가 갖고 있는 객관적인 목적을 이야기해야 됩니다.

여기서는 법 자체 그러니까 헌법도 그렇고 그 다음에 병역법관련법령도 그렇고 법 자체가 갖고 있는 객관적 목적이 분명합니다. 제가 아까 말씀드렸듯이 지금 국방의무 같은 경우는 그 안에 이미 국가목적이 내재해 있고 국가목적은 바로 소위 국방확보라는 것입니다. 또 김주환 교수님께서 과연 그렇다면 납세의무 같은 경우 여성에게만 부과하는 게 그러면 어떻게 되겠느냐고 하셨는데, 납세의무 같은 경우는 이미 납세의무에 내재해 있는 국가목적이 국가의 필요재정확보입니다. 국가의 필요재정확보에는 여기에 여성만, 여성을 하여튼 배제한다는 것과 이 목적달성과는 전혀 무관하기 때문에 그것은 문제가 될 수 있어요. 그러나 생각해 보면 이 국방확보와 구체적인 입법목적으로 직접적 병역형성의무와 관련해서 지금 여성을 배제시키는 것은 최적의 전투력확보를 위해서는 충분히 목적적 관점에서 정당화될 수 있다는 것입니다.

그리고 아까 황도수 교수님께서 엄격심사기준을 적용했을 때 이스라엘의 경우를 말씀하셨는데, 분명히 헌법재판소도 이전 사건에서 밝힌 바 있지만 예를 들어서 병역수급사정과 같은 것도 분명히 고려될 수 있습니다. 그런데 우리는 지금 현재의 병역수급사정에 비추어 볼 때 일단 입법자가 최적의 전투력확보를 위해서 여성들까지 동원할 필요는 없다는 판단을 했을 것이고 이스라엘 같은 경우는 예를 들어서 인구가 소수이기 때문에 여성의 가임가능성, 생리적, 신체적 차이에도 불구하고 병역수급사정상 최적의 전투력확보를 위해서는 그렇게밖에 할 수 없다고 판단한 것이라고 본다면 충분히 그 점도 구분이 가능하다고 생각을 합니다.

그래서 제가 강조하고 싶은 것은 아까 황도수 변호사님께서도 적절히 말씀하셨는데 지금 우리가 그동안 제기해왔던 자의금지심사 또는 엄격심사와 같은 단순한 기계적인 심사구조를 여기에 적용하기는 어렵다는 것입니다. 그래서 이것이 성차별의 문제고 직접적 차별의 문제고 그렇게 되면 엄격심사기준적용하고 거기에서 또 아주 궁색한 논리가 나올 수밖에 없는데, 이런 것보다는 국가목적을 중심으로 해서 이 사안을 접근하는 것이 보다 더 타당하지 않겠느냐, 이렇게 생각을 합니다.

그리고 대체근무와 관련해서도 생각을 해봤습니다. 그런데 굳이 이야기하자면 제가 군경험이 없어서 말씀드리기 뭐하지만, 현재 군이 병역을 운용하는 과정에서 예를 들어서 모든 사람이 다 전투병 또는 행정병으로 다 동원되어서 항상 전시에는 누구라도 필요한 업무를 수행할 수 있도록 한다는 의미라면, 그렇게 구분을 해서 여성도 할 수 있다는 논거도 약해질 수 있지 않겠나 생각을 합니다.

사 회 자 : 고맙습니다. 황치연 연구관님 오래간만입니다. 죄송하지만 좀 짧게 해 주십시오.

황 치 연 : 제가 꼭 얘기를 들어야만 하는 입장에 있는데 두 분께 질문을 해보겠습니다. 헌법실무가나 헌법학자는 심사기준에만 관심이 있는데, 윤진숙 교수님하고 양현아 교수님께 제가 묻고 싶은 것은 '여성의 생물학적인 특성'이라는 한 가지 이유로 형식적 평등을 배제할 수 있는가 하는 것입니다.

두 번째로 어떤 사회구조가 가지는 독특한 특성을 떨쳐버리고 심사기준을 통해서만 합헌, 위헌논증을 하는 것이 타당하겠는가? 예컨대 아랍계통의 사회와 또 우리나라 같은 사회구조는 여러 가지로 다를텐데 도그마틱한 심사기준이론으로만 이 문제를 바라볼 것인가? 일단 심도 있는 사회학적 지표들과 연관시켜서 얘기를 해야 좀더 실체적인 문제해결에 접근되지 않을까 이런 생각이 들어서 질문을 해봅니다.

사 회 자 : 예, 박준희 연구관님.

박 준 희 : 저도 윤진숙 교수님하고 양현아 교수님께 여쭤보고 싶은데요. 저도 이 사안에는 페미니즘적인 시각이 어떻게 좀 반영될 수 없을까 하는 것을 모색해봤으면 좋겠습니다. 그런데 미국에서 처음에 형식적 평등을 주장하는 평등처우모델은 말하자면 "남성과 동등한 조건에서 경쟁할 수 있는 여성들에게만 유리한 이론이다." 그래서 이제는 많이 취하지 않고 오히려 차이를 중요시하는 특별처우모델의 주장이 많이 되고 있는 것으로 알고 있는데요.

그런데 페미니즘의 논리도 그 사회 전체적인 제도나 사회의 여러 가지 제반수준에 맞추어서 이루어져야 된다고 한다면 어느 정도 평등이 실현된 사회에서는 차이를 고려한 평등모델이 여성에게 유리할 수 있지만 아직 우리는 그런 단계에 도달하지 않았다면 아직까지는 형식적 평등을 좀더 추구해야 되는 그런 단계에 있는 것은 아닌지 그것을 여쭤보고 싶고요.

미국의 급진적인 페미니즘에 의하면 남자와 여자를 다르게 취급하는 것이 남성지배적인 사회를 유지시키는 데 이바지하면 그것은 곧 차별적인 것이라고 합니다. 이런 급진적인 페미니즘이론을 이 사안에 적용해 본다면 결과가 또 달라질 수도 있을 것인데, 그런 이론이 미국 사법심사에 적용이 되어서 법제도를 판단할 때 어떻게 고려요소로 작용하는지 그런 예가 있는지 여쭤보고 싶습니다.

사 회 자 : 윤 교수님 먼저 답변을 부탁드립니다.

윤 진 숙 : 사실은 거기에 대해서 제가 논문을 쓰기는 썼는데 지금 당장 기억이 나지 않습니다. 그런데 예를 들면 형법상의 강간규정들에서 강간의 대상을 여성으로 규정하고 있는 것 자체가 법의 남성성을 상징하고 있다고 보고 있습니다. 그래서 급진적 페미니즘에서는 대부분의 지배성이 나타나는 부분들이 성폭력에 관한 그런 규정들이라고 이렇게 말을 하고 있습니다.

양 현 아 : 앞에 윤 교수님 말씀하신 대로 캐더린 메키넌류의 급진적 페미니즘의 논의는 상당히 사회구조적인 문제를 얘기하고 있습니다. 이러한 이론에 의하면 섹슈얼리티에 관련된 사안들, 특히 성폭력에서의 동의문제 이런 것들의 해석에는 섬세하게 들어갈 수 있을 것입니다. 동의와 관련하여 왜 죽도록 그러면 저항하지 않았냐, 왜 더 적극적으로 저항하지 않았느냐는 질문을 하는데, 그게 아니라 이미 가부장제하에서의 여성의 섹슈얼리티는 남성의 섹슈얼리티에 동의하도록, 아니면 동일시하도록 만들어졌기 때문에 그 동의의 수준이 지금 최협의의 강간, 최협의의 폭행·협박을 이야기하는 수준보다 훨씬 더 낮게 보거나, 그 안에서 어떻게 동조구조를 남자들이 만들어 내는가, 그래서 그것을 강간이 아니고 화간으로 만들어 내는가, 이러한 것을 보는 시각을 열어줄 것입니다. 이러한 이론은 성적 괴롭힘에 대한 규정들을 여성주의적으로 만들어 낸 것 등 입법적인 기여가 크지 않은가 생각이 더 듭니다.

저는 생물학적 특성에 기초해서 차이론을 주장을 함에 따라 형식적 평등론을 배제할 수 있다고 말하는 것이 아니라 오히려 거꾸로 형식적 어떤 평등론에 입각해서 여성과 남성의 법률적 또 시민적 지위를 논해야 한다는 식으로 말씀을 드렸습니다. 또한 어떤 공동체적 사유방식의 문제는 사실 여성인권의 문제에서 굉장히 중요한 문제입니다. 공동체적 사유방식에 있어서 우리가 관습이라고 부르는 것, 전통이라고 부르는 것이 헌법과 법률이 지향하는 가치에 반한다면 그것은 효력을 잃어야만 그러니까 무효화해야만 한다라는 것이 헌법의 원리이기도 합니다. 그런 의미에서 도그마틱한 심사기준만 가지고 이런 공동체적 사회를 넘어설 수 있느냐고 말씀하시는데 그것은 오히려 법률가와 사회과학자 간에 약간 입장이 바뀐 것이라는 생각이 듭니다. 만약에 그런 공동체적 사유가 지금 현대사회의 사람들과 현대사회의 규범에 반할 정도로 차별적인 것이고 개인을 억압하는 것이라면 그런데 그것에 대해서 법률마저도 공동체적 사유에 기울인다면 정의를 잡아줄 주체는 하나도 없어지는 것이겠지요. 그래서 더욱 도그마틱한 사유에 우리가 구속받을 수 밖에 없는 것 아닌가 생각합니다.

아까 이종수 선생님께서도 지금 남성만에 대한 징병제도는 여성에 대한 수혜적 차별이라는 표현을 하셨고요. 다른 선생님께서도 그런 말씀을 하셨습니다. 이것은 여성에게 불리한 제도가 아니다. 따라서 엄격심사가 아니라 좀더 완화된 심사기준을 적용하는 것이 어떠냐? 저는 헌법학자도 아니고 그렇기 때문에 어떤 기준을 적용해야 한다고 말할 수 있는 입장은 전혀 아니지만, 분명히 말씀드릴 수 있는 것은 이 법률에 대해서 여성에 대한 수혜다 혹은 아니다, 여성에 대한 이게 무슨 수혜인지 혹은 박탈인지 분리인지 유·분리의 문제로 판단할 사항은 아니지 않는가 생각합니다. 말씀하신대로 국가목적에서 필요한 국민들을 수용해내는 것이 지금 이 법의 중요한 목적이기 때문에, 여기서 국민들에게 특정한 임무와 역할을 맡긴다는 점에서 오히려 citizenship의 문제로 접근해야 하고 분명한 것은 여기서 여성은 이런 국방의 의무상의 citizenship에서 배제되고 있다는 것이지요. 여성이 모성이 있고 아이를 낳기 때문에 그게 여성의 역할이고 남자는 국방과 전쟁을 하는 것이라고 한다면 정말 이것은 천년, 이천년 된 논의를 지금 2007년 대한민국에 그대로 적용하는 것과 다름 아닙니다. 따라서 저는 이 문제는 citizenship에서 여성의 배제라는 문제로 그런 객관적인 차원에서 접근해야 하기 때문에 완화된 심사기준은 곤란하지 않는가 이런 입장입니다.

최적의 전투력문제가 많이 나왔습니다. 정보분석이라든지 이런 무기를 만지는 시간은 거의 없고 항상 문서를 만지고 있는 것과 같이 이미 다양하게 이루어지고 있는 것이 군사업무의 내용임에도 불구하고 왜 최적의 전투력, 왜 남성의 전투력만이 본질적으로 필요하다고 말하는 것일까? 그것은 현행제도를 바꾸는데 들이는 비용이 너무 높기 때문이 아닐까라고 생각하고요. 또한 아까 말씀 나온 대로 지금의 인력으로도 충분하다고 하는 그런 건데 저는 그런 것의 산술적인 기초에 대해서 상당히 의문이 듭니다. 지금의 인력곱하기 시간이라는 변수가 들어간다면 지금의 인력, 시간을 반으로 나눈다면 훨씬 더 동등한 기회가 전 인구에게 주어질 수 있다는 생각이 듭니다. 그래서 저는 최적의 전투력부분도 너무나 이게 남성경험을 중심으로 생각하시는 부분이 있다고 생각하고요.

임신부분은 정말 저는 이 부분은 대단히 강하게 반론을 펴고 싶은 부분입니다. 임신하기 때문에 여성이 군대 가서는 안되겠다라는 얘기는 정말 로마적의 얘기라고 생각합니다. 바로 이 얘기 때문에 여성들이 직업을 가져서도 안 되고 공직을 가져서도 안 되고 대통령이 되어서 안된다라고 했던 것이 사실은 30년 전입니다. 물론 패배하기는 했지만 지금 계속적으로 국가의 수장들에 여성들이 도전하고 있는, 우리나라 현재도 그렇습니다. 그랬더니 또 아기를 안 낳아봐서 안 된다는 말이 있더군요. 어쨌든 여성의 임신은 여러 가지로 문제인데요. 사실은 어느 정도 50세에 이르기 전에 여성들은 가임할 수 있습니다. 하지만 지금 공직에 어떤 분야로도 다 활약을 할 수 있고요. 사실은 임신해가면서 피를 흘려가면서도 공직수행을 하고 있고 그 문제를 무난하게 해결하느라고 하고 있습니다. 그런데 그것을 오히려 지원하고 지지해 주지는 못할망정 그것이 배제의 근거가 되기는 어렵지 않은가. 만약에 군대복무기간에 여성이 임신을 하는 것이 특정한 군인의 역할에서, 지금 여성들이 사실은 우주선도 타고 있는 시대 아닙니까? 어떻게 임신할 여성들을 우주비행사로 태웁니까? 비행기조정사도 하고 있습니다. 임신하지 않은 경우에 비행기 조종사를 할 수 있습니다. 그래서 그런 면에서 여성을 예컨대 배제시키기 위한 근거로는 너무나 소극적이고 너무 시대착오적인 근거라고 저는 생각됩니다.

사 회 자 : 예, 김 교수님.

김 주 환 : 제가 오늘 발표를 맡았기 때문에 주로 방어하는 입장에서만 계속 말씀을 드렸는데 거꾸로 제가 궁금해서 양 교수님께 여쭤보는데요. 법적으로 판단을 해볼 때 이 병역법 3조 1항이 위헌이라고 하는 논지신지 합헌이라는 논지신지? 합헌이라면 어떤 근거에서 합헌이시라는 건지?

제가 또 궁금한 것이 생물학적 차이를 들어서 여성에게 불이익을 준다는 것은 기본적으로 그동안 여성의 권리행사를 제한하는 논거로 사용되어 왔거든요. 사실 상당히 문제가 많았던 겁니다. 그렇다고 해서 또 완전히 그것을 무시할 수 있느냐 하면 그렇지 않고 특별히 그것 때문에 여성에게만 인정되는 권리들이 있습니다. 모성보호청구권 같은 것이 대표적인 예가 되겠지요. 그런데 여기에서는 생물학적 차이라고 하는 것이 여성의 어떤 기본권행사를 제한하는 논거로 쓰이고 있는 것이 아니라 헌법이 규정하고 있는 의무를 여성에게까지 확대하는 것을 제한하는 논거로 쓰이고 있거든요. 그런데 지금 말씀하시는 것은 계속 여성의 권리행사, 인격발현의 제한 이런 쪽으로 말씀을 하시기 때문에 최종적인 심판대상조항에 대한 입장이 어떤 입장이신지 그것을 제가 명확히 지금 이해할 수 없어서 질문을 드립니다.

사 회 자 : 그 문제는 아마 계속 토론의 주제가 될 겁니다. 또 다른 질문도 많으리라 생각됩니다.

황 치 연 : 양현아 교수님께 우스꽝스러운 것 하나 질문을 하겠습니다. 만약에 어떠한 여성의 생물학적 특성을 남성을 기준으로 해서 출발할 때 임신, 출산,

육아는 여성의 특성이 되지만 여성을 출발해서 효율적 평등을 다시 생각한다면 아! 여성이 임신, 출신, 육아를 하니까 남성도 임신, 출산을 해야 효율적 평등이 이루어지는 것 아니냐 이렇게 생각할 수도 있습니다. 그러면 남성도 복강에다가 태아를 보존한 상태에서 꼭 출산의 피를 흘려야 평등의 관점에서 진정한 평등이 이루어지는 것 아닌가? 이렇게 생각할 수도 있는데 그것은 어떻게 생각하십니까?

양 현 아 : 저는 바로 그런 결론이 무엇인가가 중요한 것이 아니라 제 논거와 제 말씀을 드리는 것을 더 중요하게 생각합니다. 저는 길게 생각한 것이 아니기 때문에 이 자리에서 그렇게 확정적 답변을 드릴 결론에 이르지 못했는데요. 저는 굳이 말씀드리면 위헌의 소지가 있다고 보는 것이고요. 따라서 위헌의 소지가 있는지 아닌지를 이런이런 측면을 가지고 면밀하게 검토해야 한다라는 의견입니다.

사 회 자 : 저희들 잘 이해하고 있습니다. 재판관님 한 말씀 부탁드립니다.

이 공 현 : 보통 때보다 한 40분이 추가되었습니다.

오늘 그만큼 민감한 주제고, 사실 이 국방의무에 관한 헌법규정이나 우리가 처한 상황에서 보면 참 다른 나라의 입법례가 문제가 아니라 우리만의 문제인 것 같습니다. 오늘 이렇게 여러분들이 오셔서 꼭 병역법, 헌법측면뿐만 아니라 법사회학, 법여성학, 법철학적인 관점에서 설명해 주셔서 정말 감사합니다.

오늘 얘기가 다 나왔습니다. 헌법을 어떤 기준으로 해석할 것인가? 제정자의 의사냐 또 문헌의미냐부터 여러 가지 근본적인 문제가 이 사건을 다룰 때는 나타나리라고 그렇게 생각합니다. 정말 감사합니다.

사 회 자 : 그동안 수고 많으셨습니다.

第76회(2007. 6. 1) 발표문

입헌주의와 민주주의: 그 "모순적 정합성"에 관한 소고

김 성 호*

I. 서론: 헌법이 정치를 만날 때

민주화에 대한 전 국민적 염원을 받들어 1987년에 제정된 현행헌법은 성인식도 치러보지 못한 채 위기에 봉착해 있다. 현재 제도권과 비제도권, 여와 야, 또 보수와 진보를 막론하고 87년 헌법의 지지자는 찾아보기가 힘들다. 개헌이 정략적 선택의 대상이 된다는 사실 자체가 현행 헌법에 대한 불만이 위험수준에 와있음을 방증한다.1)

헌법개정을 향한 소위 '입헌정치'(constitutional politics)의 전면부상을 예감하면서 드는 의문은 과연 우리 사회가 헌법과 정치의 관계에 대해 얼마나 이해하고 있는가 하는 것이다. 우선 헌법이 가장 정치적 법이라는 명제에 동의하지 않을 사람은 많지 않을 것이다. 헌법이 정치과정 및 통치구조의 기본질서를 규정하고 있다는 의미에서 또 역으로 헌법해석이 순수한 법리해석과 그 단순적용 이상의 고차원의 정치적(high-political) 판단을 요구한다는 측면에서 그렇다. 그러나 동시에 소위 '최종심급의 규범'으로서 헌법이 갖는 시민종교적 성격 역시 부인할 수 없는 가치를 갖는다. 헌법이 무릇 당파적 또는 저차원의 정치적(low-political) 이해관계로부터 독립적이어야 한다는 의미에서 탈정치화 되어야 함은 너무나 당연하다. 그럼에도 불구하고 개헌론이 난무하는 우리 사회에 헌법과 정치가 조우하는 지점과 절대 만나지 말아야 할 자리가 어딘지에 대한 성찰은 그리 깊지 않은 것 같아 걱정이다.

---

* 연세대학교 정치외교학과 교수.

1) 2003년 현 정부 성립 이후 변모하는 헌법과 정치의 관계에 대해서는 Hahm Chaihark and Sung Ho Kim, "Constitutionalism on Trial in South Korea," *Journal of Democracy* 16(2005) 참조.

우선 걱정되는 것은 우리 사회에 만연해 있는 '헌법불신주의(憲法不信主義)'이다. 우선 비근한 정치학계의 예를 들면 헌법이란 선언적 의미를 갖는 형식제도적 틀에 불과하고 따라서 정치를 이해하는 데 있어 진정 중요한 것은 정치과정이나 경제구조 또는 문화전통 등 비제도적 요인이라고 흔히 본다. 미국 정치학계의 소위 행태주의 혁명의 영향인지 아니면 마르크스 유물사관의 영향인지는 모르겠으나, 헌법과 법제도는 비제도적 하부구조에 의해 결정되는 상부구조에 불과하다고 보는 경향이 지배적인 것 같다. 그 결과 정치학계에서 헌법에 대한 심도있는 연구는 상대적으로 일천한 형편이다.

현실정치에 있어서도 헌법은 최근까지 경시의 대상이었다. 과거 권위주의 시절에 그 숱한 개헌파동과 사법파동을 거치면서 우리 헌법이 겪어야만 했던 수모는 잘 알려진 바 있다. 87년 민주화 이후에도 햇볕정책 추진과정이나 성급한 개혁입법 과정에서 드러난 일부 초헌법적 발상들은 우리 사회에서 헌법이 차지하고 있는 위상이 아직도 굳건하지 않음을 예증한다. 또한 헌법재판소가 내린 판결에 불만이 있다고 해서 '헌재 쿠데타'라던가 '사법독재'라는 등의 극언을 서슴지 않고 쏟아내는 일부 정치세력을 보며 우리 사회에 헌법에 대한 신뢰가 정착되지 않았음을 다시 한 번 실감한다.

그러나 87년 민주화 운동의 결과 제정된 현행헌법이 규정하는 가치와 절차마저도 민족통일과 민주개혁에 걸림돌이 된다고 믿는다면 그 어떤 헌정질서가 그와 같은 역사적 과제들을 수행할 수 있을까. 그럼에도 불구하고 현행헌법 탓만 하고 있는 것은 헌법불신주의와 다르지 않다.

더 큰 아이러니는 우리 사회의 헌법불신주의의 한 꺼풀 뒤에는 맹목적인 헌법물신주의가 자리잡고 있는 경우가 왕왕 있다는 사실이다. 현재 우리 사회에 횡행하는 각종 개헌론들이 다 그 좋은 방례들이다. 과연 중임제 개헌이 되면 현행 대통령제의 책임성(accountability) 문제나 권력의 조기누수 현상이 개선될까. 선거주기가 조정된다고 해서 우리 정당의 민주적 제도화가 증진될까. 경제조항을 신자유주의적 방향으로 개정하면 경제성장이 촉진되고 노사갈등이 줄어들까. 온갖 권리주장의 무정부 상태로 치닫고 있는 현재 우리 사회에서 소수자 인권조항을 대폭 증보 명문화한다고 해서 과연 건강한 사회질서를 구축할 수 있을까. 설사 이러한 개정방향이 소기의 성과를 거둔다 하더라도 그로부터 파생되는 의도하지 않은 부작용들은 또 어떻게 해소할 것인가. 매 20년마다 소모적인 입헌정치의 장을 열고 전면적인 헌법개정을 도모하자는 것일까.

그래서 일반적인 상식으로도 많은 의문을 자아내는 온갖 개헌론들이 거리낌

없이 난무하는 현실을 보며 헌법개정이 모든 문제의 해결책이라는 유사종교적 맹신이 우리 사회에 뿌리박혀 있지는 않나 하는 의구심을 갖게 된다. 헌법불신주의가 낳은 개헌수요 뒤에는 새 헌법이 궁극적 해결책이라는 '헌법물신주의(憲法物神主義)'가 도사리고 있을까봐 걱정하는 것이다.

그러나 헌법개정은 무릇 '해결의 결실'이지 '해결의 방책'이 아니다. 개헌의 필요성과 그 방향성에 대한 중첩적 합의가 만들어졌을 때 그 합의를 새 헌법의 형태로 선언하는 것이지, 부재하는 국가적 합의를 개헌의 입헌정치가 만들어 줄리 만무하다. 이치가 이러함에도 불구하고 마치 새 헌법이 하루아침에 선진화나 민주화를 가져다 줄 것인 양 개헌을 주장하는 것은 맹목적인 호헌론 못지않은 헌법물신주의에 진배없다.

본 연구는 다가올 한국의 입헌정치는 헌법불신주의와 물신주의를 모두 넘어서야 한다는 문제의식에서 출발한다. 이는 곧 우리 헌법이 '살아있는 헌법(living constitution)'이어야 한다고 믿기 때문이다. 1987년 한국 민주화의 가장 소중한 결실도 과거 권위주의 정권치하에서 굴절을 강요당해 왔던 헌법이 살아있는 헌법으로서의 권능을 회복하게 된 것이라 할 수 있다. 그렇다면 일단 되살아난 헌법이 계속 살아있는 헌법으로 지속되기 위한 조건은 무엇일까. 그것은 헌법의 시대적 적응능력이다. 즉, 살아있는 헌법은 정치, 경제, 사회, 문화 각 영역에서 새롭게 발생하는 권리주장(rights-claim)을 인식하고 보호하며, 또한 끊임없이 새로운 방식으로 변모하는 권력의 부작용을 통제할 수 있는 '최종심급의 인식규준(the ultimate rule of recognition)'으로서 작동해주어야 한다.

그렇다면 '살아있는 헌법'의 유지를 위해서는 한편 헌법불신주의를 넘어 헌법이 현실의 최상위 규범질서로서 작동해 주기를 바라는 염원과 우리 사회에 산적한 문제들을 헌법에 명문화된 절차를 통해 해결할 수 있다는 신뢰, 또 다른 한편 헌법물신주의를 넘어 완벽한 헌법은 있을 수 없다는 인식과 헌법의 부단한 업데이트에 대한 모색이 모두 같이 필요하다. 그 같은 법치의 안정적 구현과 헌법의 시대적 적응을 위해서는 때로는 당대의 시대정신을 존중하고 또 때로는 찰나의 다수여론을 관리해 나가는 고도의 정치가 필요하다. 이는 과거시점에서 제정된 헌법이 정당성을 유지하기 위해서는 현세대의 살아있는 동의를 지속적으로 견인해 낼 수 있어야 하기 때문이다. 결국 살아있는 헌법의 유지는 단순한 헌법의 '탈(脫)정치화'가 아닌 '초(超)정치화'를 필요로 한다.

헌법재판제도의 원형을 제시한 미국 연방대법원의 예를 들어보자. 주지하다시피 미국의 소위 사법심사제도(judicial review)는 성문헌법이 아니라, Marbury v.

Madison이라는 1803년에 내려진 역사적 판례에 근거하고 있다. 그 기원이 일종의 사법정치(judicial politics)의 결과였듯이, 그 발전과정 역시 숱한 정치적 상호작용에 의해 결정되어 왔다. 가장 비근한 예는 흔히 헌정혁명(constitutional revolution)이라고까지 평가되는 뉴딜법원(New Deal Court)의 탄생이다.

프랭클린 루스벨트 대통령의 첫 임기 마지막 해였던 1936년, 대공황 극복을 위해 ‘국민의 이름’으로 추진된 뉴딜개혁이 연방대법원이 내세운 ‘법의 이름’으로 연달아 좌초되고 있었다. 뉴딜정책의 핵심 집행기관인 ‘국가재건청(National Recovery Administration)’마저도 이미 그 전 해 5월의 한정 위헌판결로 말미암아 사실상 와해된 상태였다. 정치적 파산위기에 직면한 대통령이 사법권력 견제와 연방정부 강화를 위한 개헌에 집착하는 것도 무리는 아니었다. 돌아보면 재임중 이미 두 차례의 개헌을 성사시킨 경험도 있었을 뿐더러, 1936년 11월 총선과 대선에서의 승리를 통해 확인된 민심은 압도적으로 대통령 편이었다.

그러나 개헌의 동력과 분위기가 최고조에 달한 이 순간, 정치적 부담과 미국 국민의 헌법에 대한 시민종교적 추앙심 등을 종합적으로 고려한 끝에 결국 개헌안은 폐기된다. 대신 압도적 민의를 등에 업은 대통령은 사법부에 대한 정치적 압박에 나선다. 1937년 1월 ‘사법부 인사개혁법안’(이른바 Court Packing)을 통해 종신제 연방법원에 사실상의 임기제를 도입하고, 대법관의 숫자를 혁명적으로 늘리고자 한 것이다. 사법부의 독립과 대법원의 위상, 그리고 사법심사의 원칙이 돌이킬 수 없는 타격을 입을 수도 있는 상황이었다. 1937년 3월 대법원은 마침내 뉴딜정책에 대한 위헌판결을 중단한다.

미국판 ‘사법파동’의 수모를 겪은 연방대법원은 대신 소위 ‘정치사안 원칙(Political Questions Doctrine)’을 사법심사의 관행으로 확립한다. 그 핵심은 민주적으로 선출된 정치권력의 정책적 판단은 ‘국민의 이름으로’ 최대한 존중하고, 대신 기본권 문제에 있어서는 ‘법의 이름으로’ 전향적 자세를 취하는 데 있다. 이와 같이 사안에 따라 ‘사법 소극주의’와 ‘사법 적극주의’를 탄력적으로 적용한 결과는 역설적으로 미국 사법부에 대한 국민적 신뢰회복이었다. 2차대전 이후 연방대법원이 가장 신뢰받는 정부기구로 다시 태어나게 된 이유가 바로 여기에 있다. 무릇 헌법이 정치로부터 진정 자유롭기 위해서는 단순한 ‘탈정치’가 아니라 한 차원 높은 ‘초정치’가 필요한 법이다.

본 연구는 ‘헌법의 초정치화’를 위해 헌법이 정치를 만나는 지점을 어떻게 이론화할 것인가에 대한 고민의 일단을 담고 있다. 그렇다고 본 연구가 헌법과 정치의 관계에 대한 체계적인 일반이론의 수립을 목표로 하고 있는 것은 아니다. 본

연구의 목표는 '입헌주의와 민주주의의 모순적 정합성'이라는 특정한 이론적 입장을 주장하는 데 있다. 즉, 입헌주의적 법치(法治)와 민주주의적 민치(民治)의 이상은 서로 논리적으로 모순될 수 있다는 인식하에, 그럼에도 불구하고 두 이념이 입헌민주주의라는 형태로 정합할 수 있는 그 친화력의 논리적 근거를 찾고자 하는 것이다. 더 구체적으로는 입헌주의와 민주주의의 갈등적 관계를 '구속'이라는 논리기제를 통해 확인하고, 그 같은 입헌주의적 '구속'의 민주적 정당성을 '참여', '자유', '동의'의 세 가지 관점에서 논증하고자 한다. 끝으로 입헌민주주의의 '모순적 정합성'이 한국 민주화 이후의 입헌민주주의에서 갖는 함의의 일단을 짚으며 결론에 갈음한다.

Ⅱ. 민주주의와 입헌주의

민주주의란 주권재민(popular sovereignty)과 다수결주의(majoritarianism)의 두 가지 원칙을 축으로 한다. 후자가 중요한 이유는 민주주의의 개념이 단순한 평등의 추구라는 이념적 지향성 이상의 분석적 속성을 갖기 위해서는 정치적 공동체의 구축이 전제되어야 하기 때문이다. 로크(John Locke)가 간파했듯이 평등에 기반한 주권재민의 원칙이란 자연상태에서도 존재하고 있는 것으로 개념화되어야만 하며 그렇지 않을 경우 홉스(Thomas Hobbes)에게서 볼 수 있듯이 사회계약 그 자체가 논리적으로 불가능해진다. 즉, 주권재민 그 자체는 논리적으로는 선험적이고도 선언적인 전제에 불과한 것이다. 로크에게 있어서 민주적 공동체의 원형이 되는 '시민사회(civil society)'는 평등하게 주권을 보유하고 있다고 가정된 개인들이 논리적으로 상상된 원초적 계약을 통해서 만장일치의 원칙을 자발적으로 포기하고 다수결주의에 동의할 때 비로소 형성된다.[2] 다수결주의는 논리적으로 인민주권에 전치되어 있지만 실제적으로 인민주권이란 다수결원칙에 의해 공동체의 집합적 의지로 명료하게 표출되지 않는 이상 그 의미가 없고, 민주주의의 핵심요소로서 주권재민보다 다수결주의가 더 큰 의미를 갖는 이유도 여기에 있다. 요약하면 민주주의란 다수의지가 절대적이고도 배타적인 주권을 갖고 있는 민치의 원칙이란 말이 된다.

이에 반해 입헌주의는 전혀 이질적인 논리에 기반하고 있다. 입헌주의의 두

2) J. Locke, *Two Treatises of Government*, ed. P. Laslett(Cambridge University Press, 1989), Ⅱ: Ch. 8, §§ 96/97.

가지 논리적 구성요소는 합법성(legality)과 법치(rule of law)의 원칙이다. 합법성은 법에 의해서 명시적으로 그리고 행위시점에 금지되지 않은 행위는 처벌될 수 없다는 원칙이며, 이는 특히 헌법 권리조항의 논리적 기반이 된다. 합법성 원칙의 기본목표가 권력의 임의적인 행사와 소급적인 행사를 규제하는 데 있는 반면, 법치의 원칙은 법이 안정성(stability)과 예측가능성(predictability)을 갖추기를 요구한다. 이렇게 볼 때 합법성의 원칙은 법치의 원칙과 확연히 구별된다. 합법성이 현재가 과거에 대해 입법하는 것을 금하고 있다면, 법치는 미래에 대한 입법을 요구하기 때문이다. 두 원칙 모두 정상적으로 기능하는 공동체의 삶을 위해 필수적이나 논리적으로는 후자가 전자에 전치되어 있다고 할 수 있다.[3] 환언하면 입헌주의가 추구하는 바는 법을 통해 권력행사를 형식적으로(formally) 규제하는 데 있고, 이는 권력의 정당성(legitimacy)을 (광의의) 합법성(legality)으로 배타적으로 환원시키고자 하는 것이다.

이렇게 보았을 때 민주주의는 입헌주의와의 논리적 갈등을 피할 수 없게 된다. 민주주의는 자기 정당성을 다수결원칙에 의해 표출된 무제한적인(unconstrained) 인민주권에 두지만, 입헌주의는 합법성과 법치주의에 기반한 구속(constraint)의 원칙에 두고 있기 때문이다. 달리 말하면 민주주의는 자기구속의 논리를 내재적으로 구축할 수 없으며, 입헌주의는 구속의 예외를 논리적으로 인정할 수 없다.[4] 로크가 '대권(prerogative)'을 '폭정(tyranny)'과 차별화하여 그 불법성에도 불구하고 예외적으로 정치적 정당성을 부여하는 과정에서 논리적 파산을 피할 수 없었던 이유도 여기에 있다. 즉, 입헌주의의 관점에서 본다면 정치권력의 임의적 행사는 설사 그 권력이 민주적인 집합의지를 충실히 따르고, 권력행사의 결과가 공익에 부합한다고 할지라도 '예외없이' 정당성을 결여하게 된다. 궁극적으로 로크는 민주주의와 입헌주의 모두를 안고 갈 수는 없었던 것이다.[5]

사실 이러한 부정합성은 로크 이전의 아리스토텔레스(Aristotle)나 로크 이후의 칸트(Immanuel Kant) 모두에게 입헌주의의 입장에서 민주주의를 거부하는 근거를 제공하였다. 잘 알려진 대로 아리스토텔레스는 법치에 의한 공익의 추구와 주권의 소재라는 두 축의 2×3 매트릭스를 통해 정체를 분류하였다. 이 분류에 의하면, 민주주의란 법의 구속에서 벗어난 인민주권원칙에 의해 배타적으로 조직되고 운영

3) J. Elster, "Introduction" in J. Elster and R. Slagstad(eds.) *Constitutionalism and Democracy* (Cambridge University Press, 1988), pp. 2~3.

4) S. Wolin, "Collective Identity and Constitutional Power" in *The Presence of the Past: Essays on the State and the Constitution*(The Johns Hopkins University Press, 1989), p. 8.

5) Locke, *op. cit.*, Ⅱ: Chs. 14/18.

되는 정체에 붙여진 개념이며 폭정이나 과두정과 마찬가지로 민주정 역시 순수 정체의 타락한 상태에 불과하다. 단순화 시키면 아리스토텔레스는 합법성을 (민주적) 정당성보다 우위에 놓는 입헌주의의 관점에서 민주주의를 거부했다고 할 수 있다.[6] 칸트의 공화주의 역시 아리스토텔레스의 결론을 같은 논리로 긍정하고 있다.

> 민주주의라는 국가형태는 엄격히 따져볼 때 필연적으로 '폭정(despotism)'이 될 수밖에 없다. 그 이유는 민주주의는 전체가 한 개인을 대신해서 결정을 내리고 필요하다면 (동의하지 않는) 개인에 반해서 결정을 내리는 행정권력을 창출하여 *사실은 전체가 아닌 전체*가 결정하기 때문이다. 이것은 일반의지의 자기모순인 동시에 자유와의 모순이기도 하다.[7]

칸트에 의하면 이상적인 공화국이 그 시민들이 악마들일 때도 정의롭게 유지될 수 있는 이유는 입헌주의의 법치가 민주주의의 민치에 우선하기 때문이다. 공화국이란 법의 형식적인 규율을 통해 시민들의 외적인 자유(external freedom)만을 규제하며, 내적인 자유를 통한 자아의 실현과 자유의 완성은 전적으로 사적인 영역 내에서 성취될 일이다. 역으로 말하면 사적인 영역에서 형성되는 구체적인 (substantive) 가치와 의견들을 산술적으로 합하여 다수의지를 만들어내더라도 그 사적인 의지의 총합이 공적인 정당성을 주장할 수 있는 논리적 이유는 없다. 따라서 칸트는 '사실은 전체가 아닌 전체'의 민치로 이해된 민주주의를 반대하며, 그 대안으로 공화국이라는 형식적 보편성에 입각한 입헌국가(Rechtsstaat)의 이상을 제시하는 것이다.

민주주의의 이름으로 입헌주의를 배격하는 정반대의 결론을 취하는 슈미트(Carl Schmitt) 역시 입헌주의와 민주주의의 논리적 부정합성에 대한 인식에서 출발하고 있다. 슈미트는 다수결주의에서 한걸음 더 나아가 민주주의를 치자와 피치자의 동일성(Identität)으로 정의한다.[8] 루소(Jean-Jacques Rousseau)는 다수결주의가 결코 산술적 집합의지와는 본질적으로 다른 일반의지의 화학적인 형성을 담지해줄 수 없기 때문에, 민주적 정당성의 전제조건은 다수결주의의 논리적 전제가 되는 공동체 내의 다원성을 초월하여 구성원 사이에 동질성(homogeneity)을 인위적으로 만들

6) Aristotle, *The Politics and the Constitution of Athens*, ed. S. Everson(Cambridge University Press, 1996), pp. 71~72.

7) I. Kant, "Toward Perpetual Peace: A Philosophical Project" in *Practical Philosophy*(Cambridge University Press, 1996), p. 324 [필자 이탤릭 강조].

8) C. Schmitt, *Verfassungslehre*(Duncker & Humblot, 1983), p. 234.

어내는 데 있다고 주장하였고, 슈미트의 동일성 이론은 이러한 루소의 민주주의론의 한 변형인 셈이다. 그렇다면 입헌주의에서 우상화하는 헌정질서란 타자와의 실존적인 차별화를 통해 동질성과 동일성을 확보하기 위하여 한 정치공동체가 내리는 정치적인 결단(Entscheidung)의 산물에 불과하게 된다.[9] 합법성이란 결국 정치적 정당성에 전치될 수밖에 없고, 민주주의가 정치적 정당성의 유일한 기반이 되어버린 현대에 있어서 입헌주의란 구시대의 유물에 불과하다는 결론에 슈미트가 다다를 수밖에 없었던 이유도 여기에 있다. 결국 다수의지에 가해지는 법이라는 이름의 구속은 논리적으로도 역사적으로도 정당성을 상실하게 되는 것이다.

Ⅲ. 구 속

그렇다면 이제 입헌주의와 민주주의의 부정합적 관계의 핵심이 되는 구속의 논리적 기제를 좀더 자세히 살펴보자. 대한민국 헌법은 직접투표의 명문화(제41조 제1항, 제67조 제1항)를 통해 위임투표를 위헌으로 규정하고 있다. 그러나 만약 내가 내 아내의 정치적 식견을 완벽하게 신뢰하고 투표당일 불의의 사고로 투표권을 행사하지 못할 사정이라면 투표권을 포기하기보다는 아내에게 투표를 자발적으로 위임하는 것이 공익(시민의 정치참여)과 사익(참정권의 행사)에 더 부합하는 길일 것이다. 그럼에도 불구하고 내가 한 번도 명시적으로 동의한 바 없는 현행헌법은 내가 자발적으로 투표권을 위임할 자유를 구속하고 있다. 더 나아가 헌법은 일견 불합리해 보이는 위임투표 금지조항의 개정을 여러 가지 절차적 규제를 통해 지난하게 만들어 놓고 있다. 개헌청원이나 헌법소원의 과정은 일반시민이나 유권자가 헌법개정을 의제화하고 효과적으로 요구하는 것을 어렵게 만드는 데 그 의의가 있다고까지 볼 수 있다. 나와 내 의견에 동의하는 유권자들의 헌법개정 의지는 그런 의미에서 구속되고 있으며, 더 나아가 그러한 제도적 구속은 현재적 동의라는 민주적 정당화의 과정을 결여하고 있는 것이다.

이렇게 보았을 때 헌법적 구속의 본질은 민주주의에 일정수준의 '재갈을 물리는 원칙(gag rule)'의 역할을 하는 것, 즉 기본적인 헌정질서의 특정부분들을 현 시점에 존재하는 민주적 집합의지의 통제로부터 보호(insulate)하는 것이라고 표현할 수 있다.[10] 예를 들어 정교분리라는 원칙의 의미는 단순히 신념의 자유의 보

9) C. Schmitt, *Legalität und Legitimität*(Duncker & Humblot, 1988).

10) S. Holmes, "Gag Rules, or the Politics of Omission" in Elster and Slagstad(eds., 1988).

장을 넘어서 도저히 정치적인 동의를 이끌어낼 수 없는 종교적 신념의 문제는 정치적 의제로부터 제도적으로 제외한다는 데 있다. 즉, 종교문제를 정치적으로 다루고자 하는 의견이 존재한다면 설사 다수의지를 형성하더라도 그런 여론에는 헌정적으로 재갈을 물리는 것이 된다. 권리조항들의 의의도 여기에 있다. 일련의 권리체제(rights-regime)를 성문화한다는 의미는 다수결주의, 설사 만장일치에 의해 표출된 집합의지라도 결코 침해할 수 없는 가치와 원칙들을 명시적으로 나열하는 데 있다. 달리 말하면 헌법의 권리조항으로 명문화된 원칙들은 민주적인 의사결정의 의제로 상정 또는 개정될 수 없음을 의미한다. 위의 직접투표 조항도 여기에 해당한다. 구조조항 역시 같은 논리로 설명될 수 있다.

권력구조를 포함한 구조조항의 핵심적 원리는 권력의 분립에 있다. 주지하다시피 권력분립의 원칙은 권력의 집중으로 인한 권력의 전횡을 방지하는 데 그 일차적 의의가 있다. 그러나 흔히 간과되는 측면은 입헌주의의 관점에서는 견제의 대상이 되는 권력의 정당성은 문제가 되지 않는다는 점이다. 즉, 설사 그 권력이 민주적인 정당성을 확보하고 있더라도 분립을 통해 견제되어야 하는 대상이 된다. 따라서 미국의 건국자(Founding Fathers)들에게 권력분립의 주된 초점은 주권재민 원칙의 정치적 담지자인 의회 특히 하원을 견제하는 데 있었다.[11] 상원의 존재이유도 단순한 주의 대표성보다는 하원에 의해 여과없이 표출될 수 있는 민주적 집합의지를 견제하고 국가의 정책결정과정을 현재적으로 형성되어 있는 다수여론의 영향력으로부터 최대한 보호하는 데 있었던 것이다.[12] 행정부와 사법부의 견제는 두말 할 나위도 없다. 구조조항의 중요한 목표 역시 특정한 사항들에 대한 다수의 직접적인 영향력에 재갈을 물리는 데 있다고 볼 수 있는 것이다.

그렇다면 정치사상사에 있어 널리 인정되어온 입헌주의와 민주주의의 부정합성이란 다수의지에 가해지고 있는 법의 구속에서 기인하고, 그 구속의 기제는 정치적 의제의 범위와 내용을 과거시점에 제정된 성문헌법을 통해 제한하여 현세대가 행할 수 있는 정치적 운신의 폭을 속박하는 것이라고 정리할 수 있다. 여기에서 파생되는 문제점은 이러한 구속의 정당성이다. 다수결원칙을 통해 표출되는 주권재민의 원칙에 비추어 볼 때, 과연 논리적으로 절대적이어야만 하는 인민주권이

11) A. Hamilton, J. Jay, and J. Madison, *The Federalist*, ed./intro. R. Scigliano(The Modern Library, 2000), #48: p. 317.

12) Ibid., #51: p. 332. 더 자세한 설명은 Sung Ho Kim, "Schmitt contra Publius: Popular and Regional Representation in a Federated Constitutional Order," *Korean Political Science Review* 37:4(2003), pp. 78~81을 참조할 것.

과연 애시당초 구속될 수가 있는지, 또 그렇다 하더라도 현재적인 동의의 과정을 결여한 입헌주의적 구속이 민주적인 정당성을 확보할 수 있는지에 있다. 소위 입헌민주주의(constitutional democracy)를 단순히 계급투쟁과 타협 또는 역사적 우연의 산물이라고 보는 입장에서는 이 두 질문에 대한 대답이 부정적일 수밖에 없다. 그러나 입헌민주주의가 내적인 일관성을 갖춘 원칙이라고 보는 입장에서는 어떨까. 입헌민주주의의 내적인 일관성을 논증하는 방법은 여러 가지가 있다.[13] 여기에서는 그 중에서도 입헌주의적 구속이 (1) 구성원들의 정치참여를 증진할 수 있다는 그리고 (2) 민주적 집합의지의 자유로운 구현을 가능하게 한다는 두 가지 패러독스에 대해 집중적으로 검토해 보자.

Ⅳ. 참 여

우선 입헌주의적 구속이 시민의 정치참여를 증진시키는 방법에는 크게 두 가지가 있다. 그 하나는 국민들을 어려운 정치문제로부터 풀어주는(disencumber) 것이고, 또 하나는 정치문제에 지속적으로 얽매이게(encumber) 만드는 것이다.

첫째, 입헌주의가 의도하는 '재갈 물리기'의 결과 현재는 헌정의 가장 근본적인 질서를 둘러싼 정치적인 투쟁과 그로부터 초래하는 혼란으로부터 해방된다. 민주적 정당성의 확보를 위해 매 세대마다 새로운 헌정질서를 만든다면 애커만이 얘기하는 일상정치(normal politics)는 소멸되고 입헌정치(constitutional politics)가 전면으로 부상할 수밖에 없다. 그러한 상황이 제기하는 문제는 다기하다. 입헌정치는 일상정치의 틀을 넘어서는 고도의 정치적 판단능력과 장기적 시야, 그리고 규범적 사고능력을 필요로 하며 따라서 지도자 및 일반시민에게 더 큰 자기희생과 높은 시민적 덕목 및 의무감을 요구한다. 그러나 이미 콩스탕(Benjamin Constant)은 19세기 초의 서구문명을 진단하며, 그의 시대에 무언가 근본적인 정치의 변화가 일어나고 있음을 감지한 바 있다. 그에 따르면 근대적 자유는 개인의 권리와 물질적 번영에 전치되어 있으며 그러한 개인주의적 가치의 희생을 전제로 공동체의 영광과 숭고한 이상을 추구하는 고대의 정치적 자유관은 더 이상 설득력을 가질 수가 없다. 각자의 사적인 세계에 침잠하여 편안한 삶을 추구하고 있는 근대의 부르주아들에게 헌정질서의 기본을 세우는 고대 공화정의 영웅적인 입법자(legislator)가

13) R. Bellamy and D. Castiglione, "Constitutionalism and Democracy: Political Theory and the American Constitution," *British Journal of Political Science* 27:4(1997), pp. 597~603.

되라고 요구하는 것은 어불성설이라는 말이다.[14] 하물며 현대의 대중민주주의와 소비자본주의적 현실을 감안할 때 매 세대마다 이런 요구를 한다는 것은 비현실적이라고 할 수밖에 없다.

더 나아가 입헌정치의 일상화는 민주적 헌법제(개)정의 미명하에 민주주의의 잠식을 초래할 수 있다. 입헌정치는 위의 현실적 이유 때문에 결국 일반대중의 의지가 반영되기보다는 전문가집단의 의견과 직업적 정치집단의 타협의 산물일 가능성이 더 높아지기 때문이다. 역사적으로도 미국헌법의 제정과정이 그러했다. 사실 1787년의 필라델피아 제헌의회는 그 소집부터 민주적 절차의 정당성을 결여하고 있었고, 헌법초안 역시 절차적 대표성을 결여한 엘리트들의 밀실논의와 타협의 결과였던 것이다.[15] 시민의 정치참여란 일반대중이 이해할 수 있는 또 동의할 수 있는 범위 내의 의제나 일상적 삶에 밀착되어 있는 문제일 경우에나 활성화될 가능성이 커지는 법이다.

결과론적이기는 하나 미국 헌정사에서 잭슨(Andrew Jackson) 대통령 시기의 민주화가 가능했던 이유도 미국 헌정질서의 아킬레스건이었던 노예제 문제를 공론화하여 민주적인 의사결정에 회부하자는 많은 목소리에 입헌정치적으로 재갈을 물렸기 때문이라고 볼 수 있다. 이 경우는 미국 헌정질서의 큰 축인 연방주의에 입각하여 노예주들의 주권을 인정함으로써 노예문제가 다수의 결정에 회부되는 것을 막았던 것이다.[16] 노예제의 도덕적인 문제를 떠나서 여기에서 내가 주목하고자 하는 정치적인 역설은 헌정질서의 근간을 흔들 수 있는 문제를 민주정치적 의제에서 제외시킴으로써 정치가 과격한 입헌정치로 흐르는 것을 막았고, 그 덕분에 일반시민들이 좀더 생활에 밀착되어 있는 많은 영역에서 효과적으로 민주화를 이루어낼 수 있었다는 사실이다. 헌정질서를 초안하는 문제는 민주적 정치참여를 유도해 내기에는 너무나 추상적인 문제이고, 그런 관점에서 볼 때 입헌정치의 일상화는 오히려 일반시민의 정치적 소외를 자초함으로써 민주주의의 실천을 방해할 수 있다. 결국 입헌주의는 민주적 제헌 및 개헌권력에 일정수준의 구속을 가함으로써 정치참여라는 민주주의적 가치를 증진시킬 수 있다는 역설에 기반하고 있는 것이다.

14) B. Constant, "The Liberty of the Ancients Compared With That of the Moderns," in *Political Writings*, ed./trans. B. Fontana(Cambridge University Press, 1989).

15) J. Nedelsky, "Confining Democratic Politics: Anti-Federalists, Federalists, and the Constitution," *Harvard Law Review* 96(1982).

16) R. Remini, *Andrew Jackson and the Course of American Democracy, 1833~1845*, vol. Ⅲ(New York, NY: Harper & Row, 1984), p. 406.

둘째, 그렇다고 입헌정치를 항상 피할 수 있는 것도 아니고, 반드시 부정적인 역할만을 하는 것도 아니다. 미국의 남북전쟁도 달리 보면 잭슨 민주화시기에 노예문제를 제도적으로 의제화하지 못한 결과라고 볼 수 있다. 그러나 입헌정치가 전면으로 부상할 때에도 계속되는 문제는 시민의식과 집합의지의 질이다. 즉, 위에서 지적한 바와 같이 일상정치의 부름에도 흔쾌히 응하지 않는 근대의 부르주아적 시민이 과연 입헌정치가 요구하는 자질과 책임감을 지닌 참여의 주체로 등장할 수 있을 것인가 하는 회의가 그것이다. 입헌주의는 이런 문제에 대한 제도적 해결책으로서 헌법의 경성구조를 제시한다. 개헌과 입헌정치의 문턱을 충분히 제도적으로 높여놓을 때 그러한 입헌주의적 구속은 공적영역(public sphere)을 안정적으로 유지하고 시민참여를 지속적으로 유도하여 민주적 집합의지의 질적 개선을 가져올 수 있기 때문이다.

루소가 간파했듯이 사적이익에 기반한 의견(opinion)의 단순한 산술적 합산을 통한 집합의지(aggregate will)의 형성은 다수의 전횡을 가져올 뿐이며, 진정한 민주주의는 공익에 기반한 심려의 총합인 일반의지(general will)를 추구해야만 한다. 민주주의의 장점은 다수의 자치(self-rule)에 있다기보다는 공익의 지배에 있고, 전자의 가치는 후자의 가능성에 기반하고 있는 것이다. 이를 위해 필요한 것은 시민들의 자질인바, 주지하다시피 루소는 시민종교를 통한 시민교육에 마지막 희망을 걸었다.[17] 이런 관점에서 볼 때 밀(John Stuart Mill)의 기획 역시 같은 이유에서 궁극적으로는 시민교육으로 귀결하고 있고, 다만 루소와의 차이는 감성의 교육(cultivation of sentiments)이 아닌 이성적인 공적 대화와 무제한적인 토론을 교육의 수단으로 삼고 있다는 점이다. 밀이 「자유론」에서 주장하고 있는 표현의 자유에 대한 확고한 신념은 기본적인 인권에 대한 변호이기도 하지만, 궁극적으로는 공적영역에서의 솔직한 토론을 통해서 생성될 수 있는 소위 다수의 여론이 그렇지 않은 경우에 비해서 합리성과 공익성을 담보할 가능성이 더 높다는 믿음에 기초하고 있다.[18] 이는 자유로운 공적토론을 통해서만 시민들의 선호서열(preference order)이 자율적으로 변화하고 공익에 대한 이해가 심화될 가능성이 높아지기 때문이다. 민주주의란 공적시민(public citizen)을 전제할 때에만 그 가치가 있는 것이고, 그렇다면 자유로운 공론의 장이야말로 민주주의를 심화할 수 있는 가장 중요한 제도적 기반이 된다.

---

17) J. J. Rousseau, *The Social Contract and Other Later Political Writings*, ed. V. Gourevitch(Cambridge University Press, 1997), Bk. Ⅳ: Ch. 8, pp. 142~151.

18) J. S. Mill, *On Liberty and Other Writings*, ed. S. Collini(Cambridge University Press, 1991), pp. 109~110.

입헌주의의 역할은 이 공적영역을 안정적으로 보호, 유지시켜주는 데 있다. 우선 권리조항들을 통해서 헌법은 공적영역의 절차적 질서를 보호한다. 따라서 자유로운 토론을 저해하는 강압은 기본권의 이름으로 통제되고, 대화의 제도적 질서 역시 토론과 표현의 자유를 최대한 보장하는 방향으로 규정된다. 구조조항을 통해 형성되는 국가기관은 공론장 안의 의견들의 구체적인 내용들 사이에서 절대적인 중립을 지키도록 요구되며, 공론장의 유지와 그 내부의 형식적인 질서를 수호하는 것을 넘어서는 행정적 간섭은 법으로 금지된다. 물론 법으로 부과되는 대화의 형식적 절차는 의견의 자유로운 표현에 일정한 구속을 가한다고 볼 수 있지만, 그러한 구속적 절차가 부재하는 대화는 사적의견의 선언적 교환 이상의 의미가 없다는 점을 고려한다면 절차적 구속은 오히려 자유로운 대화와 공론형성의 필수적인 전제가 된다고 볼 수 있다. 이상과 같은 형식적 내용성을 갖는 칸트의 입헌국가(Rechtsstaat)의 이상은 그 자신이 인정하듯이 법치의 이름으로 민치를 지양한다는 의미에서 민주주의와는 갈등하지만, 공론의 질적 성숙과 시민의식의 고양이라는 측면에서 민주주의의 심화에 기여하는 것이다.[19)]

또한 개헌의 장벽을 높이는 것은 시민들이 개헌을 요구하는 데 있어서 더 많은 정치적 시간과 노력을 들이게 됨을 의미한다. 구체적인 예를 들어보자. 경성 성문헌법이 위임투표를 명시적으로 금하고 있을 때, 나의 참정권은 일정부분 구속되고 있다. 개헌을 시도하기 위해서도 개헌청원 및 헌법소원의 복잡하고도 시간이 걸리는 절차를 거쳐야 하는바, 개헌의 의지 역시 일정한 구속 상황에 놓이게 된다. 그러나 달리 보면 개헌의 문턱이 높을수록 개헌을 주장하는 국민들은 길고도 어려운 공적 영역의 여과과정을 거쳐야 하며, 그렇지 않은 경우에 비해서 더욱더 지속적이고도 치열한 정치행위에 말려들어야만 한다. 헌법에 명시되어 있는 절차를 거치는 동안 나의 헌법적 의제는 공론의 장에 회부될 수밖에 없고 제도적으로 규정된 절차에 따라 오랜 시간 동안 토론에 붙여지게 된다. 여론의 장의 역할이 그렇고 국회와 헌법재판소 역시 그런 역할을 맡게 되는 것이다. 이 과정 속에서 내 의견이 변할 수도 있고 역으로 다수여론의 지지를 이끌어낼 수도 있지만, 중요한 것은 그 궁극적 결과에 상관없이 헌법의 절차적 구속이 공익에 기반한 심려와 토론이라는 여과의 장치를 만들어 줌으로써 시민의식의 성숙과 공론의 질적 제고를 결과할 가능성을 높인다는 사실이다.

그렇다면 경성 성문헌법이 가하고 있는 인민의 제·개헌권력에 대한 입헌주의적 구속은 역설적으로 일반 시민의 정치참여의 양과 질을 모두 제고할 수 있다.

19) Dworkin, *Law's Empire*, p. 345.

그 기제는 한편으로는 상대적으로 참여가 쉬운 일상정치가 입헌정치로 전환되는 것을 방지하는 풀어주기(disencumbrance)로서, 또 한편으로는 헌정질서의 근본적인 변환이 불가피해질 때 결과적으로 발생하는 입헌정치에 대해 시민들이 양질의 참여를 하도록 지속적으로 유도하는 얽어매기(encumbrance)로서 작동한다. 현재적으로 존재하는 다수의지에 대한 입헌주의의 일정한 구속이 궁극적으로는 민주주의의 확산과 그 가치의 증진에 이바지하게 된다는 패러독스가 입헌민주주의 이념의 정당성의 한 기반이 되는 것이다.

V. 자 유

참여의 시각에서 입헌주의와 민주주의의 역설적 관계를 고찰하는 데 핵심문제가 구속의 결과라면, 자유의 차원에서 고찰할 때의 핵심문제는 구속의 대상이 되는 자유 그 자체이다. 자유의 본질을 이해하기 위해서는 약간의 설명이 필요하겠다.

보통 상식적으로 받아들여지는 자유의 정의는 부정적인(negative) 개념이다. 즉, 자유란 방해(impediment)와 강압(coercion)이 부재하는 상태(condition)를 지칭한다. 예를 들어 내가 담배를 피우려고 의도할 당시 흡연을 방해하는 장애가 부재하는 경우, 또 내가 담배를 피우지 못하도록 강제하는 외압이 부재하는 경우 내가 실제로 흡연하느냐의 여부를 떠나서 나의 자유는 가능태(possibility)로서 확보되는 것이다. 주어진 의도의 실천(exercise)이 방해받지 않을 가능성에 자유가 전치되어 있다는 의미에서 부정적인 또는 소극적인 자유(negative liberty)라고 개념화된다. 이와 같은 자유의 부정적인 개념화가 갖는 문제는 단순히 논리적 전제로서 받아들이고 있는 의도의 속성과 가능태로서 이해되고 있는 자유의 속성에 대한 의문으로부터 시작된다. 즉, 나의 흡연 의도 자체가 나의 자율성(autonomy)에 기반한 결정이 아닐 경우 그리고 방해와 강압이 없더라도 내가 실제로 흡연을 하지 않는다면 과연 나라는 개인이 자유롭게 행동하였는가 하는 의문이 드는 것이다. 전자의 질문에 대해 칸트는 부정적으로 대답한다. 나의 흡연욕구는 내가 명시적인 자발적 동의를 준 적이 없는 생리학적인 자연법칙에 대한 타율적인 종속의 결과이기 때문에 자율성을 결여하는 의도의 자유로운 실천가능성이 결코 자유의 본질일 수는 없다는 주장인 것이다. 칸트에게 있어서 따라서 자유의 본질은 의도의 자율성의 문제로 환원되어야만 한다. 후자의 문제에 대한 대답도 부정적일 수밖에 없다. 간단히 설명해서 나의 흡연이 방해받거나 금연이 강요되는 상황이 항상적으로 부재한다고 하더라도 내가 담배를 피우지 않는 이상 흡연의 자유란 무의미하기 때문이다. 그렇다면 자유의 개념은 단순한 가능성보다는 실천의 차원에서 그리고 방해와 강제의 부재라는 소극적인 조건보다는 의도의 자율성의 확보라는 보다 적극적인 개념화가 필요한 것이다.[20]

자유의 개념을 이상과 같이 확장시킬 경우, 구속과 자유의 관계는 단순한 부정합성 이상의 의미를 갖게 된다. 예를 들어 나의 흡연욕구는 실천의 권리를 갖는 선호(preference)가 아닌 적극적으로 통제되어야 하는 무분별한 욕망으로 전화되고, 나의 자유는 오히려 욕망의 자발적 억제, 즉 자기구속(self-binding)에 전치되게 된다. 이런 경우에 벌린(Isaiah Berlin)이 주장하듯이 적극적 자유(positive liberty)란 소극적 자유와 대척점에 서있는 자유의 개념이라기보다는 후자의 발전형태라고 보아야 한다. 벌린은 적극적 자유개념의 위험성으로서 진정한 자율과 자유라는 명분이 외부의 권력이나 권위가 개인의 선호도 형성에 강제적으로 개입할 수 있는 근거를 마련할 수 있음을 지적하고 있다.[21] 실제로 루소의 유명한 '자유를 위한 강제'라는 주장에서도 드러나듯이 이는 전적으로 근거가 없는 경고는 아닌 것이다. 그러나 이는 자기구속의 자율성에 대한 강조를 통해 최소한 논리적으로는 극복이 가능한 문제이고, 이런 방식으로 이해되었을 때 적극적인 자유는 소극적인 자유의 요구조건들과 상충하지 않는다. 적극적 자유의 개념이 나의 흡연욕구에 대한 어떠한 외부적 방해나 강제가 있을 경우 자유가 침해되고 있다는 소극적 자유개념의 주장을 부인하는 것이 아니라, 그에 대한 긍정 위에 서서 다만 그런 부재가 자유의 충분조건이 되지 못한다는 주장을 하고 있기 때문이다. 외부적 구속의 정당성을 예외 없이 부정하고 자율적 구속만을 인정할 경우 적극적 자유는 소극적 자유와는 반대되는 개념이라기보다는 그 연장선상에 서있는 확장된 개념이라고 이해되어야 할 것이다. 그렇다면 여기에서 말하는 자율적 구속이라는 개념에 대해서 좀더 살펴보자.

위의 예에서 진정한 자유의 실천이 흡연욕구에 대한 자율적인 구속과 그 결과인 금연에 있다고 내가 자각하였을 경우, 칸트의 주장대로 나는 나의 존엄성을 지키기 위해서 금연을 시도할 동기가 생긴다. 문제는 심각한 니코틴 중독, 일상의 생활환경, 또 박약한 의지 등으로 인해 그 실천이 어려울 때이다. 그럴 경우 더욱

20) C. Taylor, "What's Wrong With Negative Liberty" in *Philosophy and the Human Sciences: Philosophical Papers*, vol. Ⅱ(Cambridge University Press, 1993).

21) I. Berlin, "Two Concepts of Liberty" in *Four Essays on Liberty*(Oxford University Press, 1969), p. 152.

강렬한 자기 동기유발과 가학적인 자기 채찍질 외에 고려해 봄직한 금연의 길은 나 자신을 외부의 힘에 자발적으로 종속시키는 방법일 것이다. 반강제적인 금연캠프에 입소해서 단기간이나마 나의 일상에 대한 지배를 타인에게 위임하는 극단적인 수단까지 가지 않더라도, 나는 예를 들어 사회적인 외압에 내 자신을 미리 묶어놓을 수 있다. 주변인들에게 금연을 선포하여 금연에 실패할 경우 겪어야 할 체면의 손상이나 평판의 저하 등에 대한 염려를 통해 금연의지를 강화하는 전략이 그 흔한 예일 것이다. 이 경우 나의 자율성은 현재적으로는 감소하지만 '미리 묶어놓기(precommitment)'를 통해 결과적으로 나는 나의 자유를 신장시킬 수 있다. 벌린의 비판대로 '자유를 위한 강압'은 논리적 모순이지만 '자유를 목적으로 하는 자발적인 강압에의 복속'은 자유의 개념과 상치하지 않는 것이다.[22)]

더 나아가 '미리 묶어놓기'는 적극적으로 자유를 신장(enabling)시켜 준다. 오크숏 (Michael Oakeshott)은 근대의 정치적 합리주의(Political Rationalism)를 비판하면서 개인의 자유를 여행에 비유한 바 있다. 개인의 자유란 목적지와 여정을 강제받지 않을 때 확보되며 사회주의나 복지국가주의 같은 정치적 합리주의란 지도상에서 가장 빠른 지름길을 시민들에게 강요하는 것과 같은 강압의 논리라고 파악된다. 그러나 이 유추에서 내가 주목하고자 하는 점은 오크숏의 여행자가 정처없이 떠돈다는 의미에서 자유롭기는 하나 그렇다고 지도(roadmap)상에 주어진 길을 벗어나지는 않는다는 사실에 있다. 오크숏이 보기에는 오히려 여행자가 지도상의 길을 벗어날 때 자신이 의도한 목적지에 원하는 방식으로 도달하는 데 실패할 것이고, 그렇다면 지도를 무시하는 것은 오히려 자신의 의지의 자유로운 실현으로부터 멀어지는 결과를 낳게 된다는 것이다. 여행자의 자유에 있어 중요한 것은 '어디로(where-to)'에 대한 자율적인 결정을 넘어서 자신이 만든 바도 동의한 바도 없지만 정확한 지도가 주는 '어떻게(how-to)'에 대한 지식과 정보의 체계에 여행을 미리 묶어놓을 때 비로소 실천적 형태로 확보되는 것이다.[23)] 호머(Homer)의 서사시에 등장하는 오딧세우스와 사이렌의 이야기도 좋은 예이다. 선원들을 유혹해 배를 난파시키는 마녀 사이렌들의 노래를 이겨내기 위해 돛대에 스스로 자기 몸을 묶은 오딧세우스 역시 자발적으로 외부적 강제를 자청하여 결국 (항해의) 자유를 지켜내었다는 의미에서 '미리 묶어놓기' 전략을 선택했던 것이다. '미리 묶어놓기'란 선택의 자유를 제한함으로써 그보다 더 큰 선택의 대안적 지평을 열어준다는 의

---

22) J. Waldron, "Disagreement and Precommitment" in *Law and Disagreement*(Oxford University Press, 1999).

23) M. Oakeshott, *On Human Conduct*(Oxford University Press, 1991), pp. 36~41.

미에서 단순히 자유를 속박하는 것이 아니라 자유를 신장하는 보다 적극적인 역할을 한다고 볼 수 있다.24)

이상과 같은 자유와 구속의 모순적인 정합성이라는 관점으로 보았을 때, 입헌질서가 부과하는 구속이란 민주주의의 자발적인 '미리 묶어놓기'라고 해석될 수 있다. 예를 들어 구조조항의 핵심이 되는 권력분립의 원칙이란 물론 일차적으로 권력의 독점과 전횡을 방지하는 데 있지만, 이는 동시에 권력행사의 효율성을 제고하는 중요한 수단이 된다. 보댕(Jean Bodin)이 지적했듯이 권력은 스스로를 속박할 때 피치자의 순응을 가장 효과적으로 이끌어낼 수 있고, 그런 의미에서 권력의 자기 속박은 오히려 경제적인 통치술(statecraft)이 되는 것이다.25) 또한 입법, 사법, 행정이 요구하는 상이한 업무내용은 오히려 기능적으로 분리될 때 더욱 효과적으로 작동될 수 있다. 삼권분립이란 일종의 전문화와 수평적 분업을 가능하게 하여 권력의 행사를 효율적으로 만드는 길일 수가 있다. 입헌질서는 이런 의미에서 민주적 권력의 효율적 작동을 가능하게 하는 것이다. 또 다른 예를 들자면 안정적 입헌질서는 민주사회에서 흔히 부딪치게 되는 소위 '집합행동의 문제(collective action problem)'에 대한 해결책이 되기도 한다. 집합행동 문제의 해결책은 반복적 게임을 통한 서로의 행위유형에 대한 학습과 상호신뢰의 구축에 있다. 이런 관점에서 볼 때 법 일반과 특히 입헌질서란 사회적 신뢰의 최소한을 보장하는 역할을 한다. 법 앞의 평등이라는 입헌주의의 원칙은 모든 사람이 동일한 규범과 행위유형을 예외없이 따르리라는 예측가능성과 집합행동이 부과하는 비용이 각 개인에게 예외없이 또 공평하게 돌아오리라는 최소기대치를 높여 주기 때문이다. 이와 같이 민주적 권력이 효율적으로 행사되고 사회 구성원의 상호신뢰도가 제고될 때 민주적인 다수의지는 더 쉽게 형성될 수 있고 더 효과적으로 집행될 수 있다. 이렇게 볼 때 민주주의는 입헌주의라는 돛대에 스스로 '미리 묶어놓음'으로써 궁극적으로는 자신의 자유를 심화시키는 것이다.

역으로 '미리 묶어놓기'가 실패할 경우 민주주의는 심각한 내부모순에 봉착하게 된다. 미국의 건국자들은 입헌주의라는 정확한 지도가 부재할 때 내지는 수시로 바뀔 때 생기는 개인의 자유의 침해에 대해 심각하게 고민했던 것 같다. 매디슨(James Madison)은 페더랄리스트 62번에서 헌정질서가 불안정할 때 생기는 문제에 주목하고 있다. 예를 들어 소유권에 관련된 제도와 정책이 자주 변동을 일으

24) J. Elster, "Ulysses Unbound: Constitutions as Constraints" in *Ulysses Unbound: Studies in Rationality, Precommitment, and Constraints*(Cambridge University Press, 2000).

25) J. Bodin, *Six Bookes of a Commonwealth*(Harvard University Press, 1962), Ⅳ : 3, pp. 469~470.

킬 때 그런 변화의 수혜가 결국은 이미 가진 자들에게 돌아갈 수밖에 없다. 일반인들은 가진 자들에 비해 소유권의 문제에 덜 민감할 수밖에 없으며, 변화에의 적응과 변화가 결과하는 새로운 기회를 포착하는 데도 역시 뒤쳐질 수밖에 없다. 새로운 지도에 적응하고 새로운 여행법을 배우는 데에는 시간이 걸리기 마련인 것이다. 변화와 개혁이란 설사 좋은 의도를 갖고 시작하더라도 결과적으로는 소수의 수혜자와 다수의 피해자만을 양산하고, 궁극적으로는 민주주의의 사회적 기반이 되는 일정 수준의 평등마저 침해될 가능성을 높이게 된다. 따라서 입헌질서의 불안정성은 "자유의 축복을 독살한다"고까지 매디슨은 표현한다.26) 이를 역으로 환언하면 입헌질서는 모두에게 익숙한 지도를 안정적으로 유지하여 줌으로써 궁극적으로는 전체의 집합적 자유를 확장해주는 것이다.

Ⅵ. 동　　의

이상과 같은 구속과 자유의 모순적 관계에 비추어 볼 때 마지막으로 남는 문제는 동의(consent)의 문제이다. 만약 입헌주의적 구속이 민주적 참여의 양과 질을 제고하는 결과를 초래하고, 또 입헌주의적 구속 자체도 '미리 묶어놓기'의 형태로 이해될 때 자유라는 개념과 논리적 정합성을 가질 수 있다는 좀더 적극적인 주장을 받아들인다 해도 각 개인이 자발적, 현재적으로 동의하지 않는 이상 그 구속은 정당성을 유지할 수 없다고 볼 수 있기 때문이다.27) 아무리 유익한 구속도 동의가 부재한다면 정당성을 상실한다는 말이다.

바로 그런 동의의 관점에서 페인(Thomas Paine)은 경성 성문헌법이 가하는 입헌주의적 구속을 '과거의 독재'라고 비판한 바 있다.페인의 비판은 망자는 정치적 권리와 의무의 주체가 될 수 없는데, 망자들이 맺은 계약은 지속적으로 효력을 발휘할 뿐 아니라 현세대들이 민주적인 절차를 통해서 이미 죽은 계약의 내용을 바꾸는 것도 지난하게 만들어 놓았다는 사실에서 기인한다. 즉, 지나간 세대가 과거의 시점에서 동의한 헌정질서가 현세대의 자발적인 동의 없이도 현재를 구속할 수 있는 정당성은 무엇인가 하는 점이다. 페인에게 있어 민주주의란 산 자의 통치이며 더 나아가 과거에 대한 전쟁이다. 과거와 전통이란 축적된 경험과 지혜의 보고라기보다는 불의와 부조리의 결정체이고 따라서 과거의 헌법이 현시점에서 형

26) The Federalist, *op. cit.*, #62: p. 400.
27) Waldron, *Law and Disagreement*, p. 293.

성된 민주적 일반의지를 구속할 수 있는 정당성은 어디에도 없다. 또한 근대의 과학혁명과 산업혁명은 인류의 삶의 급격하고도 빠른 진보를 가능하게 하였기 때문에, 과거의 구속이란 더욱더 무의미해졌다. 규범적으로도 역사적으로도 헌법의 개정은 각 세대마다 자유롭게 이루어질 수 있어야 한다는 것이다. 따라서 페인은 "유산을 남기려는 사람은 피상속자가 반드시 상속받아야 할 의무가 있다고 규정할 수 없다. 그렇다면 우리는 왜 헌법과 관련해서는 (다음 세대에게) 그런 의무를 요구하는가?"라고 반문한다.[28)]

사실 동의의 문제는 사회계약론 일반의 가장 큰 딜레마이기도 하다. 즉, 원초적인 계약이 논리적으로 가능하다고 하더라도 그 계약의 결과 형성된 정치권력의 정당성이 계약의 직접 당사자가 아닌 후대에 이르기까지 유효하다고 주장할 수 있는 근거가 계약과 동의의 개념 속에 내재해 있지는 않은 것이다. 홉스의 예를 들어보면 소위 리바이어던은 사적인 판단권의 완전한 그리고 예외없는 양도(alienation)를 통해 탄생하기 때문에 양도주체들이 그들이 자발적으로 만들어낸 인식론적 권위(epistemic authority)에 저항권을 갖는다는 것은 논리적으로 불가능하다.[29)] 저항의 개념이란 공적권위의 판단과는 상반되는 사적인 판단의 존재가 논리적으로 선행되어야만 하기 때문이다. 문제는 양도계약의 직접적인 주체가 아닌 그 후손들이 한번도 명시적으로 사적 판단권을 양도한 적이 없음에도 불구하고 저항권을 갖지 못한다는 데 있다. 페인이 말하는 과거의 독재의 극단적인 예라고 볼 수 있겠다. 그러나 로크에게 있어서 저항권의 문제와 동의의 간세대적(intergenerational) 구속력은 별개의 문제이다. 잘 알려진 데로 로크는 계약의 내용과 절차를 논리적으로 수정함으로써 저항권의 정당성을 인정하고 있다. 즉, 홉스가 말하는 계약에서 사적 판단권의 전면적 유보라는 내용을 빼고 계약의 절차를 이중화하여 정치권력에 대한 저항의 가능성과 정당성을 논리적으로 확보하는 동시에 그 위험성을 상쇄하는 것이다. 따라서 선대의 동의가 후대를 속박하는 것이 정당하다고 인정하더라도 후대의 저항권을 박탈하는 것은 아니게 된다. 오히려 간세대적 동의는 정치공동체의 연속성을 보장하는 가장 중요한 기반이며, 그 정당성은 묵시적 동의에서 기인한다.

로크에 의하면 동의에는 두 가지 종류가 있다. 하나는 명시적(express) 그리고 또 하나는 묵시적(tacit) 동의이다. 시민사회와 정치사회(political society)를 새롭게 창

28) T. Paine, "The Rights of Man," *Political Writings*, ed. B. Kuklick(Cambridge University Press, 1989), p. 193.

29) T. Hobbes, *Leviathan*, ed. R. Tuck(Cambridge University Press, 1991), Pt. II: Chs. 17/20.

출하는 계약의 정당성이 당사자들의 명시적 동의에 기반하고 있다면, 이미 성립된 정치공동체의 정당성은 시민들이 명시적으로 반대(dissent)하지 않는다는 사실에 의해서 담보된다. 계약의 성립은 명시적 동의를 필수적으로 요구하나, 계약의 유지는 명시적인 계약 해지의사의 부재, 즉 묵시적 동의를 충분조건으로 하는 것이다. 로크는 구체적인 예로 상속권을 들고 있다.[30] 재산을 상속받는다는 것은 피상속자가 상속자의 자산에 대한 권리뿐 아니라 부채에 대한 의무도 물려받음을 의미한다. 피상속자가 부채를 발생시킨 계약에 대해 명시적인 동의를 한 바 없더라도 그렇다. 부채의 의무가 간세대적으로 구속력을 발휘하는 이유는 피상속자가 상속자의 자산 소유권을 이전받음으로써 발생하는 이득 때문이다. 자산과 부채를 모두 거부하지 않는 이상 자산을 상속받는다는 행위는 그 자체로 부채를 발생시킨 계약에 대한 동의로 간주되는 것이다. 로크는 이러한 시계열적인 논의를 공시적으로 확장시켜 외국인의 준법의무를 설명하는 데도 적용한다.[31] 외국인은 한번도 명시적 동의를 한 바 없음에도 불구하고 주재국의 법에 의해 구속된다. 그 구속의 정당성은 상속권과 마찬가지로 외국인이 주재국에 계속 남아있다는 행위로부터 도출된다. 주재행위 자체가 주재국의 법에 대한 묵시적 동의가 되는 것이다.

그렇다면 동의의 관점에서 보더라도 입헌주의가 민주적 다수의지에게 가하는 구속은 정당성의 논리적 근거를 확보하게 된다. 이는 현세대가 과거에 제정된 헌정질서가 제공하는 자유와 권리 그리고 여타 이득의 수혜자이고 그러한 이득의 향유가 곧 헌정질서의 정당성에 대한 묵시적 동의로 간주될 수 있기 때문이다. 더 나아가 버크(Edmund Burke)가 주장하듯이 혁명과 같이 과거의 헌정질서를 전면부정하는 행위는 적은 부채 때문에 큰 자산을 거부하는 우매한 자해행위이거나 자산은 상속받고 부채는 거부하는 부당한 행위가 된다. 버크가 말하는 '고래의 헌정질서(ancient constitution)'를 긍정하는 행위는 단순히 전통과 관습에 대한 습관적인 맹종이 아닌 '유산의 선택(choice of inheritance)'인 것이다.[32] 오히려 입헌주의가 기반하고 있는 묵시적 동의란 단순한 명시적 동의의 부재가 아닌 적극적 동의의 한 형태라고까지 볼 수 있다. 현세대는 득실을 저울질하여 그 결과에 따라 상속받은 헌정질서를 부정할 자유와 권리를 유보한다. 그러나 그러한 거부의지가 명시적인 방법으로 표출되지 않는 이상 기존의 헌정질서는 명시적이고도 현재적인 동의가

30) Locke, op. cit., Ⅱ: Ch. 6, §73.

31) Ibid., II: Ch. 8, §122.

32) E. Burke, "Reflections on the Revolution in France" in E. Burke and T. Paine, *Two Classics of the French Revolution: Reflections on the Revolution in France and The Rights of Man* (Doubleday, 1989), p. 46.

부재하는 상황에서도 정당성을 상실하지 않는 것이다.

Ⅶ. 결론: 민주화 이후의 입헌민주주의

요약하면 입헌주의와 민주주의의 관계를 고찰함에 있어 먼저 인정되어야 하는 것은 양자 사이의 부정합성이고, 그 부정합성은 입헌주의가 민주적 다수의지에 부과하고 있는 구속에서 기인한다는 사실이다. 입헌주의란 애당초 민주주의와는 이질적인 논리구조와 역사를 갖고 있고, 때에 따라서는 반민주주의적인 기제로 작동해 왔다. 그럼에도 불구하고 소위 입헌민주주의가 단순한 역사적 우연과 계급적 타협의 산물이라고 볼 수만은 없는 이유는 입헌주의적 구속의 정당성에 있다. 비록 현재적이고도 명시적인 다수의 동의를 받지는 않았지만 안정적 헌정질서는 민주주의의 양적 확산과 질적 제고에 결정적인 역할을 한다는 의미에서 궁극적으로는 민주주의의 심화에 기여한다. 더 나아가 입헌주의는 구속을 통해 민주적 다수의지의 효율적 행사를 가능하게 함으로써 집합적 자유를 신장하고, 또한 그러한 구속은 묵시적 동의를 통해 민주적 정당성을 확보하는 것이다. 결론적으로 입헌주의와 민주주의는 서로를 위협하는 동시에 상대방을 보완하는 모순적 관계라고 볼 수 있다. 더 나아가 이러한 논리적 관계를 모순적 정합성이라고 표현하는 이유는 상호보완의 기능이 양자사이의 논리적 갈등에 전치되어 있기 때문이다. 즉, 입헌민주주의라는 이념은 입헌주의가 본질적으로 비민주적이기 때문에 오히려 민주주의의 유지와 강화에 필수적이라는 패러독스에 기반하고 있다. 결국 입헌민주주의란 아리스토텔레스에서 토크빌(Alexis de Tocqueville)에 이르기까지 서양정치사상의 공화주의적 전통에서 줄기차게 주장하여 온 혼합정체론(mixed constitution)의 근대적 변용이라고도 볼 수 있는 것이다.[33)]

그렇다면 이상의 이론적 논의가 현 단계 한국 입헌민주주의에 대해 갖는 함의는 무엇일까. 나는 크게 네 가지를 강조하고자 한다.

첫째, 권력구조 변화를 포함한 개헌논의는 매우 조심스럽게 제기되어야만 한다. 헌정질서를 만들거나 고치는 작업은 그 개정의도와는 별개로 부정적인 파급효과를 낳을 개연성이 높다. 많은 개혁이 개악으로 끝나는 이유는 개혁주체의 악의나 무능에만 있는 것이 아니다. 특히 헌법개정과 같은 근본적인 제도개혁은 그 단기적인 목표를 달성하더라도 개혁의 와중에 발생하는 외재적 사회비용을 종합적

33) R. P. Kraynak, "Tocqueville's Constitutionalism," *American Political Science Review* 81:4(1987).

으로 고려할 때 성공적이라는 평가를 받기가 쉽지 않다. 그리고 무엇보다 중요한 점은 그런 비용의 큰 부분이 단순한 경제적, 사회심리적 요소가 아닌, 민주적인 정치참여의 양적, 질적 퇴보일 수 있다는 가능성이다. 입헌주의가 민주주의와 정합적일 수 있는 가장 큰 논리적 근거가 전자가 결과하는 정치공동체 내의 안정성에 있다면 개헌논의와 입헌정치의 전면부상은 불안정성을 확대 재생산함으로써 민주적인 일상정치를 희생시킬 수 있다. 권력구조 개편을 포함한 모든 개헌논의가 진지하게 시작되기 전에 개헌의 의도된 결과와 그로 인해 발생하는 정치적 비용에 대한 대차대조표를 명철하게 따져봐야 하는 이유도 여기에 있다.

예를 들어 정치권을 중심으로 계속 제기되는 권력구조 개편론은 판도라의 상자를 여는 결과를 가져올 수 있다. 다시 말하지만 권력구조 개편은 개헌의 문제이고, 일단 개헌이 정치적 의제로 부상할 때 그 논의가 단순히 권력구조의 문제로 국한될 것이라고 예상한다면 순진한 생각이라고 하지 않을 수 없다. 특히 사회의 기본질서와 이념적 좌표에 대한 진지한 동의가 부재하는 우리의 상황에서 권력구조 개편논쟁은 당연히 헌정질서의 이념적 근간에 대한 문제로 확산될 수밖에 없다. 하다못해 토지공개념을 둘러싼 경제 및 소유권 조항들부터 궁극적으로는 통일과 관련된 헌법의 전문과 제 1 조부터 제 9 조까지를 포괄하는 제 1 장(총강조항) 전체가 논란에 휩싸일 것은 명약관화하다. 문제는 과연 우리 사회가 이런 입헌정치의 전면부상을 감당해낼 수 있을지에 있다. 내가 특히 걱정하는 점은 기본적인 헌정질서의 불안이 우리 사회가 그간 이루어낸 민주화의 실질적인 성과들을 좀먹을 수 있다는 데 있다. 모든 정치 및 시민단체들이 입헌정치적 의제에 몰두할 때 일상적이고 구체적인 수준에서의 민주화는 뒷전이 될 수 있고, 결과적으로 민주적 개헌의 미명하에 실질적인 민주주의는 퇴보하는 사태가 올 수도 있다는 것이 입헌주의과 민주주의의 관계에 대한 논리적이고도 규범적인 고찰이 주는 교훈이다. 오히려 지금의 분열적 상황에서는 개헌을 통한 무차별적인 민주주의의 심화보다는 민주화의 연착륙과 정착을 위한 입헌주의적 관리가 한국정치의 당면과제라 할 수 있다.

둘째, 그러나 만약 실질적인 민주주의의 단기적인 후퇴를 상쇄할 만큼 개헌에 대한 기대수익(expectable good)이 크다면 입헌정치의 부상을 피할 이유는 없다. 다만 그럴 경우에도 기억해야 만 할 교훈은 입헌주의가 민주주의의 심화에 기여하는 길은 일견 정당성이 결여된 다시 말하면 비민주적인 구속에 있다는 점이다. 헌정질서의 목표는 단순히 현재적으로 형성되어 있는 다수의 집합적 선호서열이 자유롭게 실현될 수 있는 제도적 기반을 마련하는 데 있지 않다. 입헌주의는 오히려 여러 가지 제도적 여과장치를 통해 다수의지의 즉각적인 구현을 지연하고 지속적으로 공론의 장으로 유도해 냄으로써 단순한 다수의지를 공익에 입각한 진정한 일반의지로 전환시키는 역할을 할 때 비로소 민주주의의 심화, 확산에 기여할 수 있는 것이다. 헌법개정의 규범적 목표가 민주주의의 심화라는 데에는 이론의 여지가 없다. 그러나 그렇다고 해서 투표나 여론조사 또는 길거리 정치를 통해 표출되는 현재의 다수여론을 즉각적으로 반영할 수 있는 제도질서의 구축이 헌법개정의 방향이라고 생각한다면 오산이다.

셋째, 비생산적인 입헌정치의 지나치게 잦은 부상을 방지하는 동시에 살아있는 헌법의 이상을 지키기 위해서는 사법부가 주도하는 항시적인 헌법 업데이트를 고민할 필요가 있다. 물론 권력구조와 정치과정의 문제에 있어서 사법부가 개입할 수 있는 데는 한계가 존재하지만, 적어도 권리조항에 대한 적극적 해석을 통한 헌법의 시대적 적응은 사법부가 할 수 있는 중요한 역할이라고 할 수 있다.

그런 의미에서 지난 2004년 <신행정수도특별법위헌판결>은 다시 한 번 주목해 볼 필요가 있다. 이 위헌판결의 주된 논지는 (1) 수도위치는 헌법사안이기 때문에, (2) 수도이전은 반드시 헌법 제10장의 개헌절차를 따라야 한다는 데 있다. 여기에서 문제는 논지 (2)가 천명한 개헌조항의 배타성(exclusivity) 원칙에 비추어 볼 때, 논지 (1)의 의도하지는 않았으나 실질적으로(de facto) 결과한 개헌효과의 정당성은 논쟁의 여지가 있다는 데 있다. 즉, 논지 (1)은 명문화되어 있지 않은 수도조항을 헌법에 증보(amendment)한 것과 같은 법적 실효가 있고, 그렇다면 논지 (2)에서 배타성을 가진 것으로 해석된 헌법 제10장의 개헌절차가 아닌 방식으로 헌법개정이 이루어졌다고 볼 수도 있기 때문이다. 당시 별개의견의 표현을 빌면 "이는 헌법개정권력의 권한을 헌법재판소가 실질적으로 행사하는 것과 다르지 아니하다[43쪽]."

이렇게 보았을 때 나는 별개의견의 문제진단은 인정하지만 그 부정적 평가에는 동의하지 않는다. 즉, 만약 별개의견의 법리해석이 옳다면 나는 논지 (1)이 결과한 묵시적인 개헌효과를 긍정하고, 논지 (2)가 천명한 명시적인 배타성원칙은 완화할 필요가 있다고 생각한다. 이는 물론 수도이전이나 관습헌법에 대한 실체적 판단과는 아무런 관계가 없다. 다소간의 무리를 무릅쓰고라도 그 같은 주장을 하는 큰 이유는 이 판례가 사법부 주도의 헌법변천의 관행을 정립하는 데 기여할 수 있으리라고 기대하기 때문이다. 또한 일본 헌법이론에서 말하는 해석개헌까지 가지는 않더라도 확장된 형태의 사법입법(judicial legislation)을 통한 적극적인 권리보장과 민주적인 정치과정의 보호가 입헌정치를 반복하는데서 오는 정치적, 사회적 비용을 줄이는 동시에 헌법의 시대적응과 정당성의 유지에 필수적이라고 보기 때문이다. 이 같은 사법적극주의가 갖는 일견 비민주적 성격이 논란의 여지는 있으나, 달리 보면 이 논문에서 주장하는 입헌민주주의의 모순적 정합성의 관점에서는 그 정당성 확보가 가능하리라고 본다.

넷째, 모순적으로 정합된 입헌민주주의는 결코 동등한 당사자끼리의 결합이 아니다. 최종심급에서는 약세로 몰릴 수밖에 없는 입헌주의가 처한 숙명을 상기할 때 「연방주의자논고」에서 미국헌법의 제정자들이 사법부를 ‘가장 덜 위험한 국가기관(the least dangerous branch)’이라고 부르는 이유를 이해하게 된다. 민주주의하에서도 가장 취약한 권력삼부는 사법부다. 행정부나 입법부의 ‘선출된 권력’이 대변하는 민주적 다수의지에 지속적으로 역행할 수 있는 사법부는 그 어디에도 없다. 심지어 헌법에 대한 시민종교적 숭배에 기반하고 있다는 미국 민주주의에서도 헌법은 결코 만능이 아니다. 최근 ‘제왕적 사법부(imperial judiciary)’나 ‘정치의 사법화(judicialization of politics)’에 대한 우리 사회 일각의 우려는 그래서 입헌민주주의적 헌정기제에 대한 오해에서 초래된 기우이거나 단견에 가깝다. 입헌주의는 민주주의가 아니지만 오히려 그 비(非)민주적 특질로 인해 민주주의와 정합될 수 있다. 현실적으로도 순간적으로 오도된 다수의지가 가져오는 폐해가 다수의지의 즉각적 구현을 지연하는 입헌주의적 구속에서 오는 민주적 정당성의 문제보다 클 수 있다. 그렇다면 ‘민주화 이후의 입헌민주주의’의 공고화를 위해 고민해야 할 문제는 여전히 사법부의 독립과 권한강화라고 할 수 있다.

입헌주의와 민주주의의 모순적 정합성은 이미 ‘민주화 이후의 민주주의’ 시대로 진입한 우리에게 더욱더 큰 적실성을 가지고 다가온다. 한국 현대사의 질곡이 만들어 낸 암울한 정치유산을 정리하고 청산하는 것이 민주화 1기의 과제였다면, 민주화 2기의 과제는 어느 정도 정착된 한국 민주주의의 질적 제고가 될 것이다. 이러한 시대적 관점에서 보았을 때 제2기 민주화의 여정은 더욱더 혼란스러울 수밖에 없다. 새로운 민주주의 시대의 표준을 설정하는 작업은 과거에 대한 안티로서의 민주화만 가지고는 완성될 수 없기 때문이다. 입헌주의와 민주주의의 문제가 그 좋은 예증이 된다. 권위주의 시대의 과거청산은 입헌주의의 관점에서나 민주주의의 관점에서나 상대적으로 단순한 문제일 수 있다. 그만큼 과거 독재의 절차적 위법성과 통치내용의 반(反)민주성에 대해 이론이 있을 수 없기 때문이다. 사실 한국정치에서 법치와 민주화가 등가시 되어온 이유도 입헌주의와 민주주의가 행복한 동거를 유지해온 이유도 여기에 있었다. 그러나 ‘민주화 이후의 민주주의’ 시대에는 사법절차의 합법성과 통치내용의 민주적 정당성이 갈등을 빚는 상황이 도래할 가능성을 배제하기 어렵다. 미국 헌정질서의 고질병인 소위 '반(反)다수결주의 문제(countermajoritarian difficulty)'의 관점에서 보면 지난 1988년 이후의 한국적 상황이 오히려 예외인지도 모른다. 그렇게 된다면 한국의 민주주의는 이제껏 경험하지 못한 이념적 갈등의 지평에 봉착하게 될 것이고, 단순한 정치역학의 논리나 과거청산으로서의 민주화 또는 감상적인 민중주의 정도로는 헤쳐 나가기 어려운 좌표의 혼란이 올 수 있다. 모든 헌정질서에 대한 논쟁이 한국 민주주의의 표준을 정립한다는 규범적인 관점에서 접근되어야 하는 이유도 이런 역사적 상황 인식에 기반하고 있다.

참 고 문 헌

Ackerman, Bruce. 1991. *We the People: Foundations*. Harvard University Press.

Aristotle. 1996. *The Politics and the Constitution of Athens*, S. Everson ed. Cambridge University Press.

Bellamy, Richard and Castiglione, Dario. 1997. "Constitutionalism and Democracy: Political Theory and the American Constitution." *British Journal of Political Science 27*, No.4.

Berlin, Isaiah. 1969. "Two Concepts of Liberty." *Four Essays on Liberty*. Oxford University Press.

Bodin, Jean. 1962. *Six Bookes of a Commonwealth*. Harvard University Press.

Burke, Edmund. 1989. "Reflections on the Revolution in France" in E. Burke and T. Paine, *Two Classics of the French Revolution: Reflections on the Revolution in France and The Rights of Man*. Doubleday.

Constant, Benjamin. 1989. "The Liberty of the Ancients Compared With That of the Moderns." B. Fontana, ed./trans. *Political Writings*. Cambridge University Press.

Elster, Jon. 2000. *Ulysses Unbound: Studies in Rationality, Precommitment, and Constraints*. Cambridge University Press.

__________. 1988. "Introduction." J. Elster and R. Slagstad eds. *Constitutionalism and Democracy*. Cambridge University Press.

Hamilton, Alexander, Jay, John and Madison, James. 2000. R. Scigliano, ed. *The Federalist*. The Modern Library.

Hobbes, Thomas. 1991. *Leviathan*. R. Tuck, ed. Cambridge University Press.

Holmes, S. 1988. "Gag Rules, or the Politics of Omission." J. Elster and R. Slagstad, eds. *Constitutionalism and Democracy*. Cambridge University Press.

Kant, Immanuel. 1996. "Toward Perpetual Peace: A Philosophical Project." *Practical Philosophy*. Cambridge University Press.

Kim, Sung Ho. 2003. "Democracy and Constitutionalism at A Crossroad: A Reflection on Democracy after Democratization in Korea." (A paper read at a conference, "Constitution and Reform" in Madrid/Barcelona, Spain.)

____________. 2003. "Schmitt contra Publius: Popular and Regional Representation in a Federated Constitutional Order." *Korean Political Science Review 37*, No. 4.

Kraynak, Robert P. 1987. "Tocqueville's Constitutionalism," *American Political Science Review 81*, No. 4.

Locke, John. 1989. *Two Treatises of Government*. P. Laslett, ed. Cambridge University Press.

Mill, John Stuart. 1991. S. Collini, ed. *On Liberty and Other Writings*. Cambridge University Press.

Nedelsky, Jennifer. 1982. "Confining Democratic Politics: Anti-Federalists, Federalists, and the Constitution," *Harvard Law Review 96*.

Oakeshott, Michael. 1991. *On Human Conduct*. Oxford University Press.

Paine, Thomas. 1989. "The Rights of Man." B. Kuklick, ed. *Political Writings*. Cambridge University Press.

Remini, Robert. 1984. *Andrew Jackson and the Course of American Democracy, 1833~1845*, vol. Ⅲ. Harper & Row.

Rousseau, Jean-Jacques. 1997. V. Gourevitch, ed. *The Social Contract and Other Later Political Writings*. Cambridge University Press.

Schmitt, Carl. 1988. *Legalität und Legitimität*. Duncker & Humbolt.

____________. 1983. *Verfassungslehre*. Duncker & Humbolt.

Sunstein, Cass. 1984. "Naked Preferences and the Constitution." *Columbia Law Review 84*.

Taylor, Charles. 1993. "What's Wrong With Negative Liberty." *Philosophy and the Human Sciences: Philosophical Papers*, vol. Ⅱ. Cambridge University Press.

Waldron, Jeremy. 1999. "Disagreement and Precommitment." *Law and Disagreement*. Oxford University Press.

Wolin, Sheldon. 1998. "Collective Identity and Constitutional Power." *The Presence of the Past: Essays on the State and the Constitution*. The Johns Hopkins University Press.

제76회 발표회 지정토론문

입헌주의와 민주주의: 그 내재적 정합성

김 종 철*

1. 발표자는 정치사상의 시각에서 헌법학의 본질적인 과제의 하나인 '헌법과 정치의 관계', '입헌주의 내지 법치주의와 민주주의의 관계', 혹은 좀더 구체적으로 '헌법재판의 민주적 정당성'의 문제에 대한 나름의 인식을 제시하면서 그러한 인식이 한국 현실에서 어떻게 투영될 수 있는 지에 대한 소견을 피력하고 있다.

2. 오독의 가능성이 있으나 발표자에 의한 교정의 기회가 예정되어 있으므로 핵심적인 주장을 정리하면 다음과 같다.

(1) 원론적 주장

1) 민주주의는 주권재민과 다수결주의를 본질적 요소로 하며 입헌주의는 합법성과 법치의 원칙을 요소로 한다. 그러므로 자기구속의 논리를 내재적으로 구축할 수 없는 민주주의와 법에 의한 구속의 예외를 논리적으로 인정할 수 없는 입헌주의는 본질적으로 '모순적' 혹은 '부정합적'이다.

2) 입헌주의가 추구하는 법에 의한 다수의지에 대한 구속은 참여의 강화와 자유의 확대라는 두 가지 차원에서 정당성을 획득한다. 첫째, 입헌주의적 구속은 입헌정치로 나타나는 항상적인 거시적 헌법투쟁의 부담으로부터 시민을 해방시킴으로써 오히려 구체적 생활영역에서의 일상정치를 활성화하는 효과를 가짐과 동시에 꼭 필요한 입헌정치가 안정적인 공론과정을 거쳐 합리적으로 해결되도록 유도함으로써 입헌정치의 질적 수준을 높이고 정치의 주체인 시민의 시민의식을 고양시킴으로써 민주주의 질적 업그레이드에 기여하는 효과를 가진다. 둘째, 입헌주의적 구속은 단순히 강제의 부재로서의 소극적인 자유가 아니라 자유를 목적으로 하는 자발적인 강압에의 복속에 기초하여 제한되나 집중된 선택의 가능성에 의하

* 연세대학교 법대 교수, 헌법학.

여 보다 질 높은 자유, 즉 전체의 집합적 자유의 확장을 적극적으로 추구하는 것이다.

3) 한편 입헌주의의 다수의지에 대한 구속은 시계열의 관점에서 과거의 현재에 대한 구속을 의미할 수 있으나 현재는 과거체제의 결과물이고 그 결과에 대한 혜택을 향유하는 것은 과거의 산물인 헌법의 정당성에 대한 묵시적 동의로 볼 수 있다.

4) 결론적으로 '모순적'인 입헌주의와 민주주의의 관계는 입헌주의가 시민의 묵시적 동의에 기초한 정치참여와 집합적 자유의 확대를 통해 "민주주의의 양적 확산과 질적 제고에 결정적인 역할"을 함으로써 정합성을 획득한다. 입헌주의가 "본질적으로 비민주적이기 때문에 오히려 민주주의의 유지와 강화에 필수적"이 되고 입헌민주주의는 고양되고 통일된 헌법이념으로서의 지위를 획득하게 된다.

(2) 한국현실에 대한 진단과 입헌민주주의의 한국헌정에서의 함의와 관련된 주장

1) 헌법불신주의와 헌법물신주의를 모두 지양하고 '최종심급의 인식규준'인 '살아 있는 헌법'에 의한 지배를 추구하여야 한다.

2) '살아 있는 헌법'의 유지를 위해서는 '헌법의 탈정치화'가 아닌 '초정치화'를 필요로 한다. 초정치화란 법치의 안정적 구현과 헌법이 시대적 적응을 위해서 당대의 시대정신을 존중하는 동시에 찰나의 다수여론을 관리해 나가는 고도의 정치를 구현하는 것이다.

3) 초정치화된 헌법의 지배를 위해서는 '모순적 정합성'에 기초한 입헌민주주의관에 기초하여 한국 헌정을 진단할 수 있다. 첫째, 개헌논의는 신중할 필요가 있다. 정치공동체의 안정성과 민주적인 일상정치를 희생할 수 있기 때문이다. 둘째, 개헌을 추진하더라도 찰나적 대중주의를 진정한 일반의지로 승화시킬 수 있는 헌정제도적 절차를 준수할 필요가 있다. 셋째, 살아있는 헌법의 지배를 위해서는 "사법부가 주도하는 항시적인 헌법 업그레이드"가 필요하다. 이런 견지에서 신행정수도건설특별법에 대한 헌재의 위헌결정은 사법부 주도의 헌법변천의 관행을 정립하는 데 기여하고 빈발하는 입헌정치가 초래하는 정치적, 사회적 비용을 줄이고 헌법의 실효성을 제고하는 데 기여하였다. 넷째, 현 단계 한국의 과제인 "민주화 이후의 입헌민주주의"의 공고화의 과제는 "여전히 사법부의 독립과 권한강화"이지 '제왕적 사법부'나 '정치의 사법화'에 대한 우려에 의하여 사법부를 무력화

시키는 것이 아니다.

4) 그간 한국의 1987년 체제에서는 권위주의 체제의 극복이라는 공통의 관심사에 의하여 본질적인 입헌주의와 민주주의의 비정합성이 노출되지 않았으나 앞으로는 이념적 갈등의 소재로 등장할 것이므로 "단순한 정치역학의 논리나 과거청산으로서의 민주화 또는 감상적인 민중주의 정도로는 헤쳐 나가기 어려운 좌표의 혼란이 올" 수 있고 "모든 헌정질서에 대한 논쟁"은 이러한 이념적 갈등을 효과적으로 통제할 수 있는 "한국 민주주의의 표준을 정립한다는 규범적인 관점에서 접근되어야" 한다.

3. 전체적으로 발표자는 민주주의를 국민주권주의의 이념적 기초하에 다수결주의로 이해하는 전제위에서 합법성에 기초한 입헌주의를 결합하는 입헌민주주의의 정치철학적 가능성을 제시함으로써 공화적 민주주의 혹은 민주공화주의적 시각을 전개하는 것으로 이해할 수 있다. 이러한 발표자의 입헌민주주의의 이해는 우리 헌법이론과 실무가 헌법과 정치의 관계에 있어서 민주주의와 자유주의의 이항대립을 중심으로 이해하고 헌법재판의 정당성을 자유주의에서 찾는 경향이 상대적으로 강했던 경험에 비추어 헌법재판의 공화주의적 기초에 대한 인식의 지평을 확대하는 등 많은 시사점을 제공해 준다.

사실 발표자의 공화민주주의의 입장은 그간 어슬프게 "입헌적 민주자결론"(constitutionalized democratic autonomy)[1]을 모색하여 온 토론자의 헌법관과 큰 틀에서 일치하는 것이다. 이러한 기본입장의 유사성 내지 동일성은 현재의 한국 헌정의 과제들에 대한 발표자의 진단에 있어서도 상당부분 같은 결론을 도출하게 된다. 성급한 개헌론에 대한 경계, 헌법 혹은 헌법과 정치의 관계에 대한 몰이해에 기초한 정치담론과 현실의 천박성에 대한 우려, 헌법불신주의와 헌법물신주의를 초월하는 균형주의적 시각에 입각하여 한국헌정의 미래구상의 전제로서의 헌법에 대한 신뢰회복과 헌법정신에 대한 계몽의 필요성을 강조하는 경향 등이 그것이다.

그러나 그러한 원론적 유사성에도 불구하고 몇 가지 점에서는 진단과 인식을 달리하는 부분도 없지 않아 보인다. 이러한 차이점을 질문과 논평의 형식으로 전개해 보자.

첫째, 발표자는 입헌민주주의를 입헌주의와 민주주의의 결합으로 이해하고

---

1) 자세히는 J. Kim, *Constitutionalising Political Parties in Britain*, University of London Ph.D. Dissertation(1998), ch. 3. 개괄적으로는 김종철, "전환기의 영국헌법과 민주주의," 공법연구 제28권 3호, 199~219 참조.

있지만 입헌민주주의는 그 자체가 통일적이고 독자적인 민주주의의 개념으로 볼 여지는 없는가? 즉 모순적 정합성의 이념이 아니라 내재적으로 민주주의와 법치주의의 상호정합적 관계를 전제로 하는 것은 아닌가? 모순적으로 보여지는 것은 현상적인 것에 불과하거나 민주주의의 개념과 입헌주의의 개념을 축소하여 이해할 때에만 가능한 것은 아닌가?

좀더 상론하자면,

다수결주의가 민주주의의 본질적 요소임에는 동의하나 민주주의를 다수결주의와 동치시키는 것에는 의견을 달리한다. 특히 여기서 다수가 현재의 다수를 의미한다는 것도 신중한 접근이 필요하다. 민주주의를 '현재의 다수의 의지의 관철'로 정의할 때 합법성으로 정의된 입헌주의는 모순적이다. 그러나 이러한 시각은 다음과 같은 근본적인 의문에 답하여야 한다. 다수가 왜 현재의 다수여야 하는가? 과거와 미래의 다수에 대한 배려는 전혀 무의미한가? 그리고 현재는 어느 시점을 말할 수 있는가? 다수의 의지는 시시각각 변하지 않는가? 또한 설령 그런 개념을 받아들이더라도 결정의 방식에 의한 다수의 의사의 왜곡은 어떻게 처리할 것인가? 의회의 결정, 즉 법률이 진정 현재의 다수 국민의 의사를 반영하고 있는가? 자유위임의 따라 다수 국민이 반대하는 법률은 제정될 수 있는 것이 아닌가? 그렇다면 여기서 다수란 국민대표 혹은 의회의 다수를 의미하는가 아니면 주권자인 국민 다수를 의미하는가?

더구나 민주주의가 단순한 정치의 형태가 아니라 인권의 본질적 내용의 침해금지나 소수자의 보호라는 실질적 내용을 내재하는 것이라면 정치과정에서의 특정한 다수의 결정에 대하여 제 3 의 국가권력인 사법권력이 민주주의가 추구하는 실질적 가치를 실현하기 위해 통제를 할 수 있는 가능성이 생기고 사법권력의 정책적 판단은 민주주의 실현의 전제가 되는 것으로 이해할 수 있지 않을까?

다음으로 입헌주의의 개념에 대하여서도 비슷한 패턴의 질문과 논평이 가능하다. 입헌주의의 본질을 합법성에서 찾는다면 입헌주의와 법치주의는 같은 것인가? 입헌주의를 법치주의와 민주주의를 아우르는 상위개념으로 이해할 수는 없는가? 만일 입헌주의와 법치주의를 동치시키는 것이 발표자의 입장이라면 여타의 법률과 구별되는 헌법의 정치성은 어떻게 발현될 수 있는가? 헌법은 누가 만들며 그 정당성의 근원은 어디에 있는가? 헌법은 민주주의의 결과물이 아닌가? 민주주의의 결과물인 헌법에 구속되는 것은 비민주적인가? 혹은 정치법으로서의 헌법은 민주주의의 절차를 규정하는 내용을 담을 수 있는데 이러한 정치의 게임에 대한 규칙 자체를 비민주적이라고 보는 것은 찰나의 다수의 의지를 민주주의로 이해하는 특정한 민주주의의 개념에서만 가능한 것이 아닌가? 양보하여 입헌주의를 법치주의와 동일시하더라도 민주적 결정이 바로 규범의 형태로 존재하는 것이 법이므로 법은 민주적 의사의 결정체이며 법이 반드시 민주주의와 본질적으로 충돌하는 것으로 볼 필요가 있는가?

둘째, 입헌민주주의의 개념이나 논리체계에 대한 차이는 한국 입헌민주주의의 헌정에 대한 함의와 현실진단에 있어서도 나타난다.

앞서 밝혔듯이 기본적으로 개헌론에 대한 인식, 정치의 사법화에 대한 과도한 우려의 문제점에 대한 인식, 헌정의 안정성에의 강조, 헌법민중주의에 대한 우려 등에서는 공감하나 한국 민주주의의 과제를 사법의 강화에 두는 사법적극주의에 대한 기대의 부분은 의견을 달리한다. 토론자도 정치의 사법화에 대한 과도한 부정적 시각은 경계해야 한다고 믿는다. 헌법재판의 몇 몇 사례를 두고 정치의 사법화에 대한 과도한 우려를 표명하는 것은 입헌주의 자체가 정치의 헌법화를 추구하는 정치이념이며 헌법화의 중요부분이 사법화임을 부정하는 것으로 결국 폐쇄적 민주주의 절대주의 혹은 헌법민중주의를 주창하는 것이며 민주주의의 개방성과 가치제한성을 인정하는 입장에서 쉽게 수용할 수 없다.

그러나 '가장 덜 위험한' 국가권력이라고 하여 사법적극주의를 정당화하는 것 또한 경계해야 한다. 정치의 사법화의 부정성을 과도화해서도 안되지만 그 긍정성 또한 절제를 필요로 한다. 사법권력도 국가권력이며 헌법과 주권자의 통제를 전제로 하는 것이다. 법원에서 법을 확인하고 적용하는 과정은 민주적 결정을 확인하는 민주적 과정일 때 그 존재의의가 있다. 법치주의의 핵심은 의회의 우위, 법률의 우위이지 사법의 우위가 아니다. 현대민주주의에서는 정치적 역학관계에서 헌법재판을 비롯한 사법권력은 입헌주의가 추구하는 권력통제메커니즘을 더욱 정치하게 만든 것에 그 의미를 두어야 한다. 그리고 이러한 사법부의 행위도 결국 주권자인 국민이 사법부의 운명과 구체적 판례에 대한 평가와 신뢰표명을 통해 정치적 책임을 져야 한다.

또한 사법권력에 의한 정치적 결정의 근원적 문제점은 사법권력이 정치적 판단의 적임자일 수는 없다는 구조적 한계 때문이다. 법실증주의를 추구하지 아니하더라도 법체계의 합리성, 즉 합법성을 중심으로 한 논리체계는 정치체계의 합리성, 즉, 합목적성을 중심으로 한 논리체계와 구별되는 점을 인식론적으로 부인할 수 없다. 사법권력은 합법성의 논리체계를 전제로 하는 권력으로 독자적 전문성을 구축하게 되며 합목적성의 논리체계에 따른 정치적 판단의 다양성과 구체성을 수

렴할 만한 전문성을 구축하기가 용이하지가 않다. 더구나 현대사회의 복합성이 갈수록 심화되면서 다양한 생활세계에 일반적으로 관철되는 단일한 법적 합리성의 추구도 용이하지 않게 됨을 고려한다면 사법적 개입은 한계설정기능이나 절차적 합리성의 추구에로 후퇴하지 않을 수 없는 것이다. 그리고 한계설정기능에서의 사법부의 적극적 활동은 자유주의적 기획의 취지에서 권력통제의 근거가 되는 기본적 인권, 특히 시민적 정치적 인권의 적극적 보장을 위한 경우에 한하여 옹호될 수 있다.

특히 신행정수도건설특별법의 결정에서 사법적극주의의 가능성을 발견하는 것은 지극히 위험하다. 노예제, 인종차별, 성차별, 노동착취를 헌법의 이름으로 옹호한 미국의 사법적극주의를 우리가 용납할 수 없듯이 헌법재판권의 이름으로 성문헌법체제의 근간을 위협할 수 있는 '관습헌법'을 제정한 사법적극주의를 어떻게 용인할 수 있는가? 신행정수도법에 대한 헌재의 결정이 정치적 참여를 확대하였는가? 국민주권주의의 이름으로 관습헌법의 헌법적 효력을 인정하였지만 헌법개정권을 이에 결부시킴으로써 국회 재적의원 3분의 1에게 관습헌법에 대한 헌법개정저지권을 확인한 것이 공화적 입헌주의가 추구하는 정치적 참여의 논리에 의하여 정당화될 수 있는가?

다시 한 번 부언하지만 사법적극주의나 정치의 사법화 자체가 논리필연적으로 문제인 것은 아니다. 그러나 사법적극주의가 헌법정신을 오도한 사법권력의 남용을 정당화하지도 않는다. 발표자의 논증구도를 원용하자면 입헌민주주의하에서 민주주의에 대한 입헌주의적 구속의 정당성이 요청된다면 법치주의(혹은 입헌주의)에 대한 민주주의적 통제도 필요한 것이다.

그러므로 사법권력의 입헌민주적 정당성은 구성에 있어서의 민주적 정당성, 존재의의에 부합하는 논증의 엄정성과 절차에의 준수, 민주적 통제에 대한 수용을 전제하여야만 인정될 수 있다.[2] 이러한 요소를 결여할 때 사법권력은 입헌주의와 민주주의의 모순적 정합성에 기초한 입헌민주주의의 정당화대상에서 형식요건의 결여를 이유로 폄훼를 피할 수 없다.

우리의 사법권력의 현실이 과연 이러한 정치의 정당화의 전제조건을 충실히 구비하고 있는가? 사법권력을 포함한 국가권력에 의한 고문조작사건의 피해자들이 사법의 안정성과 법적 권위의 명분으로 명예회복과 구제의 과정으로부터 소외되어 있는 상황에서 헌정질서에 대한 논쟁을 민주주의의 표준을 정립하는 규범적

2) 김종철, "'정치의 사법화'의 의의와 한계 — 노무현정부전반기의 상황을 중심으로," 공법연구 제33권 제3호(2005. 5), 229~251면 참조.

인 접근의 현실적실성을 확보할 수 있을까?[3] 무모한 과거청산에 대한 의지도 문제이지만 과거청산을 통한 헌법과 국가권력에 대한 신뢰의 회복을 위한 과정없이 헌법과 재판의 규범적 정합성을 내세우는 것의 공허함을 무엇으로 채울 것인가?

3) 예를 들어, 소위 함정희 재심기각 사건의 경우를 보자. 2001. 5. 10. 서울고등법원 제 3 형사부는 97재노1 재심청구사건에서 국가보안법위반으로 1993. 11. 12. 대법원 확정판결을 받은 함정희씨의 재심청구를 기각하였다. 이 사건에서 재심청구 및 재항고사유는 재심대상판결에서 재심청구인에게 적용된 국가보안법 제 4 조 제 1 항 제 2 호 '나'목(이하 '원심적용법률'이라 한다)이 한정합헌결정을 선고받은 데 있다. 원심적용법률은 1997. 1. 16. 헌재법 제68조 제 2 항에 따른 위헌법률심사형 헌법소원사건(92헌바6 등)에서 한정합헌결정을 받았다. 이 사건 재심청구인은 원심적용법률에 대한 한정합헌결정은 헌재법 제68조 제 2 항의 절차에 따른 헌법소원이 인용된 경우로서 헌재법 제75조 제 7 항에 따라 당해 헌법소원과 관련된 소송사건이 이미 확정된 때에는 당사자는 재심을 청구할 수 있다고 주장하였다. 그러나 서울고법은 헌재법 제75조 제 7 항에서 말하는 "헌법소원이 인용된 경우"라 함은 "법원에 대하여 기속력이 있는 위헌결정이 선고된 경우"를 의미하고 한정합헌결정과 같이 "단순히 특정의 해석기준을 제시하면서 그러한 해석에 한하여 합헌임을 선언하는 경우"에는 "헌법에 의하여 최종적인 법령해석권을 독점적으로 부여받고 있는 법원에 대하여는 아무런 기속력이 없어" 재심의 원인이 되는 "헌법소원이 인용된 경우"에 해당하지 않는다고 판시하였다. 헌재의 위헌결정의 기속력을 부인하여 법원의 권위를 유지하기 위하여 제한된 재심의 기회를 박탈하는 결과를 낳고 있다. 사법적극주의가 필요한 부분은 바로 이러한 영역이 아닐까?

第76回 발표회 지정토론문

신 미 용*

입헌주의와 민주주의 사이의 모순은 입헌주의가 민주적 다수의지에 부과하고 있는 구속에 기인하지만 그러한 구속에 의하여 이루어지는 안정적 헌정질서는 민주주의의 확산과 질적 제고에 결정적인 역할을 하여 궁극적으로는 민주주의의 심화에 기여하고, 더 나아가 그러한 구속을 통해 민주적 다수의지의 효율적 행사가 가능하게 됨으로써 집합적 자유를 신장하고 묵시적 동의를 통해 민주적 정당성을 확보하는 점에서 양자가 상호보완적으로 기능한다고 보시는 김성호 교수님의 글을 잘 읽어보았고 많은 시사점을 얻었습니다.

특히 이러한 내용은 최근에 헌법재판에 대해 비민주적이라고 하는 비판이 제기되고 있는 상황에서 입헌주의나 민주주의 어느 한 쪽에 치우치지 않고 양자의 상호제약 및 상호보완성에 주목하고 있는 점에서 통합적인 관점을 제공해주고 있어 헌법재판의 실무를 담당하는 한 사람으로서 용기백배되고 고무적인 이론이 되었습니다.

더욱이 교수님께서는 입헌주의와 민주주의가 모순적이지만 정합성을 다하기 위해서 헌법을 '살아있는 헌법'으로 만들어나가는 것이 필요하고 이러한 과정에 판례를 통한 헌법변천이 큰 역할을 할 수 있다고 하시므로, 이 땅에 입헌민주주의가 올바로 정착될 수 있는지 여부가 헌법재판소가 그 역할을 다하는지 여부에 크게 의존하고 있는 것 같은 막중한 책임감을 느끼게 되고, 어찌보면 오늘 실무연구회의 토론이 헌법재판소에게 그 사명감을 일깨워주시려는 것을 목적으로 한 것은 아닌가 하는 생각마저 듭니다.

토론자로서는 교수님의 이론에서 참으로 많은 시사점을 얻게 되어 상세하게 하자면 여쭤보고 싶은 것이 많습니다만, 교수님의 이론에 대해 더욱 집중적인 논의를 위하여 논증과정의 큰 줄기에서 가지게 된 의문점들을 질문하는 것으로 토론을 대신하겠습니다.

---

* 헌법재판소 헌법연구관.

1. 교수님께서는 입헌주의적 구속이 시민의 정치참여를 증진시킬 수 있다는 점을 논증하기 위해 일상정치(normal politics)와 입헌정치(constitutional politics)를 구별하여 국민대중을 일반대중이 이해할 수 있고 동의할 수 있는 범위 내의 의제나 일상적 삶에 밀착되어 있는 문제에 관한 일상정치의 범위 안에 머물게 함으로써 한편으로 대중의 정치적 무관심 경향에도 부응하고 다른 한편으로 보다 추상적인 문제를 다루게 되어 어느 정도의 식견이 필요한 입헌정치의 부담을 덜어주어 효과적으로 민주화를 이룰 수 있다는 점을 지적하고 계십니다.

이러한 지적은 입헌정치의 일상화가 국민대중의 구체적 삶으로부터 유리된 정치의제를 생산하고 그러한 의제에 대중을 강제함으로써 오히려 국민대중의 정치적 소외를 발생시킬 수 있다는 점에서 수긍이 가고 매우 현실적인 구조분석이라는 생각이 듭니다.

그러나 한편으로 현대에 이르러서는 사회영역에서 국가의 역할이 증대되어 국민의 일상생활에서도 국가권력과 직접적으로 더욱더 다양한 면에서 점점 더 깊이 있게 맞닿게 되었는데 이러한 변화는 일상정치와 입헌정치의 경계를 모호하게 하는 데 영향을 주지 않을까요. 더욱이 현대 사회에서는 국가와 사회의 연결장치로 정당 및 각종 이익집단이 등장하여 자신들의 이해관계를 관철하기 위하여 정치과정에 개입하면서 국민의 직접적 정치참여를 촉진하는 역할을 하게 되고, 헌법적 논제에 대한 광범위한 관심층을 형성하게 되는 면이 있음을 부정하기 어려운데요, 이러한 상황에서 대중과 전문가를 일상정치와 입헌정치의 영역으로 각 분산 소속시키는 것은 어떤 면에서는 엘리트주의의 속성이 있다고 비판될 수도 있을 것 같은데, 이러한 점에 대해서는 어떻게 생각하시는지 궁금합니다.

2. 또 교수님께서는 이와 같이 입헌정치의 문턱을 높이고 마찬가지 관점에서 개헌의 문턱을 높임으로써 입헌주의적 구속이 공적 영역을 안정적으로 유지하고 시민참여를 지속적으로 유도하여 민주적 집합의지의 질적 개선을 가져올 수 있다는 점을 입헌주의가 민주주의 발전에 정합성을 갖는 것이라고 하십니다.

그런데 교수님께서는 앞부분(발표문, 5면)에서 민주주의란 다수의지가 절대적이고 배타적인 주권을 갖고 있는 민치의 원칙이라고 하셨습니다.

그렇다면 민주적 집합의지의 질적 개선과 다수결주의 원칙은 어떠한 관련을 갖는 것일까요? 이와 같이 민주주의의 기본 축을 다수결주의로 두면서 민주적 집합의지의 질적 개선에 의미를 부여하기 위해서는 다수결주의가 하나의 헌법이 아우르고 있는 공동체의 일반의지 창출에 적합한 방법으로서 논의되어야 하는 것은 아닐까요? 즉 민주주의라는 것이 다수결을 축으로 하지만 소수의 견해에 대한 존중과 다수와 소수의 교체가능성이 보장되는 다수결이라는 것으로 정의되어야 민주적 집합의지의 질적 개선에 의미를 부여할 수 있을 것 같습니다만, 이에 대한 교수님의 생각을 듣고 싶습니다.

3. 교수님께서는 '확장된 형태의 사법입법'을 통한 적극적인 권리보장과 민주적인 정치과정의 보호가 헌법의 시대적응과 정당성의 유지에 필수적이라고 보아 입헌민주주의의 모순적 정합성의 관점에서 사법적극주의의 정당성이 확보될 수 있을 것이라는 방향성을 가지고 헌법재판소에 실천적 과제를 던져주고 계시면서 살아있는 헌법의 실천 예로서 미국 사법심사제도와 뉴딜법원의 성립을 거시하고 우리 재판소의 신행정수도특별법 위헌결정을 긍정적으로 해석하려고 하십니다.

교수님께서 말씀하시는 확장된 형태의 사법입법을 발표문의 전체적인 취지로 보아 헌법변천의 의미로 이해할 수 있을 것 같습니다만, 헌법변천의 개념을 인정할 필요가 있는지, 있다면 그 범위는 어디이고 그 한계는 어디인지에 대하여는 헌법학계 내에서도 견해가 통일되어 있지 않습니다. 교수님께서 염두에 두시는 헌법변천의 인정 범위나 한계는 어떠한지요? 우리 재판소 결정을 통하여 묵시적 개헌의 관행을 정립할 수 있다고 하시는 점까지 종합하여 보면 명시적인 개헌과정을 밟지 않고 개헌의 실질을 달성할 수 있는 헌법변천을 널리 인정하자는 취지로 해석될 수도 있을 것 같은데 과연 이러한 취지이신지 궁금합니다.

미국의 사법심사제도가 헌법상 명문의 근거가 없이 판례(Marbury vs. Madison)에 의해 성립되었다고 알려져 있고 바로 그러한 점 때문에 그 정당성에 대하여, 즉 연방대법원이 헌법이 의미하는 바가 무엇인가를 국가기구 전체에 대해 판단해 줄 권한을 가지며 국가의 여타 기관의 행위가 적절하게 이해된 헌법이 부여한 권한을 유월하는 때에는 무효임을 선언할 권한을 갖는지에 대하여 200년이 지난 지금까지도 논쟁되고 있지만, 한편으로 오늘날에는 주된 문제가 법원이 어떤 권한을 갖는가가 아니라 그 막중한 권한을 어떻게 행사할 것인가로 되었고, 즉 위 판례의 판시에 비판적인 사람들조차도 위 판시가 정의한 영역의 테두리 내에서 헌법적 논쟁이 이루어지고 있다는 점을 인정하게 되었다[1]고 진단되기도 합니다. 이러한 사례를 헌법변천의 하나로 보아야 할지에 대하여는 견해가 다를 수 있겠습니다만,

---

1) 로널드 드워킨, 장영민 역, 법의 제국(아카넷), 498~500면.

토론자 개인의 소견으로는 헌법과 법의 단계적 규범구조 및 미국 헌법제정의 역사과정 및 연방제 국가의 특수성 등에 비추어 그리고 위 사건의 판시에서 "연방대법원이 갖는 헌법을 시행할 권한과 의무는 헌법은 나라의 최고법이라고 한 헌법 자체의 선언에서 나온다"고 천명하였다는 점 등을 종합하면 미국 헌법의 해석결과로서 미국 헌법 내부에서 통용될 수 있는 것이지 해석의 한계를 넘은 것은 아니고 따라서 헌법의 변천으로 보기 어려운 것이 아닌가 하는 것입니다.

또한 이른바 뉴딜법원에서는 오히려 사법소극주의를 관철한 것이고, 이러한 점에서 헌법의 시대적응능력을 적극적으로 추구해나간다는 것을 사법적극주의로 통틀어 표현하는 것은 오해의 여지가 있을 것으로 보이기도 합니다.

나아가 우리 재판소의 신행정수도특별법 위헌결정을 긍정적으로 바라보시는 내용은 수도이전이나 관습헌법에 대한 실체적 판단[2]과는 관계가 없이 명문화되어 있지 않은 수도조항을 헌법에 증보하는 것과 같은 묵시적 개헌효과를 가져온다는 점이라고 하시면서 이 판례가 사법부 주도의 헌법변천의 관행을 정립하는데 기여할 수 있을 것이라고 헌법재판소에 촉구하시는 듯합니다.

그러나 실정헌법에서 헌법상의 명시적인 규정의 흠결은 헌법의 해석이 허용하는 범위 내에서 이를 통하여 해결하고 이로써 해결이 되지 않으면 헌법의 개정이라는 방법을 통하여 해결하며,[3] 헌법의 개정은 헌법이 정하고 있는 절차를 거쳐 이루어져야 하는 것이 아닐지요?

교수님 말씀대로 개헌의 문턱을 높이는 경성헌법성이 공적 영역을 안정적으로 유지하면서도 공개되고 자유로운 토론을 통해서 민주적 집합의지를 개선할 수 있는 기회를 제공함으로써 궁극적으로는 대중의 입헌정치의 참여를 준비시킨다는 것은 헌법개정의 단계까지 나아가지 않는 범위 안에서 허용되는 것이 아닐까요? 즉 현재 존재하고 있는 헌법의 규범성과 헌법으로서의 기능이 여전히 요청되고 인정될 수 있는 범위 안에서 헌법의 해석으로 헌법의미의 구체화나 풍부화가 이루어질 수 있는 것 아닌지요? 그리고 그러한 범위 안에서 기본권의 적극적인 해석과 헌법의 시대적응성을 실현해나가야 하고 그러한 과정을 헌법재판이 담당하고 있다면 바로 그러한 과정에서 어느 헌법학자의 말처럼 헌법재판이 '국민에 대한 최고의 세미나'로서, 입헌민주주의의 내적 일관성을 실현하는 기능을 할 수 있

2) 이에 대하여는 성문헌법국가에서 관습헌법이 존재하는지 및 존재한다고 하더라도 관습헌법과 성문헌법의 관계는 어떠한지에 대하여 헌재의 결정을 비판하는 많은 연구가 있다(전광석, "수도이전특별법위헌결정에 대한 헌법이론적 검토," 공법연구 제33집 제 2 호; 김기창, "성문헌법과 관습헌법," 공법연구 제33집 제 3 호).

3) 정종섭, 헌법학원론(박영사, 2006), 71면.

는 것 아닐까요?

헌법의 해석의 한계를 넘는 부분에서 헌법을 적용하는 것은 헌법의 해석이 아니라 헌법의 개정이 될 것이고 그것은 헌법개정권을 대신 행사하는 문제가 발생하는 것은 아닌지, 이에 대한 교수님의 생각이 궁금합니다.

第76회 발표회 토론요지

사 회 자 : 정연주(교수)

토론참여자 : 김종철(교수) 황치연(헌법연구관) 남복현(교수)
김성진(헌법연구원) 이명웅(헌법연구관)
김웅희(조세연구소 연구원) 조대현(헌법재판관)

사 회 자 : 여러분들 반갑습니다.

아까도 식사하면서 잠깐 우리 재판관들께 말씀드렸는데 저도 사실 90년대 초에 잠깐 여기서 근무를 했기 때문에 여기 오면 꼭 친정에 온 그런 기분이 듭니다. 그래서 오늘 낯익은 연구관들도 많이 계시는데 마침 존경하는 조대현 재판관님, 송두환 재판관님 두 분이 바쁘신 가운데도 오늘 자리를 빛내주셔서 대단히 감사드립니다. 주제가 워낙 본질적이고 근원적인 주제라서 더욱더 아마 오늘 참석하신 것이 아닌가 생각됩니다.

또 몇 년 전에 제가 뵈었는데 그동안 하나도 늙지 않은 우리 정해남 차장님 뵈니까 제가 굉장히 반갑습니다. 또 여기 김하열 실장님 등 여러분들 많이 뵈니까 제가 아까도 말씀드렸듯이 제 집에 온 것 같습니다.

오늘의 주제가 방금 말씀드렸듯이 '입헌주의와 민주주의' 그래서 아주 본질적이고 다소 좀 무거운, 우리 헌법학자들이나 실무계에서 반드시 짚고 넘어가야 될 그런 문제인데, 이 문제를 우리 정치학계에서 활약하시는 연세대학교 김 교수님께서 발표를 해 주시게 되었어요. 제목도 무거우면서도 또 다른 한편 이렇게 보니까 서론부터가 심상치가 않습니다. '헌법이 정치를 만날 때' 영화제목 비슷하면서도 아주 가볍게 시작했습니다. 여러분들 다 아시겠습니다마는 헌법이라는 것이 정치적 규범성을 무시할 수가 없겠고 또 헌법재판소라고 하는 것은 정치적 사법작용기능을 한다는 것에 대해서는 우리가 다 알고 있는데, 그런 면에서 이런 입헌주의 내지는 민주주의와 관련된 정치학자의 시각과 해법 이런 것을 듣는 귀중한 시간을 갖게 되었습니다. 저로서도 영광이고요.

발표를 하시기에 앞서서 잠깐 제가 우리 김 교수님 소개를 해 드리겠습니다.

현재 연세대학교 정외과 교수로 계시고요. 또 연대 정외과를 졸업을 하시고 미국 시카고대학에서 석·박사를 하시고 윌리엄스대학교에서 교수생활을 하셨습니다. 현재 정외과 교수로 계시고요.

그 다음에 말씀드린 김에 토론자 소개를 해 올리겠습니다.

첫번째 토론자분은 김종철 교수님, 여러분들 잘 아실 거예요. 옛날에 여기 계셨었죠? 우리 김종철 교수님 다 아시다시피 서울대 법대를 나오시고 또 런던 정경대학에서 박사학위를 취득하시고 현재 연세대학교 법과대학의 교수로서 맹활약하고 계십니다.

그 다음에 우리 신미용 연구관님. 서울대를 나오시고 사법시험 41회 합격을 하셨습니다. 현재 헌법재판소 연구관으로 계십니다.

그래서 진행은 먼저 우리 발표자이신 김 교수님께서 한 30분 이내로 해 주시고 이어서 토론자들께서 10분씩 하시고 그 다음에 나머지 회원님들께서도 말씀하시는 그런 형식으로 진행을 하도록 하겠습니다. 부탁드립니다.

< 주제발표자 발표 >

사 회 자 : 감사합니다.

모두에서 말씀드렸듯이 아주 무겁게 본질적인 문제인데 시간을 크게 초과하지 아니하고 잘 요약을 해 주셨습니다. 그럼에도 불구하고 주제가 그렇고 또 현학적으로 여러 표현들이 있어서 그런지 저조차도 제대로 이해 안된 부분이 많아 가지고 제가 요약하기가 쉽지가 않습니다. 제 이해에 의하면 가장 기본적인 것은 제목에도 나와 있듯이 입헌주의 내지는 법치주의와 민주주의와의 갈등, 모순 이것이 대전제가 된 것 같아요, 오늘의 핵심은. 그럼에도 불구하고 그에 대한 모순적 정합성이라고 말씀을 하셨습니다만 어떤 조화라고 볼 수가 있겠고 어떤 일체감이라고도 볼 수가 있겠는데, 어떻게 하면 양쪽을 접근시키고 정합시킬까 하는 그런 시도가 오늘의 발표자께서 말씀하신 주제 아닌가 감히 그렇게 생각을 해봅니다. 그래서 이제 그러한 방법론으로서 크게 민주주의의 세 가지 핵심가치로서 자유 그 다음에 참여, 동의 이 세 가지를 얘기했습니다. 그래서 우리 헌법학계에서는 이런 식의 논리구조는 조금 생소한데, 어쨌든 입헌주의적 구속이 다수결원리를 바탕으로 하는 민주주의와 모순이 되지만 그럼에도 불구하고 아이러니컬하게도 이러한 입헌적 구속을 통해서 비민주적인 방법을 통해서 결국은 또 민주주의원리의 참뜻, 예컨대 시민참여의 활성화라든가 어떤 질적, 양적 확대라든가 이런 것을 재고하고자 하는 것이 아마 오늘의 핵심적인 주제가 아닌가, 그래서 결국 민주적 정당성을 확보한다 하는 말씀이신 것 같아요.

그래서 '민주주의에 대한 입헌적 구속'을 통한 안정적 헌정질서, 이를 통한 민주주의의 양적·질적 확산과 재고 그리고 중간단계에서의 참여, 그 다음에 자유 또 한 가지가 묵시적 동의 이런 말씀을 해 주셨고, 아주 참신하게 얘기를 들었습니다.

그리고 마지막에 우리 헌법학계에서 많이 논의되어 왔던 개헌논의 그 다음에 신행정수도 말씀을 해 주셨습니다. 그래서 앞서 말씀하신 이론을 여기 다 적용시키신 것 같습니다. 그래서 개헌이 필요하기는 하지만 또 너무 자주 하면 고비용을 들여가면서 거기에, 심지어는 대선문제까지도 포함해서 그런 커다란 담론에 우리가 너무 몰입하게 되면 오히려 우리의 가까운 민주적 일상정치가 희생될 수도 있지 않겠는가? 또 원 포인트 개헌을 하게 되면 통치구조, 영토조항, 사회적 기본권 조항 여러 가지를 건드리게 되고 더욱더 휘말릴 혼란이 야기될 수 있지 않을까 이런 우려도 좀 있으셨던 것 같습니다. 그래서 이제 그런 것보다는 역시 이런 작은 문제에서부터 출발해서 헌법변천, 헌법해석 특히 헌법재판소를 비롯한 사법부의 적극적, 사법적극주의라는 표현을 많이 쓰셨는데 그런 것을 통해서 살아있는 헌법을 계속 유지해나가고 그러기 위해서 전제로서 사법부의 권한 그리고 독립이 강화되어야 되겠다 하는 것으로 마치셨습니다.

사회자가 좀 외람됩니다마는 느낌을 한두 가지 말씀드리면 저도 헌법학자로서 오늘 얘기를 듣고 하나의 느낌이 헌법학자나 헌법실무자가 보는 헌법적 용어라든가 체계라든가 개념 또는 미국 헌정사기에 대한 것과 또 정치학자가 보신 것이 굉장히 상이하구나 하는 것을 오늘 다시 한번 느껴서 우리가 학제간 연구를 더해야 되겠다는 필요성을 다시 한번 생각했습니다. 그래서 오늘 또 보람을 찾고 의의가 있는 것 같습니다.

또 하나가 좀 외람됩니다마는 입헌주의와 민주주의의 그럼에도 불구하고 본질적인 모순·갈등은 존재합니다. 그런데 또 우리가 한편으로 볼 때는 민주주의라고 하는 것이 결국은 입헌주의에 포섭이 되고 우리가 말하는 민주주의라는 것이 직접민주주의가 아니라 결국 간접민주주의를 바탕으로 한 대의제도 그리고 거기서 말하는 국민들의 자유의지라는 것은 과거회고적인 그러한 경험적, 이기적 의사가 아니라 미래지향적인 추정적 의사이기 때문에 결국은 미래세대도 우리가 구속할 수 있지 않는가? 이것이 오늘날 헌법학계에서는 어느 정도 정설로 굳어졌다고 할 수 있고 그래서 대의제도가 헌법의 기본원리라고 하는 것에 대해서는 크게 이의를 제기하지 않습니다. 민주주의와 우리가 얘기하는 입헌주의라는 것이 공동의 기본권적 가치를 추구한다는 점에서는 그것이 한 묶음이고 같은 방향을 지향할 수 있고 해야만 된다고 하는 것이 우리 헌법적 규범력이라고 생각을 하는데 그 점에 대해서 아주 새로운 시각을 여러 가지로 말씀해 주셔서 제가 많이 공부를 했습니다.

그러면 이어서 신 연구관님 먼저 하시지요.

< 지정토론자(신미용) 발표 >

사 회 자 : 감사합니다. 잘 모르신다고 그랬는데 무지하게 많이 질문하셨어요.

제가 좀 개입하겠습니다, 시간절약을 위해서.

첫번째, 정당이나 이익집단, 요즘 시민참여도 많잖아요, 시민민주주의라고 해서. 그런 정치과정의 개입문제와 관련해서 발표자께서는 너무 고차원적인 전문가와 대중을 분리시키는 그런 경향이 있는 것 같은데, 이 점에 대해서 그것이 과연 타당한가 하는 의문제기가 있었습니다.

그 다음에 다수결원칙에 대한 것입니다. 저도 잠깐 말씀을 드린 것 같은데, 결국 다수결원칙이 중요하지요. 그러나 또 다른 한쪽에서 볼 때 그것은 민주주의 원리의 하나의 수단이지 이게 절대 지고의 가치는 아니란 말이에요. 다수결원리도 소수보호를 전제로 할 때 의미가 있는 것이고 아까도 얘기했듯이 가치관계적 다수가 되어야 되는데 그런 면에서 봤을 때, 소수보호라든가 또는 정권교체가능성을 말씀하시는 것 같은데, 이런 것과 관련해가지고 다수결원리에 대한 의문을 두 번째로 제시해주셨어요.

세 번째는 아까 Marbury vs. Madison 사건이라든가 뉴딜판결 같은 것을 말씀하시면서 여러 말씀을 했지만 결론은 이런 것 같네요. 사법적극주의 자체에 대한 의문은 없지만 이것을 헌법변천하고 결부시켰는데, 이것이 과연 인정이 되고 그 한계와 기준은 뭔가? 우리 헌법재판소도 그렇고 미국연방대법원 같은 경우도 결국 일차적으로는 헌법을 해석하고 그 범위 내에서 하는 것이고 결국 위헌법률심판도 그 한계를 넘어선 일종의 개헌과 유사한 기능을 했다고 보기는 어려운데 그것하고 동일시하시지 않았나 하는 그런 의문제기를 하시면서, 우리의 신행정수도 사건에 대해서도 다른 시각을 이야기 하셨습니다. 그래서 결론적으로는 일차적으로 헌법을 해석을 하고 우리 헌법재판소가 그런 식으로 나아가야 되고 또 미국도 그랬고 신행정수도판결도 그렇게 나갔는데 그것을 너무 앞서가지고 하나의 개헌과 유사한 그런 것으로 보신 것이 아닌가? 그래서 그 문제와 결부해서 결국 해석을 하고 해석을 넘었으면 결국 개헌해야 되는 것 아니냐? 이런 취지이신 것 같아요. 그래서 일단 대답을 간단하게 해 주시지요.

발 표 자 : 제 의도 자체는 엘리트주의를 제거하기 위해서 이런 얘기를 한 것입니다. 실은 개헌이라는 것이 압도적인 이슈로 등장하게 되면 엘리트주의를 피하지 못하기 때문에 그렇다면 우리가 엘리트주의를 피하기 위해서는 개헌정치를 너무 자주 일어나지 않도록 해야 하는 것이 맞지 않느냐, 제 의도는 그랬기 때문에 그런 의미에서 기본적으로 질문하신 동기하고는 그렇게 다르지가 않습니다. 이제 질문을 하시면서 시민단체들을 통한 참여 같은 것이 많이 늘었기 때문에 이제는 우리국민들도 개헌문제에 대해서 참여를 할 수 있지 않느냐? 그런 식의 훈련이 되고 있지 않느냐? 그런 식의 연습이 되고 있지 않느냐? 현상을 어떻게 보시는지 몰라도 제가 가지고 있는 현실인식에 비추어 봤을 때는 과연 우리나라 시민단체들을 통한 대중들의 정치참여라는 것이 얼마만큼 시민교육을 위해서 도움이 되고 있는지에 대해서는 굉장히 회의가 많습니다. 제가 보기에는 우리나라 시민단체들이 하고 있는 상당수의 많은 정치참여라는 것은 어떻게 보면 이익정치수준에서 벌어지고 있는 정치가 많고요. 이익정치수준에서 벌어지는 정치참여라는 것은 오히려 아까 제가 말씀드린 일상적 정치수준에서의 참여를 늘리고 무슨 그런 식의 입헌정치를 위한 어떤 훈련이 되기는 어렵지 않나 이런 생각이 듭니다.

그 다음에 우리나라 물론 시민사회단체들 중에 많은 경우에 공익단체들이 있습니다. 그러나 공익성을 강조하는 시민사회단체들이 과연 우리나라 대중과 얼마만큼 긴밀하게 연결이 되어 있고 우리나라 대중을 얼마만큼 대표하고 있는지 그 대표성문제에 대해서 저는 굉장히 의심이 많거든요. 그런 의미에서 공익성을 갖춘 시민사회단체들이 개헌정치를 얘기할 수 있다는 것은 맞습니다마는 그런 경우는 대중과 유리되어 있는 경우가 많은 것 같고, 대중과 밀착되어 있는 시민사회단체들은 대개는 이익정치 내지는 일상정치에 함몰되어 있기 때문에 개헌정치를 위한 시민교육을 하는 매개체로서의 역할을 하기에는 한계가 있다 이런 생각이 들기 때문에 저는 아직도 개헌이슈가 너무 압도적으로 우리사회에 등장하는 것이 일상적인 차원에서 민주화를 좀 먹을 수 있다 하는 의견을 아직도 고수하고 싶습니다.

제가 이제 민주주의를 인민주권원칙과 다수결주의 이렇게 두 가지로 정의를 했는데요, 그게 민주주의의 다라는 것은 아닙니다. 다만 첫째는 민주주의라는 것의 최소한의 정의라는 의미입니다. 두 번째로는 우리는 민주주의 앞에 많은 형용사를 붙일 수가 있습니다. 그러나 예를 들어 아까 권리의 문제를 말씀하시고 정권교체의 문제를 말씀하시고 그러는데 그런 식의 것을 계속 붙이기 시작하면 민주주의라는 개념을 논리적으로 적시성이 있는 수준에서 논하기가 굉장히 어려워집니다. 그렇다면 민주주의라는 것이 좋은 거 다 하자는 얘기인데요. 이상으로서 존재하는 민주주의는 우리가 얼마든지 얘기할 수 있지만 이상으로서의 민주주의를 얘기해서는 우리가 민주주의라는 것을 어떤 논리적 개념으로서 다루기가 어려워지기 때문에, 민주주의를 정의하는 데 있어서 최소한으로 정의를 해야지 우리가 민주주의와 다른 정치 사이의 차이가 뭔지를 알고 거기에 따라서 입헌주의와 민주주의의 관계를 논의할 수 있다. 이런 식의 굉장히 어떻게 보면 논증의 전략적인 차원에서 내리고 있는 그런 정의라고 생각해 주시면 감사하겠습니다.

세 번째, 사법입법의 한계문제는 잘 짚어주셨는데요. 저도 사실은 논문을 이쪽에 대해서 하나 썼습니다. 저도 솔직히 오늘 이 문제에 대해서 집중적으로 많이 배워가고 싶은데요. 일단 '헌법변천의 한계', '사법입법의 한계' 여기에 대해서 말씀해 주셨는데요. 저도 고민만하고 있는데, 예를 들어 미국 같으면 Extra-Constitutional Amendment 라는 이론이 있습니다. 헌법외적개헌이라는 그런 이론입니다. 그것도 물론 굉장히 논란이 많은 이론이기는 하지만 이 헌법외적개헌이라는 이론에 따르면 미국이 27차례 개헌경험 중에서 사실은 많은 경우에는 의미가 없는 개헌이었고, 진짜로 미국의 헌정질서의 근간을 바꾸어 놓은 중요한 개헌들은 헌법상의 개헌절차를 통해서 개헌이 이루어지지 않았다는 어떤 헌정사에 대한 현실인식으로부터 나오는 그런 이론들입니다.

예를 들어 뉴딜 같은 경우가 어떻게 보면 미국에서 남북전쟁 정도를 빼고 나서는 미국의 헌정질서의 기본이 혁명적으로 뒤바뀐, 헌정질서의 근간이 뒤바뀐 가장 대표적인 케이스인데요. 그러나 뉴딜의 성과들은 성문헌법적 근거가 전혀 없지요. 전부 대법원의 판례 내지는 대법원이 뉴딜정책이라고 불렀던 당시 연방정부 행정부의 확장, 이 정책들을 사실상 정확히 말씀하신 것처럼 소극주의적으로 묵인함으로써 만들어진 헌정질서의 엄청난 변화였던 것이거든요. 그렇기 때문에 헌법변천을 우리 헌법학계에서 어떻게 정의를 내리는지 헌법해석의 한계를 어떻게 정의를 내리는지 잘 몰라서 그 수준에서 제가 말씀드리기는 어렵지만, 적어도 미국 같은 경우에는 헌법외적개헌이라는 현상을 부인하기가 굉장히 어렵지 않나 하는 생각이 들고요. 그런 의미에서 헌법외적개헌의 예를 한두 개만 더 들어드리면 여기서 지금 사법심사제도를 말씀하십니다만 사법심사제도가 Marbury vs. Madison에서 확정될 때 헌법 사법부 9조 조항에 분명히 근거하고 있고 그 다음에 특히 Federalist paper 78번에 나오는 사법부에 대한 논의로부터 해석을 통해서 만들어 낼 수 있는 제도다. 이런 의미에서 이게 헌법의 변천, 헌법외적 개헌 이렇게 부를 문제가 아니라 해석의 범주 안에서 굉장히 다양한 의미를 끌어 낸 것이라고 말씀을 하셨지만, 사법심사라는 것은 그렇게 볼 수 있지만 지금 현재 미국 연방대법원이 주장하고 있는 사법심사제도는 사실은 judicial review 보다 한 걸음 더 나가면 judicial supremacy 아니겠습니까? 다시 말하면 연방대법원이 내리는 판결의 finality를 주장하는 것이고요. 과연 미국의 연방헌법이나 Federalist paper 어디를 뒤져봐도 judicial review는 우리가 정당화할 수 있지만 judicial supremacy는 정당화할 수 있을 것이냐? 이것도 미국 헌법학자들 사이에 많은 논의가 있습니다만 저는 개인적으로는 judicial supremacy의 덕치는 헌법해석의 범주 안에서 정당화되기는 굉장히 어려운 문제 아닌가 하고 생각하고 있습니다. 그렇다면 이것은 해석의 문제가 아닌 어떻게 보면 미국의 사법부 내지는 연방대법원이 할 수 있는 역할과 위치를 부분적으로 바꾼 것인데 그렇다면 이런 것이 미국의 Bruce Ackerman 같은 학자들이 얘기하는 헌법외적 개헌의 한 사례가 될 수 있지 않을까 이런 생각을 하고요.

아울러 뉴딜에 대해서 말씀을 드리면 사법소극주의와 사법적극주의문제가 있는데 뉴딜코트를 사법적극주의라고 제가 일방적으로 표현한 것 아니냐? 그런 오해를 살 수 있다. 말씀하신 것 맞습니다. 제가 오해를 샀네요. 사실은 미국의 뉴딜코트가 36년에서 37년 넘어가서 사법파동 겪으면서 생겼는데 사실은 뉴딜코트의 덕치는 다 아시겠지만 기본적으로 사법소극주의와 사법적극주의를 병합한 형태였습니다. 다시 말하면 Political Question Doctrine이라는 소위 정치문제원칙 다시 말하면 행정부와 입법부에서 만들어낸 정치적 사안에 대해서는 사법소극주의로 대응을 하고 대신에 권리사항, 인권보호 여기에 있어서는 사법적극주의로 대응한다는, 어떻게 보면 사법소극주의와 적극주의를 동시에 탄력적으로 적용하는 뉴딜코트의 제가 아는 가장 큰 특징입니다. 물론 뉴딜코트가 적극주의적인 것만은 아니다, 제가 수용을 합니다. 그렇지만 예를 들면 38년입니까? U.S. vs. Caroline Products Case 같은 사례를 보면 분명히 미국연방대법원이 세 가지 사항, 그러니까 성문화된 권리의 보호, 정치적 참여의 보호 그다음에 소수집단에 대한 보호에 대해서만은 적극적으로 나간다는 일종의 사법적극주의를 천명을 하거든요. 그런 의미에서 물론 적극주의적인 것만은 아니었지만 정책사항과 인권사항에 대해서 탄력적으로 소극주의와 적극주의를 적용했던 것이라고 봅니다. 그렇지만 제가 말하는 중에는 적극주의적인 것만 부각이 되어서 오해를 드렸다면 그것은 제가 잘못 전달한 것입니다.

사 회 자 : 그러면 김종철 교수님 지정토론 해 주시시지요.

< 지정토론자(김종철) 발표 >

사 회 자 : 고맙습니다. 뉴딜정책과 관련 된 연방대법원의 결정을 한편에서는

사법소극주의로 봐야 되지 않느냐 이런 것에 대해서 그냥 간단하게만 코멘트해 주시고요.

또 하나는 아까 신 연구관님도 말씀하셨던 것하고 똑같은 얘기인데 judicial supremacy하고 그 다음에 위헌법률심판에서 사법작용의 최종성이 결국은 하나로 봐야 되고 결국은 헌법에 근거한 해석에서 근거하는 것이지 헌법외적 헌법개정으로 봐서는 곤란하지 않느냐 하는 두번째 문제입니다. 신행정수도 얘기가 계속 나오는데 이 문제와 관련해서는 제가 대답을 안했으면 좋겠어요. 그거는 다 아시는 얘기니까. 두 가지만 간단하게 얘기하고 우리 패널로 넘깁시다.

발 표 자 : 김종철 교수님하고 지난번에 학술회장에서 이런 비슷한 얘기를 했습니다마는 이렇게 또 자세하게 말씀을 해 주시지는 않았던 것 같아요. 해서 오늘 많이 배웠고요

우선 뉴딜법원 말씀에 대해서는 저는 이렇게 생각합니다. 이거 Caroline Products 사례는 Due Process를 적용하는 데 있어서 Substantive한 쪽으로 돌아갔다라고 보는 것이 더 맞다고 생각합니다. 그런 의미에서 Rochner 법원, Rochner 시대에 굉장히 보수적이고 반동적이었던 미국연방대법원이 내세웠던 Substantive Due Process의 원칙을 다시 되살린 것이라고 저는 개인적으로 해석을 합니다. 그렇다고 해서 Rochner 법원하고 뉴딜법원 내지는 뉴딜법원을 뒤따라가는 Warren의 진보적인 법원하고 차이점이 있다면 Substantive Due Process를 썼다는 것에서는 같은 것인데, 다만 Rochner 법원은 이것을 사용해서 정책적 판단을 내리는 데 개입을 했던 것이고 그 다음에 뉴딜코트부터 시작해서 Warren 법원까지는 정책적 판단은 소극적으로 내리지 않고 대신 권리를 보호하는 데 있어서 집중을 했던 것입니다. 그러니까 제가 계속 말씀드린 것처럼 정책적 문제에 있어서 소극주의였던 것은 맞으나 권리문제에 있어서는 적극주의적이었던 것입니다.

그리고 Roe v. Wade 같은 케이스에서 소위 14조의 Due Process를 Substantive 하게 해석을 해서 거기로부터 Private Right을 만들어 내는 것, 이것이 사법입법이 아니면 뭐가 사법입법이겠습니까? 다시 말하면 낙태권이라는 권리가 미국헌법 어디에도 보장되어 있지 않음에도 불구하고 이런 식의, 물론 해석이라는 과정을 공식적으로 거치기는 합니다만, 해석을 통해서 사실상 새로운 낙태권이라는 기본권을 만들어 내는 것, 제가 생각하는 사법입법 제가 생각하는 헌법외적 개헌의 예는 오히려 어떻게 보면 그런 것이 되지 않을까 하는 것이 제 생각입니다.

Judicial Review가 Judicial Supremacy를 함유하지 않는다는 것이 미국에서 연방대법원이 가지고 있는 힘에 대해서 비판하는 진보적인 목소리의 근거가 되는

것인데 김 교수님은 그것들을 같다고 그러시니까 제가 뭘 좀 몰랐나 하는 생각도 들고요.

그렇지만 우리가 이 문제를 볼 때 다음과 같은 이론도 있습니다. 헌법을 해석하는 권한이 각 기관에게 있는 것이지 배타적으로 독점적으로 연방대법원이 가진 게 아니라는 이론도 있지 않겠습니까? 그리고 미국에 사실은 Constitutional Jurisdiction의 역사를 보면, 예를 들면 링컨 때의 남북전쟁을 비롯한 사건들이 어떻게 보면 연방대법원의 Supremacy를 여러 가지 상황에서는 다르게 해석하는 역사적 경험, 현재학계에서의 어떤 논쟁, 아까 말씀하신 이념적 편향성의 문제 등을 여러 가지로 봤을 때 이 둘을 동시에 한다, Marbury vs. Madison에서 그것을 동시에 하고 있다, 내지는 그게 헌법적 해석의 범위 안에 들어가는 문제다? 이것은 나중에 또 한번 말씀드려야 될 것 같습니다.

사 회 자 : 제가 외람되게 한두 마디 더 말씀드리면, 지금 계속 Rochner 또는 Marbury vs. Madison부터 계속 얘기가 나오고 그러는데 미국하고 우리하고 차이점도 간과해서는 안 될 것 같아요. 아시다시피 미국은 수정헌법을 하고 우리는 또 독일식의 헌법개정을 합니다. 또 알다시피 미국은 헌법개정이 전세계에서 제일 어려운 나라 중 하나입니다. 그러니까 미국에서 헌법개정하는 방법의 어려움이 우리하고는 천양지차이기 때문에 그런 차이점을 지적해야 될 것 같고, 사실 또 요즘 어떻게 보면 사법적극주의, 소극주의가 계속 이슈가 되는데 나쁘게 말하면 사법소극주의, 적극주의라는 것 자체에 이미 정치적이고 자의적인 평가가 아닌가 하는 위험성도 있는 것 같아요. 그래서 아까 Political Question Doctrine 말씀드렸습니다만 우리가 일반적으로 통치행위라고 얘기하거든요. 독일도 마찬가지고요. 참고로 독일 같은 경우는 심지어는 대통령의 사면행위까지도 평등원칙위반으로 사법심사의 대상이 된다고 하는 그런 이론들이 80년대부터 나오고 있습니다. 조금 차이가 있겠습니다만 결국 적극주의, 소극주의가 중요한 것이 아니고 헌법적 테두리와 해석 내에서 정책문제와 권리문제를 거의 구별 없이 당연히 헌법적 시각에서 판단을 해야지 그 구별하는 것 자체가 어떻게 보면 위헌이 아니냐 이런 시각이 많습니다.

대답 지금 하시겠습니까?

간단하게 하셔야 됩니다.

김 종 철 : 김성호 교수님께서 몇 부분에 대해서 유보를 해 주셨기 때문에 그 부분을 다시 말씀드리는 것은 적절하지 않은 것 같고요. 다만 적극적으로 응답해 주신 부분에 대해서는 말씀을 드려야 되겠습니다.

제가 강조했던 부분이 바로 그겁니다. 미국의 경우 적법절차조항을 통해서 확장한 것은 우리로 치면 기본권과 관련된 부분이고 권리보장에 관련된 부분이라는 것이지요. 사법적극주의의 정당화 담론에서 결국 남는 것은 권리적인 부분입니다. 사법적극주의를 제가 무조건 나쁘다고 하는 것이 아니고 필요한 부분이 있다는 것입니다. 그것은 우리가 공유할 수 있듯이 기본권보장과 관련된 적극주의라는 것입니다.

우리나라에서 지금 당장 입법부보다도 사법부의 적극주의가 필요한 부분이 바로 기본권보장과 관련된 부분인데, 우리 헌재나 대법원은 정작 중요한 정치적 표현의 자유나 정치적 결사의 자유와 관련되어서는 굉장히 오히려 보수적인 태도를 보입니다. 그런데 헌재가 신행정수도건설특별법과 관련되어서는 굉장히 적극주의적인 태도를 보였다는 거지요. 그런 점들을 저희는 구별할 필요가 있고 그 점은 오히려 구분을 하셨지만 Lochner적 성격이 강한 적극주의다. 그러므로 비판 혹은 적절한 예를 잘못 고르신 것이 아닌가 이런 말씀을 드립니다. 더구나 사법입법을 말하는데 신행정수도건설특별법결정에 있어서도 문제되는 것이 바로 그 부분입니다. 마치 헌법에 명문화되어 있지 않는 권리를 재판소가 혹은 법원이 인정을 하면 헌법을 새로 만드는 것처럼 그렇게 얘기를 하는데, 그것은 저의 개념에 의하면 헌법을 새로 만드는 것이 아니고 우리 헌법의 기본권보장구조가 보장하는 자연권적 인권 혹은 불가침의 기본적 인권을 확인하는 것이고 그것을 가능하게 하는 우리 헌법적 규정들은 있다는 점에서 차이가 있는 것입니다.

다음에 저는 다른 기회에서 여러 차례 우리헌법에 있어서도 소홀히 다루어지고 있는 행정권과 입법권에 의한 헌법해석권, 특히 행정권에 의한 헌법해석권, 특히 대통령의 헌법상의 지위에서 도출되는 헌법해석권 혹은 법률해석권의 중요성을 탄핵심판과 관련하여 헌법재판소가 좀 소홀하게 다룬 점을 비판을 한 적이 있습니다. 그런 점도 해명의 차원에서 언급을 해두고 싶습니다.

사 회 자 : 알겠습니다.

일반회원들 질문 내지는 보충의견을 받겠습니다.

황 치 연 : 헌법재판소에 근무하는 황치연 연구관입니다.

필요 이상으로 김종철 교수님이 토론문 이외에 말씀을 많이 하셨지만 저는 토론문에 발표된 김종철 교수님의 견해에 아주 많은 동감을 가지고 있으며, 근본적으로 정치학자와 헌법학자의 사고방식이 다르다는 생각을 해봅니다. 발제자의 어떤 정치학적인 수사를 사상시키고 나면 도대체 입헌주의가 무엇인가? 이 문제가 남게 됩니다. 이것은 지금 역사적인 개념이 되어 있고 원어를 헌법주의로 번역하기도 하고 이거를 입헌주의로 번역하기도 하는데, 보편적인 개념은 역시 Verfassungsstaat, 즉 '헌법국가'입니다. 헌법국가 안에서 민주주의도 있고 법치주의도 있고 사회국가원리도 있고 문화국가 원리도 있고 여러 원리들이 있는 것이지요, 그렇다면 도대체 constitutionalism, 이것이 헌법국가의 틀 안에서 무엇을 의미하는 것인지? 이렇게 어떠한 논의의 편의상 민주주의의 대척점으로 이 constitutionalism을 쓰고 있는데 이것을 좀 명확히 할 필요가 있지 않는가? 단순히 legality하고 rule of law, 이것이 constitutionalism이다. 이것은 우리가 보편적인 헌법국가라는 그런 전제하에서는 문제가 있지 않나 이렇게 생각을 합니다.

그리고 미국에서는 judicial review와는 별도로 judicial supremacy에 대해서 얘기를 할 때는 judicial review를 너무 과도하게 해서 어떤 네거티브현상이 나타났을 때 judicial supremacy라고 얘기를 하는데 이것의 대척점으로 이야기할 때 popularconstitutionalism이라는 말을 씁니다. 이것은 민주주의라는 말이 내포되어 있는 개념입니다. 그렇다면 도대체 constitutionalism이라는 말이 어떤 의미로 정립해서 쓰이고 있는지 이것이 궁금합니다.

사 회 자 : 한두 분만 더 받겠습니다. 남복현 교수님.

남 복 현 : 입헌정치 내지 개헌정치하고 일상정치를 구획하고 말씀을 계속하시는데 그 뒷부분에 이런 말씀이 있으세요. '경성의 성문헌법이 가지는 입헌주의적 구속은 과거의 독재라는 비판'이라는 것과 '입헌주의가 기반하고 있는 묵시적 동의'라는 말씀을 하십니다. 이런 지적들은 입헌주의에서 의미하는 헌법의 규범성을 인정한 과거의 힘에 대해서 얘기하는 것이고, 사실 일상정치나 입헌정치 내지는 개헌정치 이야기는 바로 그 과거에 만들어진 헌법에 대한 현재에서의 의미를 확인하는 절차 내지 과정으로 볼 수는 없는지? 그러니까 지나치게 일상정치와 개헌정치를 따로 구획시켜 놓음으로써 단절관계를 형성하는 것은 아닌지, 그런 점에서 서로 모순되거나 저촉되는 그런 상황은 없는지 그 얘기를 하나 여쭙고 싶고요.

그 다음에 사실 신행정수도특별법문제는 기본적으로 대의제에서 나타나는 정략적이고 선거책략적인 행태를 입헌주의 또는 법치주의로 바로잡고자 하는 오만함에서 나타나는 것이라고 볼 수 있습니다. 그러나 그것은 이미 정치세력에 대한 민주주의적인 시각에서 해결할 과제였지 이상한 헌법 하나 만들어서 쿠데타 비슷한 행동을 보여 주는 이론체계를 구축한 것은 잘못된 것이었습니다. 다시 정리하면 대의제를 구축하고 있는데 그쪽에서 나타난 오류를 입헌주의의 틀로 극복하려고 하는 과정에서 나타난 또 다른 오류였다. 그렇게 정리하는 것이 맞지 않나 그런 생각이 듭니다.

두 가지 말씀드립니다.

발 표 자 : 독일헌법이론에서 대해서 제가 정확히 몰라서 어떻게 제가 답변을 드려야 될지 모르겠지만, 아까 제가 민주주의에 대한 질문에 대한 답변하고 비슷하게 나갈 수밖에 없지 않나 싶습니다. 그런 식의 독일이 되었든지 유럽이 되었든지 서양이 되었든지 역사적 변천과정을 거쳐가지고 정착되어 있는 헌법국가하고 제가 말씀드리는 constitutionalism이란 것은 개념의 측면에서 차이가 납니다. 제가 말씀드린 constitutionalism이라는 것은 순수하게 논리적 개념으로서 일종의 ideal-type로 만들어낸 것입니다. 그 목적은 그런 식의 한편으로는 독일에서 말하는 그런 헌법국가에서 말하는 헌법부터 시작해서 중세 때의 것까지 다 포괄하는 추상적 차원에서 개념을 만들어 보자는 생각이었고 그런 차원에서 나온 것이 제 발표문 안에서 말하고 있는 constitutionalism인 것입니다. 그런데 그런 식의 추상적인 ideal-type으로서 constitutionalism이라는 것이 무엇이냐 그랬을 때 기본적으로 제가 찾아낼 수 있었던 것이 바로 성문화되었건 텍스트가 되었건 '어떤 rule에 의해서 정치권력을 constrain하고 있는 것'이라는 것입니다. 이것은 굉장히 작동화된 그런 개념이기 때문에 역사적인 내용성을 갖춘 그런 개념들에 대해서 제가 어떻게 답변해야 될지 솔직히 잘 모르겠습니다. 제가 공부를 좀더 해보겠습니다.

아까 사법입법의 한계가 어디냐고도 물어보셨는데요. 사법입법의 한계가 어디냐 하는 것 역시 이론차원에서 확정될 수 있는 문제가 아니라고 생각합니다. 바로 그것이 초정치화를 제가 이야기하는 이유인데요. 이것은 역사적 순간에서 사법부가 내리는 판단 그 다음에 그 판단에 대해서 국민들이 얼마만큼 납득을 하고 동의를 해 주는지 이런 식으로 고도의 정치적 차원에서 판단이 되고 따라서 각 나라마다 각 역사의 단계마다 현명하게 판단해야 될 문제이지 제가 이론적 차원에서 확정할 수 있는 문제는 아니라는 것이 제 생각입니다.

세 번째 질문은 솔직히 잘 이해를 했는지 모르겠는데, 일상정치와 입헌정치의 구분이라는 것이 그렇게 가능하냐? 저는 상식적인 차원에서는 가능하다고 생각이 되는데요. 그런데 그게 맞붙는 지점이 어떤 것을 구체적으로 생각하시는지를 제가 몰라서요. 혹시 그런 것을 말씀해 주시면 제가 좀더 질문이 이해가 될 것 같습니다.

남 복 현 : 일상적인 것이라고 봐야 되겠지요. 헌법의 이야기가 단절되어서 일상정치의 영역은 헌법의 차원에서 얘기되는 것들, 헌법개정의 문제를 다루지 않는 것을 전제로 하고 계시잖아요? 일상정치라는 개념을 그렇게 하고 개헌정치나 헌법정치라고 하시는 말씀 속에는 개헌의 문제를 집중적으로 다루는 것, 이렇게

설정하고 계십니다. 그러나 일상적으로 헌법적인 차원에서 논의될 사항들이 국가기관이라든가 이런 곳에서 꾸준히 수렴하고 받아들이고 챙겨놔야 됩니다. 왜냐하면 그래야 그것이 어느 한순간에 폭발적으로 이루어지기보다는 꾸준히 자연스럽게 이루어지고 차곡차곡 받아들여져서 다듬어지는 시간 속에서 응축이 될 수 있기 때문입니다. 지금 말씀하신 듯이 과거에 의해서 만들어진 헌법이라는 것이 현재를 또는 미래를 이끌어가고 있는데 그런 것들이 계속적인 힘을 가지려고 한다면 그런 꾸준한 작업들이 이루어져야 되는 거는 아니냐하는 것입니다.

발 표 자 : 아예, 그런 뜻이라면 절대적으로 동의를 합니다. 그러면서 일상정치와 입헌정치를 구분하는 이론은 기본적으로 게임의 룰을 전제를 해 놓고 그 게임의 룰에 의해서 돌아가는 정치와 게임의 룰 자체를 가지고 돌아가는 정치라는 기준을 가지고 나눠는 것입니다. 그렇지만 현실의 차원에서 봤을 때 저는 방금 말씀하신데 전적으로 동의를 합니다. 다시 말하면 일상정치를 통해서 나오는 여러가지의 작은 게임의 룰에 대한 어떤 불만이라 그럴까요? 거기에 대한 코멘트들이 분명히 이렇게 쌓여가지고 나중에 개헌정치로 들어가야지 된다는 것입니다.

김 성 진 : 헌법재판소에서 일하고 있는 김성진 연구원입니다.

이 문제가 저도 헌법재판을 생각하면서 항상 어려움으로 느꼈던 부분이었습니다. 어떻게 민주적 정당성, 민주적인 절차를 통해서 국민의 대표가 만든 법을 선출되지 않은 민주적 정당성이 부족한 사람들에 의해서 무효화될 수 있을 것인가? 과연 그것이 어떻게 정당화될 수 있을 것인가가 항상 고민스러웠던 부분이었고, 그것은 헌법재판소의 기능이 얼마나 더 멀리까지 나가서 어떤 사안에서 어떻게 판단할 수 있을 것인가 하는 것과도 상당히 연관이 있을 것 같습니다. 지금 우리 헌법에서 보장되어 있다고 해서 정당화되는 것이 아니고 과연 왜 그러한 시스템 자체가 필요한 것인가에 대한 고민이 좀더 필요할 거라고 느껴집니다.

제가 궁금하게 생각하는 부분은 남아공에서도 백인정권이 무너지고 흑인정권이 들어서면서 타협점으로 찾은 것이 헌법재판이었고요, 헌법이라는 것을 타협점으로 만들어 냈었고 그것을 적극적으로 주장했던 측이 백인이었습니다. 백인이 정치적 소수자가 되면서 자신들을 보호해 줄 수 있는 것들이 필요했었고 그것이 가장 적극적으로 나왔던 조항이 사유재산의 보장이라는 부분이었습니다.

그래서 헌법재판제도라는 것이 잘못하면 기득권을 보장해 주는 수단으로서, 정치권력을 상실한 집단쪽에게 기득권을 보장해 주는 수단으로서 사용될 가능성이 있습니다. 이러한 위험성에 대해서 발표자께서 어떻게 생각하시는지 하는 것과 정치권력의 통제를 통해서 소수자를 보호하려고 하였을 때 그 소수자가 의미하는 것이 과연 무엇인가? 기득권층을 그런 보호대상으로 포함시킬 수 있을 것인가? 그런 부분에 대해서 교수님의 고견을 듣고 싶습니다.

이 명 웅 : 입헌주의와 민주주의가 일단 발표자께서는 갈등관계라고 보고 그것을 다시 봉합시키는 연결고리로서 적극적 자유라든가 묵시적 동의라든가 이런 개념들을 논거를 하고 계시는데 김종철 교수의 토론문의 기본적인 문제가 과연 그것이 모순적인 관계인가라는 것에서부터 출발하거든요.

그런데 그 문제에 대해서는 이념적으로 생각할 것인가 현실적인 민주주의와 법치주의와 관련된 개념을 놓고 할 것인가에 따라서 차이가 있겠지만 일단은 이 논문에서 나온 입헌주의의 개념이 오늘날의 입헌주의개념에 밀착된 것보다는, 물론 발표자께서는 일종의 이상형적인 것이라고 얘기를 하셨는데, 너무 고전적인 서술이 아닌가 하는 생각이 듭니다.

가령 합법성과 법치의 원칙을 대립시킨다든가 권력의 정당성과 합법성을 너무 단순비교한다든가 이런 것들입니다. 물론 이상형으로 보시는 것은 좋지만 이상형이라는 것도 그런 개념형태가 타당한 사회과학영역과 전혀 다르게 오늘날 입헌주의라고 했을 때는 중세의 입헌주의하고는 전혀 다르거든요. 마지막에 정의하셨지만 권력을 제약한다는 사고방식은 중세의, 적어도 어떤 시민혁명이전에는 없었던 사고방식이고 법의 굉장히 큰 질적인 변화이며 그 질적인 변화가 어떻게 보면 굉장한 혁명이었던 것입니다. 이것이 민주적인 과정을 통해서 나타난 것이 오늘날 미국이라든가 프랑스의 성문헌법입니다. 이러한 역사적 사실에 기반한 사고방식을 입헌주의라고 표현하는 것입니다. 그래서 입헌주의에 대한 이상형을 가지고 민주주의를 논의를 한다는 것이 전제에서부터 조금 더 재검토될 여지가 있을 것 같고, 그래서 처음부터 이것은 역사적으로 대립된 것처럼 보인적은 있었지만 그것이 진정한 대립이었느냐는 쪽에서 문제접근을 할 수도 있을 것입니다. 칸트라든가 칼 슈미트의 민주주의에 대한 사고방식과 법치주의에 대한 사고방식도 오늘날의 기준에서 보면 너무 좀 단편적인 것이 아닌가 이런 관점에서 볼 수 있습니다.

그 다음에 양자를 봉합하는 데 있어서도 갑자기 적극적 자유라는 형태로 그것을 봉합하려고 그랬을 때, 자유라는 것에는 일반적인 자유가 있고 법적인 자유라는 것이 있습니다. 우리가 말하는 법적인 테두리 내에서의 자유를 어떻게 다룰 것이냐는 문제는 소극적 자유에 기반을 둔 시스템을 가지고 있고 여기서 선불리 안전벨트나 오딧세우스 식의 적극적 자유를 주장하는 것은 극히 부분적이고 포괄적인 설명이 되기 어렵습니다. 묵시적 동의라는 것도 그렇게 가상적으로 선후세대의 동의를 말하는 경우 한계가 분명히 있는 것이라고 생각합니다. 결국 입헌주의와 민주주의를 처음부터 대립을 시키고 무리하게 그것을 봉합시키는, 물론 취지는 입헌주의와 민주주의 같이 발전해나가는 계기지만, 아예 전제 자체에서 입헌주의에 대한 개념 자체의 요소가 좀더 현실적으로 마련될 필요가 있지 않나 싶습니다.

김 웅 희 : 한 가지 오해한 거는 헌법을 공부하는 사람들이 입헌주의를 얘기할 때는 일반민주주의라든가 법치주의라든가 이런 것을 바둑의 포석과 같이 개념화시켜서 이해하고 있는 가운데 갈등관계를 이해못하다가 원형적인 개념에서 보니까 이해가 되어 다행스럽습니다.

제가 궁금한 것은 교수님이 얘기하는 사법적극주의라는 개념이 진보적 개념과 보수적 개념으로 볼 때 연관성이 있는 뜻으로 말씀하신 것인지 그게 궁금합니다. 무슨 말씀이냐 하면 적극주의라는 개념은 보수적 개념에서도 적극주의일 수가 있고 진보란 개념도 적극적일 수 있고 소극적인 개념으로서 같이 판단할 수가 있거든요. 그런데 아까 말씀하신 뉴딜법원을 진보적 입장인가 보수적 입장인가로 구분할 수도 있는데 이것을 단순히 적극주의로 해석할 수 있는 것인지 의문입니다.

그 다음에 사법적극주의로 나가서 사법입법적인 개념까지 설명을 하시는데, 사실은 미국에서도 사법심사제도를 연방헌법제도 내에 도입하면서 많은 논쟁이 있었지 않습니까? 그때에도 헌법의 최고성이라는 것을 두고 헌법을 해석하는 차원에서 이 제도를 도입한다는 것에 어느 정도 묵시적 합의가 이루어졌기 때문에 도입이 된 것이며, 최소한도로 법원은 민주적 정당성이 없으니까 헌법을 해석하는 차원에서, 즉 정치적인 문제에 개입하지 않는다는 차원에서 이 법을 이렇게 해석해 들어가야 된다는 것을 전제로 하였다고 알고 있습니다. 그러면 결국은 이러한 제도를 도입하는 전제에서 볼 때 민주적 정당성이 없는 사법기구에서 사법적극주의로 나갈 수 있는 한계는 분명히 설정되어 있는 것인데 교수님이 소위 얘기하신 사법적극주의 개념에서의 한계라는 개념은 어떤 것인지 궁금합니다. 다시 말씀드리자면 정치적 문제에 사법기관이 좀더 개입을 하면 할수록 사법기관이 가지고 있는 위상이라든가 위치는 스스로를 갉아먹을 수밖에 없습니다. 그런 문제에 대해서는 설명이 좀 부족하신 것 같아서 그 문제만 잠깐 말씀해 주시면 좋겠습니다.

발 표 자 : 짧게 말씀드리겠습니다.

자꾸 아까 김종철 교수님도 비슷한 오해를 하셨고 지금 비슷한 오해를 하시는데요. 사법적극주의냐 사법소극주의냐는 진보와 보수와 아무 관계가 없다고 저는 생각합니다. 사법적극주의라는 것이 보수주의적으로 쓰일 수도 있고 진보적으로 쓰일 수도 있습니다. 그렇기 때문에 그것은 전혀 상관이 없고요. 내 개인의 입장으로 돌아갔을 때 내가 사법적극주의를 주장한다고 했을 때 어떤 정책적 사안,

정치적 사안, 통치사안에 대해서 사법적극주의를 주장하는 것이냐? 그렇지 않다는 것은 제가 논문에서도 말씀드렸고 오늘 이 자리에서 몇 번 말씀을 드린 것 같습니다.

자꾸 질문을 하시니까 제 개인적인 생각을 말씀드리면 저는 우리나라에 사법입법이라고 제가 표현한 그런 식의 사법부의 적극적인 역할을 위해서는 오히려 뉴딜법원이나 Warren 법원 같은 모습으로 태어나는 것도 고려해 볼 만하다고 생각합니다. 다시 말하면 미국식 Warren 법원으로 태어난다는 얘기는 정책적 사안에 대해서 사법소극주의를 채택하고 대신 기본권 보장 그리고 우리 87년 헌법이 새롭게 규정하고 있는 여러 가지 기본권을 둘러싼 문제들에 있어서는 적극적으로 개입을 해서 거의 사법입법수준이라고 오해받을 수 있을 정도로까지 적극적인 전향적인 자세로 임해야 되는 것 아니냐라는 것이 저의 개인적인 생각이기 때문에 지금 말씀하신 것도 그렇고 김종철 교수님 아까 말씀하신 것도 저랑 생각이 기본적으로 같다고 생각합니다.

사 회 자 : 이 문제는 그 정도로 하지요. 견해의 차이가 있을 수 있으니까. 이명웅 연구관님 말씀하셨던 것도 아까 모두에 저나 김종철 교수님 등 여러분이 말씀하신 것이니 대답을 안하셔도 좋습니다. 입헌주의의 개념이라는 것이 너무 과거적인 것인데 오늘날 하고는 미스매치가 되지 않느냐, 간단하게 대답하시지요.

발 표 자 : 저는 헌법학에서 입헌주의나 민주주의의 역사를 어떻게 가르치는지 잘 모르겠는데요. 입헌주의의 기원이 근대혁명이라고 보는 관점이 있다는 사실은 제가 알고 있습니다마는, 저는 제가 공부했던 정치철학이나 법철학에서 그런 주장을 강력하게 한 사람은 본 적이 없는 것 같습니다. 예를 들어 당장 아리스토텔레스가 고대아테네의 헌법이라는 입헌주의에 대한 책을 썼고요. 그러나 중세에 봉건제후 간에 관계라는 것도 얼마든지 입헌주의의 관점에서 이해가 될 수 있는 권력의 제한적 관계였던 것입니다. 그게 근대혁명을 거치면서 또다시 지금 현재와 같은 모습의 입헌주의로 변모를 해온 것입니다. 이것을 마치 과거에 고대그리스와 로마공화정에서 보여줬던 입헌주의가 중세와 근대혁명을 거치면서 지금의 입헌주의와 민주주의가 결합된 상태로 완성되는 진보 또는 발전단계를 걸어왔다고 믿으신다면 입헌주의와 민주주의의 관계가 갈등적이라는 것에 대해서 고민을 할 필요가 없을지 모르겠습니다. 그러나 제가 보기에는 입헌주의와 민주주의의 관계라는 것은 그런 진보의 문제가 아니라 역사적으로 어떤 때는 결합되었다가 어떤 때는 떨어졌다 하는 과정의 연속이었던 것입니다. 지금은 근대적이고 현대적인 의미에서 헌법국가가 그런 케이스인지는 모르겠습니다마는 또다시 결합되어 있는 것이

지만 이와 같이 결합된 것을 단순하게 받아들여서 당연한 것이라고 생각하면 입헌주의와 민주주의가 다시 떨어지는 상황이 벌어졌을 때 대처할 수가 없을 것이라고 생각합니다.

그런 관점에서 봤을 때 지금 우리나라에서 특히 이번 정권 들어서고 나서 여러 가지 사법의 정치화의 문제, 저는 이게 보여 주는 가장 큰 교훈이 입헌주의와 민주주의가 지난 20년 동안 결합된 형태로 온 것은 맞지만 이제는 그게 갈등관계를 보이면서 또 떨어질 수 있는 가능성도 있다는 현실인식을 하고, 그 다음에 좀 더 긴 전체적인 역사적 인식을 하게 된다면 입헌주의와 민주주의의 관계를 대립적인 관계로 놓고 고민을 해보는 것이 저는 의미가 아주 없다고 생각하지는 않습니다.

사 회 자 : 좋습니다.

그리고 계속 나왔던 질문이고 사실 헌법학회에서 굉장히 많이 나온 문제입니다. 오늘 처음 나온 것이 우리 같은 경우는 헌재가 되겠지요, 미국연방대법원 같은 경우는 민주적 정당성이 없거나 매우 취약한 몇 분의 재판관님들이 민주적 정당성을 가지고 있는 대의제기관인 의회 내지는 국회가 제정한 법률에 대한 심판하는 것이 과연 정당화될 수 있는가? 또는 그것이 다른 시스템 또는 사법권의 한계와 관련해서 얘기되어야 하지 않느냐 하는 의문점이 있습니다.

또 하나가 헌법, 아까 남아공화국 말씀하셨던 것으로 기억을 합니다. 헌법재판 그러면 소수보호 뭐 이렇게 그럴 듯하게 포장되었고 유행처럼 보일 수도 있겠는데 다른 한편에 있어서는 기득권보호의 위험성을 내포하고 있고 그렇게 본다면 정치적 소수자라는 건 과연 무엇이냐? 크게 두 가지로 요약해서 거기에 대해서 대답을 부탁드립니다.

발 표 자 : 같이 대답을 드리면 이렇게 되지 않나 싶은데요, 제가 맞는가는 모르겠지만, 아까 Rochner 법원의 편향성 질문도 하셨는데, 남아공화국의 소위 과거 백인기득권층을 마이너리티라고 규정을 하면서 헌법재판을 통해서 보호하는 것도 그렇고 Rochner 법원에서 Substantive due process 규정을 통하여 계약의 자유라는 권리만 선택적으로 인정하고 있는 것도 그렇고 이 모든 것이 사실은 어떻게 보면 잘못된 것입니다. 그렇게 했을 때 아까 말씀하신 것처럼 사법부의 정당성 그 자체가 저하되기 때문에 그런 겁니다. 결과적으로는 국민들의 관점에서 봤을 때 사법부가 내리고 있는 굉장히 고도의 헌법재판 수준의 판결들이 국민들의 눈으로 봤을 때 납득이 안가고 설득력이 안가는 상태가 지속되면 결과적으로 그 사법부는 유지될 수가 없다고 생각합니다.

결국 Rochner 법원이 37년에 가서 무너지는 이유도 사실은 36년에 총선과 대선에 대통령과 연방대법원 사이에 일종에 싸움이 최고조로 달했을 때 국민들이 대통령의 편을 압도적으로 들어준 것이거든요. 그 상황에서 사법부가 더 이상 버틸 도리가 없는 겁니다. 그런 의미에서 제가 마지막으로 해 주신 말씀을 덧붙여서 말씀드리면 저는 헌법과 정치가 어떻게 만나느냐 이 문제를 가지고 얘기를 시작했으니까 그 얘기로 끝내면 저는 헌법과 정치가 굉장히 고차원적 수준에서 만나야 된다고 생각합니다. 그렇기 때문에 예를 들어 미국의 연방대법원판사들이 37년에 모든 정치적 상황을 판단하고 연방대법원이 걸어왔던 judicial review의 역사를 review해 봤을 때 더 이상 이런 식의 정책적 사항에 대한 사법적극주의를 할 수가 없다라는 것을 깨달았을 때 소극주의로 도는 것과 같은, 그런 식의 굉장히 고차원의 사법정치에 대한 마인드가 있어야 되지 않나 싶고요. 그리고 그런 식의 사법정치라는 것은 저차원적으로 임명을 하는 데 있어서 정치가가 개입하느냐 마느냐 이 차원이 아니라 우리나라 사법부가, 우리나라 헌법재판소, 대법원이 우리나라에서 계속 적극적인 역할을 함으로써 이 나라가 혼란에 빠지지 않는 동시에 살아있는 헌법을 유지해 나가는 데 어떤 역할을 해야 될 것이냐? 이 차원의 판단이라는 것은 저는 어디까지나 정치적인 판단이라고 생각합니다. 그런 의미에서 그런 정치적인 판단에 대해서도 같이 한번 얘기할 수 있는 기회가 있었으면 좋겠다는 말씀을 드리면서 제 말씀을 마치겠습니다.

사 회 자 : 감사합니다.

오늘 모두에서 말씀드렸습니다마는 매우 무거운 주제고 우리 헌법실무자와 학계에서 항상 관심을 갖고 늘 갈등, 연구해야 될 그런 문제를 새로운 시각, 상이한 시각에서 많이 말씀을 해 주셨어요. 그래서 아마도 입헌주의를, 우리 학계에서는 법치주의를 조금 더 의식하시는 것 같아요. 입헌주의라는 표현보다는 어떻게 보면 법치주의라는 표현을 썼으면 좀더 낫지 않았을까라는 그런 생각도 듭니다만 그것은 제 생각이고요. 그러면서도 또 한편 아쉬움이 남는다면 아까 계속 저도 말씀드렸고 나왔던 것이 역사학계나 정치학계하고 헌법학계하고의 다소의 출발점이 차이가 있구나 하는 것이 우리는 규범력, 헌법의 규범력, 강제력 이런 것을 얘기하고 있는데 헌법재판소가 최후의 보루로서의 역할을 하고 역사나 민주주의하고 법치주의와 이른바 입헌주의라는 표현을 쓴다고 한다면 그런 것이 결국은 하나의 기본권, 국민의 권리를 지향하는 그러한 원동력이 되는 것이지 그것이 갈등관계를 표현하는 것은 우리 헌법학계의 오늘날의 추세라든가 헌법재판의 이념에는 반하지 않느냐 이런 시각이 많이 있기 때문에 아마 그런 질문들을 많이 드린 것 같아요.

그리고 또 한 가지는 아까도 저도 주제넘게 말씀을 드렸습니다만 아까 정치행위라든가 사법소극주의, 적극주의로 자꾸 나누고 있는데, 사실 오늘 예를 들었던 Marbury vs. Madison 사건 같은 경우도 그렇고 아까 얘기했던 뉴딜 사건, 그 이후에 여러 가지 사건에서도 결국은 작심을 하고 판결을 내린 것입니다. 헌법적 미사여구로 포장했지만 그 이면에는 이미 정치적으로 "저 자식을 내가 죽여야겠다"는 작심을 해가지고 나온 판결이 수도 없다는 것을 알고 아마 신행정수도 위헌결정에 대해서 비판적인 분들은 또 그런 식의 시각도 갖고 있지 않을까 하는 생각도 해봅니다. 그런 것이 굉장히 위험하고 그렇게 본다면 우리가 법의 이념이라고 하는 예측가능성과 형평성 또는 생활에 대한 규범력 같은 것이 굉장히 위태롭게 될 수 있고, 법치주의의 중요한 것은 자의를 배제한다는 것인데, 나아가 공권력에 대한 통제까지 위험에 노출되지 않을까 하는 그런 우려에서 많이 말씀드렸던 것 같습니다.

다른 분들도 말씀 많이 하셔야 될 것 같은데 시간이 없으니까 이 정도로 마치고, 오늘 참석해 주신 회원분들에게 고맙다는 말씀드립니다. 또 우리 신미용 연구관님 그리고 김종철 교수님 하실 말씀이 참 많은 데 오늘 많이 참으셨어요. 감사드립니다.

끝으로 우리 김성호 교수님, 저도 많이 배웠습니다. 오늘, 여러 가지 새로운 시각에서 "아, 이런 시각에서 내가 공부를 해야겠구나" 하는 것을 제가 많이 오늘 공부했고 감사의 말씀드립니다.

끝으로 오늘 우리 존경하는 조대현 재판관님 말씀을 듣는 것으로 마무리를 짓기로 하겠습니다.

조대현 재판관 : 저는 오늘 배우러왔는데 얘기를 하라고 그러니까 사실 헌법재판을 하다보면 여러 가지 가치가 충돌해서 상당히 어떤 결론을 내려야될지 고민을 많이 하게 되는데 그 고민을 덜기 위해서 오늘 공부 좀 하자 하고서 왔는데 공부하면 할수록 고민은 더 깊어지는 것 같습니다.

하여튼 정치학교수님께서 오셔가지고 입헌주의와 민주주의 갈등을 다시 정합시켜야 된다는 사명이 헌법을 자꾸 업데이트해서 살아있는 헌법으로 만들라는 격려의 말씀으로 듣고 채찍으로 듣겠습니다. 앞으로도 많이 가르쳐 주시기 바랍니다.

감사합니다.

제 77 회(2007. 7. 6) 발표문

행정규칙과 헌법소원심판

김 중 권*

Ⅰ. 처음에 — 행정법도그마틱의 카오스로서의 행정규칙론

헌법재판소법 제68조 제1항에 의한 헌법소원심판을 청구하기 위해서는 '공권력의 행사 또는 불행사로 인한 기본권침해의 가능성'이 있어야 한다. 행정규칙의 태생적 烙印 — 非法規性 — 이 아직 해소되지 않은 상황은, 헌법소원심판대상성에서 요구되는, 두 가지 징표 — 공권력의 행사'와 '기본권의 침해의 가능성' — 와 당연히 불협화음을 일으킨다. 기왕의 논의에선, 이 같은 심판대상성의 물음에 초점을 맞추었지만, 그것과 더불어 규범으로서의 행정규칙의 위상에 따른 규범통제의 물음이 제기된다.[1]

일반 행정법의 여러 분야 가운데, 行政立法論은[2] 제기되는 개개의 논쟁대상에 관해서 폭넓은 설득력이 확보되지 않는 대표적 분야이다.[3] 나름의 설득력을 담보하기 위해서, 이런 난맥상의 원인은 진단할 필요가 있다. 우선 우리의 행정법도그마틱 대부분의 연원인 독일과 우리네 국가체제상의 차이점이 고려되지 않은

* 중앙대학교 법과대학 교수.

1) 유의할 점은 여기서 논의하는 행정규칙은 행정규칙 일반이 아닌, 행위통제규칙 그 가운데 특히 법령보충적 규칙과 재량준칙이 대상이다.

2) 행정입법의 용어사용에 대한 의문이 제기될 수 있다. 행정입법을 의회입법에 대립된 위치에 설정하여 그것의 예외로서 접근하는 경우에는, 자연 헌법상의 법규명령의 예를 제한적으로 볼 것이며, 행정규칙을 행정입법의 차원이 아닌 다른 차원에서 논의할 것이다. 그러나 행정입법에서의 '입법'을 '법률정립'(Gesetzgebung)이 아닌 '법정립'(Rechtssetzung)에서 바라보면, 전혀 다른 논의를 진행시킬 수 있다(참조: 헌법재판소 전원재판부 2004. 10. 28., 99헌바91). 종래 '법률정립'(Gesetzgebung)을 입법으로 명칭을 붙여 사용한 慣性的 理解를 바로잡을 필요가 있다. 이런 기본인식의 변화를 긍정하면, 무엇보다도 법령보충적 규칙의 문제를 의회입법원칙의 예외의 관점이 아닌 진정한 '행정입법'의 차원에서 바라 볼 수 있다. 필자는 종전에 전자의 입장에 섰는데, 이 글에선 후자의 입장에서 논의를 전개하고자 한다. 여기선 '행정입법'을 "행정에 의한 법(규범)의 정립 및 그에 따른 법규범"으로 정의하고자 한다.

3) 관련 문헌을 일별해 보면, 70년 말에서 80년 초엽에 행정규칙의 성질(법규성)의 문제는 우리 행정법학계의 중심화두로 다루어졌다.

채, 절대적 의회지배를 바탕으로 한 행정입법도그마틱을 대입시킨 것이 문제된다(일종의 동굴의 우상).[4] 정연한 개념과 용어의 사용이 강조되는 영역이 법학임에도 불구하고, '法規'를 둘러싼 상이한 이해와 용어사용이 마치 두루미와 여우의 논쟁처럼 본질적 논의를 혼란을 빠뜨린다(일종의 시장의 우상). 이에 더해서, 헌법재판소가 행정규칙의 대외적 구속효의 문제에서 법원과는 다른 접근을 한 것과[5] 문제유발장소(모법률)와 문제발생장소(행정규칙) 간에 괴리가 존재한다는 것이 논의난맥을 증폭시킨다.

최근 우리의 판례와 행정실무상의 중대한 변화는, 기왕의 행정규칙론에 의미있는 결정적 충격파를 던진다. 기왕의 입장을 바탕으로 하여, 이런 변화상황에 비추어 행정규칙의 위상을 새롭게 모색하기 위한 일환으로 논제에 접근하고자 한다.

Ⅱ. 법규명령과 행정규칙과 구분기준

작용형식을 정한다 함은, 해당 행정작용을 지배하고 그에 대한 법적 판단을 내리는 법제도를 선택한다는 것을 의미한다. 그런데 법형식과 실질(실체)이 交錯할 때 무엇이 가늠자가 되어야 하는가? 법규명령과 행정규칙의 구분은 실제로 어려움에 봉착한다. 동일한 내용과 효과를 가진 규율이 법규명령이나 행정규칙에 의하여 선택적으로 발해지는 것은 가능하다. 양자의 이원론이 존재하는 한, 어떤 관점에 따라 이들을 구분하여야 할지의 물음은 여전하다. 우선 그때그때 규정의 표시

4) 우리의 대부분의 법제는 繼受가 아닌 移植의 소산이다. 그리하여 학문후진국으로선 피할 수 없는 비교법적 고찰이, 正反合의 과정에서 진행되는 진정한 비교법적 고찰에 이르기보다는 자칫 移植의 또 다른 형태에 머물곤 한다. 외국의 법제의 정확한 내용을 파악하고 이를 우리에 접목시킨다는 것은 至難한 일이긴 하나, 우선적으로 법제의 토대상의 異同에 관한 논의가 필요하다. 새삼 崔仁勳의 「원시인이 되기 위한 문명한 의식」에서의 지적: "외국문화는 어떤 것이든지 받아들여도 좋다. 다만 原物形으로 받아들일 것이 아니라, 그것을 요소로 분해해서 구조식을 알아내고, 다음에는 소재는 국산자재든 수입자재든 간에 완제품을 국내생산을 하여 저렴한 가격으로(즉 정신적 낭비 — 외국숭배·물신숭배를 줄이고) 지식시장에 내놓는 일이 바른 태도일 것이다"이 많은 것을 시사한다.

5) 헌재 1990. 9. 3. 90헌마13: 「행정규칙(行政規則)이 법령(法令)의 규정(規定)에 의하여 행정관청(行政官廳)에 법령(法令)의 구체적 내용을 보충할 권한을 부여한 경우, 또는 재량권행사(裁量權行使)의 준칙(準則)인 규칙(規則)이 그 정한 바에 따라 되풀이 시행되어 행정관행(行政慣行)이 이룩되게 되면, 평등(平等)의 원칙(原則)이나 신뢰보호(信賴保護)의 원칙(原則)에 따라 행정기관은 그 상대방에 대한 관계에서 그 규칙(規則)에 따라야 할 자기구속(自己拘束)을 당하게 되고, 그러한 경우에는 대외적인 구속력(拘束力)을 가지게 된다 할 것이다.」 동 결정은 헌법재판소 2001. 5. 31. 99헌마413을 거치면서, 재량준칙의 자기구속의 법리만을 초점에 맞춰 헌법소원심판대상성을 인정한 헌법재판소 2005. 5. 26. 2004헌마49로 귀결되었다(후술).

(존재형식)가 첫번째 증빙이 되지만, 그것이 유일한 규준은 아님은 자명하다. 定式的(형식적, formal) 기준으로 하는 입장은, 특히 법규명령의 전형적인 요건(수권, 형식요청, 공포)이 존재하는지 여부를 목표로 삼는다. 그러나 이들은 법규명령을 위한 적법성요건이지, 분류상의 징표는 아니다.[6] 법규명령의 형식적 요건이 존재하면, 사실상 법규명령으로 봄직 하나, 이는 조건적이다. 왜냐하면 발급 행정청이 법규명령도 공표하여야 하는 관보에 행정규칙을 공표하는 것이 전적으로 가능하기 때문이다. 또한 법규명령을 위한 전형적인 요건이 없을 땐, 위법한 법규명령에 해당할 수도 있다. 따라서 정식적 기준 역시 증빙적 가치(Indizwert)만을 지니되, 이점에서 그것이 과소평가되어선 아니 된다.

독일의 통설은 실체적(실질적, materiell) 기준에 따른 구분을 행하려 한다.[7] 여기서 규준이 되는 것이 해당 규정의 수범자, 내용, 법효과이다. 그러나 이것 역시 항상 일정한 방향으로 나아가진 않는다. 내용, 가령 실체적 규율내용은 종종 법규명령으로도 행정규칙으로도 여겨질 수 있다. 수범자와 지향하는 법효과는 좀더 다루기 쉽다. 그렇지만 그것에서도 성급한 결론을 도출하여선 아니 된다. 전적으로 하급 행정청에 대해서만 관련이 있는 규정도 법규명령의 형식으로 발해지고, 다른 한편으론 행정규칙 역시 외부영역에서 효과를 발휘할 수 있다는 사실이 가능하다. 따라서 의심스러우면, 판단내리는 데 있어서 여러 관점을 차별적으로 형량적으로

6) 따라서 행정규칙의 법규성(직접적 구속효) 여부를 법제처의 사전심사나 특히 공포에 연계시켜 논증하는 것은 바람직하지 않다. 민주주의극대론 의 입장에서 공포원칙을 절대시 하지 않는 한, 어떤 식으로든 공표(공고)형식을 취한 이상, 법규적 행정규칙(법령보충적 규칙)의 효력을 부인할 순 없다. 이 점에서, 대법원 1990. 2. 9. 선고 89누3731 판결[공1990. 4. 1.(869), 677]("재산제세조사사무처리규정(국세청훈령 제980호)이 과세의 법령상 근거가 됨은 물론이나 이는 어디까지나 행정규칙이고 그 자체 법령은 아니므로 이를 공포하지 아니하였다는 이유로 그 효력을 부인할 수 없다")은 올바른 방향성을 제시한다. 다만 그런 행정규칙의 법규범성을 제고하기 위하여, 그것을 정식의 공포절차에 편입시키는 것은 법정책적으로 고려할 만하다. 가령 「법령 등 공포에 관한 법률」을 개정하여 그것도 공포의 대상이 되도록 하는 것이다. 나아가 관보가 아닌 이른바 '법령보' 또는 '법보'를 발간하여 그곳에 행정규칙까지 게재함으로써, 자주 거론되는 '행정규칙의 공표' 문제를 해소할 필요가 있다. 참조: 졸고, "다른 法規範의 適用·準用(指示)의 公法的 問題點에 관한 小考," 법제연구 제20호(2001. 6), 137면 이하.

7) 그리하여 본원적·추상적 규범통제인 독일 행정법원법 제47조 제1항 제2호상의 대상으로서의 (외부효적) 법규정(Rechtsvorschriften)과 관련하여, 법규명령이니 조례니 그것의 표시에 좌우되지 않고서, 직접적인 구속효가 부여되는지 여부가 관건이다. Vgl. Schenke, VerwProzR, 10. Aufl., 2005, §24 Rn. 882; Hufen, VerwProzR, 5. Aufl., 2003, §19 Rn. 17; Lorenz, VerwProzR, §26 Rn. 25; Kopp/Schenke, VwGO Komm., 12.Aufl. 2000, §47 Rn. 27; BVerwG DÖV 1994, 475; Bleckmann, DVBl. 1987, 611ff.; 다른 견해로 Scjmitt Glaser/Horn, VerwProzR, 15. Aufl., 2000, Rn. 413. 그러나 규범구체화규칙의 경우에 여전히 통설은 독일 행정법원법 제47조에 의한 규범통제를 부인한다(BVerwGE 100, 262(269f.); Möstl: Erichsen/Ehlers(Hrsg.), Allg.VerwR, 13.Aufl., 2006 §19 Rn. 37; Wahl, NVwZ 1991, 417). 이에 대한 반대의 입장으로, Schmidt-Aßmann, Das allgemeine Verwaltungsrecht als Ordnungsidee, S.330; Schenke, VerwProzR, §24 Rn. 882; Lorenz, VerwProzR, §26 Rn. 26; Hill, NVwZ 1989, 410.

포함시켜야 한다. 누가 당해 규범의 수범자인지가 가장 큰 중요성을 지닐 것이다.[8)] 한편 형식적 기준으론 행정규칙인데, 실질적 기준에 따라 법규명령(엄밀하게는 법규적 행정규칙)으로 취급될 때, 그것에 재판규범성을 인정하여야 하는지가 문제된다. 행정규칙의 (법규명령으로서의) 대국민적 구속효의 인정이 곧바로 그것의 대사법적 구속효(재판규범성)를 의미하는 것은 아니다.[9)] 법규명령과 행정규칙의 구분은 국민의 권리보호의 차원에서 바라보아야 한다. 이런 접근은 헌법소원심판대상성의 물음에 매우 효과적으로 대응할 수 있다.

요컨대 문제되는 행정작용의 법적 성질을 가늠함에 있어선, 형식적 기준이 아닌 실질적 기준에 의거하여야 한다. 왜냐하면 법적 성질은 기본적으로 당위의 물음이기 때문이다. 당위의 물음에 따른 법적 성질이 먼저 가늠되고(성립되고) 난 다음, 그것에 요구된 형식, 절차를 갖추어서 비로소 적법하게 성립한다. 물론 형식이 실질에 관한 증빙이 되곤 한다. 대법원 2006. 6. 22. 선고 2004스42 전원합의체 결정에 의하여, 性轉換者에 대한 호적상 성별기재의 정정이 허용되고, 이에 따라 '성전환자의 성별정정허가신청사건 등 사무처리지침'(대법원 호적예규 제716호 2006. 9. 6.)이 제정되었다. 당해 지침의 존재형식은 例規이며, 사법부 내에서 통용된다는 의미에서 보자면 보통의 행정규칙과 다를 바 없기에, 일단 法律代位的 規則(gesetzesvertretende Verwaltungsvorschriften)에 해당한다. 그러나 실질적 기준에 의하면 동지침은 법규명령에 해당하며, 그에 따른 적법성 판단이 요구된다. 따라서 수권규정이 없는 한, 위임명령으로서가 아니라 집행명령으로서 접근해야 하는, 즉 새로운 입법사항을 정하였다는 점에서 당해 지침은 違法(無效)을 면하기 어렵다.[10)]

그런데 이같이 실질적 기준에 의거하는 것은, 처분적 내용(개별구체적 규율)이지만 입법자가 특별한 법규범(법규명령이나 조례)을 특정하여 규율한 경우엔 주효하지 않는다. 독일의 경우에, 이 문제는 (우리나 일본에서와는 다른 의미에서의) 형식적 행정행위냐 아니면 실질적 행정행위냐를 둘러싼 논의가 전개되었다. 독일의 과거 지배적 입장은 실질을 규준으로 삼았지만, 오늘날의 지배적 입장은 형식을 규준으로 삼는다. 그리하여 행정행위와 같은 '個別事件的 規律'이 법률, 법규명령, 조례의 형식으로 발해진 경우에 내용적으론 행정행위에 해당할 순 있겠지만, 결코 형식적으로는 행정행위가 아니며, 따라서 행정행위처럼 쟁송취소의 대상은 될 수

8) H. Maurer, Allg.VerwR, 16.Aufl., 2006, §24 Rn. 37ff.,

9) B. Remmert, Rechtsprobleme von Verwaltungsvorschriften, JURA, 2004, S. 728(733).

10) 물론 동 예규를 법률대위적 규칙으로 보더라도, 후자가 비본질적 사항에 주효할 수 있다는 점에서, 그것은 위법성을 모면하기 어렵다. 졸고, "「성전환자의 성별정정허가신청사건 등 사무처리지침」의 問題點에 관한 小考," 법률신문 제3493호(2006. 9. 25).

가 없고, 규범통제의 방법을 취해야 한다고 한다. 반면 만약 법규명령으로 발해야 할 것을 잘못하여 법규명령 대신에 행정행위로 발하였다면, (위법한 행정행위로서) 그것의 쟁송취소가 허용되고 이유있게 된다고 한다. 즉, 행정행위와 명령의 구분을 위해선 우선적으로 문제의 규율의 외부적 형식에 좌우되어야 하되, 다만 그 형식이 다의적이거나 — 형식선택의 자유를 전제로 하여 — 권리보호를 제한하기 위한 명백한 형식남용이 있는 경우에만 규율의 실질을 목표로 삼아야 한다고 주장된다. 즉, 입법자는 그가 택한 法形式을 통해서 司法的 권리보호의 방법을 정한 셈이 된다.[11] 그러나 '두밀분교통폐합조례'에서 비롯된 이른바 '조치적(처분적) 명령'을 통해서 알 수 있듯이, 우리의 판례는 기본적으로 존재형식을 도외시한 채, 실질에 절대적 비중을 둔다.[12]

요컨대 행정법의 작용형식의 유지, 체계화, 적응화 그리고 창설은 전통적으로 판례와 행정법학이 담당한 소임이나, 이는 입법자가 아무런 언급을 하지 않은 경우에만 자명하게 통용된다.[13] 따라서 법규범상호간에선 또는 집행행위상호 간에선 실질적 기준이 궁극적 가늠잣대가 되지만, 법규범과 집행행위 간에는 오히려 형식적 기준이 결정적인 가늠잣대가 된다.

Ⅲ. 행정규칙에 관한 관견적 개관[14]

1. 행정규칙에 관한 스탠다드공식과 판례상의 변화상

(1) 행정규칙에 관한 스탠다드공식

우리는 물론 독일에서의 판례와 통설의 행정규칙에 관한 스탠다드공식은, 기본적으로 그것의 非法規性을 바탕으로 다음과 같다: i) 행정규칙은 결코 非法(Nicht-Recht)이 아니고, 그것은 내부법(규범)이긴 하나 결코 외부법(규범)은 아니다. ii) 행정규칙은 결코 '객관적 법'을 제공하지 않고, 개인을 위해서 구속효를 갖지 않는다. iii) 행정규칙은 하위 행정청만을 구속하지, 결코 법원을 구속하지 않는다.

11) Mutius, Rechtsnorm und Verwaltungsakt, in: FS fur H.J. Wolff z.75. Geburtstag, 1973, S. 181.

12) 이런 문제점에 관한 상론으로 졸고, "措置的 命令 내지 個別事件規律的 命令에 대한 權利保護에 관한 小考," 법조(2002. 11), 90면 이하; 이른바 "處分的 施行規則의 問題點에 관한 小考," 법률신문 제3478호(2006. 7. 27).

13) Ossenbühl, Eine Fehlerlehre fur untergesetzliche Normen, NJW 1986, S. 2805(2806).

14) 이하는 졸고, "民主的 法治國家에서 議會와 行政의 共管的 法定立에 따른 法制處의 役割에 관한 小考," 행정판례연구 12집, 2007. 6. 참조.

iv) 행정규칙은 '실질적 법'에 속하지 않고,[15] 법원에 의해서도 (외부)법규범과 마찬가지로 해석될 순 없다. v) 행정규칙은 사법통제의 규준이 아니라, 그 대상이다.[16] vi) 행정규칙은 개인에 대해서(외부관계상으로) 직접적으로 효과를 발휘하지 않고, 행정관례와 평등원칙에 의거하여 간접적으로 효과를 발휘한다(자기구속설).[17] vii) (독일에서 거듭 주장되는 것으로) 이형적인 개별사례를 위하여 행정규칙에는 항상 不文의 留保가 내재하여 있다고 한다.[18]

(2) 행정규칙에 관한 판례의 변화상에 관한 개관

행정규칙의 소위 비법규성을 바탕으로 한, 스탠다드공식에 대해 최근 중대한 변화가 일어났다. 기본적으로 독일에서의 자기구속설을 취하지 않는 우리 판례상으로선, 재판규범성으로 귀착되는 행정규칙의 대국민적, 대사법적 구속효가 인정되는 경우를 중심으로 살펴본다. 관련 문제의 상황은 형식과 실질을 달리하는 법현상에 즈음하여 극명하여 표출되었다. 즉, 법규명령형식의 행정규칙, 행정규칙형식의 법규명령의 문제이다.[19] 위임명령에 의한 재량준칙(위임재량준칙)의 문제인 전자의 물음에서, 다수 문헌은 법규명령으로 볼 것을 주장하였지만, 법원은 대통령령을 제외하고선 여전히 행정규칙으로 보고 있다. 그렇지만 최근 의미로운 변화가 생겨났다. 법령보충적 행정규칙의 문제인 후자의 물음에선, 판례와 다수 문헌은 실질에 의거하여 법규명령(의 가능성)을 보지만, 반대의 입장에선 이런 유형의 행정규칙에 대해서 위헌까지도 주장하고 있다. 그러나 '금융산업의구조개선에관한법률 제2조 제3호 가목 등 위헌소원 사건'(헌법재판소 전원재판부 2004. 10. 28. 99헌바91)에서, 헌법재판소는 이 물음에 대한 분명한 태도를 제시하였다. 후자의 물음과 관련해선 뒤에서 보도록 하고, 여기선 전자의 물음을 논하고자 한다.

대법원 2006. 6. 22. 선고 2003두1684 전원합의체판결은 법규명령(부령)형식의 행정규칙의 문제에서 종전과 같으면서도 그 기조는 다른 입장을 취하였다. 과거

15) 법원으로선 행정규칙은 속하지 않는 실질적 법만을 전적으로 자신의 결정 근거로 삼을 수 있는데, 다만 행정규칙에서 주장된 법률해석을 나름의 확신에서 따를 수 있다. BVerwGE 107, 338, 340.

16) BVerfGE 75, 214, 227.

17) 그러나 이하에서 상술하겠지만, 우리 대법원 판례상으론 수용되고 있지 않고 헌법재판소 판례상으론 수용되었다. 독일 판례론 vgl. BVerwGE 19, 48,58;34,278, 280.

18) Ossenbühl, in: Erichsen/Ehlers, Allg.VerwR, 12.Aufl., 2002, §6 Rn. 52. 이형적인 사례에서 벗어남에 관해선 vgl. BVerwG DÖV 1979, 793; DÖV 1985, 682.

19) 이 같은 용어의 사용이 과연 문제의 본질이나 법규명령과 행정규칙의 근본이해에 부합하는지는 새삼 숙고되어야 한다. 이를 '규칙유사적 명령'이나 '명령유사적 규칙'으로 명명하는 것도 한 방편이지만, 여기선 일단 문헌상의 통례를 따른다.

대법원 1995. 10. 17. 선고 94누14148 전원합의체판결은 근거규정('제재처분의 기준')의 성질(비법규성)에 연계하여, 그것에 의거한 당초처분으로 인해 후행가중처분을 받을 불이익의 법적 의미(법률상의 이익)를 부정하였다. 하지만 이번 전원합의체판결의 다수의견은 비록 '제재처분의 기준'에 대해선 종전과 동일한 입장(행정규칙)을 취하면서도, 동 기준에 의거하여 정해진 당초처분의 내용이 후행처분에 대해 법률상 불이익을 발생시킨다는 식의 논증을 하였다.[20] 근거규정의 법적 성질과 유리시켜 처분성을 처음 논증한 대법원 2005. 2. 17. 선고 2003두14765 판결의 기조가,[21] 이번 전원합의체판결로 굳어진 셈이지만, 이에 더해서 행정규칙의 차원에서도 중대한 영향이 발생하였다. 행정규칙인 동 기준에서 사실상의 불이익을 넘어서 법률상의 불이익이 발생하였음이 시인된 것이다. 비록 이번 판결이 "제재적 행정처분의 가중사유나 전제요건에 관한 규정이 법령이 아니라 규칙의 형식으로 되어 있다고 하더라도, 그러한 규칙이 법령에 근거를 두고 있는 이상 그 법적 성질이 대외적·일반적 구속력을 갖는 법규명령인지 여부와는 상관없이, 관할 행정청이나 담당공무원은 이를 준수할 의무가 있으므로 이들이 그 규칙에 정해진 바에 따라 행정작용을 할 것이 당연히 예견되고, 그 결과 행정작용의 상대방인 국민으로서는 그 규칙의 영향을 받을 수밖에 없다"고 판시하여 동 기준을 대국민적, 대법원적 구속효를 명시적으로 인정한 것은 아니지만, 행정규칙으로서의 그것의 대국민적 직접적인 외부효를 인정한 셈이다. 여기서 해명되어야 할 점은, 대국민적 구속효가 곧바로 대사법적 구속효를 의미하는 것은 아니지만, 외부효를 부인하기 위한 근거로서 양자를 엄격히 구분하는 것은 문제가 있다. 사실 대사법적 구속효는 궁극적으로 행정규칙의 재판규범성여부에 직결되며, 이에 법원으로선 행정규칙의 비법규성이라는 통설이 자신의 통제권(심사권)을 온존시켜 준다는 점에서 매우 이로운 틀이다. 종종 위임재량준칙을 결정근거로 삼기도 하지만,[22] 법원으로선 그런

20) 참조: 졸고, "失效한 行政處分에 대한 權利救濟에 관한 小考," 법률신문 제3507호(2006. 11. 20).

21) 동판결의 이런 의의에 관해선, 졸고, "근거규정의 성질과 처분성여부의 상관관계에 관한 소고," 법률신문 제3375호(2005. 7. 4). 일찍이 필자가 예측한 것처럼, 제재적 행정처분과 관련한 리딩판결인, 대법원 1995. 10. 17, 94누14148 전원합의체판결의 도식(부령인 제재처분기준⇒행정규칙⇒사실상 불이익의 인정)이 동판결의 획기적인 논증방식에 의해 붕괴되었다.

22) 가령 대법원 1993. 6. 29. 선고 93누5635 판결: "같은 법시행규칙 제53조에 따른 별표 15의 행정처분기준은 행정기관 내부의 사무처리준칙을 규정한 것에 불과하기는 하지만 규칙 제53조 단서의 식품 등의 수급정책 및 국민보건에 중대한 영향을 미치는 특별한 사유가 없는 한 행정청은 당해 위반사항에 대하여 위 처분기준에 따라 행정처분을 함이 보통이라 할 것이므로, 행정청이 이러한 처분기준을 따르지 아니하고 특정한 개인에 대하여만 위 처분기준을 과도하게 초과하는 처분을 한 경우에는 재량권의 한계를 일탈하였다고 볼 만한 여지가 충분하다." 이 판시부분과 관련하여, 김동희 교수는 행정의 자기구속의 법리가 수용될 시발로 평가하였다. 동인, "대중음식점 영업정지처분취소와 행정의 자기구속원칙," 법률신문 제2287호(1994. 2. 14).

일을 재량심사의 결과에 따른 우연의 일치로 치부하지, 위임재량준칙의 구속효를 인정함으로써 자신의 판단여지를 축소시키는 어리석음을 범하진 않을 것이다. (특히 독일의) 통설로선 판례가 행정규칙을 외부법으로까지 보지 않는 점이 만족스럽다. 이런 법상황이 통설과 판례 모두에게 만족스럽기 때문에, 독일도 그렇지만 우리의 경우 통설(소위 비법규설)이 태생적 취약점에도 불구하고 지금껏 견지되는 이유가 여기에 있다.[23] 이는 궁극적으로 행정에 대한 사법통제의 차원에서 다루어질 문제이다. (위임)재량지침의 외부효의 인정을 사법심사의 제한으로 받아들이는 것은 바람직하지 않다. 위임재량준칙의 외부효(구속성)가 인정되더라도, 재량의 개별적 행사의 원칙상 예외적 상황에서의 그것의 적용배제는 당연할뿐더러 규범통제의 길이 열려져 있다. 즉, 법관은 어떤 경우에도 재량결정에 대한 심사(통제)를 할 수 있다.[24] 요컨대 별개의견처럼 법규명령으로 보았어야 함에도 불구하고 종전의 입장을 고수한 결과, 행정규칙의 패러다임상의 변화를 가져다 줄 중요한 動因이 본의와 다르게 마련되었다.[25]

그런데 행정규칙이 대국민적으로 직접적인 구속효를 발생시키는 예가 또 있다. 바로 전술한 「성전환자의 성별정정허가신청사건 등 사무처리지침」(대법원 호적예규 제716호 2006. 9. 6.)이다. 관련 법령이 전혀 마련되지 않은 여건에서 제정된 동 지침은 이른바 法律代位的 規則에 해당한다. '성별정정의 허가기준'(동지침 제6조)과 같은 본질적인 입법사항을 담고 있는 동 지침은, 실질적 기준에 의거하면 법규명령이로되, 행정규칙의 차원에선 패러다임변화의 촉매제가 되기도 한다. 사실 일찍이 판례는 '개별토지가격합동조사지침'(1990. 4. 14. 국무총리훈령 제241호로 제정되어

23) R. Wahl, Verwaltungsvorschriften: Die ungesicherte dritte Kategorie des Rechts, in: Festgabe 50 Jahre Bundesverwaltungsgericht, 2003, S. 571(581f., 585f.).

24) A. Leisner, Verwaltungsgesetzgebung durch Erlasse, JZ 2002, S. 219(227).

25) 즉, 대법원 2005. 2. 17. 선고 2003두14765 판결이 보여주듯이, 법률유보원칙과 결부된 후속적 물음이 뒤따른다. 모법(구 환경영향평가법)상의 불이익처분규정이 존재하고, 동기준의 내용이 그 범주에 들어간다 하더라도, 당초처분의 직접적 근거규정인 셈인 동기준의 법적 성질은 법률유보원칙에서 검토되지 않으면 아니 된다. 동기준의 법규성을 부인하면, 그에 의거한 처분은 설령 모법상의 규정내용에 들어간다 하더라도 그 자체로 위법이다. 왜냐하면 법률상 요구되는 재량행사를 전혀 하지 않은 셈(裁量懈怠)이 되기 때문이다. 이런 하자는 법원이 동기준을 행정규칙으로 삼아 위법판단의 참고잣대로 활용한다 하더라도 치유되지 않는다. 결국 법원으로선, 동기준에 의거하여 가늠된 처분 전체를 위법으로 돌리느냐 아니면, 동기준을 법규명령으로 보아 규범통제의 여지를 둘 것인지 선택에 놓인다. 따라서 근거규정의 성질과 유리시켜 처분성을 논증한 결과가, 다름 아닌 처분근거규정의 법규성인정에로의 귀착이 될 수밖에 없다. 이는 非可逆的 結果이다. 그런데 여기서의 '제재처분의 기준'의 수범자가 전적으로 행정청(공무원)인지 의문이다. 왜냐하면 동기준제정의 근거점이 법률상의 규정인 이상, 동기준의 수범자의 범주에는 당연히 국민도 포함되기 때문이다. 또한 사안에 따른 가중처분을 예정하고 있는 점에서, 동기준이 과연 행정내부사(사무처리준칙)에 불과한지도 의문이다. 요컨대 별개의견과 같이, 동기준은 내용적으로도 전적으로 법규이다.

1991. 4. 2. 국무총리훈령 제248호로 개정된 것)이 모법률을 위한 집행명령으로서 법률보충적인 구실을 하는 법규적 성질을 갖는다고 판시하여,[26] 통설적 이해와의 현저한 편차를 노정하였다(당부의 물음은 차치하고서).

통상 행정규칙은 조직규칙, 규범해석규칙, 재량준칙, 규범구체화규칙, 간소화규칙, 법률대위규칙으로 나뉘는데, 조직규칙과 규범해석규칙을 제외하고선 분명 과거와는 다른 법적 조명이 비춰지고 있다. 위임재량준칙에 대해서도 판례의 기왕의 입장변화에 따라 불원간 근본적인 변화가 예상된다. 이미 행정규칙론에서 옛것은 가고 새 것이 왔다 하겠다.[27] 결론적으로 행정규칙의 비법규성은 앙시엥레짐적 패러다임이며, 그로 인한 난맥상은 '고르디오스의 매듭'이 되어 버렸다.

2. 행정규칙에 관한 기왕의 논의의 문제점 — 새로운 논의의 착안점

(1) 용어사용에 따른 문제

행정규칙에 관한 논의의 출발점이 '법규'의 이해에 있다. 가령 "행정규칙은 법규가 아니되, 법(또는 법규범)이다," "행정규칙은 법규이되, 내부법규이고 법규범(외부법규)가 아니다," "행정규칙은 비법은 아니지만, 내부법규범이고, 외부법규범은 아니다," "행정규칙은 특별한 종류의 규범이다" 등등 분분하다.[28] 법학에서 개념과 용어가 지닌 定義力를 고려할 때,[29] 그것의 오늘의 법률상황과 사실상황에 맞는 이해만으로도 無益한 논의의 상당부분을 축소시킬 수 있다. 본래 '법

26) 대법원 1994. 2. 8. 선고 93누111 판결.

27) 한편 우리와는 차이가 있게, 자기구속설이 통설로 지배하는 독일에선 판례가 행정규칙 전반에 대해 나름의 일관된 기조(외부효의 원칙적 부정)를 저변에 두고서, 특별한 개별영역(가령 자금조성법, 조세법, 사회법과 공무원법)에선 강한 구속효를 부여하였으며, 또한 가령 기술법과 환경법의 복잡한 실체문제의 경우엔 스스로 도그마의 사슬로부터 해방하기 위해 (예외적으로 법원을 구속하는) 규범구체화규칙이란 새로운 범주를 고안하였다. 사실 그럼으로써 법원은 옳은 평가에 대한 부담과 책임을 면한 셈이었다. 서로 조화하기 힘든 원칙과 예외의 결합은 그 자체가 양자간의 분명한 경계를 제공할 수 없다. 가령 그동안 공무원법상의 부조법상의 부조규정(Beihilfevorschften)규정이 법적 효력에서 별 이의없이 법률과 법규명령처럼 취급되었는데, 2004년에 독일연방행정법원은 동규정이 법률유보원칙을 충족하지 못하였다고 판시하였다(BVerwGE 121, 103). 동판결에 대해, J. Saurer, Verwaltungsvorschriften und Gesetzesvorbehalt, DÖV 2005, S. 587ff.는 행정규칙의 외부효와 구속효에 관한 최고법원의 새로운 방향을 제시하며, 행정규칙의 적용영역을 현저히 축소한다고 호평하였다. 독일의 판례경향을 통해 중요한 시사점을 얻을 수 있긴 하나, 우리와의 다른 구석(가령 권력구조, 행정의 위상 등)을 늘 유의하여야 한다.

28) 독일의 경우 판례상 "행정규칙은 법규범이 아니다," "행정규칙은 법규적 성질을 갖지 않는다," "행정규칙은 실질적 법이 아니다"고 설시되곤 하였다. BVerwGE 58,45(49); 107, 338(340).

29) 가령 곧바로 처분성이 인정되는 양 誤解를 낳는 '처분적' 명령(조례)이란 용어는 하루바삐 시정되어야 한다. 日人學者(山田 晟)의 "ドイツ法律用語辭典"(1984)에서도 'Maßnahmegesetz'을 措置法으로 바르게 옮겨 놓고 있다(p. 251).

규'(Rechtssatz)는 주지하듯이, 독일 19세기의 입헌주의시대에 창안된 개념이다. 이미 1916년에 Richard Thoma가, 법규(법규범)의 개념이 다의적이어서 우리의 가장 탁월한 국법학자들이 무익한 다툼에 휩쓸려 들어갔다고 기술한 바 있다고 하는데,[30] 약간의 가감은 있지만, 이러한 확인은 오늘날에도 여전히 통용될 수 있다.

일세기에 걸친 상이한 법규에 관한 정의를 낱낱이 서술하기란 불가능하다.[31] 하지만 중요한 사실은, 현재에 다양하게 사용되는 법규개념이 역사적으로 낡아빠진 것이거나 도그마적으로 좁은 시각에서 만들어졌음에도 불구하고, 일반적으로 통용되는 정의로서 주장되고 있다는 점이다. 이러한 사정이 행정법의 法源에 관한 시각을 현저히 좁힐 뿐만 아니라, 행정규칙에 관한 이해를 방해한다. 전통적인 習俗的 법규개념에 의하면, 법률과 법을 동일시 여기는 바탕에서, '시민의 자유와 재산과 관련이 있고 그것에 개입하는 규율'로, 법규가 정의 내려진다. 당연히 국가의 내부영역(행정의 내부적 조직과 국가의 영조물)은 법규로부터 해방구인 셈이다. 나아가 후기입헌주의시대를 지배한, P. Laband, G. Jellinek의 법(법규)개념 — 인격주체상호 간의 의사의 범위를 정해주는 것 — 및 침투불가한 권리주체로서의 국가의 성격이 아우러져서, 국가의 내부질서는 독립된 권리주체 간의 한계설정에 해당하지 않아서, 개념정의상으로 이미 法外的 事項이었다. 그런데 이런 역사적, 습속적 법규개념을, 法理論的(rechtstheoretisch) 법규개념 — 전제된 성립요건에서 권리와 의무를 성립시키거나 일정한 성립요건에 일정한 권리와 의무를 연결시키기 위하여 정해진 규정(명제) — 로 대체하여 정의내리고 사용한다 하더라도, 실제 많은 것을 얻지 못한다. 즉, 이젠 행정규칙과 특별명령을 바로 非法(Nicht-Recht)이라 烙印을 찍을 수 없다 뿐이지, 그것의 본질(직접적 외부효의 부인)에는 하등의 변화가 생겨나진 않는다. 도리어 앞에서의 용례가 보여주듯이, 이런 법이론적 법규개념은 습속적 법규개념이 여전히 통용되는 현실에선, 개념의 난맥을 야기한 구석도 있다.

결국 행정규칙의 法源性 내지 법규성의 문제는 법원개념의 廣狹을 둘러싼 용어상의 일이기 때문에, 문제원인이 결코 法規의 定義에 있지 않다.[32] 이 점에서 종래 행정규칙의 문제를 법규성(법규적 효력)의 차원이 아닌, 그것의 직접적 외부

30) In: Festgabe Mayer, 1916. S. 176.

31) 참고로 H. Kelsen에 의하면, 법규범은 법기관에 의해 창조되고 법기관에 의해 적용되며 권리주체에 의해 준수되는 것인 반면에, 가언판단으로서 법규(법명제)는 이런 법규범에 의해 규정된 성립요건들 간의 관계를 법학이 서술한 규정(명제)에 해당한다. Ders., Reine Rechtslehre, 2.Aufl., 1983, S. 73.: 변종필·최희수(공역), 순수법학(길안사, 1999), 130면 이하.

32) Vgl. F. Ossenbühl, in: Erichsen/Ehlers, a.a.O., §5 Rn. 7ff.; H. Maurer, Allg.VerwR, §24 Rn. 2ff.,

效(구속력)의 차원에서 접근하는 것이 바람직하다.[33] 나아가 기왕의 행정규칙의 개념정의 역시 손질이 필요하다. 행정규칙이 異論없이 내부적으론 직접적 구속효를 발생시킴에도 불구하고, '법적 규율'(rechtliche Regelungen)로서의 징표가 捨象된 그것의 개념정의로 인해 관련 논의가 무익한 소모와 불필요한 오해를 겪고 있다. 물론 여기서의 '법적'의 의미를 '규범적 구속효'로 보는 것은, 행정규칙의 직접적 외부효를 인정할 것인지 여부에 관한 것이기에, 별개이다.

(2) 행정규칙의 성립역사에 따른 문제

독일 19세기 입헌주의의 주된 관심사는, 군주와 그에 부수한 행정부(집행부, Exekutive)의 독립된 규범정립권을 억누르는 것이었다. 그 후 명령도그마틱의 고전적 근거를 구축한 G. Jellinek는 '독립된', 즉 '헌법에 맞는'(헌법에 직접적으로 바탕을 둔) 법규명령과, '비독립된'(그 존재와 효력이 특별한 법률에 의해서 정해지는) 법규명령으로 나누면서, 다음과 같이 주장하였다: "법률무관한 행정의 규칙제정권은 존재하지 않으며, 외부규범적 법규는 전적으로 의회 및 의회의 명시적 수권을 받은 행정부(집행부)만이 발할 수 있다. 행정명령은 특수한 국가적 성질을 갖지 않는다. 그것은 모든 행정에 의해 '자신의 권한에 복종하는 분야 안에선' 고유한 권리에서 발해질 수 있긴 하나. 결코 실질적 법률로 전화될 수 없을 것이다. '신민의 권리와 의무는 행정의 행위에 의해서 독립되게 창설되어선 아니 된다'."[34] 그리고 동일한 시기에 P. Laband가 법이론적 근거로서 不侵透說(Impermeabilitätslehre)을 제시하였다. 이에 따라 국가내부영역에서, 법으로부터 자유로운 일종의 해방구로써 발해진 행정규칙은 법규가 아니다. 이것이 Jellinek의 법규정과 행정규정(규칙) 간의 구분을 심화시켰고, 독일 빌헬름 2세 시대의 국가학은 간단없이 이에 바탕을 두었다.[35] 여기에 O. Mayer에 의해 창시된 이른바 特別權力關係의 법형상은 (침투불가한) 국가의 내부영역과 외부영역 간의 구분에 연계될 뿐만 아니라, 행정규칙의 법규성질의 결여를 근거지우기도 한다: "행정규칙에는 '일반권력관계에 근거한' 일반적 통용이 결여된다."[36] 이런 이유로 행정규칙에 관한 독일 행정법원의 규범통

33) 일찍이 김남진 교수는 대법원 1987. 9. 29. 86누484 판결을 규범구체화규칙으로 인정하여 행정규칙의 대외적 구속력을 명시적으로 인정한 최초의 판결례로 보면서, 대법원이 동훈령을 '법규명령'으로 부른 것은 시정되어야 한다고 지적하였다. 동인, 행정법의 기본문제, 1994, 192면. 법규적 효력이 있는 행정규칙을 법규명령이라 표현함에 있어선, 여기서의 법규명령은 실질적 의미에서 그것을 뜻하며, 따라서 공포 등의 요청과는 무관하다는 점을 유의해야 한다.

34) ders., Gesetz und Verordnung, 1887, S. 366ff., 389.

35) 가령 G. Anschütz, Grundzüge des Deutschen Staatsrechts, 1903, S. 603.

36) ders., Deusche Vewaltungsrecht, Bd. I, 3.Aufl., 1924, S. 74.

제 역시 50년대 중반에도 부인되었다.

하지만 행정규칙의 외부효를 부인한 전통적 견해를 성립시킨, 입헌국가적, 안티-행정부적 異議는 오늘날 그 근거를 상실하였다. 독일은 물론 우리 역시 의회법률의 행정입법(행정에 의해 정립된 규범)에 대한 우위는, 절대적이고, 전혀 훼손되지 않았으며, 司法的으로 담보된다. 입헌국가적 갈등은 독일의 경우에 이미 지난 일이며, 우리로선 전혀 경험한 바가 없다. 따라서 이런 사정이 행정규칙의 외부효를 더 이상 원칙적으로 방해하여선 아니 된다. 특히 특별권력관계의 토대인 불침투설과는 이미 결별하였다. 그럼에도 불구하고 특별권력관계론에서 비롯된 내부영역과 외부영역의 공간적 범주상의 이원주의는 지금까지도 독일 공법학을 지배하여 행정규칙에 관한 전통적 통설이 여전히 주효하고 있다. 나아가 내부법규와 외부법규간의 구분이 어떤 이유로 어떤 내용으로 여전히 견지되는지의 물음 역시 심도있게 다루어지지 않고 있다. 이런 현상에 대해 가령 F. Ossenbühl은 체념적으로, '존재론적으로 정해져 있는 요소'로서 '내부와 외부'를 언급하고,[37] P. Lerche는 독일 국법학은 외부효적(außwirksam) 사건(사상)을 일방적으로 목표로 삼는다고 말하였다.[38]

H. H. Rupp가 정당하게 지적하였듯이,[39] 행정규칙의 전통적인 적용영역이 특별권력관계와 급부행정이었는데, 그동안 이들 영역에서도 의회의 법률유보가 실현되었다. 행정규칙의 전통적 이해는 다름 아닌 특별권력관계와 불침투설의 殘痕일 따름이다. 그것은 결코 溫故의 대상이 아니다. 독일과 다른 역사적 전통을 겪고 그들의 법제를 일본을 통해 이식받은 우리로선, 오히려 독일보다 일세기 전의 殘影을 더 쉽게 지울 수 있다.

(3) 접근방식상의 차이에 따른 문제

행정규칙의 직접적 외부효를 부인하는(비법규성) 것을 견지하는 독일의 소위 통설은, 곤혹스런 현실(행정규칙의 사실적 외부효)을 자기구속의 법리를 매개로 자신의 기조를 허물지 않고 대처하였다. 즉, 평등원칙이나 신뢰보호원칙을 전환규범으로 삼아 행정관례를 터 잡아 행정규칙에 위반한 행위의 위법을 논증하였다. 이런 우회적 방도는 대표적인 독일 행정법문헌(특히 H. Maurer)을 통해 우리에게 소개되어, 행정규칙의 직접적 외부효를 부인하는 입장(사실적, 간접적 구속력설, 통설)에선

37) ders., AöR 92(1967), S. 1(4).

38) ders., in: Maunz/Dürig, GG, Art84 Rn. 95.

39) ders., JZ 1991, S. 1032(1034).

그것을 당연히 채용하였다.[40] 이런 논증의 방법을 헌법재판소 역시 채용하였다.[41] 그렇지만 법원은 시종 이런 접근을 하지 않고, 재판규범성을 비롯한 대외적 구속력을 오로지 법규명령이냐 아니면 행정규칙이냐 하는 이원적 방식으로 검토하고 있다. 당연히 형식적 기준이 아닌 실질적 기준에 의거하여, 처음부터 법적 성질을 재단한다. 즉, 행정규칙 특히 재량준칙이 지닌 간접적인 대외적 효력을 인정하기보다는, 처음부터 대상 규범의 법적 성질을 가늠짓는 것으로 대신한다. 이런 다른 접근기조가 현하의 문제(이른바 법형식과 법실질의 괴리현상)에 그대로 移入되어, 공감하는 접점을 찾기 어렵게 할 뿐더러, 논의상황을 더욱 혼란스럽게 만들기도 한다. 그런데 이런 법원의 태도가 중요한 시사점을 던진다. 법령보충적 규칙의 경우처럼, 우리의 경우엔 독일의 통설적 기조(사실적·간접적 구속력설)에서 손쉽게 벗어날 수 있다. 자칫 여기서 헌법재판소 1990. 9. 3, 90헌마13 결정이 일종의 장애가 될 수 있다.

(4) 외국, 특히 독일과 우리의 기본구조상의 차이에 따른 문제

먼저 독일의 법제(기본법 제80조)를 보자면, 동조상의 표제가 '법규명령'(Rechtsverordnug)이고, 재위임은 그것이 위임(수권)법률이 명시한 경우에 한하여 허용되며, 명령의 제정에 기본적으로 연방참사원의 동의를 필요로 한다.[42] 이런 법상황이 우리의 경우에 고려되어야 한다. 우리의 경우 강학상의 법규명령 개념이 명문상 사용되지 않고,[43] 수임자를 중심으로 대통령령 등의 명칭이 사용되기에, 의회입법원칙의 예외인 셈인 법규명령의 목록은 그 자체로서 개방적일 수 있다.[44]

---

40) 간접적 구속력설(효력설)과 직접적 구속력설(효력설)의 상세는 서원우, 전환기의 행정법이론(1997), 335면 이하.

41) 헌법재판소 1990. 9. 3, 90헌마13: "행정규칙이 법령의 규정에 의하여 행정관청에 법령의 구체적 내용을 보충할 권한을 부여한 경우, 또는 재량권행사의 준칙인 규칙이 그 정한 바에 따라 되풀이 시행되어 행정관행이 이룩되게 되면, 평등의 원칙이나 신뢰보호의 원칙에 따라 행정기관은 그 상대방에 대한 관계에서 그 규칙에 따라야 할 자기구속을 당하게 되고, 그러한 경우에는 대외적인 구속력을 가지게 된다 할 것이다."

42) 심지어 그들은 일반행정규칙의 제정에도 연방참사원의 동의를 요구한다(독일 기본법 제84조 제 2 항).

43) 사실 독일의 "Rechtsverordnug"을 '법규명령'으로 옮긴 것이 관련 논의를 어지럽게 하였다. 당시 '법규'(Rechtssatz)는 일종의 명제인 셈인데, 그것의 명령적 발현형태(모습)에 그 명칭을 그대로 접목시킴으로써 가령 이른바 법규적 효력의 존재만으로 법규명령을 칭하는 오류가 빚어지곤 하였다. 생간건대 의회에서 제정된 법규범이 법률이라면, 행정에서 제정된 법규범을 '법령'이라 명명했으면, 관련 논의의 상당한 소모적 부분이 불식되고 더 생산적인 결과를 거둘 수 있었을 것이다. 지금의 법령의 용례가 법률과 법규명령을 합친 것으로 굳어진 것이 아쉬울 따름이다.

44) 이 점에서 헌법상 행정입법의 형식의 예시성은 당연히 도출되다. 참조: 헌법재판소 전원재판부 2004. 10. 28. 99헌바91.

나아가 헌법 제75조 등은 법률에 대비한 법규명령의 근거규정일 따름이기에, 행정규칙의 직접적 외부효(이른바 법규적 효력)의 인정은, 물론 그 같은 시스템을 제도화에 따른 헌법적 의문은 제기되지 아니 한다—물론 본질성이론에 따른 법률유보가 여전히 견지된다는 전제하에서(후술 참조)—.

그런데 행정규칙에 관한 독일의 제 학설은, 독일법상 행정의 상대적으로 낮은 위상과 약한 독립성과, 독일법의 법원지향적 통제(심사)관점과 밀접한 상관관계가 있다. 독일법에선 통제(심사)사고가 작용사고보다 앞서고, 의회와 법원의 우월적 권한이 행정을 꽉 쥔다. 행정의 작용여지에 관한 독일공법의 공포는, 행정규칙으로 하여금 고유한 힘을 가지지 않도록 함과 아울러, 그것을 법령과 법원판결 사이에 꽉 끼게 만들었다.[45] 그리하여 일찍이 Ossenbühl은 헌법이론상으로 독일 국법학이 (그것이 의회에 독점적으로 부여한) 민주적 정당성 원리의 비현실적 과도함과 결별하여야 한다고 지적하였다.[46]

1997년에 제정된 行政規制基本法 제4조 제2항 단서가 "법령이 전문적·기술적 사항이나 경미한 사항으로서 업무의 성질상 위임이 불가피한 사항에 관하여 구체적으로 범위를 정하여 위임한 경우에는 고시 등으로 정할 수 있다"고 규정함으로써, 고시를 비롯한 행정규칙에의 위임을 일반적으로 인정하였다. 즉, 이른바 법규성이 있는 위임고시(규칙)의 성립이 공인됨으로써, 행정규칙을 기본적으로 배제하고, 법률과 법규명령을 근간으로 한 기왕의 법규범질서에 변화가 초래되었다(법률⇒고차적 법규명령(대통령령 등)⇒저차적 법규명령(위임고시)). 물론 이런 변화를 기왕의 법령체계의 외연확대로 보더라도, 여하튼 기왕의 법규범질서에 관한 이해가 달라지지 않으면 아니 된다(후술).

한편 재위임의 경우에 우리 헌법재판소는 1차 위임상의 요구(포괄위임금지)가 그대로 견지되어야 한다고 판시하였다.[47] 그런데 위임독트린(포괄위임금지)은 의회입법의 원칙상 1차 위임(수권)에는 당연히 주효하지만, 이미 대통령령이든 총리령이든 부령이든 1차 위임이 행해진 다음에는 법정립은 이미 행정부 內部事일 따름

45) Vgl. R. Wahl, a.a.O., S. 571(596).

46) ders.,,Die Not des Gesetzgebers im naturwissenschaftlich-technischen Zeitalter, 2000, S. 34.

47) 헌법재판소 1996. 2. 29. 94헌마213【風俗營業의規制에관한法律제2조제6호등違憲確認】: "법률에서 위임받은 사항을 전혀 규정하지 않고 재위임하는 것은 복위임금지의 법리에 반할 뿐 아니라 수권법의 내용변경을 초래하는 것이 되고, 부령의 제정·개정절차가 대통령령에 비하여 보다 용이한 점을 고려할 때 재위임에 의한 부령의 경우에도 위임에 의한 대통령령에 가해지는 헌법상의 제한이 당연히 적용되어야 할 것이므로 법률에서 위임받은 사항을 전혀 규정(規定)하지 아니하고 그대로 재위임하는 것은 허용되지 않으며 위임받은 사항에 관하여 대강(大綱)을 정하고 그 중의 특정사항을 범위를 정하여 하위법령에 다시 위임(委任)하는 경우에만 재위임이 허용된다."

이다. 당연히 그 후의 위임은 행정부의 고유한 행사의 범주에 속하기에, 그것에 위임독트린을 대입시키는 것은 도그마틱의 과잉이다. 이런 관점은 특히 行政規制基本法 제 4 조 제 2 항 단서상의 위임고시(규칙)와 관련하여 매우 중요하다. 왜냐하면 기왕의 재위임법리를 여기에 그대로 도입하면, 사실상 위임고시의 기능영역이 매우 좁아지기 때문이다. 요컨대 법률이 직접 고시 등에 위임한 경우가 아니라면, 行政規制基本法 제 4 조 제 2 항 단서상의 한계(제한)가 그대로 적용되어선 아니 된다.

3. 행정입법으로서 행정규칙의 직접적 외부효의 인정 문제

(1) 전통적 입장에 터 잡은 자기구속설의 문제점

행정규칙의 외부효 문제는, 오늘날 대국민관계에서 일반적으로 행정규칙에 부여되는, 실제적 중요성(의의)을 여하히 규범화하는 것에 다름 아니다. 그리하여 행정규칙이 지닌 실제 현저한 외부효를 감안한, 즉 전통적 통설(비법규설)은 이른바 自己拘束說(Selbstbindungslehre)을 통해 양보를 하였다; "외부효와 내부효 간의 구분의 유지에도 불구하고, 행정규칙에 대해 외부효가 다양하게 인정되었다. 행정규칙은 지속적인 적용을 통해서 동일한 행정실무를 성립시킬 것인데, 이를 통해서 행정은 스스로 구속된다. 왜냐하면 행정은 평등원칙에 따라 동일한 상황을 실체적(실질적) 이유없이 달리 처리하여선 아니 될 것이기 때문이다."[48] 거듭 주장되는 것이, 이형적인 개별사례를 위하여 행정규칙에는 항상 불문의 유보가 내재하여 있다고 한다.[49]

일찍이 행정규칙의 도그마틱의 이정표를 제시한 K. Vogel이, 통설의 자기구속설이 '엉터리'(Krücke)이고 '作爲的 구성'이라고 맹공을 하였는데,[50] 사실 그것의 우회적 구성 자체로 말미암아 자기구속설은 곤경에 처한다. 즉, 그런 종류의 지속적인 행정실무(행정관례)는 분쟁에서 경험적 조사를 통해서 확인될 필요도 없다. 왜냐하면 행정실무(관례)가 그것의 바탕이 되는, 당시의 행정실무를 시사하고 대변

48) 대표적으로 vgl. Maurer, a.a.O., §24 Rn. 21.

49) 이런 주장을 직접적 외부효를 인정하는 입장에서도 하곤 하는데(가령 Ossenbühl 등), A. Leisner, a.a.O., S. 219(230)는 행정규칙에 대해 아무런 규범효과를 인정하지 않았던 시대로 퇴보하는 것이라 공박을 하였다. 이에 특히 R. Wahl은 자신의 입장을 바꾸어, ― 예외상황이 특정되어 있으면 모르되 ― 행정규칙에서의 일반적인 예외유보는 도그마적 모순이라 지적하였다. 이유인 즉, 그로 말미암아 규범범주로서의 행정규칙의 효력(통용)이 궁극적으로 실패로 돌아가기 때문이라고 한다. Vgl. R. Wahl, a.a.O., S. 571(598).

50) ders., Gesetzgeber und Verwaltung, VVDStRL 24(1966), S. 265.

하는 행정규칙에 반영되어 있기 때문이다. 또한 공무원의 복종의무로 인해 행정규칙과 행정실무가 일치하리라는 사실상의 추정이 성립하기에, 처음의 사례에서조차도 예측된 행정실무가 그대로 실현된다. 결국 행정실무가 행정의 자기구속의 근거로서 배경이 되면 될수록, 통설 그 자체가 행정규칙의 내부영역과 외부영역 간의 垓字를 더욱더 메운다. 비록 대표적인 통설의 주창자인 Maurer가 통설이 직접적 구속효설에 비해 우수하다고 평하기 하였지만,[51] 이런 망외의 결과가 행정규칙의 규범효에 관한 — 최소한 내부영역에서는 — 새로운 이해를 촉진한다. 행정규칙은 아무튼 규범이며, 그것의 외부효의 배제가 (과거의) 그것의 소위 본질인 非規範(Nicht-Norm)으로부턴 더 이상 도출되지 않게 되었다. 나아가 행정규칙으로 명해진 직무의무위반이 직무책임을 발생시키듯이, 통설(자기구속설)은 내부영역과 외부영역을 법적으로 상호 연계시키는 셈이 되어, 자신의 중요한 토대(기반)인 법영역상의 二分論을 약화시킨다.

(2) 직접적 외부효를 인정하는 입장에 관한 개관

아래에선 독일에서의 견해를 지면관계상 개략적으로 소개하고자 한다. 행정규칙을 '단순한' 내부법으로 치부하는 식의 흡사 수사적인 귀납적 추론과, 자기구속을 통해 생겨난 사실적·법적 결과 사이엔 논증상의 모순이 존재한다. 이런 불편함이 직접적 외부효설의 기저에 있다. 다만 유의해야 할 점은, 이들 견해들이 기본적으로 행정규칙의 유형적 관점에서 이 문제를 바라보며, 조직규칙은 직접적 외부효의 논의대상에서 제외하고 있다.

일찍이 독일 조세법문헌상으론 指針에 대해서 외부관계에서도 확실한 구속효가 인정되었다. 왜냐하면 특히 조세소송에서 조세지침에 대해 구속효를 부여하는 것이, 실무의 요청에 부합하였다고 한다.[52] 그리고 일찍이 E. Becker는 의문스런 법률규정이 조세의무자에게 유리하게 해석되는 경우엔 조세지침의 구속효를 인정하고자 하였고, O. Bühler는 조세행정규칙 전체의 구속효를 (재무행정과 조세의무자 간의) 특별권력관계의 인정을 통해 성립시키고자 하였다고 한다. 그러나 조세법의 특별영역에 국한된 이런 시도는 도그마적으로 성숙하지 않은 것이었다. 그 뒤 1965년 독일 국법학자대회에서 K. Vogel은, 시민의 권리보호적 이익을 출발점으로 삼아, 행정규칙을 행정부(집행부)의 원래의 고유한 규율권(Regelungsgewalt)의 표현으로 처음 해석하면서 다음과 같이 주장하였다: "행정에 재량여지가 부여된 곳에선,

51) ders., a.a.O., §24 Rn. 26.

52) 개관은 vgl. K. Vogel, a.a.O., S. 157.

시민은 지침에 의해서 그에게 절차도 진행되리라는 권리를 갖는다," "입법자가 행정에 대해 판단여지를 부여한 경우에도 마찬가지이다."[53]

F. Ossenbühl은 행정규칙의 내용과 기능에 따른 외부효와 행정의 외부효적 자기구속에 따른 그것을 구분한다. 그리고 전자의 경우란 오로지 행정규칙에 대해 일반적인 법질서를 보충하는 기능이 부여될 때에만 생각할 수 있다고 한다(내용과 기능에 따른 외부효).[54] 법률이란 불완전하며 보충을 필요로 한다는 것이, 그의 사고의 출발점이다. 행정규칙에 이런 보충기능이 부여되는, 즉 실제 중요한 유형인 재량준칙과 판단지침을 직접적인 외부효도 인정되는 행정적 보충법이라 여겼다.

W. Krebs는, '本質性(本質事項留保)理論'의 裏面(Kehrseit)에 의거하여 外部效를 주장하였다.[55] 즉, 독일 연방헌법재판소가 전개한 본질성이론[56]에 따른 '裏面'도 있다는 점을 출발점으로 하여, 비본질적 규율을 발하기 위한 행정의 고유한 기능영역을 인정하였다. 다시 말해, 입법자가 자신의 攻取權(Zugriffrecht)을 전혀 행사하지 않으면, '그 자체로부터' 행정부는 작용의 권능을 갖는다고 한다. 이런 착안점은 특히 H. D. Horn에 의해서 계속 승계되었다.[57] 이를 통해서 적어도 의회와 행정의 효력범위의 구분을 위한 기준이 특히 헌법으로부터 얻어졌다는 점이 성과이다. 그러나 본질성이론의 근원적 물음—무엇이 본질적인지—에 대한 명쾌한 답이 아직 내려지지 않아 의견이 분분할 뿐더러, 그 反證의 방식인 논증방식 자체가 취약점을 지닌다. 왜냐하면 본질성이론의 반대결론이 결코 강제적이지 않을 뿐만 아니라, 그것의 반대결론은 비본질적 사항이란 반드시 의회에 의해 결정내려질 필요가 없다는 언명에 불과하기 때문이다. 요컨대 입법자가 아무런 행동을 하지 않을 때, 행정부에게 어떤 권능이 인정되는지의 물음에 대한 답은, 본질성이론을 통해선 얻을 수 없다.

한편 입법과 행정입법(행정부에 의한 규범정립)을 협력관계로 보는 E. Schmidt-Aßmann은, 독일 기본법 제80조에 관해서 통설이 전개한 엄격한 委任독트린(Delagationsdoktrin)으로부터 명령권을 해방시키는 데 찬동한다.[58] 그는 행정규칙

53) ders., a.a.O., S. 264f.

54) ders., Verwaltungsvorschriften und Grundgesetz, 1968, S. 484ff.

55) ders., Zur Rechtssetzung der Exekutive durch Verwaltungsvorschriften, VerwArch70(1979), S. 259(268f.).

56) BVerfGE 34, 165(193); 40, 237(249ff.); 41, 257(259ff.)47, 46(78f.); 58, 257(269ff.).

57) ders., Die grundrechtsunmittelbare Verwaltung, 1999, S. 62ff. 그는 본질성이론을, 행정규칙의 외부효에 관한 논의에서 전적으로 결정적인 연결점으로 삼는다. 그리하여 본질적인 결정이 처음부터 내려질 수 없는 곳에선, 행정으로선 법률무관한 법정립권을 갖는다고 한다.

58) ders., Die Rechtsverordnung in ihrem Verhältnis zu Gesetz und Verwaltungsvorschrift, in: FS für K. Vogel, 2001, S. 477, 483; in: Th. Maunz/G.Dürig(Hrsg.), GG, Art.19 Rn. 185ff.

의 외부효를 위하여 法律附從性(Gesetzesakzessorität)의 원칙의 유지, 법률적 바탕에의 재귀적 구속을 요구하긴 하지만, 독일 기본법 제84조 제2항, 제85조 제2항, 제108조 제7항의 광범한 권한부여로 충분하다고 여기고, 이를 넘어선 수권은 필요치 않다고 한다(法律附從性(Gesetzesakzessorität)에서의 행정규칙의 外部效).[59]

그런데 특이하게도 직접적 외부효설이 숫자상으로 늘어가도 독일의 통설은 변함이 없다. 남다른 권위를 가진 중요한 학자들이 통설을 맹렬히 공박하였음에도 불구하고, 그 비판이 아직 효과를 얻지 못하는 이런 현상은 주목할 만하다. 이와 관련해서, R. Wahl은 가장 중요한 이유로 행정법원으로선 기왕의 판례로부터 벗어날 아무런 動因이 없다는 점을 들었다.[60] 그렇다면 독일과 같은 법원지향적인 법시스템하에선 상황의 반전을 기대하기란 극히 어려울 것 같다.

(3) 관　　견

행정규칙의 성질(직접적 외부효)의 문제는, 다름 아닌 행정부에 의한 법정립의 문제이다. 당연히 행정법학과 헌법학의 기본문제이다.[61] 궁극적으로 헌법시스템의 일관성에 관한 통설의 우려가 그 핵심에 있다. 그리하여 찬반의 논거는 법률의 유보영역, 즉 독립된 행정의 법정립의 형상에 관한 헌법적 고찰로 전폭적으로 귀착될 수밖에 없다. 여기서 유의해야 할 점은, 현행의 법률과 법률제정절차는 19세기의 독일 법률학을 바탕을 하고, 그 목표점 역시 조종법률(Steuerungsgesetz)이 아니라, '권리를 바탕으로 한 법률'(Rechtsgesetz)[62]이다. 필연적으로 법체계상의 방향전환과 결부된 마찰이 생겨나며, 더군다나 자연과학기술시대에서 법으로선 상대가 되지 않는 기술과의 경주, 법의 조종능력에 관한 의심의 대두, 과학기술관의 근본적 이견상황 등으로 인해, 입법자는 곤혹스럽기 짝이 없다. 당연히 입법의 무게중

59) ders., in: FS für K. Vogel, 2001, S. 491. 그러나 이런 기본법상의 규정만으론 문제되는 법적 근거가 충분치 않는 곳에선, E. Schmidt-Aßmann이 요구한, 법률부종성이 언제 받아들여야 할지, 어떤 방법으로 분명하게 될 것인지, 그리고 어떤 경우에 의회가 행정에 대해 규범정립을 위한 공간(여지)을 부여하였는지와 같은 물음은 여전하다.

60) R. Wahl, a.a.O., S. 571(584f.).

61) 위임(Delegation), 즉 법정립의 수권이란 어떤 규범제정자에게 닫혀져 있는 규율영역을 다른 규범제정자가 열어 주는 것이다. 이는 고유한 규율권한을 외부로 보낸, 즉 넘겨준 것이다. 적용·준용(지시)이 힘의 접합(Machtanknüpfung)이라면, 수권은 힘의 분배(Machtverteilung)이다. 이런 수권(위임)의 속성상, 행정의 법정립은 헌법적 문제제기로부터 늘 자유로울 수 없다. 행정규칙의 외부효를 주장하는 입장으로선, 행정의 고유한 법정립권를 논증하는 데 당연히 노력을 경주한다. 가령 A. Leisner는 독립된 행정권이 규범을 정립하는지 여부의 문제점을 해결하기 위한 착안점을, H. Kelsen의 광의의 수권개념 — 법규범을 적용하기 위한 어떤 식의 요건의 조성 — (ders., a.a.O., S. 55ff: 변종필·최희수(역), 앞의 책, 99면 이하)에서도 찾고자 하였다(ders., a.a.O., S. 219(230f.)

62) 이는 실체적 권리본질이 내재되어 있는 법률을 뜻한다. H. Schneider, a.a.O., Rn. 196ff.

심이 의회의결적 법률에서 법규명령과 그 하위에 놓인 규범정립(행정규칙)의 차원으로 이행하였다.[63] 이제 행정에 의한 법제정의 불가피성과 정당함을 정면으로 수용하여야 한다.

사실 행정이 일반적으로 입법자와 특히 법원 사이에 꽉 끼인 곳에선, 행정규칙의 수단 역시 발휘될 수 없다. 독일의 경우 Ossenbühl이 지적한 '命令에 대한 恐怖'(Verordnungsphobie)[64]와 행정규칙의 체계상의 평가절하가 공존하여, 모든 형식의 행정부에 의한, 즉 비의회적 법제정에 대해선 일반적인 疑惑이 상존하고 있다. 그 결과 假定的(Als-Ob) 논증인 자기구속설이 여전히 통설로 자리 잡고 있다. 통상 행정규칙은 내용상 크게 조직규칙과 행위조종규칙(재량준칙, 규범해석규칙, 규범구체화규칙, 유형화규칙, 간소화규칙)으로 나뉘는데, 이 분류는 재량, (불확정법개념에서의) 판단여지와 (잠정적인) 해석권한이라는 行政權原에 의거한 도그마틱적 범주를 지향한다. 따라서 내부법으로서의 그것의 성격에 관한 상투적 표현에서 벗어나, 독립된 결정을 위한 개개의 행정권능의 의의에서 행정규칙의 의미를 추론하여야 하며, 법적 관심을 행위조종규칙에 기울려야 한다. 행정의 (재량·판단)여지가 인정되면, 행정으로선 그에 결부된 (한정적인) 최종결정권능을 개별사안은 물론, 일반적·추상적 규정(규칙)에서도 자명하게 갖는다.[65] 중요한 것은 행정의 개개의 최종결정권능을 가늠하는 것이다.

외부효는 원칙적으로 영역특수하게 법률적 주변을 고려하면서 정해져야 한다.[66] 우리의 경우 독일보다 광범한 범위에서 성립가능한 법령보충적 규칙이 제도화되었고,[67] 위임재량준칙 역시 법형식이 법규명령이어서 다수는 법규명령으로

---

63) Ossenbühl, Die Not des Gesetzgebers im naturwissenschaftlich-technischen Zeitalter, S. 21, 31, 34.

64) ders., Gesetz und Verordnung im gegenwärtigen Staatsrecht, ZG 1997, S. 305.

65) 사실 행정의 법정립책임을 의회에 재귀적으로 구속시킴은 순전히 이론일 뿐이다. 왜냐하면 의회에로선, 조세법, 사회법, 기술법의 고도의 전문화된 세부적 물음에서, 전문지식의 결여로 어차피 실제적으론, 개인과 관련한 규정(규칙)을 상세한 심사를 하지 않은 채 받아들일 수밖에 없기 때문이다.

66) 이 점에서 대부분의 문헌이 특정 행정규칙을 한정함이 없이 그 일반에 대해 '법규명령의 하자론'을 대입하는 태도는, 再考되어야 한다.

67) 한편 EuGH가 1991년 판결에서, "공동체법의 지침을 전환하기 위한 충분한 형식으로 파악하기 위해 꼭 필요하다고 할 수 있는, 규범적 외부효가 독일법에 따르면 여지껏 일반적으로 행정규칙에 대해선 인정되지 아니 한다"고 확인하였다(EuGH JZ 1991, 1081(1084ff.)). 이에 독일의 규범구체화 규칙이 위축되었다고 일부에서 평해지나, 많은 문헌은 동판결이 독일 규범체제를 대한 몰이해에서 비롯되었다고 공박하여, EuGH 판결의 구속력을 문제삼아 지침전환에 규범구체화규칙을 이용하는 데 아무런 문제가 없다고 주장한다. 나아가 도리어 이를 계기로 독일 행정규칙의 직접적 구속효를 인정할 수 있는 개선(특히 공포의 문제)을 촉구한다. Vgl, R. Wahl, a.a.O., S. 571(589ff.).

보고 있으며, 최근엔 의미로운 변화까지 생겼다.[68] 우리로선 조직규칙과 규범해석규칙을 제외하고선, 사실상 행정규칙의 직접적 외부효가 인정되고 있는 셈이라 해도 과언은 아닐 듯하다. 물론 행정규칙의 외부효의 인정이 결코 법원의 심사권의 제한을 초래하여선 아니 된다. 요컨대 외부효적 행정규칙은 법규명령과 병렬적으로 독립하게 존재하고, 따라서 행정부의 독립된 규범정립권의 표현이다. 국가법정립(광의의 입법)의 제 3 의 범주이다. 전통적인 법이 완전히 대비가 되어 있지 않은 새로운 요구와 임무에 직면했을 때, 헌법의 차원에서 취하곤 하는 방편 — 헌법적 용인(Tolerranzen)의 테두리 안에서 행하는 해석 내지 묵시적인 헌법변천의 방법 — 을 독일에서와는 달리 하등 생각할 필요가 없다.

4. 법령보충적 규칙의 직접적 외부효(법규성)의 인정 문제

이 문제는 대부분의 문헌에서 행정규칙형식의 법규명령의 인정 여부(법적 성격)로 다루어지고 있다. 결론이 모아지기 힘들 정도로, 관련한 학설의 스펙트럼이 엄청나다: 법규명령설, 행정규칙설, 규범구체화행정규칙설, 수권여부기준설, 위헌무효설 등.[69] 여기선 처음의 판례 — 대법원 1987. 9. 29. 86누484 판결[70])을 거슬러

68) 한편 위임재량준칙의 법규성을 인정할 때 제기되는 문제가, 그것이 재량규정으로서의 수권규정의 본질을 훼손할 때에도 법원이 전적으로 그것에 구속되어야 하는지 여부이다. 그것의 법규성(재판규범성) 인정과는 별도로 그것에 대한 규범통제의 가능성은 열려 있다. 개별적 정의를 실현하기 위해, 개별적 재량행사가 원칙이다. 법규성에 의거한 엄격한 他者拘束인 동준칙은, 비구속의 가능성을 지닌 自己拘束으로서의 재량준칙(행정규칙)보다 더 강하게 재량행사를 제한한다. 따라서 그것의 내용이 획일적 기준과 실체에 부합하지 않는 기준으로 재량수권규정의 참뜻(재량의 본질)을 저해한다면, 하위법이 상위법을 수정한 셈이 되어 위법하게 된다. 비슷한 지적을 석호철 부장판사가 2006. 10. 20. 한국행정판례연구회 제211차 월례발표회에서 하였다. 그러나 동준칙의 내용은 재량행사기준을 세밀히 나누었을 뿐만 아니라, 경우에 따라선 기준의 수정적용이나 적용배제를 허용하기에 재량의 본질을 그르친다고 보기 어렵다.

69) 관련 학설상의 현황과 논의내용에 관해선, 정남철, "헌법소원대상으로서의 소위 법령보충적 행정규칙," 헌법논총 제16집(2005), 459면 이하 참조.

70) 요지: "상급행정기관이 하급행정기관에 대하여 업무처리지침이나 법령의 해석적용에 관한 기준을 정하여서 발하는 이른바 행정규칙은 일반적으로 행정조직 내부에서만 효력을 가질 뿐 대외적인 구속력을 갖는 것은 아니지만, 법령의 규정이 특정행정기관에게 그 법령내용의 구체적 사항을 정할 수 있는 권한을 부여하면서 그 권한행사의 절차나 방법을 특정하고 있지 아니한 관계로 수임행정기관이 행정규칙의 형식으로 그 법령의 내용이 될 사항을 구체적으로 정하고 있다면 그와 같은 행정규칙, 규정은 행정규칙이 갖는 일반적 효력으로서가 아니라, 행정기관에 법령의 구체적 내용을 보충할 권한을 부여한 법령규정의 효력에 의하여 그 내용을 보충하는 기능을 갖게 된다 할 것이므로 이와 같은 행정규칙, 규정은 당해 법령의 위임한계를 벗어나지 아니하는 한 그것들과 결합하여 대외적인 구속력이 있는 법규명령으로서의 효력을 갖게 된다."

"소득세법 (1982. 12. 21. 법률 제3576호로 개정된 것) 제23조 제 4 항, 제45조 제 1 항 제 1 호에서 양도소득세의 양도차익을 계산함에 있어 실지거래가액이 적용될 경우를 대통령령에 위임함으로써 동법시행령(1982. 12. 31. 대통령령 제10977호로 개정된 것) 제170조 제 4 항 제 2 호가 위

올라가서 검토하고자 한다. 모법률인 소득세법은 양도소득세의 양도차익을 계산함에 있어 실지거래가액이 적용될 경우를 대통령령에 위임하였다. 이에 따라 동법시행령(1982. 12. 31. 대통령령 제10977호로 개정된 것) 제170조 제4항 제2호는 양도소득세의 실지거래가액이 적용될 경우의 하나로서 국세청장으로 하여금 지역에 따라 정하는 일정규모 이상의 거래 기타 부동산투기억제를 위하여 필요하다고 인정되는 거래를 지정할 수 있게 하였다. 법령에서 국세청장에게 지정권을 부여한 이상, 이는 위임입법의 법리가 게재될 상황이 아니다. 문제가 있다면, 아무런 범위를 정함이 없이 대통령령에게 위임한 모법률에 있다. 요컨대 이미 법령에서 ○○○ 장관이나 ○○○ 청장에게 지정권을 부여한 이상, 그것이 개별적, 구체적 모습이든 일반적, 추상적 모습이든 법적 평가를 달리할 수 없다. 만약 전자의 경우엔 그 지정의 법효과가 인정되지만, 후자의 경우엔 지정의 법효과가 부인되어야 한다면(가령 법규적 효력이 부인된 행정규칙), 이런 식의 논증은 合成의 誤謬에 의거해서만 정당화될 수 있다. 그런데 법률보충적 행정규칙의 문제를 검토함에 있어서, 이 점이 결정적으로 간과되고 있다. 한편 모법률인 소득세법의 해당규정의 문제점을 지적한 헌법재판소의 결정이,[71] 바람직한 논증의 방향을 시사한다.

한편 문제의 근원이 모법률에 있음에도 불구하고, 기왕의 논의는 이를 간과하고, 오로지 그 (지정)행정권한의 구체적 발현형식인 행정규칙에 관심을 집중한

위임규정에 따라 양도소득세의 실지거래가액이 적용될 경우의 하나로서 국세청장으로 하여금 양도소득세의 실지거래가액이 적용될 부동산투기억제를 위하여 필요하다고 인정되는 거래를 지정하게 하면서 그 지정의 절차나 방법에 관하여 아무런 제한을 두고 있지 아니하고 있어 이에 따라 국세청장이 재산제세사무처리규정 제72조 제3항에서 양도소득세의 실지거래가액이 적용될 부동산투기억제를 위하여 필요하다고 인정되는 거래의 유형을 열거하고 있으므로, 이는 비록 위 재산제세사무처리규정이 국세청장의 훈령형식으로 되어 있다 하더라도 이에 의한 거래지정은 소득세법시행령의 위임에 따라 그 규정의 내용을 보충하는 기능을 가지면서 그와 결합하여 대외적 효력을 발생하게 된다 할 것이므로 그 보충규정의 내용이 위 법령의 위임한계를 벗어났다는 등 특별한 사정이 없는 한 양도소득세의 실지거래가액에 의한 과세의 법령상의 근거가 된다.」

71) 헌법재판소 1995. 11. 30. 94헌바40, 95헌바13 全員裁判部【所得稅法제23조제2항,제23조제4항제1호단서등違憲訴願】[헌공제13호]: 이 사건 위임조항이 "대통령령이 정하는 경우에는 실지거래가액에 의한다"라고 규정하여 직접적, 명시적으로는 위임의 범위를 구체적으로 규정하고 있지는 않지만 소득세법의 전 체계, 양도소득세의 본질과 기준시가과세원칙에 내재하는 헌법적 한계 및 이 사건 위임조항의 본문과의 관계 등을 종합적으로 고려하여 이 사건 위임조항의 의미를 합리적으로 해석할 때, 이 사건 위임조항은 납세의무자가 기준시가에 의한 양도차익의 산정으로 말미암아 실지거래가액에 의한 경우보다 불이익을 받지 않도록 보완하기 위한 규정으로서 결국 실지거래가액에 의한 세액이 기준시가에 의한 세액을 초과하지 않는 범위 내에서 실지거래가액에 의하여 양도차익을 산정할 경우를 대통령령으로 정하도록 위임한 취지로 보아야 하고, 따라서 위 위임의 범위를 벗어나 실지거래가액에 의하여 양도소득세의 과세표준을 산정할 경우를 그 실지거래가액에 의한 세액이 그 본문의 기준시가에 의한 세액을 초과하는 경우까지를 포함하여 대통령령에 위임한 것으로 해석한다면 그 한도 내에서는 헌법 제38조, 제59조가 규정한 조세법률주의와 헌법 제75조가 규정한 포괄위임금지의 원칙에 위반된다.

다. 모법률이 구체적 권한행사를 행정청에게 수권(위임)한 이상, 그것의 구현메커니즘의 형식은 법적으로 아무런 문제가 되지 않는다. 모법률이 특히 부령으로 정하도록 규정하지 않는 한, 행정청으로선 나름의 선택에 따라 구현형식을 취할 수 있다. 수권받은 자신의 권한행사를 이른바 행정규칙으로 한다 하더라도, 이는 후술하듯이 입법정책차원의 문제는 있지만 법적으론 문제가 되지 않는다.72) 또한 그것은 대 국민적이든 대 사법적이든 당연히 직접적인 법적 효과를 발생시킨다. 왜냐하면 그것은 기본적으로 모법률이 수권한 행정권한을 행사한 것이기 때문이다. 따라서 그 같은 행정규칙은 모법률을 비롯한 상위법령의 수권의 결과일 따름이고, 당연히 상위법령과 결합하여 법규적 성질을 가진다. 그것의 顯現한 행정규칙으로서의 형상에 의거하여 논증하는 것은 사안의 본질과는 거리가 있다. 물론 행정규칙이긴 하나, 그에 따른 법효과가 발생하기 위해선 나름의 요건이 충족되어야 하는데, 특히 법령의 공포에 갈음하는 공표(표명)가 있어야 한다.

한편 법령보충적 행정규칙을 '행정규칙형식의 법규명령'의 법형상으로 파악할 때, 위임입법의 형식이란 헌법적 쟁점이 자연스럽게 당연히 제기된다.73) 그러나 사안을 바라봄에 있어, 이상과 같이 눈앞에 출현한 법형식이 아닌 원래의 출발점(수권된 행정권한행사)에 초점을 맞춘다면, 논의의 기본방향은 헌법상의 법규명령이 예시적인지 열거적인지 여부를 중심으로 한, 위임입법의 차원에서의 문제가 아

72) 법규정상의 이런 법상황에 대해선, 헌법이 예정한 부령제정방식(○○○장관이 ○○부령으로 정한다는 식의)을 훼손할 뿐만 아니라, 자칫 고시라는 형식의 또 다른 법규명령형식을 창설할 우려가 있다고 문제점이 지적되곤 한다. 그리하여 헌법상의 입법형식을 제한적으로 파악하는 맥락에서, 행정각부의 장관이 아닌 장관 및 외청장의 경우에는 총리령이나 소속 주무장관의 부령을 통해 간접적으로 법규명령을 제정하여야 한다고 주장된다(문상덕, "법령의 수권에 의한 행정규칙(고시)의 법적 성격과 그 통제," 행정법연구 창간호(1997. 6), 164면 이하; 고영훈, "행정상의 고시의 법적 문제점과 개선방향에 관한 연구," 공법연구 제29집 제1호(2000. 11), 286면 이하 참조). 또한 헌재 1998. 5. 28. 96헌가1은 "법률이 입법위임을 할 때에는 '대통령령' '총리령' '부령' 등 법규명령에 위임함이 바람직하고, 이 사건 법률조항처럼 다만 '보건복지부장관이 정하는 바에 따라'와 같은 형식으로 입법위임을 함으로써 법규명령에 위임한 것인지 행정규칙에 위임한 것인지 분명하지 아니하도록 하여서는 아니 될 것이고, 그렇게 위임한 경우에는 그 법률의 위임입법의 한계 일탈 여부를 판단함에 있어 보다 엄격하게 심사하여야 할 것이다"고 판시하였다. 그러나 민주적 정당성의 관점이 내각책임제국가와 대통령제국가에 대해 다소간 달리 조명될 수 있다는 점에서, 이상의 입장은 행정입법의 이해에서 과도한 엄격주의로 여겨진다. 행정입법을 의회입법의 예외적 존재로 인식하는 것은, 오늘날의 입법현실과 행정현실과는 현저히 거리가 있다. 복잡하고 전문적인 사항의 경우 규율의 가변성과 신속성이 요구된다는 점에서 高次的 規範만을 고집하여선 곤란하다. 나아가 지정권의 발현형식에서 사무관리규정상의 공고문서와 지시문서의 구별은 별다른 의미를 갖지 않는다. 왜냐하면 공고문서의 경우 특별히 효력발생시점이 규정되어 있지만, 이미 양자가 해당 부서 홈페이지 등을 통해 고지되기 때문이다. 과거 법령보충적 규칙의 원형인 재산제세사무처리규정 역시 국세청장의 훈령형식으로 되어 있었다.

73) 특히 류지태, 행정법의 이해(2006), 189면 이하; 정남철, "'고시'형식의 법규명령의 내용 및 법적 문제점," 고시연구(2006. 7), 14면 이하; 고영훈, "'법규명령형식의 행정규칙'과 '행정규칙형식의 법규명령'의 문제점과 개선방안," 공법학연구 제5권 제3호, 472면 이하 참조.

니다. 이런 점에서, 대상사안의 본체에 관한 誤解를 불식하기 위해서, 전술한 바와 같이, 논의의 기본바탕을 '법규성'(이나 '법규명령성') 여부가 아닌 직접적 외부효의 문제로 접근하는 것이 바람직하다. 그런데 수임권한행사의 형식(행정규칙)에 초점을 두더라도, 결과는 다르지 않다. 헌법 제75조 등 법규명령의 근거규정은, 행정규칙의 직접적 외부효를 인정하는 것을 처음부터 차단하지 않는다.[74] 본질성이론에 따른 법률유보상의 단계는, 다음과 같이 세 단계로 나뉠 수 있다. 전적으로 본질적인(중요한) 사항은 의회입법자의 전속적 규율을 필요하고, 덜 본질적인 사항은 법률상의 명령제정자에 의해서도 규율될 수 있으며, 비본질적인 사항은 전혀 법률유보원칙이 통용되지 않아서 (법령상의 위임없이) 행정에 의해 규율될 수도 있다. 외부효적 행정규칙으로 비본질적인 사항을 규율하는 것이, 헌법 제75조 등에 의해서 거부되지 않는다.[75] 이는 궁극적으로 행정의 고유한 법정립권의 문제이다.

요컨대 법령보충적 행정규칙의 경우 직접적 외부효인 법효과(구속력)가 당연히 발생한다. 그리고 여기서의 논증방식은 기본적으로 독일에서의 규범구체화규칙에서의 논증방식과 흡사하다. 한편 조세법영역이 법령보충적 규칙의 출발점이 된 사실이 독일에서의 논의흐름과 비교하여 흥미롭다. 왜냐하면 그들의 경우에도 조세법에서 직접적 구속효의 착안점이 발견되었고, 대표적인 조세법학자이기도 한 K. Vogel이 지침의 구속성을 '외부관계'에서도 명백히 인정하는 견해를 주장함으로써, 행정규칙의 도그마역사의 이정표를 세웠기 때문이다.

5. 행정규제기본법 제 4 조 제 2 항 단서의 문제점

(1) 행정규제기본법 제 4 조 제 2 항 단서의 상반된 의의(내지 기능)

1997년에 제정된 行政規制基本法 제 4 조 제 2 항은 "규제는 법률에 직접 규정하되, 규제의 세부적인 내용은 법률 또는 상위법령이 구체적으로 범위를 정하여 위임한 바에 따라 대통령령·총리령·부령 또는 조례·규칙으로 정할 수 있다. 다만, 법령이 전문적·기술적 사항이나 경미한 사항으로서 업무의 성질상 위임이 불가피한 사항에 관하여 구체적으로 범위를 정하여 위임한 경우에는 고시 등으로 정할 수 있다"고 규정하고 있다. 동항의 단서조항을 두고서 '행정규칙형식의 법규명령'을 명문으로 인정한 것으로 보는 다수 문헌의 입장이 있는 반면에, 위헌설이 강력히 제기되기도 한다. 여기선 주의해야 할 점이 있다. 판례상 법령보충적 행정규칙

74) A. Leisner, a.a.O., S. 219(226f.).

75) B. Remmert, a.a.O., S. 728(732f.).

으로 문제되는 상황은 대개 상위법령이 행정기관에게 법령내용의 구체화에 관한 권한만을 부여하였을 뿐, 그 특정 권한행사의 방법인 '고시 등'을 적시하지 않았다. 통칭하여 '고시 등'은 대표적인 비법규로서의 행정규칙이다.[76] 당연히 입법사항을 외부효가 없는 행정규칙에 위임하는 것은 헌법적 문제가 된다. 전술한 바와 같이 법령보충적 규칙의 직접적 외부효 인정은, 그것의 근거점(행정권한행사)을 상기하면 그 자체로선 하등의 법적 문제가 되지 않는다. 사실 行政規制基本法 제4조 제2항 단서조항이 도리어 문제를 촉발시킨 것이다.

그런데 동 단서조항의 원천적인 문제점은 다른 곳에 있다. 동 단서조항은 기왕의 위임독트린을 그대로 대입시켜 위임의 허용요건을 엄격히 요구함으로써(법령이 전문적·기술적 사항이나 경미한 사항으로서 업무의 성질상 위임이 불가피한 사항에 관하여 구체적으로 범위를 정하여 위임한 경우), 법령보충적 규칙의 직접적 외부효 인정의 범주를 축소시킬 우려가 있다. 이는 법령보충적 규칙의 근거점(나아가 본질)이 행정권한의 행사에 있음을 간과한 것이고. 그로 인해 자칫 행정권한의 행사 방식에 제약이 따를 수 있다. 즉, 동 단서조항이 도리어 법령보충적 규칙의 성립을 대폭 축소할 우려가 있다. 요컨대 동 단서조항을, (명문에서처럼) 법령이 고시 등에 직접 위임한 경우를 넘어서, 기왕의 법령보충적 규칙의 경우 전반에 통용시키는 것은 곤란하다.[77] 나아가 법률에서 직접 고시에 위임한 경우에 한하여 동 단서조항을 적용시켜야 한다. 왜냐하면 전술한 바와 같이 법률에서 대통령령에 위임한 이상, 그 이후의 위임(재위임)은 위임독트린의 적용을 받지 않기 때문이다.

물론 이런 중대한 문제점과는 별도로 동 단서조항의 순기능도 있다. 헌법재판소 전원재판부 2004. 10. 28. 99헌바91에서 헌법재판소는 "입법자에게 상세한 규율이 불가능한 것으로 보이는 영역이라면 행정부에게 필요한 보충을 할 책임이 인정되고 극히 전문적인 식견에 좌우되는 영역에서는 행정기관에 의한 구체화의 우위가 불가피하게 있을 수 있다. 그러한 영역에서 행정규칙에 대한 위임입법이 제한적으로 인정될 수 있다"고 설시하였다. 따라서 법률이 직접 행정규칙에 위임한 경우는 독일의 규범구체화규칙의 경우와 동일하며, 우리의 법령보충적 규칙의 문제 역시 이것과 관련하여 논의해야 한다는 단초가 마련되었다. 나아가 이는 규범구체화규칙에 관한 독일의 논의상황을 참조하긴 해도, 그에 얽매이지 않고 관련

76) 한편 훈령 등과는 달리 고시의 경우엔, 행정입법적(특히 행정규칙적) 인식을 버리고 내용적 기준에 의거하여 판단하는 기본자세를 견지하지 않으면 논증의 난맥이 생겨난다. 상세는 졸고, "條文形式을 띤 告示의 處分性 認定에 따른 問題點에 관한 小考," 저스티스 통권 제98호(2007. 6) 참조.

77) 따라서 헌법재판소는 '금융산업의구조개선에관한법률 제2조 제3호 가목 등 위헌소원 사건'처럼 법률이 명문으로 행정기관의 고시에 위임한 경우에 한하여, 동 단서조항을 관련시켜야 한다.

문제를 바라보도록 한다. 오히려 독일보다 더 넓은 영역에서 그것의 성립가능성이 인정된다. 또한 동 단서조항으로 인해, 고시를 비롯한 행정규칙은 직접적 외부효를 갖지 않는다는(법규가 아니라는) 기본인식에 대한 제도적 변화를 왔다. 당연히 행정규칙에 관한 舊殼으로부터 벗어날 인식의 자유로움이 조성되었다.

(2) 관 견

한편 '금융산업의구조개선에관한법률 제2조 제3호 가목 등 위헌소원 사건'(헌법재판소 전원재판부 2004. 10. 28. 99헌바91)에서,[78] 헌법재판소는 법률이 입법사항을 대통령령이나 부령이 아닌 고시와 같은 행정규칙의 형식으로 위임하는 것과 관련하여, 行政規制基本法 제4조 제2항 단서조항 역시 근거점으로 삼아 논증을 전개하였다. 이하에선 이 단서조항은 물론 헌법재판소의 동 결정과 관련한 문제점을 살펴보고자 한다.

헌법재판소는 정당하게 헌법상의 행정입법(법규명령)의 형식은 예시적인 것이므로 고시 등에 위임하는 것이 가능하다고 설시하였다. 헌법재판소로선 헌법재판소 전원재판부 1990. 9. 3. 90헌마13 이래로, 최근의 헌법재판소 전원재판부 2002. 10. 31. 2001헌라1에 이르기까지 법령보충적 규칙의 대외적 구속력을 시인하였다. 따라서 헌법상의 행정입법의 형식은 예시라고 설시한 것은 당연하다.[79] 이를 떠나서도, 행정입법의 존재이유와 그 연혁에 비추어 오로지 의회입법의 예외의 차원에서 보는 것은 지양되어야 한다는 점과, 우리 헌법이 제75조의 표제가 독일(기본법 제80조)과는 달리 '법규명령'으로 되어 있지 않는 점을 고려한, 즉 당연한 결론

78) 요지: 헌법 제40조와 헌법 제75조, 제95조의 의미를 살펴보면, 국회입법에 의한 수권이 입법기관이 아닌 행정기관에게 법률 등으로 구체적인 범위를 정하여 위임한 사항에 관하여는 당해 행정기관에게 법정립의 권한을 갖게 되고, 입법자가 규율의 형식도 선택할 수도 있다 할 것이므로, 헌법이 인정하고 있는 위임입법의 형식은 예시적인 것으로 보아야 할 것이고, 그것은 법률이 행정규칙에 위임하더라도 그 행정규칙은 위임된 사항만을 규율할 수 있으므로, 국회입법의 원칙과 상치되지도 않는다. 다만, 형식의 선택에 있어서 규율의 밀도와 규율영역의 특성이 개별적으로 고찰되어야 할 것이고, 그에 따라 입법자에게 상세한 규율이 불가능한 것으로 보이는 영역이라면 행정부에게 필요한 보충을 할 책임이 인정되고 극히 전문적인 식견에 좌우되는 영역에서는 행정기관에 의한 구체화의 우위가 불가피하게 있을 수 있다. 그러한 영역에서 행정규칙에 대한 위임입법이 제한적으로 인정될 수 있다. 행정규칙은 법규명령과 같은 엄격한 제정 및 개정절차를 요하지 아니하므로, 재산권 등과 같은 기본권을 제한하는 작용을 하는 법률이 입법위임을 할 때에는 '대통령령', '총리령', '부령' 등 법규명령에 위임함이 바람직하고, 금융감독위원회의 고시와 같은 형식으로 입법위임을 할 때에는 적어도 행정규제기본법 제4조 제2항 단서에서 정한 바와 같이 법령이 전문적·기술적 사항이나 경미한 사항으로서 업무의 성질상 위임이 불가피한 사항에 한정된다 할 것이고, 그러한 사항이라 하더라도 포괄위임금지의 원칙상 법률의 위임은 반드시 구체적·개별적으로 한정된 사항에 대하여 행하여져야 한다.

79) 이런 입장에 서면, 공정거래위원회, 금융감독위원회, 금융통화위원회, 방송위원회, 중앙노동위원회 규칙은 당연히 법규명령에 해당한다.

이다.[80] 또한 이상에서 보았듯이, 대통령령 등의 근거규정이 직접적 외부효(법규적 효력)의 행정규칙의 성립을 저지할 수 없는 이상, 그런 규칙에 관해 법률적 근거를 마련하는 것이[81] 反立憲主義的(parakonstitutionell) 전개일 순 없다.

한편 동 사건에서 모법률이 바로 (행정규칙인) 고시에 위임하였는데, 그런 위임방식이 과연 법규범의 위계에 따른 조화로운 규율이 될 수 있는지 입법정책적 차원에서(de lege ferenda) 검토가 필요하다. 층을 달리한 규범체계(법률⇒법규명령⇒행정규칙)를 견지하는 것은, 대상을 효과적으로 종합적으로 규율하기 위함이다. 법률에서 바로 행정규칙으로 위임한다는 것은 자칫 그것의 허용요건이 비교적 엄격하다는 점에서 자칫 낭패를 볼 수 있을 뿐더러, 법률에서 충분히 규율하지 못한 것을 제대로 규율하지 못할 우려도 있다. 따라서 규율의 밀도를 담보하기 위해서도, 법률에서 곧바로 행정규칙에 위임하는 것은 지양할 필요가 있다.

Ⅳ. 행정규칙(의 제정)이 공권력행사에 해당하는가?

헌법재판소법 제68조 제 1 항에 의한 헌법소원심판을 청구하기 위해서는 '공권력의 행사 또는 불행사로 인한 기본권침해의 가능성'이 있어야 한다. 따라서 헌법소원의 심판대상인 '공권력의 행사'는 국민의 권리와 의무에 대하여 직접적인 법률효과를 발생시켜야 하고 청구인의 법적 지위를 그에게 불리하게 변화시키기에 적합해야 한다.[82] 공권력의 행사가 법률효과를 발생시키지 않는다면 청구인에게 어떠한 부담이 가해졌다고 평가할 수 없고, 따라서 청구인은 기본권의 침해를 주장할 수 없다. 일반적으로 국가기관 간의 내부적 행위나 행정청의 지침, 의견진술, 행정규칙 등은 법적 구속력이나 외부효과가 결여되어 있어 공권력의 행사에 해당하지 않는다.[83]

법령보충적 규칙의 경우 수권법령과 합체하여 법효과를 발생하기에, 별다른

80) 비슷하게 Di Fabio는, 법치국가원리의 내용이 헌법과 행정법의 상관관계에서만 정해질 수 있다고 강조하는 이유가, 구체화규칙의 경우에서처럼 불가결한 도그마적 명료화과정을 순전히 헌법차원에서 탐구된 법규개념을 갖고서 저지하려는 경향을 저지하기 위함에 있다고 강변하였다. Ders., Risikoentscheidungen im Rechtsstaat, 1994, S. 471.

81) 독일의 입법례: 물관리법(WHG) 제 7 조 a, 제36조 b, 연방자연보호법(BNatSchG) 제26조 b, 방사선명령(StrVG) 제10조 제 2 항, 식물보호법(PflSchG) 제43조, 유전공학법(GenTG) 제30조 제 5 항.

82) 참조: 헌재 1994. 8. 31. 92헌마174, 판례집 6-2, 249, 264.

83) 헌재 2002. 3. 28. 2001헌마271, 공보 67, 322, 324.

어려움 없이 '공권력의 행사'로 볼 수 있다. 문제는 그 자체가 법규적 효력을 갖지 않는 행정규칙의 경우이다. 위임재량준칙에 대해서 판례의 태도와는 달리 법규성을 인정한다면, 전적으로 수권없이 행정규칙의 형식으로 제정된 재량준칙이 그에 해당한다.[84] 통상 헌법재판소법 제68조 제1항상의 '공권력의 행사'의 의미를 행정소송법 제2조 제1항상의 처분개념정의상의 그것에 견주어 판단한다. 그런데 후자는 기본적으로 외부효과적, 법적 집행행위(처분)를 대상으로 한다는 점에서, 양자를 동일한 차원에서 파악하는 것은 재고되어야 한다. 논거로 헌법소원이 최후보충성을 지니는 점, 심지어 권력적 사실행위의 헌법소원대상성이 인정되는 점,[85] 기본권의 사실적(간접적) 침해가능성 인정에 따라 법률유보원칙이 통용되는 점을 들 수 있다. 독일 연방헌법재판소법 제90조 제1항 제1문상의 헌법소원의 대상인 '공권력'에는, 법효과설정을 목표로 한 조치만이 아니라, 사실상의 결과를 가져다주는 것을 목표로 한 조치도 포함된다.[86] 요컨대 기본권개입(제한, 침해)의 확장을 고려할 때,[87] 헌법소원대상상의 공권력행사 역시 직접적 법효과의 발생만을 의욕하는 것으로 한정하여선 곤란하다. 심지어 전술한 대법원 2006. 6. 22. 선고 2003두1684 전원합의체판결에 의해서, 행정규칙에 해당한다는 '제재처분의 기준'에서 사실상의 불이익을 넘어서 법률상의 불이익이 발생하였다.

따라서 비법규인 행정규칙이더라도 기본권침해의 가능성이 긍정되면, 일단 헌법소원대상성은 인정된다. 사실 이 경우엔 앞서의 실질적 기준에 의하면 (대국민적 구속효만을 지닌) 법규명령에 해당하기에, 대상성의 첫번째 징표(공권력행사)상으론 아무런 문제가 없다. 재량준칙에서 자기구속의 법리에 의거하여 헌법소원심판대상성을 전혀 설득력 없게 논증할 필요도 없다.[88] 종래 행정규칙의 헌법소원심판대상성을 논하면서, 법규명령과 행정규칙의 구분기준에 관한 논의가 배제된 것

84) 그러나 이런 범주의 설정이 현실적이진 않다. 대부분의 재량준칙이 위임재량준칙에 해당하기 때문이다.

85) 대부분의 행정법문헌은 권력적 사실행위를 취소소송의 대상인 처분으로 본다. 그러나 이는 바람직하지 않다. 권력적 사실행위는 대집행실행이나 즉시강제(직접시행)에 대해 합성처분적 구성으로 처분성을 인정하기 위해서 고안된 것이다. 독일의 다수와 판례는 이를 행정행위(처분)가 아닌 사실행위로서 포착하여 이행소송의 차원에서 접근을 한다.

86) BVerfGE 18, 203(213); 50, 16(24).

87) 홍성방, 헌법학(2005), 317면.

88) 이는 헌법재판소가 행정규칙의 대외적 구속효의 문제에서 법원과는 다른 접근을 취한 데서 비롯되었다(헌재 1990. 9. 3. 90헌마13). 즉, 이를 바탕으로, 대외적 구속력을 헌법소원대상의 근거로 삼은 헌법재판소 2001. 5. 31. 99헌마413이 출현하였고, 그 뒤 자기구속의 법리만을 초점에 맞춰 헌법소원심판대상성을 인정한 헌법재판소 2005. 5. 26, 2004헌마49가 등장하였다. 요컨대 행정규칙의 대외적 구속력을 공권력행사의 징표로 삼은 나머지, 그것을 근거지운 자기구속(의 법리)으로 공권력행사를 인정하는 이해되지 않는 논증을 취한 것이다.

은 이해하기 어렵다. 하지만 헌법소원대상성의 두 번째 징표인 '기본권침해의 가능성'에서 요구되는 직접성이 법규범의 경우엔 충족되기 어렵다. 그럼에도 불구하고 우리의 경우 종종 입법(규범)과 집행행위를 구분하기보다는 결과(규범상의 법효과)를 선취하여 전자를 대상으로 삼는 무리한 논증을 하곤 한다. 이런 성급한 논증이 법규범질서는 물론 행정법체계를 난맥에 봉착케 한다.[89)]

한편 독일에서의 논의를 보자면, 초기의 연방헌법재판소 판례는 행정규칙에 대해 "법규범이 아니다"하거나 "대외적 효력(Außenwirkung)이 부인된다"는 이유로, 그에 대한 헌법소원은 허용되지 않는다고 보았다.[90)] 그러나 연방헌법재판소는 법률상 행정규칙에 대해서, 일정한 조치(행형)의 적법성이나 정당성을 보장하는 데 도움을 주고자 하는 기능이 부여됨으로 인해, 관련 국민에 대한 구속효(Bindungswirkung)가 그 행정규칙에 대해서 인정될 경우엔, 행정규칙도 헌법소원의 대상이 된다고 판시하였다. 아울러 '행정규칙'이란 행정청의 공식적인 표시(표현)로 오해해선 아니 됨을 강변하였다.[91)] 이런 태도가 행정규칙에 관한 기본 입장의 변화를 의미하는 것으로 오해해선 곤란하다. 오히려 실질적 기준에 의거한 법규명령과 행정규칙의 구분의 결과일 뿐이다. 즉, 이는 행정규칙이 내용적으로 기능적으로 법규명령과의 호환가능성(Austauschbarkeit)이 있음을 전제로 한 것이다.[92)] 그러나 Dörr는 "행정규칙과 법규명령의 일반적 호환가능성을 인정하는 것은 권력분립의 원칙상 부인되어야 한다"는 입장을 취한다. 그리하여 입법자가 법률에 의해 수권이 있어야만 외부효의 법규범을 제정할 수 있음을 들어, 행정규칙은 헌법소원의 대상이 될 수 없다고 강변한다.[93)] 1976. 8. 24.자 개정을 통해 독일 행정법원법 제47조의 규범통제가 도입된 이후엔, 행정규칙(실질적으론 법규명령)에 대한 헌법소원심판의 예가 보이지 않는다. 행정규칙이지만 실질적으론 법규명령을 규범통제를

---

89) 헌법재판소 2005. 5. 26, 2004헌마49(판례집 제17권 1집, 754~771)에 의해 계호근무준칙(2000. 3. 29. 법무부 훈령 제422호로 개정된 것)의 헌법소원심판대상성이 인정된 것이 그 좋은 예이다. 계구사용이 재량임에도 불구하고 재량을 행사하지 않은 채 계구사용을 실시한 것이다. 여기서 문제대상은, 재량흠결(재량불행사)의 관행이 되어 버린 계구사용이지, 관련 근무준칙이 아니다. 경계인적 삶을 살았다고 하는 '송두율 교수 사건'에서 헌법재판소가 규범과 집행행위 간의 경계를 그르친 셈이다.

90) BVerfGE 1, 82(83f.); 2, 139(141f.); 2, 237(242f.); 18, 1(15); 33, 18(21); 41, 88(105).

91) BVerfGE 40, 237(255f.).

92) Gusy, Die Verfassungsbeschwerde, Voraussetzung und Verfahren, 1988, S. 20 Rn. 31. 가령 행정청이 법규명령을 발하려고 의도하나 법규명령이 형식규정위반으로 위법하게 된 경우, 그것이 행정규칙으로 견지될 수 있는지 여부의 물음이 제기된다. 행정규칙의 형식적 요건이 존재하고 그 규율이 내용과 법효과에 비추어 행정규칙으로도 발해질 수 있을 법한 경우에는, 전환이 시인되어야 한다고 Maurer는 주장한다. H. Maurer, Allg.VerwR, §24 Rn. 42.

93) Dörr, Die Verfassungsbeschwerde in der Prozeßpraxis, 2Aufl. 1997, S. 42 Rn. 83ff.

통해 다툴 수 있기 때문이다. 그리고 이상에서 든 예(BVerfGE 40, 237)는 1975. 10. 8.에 내려졌다.

V. 법규헌법소원심판과 규범통제

1. 명령(법률하위적 법규범)에 대한 사법적 통제의 문제[94)]

(1) 규범통제의 종류

법규범에 대한 — 법원이든 헌법재판소이든 — 본원적(본래적, 본안적, 직접적) 통제의 문제는 규범통제(Normkontrolle)의 차원에서 전개되어야 한다. 그런데 일반적으로 통용되는 구체적, 추상적 규범통제의 나눔은 규범통제의 실질을 제대로 반영하지 못하는 구석이 있다.[95)] 규범통제에서 핵심은 심사·심판이후의 대상규범의 효력 문제이다. 이에 바르게 접근하기 위해선, 선결물음의 소재 여부보다는 심사·심판권과 관련하여 대상규범에 대한 직접적 판단을 내릴 수 있는가가 관건이다. 현행의 위헌법률심판제를 보자면 재판의 전제성과 법원의 제청이 있어야 하기에 분명 구체적인 통제이나, 그에 관한 심판을 헌법재판소가 전속적으로 행한다는 점이 결정적이다. 즉, 심판주체의 측면에서 본안인 대상규범의 심판이 중요하지, 그것에 이르는 과정이 선결물음을 거쳐야 하는지 여부가 중요하진 않다. 따라서 규범의 심판·심사주체의 지위를 분명히 할 수 있는 본안적 규범통제(eine prinzipale Normkontrolle)와 부수적 규범통제(eine inzidente Normkontrolle)로 나눔이 바람직하다.[96)] 전자가 규범심사가 독립화되고 절차의 고유한 대상이 될 경우라면, 후자는 법논리적으로 법원이 그의 심사권을 동원하여 규범을 구체적으로 적용하기 위한 전제요건에 해당한다. 따라서 전자에서 재판을 위하여 일반구속력, 즉 대세적 효력(inter-omnes)이 본질적인 반면에, 후자에선 심사주체가 규범의 유효·무효를 객관적으로 정하는 것은 기판력의 객관적 한계를 넘어서기에 허용되지 않고, 단지 해당규범의 당해사건에 대한 (법관의)적용배제(권) — 사실적 효과 — 만이 문제된다.

94) 상세는 졸고, "행정소송의 종류의 체계에 관한 소고," 현대공법이론의 제 문제(천봉석종현교수화갑기념논문집)(2003. 10) 참조.

95) Vgl. Lorenz, Verwaltungsprozeßrecht, 2000, S. 422f.

96) 양자의 구분에 관해선 vgl. M, Gerhardt, in: Schoch/Schmidt-Aßmann/Pietzner, VwGO, Komm. Bd. I, 1999, §47 R. 7; H.-J. Papier, Normkontrolle(§47 VwGO), in: FS C.-F. Menger, 1985, S. 517(518f.). 다만 Gerhardt는 본래적 규범통제 개념을 추상적 규범통제 개념과 동의어로 사용하기도 한다.

한편 규범의 구체적 적용을 위한 요건이 아닌 채 오로지 규범의 효력을 밝히는 데 있어서의 객관적 이익에만 이바지하는 경우가 추상적 규범통제에 해당하고(예: 독일 기본법 제93조 제1항 제2호에 의한 절차), 반면 구체적 규범통제는 일정한 결정이 내려져야 될 경우를 계기로, 즉 선결문제의 방식으로 시행된 심사이다. 요컨대 본원적 규범통제에는 선결물음의 소재 여부에 따라 구체적 규범통제의 모습을 띠는 것과 추상적 규범통제의 모습을 띠는 것으로 나눌 수 있지만, 부수적 규범통제는 시종 구체적 규범통제의 모습만을 띨 것이다. 따라서 현재 시행되는 규범통제 가운데 헌법재판소의 위헌법률심판은 본원적·구체적 규범통제이고, 일정한 법령에 대한 헌법소원심판은 본원적·추상적 규범통제적 기능을 하며, 법원의 명령·규칙심사는 부수적·구체적 규범통제이다.

(2) 법규범에 대한 사법적 통제의 정립의 필요

법규범이 직접적 법효과를 발생할 경우 이것이 당연히 헌법소원의 대상으로 된다고 보는 것이나 그처럼 판시하는 것은, — 헌법소원심판의 보충성 요건에 관한 묵시적인 전제를 하고 있다손 치더라도 — 헌법소원심판의 최후보충적 성격을 간과하도록 오도할 우려가 있다. 이 점은 법규범에 대한 헌법소원심판사건에서 보충성의 요건의 충족에 그다지 주의를 기울이지 않고, 스트레오타입적으로 판시하고 있는 데서도 확인할 수 있다. 물론 법원이 직접적으로 법효과를 발생시키는 위법한 법규범에 대해서 효과적인 권리구제를 위해 필요한 대처를 하지 않은 점은 비판되어야 하지만, 헌법 제107조 제2항에 따라 법규범에 대한 법원의 심사권의 원칙을 상기하여야 한다. 그러나 두밀분교폐지조례 사건을 통해 보충성의 문제를 원천적으로 해소시킨 그 자체 또한 얻음에 못지않은 상실이 있음을 유의하여야 한다.

우리와 비슷한 법제를 가진 독일에서도 그들 행정법원법 제47조의 본원적·추상적 규범통제가 허용되는 법규범은, 미완성인 'Torso'처럼,[97] 건설법전의 규정에 의하여 제정된 조례 등 일부에 한정된다. 따라서 이에 포섭되지 않는 연방과 주의 법규범 가운데 직접적으로 법효과를 발생시켜 부수적 규범통제를 통원할 수 없는 것들이 문제된다. 이런 법규범에 대해서 과거에는 헌법재판소에 의한 헌법소원(일종의 법규헌법소원, Rechtssatzverfassungsbeschwerde)의 준용이 운위되었고,[98] — 비

97) L. Renck, Gesetzgebungsbefugnis und verwaltungsgerichtliche Normkontrolle, DÖV 1996, S. 409(412).

98) Vgl. BVerfGE 4, 178(188f.).

록 연방행정법원이 법령하위적 규범에 관한 다툼은 행정법원법 제40조상의 헌법적 분쟁에 해당하지 않는다고 하였음에도 불구하고[99] — 몇몇 고등행정법원은 법규명령에 대해선 오로지 헌법소원만이 주어진다는 입장을 취하였다.[100] 그러나 근자에 독일 연방헌법재판소는 이 같은 입장을 배격하고, 헌법소원의 보충성의 원칙은 심판청구인과 직접적으로 관련이 있는 규범의 경우에도 유의하여야 함을 강조하였다.[101] 동 결정은, 헌법소원은 항상 행정법원에의 제소가 모든 관점에서도 불가능하여 기대가능성이 없는 경우에만 고려된다는 점, 행정법원에의 제소가 가망이 없음은 명백하지 않다는 점, 결정을 위하여 법규범의 — 합헌성을 포함한 — 효력(통용)에 좌우된다 하더라도 행정소송의 길이 폐쇄되지 않는다는 점, — 연방행정법원의 입장[102]이기도 하지만 — 경우에 따라선 행정법원이 해당 규범의 위헌성을 자신의 재판의 이유에서 스스로 확인할 수도 있다는 점을 판시하였다. 결과적으로 행정법원이 집행부쪽에서의 '규범상의 불법'에 대한 권리보호를 제공할 수 없는 가능한 경우란 완전히 없다고 지적된다.[103] 결국 이제는 법규범에 대해선 행정법원에 의한 통제가 원칙으로 받아들여지게 되어, 그에 따른 문제, 즉 집행행위가 없거나 아직 행해지지 않은 경우에 어떠한 소의 형식으로 법규범에 대한 권리보호를 도모하여야 하는가에 초점이 모아진다. 과거 일반적으로 일반이행소송이나 확인소송의 형식으로 도모할 수 있다고 보았지만, 최근에 독일 연방행정법원은 여기서 이행소송은 배제되고 확인소송이 적법하다고 여긴다.[104] 무효인 규범, 즉 그리하여 폐지가능하다는 것이 아니라 법적으로 존재하지 않는 셈인 규범의 폐지를 목표로 한 신청은 공허하다는 점과 행정법원법 제47조의 규범통제소송은 형성소송으로 형성되어 있다는 점을 이유로 제시한다.

(3) 법규범에 대한 법원에 의한 일원적 통제

먼저 헌법재판소가 헌법소원의 방식으로 규범통제를 수행하는 것이 현재의 공법질서 속에서 평가되어야 한다. 과연 그것이 규범통제의 본질에 부합하는가는 위헌법률심판의 경우와 비교하여 논의되어야 하는데, 여기서 위헌결정의 효력과 관련하여 "위헌으로 결정된 법률 또는 법률조항은 그 효력을 상실한다"는 헌법재

99) BVerwGE 80, 355(361).

100) 특히 BayVGH, NVwZ-RP 1995, 114(115f.).

101) BVerfG, NVwZ 1998, 169f. 동지: BVerfG, NJW 1999, 2031.

102) BVerwGE 80, 355(358f.).

103) J.-C. Pielow, Neuere Entwicklungen beim prinzipalen Rechtsschutz gegen untergesetzliche Normen, DV 32(1999), S. 445(467).

104) BVerwG DÖV 2000, 1005.

판소법 제74조 제2항이 착안점을 제공한다. 반면 헌법소원심판의 경우에는 인용결정과 관련해서 헌법재판소는 기본권침해의 원인이 된 공권력의 행사를 취소하거나 그 불행사가 위헌임을 확인할 수 있을 뿐이다(동법 제75조 제3조). 이처럼 헌법소원심판에서의 결정은 당사자 간(inter-partes)에만 효력을 발생시키기에, 본원적 규범통제에서 그 재판은 일반적 구속력, 즉 대세적 효력(inter-omnes)을 가져야 한다는 점에 부합하지 않다. 또한 헌법 제107조와 헌법재판소법의 관련조항에 비추어 현행법상으론 헌법재판소가 자신의 적용배척독점권(Verwerfungsmonopol)을 오로지 형식적 의미의 법률에 관해서만 행사할 수 있고, — 법집행행위는 물론, 실질적 의미에서 입법에 속하는 법규범제정행위까지 포함하여 — 집행부에 관한 통제는 우선 법원의 사물관할에 속한다. 따라서 법규범에 대한 사법적 통제는 법원에 의하여 수행되는 것이 원칙이다. 그리하여 법원이 법규범에 대한 개인의 정당한 권리보호요구를 실수든 의도적이든 받아들이지 않고, 이런 이유로 행정소송에 호소하는 것이 기대될 수 없는 경우에만, 법규헌법소원이 인정될 여지가 있다.[105] 요컨대 헌법소원의 보충성의 원칙을 고려하여 — 비록 예외적 상황을 유보하긴 해도 — 법원에 의한 일원적 통제를 지향하여야 한다. 그런데 재판에 대한 헌법소원심판까지 허용하는 독일의 경우엔 헌법재판소가 우리와는 달리 도리어 행정법원에게 규범통제를 적극적으로 맡기는 태도를 취한다. 물론 과중한 업무부담에 따른 소치이기도 하겠지만, 여기에는 행정법원에 의한 효과적인 권리구제의 가능성에 관한 신뢰가 전제되어 있지 않을까 추단하여 본다. 즉, 규범통제의 일원화의 전제는, 보충성의 의미가 최대한 발휘되도록 법원이 효과적인 권리보호를 제공한다는 것이다. 나아가 여기서 재판에 대한 헌법소원이, 법원에 의한 효과적인 권리보호를 통해 (헌법소원의) 보충성원칙을 제도적으로 담보하는 장치로 기능할 수 있다.

(4) 명령(법규범)에 대한 본원적 통제의 도입의 문제

법원에 의한 일원적 통제를 기본전제로 할 때 제기되는 물음이, 현행 공법질서 속에서 과연 이에 대한 본원적 통제가 허용되는지 여부이다. 여기선 헌법 제107조 제2항의 '재판의 전제'의 의미가 결정적이다. 정하중 교수는 헌법 제107조 제2항은 단지 부수적 규범통제에 있어서 최종적 관할권이 대법원에 있음을 명시하고 있을 뿐 본안적 규범통제의 도입을 금지하는 것은 아니라고 본다.[106] 한편 박정훈 교수는 '재판의 전제'를 선결문제로 한정할 경우 행정입법의 직접적인 통

105) Gerhardt, a.a.O., §47 R. 10.

106) "행정소송법의 개정방향," 공법연구 제31집 제3호(2003. 3), 32면 이하.

제가 헌법상 대법원의 권한에서 제외될 수 있다는 견해가 있을 수 있지만, 그렇지 않다고 주장한다. 즉, '재판의 전제'를 선결문제로 한정한다 하더라도, 이 헌법조항은 구체적 규범통제에 관한 대법원의 최종적 심사권한을 규정한 것일 뿐, 대법원의 행정입법에 대한 직접적 통제를 금지하거나 이를 헌법재판소의 권한으로 인정한 것은 아니며, 궁극적으로 행정입법에 대한 직접적 통제는 입법자의 입법재량에 속한다고 강조한다. 나아가 박정훈 교수는 '재판의 전제'를 구체적 사건성을 의미하는 것으로 해석하면, 동조항은 행정입법에 대한 항고소송까지 포함하는 것으로 볼 수 있을 것이라고 한다.[107]

헌법 제107조 제2항의 '재판의 전제'는 동조 제1항처럼 구체적 규범통제의 모습을 예정하고 있다. 그런데 헌법제정자가 동항에서 부수적 규범통제를 상정한 것인지는 세심히 논구되어야 한다. 부수적 규범통제는 항상 구체적 심사의 모습을 띄지만, 구체적 규범통제가 언제나 부수적인 것은 아니다. 통상 재판의 전제는 선결물음에 관한 것이어서 당연히 부수적 통제의 모습을 띤다. 이 부수적 규범통제는 협의의 규범통제개념엔 포함시킬 수 없을 정도로 법관의 법적용상의 당연한 심사권에 속한다.[108] 따라서 이를 규정한 바가 선언적 의미인지 아니면 창설적 의미인지가 관건이다. 여기선 동항의 연혁과 함께 동항상의 '심사'의 의미를 살펴보아야 한다. 그리고 동조 제1항상의 '재판의 전제'와의 일치성이 견지되어야 한다. 요컨대 본원적 규범통제란 규범통제가 독립화되고 절차의 고유한 대상이 되는 경우를 말하기에, 헌법흠결에 해당하는지 여부는 별론으로 하고, 여기서의 '재판의 전제'는 선결물음의 방식으로만 규범심사에 들어갈 수 있게 만들었다고 보아야 한다. 따라서 행정소송법 등에서 독일 행정법원법 제47조와 같은 본원적·추상적 규범통제제도를 도입하는 것은 현행헌법의 의미내용에 위배될 뿐더러,[109] 권력분립원칙에 대한 중대한 수정이기에 반드시 헌법에 그 근거규정이 존재하거나 최소한 (이를 부정하는 식의) 반대규정이 없을 때에만 가능하다.[110] 지금 법무부와 대법원은 각기 독자적인 행정소송개정안을 마련하였고, 마련하고자 한다. 대법원의 안이 명령에 대한 직접적인 항고소송에 관한 특례를 둔 반면(동법안 제36조 이하 참

107) "행정소송법 개정의 주요쟁점," 공법연구 제31집 제3호(2003. 3), 75면 이하.

108) Lorenz, a.a.O., S. 422.

109) 동지: 권영성, 헌법학원론(2005), 1081면.

110) 한편 선정원 교수는 헌법 제107조 제2항은 법원에 대해서 명령·규칙에 대한 직접적 통제임무를 과하였다고 지적하면서, 법원으로 하여금 부수적 통제만을 수행케 하는 것을 제도화한 현행 행정소송법은 위헌적인 입법이라 주장한다. 동인, "권위들의 충돌과 합법성심사의 발전방향," 헌법재판과 행정소송(한국공법학회 2003년 정기총회 및 학술대회 발표문)(2003. 6), 80면 이하 참조.

조), 다행스럽게도 법무부의 시안은 명령에 대한 직접적인 소구를 인정하지 않는다. 한편 헌법소원의 보충성 요구를 바르게 수용하고, 법규헌법소원에로의 이행을 막기 위해선, 부수적 규범통제에서 선결물음이 충분히 제기될 수 있는 제도적 장치를 마련하여야 한다. 이 점에서도 행정소송의 종류를 항고소송과 당사자소송의 이원적으로 구성하는 것은 재고되어야 한다.

2. 행정규칙에 대한 헌법소원심판에서의 보충성 문제

앞에서의 입장을 관철하면, — 설령 여기서의 공권력행사를 종래와 같이 직접적인 법적 효과의 발생에 국한한다 하더라도 — 형식상의 행정규칙이 실질적 기준에 의거하여 심판대상으로서의 법규명령으로 인정되더라도, 일단 법원에 의한 (부수적) 규범통제의 방도를 취해야 한다. 즉, 보충성의 원칙을 견지하기 위해선, 그것의 헌법소원심판의 대상성은 부인되어야 한다. 다만 앞에서 지적하였듯이, 법규범에 대한 개인의 정당한 권리보호요구를 행정소송에 호소하는 것이 기대될 수 없는 경우엔, 법규헌법소원심판이 인정될 여지가 있다. 행정처분이 확대될 뿐만 아니라, 종래의 행정처분중심적 권리구제를 벗어나 행정작용 전반(특히 사실행위)에 대한 사법통제가 효과적으로 기능한다고 가정하면, 행정의 영역에서 법규헌법소원심판이 개입할 여지는 전혀 없다 해도 과언이 아니다. 따라서 행정소송을 통한 권리구제가 배제된 상황에 초점을 맞추어야 한다. 가령 「성전환자의 성별정정허가신청사건 등 사무처리지침」(대법원 호적예규 제716호 2006. 9. 6.) 제 6 조에 의하면,[111]

111) 제 6 조(성별정정의 허가기준) 법원은 심리결과 신청인에게 다음 각호의 사유가 있음을 인정한 경우에는 성별정정을 허가할 수 있다.

1. 신청인이 대한민국 국적자로서 만 20세 이상의 행위능력자이고 혼인한 사실이 없으며, 신청인에게 자녀가 없음이 인정될 것
2. 신청인이 성전환증으로 인하여 성장기부터 지속적으로 선천적인 생물학적 성과 자기의식의 불일치로 인하여 고통을 받고 오히려 반대의 성에 대하여 귀속감을 느껴온 사정이 인정될 것
3. 신청인에게 상당기간 정신과적 치료나 호르몬요법에 의한 치료 등을 실시하였으나 신청인이 여전히 수술적 처치를 희망하여, 자격있는 의사의 판단과 책임 아래 성전환수술을 받아 외부 성기를 포함한 신체외관이 반대의 성으로 바뀌었음이 인정될 것
4. 성전환수술의 결과 신청인이 현재 반대의 성으로서의 삶을 성공적으로 영위하고 있으며, 생식능력을 상실하였고, 향후 종전의 성으로 재전환할 개연성이 없거나 극히 희박하다고 인정될 것
5. 남자에서 여자로의 성전환(MTF)인 경우에는 신청인이 병역법 제 3 조에 의한 병역의무를 이행하였거나 면제받았을 것
6. 신청인에게 범죄 또는 탈법행위에 이용할 의도나 목적으로 성별정정허가신청을 하였다는 등의 특별한 사정이 없다고 인정될 것
7. 기타, 신청인의 성별정정이 신청인의 신분관계에 중대한 영향을 미치거나 사회에 부정적인 영향을 주지 아니하여 사회적으로 허용된다고 인정될 것

혼인한 사실이 있거나, 자녀가 있을 때는 애초부터 정정허가신청이 불허된다. 법원의 성별정정허가결정과 관련해선 재심의 절차도 규정되어 있지 않다. 실질적 기준에 의하면, 동 예규는 법규명령인 셈이지만, 법원에 의한 규범통제는 애초에 성립할 수 없다. 따라서 이처럼 규범통제의 기대가능성이 없는 경우가 법규헌법소원심판의 대상이 된다.

Ⅵ. 맺으면서

헌법재판소가 행정규칙의 대외적 구속효의 문제에서 법원과는 다른 접근을 취한 '헌재 1990. 9. 3. 90헌마13'이, 대외적 구속력을 헌법소원대상의 근거로 삼은 '헌재 2001. 5. 31. 99헌마413'을 거쳐, 재량준칙의 자기구속의 법리만을 초점에 맞춰 헌법소원심판대상성을 인정한 '헌재 2005. 5. 26. 2004헌마49'로의 과정은, 행정규칙론의 난맥상을 여실히 웅변한다. '헌재 1990. 9. 3. 90헌마13'이 나비효과상의 초기조건인 셈이다.

행정규칙은 정당하게 법정립론(입법론)의 중심에 서지 못하였다. 그 결과 행정규칙의 법적, 실제적 중요성과 그 법적 성질 간에 엄청난 괴리와 모순이 존재한다. 일찍이 R. Wahl은, 독일 도그마틱(통설)이 행정규칙에 대해 신랄한 태도로써 접근하여, 그것을 카스트제하의 賤民(Paria)로 간주하고 있다고 혹평을 가하였다. 그리고 민주주의나 법치국가원리의 근본문제점이 행정규칙이란 戰線에서 결판이 날 때까지 싸우는 것은 아니고. 오히려 법창조(생산)의 과정에서 입법, 행정, 법원 간의 分業의 합리적 규율이 관건이라고 강조하였다.[112] Ossenbühl 역시 (과학)기술로 인해 민주국가에서 규범정립은 의회와 행정부의 共管(Kondominium)으로 점차 발전되어 갔다고 지적하였다.[113] 이제 기능부전에 처한 올드 프레임을 버리고, 민주적 법치국가원리를 바탕으로 입법에서 의회입법과 행정입법의 分業體制를 구축하여야 한다.

112) ders., a.a.O., S. 571(598).

113) ders., Die Not des Gesetzgebers im naturwissenschaftlich-technischen Zeitalter, S. 35.

第77회(2007. 7. 6) 발표문

행정규칙의 헌법소원 대상성

정 호 경*

Ⅰ. 서 론

행정규칙의 성질과 효력에 관한 문제는 현재의 우리나라 행정법학이 당면하고 있는 '迷路' 중의 하나이다. 이 문제를 논하기 위해서는 '法規', '法規性'과 같은 복잡하고 난해한 개념뿐만 아니라, '법규명령과 행정규칙의 구별기준', 소위 '법규명령 형식의 행정규칙'과 '행정규칙 형식의 법규명령'의 법적 성질과 같은 어려운 문제들을 함께 고찰해야 하기 때문이다.

이러한 문제들은 단순한 하나의 관점선택으로 해결될 수 있는 문제가 아니다. 이 문제들을 궁극적으로 해명하기 위해서는 법체계에 대한 종합적인 이해와 더불어 관련 주제들에 대한 깊이 있는 검토와 치밀한 논증이 전개되어야 한다. 그러나 발표자의 개인적 능력의 한계와 시간상 제약 및 여러 가지 여건으로 인해 두루 살피고 치밀하게 논증하는 과정을 거칠 수 없었고, 이 글에서는 행정규칙이 헌법소원심판의 대상으로서의 공권력행사에 해당할 수 있는지 여부에 관한 개인적 시각을 粗野하게 개진해 보고자 한다.

법규명령과 행정규칙을 법규성을 기준으로 엄밀하게 구분하고, 행정규칙에 대해서는 법규성을 인정하지 않는 전통적 견해(우리나라의 판례의 입장이자 학설의 다수설적 견해라고 할 수 있다)에 따르면 논리적으로 행정규칙의 헌법소원심판 대상성을 부정하는 것이 자연스럽다. 그러나 이러한 결론은 대부분의 행정활동의 최종적 기준을 행정규칙이 제공하고 있고, 이에 따라 국민의 권리·의무가 세부적인 영역에서 실제적으로(고시나 훈령과 같은) 행정규칙에 의해 좌우되는 행정현실 및 법현실에 부합하지 못한다는 생각에서, 이 글은 필요한 경우에는 행정규칙도 법의 영역, 특히 사법에 의한 통제의 대상으로 끌어들이고자 하는 하나의 시도이다.

---

* 한양대학교 법과대학 조교수.

먼저, 통설적 견해들이 행정규칙과 법규명령의 구별기준으로 칭하는 '법규' 또는 '법규성'의 문제를 검토하고, 이러한 개념들이 우리 법체계에서 반드시 필요한 개념인지를 살펴본다. 다음으로 행정규칙과 법규명령의 구별이 가능하고, 효과적인 기능을 수행하는지를 검토하고, 이어서 헌법소원의 대상으로서의 공권력행사 여부의 판단에 있어서 행정규칙과 법규명령의 구별이 필수적 사항인지를 살펴본다. 마지막으로 이와 관련된 문제로서 행정규칙에 대한 사법심사의 관점에서 헌법재판소와 법원의 관계를 고찰해 보고자 한다.

Ⅱ. 헌법소원심판과 행정입법

1. 헌법소원심판의 대상

헌법재판소법 제68조 제1항은 "공권력의 행사 또는 불행사로 인하여 헌법상 보장된 기본권을 침해받은 자는 법원의 재판을 제외하고는 헌법재판소에 헌법소원심판을 청구할 수 있다"고 규정하고 있다. 이러한 공권력의 행사에는 헌법에 의해 창설된 입법권력, 행정권력, 사법권력의 행사만이 아니라, 간접적인 국가행정, 예를 들어 공법상의 사단, 재단 등의 공법인, 국립대학교와 같은 영조물 등의 작용도 포함된다.1)

헌법재판소 초창기부터 헌법재판소는 '직접성'이 인정되는 법률에 대하여 헌법소원심판의 대상적격을 인정하여 왔다. 법률 이외의 법령의 경우도 마찬가지로, 헌법재판소는 일관되게 헌법재판소법 제68조 제1항이 규정하고 있는 헌법소원심판의 대상으로서의 공권력이란 입법·사법·행정 등 모든 공권력을 말하는 것이므로 행정부에서 제정한 시행령이나 시행규칙 및 사법부에서 제정한 규칙 등은 그것들이 별도의 집행행위를 기다리지 않고 직접 기본권을 침해하는 것일 때에는 모두 헌법소원심판의 대상이 될 수 있다고 판시하였다.2)

그러나 헌법재판소 초기 판례부터 이미 행정입법과 관련해서는 '직접성'을 거론하기 전에 먼저 법규명령과 행정규칙을 구분하여, 행정규칙에 대해서는 원칙적으로 내부적 효력만을 가지는 것으로 보아 헌법소원심판의 대상적격을 부인하고, 직접성이 인정되는 법규명령에 한해 대상적격을 인정하였다.3) 따라서 행정입

1) 헌재 1998. 8. 27. 97헌마372, 398, 417(병합) 전원재판부 [방송토론회진행사항결정행위등취소].

2) 헌재 1990. 10. 15. 89헌마178, 판례집 2, 365, 369 법무사법시행규칙사건.

3) 법령에 대한 헌법소원심판의 대상적격을 인정하는 경우에 명령·규칙에 대한 대법원의 최종심

법에 대한 헌법소원을 논하기 위해서는 먼저 법규명령과 행정규칙의 개념 및 구별 기준에 관해 탐색해 보아야 한다.

2. 행정입법의 의의

행정입법은 행정기관이 법조의 형식으로 일반·추상적인 규정을 정립하는 작용 또는 그에 따라 정립된 규범을 말한다.[4] 여기서 '일반적'이라 함은 불특정 다수인을 대상으로 함을 의미하고, '추상적'이라 함은 불특정 다수의 사건에 적용됨을 의미한다.

행정입법에 대한 이러한 정의는 국내 공법학자들 사이에 거의 이견이 없는 것으로 보이고, 나아가 이러한 행정입법을 다시 법규의 성질을 가지는 것과 그러한 성질을 가지지 아니하는 것으로 분류하고, 일반적으로 전자를 법규명령이라 하고 후자를 행정규칙이라 칭하는 것도 거의 일치된 견해인 것 같다.[5]

그런데 법규명령과 행정규칙의 구분기준이 되는 '법규성'이란 무엇인가? 국내의 대부분의 행정법 교과서에서 행정입법을 위와 같이 분류하면서도 그 분류의 기준이 되는 '법규성' 내지 '법규' 개념에 관해서 자세히 논하고 있는 경우는 드문 것 같다.

사권을 규정하고 있는 헌법 제107조 제2항과의 해석론 문제가 제기된다. 이에 관해서 헌법재판소는 "헌법 제107조 제2항은 구체적인 소송사건에서 명령·규칙의 위헌 여부가 재판의 전제가 되었을 경우 법률의 경우와는 달리 헌법재판소에 제청할 것 없이 대법원이 최종적으로 심사할 수 있다"는 의미로 해석하고, 헌법 제111조 제1항 제1호에서 법률의 위헌여부심사권을 헌법재판소에 부여한 이상 통일적인 헌법해석과 규범통제를 위하여 공권력에 의한 기본권침해를 이유로 하는 헌법소원심판청구사건에 있어서 법률의 하위규범인 명령·규칙의 위헌여부심사권이 헌법재판소의 관할에 속함은 당연한 것으로서 헌법 제10조 제2항의 규정이 이를 배제한 것으로 볼 수 없다고 판시하였다(헌재 1990. 10. 15. 89헌마178, 판례집 2, 365, 369 법무사법시행규칙사건).

4) 김동희, 행정법 1, 제11판(박영사), 131면. 행정규칙에 대한 정의는 행정법 교과서마다 약간의 차이를 보이고 있지만, 행정입법에 대한 정의는 대동소이하다.

5) 김도창, 일반 행정법론(상), 제4전정판(청운사), 301면; 김남진·김연태, 행정법 1, 제10판(법문사), 141면; 김동희, 위의 책, 같은 면; 박윤흔, 최신 행정법강의(상), 개정29판, 216면; 정하중, 행정법개론, 1판(법문사), 126면; 홍정선, 행정법특강, 6판(박영사), 131면. 이에 대하여 행정규칙은 법률의 근거 없이도 집행권의 고유권한으로 발령될 수 있는 것이므로 그것을 행정상 '입법'의 일종으로 보는 것은 타당하지 않고, 행정규칙은 그 자체로서 특수한 행정작용의 법형식이라고 보는 견해도 있다(홍준형, 행정법총론(한울), 171~172면 참조). 이 견해는 행정규칙을 규범정립이외의 행정작용의 형식으로 보는 시각을 열어 주므로 경청할 만한 것으로 생각된다. 하지만 이에 관한 논의는 자칫 이 글의 논지를 흐리게 할 우려가 있으므로, 이하에서는 행정입법의 개념을 통설적 견해에 따라 사용한다.

Ⅲ. 법규 개념과 행정입법

1. 법규 개념의 의의와 기능

(1) 역사적·습속적 법규 개념

위에서 말한 바와 같이 행정이 정립하는 일반·추상적 규범을 법규성을 기준으로 법규명령과 행정규칙으로 분류하는 것이 독일과 우리나라의 다수설적 견해이다. 따라서 행정규칙을 이해하기 위해서는 먼저 법규 개념을 살펴보아야 한다. 그러나 법규 개념은 그 개념이 유래한 독일에서조차 그 정의가 명확하지 아니하다.[6)]

국내에서는 법규개념 자체에 관한 논의는 거의 이루어지지 않는 것 같다.[7)] 법규개념을 다루고 있는 글들은 거의 전부가 행정규칙의 법규성 문제와 관련하여 논의하고 있다. 후술하겠지만 이는 기본적으로 법규 개념 자체가 우리 법시스템을 이해하는 데 별 효용성이 없기 때문이 아닌가 한다.

법규 개념은 19세기 독일의 정치체제 및 역사적 상황하에서 유래된 독일 특유의 개념이다(역사적·습속적 법규개념). 外見的 立憲君主制하에서 시민계급의 대표인 의회와 국왕세력에 의거한 행정권의 타협의 결과로서, 시민의 재산·자유·권리를 제한하는 일반·추상적 규칙은 Recht(s)-satz, 즉 '법의 명제'로서 반드시 법률에 의해, 또는 법률의 수권에 의해 제정되어야 하고, 또한 그러한 것만이 법적 구속력을 갖고 사법심사의 척도가 된다고 하는 바탕에서 Recht(s)-satz, 즉 법규 개념이 탄생되었다.[8)] 그리하여 당시에 법규는 독립된 법주체 사이에 의사영역의 한계를

6) 독일에서의 법규 개념의 다의성에 관하여는 최정일, "독일에서의 행정규칙의 법적 성질 및 효력 — 특히 규범구체화 행정규칙을 중심으로," 서울대학교 박사학위 논문(1995), 62~71면 참조.

7) 먼저 교과서 수준의 논의를 살펴보면, '법규'에 대하여 김동희 교수는 "국민과 행정권을 구속하고 재판규범이 되는 성문의 법규범"이라고 정의하고(김동희, 앞의 책, 132면), 김남진 교수도 "국가 등 행정주체 내부에서만이 아니라 일반 국민과의 관계에서도 직접 구속력(또는 기속력)을 가지며, 재판규범이 되는 법규범"으로 거의 동일하게 정의하고 있다(김남진·김연태, 앞의 책, 141면). 이에 비하여 홍정선 교수는 법규명령을 "법령상의 수권에 근거하여 행정권이 정립하는 규범으로서 국민과의 관계에서 일반구속적인 규범"이라고 설명하면서, "전통적 견해는 '법령의 근거(수권성)'와 '법규성(국민관계에서의 구속성)'을 법규명령 개념의 필수요소로 본다"고 설명하고 있을 뿐 교과서 수준에서 더 자세한 논의는 없다(홍정선, 앞의 책, 133면). 물론 교과서 외의 글들, 즉 행정입법을 다루는 단행논문들에서는 법규 개념을 언급하는 글들은 있지만 이들도 거의 대부분이 행정규칙의 법규성 논의를 위해 필요한 정도에서 법규 개념을 언급하고 있을 뿐이지, 행정규칙의 효력과 무관하게 법규 개념 자체만을 논의하는 글은 찾기 어렵다.

8) 박정훈, 헌법실무연구회 제54회 발표회 지정토론문, 헌법실무연구 제 6 권, 378면.

정하여 주는 규율(P. Laband), 또는 시민의 자유와 재산을 침해하는 규율(Anschütz)로 정의되었는데, 이러한 정의에는 국가를 자연인에 유추하여 그 자체가 폐쇄되고 침투할 수 없는 법주체로 파악하여 국가와 자연인 또는 국가와 법인간의 상호관계를 규율하는 경우에만 법규가 성립될 수 있다고 하는 國家法人不侵透性 이론이 전제되었다.[9)]

(2) 역사적·습속적 법규 개념의 기능

이러한 전통적 법규개념은 법규를 시민의 자유·재산에 관한 규율로 정의하고, 이러한 법규사항은 반드시 의회의 법률이나 법률의 수권에 의해 제정되어야 하고, 그러한 것만이 법적 구속력을 가진다고 함에 따라, 법규 개념은 한편으로는 의회의 권한범위 및 행정입법에서 법률수권이 필요한 범위를 결정하는 기준으로, 다른 한편으로 재판상 사범심사 척도의 범위를 결정하는 기준으로 기능하였다.[10)]

즉 행정입법의 영역에서 살펴보면, 행정권이 행하는 일반적·추상적 命令들 중에서 시민의 자유·재산에 관련된 명령들은 의회가 제정한 법률에서 수권을 받아야 하고, 그렇게 제정된 명령은 국민에 대해서나 사법에 대하여 완전한 법적 구속력을 가진다. 이에 반하여 행정조직이나 특별권력관계를 규율하는 행정권의 명령은 법이 침투할 수 없는 국가의 내부영역에서의 행위이므로 그 발령에 있어 법률의 수권을 요하지 않을 뿐만 아니라, 국민이나 사법에 대해 구속력을 갖지 못하는 것으로, 규범의 세계에서 의미를 부여받지 못하는 것이다. 이것이 법규명령과 행정규칙이다.

행정입법을 다시 법규의 성질을 가지는 것과 그러한 성질을 가지지 아니하는 것으로 분류하고, 일반적으로 전자를 법규명령이라 하고 후자를 행정규칙이라 칭하는 것이 우리나라 공법학계에서 거의 일치된 견해라는 점은 이미 언급하였다. 그러나 법규명령과 행정규칙이라는 용어는 독일의 경우와는 달리 우리나라에서는 실정법에서 등장하지 아니하는 오로지 강학상의 개념이다. 실정법이 차용하지 않

---

9) 정하중, 행정법개론(법문사), 144면.

10) 박정훈, 앞의 글, 같은 면 참조. 특히 독일의 경우 2차 대전 이전에는 시민혁명의 실패로 여전히 막강하게 살아 있는 왕권을 의회가 제대로 견제하기 위한 명분으로 '법규'라는 용어가 쓸모 있었는데, 2차 대전 이후에도, 나치불법의 철저한 반성으로, 권력남용의 위험이 있는 행정권을 의회가 철저히 견제하기 위해 ― 특히 의원내각제하에서 ― 유용하였다고 한다.
그러나 법규개념이 항상 행정권을 견제하기 위해서만 사용되었던 것은 아니다. 의회민주주의의 발전에 따라 의회의 입법사항이 증가할 때는 법규개념이 의회 입법권의 한계를 규정하는 논리로 기능하기도 하였다. Weimar 공화국 시대에 C. Schmidt가 말하는 바의 실질적 의미의 법률 개념은 의회의 입법권을 법규사항에 한정하고자 하는 것으로, 그는 이러한 법규 개념에 착안하여 당시 사회민주당이 지배하던 의회의 권한과 활동을 제한하고자 시도하였다.

는 이러한 개념을 사용하는 것은 그 개념에 상응하는 기능이 있기 마련이다. 행정입법의 영역에서 그 기능이라는 것은 위에서 말한 법규개념의 기능과 연관시켜 보면 두 가지로 말할 수 있을 것이다. 첫째, 행정권이 어떤 일반·추상적 기준을 정립할 때 법률의 수권을 요하는가? 둘째, 행정권이 정립한 일반·추상적 기준이 국민과 법원을 구속할 수 있는가?

위의 법규 개념에서 살펴본 기준이 법규명령과 행정규칙의 구별에 관철된다면 위 두 가지 질문은 너무나 자연스럽게 해결된다. 그러나 행정입법을 법규명령과 행정규칙으로 구별하는 학설들조차 거의 예외없이 다시 행정규칙의 법규성을 논한다. 이는 논리적으로 타당한가? 이에 관해서는 절을 바꾸어 서술하기로 한다.

(3) 법규 개념의 확대

위에서 살펴본 역사적·습속적 법규 개념은 국가를 자연인처럼 단일한 법주체로 보고(國家法人說) 행정조직 및 특별권력관계를 법이 침투할 수 없는 국가의 내부영역으로 보았으므로, 이러한 영역에서 행정권이 정립하는 규정들, 즉 행정규칙은 법의 세계에 해당하지 않는 것이었다.

그러나 국가를 법이 침투할 수 없는 폐쇄된 단일체로 보는 이러한 견해는 오늘날 거의 극복되었으며, 국가는 일정한 체계 속에서 상호관계를 맺는 수많은 기관들로 구성되며, 이들의 관계 역시 법적인 관계에 해당된다는 견해가 오히려 지배적이 되었다. 이에 따라 법규 개념 또한 역사적·습속적 개념을 뛰어넘어 그 범위가 확대되었고, 따라서 오늘날 상당수의 학설은 법규를 법이론적으로 파악하여 단순히 고권적인 일반적·추상적 규율이라고 정의하고 있다.

이렇게 파악된 법규 개념에는 통상 행정규칙이 포함되며, 이때 이러한 행정규칙을 내부법규라고 한다. 그러나 내부법규로서의 행정규칙은 원칙적으로 대내적 효력만을 가지며, 외부적 효력은 예외적으로 평등원칙 또는 신뢰보호원칙을 매개로 하여 간접적으로 인정된다고 보는 것이 다수설적 견해이다.[11)]

그러나 법규에 대한 이러한 새로운 정의가 문제를 해결해 주는 것은 아니다. 이러한 새로운 법규 개념은 지금까지 법의 세계에서 도외시되었던 행정규칙을 법적인 세계의 영역으로 끌어올 수 있는 의미는 있지만, 이로써 행정규칙이 국민과의 관계에서 구속력을 가지는 것이며 사법심사의 척도로 기능할 수 있는지의 문제에 관해서 새로운 기준을 제시하는 것은 아니기 때문이다. 행정규칙이라는 이름하에 포섭되는 다양한 종류의 규정들에 대한 실제적 고찰만이 이러한 문제에 대

11) 박윤흔, 앞의 책, 253면; 정하중, 앞의 책, 145면.

한 해결의 실마리를 던져 줄 수 있을 것이다.

2. 법규개념의 필요성 여부

다음과 같은 이유에서 법규개념은 행정규칙의 효력 및 헌법소원심판의 대상성 문제를 확정함에 있어서 필요한 개념이 아니라고 생각한다.

① 법규 개념이 생성된 독일에서조차 그 법규 개념의 정의가 다양한 것과 마찬가지로 우리나라에서 법규 개념은 별로 해명되지 아니한 불명확한 개념일 뿐만 아니라, 행정입법의 영역에서 역사적·습속적 법규 개념이 가질 수 있었던 도그마틱적 기능이 현재는 그 의미를 상실한 것으로 보인다.

역사적·습속적 법규 개념이 가질 수 있는 도그마틱적 기능이란 행정권이 행하는 일반적·추상적 命令들 중에서 시민의 자유·재산에 관련된 명령들은 의회가 제정한 법률에서 수권을 받아야 하고, 그렇게 제정된 명령은 국민에 대해서나 사법에 대하여 완전한 법적 구속력을 가지며, 이에 반하여 행정조직이나 특별권력관계를 규율하는 행정권의 명령은 법이 침투할 수 없는 국가의 내부영역에서의 행위이므로 그 발령에 있어 법률의 수권을 요하지 않을 뿐만 아니라, 국민이나 사법에 대해 구속력을 갖지 못하는 것으로, 규범의 세계에서 의미를 부여받지 못한다는 것이다. 이를 기준으로 행정권이 제정하는 명령은 법규에 해당하는 법규명령과 그에 해당하지 아니하는 행정규칙으로 구분되는데, 문제는 현재의 학설들이 법규명령과 행정규칙이라는 용어를 사용하면서도 거의 전부가 다시 행정규칙의 법규성을 논하고, 다수의 학설은 그 결론으로 準法規설을 취한다는 점에서 이러한 개념이 본래 가졌던 도그마틱적 기능을 거의 상실하고 있음을 알 수 있다.

② 법규개념에 관한 새로운 견해에 따라 행정규칙을 법규로 보더라도 행정규칙의 대외적 구속력까지 인정하는 것은 아니다. 그렇다면 법규개념의 확대를 통해 행정규칙을 법규로 본다는 것의 의미는 무엇인가? 그 가장 큰 의미는 행정규칙을 단순한 사실행위로, 그리고 행정규칙의 내부적 효력을 단순한 사실상의 구속력으로 보는 견해를 벗어나, 행정규칙을 규범세계의 영역으로 끌어들이고, 행정규칙의 내부적 구속력을 사실상의 구속력이 아니라 규범적 효력으로 설명하는 것이다.[12)] 그러나 현재 시점에서의 행정규칙에 관한 논의의 중점은 행정규칙의 외부적 효력

12) 내부적 구속력 또한 단순한 사실상의 효력이 아니라 법적 효력인 것이다. Maurer 교수는 행정규칙이 행정청과 공무원을 구속하고 이러한 구속력은 오직 법을 통해서만 근거지어질 수 있다는 점만으로도 이미 행정규칙은 최소한 분명히 '법적(rechtliche)' 규율이라는 성격이 표현된다고 한다. Maurer, Allgemeines Verwaltungsrecht, 16. Aufl., S. 627.

의 인정 여부에 있는데, 새로운 법규 개념을 취하는 학설도 외부적 효력을 부인하는 학설이 다수설이라는 점에서 현재 시점에서 행정규칙의 외부적 효력과 관련해서 인식의 전환을 가져오는 것은 아니므로 행정규칙의 효력론에서 새로운 법규 개념을 사용할 필요성도 지금은 미미해 보인다.

③ 법규명령과 행정규칙의 구별에 관해서도 법규 개념은 아무런 기능을 하지 못한다. 일반적으로 학설은 법규명령과 행정규칙의 구별을 법규성을 기준으로 한다고 한다. 그러면서 법규성의 징표로 국민에 대한 구속력이나 재판규범성을 든다.[13] 그렇다면 행정권이 정립한 어떤 규범이 법규성을 가지고 법규명령이기 때문에 국민에 대한 구속력을 갖고 재판규범성을 획득하는 것이 아니라, 역으로, 국민에 대한 구속력을 갖고 재판규범이 되기 때문에 법규성을 가지고 법규명령이 된다는 것이다. 행정규칙에 대해서도 마찬가지의 논의가 가능할 것이다. 그렇다면 법규 내지 법규명령 개념은 국민에 대한 구속력과 재판규범성을 사후적으로 추인하는 기능에 불과한데, 이러한 사후적 추인 기능이 필요한지 여부가 의문이며, 필요하다고 하더라도 이러한 기능은 법규 개념이 아니라 법규명령과 행정규칙이라는 강학상의 용어만을 사용하더라도 충분히 충족시킬 수 있을 것이다.

그렇다면 본고에서 논의할 행정규칙의 효력문제는 외부에 미치는 효력, 즉 오로지 외부적 '구속력'이라는 차원에서 고찰하면 족한 것이고, 법규개념과 연관시킬 필요가 없다는 것이 발표자의 생각이며, 명시적으로 언급하지 않지만 행정규칙의 효력에 관해 논하는 글들이 (법규 개념이나 법규성 자체에 대한 개념을 엄밀히 탐구하지 않는 것으로 보아) 대부분 이를 전제하는 것으로 보인다.

Ⅳ. 법규명령과 행정규칙

1. 법규명령의 의의와 종류

법규명령이란 "행정권이 정립하는 일반적·추상적 규정으로서 법규(대외적 구속력, 재판규범성)의 성질을 가지는 것"으로 일반적으로 정의한다.[14] 넓은 의미로는

13) 위 각주 7) 참조.

14) 김남진, 앞의 책, 141면; 김동희, 앞의 책, 132면. 박윤흔 교수는 "법규명령이란 행정권이 정립하는 일반적·추상적 규정으로서, 행정주체와 국민에 대하여 직접 효력(구속력)을 가지며, 재판규범이 되는 '법규범'을 말한다고 정의하고, 법규개념의 확대와 관련하여 법규명령에서의 '법규'는 좁은 의미의 법규를 말한다고 한다. 박윤흔, 앞의 책, 218면.

이에 비하여 홍정선 교수는 "법령상의 수권에 근거하여 행정권이 정립하는 규범으로서 국민과

국회의 의결을 거치지 아니하고 제정된 일반·추상적 규율로서 법규의 성질을 가진 모든 법규범을 의미하는데, 여기에는 대법원규칙, 헌법재판소규칙 등이 그에 포함되며, 법규의 성질, 즉 대외적 구속력을 갖는 점에서 일반적으로 법규의 성질을 가지지 않고 원칙적으로 행정기관 내부에서만 효력을 가지는 행정규칙과 구별된다고 한다.

법규명령의 종류로는 수권의 범위·효력에 의한 분류로 비상명령, 법률대위명령, 법률종속명령(위임명령, 집행명령) 등을 들고, 권한의 소재·법형식에 의한 분류로 대통령령, 총리령, 부령, 중앙선거관리위원회 규칙 등을 들고 있다.[15][16]

2. 행정규칙의 의의와 종류

행정규칙은 "행정조직 내부에서 상급 행정기관이 하급 행정기관에 대하여 그 조직이나 업무처리의 절차·기준 등에 관하여 발하는 일반·추상적 규정"이라고 정의함이 일반적이며,[17] 이러한 행정규칙은 국민에 대하여는 법적 효력이 없고,

---

의 관계에서 일반구속적인 규범"을 법규명령에 관한 전통적 견해로 전제한 뒤, "법령상의 수권에 근거하여 행정권이 정립하는 규범으로서 국민과의 관계에서 통상적으로 법규성을 갖는 행정입법"으로 정의한 다음, 이러한 입장은 전통적 견해와 비교할 때 '법령의 근거'는 법규명령개념의 필수요소지만, '법규성'은 통상적으로 요구되는 요소일 뿐 필수요소는 아니라는 입장이라고 소개하고, 따라서 '직제'를 법규명령의 일종으로 본다고 소개하고 있다. 홍정선, 앞의 책, 133면. 그러나 법규명령을 이렇게 정의하지 않는 입장에서도 법규명령은 일반 국민에 대하여 직접 구속력을 가지는 것이 보통이지만, 그러나 (형식적) 법규명령(대통령령, 부령 등) 가운데 행정조직 내부에서만 구속력을 가지고, 직접 대외적 구속력을 가지지 않는 것(직제 등)도 많이 있음이 사실이므로 '대외적 구속력'은 법규명령의 가능성 또는 능력이라고 할 수 있으며, 모든 법규명령이 일반국민에 대한 구속력을 현실적으로 지니고 있어야 하는 것은 아니라고 한다. 김남진, 위의 책, 142면. 정하중 교수도 법률의 위임에 의하여 또는 법률을 집행하기 위하여 행정권에 의하여 제정되는 법규명령은 국가기관은 물론 일반적으로 국민에 대하여 직접 구속력을 갖는 법규범으로서의 성격을 갖고 있다고 하면서, 일반성, 추상성을 그 개념적 요소로 하고 있으나 행정조직내부에서만 구속력을 갖고 있는 법규명령이 있을 수 있다는 점에서(예: 직제) 일반국민에 대한 구속력은 반드시 그 개념적 요소에 해당되지 않는다고 한다. 정하중, 앞의 책, 126~127면 참조.

15) 김남진, 앞의 책, 143~144면; 김동희, 앞의 책, 133~135면; 박윤흔, 앞의 책, 218~220면 참조.

16) 홍정선 교수는 '법규명령과 법형식'이라는 제하에, 법규명령은 '법령의 수권 등'을 개념요소로 하여 내용적으로 파악된 개념으로 이해할 것이지, 법형식으로 파악된 개념으로 이해할 것은 아니다. 법령에 근거하지 아니한 시행령, 시행규칙 등은 법규명령이 아니고 행정규칙일 뿐이다. 그리고 법규명령을 대통령령, 총리령, 부령을 뜻하는 법형식으로 사용하는 경우도 있으나(부령의 형식을 취하면서 법률의 수권 없이 제정된 것을 법규명령 형식의 행정규칙이라 부르는 경우), 고시(훈령) 형식의 법규명령도 있으므로 법규명령을 대통령령, 총리령, 부령을 뜻하는 법형식으로 사용하는 것은 적절하지 않다고 하며, 법규명령의 종류를 효력(비상명령, 법률대위명령, 법률종속명령)과 법적 근거(직권명령, 위임명령)와 제정권자(대통령령, 총리령, 부령)를 기준으로 각각 분류한다. 홍정선, 앞의 책, 134면.

17) 김동희, 앞의 책, 145~146면 참조. 김남진 교수는 행정규칙의 정의 자체에 수권 여부를 포함시켜 "행정규칙이란 상급행정기관 또는 상급자가 하급행정기관 또는 하급자에 대하여 법률의 수

또한 법원을 구속하거나 그 재판의 기준이 되지는 않는다고 한다.[18]

행정규칙의 분류는 학자마다 약간씩 다르다. 그러나 그 내용은 큰 차이가 없다. 행정규칙의 내용에 따른 분류로는 조직규칙, 근무규칙, 규범해석규칙, 재량준칙, 법률대위적 행정규칙, 규범구체화 행정규칙, 간소화지침 등을 들고, 형식에 따른 분류로는 사무관리규정 제 7 조 제 2 호에 따라 훈령, 지시, 예규, 일일명령 등으로 분류한다.[19]

3. 행정규칙의 효력 내지 법적 성질에 관한 논의

행정규칙의 효력과 관련하여 행정조직 내부에서 구속력을 가진다는 점에 대

권없이 그의 권한 범위 내에서 발하는 일반·추상적 규율"로 정의한다. 박윤흔 교수는 "행정기관이 법률의 수권없이 그 권한범위 안에서 정립하는 일반적·추상적 규정으로서 내부법규"로 정의한다. 다만, 박윤흔 교수는 전통적 법규를 외부법규라 하고, 행정규칙을 내부법규라 칭하며, 내부법규와 외부법규의 차이는 국민에 대한 효력 유무에 있다고 한다. 박윤흔, 앞의 책, 242면.

홍정선 교수는 행정규칙을 "행정조직내부에서 상급행정기관이 행정권에 내재하는 고유한 권능에 근거하여 하급행정기관에 대하여 행정의 조직이나 활동을 보다 자세히 규율하기 위하여 발하는 일반추상적인 명령"으로 정의하고, 이어서 이러한 입장은 '비법규성'을 행정규칙 개념의 필수요소가 아니라 통상적인 요소로 보는 데 기인하는 것으로, 따라서 행정청도 법령의 수권없이 수익적인 영역에서 예외적으로 국민을 구속할 수 있는 행정규칙을 제정할 수 있다고 하며, 행정규칙의 본질은 행정규칙의 제정권능이 '행정권에 내재하는 고유한 권능'이며, 행정규칙의 발령권한은 행정권의 사무집행권에 근거하는 것이라고 한다. 또 행정규칙은 '행정권의 고유한 권능·행정조직 내부에서의 조직과 활동 등'을 개념요소로 하여 내용적으로 파악된 개념이지, 법형식에 의해 파악된 개념이 아니므로, 따라서 법령에 근거하여 제정되는 훈령 등은 법규명령이지 행정규칙으로 볼 것은 아니며, 행정규칙의 형식과 관련하여 법령의 수권없이 발령되는 '대통령령·총리령·부령형식의 행정규칙'과 '고시(훈령)형식의 행정규칙'으로 구분될 수 있다고 부연하고 있다. 홍정선, 앞의 책, 152면 참조.

18) 여기서 국민에 대한 법적 효력이 없다는 것은 구체적으로 다음과 같은 의미를 가진다.
첫째, 행정청은 행정규칙을 근거로 하여 국민을 법적으로 구속하는 결정을 할 수 없다.
둘째, 국민은 행정청의 행위에 대하여 행정규칙을 근거로 하여 그 행위의 적법성 또는 위법성을 주장할 수 없다.
셋째, 국민의 어떤 행위에 대한 법적 평가에 있어서도 행정규칙이 근거가 될 수 없다. 즉, 그 사인의 행위가 행정규칙에 부합한다 하더라도 그 행위가 반드시 적법하지 않을 수도 있고, 그 사인의 행위가 행정규칙에 위반된다고 하여 그 행위가 반드시 위법하지도 않다. 김동희, 앞의 책, 160면 참조.

19) 김남진, 앞의 책, 158~162면; 정하중, 앞의 책, 146~148면 참조. 김동희·박윤흔 교수는 형식, 내용에 따른 분류를 명시하지 않고 근무규칙 내에 훈령, 지시, 예규, 일일명령을 설명하고 있다. 김동희, 앞의 책, 147면; 박윤흔, 앞의 책, 264면.
홍정선 교수는 내용에 따른 분류로 조직규칙, 법률해석규칙, 재량지도규칙, 법률대위규칙 등을 들고, 형식에 따른 분류로 고시형식과 훈령형식의 행정규칙을 들고 있다. 그런데 특이한 점은 '행정규칙과 법형식'이라는 제하에 행정규칙은 내용에 의해 파악된 개념이지 형식에 의해 파악된 개념은 아니며, 따라서 법령에 근거하여 제정되는 훈령 등은 행정규칙이 아닌 법규명령이고, 행정규칙도 법령의 수권없이 발령되는 '대통령령·총리령·부령형식의 행정규칙'과 '고시(훈령) 형식의 행정규칙'으로 구분될 수 있다고 한다. 홍정선, 앞의 책, 152~154면 참조.

하여는 이견이 없다. 그러나 행정규칙의 수범자는 행정조직에 있어서의 복종의무에 기해 이러한 행정규칙에 따라 행정사무를 처리하여야 하므로, 적어도 사실상으로 외부적 효력을 지니게 되는데, 이러한 외부적 효력을 법적으로 어떻게 판단할 것인가가 행정규칙의 효력 내지 법적 성질의 핵심 문제이다.[20]

그러나 오늘날 행정규칙의 효력에 관한 문제는 행정규칙 전반에 대한 논의라기보다는 주로 행위지도규칙, 특히 재량준칙과 관련해서 논해진다.[21] 이러한 재량준칙의 법적 성질과 관련하여 비법규설, 준법규설, 법규설 등이 논의된다. 재량준칙은 그 자체로 외부적 효력을 지니지 못하며 평등원칙이나 신뢰보호를 통한 간접적 효력만이 인정된다는 준법규설이 통설적 견해이다.[22] 자기구속원리에 대해서는 후술하겠지만, 행정규칙의 외부적 효력에 대해 만약 법규설의 입장을 취한다면 법규명령과 행정규칙의 구별은 '법규성'으로 구분되지 아니할 것이므로, 양자를 구별할 필요성을 재검토해야 하고, 구별한다면 구별을 위한 새로운 기준을 찾아야 할 것이다.

4. 이른바 '법규명령 형식의 행정규칙'과 '행정규칙 형식의 법규명령'의 문제

현재 우리나라에서 행정입법의 효력과 관련하여 가장 뜨겁게 논의되는 쟁점 중의 하나가 이른바 '법규명령 형식의 행정규칙'과 '행정규칙 형식의 법규명령' 문제이다. 전자에 관한 대표적인 것으로 '시행령, 시행규칙에서 정한 제재처분의 기준'을 들며, 후자에 관한 것으로 '법령보충적 행정규칙'들이 일컬어진다. 먼저 그 법적 성질 내지 효력에 관한 결론을 내리기 전에 이에는 문제 자체가 모순율을 내포하고 있다는 것이 발표자의 생각이다.

먼저 '법규명령 형식의 행정규칙'과 '행정규칙 형식의 법규명령'이라는 문제제기 자체가 무엇을 기준으로 법규명령과 행정규칙을 구분하는지를 모호하게 만

20) 김동희, 앞의 책, 161면; 김남진, 앞의 책, 168면. 김남진 교수는 "일부 행정규칙(행위통제규칙)은 행정조직 내부에서만 구속력을 가지는 것이 아니고 행정영역 밖의 국민에게도 지대한 효과를 미친다는 것은 부인할 수 없다"고 표현하고 있다.

21) 독일이나 프랑스에서는 일정한 조직 규칙에 대하여는 구체적인 논거 없이 학설, 판례상 그 법규성을 인정하며(김동희, 앞의 책, 162면), 불확정개념에 대한 규범해석규칙이나 법률대위규칙의 경우에는 재량준칙에 관한 논의가 적용될 수 있을 것이기 때문이다. 한편 규범의 해석은 법원의 전권사항이며 불확정개념에 대해 인정되는 판단여지는 포섭과정에 인정되는 것이므로 규범해석규칙에까지 이러한 논의가 적용될 수 없다는 견해도 있다(정하중, 앞의 책, 152면).

22) 법규를 고권적인 일반·추상적 규율로 정의하는 새로운 법규 개념을 취하는 학설들은 이 문제를 법규성의 문제가 아니라, 단순히 행정규칙의 외부적 효력의 문제로만 논한다.

든다. 앞은 일응 형식을 기준으로 구분하는 듯하면서, 뒤는 다시 실질을 기준으로 구분하는 듯이 보이기 때문이다. 이러한 문제제기 후에 법규명령설, 행정규칙설, 수권명령설 등이 그 구속력 여부에 대한 학설의 견해로 제시되지만, 이러한 견해들도 이미 문제제기 자체에서 보듯이 학설들이 설명은 '법규성'을 기준으로 법규명령과 행정규칙을 구분한다고 하지만, 실제로는 무엇을 기준으로 양자를 구분하는지에 관한 구분기준이 명확하지 않다는 점을 반증하는 것이라 생각한다. 왜냐하면 모순을 내포한 문제에 어떤 하나의 답을 내리는 것은 필연적으로 모순을 내포할 수밖에 없기 때문이다. 다른 한편으로는 이러한 문제제기의 형식 자체에서 이미 전자는 행정규칙이라는 결론이, 후자는 법규명령이라는 결론이 도출되어 있기 때문에, 더 이상 법적 성질을 논할 여지도 없어 보인다.

다음으로 국내의 거의 모든 학설들이 원칙적으로 외부적 구속력 여부를 법규성의 기준으로 삼고 있는데, 이러한 구속력을 법규 개념이 부여해 줄 수 있는가? 국민의 권리·의무에 관련된 규율이기에 구속력을 가지는 것이 아니라, 구속력을 가지기 때문에 국민의 권리·의무와 관련되는 것이 아닌가! 그리하여 학설은 '법규' 개념을 명확히 정의하지 아니한 채, '법규성'을 국민에 대한 구속력, 재판규범성 등에서 구하고, 따라서 우리 법체계에서 이러한 구속력과 재판규범성이 인정되는 규범의 형식으로 헌법에서 '열거 내지 예시'[23]하고 있는 대통령령, 총리령, 부령 등을 법규명령의 형식으로 일컫는 듯하다. 더욱이 법규사항과 비법규사항의 실체적 구분이 쉽지 않은 현실에서, 근대 성문법국가에서 이러한 구속력의 문제는 결국 규범의 형식을 중심으로 결정되게 되었고, 따라서 우리나라 헌법체계에서 원칙적으로 구속력이 인정되는 대통령령, 총리령, 부령 등이 법규명령의 형식으로 자리매김하게 된 것으로 보인다.[24] 여기에 이르면 애초에 실질설에서 출발했던 법규 개념은 법규명령과 행정규칙에 이르러 완전히 형식론으로 전환되었고, 따라서 법규명령과 행정규칙은 형식 자체에서 이미 구속력이 판단되는 것이므로 논리적으로는 더 이상 법규 개념은 개입할 여지가 없게 되는 것이다.

이러한 도식하에 위의 문제를 다시 보면 '법규명령 형식의 행정규칙'은 구속

23) 우리나라 헌법이 법규명령의 형식을 열거하고 있는지, 예시하고 있는지의 문제가 행정입법과 관련한 또 다른 핵심쟁점이다. 그러나 법규명령 형식 또는 행정규칙 형식이 무엇을 기준으로 하는지에 관한 문제와 직접적으로 관련되는 것은 아니므로 그 문제는 이 부분에서는 논하지 아니한다.

24) 이러한 논의에 위에서 제기된 새로운 법규 개념을 도입한다 하더라도 해명되는 문제는 하나도 없다. 왜냐하면 새로운 법규 개념은 결국 권력분립적 관점에서는 의회의 권한 영역 및 법률유보 범위의 확대와 관련되고, 행정입법 영역에서 행정규칙의 내부적 효력을 강화하는 의미로 기능할 뿐이기 때문이다. 즉 '법규성' 자체를 외부적 구속력으로 개념지우는 한, 새로운 법규 개념이 외부적 구속력과 관련하여 기능할 여지는 없기 때문이다.

력 있는 규범형식에 담긴 어떤 내용이 과연 구속력이 있는 것인가라는 문제이며, '행정규칙 형식의 법규명령'은 원칙적으로 구속력이 인정되지 않는 규범형식에 담긴 어떤 규율내용에 대해 구속력이 부여될 수 있는가의 문제인 것이다. 즉 이 문제의 실질은 그것이 법규사항인가 아닌가, 또는 법규명령인가 행정규칙인가의 문제가 아니라 그 규율내용에 구속력이 부여될 수 있는가의 문제인 것이다.

5. 자기구속법리의 문제

재량행위에 있어서 그 재량권을 동일한 방향으로 행사하여 일정한 관행이 형성되어 있는 경우에는, 행정청은 동일한 사안에 대하여는 당해 관행에 따른 처분을 하여야 할 법적 구속을 받는다. 그것은 정당한 사유가 없음에도 불구하고 이전의 관행과 다른 처분을 하는 것은 헌법상의 원리인 평등원칙에 반하기 때문이다. 즉, 재량행위에 있어서 행정청에게는 원칙적으로 그 처분의 내용에 관한 재량권, 즉 독자적 판단권이 있음에도 불구하고, 그 재량권의 행사에 관한 관행이 형성되어 있는 경우에는 헌법상의 평등원칙에 따라 스스로의 관행에 구속되는 것으로, 이를 자기구속원리라 한다.[25)]

이러한 자기구속원리는 재량준칙의 효력을 설명하는, 특히 준법규설의 입장에서 재량준칙의 효력을 설명하는 이론이다. 그러나 준법규설은 결론적으로는 행정규칙에 직접적 외부적 구속력을 인정하지는 않는다. 이는 기본적으로 재량준칙에 근거한 처분의 위법성을 재량준칙에 입각해 판단하기 위한 이론에 해당한다. 그러므로 재량준칙 자체의 직접적 구속력을 부인하면서도, 행정청의 처분의 위법성을 판단하기 위한 일응의 기준으로 재량준칙을 원용할 수 있도록 하는 것에 초점이 있는 자기구속법리에 근거하여 재량준칙 자체를 직접적인 공권력행사로 단정하는 것은 적절치 않다고 생각한다. 즉, 자기구속법리는 재량준칙을 일응의 사법심사의 척도로 사용하기 위한 법리이지, 재량준칙 자체의 구속력과 공권력행사성을 논증하는 법리는 아니기 때문이다.

25) 김동희, 앞의 책, 164면.

Ⅴ. 소위 '법규명령 형식의 행정규칙'과 '행정규칙 형식의 법규명령'의 규범적 구속력[26)]

우리나라의 법체계는 성문법체계를 취하고 있으며, 우리 헌법은 법치국가원리라는 상위의 원칙하에 권력분립으로서 입법권의 원칙적인 의회 귀속과 구속력 있는 규범의 형식을 예시하고 있다. 그러므로 이하의 논의에서 구속력의 인정 여부는 '성문법체계의 기본이념', '법치국가원리', '의회입법권의 원칙'과 '헌법이 예시하고 있는 구속력 있는 규범의 형식'이라는 기준에 입각하여 판단한다.

1. 대통령령, 총리령, 부령의 형식으로 행정권이 자신의 활동기준을 정립한 경우(소위 '법규명령 형식의 행정규칙'의 문제)

- 대통령령, 총리령, 부령은 헌법이 구속력 있는 규범의 형식으로 명시적으로 인정하고 있는 입법형식이다. 그러므로 이러한 형식으로 제정된 행정작용의 기준들은 그것이 소위 재량준칙에 해당하는 사항이더라도 구속력을 인정해야 한다.

- 오늘날 법규사항과 비법규사항의 구별이 명백하지 않다는 점은 실질적 기준설을 주장하는 견해에서도 어느 정도 동의하고 있는 바인데, 헌법이 명시하고 있는 구속력 있는 규범 형식에 따라 제정되었음에도 불구하고 규율내용의 구속력이 사법부의 최종심에서 판단되는 것은 성문법체계에 합치하지 않을 뿐만 아니라, 법치국가원리의 내용인 법적안정성 및 예측가능성에도 반한다.

- 이러한 해석이 입법자가 행정에게 재량을 부여하면서 그 처분기준을 대통령령, 총리령, 부령 등으로 정하도록 위임한 입법자의 의사에도 부합한다.

행정이 이러한 형식으로 정한 재량행사의 기준이 헌법이나 법률에 위배될 경우에는 사법부에 의한 규범통제라는 통제 방식이 마련되어 있다.

26) 행정규칙의 규범적 구속력은 국민에 대한 직접적 효력 및 재판규범성의 의미로 사용한다. 규범적 구속력이 인정되는 경우에는 법령소원의 원칙에 따라 헌법소원심판대상성이 인정된다. 그러나 뒤에서 논하는 바와 같이 규범적 구속력이 부정된다고 해서 헌법소원심판의 공권력행사가 부정되는 것은 아니다.

2. 법령의 위임에 의해 고시, 훈령 등이 법령의 내용을 보충하는 경우 고시, 훈령의 구속력(이른바 '법령보충적 행정규칙'의 구속력)

- 헌법재판소 2004. 10. 28. 99헌바91 전원재판부 [금융산업의구조개선에관한법률제2조제3호가목등위헌소원] 사건의 판시취지27)와 같은 맥락에서 구속력을 인정함이 타당하다.

- 다만, 각각의 규율영역(기본권과의 관련성, 침익적 또는 수익적 영역)에 따라 그에 상응한 규범제정절차가 마련되어야 한다.

- 특히 원칙적으로 公布(국민에게 알림)되지 아니하는 형식의 행정규칙에의 위임은 위헌으로서 그러한 규율에는 구속력이 부인되어야 한다. 세부적이고도 최종적인 규율은 이러한 법령보충적 행정규칙(예를 들어 고시나 훈령)의 형식으로 이루어지는 것이 법실무라 할진대, 국민이 알 수 없는 규범의 성립을 인정하는 것은 법치국가원리 및 성문법체계의 기본이념에 반하는 것이기 때문이다.

3. 그 밖의 행정규칙에 대하여

(1) 자기구속이론은 행정규칙 자체에 대한 직접적 구속력 부여 근거는 되지 못한다. 자기구속이론에 따른 행정규칙의 '준법규성설'은 굳이 말하자면 행정규칙

27) 오늘날 의회의 입법독점주의에서 입법중심주의로 전환하여 일정한 범위 내에서 행정입법을 허용하게 된 동기가 사회적 변화에 대응한 입법수요의 급증과 종래의 형식적 권력분립주의로는 현대사회에 대응할 수 없다는 기능적 권력분립론에 있다는 점 등을 감안하여 헌법 제40조와 헌법 제75조, 제95조의 의미를 살펴보면, 국회입법에 의한 수권이 입법기관이 아닌 행정기관에게 법률 등으로 구체적인 범위를 정하여 위임한 사항에 관하여는 당해 행정기관에게 법정립의 권한을 갖게 되고, 입법자가 규율의 형식도 선택할 수도 있다 할 것이므로, 헌법이 인정하고 있는 위임입법의 형식은 예시적인 것으로 보아야 할 것이고, 그것은 법률이 행정규칙에 위임하더라도 그 행정규칙은 위임된 사항만을 규율할 수 있으므로, 국회입법의 원칙과 상치되지도 않는다. 다만, 형식의 선택에 있어서 규율의 밀도와 규율영역의 특성이 개별적으로 고찰되어야 할 것이고, 그에 따라 입법자에게 상세한 규율이 불가능한 것으로 보이는 영역이라면 행정부에게 필요한 보충을 할 책임이 인정되고 극히 전문적인 식견에 좌우되는 영역에서는 행정기관에 의한 구체화의 우위가 불가피하게 있을 수 있다. 그러한 영역에서 행정규칙에 대한 위임입법이 제한적으로 인정될 수 있다.
행정규칙은 법규명령과 같은 엄격한 제정 및 개정절차를 요하지 아니하므로, 재산권 등과 같은 기본권을 제한하는 작용을 하는 법률이 입법위임을 할 때에는 '대통령령', '총리령', '부령' 등 법규명령에 위임함이 바람직하고, 금융감독위원회의 고시와 같은 형식으로 입법위임을 할 때에는 적어도 행정규제기본법 제4조 제2항 단서에서 정한 바와 같이 법령이 전문적·기술적 사항이나 경미한 사항으로서 업무의 성질상 위임이 불가피한 사항에 한정된다 할 것이고, 그러한 사항이라 하더라도 포괄위임금지의 원칙상 법률의 위임은 반드시 구체적·개별적으로 한정된 사항에 대하여 행하여져야 한다.

의 직접적 구속력을 부인하는 이론에 해당한다고 할 것이다. 즉, 그 실질은 처분의 평등권 내지 평등원칙 위반을 논증하는 것이다.

(2) 따라서 위에서 말한 규범적 구속력을 인정하기는 어렵다. 그러나 헌법소원심판에서의 공권력행사는 반드시 규범적 구속력에 국한되지 않으며 실제적 효과를 기준으로 판단함이 오늘날의 법문제를 해결함에 적절하고, 사법이 사법의 역할을 다 할 수 있다.

이하에서의 헌법소원심판대상으로서의 행정규칙에 관한 논의는 주로 3.의 영역의 행정규칙을 그 대상으로 한다.

Ⅵ. 규범적 효력이 부인되는 행정규칙의 헌법소원심판대상성

1. 헌법재판소 결정례의 분석 — 행정규칙 또는 사실행위에 대한 공권력행사의 인정

행정규칙은 행정의 규범정립작용이기 전에 특수한 행정작용 형식의 하나이다. 특수한 행정작용 형식의 하나로서 행정규칙이 헌법소원심판대상으로서의 공권력행사에 해당하는지 여부는 반드시 규범적 구속력을 부여받는지 여부에 좌우되지 아니하며, 그 실제적 효과를 중심으로 판단되어야 한다.

결정례 1

헌법재판소 1990. 9. 3. 90헌마13 全員裁判部 [全羅南道敎育委員會의1990學年度人事原則(中等)에대한憲法訴願]

「이른바 행정규칙은 일반적으로 행정조직 내부에서만 효력을 가지는 것이고 대외적인 구속력을 갖는 것이 아니다. 다만, 행정규칙이 법령의 규정에 의하여 행정관청에 법령의 구체적 내용을 보충할 권한을 부여한 경우, 또는 재량권 행사의 준칙인 규칙이 그 정한 바에 따라 되풀이 시행되어 행정관행이 이룩되게 되면 평등의 원칙이나 신뢰보호의 원칙에 따라 행정기관은 그 상대방에 대한 관계에서 그 규칙에 따라야 할 자기구속을 당하게 되는 경우에는 대외적인 구속력을 가지게 된다.

그러나 위 인사관리원칙은 피청구인이 그 소속 중등학교 교원 등에 대한 임용권을 적정하게 행사하기 위하여 그 기준을 미리 일반적·추상적 형태로 제정한 조직내부의 사무지침에 불과하다. 즉 이 사건 소원심판의 대상인 인사관리원칙의 조항은 피청구인이 행사하는 임용권 중 전보권에 관한 규정이고, 전보권은 관할구역 내 교육기관의 신설 및 폐지 등으로 말미암아 교육공무원의 인력수요의 증감 등 교육환경이 바뀔 때마다 때맞게 적절히 대응할 수 있도록 행사되어야 할 성질의 것이므로 그 행사에 광범위한 재량이 허용되어야 한다. 특히 이 사건의 경우에서와 같이 관할 내 경합지역의 교직이 현저하게 줄어드는 등 사정변경이 생긴 때에는 공익과 그 대상자에 대한 신뢰보호를 교량하여 당해 행정관청은 스스로 그 규칙의 내용을 그 대상자에게 불이익하게 변경할 수도 있다 할 것이다. 위 인사관리원칙이 당초 경합지역에서의 근속가능연한을 특정하지 아니하고 2년 이상 10년 이하로 폭넓게 규정하여 그 범위 내에서 전보권을 행사하도록 한 것도 위와 같은 전보권의 특수성을 참작한 것이라 할 것이다. 따라서 전보대상자인 청구인이 경합지역에서 근속할 수 있는 기간에 관하여 어떤 이익을 누릴 수 있다면, 그것은 하한인 2년일 뿐 결코 그 가간의 상한은 아니며, 비록 청구인이 근속가능연한의 상한인 10년간을 경합지역인 담양군에서 근무할 수 있을 것이라는 점에 대하여 주관적으로 신뢰나 기대를 가졌다고 하더라도 객관적으로 보아 이는 법적으로 보호하여야 할 정도에 이른 신뢰라고는 볼 수 없다.

그러므로 피청구인의 위 인사관리원칙의 변경으로 말미암아 침해받은 기본적 권리나 법적 이익이 청구인에게 존재하는 것이 아니므로 결국 변경된 위 인사관리원칙의 조항은 헌법소원심판청구의 대상이 될 수 없다.」

헌법소원심판은 공권력의 행사나 불행사로 인해 기본권을 침해받은 자가 제기할 수 있다(헌법재판소법 제68조 제1항). 여기서 '공권력의 행사나 불행사'는 심판청구의 적법요건이지만 '기본권침해'는 적법요건이 아니라 본안판단사항이 되어야 한다. 만약 기본권침해까지 적법요건으로 판단한다면 본안에서 판단할 사항이 없기 때문이다. 즉, 적법요건에서의 기본권침해는 기본권침해의 '가능성' 내지 '개연성'이다.[28)]

28) 왜냐하면 아래 헌법재판소 2004. 10. 21. 2004헌마554·566(병합) 전원재판부 [신행정수도의건설을위한특별조치법위헌확인] 사건의 "그러므로 위에서 특정된 조항들뿐만 아니라 이 사건 법률 전체가 청구인들의 국민투표권을 침해한다"는 판시에서 보는 바와 같이 기본권침해에 관한 판시는 항상 헌법재판의 결론이 되어야 하기 때문이다.

헌법재판소 2005. 11. 29.자 2005헌마1101 제2지정재판부 [불기소처분취소]

「헌법재판소법 제68조 제1항에 의한 소원은 '공권력의 행사 또는 불행사'로 인하여 헌법상 보장된 기본권이 침해될 개연성'이 있을 때 비로소 적법한 소원이 되어 헌법재판소의 본안판단을 받을 수 있다. 따라서 피고소인이 했다는 행위가 그 자체로 범죄가 성립하지 아니함이 명백하고 그 밖에 다른 어떤 범죄에도 해당하지 않는 경우 피고소인을 불기소한 검사의 행위는 청구인의 기본권을 침해할 개연성이 아예 없으므로 그 취소를 구하는 헌법소원심판청구는 부적법하다.」

헌법재판소 2004. 10. 21. 2004헌마554·566(병합) 전원재판부 [신행정수도의건설을위한특별조치법위헌확인].

「3. 적법요건에 관한 판단

가. 기본권 침해의 개연성이 있는지 여부

이 사건 법률은 수도의 이전을 확정하고 그 이전의 절차를 정하는 내용을 가진 법률이다. 그 그렇다면 위 판시에서 "피청구인의 위 인사관리원칙의 변경으로 말미암아 침해받은 기본적 권리나 법적 이익이 청구인에게 존재하는 것이 아니므로"는 부분은 원칙적으로 본안판단사항이 되어야 한다. 그렇게 볼 때 위 판시사항 중 "위 인사관리원칙은 피청구인이 그 소속 중등학교 교원 등에 대한 임용권을 적정하게 행사하기 위하여 그 기준을 미리 일반적·추상적 형태로 제정한 조직내부의 사무지침에 불과하다."라는 표현에도 불구하고 헌법재판소는 실질적 효력의 관점에서 공권력행사성을 인정한 판결이라 볼 수 있다.

결정례 2

「서울대학교가 "'94학년도 대학입학고사 주요요강"을 제정하여 발표한 것이 헌법소원의 대상이 되는 공권력의 행사인가, 헌법소원 외에 달리 구제방법은 없는가, 권리보호의 이익이 있는가 등에 대하여 본다.

(1) 국립대학인 서울대학교는 특정한 국가목적(대학교육)에 제공된 인적·물적 종합시

런데 우리나라의 수도가 서울인 점이 명문의 헌법조항에서 밝혀진 것은 아니라 하더라도 우리 헌법의 해석상 그것이 국가생활의 오랜 전통에 의하여 확립된 기본적 헌법사항으로서 불문의 관습헌법에 속하는 것임이 확인된다면, 수도의 이전을 내용으로 하는 이 사건 법률은 우리 헌법의 내용을 헌법개정의 절차를 거치지 아니한 채 하위 법률의 형식으로 변경하여 버린 것이 된다. 비록 헌법전에 명문이 없는 경우라고 하더라도 그것이 관습헌법사항이라면 이는 의연히 헌법의 일부이므로 헌법개정의 절차에 의하여만 변경될 수 있는 것이다. 그런데 헌법 제130조는 헌법의 개정을 위해서는 국회 재적의원 과반수 또는 대통령에 의하여 발의되고, 재적의원 3분의 2 이상의 찬성으로 국회의 의결을 거친 후 반드시 국민투표에 부쳐 국회의원 선거권자 과반수의 투표와 투표자 과반수의 찬성을 얻어야 하도록 되어 있다. 따라서 이 사건 법률은 본안에 관한 판단에서 수도가 서울인 점에 대한 관습헌법성이 확인된다면 헌법개정에 의하여 규율되어야 할 사항을 단순 법률의 형태로 규율하여 헌법개정에 필수적으로 요구되는 국민투표를 배제한 것이 되므로 국민들의 위 투표권이 침해될 수 있다. 그렇다면 이 사건 법률은 헌법개정에 있어서 청구인들이 갖는 참정권적 기본권인 국민투표권을 침해할 소지가 있으므로 그 권리침해의 개연성이 인정된다.

나. 기본권 침해의 자기관련성·직접성·현재성이 있는지 여부

— 중 략 —

자. 결 론

이 사건 법률은 국민투표권을 배제하고 수도이전의 의사결정을 한다는 자체를 선언하는 명시적인 규정을 두고 있지 아니하다. 다만, 이 사건 법률 제2조 제1호·제2호, 제6조, 제8조, 제12조, 부칙 제1조가 비교적 위와 같은 내용에 근접한 규정에 해당한다.

그러나 앞에서 본 바와 같이 이 사건 법률이 국민투표권을 배제하고 수도이전의 의사결정을 한 것으로 해석되는 것은 위 조항들뿐만 아니라 이 사건 법률 전체에서 합리적으로 도출되는 것이다. 그러므로 위에서 특정된 조항들뿐만 아니라 이 사건 법률 전체가 청구인들의 국민투표권을 침해한다고 할 것이다.

또 가사 위 특정조항들만의 위헌성이 확인된다고 하더라도 이를 제외한 나머지 규정들은 수도이전의 의사결정을 전제로 존재의미를 갖는 것이어서 이들만을 유효하게 시행할 수도 없기 때문에 이 사건 법률 전부를 시행할 수 없게 되어 그 전체에 대하여 위헌결정을 함이 타당하다. 그렇다면 이 사건 법률은 헌법 제72조가 보장한 기본권인 청구인들의 국민투표권을 침해하는 것으로서 그 전체가 헌법에 위반된다 할 것이므로 나머지 점에 관한 판단을 생략하고 주문과 같이 결정한다.」

설로서 공법상의 영조물이다. 그리고 서울대학교와 학생과의 관계는 공법상의 영조물 이용관계로서 공법관계이며, 서울대학교가 대학입학고사시행방안을 정하는 것은 공법상의 영조물이용관계설정을 위한 방법, 요령과 조건 등을 정하는 것이어서 서울대학교 입학고사에 응시하고자 하는 사람들에 대하여 그 시행방안에 따르지 않을 수 없는 요건·의무 등을 제한설정하는 것이기 때문에 그것을 제정·발표하는 것은 공권력의 행사에 해당된다. 그러나 앞에서도 설명한 바와 같이 서울대학교의 "'94학년도 대학입학고사 주요요강"은 교육부가 마련한 대학입시제도 개선안에 따른 것으로서 대학입학방법을 규정한 교육법시행령 제71조의2의 규정이 교육부의 개선안을 뒷받침할 수 있는 내용으로 개정될 것을 전제로 하여 제정된 것이고 위 시행령이 아직 개정되지 아니한 현 시점에서는 법적 효력이 없는 행정계획안이어서 이를 제정한 것은 사실상의 준비행위에 불과하고 이를 발표한 행위는 앞으로 그와 같이 시행될 것이니 미리 그에 대비하라는 일종의 사전안내에 불과하므로 위와 같은 사실상의 준비행위나 사전안내는 행정심판이나 행정쟁송의 대상이 될 수 있는 행정처분이나 공권력의 행사는 될 수 없다. 그러나 이러한 사실상의 준비행위나 사전안내라도 그 내용이 국민의 기본권에 직접 영향을 끼치는 내용이고 앞으로 법령의 뒷받침에 의하여 그대로 실시될 것이 틀림없을 것으로 예상될 수 있는 것일 때에는 그로 인하여 직접적으로 기본권침해를 받게 되는 사람에게는 사실상의 규범작용으로 인한 위험성이 이미 발생하였다고 보아야 할 것이므로 이러한 것도 헌법소원의 대상은 될 수 있다고 보아야 하고 서울대학교의 "'94학년도 대학입학고사 주요요강"은 교육법시행령 제71조의2의 규정이 개정되어 그대로 시행될 수 있을 것이, 그것을 제정하여 발표하게 된 경위에 비추어 틀림없을 것으로 예상되므로 이를 제정·발표한 행위는 헌법소원의 대상이 되는 헌법재판소법 제68조 제1항 소정의 공권력의 행사에 해당된다고 할 것이며 헌법소원 외에 달리 구제방법도 없다는 말이 된다.」

결론부터 말하면, 헌법재판소는 위 결정례 2에서 이미 규범적 효력이 인정되지 않는 행정규칙에 대하여 실질적 효력 내지 효과의 관점에서 헌법소원심판대상으로서의 공권력행사를 인정하였다.

헌법재판소는 위 서울대학교 입시요강의 법적 성질은 '법적 효력이 없는 행정계획안'으로 규정하였는데, 전통적 행정작용형식론의 분류에 따르면 위 입시요강은 행정규칙으로 분류될 수 있기 때문이다.

행정계획은 그 형식이나 내용이 매우 다양하나, 이들은 고유한 작용형식이 아니라 전통적 작용형식(법률, 법규명령, 행정규칙, 행정행위, 사실행위)의 어느 한 형식에 속하는 것이 원칙이다.[29] 위 서울대학교 입시요강은 법적 효력이 없다는 점에서 전통적 작용형식 중 법률, 법규명령, 행정행위에 해당할 수는 없는 것이다. 그렇다면 위 입시요강은 행정규칙에 해당하거나 그렇지 않으면 사실행위의 범주

29) 김동희, 앞의 책, 180면.

에 해당할 것이다. 행정상의 사실행위란 행정행위, 공법상 계약, 확약 등의 법적 행위와 같이 직접 일정한 법적 효과의 발생을 의도하는 행위가 아니라 단순히 사실상의 결과실현을 목적으로 하는 일체의 행위형식을 의미하는 것으로,[30] 이는 행정작용 형식 중에서 일종의 殘餘개념이라고 할 것이다. 행정규칙도 (다수설적 법규개념에 따르면) 일정한 법적 효과의 발생을 의도하는 행위가 아니라는 점에서 일종의 사실행위에 해당한다고 할 것이나,[31] 다만 일반·추상적 작용이라는 점에서 나머지 殘餘의 사실행위와 구별된다고 할 것이다.

그렇다면 위 서울대학교 입시요강이 일반·추상적인지 여부가 문제되는데, 여기서 '일반적'이라 함은 불특정 다수인을 대상으로 함을 의미하고, '추상적'이라 함은 불특정 다수의 사건에 적용됨을 의미한다. 위 서울대학교 입시요강이 불특정 다수인을 대상으로 함은 분명하다. 다만 불특정 다수의 사건에 적용되는 것인지 여부는 문제가 되는데, 심판대상이 된 입시요강이 "'94학년도 대학입학고사 주요요강"이라는 점에서 94학년도의 입학고사에 적용된다는 점에서 '구체적' 작용이라 볼 여지도 없지 않지만, 94학년도의 입학고사가 언제, 어떻게, 몇 회 실시되는 입학고사인지가 정해져 있지 않은 상태라는 점에서는 적용될 사건이 특정되지 않았다고 볼 수 있고, 그 점에서 위 서울대학교 입시요강이 행정규칙이라 볼 수 있을 것이다.

가사 행정규칙이 아니라 하더라도 법적 효력이 부여되지 않는 사실행위에 해당함은 분명할 것인데, 헌법재판소는 이러한 명백히 법적 효력이 부여되지 않는 사실행위(이는 헌법재판소의 판시에 명시적으로 드러나 있는 바이다), 특히 비권력적 사실행위[32]에 대하여도 그 실제적 효과를 중시하여 헌법소원심판의 대상으로 인정하였다는 점이 중요하다. 즉, 헌법소원심판의 대상은 (민법의 의사표시를 차용하여 그 효력이 구성된) 행정행위의 효력을 중심으로 한 행정작용의 법적 효과론에 얽매이지 아니하고, 국가의 공권력행사에 대한 국민의 最後의 非常的 권리구제수단이라는 헌법소원심판의 기능에 입각하여 판단되어야 한다.

더욱이 오늘날 유력한 견해로 그 지지자를 넓혀가는 새로운 법규개념에 따르면 행정규칙의 내부적 효력은 법적 구속력으로 인정받고 있는바, 이러한 관점에

30) 김남진, 앞의 책, 350면.

31) 확대된 새로운 법규개념에 따라 행정규칙을 법규에 포함시키고, 행정규칙의 내부적 구속력을 법적 효력으로 보는 견해에 의하면, 행정규칙은 일정한 법적 효과를 발생시킨다는 점에서 사실행위와 명백히 구분되는 행정작용형식이 될 것이다.

32) 대학 입학고사의 입시요강을 제정, 발표하는 행위는 입학고사의 내용에 대한 안내의 성격을 가지는 것으로 이를 권력적 작용이라 하기는 어려울 것이다.

따르면 행정규칙을 헌법소원심판대상으로서의 공권력행사에 포섭하는 것은 더욱 용이할 것으로 생각된다.

- 행정규칙이 미치는 실제적 효과에 주목하여 소위 행정규칙으로 포섭되는 작용들에 대하여 공권력행사성을 인정한다고 하더라도, 반드시 모든 행정규칙에 대해 공권력행사성을 인정해야 한다는 것은 아니다. 권리구제의 긴급성, 필요성, 다른 효과적인 권리구제수단의 존재 여부 등을 종합적으로 고려하여 구속력을 인정하면 될 것이며, 공권력행사성을 인정하더라도 직접성이나 현재성과 같은 헌법소원의 다른 적법요건들을 적절히 사용하면 濫訴의 폐해를 방지할 수 있다.

2. 권리구제의 實效性

- 국가의 공권력행사에 의해 국민의 기본권 내지 법적인 이익이 침해될 가능성이 목전에 명백함에도 불구하고 침해되기 전까지 구제하지 않겠다는 것은 실효적인 권리구제방안이 될 수 없고, 21세기에 걸맞는 현대적 사법이 될 수 없다.

물론 공권력행사에 의한 기본권의 모든 직·간접적 침해를 사전에 예방한다는 것은 사법의 이념에 맞지 않는다. 그러나 적어도 여전히 논란의 대상이 되고 그 구별기준도 명확하지 아니한 법규명령과 행정규칙의 구별에 따라 모든 행정규칙에 대하여 공권력행사성을 부인하는 것은 실효적인 권리구제 제도로 기능할 수 없다.

Ⅶ. 사법체계와 관련해 본 행정규칙의 공권력행사성

1. 헌법소원심판대상으로서의 공권력행사와 항고소송 대상으로서의 처분과의 관계

헌법소원심판대상으로서의 공권력행사는 항고소송으로서의 대상으로서의 처분 개념과 반드시 일치하는 것은 아니며, 이는 헌법소원이 최후의 비상적 권리구제수단이라는 점에서 그 타당성이 인정된다.

헌법재판소는 헌법재판소 1993. 7 .29. 89헌마31 全員裁判部 [公權力行使로인한財産權侵害에대한憲法訴願] 사건에서,

「헌법재판소법(憲法裁判所法) 제68조 제1항에서 말하는 "다른 법률(法律)에 의한 구제절차(救濟節次)"는 공권력(公權力)의 행사(行使) 또는 불행사(不行使)를 직접 대상(對象)으로 하여 그 잘못 자체를 다투는 권리구제절차(權利救濟節次)를 의미하는 것이고, 공권력(公權力)의 행사(行使)·불행사(不行使)의 결과 생긴 효과를 원상회복(原狀回復)시키거나 손해배상(損害賠償)을 위한 사후적(事後的)·보충적(補充的) 구제수단(救濟手段)은 포함되지 않는 것인바, 이 사건 국제그룹 해체와 그 정리조치가 형식상으로는 사법인(私法人)인 제일은행이 행한 행위이므로 당시 시행되던 구(舊) 행정소송법상(行政訴訟法上)의 행정소송(行政訴訟)의 대상이 된다고 단정하기 어렵고, 따라서 당사자에게 그에 의한 권리구제절차(權利救濟節次)를 밟을 것을 기대하기는 곤란하므로 이와 같은 범주의 권력적(權力的) 사실행위(事實行爲)의 경우에는 보충성(補充性)의 원칙(原則)의 예외(例外)로서 소원(訴願)의 제기(提起)가 가능하다.」

라고 판시한 이래 현재까지 일관되게 이러한 입장을 견지해 왔으며, 위 서울대학교 입시요강 사건에서는,

「법적 효력이 없는 행정계획안이어서 이를 제정한 것은 사실상의 준비행위에 불과하고 이를 발표한 행위는 앞으로 그와 같이 시행될 것이니 미리 그에 대비하라는 일종의 사전안내에 불과하므로 위와 같은 사실상의 준비행위나 사전안내는 행정심판이나 행정쟁송의 대상이 될 수 있는 행정처분이나 공권력의 행사는 될 수 없다. 그러나 이러한 사실상의 준비행위나 사전안내라도 그 내용이 국민의 기본권에 직접 영향을 끼치는 내용이고 앞으로 법령의 뒷받침에 의하여 그대로 실시될 것이 틀림없을 것으로 예상될 수 있는 것일 때에는 그로 인하여 직접적으로 기본권침해를 받게 되는 사람에게는 사실상의 규범작용으로 인한 위험성이 이미 발생하였다고 보아야 할 것이므로 이러한 것도 헌법소원의 대상은 될 수 있다.」

라고 설시하여, 더욱 명백하게 이러한 입장을 밝히고 있다.

2. 헌법재판소와 법원과의 관계

헌법소원과 관련하여 헌법재판소와 법원과의 관계는 '헌법소원의 보충성'으로 규정지어진다.

- 헌법소원의 보충성은 헌법재판소와 법원 간의 심판대상 획정 내지 재판권 준별을 위한 규정과 원리가 아니라, 헌법소원의 最後的·非常的 권리구제수단으로서의 성격을 고려해서 인정되는 '사전권리구제절차경료'의 의미이다.[33)]

33) 이에 대해서는 拙稿, "헌법소원의 보충성과 행정소송의 협의의 소의 이익," 행정법연구 2004년 하반기(행정법이론실무학회) 참조.

Ⅷ. 결 론

- 법규 개념은 外見的入憲君主政이라는 독일 특유의 역사적 산물로서 미국, 영국, 프랑스 등의 법체계에서는 이를 찾아볼 수 없는 독일 법체계에 고유한 개념이다.

- 법규명령과 행정규칙의 구분 또한 법규 개념에 기반한 독일 법체계상의 개념으로서, 그 구별기준조차 명확하지 아니한 오늘날 헌법소원심판의 대상으로서 공권력행사성 여부에 대한 판단을 그에 의존할 필요가 없다.

- 미국이나 프랑스 등은 행정청의 일방적 결정(decision)이면 원칙적으로 (우리 행정소송 체계에 비추어 보면) 항고소송의 대상적격을 인정하고, 원고적격도 우리 법체계에 비해서 훨씬 너그럽게 인정된다. 중요한 문제는 본안판단을 통한 권리구제 여부와 행정작용에 대한 통제의 강도를 조절하는 일이다. 그러나 우리 공법소송들은 여전히 적법요건 단계를 너무 엄격히 심사하는 경향이 있다. 우리 사법체계가 21세기에 맞게 변화·적응해야 하며 프로크루스테스의 침대(Prokrustean bed)가 되지 않도록 해야 할 것이다. 이는 기본적으로 입법의 과제이겠지만, 법해석의 영역에서도 가능한 범위 내에서 실효적 권리구제를 도모할 필요가 있다.[34)]

34) 물론 순수한 내부적 행위는 대상에서 제외되지만.

第77回 발표회 지정토론문

행정규칙과 헌법소원심판

—기본권구제체계상 헌법소원의 위상설정에 관해—

남 복 현*

1. 논의의 전제에 관해

토론자는 헌법을 전공하고 연구하는 자로서 행정규칙을 둘러싼 행정법학에서의 다양한 논의에 대해 어떠한 의견을 개진하는 것은 제 자신 능력 밖의 문제라 생각한다. 그러므로 행정규칙이 법률의 수권을 받았는지의 여부나 국민에 대한 일반적 구속성을 갖는지 여부에 논의의 초점을 맞추기보다는 행정규칙이 공권력 행사에 해당하고 또 실제로 행정규칙이 기본권을 침해할 수도 있음을 전제로 한다. 다시 말하면, 기본권침해 문제가 발생하면 어떠한 권리구제체계를 동원해서라도 침해된 권리를 구제해줘야 한다는 시각을 바탕으로 하고자 한다.

2. 발표논문의 요지와 의미에 관해

발표자인 김중권 교수님이나 정호경 교수님 모두 행정규칙이론을 둘러싸고 다양하게 전개되는 행정법이론에 대해 먼저 관심을 기울이고 있다.[1] 그 귀착점에서는 법령보충적 규칙의 직접적 외부효(법규성)를 인정하고 있다. 이에 대한 법적 근거는 "법령이 전문적·기술적 사항이나 경미한 사항으로서 업무의 성질상 위임이 불가피한 사항에 관하여 구체적으로 범위를 정하여 위임한 경우에는 고시 등으로 정할 수 있다"고 규정한 行政規制基本法 제4조 제2항 단서에서 찾지만, 위임방식에 있어 층을 달리 한 규범체계를 견지함이 바람직하고 법률에서 곧바로

* 호원대학교 법경찰학부 교수.

1) 시간 관계상 김중권 교수님의 발제문도 마찬가지이지만, 특히 정호경 교수님의 발제문에 대해서는 심도있게 검토하지 못한 한계가 있음을 밝혀 둔다. 하지만 논의의 범위가 대체로 김 교수님의 발제문을 다루는 틀 속으로 포섭할 수 있지 않을까 생각한다.

행정규칙에 위임하는 것은 지양해야 함을 제시한다.

이어서 발표자는 본격적으로 행정규칙이 헌법소원심판과 갖는 유관성에 대한 문제점을 지적하고, 법규헌법소원심판과 규범통제의 관계 속에서 법률하위적 법규범에 대한 사법적 통제시스템을 논의하면서 헌법 제107조 제2항에 따른 법규범에 대한 법원의 심사권의 원칙을 상기시키고 있다. 그 다음에는 법률하위적 법규범에 대해서는 법원에 의한 일원적인 통제가 이루어져야 하는 반면에, 그러한 통제, 즉 법원의 재판은 당연히 헌법소원의 대상이 되어야 함을 헌법소원의 보충성원칙과 연결지워 전제적인 요소로 제시한다. 또한 발표자는 법규범에 대한 본원적 통제의 도입, 즉 명령규칙에 대한 직접 소송제의 도입에 관해서는 소극적이지만, 부수적 규범통제에서 법규범의 통제가 충분하게 이루어질 수 있는 제도적 장치가 마련되어야 한다고 한다. 마지막으로 발표자는 가령 「성전환자의 성별정정허가신청사건 등 사무처리지침」(대법원 호적예규 제716호 2006. 9. 6.)과 같은 경우에 대해서는 보충성원칙의 예외를 인정해서 헌법소원의 심판대상으로 삼을 수 있다고 한다.

김중권 교수께서 발표하신 이 발제문은 국민의 기본권구제체계에 있어 현재 초래되어 있는 왜곡된 구제체계를 재정립할 수 있는 단초를 제공하는 아주 중요한 의미를 지닌 논문이라 평가된다. 이 논문의 일관된 논지는 행정작용에 대해서는, 그것이 법규명령이건, 행정규칙이나 행정처분이건 간에 일단은 법원에 의한 사법적 통제에 맡겨져야 하며, 그리고 종국적으로는 그 사법적 통제 자체가 헌법소원의 대상이 되어야 한다는 것이다.

3. 이른바 87년 체제와 이에 대한 극복에 관해

올해는 현행헌법으로 개정된 지 20년이다. 달리 표현하면 헌법재판소가 설치되고 또 헌법소원심판제도가 신설되어 활동한 지 20년이 되었음을 의미한다. 일부에서는 현행헌법상 국가권력이나 헌법의 운영구조를 이른바 87년 체제라고 칭한다.

현행헌법상 권리구제체계는 87년 체제 이전의 권위주의적인 상황 내지는 왜곡되거나 불완전한 권리구제체계의 해소라는 시대적 과제를 반영하고 있다. 구체적으로 지적한다.

먼저, 위헌법률심판과 관련해서는 종래 위헌심판제청이 이루어지지 아니한 요인에 주목해서 제청권자를 다양하게 열어 놓았고, 제청절차를 간소하게 하거나 불필요한 통제절차를 제거하였으며, 제청신청에 대한 법원 단계에서의 차단을 해소하는 장치를 법원의 밖에다 만들어 놓았다는 점이다.

다음, 신설된 헌법소원과 관련해서 검토한다. 현행헌법으로 개정되어 헌법재판소가 등장하게 된 초기, 헌법소원의 활성화에 대한 기대는 아주 미미하였다. 그 이유는 ① 법원이 사법적극주의에 입각해서 반응하고 그에 따라 재판절차가 정상적으로 작동해서 권리구제에 이바지할 것이라는 가정, ② 권리구제의 가장 보편적인 절차는 법원의 재판절차인데, 법원의 재판은 헌법소원의 대상에서 제외되었고, 심판청구를 하기 위해서는 보충성원칙을 충족시켜야만 한다는 점 등 때문이었다. 실제로 이와 같은 이유가 그대로 충족되었다면, 헌법소원의 활성화는 기대하기 어려웠을 것이다. 그러나 현재는 나름대로 아주 활성화되었다. 여러 가지 요인이 제시되지만, 오늘 발표된 주제와 관련해서만 지적한다면, 법원이 지녔던 종래의 태도에서 벗어나는 데 있어서의 태생적 한계와 불완전한 권리구제체계의 방치를 들 수 있다. 아무튼 헌법소원은 예상을 벗어나 대단히 활성화되었고, 이는 법원측에서의 저항에 직면하게 되었으며, 그로 인해 몇 가지 형태로 관할의 갈등과 충돌이 발생하게 되었다. 그 중 가장 중대한 문제점이 바로 국가작용별 위헌결정기관이 이원화되고 있으며 그로 인해 헌법해석의 통일성이 확보되지 못한다는 점이다. 이는 법치주의의 치명적인 약점으로 작용한다고 보여진다. 이 주제도 그런 차원에서 읽어낼 수 있지 않을까 한다.

현행헌법인 87년 체제를 20년 운영한 경험에 근거해서 새로운 형태로 사법구조를 재설계하고 관할을 재분배해야 한다는 시각이 최근 들어 강력하게 등장하고 있다. 이런 시각에서 보면, 헌법재판소와 법원에게 각각 고유한 관할권을 배분함으로써 기존에 발생하던 문제점을 효과적으로 극복함은 물론이고 기본권구제체계가 제대로 작동하고 또 구제의 사각지대가 발생하는 것을 방지해야 함은 당연한 과제이다. 이 발표에서 다루어진 주제도 이에 크게 기여할 것으로 본다.

4. 본원적 규범통제와 부수적 규범통제의 구분 실익에 관해

발표자인 김 교수님께서는 규범통제의 실질이나 대상규범의 효력문제와 관련해서 본원적 규범통제와 부수적 규범통제로 구분하는 것이 다른 형태로의 구분보다 실익이 있음을 제시한다.

하지만, 구체적 사건의 형태로 법적 분쟁이 재판에 등장하고 이에 대해 위헌 여부가 전제된 경우를 기준으로 해서 구체적 규범통제와 추상적 규범통제를 구분함은 나름대로 실익이 있다 생각한다. 구체적 사건을 둘러싼 법적 분쟁의 해결을 전제로 하는가 하는 점은 심판절차나 심판의 효과에서 그렇다고 본다. 구체적 규범통제에 있어 구체적 사건에서의 법적 분쟁에 관한 재판의 문제와 그 재판에 해석·적용되어야 할 법률의 위헌여부가 분리되어 심판되는지, 아니면 동반되어 한꺼번에 심판하는지에 따라 분리심판제와 동반심판제로 구분할 수도 있다. 그리고 발표자의 지적처럼 법률의 위헌 여부가 분리되어 하나의 독립된 심판절차를 구성해서 진행되는지, 아니면 구체적 사건에서의 법적 분쟁을 해결하려는 재판에 있어 부수적으로 법률의 위헌여부가 심판되는지에 따라 본원적 규범통제와 부수적 규범통제로의 구분도 물론 가능하다. 아무튼 이러한 형태로의 구분이 지닌 의미는 그리 간단하지가 않은 것으로 보인다. 경우에 따라서는 기능적 관할분배로서의 권력분립의 의미도 지닌다. 어쨌든 각각 구분을 지음은 그 나름의 차이를 드러내기 위함으로써 그 자체로 존중되어야 하는 것이 아닌가 한다.

그리고 부수적 규범통제가 시종 구체적 규범통제의 모습만을 띠는 것은 아니다. 오히려 구체적 규범통제의 영역을 넘어설 수도 있다는 점을 헌법재판과 관련해서 간과되어서는 안 된다. 이에 해당하는 사례로는 먼저 헌법소원심판절차를 들 수 있는데, 헌재법 제75조 제5항에 따르면, 헌법재판소는 공권력의 행사 또는 불행사가 위헌인 법률에 기인한 것이라고 인정될 때에는 인용결정에서 당해 법률이 위헌임을 선고할 수 있다. 이는 대표적인 부수적 규범통제의 사례이다. 게다가 권한쟁의심판이나 탄핵심판 등에서도 그 심판절차를 진행하는 과정에서 헌법재판소가 직권으로 심판의 전제가 된 법률의 위헌 여부를 판단할 수 있다. 최근에 심판청구가 이루어져 문제가 된 공직선거법 제9조에 규정된 공무원의 선거중립의무를 대통령에게 요구한 중앙선거관리위원회의 조치와 관련된 헌법소원심판사건에서도 공직선거법 제9조의 위헌 여부를 헌법재판소가 다룬다면, 그 경우도 여기서 말하는 부수적 규범통제가 되는 셈이다.

5. 법규소원심판과 규범통제심판의 관계에 관해

헌법소원과 규범통제의 구분문제이다. 이 두 가지 절차가 법규범을 심판대상으로 한다는 점에서는 유사성을 지닌다. 하지만, 양자는 아주 이질적인 절차라는 점을 간과해서는 안 된다. 규범통제절차는 그야말로 법규범의 위헌 여부를 다투는 절차이고, 헌법소원심판절차는 기본권이 침해된 국민이 자신의 기본권을 구제받고자 다투는 권리구제절차이다. 포섭하는 범위와 대상이 다르다.

물론 헌법소원심판으로 법규범이 헌법상 보장된 기본권의 침해하는지 여부(이는 헌법위반 여부로 환치될 수 있다)를 장래에 침해가 확실하게 예정될 때에(현재성 요건의 예외) 구체적 집행행위가 매개됨이 없이도 권리의 제한, 의무의 부과, 권리 또는 법적 지위의 박탈이 생긴 경우(직접성 요건의 확대)에는 그 법규범에 대해 법원에서 다투는 절차가 없으므로 법원의 재판을 거칠 여지가 없이(보충성원칙의 비적용) 심판청구가 가능하다. 이럴 경우 추상적 규범통제나, 좀더 심하게 표현하면, 민중소송의 형태로 외관상 비추어질 여지는 충분하다. 하지만, 이는 극단화시킨 사례에서 나타나는 파행성을 의미할 따름이지, 이것이 헌법소원의 본질적인 모습은 아니다. 따라서 양자의 유사성을 강조하는 것은 적절히 않다 하겠다.

6. 헌법소원의 본질과 보충성의 원칙에 관해

우리 헌법재판소는 헌재법 제68조 제1항 본문의 '법원의 재판을 제외하고는'에 관한 헌법소원심판에서 헌법소원에 대해 아주 제한적으로 파악하였다. 그 결정에서 헌법소원의 본질을 주관적인 권리구제절차라고 본 것에 관해서는 이의가 없지만, 헌법소원의 실체는 위 조항 단서에 규정된 보충성원칙과 결합시켜 파악해야만 명료하게 드러날 수 있다.

최근의 우리 헌법재판소 결정 동향에 대해 관심을 기울이지 못하였기 때문에, 지적하기가 조심스러운 점이 없지 않지만, 종래에 우리 헌법재판소의 재판관들은 보충성원칙을 절대적 보충성과 상대적 보충성으로 달리 파악하는 견해가 혼재되어 있었고, 그로 인해 심판청구를 각하한 사례가 있었다. 하지만 대법원의 견해는 일관되어 있다. 즉 절대적 보충성으로 파악하고 있다.

절대적 보충성이라 함은 원래 오스트리아의 헌법소원제도에서 채택되어 있는 것으로 헌법소원 이외의 다른 사법적 권리구제절차가 있는 경우 그에 의하도록 하는 반면에 헌법소원의 대상에는 포함시키지 않으며, 다른 사법적 구제절차에 의할 수 없는 경우에 한해서만 헌법소원에 의하도록 하는 원칙을 말한다. 이에 비해 상대적 보충성이라 함은 독일의 헌법소원제도에 채택되어 있는 것으로 다른 사법적인 권리구제절차를 모두 거치도록 하였으나 그래도 권리구제를 받지 못하였을 경우에야 비로소 예외적이고 비상적으로 헌법소원의 심판을 청구하도록 하는 원칙을 말한다. 헌법소원에 있어 위의 두 가지 형태의 보충성원칙 중 어느 것을 채택하느냐에 따라 헌법소원의 본질적 성격이 달라지게 된다.

이렇게 봤을 때, 명령규칙에 대해 직접소송을 용인할 경우 헌법재판소에서 이루어질 법규소원의 설 자리는 궁색해진다. 특히 대법원은 절대적 보충성을 강조하고 관철시키려 할 것이기 때문이다.

7. 헌법재판소의 위헌결정독점권에 관해

헌법재판소의 적용배척독점권(Verwerfungsmonopol, 위헌결정독점권) 문제는 규범통제와 관련된 사항이지, 다른 심판절차와 직결되어 논의되는 사항이 아니다. 그것도 사법심사제가 아닌 헌법재판소제도를 채택한 입법례에서 구체적 규범통제와 관련해서만 논의되는 사항이다. 즉 법원이 법률의 위헌심사권을 갖기는 하지만 위헌으로 결정할 수 있는 권한을 부여받지는 않았다는 것이다. 그 권한은 오직 헌법재판소만이 독점적으로 지닌 권한에 해당한다는 것이다.

이와 같은 맥락에서 위헌법률심판과 관련한 위헌결정독점권이 논의되는 것이지, 다른 법규범에 대해서는 헌법재판소에서 다툴 수 없음을 차단하는 것으로 이해해서는 안 된다. 특히 헌법소원심판과는 결정독점권의 문제가 전혀 관련성을 지니지 않는다. 다시 말해서 헌법 제107조 제 2 항이 재판의 전제된 바와 관계없이 명령규칙에 대한 독점적 심사권을 대법원이 최종적으로 지닌다는 근거로는 전혀 작용하지 않는다 하겠다.

8. 헌법 제107조 제 1 항과 제 2 항의 관할분배에 관해

명령·규칙의 위헌 여부가 구체적인 분쟁사건에서 '재판의 전제'가 된 경우에는 대법원이 최종적으로 심사할 권한을 갖지만, '재판의 전제'가 되지 아니한 경우에 대해서는 헌법재판소가 헌법소원심판을 통해 그 위헌 여부 내지 기본권침해 여부를 판단할 수 있다는 것이다. 분명 우리 헌법은 그 해석상 헌법의 최종적인 해석기관을 이원화하고 있고, 그로 인해 많은 문제점을 야기하고 있다. 이를 해결하지 않으면 안 된다. 오히려 이를 솔직하게 인정하고 대안적인 해결방안을 모색해야 한다. 그렇게 접근하지 않고 위헌결정기관의 이원화로 인한 혼란을 그대로 유지하면서 기관의 관할상 편익을 획득하려 하면, 그에 대해서는 상응한 비판을 받아야 할 것이다.

9. 권리구제 관할권의 재분배에 관해

대법원을 비롯한 법원 측에서는 명령규칙에 대해 직접적인 항고소송까지 인정하려 시도하고 있다. 행정소송법 개정시안에 그 내용을 구체화시키기까지 하였다.

하지만, 그보다는 기본권구제체계를 재점검하고 관할을 재분배하려는 노력이 선행되어야 함을 지적하고자 한다. 정상적인 권리구제절차는 3심제를 거치는 행정소송이고, 헌법소원은 비상적이고 예외적인 권리구제절차에 지나지 않는다. 법원의 재판에 대해 헌법소원을 인정하고, 오직 기본권적인 가치를 기준으로 법원의 재판에 대해 예외적으로 심판한다면, 전혀 문제되지 않을 것이다. 즉 헌재법 제68조 제1항 단서에 규정된 보충성의 원칙을 절대적 보충성이 아닌 상대적 보충성의 관념으로 이해하고 재판소원을 인정하는 것이다.

이렇게 할 경우 헌법재판소에 의해 기본권이 침해되었을 때 이에 관해 다투는 절차가 없다는 주장도 설 자리가 없게 된다. 즉 헌법소원은 비상적이고 예외적인 기본권구제절차에 지나지 않는다. 다시 말하면 가장 보편적인 권리구제절차에 해당하는 법원의 재판절차를 거쳤음에도 불구하고 침해된 기본권의 구제가 이루어지지 아니한 경우에 대해서만 심판청구가 허용된다. 그렇게 할 때, 헌법재판소에서 새삼스레 기본권침해가 발생하기는 용이치 않을 것이다.

10. 명령규칙에 대한 직접 항고소송의 가능 여부에 관해

이에 관해서는 토론자의 시각은 입법정책에 해당한다고 본다. 다만 권리구제절차의 효율성을 도모하고 체계화시켜야 한다는 차원에서 접근함이 바람직스러움을 지적하고자 한다. 하지만, 분명 헌법 제107조 제2항에서 그 근거를 찾으려는 시도는 매우 부적절함을 거듭 강조하고자 한다. 관련해서 몇 가지를 검토한다.

첫째, 헌법 제107조 제2항에 의거해서 직접 행정입법에 대한 항고소송이 가능하다는 논리가 전개된다. 만약 이것이 가능하다면, 헌법 제107조 제1항에도 같은 조 제2항과 동일하게 '재판의 전제가 된 경우'를 규정하고 있는데, 그렇다면 일반국민이 헌법 제107조 제2항에 의거해서 행정입법에 대해 취소소송을 제기할 수 있는 것과 마찬가지로 일반국민이 제107조 제1항에 의거해서 법률에 대한 취소소송을 직접 제기하면, 법원은 헌법재판소에 제청하고 그 심판결과에 따라 재판할 수 있다는 것이 된다. 게다가 헌재법 제68조 제2항에 따라 제청신청의 기각결정에 대해서는 헌법소원이 가능하기 때문에, 일반국민은 구체적 사건에서 재판에 전제가 됨이 없이도 사실상 법률의 위헌 여부를 무한정 다툴 수 있게 될 것이다. 이는 사실상 민중소송을 허용함에 다름 아니다.

또 행정입법에 대한 항고소송을 허용하는 것은 행정법원이 '헌법소원'을 사실상 수행함에 다름이 아니다. 현재 법령에 대한 헌법소원을 인정함에 있어 침해의 직접성 요건과 관련하여 두 가지 사항을 논리적 전제로 하고 있다. 그 하나는 처분적 법령일 경우이고, 다른 하나는 법령이 구체적인 집행행위 없이도 권리의 제한, 의무의 부과, 권리 또는 법적 지위의 박탈이 생긴 경우이다. 그러면, 행정입법에 대한 항고소송을 도입함에 있어 전자의 경우에는 그 개연성을 인정할 수 있지만, 후자의 경우에는 헌법소원에 상응하는 헌법적 근거 없이는 도입이 불가능하다고 본다.

둘째, 행정입법의 취소소송을 인정한 다음, 그 판결의 주문에서 행정입법의 취소를 명시하고 대세적 효력을 부여한다는 것은 구체적인 사건에서의 법적 분쟁을 해결해주는 헌법 제101조 제1항의 사법권의 본질적 내용에 반한다.[2] 또 현재 상황에서도 대법원이 헌법 제107조 제2항에 의거해서 헌법재판기관임을 주장하면서 헌법재판소의 결정을 준수하지 않으려 하는 자세가 폭넓게 나타나고 있다. 이에 비추어 볼 때, 헌법재판소와 대법원으로 확고하게 헌법재판기관의 이원화를 초래하게 된다. 우리나라에 헌법재판기관은 하나면 충분하지, 구태여 두 개씩이나 만들 필요는 전혀 없다. 지금조차도 대법원이 헌법재판소의 기속력있는 결정을 준수하지 않음으로써 엄청난 법적 혼란을 초래하고 있는데, 이를 더욱 확대하는 것이 될 것이다.

11. 대법원 호적예규의 심판대상성에 관해

발표자는 대법원 호적예규에 관해 실질적 기준에 의할 때, 동 예규는 법규명

2) 행정소송법 개정시안 제40조에서는 법규명령 취소판결의 효력을 "① 확정판결에 의하여 명령 등이 취소된 때에도 그 명령 등에 근거한 재판 또는 행정행위가 이미 확정된 경우에는 그 효력에 영향을 미치지 아니한다. 다만, 그 재판 또는 행정행위를 집행할 수 없다. ② 확정판결에 의하여 명령 등이 취소된 때에는 그 명령 등에 근거한 유죄의 확정판결에 대하여 형사소송법의 규정에 따라 재심을 청구할 수 있다."

령인 셈이지만, 법원에 의한 규범통제는 애초에 성립할 수 없다고 한다. 이런 경우에 한정해서만 헌법소원의 심판대상으로 삼아야 함을 제시한다.

토론자의 짧은 시각으로는, 만약 법규명령에 대한 직접적인 항고소송이 가능하다면, 이 경우 역시 가능하다고 보아야 한다. 특히 법률의 수권 없는 기본권침해에 해당한다. 이는 사법시험령에 근거해서 사법시험의 응시횟수를 제한하는 경우와 유사하다고 본다.

12. 토론을 마무리하며

어차피 87년 체제에 대한 변증법적인 극복은 필연적이다. 이때에는 반드시 현행의 기본권구제체계에서 제기되는 문제점들이 근본적으로 해소되는 형태로 그 방향이 모색되어야 한다. 위헌결정기관의 이원화나 헌법의 최종적인 해석기관의 이원화로 인해 헌법해석의 통일성이 확보되지 아니하여 법치주의에 치명적인 오류를 초래하는 부작용을 방치해서는 안 된다. 이를 가장 용이하게 달성할 수 있는 방안은 법원의 재판을 헌법소원의 심판대상으로 인정하는 것이다. 재판소원을 인정한다고 해서 헌법재판소가 법원의 재판에 폭넓게 관여할 것이라는 시각은 기우이다. 양 국가기관간 기능적인 관할분리가 이루어져야 하고, 서로 조화를 이루려는 태도가 필수불가결함을 강조하고자 한다.

第77回 발표회 지정토론문

정 강 찬*

김중권 교수님 발표문에 대한 지정토론

Ⅲ. 1. (2) 행정규칙에 관한 판례의 변화상에 관한 개관(p.6)

일정한 경우에는 위임재량준칙의 적용배제가 인정된다고 함은 결국 재판규범성은 부인하는 것인가?

대법원 전원합의체 판례는 결국 선행처분의 영업정지기간이 경과한 후에는 기본적으로 소의 이익이 없지만 재량준칙에 따라 가중된 후행처분이 예상되는 경우에는 소의 이익을 인정하기 위한 논리이고, 또한 형식적 기준에 따라 부령에 정해진 제재처분의 기준도 법규명령으로 보아 재판규범성과 대국민적 구속력을 인정함이 타당하다는 별개의견이 향후 대법원에서 다수의 견해로서 자리매김할 것이 유력해 보이며, 법정의견의 이유 설시가 본의와 다르게 어떠한 동인을 제공하였다면 과연 그와 같은 이유설시가 이론적으로 중대한 의미를 가지고 행정규칙론에서 옛 것은 가고 새 것이 왔다고 단정할 수 있는가?

Ⅲ. 2. (3) 接近方式상의 差異에 따른 問題(p.9~10)

대법원의 입장이 반드시 실질적 기준설이라고 볼 수 있는지 의문이다.

우선 행정규칙 중 법령보충적 행정규칙에 대하여 그 법규성을 인정하는 것은 법령의 근거를 기준으로 판단하는 것이므로 실질적 기준에 따른다기보다는 오히려 형식적 기준(수권 여부)에 따르는 것으로 보여지고, 법규명령 형식의 행정규칙 중 대통령령에 대하여는 결국 그 형식을 기준으로 이를 인정하는 것이라 할 수 있고, 부령에 대하여만 실질적 기준설을 유지하고 있으나, 이에 대하여도 앞서 본 대법원 전원합의체 판결의 별개의견에서 보듯이 이를 형식을 기준으로 하여 법규명령으로 보려는 견해가 유력할 뿐만 아니라, 다수의견도 결국은 형식적 기준설과

* 헌법재판소 헌법연구관.

같은 결론을 취하였을 뿐만 아니라, 향후에도 별개의견이 다수의견이 될 가능성도 있다고 보여진다. 따라서 대법원의 입장을 실질적 기준설에 따른다고 단정할 수 없다.

또한 규범의 효력 범위를 일정한 기준에 따라 객관적으로 명확히 인식할 수 있어야 함은 법치국가 원리에 비추어 당연하다고 할 것이므로 형식적 기준설에 따르는 것이 타당하다고 보여진다.

즉 헌법에서 헌법 제40조 국회입법의 원칙의 예외로서 규정한 대통령령, 총리령, 부령과 대법원규칙, 중앙선거관리위원회규칙만이 행정입법으로서 대국민적 구속력 및 재판규범성을 갖는다고 보아야 할 것이다.

III. 2. (4) 외국, 특히 독일과 우리의 基本構造상의 差異에 따른 問題(p.10)

헌법상 국회입법의 예외가 예시적이고 개방적이라고 하나, 헌법 제40조에서 "입법권은 국회에 속한다"라고 국회입법의 원칙을 규정하고 있고, 이는 국가권력 작용 내지 국민의 권리의무 등에 관한 일반적, 추상적 규정은 국회에서만 정립할 수 있음이 원칙이라는 의미라고 보여지며, 따라서 헌법에서 규정된 법규명령 외의 다른 법규명령은 헌법에서 허용되지 않는 것으로 보인다.

또한 외부적으로 아직 아무런 효과를 발생시키지 아니한 행정규칙에 대한 사법심사는 권력분립의 원칙과 행정의 자율성에 비추어 허용되지 않는다고 보여지는데 발표자의 의견은?

또한 4페이지에서 발표자가 "행정법의 작용형식의 유지, 체계화, 적응화 그리고 창설은 전통적으로 판례와 행정법학이 담당한 소임이나, 이는 입법자가 아무런 언급을 하지 않은 경우에만 자명하게 통용된다"고 주장한 바에 따르면, 법령보충적행정규칙과 관련하여 헌법 제40조 국회입법의 원칙이 명시되어 있고, 그에 대한 예외도 헌법상 명시되어 있다면 이는 입헌자가 언급을 명백히 하였음에도 불구하고 그와 같은 예외가 예시적이라고 볼 수 있는 것인지.

III. 4. 法令補充的 規則의 直接的 外部效(法規性)의 인정 問題(p.15)

"법령에서 국세청장에게 지정권을 부여한 이상, 이는 위임입법의 법리가 게재될 상황이 아니다. 문제가 있다면, <u>아무런 범위를 정함이 없이 대통령령에게 위임한 모법률에 있다.</u> 모법률이 특히 부령으로 정하도록 규정하지 않는 한, 행정청으로선 나름의 선택에 따라 구현형식을 취할 수 있다."

(p.16~17)

"그것은 대국민적이든 대사법적이든 당연히 직접적인 법적 효과를 발생시킨다. 왜냐하면 그것은 기본적으로 모법률이 수권한 행정권한을 행사한 것이기 때문이다. 따라서 그 같은 행정규칙은 모법률을 비롯한 상위법령의 수권의 결과일 따름이고, 당연히 상위법령과 결합하여 법규적 성질을 가진다. 물론 행정규칙이긴 하나, 그에 따른 법효과가 발생하기 위해선 나름의 요건이 충족되어야 하는데, 특히 법령의 공포에 갈음하는 공표(표명)가 있어야 한다."

⇒ 동의함. 그렇다면 발표자의 견해는 공표가 없다면 그 효력을 부인하여야 한다고 생각하는지?

Ⅲ. 5. 행정규제기본법 제 4 조 제 2 항 단서의 문제점(p.18~19)

법령보충적행정규칙에 대한 발표자의 견해는 행정법적인 접근일 뿐, 헌법적 차원에서는 두 차례의 선례에도 불구하고 발표자의 견해와 마찬가지로 여전히 선례에 대한 반론으로서 위헌론이 강하게 대두되고 있다.

선례의 입장은 법령보충적 행정규칙이 국회입법의 원칙에 대한 예외이므로 위헌의 소지가 크지만, 불가피한 현실을 인정하여 극히 예외적으로 인정하고자 함이 선례의 취지인바, 발표자의 견해는 그럼에도 불구하고 행정작용적인 측면만을 강조하는 것이 아닌가 생각된다. 특히 대법원의 판례와 재판소의 선례에 의하면 그 재판규범성과 대국민적 구속력까지 인정되는데, 사후적으로 규범통제의 대상이 될 수는 있지만, 이는 사후약방문격으로 광범위한 행정입법을 허용하는 것은 국회입법원칙과 법치주의 원칙에 비추어 허용될 수 없다고 보여진다.

Ⅳ. 행정규칙(의 제정)이 공권력행사에 해당하는가?(p.20)

행정규칙이 직접적 외부효를 갖고 공권력 행사성을 갖는다는 발표자의 견해에도 불구하고 재량준칙이 직접적 외부효과를 발생한다는 점에 대하여 설명하기 어렵다.

헌법소원의 최후보충성이 외부적 효과가 발생하지 않는 재량준칙에 대한 사법심사의 논거로 작용한다고 보기 어렵다.

권력적 사실행위가 심판대상성이 인정되는 것이 행정규칙의 심판대상성을 인정하는 근거로 작용될 수 없다. 권력적 사실행위는 공권력이 일반국민을 향하여 행사된 것이나, 행정규칙은 아직 공권력이 일반국민을 향하여 행사된 것이 아니다.

공권력은 일반국민 또는 기본권주체를 향하여 행사되어야 비로소 헌법소원의 심판대상이 된다.

그리하여 권력적 사실행위는 그에 따른 사실적 효과 내지 구속력이 발생하여야 하는바, 이는 일종의 물리적 또는 유무형적인 결과발생 내지 실력행사를 의미하며, 규범으로서의 행정규칙의 사실상 구속력이라 함은 규범의 법적 직접적 효력에 대비되는 간접적 영향력을 의미하는 것이므로 양자는 구별되어야 한다.

재량준칙에도 법률유보원칙이 통용된다면, 앞서 법령보충적 행정규칙의 범위가 좁혀질 것을 우려하면서 법령이 고시 등의 형식을 지정하지 않은 기왕의 법령보충적 행정규칙의 경우에는 행정규제기본법 제4조 제2항 단서가 적용되지 않는다고 주장한 것과 일관되지 않는다.

대국민적 구속효만을 갖는 규범 유형을 인정할 수 있는지가 미지수이고, 재량준칙의 경우에 대국민적 구속효를 갖는다는 근거 또한 인정하기 어렵다.

어쨌든 기본권침해의 가능성에서 요구되는 직접성이 충족되기 어렵다고 하므로 결국 재량준칙에 대한 헌법소원은 적법성을 부인하는 것이어서 지정토론자와 결론은 같다.

Ⅴ. 1. 명령(법률하위적 법규범)에 대한 사법적 통제의 문제

보충성의 원칙을 견지하자는 입장에 전적으로 동의.

다만, 항고소송과 당사자소송을 분리하였기 때문에 선결문제로서 해결하기 어려운 것이 아니고, 권리구제수단을 당해 공권력의 효력 여부를 소송물로 하는 경우만을 의미하는 것으로 좁게 해석하는 재판소의 선례가 문제임. 권리구제수단은 당사자소송이나 민사소송이나 다른 비송절차를 모두 포함하여 침해된 기본권을 회복할 수 있는 사법적 구제절차면 되고, 당해 법령의 위헌, 위법 여부가 당해 소송의 선결문제로 될 경우에는 보충성 원칙에 있어서 다른 권리구제수단이라고 보아야 한다.

또한 「성전환자의 성별정정허가신청사건 등 사무처리지침 I」은 대법원판례나 재판소 선례에 의할 경우에도 법령의 규정에 의한 법령보충적 행정규칙이 아니어서 재판규범성뿐만 아니라 규범으로서 대국민적 구속력도 발생하지 않고, 일반 행정규칙과 같이 호적공무원만 구속하고, 호적공무원의 정정거부처분에 대한 이의를 통하여 권리구제수단이 있을 뿐만 아니라, 그 절차에서 위 예규의 위헌, 위법성을 다툴 수 있어 행정규칙의 대외적 구속력을 전제로 한 심판소원대상성이나 보충성 모두 인정되지 않는다고 보여진다.

규범으로서의 대국민적 구속력이 법률관계의 창설을 의미하지 않고 간접적 구속력을 의미한다면 사실상 모든 행정규칙이 헌법소원의 대상이 될 수 있다고 보여진다.

직접성, 보충성에 의하여 남소를 방지한다고 하지만, 행정부 내부에 머물러 있는 행정규칙에 대하여 사법적 통제를 가한다면 권력분립원칙에 위반되고 행정의 자율성을 침해한다고 보여지는데 발표자의 의견은?

정호경 교수님 발표문에 대한 지정토론

VI. 1. 결정례 1(p.16)

대외적 구속력 여부를 기준으로 심판대상적격을 판단하는 것은 타당하다. 그런데 법령보충적 행정규칙이 아닌 협의의 행정규칙은 대외적 법적 구속력을 발생시키지 않는다.

대외적 사실적 구속력 또한 과연 발생시킨다고 볼 수 있는지 의문이다.

재량준칙 자체에 의하여 외부적 구속력을 발생시키는 것이 아니고 그에 따른 행정처분 등 공권력이 국민을 향해서 행사됨으로써 구속력을 발생시키기 때문이다. 따라서 행정규칙은 대외적인 규범이 아닌 것이다. 다만 이 사건과 같이 공무원에 대한 인사관리규칙은 다르게 볼 여지가 있다.

행정규칙 자체가 수범자인 인사평정자를 대상으로 하고 그에 따른 인사권의 행사 대상 또한 행정규칙의 법적구속(공무원의 명령복종의무)을 받는 공무원인 점에서 그에 따른 공권력의 행사 대상이 행정규칙의 법적구속을 받지 않는 일반 국민에 대한 것과는 다른 것이다.

즉 인사관리규칙은 그 자체에 의하여 평정대상자인 공무원에게도 법적구속력을 발생시키는 것이므로, 여기서의 공무원은 기본권주체로서의 일반국민과 동일한 것이다(물론 기본권 침해의 직접성 여부는 별도의 문제이지만).

이와 같은 점은 영조물 규칙에서도 볼 수가 있다. 그 이용자에 대하여는 직접 법적인 구속력을 발생시킬 수 있다. 가령 국립대 학칙이나 국립도서관이용규칙 등이 그에 해당한다. 그 범위 내에 들어간 사람에게는 직접 법적 구속력을 발생시킬 여지가 있다.

즉 그 규범적 구속력을 받는 공무원이나 국립대학교 학생 또는 국립도서관이용자는 국민으로서의 기본권도 함께 가지기 때문에 이 경우에는 심판소원대상성을 인정할 여지도 있어 보이고 이에 대하여 향후 이론적 검토의 가치가 있다고 보여진다.

한편 이 사건에서는 자기구속의 법리를 일반론으로 설시하면서도 결국은 기본권침해의 개연성 자체를 적법요건판단 기준으로 하여 행정규칙 자체의 규범적 내용 자체에 의하여 판단할 때 상한연수는 보장되는 것이 아니므로 청구인에게 보호할 가치가 있는 법적 이익 자체가 없으므로 기본권침해의 개연성 자체가 없다고 판단한 것이므로 결과적으로는 타당하다고 보여진다.

결국 이 사건은 통상적인 재량준칙과는 다른 특수성이 있기는 하나, 이 사건만을 두고서 행정규칙의 일반적인 대외적 구속력을 인정하는 단서를 제공한 예라고 볼 수는 없다.

VI. 1. 결정례 2(p. 18)

위 선례의 이유에 지적하였듯이 입시요강안은 법적 효력이 없는 행정계획안이어서 이를 제정한 것은 사실상의 준비행위에 불과하고 이를 발표한 행위는 앞으로 그와 같이 시행될 것이니 미리 그에 대비하라는 일종의 사전안내에 불과하므로 위와 같은 사실상의 준비행위나 사전안내는 행정심판이나 행정쟁송의 대상이 될 수 있는 행정처분이나 공권력의 행사는 될 수 없음이 원칙이나, 입시요강안을 행정규칙으로 보든, 행정계획으로 보든, 또한 그 발표행위를 안내로 보든, 이 사건 판단의 본질적인 측면은 그 근거가 되는 시행령이 제정, 공포될 것이 확실시되고, 그에 따른 입시요강이 공표되었으므로 법적 구속력을 가질 것이 확실시되는 공권력이 행사되었다는 점에 있다.

또한 앞서 언급한 바와 같이 서울대입시요강 자체는 영조물이용관계에 관한 것으로 그 범위 내에 들어가려는 자에 대하여는 직접적 법적 구속력을 갖는다고 볼 것이다.

또한 서울대입시요강'안'은 비권력적 사실행위일 수 있으나, 일방적으로 권리, 의무를 설정하는 내용이 포함되어 있고, 장차 법적 구속력이 예견되어 있기 때문에 마치 공포되어 시행을 앞둔 법률 또는 법령보충적행정규칙에 유사하게 보아 공권력행사성 및 심판대상성을 인정한 것으로 해석된다.

참고로 독일 연방헌법재판소에서는 공포되었지만 아직 시행일이 도래하지 않는 법률에 대하여는 심판대상성을 인정한 바 있으나, 공포되지 않고 의결만 된 상태의 법률안에 대하여는 그 심판대상성을 인정하지 않은 바 있다.

권력적 사실행위가 심판대상성이 인정되는 것이 행정규칙의 심판대상성을 인정하는 근거로 작용될 수 없다. 권력적 사실행위는 공권력이 일반국민을 향하여 행사된 것이나, 행정규칙은 아직 공권력이 일반국민을 향하여 행사된 것이 아니다.

공권력은 일반국민 또는 기본권주체를 향하여 행사되어야 비로소 헌법소원의 심판대상이 된다.

그리하여 권력적 사실행위는 그에 따른 사실적 효과 내지 구속력이 발생하여야 하는바, 이는 일종의 물리적 또는 유무형적인 결과발생 내지 실력행사를 의미하며, 규범으로서의 행정규칙의 사실상 구속력이라 함은 규범의 법적 직접적 효력에 대비되는 간접적 영향력을 의미하는 것이므로 양자는 구별되어야 한다.

따라서 이 사건 또한 행정규칙의 심판대상성을 일반적으로 인정하는 근거가 되는 선례로 볼 수는 없다고 보여진다.

✦ 결국 행정주체 내부에 머물러 있는 행정규칙에 대한 심사는 권력분립의 원칙에 위배될 위험이 있고, 기본권 구제의 실효성도 없다. 행정규칙에 따른 구체적 처분이나, 그 밖에 구체적 공권력 행사성이 인정될 때 사법적 권리구제수단에 의하여 기본권구제를 도모함으로써 기본권구제를 도모할 수 있다.

第77回 발표회 지정토론문

이 승 환*

1. 행정규칙에 대한 논의를 깊이 있게 검토하여 주신 발표문들을 잘 읽었습니다. 두 발표자 분들 모두 행정규칙에 대하여 외부적 법효력을 부정하는 기존의 통설의 견해를 비판하고, 행정의 자기구속원리를 통한 준법규설에 대해서도 비판적이며, 논의의 바탕을 법규성 여부에 두지 않고 직접적 외부효과가 있는지 여부의 문제로 보고 있으며, 행정청이 추상적으로 제정하는 법규범의 실질적인 내용에 따라서 외부적 법률효과 또는 공권력의 행사성을 인정하는 입장이신 것으로 읽었습니다.

그러한 입장에 원칙적으로 동의하면서, 몇 가지 단편적이거나 실무적인 질문으로 지정토론을 대신하고자 합니다.

2. 김중권 교수님의 발표문 10면에서는 헌재 90헌마13 결정이 현재의 통설인 이른바 행정규칙의 사실적, 간접적 구속력설에서 벗어나는 데 장애가 될 수 있다는 평가를 하고 있는데, 어떤 의미인지 설명을 부탁드립니다.

위 헌재 90헌마13 결정이 행정규칙에 대해서는 대체로 행정조직 내부적 효력만을 가진다고 평가한 일반적 설시가 문제될 수 있고 극복할 필요성이 있을 수 있겠습니다.

다만 행정규칙의 직접적 외부적 효력을 인정하는 견해가 발표문들처럼 설득력있게 소개되기 이전에는, 자기구속법리를 매개로 하여서라도 이른바 행정규칙의 외부적 효력을 사법심사의 장으로 끌어오기 위한 일정한 단계적·과도기적 역할을 했다고 평가할 수도 있습니다. 위 결정에서 또 다른 대외적 구속력 인정의 근거로 들고 있는 법령에 의한 보충권한이 부여된 경우에는, 발표자께서 들고 있는 법원의 접근과 같은 내용입니다.

3. **가**. 김중권 교수님의 발제문 20면은,

* 헌법재판소 헌법연구관.

"법령보충적 규칙의 경우 수권법령과 합체하여 법효과를 발생하기에, 별다른 어려움 없이 '공권력의 행사'로 보고, 위임재량준칙에 대해서 판례의 태도와는 달리 법규성을 인정한다면, 전적으로 수권없이 행정규칙의 형식으로 제정된 재량준칙이 그에 해당한다고 보면서, 헌법재판소법 제68조 제1항의 '공권력의 행사'의 의미는 헌법소원이 최후보충성을 지니는 점, 권력적 사실행위의 헌법소원대상성이 인정되는 점, 기본권의 사실적(간접적) 침해가능성 인정에 따라 법률유보원칙이 통용되는 점, 독일 연방헌법재판소법 제90조 제1항 제1문상의 헌법소원의 대상인 '공권력'에는, 법효과 설정을 목표로 한 조치만이 아니라, 사실상의 결과를 가져다주는 것을 목표로 한 조치도 포함되는 점을 볼 때, 기본권개입(제한, 침해)의 확장을 고려하여, 헌법소원대상상의 공권력행사 역시 직접적 법효과의 발생만을 의욕하는 것으로 한정하여선 곤란하다. 따라서 비법규인 행정규칙이더라도 기본권침해의 가능성이 긍정되면, 일단 헌법소원대상성은 인정된다."

라고 보셨습니다. 이러한 견해에 동감합니다. 다만 행정규칙의 공권력 행사성, 즉 헌법소원 대상성은 이러한 판단으로 완결되는 것으로 생각합니다. 헌법재판소법 제68조 제1항 중 '공권력의 행사 또는 불행사'에 이른바 행정규칙이 포섭되는지 여부가 문제된다고 생각합니다.

나. 발표문에서는 헌법소원 대상성의 두 번째 징표로 기본권침해의 가능성에서 요구되는 직접성을 언급하고 있습니다. 헌법재판소는 헌법소원심판청구의 적법요건으로 기본권 침해의 직접성을 요구하는 것을 다투는 사안인 헌재 2005. 5. 26. 2004헌마671 결정(판례집 17-1, 785, 787)에서, 심판대상을「헌법재판소법 제68조 제1항 본문 중 '기본권을 침해받은' 부분」으로 삼은 다음 합헌 결정을 함으로써, 직접성 요건의 실정법상의 근거를 명백히 한 바 있습니다.[1] 사실상 직접성 요건이 함께 적용되므로 발표자의 견해와 같이 행정규칙에 대한 헌법소원이 적법요건을 충족하기 어려운 경우가 많이 있을 것으로 생각됩니다.

다만 집행행위가 있는지 여부가 결정적 표지가 되고 있는 직접성 요건은, 행정규칙의 외부효과의 문제와는 별개의 것이며, 헌법재판소법 제68조 제1항의 법문상으로도 분리되는 요건이라 생각됩니다.

---

1) 권리보호이익에 대한 다음 판례와 대비된다.

헌재 2001. 9. 27. 2001헌마152, 판례집 13-2, 447, 454.

「권리보호이익 내지 소의 이익은, 국가적·공익적 입장에서는 무익한 소송제도의 이용을 통제하는 원리이고, 당사자의 입장에서는 소송제도를 이용할 정당한 이익 또는 필요성을 말하는 것으로 소송제도에 필연적으로 내재하는 요청이다. 따라서 권리보호이익이라는 헌법소원심판의 적법요건은 헌법재판소법 제40조 제1항에 의하여 준용되는 민사소송법 내지 행정소송법 규정들에 대한 해석상 인정되는 일반적인 소송원리이지 헌법재판소법 제68조 제1항 소정의 '기본권의 침해를 받은'이라는 부분의 해석에서 직접 도출되는 것은 아니다.」

4. 가. 김중권 교수님의 발제문 24~25면에서는 이른바 행정규칙이 실질적 기준에 의하여 심판대상으로서의 법규명령으로 인정되더라도, 일단 법원에 의한 부수적 규범통제 방도를 취해야 하며, 이러한 보충성의 원칙을 견지하기 위해서는 헌법소원심판의 대상성은 부인되어야 한다고 하고 있습니다.

나. 우선 입법론은 별론으로 하고, 현행 헌법재판소법 제68조 제1항의 해석론으로는 법문상 어려운 것이 아닌가 생각됩니다. 보충성 원칙은 헌법재판소법 제68조 제1항 단서에서 도출되고 있으며, 헌법소원심판 대상성은 헌법재판소법 제68조 제1항 본문 중 '공권력의 행사 또는 불행사' 부분의 해석론입니다.

다. 발제문 24면과 같이 헌법재판소가 적용배척독점권을 형식적 의미의 법률에 관해서만 행사할 수 있다는 것이, 헌법재판소가 형식적 의미의 법률 이외의 공권력의 행사 또는 불행사의 심사에서 배제된다는 의미가 될 수 없습니다. 오히려, 헌법재판소법 제68조 제1항 본문의 '공권력의 행사 또는 불행사'는 아무런 제한 없이 모든 형식의 공권력에 대하여 헌법재판소가 관할을 원칙적으로 가진다는 점을 확인하고 있습니다.

라. 행정부에 관한 통제가 우선 법원의 사물관할에 속한다는 것에서, 법규범에 대한 사법적 통제가 법원에 의하여 수행되는 것이 원칙이라는 결론이 바로 도출될 수 있는지 의문입니다.

또한 헌법재판소법 제75조 제1항(헌법소원의 인용결정은 모든 국가기관과 지방자치단체를 기속한다)의 규정 및 헌법재판의 실제에서 볼 때, 헌법재판소법 제68조 제1항의 헌법소원심판을 통한 법령에 대한 위헌결정이 당사자 간에만 효력을 발생한다고 볼 수 없습니다.

마. 한편 법규범이 부수적으로 통제되는 모든 절차가 있으면 보충성원칙에 반한다는 논리는 헌법재판소의 보충성 원칙에 대한 확립된 판단과 배치됩니다(이러한 논의는 직접성 요건에서 의미있는 역할을 할 수 있을 것이고, 직접성 요건은 사실상 헌법소원 청구의 보충적 기능을 하고 있음은 인정됩니다).

바. 기본적으로 심판대상성 문제가 먼저 확정된 다음, 심판대상이 되는 경우의 공권력에 대하여 여러 적법요건을 적용하고, 그러한 적법요건에 대한 판례와 해석이 입법론 또는 해석론으로 적합한가 판단하는 것이 순서라고 생각합니다.

그렇다면 「법규범에 대한 일원적, 부수적 통제 원칙 관철 필요 ⇒ 보충성원칙 견지 필요 ⇒ 이른바 행정규칙의 헌법소원대상성 부정」이라는 결론은 논증의 순서가 바뀐 것이 아닌가 하는 의문이 있습니다.

사. 이러한 법규범에 대한 부수적·일원적 통제 방안과 보충성 원칙의 확대가

적용되기 위한 전제로는, 독일의 예와 같이 재판에 대한 헌법소원이 인정되거나 행정법원의 관할을 헌법재판소 아래에 두는 방안 등과 같이, 법원에 의한 효과적인 권리보호를 담보하는 장치가 마련될 때, 더욱 설득력 있게 국민의 권리를 최종적으로 보장할 수 있는 방안으로 제시될 수 있다고 생각합니다.

제77회 발표회 토론요지

사 회 자 : 이인호(교수)
토론참여자 : 정남철(교수) 정호경(교수) 정강찬(헌법연구관)
김중권(교수) 황치연(헌법연구관) 장석조(헌법연구관)
이강국(헌법재판소장)

사 회 자 : 안녕하십니까? 이 귀한 자리에서 사회를 맡게 된 중앙대학교 이인호입니다. 개인적으로 아주 영광으로 생각합니다. 특히 오늘은 소장님께서 직접 참석하셨고, 또 다른 네 분의 재판관님들까지 계십니다. 과반수의 재판관님께서 참석하신 아주 이례적인 학술행사인 것 같습니다.

77회인데요, 아마 저희들 학회 중에 이렇게 매달 실무와 학회가 이렇게 모여서 현안을 놓고 학술행사를 하는 것은 상당히 특별하고 다른 학회에서는 보기 드문 귀중한 자리인 것 같습니다. 특히 오늘 재판관님께서 많이 참석하신 것을 보니 아마 이 주제가 굉장히 중요한 현안인 것 같습니다.

먼저 소개 말씀을 올리겠습니다.

중앙대학교 법과대학 행정법 교수로 계시는 김중권 교수님을 소개하겠습니다.

박수로 환영해 주시기 바랍니다. 김 교수님은 저하고 같은 학교에 있습니다만, 제가 옆에서 보기에 굉장히 노력하시는 분이고 또 행정법 이론적으로 깊이 있고 밝으신 분입니다.

그 다음에 여기 헌법재판소 연구관도 하시고 지금은 한양대학교 행정법 교수로 계시는 정호경 교수님을 소개하겠습니다. 정호경 교수님은 실무도 하시고 또 학계에 계시기 때문에 두루두루 이론과 실무가 밝은 분이라고 생각이 됩니다. 오늘까지 아마 밤을 새서 이 발표문을 작성하신 것 같습니다.

토론자를 소개해 드리겠습니다.

호원대 법경찰학부 교수로 계시는 남복현 교수님을 소개합니다.

남 교수님은 다 아시겠습니다마는 헌법소송의 대가로 중견교수로 활약하고 계십니다.

다음에 헌법연구관으로 계시는 이승환 연구관님과 정강찬 연구관님을 소개합니다.

정 연구관님은 법원에서 파견 나오셨습니다.

제가 회장님으로부터 특명을 받은 것이 무슨 일이 있어도 9시 전에는 끝내야 된다는 것입니다. 그래서 발표를 20분씩 하시고 토론은 10분 하는 것으로 하겠습니다.

먼저 김중권 교수님께서 20분에 걸쳐서 귀한 발제를 해 주시겠습니다.

< 주제발표자(김중권) 발표 >

사 회 자 : 감사합니다.

제가 시간독촉을 해서 이 방대한 내용을 짧게 압축해서 하시느라고 애를 먹었으리라 생각됩니다. 죄송하게 생각합니다.

발표의 내용요지는 제가 따로 요약하지 않겠습니다.

나중에 아마 토론하시는 분들께서 적절하게 쟁점을 들추어내서 토론을 하시리라 믿습니다. 다음 정호경 교수님.

< 주제발표자(정호경) 발표 >

사 회 자 : 두 분의 발제가 어떤 부분은 일치하는 부분도 있고 또 서로 어긋나는 부분도 있는 것 같습니다. 그리고 쟁점이 명확하게 드러나지 않는 것 같은데, 우리 토론자 세 분께서 헌법적 쟁점을 부각시키면서 토론을 해 주셨으면 좋겠습니다.

먼저 남복현 교수님 부탁드립니다.

< 지정토론자(남복현) 발표 >

사 회 자 : 고맙습니다. 재촉해서 죄송합니다.

다음으로 이승환 연구관님 부탁드리겠습니다.

< 지정토론자(이승환) 발표 >

사 회 자 : 다음은 정강찬 연구관님 부탁드립니다.

< 지정토론자(정강찬) 발표 >

사 회 자 : 고맙습니다.

이번 주제와 관련된 논점을 지적해 주신 것 같습니다.

지금 두 분께서 주로 김중권 교수님 발표에 대해서 코멘트나 질문이 있었고,

정호경 교수에 대해서는 마지막에 질문이 있었습니다. 김중권 교수님 생각을 좀 정리하도록 하기 위해서 혹시 정호경 교수님께 꼭 질문드리고 싶으신 분이 있으면 먼저 받겠습니다.

정 남 철 : 우선 정호경 교수님께서는 법규명령과 행정규칙의 구별에 있어서 가장 핵심이 되는 법규의 개념에 대해서 무용론을 주장하고 계십니다. 그러니까 마치 2년 전에 박정훈 교수님 발표와 동일한 맥락으로 느껴지는데, 독일에서 말하는 '법규'라는 개념이 전혀 무용한 것인지 하는 의문이 듭니다. 물론 이 법규라는 개념이 학설상 논란은 있지만, 중요한 것은 이 법규라는 개념보다 사실 핵심은 법규범이라는 개념에 있고, 결국 구별의 기준은 재판규범성, 즉 대외적 구속력이고 사법심사가 가능한지 여부가 행정규칙과 법규명령을 구별하는 가장 분명한 실익이라고 생각합니다. 이것을 마치 독일 19세기 외견적 입헌군주제의 잔재로 말씀을 하시기는 하지만, 그럼에도 불구하고 여전히 의미 있는 것이라고 그렇게 생각됩니다.

참고적으로 독일에서도 이 법규개념에 대해서 19세기에 그 바탕을 두고 있기는 하지만 현재까지 독일학계에서 여전히 아주 중요한 개념으로 모든 문헌에서 활용되고 있기 때문에 그러한 주장은 다소 무리이지 않는가 하는 생각이 됩니다.

두 번째는 행정의 자기구속의 법리를 설명하면서 준법규설이 마치 통설이라고 설명을 하시고 계시는데, 이 준법규설이라는 개념은 학계에서 많이 비판을 받고 있습니다. 왜냐하면 소위 말하는 행정규칙은 가장 본연적인 효력이 있어서 사실적·간접적 효력을 가진다는 것은 아주 일반화된 원칙적인 것으로 너무나 당연한 것인데, 소위 말하는 외부적 효력 또는 법규적 효력을 인정한 판결과 더불어서 마치 행정규칙이 법규명령화하는, 즉 법규범으로 전환될 수 있다는 그런 논리로 가는 것은 여러 가지 오해의 소지가 있기 때문에 비판을 받고 있습니다.

그 다음에 미국의 사례를, 궁극적으로 교수님께서 주장하시는 것은 행정규칙과 법규명령의 구별 자체를 형해화시키고 새로운 행정입법의 모델을 만들고 싶은 것이 원래의 발제의도였다고 말씀하시는데, 그렇다면 구체적으로 어떤 기준에 따라서, 그럼에도 불구하고 발제문 내용에는 전면적으로 법규명령과 행정규칙의 구별이 전제가 되어 있기 때문에 그러한 주장을 하려면 미국식의 rule making이라고 하는 것도 사실 법규적 효력만 인정되는 것은 아니고 여기도 해석적 규칙이라고 해서 그런 전혀 외부적 효력이 인정되지 않는 것도 있기 때문에, 미국헌법에 전혀 법적인 근거도 없는 그런 모델을 끌어와서 재창조하는 것은 지금 현행제도보다도 더 리스크를 가져오는 것이 아닌가 그런 우려가 됩니다.

그런 점에서 답변을 부탁드리겠습니다.

사 회 자 : 고맙습니다.

지금 저희들에게 주어져 있는 시간이 30분 정도밖에 되어 있지 않습니다.

상당히 논쟁거리는 많은 것 같은데, 지금 시간이 부족하기 때문에 뭔가 압축적으로 토론이 되어야 될 것 같습니다. 행정법학자와 헌법학자 간에 그간에 사실상 학계에서도 깊은 교류가 없는 상태입니다..

오늘 이 주제는 행정규칙이 헌법소원의 대상이 되냐 하는 것이 주된 쟁점인데, 행정법학에서 주로 논쟁되는 행정규칙의 법규성 논쟁이 지금 이 주제와 어떻게 연관되는지 저도 솔직히 잘 모르겠습니다.

그래서 조금 혼란스럽다는 느낌도 받습니다마는, 아까 정강찬 연구관님이 몇 가지 중요한 논점을 제시하신 것 같아요.

우리 헌법상의 법규명령은 세 종류밖에 없는데 일반행정규칙이 공권력의 작용으로 볼 수 있는가 하는 것에 대한 문제제기가 계셨고요. 원칙적으로 볼 수 없는 것 아니냐 하는 입장에서 말씀하신 것 같습니다. 정호경 교수님 먼저 간단하게 답변 부탁드립니다.

정 호 경 : 우선 정남철 교수님 질문 감사드립니다.

여러 가지 제가 생각 못했던 많은 부분들을 지적해 주셨고, 제가 아는 바대로 간단히 말씀드리겠습니다.

법규개념무용론에 대해서 비판을 하셨는데, 실상 우리 공법학계에서 법규개념을 사용합니까? 적어도 행정입법과 관련해서는 법규성이라는 용어만 사용하고, 법규성을 기준으로 행정규칙과 법규명령을 나눈다고 하면서, 법규성의 정의는 외부적인 구속력입니다. 국민과 사법을 구속하는 힘입니다. 즉 법규명령이라는 말은 "구속력 있는 것이 구속력 있다" 말의 동어반복에 불과하지 않는다는 것이 제 생각입니다. 더 이상 개념이 끼어들 여지가 없고, 법규명령과 행정규칙이라는 용어조차도 독일헌법과 달리 우리한테는 강학상 용어일 뿐입니다.

그러니까 저는 아까 정강찬 판사님께서 말씀하실 때 대통령령, 총리령, 부령을 법규명령으로 인정하는 것에 동의한다고 하시는데, 저는 그것을 법규명령으로 인정하는 것이 아니라 구속력 있는 규범으로 인정한다는 것입니다. 법규라는 용어가 없더라도 전혀 우리 헌법구조와 체계를 설명하는 데 지장이 없다는 것이 기본적으로 제 생각입니다.

그 다음에 전반적으로 준법규설에 대한 이해는, 아까 제가 준법규설은 저는 행정규칙에 대한 규범적 효력을 원칙적으로 부인하는 견해라고 이해한다고 말씀드렸었습니다. 그 점에서 정 교수님하고 다르지 않은가라고 생각됩니다.

세 번째 미국제도의 도입, 새로운 기준, 미국과 시스템의 차이 이런 부분을 말씀하셨는데, 결국은 제가 미국 부분을 말하는 것은 여기에서는 이런 이론을 펴지만 결국은 마지막에 꼬리를 사렸습니다. 결국 구속력 있는 규범의 형식이 무엇이냐? 헌법에서 열거 내지 예시하고 있는 그런 것들이 1차적으로 구속력 있는 것입니다.

그 다음에 예를 들어 여기에 쓰지는 않았지만 법률유보의 영역에서는 의회가 뭔가 의사표시를 행정에게 위임한 것들, 법률유보의 영역 이외의 영역에서는 행정이 자기의 권능에 따라서 독자적으로 정립한 것들, 여기까지 오면 제가 무엇에 구속력을 인정해야 될지 말아야 될지 그 부분을 사실 뺐습니다. 제가 아직 스스로 판단이 서지 않습니다.

결국 제가 하고자 하는 것은 구속력이라는 것이 무엇을 기준으로 어떻게 인정해야 될 것인가에 대해서 미국의 기준과 방식, 예를 들어 어떠한 제정절차를 거쳐야하는지? 또는 어떠한 형식으로 제정이 되어야 되는지? 또 어떠한 효과가 미칠 때 구속력으로 인정할 것인지? 이런 부분에 대해서 법규명령이냐 행정규칙이냐는 구분이 아니라 그런 실제적인 기준을 빌어 와서 우리법을 해명해 보고 싶다는 것이었고요. 그냥 미국체계를 우리에게 대입시키면 안되지요. 기본적으로 제 생각은 그런 것입니다.

하나만 더 말씀드리면, 크게 보면 지금 우리 김중권 교수님이나 다른 발표자께서도 행정규칙을 다 입법이라고 전제하고 토론을 하시고 규범이라고 생각하고 토론을 하시는데 저는 약간 생각이 다릅니다.

행정입법 전체는 분명히 행정의 규범정립작용이라는 측면과 행정작용이라면 측면이 중첩되어 있는 영역이라고 생각을 합니다. 그 중에서도 법규명령, 특히 법률유보영역이 중요시되는 영역은 그 규범정립작용, 입법권을 위임받아서 규범정립하는 성격이 더 짙어지겠지만, 구체적인 행정의 기준을 정립하는, 소위 말하는 행정규칙의 제정과 같은 그 분야에 들어가면 사실은 규범정립작용의 성격보다는 행정이 자기 활동을 미리 정하는 성격이 더 강하다고 생각합니다. 그래서 행정규칙을 당연히 규범의 영역으로 놓고 보시는 것에 대해서 저는 약간 의문이 있습니다. 제가 구속력으로 접근해야 된다는 것도 결국 행정규칙이 반드시 규범으로서의 구속력이 아니라 행정규칙이 있다는 그 사실로서 어떤 구속력이 발생시킬 수 있다는 쪽에서, 그러니까 행정규칙의 규범적 구속력을 부인하더라도 행정규칙이 있다는 그 사실로 어떤 효력을 발생시키는 것이고 그러한 실제적 효과를 포착하는 틀을 만들어야 되지 않는가라는 것이 제 이야기였습니다.

사 회 자 : 구속력이 어떤 경우에 인정되느냐 하는 데 대한 기준은 제시하지 않은 상태지요?

정 호 경 : 서울대입시요강사건에서 그러면 구속력이 없는 겁니까? 헌법차원에서는 어떻게 보시는 겁니까?

그리고 저한테 그 부분 질문을 던지신 정강찬 판사님께 제가 오히려 더 질문을 던지고 싶은데, 서울대입시요강사건은 그러면 공권력행사로서는 어떤 구속력이 없는 겁니까? 있는 겁니까?

실제로 우리가 독일적 도그마틱에 갇혀있기 때문에 그런 효과들이 전혀 구속력으로 포착되지 않는 것이지 법 현실과 실무에 접근해서 판단하면 달라 지지 않을까 생각합니다.

정 강 찬 : 서울대입시요강사건의 경우 그냥 입시요강 자체만 갖고 있었으면 아무 문제가 되지 않았을 텐데 그것을 발표했고, 그 근거가 되는 시행령이 제정·공포될 것이 확실시된 점, 그 두 가지가 결합되었다고 보입니다.

그래서 앞으로 법적 구속력을 가질 것이 확실시된다. 이렇게 보았기 때문에 결국은 법령보충적 행정규칙과 유사하게 그리고 법률안이 마치 공포되었는데 시행을 앞둔 것과 같은 이런 두 가지 측면을 같이 감안을 해서 심판대상성을 인정한 것으로 보입니다. 물론 이 선례가 과연 타당한지 여부는 또 별개의 얘기라고 생각합니다.

사 회 자 : 알겠습니다.

김중권 교수님 질문이 많았는데요. 행정법적 논점도 있고 헌법적 논점과 관련된 질문도 있었는데, 지금 논의된 것을 종합해서 짧게 말씀해 주시지요.

김 중 권 : 저도 사실 예전에는 형식적인 차원의 어떤 문제점을 제기를 많이 했는데, 특히 법령보충적 규칙과 관련해서는, 제가 계속 보니까 이것은 좀 다르지 않는가라고 하는 생각을 했습니다. 그래서 기존의 행정규칙에 관한 논의를 전반적으로 한번 다 훑어보는 계기를 가졌습니다.

남복현 교수님께서 말씀하신 것과 관련해서는 부수적 규범통제가 3쪽에 시종 구체적 규범통제의 모습만을 띠는 것은 아니라고 말씀하셨는데, 부수적 규범통제는 구체적 규범통제일 수밖에 없습니다. 왜냐하면 부수적·추상적이라고 하는 것은 불성립할 명제거든요. 그래서 제가 봤을 때는 다른 차원으로 보셔야 되지 않나 생각합니다.

그리고 제가 이 발표문을 준비하면서 여러 가지 지금 난맥상의 원인 중에 사실 빠뜨린 것이 하나 있습니다. 가령 몽블랑이라고 하는 산에서 이쪽을 보면 프랑스고 이쪽 보면 스위스이듯이 법규 헌법소원심판은 규범통제하고 상당히 매칭되어 있는 문제입니다. 따라서 이것은 어떻게 보면 국가대표적인 사법기관의 권한의 문제, 관할의 문제이기 때문에 좀 조심스러워서 다음을 표현하지 않았습니다. 행정사건의 경우에는 기본적으로 그것이 익숙한 곳이 어딘가 하는 것입니다. 저로서는 헌법소원심판이라고 하는 그 자체가 어떻게 보면 좀 부자연스럽지 않는가 하는 생각입니다. 그것은 규범통제에 오히려 맡기는 것이 더 적절하다라는 것이 제 생각입니다.

예전에 규범통제라고 하는 것 자체가 선결문제에 대한 것을 소홀히 하던 당시에는 규범통제에 대해서 시일을 가질 수 있지만 지금은 그렇지 않다는 것이지요. 오히려 경우에 따라서는 너무 지나치다 할 정도로 오버하는 경향이 있는데, 그럴 정도이기 때문에 규범통제는 이제는 오히려 법원쪽에 이론적으로 두는 것이 좋지 않는가 하는 생각을 가지고 있습니다.

저는 명령·규칙에 대한 직접소송을 용인하는 입장이 아닙니다. 적어도 저는 우리 헌법 107조 2항에 비추어서 부수적, 구체적 규범통제를 할 수밖에 없다는 생각을 하고 있습니다. 독일의 행정법원법 47조와 같은 본원적인 규범통제가 불가능하다는 것이지요. 왜냐하면 그들은 헌법에 그와 같은 규정이 없습니다. 그러다 보니까 그들은 법률에 의해서 규범의 위계질서를 흔드는 규범통제, 본원적 규범통제를 과연 도입할 것이냐가 이슈가 되고 있는데, 우리는 헌법에 이미 107조 2항을 두고 있기 때문에 이것 자체를 직접적으로 타겟으로 하는 것은 곤란하지 않는가 생각합니다.

물론 그러다 보니까 법원으로서는 두밀분교통폐합조례처럼 과도한 처분성 인정을 통해서, 즉 집행행위를 몰각시켜서 바로 결과선취적인 어떤 논증을 하곤 하지요. 그러나 그렇다 하더라도 제가 봤을 때는 그것이 바람직스럽다고 생각하지는 않습니다.

그러나 대표적인 국가기관에 있어서 누가 과거의 비상적인 시절에 있어서의 관점이 아닌 우리가 앞으로 살 국가의 사법체계를 생각한다면 조금 전향적으로 볼 필요가 있지 않나 생각합니다. 이렇게 버림으로써 헌법소원심판이 얻어질 수도 있다고 저는 생각하고 있습니다.

다음으로 이승환 연구관님께서 지적하신 부분으로 10면에 있는 그 말씀은 결국 90년에 나온 자기구속법리 자체가 여기 있습니다. 주 5에 있는데, 이 논증이 헌법재판소는 99헌마413에서 대외적 구속력을 가지고 공권력행사를 대입을 시켜

버렸습니다. 그러니까 대외적 구속력을 갖는 경우가 헌법재판소 결정은 법령보충적인 것 그리고 자기구속의 법리에 의한 두 가지 경우가 되거든요. 그런데 그것이 시발이 되어서 99헌마413에서는 그것으로서 공권력행사를 인정을 해 버렸죠. 그러다보니까 바로 이 2004헌마49에서 재량준칙의 자기구속법리만에 포커스를 맞추어서 헌법소원심판대상이 인정되는, 어떻게 보면 비상적인 그런 결과가 바로 90헌마13에서 비롯되었다는 것이지요. 따라서 제가 오히려, 주로 예전에는 항상 의문이 교과서에 선생님들은 자기구속법리를 말씀을 하시는데, 대법원판례는 그와 같은 자기구속법리가 등장하지 않더라고요. 지금에 와서는 오히려 그게 혜안이지 않는가 생각을 합니다. 왜냐하면 자기구속법리 자체가 독일에서도 비판받는 것처럼 제가 봤을 때는 문제가 많다는 것이지요. 따라서 저로서는 오히려 장애가 될 수 있다는 말씀을 드린 것입니다.

헌법소원심판의 직접성문제는 제가 좀더 공부를 해 보도록 하겠습니다. 다만 다시 말씀드리는 것은, 우리가 법령보충적 규칙에 있어서 이 재량준칙이라고 하는 것은 이미 상당부분 대통령령에 의한 재량준칙 그리고 부령에 의한 것이 왔을 때 이미 조만간 큰 변화는 오게 되어 있다고 생각은 합니다. 앞서 자꾸 공표문제를 말씀하시는데, 우리가 민주주의 극대론적인 시각에서 보면 공표라고 하는 것은 원래 예전에 의회가 국민하고, 그러니까 민주주의적 관점에서 공표가 헌법적 요청입니다. 왜냐하면 일반국민은 모르기 때문에요. 그러나 오늘날에 있어서 이 공표라고 하는 것은 인터넷을 통해서 여러 가지 매체를 통해서 다할 수가 있습니다. 따라서 공표를 절대적으로 해서 그것을 가지고 법규성유무를 판단한다는 것은 제가 봤을 때는 좀 문제가 있지 않나 생각합니다.

물론 저로서는 이것을 일거에 해소하는 방법은 법령등공포에관한법률을 바꾸어서 일체의 고시, 부령, 예규를 다 하나의, 제 생각에는 우리가 이제 나라가 출범한지 거의 60년이 지났는데도 아직까지도 법령을 관보에 게재한다는 것은 좀 곤란하지 않나 생각합니다. 오히려 그런 어떤 규칙, 규정을 총괄하는, 왜냐하면 관보에는 온갖 것이 다 들어가 있지 않습니까? 따라서 제가 봤을 때는 일국의 법체계의 위상을 생각한다면 가칭해서 '법보'와 같은 그런 매체를 통해서 공표에 따른 의문점을 일거에 해소할 수 있다고 저는 생각하고 있습니다.

아무튼 우리 이승환, 정강찬 연구관님께서 지적한 사항은 제가 다른 자리에서 또 더 열심히 공부하도록 하겠습니다. 이상입니다.

사 회 자 : 제가 끊어서 죄송합니다.

지금 저희들한테 주어져 있는 시간이 15분 정도도 채 남지 않은 것 같습니다.

아마 김중권 교수님은 지금 이 주제보다 한 걸음 더 나아가서 해묵은 주제라고 할 수 있는 법규명령까지도 헌법소원의 대상으로 삼는 것보다 법원의 규범통제에 맡기는 것이 좋은 것 아니냐는 취지로 말씀하시는 것 같습니다. 지금 그것은 아마 우리 주제를 넘어선 것 아닌가도 생각이 됩니다.

황 치 연 : 행정규칙과 법규명령에 관련해서, 만약에 법률에서 "이러이러한 사항은 보건복지부령으로 정한다" 이런 경우와 "이러이러한 사항은 보건복지부장관이 정하는 바에 의한다" 이렇게 했을 때 직접 법률에서 보건복지부장관이 정한다고 할 때는 행정규제기본법 4조 2항 단서의 적용을 받는다고 이렇게 말씀하셨는데, 만약에 그러면 부령에 의해서 또 "보건복지부장관이 정한다" 이렇게 재위임한 경우는 제한을 받지 않는다고 하지 않았습니까? 그런데 실질적으로 보건복지부령으로 정한다고 했을 때와 보건복지부령으로 해서 또 보건복지부장관의 고시에 의한다, 이렇게 했을 때 무슨 차이가 있는지 설명을 부탁드립니다.

그리고 헌법 95조를 보면 "법률이나 대통령령에 위임 또는 직권으로 총리령 또는 부령을 발할 수 있다" 이렇게 되어 있습니다. 그러니까 위임 없이 직권으로도 부령을 발할 수 있게 되어 있는 경우 만약에 이런 것을 법률에서 직접 보건복지부장관이 정하는 바에 의한다고 하는 경우와 뭔가 이게 모순점은 없는지. 또 실질적으로 보건복지부장관이 정하는 고시에 의할 때 이것을 법령보충적 행정규칙으로만 보아서 그 법규성을 부인하거나 재판의 준거성을 부인할 수 있을 것인지? 이거에 대해서 말씀해 주시면 고맙겠습니다.

김 중 권 : 사실 이 법령보충적 규칙에 있어서 법률이 특별한 령을 정한다든지 하지 않고 그냥 정하도록 되어 있을 때 제가 생각했을 때는 그와 같은 입법형식에 대한 언급이 전혀 없는 이상 집행자가 그것이 부령이든 어떤 행정규칙이든 정하는 데는 문제없다고 생각을 합니다.

그리고 만약에 부령으로 했을 때는 법규명령이 인정되고 행정규칙으로 했을 때는 인정이 되지 않는다는 것은, 왜 그러냐 하면 그것은 이미 법률에 수권이 있다는 것이지요. 포인트는 그와 같은 수권 자체가 과연 수권의 법리, 위임의 법리에 맞느냐 하는 문제인데, 그거는 별개의 문제라는 것이지요.

따라서 가령 우리가 정책적인 차원에서 규범이라고 하는 위계에서 보면 법률과 그 다음에 법규명령 그러니까 대통령령, 총리령, 부령 이런 어떤 고차적인 법규명령이 있으면 그 다음에 밑에 행정규칙, 고시가 내려간다는 것이지요. 규범이라고 하는 것이 추상적에서부터 약간 덜 추상적, 구체적, 아주 구체적 이렇게 계속 밑으로 내려가거든요. 따라서 고시라든지 일반행정규칙이 더 디테일해질 수 있는 것은 필연적이지 않는가 하는 생각을 하고 있습니다. 그러나 규범의 위계와 규범의 현실적 중요성, 현실적·사실적 효력이라고 하는 그야말로 파워가 다르다는 것은 다르다는 것이지요. 따라서 법률은 멀리 있지만 고시는 가까이 있다라고 하는 것을 생각했을 때 저는 기본적인 생각이 고시를 논외로 둔다면 그것은 좀 곤란하지 않는가 생각을 하고 있습니다. 따라서 법률의 수권 그 자체에 우리가 좀더 포커스를 맞추어야 되지 않는가 생각합니다.

만약에 그와 같은 수권을 제대로 하지 않는 상태에 행정규칙적 법규명령 내지는 부령으로서 상당히 중요한 부분이 규정되는 경우는 사실은 보충이 아니라 권한이 넘어가는 문제거든요. 따라서 이제는 오히려 단순한 보충의 문제가 아닌 더욱더 오버되는 경우에 포커스를 맞추려면 기존의 법령보충적 규칙에 대해서 너무 지나친 엄격성은 우리가 버리는 것이 좋지 않을까하는 것이 제 생각입니다.

정 남 철 : 짧게 하겠습니다. 제가 드리고 싶은 질문은 이 행정규칙은 법규범이다라는 대명제를 던지셨기 때문에 과연 그 정의를 던지시려면 그 헌법적인 정당성은 어디에서 도출될 수 있는지 한번 여쭤보고 싶습니다.

장 석 조 : 논의가 조금 추상적으로 흐르는 것 같아서 거기에 집중하는 차원에서 한 가지만 좀 여쭙겠습니다. 우리가 심판대상성문제를 다루기 때문에 도그마틱하게 접근하자면 이것은 법문에 나와 있는 공권력행사에 해당하느냐의 문제로 집약할 수 있습니다.

지금 정강찬 판사님하고 두 분 발제자랑 시각차이는 행사냐 아니냐의 문제에 달려있는 것 같습니다. 두 분께서는 그 부분이 사실상 영향을 미치면 그것도 기본권에 영향을 미치니까 공권력행사다 이렇게 하셨는데, 행사라는 징표를 어디서 찾을 것이냐에 관한 질문을 여쭙고 싶습니다.

조금 논의를 구체화하기 위해서 케이스를 들자면, 어떤 행정청이 일정한 행정규칙을 만들었다는 것은 뭐냐 하면 자기들이 앞으로 해야 될 일에 관한 지침을 만든 것이거든요. 그러면 아주 내부적으로는 머릿속에 들어 있는 것, 그 다음에 자기가 작업을 하기 위해서 자기 업무수첩에 적어놓은 것, 그러한 재량행사의 기준을 프린트물로 나누어갖는 것, 상급관청이 이러이러한 기준을 아래에다가 하달한 것, 이런 여러 유형이 있는데, 강학상의 행정규칙이 이것을 전부 상당한 부분을 포괄하고 있습니다. 그러면 과연 어느 단계에서 행사가 있다고 보시는 것인지?

그래서 우리 지금 판례가 원칙적으로 행정규칙은 대상성이 없다라고 보면서 예외로 인정하는 것은 위임이 있는 경우 하나이고, 또 하나는 자기구속의 법리가 적용되는 경우입니다. 그러면 과연 지금 사실상의 영향력에 의해서 대상성 인정하자라는 말씀은 이렇게 행정청의 머릿속에 있는 것을 공권력행사로 볼 수 있느냐? 우리들끼리 지금 메모를 나누는 것을 공권력행사로 볼 수 있느냐라는 행사성에 관한 부분에 집중해서 조금 구체적인 답변을 부탁드리겠습니다.

정 호 경 : 제가 결국 행정규칙일반을 법규라고 본다든지 즉 직접적, 대외적 효력을 가진다고 본다든지 혹은 자기구속원리를 일반적으로 인정하지 못한 것이 바로 그 부분입니다.

그러면 거의 모든 행정규칙이 다 헌법소원의 대상이 된다는 결과가 되는데, 과연 그게 적절할 것인가라는 것이 제가 결국 요즘 독일에서 말하는 행정규칙에 대해서 직접적 효력을 인정하고자 하는 이론에도 불구하고 조금 적절치 않다, 지금 현재 우리 체계에서는, 그런 생각이 들었습니다.

그래서 제가 실제적 효과를 중심으로 하자는 말은 실제적으로 어떤 기준을 못 세웠기 때문에 결국은 말씀드릴게 없지만, 그런 부분들 중에서 어떤 방법으로든 선별해야 된다는 것은 기본적으로 제가 행정규칙일반에 대해서 효력을 부여하는 그런 이론으로 흘러가지 않을려고 했던 이유입니다.

장 석 조 : 그러니까 그것을 지나치게 확대하면 결국 행정청의 사고작용까지 간섭하는 게 되어 버리거든요. 그게 과연 권력분립에 의해서 어떻게 설명되느냐? 한계설정을 어떻게 할 것이냐를 먼저 확보하신 다음에 사실적 영향력에 의해서 행사성을 인정한다 하시는 것이 어떨까 싶습니다. 그것은 공표문제와도 관련이 같이 되는 것 같습니다.

김 중 권 : 먼저 순서대로 우리 정남철 교수님의 질문 아주 뼈아프게 들었습니다. 왜냐하면 이게 아마도 지난번에 제가 공부를 하면서 우리 정남철 교수의 글을 통해서 저도 많은 시사점을 받았거든요. 이 문제는 저에게는 상당히 새로운 과제로 생각을 합니다. 다만 10쪽에 있는 "일찍이 헌법이론상으로 독일국법학이 민주적 정당성원리의 비현실적 과도함과는 결별해야 한다"고 지적한 것이 있습니다.

제가 봤을 때는 우리는 그들보다 좀더 쉽게 결별할 수 있지 않을까 생각을 하고 있습니다. 왜냐하면 독일의 글을 보면 독일에 있어서 여러 번의 개헌이 있었는데 법규명령 부분은 100년 전에나 똑같았다는 지적을 하거든요. 따라서 그것이 오히려 오늘날에 그 어떤 규범의 위계에서 굉장히 족쇄가 되고 있다는 자탄의 글을 보았습니다. 따라서 우리는 그것이 없기 때문에 다행스럽게 오히려 좀 쉽게 나갈 수 있지 않는가 생각을 하고 있습니다.

그리고 장석조 부장님의 말씀과 관련해서는 제가 주 89를 가지고 대신하고자 합니다. 앞서 자기구속의 법리를 동원해서 헌법소원심판대상이 인정된 계호근무준칙 2004헌마49입니다. 사실상 이것은 계구사용이 재량임에도 불구하고 재량을 행사하지 않은 채 계구사용을 그야말로 일상적으로 한 것이지요. 따라서 여기서 문제의 대상은 재량흠결, 재량불행사의 관행이 되어 버린 계구사용이지 관련 근무준칙이 아닙니다. 왜 그러냐 하면 우리가 왕왕 행정규칙이라고 하는 것 자체, 우리는 자꾸 이게 규범과 집행행위라고 하는 구분이 불분명하다보니까 너무 결과를 선취해서 규범에 대해서 대상을 삼는 것이지요. 제가 봤을 때 오히려 결과 선취적인 것을 좀더 자제한다면 행정규칙을 바로 헌법소원심판대상으로 가는 것은 좀 막을 수 있지 않겠는가? 예전에 두밀분교통폐합조례도 마찬가지였습니다. 그러다보니까 오히려 더 문제가 발생하는데, 규범은 바로 잣대가 되는 것이지요. 잣대가 된다는 것은 불특정다수를 사안으로 한 것입니다. 그러니까 일회적인 것은 집행이 되지만 여러 가지 경우를 수를 담을 때는 규범이 되거든요. 왜냐하면 그것이 하나의 가늠 잣대가 되기 때문에. 따라서 어떤 형식남용이라고 하는 것이 있지 않는 한 제가 봤을 때는 규범은 규범대로 격을 맞추어 주고 그 집행행위를 일단 포착하는 것이 전체적인 체계를 손상하지 않는가 하는 생각을 하고, 그렇다면 우리가 직접성문제에 대해서도 오히려 집행행위쪽에서의 문제를 규범으로 이렇게 환원시켜 버리는 그런 논증은 좀 피할 수 있지 않는가 하는 것이 제 생각입니다.

사 회 자 : 저희들이 5분을 지났습니다. 마쳐야 될 것 같은데요.

아마도 더 질문을 하실 분이 없는 게 아닌가 싶습니다.

저희들이 마치기 전에 소장님께서 특별히 나오셨고, 저희들 오늘 토론에 대한 총평 격으로 말씀을 듣고자 합니다.

이 강 국 : 대가들 앞에서 제가 총평을 한다는 표현은 적절치 못합니다마는, 마지막으로 이 부분에 관해서 제가 평소 느끼고 있었던 그런 의문에 대해서 종합적으로 한번 말씀을 드리고자 합니다.

우리 행정법학계와 행정실무계에 있어서 최대의 논쟁거리는 바로 법규명령과 행정규칙에 관한 부분입니다. 잘 아시겠지만 학계에서는 거의 대다수가 형식설을 주장하고 있고 대법원은 여전히 지금 실질설을 주장하고 있습니다. 저는 그동안에 몇 번에 걸친 연구검토 끝에 저는 대법원이 취하고 있는 실질설은 잘못된 견해라고 생각을 하고 있습니다. 왜냐 하면 법규명령을 결국 '국민의 권리의무에 영향을 미치는 구속성이 있는 규범' 이렇게 정의를 할 수 있다면, 입법자들은 법령에 관해서는 꼭 국민의 권리의무에 관한 사항만을 규정을 해야 옳겠지요.

그런데 입법의 현실은 그렇습니까? 국민의 권리의무라든가 법원에 대한 구속성이 없는 규정들도 얼마나 많이 법률이나 명령에 포함됩니까? 따라서 그 법률이나 명령에 관한 주장을 실질적으로 따지고 들어가면 그것은 아마 수천년을 두고서도 해결이 안 될 거예요. 그래서 법령에 포함된 것은 그것은 법규성이 있는 것이고 거기에 포함되지 않는 것은 행정규칙이다, 이런 식의 학계의 견해가 저는 옳다고 봤습니다.

지금 이 문제에 관해서 특히 제가 관심을 갖는 이유는 우리가 강학상 행정규칙이라고 그러면 흔히 행정청 내부의 사무처리준칙이고 그것이 법원이나 국민을 기속하는 효력이 없다고 합니다. 이것이 일반적인 강학상의 표현이고, 따라서 행정규칙은 법규성이 없다. 이런 것 아니겠습니까? 법규성이 없는데 그런데 지금 헌법재판소는 이 행정규칙에 대해서 자기구속성을 내세워가지고 헌법소원의 대상으로 삼고 있잖아요. 그러면 자기구속성 이것이 문제인데, 그런데 행정규칙은 거의 모든 경우 행정조직적인 행정규칙 이외에는 자기구속성을 가질 수밖에 없어요. 왜냐하면 공무원들은 법령준수의무가 공무원법상에 있지 않습니까? 그러니까 행정규칙이라 하더라도 국가공무원들이나 지방공무원은 마땅히 법령을 준수해야 할 의무가 있고 법령을 준수하다 보면 행정규칙에 따라서 처리할 수밖에 없고 그렇게 행정규칙에 따라서 처리하다 보면 반복될 수밖에 없고 반복되면 자기구속성을 갖는다는 거지요. 자, 이런 식으로 논리를 전개해 나가면 행정규칙 중에 자기구속성이 없는 그런 행정규칙은 거의 없어요. 그러면 모든 행정규칙이 말하자면 법원이나 국민을 기속하는 결과가 되고 그렇다면 행정규칙과 법규명령을 구별하는 기준이나 의미는 아무것도 없는 것 아니냐? 그러면 행정규칙과 법규명령을 그렇게 구별해 가면서 치열하게 독일에서는 수백년간, 우리나라에서는 수십년간 뭐하러 그렇게 싸우고 있느냐? 그런 의문이 들었어요.

그래서 이 부분에 대해서 집중적으로 한번 논의를 해봤으면 싶은데, 행정규칙에 대해서 헌법소원의 대상으로 할 수가 있는 것인지? 그거는 또 사실은 쉽지가 않잖아요. 공권력의 행사로 인한 기본권의 침해를 받아야 이게 헌법소원의 요건이 되는 것인데, 행정청내부의 사무처리준칙이라 하더라도 그 자체로서는 내부적인 공권력의 행사고 그 공권력의 행사로 인해서 국민의 기본권이 침해되었느냐? 그것은 행정규칙의 일반이론에 보면 사무처리준칙에 불과한 것뿐이고 국민과 법원을 기속하는 것이 아니기 때문에 국민의 기본권을 침해할 수가 없는 거지요. 그런데 이제 자기구속성을 인정한다면 모든 행정규칙이 다 자기구속성이 있고 따라서 모든 행정규칙에 대해서 다 헌법소원대상성을 인정해야 한다는 이런 결론이 되어서 이것은 논리상 정치하지는 못하겠다. 우리 헌법재판소가 행정규칙이 헌법소원대상성을 인정해서 국민들의 권익보호를 위해서 최대한 노력을 한다 하더라도 자기구속성이라고 하는 이 논리만 갖고는 부족하다. 뭔가 좀더 정치한 이론을 개발해야 한다고 생각하여 관심을 많이 가졌었는데 하여튼 오늘 우리 교수님들 말씀이 많이 참고가 되었고 앞으로 저도 좀더 연구를 하도록 하겠습니다.

사 회 자 : 감사합니다.

소장님의 말씀을 먼저 들었어야 되는데, 소장님의 말씀 속에 오늘의 포인트가 담겨 있는 것 같습니다.

이상으로 77회 헌법실무연구회를 모두 마치겠습니다.

두 분 발표자님, 세 분 토론자님 감사드립니다.

감사합니다.

제 78 회(2007. 9. 7) 발표문

한정위헌청구의 적법성 여부

박 순 성*

Ⅰ. 문제의 제기

한정위헌청구란 헌법재판소법(이하 "법"이라 약칭한다) 제68조 제 2 항의 헌법소원과 관련하여 청구인이 법률 또는 법률조항 자체의 위헌 여부를 다투는 것이 아니라 그 법률 또는 법률조항의 특정한 해석방법 또는 적용영역의 위헌 여부를 다투는 것을 말한다.

종래 실무계 및 학계에서는 한정위헌결정의 허부 및 그 허용범위와 관련하여서는 광범위한 논의가 있었으나 한정위헌청구 자체의 허부 및 그 허용범위와 관련하여서는 별다른 논의가 없었다.

한정위헌청구의 적법성을 논함에 있어서는 일반적 위헌제청신청 또는 헌법소원과 마찬가지로 일반적인 적법요건들이 문제될 수도 있으나 한정위헌청구의 적법성과 관련하여서는 법원의 재판을 헌법소원의 대상에서 제외하고 있는 법 제68조 제 1 항의 취지와 관련하여 어떤 범위에서 한정위헌청구를 허용할 것인가 하는 문제가 논의의 핵심적인 요소라고 할 수 있다.

이 문제는 헌법상 대법원과 헌법재판소의 관계와 권한 분장, 대법원과 헌법재판소의 법률해석권, 재판소원금지의 의미, 법 제68조 제 2 항의 헌법소원의 의미, 그리고 법률과 법률의 해석과의 관계 등 광범위한 헌법적 논점들과 관련되어 있다.

필자는 헌법학자나 헌법을 전공한 실무가가 아니라 위와 같은 모든 논점에 대한 검토를 거쳐 정치한 이론을 제시할 입장도 아니므로 소송실무를 하면서 느꼈던 소박한 생각들을 중심으로 의견을 피력해 보고자 한다.

필자의 생각으로는 헌법이론적인 논쟁 못지않게 소송실무적으로는 어떻게 하

* 변호사.

는 것이 입법작용에 대한 적절한 통제에 효율적이고, 기본권을 침해당한 국민의 권리구제에 적절한지라는 점이 중요하다고 할 수 있겠다.

이러한 관점에서 이하에서는 위와 같은 여러 가지 논점 중에서 한정위헌결정의 허용 여부 및 기속력에 관한 논의를 살펴본 후 그와 관련하여 한정위헌청구의 적법성에 관하여 검토해 보고자 한다.

Ⅱ. 한정위헌결정의 허용 여부에 관한 학설

(1) 허용설의 논거[1]

1) 헌법재판의 특성

헌법재판은 단지 헌법문언의 형식적 해석을 통하여 본안에 대하여 사법적 판단을 하는 것이 아니라 헌법의 기본원리에 따라 헌법적 가치질서를 유지하려는 헌법해석으로서 법률의 합헌성 유무를 다루는 준입법적 기능을 하는 것이므로 구체적 사건에서 법률을 적용하는 일반 사법기능과는 다르고, 따라서 헌법재판소법의 해석에 구애되어 형식논리만으로 헌법문제를 풀어갈 수는 없다.[2]

따라서 헌법재판소법 제45조 본문의 "헌법재판소는 제청된 법률 또는 법률조항의 위헌 여부만을 결정한다"라는 규정의 뜻은 헌법재판소는 법률의 위헌 여부만을 심사하는 것이지 결코 위헌제청된 전제사건에 관하여 사실적, 법률적 판단을 내려 그 당부를 심판하는 것은 아니라는 취지로 해석하여야 할 것이므로, 위 조항에 얽매여 위헌 또는 합헌이라는 양자택일의 판단만 할 수 있는 것은 아니고 사안에 따라 위 양자 사이에 개재하는 중간영역으로서의 여러 가지 변형재판이 가능하며, 헌법재판소법 제47조 제2항 본문의 "위헌으로 결정된 법률 또는 법률의 조항은 그 결정이 있은 날로부터 효력을 상실한다"라는 규정 취지도 이에 상응하여 변형해석되어 위헌법률의 실효 여부 또는 그 시기도 헌법재판소가 재량으로 정할 수 있다고 해석하여야 한다.[3]

2) 현실적 필요성

현대의 복잡다양한 사회현상, 헌법상황에 비추어 헌법재판소가 법률의 위헌

1) 문광삼, 헌법재판소 변형결정의 유형과 그 문제점, 헌법재판연구 제7권(1996), 95면 이하 참조.

2) 한병채, 헌법재판론(1994), 527면 이하.

3) 헌재 1989. 9. 8. 선고 88헌가6 결정(헌집1, 259, 260).

또는 합헌의 판단만 할 수 있다고 한다면, 이는 다양한 정치·경제·사회현상을 규율하는 법률에 대한 합헌성을 확보하기 위한 헌법재판소의 유연, 신축성 있는 적절한 판단을 가로막아 오히려 법적 공백, 법적 혼란 등 법적 안정성을 해치고, 입법자의 건전한 형성의 자유를 제약하고, 나아가 국가사회의 질서와 국민의 기본권마저 침해할 사태가 초래될 수 있다.[4)]

3) 권력분립의 원칙

입법부가 제정한 법률을 위헌이라고 하여 전면 폐기하기보다는 그 효력을 가급적 유지하는 것이 권력분립의 정신에 합치하고, 민주주의적 입법기능을 최대한 존중하는 것이라 할 것이며, 그것은 국민의 대표기관으로서 입법형성권을 가지는 국회의 정직성·성실성·전문성에 대한 예우이고 배려라고 할 것이므로 위헌이냐 합헌이냐의 결정 외에 가능한 한 입법권을 존중하는 한정합헌, 한정위헌 또는 헌법불합치결정 등 중간영역의 주문형식도 필요한 것이다.[5)]

4) 비교법적 근거

독일의 경우에도 당초 기본법이나 헌법재판소법에 근거하여 변형결정이 이루어졌던 것이 아니라, 연방헌법재판소가 여러 가지 필요성에 의하여 실정법상 뚜렷한 근거를 찾을 수 없는 변형결정을 계속하여 왔고, 이후 입법자가 이에 부응하기 위하여 헌법재판소법을 개정한 것에 지나지 아니하므로 우리의 경우에도 현재 헌법이나 헌법재판소법에 근거가 없다 하여 변형결정을 할 수 없는 것은 아니다.

5) 재판주문의 특성

재판의 주문을 어떻게 내느냐 하는 것에 관하여는 민사소송에서 그러하듯이 헌법재판에서도 아무런 명문의 규정이 없으며, 따라서 재판의 본질상 주문을 어떻게 표시할 것인가에 관하여는 재판관의 재량에 맡겨져 있다. 따라서 헌법재판의 주문형식도 재판을 담당하는 헌법재판관의 재량에 맡겨져 있으므로 자유로운 형식의 주문도 가능하다.

6) 헌법재판소법 제47조 제1항의 합리적인 해석[6)]

헌법재판소법 제47조 제1항에서는 "법률의 위헌결정은 법원 기타 국가기관 및 지방자치단체를 기속한다"라고 규정하고 있는데, 위 조문에 있어서 '위헌결정'이라 함은 단순위헌결정뿐만 아니라 한정위헌결정 및 한정합헌결정도 포함하는 것으로 해석하는 것이 합리적이다. 왜냐하면 한정위헌결정 및 한정합헌결정은 단

4) 헌재 1989. 9. 8. 선고 88헌가6 결정(헌집1, 259).
5) 헌재 1991.3.11. 선고 91헌마21 결정(헌집3, 115).
6) 헌법재판소 1991. 3. 11. 91헌마21, 헌법재판소판례집 제3권(1991), 115면.

순위헌결정과 근본적으로 다르지 않고, 단지 질적인 일부위헌의 의미를 갖는 것이므로 "대는 소를 포함한다"는 법해석의 일반원칙에 따라 위헌결정의 개념 속에는 한정위헌결정과 한정합헌결정도 포함되는 것으로 해석하여야 한다.

(2) 부정설의 논거[7)]

1) 현행 법규정

헌법 제107조 제1항의 규정과 헌법재판소법 제45조 제1항 본문의 규정에 비추어 볼 때 헌법재판소는 제청된 법률이 위헌인지, 합헌인지를 분명히 결정해야 할 의무가 있고, 위헌이라고 결정하면 그에 대한 효력은 헌법재판소법 제47조 제2항에 정해진 대로 발생하는 것이지 헌법재판소가 그 효력을 변경하거나 그 효력 발생을 유보시킬 수 없다. 또한 현행 헌법재판소법은 독일 연방헌법재판소법 제31조 제1항이 "연방헌법재판소의 모든 결정은 연방과 주의 헌법기관 및 모든 법원과 행정청을 구속한다"라고 규정하고 있는 것과 달리 위헌결정만이 법원 기타 국가기관 및 지방자치단체를 기속하도록 되어 있으므로(헌법재판소법 제47조 제1항), 법적인 기속력이 없는 변형결정을 할 이유가 없다.[8)]

2) 비교법적 근거

헌법불합치결정은 위헌결정의 효력에 관하여 원칙적 소급효를 인정하고 있는 독일 등의 국가에서 위헌결정으로 인하여 초래될 법의 공백과 사회적 혼란을 방지하기 위하여 법률이 위헌인 경우에도 결정 주문에서 위헌무효선언을 보류한 채 불합치선언만을 하고 입법권자에게 입법을 촉구하는 경우가 있는데(독일 연방헌법재판소는 연방헌법재판소법 제78조와 제31조 제2항에 의하여 법률이 헌법에 위반되는 경우 소급무효선언뿐만 아니라 소급효가 없는 불합치선언도 할 수 있다), 우리 법제는 위헌결정의 효력에 장래효를 인정하고, 위헌결정이 아닌 그 밖의 결정에는 기속력을 인정하지 아니하고 있으므로 변형결정의 형식을 채택할 이유가 없다.[9)]

---

7) 헌재 1989. 9. 8. 선고 88헌가6 결정에서 소수의견을 표시한 변정수 재판관의 견해 참조(헌집1, 265) 이하.

8) 헌재 1989. 9. 8. 선고 88헌가6 결정의 소수의견(헌집1, 266).

9) 헌재 1989. 9. 8. 선고 88헌가6 결정의 소수의견(헌집1, 267).

Ⅲ. 헌법재판소결정의 기속력

1. 의 의

(1) 현행 헌법은 헌법의 최고규범성 보장과 헌법상 인정된 기본권 보장을 위하여 위헌법률심사권을 법원이 아닌 헌법재판소에 부여하였고, 헌법재판소법은 그 실효성 확보를 위하여 헌법재판소의 위헌결정에 법원 등 국가기관이 기속될 것을 요구하고 있다. 즉, 헌법재판소법 제47조 제1항은 법률의 위헌결정은 법원 기타 국가기관 및 지방자치단체를 기속한다라고 규정하고 있고, 같은 법 제75조 제6항은 법률의 위헌여부심판의 제청신청이 기각된 당사자에 의한 헌법소원 사건에서 헌법소원을 인용하는 경우에 위 조항을 준용하도록 하고 있으며, 또한 같은 법 제75조 제1항은 헌법소원의 인용결정은 모든 국가기관과 지방자치단체를 기속한다라고 규정하고 있다. 따라서 국가기관 등은 헌법재판소의 결정을 존중하여야 하고, 그와 상반된 헌법해석을 하거나 어긋난 행위를 하여서는 아니되는 것이다. 그리고 그러한 헌법재판소 결정의 기속력은 헌법재판의 실효성을 확보하기 위하여 참으로 필요한 것임은 논란의 여지가 없다.

(2) 그러나 현행 헌법재판소법은 연방헌법재판소의 모든 결정(Die Entscheidungen des Bundesverfassungsgerichts)[10]에 기속력을 부여한 독일의 경우와 달리 법문상으로는 '위헌결정'만에 기속력이 있는 것으로 규정하고 있어, 법문 그대로 위헌결정만에 기속력이 있는 것인지, 아니면 위헌결정 이외에 합헌결정 나아가 변형결정 등 헌법재판소의 결정 모두에 기속력이 있는지 먼저 논란의 대상이 된다.

2. 기속력이 있는 결정[11]

(1) 국내학설

1) 헌법재판소의 모든 결정에 기속력이 있다는 견해

이 견해에 의하면 비록 헌법재판소법 제47조 제1항의 문언상으로는 위헌결정만 기속력을 가지는 것처럼 표현되어 있으나, 이를 가지고 위헌결정만 기속력을

10) 독일 연방헌법재판소법 제31조 제1항.

11) 학설의 개요에 관하여는 김명수, 변형결정(한정합헌, 한정위헌 및 헌법불합치 결정)의 기속력과 법원의 재판, 헌법문제와 재판(상), 재판자료 제75집, 법원도서관, 516면 이하에서 전재함.

가지는 것으로 한정적으로 해석하여서는 아니되고, 위 조항은 다만 헌법재판소의 결정 가운데 가장 대표적이고 다른 국가기관이 부담을 느낄 수 있는 결정유형을 예시적으로 든 것에 불과하므로, 헌법재판소의 모든 결정에 기속력을 인정하여야 한다고 한다.[12)]

그리고 먼저 합헌결정에 대하여 기속력을 부여하지 않을 경우 동일한 법적 사안에 대하여 반복적인 위헌심판이 제기될 것이고, 헌법재판소로서는 반복된 재판을 거듭하여야 하는 문제점이 발생하며,[13)] 또한 한정합헌결정이나 한정위헌결정 등 변형결정에 국가기관을 기속하는 아무런 효력이 없다면 첫째, 헌법재판소로서는 위헌 또는 합헌이라는 택일적인 방법밖에 선택할 수 없어 다양한 법규범의 존재상태와 그 적용실태에 적절하게 대응할 수 없게 되어 위헌판단을 근본적으로 회피하는 현상이 초래될 위험이 있고, 둘째, 변형결정에 기속력이 없다면 헌법재판소로서는 무의미한 결정을 한 셈이 되므로 차라리 변형결정을 선고하여서는 아니될 것이고, 셋째, 현행 헌법재판소법상으로는 법원의 재판이 헌법소원의 대상에서 제외되어 있어 위헌심사제청법원이 헌법재판소의 변형결정과 다르게 적용할 경우 이를 통제할 방법이 없고, 넷째, 한정합헌 등에서 합헌으로 판단된 부분에 대하여 반복적인 제청신청이나 제청이 가능해지는 문제가 발생하므로 합헌결정, 변형결정을 포함한 헌법재판소의 결정 모두에 기속력이 인정되어야 한다는 것이다.

2) 헌법재판소 결정 중 위헌성을 확인한 것에 한하여 기속력이 있다는 견해

이 견해는 헌법의 특성상 변형결정의 허용 여부는 헌법재판소의 법형성 기능에 맡겨야 하고, 헌법재판소법 제47조 제 1 항 역시 목적논적으로 해석하여 위 규정을 결정의 종류로서 위헌결정에만 국가기관에 대한 기속력을 인정한 것이 아니고, 어떠한 종류의 결정이든, 그 결정에 포함된 위헌성의 확인은 기속력을 갖는 것으로 해석하여야 한다고 한다.[14)]

이에 따르면, 합헌결정과 한정합헌결정 및 입법촉구결정 등은 기속력을 갖지 않는 반면, 위헌결정과 한정위헌결정 및 헌법불합치결정은 기속력을 갖는 것으로 해석될 것이다.

12) 이 논점에 관하여 의견을 발표한 거의 대부분의 헌법학자가 이 견해를 취하고 있는 것으로 보인다.

13) 전정환, 헌법재판소 결정의 효력에 관한 일반적 고찰, 헌법재판연구 제 7 권, 60면.

14) 전광석, 헌법재판에 있어서의 결정주문의 유형과 효력, 헌법재판연구 제 2 권(1991), 180면.

3) 위헌결정과 헌법불합치결정에만 기속력이 있다는 견해

이는 원칙적으로 헌법재판소법 제47조 제1항에 따라 법률 등의 효력을 상실시키는 효력을 가지는 단순 위헌결정만 기속력이 있으나, 헌법불합치결정도 위헌결정임이 틀림없고, 단지 법률 등의 효력상실시기만을 일정기간 뒤로 미루고 있음에 지나지 아니하므로 그러한 헌법불합치결정도 위헌결정과 같이 취급하여 기속력을 인정하자는 견해이다.[15]

4) 위헌결정에만 기속력이 있다는 견해

이 견해는 우리 헌법재판소법이 연방헌법재판소의 모든 결정에 대하여 기속력을 부여하고 있는 독일의 경우와 달리 헌법재판소법 제47조 제1항은 법률의 위헌결정만이 법원 기타 국가기관을 기속하도록 하고 있으므로 같은 법률 조항의 문언 그대로 위헌결정에만 기속력이 있다는 견해이다.[16]

그리고 여기서 위헌결정이란 헌법재판소가 주문에서 당해 법률 또는 법률 조항의 전부 또는 일부에 대하여 헌법에 위반된다고 명시한 결정, 즉 헌법재판소법 제47조 제2항에 의하여 제거효가 인정되는 결정을 말한다고 한다.[17] 이러한 견해에 따르면 합헌결정이나 변형결정, 즉 불합치결정, 한정합헌이나 한정위헌결정, 입법촉구결정 등은 기속력을 가지지 않게 된다.

따라서 한정합헌결정이나 한정위헌결정에도 기속력은 없고, 헌법재판소가 한정합헌이나 한정위헌결정을 하더라도 이는 법원이나 검찰 등 국가기관으로 하여금 당해 법률 조항을 엄격하게 해석·적용하여 달라는 헌법재판소의 희망 내지 권고를 표시한 것에 불과하다고 한다.[18]

(2) 외국의 입법례 및 학설의 동향

1) 독 일

독일 연방헌법재판소법 제31조 제1항은 "연방헌법재판소의 결정은 연방과 주의 헌법기관 및 모든 법원과 행정기관을 구속한다"[19]라고 규정하여 기속력이

15) 대법원 1991. 6. 11. 선고 90다5450 판결.

16) 헌재 1989. 7. 21. 선고 89헌마38 결정의 변정수·김진우 재판관의 반대의견, 헌집1, 153(한정합헌결정에 대하여); 헌재 1989. 9. 8. 선고 88헌마6 결정의 변정수·김진우 재판관의 반대의견, 헌집1, 267~269(헌법불합치결정에 대하여) 등; 장윤기, 헌법재판소에서 위헌으로 결정된 법률의 효력, 민사재판의 제문제 제7권(1993), 698면.

17) 장윤기, 전게논문, 713면.

18) 헌재 1990. 8. 27. 선고 89헌가118 결정의 변정수 재판관의 반대의견, 헌집2, 242.

19) Die Entscheidungen des Bundesverfassungsgerichts binden die Verfassungsorgane des Bundes und der Lander sowie alle Gerichte und Behorden.

있는 헌법재판소 결정의 종류를 위헌결정만으로 한정해 두고 있지 않으므로 연방 헌법재판소의 모든 결정, 즉 위헌결정 외에 합헌결정이나 변형결정 등에도 기속력이 있음은 이론이 없는 듯하다.

2) 오스트리아

오스트리아 헌법 제140조 제 7 항은 법률이 위헌이라 하여 폐지되거나 또는 헌법재판소가 제 4 항에 의하여 법률이 위헌이라고 선고한 경우에 모든 법원과 행정기관은 헌법재판소의 판결에 기속된다고 규정하고 있다. 오스트리아의 경우는 기속력의 대상이 되는 국가기관에 입법부가 제외되어 있는 것이 특징이고, 오스트리아 헌법은 법률이 위헌이라 하여도 당연무효는 아니고 헌법재판소의 판결에 의하여 폐지할 수 있는 것으로 하고 있으며, 폐지의 효력은 폐지가 공고된 날(판결에서 기한을 정한 경우에는 그 기한이 경과한 날)부터 효력을 발생하고 소급효가 없으므로 독일의 경우와 달리 변형결정의 여지가 별로 없어 변형결정이나 변형결정의 기속력에 대하여 큰 논의가 없는 것으로 보인다.

3. 검 토

(1) 헌법재판제도에 대한 비교법적 고찰[20)]

우리나라와 같이 법원 이외에 헌법재판소를 따로 설치하고 헌법소원제도를 도입한 나라들은 독일, 스페인, 오스트리아, 러시아, 헝가리, 체코, 슬로바키아 등 8개국이다.

이 중 입법권, 행정권, 사법권의 모두를 헌법소원의 대상으로 포괄하고 있는 나라는 독일, 체코의 2개국이고, 나머지 6개국에서는 공권력의 일부만이 헌법소원의 대상으로 된다.

즉 오스트리아, 헝가리, 슬로바키아 및 한국은 입법권과 행정권을, 스페인과 러시아는 행정권과 사법권을 각 헌법소원의 대상으로 삼고 있다.

법원의 재판을 헌법소원의 대상에 포함시키고 있는 나라는 독일, 스페인, 러시아, 체코의 4개국인데, 그 중 독일과 체코는 헌법에서 헌법소원의 대상을 규정하고 있다. 법원의 재판을 헌법소원의 대상에서 제외시키고 있는 나라는 오스트리아, 헝가리, 슬로바키아, 한국의 4개국인데, 그 중 오스트리아와 슬로바키아는 헌법에서 헌법소원의 대상을 규정하고 있고, 헝가리와 한국은 법률에서 헌법소원의

20) 최완주, "헌법소원에 관한 각국의 제도비교," 헌법문제와 재판(상), 재판자료 제75집(법원도서관), 164면 이하에서 전재함.

대상을 규정하고 있다.

우리나라 헌법해석에 많은 참고가 되는 독일과 오스트리아의 경우를 좀더 자세히 보면 다음과 같다.21)

독일의 경우 위헌법률은 처음부터 당연무효라는 견해에 입각하여 헌법재판제도를 정비하였으며 현재에도 위 견해가 통설적인 견해이고, 그로 인한 폐해를 줄이기 위하여 다양한 변형결정의 유형을 발전시켜 왔다. 개정 헌법재판소법 제31조, 제78조, 제79조의 해석이 반드시 명백하지는 않으며, 헌법불합치결정 이외의 변형결정에 대하여서는 아직 명확한 법적 근거 없이 판례를 통하여 형성되고 있다. 독일 연방헌법재판소는 최고의 사법기관 및 헌법의 최종적 해석기관으로서 법원의 재판도 헌법소원의 대상이 되며, 그 재판에 대하여 집행력까지 부여되고 있다.

오스트리아의 경우 위헌법률의 효력에 관하여 폐지무효설에 입각하고 있어서, 헌법재판소는 예외적으로 소급효가 미치는 사건에 대하여 결정할 수 있고, 1년의 범위 내에서 장래효가 미치는 시점을 정하여 구체적으로 타당성을 기할 수 있다고 한다.

오스트리아에서는 변형결정이 거의 문제되지 아니하는데 그 이유를 정리하면 다음과 같다.

① 위헌결정의 효과가 장래에 향하여 미치기 때문에 그 이전에 구성요건이 완성된 행위는 그대로 위헌결정 대상 법률의 적용을 받는 것이므로, 법질서의 혼란이나 법적 공백이 생기지 아니하여 변형결정의 필요성이 인정되지 아니한다.

② 헌법재판소는 법원 등의 위헌제청이 없으면 판단이 불가능하고, 재판에 대한 헌법소원이 인정되지 아니하여 적어도 한정합헌결정을 할 여지가 없고 이는 헌법합치적 해석에 불과한 것으로 실용성이 없다.

③ 이른바 질적인 일부위헌(한정위헌과 같은 경우)의 경우라고 하더라도 폐지선언의 효과는 당해 사건에만 미치고 다른 사건에는 위헌법률이 계속 적용되며, 폐지시 입법자가 헌법재판소의 결정에서 지적한 부분을 입법에 반영하면 되므로 굳이 주문에서 한정위헌을 선고할 필요가 없다(오스트리아 헌법재판소의 판례 중 질적인 일부위헌의 경우에 당해 조항 전부에 대하여 위헌을 선언하여야 한다는 판례가 있다).

④ 한정위헌결정은 법원에 대하여서는 당해 사건에만 그 효력을 주는 것이므로 다른 사건의 해결에는 영향이 없어 별 문제가 되지 아니하고, 변형결정은 주로

21) 소순무, "한정위헌결정의 법원에 대한 기속력," 헌법문제와 재판(상)(법원도서관), 582면 이하 참조.

입법자의 입법권과의 관계에서 문제될 따름이다.

이상에서 본 바와 같이 한 국가가 어떠한 형태의 헌법재판제도를 채택할 것인가의 문제는 선험적으로 예정되어 있는 것이 아니고, 역사적 배경, 정치적 상황, 주권자의 결단에 의하여 그 나라의 사정에 따라서 정하여지는 것이다. 따라서 헌법의 규정을 해석함에 있어서도 헌법제정과정에서의 논의나 그 제정 당시의 주권자의 결단을 면밀히 관찰함이 필요하다.

(2) 헌법재판소와 대법원의 헌법상의 지위[22)]

1) 법원의 헌법상의 권한

헌법 제101조 제1항은 "사법권은 법관으로 구성된 법원에 속한다"라고 규정함으로써, 사법권은 법원의 권한임을 명백히 하고 있다. 비록 현행 헌법이 제6장에서 헌법재판소를 독자적인 헌법기관으로 규정하여 고전적 의미의 삼권분립 원리가 일부 수정되어야 할 것이나, 현행 헌법에 있어서 제101조 제1항은 "입법권은 국회에 속한다"라고 하는 제40조 및 "행정권은 대통령을 수반으로 하는 정부에 속한다"라고 하는 제66조 제4항과 더불어 삼권분립에 관한 기본적 틀을 유지하고 있는 것이다. 또한 헌법 제101조 제1항은 헌법에 다른 규정이 없는 한 사법권은 법원이 행사한다는 원칙을 정한 것일 뿐만 아니라 사법권의 독립을 선언한 규정이기도 하다.[23)]

여기에서 사법이란, 구체적인 법적 분쟁이 발생한 경우에 당사자로부터의 소제기 기타의 신청에 의하여 당해 분쟁사건에 적용될 법의 구체적 내용이 어떠한 것인지를 판단하고 선언함으로써 법질서를 유지하는 작용을 가리키는 것으로 법령의 해석과 적용권한은 바로 사법권의 본질적 내용을 이루는 것이다.

또한 헌법 제101조 제2항은 "법원은 최고법원인 대법원과 각급 법원으로 조직된다"라고 규정함으로써, 재판절차의 심급제를 전제로 하여 대법원이 사법작용의 최고기관임을 명언하고 있다. 그리고 사법권의 독립을 규정한 헌법 제101조 제1항과 대법원이 최고법원임을 규정한 같은 조 제2항은, 대법원의 규칙제정권을 규정한 헌법 제108조와 더불어, 대법원이 권력분립의 원리에 따른 입법·사법·행정의 삼권 중 사법권을 담당하는 독립적 헌법기관임을 분명히 하고 있다.

이러한 헌법 규정들의 내용과 의미를 종합하여 볼 때, 우리 헌법은 재판절차에서 다루어지는 구체적인 법적 분쟁에 대하여는 헌법에 특별한 예외 규정을 두

22) 소순무, 전게논문, 560면 이하에서 전재함.

23) 권영성, 헌법학원론, 826면 참조.

지 아니한 이상 법원이 사법작용을 전담하며, 대법원이 최고법원 및 헌법기관의 지위에서 각급 법원의 사법작용에 대한 최종적인 판단기관의 지위에 있음을 알 수 있다.

법원이 담당하는 재판은 법령을 해석하여 구체적 사건에 적용할 법의 내용이 무엇인지 선언하여 분쟁을 해결하는 절차이다. 여기에서 법령이란 헌법을 최고규범으로 하는 법령 전체 즉, 헌법·법률·명령·규칙을 가리킨다고 보아야 할 것이다.

헌법은 일반법과 동떨어진 법이 아니라 우리 법체계에서 근본원칙을 정한 최고의 규범이고 이 헌법 아래에서 모든 법생활이 규제되는 것이며 법률과 명령·규칙은 차례로 헌법을 구체화하는 규범일 뿐이고, 하위 규범의 의미·내용은 가능한 한 그에 관한 상위 규범의 의미·내용에 합치되도록 해석되어야 한다. 그러므로 법원이 해석·적용하는 재판규범 중 최고의 규범은 헌법이며, 법원이 재판을 함에 있어서 헌법을 제외한 법령만 해석한다는 것은 사법작용의 본질에 어긋나는 것으로서 생각할 수 없는 일이다. 따라서 법원이 사법권을 행사함에 있어서 헌법의 해석·적용도 그 임무로 하는 것은 당연하고 그것이 헌법재판소의 전속적인 것이라고 할 수 없다.

헌법 제103조는 "법관은 헌법과 법률에 의하여 그 양심에 따라 독립하여 심판한다"라고 함으로써, 바로 법원에게 재판절차에서 헌법을 해석하여 적용하여야 할 권한과 임무가 있음을 명백하게 규정하고 있다. 헌법이 법의 내용을 판단하여 선언하는 권한이 법원에게 속한다고 규정한 것은, 바로 재판의 전제가 되는 한에 있어서는 법원이 최고규범인 헌법의 내용을 판단하여 선언하는 권한도 행사한다는 뜻이라고 보아야 한다. 다만 우리 헌법은 헌법재판소를 따로 설치하여 법률의 위헌심사를 맡기고 있으므로 법원은 법률에 대한 '위헌'판단권을 행사할 수 없을 따름인 것이다.

헌법재판에 관한 명문의 규정을 두고 있지 않은 미국에서 구체적 사건이 재판의 대상이 된 경우에 법원이 법률의 위헌성을 심사하여 위헌법률을 당해 사건에 적용하지 않을 권한이 있다는 위헌법률심사제도가 발전한 것도 바로 위와 같은 법체계적 논리에 바탕을 두고 있다고 할 것이다.

2) 헌법재판소의 헌법상의 권한

우리 헌법은 위헌법률심사에 관하여는 제107조 제1항에 "법률이 헌법에 위반되는 여부가 재판의 전제가 된 경우에는 법원은 헌법재판소에 제청하여 그 심판에 의하여 재판한다"는 규정을 두고, 나아가 헌법 제111조 제1호에서 '법원의 제청에 의한 법률의 위헌 여부 심판'을 헌법재판소의 관장사항으로 정함으로써, 구체적 분쟁을 계기로 한 재판에서 제기된 법률의 위헌 여부의 문제는 법원이 독자적으로 판단할 수 없고 국회·정부·대법원으로부터 독립한 헌법기관인 헌법재판소에 그 문제를 제청하여 헌법재판소의 최종적인 판단에 따라 재판하도록 하였다.

그러나, 구체적 분쟁을 계기로 한 재판에서 제기된 명령·규칙·처분의 위헌 여부의 문제에 관하여는 제2항에 "명령·규칙 또는 처분이 헌법이나 법률에 위반되는 여부가 재판의 전제가 된 경우에는 대법원은 이를 최종적으로 심사할 권한을 가진다"는 규정을 둠으로써 대법원이 이 문제를 최종적으로 판단하여 재판하도록 하고 있다.

한편, 헌법재판소는 헌법 제111조 제1항에 따라 법원의 제청에 의한 법률의 위헌 여부의 심판 이외에도, 탄핵의 심판·정당의 해산 심판·국가기관 상호간, 국가기관과 지방자치단체 상호간의 권한쟁의에 관한 심판·법률이 정하는 헌법소원에 관한 심판도 담당하고 있다. 헌법재판소의 위 심판권한은 그것이 모두 법이 무엇인가를 선언하는 작용이라는 점에서 사법의 중요한 요소를 포함하고 있으므로, 광의의 사법의 범주에 포함시킬 수 있고, 이러한 의미에서 헌법재판소는 광의의 사법의 일부분을 담당하고 있는 국가기관이라고 할 수 있다.

그리고 헌법재판소는 국회·정부·법원과는 독립하여 헌법상 규정된 권한을 행사하는 기관으로서 독자적으로 구성되어 헌법 제113조 제2항에 따른 자율적인 규칙제정권을 갖고 있으므로, 국회·정부·법원과 더불어 헌법이 부여한 통치권의 일부를 분할하여 행사하는 헌법기관 중의 하나이다.

3) 양자의 관계

헌법재판소가 헌법상 최고기관의 하나라는 점은 학설이 일치하는 것이지만 그 성격에 대하여 순수한 사법기관인지 정치적 사법기관인지는 다툼이 있다. 다만 독일에서와 같이 사법부의 한 조직으로서 대법원의 상위에 있는 것은 아님이 분명하고 상호 독립적 기관임은 의심의 여지가 없다.[24][25] 그러나 상호 독립적으로 규정하면서도 헌법의 해석을 둘러싼 양 기관 사이의 판단저촉의 문제에 대하여

24) 제2공화국헌법에서 채택한 헌법재판소는 상설기관으로서 대통령, 대법원, 참의원 이 각 3인의 재판관을 선출하여 9인으로 구성되어 법원 또는 당사자의 제청으로 추상적 규범통제와 구체적 규범통제를 하게 되며 법률의 위헌 여부에 대한 헌법재판소의 판결은 모든 국가기관을 구속하도록 되어 헌법에 관한 최종해석권을 부여하여 현재의 헌법재판소보다 헌법상의 지위가 격상되어 있었다.

25) 김철수, 헌법학개론, 제8전정신판, 1108면; 김문현, "헌법해석에 있어 헌법재판소와 법원과의 관계," 현대법의 이론과 실제, 79면.

아무런 정함이 없기 때문에 권한충돌이 예정되고 있다고 볼 수 있다.

그런데 현재 학설은 대부분 독일법제에 경도되어 헌법상의 명백한 차이점을 외면하고 헌법재판소와 법원과의 관계를 독일과 같이 이해하거나 혹은 헌법 혹은 법률적 미비이므로 이를 독일처럼 헌법재판소법을 개정하여 헌법규범해석의 통일성을 확보하여야 한다는 견해가 태반이다.[26] 이와 관련하여 논의되는 것이 법원에 합헌심사권이 있는지와 위헌제청신청의 의무성, 헌법재판소에 보충적 명령심사권이 있는지, 판결에 대한 헌법소원 인정 여부와 관련하여 논의되고 있다.

위에서 본 바와 같이 대법원은 최고법원으로서 법원의 재판절차로 다룰 수 있는 구체적 법적 분쟁을 계기로 법을 해석·적용함에 있어서는 입법부에서 제정한 법률의 위헌 여부의 문제만 제외하고 헌법을 최고규범으로 하는 모든 법규범의 해석·적용을 그 권한과 임무로 하는 원칙적·일반적·포괄적인 사법기관이고, 다만 헌법재판소는 위헌심사 등 일부 사법작용만을 담당하는 기관일 뿐 법원의 상위에 있는 제 4 심적인 사법기관으로 이해할 수 없는 것은 당연하다.[27]

더구나 헌법재판소의 위헌법률심사권은 '법원의 제청에 의한 법률의 위헌 여부 심판(헌법 제111조 제 1 항 제 1 호)'이라고 규정되어 있는바, 이는 그 심사가 구체적 규범통제에 국한된다는 의미뿐 아니라 그 제 1 차적 심사권은 법원에 부여되어 있다는 것을 나타내는 것으로서 한정적인 것이 될 수밖에 없는 것이다.

그리고 명령의 위헌심사에 대하여서는 다른 입법례와 달리 법원에 최종적 판단권을 전속시키고 있다는 점(위헌심사권의 분배)에서 다른 나라의 헌법재판소와 법원 사이의 관계와는 분명한 차이가 있다는 것을 명백히 인식하여야 할 것이다.

법원은 자신에게 헌법이 부여한 사법권을 행사함에 있어 헌법 제10조 제 2 문에 따라 헌법상 보장된 국민의 권리를 보호할 임무가 있어 국민의 기본권 보장기관뿐만 아니라 헌법의 보장기관으로서의 기능도 하고 있는 것이다.

---

26) 제 2 공화국의 헌법과 헌법재판소법의 규정과 같이 각급 법원이 명령을 심사함에 있어 헌법에 관한 최종적 해석을 헌법재판소에 제청하여 그 해석에 따라 재판하도록 하여야 한다는 견해는 남복현, "헌법의 최종적인 해석기관," 헌법재판자료 제 4 집, 97~98면.

27) 김철수 교수는 "대법원의 명령심사권, 위헌제청권의 규정으로 헌법보장기능이 양 기관에 분산되어 있고, 두 기관을 서로 다른 장에 규정하여 어느 한 기관이 다른 기관보다 우위에 있음을 인정하지 않고 있다. 우리 헌법은 대법원에 대하여는 포괄적인 사법권·재판권을 부여한 반면 헌법재판소에 대하여는 한정된 권한만을 부여하고 있다. 독일과 달리 재판에 대한 헌법소원이 인정되지 않으므로 헌법재판소가 대법원의 재판에 대하여 원칙적으로 관여할 수 없게 되어 있어 우리 헌법은 양 기관을 원칙적으로는 독립적이고 동등한 관계로 설정한 것으로 보인다"고 설명한다. 김철수, 전게서, 1108면.

(3) 헌법 및 헌법재판소법 해석의 한계[28)]

국내 학설은 거의 한정위헌결정 등 변형결정 자체는 허용되나 그 제한의 필요성을 긍정하는 태도를 취하고 있다.

학계의 통설적 입장은 법률의 합헌성 추정이론과 헌법해석의 통일성의 요청(위 통일성을 달성하는 방법으로 헌법재판소에 그 권한을 집중시켜야 한다는 기본적 입장임)을 논거로 하여 변형결정이 허용된다는 전제하에 있고, 학설은 변형결정을 허용한다고 하더라도 그 한계를 인정하여야 한다는 것이 주류를 이루고 있다(김철수, 허영, 황우려,[29)] 이승우,[30)] 문광삼[31)] 등 다수).

그 한계에 대하여는 대체로 ① 입법권자의 민주적 정당성과 절차적 정당성, ② 문의적 한계, ③ 법목적적 한계, ④ 헌법수용적 한계를 들고 있다.

살피건대 현행 헌법은 사법권은 법관으로 구성된 법원에 속하고, 법원은 최고법원인 대법원과 각급법원으로 조직된다(헌법 제101조 제1항·제2항)라고 규정하여 구체적인 쟁송사건에 대한 재판권은 대법원을 최고법원으로 하는 법원에 부여하고, 법률이 헌법에 위반되는 여부가 재판의 전제가 된 경우에는 법원은 헌법재판소에 제청하여 그 심판에 의하여 재판하고, 명령·규칙 또는 처분이 헌법이나 법률에 위반되는 여부가 재판의 전제가 된 경우에는 대법원은 이를 최종적으로 심사할 권한을 가진다라고 하여(헌법 제107조 제1항·제2항) 법률의 위헌 여부에 대한 1차적 심사권과 명령·규칙 또는 처분의 위헌성에 대한 최종적인 심사권을 부여하는 한편, 헌법의 최고규범성의 보장과 국민의 기본권 보호를 위하여 종전 헌법과는 달리 헌법재판소를 따로 두어 위헌법률심판, 탄핵심판, 정당의 해산심판, 권한쟁의심판, 헌법소원심판을 담당하도록 하고 있다(헌법 제111조 제1항).

그리고, 헌법 제113조 제3항에 의하여 제정된 헌법재판소법은 제45조에서 "헌법재판소는 제청된 법률 또는 법률조항의 위헌 여부만을 결정한다. 다만, 법률조항의 위헌결정으로 인하여 당해 법률 전부를 시행할 수 없다고 인정될 때에는 그 전부에 대하여 위헌의 결정을 할 수 있다"라고 규정하고, 나아가 같은 법 제47조 제1항은 "법률의 위헌결정은 법원 기타 국가기관 및 지방자치단체를 기속한다." 같은 조 제2항은 "위헌으로 결정된 법률 또는 법률의 조항은 그 결정이 있는 날로부터 효력을 상실한다"라고 규정하고 있다.

28) 소순무, 전게논문, 574면 이하 참조.

29) 황우려, "위헌결정의 형식," 헌법재판연구 제1권, 124면, 165~170면.

30) 이승우, "합헌적 법률해석 — 한정합헌과 한정위헌 —," 헌법재판자료 제5집, 63면 이하.

31) 문광삼, "헌법재판소 변형결정의 유형과 문제점," 헌법재판연구 제7권, 93면 이하.

위와 같은 헌법 및 헌법재판소법의 문의에 따라 해석하여 보면, 헌법은 법원을 헌법상의 기관으로 인정하고, 구체적인 분쟁사건의 재판에 있어서 법령의 해석, 적용권한이 대법원을 최고법원으로 하는 법원에 전속하는 것임을 명백히 함과 동시에, 법원에게 법률의 위헌여부에 대한 1차적 심사권과 명령·규칙 및 처분의 위헌 여부에 관한 최종적인 심사권이 있음을 명백히 하고 있다. 또한 헌법 제113조 제3항에 따라 제정된 헌법재판소법에서는 헌법재판소는 '법률 또는 법률조항'의 위헌 여부만을 심사하고, 위헌이라고 판단되는 경우 그 '위헌결정'에 의하여 '법률 또는 법률의 조항'이 효력을 상실하며, 그 경우 '위헌결정'은 법원에 대하여 기속력을 가지는 것으로 규정하고 있다.

따라서 헌법재판소도 헌법과 헌법재판소법에서 정한 바에 따라 '법률 그 자체, 또는 그 법률 중의 일부 조항(Normtext)'을 문언상 무효화시키는 위헌결정을 할 수 있고, 그러한 위헌결정만이 법원에 대한 기속력을 가진다고 봄이 문의상 명백하다. 만약 그렇게 새기지 않고 '법률 또는 법률의 조항'을 문언상 무효화시키지 않고, 일정한 해석기준만을 제시하는 형태의 한정위헌결정이 법원에 대하여 기속력을 가진다고 해석하게 되면 헌법 및 법률해석의 문의적 한계를 벗어날 뿐 아니라 국가권력 분립구조의 기본원리와 사법권 독립의 원칙을 천명한 헌법의 수용적 한계를 벗어난 것으로 위헌적인 법률해석이 될 수밖에 없을 것이다.

그런데 독일에서의 해석론을 무리하게 우리나라 헌법 및 헌법재판소법의 해석론으로 끌어들이는 많은 헌법학자들의 견해는 앞에서 본 바와 같은 비교법적인 고찰이나, 현행 헌법 및 헌법재판소법의 입법형식에 비추어 볼 때 현행 헌법 및 헌법재판소법의 해석의 한계를 넘는 것으로서 허용되기 어렵다고 할 것이다.

대다수의 학자들이 헌법재판소가 최고사법기관이면서 사법에 관한 유일한 헌법기관으로 헌법상 인정되고 있고, 법원의 재판이 헌법재판소의 심판의 대상에 명시적으로 포함되어 있고, 헌법재판소의 모든 결정에 대하여 명시적으로 기속력을 인정하고 있는 독일의 해석론을 무비판적으로 수용하여 명백히 명문에 반하는 해석론을 전개하는 것은 입법론과 해석론을 혼동한 것으로 헌법 및 헌법재판소법의 해석한계를 넘어서는 것이라고 하지 않을 수 없다.

주권자인 국민이 헌법을 개정함에 있어서 국가권력을 각 헌법기관이 안분하여 행사하도록 규정하고, 그에 따라 제정된 헌법재판소법에서 헌법재판소에게 법률의 위헌여부의 결정만을 하게 하는 한편 그 위헌결정에 한하여 기속력을 인정하도록 하고 있는 입법자의 의도를 넘어서는 해석론을 전개하는 것은 곤란하다고 할 것이다.

(4) 합헌적 법률해석에 의한 한정위헌결정의 문제점[32)]

Savigny 이후 법학방법론에서는 "법률의 문언에 따라서(문리해석), 법률의 체계에 따라서(논리적·체계적 해석), 법률의 목적에 따라서(객관적·목적론적 해석), 입법자의 의사에 따라서(역사적 해석)"라는 4가지를 법률해석의 기준으로 제시하여 왔고, 오늘날의 법학방법론에서도 Savigny의 위와 같은 해석의 기준들은 대체로 구별가능한 해석의 기준으로 받아들여지고 있다. 그런데 오늘날 성문헌법을 갖는 국가에서는 법률해석의 고전적인 기준에 "법률의 해석은 최고규범인 헌법에 합치되어야 한다는 원칙"을 추가하는 견해가 유력하게 제시되고 있다. 즉 Larenz에 의하면, 법률의 해석과 법관에 의한 법형성에 있어서 헌법의 규정에 의하여 구체화된 법원리들은 해석상의 우월한 지위를 지니므로 이러한 법원리들은 개별적인 법률규정의 해석뿐 아니라 일반조항의 구체화과정에서도 고려되어야 한다고 한다.

위와 같은 합헌적 법률해석 또는 법률의 헌법합치적 해석이 행하여지는 경우에 헌법의 규정에서 구체화된 법원리들은 법률의 해석규칙으로 작용한다고 할 것이므로 오늘날은 헌법합치성을 고전적인 해석기준과 구별되는 법률의 해석기준으로 받아들일 수 있을 것이고, 그러한 점은 미국, 독일 등의 판례를 통하여 널리 받아들여지고 있다.[33)] 이러한 견해는 대법원[34)]과 헌법재판소[35)]에서도 받아들여지고 있다.

그런데 헌법재판소는 한정위헌결정이나 한정합헌결정을 함에 있어서 헌법합치적 법률해석을 논거로 내세우고 있다. 그러나 과연 헌법합치적 법률해석은 변형결정을 낳을 수 있으며 그로 해서 이와 같은 한정위헌결정이나 한정합헌결정의 근거가 될 수 있는 것일까?

하나의 법률을 해석함에 있어서 그 법률을 어떻게 해석하는가에 따라 합헌이라는 결론이 나오기도 하고 반대로 위헌이라는 결론이 나오기도 하는 경우가 종종 있다. 이런 때에는 그 법률을 헌법합치적으로 해석하여 위헌이라는 해석은 이를 버리고 오로지 합헌이라는 해석만을 그 법률을 위한 타당한 해석으로 받아들이고 그에 따라 합헌결정을 내려야 함이 마땅하다. 즉 어떤 법률에 대하여 A라는 해석은 합헌이고, B라는 해석은 위헌이라고 판단되면 합헌인 A라는 해석을 취하

---

32) 김운용, "변형결정의 문제점," 헌법실무연구 제 1 권(2000), 헌법실무연구회편(박영사), 230면 이하 참조.

33) 김동국, 법률해석의 기준으로서의 헌법규정, 헌법문제와 재판(상)(법원도서관), 70면 이하 참조.

34) 대법원 1992. 5. 8.선고 91부8 판결 등.

35) 헌재 1997. 1. 16. 92헌바6, 26, 93헌바34·35·36 결정 등 다수.

여 합헌으로 판단하여야 하는 것이다. 헌법합치적 법률해석도 실질적으로 위헌이나 무효의 선언을 우회하기 위한 하나의 전략이기도 하겠지만, 그렇다고 해서 이를 변형결정의 일부로서 위헌결정이라고 하기에는 이론적인 무리가 있다.36)

따라서 적어도 헌법재판소가 헌법합치적 해석을 한정위헌결정의 이론적 근거로 들고 있는 것은 논리적 정합성을 결여하는 것이다.

독일 헌법재판소가 한정위헌결정을 내릴 수 있는 것은 법원의 재판이 헌법소원의 대상이 되고, 헌법재판소의 모든 결정이 법원을 기속하도록 명시적으로 규정하고 있어서 그 실체적 효력을 확보할 수 있기 때문이나 그와 사정이 현저히 다른 우리나라에서는 헌법합치적 법률해석을 이론적 근거로 삼아 한정위헌결정을 할 수는 없다고 생각한다.

이러한 의미에서 법원의 일부 재판부가 특정의 법률에 관하여 "… 라고 해석하는 한 위 법률이 위헌인지 여부"를 판단받기 위하여 위헌제청신청을 하는 것은 잘못된 태도이며, 법원으로서는 헌법합치적 해석이 불가능하고 어떤 해석에 의하더라도 당해 법률이 위헌이라고 판단되는 경우에 한하여 위헌제청신청을 하여야 할 것이다.

(5) 헌법재판소의 한정위헌결정의 기속력의 근거

위헌법률의 효력에 관해서는 헌법이나 관련 법률규정에 따라 국가마다 다르게 규정하고 있지만, 이에 관한 인식방법은 당연무효설과 폐지무효설로 체계화할 수 있다.37)

당연무효설에 따르면 위헌법률은 위헌상태의 발생과 동시에 무효이다. 위헌법률은 비록 그것이 법률인 것처럼 보이고, 또 법적 효력을 주장할 수 있는 것처럼 보이지만, 그것은 처음부터 법이 아니었고 또 법질서에 속하지도 않기 때문에 처음부터, 별도의 조치가 없어도 당연히 무효라는 것이다. 즉 헌법재판소가 법률에 관해 위헌결정을 선고하는 것은 단지 그 법률이 위헌임을 확인하는 데 지나지 않게 된다.

폐지무효설에 따르면, 물론 주장하는 학자에 따라 그리고 실정법규정에 따라 약간씩 다르기는 하지만, 헌법에 위반되는 법률도 일단 권위있는 판단이 있을 때까지는 유효하며 사실상 법질서의 일부를 구성한다는 것이다. 위헌인 법률은 특별한 취소행위에 의해 폐지될 때까지 비록 헌법에 반한다 할지라도 유효하다는 것

36) 김운용, 위헌심사론(삼지원, 1998), 529면 참조.

37) 김운용, 전게서, 539면 이하 참조.

이다. 즉 위헌인 법률은 헌법재판소의 결정이 있어야만 비로소 그 효력을 상실하기 때문에 헌법재판소의 결정은 창설적 효력을 갖는다고 한다.

우리나라에서 위헌법률의 효력에 관련한 논의는 대부분 폐지무효설에 입각한 듯하다. 헌법재판소나 대법원의 견해는 물론이고 헌법재판소법 제47조 제2항의 위헌론, 이른바 구체화설이나 재판설도 기본적으로 폐지무효설에 의거한 것이라고 보여진다.[38] 위와 같은 폐지무효설에 입각하는 한 헌법재판소의 위헌결정은 그 본질상 형성소송의 실질을 가진다고 할 것이다.

헌법재판소법 제40조 제1항에서는 "헌법재판소의 심판절차에 관하여는 이 법에 특별한 규정이 있는 경우를 제외하고는 민사소송에 관한 법령의 규정을 준용한다"고 규정하고 있어서 특별한 규정이 없는 경우에는 헌법재판소 결정의 효력에 관하여도 민사소송법상의 이론이 원용될 수 있다고 할 것이다.

그런데 민사소송법상 형성소송에 관한 통설적 견해는 형성소송은 명문의 규정으로 허용되는 경우에만 인정되고(이를 Grundsatz vom numerus clausus라 한다), 그 형성판결 등의 형성력은 법관이 형성요건의 존재를 확정한 결과 이에 결부된 법률상의 효과로서 발생한다고 설명한다.[39] 그 결과 형성판결 등에 대하여 어떠한 효력이 부여될 것인가 하는 점에 관하여 법률상 사전에 명시적으로 규정되어 있어야 그 판결 등이 있었을 때 그 법률에서 정하여진 효력이 부여되는 것이 원칙이다.

따라서 한정위헌결정이나 한정합헌결정의 허용 여부 및 그 효력에 관하여 명시적인 규정이 없는 현행법하에서 헌법재판소법 제47조 제1항의 '위헌결정'에 한정위헌결정이나 한정합헌결정이 포함되지 않는다는 전제에 서는 한 한정위헌결정이나 한정합헌결정에 기속력을 인정할 아무런 근거가 없어지게 되는 것이다. 위헌법률의 제거효가 인정되는 것은 그 법률관계를 형성하는 취지가 재판의 주문에 명시되었기 때문에 발생하는 것이 아니고, 위헌법률의 제거를 명하는 결정에 대하여 법률이 제거효를 부여하도록 규정하였기 때문인 것이다. 따라서 헌법재판소 결정의 주문에서 한정위헌결정이나 한정합헌결정을 한다고 하더라도 법률에 그 효력에 관한 규정이 없는 한 이는 기속력이 없는 견해의 표명에 불과하다고 봄이 상당하다.

38) 김운용, 전게서, 565면; 헌법재판소법의 개정방향에 관한 연구용역보고서(헌법재판소, 1999), 152면 이하 참조.

39) 김상원 외 3인, 주석 민사소송법 III(한국사법행정학회), 328면 및 335면; 재등수부 편저, 주해 민사소송법 4(제일법규), 46면; 대법원 1993. 9. 14. 선고 92다35462 판결; 대법원 1956. 1. 12. 선고 4288민상126 판결.

(6) 제거효가 인정되는 대상은 무엇인가

위헌결정이 있었을 때 제거효가 인정되는 대상은 법률의 배후에 있는 규범(NORM)이 아니라 법률 그 자체의 조문(NORMTEXT)이라고 봄이 타당하다. 그런데 한정위헌결정이나 한정합헌결정을 하는 경우에는 법조문 자체는 여전히 유효하게 존속하므로 일반 국민들에게 혼란을 야기할 우려가 농후하다.

한편 헌법재판소가 한정합헌결정에 대하여 이를 질적인 일부 위헌결정이라고 하고 있음은 위에서 본 바와 같고, 한정위헌결정에 대하여 같은 취지를 명시한 사례는 보이지 아니하나 같은 태도를 취하는 것으로 생각된다.

위와 같이 이해하는 경우 질적 일부 위헌결정이라면 그 판단은 종국적인 것이라고 하여야 할 것이고 그 질적인 일부는 그 효력을 상실한다고 하여야 할 것이다. 이를 양적인 일부 위헌과 구별할 이유가 없기 때문이다.

그런데 여기에서 주목할 만한 결정례가 있다.

그것은 헌법재판소 1995. 7. 21. 선고 92헌바27, 94헌바6, 47(병합) 결정이다.

위 결정의 주문은 "구 상속세법(1990. 12. 31. 법률 제4283호로 개정되기 전의 법) 제 7 조의2 제 1 항 중 '용도가 객관적으로 명백하지 아니한 것 중 대통령령으로 정하는 경우'를 추정규정으로 보지 아니하고 간주규정으로 해석하는 것은 헌법에 위반된다"는 것으로 이는 1994. 6. 30. 선고 93헌바9 결정의 주문과 동일하고 그 이유에 있어서도 93헌바9 결정의 이유 부분을 인용하고 있으면서 "이는 우리 재판소의 종래의 판례이며 이제 이를 달리 판단하여야 할 별다른 사정의 변경이 있다고 인정되지 아니하므로 그 결정을 유지하기로 한다"고 하고 있다.

양 사건의 다른 점이라고는 92헌바27 등 사건에서는 반대의견을 제시한 1인의 재판관이 있을 따름이다.

결국 위 결정은 한정위헌결정이 당해 법률이나 법률조항에 대한 헌법적 해석에 불과한 것으로 그 견해를 변경할 수 있음을 전제로 하고 있다는 헌법재판소의 입장을 극명하게 나타내는 사례 중의 하나라고 할 수 있을 것이다.

그렇다면 헌법재판소도 한정위헌결정은 단순위헌결정과는 달리 당해 조항의 일반적 효력상실을 가져오는 것이 아니라 장래 변경이 가능한 당해 조항에 대한 해석에 불과한 것으로 보는 것이 된다.

그러나 이러한 것은 위헌재판의 법적 안정성과 예측가능성을 저해하는 것으로 그러한 결정 유형에 단순위헌결정이 갖는 것과 같은 동일한 기속력을 부여할

근거가 박약하다고 아니할 수 없다.[40]

더욱이 한정위헌결정이나 한정합헌결정이 위헌결정의 일종이라면 일단 무효화되었던 법률조항이 그 조문전체가 무효화되지 않았다는 이유로 사후에 헌법재판소의 다른 결정에 의하여 다시 유효화될 수는 없는 것이므로 이러한 점에서도 현행법상 법률조항 자체를 존속시키는 형태의 위헌결정은 허용될 수 없다고 봄이 상당하다.

(7) 정 리

현행 헌법 개정시나 헌법재판소법의 제정시에 헌법재판소와 대법원 사이의 권한충돌가능성에 대하여는 충분한 검토가 이루어지지 아니하였고, 따라서 헌법 및 헌법재판소법에 양 기관의 견해가 다를 경우 어떻게 견해를 통일시킬 것인가 하는 점에 관하여 아무런 배려가 없었다.

그 입법의 불비를 해결하기 위하여 다수의 헌법학자들이 시도하는 바와 같이 독일 헌법의 해석론을 무리하게 우리나라 헌법 및 헌법재판소법의 해석론에 적용하는 것은 해석론의 한계를 넘어서는 것으로 허용되기 어렵다.

현행 헌법과 헌법재판소법의 해석으로는 한정위헌결정이나 한정합헌결정이 위헌결정의 한 형태로 인정될 근거는 무척 박약하고, 한정위헌결정이나 한정합헌결정의 효력에 관하여 아무런 명시적인 근거조문이 없는 현 상황에서는 한정위헌결정이나 한정합헌결정에 기속력을 인정하기도 어렵다.

독일에서도 헌법재판소에서 법률의 해석을 근거로 위헌 여부를 판단함에 있어서는 연방최고법원의 공식적인 견해를 질의하여 이를 토대로 위헌 여부의 판단에 나아가고 있으므로 그러한 제도를 두거나, 독일 헌법재판소법의 제정 당시에 논의되었던 바 있었던 것처럼 헌법재판소가 단순위헌결정을 하지 아니하고 법률의 해석에 관한 다른 의견을 제시하는 경우에는 헌법재판소와 대법원 사이에 견해를 조정할 수 있는 조정법원을 설치하여 견해의 통일을 유도하는 방법도 효율적인 방법이 될 수 있을 것으로 생각된다.[41]

현행 헌법과 헌법재판소법의 해석상 한정위헌결정과 한정합헌결정에 대하여 기속력을 인정하기 어렵다는 견해를 취하더라도 위헌법률의 심사방법으로서는 어떠한 제도가 바람직하느냐의 문제는 별개의 문제라고 할 수 있다. 헌법재판제도에 관한 헌법적인 관행이 쌓여서 새로운 제도로 정착되어 갈 것으로 예상되지만 결

40) 소순무, 전게논문, 581면.

41) 최완주, 전게논문, 176면 참조.

국 주권자인 국민들이 어떠한 제도가 국민들의 기본적인 인권을 보장하는 효율적인 방법인가, 헌법재판소와 법원이라는 두 헌법기관 중 어떠한 기관에 더 신뢰를 보내어 헌법수호의 임무를 맡길 것인가를 결정할 것으로 생각된다.

그러나 현실의 문제는 무척이나 심각하다. 주지하다시피 헌법재판소는 한정위헌결정이 허용되고, 그 기속력을 인정하여야 한다는 입장[42]을 견지하고 있는 반면, 대법원은 한정위헌결정에 대한 기속력을 인정할 수 없다는 입장을 취하고 있고,[43] 그 연장선상에서 한정위헌결정이 있었다는 사실을 재심사유로도 인정하지 아니하고 있다.[44] 이러한 양 기관의 입장차이로 인하여 한정위헌결정을 받은 법률 또는 법률조항의 개정작업은 적기에 이루어지지 않고 있어서 입법통제의 기능도 소홀히 될 뿐만 아니라 한정위헌결정을 받은 국민의 기본권도 적기에 구제받지 못하는 결과를 초래하고 있다. 이 문제의 현실적인 해결방안은 세 가지 중 하나일 것이다. 첫째는 입법적으로 문제를 해결하거나, 둘째는 헌법재판소가 한정위헌결정 대신 단순위헌결정을 하거나, 셋째는 대법원이 한정위헌결정의 기속력과 재심사유를 인정하는 것이다. 그 어느 방안도 채택되지 않은 채 학문적인 논의만을 거듭하여서는 두 기관 모두 헌법보호기관 또는 권리구제기관으로서의 의무를 포기하였다는 비난을 피할 수 없다고 생각한다.

이하에서는 이러한 관점에서 한정위헌결정의 기속력이 인정된다고 보는 경우와 한정위헌결정의 기속력이 인정되지 않는다고 보는 경우로 나누어 한정위헌청구의 적법성 문제를 살펴보고자 한다.

Ⅳ. 한정위헌청구의 적법성에 관한 기존의 논의

1. 추상적·일반적인 규범다발 등에 대한 한정위헌청구 가능설(1안)

헌법재판소가 규범통제에 대한 법률해석을 유권적으로 할 수 있다는 전제에서 규범문언에 포함되는 추상적 규범다발 또는 사건규범은 입법기술상 규범문언에 표출되지 않았을 뿐이지 엄연히 규범의 내용을 이루며 따라서 이러한 부분을 법질서에서 축출하는 것은 규범문언의 제거와 다를 바 없이 규범통제이고 그 권

42) 헌재 2007. 7. 20. 98헌바74 판례집 12-2, 76; 헌재 1994. 4. 28. 92헌가3, 판례집 6-1, 203, 221-222.

43) 대법원 1996. 4. 9. 선고 95누11405 판결 등.

44) 대법원 2001. 4. 27. 선고 95재다14 판결.

한은 헌재에 속한다.

규범문언은 횡적으로 수많은 관점에 의하여 규범다발(소규범)로 나눌 수 있지만, 종적으로도 한없이 세분화될 수 있으며 최후에는 특정사건에 대하여만 적용되는 개별사건 규범다발이 있을 수 있는바, 이 개별사건 규범다발에 대하여 판단하는 것은 재판소원금지에 위반하는 것이 된다. 따라서 일정한 규범다발로 추상적, 일반적으로 구획할 수 있고 헌법이나 기본권의 의미나 보호범위에 상당한 비중있는 문제가 개입되어 있다면 이는 규범통제에 해당한다.

구체적으로는 법원판례에 의하여 일정한 사례군이 형성된 규범다발과 당해사건이 속하는 일정한 사회적 생활사태의 규범다발에 대한 판단이라면 심판대상으로 삼을 수 있다.

(헌법재판의 본질에 비추어, 논리상 명백히 일반성·추상성에 의해 법률이 예정하는 규범 다발 중의 일부를 구획해 낼 수 있고, 따라서 그 구획된 일부규범도 규범성을 가지고 있다면 또 현실적으로 그 일부규범에 대한 헌법재판을 할 필요성이 있다고 인정되면 비록 법률이나 집적된 판례에 의한 구분이 없다 하더라도 헌재는 창설적으로 이를 구분해 줄 필요가 있다는 견해도 같은 취지라고 보인다).

구체적으로는 규범의 명확성을 다투는 취지의 청구 그리고 법률조항에 대하여 추상적·일반적으로 구획할 수 있는 어떤 규율영역 내지 적용범위의 위헌성을 지적하면서 그러한 위헌성이 해소될 경우 자신의 사례도 구제받을 수 있다는 청구 등이 허용될 수 있다.

2. 법률조항의 의미·적용 영역이 구분, 특정되는 경우 허용설[45](2안)

법률조항은 이에 대한 해석을 근거로 실제 사안에 적용되므로 법률조항 자체와 법률조항에 대한 해석을 구분하는 것은 무의미하며 법 제68조 제2항에 의한 헌법소원의 심판대상은 '법률' 자체뿐만 아니라 법률의 해석을 통하여 확정된 '법률의 일부 내용'도 포함된다. 헌법재판소가 한정위헌결정 또는 한정합헌결정을 선고하는 판례를 지속하는 한 논리필연적으로 법률조항에 대한 한정위헌심판청구도 허용되며 한정위헌청구 자체는 법률조항의 일정한 내용부분에 대한 청구로서 적법하다.

한정위헌심판청구가 적법한지 여부의 판단에 있어서는 한정위헌결정 등을 선

45) 앞의 1안과 비슷한 것으로 볼 수 있으나 심판대상이나 구체적인 판단에 있어서 약간의 차이는 보인다. 이 1안과 2안은 앞서 본 2001헌바67 결정에서의 반대의견과 비슷한 논지이다.

고할 수 있는 가능성이 있는지 여부가 판단기준이 되어야 한다. 즉, 심판대상과 결정대상은 원칙적으로 일치되어야 한다.

더 구체적으로는 법률조항의 의미영역을 가분할 수 있는 경우에는 특정한 의미영역(해석부분)이 한정위헌청구의 대상이 될 수 있으나(수사보조업무를 형식적 보조와 실질적 보조로 나누는 경우—2001헌바9), 가분할 수 없는 경우에는 한정위헌청구는 허용되지 않으며(공공질서, 공공복리, 미풍약속 등과 같은 법률문구), 법률조항의 적용영역을 일정한 소영역이나 사례군으로 특정할 수 있는 경우에는 한정위헌청구가 가능하나(국유재산이 행정재산, 보존재산, 잡종재산으로 구분되는 경우—89헌가97; 민법 764조의 '명예회복에 적당한 처분'에 '사죄광고게재'라는 유형이 포함되는지 여부—89헌마160), 특정하기 어려운 경우에는 한정위헌청구는 허용되지 아니한다(도시계획사업에 필요한 토지 사건—99헌바107). 그리고 부진정입법부작위의 경우에는 특정한 법률조항이 특정한 대상을 규율대상으로 삼지 아니한 것이 위헌이라는 한정위헌청구가 가능하다(헌재법 제47조 제2항 단서 위헌청구—2001헌바7).

3. 원칙적 부적법설(3안)

한정위헌 청구는 부적법하므로 각하하여야 한다는 견해로서, 앞에서 본 바와 같이 주로 법 제68조 제2항에서 위헌심판청구의 대상은 법률조항이지 법률조항에 대한 해석이 아니므로 헌법재판소에는 법률의 해석에 대한 관할이 없는 점, 이를 허용하는 경우에는 사실상 재판소원을 전면 허용하는 것과 다를 바가 없고 나아가 헌법이 보장하는 법원의 법률해석권을 침해하는 결과에 이른다는 점, 한정위헌결정 자체가 헌법상 허용될 수 없다는 점 등을 주된 근거로 한다.

다만, 당사자의 청구취지가 형식상 잘못 되었을 뿐 법률조항 자체를 다투는 내용이 명백하면, 그 적법성을 인정하되 이러한 경우에도 심판의 대상은 법률조항 자체의 위헌성 여부에 국한되어야 하고, 법규정 자체의 불명확성을 다투는 경우와 법원의 판례에 의하여 사례군이 형성된 경우에는 한정위헌청구가 허용된다.

4. 한정위헌청구에 대한 헌법재판소의 설시례

헌법재판소는, "헌법재판소법 제68조 제2항에 의한 헌법소원에 있어서는 법률이 헌법에 위반되는지 여부가 당해사건의 재판의 전제로 되어야 하고, 여기서

'법률이 헌법에 위반되는지 여부'라고 할 때의 법률은 '법률' 그 자체를 말하며, '법률의 해석'은 원칙적으로 포함되지 않는다. 일반적으로 법률조항 자체에 대한 다툼과 법률의 해석에 관한 다툼은, 비록 그 구분이 모호한 경우가 많지만 일응 이를 구분하여야 하고(헌재 1999. 3. 25. 98헌바2, 판례집 11-1, 200, 208; 헌재 2001. 9. 27. 2000헌바20, 판례집 13-2, 322, 328~329 참조), "헌법재판소법 제68조 제2항이 '법률의 위헌 여부 심판의 제청신청이 기각된 때에는'이라고 규정함으로써 심판의 대상을 '법률'에 한정하고 있으므로, 일반적으로 법률조항 자체의 위헌판단을 구하는 것이 아니라 법률조항을 '… 하는 것으로 해석하는 한 위헌'이라는 판단을 구하는 청구는 헌법재판소법 제68조 제2항의 청구로 적절치 아니하지만, 청구인의 주장이 단순히 법률조항의 해석을 다투는 것이 아니라 법률조항 자체의 위헌성을 다투는 경우로 이해되는 경우에는 법 제68조 제2항의 적법한 청구로 받아들여진다"(헌재 1997. 2. 20. 95헌바27, 판례집 9-1, 156, 162; 헌재 1995. 7. 21. 92헌바40, 판례집 7-2, 34, 37 등)고 하여 한정위헌청구가 원칙적으로 부적절하다는 입장을 취하여 왔으며, 이를 전제로 예외적으로 ① 불명확성을 다투는 경우, ② 법원의 해석에 의하여 구체화된 심판대상 규정의 위헌성 문제가 있는 것으로 볼만큼 일정한 사례군이 상당기간에 걸쳐 형성, 집적된 경우에는 적법한 것으로 보고 있다.

그런데 최근의 결정에 있어서는 위와 같은 전통적인 설시례와는 조금 다른 표현형식이 보이는바, 여기에서는 부적절이라는 표현은 사용하지 않고 있고, 바로 법률조항 자체를 다투는 한정위헌청구는 허용된다는 취지로 설시하기도 한다.

한편, 한정위헌청구의 형태로 사실관계의 인정과 평가, 법률의 단순한 해석·적용 문제를 다투는 것은 허용되지 않는다는 설시례는 일관되고 있다.

즉, 헌법재판소는 한정위헌 청구에 대하여 이를 적극적으로 심판대상으로 삼아 판단할 수 있는 경우로 다음의 3가지를 들고 있다. 즉, ① 법률조항 자체의 불명확성을 다투는 것으로 보는 경우, ② 심판대상 규정에 대한 일정한 해석이 상당기간에 걸쳐 형성·집적되어 법원의 해석에 의하여 구체화된 심판대상 규정이 위헌성을 지닌 경우, ③ 위 두 가지 경우에 해당되지는 않지만 한정위헌의 판단을 구하는 청구가 법률조항 자체에 대한 다툼으로 볼 수 있는 경우의 3가지로 크게 나누어 볼 수 있다.

첫번째 유형과 관련하여서는 규정의 불명확성을 다투는 것으로 주로 조세사건이 많았고, 두 번째의 유형은 현재까지는 3경우에만 인정되었고, 세 번째 유형은 특별한 유형이라고 보기는 어려우나 평등권의 문제로서 적법하다고 본 경우가 많았다.

한편 최근의 결정에는 위의 각 유형 외에도 법률의 의미나 적용대상이 유형적, 추상적으로 한정되어 다른 것들과 구별되는 경우에도 부분적 위헌심판이 가능하다고 보는 견해가 있었고(헌재 2005. 7. 21. 2001헌바67, 판례집 17-2, 21, 32~33 윤영철·권성·주선회 재판관의 반대의견), 나아가 직접적으로 법률에 대한 특정의 해석내용을 한정하여 청구하는 것도 그러한 해석이 규범력을 가지고 있는 이상 허용된다는 견해도 있었다(헌재 2007. 4. 26. 2004헌바19, 공보 제127호, 468 조대현 재판관 반대의견).

V. 한정위헌청구의 적법성에 관한 검토

1. 한정위헌결정 및 그 기속력이 인정되지 않는다고 해석되는 경우

한정위헌결정 및 그 기속력이 인정되지 않는다고 해석될 경우 종래 한정위헌결정을 하던 사안들을 어떻게 처리할 것인가에 관하여는 두 가지 방향을 상정해 볼 수 있을 것이다. 하나는 한정위헌결정이 허용되지 않으므로 한정위헌청구 자체가 부적법하다는 이유로 각하하는 것이고, 다른 하나는 한정위헌결정은 허용되지 않으므로 단순위헌결정을 할 수밖에 없고, 한정위헌청구를 단순위헌청구의 의미로 선해하여 적법성을 부여하는 것이다.

전자의 방식은 질적인 일부위헌의 소지가 있는 법률이나 법률조항에 대한 입법통제나 기본권침해에 대한 구제의 길을 문전에서 차단해 버리는 결과가 될 것이므로 도저히 채택할 수 없는 방안이라고 생각된다. 한정위헌결정 및 그 기속력이 인정되지 않는다고 해석되는 이상 효율적인 입법통제를 위해서나 침해된 기본권의 구제를 위해서나 단순위헌결정을 하는 후자의 방식을 취할 수밖에 없을 것으로 생각된다.

단순위헌결정을 하여야만 법률이나 법률조항 자체가 제거되어 합헌적인 새로운 입법이 가능하게 될 수 있고, 위헌제청신청을 하거나 헌법소원을 제기한 신청인도 재심절차를 통하여 권리를 구제받을 수 있다.

현재 헌법재판소에서 한정위헌결정을 한 사안들에 대하여 단순위헌결정을 한다는 전제에 선다면, 한정위헌결정을 구하는 신청은 그 형식에 관계없이 단순위헌결정을 구하는 취지라고 볼 수 있고, 한정위헌청구를 원칙적으로 부적절하다거나 부적법하다고 볼 수는 없을 것으로 생각된다. 헌법재판소는 청구인의 청구취지는 심판대상을 확정하기 위한 전제로서의 의미만 있을 뿐 헌법재판소가 이에 구속되는 것이 아니라고 판시한 바 있어,[46] 경우에 따라서는 청구취지에 상관없이 심판대상의 제한, 확대, 변경까지도 가능하다고 할 것이다.

다만 법 제68조 제1항에서 재판에 대한 헌법소원을 금지하고 있으므로 재판에 대한 헌법소원을 하는 것으로 볼 수 있는 경우는 부적법한 것으로 각하되어야 한다. 법원 또는 당사자가 심판대상인 법률조항에 대한 특정한 헌법적 쟁점을 지적하지 아니하고 막연히 자신에게 불리한 법률해석의 위헌성을 주장하는 경우에는 애당초 헌법재판소의 관할 영역과 심사범위에 포함될 수는 없다고 할 것이다.

따라서 논의의 중심은 어떠한 사례들을 재판에 대한 헌법소원을 하는 것으로 평가할 수 있는가 하는 점에 대한 판단기준에 집중될 수밖에 없다. 이 경우에도 신청인이 외형상 헌법적인 쟁점을 주장하여 한정위헌청구를 하고 있는 이상 적법성 심사의 단계에서 적법요건을 갖추지 못하였다고 판단하여 가벼이 배척할 것은 아니라고 사료된다.

2. 한정위헌결정 및 그 기속력이 인정된다고 해석되는 경우

법 제43조 제3호·제4호, 제71조 제2항은 규범통제절차의 개시와 관련하여 "위헌이라고 해석되는 법률 또는 법률의 조항," "위헌이라고 해석되는 이유"를 제청서 또는 청구서에 구체적으로 기재할 것을 요구하고 있고, 이를 흠결한 경우에는 부적법한 청구로서 각하될 수 있다.[47] 또 위헌제청신청이나 헌법소원이 이루어지는 대부분의 경우는 구체적인 재판을 전제로 하고, 그 재판과정에서 법률 또는 법률조항의 해석과 관련하여 위헌 여부가 다투어지면서 법률 또는 법률조항에 대한 위헌성심사를 해 줄 것을 요구하는 것이라고 할 수 있다.

따라서 한정위헌결정이 허용되고, 한정위헌결정에 기속력이 인정된다면 위헌제청을 하거나 헌법소원신청을 하는 단계에서 '위헌이라고 해석되는 이유'를 제청서 또는 청구서에 구체적으로 기재하는 방법으로 한정위헌청구를 하는 사례가 다수를 차지할 수도 있을 것으로 예상된다.

그런데 헌법재판소가 한정위헌결정이 허용되고, 기속력도 있음을 전제로 한정위헌결정을 하면서도 한정위헌결정청구에 대하여 원칙적으로 부적법 또는 부적

46) 헌재 1993. 5. 13. 91헌마190, 판례집 5-1, 312, 319; 헌재 1998. 10. 15. 98헌마168, 판례집 10-2, 586, 589 참조.

47) 헌재 1998. 9. 30. 98헌바3.

절하다는 입장을 취하는 것은 논리적으로 타당하지 않다고 생각된다. 한정위헌결정을 허용하면서도 그러한 한정위헌결정을 하여 달라는 한정위헌청구는 원칙적으로 부적법하다고 하는 것은 원칙과 예외를 반대로 설정한 것이 아닌가 하는 의문이 든다. 가령 헌법재판소법이 개정되어 한정위헌결정이 허용되는 것으로 명문화된다면, 한정위헌결정을 하여 달라는 청구를 받아들이지 않을 수 없을 것이라는 점을 생각해 보면 현재 헌법재판소의 기본적인 입장이 모순된 것이라는 비판을 면할 수는 없을 것이다

물론 헌법재판소가 그와 같은 입장을 취하는 것이 헌법재판소와 대법원의 역할분담이나 법 제68조 제1항의 재판소원금지규정을 고려한 결과라는 것을 모르는 바는 아니나 한정위헌결정을 희망하는 신청인의 입장에서는 쉽게 납득하기는 어려울 것으로 생각된다.

한정위헌결정이 허용되고, 기속력이 인정되는 경우에도 법 제68조 제1항에 의하여 재판에 대한 헌법소원이 금지되므로 법률이나 법률조항 자체의 위헌성을 다투는 것이 아니라 순수한 법률의 해석을 다투는 내용의 한정위헌청구는 부적법하게 된다는 점은 마찬가지라고 할 것이다.

3. 적법성의 판단기준

앞서 본 한정위헌청구의 적법성 판단기준에 관한 견해들을 살펴보면 3안은 적법성판단기준을 엄격하게 보아 한정위헌청구의 허용범위를 매우 제한하는 견해인 반면, 1안 및 2안은 적법성 판단기준을 완화하여 한정위헌청구의 허용범위를 넓히려는 견해라고 할 수 있다.

기존에 헌법재판소는 법률자체에 대한 다툼과 법률의 해석에 대한 다툼이 원칙적으로 구별된다는 전제에서, 법률의 해석에 대한 다툼을 법률 자체의 위헌성을 다투는 것으로 볼 수 있는 범위에서 규범통제를 구하는 적법한 청구로 볼 수 있다는 입장을 취하면서, 한정위헌청구의 형태로 사실관계의 인정과 평가, 법률의 단순한 해석·적용 문제를 다투는 것은 허용되지 않는다고 판시하여 왔다.

그러나 구체적인 사례에 있어서 법률 자체에 대한 다툼인지, 법률의 해석에 대한 다툼인지를 구분하는 것은 용이하지 않고, 경우에 따라서는 불가능하기도 하다.

그런 의미에서 법 제68조 제1항에서 정하는 재판소원금지의 원칙을 관철하

는 방법으로서 행하여지는 적법성 판단의 기준은 법률자체에 대한 다툼이 아니라 사실관계의 인정과 평가, 법률의 단순한 해석·적용 문제를 다투는 것임이 명백한 경우 그러한 사례들을 제외하는 소극적인 의미를 갖는 것에 불과하다고 보는 것이 옳다고 생각되고, 경계가 불분명한 사례들에 대하여는 폭넓게 적법성을 인정하는 것이 바람직하다고 할 것이므로 적법성 판단의 기준을 완화한 1안 및 2안의 입장이 더 낫다고 판단된다.

2안의 경우에는 한정위헌결정이 가능한지 여부를 적법성 심사단계에서 판단되어 질 수 있다는 것과 심판의 대상을 한정위헌청구의 범위로 한정할 수 있다는 것을 논리적 전제로 하는 견해이므로 채택하기 부적절하다.

1안의 입장도 '규범다발', '비중있는 문제' 등 용어의 모호성으로 인하여 비판받을 수도 있지만, 법률이 예정하는 규범 다발 중의 일부를 구획해 낼 수 있고, 현실적으로 그 구획된 규범에 대하여 헌법재판을 할 필요성이 있다고 인정되는 경우 적법성의 판단기준을 통과하여 본안심사에 나아갈 수 있도록 할 필요가 있다는 점에서 1안의 입장이 보다 타당성을 갖는다고 생각된다.

4. 개별 사안에 관한 검토

(1) 법률의 불명확성을 다투는 경우

청구인이 한정위헌청구를 하면서 명시적으로 해당 조항에 대한 명확성의 원칙위반주장도 함께 하는 경우에는 일단 당해 법률조항 자체에 대한 위헌심사를 할 수밖에 없을 것이다. 법률조항의 불명확성을 다투는 방법으로 단순위헌청구 또는 한정위헌청구를 하고 있는 것으로 선해할 수 있을 것이다.

(2) 심판대상규정에 대한 일정한 해석이 상당 기간에 걸쳐 형성·집적되어 법원의 해석에 의하여 구체화된 심판대상규정이 위헌성을 지닌 경우

위와 같은 경우는 상당 기간에 걸쳐 이루어진 판례의 집적으로 당해 법률조항에 대한 규범 다발이 일반적, 추상적으로 구획될 수 있음을 강하게 추정할 수 있는 전형적인 사례로서, 일반적으로 이에 대한 통제는 입법통제에 해당한다고 할 수 있다. 구획되어질 수 있는 규범 다발에 대한 위헌심사를 통하여 단순위헌청구 또는 한정위헌청구를 하는 것으로 선해할 수 있다.

(3) 기타 법률 자체에 대한 다툼으로 볼 수 있는 경우

법원의 사례군이 없더라도 일정한 생활사태를 중심으로 유형화할 수 있거나 구획할 수 있는 경우에 당해 법률조항에 대하여 추상적, 일반적으로 구획할 수 있는 어떤 규율영역 내지 적용범위의 위헌성을 지적하면서 그러한 위헌성이 해소될 경우 자신의 사례도 구제받을 수 있다는 청구도 허용될 수 있다. 다만 이 경우는 자칫하면 적법성 판단의 기준이 자의적인 것이 되고, 재판소원의 금지규정을 형해화할 위험이 있으므로 신중을 기하여야 할 것으로 생각된다.

제 78 회(2007. 9. 7) 발표문

한정위헌청구의 적법성

황 도 수*

I. 서 론

한정위헌청구는 청구인이 헌법재판소법(이하 '법'이라 한다) 제68조 제 2 항의 헌법소원을 청구하면서 한정위헌결정을 청구하는 것, 즉 "헌법재판소가 심판대상이 된 법률조항의 해석적용범위 중 일정부분을 특정한 뒤 그 적용범위에 대하여 위헌선언을 해달라는 취지의 청구를 하는 것"을 말한다.

한정위헌청구가 있는 경우 우선 이러한 형태의 청구를 원칙적으로 허용할 것인지, 아니면 부적법한 것으로 보아야 할 것인지가 근본적으로 문제되고, 나아가 허용하는 견해를 취한다고 하더라도 어떤 기준하에서 어떤 범위의 청구를 적법하다고 보아야 하는지, 그리고 그 경우 심판대상이나 본안의 판단범위는 어떠해야 하는지도 함께 문제된다.

최근의 헌법재판소 결정례는 한정위헌청구에 관하여 심각한 논쟁을 제공하고 있는데, 2007. 4. 26. 2003헌바71 문신시술행위 사건과 같은 날 선고된 2004헌바19 국유재산취득시효사건에서는 한정위헌청구의 허용 여부에 관하여 다수의견과 반대의견이 대립되었다.

한정위헌청구에 관한 허용논의는 한정위헌결정 허용 여부와 직접적인 관련이 있는바, 한정위헌결정이 허용되지 않는다는 입장에서는 한정위헌청구도 허용될 수 없다고 볼 것이고, 반대로 한정위헌결정이 허용된다는 입장에서는 한정위헌청구도 당연히 가능하다는 결론에 이르게 될 것이다.

한정위헌청구와 관련하여 던질 수 있는 질문은 다음과 같다. 헌법재판소는 '법률 또는 법률조항'[1] 그 자체의 위헌 여부만을 심판대상으로 할 수 있을 뿐인

---

* 건국대학교 교수, 변호사.

1) 헌법재판소법 제45조는 "헌법재판소는 제청된 법률 또는 법률조항의 위헌 여부만을 결정한다.

가? 즉, 법원의 법률해석에 의하여 내용이 특정되기 전의 '법률조항' 자체에 대한 위헌 여부에 대하여만 판단할 수 있을 뿐인가? 위헌법률심판의 대상은 입법으로서의 법률에 한정될 뿐이고, 해석된 법률의 내용은 위헌법률심판의 대상이 될 수 없는가? 법원이 합헌적인 것이라고 해석·적용한 법률조항의 내용은 합헌적 법률해석권 행사에 의한 것이므로 항상 합헌으로 받아들여져야 하는가?

규범통제형 헌법소원을 청구하는 청구인은 법원의 해석으로 확인된 법률조항의 내용이 헌법에 위반되는 여부에 관한 심판을 청구할 수 없는가? 규범통제형 헌법소원을 청구하는 청구인은 단순히 그 법률이 해석되고 적용된 결과에 대해 심판을 구하는 내용의 청구는 불가능한가? 이들 청구의 차이점은 무엇인가? 재판에 대한 헌법소원이 허용되지 아니하는 반면 규범통제형 헌법소원만 허용되는 현행 제도 아래에서 법원의 해석으로 확인된 법률조항의 내용이 헌법에 위반된다는 청구인의 주장에 대하여, 법원의 해석이 잘못되었음을 단순히 지적하는 주장에 그칠 뿐이라는 판단을 단호하게 행할 수 있겠는가?

헌법재판소는 위헌법률심판권을 행사함에 있어서 형식적인 법률조항의 문구는 그대로 둔 채 그 내용의 일부분에 대하여만 위헌을 선언하는 한정위헌결정을 행할 수 있는가? 한정위헌결정은 법률조항에 대한 법률해석에 불과한 것인가? 한정위헌결정권과 법률해석권은 동일한 것인가? 법원의 법률해석권이 행사되면 헌법재판소의 한정위헌결정권(한정위헌결정을 선고하는 위헌법률심판권)의 행사는 금지되는가?

이러한 문제의식은 두 가지 쟁점으로 정리될 수 있다고 본다. 첫째는 위헌법률심판권 속에는 한정위헌결정을 선고할 수 있는 심판권이 포함되어 있는가라는 문제의식이고, 둘째는 법률해석권과 위헌법률심판권의 관계를 어떻게 이해할 것인가, 좀더 구체적으로는 합헌적 법률해석권은 한정위헌결정을 선고하는 위헌법률심판권을 배제시킬 수 있는가라는 문제의식이다.

다만, 법률조항의 위헌결정으로 인하여 당해 법률 전부를 시행할 수 없다고 인정될 때에는 그 전부에 대하여 위헌의 결정을 할 수 있다"라고 규정하고 있다. 위 조문에서의 '법률 또는 법률조항'을 이하에서는 '법률조항'이라고만 한다.

Ⅱ. 한정위헌청구의 허용 여부에 관한 판례

1. 헌법재판소 다수의견의 요지

가. 청구인들은, 이 사건 법률조항의 해석에 있어서 "취득시효 완성 후 잡종재산이 행정재산으로 변경된 경우를 시효취득의 대상이 되지 않는 국유재산에 해당한다고 해석하는 것"이 헌법 제11조 제1항 및 제23조가 각 보장하고 있는 평등권과 재산권을 본질적으로 침해하여 위헌이라는 것인바, 우선 이러한 심판청구가 적법한 심판청구인지에 관하여 살펴본다.

나. 청구인들이 구한 헌법재판소법 제68조 제2항의 헌법소원은 법률이 헌법에 위반되는지 여부가 재판의 전제가 될 때에 하는 소위 규범통제형 헌법소원제도로서 그 심판의 대상은 법률 또는 법률조항 자체의 위헌 여부이다.

그런데 법률 자체의 위헌성에 대한 심판청구가 아니라 구체적인 사건에 있어서 단순히 그 법률이 해석되고 적용된 결과에 대해 심판을 구하는 내용의 청구는 결국 법원의 재판을 심판의 대상으로 하는 것과 다름없는바, 그러한 내용의 심판청구는 법원의 재판을 헌법소원의 대상에서 제외하고 있는 헌법재판소법 제68조 제1항의 취지에 비추어 볼 때 허용되지 않는다.

다. 이 사건에서 청구인들은, 자신들이 점유하는 국유재산이 잡종재산으로 있을 때 이미 취득시효 기간이 완성되었음에도 그 후에 행정재산으로 변경되었다는 이유로 시효취득을 할 수 없다고 해석하는 것은 위헌이라고 주장한다.

그러나 이와 같은 청구인들의 주장은 이 사건 법률조항 또는 이 사건 법률조항 중 '국유재산'이나 '잡종재산' 자체의 위헌성에 대한 주장이 아니라, 이 사건 법률조항 중 '잡종재산'의 의미를 해석하고 적용함에 있어서 "취득시효 기간의 완성 당시에는 잡종재산이었으나 아직 소유권이전등기를 경료하지 않은 상태에서 행정재산으로 변경된 부동산"도 이 사건 법률조항에서 의미하는 '잡종재산'으로 볼 것인지에 대한 법원의 해석이 잘못되었음을 지적하는 주장이다.

그렇다면 청구인들의 심판청구는 결국 법률조항 자체의 위헌 여부를 다투는 것으로 볼 여지가 없고 단순히 이 사건 법률조항에 대한 법원의 해석을 다투는 것에 지나지 않는 것이어서 부적법한 심판청구라 할 것이다.[2)]

---

2) 헌법재판소 2007. 4. 26. 2004헌바19 결정.

2. 재판관 조대현의 반대의견

국유재산법 제 5 조 제 2 항은 “국유재산은 민법 제245조의 규정에 불구하고 시효취득의 대상이 되지 아니한다. 다만 잡종재산의 경우는 그러하지 아니하다”라고 규정하고 있다. 대법원 1997. 11. 14. 선고 96다10782 판결은 “원래 잡종재산이던 것이 행정재산으로 변경된 경우에 잡종재산일 당시에 취득시효가 완성되었다고 하더라도 행정재산으로 된 이상 취득시효 완성을 이유로 소유권이전등기를 청구할 수 없다”고 판시하였다.

이 사건 헌법소원심판청구는 청구인의 구체적인 권리의 존부에 관한 재판 자체에 대한 헌법소원이 아니라 국유재산법 제 5 조 제 2 항의 내용을 대법원 판결과 같이 해석하는 것이 헌법에 위반되는지 여부를 심판하여 달라는 청구이므로 부적법하다고 볼 것이 아니다.

헌법재판소법 제68조 제 2 항에 의한 헌법소원의 심판은 당사자가 법원에 위헌심판제청을 신청하였다가 기각된 법률 또는 법률조항을 대상으로 하는 것이지만, 여기서 ‘법률 또는 법률조항’이란 ‘법률 또는 법률조항의 내용’을 의미하는 것이고 ‘법률 또는 법률조항의 내용’은 법률에 대한 해석을 통하여 구체화된다. 법률에 대한 해석은 법률을 집행하는 행정기관이나 법률을 적용하는 법원에 의하여 이루어지고, 헌법재판소도 법률 내용의 위헌 여부를 심판하기 위하여 ‘법률의 해석·적용에 관한 의견’을 판시하고 변경할 수 있다(헌법재판소법 제23조 제 2 항 제 2 호). 이러한 해석에 의하여 구체적으로 형성된 법률의 내용이 규범력(규범력)을 가지고 구체적인 행정처분이나 재판의 기준으로 된다.

헌법재판소의 심판대상은 법률 해석을 통하여 내용이 특정되고 구체적인 규범력을 가지게 된 ‘법률 또는 법률조항의 내용’이고, 해석에 의하여 내용이 특정되기 전의 ‘법률 또는 법률조항’ 자체가 아니다. 법률에 대한 해석의 내용이 통일되고 이론이 없을 경우에는 ‘법률 또는 법률조항’ 자체와 ‘법률 또는 법률조항의 내용’은 동일한 것이라고 볼 수 있지만, 동일한 법률조항에 대하여 다른 내용의 해석이 존재하거나 가능할 때에는 양자는 동일하다고 볼 수 없다.

동일한 법률조항에 대하여 다른 내용의 해석이 존재하거나 가능할 때에는 헌법재판소는 각각의 해석에 의하여 형성되는 법률의 내용이 헌법에 위반되는지 여부를 심판하여야 한다. 법률의 내용이 합헌적인 내용으로 해석될 수도 있고 위헌적인 내용으로 해석될 수도 있는 경우에는 입법권 존중의 원칙상 위헌적인 내용의 해석만 제거하고 합헌적인 내용의 해석은 존속시켜야 한다. 이러한 경우에 헌법재판소는 위헌적인 내용의 해석도 가능하다고 하여 '법률 또는 법률조항' 자체의 위헌을 선언할 수는 없는 것이므로, 심판형식은 한정합헌이나 한정위헌의 형식으로 될 것이다.

따라서 법률에 대한 특정의 해석 내용을 한정하여 위헌 여부의 심판을 청구하는 것(한정위헌심판청구)도 그러한 해석 내용이 규범력을 가지고 있는 이상 허용된다고 보아야 한다. 법률에 대한 어떠한 해석이 규범력을 가지지 못할 때에는 심판할 필요가 없다고 할 수 있지만, 특정의 해석내용이 규범력을 가지고 있다면 집행사례나 재판선례가 집적되어 있지 않더라도 그 위헌 여부를 심판하여 위헌적인 해석 내용의 규범력을 제거할 필요가 있는 것이다.

이러한 법리는 법률 해석의 주체가 법원이라 하여도 마찬가지이다. 법원의 사법권은 법률을 해석하여 적용할 권한을 포함하지만, 법원의 해석에 의하여 구체화되고 재판의 기준으로 되는 법률 내용의 위헌 여부에 대해서는 헌법재판소가 심판할 권한을 가진다. 단지 법원의 위헌법률심판제청이나 헌법재판소법 제68조 제2항의 헌법소원심판청구가 요구될 뿐이다.

따라서 이 사건 헌법소원심판청구가 법률에 대한 법원의 해석을 다투는 것이라 하여 부적법하다고 볼 수는 없다. 국유재산법 제5조 제2항에 대한 대법원의 해석은 구체적인 규범력을 가지고 재판의 기준으로 되고 있으므로, 그 위헌 여부를 심판할 필요도 있다.[3)]

3. 대법원의 입장

…특정의 해석기준을 제시하면서 그러한 해석에 한하여 위헌임을 선언하는 이른바 한정위헌결정의 경우에는 헌법재판소의 결정에 불구하고 법률이나 법률조항은 그 문언이 전혀 달라지지 않은 채 효력을 상실하지 않고 존속하게 되므로, 이러한 한정위헌결정은 유효하게 존속하는 법률이나 법률조항의 의미·내용과 그 적용 범위에 관한 해석기준을 제시하는 법률해석이라고 이해하지 않을 수 없다. 그런데 구체적 분쟁사건의 재판에 즈음하여 법률 또는 법률조항의 의미·내용과 적용 범위가 어떠한 것인지를 정하는 권한, 곧 법령의 해석·적용 권한은 사법권의 본질적 내용을 이루는 것이고, 법률이 헌법규범과 조화되도록 해석하는 것은 법령의 해석·적용상 대원칙이므로, 합헌적 법률해석을 포함하는 법령의 해석·적

3) 헌법재판소 2007. 4. 26. 2004헌바19 결정 재판관 조대현의 반대의견.

용 권한은 대법원을 최고법원으로 하는 법원에 전속하는 것이며, 이러한 법원의 권한에 대하여 다른 국가기관이 법률의 해석기준을 제시하여 법원으로 하여금 그에 따라 당해 법률을 구체적 분쟁사건에 적용하도록 하는 등의 간섭을 하는 것은 우리 헌법에 규정된 국가권력 분립구조의 기본원리와 사법권 독립의 원칙상 허용될 수 없으므로 법률의 해석기준을 제시하는 헌법재판소의 한정위헌결정은 법원에 전속되어 있는 법령의 해석·적용 권한에 대하여 기속력을 가질 수 없다.[4)]

Ⅲ. 한정위헌결정의 필연성

1. 입법기술과 한정위헌결정의 관계

한정위헌결정은 법조문으로서의 법률조항의 문언은 그대로 둔 채 내용상 법률조항 중 위헌으로 판단되는 일부분을 특정한 뒤 그 부분에 대하여만 위헌을 선언하는 위헌결정이다. 하나의 법률조항의 내용 속에 위헌인 부분과 합헌인 부분이 함께 포함되어 있고, 그 위헌인 부분과 합헌인 부분이 법률조항 조문의 문언만으로는 구분되어 있지 아니한 경우, 그 위헌 부분을 법률적용 범위 또는 해석의 방법으로 특정한 뒤, 그 부분에 대하여만 위헌이라고 선언하는 것을 의미한다.

이러한 한정위헌결정을 선고할 수 있는 심판권은 위헌법률심판권에 필연적으로 포함되는 것인가? 결론부터 말한다면, 입법기술적 문제로 인하여 한정위헌결정은 위헌법률심판에서 필연적인 것이다.

위헌법률심판의 대상이 되는 법률조항[5)]은 헌법, 법률, 명령·규칙 등 여러 법형식 중 법률이라는 형식으로 규정되는 법이다. 그 법률조항은 법이라는 실체내용, 즉 권리의 내용, 권리변동의 요건, 절차 및 효과 등의 내용을 가지고 있는데, 그 실체내용을 문자로 표현한 것이 법조문으로서의 법률조항이다. 조문으로서의 법률조항은 '법'의 내용을 표현하는 수단에 불과할 뿐이다. 법조문으로서의 법률조항을 통하여 얻어지는 내용으로서의 실체가 법률로서의 법인 것이다.

그런데 법률로서의 법을 법조문으로 표현할 때, 언어나 문자로 어떻게 표현할 것인가는 권리관계의 실체에 의하여 획일적으로 결정되는 것이 아니다. 일정한

4) 대법원 2001. 4. 27. 선고 95재다14 판결.

5) 이 글에서는 법률조항과 법조문의 개념을 구분하여 사용한다. '법률조항' 또는 '법'은 권리관계의 실체내용을 의미하는 것으로, '법조문' 또는 '법조문으로서의 법률조항'은 법을 표현하기 위하여 입법에서 사용된 문자의 집합을 의미하는 것으로 사용한다.

권리관계를 표현하는 데 적합한 언어나 문자가 획일적으로 결정되는 경우는 드물다. 권리의 실체내용, 권리의 요건사실 등을 구체적인 문자로 어떻게 특정할 것인가, 법조문을 입법화하면서 구체적인 요건사실을 개별적인 사례를 통하여 나열한 것인가, 추상적인 문구를 통하여 포괄적으로 규정할 것인가 등의 문제는 그때그때 사안에 따라 입법자에 의하여 결정되게 된다. 동일한 내용의 법을 입법하는 데에 다양한 형태와 문구의 법조문이 가능하며, 그 형태와 문구는 최종적으로 입법자의 입법기술에 의하여 결정되게 된다. 입법자의 재량에 따라 동일한 내용의 권리의무관계가 다양한 형태의 법률조항으로 표현될 가능성이 있는 것이다.

실제의 사례를 살펴보더라도 동일한 '법'을 다양한 문구와 형태의 법률조문으로 규정할 수 있음을 볼 수 있다. 아래의 사례는 입법자가 동일한 권리관계를 표현함에 있어서 복수의 개별 법률조항을 둘 수도 있고, 법문을 간략히 하여 하나의 법률조항에 열거하여 축약하거나, 일반화하거나, 추상화할 수 있음을 보여준다.

헌법재판소가 1991. 5. 13. 89헌가97 사건에서 질적 일부위헌결정을 선고한 국유재산법 제5조 제2항은 "국유재산은 민법 제245조의 규정에 불구하고 시효취득의 대상이 되지 아니한다"라고 규정되어 있었는데, 동일한 법률관계를 입법자는 "국유의 행정재산·보존재산 및 잡종재산은 민법 제245조의 규정에 불구하고 시효취득의 대상이 되지 아니한다"라는 법률조항으로 규정할 수도 있다.

또한 헌법재판소가 1991. 4. 1. 89헌마160 사건에서 한정위헌결정을 선고한 민법 제764조는 "타인의 명예를 훼손한 자에 대하여는 법원은 피해자의 청구에 의하여 손해배상에 갈음하거나 손해배상과 함께 명예회복에 적당한 처분을 명할 수 있다"라고 규정되어 있었는데, 동일한 법률관계에 대하여 입법자는 "민법 제764조 타인의 명예를 훼손한 자에 대하여는 법원은 피해자의 청구에 의하여 손해배상에 갈음하거나 손해배상과 함께 명예회복을 위하여 사죄광고, 판결문 게재, 정정보도 기타 적당한 처분을 명할 수 있다"라는 방식으로 부분적 예시규정을 도입하는 법률조항으로 규정할 수도 있다.

입법자가 어떠한 형태의 '법률조문'의 외형을 택하였든, 법률조문이 의미하는 권리의무관계의 내용이 같다면, 그 법률조문들은 외형만 다를 뿐, 같은 권리의무관계를 표현하는 것으로서 동일한 내용의 법률조항이라고 할 것이다. 이처럼 입법기술의 형태에 따라 동일한 입법목적을 가진 동일한 내용의 법률이 법문언적으로 다양한 입법형태의 법률조문으로 입법될 수 있는 것이다.

이러한 입법기술의 본질을 고려하건대, 하나의 법률조문으로 표현된 법률조항 중 일부분을 특정하여 그 부분에 대하여만 위헌결정을 선고하는 한정위헌결정을 선고할 수 있는 권한이 위헌법률심판권에 포함되어야 함은 당연한 귀결이다.

왜냐하면, 위헌법률심판이란, 하위법으로서의 법률이 상위법으로서의 헌법에 위반되는 여부에 관하여 심판하는 것, 하위법으로서의 법률의 규범내용이 상위법으로서의 헌법의 규범내용에 상충하는지 여부를 판단하는 규범통제를 그 본질로 하기 때문이다. 위헌법률심판이 형식적 조문으로서의 헌법조항과 형식적 법률조문으로서의 법률조항의 충돌 여부를 판단하는 것이 아니기 때문이다.

따라서 위헌법률심판에서의 심판대상이 되는 하위법으로서의 법률은 조문으로서의 법률조항이 아니라, 법률조항이 규정하고자 하는 '법', 즉 법률이라는 형식으로 규정된 권리관계, '법률내용'이고, 심판기준이 되는 상위법으로서의 헌법은 조문으로서의 헌법조항이 아니라, 헌법조항이 규정하고 있는 '법', 즉 '헌법내용' 임은 당연한 것이다.

만일 헌법재판소가 법조문으로서의 법률조항을 단위로 하여서만 위헌 여부의 판단을 할 수 있을 뿐이므로 한정위헌결정은 행해질 수 없다고 해석하게 된다면, 법률조항 중 '일부내용'이 위헌임이 명백함에도 불구하고, 헌법재판소는 당해 법률조항에 대하여 한정위헌결정을 선고할 수 없고, 당해 법률조항에 대하여 합헌결정을 선고함으로써 위헌적인 '일부내용'을 방치하여야 하는 결론에 이르게 된다. 이러한 결론이 위헌법률심판의 본질에 위반됨은 당연한 것이다.

위에서 살펴본 입법사례를 통하여 구체적인 경우를 살펴보도록 한다.

헌법재판소가 1991. 5. 13. 89헌가97 사건에서 질적 일부위헌결정을 선고한 국유재산법 제5조 제2항의 원래조문은 "국유재산은 민법 제245조의 규정에 불구하고 시효취득의 대상이 되지 아니한다"라고 규정되어 있었는데, 위 법률내용은 입법기술 여하에 따라서는 대체조문으로 "국유의 행정재산·보존재산 및 잡종재산은 민법 제245조의 규정에 불구하고 시효취득의 대상이 되지 아니한다"라는 법조문으로 표현될 수 있다.

위 법률조항에 대한 위헌 여부의 심사결과, 헌법재판소가 국유재산법 제5조 제2항에 대하여 동법의 국유재산 중 잡종재산에 대하여 적용하는 범위 내에서 위헌이라는 결론을 얻은 경우, 한정위헌결정이 허용되지 않는다고 가정하게 되면, 원래조문의 형태로 입법된 법률조항에 대하여는 위헌부분을 법률조문의 문구 자체에 의하여 특정할 수 없기 때문에 위헌결정을 선언할 수 없다는 결론에 이르게 될 것이고, 대체조문의 형태로 입법된 법률조항에 대하여는 "국유재산법 제5조 제2항 중 잡종재산 부분은 헌법에 위반된다"는 주문으로 위헌결정을 선언할 수 있다는 결론에 이르게 된다.

그리고 헌법재판소가 1991. 4. 1. 89헌마160 사건에서 한정위헌결정을 선고한 민법 제764조의 원래조문은 "타인의 명예를 훼손한 자에 대하여는 법원은 피해자의 청구에 의하여 손해배상에 갈음하거나 손해배상과 함께 명예회복에 적당한 처분을 명할 수 있다"라고 규정되어 있었는데, 위 법률내용은 대체조문으로 "민법 제764조 타인의 명예를 훼손한 자에 대하여는 법원은 피해자의 청구에 의하여 손해배상에 갈음하거나 손해배상과 함께 명예회복을 위하여 사죄광고, 판결문 게재, 정정보도 기타 적당한 처분을 명할 수 있다"라는 법률조문으로 입법될 수 있고, 이들 법조문 사이에 내용상 아무런 차이가 없음은 물론이다.

위 법률조항에 대한 위헌 여부의 심사결과, 헌법재판소가 민법 제764조에 대하여 명예회복에 적당한 처분에 '사죄광고'를 포함시키는 것은 헌법에 위반된다는 결론을 얻은 경우, 한정위헌결정이 허용되지 않는다고 가정하게 되면, 원래조문의 형태로 입법된 법률조항에 대하여는 위헌부분을 법률조문의 문구 자체에 의하여 특정이 불가능하기 때문에 위헌결정을 선언할 수 없다는 결론에 이르게 될 것이고, 대체조문의 형태로 입법된 법률조항에 대하여는 "민법 제764조 중 사죄광고 부분은 헌법에 위반된다"는 주문으로 위헌결정이 선언될 수 있다는 결론에 이르게 된다.

위 두 가지 사례는 한정위헌결정이 허용될 수 없다는 견해에 따를 경우, 위헌법률심판권이 입법자의 입법기술에 의하여 좌우당할 수 있음을 잘 보여주고 있다. 즉, 입법부는 법률조문을 더더욱 일반화하고 추상화하는 입법기술을 사용함으로써 위헌법률심판권을 피할 수 있게 되는 것이다. 이러한 결과가 입법부의 입법을 통제하기 위한 목적을 본질로 하는 위헌법률심판제도의 본질에 반함은 두말할 필요성이 없다.

그렇다면, 한정위헌결정은 위헌법률심판제도에 당연히 포함되어 있는 권한이라고 보아야 할 것이다.

2. 헌법재판소법 제45조에 대한 해석

이에 대하여 헌법재판소는 법조문으로서의 법률조항을 단위로 하여서만 위헌선언할 수 있을 뿐이고, 법률조항의 일부분을 내용적으로[6] 특정하여 위헌결정을 선언하는 한정위헌결정은 허용되지 않는다는 견해가 있다. 이 견해는 "헌법재판소

6) 법률조문에서 사용된 문구를 그대로 사용하여 법률조항의 일부를 특정하여 위헌결정을 선고하는 것은 한정위헌결정이 아니라, 단순위헌결정이라고 한다.

는 제청된 법률 또는 법률조항의 위헌 여부만을 결정한다"라고 규정하고 있는 헌법재판소법 제45조를 근거로 하는데, 위 조문에서 "법률 또는 법률조항의 위헌 여부'만'을 결정한다"라는 문구 중 '만'은 '법률 또는 법률조항' 그 자체에 대하여만 판단할 수 있을 뿐, 법률 또는 법률조항의 '일부분'에 대하여는 위헌 여부를 판단할 수 없다는 근거가 된다고 주장한다.

그러나 헌법재판소법 같은 조항 단서에는 "다만, 법률조항의 위헌결정으로 인하여 당해 법률 전부를 시행할 수 없다고 인정될 때에는 그 전부에 대하여 위헌의 결정을 할 수 있다"라고 규정되어 있음을 볼 수 있는데, 위 단서조항과 본문조항을 비교해 보면, 본문조항의 법률 또는 법률조항의 위헌 여부'만'에서의 '만'은 '제청된'을 수식하는 것임을 바로 알 수 있다. 즉, 헌법재판소는 법원이 제청한 법률조항에 대하여만 위헌 여부를 판단할 수 있을 뿐, 더 나아가 관련 법률조항에 대하여는 위헌 여부를 판단할 수 없는 것이 원칙이나, 다만 예외적으로 법원의 제청대상이 아닌 법률조항이라고 하더라도 법률조항의 위헌결정으로 인하여 당해 법률 전부를 시행할 수 없을 때에는 그 전부에 대하여도 위헌결정을 선고할 수 있다는 것이 헌법재판소법 제45조의 취지인 것이다.

3. 소 결 론

결론적으로, 동일한 내용의 법률관계도 입법기술에 의하여 다양한 형태와 문구의 법률조문으로 표현될 수 있다는 점을 고려하면, 한정위헌결정은 위헌법률심판권의 본질적 요소를 이루고 있다고 보아야 한다. 형식적 법조문이 표현하고 있는 법률내용 중에서 일정 부분이 헌법에 위반되는 것으로 판단될 경우, 헌법재판소로서는 위헌으로 판단되는 법률의 내용을 내용적으로 특정한 뒤, 그 부분에 대하여 위헌결정을 선고할 수 있는 것이다. '법률조문'이나 법률조문 중 '일부 문구'를 지적하여 일정한 법률관계에 대하여 위헌선언하는 단순위헌결정이나, 법률조항이 규율하고 있는 권리의무관계의 일정한 '내용을 적시'하는 방법으로 일부 법률관계에 대하여 위헌선언하는 한정위헌결정은 모두 법률조항 중 일부의 법률관계가 헌법에 위반되는 판단을 선언하는 것으로서의 본질적으로 동일한 것이다.

Ⅳ. 위헌법률심판권과 법률해석권과의 관계

1. 문제의식

한편, 헌법재판소가 한정위헌결정을 선고할 경우 위헌으로 선언된 법률부분은 법률로서의 효력을 상실하게 되는데, 이 경우 법률조항은 일정부분에 대하여 그 내용을 상실하게 되어 법률조항의 내용이 축소되는 결과를 가져오게 된다. 이러한 결과는 법원이 당해 법률조항에 대하여 '축소해석'한 것과 결과적으로 동일한 결과를 가져오는 것이라고 할 수 있다.

여기에서 헌법재판소의 한정위헌결정의 효과는 법원의 법률에 대한 '축소해석'으로 가능한 것이므로 굳이 한정위헌결정제도를 인정할 필요성이 있겠는가, 헌법 제101조에 의하여 보장되는 법원의 사법권 속에는 법률에 대한 해석권이 포함되어 있는데, 헌법재판소가 한정위헌결정권을 행사하게 되면 이는 법원의 법률에 대한 법률해석권(축소해석권)을 침해하는 것 아닌가라는 의문이 제기될 수 있다.

이러한 의문에 대하여 결론부터 말한다면, 법원의 법률에 대한 축소해석과 헌법재판소의 한정위헌결정이 비록 결과에서 같은 내용으로 귀결될 수 있다고 하더라도, 그 본질은 전혀 다른 것이고, 그 효력 또한 전혀 다른 것으로 이해하여야 할 것이다.

2. 법률해석권과 합헌적 법률해석

법률해석이란 법문의 의미를 밝히는 것으로서 일정한 법률조항에 대하여 가능한 해석 가운데 가장 합리적인 해석을 선택하는 과정이다. 법률해석은 법률을 구체적인 사안에 적용하기 위하여 법률의 내용을 구체적으로 확인하는 것이다. 법률해석을 통하여 확인된 법내용은 그 자체가 구체적인 내용을 가진 법률로서의 효력을 가지게 된다.

법률을 해석함에 있어서 법률의 근거가 되는 헌법의 내용을 고려하여야 함은 논리적으로 당연하다. 따라서 법률해석에 있어서는 법률의 내용이 헌법에 위반되지 않도록 하는 '합헌적 법률해석'이 당연히 행해져야 한다. 그러므로 법원은 법률의 의미를 밝힘에 있어서 가능한 여러 해석 중 헌법에 위반되지 아니하는 해석 중에서만 선택하여야 할 의무가 있는 것이다.

그러나 법원의 합헌적 법률해석은 법률내용이 헌법에 위반된다는 유권적·최종적 권한을 포함하지는 아니한다. 법원이 합헌적 법률해석을 행함에 있어서 법률조항의 일정부분이 위헌적이기 때문에 그러한 부분을 법률의 내용으로 해석·적용할 수 없다는 판단은 법률해석을 위한 내심의 전제일 뿐, 다른 국가기관을 구속하는 효력을 가지지 못한다. 법원이 합헌적 법률해석을 행하는 과정에서 법률내용이 헌법에 위반된다는 유권적·최종적 판단에 이르기 위해서는 재판을 중지하고 그 판단을 헌법재판소에 제청하여야 하는 것이다. 즉, 우리 헌법 제107조 제1항[7] 및 헌법재판소법 제41조[8]는 법원이 법률조항을 해석·적용함에 있어서 그 내용이 헌법에 위반되는 여부가 의심스러울 때에는 재판을 중지하고 그 법률조항의 내용이 헌법에 위반되는 여부에 관하여 헌법재판소에 위헌법률심판을 제청한 뒤 헌법재판소의 판단을 기다려서 그 결정에 따라 재판할 것을 명문으로 규정하고 있다. 결국 법원의 법률해석은 법률의 내용이 헌법에 위반되는 여부에 관한 유권적·최종적 판단은 배제되어 있는 것이다.

이처럼 법원의 법률해석권이 합헌적 법률해석에 의하여야 하고, 그 합헌적 법률해석권은 헌법 제107조 제1항[9] 및 헌법재판소법 제41조[10]에 의하여 위헌법률심판제청 의무에서 한계를 가진다는 점을 종합하면, 법원의 법률해석권 행사로 해석·적용된 법률내용은 법원이 모두 합헌이라고 판단한 결과라는 결론에 이르게 된다. 만일 법원이 해석대상이 된 법률조항 중 일정부분의 내용이 위헌이라고 판단한 경우, 법원은 당해 법률조항의 내용을 축소해석하는 방법으로 합헌적인 부분만 법률로서 적용함으로써 위헌성 문제를 피하거나, 그 법률조항의 위헌성이 의심스럽다는 이유로 당해 법률에 대하여 헌법재판소에 위헌법률심판을 제청하여야 할 것이기 때문이다. 결국 법원의 입장에서는 법원이 해석·적용한 법률조항은 모두 합헌이라는 판단이 전제되어 있다고 하겠다.

---

7) 헌법 제107조 ① 법률이 헌법에 위반되는 여부가 재판의 전제가 된 경우에는 법원은 헌법재판소에 제청하여 그 심판에 의하여 재판한다.

8) 헌법재판소법 제41조(위헌 여부 심판의 제청) ① 법률이 헌법에 위반되는 여부가 재판의 전제가 된 때에는 당해 사건을 담당하는 법원(군사법원을 포함한다. 이하 같다)은 직권 또는 당사자의 신청에 의한 결정으로 헌법재판소에 위헌 여부의 심판을 제청한다.

9) 헌법 제107조 ① 법률이 헌법에 위반되는 여부가 재판의 전제가 된 경우에는 법원은 헌법재판소에 제청하여 그 심판에 의하여 재판한다.

10) 헌법재판소법 제41조(위헌 여부 심판의 제청) ① 법률이 헌법에 위반되는 여부가 재판의 전제가 된 때에는 당해 사건을 담당하는 법원(군사법원을 포함한다. 이하 같다)은 직권 또는 당사자의 신청에 의한 결정으로 헌법재판소에 위헌 여부의 심판을 제청한다.

3. 위헌법률심판권과 합헌적 법률해석

이에 대하여 위헌법률심판은 법률조항의 내용을 해석하여 그 의미를 밝히는 것이 아니다. 법률조항의 '내용'이 헌법의 '내용'에 위반되는 여부를 판단하는 것이다. 즉, 해석 등으로 의미가 밝혀진 법률조항의 내용이 헌법의 내용에 위반되는 여부를 판단하는 것이다.

위헌법률심판을 행하기 위해서는 먼저 법률조항의 내용과 그 근거가 되는 헌법조항의 내용을 밝히는 것이 선행되어야 한다. 그 내용이 명확해져야 비로소 헌법내용과 법률내용의 충돌을 판단할 수 있을 것이기 때문이다.

이때 헌법조항의 내용은 헌법재판권을 가진 헌법재판소 스스로 헌법에 대한 해석을 통하여 밝혀낼 것이나, 법률조항의 내용은 법원의 법률해석권의 행사에 의하여 밝혀진 법률조항의 내용을 그대로 원용하는 것이 당연한 것이다. 사법권은 법원에 귀속되어 있다는 헌법 제101조 제1항에 의하여, 법원의 법률해석권이 유권적이고 최종적인 것이기 때문이다.[11] 결국 위헌법률심판은 법원의 법률해석권 행사를 통하여 밝혀진 법률조항의 내용을 대상으로 행해지는 것이 원칙적인 모습이다.[12]

그런데 법원의 법률해석권이 행사된 법률조항의 내용은 법원이 모두 '합헌적'인 것이라고 판단한 결과의 산물이라는 점은 위에서 살펴본 바와 같으므로, 위와 같은 법률조항에 대하여 헌법재판소가 위헌법률심판권을 행사하여 위헌결정을 선언하는 경우에는 법원이 합헌이라고 판단한 법률조항의 내용이 헌법에 위반된다는 결론에 이르렀다는 것을 의미한다. 즉, 헌법재판소가 법률조항이 헌법내용에 위반된다는 결론에 이르게 되면, 당해 법률내용이 헌법에 위반된다는 것을 의미함과 동시에, 당해 법률조항의 내용이 합헌이라고 판단하여 해석한 법원의 법률해석내용이 헌법에 위반된다는 것을 의미하는 것이다.

즉, 위헌법률심판권 행사로 인하여 위헌으로 선언된 범위 내에서 종전에 법원이 법률해석권을 행사하여 해석·적용된 법률내용이 법률로서의 효력을 상실하게 되는 것이고, 이러한 범위 내에서 법원의 법률해석의 내용이 위헌적이었음을

11) 헌법 제101조 ① 사법권은 법관으로 구성된 법원에 속한다.

12) 다만, 법원의 법률해석권이 행사되지 아니한 경우의 법률조항에 대하여는 다른 유권해석기관이 행한 법률해석 또는 헌법재판소 스스로가 행한 법률해석을 기준으로 그 내용을 확인한 뒤 그 내용에 대하여 위헌 여부의 판단을 행하게 될 것이다. 법원의 법률해석권이 행사되어 의미가 밝혀진 법률조항에 대하여 헌법재판소가 다른 법률해석을 행한 뒤에 위헌 여부를 판단하는 것은 공허한 결과를 가져오는 것이므로 피해야 된다.

확인하는 것이다. 헌법재판소가 단순위헌결정을 선고한 경우, 단순위헌이 선고된 법률조항이 효력을 상실함과 동시에 당해 법률조항이 합헌이라는 전제 아래 법원이 해석·적용하였던 법률내용이 또한 효력을 상실하는 것이다. 그에 따라 법원은 당해 법률조항에 대하여 더 이상 해석·적용할 여지가 없어지게 됨은 물론이다.

마찬가지로, 한정위헌결정이 선고된 경우, 법률조항 중 일정한 내용이 법률로서의 효력을 상실함과 동시에 법원이 당해 법률조항을 그러한 내용으로 해석하는 것이 합헌적이라는 판단 아래 해석·적용하였던 법률내용이 또한 효력을 상실하는 것이다. 그 결과 법원은 '법률조항 중 일정한 범위의 법률내용'을 해석·적용할 여지가 없게 되는 것이다.

결국 위헌법률심판제도로 인하여 법원의 법률해석권이 제약당하는 것은 위헌법률심판제도의 본질에서 발생하는 당연한 귀결이다. 이러한 귀결은 단순위헌결정에서나 한정위헌결정에서나 차이가 없는 것이다. 법원의 법률해석권은 한정위헌결정과 충돌하는 것이 아니라, 위헌법률심판권 자체와 충돌하는 것이다.

4. 소 결 론

그렇다면, 헌법재판소의 한정위헌결정에 의하여 비로소 법원의 법률해석권과의 충돌문제가 발생된다고 주장하면서, 위헌법률심판에서 단순위헌결정은 허용되나 한정위헌결정은 허용될 수 없다는 주장은 위헌법률심판제도와 법률해석권의 본질을 오해한 것이라고 아니할 수 없다. 위헌법률심판제도가 헌법보장을 위하여 채택된 이상 한정위헌결정은 논리필연적인 것이다.

Ⅴ. 결 론

이러한 관점에서 볼 때, 위 헌법재판소 결정의 다수의견이 판시하고 있는 이론 중 "소위 규범통제형 헌법소원제도로서 그 심판의 대상은 법률 또는 법률조항 자체의 위헌 여부이다"라는 이론은 재고되어야 할 것이다. 위 결정에서 전개된 다수의견의 구체적인 내용이 분명한 것은 아니나, 자칫 헌법재판소의 한정위헌결정권을 포기함으로써 위헌법률심판권의 본질적 부분에 대하여 자신의 책무를 저버리는 결과를 초래할 수도 있다는 우려를 낳고 있기 때문이다. 헌법재판소는 한정위헌결정을 선고할 수 있는 권한을 가지고 있고, 이를 적극적으로 활용함으로써 법치주의 확립에 기여할 수 있도록 위헌법률심판제도를 운용하여야 할 것이다.

그리고 헌법재판소가 한정위헌결정을 선고할 수 있는 권한을 가진다면, 헌법재판소법 제68조 제2항의 헌법소원을 청구하는 청구인들은 한정위헌결정을 구하는 헌법소원을 청구할 수 있다고 할 것이다. 그리고 청구인들이 법률 자체의 위헌성에 대한 심판청구가 아니라 구체적인 사건에 있어서 단순히 그 법률이 해석되고 적용된 결과에 대해 심판을 구하는 내용의 청구는 결국 법원의 재판을 심판의 대상으로 하는 것과 다름없는 듯이 청구하더라도 그 진의가 한정위헌결정을 청구하는 것으로 받아들여질 수 있을 때는 그 청구를 선해하여 청구의 적법성을 인정하여야 할 것이다.

한정위헌청구의 적법성

—황도수 변호사님 발표문에 대한 토론문—

이 준 상*

1. 한정위헌청구에 관한 논의의 어려움

한정위헌청구를 정의하기는 어렵지 않으나(법률조항에 대한 특정의 해석방법을 채택하거나 채택하지 아니하는 한 위헌이라는 취지의 청구), 구체적인 사건에서 한정위헌청구인지를 판별하는 것은 쉽지 않다.

먼저, 청구취지에서 명백하게 한정위헌을 구하고 있으면 한정위헌청구로 인정할 수 있을 것이나(헌재 2007. 4. 26. 2004헌바19 국유재산취득시효사건—주문 각하),1) 실무상 이러한 경우는 드물고, 오히려 청구취지에서는 단순위헌을 구하나 청구이유에서 한정위헌취지의 주장을 하는 경우가 많다(헌재 2007. 4. 26. 2003헌바71 문신시술행위사건—주장 각하).

그런데 후자의 경우가 모두 한정위헌청구로 파악되지는 않고 한정위헌취지의 주장이 단순위헌주장에 포함되는 것으로 보아 독립된 청구로 볼 수 없다고 설시하거나(헌재 2006. 12. 28. 2005헌바23 결정; 헌재 1996. 6. 26. 96헌마200 결정), 아예 한정위헌주장에도 이르지 않은 부차적인 주장으로 보아 아무런 설시없이 넘어가는 경우도 상당히 있을 것으로 보인다.2)

이와 같이 한정위헌청구의 존재 여부를 가려내는 명확한 기준이 없어 그 범위가 불분명하고 이에 따라 한정위헌청구가 구체적으로 쟁점화될 것인지도 예측하기 어려워 이를 전제로 하는 한정위헌청구의 적법성 논의에 다소의 어려움이 있다.

---

* 헌법재판소 헌법연구관.

1) 이때에도 청구이유를 고려하여 단순위헌을 구하는 것으로 선해할 수도 있을 것이다.

2) 혹은 본안판단의 내용에 간단하게 포함시키기도 한다.

2. 재판소원금지의 의의

헌바사건에서 한정위헌청구가 문제되는 큰 이유는 이러한 청구가 재판소원일 가능성이 크기 때문일 것이다.

재판소원금지가 헌재법 제68조 제 1 항에만 규정되어 있으나 헌재법 제68조 제 2 항의 헌법소원에서도 이러한 취지가 관철되어야 함은 명백하다.

그리고 우리 헌법의 규정(제 5 장에 법원, 제 6 장에 헌법재판소에 관한 사항을 규정한 점, 사법권은 법관으로 구성된 법원에 속하는 점, 헌법재판소의 관할을 제한적으로 열거하고 있는 점)과 헌법재판소법의 여러 규정의 취지를 종합하여 보면, 사법권의 정점에 헌법재판소가 있는 것은 아니며, 헌법재판소와 법원이 서로 권한을 분장하고 있다고 볼 수 있고, 헌법재판소가 법률에 대한 위헌심사를 함은 당연하나, 법률의 해석·적용을 본질적인 내용으로 하는 사법권인 '재판'에 대하여는 원칙적으로 통제할 수 없는 규범체계를 가진 것으로도 이해할 수 있을 것이다.

즉, 재판소원금지는 헌법재판의 한계로서 작용하며 한정위헌청구에 관한 논의는 재판소원의 성격을 띠는 청구를 적법성 단계에서 미리 제거하는 역할을 하는 것으로 볼 수 있다.

3. 한정위헌결정과 한정위헌청구와의 관계

지금까지 한정위헌결정이 허용되는지, 그리고 한정위헌결정이 헌법재판소법 제47조 제 1 항에 따른 기속력을 갖는지에 대하여는 견해 대립이 있어 왔고 이에 대하여 헌재와 대법원이 입장을 달리하고 있음은 주지의 사실이다.

그런데 한정위헌결정에 관한 기존 논의의 당부는 별론으로 하더라도, 과연 한정위헌결정이 허용된다면 반드시 한정위헌청구도 허용되는 관계에 있는 것인지 살펴볼 필요가 있다.

한정위헌결정을 구하는 청구(한정위헌청구)는 법률조항의 특정한 해석방법의 위헌확인을 구하는 것이며 따라서 심판대상도 한정위헌을 구하는 부분으로 제한함이 논리적일 것이다.[3)]

위와 같은 입장이 법률조항의 다른 해석 방법에 대한 위헌심사는 할 수 없다

3) 청구취지는 최종결론을 의미하므로 심판대상도 이와 같이 제한됨이 당연할 것이고, 만일 심판대상이 법률조항 전체라고 본다면 굳이 한정위헌결정과의 연관성을 끌어들일 필요가 없을 것이다.

는 결론, 더 구체적으로는 한정위헌을 구하는 부분은 합헌인데 그 외 부분에서 위헌성이 발견되더라도 위헌선언을 할 수 없다는 것이라면 동의할 수 없고, 더구나 한 법률조항에 대하여 다양한 해석방법에 기한 한정위헌청구들을 수차 허용하는 것이 과연 규범통제의 소송물을 '법률의 위헌 여부'로 보는 입장과 조화될 수 있는 것인지 의문이 있다.

따라서 한정위헌결정이 필연적이고 허용된다는 점이 한정위헌청구가 허용된다는 직접적이고 결정적인 논거가 될 수는 없다.

그렇다면 어느 경우이든 한정위헌청구가 허용된다는 것은 헌재의 다수의견과 같이 '법률조항 자체'의 위헌판단을 구하는 것으로 선해할 수 있는 경우로 이해하여야 한다.

4. 입법기술적인 측면과 관련하여

양적 일부위헌결정과 질적 일부위헌결정을 구분하는 다양한 견해가 있을 수 있으나, 일응 법률 문언상이나 관련 조문의 관계상 영역이나 개념이 구분되는 경우를 양적 일부위헌결정으로 이해한다면 이는 질적 일부위헌결정과는 명확히 구분할 수 있고 양적 일부위헌결정을 질적 일부위헌결정과 동질의 것이라고 평가할 수는 없다.[4)]

그리고 질적 일부위헌결정이 이루어진 많은 경우는 입법자가 입법 당시 예측하여 입법사항으로 선택할 수 있었던 사태는 아니고, 그 후 법률해석에 의하여 새롭게 발견된 해석사례의 군(群)일 가능성이 크므로 이는 이미 입법 당시부터 문언의 일부를 구획해 낼 수 있었던 양적 일부위헌결정과는 다르다고 볼 수 있다.

따라서 입법기술의 본질을 고려할 때 질적 한정위헌결정이 필연적이라는 점도 달리 볼 여지가 있다.

5. 정책적인 측면

한정위헌청구가 허용된다고 하더라도 이러한 한정위헌청구가 정책적으로 적극 장려되고 제한없이 허용되어야 할 것인지는 생각해 볼 필요가 있다.

위헌주장을 구체화한다는 점에서는 긍정적인 측면이 있으나, 한편 관련된 재

4) 따라서 89헌가97결정(국유재산 시효취득사건)은 다른 법률규정에 행정재산, 보존재산, 잡종재산의 구분이 존재하고 있었으므로 양적 일부위헌결정에 가깝다.

판의 결과를 비난할 가능성이 크다는 점에서는 부정적인 측면이 있고 이를 이유로 각하되는 경우도 상당히 있으므로 정책적으로 장려될 것은 아니라고 본다.

그리고 이를 원칙적으로 허용할 경우 많은 헌바사건에 대하여 본안판단을 해야 할 부담도 적지 않을 것이므로 이러한 사정도 함께 고려하여 적법요건단계에서 불필요하고 헌법적인 쟁점이 없는 사건을 걸러내는 도구로서 한정위헌청구의 부적법성을 활용할 정책적인 필요성도 있다.[5]

6. 참고 — 헌재법 제45조 해석

위 조항이 '제청된 법률 또는 법률조항의 해석의 위헌 여부만'이 아니라 '제청된 법률 또는 법률조항만의 위헌 여부'라고 표현되었으면 '만'이 '제청된'의 수식을 받는다는 발표자의 의견에 더욱 가까운 것이 아닐까 하는 의견입니다.

5) 헌바사건은 적법요건으로서 재판의 전제성만이 주로 문제되고 헌재는 비교적 그 범위를 넓게 인정하고 있다.

第78回 발표회 지정토론문

손 인 혁*

먼저 바쁜 일정에도 불구하고 좋은 글을 발표해 주신 발제자님들께 감사드립니다. 오늘 주제인 '한정위헌청구의 적법성' 문제는 2007. 4. 26. 선고된 '문신시술행위 사건'과 '국유재산취득시효 사건'에서 보는 바와 같이 실무상 많은 사례가 집적되고 있음에도 불구하고 이와 관련한 이론적인 논의가 거의 없는 것으로 알고 있습니다. 따라서 따로 참고할 만한 문헌자료가 거의 없음에도 이렇게 심도 깊은 발제를 해주신 점에 대하여 다시 한 번 감사의 말씀을 드립니다.

이 주제와 관련하여 고민하는 실무자의 한 사람으로 발제문을 읽은 과정에서 느낀 몇 가지 의문점과 제 나름대로의 생각을 말씀드리는 것으로 지정토론을 대신하고자 합니다.

1. 한정위헌결정의 인정 여부가 한정위헌청구의 적법성을 인정하기 위한 전제조건인가?

발제문은 공통적으로 한정위헌결정이 인정되는 것을 한정위헌청구를 허용하기 위한 전제조건으로 보고 있는 듯합니다.

한정위헌결정은 헌법재판소가 법률조항의 위헌 여부에 관하여 심리한 종국결과를 나타내는 주문형식의 하나인 데 반해, 한정위헌청구는 각 발제문에서 개념정의하고 있듯이 "법률조항 자체가 아니라 법률조항의 특정한 해석영역 또는 적용영역이 위헌"이라는 심판청구, 즉 규범통제권의 발동을 구하는 청구의 한 형태입니다.

즉, 한정위헌결정은 입법자와 법원의 법률해석권한을 존중하는 취지에서 법률조항에 대한 합헌적인 해석이 가능한 한 가급적 그 법률의 효력을 유지시켜야 한다는 요청의 결과인 반면, 한정위헌청구는 헌법재판소의 규범통제권한의 발동을 구하는 청구로서 이러한 형태의 청구가 허용되는지 여부의 판단일 뿐입니다.

* 헌법재판소 헌법연구관.

따라서 한정위헌청구가 규범통제를 구하는 적법한 청구로서 허용되는 경우에는 그 심판대상과 심리의 범위도 청구인이 한정한 부분으로 제한되고, 판단의 결과 법률조항에 위헌성이 있다면 그 주문형식도 기계적으로 한정위헌결정일 수밖에 없다는 입장을 취하지 않는 한, 양자의 관계를 논리필연적인 관계에 있다고 보기는 어렵다고 생각합니다(물론 토론자도 양자의 관계를 전적으로 부인하는 것은 아닙니다).

2. 구체적 규범통제절차의 본질과 계기

현행법이 인정하는 규범통제절차는 법원의 구체적 재판에 부수되어 규범통제가 행해지는 재판부수적 규범통제로서, 법원은 구체적 사건을 재판하는 과정에서 합헌적인 법률에 근거하여 올바른 법률해석과 적용을 하기 위한 목적에서 헌법재판소에 위헌제청을 하는 것이고, 당사자는 법원이 헌법을 정향하지 아니하거나 기본권의 방사효과를 고려하지 아니한 법률해석과 적용을 하여 자신에게 불리한 재판을 하게 되는 것을 사전에 방지하기 위한 목적에서 위헌제청신청 또는 헌법재판소법 제68조 제2항의 헌법소원을 청구하게 됩니다.

즉, 법원이나 당사자가 형식적으로는 법률조항에 대한 위헌여부의 판단을 구하지만, 실질적으로는 당해사건의 재판과 관련한 법적 사태에 적용할 또는 적용될 법률의 해석이 헌법에 합치하는지 여부를 헌법재판소에 묻는다고 보는 것이 오히려 자연스럽다고 보겠습니다.

따라서 규범통제권한의 발동을 구하는 제청법원이나 청구인으로서는 당해사건에 구체적으로 적용될 법률조항의 내용범위에서 주장책임을 부담하면 될 것이고, 이는 구체적으로 "당해사건에 적용되는 위헌의 의심이 있는 법률조항을 당해사건의 구체적인 법적 사태와 관련하여 해석·적용하는 범위에서 규범내용에 위헌성이 있음"을 주장하는 것으로 규범통제권한의 발동을 구하는 청구로서 필요충분하다고 볼 것입니다.

이러한 결론은 제청서나 청구서의 필요적 기재사항으로 "위헌이라고 해석되는 법률 또는 법률의 조항, 위헌이라고 해석되는 이유(법 제43조 제3호·제4호, 제71조 제2항)"를 규정하고 있는 것으로 보아도 당연하다고 하겠습니다.

3. 그렇다면 한정위헌청구의 적법성을 논의하는 실익은 무엇인가

결국 한정위헌청구의 적법성을 논의하는 실익은 두 발제자님께서 결론적으로 지적하고 있는 바와 같이 규범통제를 비롯한 헌법재판에 관한 사법권능과 그 외의 일반재판에 관한 포괄적인 사법권능을 헌법재판소와 법원으로 분리한 현행헌법의 해석과 관련하여 그 관할영역을 어떻게 설정할 것인가, 즉, 법률해석에 불가분적으로 수반되는 헌법해석과 관련하여 일반 법원의 구체적 재판과정에서 나타나는 일체의 법률해석을 헌법재판소의 관할영역에서 배제할 것인가, 아니면 그러한 법률해석에 헌법해석이 포함되어 있는 범위에서 이를 헌법재판소의 관할영역으로 남겨둘 것인가의 문제인 것입니다.

그런데 이 문제는 현행헌법의 규정에서 비롯하는 우리만의 특유한 문제는 아니라고 생각됩니다. 일반법원과 별도로 사법형의 헌법재판소를 두는 경우에는 모두 관할 및 권한의 분배를 둘러싸고 이러한 문제가 발생하게 됩니다. 독일의 경우도 법원의 재판을 헌법소원의 대상에 포함하여 이 문제를 입법적으로 해결하려고 하였으나, 재판소원의 인정범위 및 심리범위와 관련하여 여전히 판례와 학설이 논란을 벌이는 것도 이와 동일한 차원의 문제라고 생각됩니다. 다만 그 충돌의 장소가 판결에 대한 헌법소원이 금지되는 관계로 헌법재판소법 제68조 제2항의 헌법소원으로 옮겨와 있는 것에 불과하다고 생각합니다.

따라서 이러한 입장에서 보면 '한정위헌청구의 적법성'이란 논제가 그 논의의 본질을 제대로 포섭하고 있지 못하다고 생각되고, 이 점이 바로 이 논의의 실무상 중요성에도 불구하고 아직 이론화·체계화되지 못한 이유가 아닌가 생각되기도 합니다(그리고 발제문과 토론문이 서로 조응하지 못하는 이유이기도 한 것 같습니다).

4. 여　론

박순성 변호사님의 발제문 중 몇 가지 의문점을 말씀드립니다.

가. 발제문 18면에 소개하신 결정례를 일반화하는 것은 문제가 있다고 생각됩니다.

헌법재판소법 제68조 제1항에 대한 헌법소원 사건에서 헌법재판소는 처음의 한정위헌결정과 달리 판단하여야 할 아무런 사정변경이 없다고 하면서 '기각'결정을 취하고 있습니다. 즉 헌법재판소는 위 조항에 대하여 재차 청구된 헌법소원사건에서 헌재법 제68조 제1항의 '법원의 재판을 제외하고는' 부분이 헌법재판소가 1997. 12. 24. 96헌마172 등 사건에서 판결한 바와 같이 "동 조항의 '법원의 재판'에 헌법재판소가 위헌으로 결정하여 그 효력을 상실한 법률을 적용함으로써 국민의 기본권을 침해하는 재판도 포함되는 것으로 해석하는 한도 내에서 헌법재판소법 제68조 제1항은 헌법에 위반된다"고 판단하면서, 위 조항으로 말미암아 재판청구권 등의 기본권이 침해된 바 없으므로 청구인의 주장은 이유 없다고 하여 위 조항에 대한 청구를 기각하였습니다(헌재 2001. 2. 22. 99헌마461 등, 판례집 13-1, 328, 332; 헌재 2002. 5. 30. 2001헌마781, 판례집 14-1, 555, 557 등 참조).

인용하신 사건과 동일한 내용이 헌재 2002헌바99(2003. 12. 18. 판례집 15-2하, 547) 사건에서 다시 문제되었는데, 당시 법정의견의 주문은 한정위헌결정이지만, 재판관 김영일의 합헌의견이 있는 외에 이 사건 주문선택 과정에서 한정위헌결정의 특수성이 충분히 고려된 것으로 알고 있습니다.

나. 발제문 19면에 소개하신 '연방최고법원에 대한 견해질의제도'가 연방헌법재판소법 제82조 제4항의 연방 또는 지방 최고법원에 대한 '법령적용실태보고제도'를 의미하는 것이라면, 이는 우리 헌법재판소법 제32조가 정하는 국가기관에 대한 사실조회 또는 자료제출요구를 법원으로 확대한 결과가 아닌가 생각됩니다. 이 규정이 필요하다는 것에 대해서는 전적으로 동의합니다.

第78回 발표회 토론요지

사 회 자 : 성기용(교수)

토론참여자 : 황도수(교수) 박순성(변호사) 목영준(헌법재판관)
남복현(교수) 황치연(헌법연구관) 전상현(헌법연구관)
이명웅(헌법연구관) 여운국(헌법연구관) 조대현(헌법재판관)
이강국(헌법재판소장)

사 회 자 : 안녕하십니까? 이화여자대학교에 근무하는 성기용이라고 합니다.

제가 불과 얼마 전까지만 해도 헌법재판소에 근무하다가 모처럼 친정에 와서 여러 반가운 얼굴들을 뵈니까 너무 반갑습니다.

바쁘신 와중에도 우리 존경하는 이강국 헌법재판소장님, 이공현 재판관님, 조대현 재판관님, 목영준 재판관님 그리고 사무처장님, 사무차장님을 비롯해 많은 회원들이 참석한 가운데 헌법재판실무연구회를 열게 된 것을 대단히 기쁘게 생각합니다. 지금 시간이 9시까지는 끝내야 되니까 진행을 빨리 빨리 해야 됩니다. 그래서 우선발표자들에 대해서 간략하게 소개말씀 드리겠습니다.

우선 먼저 발표해 주실 황도수 교수님은 헌법재판소 헌법연구관을 역임하시고 지금은 건국대학교 법과대학교수로 계십니다. 저하고는 헌법재판소에 있을 때 바로 옆방에서 다년간 근무한 아주 특별한 인연이 있는데 여기서 뵙게 되어 정말 반갑습니다.

그 다음에 우리 박순성 변호사님께서는 대법원 재판연구관과 서울서부지법 부장판사를 역임하시고 지금 김앤장 변호사로 아주 활발히 활동하고 계시는 것으로 듣고 있습니다.

그러면 시간관계상 두 분의 발표자가 계시기 때문에 어느 정도 제한적으로 할 수밖에 없을 것 같습니다. 그래서 일단 시간은 발표자는 20분씩 해서 40분 정도 발표하시는 것으로 하고, 두 분 지정토론자 이준상 연구관님하고 손인혁 연구관님 10분 정도씩 토론을 해서 1시간에 발표와 지정토론을 마치고 플로어에서 1시간 정도 활발한 토론을 하면 어떨까 생각이 듭니다.

황 교수님께서 먼저 발표해 주시기 바랍니다.

< 주제발표자(황도수) 발표 >

사 회 자 : 황 교수님께서 시간을 잘 지켜 주셔서 대단히 감사합니다.

오늘 주제가 한정위헌청구의 적법성 여부인데 우리 황 교수님께서는 한정위헌청구의 허용논의라고 하는 것이 한정위헌결정의 허용 여부하고 직접적인 관련성이 있다는 전제하에 모든 논의를 본질적인, "과연 헌법재판소가 한정위헌결정을 할 수 있는가?"라는 쪽으로 집약시켜 주신 것 같습니다.

형식적으로 한정위헌청구 그 자체가 허용되는 것보다는 본질적인 문제에서 접근을 하신 다음에 한정위헌결정이 허용된다고 하면 당연히 한정위헌청구도 허용된다. 이제 그런 식으로 결론을 맺으신 것으로 보입니다.

그러면 박순성 변호사님께서 다음 발표를 해 주시겠습니다.

< 주제발표자(박순성) 발표 >

사 회 자 : 박 변호사님께서는 우리 황 교수님 하고는 달리 기본적으로 한정위헌결정의 기속력을 인정하기 어렵다는 그런 전제에 서면서도 한정위헌결정의 기속력을 인정하는 경우와 그렇지 않은 경우에 한정위헌청구의 적법성에 대해서 각각 검토를 해 주시면서 비교적 한정위헌청구의 적법성은 널리 인정하는 것이 좋겠다. 문호를 차단하는 것은 바람직하지 않다. 그런 입장에서 발표를 해 주신 것으로 보입니다.

그러면 먼저 우리 황도수 교수님의 발표문에 대해서 헌법재판소 헌법연구관으로 계시는 이준상 연구관님께서 10분 정도로 해서 지정토론을 해 주시기 바랍니다.

< 지정토론자(이준상) 발표 >

사 회 자 : 토론자께서 황 교수님의 발표에 대해서 몇 가지 의문을 제기하셨는데, 지금 바로 간략하게 답을 하고 넘어가는 것이 논의의 혼선을 막기 위해서 좋은 것 같습니다. 그래서 황 교수님께서 가능한 간단하게 답을 좀 해 주셨으면 좋겠습니다.

황 도 수 : 먼저 한정위헌청구에 관한 개념정의가 어렵지 않느냐라는 문제인데요. 한정위헌청구의 특징은 조문의 규범 내용의 일부에 관해서 위헌판단을 한다는 것입니다. 따라서 한정위헌청구한다는 것의 핵심은 어느 부분에 있냐 하면 당해 법률조항 중에 일정부분이 헌법조문과 충돌이 생긴다라는 주장이 있으면 그것

만으로도 충분히 한정위헌청구인지 아닌지가 구분이 되는 것입니다.

그러니까 "법률조문 전부가 헌법에 위반된다" 이런 주장과 마찬가지로 그 조문 중에 일정부분만 보니까 그 부분에 관해서는 최소한 헌법의 무슨 조문과 충돌이 있다. 그러니까 그것을 판단해 달라. 이런 것으로 충분히 한정위헌청구가 무엇인지는 개념이 구분될 수 있을 거라고 생각되기 때문에 그 부분 실무상 큰 어려움 없지 않겠는가 하는 생각을 해봅니다.

그 다음에 '재판소원금지하고 관계'해 가지고 재판소원금지규정이 있는데 한정위헌결정을 하는 것은 법원의 해석을 건드리는 것이니까 이것은 68조 1항의 재판소원 금지규정과 고려해 볼 때 자제되어야 되는 것 아닌가 이렇게 생각되는데요. 지금 논의되고 있는 한정위헌결정은 법조문이 헌법과 위반된다, 충돌된다, 이런 부분이고, 재판소원에서의 재판소원이 금지된다는 것은 무엇을 뜻하느냐 하면 그 법률내용이, 해석된 법률내용이 헌법에는 위반되지는 않지만 그 법률조항에서 그러한 해석이 나올 수 없다라고 하는 내용이지요. 그러니까 그 재판소원의 의미는 무엇이냐 하면 법원의 법률해석권의 일탈·남용을 판단할 때 재판소원이라는 거지요.

그 내용이 헌법에 위반되느냐 여부는 위헌법률심판권이고 그리고 그 법원의 재판 그러니까 법률해석권이지요, 해석권을 일탈했느냐 남용했느냐 그 내용이 헌법에 위반되는지 여부는 상관하지 말고 그러한 의미에서 재판소원을, 법률의 해석과 관련해서는 구분이 충분히 가능한 것 아니냐 이렇게 생각됩니다. 그런 의미에서 볼 때 재판소원금지조항하고 한정위헌결정하고 양자는 개념상 완전히 구분되는 거다, 이렇게 볼 수 있습니다. 저는 그렇게 개인적으로 이해하고 있습니다.

그 다음에 한정위헌결정과 한정위헌청구와의 관계가 논리필연적인 것은 아니지 않느냐 이런 얘기인데, 일단 '재판권', 재판을 신청한다는 것은 헌법재판소에 재판권을 행사해 달라는 것이고 헌법재판소의 재판권에 단순위헌결정권뿐만 아니라 한정위헌결정권이 당연히 청구인들은 그 신청권에 있어서 한정위헌결정권을 행사해 달라고 하는 신청이 가능하다고 봐야 되기 때문에 일단 양자의 관계는 분명히 그렇게 되어야 되지 않나 생각합니다.

그 다음에 한정위헌결정의 개념과 관련해 가지고 어떤 견해였냐 하면, 특정한 해석방법에 대한 위헌문제를 다루겠다라고 하는 것이 아니고 이 부분은 재판소원의 문제입니다. 즉 특정한 해석방법이 잘못되었다, 그러한 해석방법이 법률해석권을 일탈·남용한 것이다, 이것은 재판소원의 문제이고, 그렇게 해석된 내용으로서의 법률내용이 헌법의 무슨 조항하고 위반된다는 것이 위헌법률심판의 문제라는 거지요. 그런 의미에서 볼 때 특정한 해석방법에 대한 어떤 신청으로서 한정위헌청구로 이해하는 것은 조금 개념이 다른 것 아닌가 생각될 수 있습니다.

또 규범통제문제하고 관계에서 봤을 때, 규범통제자체의 개념이 뭐냐 하면 하위법은 상위법의 내용에 위반될 수 없다는 것이 기본적인 내용이니까 여기서도 한정위헌결정의 내용 자체가 역시 하위법인 법률이 상위법인 헌법의 내용에 위반된다는 것을 판단하는 한 어려움은 없다고 생각됩니다.

그 다음에 입법기술적 측면과 관련해서 어떤 부분을 지적해 주셨냐하면, 일정한 질적 일부위헌에서는 문제가 있는데 그것이 입법사항으로는 법률을 정할 때 아직 예측은 못했지만 그 후에 법률해석에 의해서 새롭게 발견된 어떤 해석사례군이 형성되고 그러한 것이 이제 법률의 내용으로 된 거 아니냐, 이럴 때는 좀 다른 거 아니냐 이런 말씀하시는데, 그러한 것을 예측을 하기 때문에 입법자가 일반추상적인 문구를 사용하게 된다는 거지요. 그러니까 일반추상적인 문구를 사용했기 때문에 나중에 보충적으로 법원의 해석에 의해서 내용이 형성이 되고 그 내용이 또 해석된 내용을 보니까 그 법률내용이 헌법에 위반된다라고 하는 이런 충돌문제가 제기된다면 굳이 법률조항 전부에 대해서 판단하는 것이 아니라 그 부분 특정한 사안, 특정한 사례군 또 해석으로 특정될 수 있는 범위에 한해서 위헌법률심판을 판단할 수 있을 것 아니냐, 그런 의미에서 한정위헌결정이 당연히 필요하다고 봅니다.

그 다음에 정책적인 측면이라고 봤는데, 저는 입장이 한정위헌결정은 정책적인 측면이 아니고 오히려 입법기술적인 면에서 볼 때 논리필연적인 것이라는 겁니다. 왜냐하면 어떤 입법에 따라서는 그것이 한정위헌이 되기도 하고 또 어떤 입법형태, 같은 내용의 법률을 만들더라도 어떤 경우에는 양적 일부위헌이 되고 어떤 경우에는 한정위헌결정이 되고 이와 같이 되니까 그 차이는 어차피 일정한 법률조항의 일부분에 관해서만 판단한다는 의미에서 정책적인 것보다는 논리필연적이다. 이렇게 볼 수 있는 것 아닌가 생각됩니다.

마지막으로 헌재법 45조의 해석에서 '만'의 위치에 따른 것이 아니고 제가 관심을 갖는 것은 단서조항하고 같이 볼 때 45조를 지금과는 다른, 문구해석을 좀 달리해야 된다. 만자를 붙인 이유가 단서조항을 보니까 아, 이것은 민사에서 말하는 처분권주의 또 형사에서 불고불리의 원칙 그런 입장에서 본문을 쓰고, 다만 그러한 처분권주의 하지 않은 것을 헌재에서 재량권을 가지고 심판대상을 확대하는 것 아니냐, 이런 식으로 해석되어야 된다는 것이 45조에 대한 저의 간단한 소견이었습니다. 이상입니다.

사 회 자 : 다음은 손인혁 헌법연구관께서 지정토론을 해 주시기 바랍니다.

< 지정토론자(손인혁) 발표 >

박 순 성 : 질문하신 것은 하나입니다만, 말씀하신 것에 대한 제 의견을 간단히 말씀드리면, 한정위헌결정 인정 여부하고 한정위헌청구의 적법성 여부하고는 반드시 연결될 필요는 없다고 생각합니다.

한정위헌결정이 허용 안된다 하더라도 한정위헌의 청구를 구하는 것은 제 견해로는 단순위헌결정을 해 달라는 취지로 충분히 선해할 수 있고 헌재도 청구취지를 어떻게 해 오든지 관계없이 실제로 구하는 의미가 뭔지를 밝혀서 결정한 사례들은 많이 있다고 생각됩니다.

한정위헌결정이 허용되고 기속력이 있다면 원칙적으로 한정위헌결정을 해 달라는 청구도 허용되어야 되지 않느냐. 헌재결정문에서 부적절이라는 표현을 사용하는데요, 원칙적으로 보면 부적법하다 해서 딱 잘라내야 되는데 부적절이라는 표현을 쓰는 것은 제 추측건대 헌법재판소가 법률의 다툼이냐 아니면 법률의 해석적용에 관한 다툼이냐를 구분해서 판단을 하면서 사실상 여러 가지 정책적인 고려를 해서 자제를 하는 것이라는 것을 표현하는 것 아니냐, 저는 그렇게 읽혔습니다. 실제로 재판관이 어떤 생각을 가지고 있었는지는 잘 모르겠습니다만.

그리고 적절하게 지적하신 바와 같이 위헌제청신청을 하는 경우나 또는 법 68조 2항에 의한 헌법소원을 하는 경우나 대부분은 재판이 전제되어서 하는 것입니다. 재판과 관계없이 하는 사람들도 있겠지만 재판이 전제되어서 자신의 권리구제를 받기 위해서는 이 해석이 받아들여져야 되는데 그 해석이 받아들여지기 위해서는 나머지 해석이 위헌이라고 해석이 되어야 하는 그런 관계에 있을 때 위헌제청신청을 하거나 헌법소원을 하게 되는데, 그러면 그때 나타나는 논의에서는 법률에 대한 다툼과 법률의 해석적용에 대한 다툼이 섞여 있는 그런 상황이 아닌가 생각됩니다.

그래서 그 경우에는 어떻게 잘 분리해내느냐 하는 문제가 생기는데요. 실질적으로 구체적인 사건에서는 “A라는 해석과 B라는 해석이 있는데 A라는 해석은 위헌이라고 생각한다. 그런데 B라는 해석을 해야 내가 유리하다. 그러면 이렇게 불명확하게 법률을 만든 것 자체가 위헌적 요소를 포함하고 있는 것 아니냐. 왜 법을 제대로 못 만들었느냐. 그렇기 때문에 법을 제대로 못 만든 것을 위헌이라고 판단해 달라. 이런 청구는 받아들여져야 되지 않느냐.” 실무하는 입장에서는 그런 생각을 많이 하게 됩니다.

그 다음에 발제문 18면에 있는 결정문 말씀하셨는데요. 만약에 한정위헌결정을 해서 일부 질적위헌결정을 했을 때 똑같은 내용으로 또 한정위헌결정을 해달라고 하면 기속력이 있고 제거가 되었다고 보는 입장에서는 그것은 대상이 없는 겁니다.

그런 판단을 해 달라는 대상이 없기 때문에 사실 제 생각에는 이것을 기각해야 될 게 아니고 각하를 해버려야 되는 것 아니냐, 소송요건이 성립이 안 되기 때문에. 기각을 한다는 것은 일단 다 심리를 한다는 것이거든요. 종전 견해를 유지할 필요가 있느냐, 만약에 그때 재판관님들이 생각이 다 바뀌었으면 그것은 다시 살아날 수도 있다는 이유가 되니까 이것이 한정위헌결정이 갖는 문제가 아닌가 저는 개인적으로 그렇게 생각을 하고 있습니다. 이상입니다.

사 회 자 : 이상으로 예정된 발표자와 토론자들의 발표와 토론이 모두 끝났습니다.

우리가 연구회가 끝나는 시간을 9시로 예정하고 있기 때문에 지금 시간이 40분 정도 남아 있습니다. 그래서 가능하면 9시라고 하는 시간을 준수하려고 하기 때문에 40분의 한도 내에서 활발한 토론을 전개해 주셨으면 좋겠습니다.

먼저 발표하실 분 한번 손을 들어보시지요.

재판관님.

목 영 준 : 오늘은 과묵하게 하루를 그냥 지내겠다고 나왔는데 마침 이 주제가 제가 헌법재판소에 와서 가장 치열하게 생각했던 주제였기 때문에 오늘 발표하시는 분들이나 지정토론 하시는 분들 사이에 결정에 대해서 오해도 약간 있을 수 있고 그래서 설명드리는 차원에서 5분 간만 말씀을 드리도록 하겠습니다.

우선 한정위헌결정과 한정위헌청구와의 관계, 지금 많은 견해가 나뉘실 수가 있는데, 이것은 분명히 다른 견해들이 다 있더라고요. 제가 여기 와서 여러분들이 쓰신 보고서를 봤는데 다 의견이 틀리지만, 우선 제 개인적으로는 한정위헌결정과 한정위헌청구라는 것은 필연적으로 일치할 수밖에 없지 않느냐. 물론 헌법재판을 민사소송처럼 소송물의 개념으로 가고 처분권주의로 반드시 가는 것이 옳으냐는 회의가 있을 수 있습니다마는 저로서는 하여튼 그렇게 봤고, 적어도 저희 헌법재판소의 선례를 제가 읽어본 바로는 한정위헌결정에 대해서 회의적인 헌법재판소의 결정은 하나도 없고, 한정위헌결정은 당연히 되는 건데 다만 뒤에 말씀드리겠지만 이 '한정'이라는 것이 개념적, 추상적으로, 일반적으로 분리될 수 있는 것인가, 없는 것인가 그런 것 때문에 종전에 헌법재판소에서 조심스럽게 한정위헌결정을 하지 않았느냐, 그렇게 보였습니다.

그러면 이제 한정위헌결정과 한정위헌청구를 제 논리대로 소송물의 개념으로 본다면 한정위헌결정이 인정되는 한 한정위헌청구도 인정되어야 된다라는 생각을 갖고 있었습니다. 반면에 선례는 그렇지는 않습니다. 한정위헌청구의 선례는 원칙적으로 안 된다. 법률의 해석을 다툰 것이기 때문에 안 된다. 다만 세 가지 경우에 예외적으로 된다. 그 세 가지 경우 중 하나는 해석을 다투는 것 같지만 법률조항 전체를 다투는 거다. 두 번째는 법률의 명확성을 다투는 거다. 세 번째는 어떻든 법원의 판례에 의해서 집적되어서 하나의, 표현이 어떻게 되든 군을 이루는 거다. 이런 해석군을 이루면 이 세 가지 경우에는 예외로 한정위헌청구가 받아들여질 수 있다, 이렇게 봅니다만, 저는 기본적으로 이 선례가 이상하다고 생각합니다. 우선은 명확성의 원칙을 다투는 경우라든지 아니면 전체를 다투는 거라면 이것은 우선 한정위헌청구의 개념에 들어가지가 않는다. 그것은 전부위헌청구지 한정위헌청구가 아니다.

그러면 유일하게 예외로 인정할 수 있는 것은 법원의 해석으로서 일정한 사례군이 집적된 경우만을 얘기하는데, 과연 사후적인 법원의 해석에 의해서 사전적인 법률의 해석을 이것이 한정위헌이 된다 안된다라고 판단한 것이 과연 옳으냐, 그런 견해가 있었습니다.

그래서 저는 역시 이것은 결국 우리가 일반적, 객관적, 추상적인 개념으로 이 법률조항을 나눌 수 있느냐 없느냐로 봐야 되는 것 아니냐 이런 생각을 가지고 있습니다. 그러면 적법성 여부를, 제 견해로 한정위헌청구가 적법하다면, 적법한지 적법하지 않은지 어떻게 구별하느냐? 우리 김하열 연구관의 표현에 의하면 '규범다발' 이런 표현을 썼고, 또 우리 최갑선 연구관이 표현도 비슷합니다. 비슷해서, 이제 이런 것을 그러면 어떻게 구별해서 질적, 양적으로 나누느냐. 이 질적, 양적이라는 용어 자체도 조금 명확하지 않은데요. 객관적, 추상적, 일반적으로 분리할 수 있는 개념이냐 아니면 다른 법률의 규정에 의하여 분리가능한 개념이냐. 이게 질적인지 양적인지 저도 자신은 없습니다마는 법조문에 물건이 있으면 그 물건이 동산이냐 부동산이냐를 나눈다든지 아니면 우리 헌재 결정례에 나오는 것처럼 국유재산에 잡종재산이냐 행정재산이냐를 나눈다든지, 다른 법령의 규정에 의해서 개념의 분리가 명백한 것은 그것은 양적이건 질적이건 간에 한정위헌청구가 가능한 것이 아니냐. 만약에 그런 법률적 조문이 없다 하더라도 통상의 법률가들의 판단으로 개별적으로 분리가능한 개념이라면 그 한정위헌청구는 적법한 것이 아니냐. 그러나 그 개념이 모호하다면, 특히 사실인정에 터 잡은 것이라면 그것은 한정위헌청구가 아니지 않느냐. 그거는 법원의 몫이 아니냐.

결론적으로 말씀을 드리면, 조금 정책적인 면이기는 한데요, 사법제도라는 것이 어떻든 현재 대한민국에 있는 사법제도는 국민을 위하여 쓰여 져야 됩니다. 그런데 만일 우리가 헌바사건이건 헌가사건이건, 한정위헌결정을 해서 법원에 내려 보냈는데 법원에서 "이 해석은 내가 마음에 안든다"고 해서 다른 판결을 내리고 그 판결에 대해서 다시 재판소원으로 와서 우리 헌법재판소가 예외로 인정하고 있는 헌법재판소의 해석에 반하는 재판이기 때문에 취소를 하는 것이 국민들한테 과연 도움이 되겠느냐? 그렇다면 우리가 수긍할 수 있는, 어느 법률가들이 수긍할 수 있는 개념적 다발, 개념적인 분리가 가능한 부분에서 우리가 한정위헌청구를 받아들이고 한정위헌결정을 해 준다면 저는 모르겠습니다마는 법원도 그 개념에 대해서는 수긍을 할 것이고, 그러면 결국은 지금 발표자들께서 말씀하신 국민의 권리구제라는 측면과, 한편 사법제도의 어떤 갭으로 인한 코스트를 방지할 수 있는 것이 바로 우리가 한정위헌청구나 한정위헌결정을 바라보는 것이 누구나 법률가들이 수긍할 수 있는 질적, 양적분리개념, 이 개념에 대해서는 인용하고 그렇지 않은 부분에 대해서는 사실인정과 법률의 적용문제로 해서 법원에 넘기는 것이 타당한 것이 아니냐, 그런 생각을 저는 가지고 있습니다.

이상입니다.

사 회 자 : 목영준 재판관님께서 직접 토론에 참가하셔 가지고 아주 심도 있는 말씀을 해 주셔서 한정위헌청구의 허용 여부라든가 또는 재판의 배경에 대해서 우리가 좀더 잘 이해할 수 있는 기회를 가질 수 있었던 것 같습니다.

그러면 다음은 남복현 교수님 말씀하시지요.

남 복 현 : 남복현입니다.

우선 박순성 변호사님께 한 가지 말씀드리고 싶은 것은 오스트리아에서 한정위헌 그런 것 없지 않느냐라고 말씀하시는 것과 관련된 것입니다. 뭐냐하면 비형벌법규에 대한 위헌결정의 법적효과문제에 있어서 법적 안정성과 정의라고 하는 두 가지를 쫓아다닐 때 현재 우리나라는 일반사건에까지 예외적인 소급효를 확장하고 있습니다. 사실은 저는 그 부분에 대해서는 그것이 이제 독일도 그렇고 대부분 나라가 그렇게 될 거라고 봅니다. 그러나 오스트리아의 경우에는 법적 안정성을 우선시했지 구체적 사건에 있어서 이것을 도외시했습니다. 다시 말하면 76년도까지 당해사건에 한해서만 권리구제의 대상에 포함시켰고 지금 현재는 '헌법재판소가 달리 정하는 한'이라는 표현 속에서 계속중인 사건에까지만 권리구제의 범위에 포함시키고 있습니다.

다시 말하면 오스트리아조차도 우리나라처럼 일반사건에까지 권리구제의 범위가 확대가 된다면 거기도 한정위헌으로 인해서 야기될 문제는 충분히 나타날 수 있다, 그렇게 말씀드리고 싶습니다.

두 번째로는 법적 안정성하고 정의라고 할 때 바로 이 한정위헌결정의 논란도 사실은 그런 차원에서 접근해야 된다고 생각을 합니다. 만약에 법의 해석 기준을 통해서 이렇게 해석해서 합헌이고 저렇게 해석하면 위헌이다. 그런데 위헌해석의 근거에서 사건이 구성되었을 수도 있고 정반대로 합헌인 부분에 근거해서 구성되었을 수도 있는데, 만약에 그런 부분에 있어서 위헌 여부의 다툼이 되었을 때 그것을 누가 재판할 것이냐? 그냥 법원에서 스스로 알아서 재판할 것이냐? 그런 경우에 아직 위헌결정이 나지 않은 법률이고 위헌해석 되지 않은 부분임에도 불구하고 대법원이 그것에 대해서 위헌결정과 동일한 효과를 내면서 사건의 적용을 배제하는지, 그 사건에 위헌으로 해석된 법률의 적용을 배제할 수 있는 근거가 뭔지, 아니면 해 주지 말아야 되는지, 그 부분에 대해서는 명확하게 입장 정리가 안 되어 있다는 겁니다. 바로 그런 부분에 대해서 얘기를 할 수 있어야만 이 논의체계는, 대법원의 주장 얘기는 타당성이 있다는 것이다 그것을 말씀드리고 싶습니다.

그 다음에 사법작용의 개념을 정립하시는데 사법권의 전속적인 권한이라는 표현을 쓰십니다. 법률의 해석적용에 대해서. 그 부분에 대해서는 저는 동의하기가 어렵다고 생각합니다. 구체적 사건에 있어서의 법적 분쟁의 해결이 사법작용의 본질이지, 그 본질을 수행하기 위해서 법의 해석과 적용은 도구입니다. 저는 그렇게 이해를 하고 싶습니다. 왜냐하면 행정청에서 행정처분을 하는 것조차도 법을 해석, 적용하는 겁니다. 그런데 어떻게 전속적입니까? 전속적인 것은 아니지요, 저도 할 수 있습니다. 헌법도 마찬가지입니다, 다 할 수 있습니다. 다만 거기에 얼마만큼의 유권성이 부여되어 있느냐, 그 유권성이 부여된 것은 헌법에서 찾기를 101조에서 찾습니다. 사법권이라는 개념 속에서. 바로 거기서 우리는 확정력이나 기판력의 개념을 동원시킬 수가 있습니다. 그러면 한정위헌에서의 위헌해석부분에 대해서 아까 말씀드린 그런 논리체계를 또다시 반복하게 되는데 그러면 그것이 헌재에 가 있는 것이 맞겠느냐 대법원 가 있는 것, 즉 사법권인 107조 1항에서 찾으려는 것이 맞겠느냐 101조 1항에서 찾는 것이 맞겠느냐 한번 그것은 더 고민을 해봐야 될 거라고 생각을 합니다.

그리고 마지막으로 금방 목영준 재판관님도 말씀해 주셨는데, 한정위헌청구 관련해서 황도수 변호사님께서는 옛날에 명예회복에 적당한 처분하고 잡종재산시효취득금지 그 두 가지 말씀하시는데, 사실 저는 그것은 우리가 생각하는 일반적인 한정위헌과는 좀 다른 거라고 생각을 합니다. 다시 말하면 명예회복에 적당한 처분에 사죄광고를 포함시키는 것은 위헌이라는 뜻은 사죄광고가 위헌이라는 뜻이지 사죄광고 이외의 나머지 명예회복에 적당한 처분은 합헌이라는 뜻이 아닙니다. 절차법적으로 그것은 위헌여부판단이 안된 거라고 봅니다. 마찬가지로 잡종재산 이외에 행정재산이나 보존재산의 시효취득금지의 위헌 여부는 다투어 봐야 압니다.

마찬가지로 문신사건이나 국유재산에 대한 이번 사건도 똑같은 시각으로 접근해야 되는 거 아니냐, 우리가 일반적으로 생각하는 무엇으로 해석하는 한 위헌이다, 무엇으로 해석하는 한 합헌이다라고 해서 반대해석을 허용하는 논리체계가 아니지 않느냐, 그렇게 보고 싶습니다. 이상입니다.

박 순 성 : 워낙 많이 질문을 해 주셔서 질문취지에 제가 다 따라갔는지 모르겠는데요. 오스트리아법에 대해서는 사실은 제가 깊이 있는 연구가 없습니다. 다른 분이 쓰신 것을 그대로 옮겨 썼기 때문인데요. 제가 구체적으로 답변을 드리기는 어렵습니다. 다만 아까 말씀하셨던 바와 같이 '당해사건' 개념을 넓혀가면서 오스트리아도 권리구제쪽으로 가고 있는 것은 사실인 것 같고요.

그 다음에 헌법위반의 법률을 적용해 가지고 대법원이 판결했을 때 어떻게 구제하느냐? 그것은 당연히 헌재에서 판단을 해주어야 된다고 생각합니다. 다만 제 주장은 그때 한정위헌결정을 하지 않고 단순위헌결정을 하면 좋지 않겠느냐 하는 것입니다.

남 복 현 :만약에 단순위헌결정을 하게 되면 어떤 문제가 생기느냐 하면 이길범 사건 같은 경우 나타납니다. 사실 그것은 법률형식이 잘못이거든요. 그게 만약에 법률로 들어가 있었다면 위헌결정 안났습니다. 그런데 그거 때문에 위헌했다, 아니 이런 경우까지 어떻게 권리구제의 대상에 포함시키느냐? 이렇게 부딪힌 것이 아닙니까, 대법원에서.

괜히 합헌해 줬다가 '왜 위헌인 거 합헌해 줬느냐' 이렇게 나올 것이고, 정반대로 단순위헌해 줬더니 '왜 단순합헌인 것도 위헌해 줬느냐' 이렇게 나오겠지요. 바로 그 부분이 힘든 겁니다.

박 순 성 : 그러니까 그런 헌법적인 쟁점을 정리해서 헌법재판소가 위헌이라고 선언을 해 주면 정리가 되지 않겠습니까? 왜냐하면 제 기본적인 생각은 헌재가 기본적인 것이 입법을 통제하는 것 아닙니까? 입법을 통제하는 것인데 위헌이라고 해석될 수 있는 여지가 있는 법률조항을 남겨두어서는 제대로 된 입법통제가 안 되는 것 아니냐 그런 생각을 한번 해봤습니다.

그리고 법률의 해석적용에 대해서 전속적인 권한이 있다는 표현이 부적절하다고 하셨는데, 제 개인적인 생각으로는 법률의 해석권 또는 헌법의 해석권은 헌재도 가지고 있고 대법원도 다 가지고 있다고 생각합니다. 다만 그것을 적용하는 과정에서 구체적인 사실관계를 인정하고 이것을 포섭하는 이런 과정은 법원의 전속적인 권한이고 그것은 법원에서 최종적으로 판단한다고 지금 권한을 분배해놓았기 때문에, 그런 의미에서 전속적이라는 표현을 쓰는 것 아닌가 하는 생각이 듭니다.

사 회 자 : 시간관계상 답변은 이 정도로 하고, 다음 황치연 연구관 말씀하시지요.

황 치 연 : 박순성 변호사님께 먼저 질문을 드리고 싶은 건 우리 헌법재판소법 해석에 관한 문제인데, 헌법재판소법 해석에 대해서 대법원이 전속적 해석권을 가지고 있다고 생각할 수 있겠습니까, 헌법재판소법은 헌법재판에 관한 절차법인데 헌법재판소가 해석을 합니다. 그런데 45조에 '제청된 법률만' 할 때 그 '만'자가 어디에 걸리냐에 대해서 우리 헌법재판소는 유권적으로 해석을 했습니다. 제청된다는 것에 걸린다고 해석을 했고, 이 헌법재판소의 해석은 효력이 없는 건지? 대법원이 전속적 법률해석권을 가지고 있기 때문에?

두 번째로 47조를 보면 '위헌결정은' 이렇게 되어 있습니다. 그러면 여기는 또 만자를 집어넣어서 해석을 해요. '위헌결정만' 법조문에는 만자가 들어 있지 않습니다. 그런데 위헌결정만 기속력을 갖는다, 이렇게 해석을 합니다. 여기에 위헌결정의 의미가 어떤 것인지, 내포범위가 어떤 것인지에 대해서 헌법재판소가 해석할 수 있습니다. '한정위헌결정도 포함된다' 그러면 이 헌법재판소의 법률해석권은 무의미한 겁니까?

두 번째로 폐지무효설을 주장을 하는데 우리 헌법과 헌법재판소법 어디에도 폐지 무효의 근거규정은 없습니다. 그리고 또 정형결정에 관해서 독일은 무효결정이 정형결정이고 우리는 위헌결정 이하 합헌결정이 정형결정입니다. 독일에서는 이 위헌결정도 불합치결정의 한 내포로 됩니다.

그런데 위헌의 방법에 관한, 당연무효냐 폐지무효냐에 관해서 우리 헌법과 헌법재판소법 어디에도 규정이 존재하지 않고 위헌의 시기에 관해서만 소급효와 장래효에 관한 규정이 있습니다. 그러니까 폐지되지 않았기 때문에 한정위헌결정은 의미가 없다. 이것은 우리 실정법 체계와도 어긋날 뿐만 아니라 무효체계이론과도 어긋난다. 이렇게 말씀드릴 수 있습니다.

불합치결정에 만약에 적용중지결정을 내린다든지 이것도 그러면 효력이 없는 것이고 아직 폐지 안됐으니까, 위헌결정 내렸는데도 한참 후에 국회에서 그것을 정리하기 전까지는 효력이 없는 것으로 됩니다. 그런 논리는 타당하지 않습니다.

또 한정위헌결정을 다시 청구할 때 문제인데 그것은 우리 실무상에서 같이 병합해서 처리할 사항이 누락되어 가지고 그것을 다시 결정할 때 그 한정위헌결정을 선고해 줘야 이 사람이 구제받을 수 있기 때문에 실무기술상 그런 것이지 한정위헌결정에 대해서 왜 다시 한정위헌결정을 하느냐, 이것은 적당한 질문이 아닌 것 같습니다.

그 다음에 대법원과 헌법재판소를 조정하는 법원을 좀 만들어야 되지 않겠느냐 했는데, 사법에 관한 종국기관성을 대법원이 가지고 헌법재판에 대한 종국기관성을 헌법재판소가 가지는데 이것을 조정하는 법원을 옥상옥으로 만들어서 조정하는 것이 현실적으로 가능할 것인지, 이렇게 생각을 합니다.

그리고 이준상 판사님은 재판소원금지는 헌법재판의 한계라고 하셨어요. 이 문제에 대해서는 10년 전에 계희열 교수님께서 헌법재판의 재판소원금지문제는 정책적인 문제이고 한계라고 주장하는 박홍우 부장에 대해서 아주 냉혹하게 비판한 글이 있습니다. 그것을 한번 참조를 해 주시면 좋겠습니다.

그리고 우리 재판관님께서 사실인정영역을 한정하는 거나 적용범위의 한정력은 법원에 맡겨두어야지 않느냐, 이렇게 말씀하셨는데, 명예회복에 적당한 처분이라는 것의 적당한 처분이라는 말은 구체적으로 사죄광고는 안 들어 있습니다. 사실인정, 사죄광고라는 영역을 한정하는 것은 한정위헌결정에서 법조문의 의미영역을 한정하건 적용영역을 한정하건 그것이 헌법적 가치에 위배될 때는 그 법률의 범위를 한정해서 위헌으로 선언할 수 있다고 봅니다.

그러니까 사실인정영역의 적용범위에 대해서는 우리 헌법재판소가 터치할 수 없다는 것은 한정위헌 결정의 의미에 대해서 의미영역이나 적용영역에 구애받지 아니한다, 이렇게 생각할 수 있지 않을까 생각을 합니다.

이상으로 줄이겠습니다.

사 회 자 : 다음 전상현 연구관님.

전 상 현 : 전상현 연구관입니다.

두 가지만 제가 평소에 생각하던 말씀 드리겠습니다.

주로 한정위헌결정의 효력을 부인하는 논거로 많이 얘기하는 것으로, 아까 황도수 변호사님께서 소개해 주신 대법원판례에도 나와 있습니다만, 조문에 아무런 변경도 없는데 기속력을 인정할 수 있겠느냐라는 논거가 있는데요. 그것은 아까 황 박사님도 말씀하셨지만 법개정 전까지는 단순위헌결정을 하더라도 똑같은 상황입니다. 그래서 오늘 우리가 단순위헌결정을 내리더라도 그 주문을 모르는 법원은 재판할 때 이 조문이 그대로 존재한다고 얼마든지 오해할 수도 있습니다. 그래서 그것은 제가 볼 때 중요한 논거는 안 된다고 생각합니다.

또 하나 한정위헌결정을 부정하는 논거로 다시 기속력을 들었습니다. 그래서 기속력도 없는 결정을 어떻게 인정할 수 있느냐라고 얘기하는데, 기속력이 없는 이유는 뭐냐라고 얘기하면 그것은 단순위헌이 아니기 때문에 된다, 이렇게 얘기를 합니다. 그러면 그것은 순환논법이 됩니다. 왜 위헌결정에 포함이 안 되느냐를 논증을 해야 되는데 그 논증을 안하고 이것은 기속력이 없다, 기속력은 어디에 있느냐, 단순위헌에만 있지 않느냐, 이렇게 얘기를 합니다. 그래서 그것은 제가 볼 때는 순환논법인 것입니다.

그래서 저는 결론적으로 제 개인 의견을 조금만 말씀드리면 한정위헌결정은 일단은 아까 황도수 교수님께서 충분히 설명해 주신 그런 의미에서 규범통제로서 충분히 의미가 있고 그래서 한정위헌청구도 원칙적으로 적법한데, 다만 남는 문제는 우리가 규율영역을 계속적으로 구체화시키면서 쪼개다보면 사실은 아주 개별적인 구체적 사건에서의 적용하고 구별이 안 되는 그런 단계까지 갈 것입니다. 아까 박 변호사님께서도 말씀해 주신 것 같은데요. 그런데 그것하고 명확히 구별해 낼 수 있는 기준이 있느냐, 어디까지는 규범이고 어디까지는 구체적 사실관계냐 이것이 우리가 판단해야 될 몫인데 그것을 일률적으로 객관적인 기준을 제시하라, 이렇게 얘기하기는 어려울 것 같고요. 그때그때 사건마다, 이렇게 얘기하면 좀 자의적이다 이런 비판이 있겠습니다마는, 그 사건에 대해서 우리가 본안에 들어가 판단할 만한 헌법적 쟁점과 이슈가 되고 있느냐 사회적으로, 그것으로 판단할 수밖에 없지 않나 이렇게 생각합니다.

사 회 자 : 이명웅 연구관님.

이 명 웅 : 저는 근본적인 얘기를 좀하고 싶은데요. 왜 한정위헌결정이 필요하냐? 필요성의 관점에서 접근을 해야 된다고 봅니다. 그것은 독일에서 한정위헌, 한정합헌결정이 있는데 그 한정위헌, 한정합헌결정이 사실은 미국에서 왔습니다.

우리가 많이 보는 슐라이히의 「헌법재판소」라는 책에서 보면 그 얘기를 명시적으로 하고 있습니다. 한정위헌결정이라는 것은 미국에서 나온 것이고 미국에서는 기본적으로 법률자체를 폐지하는 효과는 없습니다. 물론 그것은 성문화되어 있지 않은 사법심사를 하기 때문에 그런 문제인데, 그렇기 때문에 법원은 기본적으로 당해사건에서 한정해서 그것이 위헌이다, 이렇게 선언을 하는 것이고, 다만 문면상 위헌이라든가 어떤 경우든지 이것은 너무 추상적이다라고 했을 때는 전체적으로 무효를 선언하는 경우도 있는데, 한정위헌형식의 주문이 원칙입니다.

그리고 한정위헌형식의 주문을 했을 때 그 법률조항이 법전에서 폐지되지가 않습니다. 그래서 위헌으로 결정한 그 판례가 뒤에서 번복이 될 수 있거든요. 그 때는 그 법전에 있던 조문들이 다시 살아납니다. 그래서 'dormant but not dead' 이렇게 표현을 하는데요. 그렇기 때문에 지금 여기 논의를 하신 것 중에 법률조항 자체를 폐지하지 않기 때문에 한정위헌이라는 곳은 인정할 수 없다든가 이런 것은 좀 연혁적인 면에서 보면 바람직하지 않습니다.

기본적으로 한정위헌결정이라는 것이 필요한 이유는 물론 위헌, 합헌으로만 하는 그런 시절도 있었겠지요. 그렇지만 오늘날의 모든 상품이라든가 재화라든가 소비자에 맞추어서 의료라든가 좀 이렇게 세분화되고 뭔가 나눌 수 있으면 나눠서 하는 것이거든요. 일부 위헌성이 있다고 해서 전체를 위헌으로 할 수 없고, 특히 어떤 법률조항이 있는데 그 법률조항이 예견하는 범위를 벗어난 해석이 있을 때 그러면 헌법재판소가 위헌결정에 대한 권한을 가지고 있는데 그것을 소송물로 해서 가지고 왔다는 거지요. 그러면 헌법재판소가 아, 이것은 법률해석의 영역이고 이것은 법원의 권한이기 때문에 우리는 그 법률이 구체적으로 적용되는 사항에서 법원이 그 법률을 전면에 내세워서 그런 해석을 해서 법을 살아 숨쉬게 하더라도 우리는 건드리지 않는다라는 것이 가능할 것이냐 현실적으로. 그것은 실무를 해보시면 몇몇 사건에서는 분명히 그렇게 우리가 방기하는 태도를 가질 수가 없는 것이지요.

그래서 결론적으로 말씀을 드리면 법률 또는 법률조항의 위헌 여부를 판단하는 권한에 그 한정적인 해석, 이것은 분명히 판례도 지적하셨다시피 이것은 하나의 해석범위를 제한하는 것입니다. 그것은 질적 일부위헌이라고 하지만 기본적으로 규범의 폐지 없는 위헌결정이거든요, 슐라이히의 말을 다시 하면. 그렇기 때문에 그것은 해석에 대한 어떤 구분이다라고 얘기해도 좋습니다. 그렇지만 그것은 주문은 위헌이다라는 혹은 일정부분은 합헌이다라는 형태로 나가게 되는 것이고 그것은 법률의 위헌 여부의 권한을 가지고 있는 지구상의 모든 헌법재판기관이 조만간에 부딪칠 수밖에 없는 문제입니다.

그것은 헌법재판에서 아주 필수적으로 나타날 수밖에 없는 부분이고, 그것을 이제 법원의 입장에서는 그 조항의 해석을 법률조항의 위헌 여부이다, 그것이 사법권을 건드리기 때문에 그렇게까지 넓힐 수 없다라고 한다면 지금 말씀하신 페이퍼에서도 법학방법론, 법률해석의 방법론이 먼저 나와야 됩니다. 헌법규정과 법률규정 상호 간에 사법권이라는 그런 요소가 있을 때 45조의 해석이 어떻게 들어

가느냐는 방법론이 먼저 나와야되는데 바로 결론만 나온 것 같고요.

그 다음에 기속력문제도 마찬가지입니다. 법원을 기속할 수 없기 때문에 기속력을 못가진다. 이것은 아까 전상현 연구관이 얘기했듯이 순환논법이거든요. 물론 미국이나 독일이나 사실상 재판소원의 형식으로 그것을 건드릴 수 있기 때문에 기속력을 가지게 되는 것이지만 그것은 결과적인 효과입니다. 법원이 지금이라도 현재의 한정위헌결정이 기속력이 있구나라고 생각하고 따르면 기속력이 있게 되는 겁니다.

그래서 현실적으로 그것을 번복시킬 어떤 수단이 있느냐 없느냐라는 말하고, 원래한정위헌이 어떤 법률의 위헌결정의 한 유형으로서 기속력을 가지느냐 안 가지느냐 하는 것은 좀 다른 차원에서 논의가 되어야 될 것 같습니다.

마지막으로 헌법합치적 법률해석이 한정위헌결정의 유형이라고 우리가 얘기한 바는 없는 것 같습니다. 그것은 오해가 있는 것 같은데요. 헌법합치적 해석의 결과 나타난 주문의 한 형태이지 헌법합치적 법률해석이 어떻게 한정위헌결정이겠습니까. 감사합니다.

사 회 자 : 시간관계상 마지막으로 한 분의 말씀만 듣겠습니다.

여운국 연구관님 말씀하시지요.

여 운 국 : 제가 한 가지만 의문나는 것에 대해 질문을 드리고 싶습니다.

가령 헌법소원청구가 있는데 청구취지는 단순위헌으로 들어오고요, 그러니까 어떠어떠한 조항은 헌법에 위반된다, 그런데 청구원인을 보면 어떠어떠한 조항은 어떻게 해석되는 한 헌법에 위반된다, 그러니까 청구취지는 단순위헌, 청구원인은 한정위헌을 구하는 듯한 취지가 들어간 경우 그것을 과연 한정위헌청구로 봐야 되는지 아니면 일반적으로 적법한 단순위헌청구로 봐야 되는지 그게 좀 의문이 듭니다.

제 개인적인 생각으로는 청구취지가 단순위헌으로 들어 왔다면 청구원인에 있는 내용은 일반적인 공격방어방법으로 파악을 해 가지고 적법한 헌법소원청구로 인정을 하면 되지 않나 그런 생각을 가지고 있고.

변호사로서 헌법소원청구서를 내신다면 과연, 그러니까 그런 식으로, 굳이 한정위헌취지의 헌법소원심판청구서를 내고 싶으면 청구취지만큼은 적법성이 인정되기에 충분한 정도로 기재를 하고 주장은 청구원인에서 하는 방법도 있지 않나, 그런 질문을 하나드리고 싶습니다.

사 회 자 : 마지막으로 발표자들이 답변을 하는 것으로 하겠습니다.

황 도 수 : 물론 좋은 방법이지요. 변호사로서는 한정위헌청구취지는 절대로

안쓰지요. 절대로 안쓰고 일단 단순위헌으로 해서 몇 조가 위반된다라고 청구하는 것은 당연한 거고요. 그렇다 하더라도 헌법재판소에서는 그 문제에 관해서 그런 어떤 청구취지가 들어오면 석명권을 행사한다거나 그렇게 해가지고 심판대상을 구체적으로 특정해서 심판하실 수밖에 없는 것 아닌가 이렇게 생각이 되고요. 그 정도 권한은 헌법재판소에서 이미 확립되었다고 보입니다. 심판대상의 범위와 정도는 헌재 스스로 조정하고 있고 그런 의미에서 그렇게 확정됨과 동시에 청구원인에서 기재된 어떤 심판대상의 범위가 청구인의 주장과 맞춰가지고 특정되지 않겠나, 이렇게 생각됩니다.

한정위헌결정하고 한정위헌청구나 이쪽하고 관련해서 다시 한번 재판소원 부분에 관해서 짚어보고 싶다면 이런 생각을 해볼 수 있습니다. 헌법에 비추어 볼 때 그 법률조항에서 그러한 해석내용이 나올 수 있겠느냐라고 하는 식의 어떤 청구라면 그것은 분명히 한정위헌청구가 아니라고요. 그렇게 해석된 법률내용이 무슨 조항의 헌법조문과 충돌된다라는 주장이 나올 때 비로소 이제 위헌청구라는 거지요. 그러니까 그러한 해석이 나올 수 없다라는 주장만으로는 부족하고 그 법률조항에서 그러한 해석내용이 또는 그렇게 해석된 법률내용이 나올 수 없다라는 주장만으로는 약간 부족하고 그렇게 나온 내용이, 그러한 법률내용이 헌법조문의 무슨 내용과 위반된다라는 부분이 바로 위헌청구하는 것입니다.

박 순 성 : 법률의 해석적용권은 헌법재판소가 존중을 해 주고 헌법문제에 대해서 이야기를 하면 헌법재판소의 견해를 존중해 주는 그런 선에서 조금, 상호존중의 선에서 선이 잘 이루어져야지 제도가 운영이 잘되지 않겠느냐, 아까 말씀드렸지만 헌법재판소가 '부적절'이라는 표현을 쓰는 깊은 뜻이 거기에 있는 것 아니냐 그런 생각이 듭니다.

그리고 또 하나, 조문이 폐지되느냐 안 되느냐가 무슨 차이가 있느냐 이런 말씀이신데, 미국에서 구체적 규범통제를 하는 것은 적용을 안하는 것입니다. 적용을 배제할 수 있는 권한인데, 그래서 물론 아까 말씀하셨듯이 다시 그 조문이 살아날 수는 있겠지요. 그런데 그것을 지금 각 대륙법계에서 받아들이면서 미국제도를 그대로 받아들인 것은 아닌 것으로 알고 있습니다.

형식적으로 법이 효력을 발생했는데 어느 순간에는 그 법을 죽여야 되지 않습니까? 언제 죽일 것이냐, 어떻게 죽일 것이냐 하는 것은 결국은 각 나라마다의 입법정책의 문제이고 우리는 법의 조항을 죽여야 된다는 쪽의 선택을 한 것이 아니냐 그게 제 생각입니다.

여러 가지 말씀하셨는데 제가 다 답변드릴 수는 없고 두 가지만 말씀드리겠습니다.

사 회 자 : 우리 연구관님들이라든가 외부에서 오신 교수님들 토론은 일단 이것으로 마치기로 하고, 우리 조대현 재판관님께서 말씀을 좀 해 주시기 바랍니다.

조 대 현 : 헌재에서 위헌결정을 하면 그 법률이 효력을 상실하게 되는데, 그 법률조항 전부가 위헌이라면 전부 위헌결정을 해야 되고 법률조항이 내용 중에서 일부만 위헌이라면 일부위헌을 해야 될 거 아니냐, 일부만 위헌이고 나머지 부분이 합헌이라면 합헌부분까지 실효시킬 수는 없는 거 아니냐. 그러면 일부만 위헌결정 해서 일부만 실효시키는 방법이 뭐냐? 그게 조문의 문구에 의해서 특정할 수 있으면 그 문구로 특정을 하고 그 문구가 내포하고 있는 내용이 여러 가지인데 그 중에서 일부만 위헌이라고 하면 그 부분을 특정해서 그 부분은 헌법상 허용 안된다. 이렇게 해야 될 거 아니냐. 그렇게 하지 않고 이것을 전부 위헌결정한다면 합헌인 부분까지 실효시켜서 그것은 입법권을 침해하는 거 아니냐, 거기서 출발을 했습니다. 그래서 그런 관점에서 이해를 좀 해 주셨으면 좋겠습니다.

사 회 자 : 소장님께서 어려운 걸음해 주셨는데 소장님께서 한 말씀 좀 해 주시지요.

이 강 국 : 지금 발표문에서 거론된 사건에 관해서는 제가 이제 기존 선례를 따라서 별 의견을 표시를 하지 않았습니다.

우선 제가 이 문제에 관해서 아직은 새로운 문제를 제기하는 타이밍이 적절하지 않다고 봐서 기존 이론대로 처리를 했습니다마는, 저는 기본적으로 이렇게 생각을 합니다. 법률의 해석적용권은 당연히 법원에 있습니다. 그것은 배타적이고 독점적인 권력이고 권한이지요. 또한 다른 한편에서 법률에 대한 위헌심사권은 헌법재판소의 독점적이고 배타적인 권력이고 권한입니다. 그런데 헌법재판소가 심사하고 있는 법률의 위헌 여부에 대해서는 그 권한을 행사하기 위해서는 법률의 해석이란 것은 불가피한 전제가 될 수밖에 없습니다. 법률을 우선 해석을 해야지요. 그리고 그 법률의 해석이 위헌이다 아니다 판단을 해야 하지 않겠습니까? 그런데 이 위헌법률심사권을 행사함에 있어서 법률의 해석이 대부분의 경우는 법원에 의해서 판례로서 굳어져 있거나 또는 법원이 위헌제청이나 뭐 이런 절차를 행사하면서 미리 제시를 했거나 그래서 법원의 해석이 있지요. 먼저 선제되어 있지요. 그런데 법원의 해석이 없는 경우도 있고 법원의 해석이 잘못될 수도 있고 그렇지요. 우리가 볼 때 법원의 해석이 분명히 잘못되었다고 할 수 있는 경우가 있지요.

자, 이런 경우에 어떻게 될 것이냐? 그런 경우에도 우리가 법원의 해석을 따라서 그 해석을 전제로 해서 위헌법률심사권을 행사해야 하느냐? 그것에 관해서는 독일에서 오랫동안 논쟁이 있었지요. 독일 BGH와 독일연방헌법재판소와의 30년간의 싸움은 바로 그 싸움이었어요. 그런데 1972년인가 독일연방헌법재판소가 리트판결에서 선언을 했지요. 어떠어떤 법률에 대한 해석에 관해서 우리 독일연방헌법재판소의 해석이 옳은지 BGH의 해석이 옳은지 그것은 중요한 문제가 아니다. 문제는 우리는 BGH의 판결을 파기할 수 있는 권한을 갖고 있기 때문에 우리 해석대로 하는 것이다. 그렇기 때문에 우리가 결과적으로 옳은 것이다. 그렇게 선언을 했지요. 그 이후부터는 연방헌법재판소는 그 이론대로 BGH의 법률해석에 대해서 전혀 구애받지 않고, 전혀 구애받지 않는다는 건 조금 어폐가 있습니다마는, 하여튼 존중을 하되 거기에 구속되지 않고 독일연방헌법재판소가 위헌법률심사권을 행사하기 위한 전제로서 독자적으로 법률해석권을 행사하고 있습니다.

당연히 우리도 그래야지요. 우리가 법원의 해석에 꼭 기속될 필요는 없지요. 다만 존중은 해야겠지요. 그래서 우리 헌법재판소도 위헌법률심사권을 행사하는 한도 내에서는 당연히 법률에 대한 해석을 해야 하고 그럴 권한을 행사해야 합니다.

그리고 한정위헌결정을 지금 대법원이나 많은 분들은 법원의 사법권을 잠식시키기 위해서 또는 일부를 무력화시키기 위해서 헌법재판소가 무리하게 개발해 낸 이론으로 치부를 합니다.

그런데 세계 각국의 헌법재판제도를 돌아보면 영미법국가나 대륙법국가에서 헌법재판소가 개발해낸 이론의 대부분은 어떻게 하면 위헌판단을, 위헌결정을 피해 가느냐 하는 그것에 집중되어 있어요. 위헌이라고 선언하면 그 후유증이 너무 크기 때문에 어떻게 하면 이 위헌의 결과를 회피해 가느냐 하는 그런 쪽으로 지금 연구가 집중되어 가지고, 예를 들어서 독일의 경우에도 우선 헌법합치적 법률해석 이것도 마찬가지지요. 한정위헌, 한정합헌 또 헌법불합치, 아 헌법불합치 같은 것도 그냥 단순위헌선언해 버리면 되지 뭐 하러 헌법불합치선언을 해요. 그런데도 어떻게든지 하여튼 될 수 있으면 위헌결과를 회피하기 위해서 많은 노력을 하는, 말하자면 고육지책에서 나온 거지요.

영미법국가에서는 안 그렇습니까? 영미법국가에서도 사법자제이론, 통치행위, 정치문제이론, 다 이런 것이 어떻게 하면 위헌의 결과를 회피해 가느냐, 어떻게 하면 법적 안정성을 유지하느냐, 이 노력의 결과로서 개발해낸 이론이지 사법권을 무슨 일부 잠식하기 위해서 무력화시키기 위해서 그런 것이 아니라 이 말입니다.

그런 점에서 한정위헌결정에 대한 인식을 새롭게 해야 해요. 말하자면 이것은 법원과 한번 붙기 위해서 개발해낸 이론이 절대 아니라 정말로 법적 안정성과 법적 혼란을 최소화하기 위해서 선현들이, 머리 좋은 선현들이 머리를 짜내고 짜내서 만든 이론이 지금 우리나라에 들어 와있는 것뿐이에요. 그런데 이거 가지고서 지금 법원쪽에서는 크게 긴장을 하는데 그럴 것이 없는 거지요.

예를 들어 전부를 위헌선언을 해야 할 것을 어느 한 부분만 한정해 가지고 그 부분만 위헌선언을 하고 나머지 부분은 유효하게 효력을 유지하겠다는데 그게 왜 그렇게 문제가 되는지 모르겠어요.

그 다음에 한정위헌청구에 대해서 보겠습니다. 이 한정위헌청구는 한정위헌결정이 인정되는 한 당연히 허용이 되어야겠지요. 그런데 여기서 한 가지 생각해야 할 것은 법률의 해석적용은 법원의 배타적인 독점적인 권한임과 마찬가지로 아까도 말씀드렸지만 법률의 위헌여부의 심판권은 헌재의 독점적인 권한이지 당사자의 주장에, 또 당사자의 청구에 구애될 하등의 이유가 없는 거지요. 헌재의 배타적이고 독점적인 위헌법률심사권에 있어서는 당사자가 어떻게 주장하든 어떻게 법률구성을 하든 거기에 우리는 구속될 필요도 없고 구속되어서도 안 되지요. 우리는 독자적으로 당해법률규정이 위헌인지의 여부를 판단하고 해석해야지요.

따라서 한정위헌청구를 한 당사자 본인의 의사는 결국 "어떤 조항이 지금 위헌인데 그 위헌부분이 이 한쪽에 한정되어 있는 것 같습니다. 그러니 그 부분에 대해서 위헌선언을 해 주시오" 하는 그 취지 아니겠습니까? 그렇기 때문에 우리는 그 부분에 대해서 판단해 주면 되는 것이지요. 그래서 한정위헌청구도 당연히 인정이 되는 것이 옳고, 그러나 한정위헌청구라 그래서 거기에 구애받을 필요는 없다. 이 말씀을 드립니다.

제가 마이크를 잡은 기회에 한 말씀만 사족으로 드리자면, 오늘 박 변호사님께서 오스트리아의 폐지무효설을 주장하셨으니 제가 한 말씀만 드리자면, 제가 1988년도에 헌법재판소법을 제정할 당시에 위헌법률심사권 헌법소원부분은 거의 제 손을 거쳐서 만들어졌다고 해도 과언이 아닌데, 그때 제가 죽어라고 봤던 책은 독일 책뿐이었지 오스트리아 책은 한 번도 본 일이 없어요. 그래 가지고 솔직히 말씀드리면 오스트리아에 무슨 폐지무효설이 있다는 것, 독일 책에서나 좀 봤지 오스트리아 책을 본 일도 없었고 오스트리아에 그런 자료가 우리 국내에 들어와 있지도 않았었어요. 그래서 위헌결정의 효력을 어떻게 규정해야 할 것이냐 가지고서 생각을 하다가 결국 독일연방헌법재판소법 79조와 같이 규정을 했어요. 사실은. 확정된 행정처분, 확정된 판결 이것은 더 이상 다툴 수 없는 것이고, 그러나 위헌으로 선언된 법률에 의한 강제집행은 더 이상 허용되지 않고, 또 위헌이라 그래서 그로 인한 부당이득반환청구는 허용되지 않고 이런 식으로 79조를 이렇게 초안해서 넣어놓았는데, 이렇게 가만히 그 조문을 보다가 구체적인 경우를 몇 가지를 머릿속에서 상정을 하다보니까 아, 그 당시까지 있었던 헌법위원회법 있잖아요. 헌법위원회법에는 "장래에 향하여 효력이 있다." 이렇게 되어 있었어요. 그런데 장래에 향하여 효력이 있다는 그 조문은 제1공화국 헌법위원회법에서부터 쭉 계속되어서 내려왔어요. 그런데 그 조문하고 가만히 생각해 보니까 그게 그 조문이더라고요. 독일 연방헌법재판소법 79조나 장래를 향하여 효력이 있다는 그 조문이나 실제적으로 따지면 별 차이가 없는 것 같아요. 그런데다가 1공화국 때부터 쭉 그렇게 그 조문이 그동안 문제가 없었잖아요. 그래서 그냥 헌법위원회법 그 조문을 그냥 그걸로 대체를 했지요. 대체를 하고 그 법이 그 이후에 공포되고 났더니 그 후부터 폐지무효설이 막나오는데, 제가 그때부터 다시 폐지무효설을 좀 봤어요.

과문한 탓이겠지요. 그래서 그 점에 대해서는 항상 제가 무거운 짐을 지고 있었는데, 작년, 재작년에 독일연방헌법재판소 재판관들이 여기 오셨잖아요. 헌재를 거쳐서 대법원에 오셨어요. 같이 점심을 하면서 제가 이제 그 폐지무효설과 소급무효설에 대해서 한번 물었더니 답변을 그렇게 하더라고요. "아 이제는 폐지무효설, 소급무효설 이거 이제는 아무런 차이가 없다"고, 독일도 폐지무효설쪽으로 많이 가고 오스트리아도 소급무효설쪽으로 오다보니까 중간에서 만났다 이겁니다. 만나다 보니까 그 문제는 더 이상 문제될 게 없다고 그러는데 우리나라에서는 아직도 문제가 많잖아요.

그래서 지금 이 한정위헌청구, 한정위헌 폐지무효설 뭐 이런 것에 대해서 제가 좀 언제 한번 연구하여 말씀드리도록 해 보겠습니다.

사 회 자 : 지금까지 오늘 주제가 한정위헌청구의 적법성에 관한 논의였는데 이것을 계기로 해가지고 사실 우리 헌법재판소에서 과거부터 아주 중요하게 다루어졌던 재판소원배제문제에 대해서도 논의가 되었었고, 한정위헌결정을 비롯한 변형결정이 과연 허용되어야 되는가 이런 아주 중요한 문제, 그리고 법원이 갖는 사건해결을 위한 법률해석권하고 헌법재판소가 규범통제를 하기 위해서 불가피하게 또 갖게 되는 법률해석권의 관계, 이와 같이 헌법재판소 실무상 아주 중요한 여러 가지 문제들이 다양하게 다루어진 아주 유용한 시간이었던 것 같습니다.

특히 우리 헌법재판소장님하고 여러 재판관님들께서 우리 토론회에 허심탄회하게 참여하셔 가지고 저희들이 듣기 힘든 훌륭한 견해들을 많이 들을 수 있는 유익한 자리였던 것 같습니다.

그러면 이것으로 끝내는 것으로 하겠습니다.

헌법실무연구 수록 논문색인(제 1 권 ~ 제 7 권)

권	회차	제목	발표자
제 1 권	제 1 회 발표문 (1999. 7. 2.)	택지소유상한에관한법률의 단순위헌결정 — 헌재 1999. 4. 29. 선고, 94헌바37등(병합) 결정, 판례집 11-1, 289 —	윤홍근
	제 2 회 발표문 (1999. 9. 3.)	음란물출판사등록취소사건 — 헌재 1998. 4. 31. 95헌가16, 판례집 10-1, 327 —	이인호
	제 3 회 발표문 (1999. 10. 1.)	도시계획법 제21조에 대한 위헌소원 — 헌재 1998. 12. 24. 89헌마214등, 판례집 10-2, 927 —	김문현
	제 4 회 발표문 (1999. 11. 5.)	文通事故處理特例法 제 4 조 제 1 항 및 그에 근거한 不起訴處分에 대한 憲法訴願의 適法性: 違憲決定의 遡及效 문제를 중심으로 — 헌재 1996. 12. 26. 96헌가18, 판례집 8-2, 680 —	박경신
	제 5 회 발표문 (1999. 12. 3.)	자도소주(自道燒酒)구입명령 판결에 대한 평석 — 헌재 1996. 12. 26. 96헌가18, 판례집 8-2, 680 —	박경신
	제 6 회 발표문 (2000. 1. 7.)	變形決定의 문제점	김운용
	제 7 회 발표문 (2000. 2. 11.)	구 소득세법 제60조에 대한 헌법불합치결정의 법적 성격과 그 효력 — 헌재 1999. 10. 21. 96헌마61등, 판례집 11-2, 461 —	방승주
	제 8 회 발표문 (2000. 3. 10.)	선거관계법에 대한 헌법재판소 결정의 문제점	이성환
	제 9 회 발표문 (2000. 4. 7.)	노동 3 권의 법적 성격과 노동단체법 — 헌재 1998. 2. 27. 94헌바13등, 판례집 10-1, 32 —	강희원
	제10회 발표문 (2000. 5. 12.)	위헌법률에 기한 처분의 집행력 허용여부에 관한 검토	남복현
	제11회 발표문 (2000. 6. 2.)	국회의원과 국회의장 간의 권한쟁의에 관한 헌재결정들	박승호

제 2 권	제12회 발표문 (2000. 7. 7.)	법적 안정성과 실질적 정의 — 12·12 및 5·18 사건의 경우 —	이명웅
	제13회 발표문 (2000. 10. 6.)	평등의 원초적 해석과 실질적 평등의 논리적 건재 — 제대군인가산점 위헌결정 평석 —	박경신
	제14회 발표문 (2000. 11. 10.)	민주주의의 실패와 사법적극주의 — 동성동본금혼 규정에 대한 헌법재판소 결정의 의의를 중심으로 —	임지봉
	제15회 발표문 (2001. 1. 5.)	헌법상 사립학교의 자유와 헌법재판의 동향	허종렬
	제16회 발표문 (2001. 2. 2.)	청소년보호를 위한 표현물 규제시스템의 헌법적 고찰 — 구 청소년보호법 제 2 조 제 3 호 가목 등 위헌제청사건 등에 대한 평석을 중심으로 —	황성기
	제17회 발표문 (2001. 3. 2.)	헌법소원사건 결정을 통해서 본 언론에 의한 명예훼손의 법리	박선영
	제18회 발표문 (2001. 4. 6.)	서울대 입시요강사건 — 헌재 1992. 10. 1. 92헌마68, 76(병합) —	정연주
	제19회 발표문 (2001. 5. 4.)	미국과 독일의 규범통제에서의 심사도구 비교	정태호
	제20회 발표문 (2001. 6. 8.)	사립대학교수 재임용제의 헌법적 근거와 한계 — 사립학교법 제53조의 2의 제 3 항에 대한 헌법소원결정을 중심으로 —	김종철
	제21회 발표문 (2001. 7. 6.)	가변적이고 예측 불가능한 상황에서의 헌법해석 — 헌재 92헌바6 결정을 중심으로 —	박진완

<table>
<tr><td rowspan="10">제
3
권</td><td>제22회 발표문
(2001. 9. 7.)</td><td>대통령직속기관의 설치와 직무범위
— 헌재 1994. 4. 28. 선고, 89헌마221 —</td><td>유진석</td></tr>
<tr><td>제23회 발표문
(2001. 10. 12.)</td><td>헌법재판소와 사회적 기본권</td><td>홍성방</td></tr>
<tr><td>제24회 발표문
(2001. 11. 2.)</td><td>과잉금지의 원칙과 적용상의 문제점</td><td>김형성</td></tr>
<tr><td>제25회 발표문
(2001. 12. 7.)</td><td>근로자의 쟁의(행위)권의 행사와 공공복리
— 헌재 1996. 12. 26. 선고, 90헌바19 결정,
92헌바41 결정, 94헌바49 결정과 관련하여 —</td><td>강희원</td></tr>
<tr><td>제26회 발표문
(2002. 2. 1.)</td><td>공법인의 기본권주체성
— 헌재 2000. 11. 30. 선고, 99헌마190 결정
등과 관련하여 —</td><td>함인선</td></tr>
<tr><td>제27회 발표문
(2002. 3. 8.)</td><td>기본권의 보장과 제도적 보장의 준별론에 관한
비판적 보론
— '기본권의 최대한의 보장과 제도의 최소한의
보장'에 전제된 오해의 극복을 위하여 —</td><td>이종수</td></tr>
<tr><td>제28회 발표문
(2002. 4. 12.)</td><td>헌법상 평등의 요청과 국가유공자 유가족에 대한
가산점의 문제점
— 헌재 2001. 2. 22. 선고, 2000헌마25
사건에 대한 평석 —</td><td>장영수</td></tr>
<tr><td>제29회 발표문
(2002. 6. 7.)</td><td>양심의 자유의 규범구조와 보호범위
— 준법서약제를 중심으로 —</td><td>박종보</td></tr>
<tr><td>제30회 발표문
(2002. 7. 12.)</td><td>헌법재판에서의 가처분</td><td>황치연</td></tr>
<tr><td>제31회 발표문
(2002. 9. 6.)</td><td>전국구비례대표제의 투표방식과 의석배분방법의
위헌결정에 대한 비판적 고찰
— 헌재 2001. 7. 19. 선고, 2000헌마91 · 112 · 134(병합) —</td><td>김종철</td></tr>
</table>

제 4 권	제32회 발표문 (2002. 10. 11.)	가상공간에서의 표현의 자유와 청소년보호 — 99헌마480과 2001헌가27을 중심으로 —	박선영
	제33회 발표문 (2002. 11. 8.)	특별부담금의 정당화문제	김성수
	제34회 발표문 (2002. 12. 6.)	부부자산소득합산과세는 위헌인가?	이창희
	제35회 발표문 (2003. 2. 7.)	알 권리와 의사공개의 원칙 — 헌재 2000. 6. 29. 98헌마443 등 사건에 대한 평석 —	장영수
	제36회 발표문 (2003. 3. 7.)	憲法不合致決定에 관한 새로운 體系의 試圖	황도수
	제37회 발표문 (2003. 4. 4.)	노조법상 유니언숍제도(단결강제제도)의 위헌 여부	이승욱
	제38회 발표문 (2003. 6. 13.)	사회보장법과 세법의 기능적인 상관관계	전광석
	제39회 발표문 (2003. 7. 11.)	권한분쟁에 관한 헌법재판소와 법원의 관할	김하열
	제40회 발표문 (2003. 9. 19.)	우리 違憲法律審判節次 등의 審判對象(審査範圍)	김시철

<table>
<tr><td rowspan="8">제
5
권</td><td>제41회 발표문
(2003. 10. 10.)</td><td>명예, 초상, 프라이버시 그리고 표현의
자유에 관한 비교법적 분석
— 한국, 미국, 독일, 프랑스 —</td><td>박경신</td></tr>
<tr><td>제42회 발표문
(2003. 11. 7.)</td><td>기본권의 경합</td><td>장영철</td></tr>
<tr><td>제43회 발표문
(2004. 2. 13.)</td><td>정당국가적 대의민주제에서의 선거와
정당에 대한 헌법재판소의 결정 평석
— 국회의원선거기탁금, 국회의원의 상임위원회
강제 사임조차, 선거권 연령 기준에 과한
판례를 중심으로 —</td><td>이덕연</td></tr>
<tr><td>제44회 발표문
(2004. 4. 9.)</td><td>부실감사죄의 헌법재판
— 헌법재판소의 변형결정의 기속력에 대한
법이론적 이해 —</td><td>이상돈</td></tr>
<tr><td>제45회 발표문
(2004. 5. 7.)</td><td>지방자치권에 대한 헌법상의 보장
— 강남구청과 대통령 간의 권한쟁의
(2002. 10. 31. 2001헌라1) —</td><td>이광윤</td></tr>
<tr><td>제46회 발표문
(2004. 6. 4.)</td><td>내사종결처분의 법적 성질
— 2002. 10. 31. 2002헌마369,
헌법재판소 공보 제74호(2002년), 989면 —</td><td>신동운</td></tr>
<tr><td>제47회 발표문
(2004. 7. 2.)</td><td>가족법상의 몇 가지 헌법적 문제
— 호주제의 전통성, 자녀의 성, 이혼숙려기간 —</td><td>김상용</td></tr>
<tr><td>제48회 발표문
(2004. 9. 3.)</td><td>헌법재판소 판례의 국제법적 분석</td><td>정인섭</td></tr>
</table>

권	회차	제목	발표자
제 6 권	제49회 발표문 (2004. 10. 1.)	헌법재판에서의 전통에 대한 심사	윤진수
	제50회 발표문 (2004. 11. 5.)	제법상 유형화·포괄화의 이해 —그 정당성과 한계를 중심으로—	박종수
	제51회 발표문 (2004. 12. 3.)	헌법재판소의 정치적 역할: '제한적 적극우의'를 넘어서	양 건
	제52회 발표문 (2005. 2. 18.)	탄핵심판에 있어 헌법재판소의 탄핵여부결정권	정종섭
	제53회 발표문 (2005. 3. 4.)	수도이전특별법 위헌결정에 대한 헌법이론적 검토	전광석
	제54회 발표문 (2005. 4. 1.)	행정입법과 헌법재판	유지태
	제55회 발표문 (2005. 5. 6.)	양심적 병역거부권에 대한 헌법재판소결정에 대한 검토	박진완
	제56회 발표문 (2005. 6. 3.)	입헌적 공화주의의 헌법이해	이국운
	제57회 발표문 (2005. 7. 8.)	상가건물의 업종제한약정에 대한 헌법적 평가	김성태
	제58회 발표문 (2005. 9. 9.)	원고적격의 정치경제학(Ⅱ): 대법원의 행정소송법 개정안에 나타난 객관소송관을 글감으로 하여	조홍식

권	회차	제목	발표자
제 7 권	제59회 발표문 (2005. 10. 11.)	수용자의 서신검열과 통신의 자유	박인수
	제60회 발표문 (2005.11.1.)	헌법재판소 심판사건 통계분석	송기춘
	제61회 발표문 (2005. 12. 16.)	한국에서 자유민주주의와 헌정주의	강정인
	제62회 발표문 (2006. 2. 10.)	명의신탁 증여의제규정의 개정방안	박 훈
	제63회 발표문 (2006. 3. 10.)	지구당의 강제적 폐지의 위헌성	정태호
	제64회 발표문 (2006. 4. 7.)	법적 추론에 대한 법철학적 고찰 —헌법의 경우—	김현철
	제65회 발표문 (2006. 5. 12.)	명백·현존하는 위험의 원칙과 표현의 자유	임지봉
	제66회 발표문 (2006. 6. 9.)	사법적 검토의 재검토: 헌법재판과 비지배적 상호성	곽준혁
	제67회 발표문 (2006. 7. 7.)	생명헌법(bio-constitution)과 체외인공수정 잔여배아(surplus embryo in vito fertilization)의 법적 지위	강희원
	제68회 발표문 (2006. 9. 8.)	신뢰보호원칙에 대한 헌법재판소의 태도	박경철

憲法實務研究 제 8 권

2007年 12月 10日 初版印刷
2007年 12月 20日 初版發行

編 者 憲法實務研究會
發行人 安 鍾 萬
發行處 博 英 社
서울特別市 鍾路區 平洞
電話 (733) 6771 FAX (736) 4818
登錄 1952. 11. 18. 제1-171호(倫)

www.pakyoungsa.co.kr e-mail: pys@pakyoungsa.co.kr

定 價 45,000원

ISBN 978-89-10-51494-7
ISBN 978-89-10-50790-1(세트)